SCHÄFFER
POESCHEL

Handelsblatt

Mittelstands-Bibliothek – Band 10

Wilfried Braun

Geschäftsverträge

2007
Schäffer-Poeschel Verlag Stuttgart

Handelsblatt Mittelstands-Bibliothek

Bibliografische Information der Deutschen Nationalbibliothek
Die Deutsche Nationalbibliothek verzeichnet diese Publikation
in der Deutschen Nationalbibliografie; detaillierte bibliografische
Daten sind im Internet über http://dnb.d-nb.de abrufbar.

Gedruckt auf chlorfrei gebleichtem, säurefreiem und alterungs-
beständigem Papier

Band 10: ISBN 978-3-7910-2720-3
Gesamtwerk: ISBN 978-3-7910-2710-4

www.schaeffer-poeschel.de
info@schaeffer-poeschel.de

Einbandgestaltung: Willy Löffelhardt
Satz: pws Print und Werbeservice Stuttgart GmbH
Druck und Bindung: Ebner & Spiegel GmbH, Ulm

Printed in Germany
November 2007

Schäffer-Poeschel Verlag Stuttgart
Ein Tochterunternehmen der Verlagsgruppe Handelsblatt

Vorwort mit Benutzerhinweisen

Dieses Buch ist ein *Arbeitsbuch* für die tägliche *unternehmerische Praxis*. Es vermittelt Inhabern, geschäftsführenden Gesellschaftern und anderen Führungskräften im Einkauf und Vertrieb von kleineren und mittleren Unternehmen kompakt, präzise und verständlich das notwendige rechtliche, aber auch betriebswirtschaftliche und kommunikationspsychologische Fachwissen für die erfolgreiche Gestaltung der *wichtigsten Geschäftsverträge* mit anderen Firmen.

Der *Fokus* liegt dabei auf den *einfacheren Geschäften*, die man auch ohne anwaltliche Unterstützung abschließen und abwickeln kann, so lange im Einzelfall keine größeren rechtlichen Probleme auftreten. Deshalb bleiben der notariell zu beurkundende Grundstückskauf, der hochkomplexe und damit beratungsintensive Unternehmenskauf und die besonders streitanfälligen Bauverträge unberücksichtigt. Gleiches gilt auch für den Finanzsektor, zumal der Unternehmer dort wegen des dicht gespannten Netzes von Allgemeinen Geschäftsbedingungen, abgesehen vom Preis, so gut wie keinen Einfluss auf die Vertragsbedingungen hat. Das übrige breite Spektrum von *Geschäftsverträgen* wird umfassend in allen *entscheidenden Phasen* von der strategisch durchdachten und taktisch versierten *Verhandlungsführung*, dem rechtssicheren *Vertragsabschluss* und der erhofften störungsfreien *Vertragserfüllung* bis zum richtigen Verhalten beim Auftreten von unerwünschten Leistungsstörungen ausgeleuchtet.

Das Buch ist in zwei große Teile gegliedert:

- Zunächst werden nach einer kurzen Einführung zu den Aufgaben des modernen Vertragsmanagements die *allgemeinen*, alle Geschäftsverträge betreffenden *Aspekte*, von den Vertragsverhandlungen (Kapitel 2) über den Geschäftsabschluss (Kapitel 3) und die Vertragserfüllung (Kapitel 4) bis zu den Leistungsstörungen (Kapitel 5) und den Schadensersatz (Kapitel 6) behandelt, deren zentrale Aussagen in einer umfangreichen Basischeckliste (Kapitel 7), ergänzt durch eine spezielle Checkliste für Vertragsverhandlungen (Ende Kapitel 2), verdichtet sind.

● Der zweite Hauptteil befasst sich mit den *speziellen Rechtsfragen wichtiger Geschäftsverträge*, gegliedert in drei große Sachkapitel: den Warenkauf (Kapitel 8), Miete und Leasing (Kapitel 9) und die Dienstleistungen (Kapitel 10).

Diffizile komplexe rechtliche Risiken der einzelnen Geschäftsfelder, die sich nur durch *fachanwaltliche Beratung* sicher bewältigen lassen, sind im Text deutlich hervorgehoben. Damit erweist sich dieses Buch für den Betriebswirt oder Techniker auch als verlässlicher Kompass, um sich im Dickicht des Vertragsrechts stets zurechtzufinden. Festzuhalten bleibt aber, dass noch viele einzelne Fragen zum neuen, erst seit Januar 2002 geltenden Recht der Leistungsstörungen, der Verjährung, der Mängelhaftung im Kauf- und Werkvertragsrecht sowie dem neuen seit Juli 2001 geltenden Mietrecht der Klärung durch die höchstrichterliche Rechtsprechung bedürfen. Der Bundesgerichtshof hat aber zum neuen Schuldrecht schon einige wichtige Grundsatzurteile gefällt, die in diesem Buch eingearbeitet sind.

Der *Schwerpunkt* der Darstellung liegt dabei auf der *interessengerechten Vertragsgestaltung* aus dem Blickwinkel beider Geschäftspartner. Lediglich bei dem von Spezialfirmen betriebenen Miet- und Leasinggeschäft bzw. der von ihnen angebotenen breiten Dienstleistungspalette verengt sich die Perspektive auf die alle Unternehmen betreffende Sicht des Kunden oder Nachfragers. Die am Ende des Kapitels oder eines Themenkomplexes eingebauten spezifischen *Checklisten* zeigen dem vor einem Geschäftsabschluss stehenden Vertragsmanager, auf welche Punkte es dabei im Einzelnen ankommt, um für das eigene Unternehmen ein optimales Ergebnis zu erzielen. Sie sind leicht durch einen Blick in das Stichwortregister unter »Checkliste« zu finden. Will man sich umfassend und detailliert informieren, sollte man dazu die betreffende Erläuterung in den einzelnen Sachkapiteln nachlesen. Dort finden sich auch zahlreiche in den Text integrierte *Musterklauseln* oder *Formulierungsvorschläge*, die sich als *variable Textbausteine* einsetzen lassen. Sie leisten dabei wertvolle Unterstützung bei der schwierigen Arbeit der Formulierung von Verträgen oder wichtiger, weil rechtserheblicher Geschäftsbriefe. Hinzu kommen viele *taktische Tipps*, wie man sich am besten in kritischen Situationen verhält. Zentrale Problemfelder und komplexe Rechtsbeziehungen sind durch *Abbildungen* veranschaulicht, die das Verständnis der maßgebenden Grundstrukturen erleichtern.

Juristische Fachausdrücke werden, soweit sie sich nicht vermeiden lassen, erläutert. *Probleme* werden, wenn immer möglich *praxisnah*, so wie sie der Betriebswirt oder Techniker aus seiner beruflichen Erfahrung kennt, dargestellt und beschrieben. Schwierigere schwer verständlichere Sachverhalte sind durch *Beispiele* anschaulich und damit verständlich gemacht.

Ist der Leser aber nur an der schnellen Klärung einer einzelnen Frage oder eines bestimmten Problems interessiert, so erweist sich dieses Buch auch als *verlässliches Nachschlagewerk*. Zwei *Suchsysteme* stehen zur Verfügung:

- Kann die Frage oder das Problem fachbegrifflich klar umschrieben und zugeordnet werden, sollte ein Blick in das umfangreiche alphabetisch geordnete *Schlagwortregister* rasch zu der gesuchten Textstelle führen.
- Ansonsten müssen Sie etwas mehr Geduld aufbringen. Man versucht zunächst die Frage oder das Problem einem der drei Geschäftsfelder in Kap. 8–10 zuzuordnen und findet dann nach Durchsicht des detaillierten *Inhaltsverzeichnisses* mit den Seitenangaben die einschlägigen Textstellen. Möglich ist allerdings, wenn die Frage oder das Problem bei allen Geschäftsverträgen auftreten kann, dass die Textstelle in Kap. 8–10 auf die betreffende Passage in den Kap. 3–6 verweist. Erst dort finden Sie dann die Lösung Ihrer Frage oder Ihres Problems.

Verlag und Autor haben mit großer Sorgfalt auf die Richtigkeit des Inhalts sowie auf Aktualität zum Zeitpunkt der Drucklegung geachtet. Sollten dennoch angesichts der Fülle des verarbeiteten Materials im Text Fehler enthalten sein, bitten wir um Nachsicht und sind für eventuelle Hinweise und konstruktive Kritik dankbar. Die *Rechtsprechung* ist, soweit veröffentlicht, bis August 2007 eingearbeitet. Die *Gesetzgebung* ist bis Juni 2007 berücksichtigt.

Hachenburg, im September 2007   Dr. Wilfried Braun

Der Autor

Dr. Wilfried Braun
Bundesbankdirektor und Wirtschaftsmediator, lehrt hauptberuflich
an der Fachhochschule der Deutschen Bundesbank in Hachenburg
Bank- und Wirtschaftsrecht. Er hat über viele Jahre hinweg auch
praktische Erfahrungen als Referent für Managementseminare im
Bereich des Vertragsmanagements erworben.
E-Mail: dr_wilfried_braun@online.de

Inhaltsverzeichnis

XXX   Inhaltsverzeichnis

Abkürzungsverzeichnis

Abs.	Absatz
ADAC	Allgemeiner Deutscher Automobil Club
a.F.	alte Fassung
AG	Aktiengesellschaft; Amtsgericht
AGB	Allgemeine Geschäftsbedingungen
AKB	Allgemeine Bedingungen für die Kraftfahrzeug-versicherung
AktG	Aktiengesetz
AO	Abgabenordnung
Argez	Arbeitsgemeinschaft Zulievererindustrie
Aufl.	Auflage
Az	Aktenzeichen
BAG	Bundesarbeitsgericht
BauR	Zeitschrift für das gesamte öffentliche und private Baurecht
BayObLG	Bayerisches Oberstes Landesgericht
BB	BetriebsBerater (Zeitschrift)
BDSG	Bundesdatenschutzgesetz
BFH	Bundesfinanzhof
BGB	Bürgerliches Gesetzbuch
BGBl.	Bundesgesetzblatt
BGH	Bundesgerichtshof
BGHZ	Amtliche Entscheidungssammlung des BGH in Zivilsachen
BPatG	Bundespatentgericht
BRAO	Bundesrechtsanwaltsordnung
BRD	Bundesrepublik Deutschland
BVerfG	Bundesverfassungsgericht
BVerfGE	Amtliche Entscheidungssammlung des BverfG
bzw.	beziehungsweise
CarnetTIR	Internationaler Zollpassierschein
CD	Computer Disk
cif	cost, insurance, freight
CMR	Abkommen über den internationalen Beförde-rungsvertrag im internationalen Straßengüter-verkehr

& Co	und Company
CR	Computer und Recht (Zeitschrift)
DAR	Deutsches Autorecht (Zeitschrift)
DB	Der Betrieb (Zeitschrift)
DDR	Deutsche Demokratische Republik
DIN	Deutsche Industrie Normen
DV	Datenverarbeitung
DVD	Digital Versatile Disc
ECR	Entscheidungen der Oberlandesgerichte im Computerrecht
EDV	Elektronische Datenverarbeitung
EG	Europäische Gemeinschaften
EGBGB	Einführungsgesetz zum Bürgerlichen Gesetzbuch
e.G.	eingetragene Genossenschaft
EStG	Einkommensteuergesetz
etc.	et cetera
EU	Europäische Union
EuGH	Europäischer Gerichtshof
EV	Eigentumsvorbehalt
FernUSG	Fernunterrichtsschutzgesetz
ff.	fortfolgende
GbR	Gesellschaft bürgerlichen Rechts
GenG	Genossenschaftsgesetz
GmbH	Gesellschaft mit beschränkter Haftung
GmbHG	GmbHGesetz
GmbH & Co	GmbH und Company
GRUR	Gewerblicher Rechtsschutz und Urheberrecht (Zeitschrift)
GWB	Gesetz gegen Wettbewerbsbeschränkungen
HGB	Handelsgesetzbuch
Hrsg.	Herausgeber
i.A.	im Auftrag
i.d.F.	in der Fassung
i.d.R.	in der Regel
IEC	International Electrotechnical Commission
i.G.	in der Gründung
IHK	Industrie und Handelskammer
InsO	Insolvenzordnung
ISO	International Oranization for Standadization
JZ	Juristenzeitung
Kap.	Kapitel
KEP	Kurier, Express und Paketdienst
Kfz	Kraftfahrzeug
KG	Kammergericht Berlin; Kommanditgesellschaft

LAG	Landesarbeitsgericht
LG	Landgericht
Ltd.	Limited Company (englische Gesellschaft mit beschränkter Haftung)
MarkenG	Markenrechtsschutzgesetz
MDR	Monatsschrift für Deutsches Recht
MMR	Multimedia und Recht (Zeitschrift)
n.F.	neue Fassung
NJW	Neue Juristische Wochenschrift
NJWCoR	NJWComputerreport (Beilage bis 2004)
NJW-RR	NJWRechtssprechungs-Report Zivilrecht
Nr.	Nummer
NVZ	Neue Zeitschrift für Verkehrsrecht
NZA	Neue Zeitschrift für Arbeitsrecht
NZA-RR	NZA Rechtsprechungs-Report
NZM	Neue Zeitschrift für Mietrecht
NZV	Neue Zeitschrift für Verwaltungsrecht
o.	oben
o.g.	oben genannt
OHG	Offene Handelsgesellschaft
OLG	Oberlandesgericht
OLGR	OLGReport, Rechtsprechungssammlung der Oberlandesgerichte
PaPkG	Preisangaben und Preisklauselgesetz
PartGG	Partnerschaftsgesellschaftsgesetz
PC	Personal Computer
PrkV	Preisklauselverordnung
QS(V)	Qualitätssicherung(svereinbarung)
RDG	Rechtsdienstleistungsgesetz
RG	Reichsgericht
RGZ	Entscheidungssammlung des RG in Zivilsachen
RL	Richtlinie
RVG	Rechtsanwaltsvergütungsgesetz
s.	siehe
S.	Seite
SchuldRAnpG	Schuldrechtsanpassungsgesetz
SigV	Signaturgesetz
sog.	so genannt
StBerG	Steuerberatungsgesetz
StBGebVO	Steuerberatergebührenverordnung
TA	Technische Anordnung
TKG	Telekommunikationsgesetz
TMG	Telemediengesetz
u.	und; unten

UklaG	Unterlassungsklagegesetz
UrhG	Urheberrechtsgesetz
UStG	Umsatzsteuergesetz
UWG	Gesetz gegen den unlauteren Wettbewerb
v.	vom
VersR	Zeitschrift für Versicherungsrecht
vgl.	vergleiche
VO	Verordnung
WM	Zeitschrift für Wirtschafts und Bankrecht (vormals WertpapierMitteilungen)
WRP	Wettbewerb in Recht und Praxis (Zeitschrift)
z. B.	zum Beispiel
ZGS	Zeitschrift für das gesamte Schuldrecht
ZIP(A)	Zeitschrift für Wirtschaftsrecht/Aktuell (aktuelle Seiten)
ZMR	Zeitschrift für Miet und Raumrecht
ZPO	Zivilprozessordnung
ZR	Zivilrecht (Bezeichnung der Senate des Bundesgerichtshofs)
ZVG	Zwangsversteigerungsgesetz

Teil 1
Allgemeines Vertragsmanagement

1 Vertragsmanagement in modernen Unternehmen

Jedes Unternehmen muss, will es wirtschaftlichen Erfolg haben, bereit sein, wirtschaftliche Risiken einzugehen, die betriebswirtschaftlich durch ein leistungsfähiges Risikomanagement erkannt, bewertet, gesteuert und kontrolliert werden müssen. Jeder Typus einer geschäftlichen Transaktion ist durch spezifische Probleme gekennzeichnet und birgt eigene Risiken. Das Risikomanagementsystem beeinflusst demzufolge die Vertragsgestaltung und das *Vertragsmanagement* bildet deshalb funktionell, nicht notwendigerweise organisatorisch einen wichtigen *Bereich* des *Risikomanagements*. Auch kleinere und mittlere Unternehmen sollten daher auf ein funktionierendes Vertragsmanagement, dessen Aufgabe die Planung, Verhandlung, Gestaltung und Durchführung von Verträgen ist, nicht verzichten. Ein erfolgreicher Vertragsmanager muss deshalb wissen, wie Verträge funktionieren und was man mit Verträgen erreichen kann.

Risikomanagement

1.1 Funktionen und Leistungsfähigkeit von Verträgen

Vorab gilt es daher, den Begriff und die Formen des Vertrages zu klären.

Rechtliche Vereinbarung

1.1.1 Begriff und Bestandteile des Vertrages

Ein Vertrag ist eine *Vereinbarung* zwischen mindestens zwei Parteien, die bindende Verpflichtungen für eine oder mehrere Seiten begründet. Im Unterschied zu bloß gesellschaftlichen Abreden kann die in einem Vertrag eingegangene Verpflichtung von der dadurch begünstigten Vertragspartei notfalls gerichtlich eingefordert werden.

Der Vertrag selbst besteht aus mindestens zwei sich inhaltlich entsprechenden *Vertragserklärungen* der Parteien, die man *Angebot* und *Annahme* nennt (siehe Abbildung 1.1). Diese beiden Vertragserklärungen bilden den praktisch wichtigsten Fall einer *Willenserklärung*, durch die die erklärende Person auf die Herbeiführung einer bestimmten Rechtsfolge abzielt. Bei dem Vertragsangebot und der

Vertragserklärungen

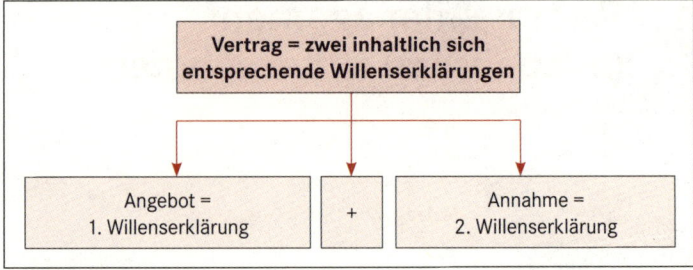

Abb. 1.1: Bestandteile des Vertrags

Vertragsannahme tritt das Ziel offen zutage, nämlich der Vertragsabschluss. Der Vertrag gehört demnach zu den *zweiseitigen Rechtsgeschäften*. Daneben gibt es aber auch noch einseitige Rechtsgeschäfte,
die nur aus einer Willenserklärung bestehen und typischerweise das
konträre Ziel der Vertragsbeendigung (wie etwa eine Kündigung
oder einen Rücktritt) verfolgen.

1.1.2   Vertragsarten
Geschäftsverträge von Unternehmen unterfallen stets dem *Privatrecht*. Dort stellt der Vertrag das typische Gestaltungsinstrument zur
einvernehmlichen Regelung privatrechtlicher Interessen dar. Im Privatrecht gibt es eine Vielfalt von Verträgen, die sich vor allem nach
Inhalt und rechtlichen Wirkungen unterscheiden lassen. Fast alle
Grundtypen finden sich im BGB. Handelt es sich um Leistungen oder
Gestaltungsformen, die nur von kaufmännischen Unternehmen angeboten werden, finden sich weitere wichtige Sonderformen im HGB.

1.1.2.1   Verpflichtungs- oder Schuldverträge
Schuldverträge   Die meisten Verträge legen den Vertragsparteien bestimmte Leistungspflichten auf. Diese Verpflichtungsverträge werden dem
Schuldrecht zugeordnet, weil durch sie ein so genanntes *Schuldverhältnis* begründet wird. Die berechtigte Vertragspartei als Gläubiger kann nämlich von der dadurch verpflichteten Vertragspartei als
Schuldner eine Leistung fordern (§ 241, Abs. 1 BGB).

Beispiel:
*Der Abschluss eines Kaufvertrages über eine bestimmte Ware verpflich-
tet den Verkäufer, dem Käufer das Eigentum an der Sache zu verschaffen und ihm diese zu übergeben. Der Käufer hat dafür den vereinbarten
Kaufpreis zu zahlen (§ 433 BGB).*

Solche für Gewinn orientierte Wirtschaftsunternehmen typische *entgeltliche Austauschverträge*, bei der die eine Vertragspartei zur Erbringung ihrer Leistung nur gegen die geforderte Gegenleistung bereit ist, nennt der Jurist gegenseitige Verträge (siehe Abbildung 1.2 und 1.3).

Entgeltliche Austauschverträge = gegenseitige Verträge

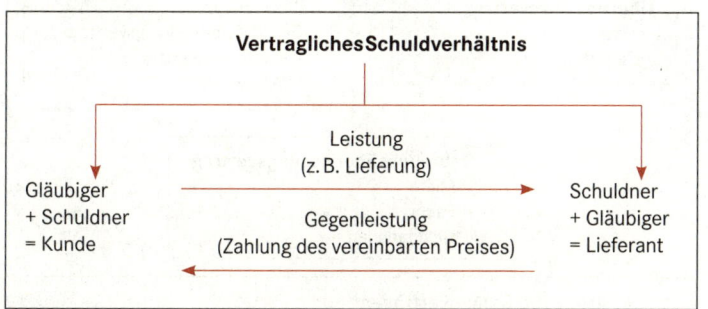

Abb. 1.2: Entgeltlicher Austauschvertrag als Schuldverhältnis

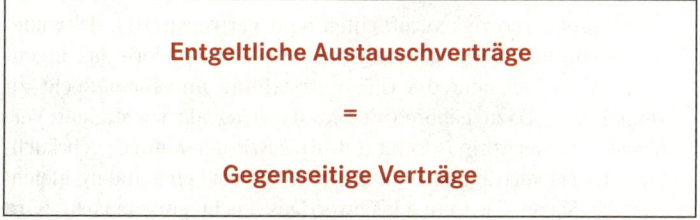

Abb. 1.3: Der gegenseitige Vertrag

Äußerst selten werden dagegen im Zusammenhang mit Geschäften auch unentgeltliche Leistungen durch einen so genannten einfachen zweiseitigen Verpflichtungsvertrag übernommen.

Einfacher zweiseitiger Verpflichtungsvertrag

> **Beispiel:**
> *Bei der Leihe hat der Verleiher dem Entleiher den Gebrauch an der Sache unentgeltlich zu überlassen. Nach Vertragsende muss der Entleiher dem Verleiher diesen Gegenstand selbstverständlich wieder zurückgeben (§§ 598, 604 BGB).*
> *Muss der Entleiher für die Nutzung ein Entgelt entrichten, liegt eine Miete vor (§§ 535 ff BGB). Daher handelt es sich im Falle des »Leihwagens« in Wirklichkeit um Miete.*

Neben der Entgeltlichkeit bestimmt vor allem der *vertragstypische Leistungsgegenstand* die rechtliche Einordnung des Vertrages und damit die für ihn geltenden Rechtsregeln (siehe Abbildung 1.4).

Abb. 1.4: Arten von Schuldverträgen

Schuldverträge nach BGB und HGB

Das BGB und HGB enthalten im Wesentlichen folgende Schuldverträge:

- *Übertragungsverträge* verpflichten eine Vertragspartei, der anderen bestimmte Vermögensgegenstände, insbesondere das Eigentum an Sachen oder die Gläubigerstellung an einem Recht zu verschaffen. Dazu gehören der Kaufvertrag als wichtigster Vertragstyp schlechthin (§§ 433 ff BGB), sowie der weniger gebräuchliche Tauschvertrag, bei dem anstelle von Geld eine andere gleichwertige Sache oder ein gleichwertiges Recht eingetauscht wird (§ 480 BGB).
- *Gebrauchsüberlassungsverträge* verpflichten eine Vertragspartei, ihr gehörende Sachen oder Geldkapital der anderen Partei auf Zeit zur Nutzung zu überlassen. Die entgeltliche Überlassung einer Sache bezeichnet man als Miete (§§ 535 ff BGB). Dem Nutzungsberechtigten steht auch das Recht auf Fruchtgenuss zu als Pacht (§§ 581 ff BGB), und schließlich die Überlassung von Geldkapital gegen Zins als Gelddarlehen (§§ 488 ff BGB).
- *Dienstleistungsverträge* verpflichten einen Vertragspartner zur Erbringung bestimmter Dienste gegen die Zahlung einer angemessenen Vergütung. Kommt es nur auf die fachgerechte Tätigkeit als solche an, so handelt es sich um einen *Dienstvertrag* (§§ 611 ff BGB), ist dagegen die Dienstleistung auch auf die Herstellung eines Werkes geistiger oder körperlicher Art ausgerichtet, liegt ein *Werkvertrag* vor (§§ 631 ff BGB). Zielt diese Dienstleistung auf die Besorgung eines Geschäfts, das eigentlich dem Auftraggeber obliegt, spricht man von einem *Geschäftsbesorgungsvertrag* (§ 675 BGB). Sonderfälle solcher Geschäfts-

besorgungen regelt das HGB in Form der Handelsvertretung (§§ 84 ff), des Kommissionsgeschäfts (§§ 383 ff), des Frachtgeschäfts (§§ 407 ff) und Speditionsgeschäfts (§§ 453 ff). Besteht die Dienstleistung in der Aufbewahrung fremder Sachen, spricht man von einem *Verwahrungsvertrag* (§§ 688 ff BGB). Geschieht das durch einen gewerbsmäßigen Lagerhalter, so wird das Verwahrungsverhältnis als Lagergeschäft bezeichnet (§§ 467 ff HGB). Geht es dagegen bei der Dienstleistung nur um die Vermittlung eines Vertrages, handelt es sich um einen *Maklervertrag* (§§ 652 ff BGB), werden dabei Börsengeschäfte oder ähnliche Handelsobjekte vermittelt, um einen Handelsmaklervertrag (§§ 92 ff HGB).

Diese komplexe Vertragstypologie im BGB und HGB wird dem Gestaltungsreichtum von Austauschbeziehungen im Wirtschaftsleben dennoch nicht voll gerecht, zumal das BGB und HGB schon über 100 Jahre alt sind. In dieser Zeit haben sich völlig neuartige Geschäfte, wie etwa der Leasingvertrag als atypischer Schuldvertrag, herausgebildet, die deshalb im Gesetz nicht berücksichtigt werden konnten. Hinzu kommt, dass die gesetzlich geregelten Vertragstypen nur Vertragsmodelle darstellen, die wegen der im Schuldrecht geltenden Vertragsfreiheit von den Vertragsparteien keinesfalls unverändert übernommen werden müssen, sondern je nach Bedarf und Interesse abgeändert oder miteinander verknüpft werden können, soweit dem nicht zwingende gesetzliche Bestimmungen entgegenstehen.

Vertragstypologie in BGB und HGB nicht allumfassend

Beispiel:
Der Kauf einer hochwertigen Büromaschine mit anschließender Wartung durch den Verkäufer gilt als Kombination zwischen Kauf- und Werkvertrag.

Unternehmen als Geschäftspartner haben insofern die Möglichkeit, für den konkreten Einzelfall oder für eine Vielzahl von Verträgen passende interessengerechte Vereinbarungen oder einzelne Vertragsbestimmungen zu formen. Es muss daher das Ziel eines funktionierenden Vertragsmanagements sein, diese wichtige Gestaltungsaufgabe möglichst optimal zu erfüllen.

1.1.2.2 Kausale Schuldverträge und abstrakte Verfügungsverträge

Die rechtliche Durchbildung beim Vermögenstransfer im Zusammenhang mit Übertragungsverträgen ist sehr komplex und für den Nichtjuristen auf den ersten Blick auch schwer verständlich. So verpflichtet der *Kaufvertrag* beim Warenkauf den Verkäufer, dem Käufer

Verfügungsverträge

die Sache zu übergeben und das Eigentum an der Sache zu verschaffen. Das bedeutet, dass der Käufer durch den Abschluss des Kaufvertrages noch nicht das Eigentum erlangt hat, sondern lediglich gegen den Verkäufer einen Anspruch auf Übereignung besitzt. Das Eigentum an der Ware erwirbt der Käufer erst, wenn sich der Verkäufer gesondert mit ihm darüber einigt und ihm auch die Ware übergibt (§ 929 BGB). Demnach ist rechtlich gesehen ein gesonderter *Übereignungsvertrag* notwendig, der – wie beim Barkauf – zeitlich mit dem Abschluss des Kaufvertrages zusammenfallen kann aber nicht muss, nämlich dann, wenn die Ware später gegen Rechnung geliefert wird. Gleiches gilt im Übrigen auf Käuferseite: Durch den Kaufvertrag wird der Käufer zur Zahlung und zur Abnahme der Ware verpflichtet, die Zahlung selbst erfolgt in einem gesonderten rechtlichen Schritt: entweder die Aushändigung und damit Übereignung der Geldscheine bei der Barzahlung oder die Banküberweisung bei der unbaren Zahlung. Die rechtliche Aufgliederung des einheitlichen wirtschaftlichen Geschäfts »Warenkauf« erfolgt in drei rechtlich selbstständigen Verträgen: dem einheitlichen Verpflichtungsgeschäft Kaufvertrag und den beiden Erfüllungsverträgen für die Sachübereignung und die Geldzahlung. Der Übereignungsvertrag stellt dabei den praktisch wichtigsten Fall für einen *Verfügungsvertrag* dar.

Verfügung　　Unter dem abstrakten Begriff *Verfügung* versteht der Jurist die rechtsgeschäftliche unmittelbare Übertragung, Belastung, Änderung oder Aufhebung eines Rechts, hier also die Übertragung des Eigentumsrechts.

Zu den Verfügungen gehören demnach ebenfalls:

- der Übereignungsvertrag bei Grundstücken, die so genannte Auflassung (§ 925 BGB),
- die Abtretung als die rechtsgeschäftliche Übertragung einer Forderung von dem bisherigen Gläubiger auf den neuen Gläubiger (§ 398 BGB) und
- die Verpfändung von Sachen und Rechten.

Abstraktionsprinzip　　Nicht rechtlicher Bestandteil derartiger Verfügungsverträge ist der rechtliche Grund, weswegen diese Verfügung vorgenommen wird. Dieser liegt in dem vorgeschalteten Verpflichtungsgeschäft, also dem Kaufvertrag, oder, im Falle einer unentgeltlichen Verpflichtung, der Schenkung. Verfügungsverträge sind deshalb gegenüber dem zugrunde liegenden Verpflichtungsgeschäft rechtlich selbstständig, in der rechtlichen Fachsprache abstrakt. Infolgedessen nennt man die rechtliche Trennung von kausalem Verpflichtungs- und abstraktem Verfügungsgeschäft das *Abstraktionsprinzip*. Das hat zur Folge, dass die Unwirksamkeit des Verpflichtungsgeschäftes die Wirksamkeit des dadurch veranlassten abstrakten Verfügungsgeschäftes nicht berührt. Wegen des wirtschaftlichen Zusammenhangs zwischen kausaler Verpflichtung und abstrakter Verfügung ist aber in einem solchen Fall die vorgenommene Vermögensübertragung rechtlich ungerechtfertigt.

Beispiel:
Beim abgewickelten Warenkaufvertrag hat der Käufer nachträglich seine Vertragserklärung wegen Inhaltsirrtum angefochten, wodurch der Kaufvertrag von Anfang an nichtig wird (§§ 119, Abs. 1, 142, Abs. 1 BGB).

Lösung:
Da beide Vertragsparteien Ware und Geld ohne wirksamen Kaufvertrag und demzufolge ohne rechtlichen Grund erhalten haben, müssen sie jeweils das Erlangte – der Käufer die Ware, der Verkäufer den Geldbetrag – nach den Regeln der ungerechtfertigten Bereicherung nach §§ 812, Abs. 1, 818 BGB wieder herausgeben.

1.1.3 Rechtsrahmen zur Verwirklichung von Geschäftszielen

Gewinne kann ein Unternehmen nur erwirtschaften, wenn es die von ihm erbrachte Leistung zu einem möglichst guten Preis an seine Kunden verkauft, die wiederum für ihr Geld entsprechende Qualität erwarten. Damit diese Geschäftsziele auf sicherer Grundlage erreicht werden können, müssen Verträge abgeschlossen werden. *Verträge* lassen sich demnach als »vereinbarte Gesetze« betrachten, an die sich beide Seiten halten müssen, wenn sie nicht Sanktionen – meist in Gestalt von Vermögensverlusten – erleiden wollen.

Geschäftsverträge orientieren sich an maßgeblichen Gesetzen

Diese *Geschäftsverträge* orientieren sich an den maßgeblichen Gesetzen und bewegen sich somit innerhalb bestimmter Grenzen. Fällt diese gesetzliche Ordnung umfangreich und detailliert aus, können Verträge umso knapper und kürzer sein, weil sie sich stillschweigend auf diese Gesetze beziehen können. Trifft das nicht zu oder fehlt es gar an passenden gesetzlichen Regelungen, sind umfangreichere und detailliertere Vertragswerke erforderlich. Generell kann man sagen, dass Verträge abhängig vom gesetzlichen Rahmen all das regeln sollen, was im Gesetz selbst nicht allgemein geregelt wird. Zunehmend arbeitet dabei der Gesetzgeber mit interpretationsbedürftigen unbestimmten Rechtsbegriffen, um durch diese Regelungstechnik einigermaßen mit dem immer rascher werdenden Tempo der wirtschaftlichen und technischen Entwicklung Schritt halten zu können. Die Präzisierung dieser unbestimmten Rechtsbegriffe obliegt der höchstrichterlichen Rechtsprechung. Deren Vorgaben müssen deshalb auch bei der Vertragsgestaltung unbedingt berücksichtigt werden.

1.1.4 Instrument zur Risikoerfassung und Risikobewältigung

Risikobewertung

Jeder Geschäftsvertrag dient der Verwirklichung von bestimmten Geschäftszielen und stellt so ein wichtiges Werkzeug für das Erreichen des angestrebten Geschäftserfolges dar. Nur ist diese Sicherungsfunktion vielen Unternehmern und Managern nicht klar, weil sich die Erfolge des Vertrages in den meisten Fällen scheinbar auch ohne ihn oder gegen ihn einstellen. Daraus den Schluss ziehen zu wollen, dass der Vertrag von Anfang an nutzlos und die durch ihn verursachten Kosten unnütz gewesen sind, ist indes eine falsche Einschätzung. Gerade die mühevolle Arbeit an Verträgen und die hierfür erforderliche umfassende Informationssammlung über das geplante Vorhaben zwingen den Geschäftsmann zu einer umfassenden und gründlichen *Risikoerfassung* und *Risikobewertung*, nicht nur über die dem Wirtschaftler wenig vertrauten rechtlichen Risiken, sondern auch über den Fokus des Vertrages schlechthin, den Leistungsinhalt, wie vor allem Qualitätsstandards, Preis- und Zahlungsbedingungen. Erst wenn die Unternehmensleitung einige negative Erfahrungen mit unzulänglich ausgehandelten lückenhaften Verträgen gemacht hat, die im Konfliktfall zu vermeidbaren Vermögensverlusten geführt haben, wird ihr der Vorteil eines funktionsfähigen Vertragsmanagements bewusst.

Risikoverteilung

Neben der Risikoerfassung und -bewertung, dient der Vertrag auch zur angemessenen *Risikoverteilung* zwischen den Vertragsparteien, wobei man die Risiken, die dem einzelnen Geschäftspartner nach dem Gesetz auferlegt sind, abschwächen oder sogar auf die andere Partei abwälzen kann. Besitzt der Vertrag eine Laufzeit von mehreren Monaten oder gar Jahren, so sollte er nicht nur die erkannten Risiken interessengerecht regeln, sondern kann von beiden Parteien zukunftsorientiert dahingehend genutzt werden, eine möglichst realistische *Risikoprognose* anzustellen. Es geht also zunächst darum, weitere mögliche technische, wirtschaftliche oder politische Risiken aufzufinden und zu bewerten und danach zu ermitteln, ob hierfür ein Regelungsbedarf besteht oder nicht. Hilfreich sind *Öffnungsklauseln* oder *Anpassungsklauseln* bei Eintritt unvorhersehbarer, aber nicht völlig unwahrscheinlicher Vorfälle, die das Gleichgewicht der vertraglich ausgehandelten Austauschbeziehungen ins Wanken bringen.

Öffnungs- und Anpassungsklauseln

Sollte sich eines der im Vertrag erfassten Risiken auswirken, muss so gut es geht verhindert werden, dass im Hinblick der zwischen den Vertragsparteien auszutauschenden Leistungsströme dieser Störfaktor den Gesamterfolg des Vertrages gefährdet. Soweit das anwendbare Gesetz bereits eine Abschottung der einzelnen *Risikofaktoren* vorsieht, geht es darum, durch entsprechende Vertragsregelungen dafür zu sorgen, dass die einzelnen Risikofaktoren rechtlich gegeneinander abgedichtet werden. Das dient der gegenseitigen Interessensicherung.

Beispiel:

Bei der Lieferung von Rohstoffen an ein Industrieunternehmen unter Einräumung eines Zahlungsziels, würde der Verkäufer trotz Eigentumsvorbehalts kraft Gesetzes nach der Verarbeitung des Rohstoffes beim neuen Produkt sein Eigentum an dem Rohstoff vor vollständiger Bezahlung verlieren (§ 950 BGB) und droht damit in der Insolvenz des Käufers auszufallen.

Lösung:

Die vertragliche (und im Gesetz nicht vorgesehene) Lösung ist: Der Verkäufer vereinbart mit dem Käufer zusätzlich eine so genannte Verarbeitungs- oder Herstellungsklausel, wonach der Käufer die gelieferten Stoffe im Auftrag des Verkäufers verarbeitet bzw. daraus das neue Produkt herstellt (so genannter verlängerter Eigentumsvorbehalt mit Herstellungsklausel). Dadurch behält der Verkäufer sein Eigentum an dem neuen Produkt in Form eines nach dem gelieferten Materialwert berechneten wertanteiligen Miteigentums nach Bruchteilen zusammen mit anderen Lieferanten so lange, bis der Käufer die Lieferantenforderung bezahlt hat. Erfüllt der Käufer seine vertraglichen Verpflichtungen und bezahlt alle seine Lieferanten, so erwirbt er an den von ihm hergestellten Waren das Eigentum. Diese gehören damit ihm. Wird er aber vorher zahlungsunfähig, so können in dem anschließenden Insolvenzverfahren die Lieferanten von dem Insolvenzverwalter, wenn dieser die Waren bestimmungsgemäß verkauft hat, nach Abzug gewisser Verfahrenskosten und der Umsatzsteuer anteilig die Herausgabe der erhaltenen Geldbeträge maximal in Höhe ihrer jeweiligen Kaufpreisforderung verlangen.

Da vielfach das gesetzliche Rechtssystem einer Vertragspartei zu hohe Risiken in bestimmten Situationen zumutet, wäre ohne den Vertrag als Gestaltungsmittel eine angemessene gegenseitige Interessensicherung beider Seiten nicht möglich, sodass dann ein Geschäftsabschluss nicht zustande käme oder zumindest ein Entgegenkommen des einen Geschäftspartners – wie in dem Beispiel des Verkäufers durch Einräumung von Warenkredit – völlig ausgeschlossen wäre. Interessengerechte vertragliche *Risikoregelungen* schaffen damit in vielen Fällen erst die verlässliche Grundlage für eine sichere Geschäftsabwicklung.

Vertragliche Risikoregelungen

1.1.5   Kommunikationsplattform der Verhandlungspartner

Einschätzung der menschlichen Qualitäten des Verhandlungspartners

Bei der Aushandlung des Vertrages lernen sich die Vertragsparteien, auch wenn sie sich auf einer sozialen Rollenebene begegnen, besser kennen. Insbesondere kann man sich einen Eindruck über die Stärken und Schwächen des Gegenübers verschaffen. Ob man in einer *Vertragsverhandlung* erfolgreich ist, hängt nicht nur von der richtigen Bewertung der technischen, wirtschaftlichen und politischen Faktoren des vertraglichen Umfeldes ab, die man so gut wie überhaupt nicht beeinflussen kann, sondern auch von der richtigen Einschätzung der menschlichen Qualitäten des Gegenübers. Dazu benötigt man ein fundiertes Wissen über die psychosozialen Prozesse des Verhandlungsgeschehens. Beide Parteien sind trotz der angestrebten Einigung auf ihren Vorteil aus, wollen von dem anderen eine möglichst umfangreiche verbindliche Leistungsverpflichtung, versuchen aber demgegenüber, die eigene Leistungsverpflichtung soweit wie möglich abzuschwächen. Dieser Interessengegensatz bildet die Grundkonstellation des Verhandlungsrituals, das ohne taktische Tricks, wie etwa ein Bluff, oder eine strategische Intervention, wie eine Verhandlungspause, gar nicht vorstellbar ist.

1.1.6   Komplexes soziales Austauschverhältnis

Bestimmende Faktoren

Abgesehen von den einfachen Alltagsgeschäften, sind es vielfältige Faktoren, welche den Vertrag bestimmen und dadurch auch die daran mitwirkenden Personen beeinflussen. Wesentliche Faktoren sind vor allem:

- die Informationslage der Verhandlungspartner,
- die Machtverhältnisse zwischen ihnen,
- die technischen Gegebenheiten, wirtschaftlichen und politischen Hintergründe des vertraglichen Umfeldes,
- die rechtlichen Grundlagen,
- das erwartete Ergebnis.

Geschäftsverträge besitzen zwei unterschiedliche Eigenschaften, die den Vertrag in seinen zeitlichen Stadien unterschiedlich prägen:

- Zunächst stellt der Vertrag eine Brücke zwischen beiden Vertragsparteien für den Austausch von Leistung und Gegenleistung dar, die mittels verbindlicher Leistungspflichten auf beiden Seiten verankert wird.
- Andererseits bedingt aber der Austauschvertrag einen Interessengegensatz beider Vertragsparteien, denn wenn es auf dem Markt nur Anbieter, aber keinen Nachfrager für die angebotene Leistung gibt, kann es keinen Austauschvertrag geben!

Vom Beginn der *Vertragsverhandlung* bis zum *Vertragsabschluss* überwiegen die konträren Interessen, um den angestrebten Verhandlungserfolg erreichen zu können. Diese dürfen auch keinesfalls verwischt werden, damit eine spätere Einigung von beiden Seiten als fairer Interessenausgleich erkannt und gewürdigt wird. Nur dann sind bei der anschließenden Durchführung beide Seiten daran interessiert, den Vertrag ordnungsgemäß abzuwickeln, indem man das gemeinsame Ziel der jeweiligen Vertragserfüllung in den Vordergrund rückt und dabei die Interessengegensätze zurücktreten lässt.

Vertragserfüllung als gemeinsames Ziel

Zwar kann jede Vertragspartei, die an der reibungslosen Durchführung des Vertrages interessiert ist, dessen Erfüllung rechtlich erzwingen. Jedoch ist der Vertrag im Grunde damit bereits gescheitert, wenn die auftretende Krise mit den vertragseigenen Regeln nicht mehr zu bewältigen ist, sondern nur noch mit prozessualen Mitteln liquidiert werden kann.

Aus diesem Grunde liegt die *Kunst der Vertragsgestaltung* darin, ihn in der Balance zu halten: einerseits dem Vertrag Stabilität zu verleihen, ihn also als statisches Gerüst mit klaren berechenbaren Strukturen und Eckdaten zu konstruieren, andererseits ihm aber auch genügend Flexibilität und Dynamik in Form der Berücksichtigung von alternativen Sollbruchstellen und anderen Elementen zu belassen. Die Eckdaten als stabiles Fundament können nur von den Parteien einvernehmlich geändert werden. Dagegen können die dynamischen und flexiblen Vereinbarungen jeder Partei genügend Beweglichkeit und Entscheidungsfreiheit einräumen, damit sie auf unerwartete, aber nicht zu vermeidende, für sie nachteilige Entwicklungen, etwa durch Lösung vom Vertrag, angemessen reagieren kann.

Die Kunst der Vertragsgestaltung ist die Balance

1.2　Marketingkonzept als ökonomischer Rahmen

Die Kernfunktion vom Geschäftsvertrag als rechtliches Gestaltungsinstrument ist es, die im Unternehmen hergestellten Produkte auf dem Markt abzusetzen oder die für den unternehmerischen Betrieb erforderlichen Produkte zu erwerben. Auf der Seite des Herstellers bedarf die angestrebte Optimierung des Produktabsatzes einer besonderen strategischen Planung und Organisation im Unternehmen, denn zur Verwirklichung dieses unternehmerischen Kernziels des Produzenten ist der systematische Aufbau und die anschließende Pflege der Kundenbeziehung erforderlich. Die systematische und strategische Durchdringung dieses jungen betriebswirtschaftlichen Wissensbereichs wird Marketing genannt.

Richtig verstandenes modernes Marketing sollte keineswegs nur die reaktive Anpassung des Unternehmens an die Marktgegebenheiten durch bewusste Ausrichtung aller Aktivitäten auf den Kunden (so genannte *Outside-in-Perspektive*) darstellen. Es wird auch nicht hinreichend mit der proaktiven Einflussnahme auf die äußeren Vermarktungsbedingungen beschrieben, bis diese den internen Zielsetzungen des Unternehmens entsprechen (so genannte *Inside-out-Perspektive*). Marketing ist viel umfassender im Sinne von Planung, Organisationsumsetzung und Kontrolle aller Aktivitäten mit dem Ziel zu verstehen, die unternehmenseigenen Ziele sowohl bei den eigenen Kunden als auch deren Kunden durch den Aufbau, Unterhalt, Ausbau und die Wiederherstellung möglichst erfolgreicher Geschäftsbeziehungen (so genanntes Beziehungsmarketing) zu erreichen. Kurz ausgedrückt geht es darum, bei den potenziellen Kunden im Absatzmarkt das Interesse für die eigenen Produkte zu wecken, sie positiv zu beeinflussen und, sobald man sie gewonnen hat, auch bestmöglich zu betreuen.

1.2.1   Marketinginstrumente und Marketingsystem

Werkzeuge zur Beeinflussung des Marktes

Werkzeuge zur Beeinflussung des Marktes, die als absatzpolitische Parameter des einzelnen Unternehmens genutzt werden und sozusagen die Stellgrößen bilden (von deren richtigen Dosierung der Vermarktungserfolg abhängt) sind:
- die Produkt- und Programmpolitik,
- die Preis- und Konditionenpolitik,
- die Kommunikations- und Identitätspolitik
- und schließlich die Dispositions- und Verkaufspolitik.

Instrumentenmix

Diese Instrumente hat die Unternehmensführung in einem Mix abzustimmen, damit sich der optimale Vermarktungserfolg erzielen lässt. Dabei liegt hier das Augenmerk auf denjenigen, die den Inhalt von Geschäftsverträgen beeinflussen.

Produkt- und Programmpolitik

Neue Produkte

Kernpunkte dieses Marketinginstruments sind die *Produktentwicklung* und *Produktneueinführung*. Gerade aber der Absatz oder die Beschaffung von Produkten sind Gegenstand von Geschäftsverträgen. Die dahinter stehende erfinderische Leistung und der notwendige Schutz der Produktkennzeichnung durch eine Marke sind durch die entsprechenden gewerblichen Schutzrechte und das Markenschutzrecht gewährleistet. Direkt mit dem Rechtsproblem von Geschäftsverträgen verknüpft ist aber die Produkteinführung. Das neue Produkt mit seinem Sicherheitsstandard muss dem jeweiligen Stand von Wissenschaft und Technik entsprechen und darüber hinaus auch die vertraglich vereinbarten Qualitätsmerkmale aufweisen, wollen sich Hersteller und/oder Verkäufer nicht vermeidbaren hohen Schadensersatzansprüchen von Kunden ausgesetzt sehen (vgl. Kap. 8.4.1).

Preis- und Konditionenpolitik

Zu welchen Preisen und sonstigen Konditionen ein Produkt am Markt angeboten und abgesetzt wird, ist in erster Linie Verhandlungssache der Geschäftspartner selbst und gehört damit zu dem allgemeinen Vertrags- oder Sonderrecht des jeweiligen Geschäftsvertrages. Die Preis- und Konditionengestaltung lässt sich aber auch als wettbewerbspolitisches Instrument einsetzen, dessen rechtliche Problematik nach den Regeln des Wettbewerbsrechts zu beurteilen ist und hier nicht weiter verfolgt werden soll.

Verhandlungssache

Kommunikations- und Identitätspolitik

Dieses Instrument dient zur Herstellung des Kundenkontaktes, was leichter fällt, wenn der ins Auge gefasste Kundenkreis das Unternehmen selbst und/oder seine Produkte in einer griffigen Produktmarke und einem aussagekräftigen Unternehmenskennzeichen ohne weiteres identifizieren kann. Von daher gesehen, ergeben sich schon zwangsläufig Berührungspunkte und Überschneidungen mit der Produkt- und Programmpolitik. Der Aufbau und die Pflege eines Kommunikationskanals ist Sache der *Werbung* in ihrer vielfältigen Ausprägung (vgl. Kap. 10.6).

Kundenkontakt

Dispositions- und Verkaufspolitik

Jeder Hersteller kann kraft seiner unternehmerischen Freiheiten den *Absatz* seiner Erzeugnisse so organisieren, wie es ihm am zweckmäßigsten erscheint. Gerade die Produzenten von *Markenartikeln* zielen nicht nur auf das Massenpublikum ab, sondern versuchen ausgesuchte Kundengruppen zu erreichen. Ihnen ist ein entsprechendes Image und die Marktpflege des Produktes äußerst wichtig. Um dies gegenüber dem Kunden zu gewährleisten, müssen sie Einfluss auf den Vertriebsweg nehmen. Insofern bietet sich der Direktvertrieb über eigene Filialen, ausgebildete Außendienstmitarbeiter oder der indirekte Vertrieb über ausgesuchte Fachhändler bzw. professionelle Vertriebsmittler an. Möglich ist auch das Praktizieren beider Vertriebssysteme nebeneinander als sog. Parallelvertrieb. Das *indirekte Marketing* hat sich zunehmend als Engpass für den Vermarktungserfolg herausgestellt, weil dabei hochkomplexe zwei- oder mehrstufige indirekte Absatzwege über Absatzmittler bzw. Absatzhelfer aufgebaut und gepflegt werden müssen. Nachdem aber das *Direktmarketing* über die Kontaktbörse Internet mittels des so genannten E-Commerce erheblich ausgeweitet werden konnte, hat diese Problematik

Direktes und indirektes Marketing

ohnehin an Bedeutung verloren. Gerade bei *einfachen Produkten* ohne großen Beratungsbedarf wird sich dieses am Markt immer mehr durchsetzen. Jedoch wird man auf das indirekte Marketing bei beratungsintensiven komplexeren Produkten nicht völlig verzichten können.

Die rechtliche Basis zu den *gewerbsmäßigen Vertriebsmittlern* (wie den Handelsvertretern, Vertragshändlern oder Franchisenehmern) bilden hochkomplexe vertikale Kooperationsverträge, die man ohne intensive Beratung durch einen fähigen Fachanwalt nicht abschließen sollte. Deshalb kann sich dieses Buch auf die Rechtsprobleme des Direktmarketings beschränken, bei dem im Rahmen von entsprechenden Geschäftsverträgen eine direkte Kundenbeziehung hergestellt wird.

1.2.2   Produktwerbung

Funktionen der Werbung

Ohne eine zielgerichtete aussagekräftige Werbung können auch kleinere und mittlere Unternehmen ihre Produkte nicht in ausreichendem Umfang vermarkten. Mit der Werbung strebt das Unternehmen an, seine Produkte gegenüber dem potenziellen Kunden bekannt zu machen und diesen zum Erwerb zu bewegen. Die Werbung erfüllt deshalb im Wesentlichen zwei Funktionen: Zum einen die Anpreisung des Produkts, um die Aufmerksamkeit des Kunden zu gewinnen, zum anderen auch dessen Information über das Produkt selbst. Kleinere und mittlere Unternehmen besitzen jedoch keine ausreichend große Marketingabteilung mit entsprechend qualifizierten Werbefachleuten. Vielmehr müssen sie das erforderliche kreative Know-how zur grafischen und bildhaften Gestaltung der Werbung verbunden mit einem griffigen aufmerksamkeitserregenden Werbetext von professionellen Werbeagenturen einkaufen, indem sie mit diesen so genannte *Werbeagenturverträge* abschließen (vgl. Kap. 10.6.2).

Grenzen zulässiger Werbung

Jeder Unternehmer sollte darüber Bescheid wissen, wo die rechtlichen *Grenzen zulässiger Werbung* liegen. Beachtet er das nicht, kann die teuer bezahlte Werbekampagne aus wettbewerbsrechtlichen Gründen sehr schnell gestoppt werden. Dabei ist selbstverständlich zu berücksichtigen, dass eine Werbung nur Sinn macht, wenn sie das Warenangebot oder die Dienstleistung des werbenden Unternehmens anpreisend herausstellt, sodass die Werbung den Kunden durchaus selektiv informieren darf und ihn nicht auf alle möglicherweise nachteiligen Produkteigenschaften hinweisen muss, wenn diese völlig typisch sind. Die Grenzen werden aber dort erreicht, wo falsche Erwartungen bei der Kundschaft geweckt werden, sodass eine irreführende oder verdeckte Werbung grundsätzlich verboten ist (vgl. Kap. 10.6.10). Den richtigen Kurs zwischen zulässiger

Anpreisung und unzulässiger *irreführender Werbung* oder *verdeckter Werbung* zu finden, ist zwar nicht immer einfach, jedoch für das werbende Unternehmen unbedingt erforderlich, will es einerseits eine möglichst große Anzahl potenzieller Kunden ansprechen, andererseits aber Fehlinvestitionen in rechtlich unzulässige Werbekampagnen vermeiden.

1.2.3 Feinabstimmung und Umsetzung durch das Vertragsmanagement

In erster Linie hat die Unternehmensführung das passende *Marketingkonzept* zu entwickeln und die für seine Umsetzung notwendigen organisatorischen Maßnahmen betriebsintern vorzunehmen. Soweit die eingesetzten Marketinginstrumente sich auch auf den Inhalt von Geschäftsverträgen auswirken, ist es Aufgabe des *Vertragsmanagements*, die Feinjustierung des Vertragswesens der Preis- und Konditionengestaltung vorzunehmen und die Kommunikationspolitik im Rahmen der Werbung abzustimmen.

Marketinginstrumente

1.3 Aufgaben des Vertragsmanagements im Überblick

Die Installierung eines *Vertragsmanagements für Geschäftsverträge*, das sich systematisch mit allen wichtigen Stadien, von der Planung bis zur Abwicklung befasst, lohnt sich auf jeden Fall auch für kleinere und mittlere Unternehmen. Dazu muss keinesfalls eine größere Abteilung aufgebaut werden, sondern diese Aufgabe kann vom Einkauf bzw. vom Vertrieb zusätzlich übernommen werden. Die Entscheidung über Grundsatzfragen und die Koordinierung der beiden Bereiche liegt dann in den Händen der Unternehmensleitung (siehe Abbildung 1.5).

KMU Vertragsmanagement

1.3.1 Vertragsplanung als strategisches Instrument

Bei komplexen Geschäften sollte der Vertragsverhandlung und dem Vertragsabschluss eine *Vertragsplanung* vorgeschaltet sein. Die Vertragsplanung dient der Ermittlung und der Realisierung der *Vertragsziele* selbst, die bereits häufig von der Unternehmensleitung in kaufmännischer und technischer Hinsicht zumindest in einem bestimmten Korridor vorgegeben sind. Die eigentliche Planungsarbeit liegt nun darin, die bestmöglichen Wege aufzuzeigen, um diese gesetzten Ziele erreichen zu können. Aber auch bei Standardverträgen im unternehmerischen Kerngeschäft sind solche Vorarbeiten im Hinblick auf den komplexen Inhalt von Vertragsbedingungen erforderlich.

Vertragsziele

Abb. 1.5: Phasen der Vertragsabwicklung

1.3.2   Vertragsgestaltung
Bei der Vertragsgestaltung geht es um den Aufbau und die Strukturierung und schließlich die Ausformulierung des Vertrages, die bestimmten Regeln folgt, über die jeder qualifizierte Vertragsmanager Bescheid wissen sollte.

1.3.3   Vertragsverhandlung

Verhandlungstechnik

Die zielgerichtete und erfolgreiche Führung einer *Vertragsverhandlung* gehört sicherlich zur schwierigsten Tätigkeit eines Vertragsmanagers, weil er dort nicht nur sein fundiertes Fachwissen konzentriert und situationsgerecht einsetzen muss, sondern auch schnell und flexibel zu reagieren hat, da Verhandlungen häufig eine überraschende Wendung nehmen. Gefragt sind vielfach Kreativität und Ausdauervermögen, um eine ins Stocken geratene Verhandlung wieder in Gang zu bringen. Daher ist die kommunikative Strategie im Verhandlungsprozess darauf ausgerichtet, dass ein schlussendlich von beiden Seiten akzeptiertes Ergebnis erreicht wird. Das erfordert aber, dass man den Partner richtig einschätzt, insbesondere den Bogen nicht überspannt, sondern erkennt, wo dessen Schmerzgrenzen liegen.

1.3.4 Vertragsabschluss oder -abbruch

Je nachdem, ob die Vertragsverhandlungen erfolgreich verlaufen sind oder nicht, wird der gewünschte Vertrag abgeschlossen oder die Vertragsverhandlungen werden ergebnislos abgebrochen. Im Falle der Einigung erfolgt die mühsame Klein- und Feinarbeit der Ausformulierung eines verständlichen und klaren *Vertragstextes*. Handelt es sich dabei um komplexe oder wichtige Verträge, sollte der Rat eines Fachjuristen eingeholt werden.

Verhandlungs-ergebnis

1.3.5 Vertragsdurchführung

Die *Vertragsdurchführung* betrifft alle betriebsinternen Abläufe und Verhaltensregeln, die die Vertragsparteien zur Abwicklung des Vertrages organisieren müssen und zu beachten haben, um die durch die Planung vorgegebenen Ziele tatsächlich zu erreichen. Die hierzu erforderlichen Hausaufgaben mit Blick auf die Verhaltenspflichten der Vertragsparteien müssen bereits bei der Ausarbeitung des Vertragstextes erledigt werden. Gelingt dies, kann der Vertrag meistens in der Schublade bleiben, weil in der Regel mit nennenswerten rechtlichen Problemen nicht mehr zu rechnen ist. Da aber beim besten Willen alle möglichen Situationen, die während der Vertragsdurchführung auftreten können, nicht vorhersehbar sind, sollte jeder gute Vertrag auch Instrumente zur entsprechenden Krisenbewältigung enthalten.

Regeln der Vertragsabwicklung

1.3.6 Vertragscontrolling

Das *Vertragscontrolling* ist eine interne Angelegenheit jedes Geschäftspartners. Im Wesentlichen geht es darum, abschließend festzustellen, ob die gesetzten Vertragsziele erreicht worden sind oder nicht, d.h. ob das tatsächliche Ergebnis dem gesetzten Ziel entspricht. Bestimmte Qualitätsnormen, z.B. DIN/ISO 9000 ff., schreiben eine Nachkalkulation von Projekten vor, obwohl vergleichbare Regelungen für Verträge noch fehlen. Auf jeden Fall sollte die Durchführung eines Vertragscontrollings zum allgemeinen unternehmerischen Standard werden, um verlässlich überprüfen zu können, ob der Vertrag erfolgreich gelaufen ist oder nicht. Das bedingt aber u.a. eine umfassende Vertragsdokumentation (vgl. Kap. 4.9).

Ergebnis-überprüfung

1.3.7 Kooperation mit Beratern

Das Vertragsmanagement hat auch darüber zu entscheiden, ob und in welchem Stadium (von der Vertragsplanung bis zum Vertragsabschluss) andere fachliche Berater hinzugezogen werden sollen. Bei Geschäftsverträgen handelt es sich im Wesentlichen um die Rechtsberatung durch einen qualifizierten Fachjuristen. Das hängt in erster Linie von der konkreten Situation im Einzelfall ab; doch lassen

Rechtsberatung

sich folgende allgemein gültige Empfehlungen aufstellen: Eine juristische Fachberatung erscheint auf jeden Fall bei der Konditionengestaltung durch *Allgemeine Geschäftsbedingungen* notwendig. Ferner sollte bei komplexen und wichtigen Geschäften ein qualifizierter Rechtsanwalt schon in der Phase der Vertragsverhandlung hinzugezogen werden, vorausgesetzt er verhält sich konstruktiv. Er darf also nicht nur als Bedenkenträger auftreten und ständig vor unklaren Formulierungen warnen, sondern sollte imstande sein, schwierige Situationen durch Aufzeigen mehrerer alternativer Lösungsvorschläge zu überbrücken. Unvermeidbar wird schließlich die Hinzuziehung eines Rechtsanwaltes, wenn später nach Vertragsabschluss ein offener Konflikt ausbricht, der nur mit rechtlichen Mitteln bewältigt werden kann.

1.4   Anforderungsprofil für Vertragsmanager

Das Anforderungsprofil für Vertragsmanager ist sehr anspruchsvoll, weil ein guter Vertragsmanager vielfältige Fach- und Grundkenntnisse in mehreren Wissensfeldern benötigt.

1.4.1   Notwendiges fachliches Know-how

Betriebswirtschaftliche und technische Zusammenhänge

Zunächst benötigt jeder Vertragsmanager ein fundiertes Fachwissen über das allgemeine Vertragsrecht und das spezifische Recht, die die für sein Unternehmen wichtigsten Geschäftsverträge bzw. die Geschäfte, die zu seinem Arbeitsgebiet gehören, bestimmen. Daneben muss er aber auch unbedingt die *betriebswirtschaftlichen* und *technischen Zusammenhänge* verstehen, sodass typischerweise in der Praxis Betriebswirte oder Ingenieure als Vertragsmanager eingesetzt werden. Sie verfügen schon von ihrem Studium her über ein Basiswissen des Vertragsrechts, das dann aber in speziellen Fachseminaren vertieft und abgerundet werden sollte. Soweit der einzelne Vertragsmanager auch in Vertragsverhandlungen beteiligt ist, sollte er zudem noch die Regeln und Tricks für eine erfolgreiche *Verhandlungsführung* beherrschen. Dazu benötigt er ein ausreichendes Basiswissen in der Entwicklungs- und Verhaltenspsychologie sowie in den Kommunikationswissenschaften, um die Persönlichkeit und Verhaltensweisen des Verhandlungspartners richtig einzuschätzen. Dieses spezifische Know-how kann man sich nur bedingt durch gute Bücher aneignen. Es sollte außerdem auch in Seminaren unter der Leitung erfahrener Trainer praktisch geübt werden. Sehr hilfreich sind auch Grundkenntnisse in der non-verbalen Kommunikation, weil die Signale auf dieser Ebene, insbesondere die Körpersprache,

Verhandlungsprofi

viel mehr Aufschluss über die echten Absichten von Menschen geben können als die verbale Kommunikation.

1.4.2 Mental psychische Konstitution

Ein Vertragsmanager sollte sich vor wichtigen Verhandlungen stets im *inneren Gleichgewicht* befinden, insbesondere gut ausgeruht sein, um über eine hohe geistige Präsenz zu verfügen. Deshalb ist er rechtzeitig vor dem wichtigen Termin von sonstigen Arbeiten freizustellen, wofür die Unternehmensführung zu sorgen hat. Eine gute Hilfe, um in dieses innere Gleichgewicht zu kommen, können auch *mentale Entspannungstechniken* sein, die man sich deshalb auch aneignen sollte. Neueste wissenschaftliche Untersuchungen haben gezeigt, dass man mit deren Anwendung innerhalb weniger Minuten die Konzentrationsfähigkeit erheblich steigern kann. Wird dies nicht beherzigt und steigt der Vertragsmanager gestresst und abgehetzt in die Verhandlung, so kann er trotz solider fachlicher Vorbereitung wegen seiner instabilen seelischen und psychischen Konstitution zum Über- oder Untersteuern neigen, wie wissenschaftliche Studien mit computersimulierten Entscheidungsprogrammen belegen. Vielmehr sollte er sich von der grundlegenden psychologischen und philosophischen Erkenntnis leiten lassen, dass »in der Ruhe die Kraft liegt«.

Inneres Gleichgewicht

2   Entwickeln und Verhandeln komplexer Geschäftsverträge

Soll der angestrebte Vertrag die vereinbarten Ziele erreichen, so müssen bis zum eigentlichen Vertragsabschluss umfangreiche Vorarbeiten geleistet werden. Das gilt umso mehr, wenn es sich nicht um einen bereits vorgeprägten Standardvertrag handelt, sondern dieser im Detail noch ausgehandelt werden muss. Die Schritte selbst reichen von der Vertragsplanung über die Vertragsgestaltung (mit dem Ziel eines vorläufigen Vertragsentwurfs) und den anschließenden Vertragsverhandlungen bis zum Vertragsabschluss.

2.1   Vertragsplanung

In Kreisen von Unternehmern und Managern begegnet man häufig der Ansicht, dass der teilweise erhebliche Zeitaufwand für die *Vertragsplanung* sich nicht lohne, weil er in keinem Verhältnis zu den Ergebnissen stehen würde. Diese Rechnung geht indes nur dann auf, wenn mit dem Geschäft alles rund läuft und die Machtverhältnisse es auch erlauben, dass man in der Position der Überlegenheit seine Vorstellungen weitgehend durchsetzen kann. Verändern sich aber die Umstände und wird die Zeit plötzlich knapp, häufen sich vermeidbare Fehler, weil wichtige Entscheidungen nur aus dem Bauch heraus getroffen werden. Deshalb ist es von Vorteil, wenn man seine Hausaufgaben in Form einer gründlichen Vertragsplanung macht.

Zeitaufwand

2.1.1   Vertragsziele, Vertragsstrategie und -taktik

Geschäftsverträge dienen der Erreichung bestimmter *Geschäftsziele*, wie z. B., dass das Unternehmen je nach Position entweder

Geschäftsziele

- seine Produkte möglichst teuer auf dem Markt verkaufen oder
- für den eigenen Betrieb benötigte Produkte möglichst günstig einkaufen kann.

Damit gehört auch die *Vertragsstrategie* als Teil der gesamten unternehmerischen Strategie zur Führungsaufgabe der Geschäftsleitung. Die Vertragsstrategie unterscheidet sich aber von anderen unternehmerischen Zielen dadurch, dass jede Partei in der Regel entgegenge-

Vertragsstrategie

setzte Projektziele verfolgt, die eigenen Ziele aber nur im Verbund mit dem Kontrahenten erreichen kann. Deshalb muss eine erfolgreiche Vertragsstrategie diesen Spannungsbogen zwischen den Interessengegensätzen der Parteien überbrücken.

> **Beispiel:**
> *Ein Unternehmen der Fertigungsindustrie will die gesamte EDV auf eine neue Software umstellen und zwar möglichst zum Festpreis. Das Softwarehaus dagegen kann den Umfang der Arbeiten nicht genau kalkulieren.*

Interessenlage

Beide Parteien sind demzufolge an dem Vertrag interessiert, können aber die mit dem Vertrag gesetzten Ziele nur erreichen, wenn auch die Bedingungen der anderen Seite angemessen erfüllt werden. Aufgabe der Vertragsstrategie ist es nun, dieses Dilemma aufzulösen. Unternehmer oder Manager sind es nicht gewohnt, in ihre strategischen Überlegungen (etwa zur Verbesserung der eigenen Marktsituation) derartige Interessengegensätze einzubeziehen. Zwar muss man mit Gegenreaktionen der Konkurrenz rechnen, es fehlt aber die genaue Abstimmung mit dem Kontrahenten, die im Übrigen aus wettbewerbsrechtlichen Gründen auch gar nicht erlaubt ist. Die Überwindung der Interessengegensätze lässt sich nur erreichen, wenn man

- als glaubwürdiger Geschäftspartner auftritt,
- Verständnis für die Situation des Gegenübers besitzt und
- dennoch mutig und konsequent seine eigenen Ziele verfolgt.

Der Vertrag, den beide anstreben, muss deshalb auch als gemeinsame Aufgabe betrachtet und behandelt werden.

Diese Aufgabe der konstruktiven Überwindung der Interessengegensätze darf auch bei der Einsetzung der taktischen Mittel (als Werkzeuge und Wege, mit denen die Verhandlungspartner ihre Ziele erreichen wollen) niemals aus dem Auge verloren werden.

> **Beispiel:**
> *Das strategische Ziel des Einkäufers ist, das Produkt möglichst billig zu erwerben. Um dieses Ziel zu erreichen, sollte er versuchen, den Verkäufer unter Preisdruck zu setzen.*

Vertragstaktik

Die Kunst der *Vertragstaktik* besteht nun darin, die richtigen taktischen Werkzeuge der jeweiligen Situation angepasst einzusetzen, die sich dann aber völlig gegensätzlich benutzen lassen. Es handelt sich dabei im Wesentlichen um:

- Nähe oder Distanz zum Vertragspartner,
- Beschleunigen oder Verlangsamen der Verhandlungen,

- Aufdeckung oder Verstecken der eigenen Informationslage,
- vollständige oder unvollständige Informationen des Vertragspartners,
- Beschränkung der Alternativen des Vertragspartners oder Aufzeigen neuer Alternativen,
- Unterbreiten von großzügigen Angeboten (ernst gemeint oder zum Schein),
- zähes Verhandlungsspiel (ernst gemeint oder zum Schein),
- Entscheidungsdruck beim Vertragspartner zu erzeugen, eigene Entscheidungen verzögern.

Dabei ist es völlig legitim, taktische Fehler der Gegenseite zu seinem eigenen Vorteil zu nutzen, soweit man dadurch nicht die Regeln des kaufmännischen Fairplays missachtet, was rechtlich als sittenwidriges Verhalten missbilligt und geahndet wird. Innerhalb dieses weit gezogenen Rahmens sind *taktische Kniffs* und *Bluffs* durchaus erlaubt. Gewinn bringend kann man diese Techniken gezielt für das eigene Unternehmen nur dann einsetzen, wenn man sie in Simulationsübungen – wie z. B. *Plan- und Rollenspielen* – in einer Gruppe (unter Anleitung eines erfahrenen, psychologisch geschulten Kommunikationstrainers) übt. **Kniffs und Bluffs**

   Strategie und Taktik werden ihrerseits von einer Reihe anderer *Planungsfaktoren* beeinflusst, die es deshalb bei der Vertragsplanung zu berücksichtigen gilt. Einige dieser Planungsfaktoren lassen sich durch die Vertragsparteien steuern und sind auch strukturierbar, andere dagegen, wie insbesondere die auf der wirtschaftlichen Größe beruhenden Machtverhältnisse, sind vorgegeben. Soweit diese Planungsfaktoren auf harten Tatsachen beruhen, kann man sie relativ einfach kalkulieren und abschätzen. Das trifft auf den psychologisch emotional fundierten Kommunikationsprozess, auch wenn er sich durch die geschickte Wahl der richtigen Kommunikationsstrategie steuern lässt, weniger zu, obwohl diese *weichen Faktoren* für das strategische Ergebnis von gleichem Gewicht sind. Erfahrungsgemäß werden sie aber in der Unternehmenspraxis in ihrer Bedeutung unterschätzt. Diese harten und weichen Planungsfaktoren müssen vor allem unter kaufmännischen, technischen, aber auch rechtlichen Gesichtspunkten von der Unternehmensleitung und dem mit der Vertragsplanung beauftragten Vertragsmanager in ihren möglichen Auswirkungen auf das angestrebte Verhandlungsergebnis richtig bewertet werden. Das kann nur gelingen, wenn zuvor alle hierfür relevanten Informationen zusammengetragen worden sind. **Kommunikationsstrategie**

2.1.2 Informationsgewinnung und -weitergabe

Informationen

Informationen bilden die wichtigste Planungskomponente, weil alle anderen Faktoren davon abhängen. Fehlinformationen führen zwangsläufig zu vermeidbaren *Planungsfehlern* und produzieren deshalb schlechte Verhandlungsergebnisse. Gerade im heutigen Informationszeitalter stellen anerkanntermaßen Informationen einen sehr wichtigen Machtfaktor dar. So kann etwa der besser informierte kleine Verhandlungspartner seine Unterlegenheit gegenüber dem wirtschaftlich stärkeren Kontrahenten durch seinen Wissensvorsprung ausgleichen und damit die Machtverhältnisse zu seinen Gunsten verändern. Der Aufwand für die *Informationsbeschaffung* kann durchaus unterschiedlich sein – je nachdem, ob es sich dabei um allgemein verfügbare Informationen oder um besondere Informationen, die nicht allgemein zugänglich sind, handelt.

Interne Informationen

Dabei ist die Informationsgewinnung über die eigene Situation selbstverständlich einfacher als diejenige über den Kontrahenten. Das Sammeln *interner Informationen* strukturiert man am besten anhand von Checklisten, die man projektbezogen anfertigt. Dabei muss man sich über folgende Kernpunkte Klarheit verschaffen:

- die eigene Position am Markt,
- den verfügbaren Zeitrahmen,
- die vorhandenen einsetzbaren finanziellen Mitteln,
- die Verantwortlichkeit für die Informationssammlung,
- die Verantwortlichkeit für die Verhandlungsführung,
- der Break-even-Point für einen eventuellen Verhandlungsabbruch,
- die zur Verfügung stehenden Alternativen im Falle des Scheiterns,
- mögliche Störungsfaktoren.

Mit Blick auf die *externe Informationsgewinnung* über den anderen Partner stellt man spiegelbildlich gesehen die gleichen Fragen, indem man versucht, sich in dessen Position hineinzuversetzen. Dabei kann man sich die allgemein verfügbaren Informationen über die Gegenseite durch *Wirtschaftsdatenbanken*, wie etwa Creditreform, Egodata, Bürgl etc., beschaffen. Es kann sich auch als notwendig erweisen, eine Eigenauskunft einzuholen, um genau zu erfahren, welche eigene Daten dort abgespeichert sind. Diese allgemein verfügbaren Informationen braucht man an die Gegenseite keinesfalls weiterzugeben. Allerdings wirkt es vertrauensbildend, dies zu tun, sofern man feststellt, dass der Verhandlungspartner schlecht informiert ist. Eine derartige offene Informationspolitik kann das Verhandlungsklima entscheidend verbessern und den Kontrahenten dazu bewegen, in gleicher Weise zu verfahren. Das gilt indes nicht für spezifische Informationen. Diese sollte man nur weitergeben, wenn das zum eigenen Vorteil ist, etwa die Gegenseite wegen unkalkulierbarer Risiken die Verhandlungen abbrechen will und durch diese Informationen ihre Bedenken ausgeräumt werden können. *Externe Informationen* darf man als umsichtiger Unternehmer keinesfalls ungeprüft übernehmen, sondern muss sie auf ihre Stichhaltigkeit hin überprüfen. Anschließend sollte man die Prüfung dokumentieren, damit man später geprüfte von ungeprüften und damit unsicheren Informationen unterscheiden kann.

Externe Informationen

Darüber hinaus ist die *Informationsgewinnung* als kontinuierlicher Prozess zu verstehen, der keinesfalls mit dem Vertragsabschluss enden darf. Ansonsten läuft man Gefahr, dass nachteilige Entwicklungen, die die Projektdurchführung erheblich gefährden – so etwa eine Qualitätsverschlechterung des Vertragspartners oder eine Verschlechterung der Marktsituation etc. – nicht wahrgenommen werden.

Dabei ist organisatorisch sicherzustellen, dass die Mitarbeiter des Vertragsmanagements jeweils über den aktuellen Informationsstand verfügen können. Nur dann werden sie auch von der Gegenseite als ernsthafte vertrauenswürdige Verhandlungspartner akzeptiert.

2.1.3 Zeitlicher Rahmen

Die Bestimmung des für die Durchführung des Projekts verfügbaren Rahmens liegt weitgehend in den Händen der Beteiligten. Deshalb ist es wichtig, die zeitliche Abfolge genau zu strukturieren, denn viele Projekte scheitern, weil bindende Zeitvereinbarungen fehlen. Dabei kommt es vor allem darauf an, die Schwerpunkte oder Prioritäten in der *Zeitplanung* eines Gesamtprojekts richtig zu setzen. Passt das aufgestellte Zeittableau, hat man eher die Möglichkeit, gemachte Fehler zu korrigieren. Plant man dagegen zu wenig Zeit ein, führt der dadurch entstehende Zeitdruck zu einer Aneinanderreihung von fehlerhaften Entscheidungen, die man im Nachhinein nicht so einfach in den Griff bekommt. Wählt man das richtige Zeitmaß, ist hingegen noch genügend Luft für die Suche nach Alternativen und Ersatzlösungen, wenn das geplante Projekt keine Erfolgschancen besitzt.

Zeitplanung

Die größte Schwierigkeit in der Zeitplanung liegt darin, die richtigen Prioritäten zu setzen, was von sehr vielen wirtschaftlichen und technischen Faktoren, insbesondere von dem Projekt selbst abhängt. Dabei spielt auch die jeweilige *Planungskultur* eine entscheidende Rolle:

Planungskultur

● Unternehmen aus dem asiatischen Wirtschaftsraum verfolgen eine eher vorsichtige Strategie, indem sie zunächst alle erhältlichen Informationen sammeln, diese dann sorgfältig auswerten und erst, wenn alles gründlich durchdacht und bewertet ist, die

Asiatische Unternehmen

Entscheidung treffen. Diese Vorgehensweise zeichnet auch das Vertragsmanagement aus. Das hat den Vorteil hoher Planungssicherheit und bringt erheblichen Zeitgewinn für die Vertragsdurchführung, da bereits im Planungsstadium alle denkbaren Eventualitäten durchgespielt sind und daher nahezu keine ungeklärten Fragen mehr auftreten.

Westliche Unternehmen

• Westliche Unternehmen praktizieren dagegen die Methode der raschen Entscheidung und begnügen sich mit der Klärung wichtiger Eckdaten. Es wird also nach dem Motto verfahren: »Zeit ist Geld!« Da aber die Ablauforganisation von dem Unternehmen selbst nicht voll durchgeplant ist, kommt es bei der Projektabwicklung häufig zu internen Abstimmungsproblemen, von nicht vorhergesehenen Schwierigkeiten erst gar nicht zu reden, deren Lösung dann nachverhandelt werden muss.

Vergleicht man nun den *Zeitbedarf beider Methoden*, so benötigen sie in etwa den gleichen Zeitaufwand, weil der Zeitgewinn gegenüber dem östlichen Weg bis zum Vertragsabschluss im Durchschnitt gesehen durch die längere Durchführungsphase aufgezehrt wird. Der östliche Weg hat den Vorzug, dass er unnötigen Stress in der Abwicklungsphase vermeidet, während beim anderen Weg in vielen Fällen ein hoher Zeitdruck entsteht, der Fehler geradezu provoziert. Kurzum ist der durchgeplante östliche Weg weniger fehleranfällig und daher für komplexere Projekte zu empfehlen.

2.1.4   Finanzplanung

Gründliche Kalkulation

Der Geldfaktor spielt bei der Planung selbstverständlich eine ganz zentrale Rolle, vor allem bei dem *Aushandeln* von *Preisen*. Entgegen einer weit verbreiteten Vorstellung in Wirtschaftskreisen ist aber ein höherer Preis aus dem Blickwinkel des Anbieters oder ein niedrigerer Preis aus der Sicht des nachfragenden Kunden nicht immer das optimale Ergebnis, weil ein zu starkes Fixieren auf den Preis sehr schnell anspruchsvolle Projekte zerstören kann.

Beispiel:
Die Entwicklung einer Spezialsoftware wird nach den Vorstellungen des Kunden häufig aufgrund der harten Konkurrenz an den Entwickler nur auf der Basis eines Festpreises vergeben. Dem Auftraggeber gelingt es dadurch, das Kalkulationsrisiko voll in den Bereich des Herstellers zu verschieben, wogegen prinzipiell nichts einzuwenden ist. Fatal wird es aber, wenn dem Softwareentwickler in der Vorbereitungsphase nicht genügend Zeit eingeräumt wird, diese von ihm zu tragenden Risiken realistisch abschätzen zu können und damit das Festpreisangebot richtig zu taxieren. Der Vertragsabschluss nützt dem Auftraggeber kaum

etwas, wenn das Projekt dann nicht fertiggestellt werden kann. Der Grund liegt auf der Hand: der Anbieter ist außerstande das Projekt unter diesen Preiskonditionen zu realisieren. Schadensersatzansprüche wegen Vertragsbruch bringen dem Auftraggeber relativ wenig, sind doch viele Softwarehäuser mit zu geringem Eigenkapital ausgestattet, als dass sie einen solchen Schadensfall überleben könnten.

Lösung:
In einem solchen Fall wäre es vielmehr die richtige Strategie gewesen, dem Softwarehaus einen angemessenen Preis zu zahlen, oder dem Softwareentwickler zumindest eine Preiserhöhung zu gestatten, wenn die Entwicklung des Projekts einen bestimmten Zeitaufwand überschreitet.

Fehler werden in der Praxis aber auch bei der *eigenen Refinanzierung* und *Liquiditätsplanung* gemacht, weil vielen Unternehmern und Managern der unmittelbare Zusammenhang zwischen Liquiditätsplanung und Vertragsdurchführung nicht bewusst ist. Das wird an Terminabsprachen besonders augenfällig. Hier kommt es darauf an, eine genaue Abstimmung zwischen den vertraglichen Leistungen, der Finanzplanung, den Fälligkeiten der Leistungen und eventueller Sicherheiten vorzunehmen, insbesondere falls einer der Vertragspartner seine Leistungen über Kreditinstitute refinanzieren muss. Steht die Finanzierung noch nicht und wird der Vertrag dennoch (etwa wegen terminlicher Zwänge) schon abgeschlossen, so sollten diese Risiken durch eine geeignete Vertragsbeendigungsklausel (wie z. B. ein Rücktrittsrecht oder andere juristische Werkzeuge) abgefangen werden, um einen erheblichen Schaden zu vermeiden. Auch bei Langzeitverträgen (wie etwa einem Leasingvertrag) treten typischerweise derartige Schnittstellen zwischen der Finanzplanung und der passenden rechtlichen Ausgestaltung auf.

Vertrags-
bedingungsklausel

2.1.5   Kosten- und Nutzenanalyse

Einer der wichtigsten Aspekte für das gewinnorientierte Unternehmen ist der *Kostenfaktor.* Deshalb müssen im Unternehmen die für das geplante Geschäft maßgebenden betriebswirtschaftlichen Daten mittels einer gründlichen Kalkulation erhoben werden. Geschäfte lohnen sich langfristig nur, wenn sie ausreichend Gewinn abwerfen. Dabei ist das Vertragsmanagement darauf angewiesen, dass die ihm für die späteren Vertragsverhandlungen mitgeteilten betriebswirtschaftlichen Grunddaten stimmen. Selbstverständlich bestimmt die Unternehmensleitung den Verhandlungsspielraum, legt also die Schwellen in Form eines Break-even-Point fest, ab dem die Vertragsverhandlungen mangels ausreichender Rentabilität abgebrochen werden müssen. Bei der *Kostenkalkulation* sollte unbedingt auch der finanzielle Aufwand bis zum *Vertragsabschluss* und die Kontrolle der Vertragsdurchführung (notfalls durch Schätzung) berücksichtigt werden.

2.1.6   Risikobewertung

In eine umfassende Kosten-Nutzen-Analyse fließt selbstverständlich eine möglichst genaue *Risikobewertung* ein, da Risiken erhebliche Kosten verursachen können, wenn sie sich realisieren. Geschäftsverträge bringen wirtschaftliche, technische und finanzielle, aber auch rechtliche Risiken mit sich, die in jeder Phase des Vertrages, insbesondere bei der Vertragsvorbereitung bewertet werden müssen.

> **Beispiel:**
> *Viele Risiken, wie z. B. die Zerstörung von Sachgütern lassen sich durch Versicherungen auffangen. Die Versicherungen kosten jedoch selbstverständlich Geld.*

Schwierige Risikoeinschätzung

Leider lassen sich nicht alle Risiken absichern, sodass eine *Risikoabschätzung* sehr schwer wird.

> **Beispiel:**
> *Das finanzielle Risiko, dass der Auftraggeber nicht zahlt, kann man noch relativ problemlos mit Bürgschaften abfangen. Das Risiko hingegen, dass das geplante Projekt an technischen Hindernissen scheitert, ist dagegen nur beschränkt durch Alternativplanung und in finanzieller Hinsicht nur unzureichend durch eine Ausfallbürgschaft abzusichern.*

Erschwerend kommt hinzu, dass viele Risikofaktoren untereinander nicht in einem simplen Ursache-Wirkungs-Verhältnis stehen, sondern eng miteinander vernetzt sind. Selbst die moderne Netzplantechnik kann sie nur unzureichend erfassen und abbilden. Noch komplizierter wird es, wenn die Risikofaktoren sich nicht einfach addieren lassen, sondern sich multiplizieren, da eine Kette nur so stark ist wie ihr schwächstes Glied. Aus dem Gesagten müsste klar geworden sein, dass die Risikobewertungsanalyse eine der schwierigsten Aufgaben des Vertragsmanagements ist, die sich daher erfolgreich nur bewältigen lässt, wenn die entsprechenden Mitarbeiter im vernetzten Denken ausreichend geschult sind.

2.1.7   Organisation der Vertragsvorbereitung

Komplexe Vorhaben

Gerade für die Planung von komplexeren Vorhaben ist eine besondere Innenstruktur in Form eines *Projektteams* erforderlich, in dem ausreichend Fachwissen aus den verschiedensten Bereichen gebündelt wird. Neben dem kaufmännischen und technischen Know-how sollte zu jedem Projektteam ein Vertragsmanager gehören, der später mit dem Aushandeln des Vertrages betraut ist. Sofern es die Größe des Unternehmens zulässt, sollte der Leiter des Projektteams unterhalb der Unternehmensleitung angesiedelt und direkt einem Geschäftsführer unterstellt sein. Wichtig für das Funktionieren ist auch, dass die Kompetenz des verantwortlichen Managers und aller anderen Mitglieder klar geregelt sind.

Unabhängig davon sollte für jeden Vertrag eine so genannte *Vertragsakte* angelegt werden, in der alle Informationen, die das Vertragsprojekt betreffen, gesammelt werden. Damit lassen sich erhebliche Informationslücken vermeiden, die typischerweise auftreten, weil die Informationen entsprechend der normalen Ablauforganisation des Unternehmens auf verschiedene Abteilungen verteilt sind.

Vertragsakte

2.1.8 Hinzuziehung von Experten

Ob schon in der Phase der Vertragsplanung *Fachberater* hinzugezogen werden sollen, hängt von der Komplexität und der wirtschaftlichen Bedeutung des Vertragsprojekts ab. Bei Geschäftsverträgen handelt es sich dabei hauptsächlich um qualifizierte Rechtsanwälte oder Steuerberater. Nicht zuletzt wegen der dadurch entstehenden nicht unerheblichen Kosten, lässt sich allgemein die Faustregel aufstellen, dass die Inanspruchnahme solchen Fachwissens für einfache Verträge, die zum üblichen Geschäftsbetrieb gehören, nicht erforderlich ist. Das gilt selbstverständlich nicht für die Entwicklung einer einheitlichen Vertragsplattform mittels *Allgemeiner Geschäftsbedingungen*, die vor ihrem ersten Einsatz stets durchleuchtet werden sollten. Zu berücksichtigen sind auch die *steuerlichen Auswirkungen* einzelner wichtiger Geschäftsverträge oder von Standardverträgen, die wegen ihrer hohen Anzahl große wirtschaftliche Bedeutung für das Unternehmen besitzen. Diese sollten vorab mit einem kompetenten und versierten Steuerberater optimiert werden.

Vertragsplanung

Entscheidet sich aber die Unternehmensleitung, einen Fachjuristen hinzuzuziehen, so sollte dieser schon bei der Vertragsvorbereitung eingeschaltet werden. Nur so kann der Experte sein Fachwissen effektiv einbringen, indem er die zur Erreichung der Vertragsziele optimalen rechtlichen Gestaltungsmöglichkeiten alternativ aufzeigt und bewertet. Holt man den anwaltlichen Rat erst nach Abschluss der Vertragsverhandlungen ein, so ist dieser nur noch zu einer rechtlichen Gesamtwürdigung des fertigen Vertrages imstande. Ein Nachverhandeln kommt dann vielfach nur in Frage, wenn der Berater fundierte rechtliche Bedenken gegen bestimmte Vertragsregelungen erhebt, nicht dagegen, wenn bessere rechtliche Instrumente zur Verwirklichung der Interessen des Klienten zur Verfügung gestanden hätten.

Vertragsvorbereitung

2.1.9   Auswahl des Geschäftspartners

Kriterien

Ein wesentlicher Faktor für das Erreichen der angestrebten Vertragsziele ist die richtige Auswahl des Geschäftspartners, die von einigen Kern-Kriterien abhängig ist: Beim produkterzeugenden Unternehmen kommt es auf dessen *Leistungsfähigkeit* und *Zuverlässigkeit* an, dagegen ist beim nachfragenden Kunden dessen *Zahlungsfähigkeit* von ausschlaggebender Bedeutung. Kurzum, will jeder Geschäftspartner wissen, mit wem er es auf der anderen Seite zu tun hat. Die hierzu erforderlichen Informationen kann man vielfach aus allgemein zugänglichen Quellen einholen, z.T. müssen sie aber auch

Informationen

spezifisch erhoben werden. Jedenfalls sollten diese Informationen rechtzeitig gesammelt, spätestens aber vor Vertragsabschluss noch einmal überprüft werden. Empfehlenswert ist es darüber hinaus, bei längerer Vertragsdurchführung die Informationen stets zu aktualisieren, da sie für alle Phasen des Vertrages wichtig sein können.

2.1.9.1   Unternehmerisches Profil

Daten aus Handelsregister und Unternehmensregister

Die wichtigsten *unternehmerischen Daten* kann man aus dem *Handelsregister* beziehen, die von den Amtsgerichten am Sitz des Landgerichtes geführt werden. Dort erhält man nun auch über Online-Abfrage beim bundeseinheitlichen Elektronischen Unternehmensregister Informationen über

- die Firmenbezeichnung und den Unternehmensgegenstand,
- die Rechtsform, die für die Haftung eine wichtige Rolle spielt,
- den Hauptsitz,
- die Niederlassungen,
- die Kapitalausstattung bei Kapitalgesellschaften, bei Kommanditgesellschaften immerhin die Höhe der Kommanditeinlagen/ bei veröffentlichungspflichtigen Firmen sollte man die letzte Bilanz vom Handelsregister anfordern,
- die Vertretung des Unternehmens auf Leitungsebene durch Gesellschafter, Geschäftsführer und Vorstandsmitglieder einschließlich der Prokuristen.

Zusätzliche wichtige *weitere wirtschaftliche Daten* sind:
- die Umsatzentwicklung der letzten fünf Jahre und die Aufteilung des Gesamtumsatzes auf die einzelnen Tätigkeitsbereiche,
- die Gewinne,
- eventuelle Patente, Warenzeichen,
- die Zahl der Beschäftigten,
- Tätigkeitsbereiche des Unternehmens, insbesondere soweit sie für den Vertrag relevant sind.

Bringt das Geschäft nicht unerhebliche wirtschaftliche und finan- **Wirtschafts-**
zielle Risiken, vor allem wegen eigener Vorleistungen mit sich oder **und Bankauskunft**
handelt es sich bei dem ins Auge gefassten Geschäftspartner nicht
um ein publikationspflichtiges Unternehmen, so ist die Einholung einer *Wirtschaftsauskunft* über Creditreform, Wirtschaftsdatenbanken
und, in Ergänzung dazu, einer *Bankauskunft* zu empfehlen, obwohl
Letztere keine großen Aufschlüsse gibt, weil diese sehr allgemein
abgefasst ist. Allerdings darf die Auskunft gebende Bank keine negativen Tatsachen verschleiern oder die wirtschaftliche Lage des
Kunden beschönigen.

2.1.9.2 Preisvergleich

Besonders kleinere und mittlere Unternehmen sehen sich, wenn
sie nicht gerade stark nachgefragte Spezialprodukte oder einen bekannten Markenartikel herstellen, einem immer stärkeren *Wettbe-
werbsdruck* ausgesetzt, der ihre Gewinnmarge schmälert. Ob sie
einen Großauftrag erhalten oder nicht, bestimmt nicht allein die
Qualität der Arbeit, sondern vor allem der Preis. Dann ist geradezu
überlebenswichtig, das eigene Produkt zu einem niedrigeren Preis
als die Konkurrenz anzubieten. Das setzt aber voraus, dass man das
zur Herstellung benötigte *Rohmaterial* besonders günstig einkaufen
kann. Hierzu ist ein umfassender Überblick nicht nur über die nati-
onalen Märkte, sondern über die Weltmärkte erforderlich. Die Globa-
lisierung der Märkte ist durch die allumfassende Datenvernetzung
vollzogen, sodass die benötigten Informationen zur Verfügung stehen. Man kann über Computer und Internet die Preise vergleichen
und alle eingespeisten Angebote abrufen.

Gerade kleineren und mittleren Firmen fehlt häufig das notwendige **Fair-Preis-**
Know-how und das dafür geschulte Personal, um sich eine umfassende **Agenturen**
Preisübersicht über Spezialprodukte zu verschaffen. Hier helfen die
jetzt überall in Deutschland entstandenen *Fair-Preis-Agenturen*. Wenn
es einer Agentur gelingt, einen günstigeren Anbieter als den bisherigen Lieferanten zu finden, zahlen Sie im Falle eines Geschäftsabschlusses lediglich eine Provision von 30 bis 40 % der ersparten Preis-
differenz. Sollten Sie keine Fair-Preis-Agenturen kennen, erkundigen
Sie sich am besten bei der IHK in Ihrer Region. Rechtlich betrachtet,
handelt es sich bei dieser erfolgsabhängigen Dienstleistung um einen
Sonderfall des Maklervertrages (vgl. Kap. 10.5).

Wenn Sie dagegen nur herkömmliche Gebrauchsgüter wie Autos **Internet**
oder Computer kaufen wollen, können Sie kostenlos diverse *Preis-
vergleichsagenturen* im *Internet* benutzen, die immerhin Preisvor-
teile bis zu 30 % bringen. Die bekanntesten sind:

- Guenstiger.de,
- Geizkragen.de,
- Idealo.de,

- Kelkoo.de,
- Preissuchmaschine.de,
- Preistrend.de,
- Eventy.de.

Die allgemein bekannte Suchmaschine Google hat zudem eine eigene Produktsuchmaschine namens Froogle ins Netz gestellt.

2.1.10   Psychologische und emotionale Planungsfaktoren

Rahmen-bedingungen

Einen großen Einfluss auf das Verhandlungsergebnis hat auch die Kommunikation zwischen den Beteiligten. Als wichtiger Planungsfaktor wird sie nur selten gesehen, weil der ganze Themenkomplex als nicht planbar eingeschätzt wird. Das ist indes nur bedingt zutreffend. Zwar verläuft die Kommunikation zwischen mehreren Menschen in flexiblen gruppendynamischen Prozessen ab, die sich sicherlich einer differenzierten Planung im Detail entzieht. Planbar sind aber zumindest die Rahmenbedingungen für eine funktionierende Kommunikation, um wenigstens die gröbsten Missverständnisse und Fehler zu vermeiden. Das hierzu reichlich vorhandene, durch Kommunikationstrainer angebotene Fachwissen kann einem Unternehmen aber nur Gewinn bringen, wenn dieses eine offene Firmen- und insbesondere Kommunikationskultur mit möglichst großen Freiräumen auf allen Ebenen besitzt. An diesen Grundvoraussetzungen fehlt es meistens noch in der überwiegend hierarchisch organisierten Unternehmenslandschaft in Deutschland.

2.1.11   Dokumentation

Informationsquelle

Über alle wichtigen Besprechungen in der Vorbereitungsphase sollten unbedingt schriftliche Aufzeichnungen, zumindest in Form eines *Ergebnisprotokolls*, angefertigt werden. Diese Unterlagen stellen nicht nur eine wichtige Grundlage für die spätere Vertragsdokumentation dar, sondern sind für alle Berater, die nicht an allen vorbereitenden Sitzungen teilnehmen können, eine bedeutsame Informationsquelle.

2.2   Vertragsgestaltung

Auch für die Vertragsgestaltung gibt es Techniken und Regeln, die jeder Vertragsmanager, der mit den Vertragsverhandlungen betraut worden ist, beherrschen muss.

2.2.1   Vertragsformen und Vertragsdesign

Vertragsurkunde

Verträge kommen in der Praxis in den verschiedensten Formen vor. Die Bandbreite reicht von bloß mündlichen Vereinbarungen, deren

Existenz im Streitfall schwer zu beweisen ist, bis zu notariellen Verträgen. Schon der besseren Beweisbarkeit wegen sollte jeder wichtige
Vertrag schriftlich abgefasst werden, indem er von beiden Seiten als
einheitliches Vertragsdokument erstellt wird. Diese Form ist deshalb
für alle Geschäftsverträge, die Leistungsbeziehungen von Unternehmen mit ihren Kunden regeln, zu empfehlen. Schriftliche Verträge
besitzen überdies den Vorteil, dass die *Vertragsurkunde* bis zum Beweis des Gegenteils nach gefestigter Rechtsprechung als vollständige
und richtige Dokumentation der zwischen den Parteien getroffenen
Vereinbarungen gilt (s. BGH ZIP 2002, S. 1810).

Vollständige und richtige Dokumentation

Vertragsdesign im hier verstandenen Sinne umfasst alle gestal-
terischen Elemente von der Form, Aufbau, Gliederung und Struktur
des Vertrages bis zur Vertragssprache.

2.2.2   Strategien bei der Entwurfsplanung

Die wichtigste strategische Empfehlung lautet dahingehend, sich
bei den Vertragsverhandlungen eine starke Position durch Errin-
gen der so genannten *Entwurfsregie* zu verschaffen. Sofern sich
darüber keine Einigung erzielen lässt, sollte man als Erster einen
Vertragsentwurf einbringen (vgl. Kap. 2.3.2.1). Von Vorteil ist es
auch, schon in der Verhandlungsphase die andere Seite an sich zu
binden, indem man sie daran hindert, in Parallelverhandlungen
mit anderen einzusteigen. Dies lässt sich durch eine Vereinbarung
in einem *Letter-of-Intent* erreichen (vgl. Kap. 2.4.5.1). Dann hat man
genügend Raum, das eigentlich strategische Ziel anzupeilen: Den
Abschluss des gewünschten Geschäftsvertrages zu angemessenen
wirtschaftlichen Konditionen, der in gerechter Weise die Risiken
zwischen den Partnern verteilt und auch sonstige Werkzeuge bietet für das Krisenmanagement, wenn bei der Vertragsdurchführung
Probleme auftreten sollten.

2.2.3   Werkzeuge und Arbeitstechniken

Für die Vertragsgestaltung muss man das Rad nicht neu erfinden,
sondern kann in der Regel auf eigenes oder fremdes *Erfahrungswissen* zurückgreifen. Ferner geht es darum, auch die eigene Ideensammlung richtig mittels geeigneter Arbeitstechniken zu organisieren, damit diese möglichst effektiv bei der Entwurfsplanung genutzt
werden kann.

Erfahrungswissen

2.2.3.1   Werkzeuge

Werkzeuge, die für das Vertragsdesign von jedem Unternehmen eingesetzt werden können, sind:
- Checklisten,
- Vertragsmuster und Formularbücher,
- ggf. eigene Vertragssammlungen.

Checklisten

Den größten Nutzen bringen bei der Ausarbeitung eines Vertragsentwurfs die für typische Fälle selbst entwickelten *Checklisten*, in denen das eigene Know-how in konzentrierter Form gesammelt und strukturiert ist. Diese Checklisten sind auf den einzelnen Vertragstyp ausgerichtet. Dennoch lässt sich ein Grundmuster für alle Geschäftsverträge entwickeln, das in diesem Buch als Basis-Checkliste präsentiert wird (vgl. Kap. 7). Zusätzlich sind spezielle Checklisten für die wichtigsten Geschäftsverträge, allerdings in wesentlich kürzerer Form, am Abschluss der jeweiligen Kapitel zusammengestellt.

Checklisten haben den großen Vorzug der Flexibilität, weil sie, richtig gehandhabt, ständig weiterentwickelt werden können. Dabei kann und sollte die Erfahrung aus jedem einzelnen Vertrag, den man erstellt, entsprechend genutzt werden. Die modernen Textverarbeitungsprogramme erlauben es, die praktische Erfahrung zu sammeln und zu systematisieren, indem man neben dem Text der Checkliste eigene Kommentierungen einfügt, die je nach Bedarf mit ausgedruckt werden können oder nicht. Die eigenen Checklisten kann man auch dafür einsetzen, die von der anderen Seite vorgelegten Vertragsentwürfe zumindest dahingehend zu überprüfen, ob sie mit den eigenen für wichtig erachteten Interessen und Vorstellungen übereinstimmen oder nicht. Die Mentalität des anderen Entwurfs muss aber nicht unbedingt mit der eigenen Denkstruktur übereinstimmen, sodass die eigene Checkliste sich dann als Fahrplan kaum eignet. Dann sollte man eine spezifische Checkliste ausarbeiten, mit der ohne Bezug auf das eigene Vertragsdesign nur die Themenbereiche abgearbeitet werden, um die es letztendlich geht.

Fremde Vertragsmuster

Zur Ausarbeitung eigener Checklisten zieht man nicht nur die eigene Erfahrung heran, sondern sollte auch das fremde Erfahrungswissen nutzen, das in Gestalt von *vorgefertigten Vertragsmustern* erhältlich ist, die man entweder gesondert (wie etwa Mietverträge) erwerben kann oder in großer Anzahl in allgemeinen Formularbüchern abgedruckt findet. Steht dabei ein bestimmter Geschäftsvertrag für das Unternehmen im Mittelpunkt, weil er das Kerngeschäft bildet, so sind auf dem Markt i.d.R. auch Spezialbücher über diesen Vertragstyp mit ausführlich kommentierten Musterklauseln erhältlich. Nützliche Tipps können Sie von Ihrem Unternehmensverband erhalten.

Eigene Vertragssammlungen

Diese allgemein verfügbaren Vertragsmuster lassen sich ideal durch eigene *Vertragssammlungen* ergänzen, in dem sich die gewonnenen Geschäftserfahrungen und das Vertragsgestaltungs-Know-how des Unternehmens spiegeln. Dabei werden die selbst ausgearbeiteten Verträge in der Regel in der eigenen Textverarbeitung abgespeichert sein. Durch die zentrale elektronische Speicherung der Mustertexte sind sie auch den qualifizierten Mitarbeitern jederzeit verfügbar. Die vom Geschäftspartner oder von dritter Hand entwickelten Verträge archiviert man am besten in der eigenen Bibliothek und heftet sie dort als fremde Verträge ab. Besitzen sie eine hohe Druckqualität, kann man sie auch in einem Scanner elektronisch erfassen.

2.2.3.2 Arbeitstechniken

Die bei der Entwurfsplanung auftretenden organisatorischen Schwierigkeiten lassen sich am besten durch geeignete Arbeitstechniken bewältigen, weil von den ersten Vorstellungen bis zum endgültigen Entwurf immer wieder Änderungen vorgenommen werden. So gehen die Informationen nicht in strukturierter, sondern in ungeordneter Form ein. Sie müssen deshalb nicht nur erfasst, sondern auch gegliedert und anschließend bewertet werden.

Zettelsystem

Wertvolle Hilfe kann hier zunächst das so genannte *Zettelsystem* bieten, in dem jeder Gedanke, auf den man bei der Vorbereitung stößt, als erstes auf einen getrennten Zettel geschrieben wird, am besten in DIN-A-5 Format, der dann leicht im normalen Leitz-Ordner abgelegt werden kann. Dabei kann man ruhig erst mit Fragen beginnen und die später gefundenen Antworten darunter setzen. Die Abfolge lässt sich später neu ordnen und der jeweiligen Arbeitsphase anpassen. Als grobe Struktur für die Ideensammlung bieten sich folgende Schlagworte an (siehe Abbildung 2.1):

- Ziele,
- Probleme,
- Risiken,
- rechtliche Optionen.

Schlagwort	Frage	Antwort
Ziel:		
Problem:		
Risiko:		
Rechtliche Optionen:		

Abb. 2.1: Zettelsystem

Diese *Stoff- und Ideensammlung* wird anschließend in *Projektthemen* ständig weiterentwickelt, bis sie schließlich in der Ausarbeitung des Vertragsentwurfs als Verhandlungsgrundlage mündet. Damit geht man in die Vertragsverhandlung und notiert alle Ideen, die in der Verhandlungsrunde geäußert werden und fügt danach diese neu-

Projektthemen

en Ideen systematisch an geeigneter Stelle in die schon vorhandene Struktur ein. Dieses Prozedere erleichtert es auch erheblich, Verhandlungsprotokolle anzufertigen, sollte dies erforderlich sein.

Mind-Mapping   Das Zettelsystem ist ein offenes flexibles Verfahren zur Sammlung, Strukturierung und Bewertung von Ideen, das aber in jeder Phase Kreativität zulässt, weil die gesetzten Prioritäten jederzeit geändert werden können, wenn neue Tatsachen eine andere Einschätzung erforderlich machen. Um die Übersichtlichkeit zu erhöhen, kann man zusätzlich auch eine grafische Darstellung in Form eines sog. *Mind-Mapping* anfertigen, in denen die Leitideen zu den einzelnen Schlagwörtern zunächst zeichnerisch erfasst werden. Diese Grafik lässt sich dann auch zu einem echten Mind-Mapping ausbauen, wenn man zusätzlich auch noch die personellen Beziehungen zwischen den Mitgliedern und sonstiger für die Vertragsvorbereitung wichtiger Personen und ihre Verantwortungsbereiche sichtbar macht.

2.2.4   Gestaltungskriterien

Für die Vertragsgestaltung bieten sich häufig mehrere Regelungsmöglichkeiten an. Dabei ist grundsätzlich diejenige vorzuziehen, die am besten die gesetzten Vertragsziele verwirklicht. Neben diesen vorrangigen, fallbezogenen wirtschaftlichen Nützlichkeitsüberlegungen geht es auch darum, den Vertrag zu einer *rechtssicheren Plattform* zu machen.

2.2.4.1   Verwirklichung der Vertragsziele

Es ist, wie bereits erwähnt, Aufgabe der Vertragsvorbereitung, die Vertragsziele zu definieren und anschließend zu bewerten.

Beispiel:
Vertragsziel eines Produktionsunternehmens ist der möglichst hohe Absatz der hergestellten Waren an einen möglichst großen Kundenstamm. Neben dem Warenabsatz geht es also auch um die Bindung des Kunden an das Produkt. Hat die Ware einen hohen Preis, kann es deshalb Vorteile bringen, wenn man dem Kunden die Gelegenheit gibt, ein Rückgaberecht einzuräumen. Umso eher wird er wegen der hohen Investitionskosten bereit sein, die Ware zu testen und sofern diese seine Erwartung erfüllt, endgültig zu behalten. Mit dem Zugeständnis des Rückgaberechts, kann der Produzent sein langfristiges Ziel, den Auf- bzw. Ausbau einer Stammkundschaft, besser erreichen.

Zusammenfassend lässt sich also feststellen, dass die beste Gestaltung nicht unbedingt diejenige ist, die die meisten Ziele verwirklicht, sondern diejenige, welche verlässlich die wichtigeren Ziele erreicht.

2.2.4.2   Sicherer oder günstigerer Weg

Jeder Vertrag soll eine verlässliche und rechtssichere Grundlage für die Geschäftsabwicklung schaffen. Dieses Ziel erreicht er aber nicht, wenn das ausgehandelte Ergebnis vor der Rechtsordnung keinen Bestand hat, weil die gewählte juristische Konstruktion den maßgebenden gesetzlichen Bestimmungen, so wie sie von den Gerichten ausgelegt werden, nicht entspricht. Es droht dann das Risiko der rechtlichen Unwirksamkeit des gesamten Vertrages, sodass die mit dem Vertrag erworbenen Ansprüche, weil nicht durchsetzbar, rechtlich nichts wert sind. Vorsorge lässt sich indes nur gegen erkennbare Rechtsprobleme treffen. Bei Verträgen mit langer Laufzeit oder Abwicklungsdauer kann aber auch eine unerwartete nachträgliche Änderung der Rechtsprechung einen erheblichen Unsicherheitsfaktor darstellen. Führt das aber zur Unwirksamkeit einzelner Vertragsbestimmungen, so kann der Einbau *salvatorischer Klauseln* gewährleisten, dass sich die Unwirksamkeit nicht auf die übrigen Vertragsregelungen erstreckt (vgl. Kap. 2.2.4.6).

Salvatorische Klauseln

Mag auch die sichere Vertragsgestaltung im Zweifel den Interessen der Parteien am besten entsprechen, so ist der zügigeren oder günstigeren Variante der Vorzug einzuräumen, wenn beide Seiten im Falle von Meinungsverschiedenheiten unbedingt Rechtsstreitigkeiten vermeiden wollen, sei es aus Imagegründen oder weil der Preis hierfür wirtschaftlich zu hoch ist. Letzteres trifft zu, wenn eine langjährige vertrauensvolle Geschäftsbeziehung entstanden ist, die ein Rechtsstreit zerstören könnte.

2.2.4.3   Absicherung der Vertragserfüllung

Es muss im Interesse beider Geschäftspartner liegen, dass der Vertrag ohne Störungen, also ordnungsgemäß erfüllt wird. Die günstige ordnungsgemäße Vertragserfüllung lässt sich zwar nicht mit Hilfe von *funktionsadäquaten Vertragsklauseln* erzwingen, jedoch kann man durch die Setzung von Anreizen, Auferlegung von Sanktionen oder die Stellung von Sicherheiten Rahmenbedingungen schaffen, die die Vertragspartner dazu veranlassen, sich vertragstreu zu verhalten.

Ein typischer Anreiz für die ordnungsgemäße Vertragserfüllung stellt die Auferlegung einer *Vorleistungspflicht* dar. Die vorleistungspflichtige Partei muss zunächst ihre eigene Leistung ordnungsgemäß erbringen, bevor sie die Gegenleistung in Form der vereinbarten Zahlung oder Lieferung erhält (vgl. Kap. 4.3.4.3.2).

Vorleistungspflicht

Beispiel:
»Der Kaufpreis wird 30 Tage nach Lieferung der Ware fällig.«
Hierdurch wird der Verkäufer dazu veranlasst, die Ware, wie vereinbart, rechtzeitig zu liefern.

Sachsicherheiten

Bei einer solchen Gestaltung muss der vorleistungspflichtige Partner erhebliche finanzielle Risiken tragen für den Fall, dass der andere nicht, wie verabredet, zahlen kann. Dagegen sichert man sich durch die Stellung von Sachsicherheiten, beim Warenkauf den Eigentumsvorbehalt, ab (vgl. Kap. 4.7.3).

> **Beispiel:**
> *»Die gelieferte Ware bleibt bis zur vollständigen Bezahlung des Kaufpreises unser Eigentum.«*

Bürgschaften

Besteht dagegen die Vertragsleistung in nichtkörperlichen Produkten (wie z. B. eine Dienstleistung) wäre die adäquate Absicherung die *Bürgschaft* durch einen zahlungskräftigen Dritten (vgl. Kap. 4.7.2). Unvermeidbar ist die Vorleistung bei allen Kreditgeschäften, die deshalb ab einem bestimmten Kreditrahmen nach üblicher Bankpraxis besichert werden müssen (vgl. Kap. 4.7.2.1).

Vertragsstrafe

Die weit verbreitete Sanktion für den Fall der nicht ordnungsgemäßen Vertragserfüllung stellt die Auferlegung einer ausreichend hohen *Vertragsstrafe* gegenüber dem leistungspflichtigen Schuldner dar. Diese wirkt nicht nur als Druckmittel auf den Schuldner und fördert damit die ordnungsgemäße Durchführung des Vertrages, sondern die zu zahlende Vertragsstrafe als *Mindestschaden* erleichtert dem Gläubiger auch den konkreten Schadensnachweis und damit die Vertragsabwicklung im Störfall (vgl. Kap. 4.2.2).

2.2.4.4   Risikoverteilung und Systemverantwortung

Ein Vertrag stellt nur eine interessengerechte Regelung zwischen den Geschäftspartnern dar, wenn er die mit dem Geschäft verbundenen Risiken vollständig erfasst und sie dann offen einer der beiden Parteien zuweist. Das gelingt aber nur, wenn die beiden Partner konstruktiv und offen in den Vertragsverhandlungen diese Risiken erörtern und angemessen in dem Vertrag regeln. Das ist leider sehr selten, da häufig taktische Gesichtspunkte überwiegen. Selbst wenn sie eine Partei sieht, bleiben sie dann unerwähnt, wenn diese erwarten muss, dass ein Hinweis die andere Seite dazu bewegt, das Risiko ihr zuzuschieben. Damit ist aber der künftige Konflikt vorprogrammiert, wenn sich dieses Risiko realisieren sollte. Für die Vertragsabwicklung ist es dagegen förderlicher, die Risiken anzusprechen

Sollbruchstellen

und sie durch den Einbau von *Sollbruchstellen* in den Vertrag weich abzufedern. Typische Regeln bei Geschäftsverträgen sind:
- Preisanpassungsklauseln sowie
- flexible Qualitätsanforderungen.

Preisanpassungsklauseln sind zweifelsohne dann ein legitimes Instrument, wenn sie lediglich dazu dienen, die zwischen dem Vertragsabschluss und der Erstellung der Vertragsleistung gestiegenen Selbstkosten an den Kunden weiterzureichen (vgl. Kap. 4.3.4.2).

Flexible Qualitätsanforderungen werden erforderlich, wenn sich die Vertragsleistung nicht eindeutig definieren lässt, weil der Kunde größere Entscheidungsfreiheit benötigt oder der Hersteller bestimmte Qualitätsabweichungen nicht ausschließen kann. In solchen Fällen muss der Vertrag regeln, welche künftigen Leistungsänderungswünsche zulässig sind und welche Kostenfolgen damit verbunden werden (vgl. Kap. 4.2.1).

Macht das Erstellen der vertraglichen Leistungen für den Hersteller erhebliche Investitionen erforderlich, wie z. B. die Neuanschaffung teurer Maschinen etc., so kann man dieses finanzielle Risiko teilweise auch auf den Besteller verlagern, indem dieser die Mindestabnahme einer bestimmten Menge, die zumindest die Kosten amortisiert, garantiert. Dass Widerstände gegen solche Vereinbarungen auf Seiten des Abnehmers bestehen, weil sie seine Entscheidungsfreiheit erheblich beeinträchtigen und ihm dadurch den vorzeitigen Ausstieg aus dem Vertrag erheblich erschweren, ist offensichtlich.

Zu einer *adäquaten Risikoverteilung* gehören bei einem vielschichtigen Leistungsprogramm (z.B. Entwicklung von spezieller Software) Regeln der *Systemverantwortung*, die festlegen, wer von den Geschäftspartnern für welche Leistungen zuständig ist und im Falle einer Leistungsstörung die rechtliche Verantwortung trägt und welche Rechte im Falle einer eventuellen Nichterfüllung damit verknüpft sind (vgl. Kap. 10.7.6). Dabei geht es auch um vertragliche Mitwirkungspflichten der Gegenseite, etwa bei Sachleistungen durch Lieferung von Material, Stellung von Personal und Unterstützung durch technisches Know-how etc. (vgl. Kap. 4.3.5). System-verantwortung

2.2.4.5   Inhaltliche Ausgewogenheit

Stets sollte man bei Geschäftsverträgen als Austauschverträge im Auge behalten, dass sie im Hinblick auf Leistung und Gegenleistung hinsichtlich der *Risikoverteilung* durch Auferlegung von Rechten und Pflichten inhaltlich ausgewogen sind. Was die Vorlegung eines Vertragsentwurfs, mit dem man in die Verhandlung einsteigt, betrifft, bieten sich insofern zwei Alternativen an: Risikoverteilung

1. Die erste besteht in der Vorlage eines Entwurfs, der die eigene Position klar formuliert, die der Gegenposition aber offen lässt. Das hat den Vorzug, dass man von seiner Forderung während der Verhandlung zurückgehen kann, was von der anderen Seite als Erfolg verbucht werden kann.

2. Wirksam ist auch das gegensätzliche Verfahren, bei dem der Entwurf versucht, auch die Interessen des Verhandlungspartners voll zu berücksichtigen. Dafür steigt man – zur Wahrung des eigenen Vorteils – bei den vom anderen Teil zu erbringenden Gegenleistungen sehr hoch ein, um sich diese für bestimmte Konzessionen wieder abhandeln zu lassen.

2.2.4.6 Bewältigung von Unsicherheiten

Gerade bei *Verträgen mit längerer Laufzeit* kann jeder Vertrag – sei er auch noch so perfekt formuliert – durch eine nachträgliche Veränderung der Rechtslage oder von tatsächlichen wichtigen Rahmenbedingungen gefährdet werden.

Rechtliche Unsicherheit droht vor allem durch eine unerwartete und deshalb nicht vorhersehbare nachträgliche Änderung der maßgebenden Rechtsprechung, die selbst, wenn dadurch nur eine Vertragsklausel unwirksam wird, den gesamten Vertrag nach § 139 BGB vernichten kann, weil danach »im Zweifel« eine so genannte Teilnichtigkeit die Gesamtnichtigkeit des Vertrages mit sich bringt. Diese dramatische Rechtsfolge läuft aber häufig den Interessen der Parteien zuwider. Abhilfe vermag hier eine so genannte salvatorische Klausel zu schaffen, wodurch zumindest der übrige Vertrag seine Gültigkeit behält. Diese Form der salvatorischen Klausel wird *einfache Erhaltungsklausel* genannt.

Einfache Erhaltungsklausel

Klauselvorschlag   *»Soweit eine dieser vertraglichen Regelungen unwirksam ist oder wird, bleiben die übrigen Regelungen wirksam.«*

Die Schwäche dieser Erhaltungsklauseln besteht darin, dass die Frage offen bleibt, wie die entstehende *Vertragslücke* zu schließen ist. Das geschieht durch die einschlägigen gesetzlichen Bestimmungen oder ggf. durch das zuständige Gericht mittels *ergänzender Vertragsauslegung*. Beides muss nicht im Interesse der Vertragsparteien liegen. Diese Unsicherheit vermeidet eine als *Ersetzungsklausel* ausgestaltete salvatorische Klausel, die entweder Neuverhandlungen zwischen den Parteien vorsieht oder dass eine Partei einseitig bzw. ein sachkundiger Dritter die Lücke durch eine Neuregelung innerhalb billigen Ermessens schließen darf (§ 315 BGB).

Ersetzungsklausel

Klauselvorschlag   *»Sofern eine dieser vertraglichen Regelungen unwirksam ist oder wird, ersetzen die Parteien diese Regelungen im Wege der Neuverhandlung.«*

Die Einräumung einer *einseitigen Neuregelungsbefugnis*, insbesondere zugunsten einer Vertragspartei, stellt ein nicht unerhebliches Risiko für die andere dar. Zwar kann im Streitfalle überprüft werden, ob die gestaltungsbefugte Partei die Grenzen billigen Ermessens überschritten hat oder nicht. Die unbestimmte Formulierung »billiges Ermessen« lässt ihr aber doch einen sehr weiten Entscheidungsspielraum, den sie sicherlich zu ihrem eigenen Vorteil ausnutzt (§ 315 BGB).

Die Vertragsbeziehung kann auch durch nachteilige tatsächliche Veränderungen wirtschaftlicher oder politischer Art so gestört werden, dass die unveränderte Fortsetzung des Vertrages für eine Vertragspartei nicht mehr akzeptabel ist. In solchen Fällen hilft das juristische Instrument der *Störung der Geschäftsgrundlage* nach § 313 BGB nur in Extremfällen, keinesfalls schon dann, wenn für den betroffenen Geschäftspartner die Rentabilitätsschwelle unterschritten ist (vgl. Kap. 5.7). Deshalb sollte in diesem Fall im Vertrag eine so genannte *Härteklausel* mit einer erheblich niedrigeren Erheblichkeitsschwelle, verbunden mit einer Neuverhandlungspflicht vereinbart werden. Können sich die Vertragsparteien dann nicht auf eine vernünftige Vertragsanpassung einigen, erhält der betroffene Vertragspartner das Recht, den Vertrag einseitig zu beenden (vgl. Kap. 3.1.5.4).

Nachteilige Veränderungen

2.2.4.7 Konfliktlösungsmechanismen

Das Risiko künftig möglicher Streitigkeiten zwischen zwei Vertragsparteien lässt sich am besten durch möglichst klare Vertragsregelungen reduzieren, wenngleich nicht völlig beseitigen. Tritt ein solcher Konflikt auf, geht es immer um Tatsachen und Meinungen. Deshalb sollte jeder wichtige Geschäftsvertrag, der ein komplexes Vorhaben zum Gegenstand oder sonst eine hohe wirtschaftliche Bedeutung hat, geeignete Konfliktlösungsregelungen enthalten.

Gesprächsbereitschaft

Besteht trotz des Dissenses noch *Gesprächsbereitschaft* zwischen den Kontrahenten, lässt sich Mediation mit gutem Erfolg einsetzen. Die Leitung des Schlichtungsgesprächs wird einem sachkundigen Mediator übertragen, der die Parteien bei ihren Verhandlungen unterstützt. Er darf zwar, wenn er dazu beauftragt wird, Kompromissvorschläge ausarbeiten, besitzt aber im Unterschied zum Schiedsgutachter oder Schiedsrichter keine Entscheidungskompetenzen. Die Mediation lässt sich bereits im Vorfeld der Vertragsverhandlungen als Konfliktlösungsmodell einsetzen. Gerade die sog. *Wirtschaftsmediation* wird von der Unternehmenspraxis zunehmend angenommen (vgl. Kap. 10.10.4.6).

Gelingt es auch dem Mediator nicht, den Streit beizulegen und beschränkt sich der Konflikt auf die Feststellung wichtiger tech-

Schiedsgutachter

nischer oder ökonomischer Tatsachen, kann es für den Erfolg eines Projekts entscheidend sein, dass sich die Parteien schon beim Vertragsabschluss auf einen *Schiedsgutachter* geeinigt haben. Seine Aufgabe ist es, strittige Tatsachenfragen (vor allem als technischer Gutachter, aber auch als Gutachter für finanzielle Streitfragen, wie etwa die Bewertungskriterien für die Preisanpassung) in einer für die Vertragsparteien verbindlichen Weise festzustellen und ihnen damit Entscheidungshilfe zu leisten (vgl. Kap. 4.3.4.1). Können die Parteien einen Schiedsgutachter in dem Vertrag nicht namentlich benennen, so sollte dieser zumindest das Verfahren für die Auswahl des Schiedsgutachters regeln.

Schiedsgutachtenklausel

Klauselvorschlag

»Können sich die Vertragsparteien nicht darüber einigen, dass die in Ziffer … vereinbarte Vertragsleistung den dort festgelegten Qualitätsanforderungen entspricht, so soll darüber verbindlich als Schiedsgutachter … entscheiden. Für den Fall, dass kein Schiedsgutachter im Vertrag benannt wird, obliegt die Auswahl eines geeigneten Sachverständigen der Industrie und Handelskammer. Die dadurch entstehenden Kosten trägt die Vertragspartei, die den im Schiedsgutachten festgestellten Tatsachen widersprochen hat. Weicht das Schiedsgutachten von den Ansichten beider Parteien ab, werden die Kosten entsprechend aufgeteilt.«

Können die Vertragsparteien in den Vertragsverhandlungen über Notwendigkeit und Inhalt der Schiedsgutachtenklausel entspannt und kooperativ reden, ist dies ein klares Anzeichen für ein gutes Verhandlungsklima. Dann darf man auch erwarten, dass die kooperative Einstellung auch in einem späteren Konfliktfall trägt und sie diesen ohne Hinzuziehung des Schiedsgutachters schon wegen der dadurch zusätzlich anfallenden Kosten lösen können.

Erstreckt sich aber der von den Vertragsparteien nicht mehr anders zu lösende Konflikt auch auf *Rechtstatsachen*, die von diesen unterschiedlich beurteilt werden, müsste der entstandene Rechtsstreit von den zuständigen staatlichen Gerichten entschieden werden. Die Klärung des Streites kann wegen der Überlastung der Gerichte und der Dauer des Instanzenzuges lange auf sich warten lassen. Insofern erscheint für Rechtsstreitigkeiten zwischen Unternehmen eine *Schiedsgerichtsklausel* zweckdienlich, wonach anstelle des zuständigen staatlichen Gerichts ein Schiedsgericht für die Parteien verbindlich den Rechtsstreit entscheiden soll. Das geht erstens erheblich schneller, weil es dort nur eine Instanz gibt. Außerdem können die Parteien Einfluss auf die Besetzung des Schiedsgerichts nehmen und hierdurch für besondere Sachkunde sorgen, wenn sie ein so genanntes Ad-hoc-Schiedsgericht durch den Vertrag installieren. Ferner hat

Schiedsgerichtsklausel

das *Schiedsgerichtsverfahren*, weil es nicht öffentlich ist, den Vorzug, dass die Angelegenheit vertraulich bleibt, was gerade für Unternehmen zur Wahrung ihres Rufes besonders wichtig sein kann. Sollten die Vertragsparteien keinen geeigneten Schiedsrichter kennen, können sie die Angelegenheit auch ständig besetzten Schiedsgerichten, wie sie die Industrie- und Handelskammern und Handwerkskammern oder auch einige Wirtschaftsverbände zur Verfügung stellen, überlassen. In diesem Fall genügt es, eine sog. offene Schiedsklausel in den Vertrag aufzunehmen.

Offene Schiedsgerichtsklausel

»Kommt es zwischen den Vertragsparteien wegen der Durchführung des Vertrages zu nicht überbrückbaren rechtlichen Streitigkeiten, wird die Angelegenheit zur verbindlichen Entscheidung dem Schiedsgericht der Industrie- und Handwerkskammer von ... übertragen.« — Klauselvorschlag

Angesichts seiner vieler Vorzüge ist aus dem Blickwinkel von Unternehmen dagegen der Nachteil eines Schiedsverfahrens (höhere Verfahrenskosten bei niedrigeren Streitwerten im Vergleich zum Gerichtsverfahren) eher von untergeordneter Bedeutung.

Wollen sich die Vertragsparteien die letzte Entscheidung vorbehalten, können sie sich als kostengünstige Alternative an die vor kurzem eingerichteten *Schlichtungsstellen* der Industrie- und Handelskammern für kaufmännische Streitigkeiten wenden, die einen unverbindlichen Schlichtungsspruch fällen. Wird er von beiden Parteien angenommen, ist der Konflikt beendet. Dieses Konfliktlösungsverfahren belastet das Geschäftsklima nicht unnötig. — Schlichtungsstelle

2.2.5   Modellierung eines Geschäftsvertrages

Trotz aller Vielfalt von Geschäftsverträgen hat sich für deren Modellierung in der Vertragspraxis ein bestimmtes Aufbauschema als Grundstruktur von Geschäftsverträgen bewährt, an das man sich in der Regel halten sollte.

2.2.5.1   Grundstruktur eines Geschäftsvertrages

Für die Erstellung der Vertragsurkunde gliedert man die Vertragsregelungen nach Sachgruppen: — Sachgruppen

1. Vertragsüberschrift

Zunächst erhält der Vertrag einen *Titel*, der den Vertragstyp möglichst genau beschreibt, wobei auch allgemein bekannte Abkürzel, wie etwa IT für Informationstechnologie oder FE für Forschung und Entwicklung benutzt werden können.

2. Vertragsparteien

Als erste eigentliche Sachgruppe folgt danach das so genannte *Vertragsrubrum*, in dem die Vertragsparteien korrekt mit Namen und Anschrift angegeben werden. Bei Unternehmen ist hierzu die korrekte Firmenbezeichnung einschließlich Niederlassung und Handelsregisternummer erforderlich, sowie bei Gesellschaften auch die Regelung der organschaftlichen Vertretungsverhältnisse durch den Geschäftsführer oder Vorstand.

Beispiel:
Schließt die »D-AG« einen Kaufvertrag, so wird als Vertragspartei nicht »Firma D«, sondern korrekt »D-AG« angegeben. Die Vertretungsverhältnisse folgen im Anschluss an die Unternehmensbezeichnung. Wird die D-AG gemeinsam durch ihre Vorstandsmitglieder Dr. Klaus Ulrich und Manfred Müller vertreten, so hieße der entsprechende Zusatz: »vertreten durch ihre gesamtvertretungsberechtigten Vorstandsmitglieder Dr. Klaus Ulrich und Manfred Müller«.

Vertrags-überleitungs-bestimmungen

Bei Dauerverträgen oder Geschäften mit langer Abwicklungszeit können Änderungen in den Eigentums- oder Beteiligungsverhältnissen der Parteien auftreten, so dass es sinnvoll ist, Vertragsüberleitungsbestimmungen für solche Fälle vorzusehen (vgl. Kap. 3.2.8.3).

3. Pflichtenprogramm

Im Anschluss daran folgt das eigentliche Kernstück des Vertrages, die möglichst genaue Regelung der *Hauptleistungspflichten* einschließlich der *Leistungsmodalitäten* im Hinblick auf Art, Zeit und Ort der Leistung sowie der Gegenleistung. Aufgenommen werden sollten auch für die reibungslose Abwicklung des Vertrages wichtige Nebenpflichten, so z. B. Informations-, Installations- und Mitwirkungspflichten. Wegen des engen Sachzusammenhangs sollte dieser Pflichtenkanon durch speziell darauf zugeschnittene Störfallvorsorgeklauseln ergänzt werden. Damit lassen sich im Fall des Eintritts typischer Leistungsstörungen und sonstiger Pflichtverletzungen die dadurch ausgelösten Rechtsfolgen präziser und interessengerechter, als im Gesetz vorgesehen, regeln.

4. Leistungsstörungen und Pflichtverletzungen

Es ist sinnvoll, den Leistungsstörungen oder sonstigen erheblichen Pflichtverletzungen eine eigene Sachgruppe zu widmen. Regelungsbedürftig sind die häufigen Fälle des *Leistungs-* und *Zahlungsverzugs* sowie der *Schlechtleistungen* (die erbrachte vertragliche Leistung entspricht nicht dem vereinbarten Qualitätsstandard). Auch kann es sinnvoll sein, die Rechtsfolgen der Verletzungen von Nebenpflichten klarer und präziser als im Gesetz zu definieren.

5. Vertragsdauer

Besitzt der Vertrag eine *lange Laufzeit* (wie insbesondere bei *Dauerschuldverhältnissen* mit regelmäßig wiederkehrenden Leistungspflichten, wozu Miete, Leasingverträge etc. gehören), erweist sich auch eine interessengerechte Regelung der Vertragsdauer nach dem Ablauf einer prinzipiell unkündbaren *Grundlaufzeit* als erforderlich. Dabei sollte neben der fristgebundenen *ordentlichen Kündigung* durchaus auch eine vertragliche Präzisierung der gesetzlich relativ unbestimmt normierten *außerordentlichen* Kündigung aus wichtigem Grund versucht werden.

6. Schlussbestimmungen

Am Ende folgen häufig *Schriftformklauseln*, die für vertragliche Änderungen die Schriftform verlangen und die bereits beschriebenen *salvatorischen Klauseln*, die der Erhaltung des übrigen Vertrages dienen, wenn einzelne Vertragsklauseln unwirksam sein sollten und *Konfliktlösungsregelungen* in Form von Mediations-, Schiedsgutachtens- oder Schiedsgerichtsklauseln.

2.2.5.2   Vertragliches Pflichtenprogramm

Größte Aufmerksamkeit ist dem Schwerpunkt des Vertragsprogramms, nämlich der möglichst genauen Beschreibung des vertraglichen Produktes und dem dafür zu zahlenden Preis zu widmen. Nur eine präzise Leistungsbeschreibung ermöglicht es, verlässlich nach Lieferung oder Erbringung von Diensten festzustellen, ob diese Leistung vertragsgerecht ist oder nicht. Das ist weniger im Blick auf Liefer- oder Leistungstermine problematisch, die sich kalendermäßig genau festlegen lassen, sondern vor allem in Bezug auf die vom Besteller erwarteten *Produkteigenschaften* oder sonstigen *Qualitätsmerkmale*, wenn der Besteller mit der Qualität der tatsächlich erbrachten Leistung nicht zufrieden ist. *(Randbemerkung: Genaue Beschreibung)*

Diese vertraglichen Präzisierungen müssen auch im Zusammenhang mit den rechtlichen Konsequenzen gesehen werden, die eine *Schlechtleistung* oder gar ein Scheitern des Projektes auslösen. Zwar räumen die einschlägigen gesetzlichen Bestimmungen grundsätzlich die notwendige Entscheidungsfreiheit ein, darüber zu befinden, ob man weiter auf Erfüllung drängen oder den Vertrag beenden will (§§ 323 ff BGB). Das gesetzliche Lösungskonzept sieht nur zwei Optionen in Form eines Alles oder Nichts vor, eröffnet aber dem Leistungsempfänger als Gläubiger kein gestuftes Reaktionsmuster. Die erwünschte Flexibilität lässt sich nur durch ergänzende vertragliche *(Randbemerkung: Leistungsstörungen)*

Projekt-
verträge

Regelungen gewinnen. Diese Lösungsalternativen kann man in sechs Gruppen einteilen:

- Aufgliederung des Projektes in Phasen,
- aktive Mitwirkung des Bestellers bei der Projektverwirklichung,
- Qualitätssicherung,
- Zulässigkeit von Leistungsänderungen,
- Kosten- und Risikoreduzierung und Risikoabsicherung,
- Projektverwertung durch Besteller im Falle des Scheiterns.

Projektaufgliederung in Phasen

Funktionsmodell

Bei *komplexen Projekten* mit erheblichen Investitionskosten empfiehlt sich eine zeitliche Streckung des Zeitrahmens, indem man eine *Pilotphase* vorschaltet mit dem Ziel der Herstellung eines *Funktionsmodells* oder eines Prototyps, das die für den Auftraggeber wichtigsten Eigenschaften besitzen soll. Gelingt dies zur Zufriedenheit des Bestellers, wird die eigentliche *Fertigungsphase* eingeleitet. Der Produzent erhält dann den Auftrag zur endgültigen Fertigung (in der bestellten Anzahl) und kann sich darauf konzentrieren, das Produkt auch mit den weniger problematischen technischen Eigenschaften auszustatten.

Aktive Mitwirkung des Bestellers bei Projektverwirklichung

Der Auftraggeber unterstützt den Produzenten von Anfang an mit seinem Fachwissen. Er wirkt an Testreihen mit, nimmt dabei abschnittsweise Teilleistungen ab und wird seinerseits von dem Hersteller über auftretende Probleme informiert, um gemeinsame Problemlösungen zu entwickeln. Dabei vereinbart er erst Anschlussgeschäfte mit eigenen Kunden, wenn für ihn absehbar ist, dass die geplante Fertigstellung gelingt.

Qualitätssicherung

Zunächst werden im Vertrag im Hinblick auf das Produkt möglichst präzise technische Qualitätsstandards festgelegt, ggf. auch verschiedene Qualitätslevels bestimmt. Um dies zu gewährleisten, verpflichtet sich der Hersteller, bestimmte *Qualitätsprüfungen* selbst oder, falls er dazu nicht imstande ist, durch ein anerkanntes Prüfungsinstitut durchführen zu lassen. Über die Ergebnisse hat er den Auftraggeber fortlaufend zu unterrichten. Nur so ist dieser in der Lage, rechtzeitig zu reagieren, wenn die Qualitätsprüfungen Anlass zu Beanstandungen geben.

Sicherung der pünktlichen Lieferung oder Leistung

Zur termingerechten Leistung ist jeder Schuldner ohnehin von Gesetzes wegen verpflichtet. Kommt es aber dem Auftraggeber auf die pünktliche Vertragserfüllung besonders an, stehen ihm zwei Möglichkeiten offen, entsprechende Anreize gegenüber dem Produzenten zu schaffen (siehe Abbildung 2.2).

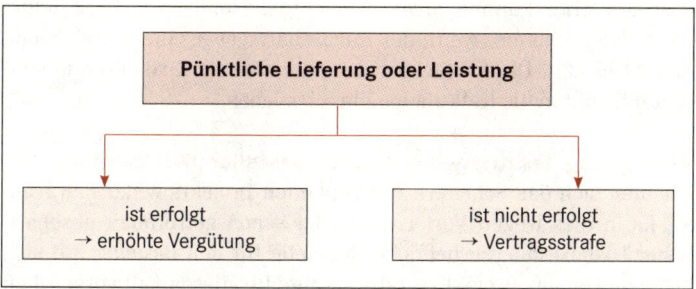

Abb. 2.2: Lieferungsmodalitäten

Er kann ein *Belohnungssystem* einführen, das dem Hersteller bei pünktlicher Erfüllung eine erhöhte Vergütung gewährt, mehr oder weniger ausdifferenziert nach verschiedenen Terminen gestaffelt; je pünktlicher geliefert wird, desto höher die Vergütung. Neben diesem positiven Anreiz kann er den leistungspflichtigen Unternehmer mittels Auferlegung einer *Vertragsstrafe* veranlassen, den vereinbarten Termin unbedingt einzuhalten. Die Höhe der Vertragsstrafe sollte so bemessen sein, dass sie den Schuldner zwar finanziell empfindlich trifft, ihn aber in seiner wirtschaftlichen Existenz nicht bedroht (vgl. Kap. 4.2.2.2 und 4.2.3.1).

Belohnungssystem

Vertragsstrafe

Kosten- und Risikoreduzierung
Eine einfache Form der Kostensenkung gegenüber dem ursprünglich kalkulierten Ansatz besteht darin, dass die für die Erzeugung des Produkts notwendigen Rohstoffe und Halbfertigprodukte atypischerweise vom Besteller geordert werden, wenn dieser über *bessere* und *billigere Bezugsquellen* verfügt als der Hersteller.

Ferner ist damit zu rechnen, dass der Produzent versuchen wird, eventuelle aus der Durchführung des Vertrages entstehende Schadensrisiken, soweit wie möglich, auf den Besteller abzuwälzen. Dagegen ist sicherlich nichts einzuwenden, wenn der Kunde die entsprechenden Risiken zu angemessenen Bedingungen, vor allem günstiger versichern kann als der Produzent selbst.

Risikoabsicherung
Wie schon erwähnt, sollte bei der Risikoverteilung zwischen den Parteien geklärt werden, welcher der beiden Vertragspartner die damit verbundenen Risiken am besten versichern kann. Die Kos-

ten der *Versicherung* werden entsprechend in den Preis einkalkuliert oder führen zu einem entsprechenden Preisnachlass.

Versichern lassen sich aber nicht alle künftig entstehenden Vermögensschäden, wie das allgemeine Insolvenzrisiko des Vertragspartners. Hier können *Sicherheiten*, insbesondere sichere *Bankbürgschaften* helfen, wenn der Bürgschaftsgeber eine ausreichende Bonität besitzt. Die Kosten der *Avalprovision* als Risikoprämie sind ebenfalls mit in die Kalkulation einzubeziehen.

Verwertung des Know-hows durch Besteller im Krisenfall

Zeichnet sich das Scheitern des geplanten Projekts wider Erwarten ab, kann dies wegen Vorleistung oder schon getroffener geschäftlicher Dispositionen erhebliche Nachteile für den *Besteller* mit sich bringen. Um das Projekt zu retten, sollte für diesen Fall vorgesehen werden, dass der Besteller berechtigt ist, alle bisher vom Hersteller erzielten Zwischenergebnisse zu übernehmen, indem ihm zeitnah dessen gesamtes *Know-how übertragen* wird. Gelingt dem Besteller in Kooperation mit anderen Unternehmen die Projektentwicklung, muss dieser auch berechtigt sein, das Produkt zu vertreiben. Deshalb sollten dem Besteller ergänzend nicht nur die Herstellungs- sondern auch *Vertriebsrechte* übertragen werden. Das gilt auch dann, wenn der Produzent die Produktentwicklung noch abgeschlossen hat, ihm aber die finanziellen Mittel zur weiteren Vermarktung fehlen.

Infolge der erbrachten Vorleistungen wird auch der *Produzent* an den wirtschaftlichen Ergebnissen des Vertriebs, d.h. an dem erzielten *Gewinn* beteiligt, soweit der Auftraggeber nicht wegen erlittener höherer Schäden mit eigenen Ersatzansprüchen verrechnen kann und darf.

2.2.5.3   Differenzierung zwischen Haupt- und Nebenleistungen

Große praktische Bedeutung kommt auch den rechtlichen Unterschieden zwischen Haupt- und Nebenleistungen und anderen Nebenpflichten zu, was von Unternehmern oder Managern in der Regel nicht klar erkannt wird. Fehlt es an einer *Hauptleistung* ganz oder teilweise, dann hat das leistungspflichtige Unternehmen den Vertrag noch nicht erfüllt, sodass es seinerseits keine Zahlungsansprüche besitzt, Verjährungsfristen nicht laufen, etc. Beim Unterbleiben bloßer *Nebenleistungen* hingegen treten diese Folgen nicht ein. Die andere Seite als Gläubiger muss sich mit ihren Ersatzansprüchen aus entstandenen Vermögensschäden zufrieden geben. Bei *komplexen Leistungsprogrammen* lassen sich Haupt- und Nebenleistungen oft nur schwer trennen, wenn das der Vertrag selbst nicht eindeutig regelt, sodass diese je nach Interessenlage von den Vertragspartnern unterschiedlich eingeordnet werden. Augenfällig ist diese Problematik bei der Vereinbarung von Mitwirkungspflichten des einen Vertragspartners an der von dem anderen Teil zu erbringenden Leistung zum Zwecke der Leistungssicherung, die von der leistungspflichtigen Partei als Hauptleistung betrachtet wird, während die mitwirkungspflichtige Seite sie lediglich als untergeordnete Nebenpflichten bewertet.

> **Beispiel:**
> *Für die Funktionsfähigkeit installierter Computerprogramme ist die Bereitstellung von Testdaten von großer Bedeutung. Die Verpflichtung zur Bereitstellung kann aber wegen komplexer Erfassungsprogramme hohe Kosten verursachen. Weist der Vertrag diese Aufgabe ausdrücklich dem Auftraggeber als Hauptpflicht zu, kommt der Softwareentwickler solange nicht in Verzug, als diese Mitwirkungsleistung unterbleibt.*

Bei der näheren Ausgestaltung umfangreicher und vielschichtiger Leistungspakete liegt deshalb ein wesentlicher Schwerpunkt in einer präzisen Regelung der *Systemverantwortung*. Der Vertrag soll also möglichst klar bestimmen, für welche Leistungen außerhalb des eigenen Kernbestandes jede Partei die Verantwortung trägt und dabei auch eindeutig die Prioritäten bestimmen, ob es sich dabei um *Hauptpflichten* oder *Nebenpflichten* handelt. Selbstverständlich können auch andere Nebenpflichten, die einer Vertragspartei besonders wichtig sind, durch ausdrückliche Regelungen in den Rang von Hauptpflichten, wie etwa Informationspflichten oder Abnahme- und Montagepflichten bei Kaufverträgen, erhoben werden.

Systemverantwortung

2.2.6 Vertragssprache
Für die Abfassung des ausgehandelten Vertragstextes, aber auch schon für die Fertigung des Entwurfs eignen sich nur bestimmte *Sprachstile*, weil der Vertrag in erster Linie die Rechtsverhältnisse der Parteien eindeutig und effektiv regeln soll.

2.2.6.1 Verständlichkeit und Präzision
Grundsätzlich sollte sich jeder Verfasser eines Vertrages um *allgemein verständliche und unkomplizierte Formulierungen* bemühen, damit diese inhaltlich ohne größere Schwierigkeiten auch von Nichtjuristen erfasst werden können. Leider lassen sich juristische Fachausdrücke in vielen Fällen nicht vermeiden, wenn dies für eine klare präzise Formulierung des Vertragstextes erforderlich ist, da die Allgemeinsprache dafür keine Begriffe bereithält. Im Zweifel muss gelten, dass klare und eindeutige Formulierungen den Vorrang vor allgemein verständlichen und gefälligen Ausdrücken besitzen,

Eindeutige Formulierung und einheitliche Sprache

damit der Vertrag seine Funktion, eine verlässliche und rechtssichere Plattform für den angestrebten Geschäftsvertrag zu sein, gerecht werden kann.

Auf das Wesentliche beschränken

Jeder Vertrag benötigt auch eine *klare Sprachstruktur*, die nur dann gewährleistet ist, wenn für den gleichen Gegenstand jeweils der gleiche Begriff verwendet wird und der gleiche Gegenstand nicht mehrfach geregelt wird. Ferner müssen wegen eines verständlichen Kontextes zusammenhängende Fragen auch zusammenhängend geregelt werden. Dabei sind Absätze vorzunehmen, wo sie sinnvoll sind, was sich daran überprüfen lässt, ob sie mit einer gedachten Überschrift versehen werden können. Die Transparenz wird noch erhöht, wenn man eine echte Überschrift hinzufügt.

Jeder Vertrag sollte sich auf das Notwendige beschränken, d. h. so knapp wie möglich und so ausführlich wie nötig sein. Dabei hängen die zu regelnden Problemfelder von dem jeweiligen Vertragstyp ab, wie sie bereits in dem schon erläuterten Rahmen der Grundstruktur eines Geschäftsvertrages ab Ziffer 3 beschrieben sind (vgl. Kap. 2.2.5.1). Wie umfangreich bzw. detailliert diese Problemzonen geregelt werden sollten, bemisst sich primär nach deren Komplexität. Ein bestimmender Faktor ist auch, wie umfangreich und intensiv die für den Vertrag maßgebenden gesetzlichen Regelungen ausfallen. Sind diese detailliert, braucht der Vertrag nur noch das aufzunehmen, was die gesetzlichen Regelungen nicht erfassen oder wo diese keine für die Vertragsparteien interessengerechten Lösungen vorsehen.

2.2.6.2   Anwendbare Sprachstile

Bei dem Sprachtyp der Fachsprache gibt es im Hinblick auf die einsetzbaren Sprachstile eine geringere Variationsbreite als bei der allgemeinen Umgangssprache. Dabei wird die Wahl des Stils auch von taktischen Überlegungen und der Unternehmenskultur der Vertragspartner bestimmt (siehe Abbildung 2.3).

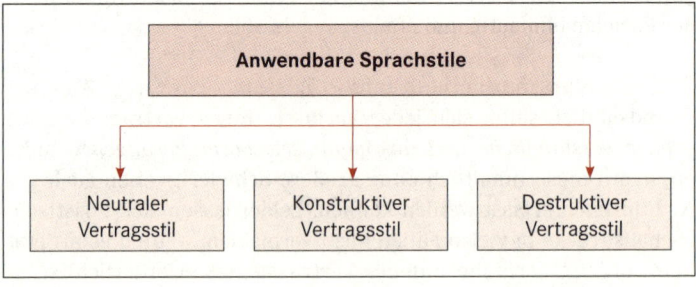

Abb. 2.3: Sprachstile

Neutraler Vertragsstil

Am weitesten verbreitet und für normale Geschäftsverträge die richtige Sprachform ist der neutrale Vertragsstil. Er enthält präzise Fachbegriffe und versucht, die Rechtsprobleme mittels eindeutiger Formulierungen so konkret und klar wie möglich anzusprechen und dabei die Interessengegensätze der Parteien ausgewogen herauszuarbeiten.

Konstruktiver Vertragsstil

Für komplexere Verträge, insbesondere *Projektverträge,* die ihr Ziel nur erreichen können, wenn die Partner ständig kooperativ zusammen wirken, genügt der neutrale Vertragsstil indes nicht, weil der Vertrag auch Hilfe für die *Vertragsdurchführung* leisten muss. Hier ist ein konstruktiver Stil vonnöten, der neben der neutral gehaltenen Information über Tatsachen bei der Herausarbeitung der Interessenlage der Parteien die Gemeinsamkeiten und die trennenden Merkmale klar unterscheidet, sodass der Vertragstext letztendlich ausgewogen das Endergebnis der *Verhandlungsdiskussionen* abbildet. Konstruktive Verträge sind deshalb das Ergebnis der kreativen Zusammenarbeit beider Parteien. Stilistisch unterscheidet sich der konstruktive Stil von dem eher abstrakt formulierten neutralen durch einen *»persönlichen Touch«,* indem die Parteien unter ihrem jeweiligen Namen immer persönlich genannt und, soweit möglich, Begriffe verwendet werden, die den Vertragspartnern vertraut sind. Er liest sich deshalb sehr viel leichter als der nüchterne neutrale Sprachstil. Unternehmen, die mehr serviceorientiert sind, also in dem Kunden einen echten Partner und nicht nur das Objekt zur Maximierung der Gewinne sehen, werden deshalb auch den konstruktiven Vertragsstil bevorzugen, weil er einfach beim Gegenüber besser ankommt.

Persönlicher Touch

Destruktiver Vertragsstil

Das krasse Gegenteil dazu bildet der destruktive Vertragsstil, der zum Tragen kommen kann, wenn zwischen den Partnern ein erhebliches Machtgefälle besteht und der deshalb einem *Diktat des wirtschaftlich Stärkeren* gleichkommt. Er ist nur durchsetzbar, wenn der Verfasser auf gegnerische Rechtspositionen keine Rücksicht nehmen muss und ist deshalb häufig in Befehlsform abgefasst. Soweit dem anderen Vertragspartner Rechte eingeräumt werden müssen, werden diese Regelungen häufig im Ungewissen gelassen, damit man sie später noch zu seinen Gunsten auslegen kann. Naturgemäß hat der mehr oder weniger in den Vertrag hineingezogene schwächere Partner an dem Eintritt des Vertragserfolges nur ein geringes Interesse, jedenfalls wird er nicht besonders motiviert sein, sich in diese Richtung anzustrengen. Kommt es zu einem Rechtsstreit, wer-

Diktat des wirtschaftlich Stärkeren

den diese Verträge typischerweise von der Rechtsprechung kritisch betrachtet und in besonders krassen Fällen wegen sittenwidriger Knebelung für nichtig angesehen. Im üblichen unternehmerischen Geschäftsverkehr sollte deshalb auf diesen Vertragsstil verzichtet werden. Man trifft ihn in der Praxis häufig bei Standardverträgen mächtiger Vertragspartner, wie insbesondere Banken und Versicherungen, aber auch von Automobilherstellern gegenüber ihren wirtschaftlich abhängigen Zulieferfirmen an.

2.3   Vertragsverhandlungen

Vertragsverhandlungen sind nicht bei allen Geschäftsverträgen erforderlich. Das betrifft insbesondere Routinegeschäfte, die täglich zu vorgegebenen Bedingungen abgeschlossen werden. Dennoch sind aber Vertragsverhandlungen für wirtschaftlich bedeutende Geschäftsverträge unverzichtbar. Sie spielen vor allem im Geschäftsverkehr zwischen Unternehmen eine große Rolle. Dort kommt es bei Ein- und Verkaufsgesprächen wegen ihrer wirtschaftlichen Dimension häufig zu zähen Verhandlungen, und sei es auch nur deswegen, um zu klären, welche Allgemeinen Geschäftsbedingungen, die des Verkäufers oder die des Einkäufers, sich durchsetzen.

2.3.1   Strukturierung und Ablauf

Die Abwicklung der Vertragsverhandlungen hängt im Wesentlichen von der Art des Geschäfts ab, ob also *schriftliche Verhandlungen* genügen oder ob man sich zu einem oder mehreren *Verhandlungsgesprächen* zusammensetzen muss. Einfache Geschäfte, insbesondere über den Bezug standardisierter Handelsware, bei denen sich die Verhandlungen in der Regel auf den Preis beschränken, werden üblicherweise per Briefwechsel abgeschlossen. Für komplexere Vorhaben dagegen ist eine umfangreichere Planung und damit auch eine organisatorische und inhaltliche Strukturierung der Verhandlung erforderlich.

2.3.1.1   Aufgliederung in Verhandlungsphasen

Komplexe zeitaufwändige Verhandlungen teilt man am besten in mehrere Verhandlungsrunden auf.

2.3.1.1.1 Austausch der Vertragsentwürfe

Ausarbeitung des Vertragsentwurfs

Um die anstehenden mündlichen Vertragsverhandlungen effizient und rechtssicher zu gestalten, ist es i.d.R. sachgerecht, dass eine Seite einen umfassenden *Vertragsentwurf* als Basis erstellt und vorlegt. Dem Verhandlungsklima ist es zweifelsohne förderlich, wenn sich darüber die Partner einigen. Häufig wird es die Partei sein, die die stärkere Verhandlungsposition besitzt, z. B. der Einkäufer bei Lieferungen, der Auftraggeber im Anlagenbau. Der Partner, der den Entwurf ausarbeitet, wird auf einen elektronisch gespeicherten Standardtext zurückgreifen und dort nur soweit erforderlich projektspezifische Anpassungen vornehmen. Weil er bereits mit dem Vertragstext vertraut ist, hat er einen nicht unerheblichen Vorteil gegenüber der anderen Seite bei den Vertragsverhandlungen. Diese günstige Ausgangslage wird noch dadurch verstärkt, dass der erste Entwurf die Interessen des Formulierenden in den Vordergrund rückt. Dieser wird und kann selbstverständlich nicht davon ausgehen, dass die Gegenseite den Text ohne Änderungen akzeptiert. Immerhin ist aber dadurch der *Leitfaden* für die weiteren Verhandlungen festgelegt.

Der erste Entwurf wird dem Verhandlungspartner zur Prüfung und Stellungnahme zugesandt. Er hat die Möglichkeit – innerhalb einer angemessenen Frist – *Gegenvorschläge* in Gestalt von *Änderungen* und *Ergänzungen* zu machen. Um die Verhandlungen nicht unnötig in die Länge zu ziehen und die erste Partei nicht völlig zu verärgern mit dem Risiko ihres Scheiterns, sollte von der Abfassung eines vollständigen Gegenentwurfs genauso abgesehen werden, wie zu viele Gegen- und Ergänzungsvorschläge zu unterbreiten. Die Einnahme einer plausiblen Verhandlungsposition erfordert es vielmehr, sich auf die *wesentlichen Punkte* zu konzentrieren. Dabei gilt es im Einzelfall abzuwägen, ob man das mit der vorgeschlagenen Regelung verbundene Risiko noch eingehen kann und will, selbst wenn sie nicht die optimale Lösung enthält.

Gegenvorschläge nur zu wichtigen Punkten

> **Beispiel:**
> *Lieferanten versuchen häufig ihr Schadensersatzrisiko gegenüber dem Besteller wegen Lieferverzögerungen auf einen bestimmten Prozentsatz, etwa 10 oder 20 % des Auftragswertes zu beschränken. 20 % sind für diesen noch akzeptabel, 10 % jedoch nicht.*
> *Trifft das zu, geht diese vorgefertigte Klausel später unverändert in den Vertrag ein. Die Gegenvorstellungen werden schriftlich der ersten Partei übermittelt und ihr eine gewisse Frist für die Überprüfung eingeräumt. Erst danach sind bei größeren Transaktionen mündliche Verhandlungen sinnvoll.*

Diese Vorgehensweise macht klar deutlich, wo die strittigen Punkte für die weiteren Verhandlungen liegen. Außerdem hilft sie unnötige handwerkliche Fehler bei der Abfassung des Vertragstextes zu vermeiden, indem dort nicht mehr jede einzelne Klausel entworfen und formuliert werden muss.

Vorabklärung strittiger Punkte

2.3.1.1.2   Vorverhandlung

Zunächst trifft man sich zu *Vorverhandlungen*, die ergebnisoffen sind und auch nicht bis ins Detail geplant und vorbereitet werden müssen, da man eventuelle Fehler später noch korrigieren kann. Sie dienen der Informationsgewinnung und Orientierung der Parteien. Dabei versucht man den Partner genauer kennen zu lernen und ihn, was psychologisch wichtig ist, als Verhandlungstyp einzustufen (vgl. Kap. 2.3.3). Es werden dabei die *Verhandlungspositionen* ausgetauscht und versucht herauszufinden, wo die Schmerzgrenze der Gegenseite bei den Knackpunkten liegen. Je nach Gesprächsatmosphäre dominiert in den Vorverhandlungen ein bestimmter Verhandlungsstil, der die späteren Zusammenkünfte prägt. Wesentliches Ziel der Vorverhandlungen ist es, die weiteren Verhandlungsrunden zu strukturieren, indem zunächst die Sachgebiete benannt werden, in denen die Parteien sich einig sind und anschließend die strittigen Punkte klar herausgearbeitet werden, die nachverhandelt werden müssen. Hilfreich zum Abgleich der beiderseitigen Standpunkte kann die Erstellung eines *Vertragszielnetzes* sein (vgl. Kap. 2.3.2.2).

2.3.1.1.3   Entwurfsverhandlung

Die Entwurfsverhandlung bildet den Schwerpunkt der Vertragsverhandlungen auf der Arbeitsebene zwischen den der Unternehmensleitung nachgeordneten *Vertragsmanagern* oder, bei Bildung eines Projektteams, mit dem Teamleiter und ggf. anderen Fachleuten, wie Ingenieure, Juristen etc. Das Ziel ist, die *strittigen Punkte auszuräumen*, sodass hier ergebnisorientiert in einer mehr oder weniger entspannenden Arbeitsatmosphäre verhandelt wird. Es ist taktisch falsch, den Entscheidungsträger bereits in dieser Phase einzubeziehen, weil er dadurch als Problemlöser oder Moderator in der entscheidenden Schlussverhandlung zu früh »verbrannt« wird.

2.3.1.1.4   Schlussverhandlung

In der Schlussverhandlung entscheidet sich, ob sich die Gesprächspartner weiter annähern und zu einem Konsens finden, oder ob die Verhandlungen ohne Ergebnis abgebrochen werden müssen. Sie sollte frühestens anberaumt werden, wenn zumindest ein *ausgearbeitetes Vertragskonzept* vorliegt und für beide Seiten genügend Zeit vorhanden war, sich intensiv damit zu befassen. Haben die Beteiligten dagegen nur eine einzige Konferenz eingeplant, entsteht ein vermeidbarer erheblicher Zeitdruck, der unnötige Fehler geradezu provoziert. In der Schlussverhandlung soll die Entscheidung getroffen werden, ob der Vertrag zustande kommt oder nicht.

Deshalb müssen an der Schlussverhandlung auch die verantwortlichen *Entscheidungsträger* des Unternehmens teilnehmen. Andernfalls müsste in dem Vertrag eine Klausel eingebaut werden, dass dieser erst nach Genehmigung des verantwortlichen Unternehmers oder Managers rechtswirksam wird. Das gilt selbstverständlich auch, wenn nach der inneren Entscheidungsstruktur dem ausgehandelten Vertrag noch ein Kontrollgremium, wie etwa der Aufsichtsrat, zustimmen muss.

Gerade die Schlussverhandlung muss gründlich vorbereitet sein, lassen sich doch Fehler, die in dem ausgehandelten Vertrag aufgenommen werden, im Nachhinein nicht mehr beseitigen. Deshalb muss der *Verhandlungsführer* oder zumindest sein Assistent mit dem eigenen Standpunkt und auch der Sichtweise des Vertragspartners vertraut sein. Ferner muss er auch *Kenntnis* von den *Kernpunkten*, die unbedingt in den Vertrag aufgenommen werden sollen, haben. Darüber hinaus benötigt er alle sonstigen *notwendigen Informationen* im *Umfeld* des *Vertrages*, damit er in dem Abschlussgespräch stets richtig agiert, sofern er dort mit unerwarteten Dingen konfrontiert wird. Schließlich muss auf beiden Seiten die Bereitschaft vorhanden sein, in einem offenen ergebnisorientierten Verhandlungsklima konstruktiv nach Lösungen zu suchen und vernünftige Kompromisse zu akzeptieren. Wird aber der Entscheidungsträger von seinen Mitarbeitern nicht richtig ins Bild gesetzt, ist er zwangsläufig unsicher und wird aus einer Position der Schwäche heraus dazu neigen, den bisher ausgehandelten Vertragstext nach eventuellen versteckten Fußangeln und Fallen akribisch abzusuchen. Das verzögert nicht nur unnötig den Vertragsabschluss, sondern zerstört jedes ergebnisorientierte Verhandlungsklima, weil dadurch ein destruktiver Verhandlungsstil in die Gesprächsrunde einfließt. Als mögliche negative Konsequenz kann dies zu einer so tiefen Verstimmung der bisher abschlusswilligen Gegenseite führen, dass sie nunmehr die Verhandlungen abbricht.

2.3.1.1.5 Erstellung der Vertragsurkunde

Ist die Abschlussverhandlung erfolgreich gewesen, kann nunmehr die endgültige *Formulierung* des *Vertragstextes* erfolgen – und zwar am Ende der Schlussverhandlung, wenn nur noch Kleinigkeiten zu ändern waren oder in einem gesonderten Nachgang.

2.3.1.1.6 Dokumentation

Über die jeweils erzielten *Ergebnisse* und die Kernpunkte des Vertragsablaufs der *drei Verhandlungsphasen* ist jeweils ein gemeinsames *Gesprächsprotokoll* anzufertigen, das von beiden Seiten unterschrieben werden sollte. Besteht insoweit kein Konsens, so ist auf jeden Fall die Niederlegung einer *internen Niederschrift* als Gedächtnisstütze zu empfehlen. Auch die Wiedergabe der wesentlichen

Gesprächs-
protokoll

Aspekte des Verhandlungsverlaufs ist anzuraten, um die einzelnen Schritte des Aushandlungsprozesses wiederzugeben. Nur dadurch kann man vielleicht vermeiden, dass in einem späteren Rechtsstreit unverändert übernommene *vorgefertigte Vertragsklauseln* – weil nicht ausgehandelt – als unwirksame AGB-Klauseln eingestuft werden (vgl. Kap. 3.4.1). Alle *wichtigen*, das Geschäft betreffenden Papiere wie auch technische *Unterlagen* oder Memoranden (und nicht nur die Vertragsurkunde) sind über die gesetzlichen Aufbewahrungspflichten hinaus bis zum Ende möglicher vertraglicher Fernwirkungen aus Haftungsfolgen als *Beweismittel* zu *archivieren*.

2.3.1.2 Rechtsberater

Bei wichtigen komplexen Geschäften sollte in einem möglichst frühen Stadium der Verhandlungen ein Rechtsberater hinzugezogen werden, am besten bei der *Überprüfung* des *Vertragsentwurfs* bzw. der *Gegenvorschläge* der anderen Partei, um schon im Vorfeld juristisch problematische Klauseln mit verdeckten »Fußangeln» aufzuspüren und zu eliminieren. In den mündlichen Verhandlungsrunden ist seine Beteiligung zwar nicht in den Vorverhandlungen notwendig, jedoch in der zweiten Phase der *Entwurfsverhandlungen* sinnvoll, spätestens aber in der *Schlussverhandlung*. Nicht nur taktisch, sondern auch strategisch ist es falsch, wenn der Fachjurist erst nach Beendigung der Abschlussverhandlung lediglich mit der Aufgabe betraut wird, den ausgehandelten Vertragstext juristisch zu prüfen und in eine rechtlich einwandfreie Sprachform zu bringen. Tauchen jetzt rechtliche Bedenken gegen einzelne Abreden auf, so wird sich die Gegenseite nur schwerlich mit einer Revidierung des Verhandlungsergebnisses einverstanden erklären.

2.3.2 Gründliche Vorbereitung der Vertragsverhandlung

Klärung der Eckdaten

Bevor man in die Vertragsverhandlung einsteigt, müssen die Eckpunkte des beabsichtigten Geschäfts aus eigener Sicht geklärt sein. Diese umfassen:

- die *Vertragsziele* im Hinblick auf die eigene Vertragsleistung und die gewünschte Gegenleistung der anderen Seite,
- die Strukturierung des Geschäfts durch eine Checkliste für die Abarbeitung der wesentlichen Punkte oder, noch besser, die Ausarbeitung eines *Vertragsentwurfs*,
- die Festlegung einer Grenzlinie für den *Vertragsabbruch* und
- die Klärung der Rahmenbedingungen für die Verhandlungsgespräche.

Dieses Gebot der gründlichen Vorbereitung gilt selbstverständlich für alle *Verhandlungsphasen*, weil man nur bei Kenntnis aller wesentlicher

Fakten die innere Sicherheit und Stärke für eine souveräne Verhandlungsführung gewinnen kann.

Am Beginn der Verhandlung sind beide Seiten bemüht, sich möglichst günstige Startbedingungen zu sichern.

2.3.2.1   Entwurfsregie

Die beste Ausgangsposition verschafft man sich durch das Erlangen
der *Entwurfsregie*. Das bedeutet, dass die Seite einen erheblichen
taktischen Vorteil gewinnt, die einen ausgearbeiteten Vertragsentwurf in die Verhandlungsrunde einbringt. Damit wird der Gang der
weiteren Verhandlungen vorgezeichnet, weil im Weiteren an diesem Entwurf entlang verhandelt wird. Über diese wichtige Regie-
rolle sollte zwischen den Partnern schon im Vorfeld Einvernehmen
hergestellt werden (vgl. Kap. 2.3.1.1.1). Verlangt die andere Seite
lediglich sprachliche Änderungen am *Vertragskonzept*, wenn auch
nur zur begrifflichen Klarstellung, so wird das bereits als Entgegenkommen interpretiert. Sie muss dann ihrerseits inhaltliche Zugeständnisse machen, die sie teuer zu stehen kommen, weil eine
formale Änderung des Entwurfstextes durch ein wesentlich weiter-
gehendes inhaltliches Zugeständnis erkauft worden ist.

Vertragskonzept

Selbstverständlich kann der andere Partner, wenn die Regierol-
le zwischen ihnen nicht geklärt ist, jederzeit verhindern, dass er
taktisch ins Hintertreffen gerät, indem er zeitgleich in den Vorverhandlungen oder spätestens zu Beginn der zweiten Phase in der Entwurfsverhandlung einen *Gegenentwurf* präsentiert. Immerhin sind
dann aber sehr schnell die Fronten geklärt, weil im weiteren Verlauf
des Verhandlungsgesprächs beide Seiten als formal gleichberech-
tigte Partner einen *gemeinsamen Entwurf* entwickeln müssen, was
zweifelsohne dem Verhandlungsklima zugute kommt, aber andererseits die Verhandlungen in die Länge zieht.

2.3.2.2   Klärung und Bewertung der Verhandlungs-
positionen durch Vertragsparameter

Ein äußerst wichtiges nützliches Instrument, um sich Klarheit über
die beiden Verhandlungspositionen zu verschaffen und diese nach
bestimmten objektiven Kriterien zu bewerten, ist die Aufstellung von
Vertragszielnetzen, in denen grafisch die beidseitigen Verhandlungspositionen nach bestimmten Parametern, die von dem konkreten Geschäft abhängen, dargestellt und gleichzeitig nach den Prioritäten
der Partner auch bewertet werden.

Vertragszielnetze

Zunächst einmal sollten sich die Verhandlungspartner auf *gemeinsame Parameter* zur Bewertung des Vertrages einigen. In Betracht
kommen hierfür neben der im Mittelpunkt stehenden Hauptleistungen, d.h. der Erstellung des Vertragsproduktes und der Zahlung des
Preises sonstige wichtige Teilziele, wie z.B. Qualität, Kundendienst,

Bewertung der Hauptleistungen und wichtiger Teilziele

Termine, die Absicherung der Leistungen auf der einen Seite und der Zahlungen auf der anderen Seite und schließlich auch bei komplexen Produkten die Systemverantwortung zur angemessenen Risikoabgrenzung.

Die Bedeutung der Erreichung dieser Ziele wird nun von jeder Seite nach ihren eigenen Vorstellungen und Erwartungen auf einer Skala von 1–100 gewichtet. Dazu fertigt man einen je nach Anzahl dieser Teilziele x-strahligen Stern an, ordnet dem einzelnen Strahl ein bestimmtes Teilziel zu, wobei sich die beiden Hauptleistungen entweder auf der horizontalen oder vertikalen Achse gegenüberstehen, und ordnet den anderen Strahlen weitere Teilziele zu. Die Maßgröße der Wichtigkeit dieser Teilziele wird nun skaliert, indem für eine bestimmte Wegstrecke – je nachdem – im Maßstab von 1 zu 10 oder 1 zu 20 der Wert 100 eingesetzt wird und anschließend der besseren Übersichtlichkeit wegen, diese Strecke halbiert und auf den betreffenden Punkten der Skalenwert 50 eingesetzt wird. Jeder der Partner bildet nun eine eigene Prioritätenliste, indem er die Priorität des Erreichens des betreffenden Teilziels skaliert, also etwa der Auftraggeber die Absicherung der Leistungen mit 60 (ein relativ niedriger Wert), dagegen die Produktqualität mit 90 bewertet und danach alle Teilziele skaliert. Anschließend verbindet man die jeweiligen Punkte auf den Strahlen durch Linien, wodurch man als Vergleichsnetz ein unregelmäßiges Vieleck erhält. Hat das jede Seite für sich gemacht, zieht man beide Vertragszielnetze auf zwei Folien und legt sie übereinander (siehe Abbildung 2.4).

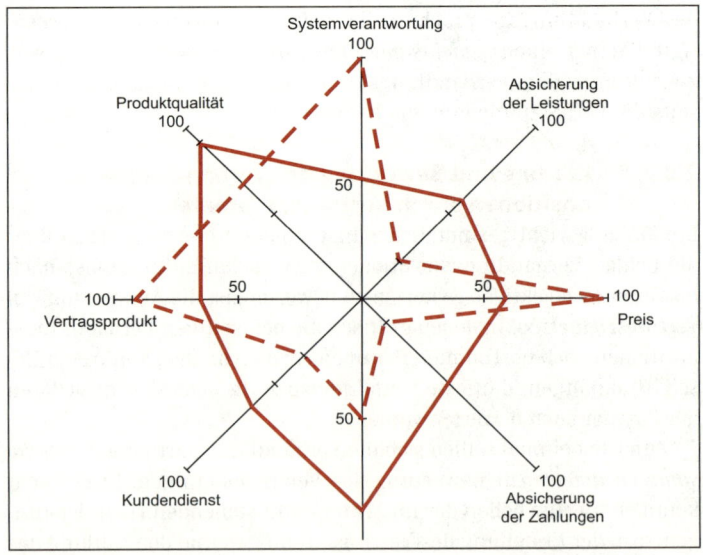

Abb. 2.4: Vertragsziele

Dadurch kann man problemlos erkennen, inwieweit die Partner bei ihrer Einschätzung der Bedeutung einzelner Teilziele übereinstimmen, sodass man die weitere Verhandlung erheblich straffen und sehr schnell auf die strittigen Punkte fokussieren kann. Diese methodische Vorgehensweise vermeidet unnötige Scheingefechte und die damit einhergehende unnötige Ressourcenverschwendung: Unterscheiden sich bei den einzelnen Aspekten die inhaltlichen Vorstellungen und die Prioritäten der Partner nur geringfügig, so wird man darüber auch sehr schnell Einvernehmen erzielen. Als nächstes nimmt man sich die Positionen mit annähernd gleichen inhaltlichen Vorstellungen vor, die von einer Seite niedrig und von der anderen sehr stark gewichtet werden. Hier wird der Partner mit dem niedrigeren Prioritätenwert eher bereit sein, nachzugeben. Es ist dabei lediglich darauf zu achten, dass die Bilanz der Zugeständnisse auf beiden Seiten ausgeglichen bleibt. Im Folgenden kann man die Verhandlungen auf die echten Problemfelder konzentrieren, die inhaltlich weit auseinander liegen, aber von beiden Partnern stark gewichtet werden. Mit Hilfe dieser Methodik ergibt sich nahezu automatisch eine funktionsadäquate und zielführende Struktur für die Durchführung der Entwurfsverhandlung (vgl. Kap. 2.3.6). Letzten Endes wird der erstrebte Geschäftsabschluss nur gelingen, wenn sich beide Seiten insoweit kompromissbereit zeigen und zu wirklich echten Zugeständnissen bereit sind.

Beispiel:
Fordert etwa der Auftraggeber eine wesentlich höhere Qualität des Kundendienstes, so wird er eben von seinen niedrigeren Preisvorstellungen abrücken müssen und einen deutlich höheren Preis, als ursprünglich kalkuliert, bezahlen müssen etc.

2.3.2.3   Strukturierung der Verhandlung

Bei *vielschichtigen Geschäftsvorhaben* hat man es typischerweise mit komplexen Problemen zu tun, die vielfältige, sich gegenseitig beeinflussende Aspekte besitzen.

Beispiel:
Ein Hersteller gewährt einem wichtigen Kunden einen erheblichen Preisnachlass, um die Geschäftsbeziehung nicht zu gefährden.

Um auch bei solch komplexen Gegenständen stets die Übersicht zu behalten, sollte man die Probleme strukturieren. Das kann ohne weiteres in Ergänzung zu dem Vertragsentwurf geschehen. Verzichtet man auf den Entwurf, so sollte zumindest eine Checkliste zur Strukturierung der Kernpunkte erstellt werden, wobei man einzelne

Checkliste

komplexe Probleme noch herausgreifen kann und diese spezifisch strukturiert. Die bekannteste Methode hierzu ist die Bildung von Hierarchieebenen mit Unterpunkten. So entsteht zwanglos ein sinnvolles Verhandlungskonzept, das man während der Verhandlung abarbeiten kann, und außerdem entgeht man der Gefahr, sich selbst und den Verhandlungspartner zu überfordern.

> **Beispiel:**
> *Den Vertragsgegenstand untergliedert man in Eigenschaften und Preis, und die Vertragsdurchführung in Liefertermin und Gewährleistung, wie die Abbildung 2.5 verdeutlicht.*

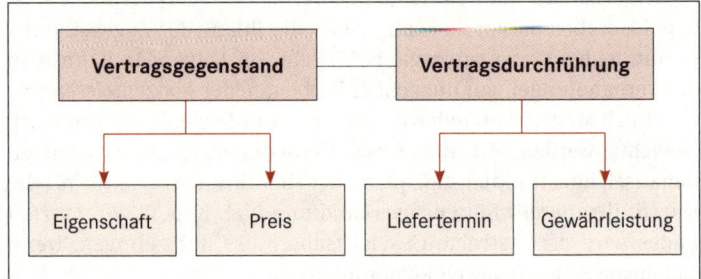

Abb. 2.5: Vertragsgegenstand und -durchführung

Strukturbildung

Eine andere Form der Strukturbildung ist die Aufstellung einer Tabelle die Vor- und Nachteile einer möglichen Lösung einander gegenübergestellt (siehe Abbildung 2.6).

Problembeschreibung	Problemlösungen	Nachteile	Vorteile
	Lösungsvorschlag 1		
	Lösungsvorschlag 2		
	Lösungsvorschlag 3		

Abb. 2.6: Strukturieren von Problemlösungen

Steht nicht genügend Zeit zur Ausarbeitung eines Entwurfs zur Verfügung, kann man durch eine sinnvolle Strukturierung den Verhandlungsrahmen ebenfalls bestimmen und dadurch die formale Führungsrolle gewinnen. Verhält sich die andere Partei aber taktisch in gleicher Weise, sind beide Seiten gezwungen, eine gemeinsame Struktur zu entwickeln, soll es zum gewünschten Geschäftsabschluss kommen.

2.3.2.4   Letter-of-Intent mit Verhaltenskodex

Zur Beschleunigung des gesamten Ablaufs hat es sich mittlerweile auch in Deutschland eingebürgert, dass zumindest einer der Verhandlungspartner der anderen Seite einen sog. *Letter-of-Intent* zusendet, indem er seine Verhandlungsposition mit den für ihn wesentlichen Eckpunkten des Geschäftes schriftlich fixiert und dem anderen Teil zusendet. Nur in seltenen Fällen handelt es sich dabei schon um ein verbindliches Vertragsangebot. Verfährt der Empfänger ebenso, wird vielfach eine gesonderte Vorverhandlung überflüssig, weil bereits durch diesen Briefwechsel die Ausgangslage für die weiteren Verhandlungen klar ist. Halten beide Teile trotz inhaltlicher Divergenzen einen künftigen Geschäftsabschluss noch für möglich, so kann man die Gesprächsrunde mit Entwurfsverhandlungen eröffnen.

Unabhängig von dem Beschleunigungsaspekt ist der Letter-of-Intent aber auch die ideale Plattform, um für die weiteren Verhandlungen einen gemeinsamen *Verhaltenskodex* aufzustellen, der beiden Partnern bestimmte Pflichten zum Schutz wichtiger Vermögensinteressen auferlegt. So kann es für einen der Verhandlungspartner wichtig sein, den anderen während der Verhandlungsdauer an ihn zu binden und ihm die Parallelverhandlung mit einer anderen Partei zu verbieten. Ebenfalls von hoher Bedeutung sind *Geheimhaltungspflichten*, insbesondere der Schutz des eigenen Know-hows. Schließlich geht es auch um die Absicherung finanzieller Risiken und das Problem der Haftung im Falle von Pflichtverletzungen, die durch das Rechtsinstitut des Verschuldens beim Vertragsabschluss nur unzureichend geregelt sind (vgl. Kap. 2.4.5).

(Randnotiz: Verhaltenskodex)

2.3.3   Verhaltensmuster der Verhandlungspartner

Verlauf und Ergebnis von Vertragsverhandlungen hängen neben den äußeren Umständen auch von Einstellungen und Verhaltensweisen der daran beteiligten Personen ab. Da die Menschen unterschiedliche Temperamente besitzen, unterscheidet die Sozialpsychologie zwischen verschiedenen Verhandlungstypen mit eigenen Verhaltensmustern.

2.3.3.1   Verhandlungstypen

Sozialpsychologen unterscheiden zwischen dem kompetetiven, kooperativen und individualistischen Verhandlungstyp:

- Der *kompetetive Typ* neigt dazu, sein Verhandlungsergebnis auf Kosten der anderen Seite zu maximieren.
- Der *kooperative Typ* versucht das Verhandlungsergebnis beider Seiten zu maximieren. Der *bedingt kooperative* Typ verfährt

genauso, passt aber sein Verhalten in der nächsten Verhandlungsrunde dem des anderen an.
- Der *individualistische Typ* ist nur an dem eigenen Verhandlungserfolg interessiert, gleichgültig wie das Ergebnis für die Gegenseite ausfällt.

Verhandlungsergebnis vom Verhandlungstyp abhängig

Dabei fällt nun das konkrete *Verhandlungsergebnis* einer bestimmten Situation unterschiedlich aus, je nachdem, welche *Verhandlungstypen* beteiligt sind. Vertrauensbildend wirkt die kompetetive Einstellung keineswegs, wird doch der Verhandlungspartner, wenn er einmal übervorteilt worden ist, weitere Verhandlungen verweigern oder sich für die künftigen Verhandlungen entsprechend wappnen. Unter dem Blickwinkel des beidseitigen Interesses an einem Geschäftsabschluss ist eher eine kooperative Einstellung angebracht. Für den Aufbau einer Geschäftsbeziehung akzeptabel ist auch der individualistische Typ, dem es allein auf die Optimierung des eigenen Verhandlungserfolgs ankommt. Das ist in seinen Augen nicht unfair, weil der Partner die gleichen Chancen zur Verwirklichung seiner individuellen Vertragsziele besitzt. Spätestens aber in der Schlussverhandlung muss sich der individualistische Verhandlungstyp auch kompromissfähig zeigen, soll der Vertrag zustande kommen.

2.3.3.2 Verhandlungsstrategien

Zu einer umsichtigen Planung der Vertragsverhandlung gehört – neben der gründlichen Vorbereitung der relevanten Fakten – auch die Festlegung der Verhandlungsstrategie, um das erstrebte Verhandlungsziel zu erreichen.

2.3.3.2.1 Auswahl der richtigen Strategie

Grob untergliedert, kann man bei Verhandlungen drei Strategien verfolgen:
- die Maximierung,
- das faire Ergebnis und
- die Integration.

Maximalistische Strategie

Bei der Anwendung der *maximalistischen Strategie* fordert man zunächst mehr, als nach eigener realistischer Einschätzung erreichbar ist, um so durch scheinbare Zugeständnisse seine ursprünglichen Vertragsziele uneingeschränkt durchsetzen zu können. Hinderlich wirkt sich diese Vorgehensweise bei beidseitiger Anwendung aus, weil dann eine Einigung an der zu großen Kluft zwischen den unterschiedlichen Ausgangspositionen scheitert. Selbst wenn diese Strategie nur von einer Seite verfolgt wird, hat sie auf längere Sicht, wie etwa in mehreren Verhandlungsrunden, keinen Erfolg, da der Maximalist weitere Zugeständnisse machen muss und deshalb von der Gegenseite nicht mehr als seriöser Verhandlungspartner angesehen wird. Daher sollte man in Vertragsgesprächen auf diese maximalistische Strategie von vornherein verzichten.

Bei der *Strategie der Fairness* streben die Verhandlungspartner durch Rücksichtnahme auf die berechtigten Interessen der anderen Seite und durch Kompromissbereitschaft danach, ein faires Ergebnis für beide Seiten zu erreichen. Diese Vorgehensweise vermeidet zwar die Gefahr des Scheiterns. Allerdings geht der sich fair Verhaltende das Risiko ein, für sich zu wenig herauszuholen, sofern der andere Teil ein kompetetiver Verhandlungstyp ist und seine Gutmütigkeit entsprechend ausnutzt.

Fairness

Bewährt hat sich dagegen die *integrative Strategie*, wonach die Verhandlungspartner ihr Verhalten an ihren jeweiligen Interessen orientieren sollen mit dem Ziel der Gewinnmaximierung für beide Seiten. Am Ende der Verhandlung soll als Ergebnis deshalb eine sog. *Win-Win-Lösung* stehen. Dadurch wird der übliche rechthaberische Streit um Positionen vermieden, der häufig zu einem Scheitern der Verhandlungen führt. Die erfolgreiche Anwendung dieser Strategie erfordert allerdings aufwändiges Training, da hierzu sehr viel Kreativität und Phantasie benötigt wird.

Integrations-strategie

Allerdings versagt diese Strategie in Situationen, wo sich keine Win-Win-Lösung erzielen lässt, weil die eine Seite nur auf Kosten der anderen einen Vorteil erlangen kann. Die integrative Verhandlungsmethode verspricht zunächst auch keinen Erfolg, wenn der eine Partner wegen seiner wirtschaftlichen Überlegenheit glaubt, auf die Interessen der Gegenseite keine Rücksicht nehmen zu müssen. Gerade KMU begegnen häufig in Verhandlungen mit Konzernen einem *diktatorischen Verhandlungsstil*. Diese Demonstration der Macht soll den Gegenüber einschüchtern, um so leichter die eigenen Vorstellungen durchsetzen zu können. Will sich der schwächere Partner nicht über den »Tisch ziehen lassen«, muss er eine geeignete *Gegenstrategie* entwickeln, um das respektlose Auftreten des Verhandlungsgegners zu stoppen. Selbst die besten Argumente helfen ihm in dieser Situation nicht weiter. Gefragt sind vielmehr kreative Ideen, wie er dem Mächtigen durch den Einsatz geeigneter Mittel bis hin zur Drohung mit Verhandlungsabbruch als schärfste Waffe so viel Schaden zufügen könnte, damit dieser sein arrogantes Verhalten ändert. Vielfach stecken hinter der aufgesetzten Machtfassade auch verborgene Schwächen, die es aufzudecken gilt, um sie zum eigenen Vorteil ausnutzen zu können. Die Abwehrstrategie wird aber nur die erhoffte Wirkung zeigen, wenn die sich überlegen fühlende Seite zur Einsicht gebracht werden kann, dass die Beibehaltung der Machtposition ihr mehr kostet, als sich den Vorschlägen des Schwächeren anzunäh-

KMU Vertrags-verhandlung

ern. Erst nach Erreichen dieses Zwischenziels besitzt auch der wirtschaftlich stärkere Verhandlungspartner die notwendige mentale und psychologische Offenheit für das erfolgreiche Praktizieren der integrativen Verhandlungsstrategie.

2.3.3.2.2 Die integrative Verhandlungsmethode

Sachbezogene Verhandlung

Bei der integrativen Strategie stehen die Sachinteressen im Vordergrund. Deshalb spricht man auch von *sachbezogenen Verhandlungen*. Entwickelt wurde diese Strategie an der Harvard-Universität, sodass sie unter dem Begriff *Harvard-Verhandlungsmethode* bekannt ist. Später hat man diese Methode speziell für Vertragsverhandlungen zur integrativen Verhandlungsstrategie weiterentwickelt. Diese beruht im Wesentlichen auf fünf Prinzipien:

- Trennung zwischen Sach- und Beziehungsebene,
- Interessen anstelle von Positionen als Verhandlungsmittel,
- Entwicklung von vorteilhaften Optionen für beide Seiten,
- Auswahl nach objektiven Entscheidungskriterien und
- Vergleich mit der besten Alternative des Verhandlungsergebnisses.

Trennung zwischen Sach- und Beziehungsebene

Treffen sich zwei oder mehrere Personen zu einem Verhandlungsgespräch, geht es dabei nicht nur um Sachfragen. Zwischen den beteiligten Personen baut sich auch eine persönliche Beziehung auf, die ihr Verhalten unbewusst mitsteuert, je nachdem ob zwischen ihnen die »Chemie« stimmt oder nicht. Sympathie und Antipathie sollten aber nicht ausschlaggebend für das Ergebnis der Verhandlungen sein. Man sollte persönliche Befindlichkeiten möglichst zurückdrängen, indem man die Verhandlung bewusst auf die sachliche Ebene zieht. Deshalb darf man kritische Äußerungen der Gegenseite am eigenen Standpunkt nicht als persönlichen Angriff werten, sofern diese nicht in einem verletzenden Ton vorgetragen werden. Im Interesse einer ergebnisorientierten Verhandlung sollten beide Verhandlungspartner versuchen, die Sachebene von der Beziehungsebene zu trennen. Aus diesen Gründen sollte man die geäußerte Kritik als Angriff gegen die Sache und nicht gegen die eigene Person verstehen. Andererseits hat aber die Verhaltenspsychologie gezeigt, dass der Gesprächspartner eher bereit ist, sich auf den anderen und dessen Argumente einzulassen, wenn er selbst nicht nur mit den vorgetragenen Sachargumenten, sondern auch mit seinen signalisierten Emotionen als ganze Person respektiert und gewürdigt wird. Deshalb ist es für den angestrebten Erfolg der Verhandlungen ungeheuer wichtig, dass man auf den Verhandlungspartner eingeht, d.h. ihn als vollwertige Person auf der Beziehungsebene würdigt.

Zuerst sollte man versuchen, sich in die Vorstellungen des anderen hineinzuversetzen, ohne dass man dessen Standpunkt übernimmt. So ist es äußerst hilfreich, den eigenen Vertragsentwurf oder die erstellte Checkliste als Verhandlungsmatrix aus dem Blickwinkel des anderen zu betrachten. Man notiert dazu eventuelle Einwände oder Gegenargumente, indem man sie als Ideensammlung dem eigenen Konzept gegenüberstellt. Ferner kann man sich überlegen, inwieweit man bereit wäre, von seinen eigenen Positionen Abstriche zu machen, wodurch sich die Konturen eines künftigen möglichen Kompromisses klarer herausbilden. So kann man auf Gegenvorschläge in den Verhandlungsrunden flexibel und konstruktiv reagieren. Die integrative Strategie erfordert also einen *konstruktiven Verhandlungsstil*, indem man Verständnis sowohl für die Sachargumente als auch die erkennbaren Emotionen der Gegenseite zeigt.

Wechsel des Blickwinkels

Interessen als Verhandlungsmittel

Die Verhandlungen selbst müssen sich auf die Interessen konzentrieren. Man vermeidet es daher, sich an Positionen festzubeißen. Diese Verhaltensweise verstellt den Blick auf die dahinter liegenden Interessen, sodass durch diese Prinzipienreiterei die Chance für mögliche Lösungen, mit denen beide Seiten zumindest einen Teil ihrer Interessen zu akzeptablen Bedingungen erreichen könnten, vertan wird. Ein fairer Lösungsansatz bedingt, dass die Eigeninteressen deutlich zur Sprache gebracht und die häufig konträren Interessen der anderen Seite erkennbar gewürdigt werden. Ist die Interessenlage nicht klar erkennbar, so sollte man durch gezielte direkte Fragen versuchen, sie zu ermitteln. Dabei stellt die Erstellung einer *Interessenmatrix* ein sehr gutes Hilfsmittel zu deren Bewertung dar. Danach teilt man die herausgefundenen Interessen in drei Gruppen ein: gemeinsame, gegenläufige und neutrale Interessen. Dieses Verfahren schafft schnell einen Überblick, sodass man sich auf die eigentlichen Probleme der Überbrückung der konträren Interessen konzentrieren kann (siehe Abbildung 2.7).

Interessenmatrix

Verhandlungspartner	Gemeinsame Interessen	Gegenläufige Interessen	Neutrale Interessen
Partner A			
Partner B			

Abb. 2.7: Interessenmatrix

Beidseitige Win-Win-Position

Die gängige Vorstellung, dass sich bei Austauschverträgen die eigenen Interessen nur auf Kosten der anderen Seite durchsetzen lassen, engt den Verhandlungsspielraum allzu sehr ein, wenn man sich zu einseitig auf die vermeintlich richtige Lösung konzentriert. Das dahinter stehende Bild ist das des begrenzten Kuchens.

Beispiel:
Zwei Schwestern streiten sich um eine Orange. Sie einigen sich deshalb darauf, die Orange gerecht zu teilen. Die eine Schwester isst ihre Hälfte und wirft die Schale weg. Die andere Schwester wirft das Fruchtfleisch weg, weil sie nur die Schale zum Backen benötigt.
Die Vorstellung vom begrenzten Kuchen hindert deshalb die Gesprächspartner daran, andere kreative Ausweichmöglichkeiten zu entwickeln, indem man den Kuchen vergrößert.

Lösung:
Die Entscheidungsalternative zu der getroffenen Einigung liegt auf der Hand: Wären die Schwestern so klug gewesen, zuerst ihre verschiedenen Interessen zu klären, hätte die eine das gesamte Fruchtfleisch und die andere die gesamte Schale erhalten.

Fairer Kompromiss

Anstelle sich an den vermeintlichen Interessengegensätzen festzubeißen, verhalten sich die Parteien viel vernünftiger, wenn sie stattdessen nach Wahlmöglichkeiten suchen und zunächst verschiedene Ideen sammeln, sie bewerten und danach zu richtigen Entscheidungsalternativen verdichten. Am Ende der Verhandlung sollte dann ein Ergebnis stehen, das die Interessen beider Seiten jeweils in größtmöglichen Umfang verwirklicht. Ganz einfach ausgedrückt, es muss ein fairer Kompromiss herauskommen, mit dem beide Seiten zufrieden sind und keiner sich als Verlierer fühlt.

Auswahl nach objektiven Entscheidungskriterien

Trotz aller Anstrengungen gelingt es nicht immer, eine Alternativlösung zu finden, die die widerstreitenden Interessen auf einen gemeinsamen Nenner bringt. In solch einem Fall lassen sich die konträren Interessen nur ausgleichen, wenn man zu ihrer Bewertung möglichst objektive Entscheidungskriterien heranzieht. Solche Divergenzen treten hauptsächlich wegen unterschiedlicher Preisvorstellungen auf. Handelt es sich dabei um ein stark nachgefragtes Gebrauchsgut, so lassen sich entsprechende *Marktspiegel* zugrunde legen. Andernfalls wäre man darauf angewiesen, die Hilfe eines sachverständigen Dritten in Anspruch zu nehmen, wenn man die dadurch entstehenden zusätzlichen hohen Kosten nicht scheut. Die Kosten für das *Preisgutachten*

Marktspiegel

Preisgutachten

kann man entweder halbieren oder proportional danach aufteilen, wie nah der einzelne Verhandlungspartner mit seinen Preisvorstellungen den vom Gutachter festgesetzten gekommen ist (vgl. Kap. 2.2.4.7).

Vergleich mit bester Alternative

Die beschriebene Verhandlungsstrategie führt gegen einen übermächtigen Verhandlungspartner in der Regel nicht zum Erfolg, weil dieser es nicht nötig hat, sich auf die Position der Gegenseite einzulassen, sondern dazu neigt, das ihm genehme Verhandlungsergebnis der schwächeren Seite aufzuzwingen. Als *schwächerer Partner* müssen Sie sich deshalb davor schützen, unüberlegt einen Vertrag abzuschließen, der ihre Interessen überhaupt nicht befriedigt oder sie sogar erheblich benachteiligt. Können Sie es sich leisten, sollten Sie als Entscheidungsalternative den Abbruch der Verhandlungen durchaus in Erwägung ziehen. Dies ist dann allemal die bessere Lösung als ein ungünstiger Vertrag. Um solch nachteilige Verhandlungsergebnisse zu vermeiden, setzt man sich vor Eintritt in die Verhandlungen ein *Limit,* das nicht unterschritten werden darf. Dieses Limit darf aber nicht als starre Grenze gehandhabt werden, da man sich dadurch möglicherweise innovativen vorteilhaften Lösungsalternativen verschließt, sondern ist als flexible Grenzlinie zu sehen. Ein Unterschreiten dieses Limits sollte man nur hinnehmen, wenn es durch Einräumung anderer Vergünstigungen, wie etwa eines Nutzungsrechtes, kompensiert wird. Eine elastische Handhabung von betragsmäßig fixierten Limits verstellt dem Verhandelnden nicht den Blick auf alternative Angebote der Gegenseite, die ihn zumindest nicht schlechter stellen.

Limit als Abbruchlinie

> **Beispiel:**
> *Ist der Markt des Herstellers gesättigt und deshalb die Nachfrage nach dem Vertragsprodukt gering, wäre, objektiv betrachtet, der Vertragsabschluss zu einem geringeren Preis, als der Produzent sich als Preislimit gesetzt hat, dem Abbruch der Verhandlungen vorzuziehen, wenn andernfalls die Produktion stocken würde und der Unternehmer wichtige Arbeitskräfte entlassen müsste. Letzten Endes ist aber in einer derartigen Situation ausschlaggebend, ob die finanzielle Ausstattung des Unternehmens eine längere Durststrecke ohne Gewinne erlaubt oder nicht.*

2.3.3.3 Verhandlungsfallen als strategisches Mittel

Jeder Verhandlungspartner sollte vermeiden, in die von der Gegenseite aufgestellten Verhandlungsfallen zu tappen, weil er dadurch Gefahr läuft, ein schlechteres Ergebnis für sich zu erzielen. Andererseits ist aber das Aufstellen von *Verhandlungsfallen* eine strategische Waffe gegenüber der stärkeren Seite, wenn sie ihre Machtposition ausnutzt, um ihre Interessen durchzusetzen. Verhandlungsfallen sind *Manipulationstechniken*, die ein geschickter Verhandlungsführer einsetzt, um die Gegenseite in seinem Sinne zu beeinflussen, ohne dass es ihr bewusst wird. Sie werden typischerweise von dem egoistisch orientierten kompetetiven und individualistischen Verhandlungstyp benutzt. Aber auch der kooperative Verhandlungstyp kann dieses Mittel sozusagen als Versuchsballon einsetzen, um zu testen, wie clever und taktisch versiert die Gegenseite ist. Aus der Vielzahl der zur Verfügung stehenden Manipulationstechniken werden im Folgenden zwei näher erläutert.

Die Konsistenzfalle

Nachschieben der größeren Forderung

Bei dieser Verhandlungtaktik fordert man von dem Partner zunächst eine *kleine Konzession*, um dann als eigentliches Verhandlungsziel ein größeres Anliegen nachzuschieben, das mit der zuerst erhobenen Forderung in Zusammenhang steht. Gibt die Gegenseite bei der ersten Forderung nach, gerät sie in die Situation »wer A sagt, muss auch B sagen«. Diese Konsistenzfalle funktioniert sehr gut, da die Menschen das Bedürfnis haben, sich gegenüber ihren Mitmenschen logisch und verlässlich, eben konsistent, zu verhalten. Ein Rückzieher würde diesen Eindruck zerstören; deshalb geht man, ohne es eigentlich zu wollen, auch auf das nachgeschobene größere Anliegen ein.

> **Beispiel:**
> *Möchte ein Verhandlungspartner eine Terminverschiebung erreichen, so fordert er zunächst eine kurze Fristverlängerung. Geht sein Gegenüber darauf ein, schiebt er die eigentlich gewollte umfangreichere Fristverlängerung nach.*

Diese Taktik des Fallenstellers geht nicht auf, wenn der andere Teil bereits beim ersten Schritt vorsichtig ist und nicht ohne weiteres die kleinere Forderung akzeptiert. Hat man aber bereits das erste Zugeständnis gemacht, sollte man bei dem Nachschieben der größeren in die gleiche Richtung zielenden Forderung hellhörig werden. Erkennt man die manipulative Beeinflussung rechtzeitig, muss man die Stärke aufbringen, die psychologische Hürde zu überwinden und die nachgeschobene Bitte abschlagen. Konsistenzfallen kann man relativ leicht daran erkennen, dass der andere im Falle eines Zwischenerfolges mit der eigentlichen Forderung nachlegt.

Die Konzessionsfalle

Noch weiter verbreitet ist die Manipulationstechnik, in der die zuvor geschilderte Vorgehensweise umgedreht wird. Es wird zunächst ein größeres Zugeständnis gefordert, das der andere Partner voraussichtlich zurückweisen wird, womit aber der Fragende von vornherein rechnet. Danach schiebt man das eigentliche Verhandlungsziel als kleineres Anliegen nach, um so das erstrebte Zugeständnis zu erreichen. Auch diese Methode funktioniert sehr gut, weil Menschen nach einer positiven Selbstdarstellung streben und sich ungern in der Rolle des ständigen Nein-Sagers wiederfinden.

Scheinbares Nachgeben von überzogenen Forderungen

> **Beispiel:**
> *Bei den Kaufverhandlungen über eine teurere Spezialmaschine verlangt der Käufer vom Hersteller die Garantie bestimmter Leistungsdaten, was dieser wegen des hohen Haftungsrisikos, wie erwartet, ablehnt. Anschließend fordert aber der Käufer, dass die für ihn wichtigen Leistungsdaten wenigstens in Form der technischen Beschreibung in den Vertragstext aufgenommen werden. Das wird von dem Verkäufer akzeptiert.*

Die *Konzessionsfalle* ist für den anderen Teil sehr schwer zu erkennen, weil sich der Fallensteller scheinbar kompromissbereit gibt, indem er von seiner größeren Forderung abrückt. Werden beide Forderungen von der gleichen Person geäußert, müssen sie, um erfolgreich zu sein, in kurzen Zeitabständen erhoben werden, da andernfalls die Konzessionsbereitschaft nachlässt. Werden beide Anliegen von verschiedenen Personen vorgebracht, hat das auch bei längeren Zeitabständen Erfolg, weil die Bitten eher auf das Selbstbild des Verhandlungspartners abzielen, das von der Person des Fragenden unabhängig ist. Wappnen kann man sich gegen diese Manipulationstechnik nur, wenn man auch die kleinere nachgeschobene Forderung nicht voll akzeptiert, sondern insoweit auf Abstriche besteht. Auch so lässt sich das negative Selbstbild des ständigen Nein-Sagers vermeiden, da man sich zwar als harter, aber kompromissbereiter Verhandlungspartner gibt.

2.3.4 Verhandlungsstile

Verhandlungsstile sind die taktischen Werkzeuge zum Erreichen der gesteckten Vertragsziele und zum Umsetzen der gewählten *Verhandlungsstrategie*. Die Verhandlungsstrategien lassen sich, um eine Metapher zu benutzen, als Bestimmung der Wegstrecke, und die Verhandlungsstile als die dazu geeigneten Gehwerkzeuge betrachten. Mithin sind die Verhandlungsstile auch auf die *Interessenlage* und *Verhandlungsphasen* abzustimmen. So wie man zwischen drei Sprachstilen unterscheiden kann, lassen sich auch drei verschiedene Verhandlungsformen hervorheben, für die wiederum bestimmte sprachliche Ausdrucksweisen charakteristisch sind (siehe Abbildung 2.8).

Taktische Werkzeuge

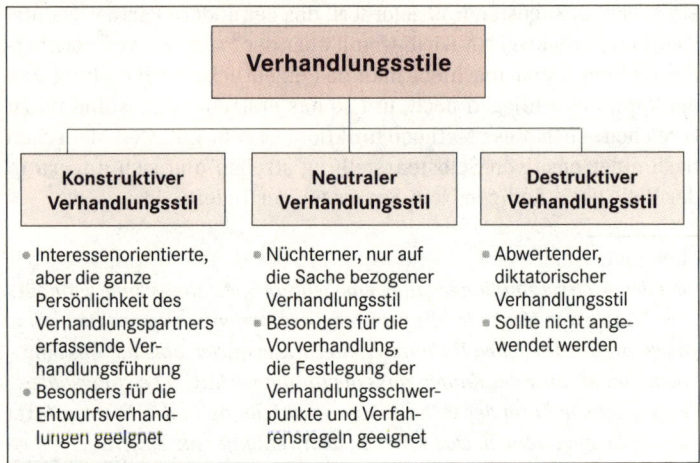

Abb. 2.8: Verhandlungsstile

2.3.4.1   Neutraler Verhandlungsstil

Wird der neutrale Verhandlungsstil angewendet, ist man primär an einem bestimmten Arbeitsergebnis interessiert. Die Diskussion verläuft sachlich durch Austausch und Bewertung von Argumenten. Unter Verzicht auf unfaire Argumentation wird die eigene Position so objektiv wie möglich – unterstützt durch logische Argumente – vorgetragen, aber auch, sofern sinnvoll, durch bildhafte Präsentation dargestellt. Die passende *sprachliche Ausdrucksform* ist die *Feststellung*. Deshalb ist dieser Verhandlungsstil nur dann sinnvoll, wenn die Feststellungen von beiden Seiten akzeptiert werden, so etwa bei der Zusammenfassung von Zwischenergebnissen. Ansonsten eignet sich der neutrale Verhandlungsstil vor allem in der *Vorverhandlung*, wo es um die Klärung der jeweiligen Standpunkte geht. Eine umfassende Anwendung des neutralen Verhandlungsstils in der *Entwurfsverhandlung* ruft zwangsläufig den Widerspruch der Gegenseite hervor und verschlechtert daher das *Verhandlungsklima*. Jede Feststellung, sei sie richtig oder falsch, begründet oder unbegründet, führt, wenn sie nicht unmittelbar einleuchtet und deshalb von der Gegenseite gebilligt wird, zwangsläufig zu unnötigen Diskussionen.

Feststellung

Beispiel:
»Bei derartigen Verträgen sind Haftungsbeschränkungen üblich.«
Hier wird eine Behauptung als Feststellung aufgestellt, die sehr schwer beweisbar ist.

2.3.4.2 Destruktiver Verhandlungsstil

Diese Verhaltensweise findet man häufig, wenn ein Machtgefälle zwischen den Verhandlungspartnern besteht und der wirtschaftlich Stärkere seine Muskeln spielen lässt, indem er dem wirtschaftlich Unterlegenen mehr oder weniger den Vertragsinhalt diktiert. Die typische *sprachliche Ausdrucksform* ist die *Forderung*, ohne auf die Wünsche und Interessen der Gegenseite Rücksicht zu nehmen. In einer solchen Situation, sollte der unterlegene Partner sich es gut überlegen, ob er den Vertrag zu diesen demütigenden Bedingungen abschließt, oder die *Verhandlungen* lieber *abbricht*, wenn der arrogant auftretende Verhandlungspartner überhaupt kein Entgegenkommen zeigt. Mit dieser Strategie gelingt immerhin die Gesichtswahrung, da er den weiteren Verlauf durch seine Ablehnung kontrolliert und eben nicht zähneknirschend hinnehmen muss, dass all seine Vorschläge zurückgewiesen werden.

Forderung

Damit soll keineswegs zum Ausdruck gebracht werden, dass in den Vertragsverhandlungen keine Forderungen erhoben werden dürfen. Diese lassen sich in bestimmten Situationen nicht vermeiden. Weil aber Forderungen Ansprüche stellen, müssen sie *plausibel begründet* werden. Andernfalls führt das zum eigenen Gesichtsverlust, wenn die Gegenseite diese nicht akzeptieren kann.

Beispiel:
»Ohne Haftungsbeschränkung werden wir diesen Vertrag nicht abschließen.«
Diese Forderung ist ohne sorgfältige Begründung im Hinblick auf die vertraglichen Risiken und deren Umfang nur schwer akzeptabel.

2.3.4.3 Konstruktiver Verhandlungsstil

Die erfolgreiche Anwendung dieses Verhandlungsstils setzt die souveräne Beherrschung anderer Stilmittel voraus, die so eingesetzt werden, dass ein für beide Seiten zufrieden stellendes Ergebnis herauskommen kann. Man nimmt den Verhandlungspartner als Person mit seinen Emotionen und nicht nur als Funktionsträger wahr und zeigt ihm gegenüber ein höfliches und respektvolles Verhalten. Das zusätzlich prägende *sprachliche Ausdrucksmittel* ist die *Frageform*, die dabei hilft, die Sichtweise des Verhandlungspartners besser zu verstehen. *Offene Fragen* sind – anders als Feststellungen und Forderungen – auf kein bestimmtes Ergebnis fixiert, weil sie dem Empfänger die Gelegenheit geben, auf das Ergebnis durch seine Antwort Einfluss nehmen zu können. Sie geben dem Fragesteller bei negativer Antwort auch die Option, von der hinter der Frage stehenden Forderung abzugehen, wenn das durch andere Zugeständnisse des Partners ausgeglichen wird.

Frageform

> **Beispiel:**
> *»Unter welchen Bedingungen halten Sie eine Haftungsbeschränkung für unangemessen?«*
> *Auch hier will der fragende Verhandlungspartner eine Haftungsbeschränkung erreichen, gibt aber durch die offene Frageform seine Verhandlungsbereitschaft zu erkennen.*

Geschlossene Fragen vermeiden

Zu vermeiden – und kaum besser als Forderungen – sind dagegen *geschlossene Fragen*, die der Angesprochene nur mit ja oder nein beantworten kann, denn sie würgen jede weitere Diskussion ab.

> **Beispiel:**
> *»Halten Sie eine Haftungsbeschränkung für unangemessen?«*

Eine *Antwort* auf die offene Frage sollte auch die Bedingungen nennen, unter denen sie der Antwortgeber ablehnen will.

Neben dem Werkzeug offener Fragen gibt es *weitere Instrumente*, die sich für den konstruktiven Verhandlungsstil benutzen lassen:

- Zusammenfassung von Gemeinsamkeiten und Benennung von Differenzen als Verhandlungsgrundlage,
- Aufforderungen an den Verhandlungspartner zur Erklärung und Stellungnahmen ohne Hinzufügung von Voraussetzungen oder Bewertung von Ergebnissen,
- eine neutrale Klarstellung der Positionen ohne Wertungen,
- zur Überbrückung von Meinungsverschiedenheiten offene Suche nach Alternativen ohne frühzeitige Bewertungen.

Zurückweisung von überzogenen Forderungen

Auch eine konstruktiv orientierte Verhandlungsweise schließt Feststellungen über beiderseits akzeptierte Positionen und die Stellung von voraussichtlich akzeptablen *Forderungen* nicht aus. Dabei können auch Forderungen, bei denen man mit Ablehnung rechnen muss, erhoben werden, sofern man bereit ist, die damit verbundenen Konsequenzen zu tragen. Zur Klärung von Fakten oder Positionen der Gegenseite gehört auch kritisches *Nachfragen*, die Kontrolle von Behauptungen sowie die selbstbewusste Zurückweisung unfairer, weit überzogener Forderungen.

Am leichtesten wird sich der *kooperative Verhandlungstyp* diesen Verhandlungsstil aneignen können, entspricht doch dieser voll und ganz seiner inneren Einstellung, die ein faires, für beide Seiten akzeptables Verhandlungsergebnis erreichen will. Aber auch der *individualistische Verhandlungstyp* wird spätestens nach mehreren, nicht so erfolgreich geführten Verhandlungen feststellen, dass der ihm eigene fordernde Verhandlungsstil mehr geschadet als genützt hat. Die harte Schule der Verhandlungspraxis macht ihm deshalb sehr schnell klar, dass er wesentlich mehr für sich erreichen kann, wenn er seine Taktik auf den konstruktiven Verhandlungsstil umstellt, weil er dadurch auf mehr Entgegenkommen mit seinem Anliegen stößt.

Der kooperative Verhandlungsstil eignet sich deshalb sehr gut für die *zweite Phase der Entwurfsverhandlung*, die zu einem möglichst weitgehenden Konsens der Beteiligten führen soll.

2.3.5   Regeln der Verhandlungsführung

Um für sein Unternehmen erfolgreich Verhandlungsgespräche führen zu können, muss der damit betraute Vertragsmanager nicht nur über das entsprechende kaufmännische, technische und rechtliche Fachwissen verfügen, sondern auch die wichtigsten *Verhandlungstechniken* beherrschen. Letzteres kann man sich aber nicht nur theoretisch durch Lesen guter Sachbücher aneignen, sondern dazu ist auch praktisches Training unter Anleitung eines erfahrenen Coaches in Form von Rollenspielen erforderlich, in denen bestimmte konkrete Verhandlungssituationen simuliert werden. Darüber hinaus sollte der Vertragsmanager viel Erfahrung und *psychologisches Einfühlungsvermögen* besitzen, damit er imstande ist, sich selbst auf nonverbaler Ebene kongruent zu präsentieren und den Verhandlungspartner und speziell dessen Verhaltensweise auf verbaler und nonverbaler Ebene richtig einzuschätzen. Auch diese Fähigkeit bedarf praktischer Schulung durch entsprechend psychologisch ausgebildete Fachleute. Diese Praxis der Selbststeuerung wird in der Entwicklungspsychologie *Selbstmanagement* genannt. Angesichts der hohen Komplexität dieses skizzierten psychologischen und kommunikativen Anforderungsprofils kann es im Folgenden nur um die Kurzbeschreibung der wichtigsten Grundregeln für eine erfolgreiche Verhandlungsführung gehen.

Verhandlungstechniken beherrschen

Selbststeuerung

2.3.5.1   Übernahme der Verhandlungsregie

Die beste Ausgangslage können Sie sich als Verhandlungspartner dadurch verschaffen, indem es Ihnen gelingt, die *Verhandlungsregie* zu übernehmen, da sie dann den Ablauf der Verhandlungen steuern können. Eine echte Chance hierzu besteht, wenn die Verhandlungspartner annähernd gleich stark sind. Dagegen wird ein wirtschaftlich überlegener Geschäftspartner in den meisten Fällen die wesentlichen Spielregeln aufstellen, denen sich der wirtschaftlich Schwächere zu fügen hat. Bleibt dieser aber hellwach und hat sich gründlich auf diese Situation vorbereitet, kann er in unterschiedlichen Lagen, wenn sich die Möglichkeit bietet, selbst die Initiative ergreifen und damit zumindest für eine begrenzte Zeit die Verhandlungsregie an sich reißen.

Vertragsentwurf

Das beste Instrument, die Verhandlungsregie zu gewinnen, ist durch die Einbringung eines ausgearbeiteten *Vertragsentwurfs* den Verhandlungsablauf zu bestimmen (vgl. Kap. 2.3.1.1.1). Gleiches lässt sich erreichen, wenn man auf der Basis einer ausgearbeiteten strukturierten Checkliste einen *Verhandlungsplan* aufstellt. Ein mehr *formales Instrument* zur Beeinflussung des Handlungsgeschehens

Tagesordnung

ist die Festlegung der *Tagesordnung*, die üblicherweise vom einladenden Gastgeber bestimmt wird. Ist die andere Seite gut vorbereitet, braucht sie sich damit nicht überfahren zu lassen, sondern kann diese kritisch kommentieren und mit eigenen wohlbegründeten Vorschlägen eine Änderung erzwingen. Treffen aber in einer Verhandlung zwei gleich starke Verhandlungspartner aufeinander, die mit diesen taktischen Mitteln der Verhandlungsstrategie vertraut sind, droht durch gegenseitige Blockierung ein Verhandlungsstillstand, der für den Gang der Verhandlung genauso gefährlich ist wie ein einseitiges Dominieren des einen Geschäftspartners. Diese Blockade lässt sich am besten dadurch auflösen, indem man sich zunächst auf eine gemeinsame Tagesordnung einigt und dann die Federführung für einzelne Themenbereiche jeweils der sachlich kompetenteren Partei zuordnet, die während der Diskussion über diesen Punkt die Verhandlungsregie übernimmt.

> **Beispiel:**
> *So bietet es sich an, die Leitung der Verhandlung über die notwendige technische Qualität des Produktes dem Hersteller zu überlassen, während der Käufer die Regie bei der Diskussion über die Finanzierung und Preise übernimmt.*

Drehbuch

Unabhängig von der Verhandlungsregie sollte jeder Verhandlungspartner nur gründlich vorbereitet in die Vertragsverhandlungen einsteigen. Das schließt vor allem die Abstimmung der eigenen *Verhandlungslinie*, insbesondere die Klärung der eigenen Verhandlungsziele ein, die ggf. als Eckpunkte in den eigenen Vertragsentwurf oder in die Checkliste eingegangen sind (vgl. Kap. 2.3.2.2). Wird ein Unternehmen durch mehrere Personen vertreten, müssen auch die verschiedenen Rollen verteilt und bestätigt werden. Hat man darüber hinaus versucht, ein *Drehbuch* für den möglichen *Verhandlungsablauf* zu entwickeln, ist dieses noch einmal durchzugehen, damit auch die Abstimmung zwischen den verschiedenen Rollen, die die einzelnen Verhandlungsteilnehmer wahrnehmen sollen, gelingt.

2.3.5.2   Einschätzung des Verhandlungspartners

Ein ganz wesentlicher Erfolgsfaktor für das Gelingen von Vertragsverhandlungen ist die richtige Einschätzung des Verhandlungspartners. Sein Auftreten sollte man genau beobachten und versuchen,
Aufschluss darüber zu gewinnen, zu welchem *Verhandlungstyp* er
gehört, welche Strategie er verfolgt und welche *Verhandlungstaktiken*
er einsetzt. Damit das gelingt, benötigt man ausreichend praktische
Erfahrung aus vielen *Vertragsgesprächen*. Die Aneignung von theo-
retischem Buchwissen oder auch das Kurztraining in Seminaren genügt nicht. Deshalb sollte an jedem Verhandlungstermin zumindest
ein erfahrener Vertragsmanager beteiligt sein, dem man dann auch,
sofern hierarchisch möglich, die *Verhandlungsführung* überträgt.

Ansatzpunkt für die Aufschlüsselung des Verhandlungstyps und   Profilanalyse
der verfolgten Verhandlungsstrategie ist der von der Gegenseite ge-
pflegte *Verhandlungsstil*, der gewisse Rückschlüsse auf die konkreten
aktuellen Verhandlungsziele der anderen Seite zulässt. Der Versuch
einer *Profilanalyse* dient letzten Endes dem Zweck, einen verlässlichen Eindruck darüber zu bekommen, welches Verhandlungsergebnis für einen selbst konkret in der aktuellen Situation erreichbar
ist. Deshalb sollte man herausfinden, ob der Verhandlungspartner
die von ihm mit ernster Miene oder auch mit charmantem Lächeln
vorgetragenen Argumente wirklich so meint, oder ob er nur taktiert.
Wertvolle Hilfe können die nonverbalen Signale bieten. Anders als bei
der Wortsprache kann mit der *Körpersprache* nicht so leicht getrickst
werden, weil ihre Signale sich nur bedingt willentlich beeinflussen
oder um neue Vokabeln erweitern lassen. Um aber die nonverbalen
Signale decodieren zu können, muss man die Körpersprache ausreichend beherrschen. Theoretisches Wissen aus Büchern allein reicht
nicht; vielmehr bedarf es auch der praktischen Einübung unter Führung eines erfahrenen Trainers in Fachseminaren. Auf diese Weise
kann man die psychologischen und kommunikativen Fertigkeiten
jedes Vertragsmanagers entscheidend verbessern. Stellt man beim
Beobachten des anderen fest, dass der Inhalt der Wortsprache mit
den Signalen der Körpersprache nicht übereinstimmt, spricht das
eindeutig dafür, dass der Redner taktiert.

2.3.5.3   Grundregeln für situationsadäquates Verhalten

Das wichtigste Verhaltensgebot bei Vertragsverhandlungen ist, dass
man sein Verhalten der konkreten Verhandlungssituation anpasst.

Richtige Verhandlungsstrategie und passender Verhandlungsstil

Integrative Strategie und kooperativer Stil

Das erfordert zunächst den Einsatz der richtigen Verhandlungsstrategie und des passenden Verhandlungsstils. Treffen zwei etwa gleichstarke Verhandlungspartner mit ähnlichem Erfahrungshintergrund aufeinander, wird das Verhandlungsgespräch nur dann Erfolg haben, wenn beide Seiten die in diesem Buch bereits erläuterte *integrative Verhandlungsstrategie* gepaart mit dem *konstruktiver Verhandlungsstil* benutzen, d. h. sowohl von ihrer inneren Einstellung als auch mit ihrem äußeren Auftreten die Bereitschaft signalisieren, auf die berechtigten Belange der Gegenseite in angemessenem Umfang einzugehen (vgl. Kap. 2.3.3.2.2 und Kap. 2.3.4.3). Selbst ein übermächtiger Verhandlungspartner, der wegen seiner Machtposition nicht in so hohem Maße auf die Interessen der Gegenseite Rücksicht nehmen muss, sollte zumindest den konstruktiven Verhandlungsstil pflegen. Nur dadurch kann eine dem Einigungsprozess förderliche gute Gesprächsatmosphäre entstehen.

Respektvolles Behandeln des Gesprächspartners

Konzentriertes Zuhören

Ein Vertrag ist die Einigung zwischen zwei formal gleichberechtigten Partnern; als solche wollen sie auch respektiert werden. Um unnötige atmosphärische Verstimmungen erst gar nicht aufkommen zu lassen, muss man deshalb den *Verhandlungspartner* in seiner *ganzen Person wahrnehmen* und *würdigen*. Das beschränkt sich nicht nur auf das Erfassen und Verstehen der von ihm vorgetragenen sachlichen Argumente. Man muss bereit sein, ihm konzentriert zuzuhören und wenn er das Wort führt, ihn auch ausreden zu lassen, bevor man selbst das Wort ergreift. Äußert sich der andere Teil emotional, weil er seinem Ärger oder seiner Verstimmung Luft machen will oder damit signalisiert, sich nicht ernst genommen oder unfair behandelt zu fühlen, sollte man unbedingt wohlwollend darauf reagieren und für diese emotionale Äußerung Verständnis zeigen. Reagiert man dagegen darauf kühl und sachlich, fühlt sich der Partner nicht verstanden und ist verstimmt, was das Gesprächsklima erheblich vergiften

Emotionen ernst nehmen

kann. Gefühle haben stets Gründe und gehören zum menschlichen Verhaltensrepertoire. Sie können die Gefühle Ihres Gesprächspartners anerkennen, ohne Ihre eigentlichen Ziele aus den Augen zu verlieren. Sind Sie mit den sachlichen Argumenten der Gegenseite nicht einverstanden, kann auf Ihre Zustimmung ohne weiteres die logische Ablehnung folgen. Neueste psychologische Forschungen haben ergeben, dass scheinbar rationale Entscheidungen mindestens zu 80 % »aus dem Bauch« getroffen werden, also emotional motiviert sind. Um letztlich Erfolg zu haben und ihren Gesprächspartner zu überzeugen, müssen sie deshalb auch eine *störungsfreie emotionale Beziehung* zu ihm herstellen.

Äußerungen von Emotionen

Wenn sich beide Partner bei den Vertragsverhandlungen bemühen, das Gespräch auf der sachlichen Ebene zu führen, weil am Ende als Arbeitsergebnis der gewünschte Vertragsabschluss stehen soll, so heißt das deshalb noch lange nicht, dass Emotionen im Verhandlungsgespräch nicht geäußert werden dürfen. Gefühle lassen sich nicht unterdrücken. Der notwendige sachliche Umgangston verlangt aber von den Beteiligten so viel Selbstdisziplin, dass dies in gehöriger Form geschieht. Gefühlsäußerungen sollten deshalb einen persönlichen Zustand beschreiben und nicht gegenüber dem Verhandlungspartner einen Vorwurf enthalten. Sofern dieser darauf nicht souverän und gelassen reagiert, wird er verärgert sein oder sich gar beleidigt fühlen. Die Folge ist, dass er nicht mehr zur emotionalen Zustimmung fähig ist, wodurch unnötigerweise der weitere Gesprächsablauf erheblich belastet werden kann.

Auf eigene Person beziehen

Vorwürfe vermeiden

> **Beispiel:**
> *Unpassender Vorwurf:*»*Sie bringen für unsere schwierige finanzielle Situation überhaupt kein Verständnis auf.*«
> *Richtige Zustandsbeschreibung:*»*Dieser Vorschlag ist angesichts der schwierigen finanziellen Situation enttäuschend.*«

Glaubwürdigkeit erzeugen

Wenn Sie Ihre Verhandlungsziele bei dem anderen Teil erreichen wollen, muss dieser Sie als *seriösen Verhandlungspartner* ernst nehmen. Dafür sind nicht allein Ihre rhetorischen Fähigkeiten, die Präzision und Klarheit Ihrer Ausdrucksweise und eine plausible nachvollziehbare Begründung für Ihre Argumente, sondern vor allem der Eindruck entscheidend, dass das Gesagte wirklich Ihre Meinung oder Überzeugung ist. Sie wirken nur dann authentisch, wenn Sprachinhalt, Gebärden und Mimik übereinstimmen. Nutzen Sie deshalb auch die Ausdrucksmittel der *Körpersprache,* um das von Ihnen Geäußerte zu unterstreichen und zu verstärken oder Ihre Meinung zu Argumenten der Gegenseite nonverbal zum Ausdruck zu bringen.

Einheit von Sprache und Mimik

Die wichtigsten *Verstärkungssignale* sind:
- Blickkontakt mit dem Gegenüber während der Rede aufnehmen,
- in ruhigem, aber bestimmten Ton sprechen,
- wichtige Argumente durch Änderung der Stimmlage und oder durch spärliche Handgesten unterstreichen.

Typische *Reaktionsformen* sind:
- konzentriertes Zuhören signalisieren durch Vorneigen,
- Zustimmung durch Lächeln oder Nicken,

● Distanzierung signalisieren durch Unterbrechung des Blickkontaktes, bewusstes Schweigen oder auch Hände vor der Brust verschränken.

Kluge Reaktionen auf Verhaltensfehler

Keine Belehrungen

Oberlehrerhaftes Verhalten zahlt sich in Vertragsgesprächen nie aus. *Beanstandungen* oder *Retourkutschen* als Reaktionen auf Verhaltensfehler führen zur unnötigen Verärgerung der Gegenseite. Derartige Reaktionen sind nur als äußerstes Mittel zum Abstellen wiederholt aufgetretenen falschen Verhaltens angebracht.

Wen hat das *endlose Reden* des *Gegenübers* in langen Verhandlungsrunden nicht schon genervt? Diesem ins Wort zu fallen und dadurch abrupt zu unterbrechen, gilt allgemein als unhöflich, weil man den anderen ausreden lassen soll. Kaum besser ist es, den eigenen Unmut durch deutliche Signale der Körpersprache zum Ausdruck zu bringen, indem der Blick zum Himmel gerichtet wird oder auch durch bestimmte Verhaltensweisen, wie das gezielt störende

Breaks

Gespräch mit dem Nachbarn. Ein eleganterer *Break* gelingt durch die Bitte, das Fenster zu öffnen oder eine kurze Pause zur Erholung einzulegen. Ein von dem Wortführer nicht als unhöfliche Unterbrechung empfundener Stop des Redeflusses lässt sich auch durch bestätigende Bemerkungen in einer Atempause des Sprechenden erreichen, an die sich ein eigenes Statement anschließt, wodurch man geschickt das Wort gewinnt.

Wird man *selbst unterbrochen*, sind das Abbrechen des Blickkontaktes oder bewusstes beredtes Schweigen die wirkungsvollsten Signalmittel. Üblicherweise fällt dies dann dem Unterbrechenden auf und er stellt die Frage, weshalb man auf seine Äußerung nicht reagiert. Das verschafft Ihnen die Gelegenheit, ihn höflich darauf hinzuweisen, dass man den eigenen Gedanken noch nicht zu Ende führen konnte, ohne die Unterbrechung gezielt in vorwurfsvollem Ton anzusprechen. So wird dem anderen sein Regelverstoß bewusst gemacht und man darf hoffen, dass der pädagogische Effekt für einige Zeit anhält.

Auflösung von Verhandlungsblockaden

Ist die Verhandlungssituation festgefahren, weil die Einigung nicht vorwärtskommt und die Argumente sich sozusagen im Kreis drehen, sollte man mindestens eine halbstündige, besser eine einstündige

Verhandlungspause

Verhandlungspause einlegen, um den nötigen Abstand zu gewinnen. Das verschafft Ihnen ausreichend Zeit und Muße, um sich von dem emotional eingefärbten Zustand der blockierten Verhandlungspartei in den klarsichtigeren Zustand des *neutralen Beobachters* zu bringen. In der *Neuro-Linguistischen-Programmierung (NLP)* spricht man davon, dass man sich vom emotionalen assoziativen Zustand in den *neutralen dissoziativen Zustand* versetzen sollte. Dazu müssen sich alle Beteiligten für eine bestimmte Weile in Ruhe zurückziehen, um ihr inneres Gleichgewicht zu finden. Durch die Änderung des Blickwinkels, indem man die verfahrene Situation aus der Sicht eines neutralen Beobachters analysiert, gelingt es vielfach, die vorhandenen Blockaden zu lösen und den Kopf für neue kreative Ideen freizumachen.

Hin und wieder wird im Laufe des Verhandlungsgesprächs eine Grenzlinie erreicht, die die Kompetenz des Verhandlungsteams übersteigt, sodass deshalb die *Zustimmung* seiner *Vorgesetzten* eingeholt werden muss. In solchen Fällen kann man entweder die Verhandlung unter dem Vorbehalt der späteren Genehmigung fortsetzen, was aber nur dann Sinn macht, wenn dies als einziger klärungsbedürftiger Punkt offen bleibt. Andernfalls muss eben die Verhandlung bis zur Entscheidung der vorgesetzten Stelle unterbrochen werden.

Zustimmung des Vorgesetzten

2.3.5.4 Überprüfung der Verhandlungskompetenz

Am besten vor Beginn der *Sachverhandlung*, spätestens aber in der *Schlussverhandlung* müssen beide Seiten sich vergewissern, dass der andere Teil befugt ist, rechtsverbindlich für das repräsentierte Unternehmen den Vertrag auszuhandeln. Es kann nicht immer vermieden werden, dass das Gespräch zu einem Verhandlungsstand führt, der über die Kompetenzen des anwesenden Verhandlungsteams hinausreicht. Dann bleibt nichts anderes übrig, als die Verhandlung zu unterbrechen oder sie unter dem Zustimmungsvorbehalt der vorgesetzten Stelle bis zu dem erstrebten Verhandlungsergebnis fortzusetzen.

2.3.5.5 Protokollierung des Verhandlungsablaufs

Jede Seite sollte für sich – abgesehen von den *Ergebnisprotokollen* als jeweilige *Zwischenbilanz* der betreffenden Verhandlungsrunde – auch den Verlauf des Verhandlungsgesprächs, zwar nicht in allen Details, aber in Bezug auf die jeweils vertretenen Verhandlungspositionen, erfassen. Dann kann man bei Ziehen der Schlussbilanz ersehen, wo und welche Zugeständnisse die einzelnen Verhandlungspartner gemacht haben.

2.3.6 Aushandeln des Vertragsinhalts

Kernpunkt jeder Vertragsverhandlung ist das Aushandeln der *Eckpunkte* des *Vertrages*, also der Leistung, dem dafür zu zahlenden Preis und der möglichst objektiven Bewertung der von den einzelnen Parteien zu tragenden Risiken. Auch das gezielte Verhandeln über die vertraglichen Schwerpunkte lässt sich durch die geschickte Handhabung taktischer Regeln so steuern, dass ein optimales Ergebnis erreicht werden kann.

2.3.6.1   Verhandeln über die Hauptleistung

Kostensenkung und Risiko-abwälzung

Der Partner, der als *Lieferer* oder *Dienstleister* die vertragstypische Leistung zu erbringen hat, trägt ein sehr hohes *Planungs- und Erfüllungsrisiko*. Er ist daher bestrebt, diese Risiken kalkulierbar zu machen. Deckt das Preisangebot der anderen Seite die Kosten und Risiken nicht ausreichend ab, so kann man versuchen, durch eine Senkung der Leistungsanforderungen, vor allem im Qualitätsbereich, oder durch Kosten reduzierende Mitwirkungsleistungen des Auftragsgebers einer Einigung näher zu kommen. Eine andere beliebte Möglichkeit besteht darin, bestimmte Risiken auf den Kunden durch *Haftungsbeschränkungen* abzuwälzen. Will der Lieferer rechtssicher dieses Ziel erreichen, ist es aber verfehlt mit einer von ihm vorgefertigten Haftungsbegrenzungsklausel in die Verhandlung zu gehen (vgl. Kap. 6.2.3.2).

Produkt-eigenschaften beschreiben

Sowohl bei dem Kauf von Markenprodukten als auch bei der Herstellung speziell angefertigter Maschinen/technischer Anlagen oder der Entwicklung von Spezialsoftware legt der *Käufer* bzw. *Auftraggeber* auf bestimmte *Produkteigenschaften* sehr großen Wert. Diese sind unbedingt so präzise wie möglich zu *definieren* und mit einer genauen technischen Beschreibung in den Vertragstext aufzunehmen. Sofern für Sie als Käufer oder Besteller irgend etwas unklar sein sollte, stellen Sie an das Verhandlungsteam des Herstellers präzise Fragen. Diese müssen dann vom Hersteller, selbst wenn das Verhandlungsteam Rücksprache mit eigenen, nicht anwesenden Fachleuten nehmen muss, richtig und vollständig beantwortet werden. Geschieht das nicht, so hat die Gegenseite grundsätzlich jeden Vermögensschaden, der Ihnen aus dieser Fehlinformation entsteht, nach den Regeln des Verschuldens beim Vertragsabschluss zu ersetzen (vgl. Kap. 2.4.3). Noch stärker ist Ihre rechtliche Stellung, wenn Sie es schaffen, über diese bloße Funktionsbeschreibung hinaus, gegenüber dem Hersteller eine entsprechende *Beschaffenheitsgarantie* durchzusetzen. Sollte dann das Produkt nicht die entsprechenden Eigenschaften besitzen, so haftet der Hersteller – anders als bei den bloßen Beschaffenheitsangaben – unbeschränkt für alle Vermögensschäden des Käufers bzw. Auftraggebers (vgl. Kap. 8.4.1.1). Dabei ist aber auf eine strikte Formulierung der Garantieerklärung zu achten, die zweifelsfrei den unbedingten Willen des Herstellers zu einer entsprechenden Einstandspflicht zum Ausdruck bringen muss.

Beschaffenheits-garantie

Formulierungs-vorschlag

»... garantieren wir Ihnen, dass ...« oder *»... sichern wir Ihnen ausdrücklich zu, dass ...«*

Wegen dieses erhöhten Risikos müssen Sie *Risikozuschläge* akzeptieren und dem Produzenten auf der Preisseite entgegenkommen, damit das Verhältnis von Leistung und Gegenleistung wieder ausgewogen wird.

2.3.6.2 Preisverhandlungen

Bei den in diesem Buch vorgestellten Geschäftsverträgen handelt es sich um Austauschverhältnisse für Sach- oder Dienstleistungen, für die der Auftraggeber einen angemessenen Preis bezahlen soll. Ein typischer Fehler von Vertragsverhandlungen besteht darin, dass über den Preis viel zu früh gesprochen wird, denn dieser ist logischerweise von dem Wert der wirtschaftlich gleichwertigen Sach- oder Dienstleistung abhängig. Deshalb sollte man zunächst über alle *wertbildenden* Preisfaktoren verhandeln und darüber Einvernehmen herstellen; dann ergibt sich daraus der Preis wie von selbst.

Verhandlung über wertbildende Preisfaktoren

Je genauere Kenntnisse Sie als Kunde über die wertbildenden Preisfaktoren besitzen, desto leichter können Sie überzogene Preisforderungen der Gegenseite abwehren. Beharrt jedoch der Verhandlungsgegner auf seinen überhöhten Preisvorstellungen, so können Sie den Widerstand nicht dadurch brechen, dass Sie den Preis als unangemessen hoch kritisieren. Wie die moderne Verhaltenspsychologie nachgewiesen hat, ist es viel effektiver, den Ansatz der Gegenseite positiv zu verstärken und sie dadurch zu einem Perspektivenwechsel zu bringen.

Beispiel für positive Abwehrreaktion:
Man akzeptiert, dass die Spitzenqualität der angebotenen Sach- oder Dienstleistung einen solch hohen Preis rechtfertigen kann, wenn nur diese Qualität überzeugend nachgewiesen werden könne. Viele Verhandlungspartner haben dann nicht ad hoc die geeigneten Belege durch Testreihen etc. zur Hand, sodass ihnen langsam die Argumente ausgehen. Dann rücken sie auch von ihren überhöhten Preisvorstellungen ab, weil sie nicht als halsstarrige Rechthaber in den Augen des anderen dastehen wollen.

Ist das Vertragsprodukt hinreichend umrissen, so will der Kunde wissen, was er dafür zahlen soll. Deshalb sind Sie als *Anbieter* zumeist in der Situation, die *Preisforderungen* zu stellen. Dabei sollten Sie sich aber nicht zu frühzeitig festlegen, weil dann jedes Entgegenkommen von der anderen Seite als Konzession verstanden wird, selbst wenn Sie einen fairen Preis genannt haben. Dann laufen Sie Gefahr, Ihren Mindestpreis, also Ihr Verhandlungsziel, nicht zu erreichen. Achten Sie deshalb bei der Preisangabe darauf, dass Sie auch die Bedingungen für die *Preisstellung* nennen. Taktisch klug ist es,

Preisforderungen

verschiedene Preisangebote zu machen, die das gesamte Spektrum unterschiedlicher Leistungsausführungen verdeutlichen.

Beispiel:

Eine neu zu entwickelnde Spezialsoftware wird von dem Geschäftsführer des Softwarehauses wie folgt vorgestellt:»Die einfache Version, damit das System reibungslos läuft, kostet ca. 100.000 €, aber die wirklich leistungsfähige Version, die keine Wünsche – auch im Hinblick auf zukünftige Weiterentwicklung – offen lässt, ist unter 500.000 € nicht zu haben.«

Handelt es sich bei dem Auftraggeber um ein expandierendes Unternehmen, wird es, um für die zukünftigen Anforderungen gewappnet zu sein, die Luxusvariante wählen.

2.3.6.3 Einbringen von Kompromissvorschlägen

Flexibles Angebot

Hat sich die *Verhandlung festgefahren*, ist es *verfehlt*, der Gegenseite *vorzeitig* inhaltliche Zugeständnisse durch einen *Kompromissvorschlag* zu machen mit dem Ziel, die Verhandlung wieder in Gang zu bringen. Vielmehr sollte man sich eine schöpferische Denkpause gönnen, indem man die Verhandlung unterbricht (vgl. Kap. 2.3.5.3). Das Verhandlungsklima lässt sich eben nicht durch Argumente, sondern nur durch situationsadäquate Reaktionen verbessern.

Gut gemeinte Kompromissvorschläge werden von einigen Verhandlungspartnern fälschlicherweise als Schwäche ausgelegt und mit höheren Forderungen beantwortet, was die Verhandlungssituation weiter verschärft. Taktisch wichtig in solchen Situationen ist es, während der Verhandlungspause intern einen eigenen Kompromissvorschlag auszuarbeiten, nach Verhandlungsbeginn aber die Gegenseite aufzufordern, ihrerseits Vorschläge zu machen. Gelingt dies, kann man das eigene Konzept wie beim Pokerspiel Blatt für Blatt aufdecken. Geht aber der Verhandlungspartner darauf nicht ein, muss man notgedrungen selbst die Initiative ergreifen. Dabei sollte der *Kompromissvorschlag* nicht als verbindliches Angebot, sondern nur als *verhandelbares Angebot*, sprachlich also im Konjunktiv, präsentiert werden. Zusätzlich ist er mit bestimmten eigenen Forderungen als Bedingung für die endgültige eigene Zustimmung zu dem Kompromiss zu verknüpfen. So erscheint man in den Augen der anderen Seite als taktisch versierter, aber kompromissbereiter Gesprächspartner.

2.3.6.4   Aufstellen einer Schlussbilanz

Sind alle Punkte ausgehandelt, sollte sich jede Seite vor dem formellen Abschluss der Verhandlungen mit der Billigung des erzielten
Ergebnisses kurz zurückziehen, um eine *Schlussbilanz* aufzustellen.
Es wird dabei noch einmal von dem Verhandlungsteam geprüft, ob
der ausgehandelte Vertragsinhalt im Hinblick auf die Leistung, den
zu zahlenden Preis und sonstige Kostenfaktoren, wie insbesondere zu tragende Risiken mit Blick auf die gesetzten Vertragsziele,
eine akzeptable Vereinbarung darstellen, die auch im Hinblick auf
das gegenseitige Geben und Nehmen in Form einer Bilanz der Zugeständnisse als *fairer Kompromiss* zwischen den Parteien angesehen werden kann. Es ist sehr hilfreich, das Verhandlungsergebnis
in seine Kernpunkte gemäß den Vertragszielen zu zerlegen und sie
grafisch in ein *Vergleichsnetz* (siehe Abbildung 2.4) mit den entsprechenden Parametern (genau wie bei dem eigenen Vertragsentwurf)
auf eine Folie zu übertragen. Anschließend werden beide Vergleichs-
netze durch Aufeinanderlegen der Folien miteinander verglichen
(vgl. Kap. 2.3.2.2). Je näher das erreichte Verhandlungsergebnis in
seiner grafischen Struktur dem eigenen Vertragsentwurf kommt,
desto positiver fällt die Schlussbilanz aus.

> Vergleich mit gesetzten Vertragszielen

Ist man mit dem erreichten Ergebnis zufrieden, kann man die
Vertragsverhandlungen kaufmännisch und technisch abschließen,
indem das *Schlussprotokoll* angefertigt wird, das auf beiden Seiten
von zeichnungsberechtigten Personen zu unterschreiben ist. Dieses
Protokoll sollte in seinem Aufbau der späteren *Vertragsurkunde entsprechen* (vgl. Kap. 2.2.5). Besitzen die Verhandlungspartner nicht
das notwendige juristische Know-how, erfolgt als letzter Akt des Ver-
handlungsprozesses die *rechtliche Prüfung* durch die bisher im Hintergrund wirkenden beratenden Rechtsanwälte (vgl. Kap. 2.3.7.1).

> Schlussprotokoll

Taktisch verfehlt wäre es, nachdem beide Seiten dem Verhandlungsergebnis zugestimmt haben, noch eine *Nachbesserung* durch
das Erheben einer letzten Forderung zu verlangen. Das wird als klare *Regelverletzung* nicht nur den Verhandlungspartner verärgern.
Vielmehr muss man unter wirtschaftlich gleichstarken Partnern,
abgesehen von begründeten Ausnahmefällen, mit einer strikten
Ablehnung rechnen. So kann man Verständnis für einen Nach-
schlag allenfalls bei gravierenden Kalkulationsfehlern unter guten
Geschäftspartnern erwarten, wenn ohne Korrektur rote Zahlen geschrieben werden müssten. Ansonsten lässt sich eine Nachbesserung
nur durchsetzen unmittelbar nach einer negativen Schlussbilanz,
aber noch vor der formellen Billigung des bisherigen Verhandlungsergebnisses. Deutlich überlegene Verhandlungspartner brauchen
sich aber wegen ihrer starken Machtposition nicht an diese Spiel-
geln zu halten, sofern sie die tiefe Verstimmung der anderen Seite

> Nachbesserung

und dadurch verursachte Probleme bei der Vertragsdurchführung in Kauf nehmen.

2.3.7   Das Verhandlungsergebnis: Abbruch oder Vertrag

Je nach dem Ausgang der Verhandlungen, wird nach deren Abschluss die Vertragsurkunde erstellt oder die Verhandlungen eben ergebnislos abgebrochen.

2.3.7.1   Rechtliche Überprüfung

Hat man sich über den Vertragsinhalt geeinigt und das Resultat in dem *Abschlussprotokoll* niedergelegt, verfügt jedoch das Verhandlungsteam nicht über das notwendige rechtliche Know-how, sollte jede Seite das in dem Abschlussprotokoll niedergelegte Verhandlungsergebnis von einem versierten *Fachanwalt* ihres Vertrauens überprüfen lassen. Die Prüfung erstreckt sich im Wesentlichen auf die Vertretungsbefugnis der Unterzeichner des Protokolls, die rechtliche Zulässigkeit des Ausgehandelten und die Beachtung eventueller Formerfordernisse.

Feinabstimmung durch Rechtsberater

Des Öfteren können sich die Verhandlungspartner bei der Regelung bestimmter Problembereiche nicht auf eine ganz bestimmte Lösung festlegen, sondern einigen sich nur auf ein *Rahmenkonzept*, das aus mehreren, ihrer Meinung nach wirtschaftlich gleichwertigen Lösungsalternativen besteht. In diesem Fall bleibt die Feinabstimmung den *Rechtsberatern* überlassen. Sie haben im Auftrag ihrer Mandanten den rechtlich vorteilhaften, aber zugleich auch sicheren Regelungstyp zu definieren, der dann in den Vertrag aufgenommen wird. Sollten gegen einzelne *Vereinbarungen* erhebliche *rechtliche Bedenken* bestehen, die wegen der Risiken nicht einfach hingenommen werden können, ist es auch Aufgabe der Rechtsberater, interessengerechte, annähernd vergleichbare Alternativvorschläge zu entwickeln, auf die sich die Verhandlungspartner noch einigen müssen.

Nachverhandlung

Diese Nachverhandlung sollte dann in kleiner Besetzung auf die jeweiligen Verhandlungsführer konzentriert werden.

2.3.7.2   Ausarbeitung der Vertragsurkunde

Vertragsurkunde vom Fachjuristen

Nach Durchführung der juristischen Überprüfung folgt der letzte formelle Akt der Vertragsverhandlung, die Anfertigung der *Vertragsurkunde*, die man am besten den Fachjuristen überlässt. Deren Aufgabe ist es nun, den von den Partnern im Abschlussprotokoll beschriebenen kaufmännischen und technischen Vertragsinhalt in die geeignete rechtliche Form zu bringen, d.h. die einzelnen Abreden in klare und rechtssichere *Vertragsklauseln* zu gießen. Diese Transferarbeit wird den Rechtsberatern erheblich erleichtert, wenn die Verhandlungspartner das Verhandlungsergebnis im Abschluss-

protokoll entsprechend strukturiert haben, wie es bereits unter dem
Titel »Modellierung eines Vertrages« beschrieben worden ist (vgl.
Kap. 2.2.5).

Häufig kommt es vor, wenn die Verhandlungspartner in der
Schlussrunde auf juristischen Beistand verzichten, dass sie einzelne
für solche Geschäftsverträge zwar typische, aber nur Fachjuristen
vertraute, das Vertragsgebäude *komplettierende Regelungen* schlicht
und einfach vergessen. Deswegen nun eine Nachverhandlung an-
zuberaumen, würde den Vertragsabschluss unnötig verzögern. Für
solche Fälle sollte man die mit der Prüfung betrauten Rechtsberater
bevollmächtigen, das Vertragswerk insoweit abzudichten. Als ty-
pisches Beispiel sei nur auf die salvatorische Klausel hingewiesen
(vgl. Kap. 2.2.4.6).

2.3.7.3   Geheimhaltung durch Side-Letter

In der Regel sind alle Einzelvereinbarungen geschlossen in die Vertragsurkunde aufzunehmen. Enthält der Vertrag *sensible Themenbereiche,* von denen nur die Vertragsparteien wissen sollen, entstehen
Probleme, wenn der Vertrag Dritten zu deren Entscheidungsfindung
vorgelegt werden muss, wie etwa bei der Finanzierung durch Banken. In solchen Fällen lassen sich diese sensiblen Themenbereiche
geheim halten, indem man sie aus dem Hauptvertrag herausnimmt
und sie in einem gesonderten *Nebenvertrag* regelt, der im Neudeut-
schen *Side-Letter* genannt wird. Diese Verfahrensweise bringt Probleme, wenn alle oder nur einzelne Abreden in dem Side-Letter
rechtlich unzulässig sind. Dann besteht die Gefahr, dass die Nichtigkeit des Side-Letters auf den Hauptvertrag ausstrahlt. Dem lässt sich
durch eine *salvatorische Klausel*, die dann sicherheitshalber sowohl
in dem Hauptvertrag als auch in den Side-Letter aufgenommen werden sollte, entgegenwirken (vgl. Kap. 2.2.4.6).

*Sensible
Themenbereiche*

2.3.7.4   Abbruch der Verhandlungen

Fällt die Schlussbilanz negativ aus, sollte man die Verhandlungen
für gescheitert erklären. Das fällt naturgemäß umso leichter, je weniger in das Vertragsprojekt bereits investiert worden ist. Falscher
Stolz ist, wegen des vermeintlichen Gesichtsverlustes eine vorzeitige
Beendigung der Verhandlungen zu verzögern. Der Verhandlungsabbruch wird in den folgenden Fällen empfohlen:

*Negative
Schlussbilanz-
bereiche*

- Die Vertragsverhandlung zeigt, dass der Partner nicht vertrauenswürdig oder nur Scheinverhandlungen führt.
- Die berechtigten Forderungen der Gegenseite kann man nicht
  erfüllen.

● Die ursprünglich gesetzten Vertragsziele haben sich im Laufe der Verhandlungen grundlegend nachteilig geändert und werden auch nicht durch ausreichende Zugeständnisse der anderen Seite kompensiert.

● Es sind bessere Alternativen, etwa ein günstigeres Angebot, vorhanden.

Lässt Ihr *Partner* erkennen, dass er die *Verhandlungen beenden* will, und sind Sie nach wie vor an dem Geschäftsabschluss interessiert, fragen Sie ihn ruhig nach seinen Gründen. Zwar werden Sie nur in seltenen Fällen eine ehrliche Antwort erhalten. Geben Sie sich damit aber nicht zufrieden, sondern versuchen Sie die wirklichen Gründe zu erfahren. Möglicherweise beruht alles nur auf einem Missverständnis. Ist dem so, dürfte es Ihnen gelingen, die Bedenken der Gegenseite auszuräumen. Bleibt Ihr Gegenüber jedoch bei seiner Nein-Haltung, sind Sie gezwungen, der anderen Seite zuzustimmen, weil dann ein Vertragsschluss aussichtslos ist. Damit ist die Verhandlung endgültig gescheitert.

Freie Entscheidung   Die Entscheidung darüber, ob die Verhandlungen abgebrochen werden, liegt im freien Ermessen des jeweiligen Partners. Sie muss – rechtlich betrachtet – nicht plausibel begründet werden. Hat aber der Betreffende der anderen Seite gegenüber den künftigen *Abschluss* des *Vertrages* als *sicher* in Aussicht gestellt und deshalb ein besonderes Vertrauen auf das Zustandekommen des Vertrages erweckt, so stellt dieses Verhalten nach Ansicht der Rechtsprechung eine Pflichtverletzung dar, aus der sich Schadensersatzansprüche

Vertrauenshaftung   des enttäuschten Partners ergeben können (BGH NJW 1975, S. 1774; vgl. Kap. 2.4.3).

2.4   Pflichten vor Vertragsabschluss

**Vertrauens-
verhältnis**   Durch die *Aufnahme* von *Vertragsverhandlungen* oder auch ähnliche Formen der Vertragsanbahnung bzw. der Aufnahme vergleichbarer geschäftlicher Kontakte, entsteht zwischen beiden Seiten ein besonderes *vertragsähnliches Vertrauensverhältnis*, das diese zu ähnlichen Sorgfaltspflichten verpflichtet, wie sie auch spätere Vertragspartner beachten müssen. Tut man das nicht, so hat man in der Regel den daraus entstehenden Schaden dem anderen Teil wegen Pflichtverletzung zu ersetzen (§§ 280, 282, 311, Abs. 2 BGB; siehe Abbildung 2.9).

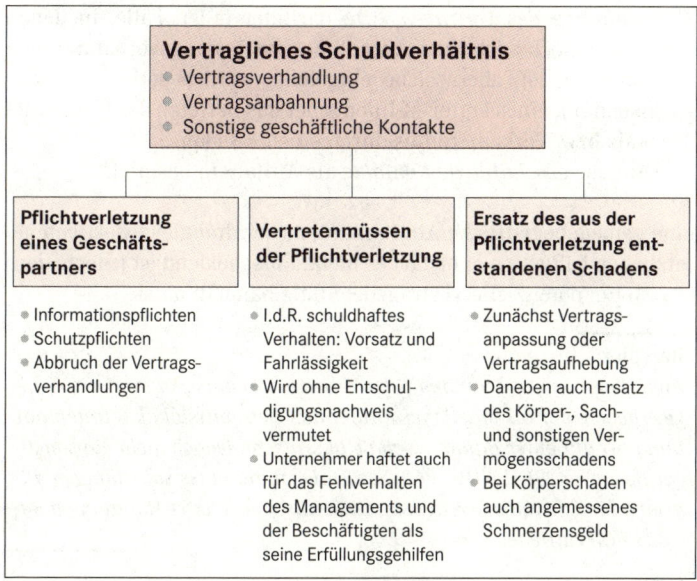

Abb. 2.9: Verschulden beim Vertragsabschluss

2.4.1 Die vorvertragliche Beziehung als vertragsähnliches Schuldverhältnis

Dieses durch geschäftlichen Kontakt entstehende vertragsähnliche Schuldverhältnis wird allgemein als *Verschulden beim Vertragsabschluss* bezeichnet und ist in § 311, Abs. 2 BGB geregelt. Da noch kein Vertrag vorliegt, entstehen keine Leistungspflichten, wie die Lieferung der im Vertrag vereinbarten Sache oder die Zahlung des vereinbarten Preises, sondern lediglich Schutzpflichten, die im Gesetz als Pflicht zur »besonderen Rücksicht auf die Rechte und Rechtsgüter und Interessen des anderen Teils« beschrieben werden (§ 241, Abs. 2 BGB). Im Einzelnen geht es dabei um

- Informationspflichten, wie Aufklärungs- und Beratungspflichten sowie
- Obhutspflichten und sonstige Sorgfaltspflichten.

Voraussetzung für die Begründung dieses Schuldverhältnisses ist deshalb ein menschliches Verhalten, das auf Abschluss eines Vertrages oder Anbahnung geschäftlicher Kontakte abzielt. Im Einzelnen entsteht es nach der gesetzlichen Regelung durch:

1. *Aufnahme von Vertragsverhandlungen*, womit alle Sachverhalte gemeint sind, die in konkretem Zusammenhang mit der Vertragsverhandlung stehen.

Verschulden beim Vertragsabschluss

2. *Anbahnung des Vertrages*; d. h. darunter fallen Fälle, in denen es zwar noch nicht zur Aufnahme von Vertragsverhandlungen gekommen ist, aber solche eingeleitet werden sollen, wie z. B. Zusendung eines Letter-of-Intent oder das Betreten des Geschäftslokals bzw. Verkaufsraums durch einen Kunden.

3. Ähnliche *geschäftliche Kontakte* als Auffangtatbestand.

Potenzielle Vertragsbeteiligte

Eine genaue begriffliche Abgrenzung dieser drei gleichwertigen gesetzlichen Fallgruppen bedarf es nicht. Entscheidend ist jedoch, dass es sich um potenzielle Vertragsbeteiligte handeln muss.

Beispiel:
Ansprüche aus Verschulden beim Vertragsabschluss kann nur derjenige erheben, der als möglicher Käufer das Geschäftslokal betreten hat und dort auf einer Bananenschale ausrutscht, jedoch nicht ein sonstiger Besucher (BGH NJW 1962, S. 32). Letzterer muss sich mit dem allgemeineren Schadensersatzanspruch aus unerlaubter Handlung nach § 823 BGB zufrieden geben.

Schutzpflichten gegenüber nahe stehenden Dritten

Eine besondere Fallgruppe findet sich in § 311, Abs. 3 BGB, nach der solche *Schutzpflichten* auch gegenüber *nahestehenden Dritten* entstehen, die gar nicht Partner eines Vertrages werden sollen, aber zur Vertragspartei in einem besonders engen persönlichen oder wirtschaftlichen Verhältnis stehen, sodass eine Pflichtverletzung zwangsläufig auch deren Person, Sachen oder Vermögensinteressen beeinträchtigen kann. Man spricht deshalb davon, dass diese Pflichten Schutzwirkung zugunsten dieser gefährdeten Personen besitzen (BGH NJW-RR 2003, S. 1035; vgl. Kap. 6.4.2). In dieser Regelung wird ausdrücklich betont, dass unter diesem rechtlichen Gesichtspunkt auch Dritte haften, die im besonderen Maße Vertrauen für sich in Anspruch nehmen und dadurch die Vertragsverhandlung oder den Vertragsschluss erheblich beeinflussen.

Beispiel:
So ist ein Sachverständiger, der von einer Seite benannt wurde, wegen falscher Bewertungen auch gegenüber dem anderen Partner nach den Regeln des Verschuldens beim Vertragsabschluss schadensersatzpflichtig.

Diese Pflichten mit Bezug auf Dritte können nicht nur vorvertraglich, sondern selbstverständlich auch vertraglich entstanden sein (vgl. Kap. 6.4.2).

2.4.2 Verhaltenspflichten für Unternehmen

Im Rahmen einer auf geschäftlichem Kontakt basierenden *vertragsähnlichen Schuldbeziehung* zu anderen Personen (sei es bei Vertragsverhandlung oder bereits im Vorfeld der Geschäftsanbahnung durch einen Geschäftsbrief, wie einem Letter-of-Intent oder auch durch Öffnung von Geschäfts- und Verkaufsräumen für potenzielle Kunden) tragen Sie als Unternehmer oder leitender Manager rechtlich dafür die Verantwortung, dass Sie die Rechte, Rechtsgüter und Interessen des potenziellen Kunden oder künftigen Vertragspartners nicht unnötig verletzen oder beeinträchtigen (§ 241, Abs. 2 BGB). Im Einzelnen betrifft das folgende Pflichten und Fallgruppen.

2.4.2.1 Informationspflichten

In Vertragsverhandlungen oder vorgeschalteten Briefwechseln sind beide Partner über *vertragswesentliche Tatsachen korrekt* zu *informieren*, d. h. die dort gemachten Angaben müssen zutreffend sein. Fragen müssen wahrheitsgemäß beantwortet werden. Wünscht der Kunde eine umfassende *Beratung*, so hat diese sorgfältig und nach dem aktuellen Kenntnisstand zu erfolgen. Ohne Nachfrage müssen Sie Ihren Partner nur von sich aus über die diesem ersichtlich nicht bekannten und auch nicht zugänglichen Umstände *aufklären*, die den von ihm verfolgten Vertragszweck vereiteln und maßgeblich für seine Entscheidung zum Vertragsabschluss von wesentlicher Bedeutung sind (BGH NJW 2006, S. 3141). Dazu gehören z. B. für den Kunden verdeckte preisbildende Faktoren oder besondere Risiken des beabsichtigten Geschäfts, über die dieser erkennbar überhaupt nicht oder nicht ausreichend Bescheid weiß. Die *Aufklärungspflicht* betrifft weniger die in diesem Buch zu behandelnden Geschäftsverträge über Waren- und Dienstleistungen, sondern den ausgeklammerten Finanzsektor.

Vertragswesent-liche Tatsachen

2.4.2.2 Schutzpflichten

Hierbei geht es darum, dass *Körper- und Eigentumsschäden* des Kunden oder Verhandlungspartners vermieden werden müssen (BGH NJW-RR 2004, S. 481). Sie müssen also dafür sorgen, dass die *Geschäfts-* oder *Verkaufsräume* in Ihrem Unternehmen oder auch der *Verhandlungsraum*, wenn die Vertragsverhandlungen dort stattfinden und der Zugang zu diesen Räumlichkeiten, wozu auch ein Kundenparkplatz gehört, *verkehrssicher* sind. Allgemein formuliert, gilt es daher zu verhindern, dass durch Ihr Personal in dieser Raumzone die Person oder Sachen von Kunden oder Verhandlungspartnern verletzt bzw. beschädigt werden.

Verkehrssicherheit von Räumen

> **Beispiel:**
> *Der Leiter des anderen Verhandlungsteams rutscht im Flur zum Verhandlungsraum auf dem glatten Boden aus, der zuvor frisch gereinigt worden ist. Das notwendige Warnschild – »Vorsicht, frisch gereinigt!« – fehlte.*
>
> **Lösung:**
> *In diesem Fall muss der Gastgeber für alle Verletzungsfolgen nach den Regeln des Verschuldens beim Vertragsabschluss aufkommen.*

2.4.2.3 Nichtzustandekommen eines Vertrages

Zugesagter Vertragsabschluss

Wenn der Vertrag durch Ihr Verhalten nicht zustande kommt, weil Sie ohne triftigen Grund die Verhandlungen abbrechen, ist das Ihre Sache. Eine *Pflichtverletzung* liegt nur dann vor, wenn Sie beim Partner ein besonderes Vertrauen auf das Zustandekommen des Vertrages erweckt haben, indem Sie den späteren Abschluss des Vertrages als sicher hingestellt haben (BGH NJW 1975, S. 1774). Diese Sicherheit benötigt aber der Verhandlungspartner, wenn er bereits vor Abschluss des Vertrages wegen Terminknappheit erhebliche Vorleistungen erbringen muss (BGHZ 92, S. 176). In gleicher Weise beurteilt die Rechtsprechung den Fall, dass bei öffentlichen Ausschreibungen der Auftrag unter Verstoß gegen die für öffentliche Ausschreibungen geltenden Vorschriften vergeben wird (BGH NJW 1998, S. 3640).

2.4.2.4 Begrenzter gesetzlicher Pflichtenkatalog

Zusätzliche Pflichten

Klar ist, dass dieser gesetzlich geregelte Pflichtenkatalog relativ beschränkt ist und keinesfalls alle schutzwürdigen wirtschaftlichen Interessen der Verhandlungspartner umfasst. Dazu gehört etwa das in die Vertragsverhandlungen eingebrachte Know-how oder auch das Verbot gleichzeitiger Parallelverhandlungen mit anderen Dritten. Diese zusätzlichen Pflichten bedürfen zu Ihrer Rechtsverbindlichkeit einer besonderen *Verhandlungsvereinbarung*, die auch in einem Letter-of-Intent der einen Seite, in dem der andere Teil zustimmt, getroffen werden können (vgl. Kap. 2.4.5.1).

2.4.3 Schadensersatz bei schuldhafter Pflichtverletzung

Umkehr der Beweislast

Ist im Rahmen der Vertragsverhandlungen oder anderer geschäftlicher Kontakte eine der beschriebenen Pflichten verletzt worden, die das *Unternehmen* – rechtlich korrekt der Unternehmensträger, also der Einzelunternehmer oder die Gesellschaft – zu verantworten hat, so muss er/sie den daraus entstehenden Vermögensschaden dem Verhandlungspartner oder Kunden ersetzen (§ 280, Abs. 1, Satz 1 BGB). Nur wenn der Unternehmensträger nachweisen kann, dass er die Pflichtverletzung »nicht zu vertreten« hat, also die rechtliche Verantwortung dafür nicht trägt, hat der verletzte oder geschädigte

Partner bzw. Kunde keinen Anspruch auf Schadensersatz (§ 280, Abs. 1, Satz 2 BGB). Diese, wie es der Jurist nennt, *Umkehr der Beweislast*, kommt dem Verletzten oder Geschädigten zugute, der zwar wie erforderlich regelmäßig beweisen kann, dass auf der Gegenseite eine Pflichtverletzung begangen worden ist (BGH NJW 2006, S. 2263), nicht jedoch, wer dafür die persönliche Verantwortung trägt. Dazu müsste er die interne Aufgabenverteilung und die Betriebsabläufe kennen, was aber nicht der Fall ist. (vgl. Kap. 6.2). Werden *Verkehrssicherungspflichten* verletzt, so sind Gesundheits- und Sachschäden auch des *Personals* des *Verhandlungspartners* nach den Regeln des Vertrages mit Schutzwirkung zugunsten Dritter zu ersetzen (vgl. Kap. 6.4.2)

Schuldhaftes Verhalten

Vertreten muss das *Unternehmen* alle in seinem Bereich auftretenden *Pflichtverletzungen*, wenn sie durch schuldhaftes Verhalten von Personen begangen worden sind, die es in seinem Betrieb gezielt eingesetzt hat. Verschulden bedeutet *Vorsatz* und *Fahrlässigkeit*, also die sehr selten vorkommende bewusste und gewollte Schadenszufügung oder die übliche Schadensverursachung durch sorgfaltswidriges Verhalten (§ 276, Abs. 2 BGB). Dabei genügt auch einfache Fahrlässigkeit. Verantwortlich ist aber der Einzelunternehmer bzw. die Gesellschaft als Unternehmensträger nicht nur für das eigene Verschulden (§ 276, Abs. 1 BGB), sondern auch für das der anderen Personen im Unternehmen, angefangen von der Spitze, wie dem Geschäftsführer, bis zum einfachen Arbeiter, die für die Beachtung dieser Pflichten zuständig sind. Diese gelten als *Erfüllungsgehilfen* des Unternehmers bzw. der Gesellschaft, deren Verschulden nach § 278 BGB genauso wie eigenes Verschulden zu vertreten ist (vgl. Kap. 6.2.3).

Vorsatz und Fahrlässigkeit

Wird diese Pflichtverletzung im Vorfeld standardisierter Geschäfte begangen, pflegt das leistungsanbietende Unternehmen den Vertragsinhalt durch *Allgemeine Geschäftsbedingungen* einseitig festzulegen, die mehr oder weniger der Kunde akzeptieren muss. Diese Vertragsbedingungen enthalten häufig *Freizeichnungsklauseln*, wonach das betreffende Unternehmen seinen Kunden gegenüber eine Haftung wegen Pflichtverletzung einschränkt und nur bei grobem Verschulden eintreten will, jedoch eine Ersatzpflicht bei einfacher Fahrlässigkeit seiner Erfüllungsgehilfen ausschließt. Diese AGB entfalten dann insofern eine *Vorwirkung*, als dass sie auch die Haftung aus Verschulden beim Vertragsabschluss entsprechend begrenzen, weil billigerweise die Haftung des Unternehmens für Pflichtverletzungen vor Vertragsabschluss nicht weiter gehen darf, als die aus Pflichtverletzungen nach Vertragsabschluss. Allerdings gilt das nur, sofern die Freizeichnungsklausel nach den schärferen Anforderungen des AGB-Rechts wirksam ist (vgl. Kap. 6.2.3.1).

Vertragliche Haftungsbeschränkung

2.4.4   Ersatz des entstandenen Schadens

Der verantwortliche Schuldner hat dann den aus der schuldhaften Pflichtverletzung entstandenen Schaden zu ersetzen (§ 280, Abs. 1 BGB). Der *Schadensausgleich* erfolgt nach der Grundregel des § 249 BGB, wonach der Zustand herzustellen ist,»der bestehen würde, wenn der zum Ersatz verpflichtende Umstand nicht eingetreten wäre.« Der Jurist spricht insoweit von der Wiederherstellung der ursprünglichen – gemeint ist die vor Schadenseintritt bestehende Vermögenslage – oder in der Fachsprache von der *Naturalrestitution*. Bezogen auf Pflichtverletzungen beim Vertragsabschluss bedeutet das, dass der Geschädigte in seinem Vertrauen auf korrektes Verhalten der anderen Seite vermögensmäßig so zu stellen ist, als ob die Pflichtverletzung nicht begangen worden wäre, sog.»Ersatz des Vertrauensschadens« (BGH NJW 2001, S. 2876). Der konkrete Schadensumfang selbst hängt von der Art der Pflichtverletzung und des Schadens ab.

Naturalrestitution

Vertrauensschaden

2.4.4.1   Schutzpflichtverletzung mit Körperschaden

Schmerzensgeld

In diesen Fällen sind die Kosten für alle notwendigen medizinischen Heilbehandlungen zu ersetzen (§ 249, Abs. 2 BGB) nebst einem *angemessenen Schmerzensgeld* (§ 253, Abs. 2 BGB). Hinzu kommt ggf. noch der Ersatz des Verdienstausfalls als entgangener Gewinn (§ 252 BGB), wenn der Verletzte für eine längere Zeit berufsuntauglich wird (vgl. Kap. 6.3.2.1).

2.4.4.2   Schutzpflichtverletzung mit Sachschaden

Die beschädigten Sachen werden auf Kosten des Schuldners repariert (§ 249, Abs. 1 BGB). Der Geschädigte kann aber auf eine Reparatur verzichten und sich stattdessen die Wertminderung durch Erstattung der voraussichtlichen *Reparaturkosten* in Geld ausgleichen lassen (§ 249, Abs. 2 BGB). Im Falle eines *Totalschadens* ist betragsmäßig der *Wiederbeschaffungswert* einer neuen Sache (§ 249, Abs. 1 BGB) zu zahlen.

Totalschaden

2.4.4.3   Verletzung von Informationspflichten

Fiktive Vertragsanpassung

Führt eine unrichtige Information zu einem ungünstigen Vertragsabschluss, kann der geschädigte Partner an dem für ihn ungünstigen Vertrag festhalten und den ihm dadurch entstandenen Vermögensnachteil etwa in Form eines zu hohen Preises als Schadensersatz liquidieren (BGH NJW 2006, S. 3141). Im Ergebnis führt das dazu, dass der Geschädigte so behandelt wird, als wäre es ihm bei Kenntnis der wahren Sachlage gelungen, den Vertrag zu dem niedrigeren Preis abzuschließen..

Beispiel:

Bei den Verhandlungen über einen Bewachungsvertrag kann der Unternehmer einen besonders hohen Preis erzielen, da er gegenüber dem Auftraggeber behauptet, nur geschultes Fachpersonal einzusetzen. In Wirklichkeit besitzt nur der Leiter der Bewachungsgruppe eine entsprechende Qualifizierung, das andere Bewachungspersonal wurde lediglich durch Schnellkurse fit getrimmt. Der Auftraggeber ist aber mit der Dienstleistung zufrieden, fordert deshalb aufgrund dieser Tatsachen einen Preisnachlass und verrechnet die Mehrzahlungen mit den künftigen monatlichen Raten.

Wäre der Vertragsabschluss bei korrekter Information *unterblieben*, kann der falsch informierte Vertragspartner die sofortige *Aufhebung des Vertrages* durch Rücktritt oder Kündigung aus wichtigem Grunde verlangen. Für den Anspruch auf Freistellung von Vertragspflichten reicht es aus, dass er durch den Vertragsabschluss in seiner wirtschaftlichen Dispositionsfreiheit nachhaltig beeinträchtigt wird (BGH WM 2007, S. 1183). Zusätzlich kann er den *Ersatz vergeblicher Aufwendungen* fordern, die er billigerweise im Vertrauen auf den abgeschlossen Vertrag machen durfte (§ 284 BGB). Darunter fallen alle *Personal- und Sachkosten*, die ihm nach der Fehlinformation bis zur Kenntniserlangung im Zusammenhang mit dem Vertragsabschluss und der Vertragsdurchführung regelmäßig anfallen. Hinzu kommt noch der *entgangene Gewinn* aus einem anderen Geschäft nach § 252 BGB, wenn er beweisen kann, dass er statt des aufgehobenen Vertrages einen anderen, für ihn wirtschaftlich vorteilhafteren mit einem Dritten abgeschlossen hätte. Diesen Nachweis dürften gewinnorientierte Unternehmen ohne größere Probleme erbringen können.

Vertragsaufhebung

2.4.4.4 Vertragsabbruch als Pflichtverletzung

Grundsätzlich können die Vertragspartner, wenn es ihnen passt, ohne weitere Begründung die Verhandlungen abbrechen. Ob dann die andere Seite im Vertrauen auf den Geschäftsabschluss mit Vorinvestitionen finanzielle Risiken eingeht, ist allein ihre Angelegenheit. Als *Vertrauensschaden* sind solche *Vorinvestitionen* nur ersatzfähig, wenn der Verhandlungspartner beweisen kann, dass die andere Seite wegen knapper Abwicklungsfristen des geplanten Geschäfts mit solchen Vorinvestitionen rechnen musste oder sie den späteren Geschäftsabschluss als sicher, weil nur noch bloße Formsache, in Aussicht gestellt hat (vgl. Kap. 2.4.2.3). Deshalb sollten die Verhandlungspartner schon zu Beginn diese wichtige Frage einvernehmlich, etwa innerhalb eines Letter-of-Intent, klären (vgl. Kap. 2.4.5.1).

Ersatzfähige Vorinvestitionen

2.4.4.5   Unbegrenzte Haftung

Höchstbeträge

Das Problem jedes Verhandlungspartners ist, dass die andere Seite im Schadensfall ihre Ansprüche unbegrenzt geltend machen kann, falls eine Pflichtverletzung begangen wird, für die er rechtlich die Verantwortung trägt. Dieses hohe Haftungsrisiko lässt sich wiederum durch einen Letter-of-Intent umgehen, indem dort vor allem *Höchstbeträge* festgelegt werden.

Treten solche Pflichtverletzungen im Vorfeld von standardisierten Geschäftsverträgen auf, greift hier ohnehin die Haftungsbegrenzung in den Allgemeinen Geschäftsbedingungen des für die Pflichtverletzung verantwortlichen Unternehmens, sofern diese wirksam in den betreffenden Vertrag einbezogen worden sind oder wären, weil billigerweise die vorvertragliche Haftung nicht weiter reichen kann als die nach Vertragsabschluss (vgl. Kap. 6.2.3). Diese *AGB-Haftungsbeschränkung* wirkt aber bei Geschäftsverträgen zwischen Unternehmen dann nicht, wenn beide Vertragspartner auf die Geltung ihrer jeweils unterschiedlichen Allgemeinen Geschäftsbedingungen beharren (vgl. Kap. 3.4.4).

AGB-Haftungs-
beschränkung

2.4.5   Spezifische Pflichten- und Haftungsvereinbarungen

Der Blick auf den lückenhaften *gesetzlichen Pflichtenkatalog* und das Prinzip der unbegrenzten Haftung zeigt ganz deutlich, dass die gesetzliche Regelung ihre Schwächen hat und deshalb den Interessen der Verhandlungspartner, sei es in der Rolle als schutzwürdiger Gläubiger oder als ersatzpflichtiger Schuldner, nicht ganz gerecht wird. Deshalb ist Ihnen dringend anzuraten, vor Beginn der Verhandlungsrunden bei wichtigen Geschäftsverträgen mit dem Gegenüber eine bedürfnis- und interessengerechte *Rahmenvereinbarung* zu treffen, die einerseits die Verhandlungspflichten konkretisiert und erweitert, andererseits aber auch das erhebliche Haftungsrisiko sachgerecht beschränkt und damit kalkulierbar macht. Letzteres bildet die Grundvoraussetzung dafür, dass man diese Risiken durch geeignete Versicherungen ausreichend abdecken kann.

2.4.5.1   Verhandlungsvertrag oder Letter-of-Intent

Die beste Lösung ist wohl, wenn beide Seiten ihre Vorstellungen in der mündlichen Vorverhandlung äußern und dann in Gestalt eines Verhandlungsvertrages eine gemeinsame rechtliche Plattform entwickeln, auf der die beiderseitigen Verhaltensregeln genauer bestimmt werden. Dieser *Verhandlungsvertrag* begründet noch keine Leistungspflichten, sondern lediglich Nebenpflichten im Sinne von § 241, Abs. 2 BGB (vgl. Kap. 2.4.2). Vorab, noch vor Beginn der schriftlichen Vorverhandlungen sollte eine Einigung darüber angestrebt werden, welcher von ihnen die *»Entwurfsregie«* übernimmt und den ersten Vertragsentwurf ausarbeiten darf (vgl. Kap. 2.3.1.1.1).

Stattdessen kann man die *Verhaltensregeln* auch in einem einseitigen *Letter-of-Intent* aufstellen, worin der Verfasser dem Empfänger sein ernsthaftes Interesse an dem Vertragsabschluss und seine grundsätzliche Verhandlungsbereitschaft erklärt und die Rolle des Urhebers für den Vertragsentwurf für sich beansprucht. Das Problem bei dem Letter-of-Intent ist typischerweise seine Einseitigkeit, weil er nur die Regelungen aufweist, an welchen der Verfasser interessiert ist. Als *Empfänger* sollten Sie zunächst überlegen, ob sie mit der eher passiven Position des Kritikers zufrieden und welche Verhaltensregeln für Sie wichtig sind. Gleichzeitig müssen Sie auf einer entsprechenden Ergänzung bestehen, indem sie darauf hinweisen, dass Sie den von dem Verfasser aufgestellten Verhaltenskodex nur akzeptieren, wenn dieser auch Ihre ergänzenden Regeln annimmt. Diese Position ist auch gegenüber einem überlegenen Verhandlungspartner zu vertreten, andernfalls bestimmt dieser nicht nur weitgehend den Vertragsinhalt, sondern auch die Verhandlungsbedingungen. Ihren Standpunkt teilen Sie im Antwortschreiben mit.

(Randspalte) Verhandlungsbedingungen

2.4.5.2   Erweiterter Pflichtenkatalog und Haftungsregelungen

In der Wirtschaftspraxis geht es vor allem um folgende *Verhandlungsabreden*, die entweder beiden Seiten nützen oder einseitig den Interessen des Produktanbieters bzw. Produktnachfragers dienen, ohne dass diese Aufzählung Anspruch auf Vollständigkeit erheben kann:

(Randspalte) Verhandlungsabreden

- *Verbot der Parallelverhandlung* mit einer anderen Partei während der Dauer dieser Verhandlungen – konzentriert die Ressourcen der Verhandlungspartner auf dieses Geschäft und schirmt Verhandlungen gegenüber störenden Einflüssen Dritter ab, um faires Verhandeln zu gewährleisten;
- *Geheimhaltungsvereinbarungen* für bestimmte Verhandlungsthemen – schützt die Vertraulichkeit bestimmter Gesprächsthemen, auf die zumindest eine Seite Wert legt;
- Verbot der *Benutzung fremden Know-hows* nach Abbruch der Verhandlungen, wenn das Know-how zur fachlichen Information des Verhandlungspartners wichtig ist – schützt in der Regel das Know-how des Produktanbieters;
- Verpflichtung des Produktanbieters zu bestimmten, für die zeitgerechte Projektabwicklung erforderlichen personellen und sachlichen *Vorinvestitionen* und seinem *finanziellen Ausgleich* durch eine Vergütungsregelung, die den Besteller nicht nur zur Bezahlung der aufgelaufenen Sach- und Personalkosten des Herstellers

als bloßen Aufwendungsersatz, sondern ihm darüber hinaus auch einen angemessenen Gewinnanteil zusichert;

● *Haftungsbeschränkungen* in der Regel zugunsten des Produktanbieters im Falle von Pflichtverletzungen, die gegenständlich oder summenmäßig begrenzt sind.

Das parallele Verhandlungsverbot, die Geheimhaltungsabrede und der Schutz von dem in die Verhandlung eingebrachten Know-how sowie die für den Produktanbieter häufig lebenswichtige Haftungsbeschränkung sind im Gesetz überhaupt nicht vorgesehen. Der Ersatz von erbrachten Vorinvestitionen ist nur unzulänglich geregelt. Vorschläge für entsprechende *Vertragsklauseln*, die Sie im Baukastenprinzip zusammenstellen können, finden Sie bei der Vertragsabwicklung, weil dort die gleichen Probleme auftreten (vgl. Kap. 4 ff).

Ausgehandelte Haftungsvereinbarung

Sollte einer der Verhandlungspartner seine durch eine solche Vereinbarung übernommene Pflicht verletzen, so muss er dem anderen Teil den dadurch entstandenen *Vermögensschaden* in dem bereits beschriebenen Umfang ersetzen (vgl. Kap. 2.4.3). Dabei kann aber das verantwortliche Unternehmen seine Ersatzpflicht in einer *ausgehandelten Haftungsvereinbarung* sehr weitgehend beschränken. So ist es ohne weiteres möglich, die Haftung für Fahrlässigkeit gänzlich auszuschließen oder zumindest für grob fahrlässiges Handeln, wenn also im besonders hohem Maße gegen die im Verkehr erforderliche Sorgfaltspflicht verstoßen worden ist, auf eine Summe zu begrenzen, die im Rahmen der eigenen finanziellen Leistungsfähigkeit liegt oder durch eine Versicherung abgedeckt werden kann (vgl. Kap. 6.2.3.2).

Haftungsbeschränkung

Klauselvorschlag

Im Anschluss an den vorweg geregelten Pflichtenkatalog folgt in § ... oder Ziffer ... mit dem Titel Haftungsbeschränkung: »Sollte eine dieser Pflichten durch den ... schuldhaft verletzt werden, wird die Haftung für einfache Fahrlässigkeit ausgeschlossen; bei grobem Verschulden beschränkt sich die Haftung auf ... (Euro-Betrag).«

Einseitige Verhandlungsbedingungen

Wenn diese Haftungsbeschränkungsklausel in einem Letter-of-Intent einseitig vorgegeben und vom wirtschaftlich überlegenen Verhandlungspartner als Verfasser zur unverrückbaren Verhandlungsbedingung erhoben wird, handelt es sich um eine einseitig vorformulierte Vertragsbedingung, die rechtlich gesehen mit einer *Allgemeinen Geschäftsbedingung* vergleichbar ist. Dann dürften solch weitgehende Haftungsbeschränkungen unwirksam sein, weil sie den strengeren Maßstäben des AGB-Rechts widersprechen. Danach ist eine Haftungsbeschränkung im Falle grober Fahrlässigkeit und Vorsatz unwirksam und nur ein Haftungsausschluss für leichte

Fahrlässigkeit statthaft (vgl. Kap. 6.2.3.1). Letztendlich handelt es sich bei dieser Problematik um eine bislang offene Frage, die noch durch die höchstrichterliche Rechtsprechung zu klären ist.

2.5   Checkliste: Goldene Regeln vor Geschäftsabschluss, insbesondere für die Vertragsvorbereitung

Wichtige Verträge sollte man niemals unbedacht und voreilig abschließen. Das gilt unbedingt für den Erwerb hochwertiger und langlebiger Investitions- und Gebrauchsgüter, wie etwa ganze Büroeinrichtungen, teure Maschinen, sowie für den Abschluss von Dauerverträgen mit besonders langer Bindungswirkung, wie etwa Mietverträge über Geschäftsräume etc. Die nachfolgenden Empfehlungen kann man als die goldenen Regeln bei Vertragsabschluss bezeichnen. Sie sollten für alle wichtigen Verträge beachtet werden. Zusätzlich müssen die Besonderheiten des einzelnen Geschäfts, wie etwa Kauf, Miete etc. berücksichtigt werden. Dabei liegen die Schwerpunkte selbstverständlich anders, je nachdem, ob man sich in der Rolle des Produktherstellers oder des nachfragenden Kunden befindet.

1   Vertragsvorbereitung

1.1   Kaufmännische und technische Prüfung des Vorhabens

✔ Bedarfsermittlung und Nutzenschätzung des zu erwerbenden Produkts durch den Besteller.

✔ Festlegung der gewünschten Produktbeschaffenheit durch Besteller.

✔ Vernünftige Finanzierbarkeit der geplanten Anschaffung durch den Besteller.

✔ Sicherstellung der Leistungsfähigkeit hinsichtlich des herzustellenden Produkts durch den Anbieter zur Vermeidung von Haftungsrisiken.

✔ Preis- und Gewinnkalkulation mit Festlegung einer Preisuntergrenze für den Verhandlungsausstieg – Untergrenze für Anbieter, Obergrenze für Besteller.

1.2   Entwicklung eines Vertragskonzeptes

✔ Ausarbeitung eines Vertragsentwurfs,

✔ Ergänzung durch eigene Musterklauseln (s. 3.6 Allgemeine Geschäftsbedingungen),

✔ zumindest Aufstellung einer Checkliste für die Strukturierung der Vertragsverhandlungen, falls kein Einvernehmen über Entwurfregie möglich.

Checkliste

1.3 Schriftliche Vorverhandlung

✔ Einigung über die Rolle der Entwurfsregie, d. h. wer formuliert den ersten Vertragsentwurf;

✔ Abstecken des Verhandlungsrahmens, d. h. Aufstellen der Spielregeln für die mündlichen Verhandlungsrunden.

1.4 Gegenvorschläge

✔ Prüfung des Vertragsentwurfs des Verhandlungspartners auch durch Rechtsberater;

✔ Änderungen und Ergänzungen nur zu wichtigen Punkten anbringen;

✔ Prüfung der Gegenvorschläge der anderen Seite auch durch Rechtsberater.

1.5 Abstecken des Verhandlungsrahmens

✔ Vor Beginn der Vertragsverhandlungen die für beide Seiten geltenden Spielregeln einvernehmlich festlegen, entweder durch einen einheitlichen schriftlich niedergelegten Verhandlungsvertrag oder durch einen inhaltlich aufeinander abgestimmten Briefwechsel – Letter-of-Intent mit Antwortschreiben,

✔ darin formelle Strukturierung der Verhandlung durch Bestimmung des Verhandlungsortes und der zeitlichen Abfolge der einzelnen Verhandlungsabschnitte (Vorverhandlung, Entwurfsverhandlung und Schlussverhandlung);

✔ dabei als letzte Komponente eine Schlussbilanz mit beidseitiger Kosten- und Nutzenanalyse des Vereinbarten vorsehen, bevor Verhandlungsergebnis endgültig gebilligt wird;

✔ schließlich wichtige Verhaltenspflichten der Beteiligten definieren, wie z. B. Geheimhaltungspflicht, Verbot der Parallelverhandlung und der Verwertung des eingebrachten fremden Know-hows mit Haftungsbeschränkung im Falle von Pflichtverletzungen sowie der Pflicht zu Vorinvestitionen und des Ersatzes der daraus entstehenden Kosten nebst angemessenem Gewinnanteil.

2 Führung mündlicher Vertragsverhandlungen

2.1 Festlegen der Verhandlungsregie

✔ Im Falle fehlender Einigung über Entwurfsregie Einbringung eines Vertragsentwurfs in die Vorverhandlungen zur Bestimmung des Verhandlungsablaufs,

✔ zumindest Einflussnahme auf die Tagesordnung durch vorbereitete Checkliste,

✔ durch Einreichung eines Gegenentwurfs, spätestens in der Phase der Entwurfsverhandlung, entsteht beidseitige Verhandlungsregie.

2.2 Verhandlungsstrategie und Verhandlungsstil

Unter gleichstarken Partnern sind gesetzte Vertragsziele am ehesten durch eine integrative Verhandlungsstrategie erreichbar, die in die eigenen Überlegungen auch die berechtigten Belange der Gegenseite einbezieht und während des Verhandlungsablaufs darauf Rücksicht nimmt:

✔ nur in Vorverhandlung nüchterner, ergebnisorientierter, feststellender, neutraler Verhandlungsstil empfehlenswert, ab Entwurfsverhandlung dagegen kooperativen Verhandlungsstil praktizieren, der auch die Emotionen des Verhandlungspartners wahrnimmt und im Gespräch würdigt;

✔ andere Seite wegen Verhandlungsfehler nicht offen kritisieren, sondern nur indirekt darauf hinweisen;

✔ bei eigenen Positionen nicht frühzeitig festlegen, sondern diese entweder in Form einer offenen Frage an den Verhandlungspartner oder Offenhalten im Konjunktiv präsentieren – »... könnten wir uns vorstellen ...«.

2.3 Verhandlungsprotokolle

✔ Anfertigung eines beidseitig unterschriebenen Verhandlungsprotokolls über die einzelnen Verhandlungsphasen, d. h. Vorverhandlung, Entwurfs- und Abschlussverhandlung;

✔ zumindest Anfertigung einer eigenen Verhandlungsniederschrift durch jede Seite als Gedächtnisstütze;

✔ Protokoll über Entwurfs- und Schlussverhandlung ist Grundvoraussetzung für den abschließenden Check in der Schlussbilanz.

2.4 Prüfung der Verhandlungs- und Entscheidungskompetenz

✔ Vor Verhandlungsbeginn Prüfung der beidseitigen Verhandlungskompetenz der teilnehmenden Verhandlungsführer, um sicherzustellen, dass diese für ihr Unternehmen den Vertragsinhalt aushandeln dürfen;

✔ Prüfung der Entscheidungskompetenz der Verhandlungsführer in der Schlussverhandlung, um zu gewährleisten, dass das ausgehandelte Verhandlungsergebnis für die Verhandlungspartner auch verbindlich ist;

✔ ohne Entscheidungskompetenz bedarf das ausgehandelte Verhandlungsergebnis der nachträglichen Billigung der zuständigen entscheidungsbefugten Personen, wie etwa Geschäftsführer oder Gremien (z. B. Gesellschafterversammlung oder Aufsichtsrat).

2.5 Hinzuziehung von Rechtsberatern

✔ Empfehlenswert in der Entwurfs-, spätestens in der Schlussverhandlung;

✔ vermeidet lästige Nachverhandlungen, wenn rechtlich bedenkliche Vereinbarungen ausgehandelt worden sind.

3   Aushandeln des Vertragsinhalts

3.1 Hauptleistung des Anbieters

✔ Genaue Bezeichnung des vertraglichen Produktes über dessen Aussehen, Qualität und Beschaffenheit, erwünschte Eigenschaften etc. als sog. präzisierende Beschaffenheitsangaben – wichtig für Fehlerfeststellung nach Lieferung;

✔ rechtliche Absicherung durch Beschaffenheitsgarantie des Herstellers versuchen;

✔ Sicherung der Kalkulierbarkeit von Erfüllungsrisiken des Herstellers durch Risikobeschränkungen im Schadensfall und Versicherung von Schadensrisiken.

3.2 Preisverhandlungen

✔ Beginn der Preisverhandlungen erst nach genauer Produktspezifizierung;

✔ Einbringung von Preisvorstellungen durch den Anbieter in offener Form durch Beschreiben einer Preisspanne für mehrere Qualitätsstufen des gewünschten Produkts;

✔ Berechtigung zu einer nachträglichen Preisanpassung, in der Regel Preiserhöhung durch Wertsicherungsklausel, wenn sich Kostenstruktur des Herstellers zwischen Vertragsabschluss und der Leistungserbringung entsprechend ändert.

3.3 Vereinbarung über den Abwicklungsmodus

✔ Ort und Zeit der vereinbarten Hauptleistung, Letzteres am besten durch eindeutige kalendarisch bestimmte Angaben, um Verzögerungsschäden geltend machen zu können;

✔ Regelung von wichtigen Nebenleistungen, wie z. B. Montage, Installierung etc., und Nebenpflichten, wie vor allem Informations-, Mitwirkungs- und Verschwiegenheitspflichten;

✔ Zahlungsmodalitäten, insbesondere Art und Zeit der Zahlung des vereinbarten Preises;

✔ Bewältigung von nachteiligen unvorhergesehenen Entwicklungen nach Vertragsabschluss zur Vermeidung von zu hohen Verlusten durch Einbau von sog. Härteklauseln, indem Rücktritts- oder Kündigungsrechte eine Vertragsbeendigung erlauben, sofern vertragliche Anpassung nicht möglich oder von der anderen Seite nicht erreichbar ist.

3.4 Vertragsdauer für Dauerschuldverhältnisse

✔ Unkündbare Grundlaufzeit – Festlegung nach Rentabilitätsgesichtspunkten.

✔ Ordentliche Kündigung mit Kündigungsfristen.

✔ Außerordentliche fristlose Kündigung aus wichtigem Grund: Vertragliche Präzisierung des wichtigen Grundes durch beispielhafte Auflistung
eindeutiger Fälle in Form eines Positivkatalogs und von minderschweren Fällen in Form eines Negativkatalogs.

3.5 Klärung aller wichtigen Punkte

✔ Klärung aller wichtigen, die Vertragsleistung betreffenden Fakten als Entscheidungsgrundlage herbeiführen;

✔ sofortige Ausräumung unklarer mehrdeutiger Punkte durch Stellung von präzisen Fragen an die Gegenseite;

✔ Pflicht zur umfassenden und wahrheitsgemäßen Beantwortung der gestellten Fragen;

✔ Anspruch des Fragestellers auf Ersatz des ihm durch Fehlinformation der anderen Seite zugefügten Vermögensschadens.

3.6 Allgemeine Geschäftsbedingungen

✔ Gründliche Lektüre der vom übermächtigen Verhandlungspartner durchgesetzten Allgemeinen Geschäftsbedingungen, danach sich unverständliche AGB-Bestimmungen erklären lassen;

✔ trotz Geltung der fremden AGB auf jeden Fall alle wichtig erscheinenden Punkte gesondert mit der anderen Vertragspartei einzeln aushandeln und in den Vertrag hineinschreiben lassen, da solche Einzelvereinbarungen den Allgemeinen Geschäftsbedingungen stets vorgehen;

✔ wenn beide Seiten auf ihren unterschiedlichen Allgemeinen Geschäftsbedingungen beharren, sollten alle wichtigen Punkte einvernehmlich ausgehandelt werden, da der sonst notwendige inhaltliche Abgleich der AGB sehr viel Zeit in Anspruch nimmt.

✔ Bei komplexen ausgehandelten Verträgen sollte wegen rechtlichem Unwirksamkeitsrisiko in sensiblen Bereichen wie die Haftungsbeschränkung oder Gewährleistung auf vorgefertigte Vertragsklauseln verzichtet und stattdessen offen ohne fixe Formel verhandelt werden.

4　Zwischen- und Schlussbilanz

4.1　Zwischenbilanz

✔ Prüfung in oder nach Entwurfsverhandlung, ob akzeptable Einigung erreicht wird;

✔ Vergleich mit ursprünglich gesetzten Vertragszielen; wenn nicht erreicht, ob durch ausreichende Zugeständnisse der Gegenseite aufgewogen

✔ bei positivem Ergebnis: Eintritt in die letzte Verhandlungsrunde;

✔ bei negativem Ergebnis: Abbruch der Vertragsverhandlungen.

4.2　Schlussbilanz nach Schlussverhandlung

✔ Nach Einigung über alle Kernpunkte vorbehaltliche Billigung des Verhandlungsergebnisses;

✔ abschließende Prüfung, ob ausgehandelter Vertrag mit Blick auf die gesetzten Vertragsziele und erreichten Zugeständnisse gegenüber dem Nichtabschluss vorteilhaft ist;

✔ bei positivem Ergebnis: anschließende Ausfertigung der Vertragsurkunde;

✔ bei negativem Ergebnis: Nachbesserung versuchen, falls Gegenseite ablehnt: Verhandlungen für gescheitert erklären.

5　Vertragsurkunde und Vertragsdokumentation

✔ Anfertigung der Vertragsurkunde durch Fachjuristen.

✔ Neben Vertragsurkunde Archivierung aller Protokolle, einseitiger Memoranden, technischer Unterlagen etc. bis zum Ende möglicher vertraglicher Fernwirkungen aus Haftungsfolgen; hilft auch bei Klärung strittiger Fragen des Vertragstextes oder als Beweismittel für strittige geschäftsrelevante Fakten.

3   Das Zustandekommen von Verträgen

Jeder Vertrag kommt durch die *Einigung* der *Vertragsparteien* über den wesentlichen Inhalt des Geschäfts zustande. Die Einigung besteht aus zwei sich inhaltlich deckenden Willenserklärungen der Vertragsparteien.

3.1   Technik des Vertragsabschlusses

Der Vertragsabschluss bedingt die inhaltliche Übereinstimmung der Vertragserklärungen, zum einen *Vertragsangebot* bzw. Vertragsantrag und zum anderen *Vertragsannahme* genannt, wobei es gleichgültig ist, wer von den Vertragsparteien die Initiative ergreift und ein Vertragsangebot macht (vgl. Kap. 1.1.1). Den Vertragspartner selbst kann sich jede Partei wegen der rechtlich garantierten Abschlussfreiheit i.d.R. frei aussuchen.

Inhaltliche Übereinstimmung der Vertragserklärungen

Ein solch formalisiertes Prozedere des Vertragsabschlusses findet aber bei wichtigen und komplizierten Geschäften, die intensiv zwischen den Vertragsparteien i.d.R. in mehreren Sitzungen ausgehandelt werden, nicht statt. Sind die Verhandlungen erfolgreich, so fließen Angebot und Annahme in Gestalt der gemeinsam errichteten Vertragsurkunde zusammen. Eine zeitliche Trennung zwischen Angebot und Annahme – und damit deren klare begriffliche Abgrenzung – gibt es deshalb nur bei weniger komplizierten Geschäften, die i.d.R. telefonisch, schriftlich per Briefwechsel oder auch elektronisch durch E-Mails abgeschlossen werden. Die nachfolgenden Ausführungen zur Technik des Vertragsabschlusses beziehen sich deshalb allein auf diese *standardisierten Geschäfte*. Während der Vertragsanbahnung müssen Sie die üblichen *Sorgfaltsregeln* beachten, um unnötige Schäden der anderen Seite zu vermeiden (vgl. Kap. 2.4).

Sorgfaltspflicht bei Geschäftsanbahnung

Vor Abgabe einer bindenden *Vertragserklärung* sollte sich unbedingt jede Seite auch bei Standardverträgen vergewissern, dass das angestrebte Geschäft wirklich profitabel ist, keine zu hohen Risiken birgt und die gesetzten Ziele erreicht werden können. Das gilt insbesondere für den zahlungspflichtigen Nachfrager, da die

Checkliste vor Vertragsabschluss

vertraglichen Konditionen überwiegend durch den Produktanbieter bestimmt werden. Auf welche Punkte es dabei vor allem ankommt, macht die *Checkliste vor Vertragsabschluss* im letzten Kapitel deutlich. Insofern zeigen sich keine Unterschiede zum ausgehandelten Vertrag (vgl. Kap. 2.5).

Auskunft über Geschäftspartner

Kennen Sie die wirtschaftlichen und rechtlichen Verhältnisse des Geschäftspartners nicht, können Sie dessen Leistungs- oder Zahlungsfähigkeit auch nicht abschätzen, die aber entscheidende Faktoren für das Gelingen des Geschäfts darstellen. Insofern sollte man die Mühe nicht scheuen und Erkundigungen über die *Unternehmensregister* oder *Wirtschaftsdienste* einholen, namentlich, wenn sich daraus eine dauerhafte Geschäftsverbindung entwickeln soll. Dabei spielt auch das Alter des Unternehmens eine gewisse Rolle. Neu ge-

Neu gegründete Firmen

gründete Firmen sind erfahrungsgemäß in den ersten fünf Jahren insolvenzanfällig, sodass bei ihnen besondere Umsicht angebracht ist (vgl. Kap. 3.2.6).

3.1.1   Form und Wirksamwerden von Vertragserklärungen

Formgerechter Zugang

Jede *Vertragserklärung* muss dem *Vertragspartner* als Empfänger formgerecht *zugehen*, sodass er von ihr Kenntnis nehmen kann.

3.1.1.1   Prinzip der Formfreiheit

Schriftlicher Abschluss

Für die *üblichen Geschäftsverträge*, mit Ausnahme der Raummiete, besteht überhaupt kein Formzwang, sodass diese sowohl mündlich wie auch *schriftlich* abgeschlossen werden können. Des besseren Nachweises wegen werden alle wichtigen Geschäftsverträge schriftlich abgefasst, i.d.R. als Vertragserklärungen, die mit EDV-Anlagen erstellt werden. Der Vertragsabschluss kann sogar *stillschweigend* mittels einseitigem oder beidseitigem schlüssigen Verhalten erfolgen, wenn dies nach der Verkehrssitte als entsprechende Vertragserklärung gilt. Dieses sog. konkludente Verhalten spielt aber für Geschäftsverträge nur eine untergeordnete Rolle.

> **Beispiel:**
> *Fabrikant F nimmt an einer öffentlichen Versteigerung teil. Als eine schöne Bronzestatue angeboten wird, hebt er die Hand. Das Handheben in einer öffentlichen Versteigerung gilt als Abgabe eines Gebotes und stellt damit durch schlüssiges Verhalten ein Vertragsangebot dar. Da sich kein weiterer Interessent meldet, erhält er den Zuschlag. Dadurch ist der Kaufvertrag zustande gekommen (§ 156 BGB) und F ist nach § 433, Abs. 2 BGB zur Zahlung des vom Versteigerer genannten Kaufpreises verpflichtet.*

3.1.1.2   Abgabe und Zugang der Vertragserklärung

Sowohl das Angebot wie auch die Annahme sind an den Geschäftspartner gerichtete bindende Vertragserklärungen, sog. *empfangsbedürftige Willenserklärungen*. Es müssen deshalb, um wirksam werden zu können, zunächst einmal Erklärungen abgegeben werden
und danach dem Empfänger zugehen (siehe Abbildung 3.1).

Empfangsbedürftige
Erklärung

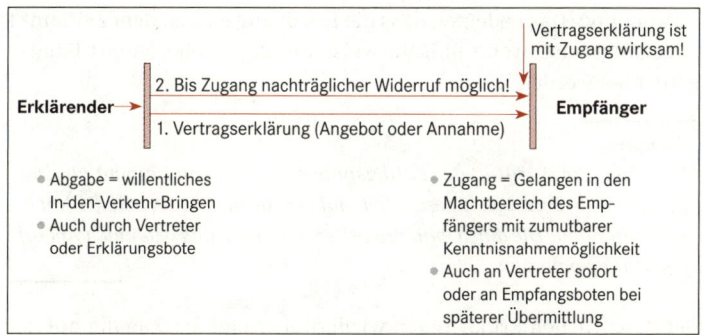

Abb. 3.1: Wirksamwerden von Vertragserklärungen

3.1.1.2.1   Abgabe

Die Abgabe erfordert ein *willentliches In-den-Verkehr-Bringen* der Erklärung, worunter zu verstehen ist, dass die Erklärung willentlich
aus dem Machtbereich des Erklärenden gelangt und auf den Weg
zum Empfänger gebracht wird. Bei mündlichen Erklärungen liegt
das in der bloßen Entäußerung, bei schriftlichen in dem Einwurf in
den Postbriefkasten, bei Fax-Schreiben bzw. E-Mail dem Betätigen
der Absendetaste.

In Unternehmen geschieht das häufig durch Beschäftigte als
Mittelspersonen. Diese müssen als sog. *Erklärungsboten* daher zur
Weiterleitung berechtigt sein, indem ihnen ein entsprechender Über-
mittlungsauftrag erteilt wird.

3.1.1.2.2   Zugang

Vertragserklärungen als empfangsbedürftige Willenserklärungen
können aber nach der Abgabe erst wirksam werden, wenn dem
Empfänger die Gelegenheit gegeben wird, von diesen Kenntnis zu
nehmen. Das ist dann der Fall, wenn die Vertragserklärung ihm zugeht (vgl. § 130, Abs. 1 BGB). Wichtig ist dabei festzuhalten, dass
der *Zugang* nicht erst mit der tatsächlichen Kenntnisnahme erfolgt,
sondern es hierfür schon genügt, dass die Vertragserklärung in einer bestimmten Weise in den Machtbereich des Empfängers gelangt:
Dieser muss bei normalem Verlauf von der zugeleiteten Erklärung
Kenntnis nehmen können (BGH NJW 1983, S. 930).

Bei Anwesenheit des Empfängers

Abgabe
gleich Zugang

Der Zugang ist sehr leicht festzustellen, wenn der Empfänger anwesend ist und die Vertragserklärung mündlich übermittelt wird, weil dann Abgabe und Zugang zeitlich zusammenfallen (vgl. § 147, Abs. 1 BGB). Das gilt auch bei *Telefongesprächen.* Erreicht man aber den Gesprächspartner nicht und spricht die Nachricht auf den Anrufbeantworter, so finden die Regelungen des *Zugangs unter Abwesenden* Anwendung. Das bedeutet, dass die Erklärung erst zu dem Zeitpunkt zugegangen ist, wenn üblicherweise mit dem Abhören des Bandes gerechnet werden kann.

> **Beispiel:**
> *Es erfolgt ein Anruf in der Mittagspause und niemand nimmt ab. Der Anrufbeantworter ist eingeschaltet und der Anrufende spricht die Nachricht auf Band. Die darin enthaltene Vertragserklärung geht nach Ablauf der Mittagspause zu.*

Bei schriftlichen Erklärungen wiederum erfolgt der Zugang mit der offenen Übergabe des Schriftstücks, weil nunmehr der Empfänger dieses lesen kann.

Bei Abwesenheit des Empfängers

Zugang und
Übermittlungsform

Ist der Empfänger nicht abwesend, so ist eine genauere Unterscheidung im Hinblick auf den Zeitpunkt des Zugangs erforderlich, da nunmehr Abgabe und Zugang auseinander fallen. Deswegen ist auch nur dieser Fall klar im Gesetz geregelt (§ 130, Abs. 1, Satz 1 BGB). Der konkrete *Zeitpunkt* des Zugangs hängt im Wesentlichen von der *Übermittlungsform* der Erklärung ab: *Postsendungen*, die tagsüber in den Briefkasten durch den Postboten eingeworfen werden, sind damit auch gleichzeitig zugegangen, während ein bei Nacht eingeworfener Brief erst am nächsten Morgen bzw. mit Wiederbeginn der Geschäftsstunden zugeht. Per *Telefax* oder *E-Mail* übermittelte Willenserklärungen gehen zu, wenn vom Empfänger die Kenntnis der übermittelten Erklärung zu erwarten ist, also bei Firmen nach Übermittlung innerhalb der Geschäftszeiten, es sei denn, der Empfänger hat dem Absender mitgeteilt, dass er zu bestimmten Stunden nicht

Telefax

erreichbar ist (BGH NJW 2004, S. 1320). Bestreitet der Empfänger die Faxsendung erhalten zu haben, so kann der »Ok-Vermerk« des Sendeprotokolls zwar als Beweis des Zugangs, aber wegen des hohen Fälschungsrisikos nicht für Inhalt und Echtheit des Schreibens angesehen werden (LG Osnabrück NJW-RR 1994, S. 1487). Ein gutes Indiz für die Authentizität des Sendeprotokolls stellt der Einzelverbindungsnachweis der Telefonrechnung dar (AG Rudolstadt NJW-RR 2004 S. 1151). Dieser besitzt aber keinen Beweiswert für den Inhalt des Dokuments.

Haben die Vertragsparteien als Übermittlungsweg *Einschreibebrief* **Einschreiben** vereinbart, so soll diese Abrede nur den Zugang sichern, stellt also keine Wirksamkeitsvoraussetzung für die Vertragserklärung dar, wenn die Zusendung auf andere Art, etwa per Telefax, erfolgt (BGH NJW 2004, S. 1321).

Einschreiben, die wegen der Abwesenheit des Empfängers vom Postboten nicht zugestellt werden können, sind erst mit Abholen bei der Post zugegangen. Das gilt auch für ein *Einschreiben mit Rückschein*, bei dem der Zugang grundsätzlich durch die Bestätigung des Empfängers oder einer für ihn empfangsberechtigten Person erfolgt. Der Empfänger ist nur verpflichtet, Einschreibsendungen nach Einwurf des Benachrichtigungsschreibens innerhalb einer angemessenen Frist abzuholen, wenn er weiß, dass der Absender ihm eine Erklärung zusenden will oder wegen bestehenden vertraglichen Beziehungen mit dem Eingang eines solchen Schreibens rechnen muss (OLG Brandenburg NJW 2005, S. 1586). Tut er das nicht, muss er sich nach Treu und Glauben so behandeln lassen, als ob ihm die in dem Schreiben enthaltene Willenserklärung innerhalb der Abholzeit zugegangen wäre. Lästig ist es aber für den Absender, wenn er durch die Rücksendung des nicht abgeholten Einschreibens davon Kenntnis erhält. Er ist dann verpflichtet, erneut zu versuchen, einen Zugang beim Empfänger zu bewirken; weil er andernfalls nicht in den Genuss dieser Zugangsfiktion nach Ansicht der Rechtsprechung kommen soll (BGH ZIP 1998, S. 213). Diese Frage besitzt erhebliches praktisches Gewicht, wenn es auf einen bestimmten Zeitpunkt des **Gescheiterter** Zugangs ankommt, weil der Erklärende Fristen einzuhalten hat. **Zugang** Nach dem gescheiterten Zugang des Einschreibens müssten Sie deshalb, um für Sie wichtige Verträge zustande zu bringen, innerhalb der nächsten Tage, spätestens innerhalb einer Woche, das Einschreiben erneut zustellen lassen, wenn der rechtliche Zugang herbeigeführt werden soll.

> Wichtige fristgebundene Vertragserklärungen per Fax oder E-Mail **Tipp** vorankündigen und danach mit dem zwar teuren Einschreiben mit Rückschein zusenden, weil es den Zugang vor Gericht verlässlich beweist.

Die ebenfalls mögliche *Zustellung durch den Gerichtsvollzieher* dauert sehr lange und ist zu teuer (§ 132 Abs. 1 BGB).

Die Beweiswirkung des neuen *Einwurf-Einschreibens* ist innerhalb der Instanzgerichte umstritten und höchstrichterlich bislang noch nicht geklärt, weil es sich wegen der rein privatrechtlichen Tätigkeit der Post nicht mehr um eine voll beweiskräftige öffentliche Urkunde nach § 418 ZPO handelt. (ja: AG Hannover NJOZ 2004, S. 67; nein: AG Kempen, NJW 2007, S. 1215). Immerhin besteht aber die Möglichkeit, da die Einwurfzeit in dem Briefkasten des Empfängers vom Postboten schriftlich festgehalten wird, diese bei der Post in deren Call-Center telefonisch oder online zu erfragen und danach den Empfänger noch einmal per Fax oder E-Mail auf den Einwurf hinzuweisen.

Einschaltung von Mittelspersonen

In der Praxis gehen Vertragserklärungen häufig über die Einschaltung von Mittelspersonen zu. Dann bestimmt sich der Zeitpunkt des Zugangs nach der rechtlichen Position dieser Mittelspersonen. Am einfachsten ist es, bei vertretungsberechtigten Beschäftigten, wie etwa einem Prokuristen oder Abteilungsleiter, weil der Zugang an den *Vertreter* auch an dessen Privatanschrift als Zugang an den Vertretenen gilt (§ 164, Abs. 3 BGB; BGH WM 2003, S. 1820).

Vertreter

Andere Arbeitnehmer, die ohne förmliche Vertretung zur bloßen Entgegennahme von Erklärungen ermächtigt sind, sind sog. *Empfangsboten*. Wird diesen ein Schriftstück ausgehändigt, so ist die darin enthaltene Erklärung erst zu dem Zeitpunkt zugegangen, zu dem regelmäßig die Weitergabe an den Empfänger zu erwarten ist (BGH NJW-RR 1989, S. 777).

Gibt der Empfangsbote die Erklärung falsch, verspätet oder überhaupt nicht weiter, geht dieses Risiko zu Lasten des Empfängers. Lehnt der Empfangsbote die Entgegennahme der schriftlichen Erklärung völlig ab, ist der Zugang überhaupt nicht erfolgt (BGH NJW 1993, S. 93).

Empfangsboten

Beispiel:
Abgabe eines schriftlichen Vertragsangebots bei der Direktionssekretärin (Empfangsbotin!), da ihr Chef außer Haus weilt und erst am nächsten Tag wieder zu sprechen ist. Der Zugang geschieht daher auch erst am nächsten Morgen, wenn der Chef wieder ins Büro kommt.

Bei der *telefonischen Übermittlung* der Vertragserklärung ist der Kreis der Empfangsboten noch enger zu fassen, weil der empfangende Gesprächspartner die Erklärung sowohl verstehen, als auch richtig weitergeben muss. Dazu ist aber nur fachlich qualifiziertes Personal in der zuständigen Abteilung imstande.

Tipp

Lassen Sie sich bei einer Durchsage per Telefon stets mit der zuständigen Abteilung verbinden. Mitarbeiter, die dort im Telefonverkehr eingesetzt werden, gelten als empfangsberechtigt.

Generelle Vorsicht ist gegenüber *Auszubildenden* oder *Putzfrauen* von Firmen angezeigt, weil diese Personen nicht als empfangsberechtigt angesehen werden können. Zugegangen ist die Nachricht daher erst, wenn diese *Erklärungsboten* sie an den jeweiligen Empfänger oder an eine andere empfangsberechtigte Person weitergeleitet haben. Bis dahin trägt man selbst das Übermittlungsrisiko.

Vorsicht:
Azubis und
Putzfrauen

Beispiel:
Das Annahmeschreiben wird dem 20-jährigen Auszubildenden ausgehändigt, der dieses aber nicht dem Chef übergibt, sondern versehentlich in den Papierkorb wirft (kein Zugang und damit auch kein Vertragsabschluss!).

Zugangshindernisse
Zugangsverzögerungen wirken sich nachteilig aus, wenn es auf die Rechtzeitigkeit der Vertragserklärungen wegen Fristen ankommt. Ausnahmsweise geht dieser Umstand zu Lasten des Empfängers, wenn er grundlos und bewusst den rechtzeitigen Zugang vereitelt, was aber sehr schwer beweisbar sein dürfte, oder auch wenn er die gebotenen Vorkehrungen für den rechtzeitigen Zugang der Erklärung unterlassen hat. Muss jemand mit dem Eingang rechtsgeschäftlicher Erklärungen rechnen, so hat er grundsätzlich auch dafür Vorsorge zu treffen, dass die Erklärung ihn erreichen kann. Die Änderung der Postanschrift, z.B. wegen Verlegung des Firmensitzes, ist der Post stets ordnungsgemäß anzuzeigen. Ansonsten kann die erklärende Seite den Empfänger zur Empfangsbereitschaft verpflichten, indem sie ihm ein solch wichtiges Schreiben zuvor telefonisch avisiert.

Empfangs-
vorrichtungen

Avisieren Sie deshalb wichtige Schreiben telefonisch oder per E-Mail!   **Tipp**

Scheitert der Zugang dennoch, müssen Sie als Absender unverzüglich alle Ihnen zumutbaren Schritte einleiten, damit der nachträgliche Zugang tatsächlich gelingt. Danach ist es Ihrem Empfänger verwehrt, sich auf die Fristversäumnis zu berufen, weil er die Erklärung nach Treu und Glauben als rechtzeitig zugegangen gelten lassen muss.

Zugang scheitert

3.1.1.3   Widerruf von Vertragserklärungen
Wichtig ist der Zeitpunkt des Zugangs aber auch dann, wenn der Erklärende es sich anders überlegt hat und sein Angebot bzw. seine Annahme durch *Widerruf* zurückziehen will. Der den Vertrags-

Widerruf bis Zugang

abschluss hindernde Widerruf ist nur bis zum Wirksamwerden der Erklärung, sprich dem Zugang, möglich (§ 130, Abs. 1, Satz 2 BGB).

Beispiel:

Fabrikant F bietet seinem Geschäftsfreund G schriftlich seinen sehr gut ausgestatteten zwei Jahre alten Mercedes E 320 für 30.000 € an, weil er bereits das neue Modell bestellt hat. Einen Tag später meldet sich bei ihm ein Bekannter B, der bereit ist, sogar 35.000 € für den Wagen zu zahlen. Daraufhin ruft F den Geschäftsfreund G am nächsten Vormittag um 11.30 Uhr an und teilt ihm mit, dass er sein Angebot zurückziehe. G zeigt sich erstaunt und äußert, er werde in seinem Briefkasten nachschauen, ob das Schreiben inzwischen eingegangen ist. Der Postbote hatte den Brief, was beide nicht wussten, um 10.30 Uhr in den Briefkasten eingeworfen.

Lösung:

Das Verkaufsangebot des F ist bei einem Einwurf des Schreibens in den Postkasten während des Tages zeitgleich, also um 10.30 Uhr, dem G zugegangen und damit wirksam geworden. Der telefonische Widerruf von F – ziehe Angebot zurück – kommt demnach zu spät und ist gegenstandslos, auch wenn G zu dem Zeitpunkt des Telefonanrufs von dem Angebot noch keine Kenntnis hatte, weil es für den Zugang auf den Zeitpunkt der möglichen Kenntnisnahme ankommt (§ 130, Abs. 1, Satz 1 BGB). G kann daher, wenn er will, das noch wirksame Vertragsangebot von F annehmen, wodurch der Kaufvertrag nach § 433, Abs. 1 zustande kommt. Dann wäre F verpflichtet, ihm den Mercedes zu dem genannten Preis von 30.000 € zu liefern.

Wegen der faktisch *zeitgleichen Übermittlung* ist bei einem Telefongespräch oder bei einer am Tage innerhalb der üblichen Geschäftszeit abgesandten E-Mail, die jeweils sofort zugehen, de facto ein Widerruf praktisch so gut wie ausgeschlossen.

3.1.2 Zeitpunkt des bindenden Vertragsabschlusses

Eignung der Vertragsparteien
Für den Vertragsabschluss ist aber nicht nur die Zeit des Zugangs der Vertragserklärungen, sondern auch das Vorliegen der *Einigung der Vertragspartner* entscheidend. Diese müssen sich über alle wesentlichen Punkte des Geschäftes geeinigt haben. Das ist nur der Fall, sofern die eine Seite ein *verbindliches Angebot* der anderen zugeleitet und der Empfänger selbst rechtzeitig die *uneingeschränkte Annahme* erklärt hat, die nachher auch dem Anbieter i.d.R. zugegangen sein muss. Hat man danach den Vertrag abgeschlossen, ist er einzuhalten, selbst wenn man im Nachhinein diesen Schritt bereuen sollte, weil eben der Vertrag bindende Wirkung entfaltet.

Vertragsbindung

Verständlich ist es aber, dass die nicht mehr an dem Vertrag interessierte Partei dazu neigt, einen wirksamen *Vertragsabschluss* zu bestreiten. Deshalb sollte die an dem Vertrag interessierte Partei für einen solchen Fall Vorsorge treffen, um das Zustandekommen des Vertrages verlässlich *beweisen* zu können. Das Problem mündlicher oder telefonischer Vertragsabschlüsse liegt darin, dass der Nachweis ohne verlässliche Zeugen schwer fällt.

3.1.2.1 Nachweis des Vertragsabschlusses

Beim Erwerb wichtiger Wirtschaftsgüter, ob Waren oder hochwertige, umfangreiche Dienstleistungen, ist deshalb immer das Anfertigen einer von beiden Seiten unterzeichneten *Vertragsurkunde* anzuraten, weil sich nur auf diese Weise verlässlich zum einen der Vertragsabschluss als solcher, zum anderen aber auch der Vertragsinhalt dokumentieren lassen. Eine Sonderregelung gilt aber für *öffentliche Versteigerungen* durch einen am öffentlich bekanntzumachenden Versteigerungsort bestellten Gerichtsvollzieher oder öffentlich bestellten Versteigerer zum festgelegten Termin (§ 383, Abs. 3 BGB). Dort kommt der Vertrag erst durch den Zuschlag zustande, wobei das Gebot den Antrag und der Zuschlag die Annahme darstellt (§ 156 BGB). *Internetauktionen* sind aber keine öffentlichen Versteigerungen (vgl. Kap. 3.1.3.1).

Sonderregelung für öffentliche Versteigerungen

Selbstverständlich können Sie aber als Vertragspartei in der Phase des Vertragsabschlusses nicht nur den Inhalt Ihrer Erklärung, sondern auch den Zeitpunkt des Zustandekommens Ihren Interessen entsprechend steuern und beeinflussen.

3.1.2.2 Verbindliches Angebot

Ein rechtlich verbindliches Angebot als Vertragserklärung muss nach dem so genannten *Bestimmtheitsgrundsatz* den ins Auge gefassten Vertrag im Hinblick auf alle regelungsbedürftigen Punkte so genau beschreiben, dass der Vertragspartner Teile dieses Angebots mit einem einfachen »Ja« annehmen kann. Zu diesen wesentlichen Punkten zählen:

Bestimmtes Angebot

- Parteien des Vertrages,
- Leistungen und Gegenleistungen, insbesondere Art und Menge sowie die Höhe des Preises,
- Geschäftstyp, wie etwa Kauf, Miete etc.

Lediglich der geforderte *Preis* kann offen bleiben, indem man die Feststellung des späteren Preises nach billigem Ermessen dem Vertragspartner oder einem sachkundigen Dritten gemäß §§ 315 ff BGB überlässt, sofern man diese Preisunsicherheit in Kauf nehmen will (vgl. Kap. 3.1.5.1).

Aufforderung zur Abgabe eines Angebots

Nicht alle *Produktpräsentationen*, die im Geschäftsleben mit »Angebot« bezeichnet werden, sind deshalb auch Angebote im Rechtssinne. Werden mit dem Preis ausgezeichnete Waren in Geschäftsräumen, Schaufenstern und Regalen ausgelegt, Preislisten, Prospekte oder Kataloge an die Kundschaft versandt oder derartige Angaben auf einer Website als virtuelles Schaufenster im Internet präsentiert, *fehlt* es aber noch an dem erforderlichen *Bindungswillen* für ein Vertragsangebot, weil der Verkäufer oder sonstige Leistungsanbieter sonst ein unkalkulierbares Beschaffungsrisiko tragen müsste. Vielmehr ist hierin lediglich eine an die Kunden gerichtete Aufforderung zur Abgabe eines Angebots zu sehen. Der Unternehmer selbst bleibt berechtigt, jederzeit das Angebot abzulehnen, was er dann auch tut, sofern das gewünschte Gut sich zurzeit nicht beschaffen lässt. Nimmt der Unternehmer das Angebot des Kunden an, kommt der Vertrag gemäß der Bestellung des Kunden zu Stande.

3.1.2.3 Eingeschränktes Angebot

Bindungswirkung ausschließen

Sind Sie sich nicht sicher, ob Sie das geplante Geschäft endgültig abschließen wollen, können Sie die Bindungswirkung Ihres Angebotes ausschließen, wenn sich Ihr Partner darauf einlässt (§ 145 BGB). Dazu müssen Sie Ihr Angebot lediglich mit einer sog. *unbeschränkten Freiklausel* versehen.

Formulierungs- vorschlag

»Angebot freibleibend«, »unverbindlich« oder »ohne obligo«.

Mit dieser Einschränkung behalten Sie sich den *Widerruf* auch nach Zugang der Annahmeerklärung der Gegenseite vor. Um den Vertrag zu Fall zu bringen, muss man lediglich unverzüglich, d. h. innerhalb weniger Tage nach Eingang der Annahmeerklärung, der Gegenseite mitteilen, dass an dem Geschäft kein Interesse mehr besteht (BGH NJW 1996, S. 919).

Nicht ganz so weit reicht die sog. *beschränkte Freiklausel*, die lediglich bestimmte Vertragskomponenten, hauptsächlich die genannten Preise, für unverbindlich erklärt.

Formulierungs- vorschlag

»Preis freibleibend«.

Akzeptiert die Gegenseite ein solches Angebot, so kommt mit Zugang der Annahmeerklärung sofort ein wirksamer Vertrag zustande. Diese *Preisvorbehaltsklausel* gibt nun dem Anbieter im Zweifel das Recht, den genannten Preis im Falle von nachträglichen Änderungen wichtiger Kostenfaktoren nach billigem Ermessen neu zu bestimmen (§ 315 BGB; vgl. Kap. 3.1.5.1).

3.1.2.4   Vertragsannahme und Annahmefristen

Ein Angebot bleibt zeitlich nicht unbegrenzt wirksam. Vielmehr hat der Empfänger nach dessen Zugang seine Annahme innerhalb einer angemessenen *Überlegungsfrist* zu erklären, ansonsten wird das Angebot gegenstandslos. Keine Annahmefrist besteht bei mündlich erklärten oder telefonisch übermittelten Angeboten, die daher regelmäßig sofort beantwortet werden müssen (§ 147, Abs. 1 BGB).

Bei *schriftlichen Angeboten* müssen zum einen die Übermittlungszeit für die Zusendung und Rückantwort, die aber bei E-Mails nicht anfällt, sowie eine ausreichende Überlegungsfrist des Empfängers berücksichtigt werden (§ 147, Abs. 2 BGB). »Ausreichend« ist ein unbestimmter auslegungsbedürftiger Rechtsbegriff, wobei es im Einzelfall auf die Komplexität des gewollten Geschäftes ankommt. Bei normalen Standardverträgen braucht der Absender keinesfalls länger als 14 Tage zu warten.

Präzise Annahmefristen

> **Tipp**
>
> Um diesen Unsicherheiten aus dem Wege zu gehen, ist es empfehlenswert, von Beginn an selbst für Klarheit zu sorgen, um präzise Annahmefristen zu setzen, die stets eingehalten werden müssen (§ 148 BGB).

Formulierungsvorschlag

»Rückantwort bis spätestens am ...«, »dieses Angebot gilt nur bis zum ...«.

Geht die Annahme nach Ablauf der gesetzten Annahmefrist *verspätet* ein, führt das nicht zum Vertragsabschluss (§ 146 BGB), sondern die verspätete Annahme gilt lediglich als *neues Angebot* (§ 150, Abs. 1 BGB). Als Anbieter können Sie dann frei entscheiden, ob Sie den Vertrag annehmen wollen oder nicht. Hin und wieder beruht der verspätete Zugang des Geschäftsbriefes trotz rechtzeitiger Absendung auf *unregelmäßiger Beförderung*, wie der Empfänger eindeutig an dem Datum des Poststempels erkennen kann. Dann gilt die Annahme als rechtzeitig, wenn der Empfänger dem nicht widerspricht und die Verspätung dem Annehmenden unverzüglich anzeigt (§ 149 BGB).

Verspätete Annahme und neues Angebot

Unternehmen neigen nun dazu, sich in ihren *AGB* für die Angebote von Kunden über Gebühr lange oder unbestimmte *Annahmefristen* einzuräumen, um diese möglichst lange zu binden. Diese Fristen sind aber nur wirksam, sofern sie angemessen lange und hinreichend bestimmt sind (§ 308, Nr. 1 BGB). Dabei erachten die Gerichte bei Alltagsgeschäften zwei Wochen und bei dem Erwerb hochwertiger Gebrauchsgüter einen Monat als zulässige Obergrenze (BGH NJW 1988, S. 2106). Als unbestimmt gelten vor allem solche

Unklare Annahmefristen

Klauseln, die den Fristbeginn von Ereignissen abhängig machen, die außerhalb der Kenntnissphäre des Kunden liegen.

> **Beispiel:**
> *Zwei Wochen ab Eingang des Schreibens bei der betreffenden Firma (OLG Hamburg NJW-RR 1992, S. 1075) oder auch »branchenübliche« Fristen (OLG Köln BB 1982, S. 638).*

Zugang

Auch die *Annahmeerklärung* muss regelmäßig dem Anbieter zugehen. Der Vertrag kommt aber auch ohne *Zugang* der Annahme zustande, falls der Antragende ausdrücklich oder stillschweigend hierauf verzichtet hat (§ 151 BGB). So wird ein stillschweigender Verzicht kraft Verkehrssitte beim Versandhandel angenommen. Grundsätzlich kann man davon auch bei Einräumung besserer Vertragskonditionen ausgehen, da diese für die andere Seite lediglich Vorteile bringen (OLG Frankfurt NJW-RR 1995, S. 39). Bei besonders wichtigen Verträgen hält aber der BGH immer noch an dem Zugangserfordernis fest (NJW 1999, S. 1328).

Tipp

> Bei wichtigen Geschäften sollte man, um ganz sicher zu gehen, die Annahme immer ausdrücklich erklären.

Immer öfter versuchen manche Firmen mit ihren Kunden, den Zeitpunkt des Geschäftsabschlusses in einer für sie vorteilhaften Weise durch entsprechende *Zugangsbestimmungen* in den AGB zu regeln. Dies ist rechtlich inakzeptabel, wenn der Kunde dadurch unangemessen benachteiligt wird, weil er tatsächlich keine Kenntnis von der Nachricht erlangen konnte (§ 308, Nr. 6 BGB).

> **Beispiel:**
> *Eine AGB-Klausel sieht vor, dass die Vertragserklärung bereits mit nachweislicher Absendung als zugegangen gilt.*

Verboten ist auch der umgekehrte Fall einer AGB-Klausel, die für die Wirksamkeit der Vertragserklärung des Kunden besondere Hürden aufbaut, indem dort spezielle Zugangserfordernisse verlangt werden, die über die zulässige Schriftform hinausreichen (§ 309, Nr. 13 BGB).

> **Beispiel:**
> *Eine AGB-Bestimmung schreibt vor, dass die Vertragserklärungen der Kunden nur wirksam sind, wenn sie einer bestimmten Abteilung, wie etwa dem Vertrieb oder dem Einkauf, gegenüber abgegeben werden.*

3.1.2.5 Abweichende Annahme

Auch bei unkomplizierten Routinegeschäften wird der andere Teil **Neues Angebot** nicht ohne weiteres das ihm unterbreitete Angebot akzeptieren, sondern zumindest versuchen, an der Preisschraube zu drehen. Dann kommt der Vertrag mangels Einigung nicht sofort zustande, da die Annahme inhaltlich vom Angebot abweicht. Diese *abweichende Annahme* gilt ebenfalls wie die verspätete als *neues Angebot,* das der Anbieter annehmen kann oder nicht (§ 150, Abs. 2 BGB).

Beispiel:

Die X-GmbH bietet der Müller-KG einen bestimmten Restposten von Waren für 22.000 € an. Der Komplementär Müller ruft daraufhin den Geschäftsführer G der X-GmbH und teilt diesem mit: »*Für 20.000 € nehme ich Ihnen die Ware ab*« *(neues Angebot!). G, der das Lager unbedingt räumen will, sagt daraufhin:* »*Abgemacht*« *(Annahme!).*

3.1.3 Internetverträge

Immer mehr Firmen nutzen die Möglichkeit, Waren und Dienstleis- **E-Commerce** tungen über dieses Medium sowohl gegenüber anderen Unternehmen als auch Privatverbrauchern anzubieten. Diese Geschäfte über Internetplattformen werden *E-Commerce* genannt, wobei der spezifische Sektor von Verträgen zwischen Unternehmen als *E-Business* bezeichnet wird.

3.1.3.1 Hergang des Vertragsabschlusses

Was den Abschlussvorgang angeht, so lässt sich das Zustandekommen von Verträgen im *elektronischen Geschäftsverkehr* durchaus mit den herkömmlichen Vertragsregeln bewältigen.

Werden Angebote standardisierter Waren oder Dienstleistungen **Website** eines Unternehmens auf dessen Website präsentiert, ist diese Produktpräsentation mit einem Katalog oder Werbeprospekt vergleichbar und stellt noch *keinen Vertragsantrag* im Rechtssinne, sondern eine Aufforderung zur Abgabe eines Vertragsangebotes dar (vgl. Kap. 3.1.2.2). Der Besteller gibt das Angebot ab und der Leistungsanbieter nimmt dieses entweder durch eine Auftragsbestätigung oder spätestens konkludent mit Übersendung des bestellten Artikels oder Erbringens der vereinbarten sonstigen Leistungen an (BGH ZIP 2005, S. 2263). Lediglich, wenn der Interessent die angebotene Leistung sofort per Mausklick oder Download in Anspruch nehmen kann, enthält die Präsentation auf der Website auch ein rechtlich *verbindliches Angebot*. Der Kunde erhält diese Leistung nur, wenn er den geforderten Preis zahlt.

Wird die *Vertragserklärung* ohne Bezug »auf Website-Angebote« **E-Mail** abgesandt, so entspricht der Ablauf des Vertragsabschlusses dem gewöhnlichen Briefverkehr, nur mit der Besonderheit, dass die Übermittlung beiderseits per *E-Mail* geschieht. Nach Absendung der E-Mail ist die Willenserklärung praktisch zeitgleich, ähnlich wie beim Fax, mit Eingang in der *Mail-Box* des Empfängers zugegangen, sofern dies innerhalb der üblichen Geschäftszeiten geschieht. Zumindest bei Firmen oder anderen Personen, die im Geschäftsverkehr mit einer E-Mail-Adresse auftreten, also geschäftlich E-Mail-Nutzer sind, stellt die Mail-Box eine dem Briefkasten vergleichbare Empfangsvorkehrung dar.

Internetauktionen

Internetauktionen stellen keine öffentlichen Versteigerungen dar. Das Angebot des Versteigerers (Verkäufer) ist als Aufforderung an den Interessenten zur Abgabe eines Angebots zu verstehen, das Gebot des Bietenden (Käufer) als rechtlich verbindliches Angebot und der Zuschlag des Versteigerers als Annahme des Angebots des Bietenden. Verlässlichkeit erhält dieses Verfahren dadurch, dass nach den *Versteigerungsbedingungen* des Auktionsproviders der Versteigerer im Vorhinein seine Annahme des Letztgebots vom Bietenden erklärt und seine »Verkaufsofferte« nach Eröffnung der Versteigerung nicht mehr einseitig nach § 130, Abs. 1 Satz 2 BGB widerrufen kann (KG NJW 2005, S. 1054; OLG Oldenburg NJW 2005, S. 2557). Gegen einen *Billigverkauf* kann er sich durch Festlegung eines Mindestgebots schützen (BGH NJW 2002, S. 363).

3.1.3.2 Nachweis des Vertragsabschlusses

Authentizität und Integrität der Erklärung

Das eigentliche Problem bei Internet-Verträgen besteht in der Schwierigkeit, den Vertragsabschluss beweisen zu müssen, wenn die andere Seite von dem Geschäft nichts mehr wissen will. Eine Ursache des Beweisproblems liegt in der Anonymität des Abschlussvorgangs, weil es sich beim Internet um ein dezentrales offenes Netz handelt, wobei das leistungserbringende Unternehmen sich darauf verlassen muss, dass das Angebot tatsächlich von dem angegebenen Besteller stammt. Die *Authentizität der Erklärung* ist deswegen ein Problem, da der Kunde ohne weiteres unter dem Namen eines Dritten oder einem Phantasienamen auftreten kann. Bestreitet daher der Käufer ein Angebot abgegeben zu haben, so trägt der Verkäufer für den Vertragsabschluss die volle Beweislast. Die Verwendung des *geheimen Passwortes* des Käufers begründet wegen der derzeit nicht ausreichenden Sicherheitsstandards im Internet bei Internetauktionen keinen Anscheinsbeweis für den Geschäftsabschluss (OLG Hamm NJW 2007, S. 611). Noch größer ist die Gefahr, dass die per E-Mail zugegangene Erklärung unerlaubterweise auf dem Weg vom Absender zum Empfänger von Dritten inhaltlich verändert worden ist. Fehlt es an dieser *Integrität* der Erklärung, kann man dem vermeintlichen Absender diese nicht zurechnen, sodass der Vertrag mit ihm auch nicht zustande kommt. Ansprüche gegen den abändernden Dritten als Vertreter ohne Vertretungsmacht auf Erfüllung oder Schadensersatz laufen in der Praxis typischerweise ins Leere, weil sich der Manipulator i.d.R. nicht ermitteln lässt (vgl. Kap. 3.3.1.4).

Ohne Verschlüsselung der Nachricht, lässt sich das angesprochene Authentizitäts- und Integritätsproblem pragmatisch einfach dadurch lösen, dass man nach Eingang der E-Mail vom Absender eine *nachträgliche Auftragsbestätigung* per Fax verlangt. Unerwünscht ist aber dabei, dass jeder diese Nachricht lesen kann.

Die Vertraulichkeit kann man nur mit Hilfe einer *elektronischen Verschlüsselung* erreichen. Dazu signiert man zunächst das vertrauliche Schreiben mit dem eigenen, von der Zertifizierungsstelle vergebenen *»Private-Key«* als elektronische Unterschrift unter Verwendung einer Chip- oder Smartkarte und verschlüsselt anschließend die Nachricht mit dem zugänglichen *Public-Key* des Empfängers.

Verschlüsselung

Public-Key

> Achten Sie unbedingt darauf, dass Sie Ihre Nachricht zusätzlich mit dem eigenen Public-Key verschlüsseln, um dessen weitere Lesbarkeit zu gewährleisten. Tun Sie das nicht, haben Sie nach der Verschlüsselung mit dem Public-Key des Empfängers auf den Inhalt keinen Zugriff mehr und können die E-Mail nachträglich nicht mehr ändern.

Tipp

Der Empfänger selbst entschlüsselt die Nachricht mit dem eigenen Public-Key und überprüft die Authentizität und die Integrität der Nachricht mit dem von der Zertifizierungsstelle vergebenen verfügbaren Public-Key des Absenders. Derartige Verschlüsselungsprogramme gehören heutzutage zum Standard jedes guten Internet-Providers.

Als zulässiges *Beweismittel* anerkannt wird aber das elektronische Dokument nur bei einer *qualifizierten Signatur*, sofern die Signaturschlüssel von einer anderen anerkannten Zertifizierungsstelle vergeben worden sind, die bei der *Bundesnetzagentur* als sog. *Wurzelzertifizierungsstelle* gelistet ist. Nur dann gilt die E-Mail vor Gericht als verlässliche Beweisurkunde nach § 292a ZPO. Dieses Verfahren ist indes ziemlich kompliziert und teuer und hat sich deshalb im unternehmerischen Geschäftsverkehr nicht durchgesetzt.

Signatur als Beweismittel

Benutzt man dagegen die billigere Version der im Internet allgemein verfügbaren Verschlüsselungsprogramme, so haben die hiermit erstellten elektronischen Dokumente durchaus eine gewisse indirekte Beweiswirkung in Form der *Beweiserleichterung*. Hierzu knüpft man an die Dokumentationspflicht für kaufmännische Unternehmen an, die verpflichtet sind, Geschäftsbriefe fünf Jahre lang zu archivieren (§§ 238, Abs. 2, 257 HGB). Lässt sich dann später im Prozess ein beweisbedürftiger Sachverhalt, wie der umstrittene Vertragsabschluss, deswegen nicht aufklären und hat eine der Prozessparteien ihre Dokumentationspflicht missachtet, so nehmen die Gerichte eine Beweislastumkehr zu ihren Lasten vor. Das bedeutet, dass Sie als an dem Vertragsabschluss interessierter Geschäftspartner nur die Absendung der betreffenden Vertragserklärung an den Prozessgegner beweisen müssen. Dieser hätte nun anhand der E-Mail-Liste des betreffenden Tages nachzuweisen, dass die E-Mail überhaupt nicht oder nur mit völlig unverständlichem Inhalt als Datensalat angekommen ist. Werden keine gegenteiligen Belege vorgelegt, gilt die strittige Vertragserklärung als zugegangen, woran sich die entsprechenden Rechtsfolgen anknüpfen.

Time-Stamping-Verfahren

Nützlich für eine umfassende Dokumentation kann auch das sog. *Time-Stamping-Verfahren* sein, wonach man Vertragserklärungen im Internet mit einer bestimmten Uhrzeit versehen, d.h. quasi abstempeln lassen kann. Der Absender sendet dazu ein mit seiner Signatur-Unterschrift versehenes Dokument an einen Server, der es mit Zeitangabe und seiner Signatur-Unterschrift ergänzt. Damit lassen sich spätere Änderungen elektronisch signierter Verträge oder auch Angebote für Ausschreibungen und Anmeldungen für Schutzrechte verlässlich dokumentieren.

3.1.3.3 Informationspflicht im elektronischen Geschäftsverkehr

Bieten Sie die Lieferung von Waren oder Dienstleistungen per Internet über einen *Tele- oder Mediendienst* an, so haben Sie nach § 312e BGB Ihre Kunden, auch Unternehmen, über wichtige Geschäftsdaten zu informieren. Diese Informationspflicht gilt aber nicht bei einem Vertragsabschluss, der ausschließlich durch individuelle Kommunikation zustande kommt, indem insbesondere das Angebot via E-Mail übermittelt wird (§ 312e, Abs. 2, Satz 1 BGB). Inhalt und Umfang dieser Informationspflichten werden näher in § 3 der BGB-Informationspflichten-Verordnung.

Vor der Bestellung haben Sie Ihre/n Kunden
- über die technischen Modalitäten des Geschäftsabschlusses, den Geschäftspartner und den Geschäftsinhalt zu informieren (§ 312e, Abs. 1, Nr. 2 BGB);
- die Vertragsbestimmungen, einschließlich der AGB, zur Verfügung zu stellen, worunter ihre Abrufpräsenz und Speicherfähigkeit zu verstehen ist (§ 312e, Abs. 1, Nr. 4 BGB);
- technische Vorkehrungen auf der Website zur Verfügung zu stellen, mit deren Hilfe der Kunde Eingabefehler erkennen und auch beseitigen kann (§ 312e, Abs. 1, Nr. 1 BGB).

Schließlich ist die eingegangene Bestellung auch elektronisch zu bestätigen, indem der Kunde die *Empfangsbestätigung* abrufen kann (§ 312e, Abs. 1, Nr. 3 BGB), die aber selbst nicht die Vertragsannahme enthält (LG Hamburg NJW-RR 2004, S. 1568).

Wenn Sie wollen, können Sie sich gegenüber dem unternehmerischen Kunden von diesen *Informations- und Servicepflichten* – bis auf die AGB – durch einen entsprechenden Hinweis befreien (§ 312e, Abs. 2, Satz 2 BGB). Davon sollten aber seriöse und serviceorientierte Unternehmen keinen Gebrauch machen. Je besser der Kunde informiert ist, desto eher wird er zum Geschäftsabschluss bereit sein.

Befreiung von Informations- pflichten

> Neben den AGB sollte zumindest das Angebot von technischen Mitteln zum Erkennen und zur Beseitigung von Eingabefehlern eine selbstverständliche Serviceleistung bei jedem Website-Angebot sein.

Tipp

3.1.4 Spezielle Abschlusstechniken im Wirtschaftsverkehr

Gerade bei Geschäften zwischen Unternehmen haben sich im Laufe der Jahre spezielle Abschlusstechniken entwickelt, die so im Vertragsrecht des BGB nicht vorkommen.

3.1.4.1 Auftragsbestätigung

Weit verbreitet ist die *schriftliche Auftragsbestätigung* nach Eingang eines Kundenauftrages, die die schriftliche Annahme des Vertragsangebotes darstellt und damit den Vertrag zustande bringt. Weicht nun die Auftragsbestätigung von dem Angebot der anderen Seite ab, handelt es sich rechtlich betrachtet um ein neues Vertragsangebot, das die andere Seite annehmen kann oder auch nicht (§ 150, Abs. 2 BGB). Ein *Schweigen* auf diese *neue Offerte* gilt aber nicht als Zustimmung. Ein Vertrag mit einem abgeänderten Inhalt kommt nur ausnahmsweise zustande, sofern der Absender mit der modifizierten Auftragsbestätigung zugleich auch die angekündigte Vertragsleistung erbringt und der Empfänger diese ohne Widerspruch annimmt (BGH BB 1995, S. 950).

Vertragsannahme

Unlauter ist es, anderen Unternehmen eine Auftragsbestätigung oder Rechnung ohne Erteilung eines Auftrags zuzusenden. Wegen der darin liegenden Irreführung des Empfängers ist ein solch unlauteres Verhalten wettbewerbswidrig und verstößt selbst dann gegen die guten Sitten i.S.v. § 1 UWG, wenn dem Adressaten ein Widerrufsrecht eingeräumt wird (OLG Stuttgart NJW-RR 1998, S. 184).

Rechnung ohne Auftragserteilung

3.1.4.2 Letter-of-Intent und Memorandum of Understanding

Auch im inländischen Wirtschaftsverkehr erlangt der aus dem anglo-amerikanischen Rechtskreis stammende *»Letter-of-Intent«*, der,

Letter-of-Intent

wörtlich übersetzt, nur als Absichtserklärung aufgefasst werden kann, eine immer größere praktische Bedeutung: Seine rechtliche Qualität hängt von dem Inhalt des betreffenden Geschäftsbriefes ab: Es kann zum einen damit eine bloße Absicht bekundet werden, um ein gewisses Vertrauen beim Empfänger zu erzeugen oder, bei entsprechender Formulierung, kann sich der Erklärende schon verbindlich festlegen.

Tipp

Als Empfänger eines solchen Letter-of-Intent müssen Sie deshalb den Text genau studieren, um beurteilen zu können, ob es sich um eine bloße Absichtserklärung oder eine verbindliche Vertragserklärung handelt.

Beispiel:
In dem Brief heißt es u.a.: »bieten wir Ihnen verbindlich an ...« (verbindliches Angebot!) oder »sind wir bereit, einen Vertrag mit Ihnen abzuschließen, wenn Sie uns noch in folgenden Punkten entgegenkommen ...« (unverbindliche Absichtserklärung!).

Darüber hinaus kann man den Letter-of-Intent auch als Instrument einsetzen, um im Vorfeld von Vertragsverhandlungen den rechtlichen Verhandlungsrahmen festzulegen (vgl. Kap. 2.4.5.1).

Memorandum of Understanding

»Memorandum of Understanding« kann man ebenfalls mit »Absichtserklärung« übersetzen; dennoch sollte aber dieses Schreiben von dem Letter-of-Intent klar abgegrenzt werden. Wörtlich verstanden bedeutet dieser Fachausdruck eine Aufzeichnung zum besseren Verständnis oder eine Notiz über das Einvernehmen. Demnach können die Parteien wesentliche Punkte als Geschäftsgrundlage für den beabsichtigten, künftig oder gleichzeitig abzuschließenden Vertrag hiermit definieren, sodass das Begleitschreiben nach dessen rechtswirksamen Zustandekommen auch Anhaltspunkte für seine Auslegung und Durchführung bietet.

Tipp

Aus diesem Grunde sollten alle Vertragsbeteiligten das Memorandum of Understanding unterzeichnen.

3.1.4.3 Vorvertrag und Vertragsoption

Vorvertrag: Geschäftsabschluss in zwei Schritten

Der aus dem deutschen Rechtssystem hervorgegangene *Vorvertrag* dient dazu, sich besonders wertvolle Wirtschaftsgüter bei knappem Angebot vorzeitig zu sichern, indem man frühzeitig eine vertragliche Bindung eingeht, auch wenn viele einzelne Punkte noch zu klären sind. Der *Geschäftsabschluss* erfolgt in *zwei Schritten*: Zunächst wird zwischen den Parteien ein Vorvertrag abgeschlossen, der den allgemeinen Rahmen des Geschäfts absteckt. Die Bestimmung wichtiger Einzelheiten bleibt dem späteren Hauptvertrag vorbehalten. Demnach verpflichtet der Vorvertrag die Vertragsparteien, den *künftigen Hauptvertrag* abzuschließen, indem zwischen ihnen die noch fehlenden Details später ausgehandelt werden. Das erfordert, dass die Vertragspartner sich über alle wesentlichen Punkte des gewollten Vertragstyps geeinigt haben, sodass der Inhalt des abzuschließenden Hauptvertrages zumindest im Streitfall durch den Richter notfalls durch eine ergänzende Vertragsauslegung bestimmbar ist (BGH NJW-RR 1993, S. 140).

Beispiel:
Unternehmer U ist an einer dem V gehörenden Spezialmaschine stark interessiert, die V aber erst in einem Jahr abgeben will. Daher schließt U mit V einen entsprechenden Vorvertrag ab, wobei der Preis noch offen bleibt. Sollten Sie sich später darüber nicht einigen können, lässt sich im Streitfall ein angemessener Preis nachträglich durch Anfertigung eines Sachverständigengutachtens feststellen.

Ist für den Abschluss des Hauptvertrages kraft Gesetzes eine bestimmte Form vorgeschrieben, gilt dieser Formzwang auch für den Vorvertrag, wenn das Formerfordernis vor einer übereilten Bindung warnen soll (BGHZ 97, S. 145).

Formzwang für Vorvertrag

Beispiel:
Vorvertrag über eine Geschäftsraummiete mit einer unkündbaren Grundlaufzeit von mehr als einem Jahr.

Dagegen hat die vor allem in Kauf-, Miet- und Leasing-Verträgen genutzte sog. *Vertragsoption* einen anderen rechtlichen Hintergrund, weil im Vertrag selbst schon alle wesentlichen Einzelheiten des Geschäftes geklärt sind. Zusätzlich wird einer Seite als Optionsberechtigten das *Gestaltungsrecht* eingeräumt, durch einseitige Erklärung gegenüber dem Geschäftsgegner den Vertrag wirksam zu machen oder sogar zustande zu bringen.

Vertragsoption

Im ersteren Fall wird der zunächst aufschiebend bedingte abgeschlossene Vertrag durch die Optionserklärung unbedingt und erhält dadurch seine Wirksamkeit nach § 158, Abs. 1 BGB (OLG Bamberg NJW-RR 1989, S. 1449). Etwaige Formvorschriften gelten hier nur für die Optionsvereinbarung, nicht für die einseitige Optionserklärung selbst (BGH NJW 1967, S. 153).

> **Beispiel:**
>
> *Heizölgroßhändler H vereinbart mit der X-GmbH, der Gesellschaft auf Abruf (Bedingung) die gewünschte Menge zum jeweiligen Tagespreis zu liefern.*

Im zweiten Fall wird dem Berechtigten ein langfristiges verbindliches Angebot gemacht, dass dieser nur anzunehmen braucht. Da der Vertrag erst durch die Annahme zustande kommt, erstreckt sich ein etwaiger Formzwang auch auf die Optionserklärung. (BGH NJW-RR 1996, S. 1167).

> **Beispiel:**
>
> *Der X-GmbH als Mieterin von Büroräumen wird im Mietvertrag das Optionsrecht eingeräumt, nach Ablauf der Grundmietzeit von vier Jahren durch einseitige Erklärung den Mietvertrag um zwei Jahre zu verlängern.*

Ist der Vertrag insofern unklar formuliert, müsste im Streitfall das zuständige Gericht oder Schiedsgericht durch Auslegung ermitteln, welche der beiden Optionsformen vorliegt.

Tipp Achten Sie deshalb bei dieser gesetzlich nicht geregelten Vertragserklärung auf eine besonders präzise Formulierung, um solche unerwünschten Unsicherheiten erst gar nicht aufkommen zu lassen.

3.1.5 Vermeidung unklarer Verträge

Auch wenn der Vertragsabschluss ohne intensive Verhandlungsgespräche standardisiert abläuft, vermeiden Sie es unbedingt, unklare Verträge mit mehrdeutigem Inhalt einzugehen.

Tipp Vor Ausführung des Geschäftes ist stets darauf zu achten, dass die vertragswesentlichen Punkte auch im Hinblick auf die Geschäftsabwicklung klar formuliert sind und man sich darüber auch zweifelsfrei geeinigt hat.

3.1.5.1 Einigung über den vertragswesentlichen Inhalt

Wirksamkeits-voraussetzung Auf welche Punkte es bei einem Vertragsabschluss ganz allgemein ankommt, ist bereits an anderer Stelle verdeutlicht worden (vgl. Kap. 2.2.5). Als Faustregel sollte man sich einprägen, dass ein *Verpflichtungsvertrag* nur dann wirksam ist, wenn man sich mit dem Partner zumindest über den geschäftswesentlichen Inhalt geeinigt hat. Die maßgebenden Kernelemente unterscheiden sich aber je nach Vertragstyp ob Kauf, Miete etc.

Tipp

Bedenken Sie dabei auch, dass darüber hinaus alle für Sie wichtigen Punkte im Vertrag vernünftig und interessengerecht geregelt sein sollten. Orientierungshilfen bieten Ihnen dazu die allgemeine Checkliste für Verpflichtungsverträge und die speziellen Checklisten zu den wichtigsten Geschäftsverträgen jeweils am Ende der einschlägigen Kapitel.

Übliche *Standardverträge* sind im Geschäftsverkehr durch die *AGB*, i.d.R. des leistungsanbietenden Unternehmens, vorgeprägt. Für den Kunden, der die anderen AGB akzeptiert, kommt es nun darauf an, dass – unabhängig von deren Inhalt – alle für ihn wichtigen Aspekte, wie z.B. Produktbeschaffenheit, Lieferfristen etc. mit einem für ihn wirtschaftlich vernünftigen Inhalt im Vertragstext aufgenommen werden. Gelingt es ihm, solch ergänzende *günstigere Einzelvereinbarungen* in den Vertrag ausdrücklich zu platzieren, braucht er sich um eventuelle anderslautende AGB-Klauseln nicht zu kümmern, weil diese individuellen Vertragsabreden stets gegenüber den abweichenden AGB-Bestimmungen sich als vorrangige Regeln durchsetzen (§ 305b BGB, vgl. Kap. 3.4.4.2).

Standardverträge durch AGB vorgeprägt

Die Parteien können, wenn sie den Wert des Vertragsobjekts nicht genau kennen, die nachträgliche Bestimmung der Leistung, vor allem des Preises, einem Vertragspartner oder sachkundigen Dritten, nicht jedoch direkt einem staatlichen Gericht oder Schiedsgericht überlassen (§§ 315, 317 BGB). Die spätere Festlegung muss sich im Rahmen billigen Ermessens bewegen, das aber nur im Hinblick auf die Einhaltung dieser Preisspanne gerichtlich überprüfbar ist (BGH DB 1998, S. 876). Mit dieser Preisunsicherheit geht der zahlungspflichtige Käufer oder Besteller ein erhebliches Risiko ein.

Nachträgliche Preisbestimmung

3.1.5.2   Keine Einigung bei Dissens

Sind noch Einzelpunkte offen, über die sich die Vertragsparteien noch einigen wollen, ist bei diesem sog. *offenen Dissens* noch kein Vertrag zustande gekommen (§ 154 BGB). Anders verhält es sich nur, wenn die Vertragsparteien dennoch mit der Vertragsabwicklung begonnen haben und dadurch ihren Bindungswillen trotz der erkannten Vertragslücke zeigen (BGH NJW 1983, S. 1728).

Offener Dissens

Seltener dürfte dagegen der Fall eintreten, dass beide irrtümlich von einer Einigung ausgehen, während in Wirklichkeit eine Übereinstimmung nicht vorliegt. Auch diesem *verdeckten Dissens* fehlt es i.d.R. an einem wirksamen Vertrag, wenn dieser einen wichtigen Punkt betrifft (§ 155 BGB).

Verdeckter Dissens

> **Beispiel:**
> *In einer öffentlichen Ausschreibung wird die Lieferung bestimmter, genau spezifizierter Produkte, z. B. Druckerpatronen, ausgeschrieben. Das Angebot enthält aber die Lieferung von kompatiblen Produkten eines anderen Herstellers. Übersieht der Ausschreibende die Abweichung und erteilt dem Anbieter den Auftrag, so kommt wegen Dissenses kein Vertrag zustande, falls der Anbieter in seinem Angebot auf den anderen Hersteller nicht deutlich hingewiesen hat.*

3.1.5.3   Auslegung unklarer Verträge

Empfängerhorizont

Besteht erheblicher Zeitdruck beim Abschluss von Verträgen, lassen sich unklare Formulierungen nicht immer vermeiden. *Mehrdeutige Vertragserklärungen* gelten so, wie sie der Empfänger vernünftigerweise verstehen durfte. Bei dieser maßgebenden Auslegung nach dem sog. *Empfängerhorizont* ist dabei auf den objektiven Erklärungswert der Willenserklärung bei Vertragsabschluss abzustellen (BGH BB 1998, S. 2390). Dabei sind nur solche Umstände heranzuziehen, die dem Erklärungsempfänger bekannt oder erkennbar waren (BGH NJW 2006, S. 3778). Hat man sich deshalb nicht klar und deutlich genug ausgedrückt, kann der Vertrag im Streitfall durch die spätere Auslegung des Gerichtes oder Schiedsgerichtes einen Inhalt erhalten, den man eigentlich so gar nicht wollte. Nur wenn man sich über die Bedeutung der Vertragserklärung rechtserheblich geirrt hat, kann man das ungeliebte Geschäft durch Anfechtung wieder beseitigen (vgl. Kap. 3.6.2).

Lässt eine Vertragserklärung mehrere mögliche Auslegungen zu, so ist sie im Zweifel so zu interpretieren, dass sie sich als *sinnvolle* und *zweckmäßige Regelung* erweist (BGH WM 1998, S. 1536). Diese Regel gilt aber für einseitig aufgestellte AGB-Klauseln nicht, die nach § 305c, Abs. 2 BGB stets kundenfreundlich auszulegen sind (vgl. Kap. 3.4.5.2.3).

3.1.5.4   Planwidrige Vertragslücken

Anpassungsklauseln

Die Funktionsfähigkeit von *Verträgen mit langer Laufzeit* kann auch durch planwidrige Regelungslücken gefährdet werden, die von den Vertragsparteien bei Abschluss des Geschäfts gar nicht vorsehbar waren, weil sie mit dieser nachteiligen Entwicklung nicht rechnen konnten. Das adäquate Instrument zur Bewältigung solcher nicht vermeidbarer Funktionsstörungen sind *vertragliche Anpassungsklauseln*, die beide Seiten zu einer neuen Verhandlung verpflichten. Sofern möglich, sollte man auch eine genauere Feinjustierung der Zumutbarkeitsgrenze durch eine *Härteklausel* versuchen, um im Falle eines späteren Rechtsstreits den richterlichen Auslegungsspielraum einzuengen. Insbesondere bei dem Eintritt gravie-

render, nicht erwarteter Preisschwankungen gegenüber dem vertraglich vereinbarten Preis sollte man darauf zurückgreifen, indem
man bestimmte Prozentsätze als sog. Opfergrenze festlegt, die dann
von dem zuständigen Gericht oder Schiedsgericht im Rahmen der ergänzenden Vertragsauslegung oder Vertragsanpassung zu beachten
sind (BGH NJW 1994, S.1011). Die gesetzliche Zumutbarkeitsgrenze
innerhalb der Störung der Geschäftsgrundlage nach § 313 BGB reicht
zu weit (vgl. Kap. 5.7).

Vertragsergänzung oder Vertragsanpassung

»Sollte sich später eine Vertragslücke ergeben oder durch unvorhergese-   Klauselvorschlag
hene Entwicklungen die unveränderte Fortsetzung des Vertrages für eine
Vertragspartei unzumutbar werden, verpflichten sich die Vertragsparteien
Neuverhandlungen mit dem Ziel aufzunehmen, dass der Vertrag entspre-
chend ergänzt bzw. angepasst wird. Ein solcher für eine Vertragspartei
unzumutbarer Härtefall liegt insbesondere vor, wenn
1. ...
2. ... etc.
Scheitert die Einigung, steht der benachteiligten Vertragspartei innerhalb
einer Frist von ... (mindestens einem Monat) wahlweise das Recht zum
Rücktritt (zur Kündigung) oder zur Klage auf Vertragsergänzung (Ver-
tragsanpassung) zu.«

3.1.6   Schweigen auf Vertragserklärungen

Vertragsangebote, die man unaufgefordert erhält, brauchen nicht   Unaufgeforderte
beantwortet zu werden, weil bloßes *Schweigen* i.d.R. *keine Willens-*   Vertragsangebote
erklärung darstellt und rechtlich zu nichts verpflichtet. Eine Pflicht
zur Ablehnung des eingehenden Vertragsangebots kann sich aber
aus vorangegangenen Vertragsverhandlungen oder einer Geschäftsverbindung ergeben.

3.1.6.1   Richtiges Verhalten bei Zustellung unbestellter
Waren

Die *unaufgeforderte Zusendung* von *Waren* verpflichtet zu nichts,   Aufbewahrungs-
mag der Warensendung auch ein freundliches Schreiben, dass man   fristen
zum erwählten Kundenkreis gehöre, und eine Rechnung beiliegen.
Als Empfänger brauchen Sie die nicht bestellten zugesandten Artikel
nicht einmal zurückzuschicken, sondern lediglich für eine bestimmte Zeit – Zeitschriften ca. 14 Tage, Bücher und sonstige Waren ca.
sechs Wochen – aufzubewahren.

  Es ist empfehlenswert, den Absender aufzufordern, die *Waren* innerhalb dieser Frist wieder *abzuholen*. Tut er das nicht, gehören die
Waren dem Empfänger. Vorher darf man die Waren keinesfalls in Gebrauch nehmen, weil man dadurch das in ihrer Zusendung liegende

Vertragsangebot des Absenders stillschweigend annimmt, wodurch der Vertrag, ohne dass man es vielleicht will, zustande kommt.

3.1.6.2   Erklärungspflicht bei bestehenden Geschäftsbeziehungen

Schweigen als Zustimmung

Innerhalb einer bestehenden Geschäftsbeziehung ist es durchaus üblich, mit einem *Stammkunden* zu vereinbaren, dass ihm bestimmte Artikel unverbindlich zugesandt werden. Sofern er an den Waren nicht interessiert ist, hat er sich entsprechend zu erklären und das *Vertragsangebot* innerhalb einer angemessenen Überlegungsfrist ausdrücklich abzulehnen bzw. den Artikel zurückzuschicken oder zurückzubringen. Tut er das nicht, darf der Absender nach Ansicht der Rechtsprechung das Schweigen des Empfängers nach Treu und Glauben als Einverständnis und damit als Annahme werten, sodass der Vertrag zustande kommt (BGH NJW 1990, S. 1601). Will man dies vermeiden, hat man die Ware innerhalb der vereinbarten Rücksendungsfrist zurückzuschicken.

Dienstleistungs-unternehmen

Kaufmännischen *Dienstleistungsunternehmen,* die Geschäftsbesorgungen erbringen, ist sogar von Gesetzes wegen eine derartige *Ablehnungspflicht* nach § 362 HGB auferlegt. Besteht bereits eine geschäftliche Verbindung, muss der Dienstleistungsunternehmer, wie etwa ein Spediteur, das ihm nicht genehme *Vertragsangebot* des *Kunden* unverzüglich ablehnen. Tut er das nicht, gilt sein Schweigen als Zustimmung, sodass der von dem Kunden gewünschte, aber von dem Dienstleistungsunternehmen nicht gewollte Vertrag dennoch zustande kommt.

Beispiel:
Unternehmer U wickelt mit dem Spediteur S üblicherweise Transporte ab. U lässt nun eine größere Warensendung zu S transportieren. Der Fahrer von U trifft aber dort niemanden an und lädt die verpackten Waren, versehen mit einem Zettel, der genaue weitere Anweisungen enthält, ab. Wenige Stunden später kommt S zurück und sieht die Waren mit dem Zettel.
Will er den Transport nicht durchführen, so muss er das unverzüglich dem U mitteilen. Andernfalls ist er ihm gegenüber zur Durchführung des erteilten Transportauftrages verpflichtet.

3.1.6.3   Erklärungspflicht wegen Vorverhandlungen

Haben zwischen Unternehmen umfangreiche Vorverhandlungen stattgefunden und sind alle wesentlichen Vertragspunkte einvernehmlich geklärt, besteht nach Treu und Glauben (§ 242 BGB) die Pflicht, ein endgültiges Angebot der Gegenseite unverzüglich abzulehnen, wenn man an dem Vertragsabschluss nicht mehr interessiert sein sollte. Ein Schweigen darauf gilt als Annahme, sodass der Vertrag, da der Abschluss zwischen beiden Vertragsparteien nur Formsache gewesen ist, zustande kommt (BGH NJW 1996, S. 920). Das gilt erst recht, wenn dies in einer Vertragsabschlussklausel nach Ablauf einer angemessenen Frist – zwei Wochen bei Alltagsgeschäften und vier Wochen bei hochwertigen Gütern – bestimmt ist (OLG Düsseldorf NJW 2005, S. 1516).

3.1.6.4 Kaufmännisches Bestätigungsschreiben bei mündlichem Geschäftsabschluss

Die zu einem Handelsbrauch verfestigten Regeln des Schweigens auf ein kaufmännisches Bestätigungsschreiben beziehen sich auf den im unternehmerischen Verkehr häufig eintretenden Fall eines *mündlichen* oder *telefonischen Geschäftsabschlusses*. Über den Inhalt des so abgeschlossenen Vertrages können mangels schriftlicher Grundlage Unklarheiten und Unstimmigkeiten bestehen. Zur Ausräumung dieser Unsicherheiten schickt der eine Geschäftspartner dem anderen ein Bestätigungsschreiben (auch per Telefax oder per E-Mail) zu, in dem er die getroffenen Abreden aus seiner Sicht zusammenfasst.

Regeln des Schweigens

Das wirft nun Probleme auf, wenn dieses *Bestätigungsschreiben* nach der Meinung des Empfängers von dem mündlichen oder telefonisch vereinbarten oder vermeintlich abgeschlossenem Vertrag abweicht. Dann kann und sollte der Empfänger unverzüglich, spätestens innerhalb einer Woche, *Widerspruch* einlegen. Tut er das nicht, so gilt sein *Schweigen* nach den Grundsätzen des redlichen Geschäftsverkehrs als *Zustimmung*, wodurch die für ihn unangenehme oder nachteilige Darstellung des Bestätigungsschreibens zum rechtsgültigen Vertragsinhalt wird (BGH WM 1996, S. 184). Das gilt sogar dann, wenn auf seiner Seite ein vollmachtloser Vertreter die mündliche Vereinbarung getroffen hat (BGH NJW 2007, S. 988). Erforderlich für die Bindungswirkung ist jedoch, dass das Bestätigungsschreiben zeitlich unmittelbar den vorangegangenen Vertragsverhandlungen folgt, also wenige Tage nach dem mündlichen Vertragsabschluss verfasst und abgesandt wird (BGH WM 1975, S. 325). Einen gewissen Schutz erfährt der Empfänger dadurch, dass das für ihn nachteilige Bestätigungsschreiben wirkungslos bleibt, wenn es inhaltlich von dem zuvor Besprochenen soweit abweicht, dass der Absender vernünftigerweise mit dem Einverständnis des Empfängers nicht rechnen konnte (BGH WM 1994, S. 850). Das müsste der Empfänger im Streitfall beweisen. Selbst wenn in dem Bestätigungsschreiben um eine schriftliche *Gegenbestätigung* des Empfängers gebeten wird, ist diese Bitte nicht unbedingt so zu verstehen, dass der Inhalt des Schreibens den Vertragsinhalt verbindlich erst nach Eingang der Gegenbestätigung festlegen soll. Vielmehr kann in die-

Abweichung: Bestätigungs-schreiben – mündlicher Vertrag

Gegenbestätigung

ser Bitte auch das bloße Anliegen des Absenders liegen, den urkund-
lichen Beweis für den Zugang des Schreibens und den Vertragsabschluss in die Hände zu bekommen (BGH WM 2007, S. 305).

Tipp

Um erst gar nicht in diese schwierige Lage zu geraten, sollten Sie
bei mündlichen oder fernmündlichen Geschäftsabschlüssen den
wesentlichen Vertragsinhalt unbedingt in einer schriftlichen Notiz
festhalten. Nur dann können Sie mit einiger Sicherheit beurteilen, ob
das Bestätigungsschreiben inhaltlich richtig ist oder nicht. Sind Sie
sich nicht sicher, widersprechen Sie vorsorglich rechtzeitig innerhalb
einer Woche.

Beispiel:

*Eine falsche Preisbezeichnung, indem das Bestätigungsschreiben den
vereinbarten Bruttopreis inklusive Mehrwertsteuer als Nettopreis zuzüglich Mehrwertsteuer angibt, ist schon deswegen keine inhaltlich erhebliche Abweichung, weil diese Preisangabe kaufmännischen Gepflogenheiten entspricht.*

*Um eine erhebliche Abweichung handelt es sich dagegen, wenn in dem
Bestätigungsschreiben ein anderes Produkt (z. B. ein anderer teurer Maschinentyp) genannt wird als das, welches man mündlich bestellt hat.
Dann bleibt das Bestätigungsschreiben ohne Folgen, da es sich von dem
vorher Abgesprochenen soweit entfernt, dass der Absender vernünftigerweise nicht mit dem Einverständnis des Empfängers rechnen kann.*

**Unterschiedliche
Bestätigungs-
schreiben**

Sofern *beide Geschäftspartner* ein *Bestätigungsschreiben* mit unter-
schiedlichem und damit widersprüchlichen Inhalt absenden, kann
selbstverständlich keine Seite davon ausgehen, dass das eigene
Bestätigungsschreiben vom anderen Teil akzeptiert wird. Deshalb
ist kein Widerspruch erforderlich, sondern der ursprünglich vereinbarte Vertrag, sofern er sich ermitteln lässt, bleibt unverändert
verbindlich. Andernfalls kommt kein Vertrag zu Stande (BGH WM
1984, S. 649).

3.2   Die Vertragsparteien

**Nur Unternehmen
und Behörden**

Dieses Buch behandelt nur die typischen Probleme von Geschäftsverträgen zwischen *Unternehmen* oder von Unternehmen mit *Behörden*. Deshalb braucht auf die diffizilen rechtlichen Besonderheiten
von Verbraucherverträgen nicht näher eingegangen zu werden.

3.2.1   Unternehmer als Geschäftspartner

Schließt man Verträge mit Unternehmen ab, sind vor allem drei rechtliche Aspekte wichtig.

- Für die Wirksamkeit des Vertrages ist insbesondere entscheidend, wer für das Unternehmen handelt, es also vertreten kann.

- Das finanzielle Risiko des Geschäfts hängt weitgehend davon ab, wer für die Unternehmensverbindlichkeiten haftet: nur das Betriebsvermögen oder auch der Inhaber bzw. Gesellschafter mit seinem Privatvermögen? *Unternehmensformen*

- Die Antwort auf diese beiden zentralen Fragen wird maßgebend bestimmt durch die *Unternehmensform*.

Das bedeutet, dass jeder Manager oder mit Vollmacht ausgestattete kaufmännische bzw. technische Angestellter, der Geschäftsverträge aushandelt und abschließt, ein gewisses Grundwissen über die einzelnen Unternehmensformen benötigt.

Ferner ist es zumindest bei der ersten geschäftlichen Kontaktaufnahme, wenn man den Verhandlungspartner noch nicht so gut kennt, von Belang, wie man sich zuverlässig über dessen *geschäftliche Verhältnisse informieren* kann. Das ist bei kaufmännischen Unternehmen und Partnerschaften, die mit der Firma bzw. dem Geschäftsnamen, der Rechtsform und den wichtigen Vertretungsverhältnissen in dem Handels- bzw. Genossenschafts- oder Partnerschaftsregister eingetragen sind, erheblich einfacher. Der *Kaufmannsstatus* spielt darüber hinaus eine erhebliche Rolle, weil auf die Geschäftsverträge neben den Vertragsbestimmungen des BGB auch die besonderen Vorschriften des HGB zur Anwendung kommen. *Unternehmer als Kaufmann*

3.2.1.1   Unterscheidung zwischen Unternehmen, Unternehmer und Firma

Vorab ist eine wichtige begriffliche Differenzierung vorzunehmen. Mögen auch in dem allgemeinen Sprachgebrauch des Wirtschaftsverkehrs die Wörter Unternehmen und Unternehmer gleichgesetzt werden, so besteht zwischen ihnen doch ein erheblicher rechtlicher Unterschied. Das Unternehmen als bloße *wirtschaftliche Organisationseinheit* ist als solches rechtlich nicht handlungsfähig. Rechtssubjekt und damit Vertragspartner ist vielmehr der *Unternehmensträger*. Dieser kann eine natürliche Person als Inhaber eines Einzelunternehmens, eine rechtsfähige Personengesellschaft mit ihren Gesellschaftern (z. B. eine Offene Handelsgesellschaft) oder eine juristische Person (z. B. eine Gesellschaft mit beschränkter Haftung als Kapitalgesellschaft) sein. Folgerichtig definiert § 14, Abs. 1 BGB als *Unternehmer* »eine natürliche oder juristische Person oder rechtsfähige Personengesellschaft, die bei Abschluss eines Rechtsgeschäfts in *Unternehmen*

Unternehmer

Firma

Ausübung ihrer gewerblichen und selbstständigen beruflichen Tätigkeit handelt«. Ungenau definiert der Wirtschaftsverkehr auch den Begriff *Firma*, der ebenfalls mit dem Unternehmen gleichgesetzt wird, obwohl diese nur den Handelsnamen eines Kaufmanns nach § 17 HGB darstellt.

Ist man sich dieser rechtlichen Unterschiede zwischen Unternehmen, Unternehmer und Firma bewusst, spricht nichts dagegen, diese Begriffe, wie im Wirtschaftsverkehr üblich, gleich zu verwenden.

3.2.1.2 Unternehmensbezogene Geschäfte

Schließen nun Personen Verträge für ein Unternehmen ab, so ist bei diesen unternehmensbezogenen Geschäften der Wille der Beteiligten im Zweifel stets, dass jeweils der *Inhaber* des Unternehmens bzw. die *Trägergesellschaft Vertragspartner* werden soll und eben nicht der für das Unternehmen Handelnde, wie etwa der Geschäftsführer oder der Prokurist. Das gilt selbst dann, wenn der verwendete Unternehmensname nicht stimmt. Nur wenn ein Unternehmensträger überhaupt nicht existiert oder keine Vertretungsmacht besteht, haftet der Handelnde als Vertreter ohne Vertretungsmacht nach § 179 BGB wahlweise auf Erfüllung oder Schadensersatz (BGH ZIP 1998, S. 1224).

3.2.2 Überblick über die Unternehmensformen

Zwingende gesetzliche Regelung

Die zulässigen Rechtsformen von Unternehmen sind aus Gründen der Rechtssicherheit und der Rechtsklarheit gesetzlich zwingend geregelt. Eine individuelle Kreation neuer Formen ist deshalb unzulässig, eine Kombination gesetzlicher Unternehmenstypen, wie etwa die GmbH & Co. KG, ist aber zulässig (siehe Abbildung 3.2).

Einzelunternehmer	Rechtsfähige Personengesellschaften	Juristische Personen
Inhaber: unternehmerisch tätige, natürliche Person	• Personenhandelsgesellschaften – Offene Handelsgesellschaft (OHG) – Kommanditgesellschaft (KG) – GmbH& CoKG • Partnerschaften von Freiberuflern • Gesellschaft bürgerlichen Rechts (GbR)	• Kapitalgesellschaften – Aktiengesellschaften (AG) – Kommanditgesellschaft auf Aktien (KGaA) – Gesellschaft mit beschränkter Haftung (GmbH) – Private Limited Company (Ltd.) nach englischem Recht • Eingetragene Genossenschaft (eG)

Abb. 3.2: Unternehmensträger/Unternehmensformen

Über die für Sie wichtigen rechtlichen Umstände Ihres Geschäftspartners, wie insbesondere Rechtsform, Vertretung und Haftung, können Sie sich, wenn es sich dabei um ein kaufmännisches Einzelunternehmen, eine Handelsgesellschaft, Genossenschaft oder auch Partnerschaft handelt, zuverlässig durch Einsicht in das betreffende *Unternehmensregister* informieren. Die Unternehmen sind dort unter ihrer Firma oder ihrem Gesellschaftsnamen eingetragen, wobei sie verpflichtet sind, auch ihre Registernummer auf den Geschäftsbriefen anzugeben. Über die rechtlichen und wirtschaftlichen Verhältnisse kleinerer Unternehmen oder nicht eintragungsfähiger Gesellschaften Bürgerlichen Rechts muss man selbst persönliche Erkundigungen einholen.

> **Tipp**
>
> Beim ersten geschäftlichen Kontakt und vor dem Abschluss wichtiger Geschäftsverträge, wenn Sie die rechtlichen wirtschaftlichen Verhältnisse des Gegenübers noch nicht kennen, sollten Sie sich stets die notwendigen Informationen beschaffen.

3.2.2.1 Einzelunternehmer

Die meisten Unternehmen sind Einzelunternehmen oder Einzelfirmen, wovon es allein in der Bundesrepublik ca. zwei Millionen gibt. Sie werden von einem geschäftlich orientierten Menschen, dem Unternehmer geführt und geleitet, der als Inhaber mit seinem Privatvermögen für den wirtschaftlichen Erfolg haftet (§ 14 Abs. 1 BGB). Handelt es sich wegen der Größe des Gewerbebetriebes um einen Kaufmann, so ist dessen *Firma* nicht unbedingt aus seinem Namen oder bei Firmenfortführung aus dem des früheren Inhabers zu bilden. Der Firmenname kann neuerdings auch aus einem kennzeichnungs- und unterscheidungskräftigen werbewirksamen Sach- oder Phantasienamen bestehen, wovon aber bislang wenig Gebrauch gemacht wird (§ 18 HGB). Notwendig ist aber stets der zwingende *Rechtsformzusatz* »eingetragener Kaufmann« oder »eingetragene Kauffrau« bzw. deren Abkürzungen – »e. Kfm.«, »e. Kffr.« oder knapp und bündig »e. K.«

Unbeschränkte Haftung des Inhabers

Auch geschäftstüchtige *minderjährige Personen* können Unternehmer sein, wenn ihr gesetzlicher Vertreter – Eltern oder Vormund (§§ 1629, 1793 BGB) dem zustimmt und das Familien- bzw. Vormundschaftsgericht den selbstständigen Betrieb des Erwerbsgeschäfts genehmigt (§ 112 BGB). Auch mit einem solch minderjährigen Unternehmer können Sie praktisch alle Geschäftsverträge ohne Bedenken abschließen, weil dieser dadurch im Rahmen seines Betriebes unbeschränkt geschäftsfähig wird.

Minderjährige Generalermächtigung

> **Beispiel:**
> *Der 16-jährige Peter Müller ist mathematisch begabt und entwickelt Computerspiele, die er selbstständig mit Erlaubnis seiner Eltern und der Genehmigung des Familiengerichts vertreibt.* Peter Müller ist demnach *befugt, ein Geschäftskonto zu eröffnen und kann eine neue Computer-Anlage über 5000 € aus dem erzielten Gewinn erwerben sowie einen Mitarbeiter einstellen und diesem Handlungsvollmacht erteilen.*

Ausgenommen von dieser *Generalermächtigung* sind lediglich Rechtsgeschäfte, die der gesetzliche Vertreter allein nicht genehmigen kann, sondern zusätzlich der gerichtlichen Genehmigung bedarf. Das betrifft aber im Wesentlichen nur Grundstücksgeschäfte, Miet- und Leasingverträge, die den minderjährigen Unternehmer noch länger als ein Jahr nach Erreichen der Volljährigkeit binden,

Entstehung mit Eintragung

sowie Kreditaufnahmen, Wechsel- und Scheckverbindlichkeiten und Bürgschaftsverpflichtungen (§§ 1643, 1821, 1822 Nr. 5, 8–10 BGB). Das Gleiche gilt, wenn der minderjährige Unternehmer einem zuverlässigen und fähigen volljährigen Mitarbeiter Prokura erteilen will (§§ 1643, 1822, Nr. 11 BGB).

Tipp

Sofern Sie Geschäftsverträge mit einem minderjährigen Unternehmer abschließen, der keine im Handelsregister eingetragene Firma besitzt, sollten Sie sich stets zuvor überzeugen, ob Eltern, Vormund und das Gericht das Erwerbsgeschäft genehmigt haben. Auch wenn der Unternehmer eine Geldschuld mit Scheck bezahlen will oder der Vertrag von seinem Prokuristen abgeschlossen wird, sollten Sie sich die entsprechende gerichtliche Erlaubnis vorlegen lassen.

Für *Geschäftsschulden*, die der minderjährige Unternehmer eingegangen ist, haftet er auch nach Erreichen der Volljährigkeit – anders als bei reinen Privatverbindlichkeiten – nicht nur mit seinem derzeitigen Vermögen, sondern unbeschränkt (§ 1629a, Abs. 2 BGB).

3.2.2.2   Kapitalgesellschaften

Wirtschaftlich bedeutsamer, in der Anzahl aber geringer als Einzelunternehmen, sind die Kapitalgesellschaften, zu denen die Gesellschaft mit beschränkter Haftung, die Aktiengesellschaft und die selten gewordene Kommanditgesellschaft auf Aktien gehören. Kapitalgesellschaften sind *juristische Personen* und erlangen ihre Rechtsfähigkeit und den Kaufmannsstatus durch Eintragung in das Handelsregister. Ihre *Firma* kann als Personenfirma auf den Gründer und als Sachfirma auf den Unternehmensgegenstand hinweisen oder auch eine reine Phantasiefirma sein. Für die *Geschäftsschulden* haften, mit Aus-

nahme von dem voll haftenden Komplementär, bei der Kommanditge- Beschränkte
sellschaft auf Aktien die Gesellschafter nicht persönlich, sondern nur Haftung
die Gesellschaft mit ihrem Vermögen selbst.

Aktiengesellschaft (AG)

Wegen ihrer komplizierten Organisationsstruktur war die AG bislang nur für Großunternehmen geeignet, selbst wenn ihr haftendes
Grundkapital von mindestens 50.000 € nicht zu hoch erscheint. Mit
der Einführung der sog. *kleineren AG* seit 1995, deren Gründung erheblich vereinfacht ist und sogar von einer Person durch notarielle
Beurkundung als sog. *Ein-Mann-AG* erfolgen kann, sollte diese Rechtsform auch für mittelständische Firmen attraktiver gemacht werden.
Die Firma der Aktiengesellschaft muss den zwingenden Rechtsform-
hinweis AG enthalten. In der BRD existieren derzeit ca. 15.000 AGs,
davon rund 800 börsennotiert.

Kommanditgesellschaft auf Aktien (KGaA)

Diese seltene Gesellschaftsform stellt einen Mischtyp aus der Kommanditgesellschaft und Aktiengesellschaft dar und eignet sich
wegen ihrer sehr komplizierten Organisation nur für größere Familienunternehmen. Neben den *Kommanditaktionären* als bloße Anlagegesellschafter muss zwingend eine unbeschränkt geschäftsfä-
hige natürliche Person als voll haftender *Komplementär* beteiligt sein
(§§ 278 ff AktG). Die Anzahl der KGaA ist in der BRD auf unter 30
gesunken.

Gesellschaft mit beschränkter Haftung (GmbH)

Für mittelständische Unternehmen ist die GmbH geeignet, deren haftendes *Stammkapital* mindestens 25.000 € – künftig ab 2008 nach
dem geplanten Gesetz zur Modernisierung des GmbH-Rechts (MoMiG)
nur 10.000 € betragen soll, das von den Gesellschaftern in Form von
Stammeinlagen aufgebracht werden muss. Davon müssen die Gesellschafter derzeit bis zur Eintragung lediglich 12.500 €, beim Stammkapital von mehr als 50.000 € mindestens ein Viertel eingezahlt haben.
Eine GmbH kann schon seit langem von einer Person allein als sog.
Ein-Mann-GmbH durch notariellen Vertrag gegründet werden. Der
zwingende zur Firma gehörende Rechtsformzusatz ist GmbH. Wohl
wegen des relativ niedrigen Stammkapitals gibt es gegenwärtig in der
BRD ca. 1,8 Million GmbHs, auch häufig in der Kombination mit der
KG als GmbH & Co KG. Leider ist diese Kapitalgesellschaft vielfach
unterkapitalisiert und deswegen besonders insolvenzanfällig.

Tipp

Ist Ihr Vertragspartner eine GmbH und kennen Sie deren wirtschaftliche Verhältnisse nicht gut genug, sollten Sie deshalb bei risikohaltigen Geschäften, wie etwa Lieferung auf Kredit, besonders vorsichtig sein. Das gilt insbesondere für Dienstleister, weil diese – anders als Warenlieferanten – aus dem Geschäft keine Sachsicherheiten, wie etwa einen Eigentumsvorbehalt, besitzen. Verhalten Sie sich deswegen wie eine Bank und verlangen Sie eine zusätzliche Sicherheit, am besten eine Bankbürgschaft oder eine selbstschuldnerische Bürgschaft eines Gesellschafters oder Geschäftsführers mit ausreichendem Privatvermögen.

Neu eingeführt werden soll durch das MoMiG eine Variante der GmbH, die haftungsbeschränkte Unternehmensgesellschaft mit der Firmierung »HG Haftungsbeschränkt«. Bei der Gründung dieser »GmbH-Light« bedarf es keines notariellen Vertrages mehr, sondern es genügt die öffentliche Beglaubigung des gesetzlichen Mustervertrages. Auch ist zunächst kein Stammkapital erforderlich, sondern dieses wird durch die zwingende Einstellung von 25 % des Jahresüberschusses in die gesetzliche Rücklage innerhalb der nächsten Jahre angespart. Das Ziel bildet ihre spätere Umwandlung in eine reguläre GmbH.

Englische Private Limited-Company

Kein Mindestkapital Seit 2003 erfreut sich als Alternative zur deutschen GmbH auch bei Geschäftsbetrieben die englische, in etwa mit der GmbH vergleichbare Gesellschaftsform der Limited-Company zunehmender Beliebtheit, weil erstens ihre Gründung viel billiger und weniger zeitaufwändig ist und zweitens kein Mindestkapital aufgebracht werden muss. Mit einem geringfügigen Aufwand von weniger als 500 € Verwaltungsgebühr, braucht man sich nur online mittels eines Vermittlers in einem *englischen Firmenregister* eintragen lassen. Allerdings entstehen in den nächsten zehn Jahren Folgekosten von ca. 9000 €. Seit kurzem ist ein *Leitfaden* des englischen *Handelsregisters* – Companies House in Cardiff – erstmalig in deutscher Sprache für die *Gründung* von Limiteds verfügbar, der unter www.companies-house.gov.uk abgerufen werden kann. Diese nach englischem Recht gegründete Gesellschaft muss dann auch in der BRD nach mehreren wichtigen Leitentscheidungen des Europäischen Gerichtshofs anerkannt werden und kann deshalb auch dort frei Geschäfte betreiben. Danach gilt für die wirtschaftlichen Aktivitäten von Gesellschaften innerhalb der Europäischen Union das *Recht* des *Gründerstaates* und nicht mehr wie früher das Recht des Sitzstaates, nach welchem bei inländischem Geschäftsbetrieb die deutschen gesellschaftsrechtlichen Regelungen hätten beachtet werden müssen (zuletzt EuGH BB 2006, S. 11). Nach der Registrierung in einem englischen Firmen-

register hat man nun den deutschen Geschäftsbetrieb als Filiale   **Eintragung als**
in dem zuständigen Handelsregister eintragen zu lassen (BGH BB   **deutsche Filiale**
2005, S. 1016). Der firmenmäßige Rechtsformzusatz ist üblicher-
weise die Abkürzung Ltd. Die niedrigen Gründungskosten und der
geringe Verwaltungsaufwand haben die Limited-company zu einem
echten Exportschlager werden lassen. Derzeit existieren ca. 40.000
in Deutschland mit monatlichen Zuwachszahlen von bis zu 1000
Neugründungen. Hierfür sollte man sich unbedingt eine kompetente
und seriöse Gründungsagentur suchen, denn die Ablehnungsquote
für die notwendige Eintragung der deutschen Filiale in das Handelsregister betragen bei manchen Registergerichten bis zu 75 %. Ohne
Eintragung in das deutsche Handelsregister, ist die englische Lime-
ted je nach Anzahl der Gesellschafter als OHG bzw. GbR oder als
Einzelunternehmen einzuordnen (BGH DB 2007, S. 1249).

> Da für das Gesellschaftsvermögen nicht einmal ein Mindestkapital   **Tipp**
> vorgeschrieben und die Haftung ebenfalls auf das Gesellschafts-
> vermögen beschränkt ist, sollte man bei Geschäftsabschlüssen mit
> Limited-Companies zumindest die gleiche Vorsicht wie bei GmbHs
> walten lassen.

3.2.2.3 Rechtsfähige Personengesellschaften

Personengesellschaften bestehen aus mindestens zwei, vielfach   **Haftung**
mehreren Personen, die sich als Gesellschafter zur dauerhaften   **der Gesellschafter**
Verfolgung eines gemeinsamen wirtschaftlichen Zweckes zusammenschließen. Auch rechtsfähige Personengesellschaften können
Unternehmer sein (§ 14, Abs. 2 BGB). Für deren *Geschäftsschulden*
haften dann allerdings – anders als bei Kapitalgesellschaften – grundsätzlich neben dem Gesellschaftsvermögen auch die *Gesellschafter*
mit ihrem *Privatvermögen*. Rechtsfähige Personengesellschaften
sind kraft Gesetzes die Personenhandelsgesellschaften und Partnerschaften, sowie nach der neuen Rechtsprechung auch die Gesellschaft des bürgerlichen Rechts mit unternehmerischer Zielsetzung.

3.2.2.3.1 Personenhandelsgesellschaften

Personenhandelsgesellschaften werden unter ihrer Firma im *Han-*   **Kaufleute**
delsregister eingetragen und können unter ihrer kaufmännischen
Bezeichnung auch Verträge abschließen, klagen und verklagt werden (§§ 105, 124 HGB). Sie sind damit stets *Kaufleute*. Zu ihnen zählen die Offene Handelsgesellschaft, die Kommanditgesellschaft und,
als Sonderfall, die GmbH & Co. Die Personenhandelsgesellschaft
entsteht regelmäßig nach Abschluss des Gesellschaftsvertrages mit
der Geschäftsaufnahme auch schon vor ihrer Eintragung in das

Handelsregister, sofern für ihren Geschäftsbetrieb kaufmännische Einrichtungen erforderlich sind. Nur bei dem Zusammenschluss von Land- und Forstwirten sowie von Kleingewerbetreibenden als sog. *Kann-Kaufleute* ist hierzu die Eintragung notwendig, die dann rechtsbegründend wirkt (§§ 2, 3, 105, Abs. 2 HGB). Die *Firma* der Personenhandelsgesellschaft ist nicht mehr auf die Personenfirma, sprich den Vor- und Zunamen eines vollhaftenden Gesellschafters beschränkt, sondern kann jetzt auch aus dem Unternehmensgegenstand oder einem werbewirksameren Fantasienamen gebildet werden. Daher muss sie den zwingenden Rechtsformzusatz OHG oder KG enthalten (§ 19, Abs. 1, Nr. 2 und 3 HGB).

Offene Handelsgesellschaft (OHG)

Vollhaftung jedes Gesellschafters

Bei der OHG haften zwingend *alle Gesellschafter* für die Geschäftsschulden persönlich unbeschränkt *gesamtschuldnerisch* auch mit ihrem Privatvermögen nach § 128 HGB. Dieses hohe Haftungsrisiko eines OHG-Gesellschafters ist nicht jedermanns Sache, sorgt aber letzten Endes dafür, dass sich jeder Gesellschafter voll für den wirtschaftlichen Erfolg der Gesellschaft einsetzt. Der Vorteil dieser Gesellschaftsform liegt also in ihrer hohen Kreditwürdigkeit.

Kommanditgesellschaft (KG)

Vollhaftung des Komplementärs

Wollen sich bestimmte Gesellschafter nur mit einer Einlage beteiligen und scheuen das hohe Haftungsrisiko, so bietet sich die Gründung einer KG an, die aus zwei Gruppen von Gesellschaftern besteht:
- dem wie bei einer OHG *voll haftenden Komplementär*, dem auch die Geschäftsführung obliegt und der die Gesellschaft nach außen vertritt (§§ 161, 164; 125 HGB) und
- den anderen Gesellschaftern, den *Kommanditisten*: Sie haften nur begrenzt in Höhe ihrer im Handelsregister eingetragenen Vermögenseinlagen gegenüber den Gläubigern, solange die Einlagen noch nicht eingezahlt sind (§ 171 HGB).

Demnach ist klar, dass die Kreditwürdigkeit einer KG von der Bonität des Komplementärs abhängt.

Sonderfall: GmbH & Co.

Beschränkte Haftung wie bei GmbH

Scheut man bei der Kommanditgesellschaft dieses Haftungsrisiko, bietet sich die Gründung einer *GmbH & Co.* an, da die Gesellschafter von Personenhandelsgesellschaften auch juristische Personen sein können. Weit verbreitet ist die Kombination der GmbH mit der KG als GmbH & CoKG oder hin und wieder auch als GmbH & CoOHG. Diese Verknüpfung verbindet die Vorteile der Haftungsbeschränkung bei

der Kapitalgesellschaft mit der größeren vertraglichen Gestaltungsfreiheit einer Personenhandelsgesellschaft. Zunächst wird die GmbH
gegründet, die dann als einzige Komplementärin der später gegründeten KG beitritt.

Üblicherweise wird im Zuge einer *Betriebsaufspaltung* das Grund-
und übrige unternehmerische Sachvermögen der KG zugeordnet, wohingegen die GmbH lediglich den Vertrieb steuert, sodass im Falle
der Insolvenz der GmbH das Sachvermögen nicht in die Insolvenzmasse fällt. Rechtlich betrachtet handelt es sich bei diesem Mischtyp
um eine Sonderform der Personenhandelsgesellschaft, die das gleiche Haftungssystem wie eine Kapitalgesellschaft aufweist. Deshalb
wird die GmbH & Co. im *Insolvenzverfahren* wie eine Kapitalgesellschaft behandelt, mit der Folge, dass neben der Zahlungsunfähigkeit
auch die Überschuldung einen Insolvenzgrund bildet (§ 130a HGB).

Charakteristisch für die *Gesellschafterstruktur* der GmbH & CoKG
ist auch die häufige Identität der Gesellschafter, wobei die GmbH als
vollhaftende Komplementärin der KG beitritt und die Gesellschafter
der GmbH zugleich auch Kommanditisten der KG sind. Um eine Täu-
schungsgefahr im Hinblick auf die Haftungslage für den Geschäftsverkehr auszuschließen, ist im Firmennamen der haftungsbeschränkende Zusatz der GmbH durch die Bezeichnung GmbH &CoKG bzw.
OHG aufzunehmen (§ 19, Abs. 2 HGB). Mehr als die Hälfte aller KG's
– insgesamt über 300.000 in der BRD – verdanken ihre Existenz allein dieser Kombinationsform.

Betriebsaufspaltung

Tipp

> Was die Geschäftsabschlüsse angeht, die typischerweise von der
> GmbH als Produktions- oder reine Vertriebsgesellschaft getätigt
> werden, ist deshalb die gleiche Vorsicht angebracht wie gegenüber
> reinen GmbH's.

3.2.2.3.2 Partnerschaft von Freiberuflern

Seit 1995 können sich auch mehrere Freiberufler, wie Ärzte,
Rechtsanwälte, Architekten, Künstler etc. anstelle der schlichten Sozietät oder Praxisgemeinschaft in Form der Gesellschaft
des bürgerlichen Rechts ganz offiziell – rechtlich geschützt – zu
Partnerschaften nach dem Partnerschaftsgesellschaftsgesetz zusammenschließen. Möglich ist auch die Verbindung verschiedener
Freiberufler unter diesem einheitlichen rechtlichen Dach, wenn es
wirtschaftlich Sinn macht, wie etwa bei Rechtsanwälten, Steuerberater und Wirtschaftsprüfern. Die Gründung einer Partnerschaft
erfordert die Unterzeichnung eines schriftlichen *Partnerschafts-
vertrages* durch die Partner und deren anschließende Eintragung
in das *Partnerschaftsregister* unter den Namen mindestens eines

**Partnerschafts-
register**

Partners und dem gesellschaftlichen Zusatz »und Partner« oder »Partnerschaft« (§§ 2–5 PartGG). Wirksam nach außen wird sie erst durch die Eintragung (§ 7 PartGG).

Haftungs-beschränkung

Für Verbindlichkeiten der Partnerschaft haften – mangels abweichender Vereinbarung – (ähnlich wie bei der offenen Handelsgesellschaft) alle Partner dem Gläubiger gegenüber als Gesamtschuldner; dabei kann aber entsprechend der Kommanditgesellschaft eine Haftungsbeschränkung auf den für das Geschäft verantwortlichen Partner erfolgen (§ 8 PartGG). Die Partnerschaft hat keine Firma, sondern einen Namen und betreibt kein Handelsgewerbe und ist deshalb auch kein *Kaufmann* (§ 1, Abs. 2 PartGG). Das hat zur Folge,

Partnerschaft betreibt kein Handelsgewerbe

dass die Vorschriften des HGB nur gelten, wenn das Partnergesellschaftsgesetz ausdrücklich auf sie verweist. Im Einzelnen heißt das, dass die Regelungen über die Prokura, Handlungsvollmacht und die Handelsgeschäfte nicht gelten und deshalb eine Partnerschaft keine Prokura erteilen kann (OLG München NJW 2005, S. 3730). Jedoch wird die Partnerschaft im Hinblick auf ihre rechtliche Organisation weitgehend den gleichen Bestimmungen wie die Offene Handelsgesellschaft unterworfen.

3.2.2.3.3　Gesellschaft des bürgerlichen Rechts (GbR)

Gründung erfordert Gesellschafts-vertrag

Als Unternehmensform kann auch die Gesellschaft des bürgerlichen Rechts, insbesondere für den Betrieb kleinerer Geschäfte oder für Personengemeinschaften von Freiberuflern benutzt werden (§§ 705 ff BGB). Sie findet aber auch als organisierte Form vorübergehender Kooperationen zwischen Unternehmen Anwendung, etwa zur Abwicklung von Arbeitsgemeinschaften oder Projektgemeinschaften. Zur *Gründung* der GbR ist lediglich ein *Gesellschaftsvertrag* notwendig. Die GbR kann nicht in das Handelsregister eingetragen werden und besitzt damit auch rechtlich keine Firma.

Sie gilt aber dennoch nach der neueren Rechtsprechung als *rechtsfähige Personengesellschaft*. Das bedeutet, dass sie unter dem Namen der Gesellschaft Verträge abschließen, klagen und verklagt werden kann (BGH NJW 2002, S. 368). Für die Geschäftsschulden der GbR haften mangels abweichender Vereinbarung, genau wie bei der offenen Handelsgesellschaft, alle Gesellschafter gesamtschuldnerisch und unbeschränkt.

3.2.2.3.4　Eingetragene Genossenschaft (eG)

Genossenschafts-register

Die *eingetragene Genossenschaft* ist wie die Kapitalgesellschaft eine rechtsfähige juristische Person und unterscheidet sich nach dem Genossenschaftsgesetz von den kaufmännischen Handelsgesellschaften dadurch, dass ihr wirtschaftlicher Zweck in erster Linie auf die *Förderung der Wirtschaft* ihrer Mitglieder, der Genossen, angelegt ist und sie damit eigentlich keine unternehmerischen Ziele verfolgt (§ 1 GenG). Im

Außenverhältnis zu den Geschäftspartnern spielt das aber keine Rolle. Wirtschaftliche Bedeutung hat die Genossenschaft vor allem im Bankensektor, in den sog. Genossenschafts- und Raiffeisenbanken, im Bereich der Landwirtschaft als Agrar- und Winzergenossenschaften und im Wohnungsbauwesen als Wohnungsbaugenossenschaften und schließlich auch im Handel in Form der Einkaufsgenossenschaften erlangt.

Die Genossenschaft als rechtsfähige juristische Person entsteht, wie die Kapitalgesellschaft, durch die Eintragung in das *Genossenschaftsregister* unter ihrer Firma, die den auf die Rechtsform hinweisenden Zusatz eG enthalten muss. Sie ist damit ebenfalls Kaufmann. Im Unterschied zu den Kapitalgesellschaften müssen ihre Gründer nicht ein bestimmtes Mindestkapital aufbringen, dafür haben sich aber drei Personen zusammenzufinden und ein schriftliches Statut zu unterzeichnen, sodass eine Ein-Mann-Genossenschaft ausgeschlossen ist (§§ 4, 5 GenG). Zur Aufnahme des Geschäftsbetriebes muss die Genossenschaft als Zwangsmitglied i.d.R. ihrem *Genossenschaftsverband* beitreten.

3.2.3   Das kaufmännische Unternehmen

Neben der Rechtsform bildet der Kaufmannstatus den zweiten wichtigen Faktor für die rechtliche Behandlung von Unternehmen als Geschäftspartner. Die Eigenschaft als Kaufmann ist nämlich die Grundvoraussetzung, dass die *handelsrechtlichen Vorschriften des HGB* überhaupt Anwendung finden. Nur kaufmännische Unternehmer werden im Handelsregister oder Genossenschaftsregister unter ihrer Firma eingetragen und können geeigneten Mitarbeitern Prokura erteilen. Für ihre Geschäftsverträge gelten neben dem BGB auch die besonderen Bestimmungen über Handelsgeschäfte.

Geltung des HGB

3.2.3.1   Begriff und Formen des Kaufmanns

Die Systematik des Kaufmannsrechts ist für jeden Wirtschaftler leicht zu verstehen.

3.2.3.1.1   Kaufmannsbegriff

Als *Kaufmann* gilt nur der wirtschaftlich selbstständige gewinnorientierte Unternehmer i.S.v. § 14 BGB, der ein *Handelsgewerbe* betreibt (§ 1, Abs. 1 HGB). Dazu zählen nur größere Unternehmen, die nach Art und Umfang einen in kaufmännischer Weise eingerichteten *Geschäftsbetrieb* erfordern (§ 1, Abs. 2 HGB). Ohne Rücksicht auf branchenmäßige Besonderheiten kann man i.d.R. davon ausgehen, dass bei einem Mindestumsatz von 500.000 €, einer Beschäftigtenzahl von mehr als fünf Arbeitnehmern und einem Verkehrswert des Betriebsvermögens ab 200.000 € diese Voraussetzungen erfüllt sind.

Größerer Unternehmer ist Kaufmann

Selbstständige Freiberufler sind keine Kaufleute

Selbstständige *Freiberufler* sind zwar auch Unternehmer, betreiben jedoch nach herkömmlicher Sichtweise, wie es auch durch gesetzliche Regelungen bekräftigt wird, eben kein Gewerbe und sind deshalb keine Kaufleute. Dazu gehören anerkanntermaßen Rechtsanwälte, Patentanwälte, Wirtschaftsprüfer, Steuerberater, Ärzte, Architekten, frei arbeitende Sachverständige und Wissenschaftler sowie alle selbstständigen Künstler und Artisten. Diese können sich dann nicht zu Personen- und Handelsgesellschaften in der Form der OHG oder KG zusammenschließen, wohl steht ihnen aber für die Bildung von Praxisgemeinschaften oder Sozietäten die Rechtsform der *Gesellschaft des bürgerlichen Rechts* oder auch der Partnerschaft offen. Neuerdings können sich die meisten auch in der Rechtsform der *Kapitalgesellschaft* als GmbH oder AG organisieren, soweit es mit ihrem Standesrecht vereinbar ist.

3.2.3.1.2   Kaufmannsformen

Im Hinblick auf den Erwerb des Kaufmannsstatus, insbesondere auf die Eintragung in das Handels- bzw. Genossenschaftsregister, unterscheidet man *drei Grundtypen* von Kaufleuten. Daneben gibt es noch – im Interesse der Rechtssicherheit des Handelsverkehrs – den *Scheinkaufmann* kraft Auftretens (siehe Abbildung 3.3).

Ist-Kaufleute

Jeder größere Einzelunternehmer, der ein Gewerbe betreibt und nach dessen Art und Umfang einen in kaufmännischer Weise eingerichteten Geschäftsbetrieb benötigt, ist unausweichlich kraft seines Gewerbes Kaufmann (§ 1 HGB). Er muss sich deshalb unter einer Firma in das *Handelsregister* nach § 29 HGB *eintragen* lassen. Die Eintra-

Ist-Kaufmann	Kann-Kaufmann	Form-Kaufmann	Scheinkaufmann kraft Auftretens
• Größeres Einzelunternehmen mit kaufmännisch eingerichtetem Geschäftsbetrieb auch ohne Eintragung • Größere Personenhandelsgesellschaft • Eintragungspflicht Ausnahme: Freiberufler	• Eingetragener größerer Land- oder Forstwirt mit Haupt- und/oder selbstständigem Nebengewerbe • Eingetragener Kleingewerbebetreibender oder eingetragene kleinere Personenhandelsgesellschaft • Eintragung freiwillig	• Eingetragene Kapitalgesellschaft • Eingetragene Genossenschaft • Auch bei freiberuflicher Tätigkeit	Privatperson, die ohne Eintragung im Handelsregister als Kaufmann auftritt

Abb. 3.3: Kaufmannsformen

gung besitzt aber nur eine rechtsbezeugende bzw. *deklaratorische Wirkung*, weil der Unternehmer schon mit Geschäftsaufnahme auch vor der Eintragung in das Handelsregister Kaufmann ist. Gleiches gilt im Übrigen für die *Personenhandelsgesellschaften* OHG und KG, die stets unter ihrer Firma in das Handelsregister eingetragen werden müssen (§§ 6, Abs. 1, 105, Abs. 1 HGB). Hier hat die Rechtsprechung darüber hinaus sogar entschieden, dass wegen der persönlichen Haftung jeder OHG-Gesellschafter und der Komplementär einer KG ebenfalls persönlich als Kaufmann anzusehen ist (BGH BB 1968, S. 1053).

Ob für das betreffende Unternehmen solche *kaufmännische Geschäftseinrichtungen* notwendig sind oder nicht, ist für außenstehende Geschäftspartner nur schwer zu beurteilen. Deshalb muss sich jeder Gewerbetreibende im Handelsregister eintragen lassen, sofern er nicht beweist, dass für seinen Betrieb keine kaufmännischen Geschäftseinrichtungen erforderlich sind. Darüber hinaus gilt jeder Gewerbetreibende, der unter einer Firma im Handelsregister eingetragen ist, ohne Rücksicht auf die Größe seines Geschäftsbetriebs als Kaufmann, solange er dort vermerkt ist (§ 5 HGB).

Kann-Kaufleute

Größere *Land- und Forstwirte*, die für ihren Geschäftsbetrieb oder für einen selbstständigen Nebenbetrieb zur eigenen Produktvermarktung kaufmännische Einrichtungen benötigen, müssen sich zwar nicht, können sich aber, wenn sie wollen, unter einer Firma in das Handelsregister mit dem land- und forstwirtschaftlichen Hauptgewerbe oder auch nur mit dem selbstständigen Nebengewerbe eintragen lassen und werden dadurch Kaufleute. Die *Eintragung* besitzt daher rechtsbegründende oder *konstitutive Wirkung* für den Erwerb des Kaufmannsstatus (§ 3 HGB).

Eingetragene Land- und Forstwirte

Anerkannte *Nebenbetriebe* sind:
- Im Bereich der *Landwirtschaft*: Brauereien, Molkereien, Mühlen, Kies- und Sandgruben, Ziegeleien, fleischverarbeitende Betriebe oder auch ein größerer Öko-Laden etc.
- Im Bereich der *Forstwirtschaft*: Sägewerke, Baumschulen etc.

Lässt sich der Land- und Forstwirt nur mit seinem größeren selbstständigen Nebenbetrieb in das Handelsregister eintragen, so ist er *Kaufmann* auch nur im Bereich seines Nebengewerbes, innerhalb seines land- und forstwirtschaftlichen *Hauptbetriebes* bleibt er dagegen *Nicht-Kaufmann*. Eine solch rechtliche Aufgliederung erfordert demzufolge eine unterschiedliche rechtliche Beurteilung der von dem Land- oder Forstwirt getätigten Geschäfte.

Nebenbetrieb

> **Beispiel:**
> *Ein großer Gutsbesitzer betreibt eine umfangreiche Viehzucht und vermarktet die Produkte durch eine eigene Molkerei und einen fleischverarbeitenden Betrieb selbst, mit dem er sich unter einer Firma im Handelsregister eintragen lässt. Kauft der Gutsbesitzer nun junge Kälber für seine Viehzucht, so bestimmt sich der Kauf allein nach BGB, bei einem späteren Verkauf von Milchprodukten und Fleischprodukten ist er aber Kaufmann, sodass er zusätzlich den schärferen Bestimmungen des Handelskaufs im HGB unterliegt.*

Eingetragene kleinere Unternehmer

Kleingewerbetreibende können sich ebenfalls freiwillig unter einer Firma in das Handelsregister eintragen lassen, sodass sie nach vollzogener Eintragung *Kann-Kaufleute* sind (§ 2 HGB). Kleineren Land- und Forstwirten wird dagegen nach wie vor der Zugang zum Kaufmannstand verwehrt. Darüber hinaus können sich sowohl mehrere Kleingewerbetreibende oder mehrere größere Land- und Forstwirte zu einer Personenhandelsgesellschaft zusammenschließen und ins Handelsregister eintragen lassen (§§ 105 Abs. 2, 2 u. 3 HGB). Das gilt auch für reine *Vermögensverwaltungsgesellschaften*, die eigentlich überhaupt kein Gewerbe betreiben.

Formkaufleute

Kaufleute kraft Rechtsform

Die dritte Gruppe der Kaufleute bilden schließlich die *Kapitalgesellschaften* und die eingetragenen *Genossenschaften*, die bereits kraft ihrer *Rechtsform* die Kaufmannseigenschaft erwerben, da sie als juristische Person erst durch die Eintragung in das Handels- bzw. Genossenschaftsregister unter ihrer Firma entstehen (§ 6, Abs. 2 HGB). Der Gesetzgeber geht dabei wie selbstverständlich davon aus, dass diese Gesellschaften einen umfangreichen Geschäftsbetrieb mit kaufmännischen Einrichtungen benötigen. Bei diesem Kaufmannstyp kommt es im Unterschied zu den anderen überhaupt nicht darauf an, ob von der Gesellschaft ein Gewerbe im eigentlichen Sinne betrieben wird oder nicht. Daher steht der Typus des Formkaufmanns auch Freiberuflern offen, falls das nach ihrem Standesrecht zulässig ist.

> **Beispiel:**
> *Mehrere Steuerberater oder Anwälte können eine GmbH gründen, nicht jedoch eine OHG oder KG, wohl aber eine Partnerschaft oder eine Sozietät als schlichte Gesellschaft bürgerlichen Rechts.*

3.2.3.1.3   Scheinkaufmann kraft Auftretens

Diese nicht im Gesetz geregelte, aber auf gewohnheitsrechtlich anerkanntem *Handelsbrauch* beruhende Form dient allein dem *Schutze* der *Geschäftspartner* von vermeintlichen Kaufleuten, die sich bei einem entsprechenden Verhalten des Gegenübers darauf verlassen, dass sie es mit einem Kaufmann zu tun haben. So scheuen manche Kleinunternehmer oder gar Privatpersonen, obwohl nicht im Handelsregister unter einer Firma eingetragen, nicht davor zurück, sich einen kaufmännischen Anstrich zu geben, um als seriöse Geschäftsleute zu gelten. Sie müssen sich dann nach der anerkannten Rechtsregel der Lehre vom *Scheinkaufmann kraft Auftretens* einem gutgläubigen Geschäftspartner gegenüber gemäß dem gesetzten Rechtsschein eben wie ein Kaufmann behandeln lassen.

Folgende Tatbestände sind geeignet, eine in Wirklichkeit nicht vorhandene Kaufmannseigenschaft vorzutäuschen:

Vortäuschen der Kaufmannseigenschaft

- Auftreten unter einer »Firma«,
- Verwendung kaufmännisch aussehender Korrespondenzunterlagen,
- Auftreten eines Mitarbeiters als Prokurist mit Wissen oder Wissen können des Inhabers,
- Bezeichnung eines kleingewerblichen Betriebes als »Handelsgesellschaft« oder »Fabrik«,
- Auftreten als persönlich haftender Gesellschafter einer Handelsgesellschaft, wie z.B. die Vorgabe, vertretungsberechtigter Teilhaber einer OHG zu sein.

Auf derart schlüssiges Gebaren kann sich nun der Geschäftspartner verlassen. Er braucht diese Angaben durch Einsichtnahme in das Handelsregister nur zu überprüfen, soweit es sich um besonders bedeutsame Geschäfte handelt (BGH WM 1992, S. 1392). Lediglich wenn triftige Verdachtsmomente vorliegen, muss er stets Nachforschungen anstellen. Ansonsten gilt er wegen fahrlässigen Verhaltens nicht mehr als gutgläubig und dann nicht mehr als schutzwürdig (BGH WM 1976, S. 74). Diese Wirkung des *Rechtsscheins* endet gegenüber dem ahnungslosen Geschäftspartner erst, wenn dieser Kenntnis von dem den Rechtsschein zuwiderlaufenden Tatsachen erhält oder wenn nach der Vortäuschung der Kaufmannseigenschaft so viel Zeit verstrichen ist, dass ihm eine erneute Prüfung der Sachlage zugemutet werden kann (BGHZ 17, S. 15).

Beispiel:
Ehemann M war in dem Einzelunternehmen seiner Ehefrau F als Angestellter beschäftigt. M hat sich dabei aber mehrfach, vor allem bei dem ersten geschäftlichen Kontakt, als vertretungsberechtigter Teilhaber ausgegeben. Kurze Zeit später ist er ohne Wissen der Geschäftspartner aus der Firma ausgeschieden.

> *Der Bundesgerichtshof hat nun den Ehemann zur Zahlung von Geschäftsverbindlichkeiten, die wenige Monate nach seinem Ausscheiden von der Ehefrau F eingegangen worden sind, gemäß des von ihm gesetzten Rechtsscheins als vollhaftenden Gesellschafter nach § 128 HGB verurteilt.*

3.2.3.2   Informationspflichten des kaufmännischen Unternehmers

Angaben auf Geschäftsbriefen

Um eine Basisinformation des Geschäftsverkehrs über wichtige Unternehmensdaten von Kaufleuten zu gewährleisten, sind diese von Gesetzes wegen verpflichtet, auf ihren *Geschäftsbriefen*, die an einen bestimmten Empfänger gerichtet sind, über ihr Unternehmen zu informieren. Dabei wird nach der Unternehmensform genauer differenziert.

Einzelhandelsunternehmen haben auf ihren Geschäftsbriefen, weil nunmehr auch Phantasiefirmen zulässig sind, den Familiennamen, mindestens einen Vornamen des Inhabers, den Ort der Handelsniederlassung und die Nummer, unter der die Firma in das Handelsregister eingetragen ist, anzugeben (§ 37a HGB).

Bei *Personenhandelsgesellschaften* müssen Rechtsform, Sitz der Gesellschaft, das Registergericht und die Registernummer genannt werden. Ist kein Gesellschafter eine vollhaftende natürliche Person, wie bei der GmbH & CoKG, gelten die gleichen Anforderungen wie für die betreffende Kapitalgesellschaft. Zusätzlich müssen die Firmen der Gesellschafter genannt werden (§ 125a HGB).

Kapitalgesellschaften und *Genossenschaften* haben schließlich die Rechtsform, den Sitz der Gesellschaft, das Registergericht, die Registernummer, alle Vorstandsmitglieder bzw. Geschäftsführer und den Vorsitzenden des Aufsichtsrats – bei der GmbH soweit vorhanden – mit dem Familiennamen und mindestens einem ausgeschriebenen Vornamen anzugeben (§§ 80 AktG, 35a GmbHG, 25a GenG). Werden bei der AG und GmbH Angaben über das Kapital gemacht, ist das Grundkapital bzw. Stammkapital ggf. nebst ausstehender Einlagen anzugeben.

Dagegen erhält man keine Information über die wichtigen *Vertretungsverhältnisse*, die über das Handels- oder Genossenschaftsregister ermittelt werden müssen. Ansatzpunkt für diese konkrete Recherche bietet die registerliche Eintragungsnummer, die in dem Geschäftsbrief stehen muss.

Diese Hinweise sind in schlichten Mitteilungen oder Berichten im Rahmen einer bestehenden Geschäftsverbindung nicht erforderlich. Dort verwendet man üblicherweise Vordrucke, die lediglich im Einzelfall durch die erforderlichen Personenangaben ergänzt werden. Andererseits sind jedoch *Bestellscheine* nach den einschlägigen gesetzlichen Vorschriften genau wie Geschäftsbriefe zu behandeln.

Stimmen die auf den Geschäftsbriefen genannten Unternehmensdaten nicht, kann der Geschäftspartner dennoch kraft dieses gesetzten Rechtsscheins auf diese unrichtigen Daten im Einzelfall
vertrauen, sodass die verantwortliche Unternehmensleitung diese,
wenn auch falschen Fakten gegen sich gelten lassen muss. Das beruht
auf den gleichen Überlegungen der Rechtsscheinshaftung, wie beim
Scheinkaufmann kraft Auftretens (vgl. Kap. 3.2.3.1.3).

Fehlerhafte Angaben

3.2.3.3 Einordnung des Geschäftspartners als Kaufmann

Ob Ihr Geschäftspartner *Kaufmann* ist oder nicht, lässt sich an zwei
verlässlichen Anhaltspunkten erkennen:

1. Zunächst kann man sich an dessen Auftreten orientieren. Achten
   Sie darauf, wie Ihr Geschäftspartner sich Ihnen gegenüber verhält. Erweckt er in *Geschäftsbriefen* oder durch sonstiges Verhalten oder Auftreten den Eindruck, Kaufmann zu sein, dürfen Sie
   ihn auch rechtlich als solchen behandeln. Keinesfalls brauchen
   Sie für übliche Geschäftsverträge die Richtigkeit seiner Angaben
   durch Einsichtnahme in das Handelsregister oder Genossenschaftsregister zu überprüfen. Sollte sich der von ihm erweckte
   Eindruck als falsch herausstellen, so muss er sich Ihnen gegenüber als Scheinkaufmann kraft seines tatsächlichen Verhaltens
   behandeln lassen. Eine *Nachforschungspflicht* trifft Sie lediglich,
   wenn es um besonders bedeutsame, weit in die Zukunft reichende Geschäfte oder wirtschaftlich wichtige Transaktionen
   geht oder Umstände vorliegen, die bei Ihnen Zweifel begründen
   müssen.

Geschäftsbriefe

2. Die verlässlichste Informationsquelle über Unternehmen stellt
   immer noch die Eintragung in das betreffende *Unternehmensregister* dar. Jeder Gewerbetreibende, der unter einer Firma im
   Handelsregister eingetragen ist, gilt dann stets mit allen Konsequenzen als Kaufmann. Deshalb sind Sie gut beraten, wenn
   Sie bei *Aufnahme einer Geschäftsverbindung* direkt das Handels-
   und Genossenschaftsregister als Informationsquelle heranziehen
   oder von Ihrem künftigen Geschäftspartner die Vorlage eines
   Registerauszugs verlangen.

Registerauszug

3.2.3.4 Bestimmung des Vertragsinhalts durch
Handelsklauseln

Im *Geschäftsverkehr zwischen kaufmännischen Unternehmen*, wenn
also beide Vertragsparteien Kaufleute sind, haben sich zahlreiche
Kurzformeln zur Vereinfachung der Vertragsabwicklung herausgebildet, auf die die Vertragspartner Bezug nehmen können. Diese
Handelsklauseln gelten in ihrem allgemeinen gebräuchlichen Sinne
als Ausdruck der kaufmännischen Verkehrssitte. Man spricht dann
auch von *Handelsbräuchen* (§ 346 HGB). Auch ohne ausdrücklichen

Verweis werden Sie in einem Rechtsstreit zur Auslegung von zweifelhaften oder lückenhaften Vertragsregelungen herangezogen. Handelsklauseln spielen vor allem bei internationalen Geschäftsverträgen, zur Ausprägung einheitlicher internationaler Standards eine
sehr große Rolle, sind aber auch bei Geschäftsverträgen zwischen
inländischen Unternehmen von Belang.

Tipp

> Übernehmen Sie deshalb in Ihren Geschäftsverträgen keinesfalls
> Handelsklauseln, deren Bedeutung Sie nicht genau kennen. Auskünf-
> te über die wichtigsten Handelsklauseln für den Inlandsverkehr erhält
> man von den Industrie- und Handelskammern.

**Übliche
Handelsklauseln**

Die folgende alphabetisch geordnete Aufzählung und kurze Erläuterung üblicher *Handelsklauseln für den Inlandsverkehr* erhebt keinerlei Anspruch auf Vollständigkeit.

- *Abruf nach Bedarf:* Der Käufer darf seinen Bedarf nicht anderweitig eindecken.
- *Ab Werk (auch unfrei):* Der Käufer hat die Versendungskosten zu
  tragen (§ 448 BGB), jedoch kein Recht zur Selbstabholung.
- *Fest bis ...:* Der Anbietende ist bis zum Ablauf der genannten
  Frist an das Angebot gebunden. Die Gegenseite kann das Ange-
  bot auch nur innerhalb der Frist annehmen.
- *Frei bleibend (»ohne obligo« bzw. »unverbindlich«):* Der Anbietende
  behält sich das Recht vor, erst nach Eingang der Annahme über
  den Vertragsabschluss zu entscheiden. Er muss die Ablehnung
  aber unverzüglich erklären, ansonsten wird der Vertrag wirk-
  sam.
- *Frei Haus:* Der Verkäufer übernimmt die Kosten von Fracht und
  Versicherung.
- *Kasse gegen Rechnung oder Verladepapiere:* Bedeutet striktes
  Barzahlungsversprechen unter Ausschluss der Aufrechnung mit
  Gegenforderungen oder der Geltendmachung von Zurückbehal-
  tungsrechten.
- *Nettokasse:* Barzahlung ohne Abzug von Skonto.
- *Preis freibleibend:* Der Verkäufer darf den vereinbarten Preis
  bei Lieferung nach billigem Ermessen erhöhen bis zur Höhe des
  üblichen Marktpreises zur Lieferzeit.
- *Richtige und rechtzeitige Selbstbelieferung bleibt vorbehalten:* Verkäufer wird von seiner Lieferpflicht frei, wenn er mit seinem Lieferanten zur Vertragserfüllung ein sog. kongruentes Deckungsgeschäft abgeschlossen hat, dieser ihn aber nicht richtig oder
  rechtzeitig beliefert. Er hat dann aber dem Käufer die Rechte aus
  dem Vertrag mit seinem Lieferanten abzutreten (BGH WM 1992,
  S. 356).

● *Wie besichtigt (auch »wie besehen«):* Bedeutet Ausschluss der Gewährleistung und Haftung wegen Mängeln, die bei Besichtigung erkannt wurden oder hätten erkannt werden müssen – fahrlässige Unkenntnis (vgl. § 442 BGB). Regelmäßig trägt aber der Verkäufer die Beweislast für die Kenntnis oder fahrlässige Unkenntnis des Käufers (OLG Frankfurt DB 1980, S. 779).

Wesentlich zahlreicher sind die von der internationalen Handelskammer in Paris herausgegebenen *internationalen Handelsklauseln,* die für die Geschäftsbeziehung mit ausländischen Partnern gelten.

3.2.3.5   Niederlassungen kaufmännischer Unternehmen

Nicht nur größere, sondern auch mittlere kaufmännische Unternehmen mit einem umfangreichen Einzugsgebiet besitzen mehrere Niederlassungen, wobei die Unterscheidung zwischen *Haupt-* und *Zweigniederlassungen* rechtlich von Belang ist. Will man sich eine komplette Übersicht über die geschäftlichen Verhältnisse solch größerer Unternehmen im Hinblick auf die Eintragungen im Handelsregister verschaffen, recherchiert man bei dem für die Hauptniederlassung oder dem Unternehmenssitz zuständigen Registergericht, weil dort zentral alle eingetragenen Unternehmensdaten erfasst sind (§ 13 Abs. 2 HGB).

Eintragung von Niederlassungen

Hauptniederlassung

Die Hauptniederlassung, auch Hauptgeschäft oder *Zentrale* genannt, bildet den Mittelpunkt des gesamten Unternehmens, das von dort geleitet und verwaltet wird. Die Entscheidung über die Hauptniederlassung treffen allein der Unternehmer oder die Repräsentanten des Unternehmens, wie Gesellschafter, Geschäftsführer und Vorstand. In rechtlicher Hinsicht wird durch die Hauptniederlassung der *Erfüllungsort* von Geschäftsverträgen (§§ 269, Abs. 2, 270, Abs. 2 BGB) und bei Rechtsstreitigkeiten der Gerichtsstand bestimmt (§§ 17, 21 ZPO). *Registeranmeldungen* sind grundsätzlich beim Registergericht der Hauptniederlassung einzureichen (§ 13 HGB).

Zentrale

Zweigniederlassung

Die Zweigniederlassung, im Wirtschaftsverkehr auch als *Filiale* bezeichnet, bildet einen Teil des Unternehmens und sollte eine gewisse *organisatorische Selbstständigkeit* (eigenes Bankkonto, gesonderte Buchführung) besitzen und dauerhaft von der Hauptniederlassung räumlich getrennt sein. Kennzeichnend ist auch die Befugnis des Leiters, nach außen selbstständig zu handeln. Die schlichte Bezeichnung »Filiale« reicht nicht aus, wenn es sich dabei lediglich um ein Büro oder eine vergleichbare Einrichtung handelt, die nur unselbststän-

Filiale

dige Geschäfte auszuführen hat. Vielmehr handelt es sich dann um eine untergeordnete unselbstständige Unternehmensabteilung.

Prinzip der Identität   Als Bestandteil des Unternehmens ist eine rechtliche und wirtschaftliche Identität zwischen Hauptniederlassung und Zweigniederlassung erforderlich, sodass Unternehmensträger der Haupt- und Zweigniederlassung sowie der Geschäftsbetrieb im Wesentlichen gleich sein müssen.

> **Beispiel:**
> *Beide Eheleute sind unternehmerisch tätig, wobei der Ehemann eine Bauschreinerei und die Ehefrau ein Schmuckgeschäft betreibt. Schon wegen der unterschiedlichen Personen handelt es sich hier um zwei Unternehmen.*
>
> *Beide Eheleute sind Gesellschafter einer OHG, die ein Kaufhaus betreibt mit zwei Niederlassungen. Der Ehemann leitet das Geschäft A, die Ehefrau das Geschäft B. In diesem Fall besteht nur ein einziges Unternehmen. Die Eheleute müssen sich darüber einigen, welche der beiden Niederlassungen die Hauptniederlassung sein soll.*
>
> *Kaufmann K ist Inhaber eines Versicherungs- und Reisebüros. Da es sich um ganz verschiedene Geschäftszweige handelt, besitzt K hier zwei Unternehmen.*

Selbstständige Zweigniederlassungen sind als selbstständige Filialen an dem für ihren Sitz zuständigen Registergericht gesondert in das Handels- oder Genossenschaftsregister einzutragen (§ 13, Abs. 1 HGB).

3.2.4   Repräsentanten des Unternehmens

Organvertreter   *Einzelunternehmen* werden durch ihre jeweiligen Inhaber, die Unternehmer, repräsentiert, *Personengesellschaften* durch ihre vertretungsberechtigten Gesellschafter. Nur bei den *Kapitalgesellschaften* und eingetragenen *Genossenschaften* sind von den Kapitaleignern getrennte, besonders vertretungsberechtigte Organe als Geschäftsführer oder Vorstand vorgesehen, die deren wirtschaftlichen Interessen zu vertreten haben. Rechtlich betrachtet, handelt es sich bei der Repräsentation von Gesellschaften um die *organschaftliche Vertretung*, die wegen des Sachzusammenhangs unter dem besonderen Komplex der Vertretung von Unternehmen zusammen mit den Handelsvollmachten erläutert werden soll (vgl. Kap. 3.3.2).

3.2.5   Haftung für Unternehmensverbindlichkeiten

Unternehmensform ist bestimmend   Sie müssen stets damit rechnen, dass Ihre Geschäftsverträge mit anderen Unternehmen von diesen nicht vertragsgerecht erfüllt werden. Dieses Erfüllungsrisiko wirkt sich vor allem bei Verträgen mit langen Abwicklungs- oder Laufzeiten aus. Für den enttäuschten Geschäftspartner stellt sich dann zwangsläufig die Frage, wer innerhalb des Unternehmens für seinen dadurch entstandenen Schaden geradezustehen hat. Dieser Punkt sollte unbedingt vor Vertragsabschluss geklärt sein. Das *unternehmerische Haftungssystem* wird hauptsächlich von der *Rechtsform* des Unternehmens bestimmt (siehe Abbildung 3.4).

Rechtsfähige Personengesellschaften			
Offene Handelsgesellschaft	Kommanditgesellschaft	Partnerschaft	Gesellschaft bürgerlichen Rechts
Gesellschaftsvermögen + jeder Gesellschafter unbeschränkt mit Privatvermögen	Gesellschaftsvermögen + jeder Komplementär unbeschränkt + jeder Kommanditist beschränkt in Höhe seiner (noch nicht geleisteten) Einlage	Gesellschaftsvermögen + jeder Partner unbeschränkt, aber mit gesetzlicher Haftungsbeschränkung auf den verantwortlichen Partner	Gesellschaftsvermögen + jeder Gesellschafter unbeschränkt, aber mit der Möglichkeit der Haftungsbeschränkung auf das Gesellschaftsvermögen durch Einzelvereinbarung mit Gläubiger
Juristische Personen			
Kapitalgesellschaft		Genossenschaft	
nur: Gesellschaftsvermögen		nur: Gesellschaftsvermögen	
Ausnahme: persönliche Haftung des Komplementärs bei der KGaA		+ ggf. (beschränkte) Nachschusspflicht der Genossen bei Insolvenz der Genossenschaft	

Abb. 3.4: Haftung für Unternehmensverbindlichkeiten

3.2.5.1   Einzelunternehmen

Die Haftungslage bei Einzelunternehmen ist klar und eindeutig: Es haftet stets der *Inhaber* sowohl mit seinem Geschäfts- als auch seinem Privatvermögen unbeschränkt. Wegen des hohen Haftungsrisikos des Unternehmers, das auch seine private Existenz vernichten kann, müssen diese Geschäfte bei ausreichender Bonität des Unternehmers nicht besonders abgesichert werden. Klärungsbedarf besteht aber bei einem *Inhaberwechsel*.

Unbeschränkte Haftung des Inhabers

Tod des Unternehmers

Stirbt der Inhaber, so haften dessen Erben erbrechtlich für dessen gesamte Schulden, also auch für die früheren Geschäftsverbindlichkeiten, und zwar grundsätzlich unbegrenzt mit ihrem schon vor-

Erben haften erbrechtlich

handenen Privatvermögen, sofern sie ihre Haftung nicht durch gerichtlich angeordnete Nachlassverwaltung oder, bei Überschuldung des Nachlasses, durch ein Insolvenzverfahren auf die *Erbmasse beschränken* (§§ 1967 ff BGB).

Unbeschränkt bei Fortführung

Handelt es sich bei dem ererbten Unternehmen um ein *kaufmännisches Einzelhandelsunternehmen* und führen die Erben das Handelsgeschäft unter der bisherigen Firma mindestens drei Monate fort, nachdem sie von ihrer Berufung als Erben erfahren haben, haften sie für die Geschäftsverbindlichkeiten nach § 27 HGB unbeschränkt nicht nur mit dem ererbten Geschäftsvermögen, sondern auch mit ihrem schon vorhandenen Privatvermögen. Die erbrechtliche Haftungsbeschränkung gilt dann nur für die Privatschulden des verstorbenen Erblassers.

Unternehmensverkauf

Fortführung mit oder ohne Nachfolgezusatz

Ein *hohes Haftungsrisiko* geht auch der Erwerber oder Pächter eines Unternehmens ein, wenn er, wie i.d.R., die bisherige Firma mit oder ohne Nachfolgezusatz fortführt und sich damit den Goodwill des Unternehmens zunutze macht. Dann haftet nämlich grundsätzlich der neue Inhaber neben dem alten auch für die alten Geschäftsschulden (§§ 25, Abs. 1, 22, Abs. 2 HGB; vgl. Kap. 3.2.5.8).

Aufnahme neuer Gesellschafter

Haftung der Gesellschaft und des neuen Gesellschafters

Ähnliche Haftungsfolgen ergeben sich, wenn der bisherige Inhaber weitere Personen als persönlich haftende Gesellschafter oder Kommanditisten in sein Unternehmen aufnimmt und dadurch eine *Personenhandelsgesellschaft* – entweder als OHG oder KG – entsteht. In diesem Fall gehen die alten Geschäftsverbindlichkeiten auf die *neue Gesellschaft* über, und zwar auch dann, wenn die bisherige Firma nicht fortgeführt wird (§ 28, Abs. 1 HGB). Daneben bleibt aber der bisherige *Inhaber* wegen seiner alten Geschäftsverbindlichkeiten persönlich für die nächsten fünf Jahre verpflichtet (§ 28, Abs. 3 HGB), wenn diese Schuld innerhalb dieser Zeitspanne fällig geworden und der Gläubiger seine Forderungen gerichtlich, insbesondere durch Vollstreckungsbescheid hat feststellen lassen oder der frühere Inhaber diese Ansprüche schriftlich anerkannt hat (§ 26 HGB). Insoweit wird eine *gesamtschuldnerische Haftung* des *bisherigen Inhabers* und der *neuen Gesellschaft* begründet. Zudem sind die *beitretenden Personen* entsprechend ihrer Gesellschafterstellung (bei der OHG stets unbeschränkt und bei der KG als Kommanditist beschränkt auf die eingetragene Haftsumme) *im obligo* (§§ 128, 171 HGB). Eine entsprechende Anwendung der Haftungsfolgen des § 28 HGB auf die *Neubildung* einer *Gesellschaft bürgerlichen Rechts* lehnt der Bundesgerichtshof jedoch bislang anders als im Fall des Eintritts in eine bestehende Gesellschaft nach § 130 HGB ab (BGH NJW 2004, S. 838; vgl. Kap. 3.2.5.5). Dies wäre aber naheliegend, weil es bei § 28 HGB eben nicht auf die Fortführung der Firma und damit eines kaufmännischen Geschäftsbetriebs ankommt.

Die neu entstandene Gesellschaft kann jedoch durch eine besondere Vereinbarung mit dem Inhaber die *Übernahme* der alten Geschäftsverbindlichkeiten *ausschließen*. Diese Abrede muss, um gegenüber dem Gläubiger wirksam zu sein, in das Handelsregister eingetragen und bekannt gemacht werden oder von einem Gesellschafter den Gläubigern mitgeteilt worden sein (§ 28, Abs. 2 HGB). Da dann keine Gesellschaftsverbindlichkeit entsteht, entfällt auch die persönliche Haftung der neuen Gesellschafter. Absprachen, die lediglich im Innenverhältnis festlegen, wie die Gesellschafter für die Schulden aufzukommen haben, begründen indes keinen Haftungsausschluss nach außen (BGH BB 1989, S. 1719).

Beispiel:

K betreibt als Einzelhandelskaufmann ein größeres Handelsgeschäft, dem nun seine beiden erwachsenen Söhne – S 1 als voll haftender Gesellschafter und S 2 als Kommanditist – beitreten. K selbst, der sich aus Altersgründen aus der Firmenleitung zurückziehen möchte, begnügt sich mit der Funktion als Kommanditist. Die Gesellschaft wird von dem Sohn S 1 als vollhaftendem Komplementär geführt. Die eingetragenen Haftsummen von K und S 2 betragen 50.000 €. Die Verbindlichkeiten von K belaufen sich bei der Umwandlung zu einer KG auf 200.000 €. Weitere Absprachen werden nicht getroffen.

Lösung:

Für die von ihm eingegangenen Verbindlichkeiten haftet K nach wie vor unbeschränkt mit seinem Geschäfts- und Privatvermögen für die nächsten fünf Jahre (§ 28, Abs. 3 HGB). Zusätzlich sind aber diese Geschäftsschulden nach § 28, Abs. 1 HGB auf die neu entstandene KG übergegangen. Für diese haftet S 1 als Komplementär zusätzlich persönlich unbeschränkt auch noch mit seinem Privatvermögen (§§ 128, 161, Abs. 2 HGB). Die Haftung von S 2 als Kommanditist ist dagegen auf seine eingetragene Haftsumme von 50.000 € beschränkt. Hat er sie eingezahlt, kann er von den Gläubigern nicht mehr in Anspruch genommen werden (§§ 171, 173 HGB).

3.2.5.2   Offene Handelsgesellschaft

Die Haftungslage bei der OHG ist genauso klar und eindeutig wie beim Einzelunternehmer: Zunächst wird die *Gesellschaft* selbst aus den für sie abgeschlossenen Geschäftsverträgen verpflichtet. Zusätzlich haftet bei ihr jeder *Gesellschafter* in gleicher Weise

Haftung der Gesellschaft

unmittelbar und unbeschränkt für die Verbindlichkeiten der Gesellschaft mit seinem Privatvermögen als *Gesamtschuldner* (§ 128 HGB).

Persönliche Gesellschafterhaftung

Nicht beschränkbar   Jeder Gesellschaftsgläubiger kann sich deshalb, sofern die Gesellschaft nicht mehr zahlungsfähig ist, wegen seiner Forderung an jeden Gesellschafter halten und sich notfalls aus dessen pfändbarem Privatvermögen befriedigen. Diese auch durch vertraglich abweichende Vereinbarung zwischen der Gesellschaft und den einzelnen Gesellschaftern oder den Gesellschaftern untereinander nicht beschränkbare Haftung, legt jedem OHG-Gesellschafter ein sehr hohes Risiko auf (§ 128, Satz 2 HGB).

Beispiel:
Die Klaus Müller OHG besteht aus den beiden Gesellschaftern Karl Müller (Vater) und Axel Müller (Sohn). Der vermögende Karl Müller hat seinem Sohn zugesagt, dass er ihn von jeglichen Haftungsrisiken aus Gesellschaftsschulden freistellt.
Gleichwohl kann ein Gesellschaftsgläubiger, der keine Zahlung von der Gesellschaft erhält, sich an den vollhaftenden Sohn Axel Müller halten. Um eine Außenhaftung des Axel Müller zu verhindern, hätte dieser als Kommanditist beitreten müssen, wodurch aber eine KG entstanden wäre.

Neue Gesellschafter   *Neu eintretende Gesellschafter* haften für die *Alt-Verbindlichkeiten* der OHG in gleicher Weise, wobei wiederum eine abweichende Vereinbarung gegenüber Dritten unwirksam ist (§ 130 HGB).

Sollten *alle Gesellschafter* der OHG *juristische Personen*, insbesondere GmbH's sein, ergibt sich aber eine *mittelbare Haftungsbeschränkung* dadurch, dass bei der GmbH nur das Gesellschaftsvermögen die Haftungsmasse bildet. Zur Vermeidung einer Täuschung des Rechtsverkehrs über die Haftungsverhältnisse muss die GmbH aber ihre besondere Beteiligung im *Firmennamen* durch die Bezeichnung als GmbH & Co OHG deutlich machen (§ 19, Abs. 2 HGB).

OHG als Gesellschafter   Eine OHG als quasi juristische Person kann aber selbst wiederum *Gesellschafterin* in einer anderen OHG sein (§ 124 HGB), für deren Schulden sie nach § 128 HGB ebenfalls gerade zu stehen hat. Demzufolge haften für die Erfüllung ihrer Verbindlichkeit selbst auch die Gesellschafter der beteiligten OHG mit ihrem Privatvermögen (sog. *doppelstöckige Haftung!*).

> **Beispiel:**
> *Die Karl Müller OHG ist Gesellschafterin bei der Friedrich Schmitt OHG, die ihre Verbindlichkeiten gegenüber dem Gläubiger G nicht bezahlen kann. In diesem Fall kann G nach § 128 HGB gegen die Karl Müller OHG vorgehen und notfalls auch auf das Privatvermögen ihrer Gesellschafter zurückgreifen.*

Weiterhaftung ausgeschiedener Gesellschafter

Auch ein *ausgeschiedener Gesellschafter* haftet für die bis zu diesem Zeitpunkt begründeten Verbindlichkeiten noch fünf Jahre lang weiter. Die *Fünfjahresfrist* beginnt am Ende des Tages, an dem das Ausscheiden im Handelsregister des für den Sitz der Gesellschaft zuständigen Gerichts eingetragen wird. Diese zeitlich begrenzte Nachhaftung des ausgeschiedenen Gesellschafters setzt weiter voraus, dass die Gläubigerforderung vor Ablauf von fünf Jahren nach dem Ausscheiden fällig geworden ist und der Gläubiger gegen den ausgeschiedenen Gesellschafter den Anspruch gerichtlich, insbesondere durch Erlass eines Vollstreckungsbescheides, geltend gemacht hat oder der ausgeschiedene Gesellschafter den Anspruch schriftlich anerkannt hat (§ 160 HGB). Die gleiche Haftung trifft den Gesellschafter, der zwar nicht ausgeschieden ist, sondern vom *Vollhafter* in die Stellung des *Kommanditisten* zurücktritt, wodurch dann eine KG entsteht (§ 160, Abs. 3 BGB). Da vertragliche Ansprüche üblicherweise schon nach drei Jahren zum Schluss des jeweiligen Kalenderjahres verjähren (§§ 195, 199, Abs. 1 BGB), wirkt sich diese nachteilige Weiterhaftung des ausgeschiedenen Gläubigers vor allem für *Forderungen* aus bereits bestehenden *Dauerschuldverhältnissen*, wie etwa langjährigen Miet-, Pacht- und Leasingverträgen aus, weil dort die Geldforderungen des Gläubigers periodisch fällig werden (BGH BB 2002, S. 1317).

Fünfjährige Nachhaftung

> **Beispiel:**
> *Eine OHG hat ihr Bürogebäude von einer Vermietungsgesellschaft für die Dauer von zehn Jahren mit anschließender Kündigungsmöglichkeit gemietet. Der Gesellschafter Meier scheidet nach Ablauf von sieben Jahren aus Altersgründen aus. Zwei Jahre nach seinem Ausscheiden verschlechtert sich die wirtschaftliche Situation der Gesellschaft, sodass die vereinbarten Mietzinsen nicht mehr aufgebracht werden können.*
> *Auch für die nach seinem Ausscheiden entstandenen Mietzinsen und Verbindlichkeiten der Gesellschaft muss der ausgeschiedene Gesellschafter Meier aufkommen, wenn sie ihm gegenüber binnen fünf Jahren gerichtlich geltend gemacht werden.*

Tipp

Sind Sie vollhaftender Gesellschafter einer Personenhandelsgesellschaft, so können Sie sich im Falle Ihres Ausscheidens gegen die Ihnen drohende, vom Umfang her unbeschränkte Haftung wegen bestehender Dauerschuldverhältnisse innerhalb der nächsten fünf Jahre durch eine entsprechende vertragliche Ausgestaltung der Laufzeit von Miet- und Leasingverträgen schützen.

Bei solchen Verträgen ist die Laufzeit entsprechend zu verkürzen und es sollte der Handelsgesellschaft anstelle einer automatischen Verlängerung mit Kündigungsmöglichkeit, ein Optionsrecht auf Fortsetzung des Vertrages eingeräumt werden, das vor Ende der Laufzeit – je nach vertraglicher Regelung innerhalb einer bestimmten Frist – ausgeübt werden muss. Der rechtliche Clou dabei ist, dass der rechtzeitige Gebrauch dieser Option als Neuabschluss des Vertrages gilt, sodass die danach entstehenden Verbindlichkeiten nur die Gesellschaft mit ihren jetzigen Gesellschaftern, jedoch nicht mehr den vor Ausübung der Option ausgeschiedenen Gesellschafter betreffen.

Auflösung der OHG

Sollte die OHG später aufgelöst werden, haften die früheren Gesellschafter weiter. Die *Gläubigerforderungen verjähren* in fünf Jahren, spätestens von dem Tage an, an welchem die Auflösung in das entsprechende Handelsregister eingetragen worden ist (§ 159 HGB). Wird der Anspruch des Gläubigers erst nach Eintragung der Auflösung im Handelsregister fällig, beginnt die fünfjährige Verjährungsfrist ab dem Zeitpunkt der Fälligkeit zu laufen (§ 159, Abs. 3 HGB). Im Normalfall verjähren die Ansprüche des Gläubigers wegen der kürzeren dreijährigen Regelverjährung früher, sodass stets diese kürzere Verjährungsfrist gilt.

Zwangsvollstreckung

Schuldtitel gegen Gesellschafter

Zahlen weder die Gesellschaft noch deren Gesellschafter, so reicht für die *Zwangsvollstreckung* in das *Privatvermögen* des vollhaftenden Gesellschafters – trotz dessen gesetzlicher persönlicher Haftung nach § 128 HGB – ein Schuldtitel gegen die Gesellschaft nicht aus, weil es sich dabei um getrennte Vermögensmassen handelt. Das Gesetz bestimmt ausdrücklich, dass aus einem gegen die Gesellschaft gerichteten vollstreckbaren Schuldtitel die Zwangsvollstreckung gegen die Gesellschafter nicht stattfindet (§ 129, Abs. 4 HGB).

> Schließen Sie Verträge mit einer OHG, brauchen Sie eigentlich für Ihre Forderungen wegen der persönlichen Gesellschafterhaftung keine zusätzlichen Sicherheiten. Werden Ihre Forderungen von der Gesellschaft nicht bedient und nutzen auch alle Mahnungen nichts, müssen Sie wohl oder übel Ihren Anspruch gerichtlich geltend machen. Achten Sie unbedingt vorsorglich bei der Ausfüllung des Mahnbescheids im Rahmen des gerichtlichen Mahnverfahrens darauf, dass als Antragsgegner sowohl die Gesellschaft als auch alle persönlich haftenden Gesellschafter namentlich mit Privatadresse genannt werden, sofern Sie dies nicht Ihrem Rechtsanwalt überlassen. Nur dann können Sie aus dem späteren Vollstreckungsbescheid sowohl in das Gesellschaftsvermögen als auch ggf. in das Privatvermögen jedes OHG-Gesellschafters die Zwangsvollstreckung betreiben.

Tipp

3.2.5.3   Kommanditgesellschaft

Bei der KG hängt die Haftung von der rechtlichen Stellung des Gesellschafters ab. Der die Geschäfte führende und vertretungsberechtigte *Komplementär* haftet genauso voll, unbeschränkt und persönlich wie ein OHG-Gesellschafter (§§ 161 Abs. 2, 128 HGB), wohingegen der Kommanditist nur beschränkt mit seiner Einlage haftet.

Unbeschränkte Haftung des Komplementärs

Beschränkte Kommanditistenhaftung

Der von der Geschäftsführung und Vertretung nach § 164 HGB ausgeschlossene Kommanditist kann von den Gläubigern für Gesellschaftsschulden lediglich beschränkt in Höhe seiner Einlage in Anspruch genommen werden. Für die *Höhe* der Haftung ist nicht die im Gesellschaftsvertrag vereinbarte, sondern die im Handelsregister *eingetragene Haftsumme* entscheidend, welche durchaus niedriger sein kann als die gesellschaftsrechtliche. Hat der Kommanditist diese Einlage bereits geleistet, ist jedoch die Haftung gegenüber den Gläubigern ausgeschlossen (§ 171, Abs. 1 HGB).

Eingetragene Haftsumme

> **Beispiel:**
> *Nach der Vereinbarung im Gesellschaftsvertrag soll der Kommanditist K ein Grundstück mit einem Verkehrswert von 200.000 € einbringen und zusätzlich eine Kapitalanlage von 100.000 € zahlen. Im Handelsregister wird aber seine Einlage lediglich mit 250.000 € beziffert. Allein dieser Betrag ist für die Haftung gegenüber den Gläubigern maßgebend.*

Die *Einlage* ist nur geleistet, wenn diese endgültig dem *Vermögen* der *Gesellschaft* zugeführt worden ist, sodass eine Vereinbarung, durch die dem Kommanditisten die Leistung der Einlage erlassen oder nur gestundet wird, keine Wirksamkeit gegenüber den Gläubigern be-

Leistung der Einlage

sitzt (§ 172, Abs. 3 HGB). In der logischen Konsequenz führen Rück-
zahlungen – und seien es auch überhöhte Gewinnausschüttungen,
die aus der Substanz des Gesellschaftsvermögens erfolgen oder
überhöhte Abfindungen im Falle des Ausscheidens – zur *Wiederauf-
lebung* der *Haftung* des Kommanditisten (§ 172, Abs. 4 HGB). Ob dies
der Fall ist, ist nach der Rechtsprechung nach einer Erfolgsbilanz zu
fortgeführten Buchwerten festzustellen (BGH NJW 1990, S. 1109).
Handelt es sich dabei um eine *GmbH & Co KG*, können Kommanditisten ihre Einlage nicht in Form von Geschäftsanteilen der Komple-
mentär-GmbH leisten, weil dies gegenüber den Gläubigern keinen
haftungsbefreienden Effekt hat (§ 172, Abs. 6 HGB). Das hat seinen
Grund darin, dass dadurch die Haftungsmassen des Komplementärs
und der Kommanditisten vermischt werden, was im Interesse eines
effektiven Gläubigerschutzes ausgeschlossen werden muss.

Haftung des noch nicht eingetragenen Kommanditisten

Vollhaftung

Ausnahmsweise trifft aber den Kommanditist – genau wie den Komplementär – eine *unbeschränkte Haftung,* wenn bei der Gründung
der KG Geschäftsverbindlichkeiten begründet werden, bevor er als
Kommanditist im Handelsregister eingetragen war, aber mit der vorzeitigen Aufnahme des Geschäftsbetriebs einverstanden ist (§ 176,
Abs. 1 HGB). Diese umfassende unbeschränkte Haftung lässt sich
nur dadurch *vermeiden,* dass man die Kommanditistenstellung den
Gläubigern zur Kenntnis bringt. Dazu reicht es aber aus, dass dieser
alle persönlich haftenden Gesellschafter kennt. Das bedeutet, dass
den Gläubigern lediglich mitgeteilt werden muss, welche Personen
Komplementäre der KG sind.

Beispiel:
*Die Brüder Karl und Friedrich Schmitt gründen eine Computer-Fach-
handels-Firma als KG, bei der Karl Schmitt die Stellung des Komplementärs erhält und Friedrich Schmitt die Position eines Kommanditisten
einnimmt. Die KG schließt aber noch vor ihrer Eintragung in das Handelsregister mit Billigung von Friedrich Schmitt umfangreiche Kaufverträge mit Lieferanten ab. Die Geschäfte gehen wider Erwarten schlecht,
sodass bald darauf der Geschäftsbetrieb eingestellt werden muss.*

Lösung:
*In diesem Fall haften für die Kaufpreisansprüche der Lieferanten aus
den noch vor der Eintragung der KG in das Handelsregister abgeschlossenen Verträge nicht nur der Komplementär Karl Schmitt, sondern auch
der Kommanditist Friedrich Schmitt unbeschränkt mit ihrem Privatvermögen, falls die Gesellschaft den Lieferanten die Kommanditistenstellung von Friedrich Schmitt noch nicht mitgeteilt hat.*

Die gleiche *unbegrenzte Haftung* trifft nun auch einen *neuen Kommanditisten*, der in eine bereits bestehende KG eintritt. Er haftet nun ebenfalls unbeschränkt für Geschäftsabschlüsse, die nach seinem Eintritt, aber vor der Eintragung als Kommanditist ins Handelsregister getätigt werden (§ 176, Abs. 2 HGB). Einem Neueintritt steht auch eine *Abstufung der Gesellschafterposition* gleich, wenn ein bisheriger Komplementär oder OHG-Gesellschafter sich aus der direkten Geschäftsführung zurückzieht und die Stellung eines Kommanditisten einnimmt. Dessen unbegrenzte Haftung ist aber, wie bereits erwähnt, zeitlich auf fünf Jahre beschränkt (§§ 161, Abs. 2, 160, Abs. 3 HGB).

Neuer Kommanditist

Ausgeschiedener Kommanditist
Scheidet ein Kommanditist aus der Gesellschaft aus, muss er seine *Kommanditeinlage* noch *fünf Jahre stehen lassen*, um eine Haftung gegenüber den Gesellschaftsgläubigern zu vermeiden (§§ 161, Abs. 2, 160, Abs. 1 HGB).

3.2.5.4 Partnerschaft
Auch bei der eingetragenen *Partnerschaft von Freiberuflern* haften regelmäßig neben der Gesellschaft die Partner unbeschränkt für ihre Gesellschaftsverbindlichkeiten wie OHG-Gesellschafter (§ 8, Abs. 1 PartGG). Im Unterschied zur OHG trifft aber die *persönliche Haftung* i.d.R. nur den Partner, der mit der Bearbeitung des Auftrages hauptsächlich befasst ist (§ 8, Abs. 2 PartGG).

Handelnder Partner

Beispiel:
Fabrikant F lässt sich von Dr. Klug anwaltschaftlich vertreten. Dr. Klug ist Mitglied der Anwaltssozietät Dr. Ehrlich & Partner, der elf weitere Rechtsanwälte angehören. Für Beratungsfehler haftet neben der Partnerschaft nur Dr. Klug, der das Mandat wahrnimmt, persönlich.

Zudem kann der Gesetzgeber für diese Freiberufler die *Ersatzpflicht* auf bestimmte *Höchstbeträge* beschränken, wenn sie eine Berufshaftpflichtversicherung mit entsprechender ausreichender Deckungssumme abgeschlossen haben (§ 8, Abs. 3 PartGG).

Höchstbeträge

3.2.5.5 Gesellschaft bürgerlichen Rechts
Bei der GbR haften alle Gesellschafter dem Gläubiger gegenüber genau wie bei der OHG gesamtschuldnerisch und unbeschränkt persönlich für Gesellschaftsverbindlichkeiten, wie die Rechtsprechung nunmehr geklärt hat (BGHZ 146, S. 341). Als Gläubiger können Sie, wenn Sie einen Vollstreckungstitel gegen alle Gesellschafter erwirkt haben, jederzeit auch in das Gesellschaftsvermögen vollstrecken (§ 736 ZPO).

Persönliche Haftung

Ausgeschiedene Gesellschafter haften wie OHG-Gesellschafter den Gläubigern gegenüber längstens fünf Jahre nach ihrem Ausscheiden (§ 736 Abs. 2 BGB). *Neu eintretende Gesellschafter* haften in entsprechender Anwendung des § 130 HGB für Altverbindlichkeiten, wenn sie ihnen beim Eintritt bekannt sind oder sie deren Vorhandensein bei auch nur geringer Aufmerksamkeit hätten erkennen können (BGH BB 2006, S. 118). Das trifft insbesondere für Verbindlichkeiten aus bestehenden Dauerschuldverhältnissen – wie z.b. Mietverträgen oder Versorgungsverträgen für Gas, Strom oder Wasser – zu.

Beschränkte Gesellschafterhaftung

Haftung auf Gesellschaftsvermögen beschränkt durch Einzelvereinbarung

Wegen des *Fundamentalprinzips der unbeschränkten Haftung* können die Gesellschafter keinesfalls einseitig pauschal durch die schlichte Bezeichnung »Gesellschaft bürgerlichen Rechts mit beschränkter Haftung (GbRmbH)« ihre Haftung – wie bei einer GmbH – auf das Gesellschaftsvermögen beschränken, insbesondere weil es sich dabei auch noch um keine im Rechtsverkehr anerkannte Rechtsfigur handelt, deren haftungsbeschränkende Wirkung für die Geschäftspartner eindeutig erkennbar wäre (BGHZ 142, S. 315). Bei unternehmerisch tätigen Erwerbsgesellschaften ist dies auch nicht möglich durch eine Haftungsbeschränkungsklausel im Gesellschaftsvertrag, die den Geschäftspartnern durch Vorlegung der entsprechenden Vertragsbestimmungen erkennbar gemacht wird. Vielmehr ist dazu eine entsprechende *haftungsbeschränkende Individualvereinbarung* mit jedem einzelnen Gläubiger notwendig, was auch dessen wirksame Vertretung voraussetzt, wenn es sich um eine Gesellschaft handelt (BGH ZIP 2005, S. 392. Lediglich GbR, die zum Einsammeln von Kapitalanlagen, wie etwa geschlossene Immobilienfonds oder Bauherrengemeinschaften, gegründet werden, billigt der Bundesgerichtshof das Recht zu, die persönliche Haftung ihrer Gesellschafter einseitig durch Verwendung von AGB auszuschließen (BGH ZIP 2002, S. 851).

Ob demgegenüber noch, wie von der älteren Rechtsprechung anerkannt, eine *quotale Haftungsbeschränkung* für das Privatvermögen durch eine entsprechende Gestaltung des Gesellschaftsvertrages möglich ist, bleibt abzuwarten. Danach könnte der Gesellschafter eine summenmäßige Haftungshöchstgrenze für sein Privatvermögen in Höhe seiner Beteiligungsquote erreichen (BGH DB 1997, S. 869).

Beispiel:

Im Gesellschaftsvertrag heißt es: »*Die Haftung der Gesellschafter für Gesellschaftsverbindlichkeiten mit ihrem Privatvermögen beschränkt sich auf die Höhe ihres Anteils an der Gesellschaft.*«
Gesellschafter G ist mit 25 % an einer Gesellschaft des bürgerlichen Rechts beteiligt. Die Gesellschaft schuldet gegenüber dem Lieferanten L die Zahlung eines Kaufpreises von 500.000 €. Hat man L die quotale Haftungsbeschränkung im Gesellschaftsvertrag vor Abschluss des Kaufvertrages zur Kenntnis gebracht, wäre G ihm gegenüber persönlich nur zur Zahlung von 125.000 € verpflichtet, wenn die Gesellschaft nicht leistungsfähig ist.

3.2.5.6 Gesellschaft mit beschränkter Haftung und andere Kapitalgesellschaften

Bei den deutschen AGs und GmbHs, aber auch der nach englischem Recht gegründeten Private Limited Company können sich ihre Gläubiger für Verbindlichkeiten nur an das *Gesellschaftsvermögen* halten. Zu ihrem Schutz verlangt das deutsche Gesellschaftsrecht bei der Gründung ein bestimmtes Mindestkapital als Haftungsvermögen. Selbst dies ist bei der englischen Limited Company nicht erforderlich. Das *Privatvermögen* der Gesellschafter steht dem Gläubiger nicht als Haftungsmasse zur Verfügung. Nur ausnahmsweise lassen die Gerichte eine sog. *Durchgriffshaftung* gegenüber einem Gesellschafter aufgrund eines *existenzvernichtenden Eingriffs* zu, wenn dieser durch gezielten, betriebsfremden Zwecken dienenden Entzug von Vermögenswerten das Vermögen der Kapitalgesellschaft systematisch bis zur Insolvenzreife ausplünderte. Dazu reichen bloße Managementfehler nicht aus (BGH BB 2005, S. 232 und 286). In gleicher Weise haftet ein Gesellschafter, der unerlaubterweise eine *Vermögensvermischung* zwischen Gesellschafts- und Privatvermögen vornimmt (BGH NJW 2006, S. 1346). Dafür reicht aber das Fehlen einer doppelten Buchführung nicht aus, wohl aber Bilanzmanipulationen. Diese Tatbestände, bei Massearmut ohne ein Insolvenzverfahren selbständig zu ermitteln, ist einem Gläubiger ohne fachanwaltliche Hilfe nicht möglich. Im eröffneten Insolvenzverfahren werden diese Ansprüche vom Insolvenzverwalter nach §§ 93 InsO geltend gemacht (BGH NJW 2006, S. 1345), wodurch sich dann die Insolvenzquote bei den einzelnen Gläubigern entsprechend erhöht.

Haftung des Gesellschaftsvermögens

Durchgriffshaftung

Persönliche Haftung des Geschäftsführers einer GmbH

Geschäftsführer von GmbH's haften aber unter dem Gesichtspunkt der *Rechtsscheinshaftung* persönlich mit ihrem Privatvermögen, wenn sie bei Geschäftsabschlüssen unter einem Firmennamen auftreten, der keinen Hinweis auf die beschränkte Haftung enthält (§ 4, Abs. 2 GmbHG; BGH BB 2007, S. 976).

> **Beispiel:**
> *Geschäftsführer G der Müller GmbH & Co KG schließt Verträge unter der Firma Müller KG ohne den Zusatz GmbH ab.*
> *Wird der Vertrag später von der Gesellschaft nicht ordnungsgemäß erfüllt und leistet die GmbH an den geschädigten Vertragspartner keinen Ausgleich, so haftet der Geschäftsführer G persönlich mit seinem Privatvermögen für diese Gesellschaftsverbindlichkeit. Er hat nämlich den Anschein gegenüber dem Vertragspartner erweckt, dass dieser es mit einer KG zu tun habe, bei der ein vollhaftender Inhaber vorhanden sein muss.*

Verletzung der Auftragspflicht bei Insolvenz

Ebenso haften Geschäftsführer persönlich, wenn sie trotz Überschuldung oder Zahlungsunfähigkeit ihrer Gesellschaft den Antrag auf *Eröffnung des Insolvenzverfahrens* nicht rechtzeitig stellen (§ 64, Abs. 2 GmbHG). Allerdings macht diese Haftung für *Altgläubiger*, deren Forderungen schon vor Insolvenzreife entstanden sind wegen ihres durch die Kürzung der Insolvenzmasse entstandenen Schadens – sog. *Quotenschaden* – im Insolvenzverfahren der Insolvenzverwalter geltend, wodurch sich dann deren Insolvenzquote entsprechend erhöht. Erwirbt der Gläubiger aber seine Forderung gegen die GmbH erst nach Eintritt der Insolvenzantragspflicht des Geschäftsführers, hat er als *Neugläubiger* Anspruch auf Ersatz seines *vollen Schadens*, den er persönlich gegenüber dem Geschäftsführer einklagen kann (BGH BB 2007, S. 792). Die gleiche Haftung wie einen Geschäftsführer trifft pflichtwidrig handelnde *Vorstandsmitglieder* einer Aktiengesellschaft (§ 82 AktG). Insbesondere muss der Geschäftsführer einer insolvenzreifen GmbH wegen seiner Massererhaltungspflicht dafür sorgen, das Zahlungen von deren Schuldnern nicht auf ein debitorisches Bankkonto der Gesellschaft geleistet werden; andernfalls haftet er für die Zahlungen persönlich (BGH Urt. v. 26.3.2007 – Az: ZR 310/05).

Limited Company

Der Geschäftsführer einer *Limited Company* mit Verwaltungssitz in Deutschland haftet für Geschäftsverbindlichkeiten nicht mit seinem Privatvermögen entsprechend den Regeln der Handelndenhaftung bei einer in Gründung befindlichen, noch nicht eingetragenen GmbH (vgl. u.) allein deswegen, weil die englische Gesellschaft nicht unter einer inländischen Niederlassung im deutschen Handelsregister eingetragen ist. Diese Haftungsfrage ist nämlich nach dem Gründungsstatut, also nach englischem Recht, zu beurteilen (BGH BB 2005, S. 1016).

GmbH in Gründung (i.G.)

Recht kompliziert sind die Haftungsverhältnisse bei der GmbH in der Gründungsphase. Wegen der langen Gründungsdauer in Deutschland – i.d.R. drei bis sechs Monate bis zur Eintragung in das Handelsregister – erweist es sich häufig als notwendig, gute Geschäftsideen schon früher zu vermarkten und deshalb den Geschäftsbetrieb bereits nach dem Abschluss des notariell zu beurkundeten Gesellschaftsvertrages aufzunehmen. — **Handelndenhaftung**

Bei dieser *Vor-GmbH*, die mit der Bezeichnung GmbH i.G. firmiert, gilt die sog. *Handelndenhaftung*. Danach haften alle für die Gesellschaft Handelnden persönlich unbeschränkt mit ihrem Privatvermögen. Das betrifft zum einen den *Geschäftsführer* sowie die *Gründungsgesellschafter*, die aktiv auf die Geschäftsführung Einfluss nehmen (§ 11, Abs. 2 GmbHG). Kein Handelnder in dem Sinne ist der Gründungsgesellschafter, der lediglich die vorzeitige Geschäftsaufnahme billigt (OLG Karlsruhe ZIP 1988, S. 158). Mit der späteren Eintragung der GmbH gehen allerdings diese Verbindlichkeiten der Vor-Gesellschaft komplett auf die GmbH über, sodass die persönliche Haftung der Handelnden mit diesem Vorgang erlischt. Scheitert die Gründung, bleibt es endgültig bei der unbeschränkt persönlichen Haftung gegenüber den Gesellschaftsgläubigern. Die gleichen Haftungsregelungen bestehen für eine Vor-AG nach § 41, Abs. 1 AktG (BAG ZIP 2006, S. 1672).

Durch geschäftliche Transaktionen darf das haftende *Stammkapital* bei der GmbH bzw. Grundkapital bei der AG zum Schutze der Gesellschaftsgläubiger nicht angetastet werden. Deshalb muss das Stammkapital am Tag der Eintragung als Überschuss der aktiven Vermögenswerte über die Verbindlichkeiten noch vollständig vorhanden sein. Sollte das Stammkapital durch derartige Geschäfte bis zur Eintragung teilweise aufgezehrt werden, müssen alle *Gründer* etwaige Fehlbeträge anteilig ausgleichen (sog. *Unterbilanzhaftung*!). Zur Ermittlung der Unterbilanz ist eine *Vorbelastungsbilanz* aufzustellen, in der das Gesellschaftsvermögen grundsätzlich mit seinen wirtschaftlichen Werten zu veranschlagen ist, d.h. bei positiver Fortführungsprognose der Wert des gesamten Gesellschaftsvermögen zum Zeitpunkt der Eintragung, bei negativer Fortführungsprognose die gesonderte Bewertung der einzelnen Vermögensgegenstände mit ihren niedrigeren Veräußerungswerten (BGH NJW 1998, S. 233). Eine entsprechende Unterbilanzhaftung gibt es auch bei der Vor-AG (BAG ZIP 2005, S. 351). Der *Ausgleichsanspruch* steht nur der GmbH direkt in unbegrenzter Höhe zu und wird in einem anschließenden Insolvenzverfahren von dem Insolvenzverwalter erhoben (BGH BB 2006, S. 908). Gesellschaftsgläubiger können, sofern sie von der GmbH keine ausreichende Zahlung erhalten, die entsprechenden Ausgleichs- — **Unterbilanzhaftung** ansprüche der Gesellschaft gegen die Gründer pfänden (BGH NJW 1998, S. 233).

Demnach fällt die Haftungslage bei der Vor-GmbH wegen der persönlichen Haftung des Geschäftsführers und der Gründer günstiger aus, als bei der späteren GmbH selbst, weil dort die Gläubiger nur auf das Gesellschaftsvermögen als Haftungsmasse zurückgreifen können.

Tipp

> Als Geschäftspartner neu gegründeter GmbH's, die bekanntlich in den ersten fünf Jahren besonders insolvenzanfällig sind, sollten Sie deshalb wegen Ihrer Forderungen angemessene Sicherheiten, etwa in Form einer Bankbürgschaft oder zumindest der Bürgschaft eines solventen Geschäftsführers bzw. Gesellschafters, verlangen. Das gilt erst recht für Geschäfte mit den inländischen Filialen englischer Limited Companies, die nicht einmal ein bestimmtes Mindestkapital aufbringen müssen.

3.2.5.7 Eingetragene Genossenschaften

Haftung der Genossenschaft

Schließen Sie Geschäfte mit einer *eingetragenen Genossenschaft* ab, haftet für die Erfüllung Ihrer Verbindlichkeit nur die *Genossenschaft* selbst mit Ihrem Vermögen, die aber kein bestimmtes Mindestkapital aufweisen muss. Ihr Vermögen besteht deshalb aus der kapitalmäßigen Ausstattung durch ihre Mitglieder und der Vermögenswerte, die die Genossenschaft später hinzu erwirbt (§ 2 GenG). Abgesehen von Rücklagen, bilden die Geschäftsanteile der Genossen das *haftende Eigenkapital* der Genossenschaften. Deshalb darf diese Haftungsmasse zum Schutze der Gläubiger nicht nachträglich vermindert werden. Falls dennoch der Geschäftsanteil oder die auf ihn zu leistende Einzahlung später herabgesetzt bzw. Einzahlungsfristen verlängert werden, können Sie als Gläubiger der Genossenschaft, wenn Sie von derartigen Manipulationen erfahren, wegen Ihrer Forderungen binnen eines Monats ab der gerichtlichen Bekanntmachung dieser Beschlüsse Sicherheitsleistung verlangen.

Nachschüsse

Das Statut der betreffenden Genossenschaft kann auch bestimmen, dass die Genossen in der *Insolvenz* der Genossenschaft unbeschränkt oder bis zu einer so genannten Haftsumme beschränkt, *Nachschüsse* leisten müssen. Diese Nachschüsse zieht im Falle der Insolvenz der Genossenschaft der Insolvenzverwalter ein, wenn andernfalls die Gläubiger im Insolvenzverfahren nicht befriedigt werden können (§ 6 Nr. 3 GenG). Mithin führt das lediglich zu einer Aufstockung der Quote der nicht gesicherten Insolvenzgläubiger. Ihnen als Einzelgläubiger nützt es deshalb nichts.

3.2.5.8   Haftungslage bei Unternehmenskauf

Ein hohes Haftungsrisiko trägt auch jeder *Erwerber* oder *Pächter* eines Unternehmens, wenn er die *bisherige Firma fortführt* und sich damit auch den Goodwill des Unternehmens zunutze macht. Dann haftet der neue Inhaber auch für die alten Geschäftsschulden (§§ 25 Abs. 1, Satz 1, 22, Abs. 2 HGB). Er erwirbt damit auch die *Aktiva*, d.h. die Forderungen gegen die Kunden des erworbenen Unternehmens gehen auch auf ihn über (§ 25, Abs. 1, Satz 2 HGB).

Haftung des Erwerbers bei Firmenfortführung

> **Beispiel:**
> *Unternehmer U, Inhaber einer Einzelhandelsfirma, bestellt bei der Robotnik X-GmbH einen lasergesteuerten Schweißautomaten, der nach sechs Monaten geliefert werden soll. Wegen einer plötzlich eintretenden schweren Krankheit muss sich U zurückziehen und verkauft sein Unternehmen an den Interessenten I noch vor Lieferung der bestellten Maschine. Dieser führt die Firma unverändert fort.*
> *Ohne besondere Absprache kann die Robotnik X-GmbH die Zahlung des Kaufpreises auch von dem neuen Inhaber I verlangen.*

Dagegen löst die Weiterverwendung einer nicht zur Firma gehörigen *Geschäfts-* oder *Etablissementbezeichnung* eine Haftung nicht aus, auch wenn sie einen Familiennamen enthält. Derartige Bezeichnungen sind auch nicht registerfähig (AG Bremen, Urt. v. 15.3.2007). Beim Erwerb von *Kapitalgesellschaften* kann die Übertragung im Wege des sog. *»Share Deal«*, wodurch die Anteile der das Unternehmen betreibenden Gesellschaft insgesamt übernommen werden (BGH NJW 1998, S. 2320), und dem komplexeren, sog. *»Asset-Deal«*, bei dem die zum Unternehmen gehörenden Aktiva und Passiva einzeln übertragen werden müssen, erfolgen. Da der Gesetzeswortlaut dieser Haftungsregelung auf die tatsächliche Fortführung des Handelsgeschäfts abstellt, soll es nach Ansicht der Rechtsprechung gleichgültig sein, ob das Erwerbsgeschäft, also i.d.R. der *Unternehmenskauf* selbst, *wirksam* ist oder nicht (BGH BB 2006, S. 463). Darin steckt eine tückische Haftungsfalle für den getäuschten Unternehmenskäufer.

Haftungsfalle für getäuschten Unternehmenskäufer

> **Beispiel:**
> *Der frühere Inhaber I hat die Bilanzen frisiert, sodass der Erwerber K einen zu hohen Kaufpreis zahlt. Von diesem Betrug erfährt K erst sechs Monate später, nachdem er das Unternehmen tatsächlich übernommen und die bisherige Firma fortgeführt hat. Selbst wenn K berechtigterweise den Kaufvertrag und die Übertragungsgeschäfte wegen arglistiger Täuschung anficht (§ 123, Abs. 1 BGB) und diese dadurch nach § 142, Abs. 1*

BGB nichtig werden, bleibt er dennoch gegenüber den Gläubigern des übernommenen Unternehmens wegen der früheren Geschäftsverbindlichkeiten von I in der Haftung.

Keine Rolle soll auch die desolate wirtschaftliche Situation des übernommenen Unternehmens spielen. So hält unverständlicherweise der Bundesgerichtshof auch den Erwerber bei Übernahme eines *insolvenzreifen Unternehmens* im Falle der Firmenfortführung für verpflichtet, die alten Geschäftsschulden zu begleichen, obwohl die Forderungen der Gläubiger zu diesem Zeitpunkt schon gar nicht mehr werthaltig gewesen sind (BB 2006, S. 462). Das gilt selbst dann, wenn die Eröffnung des Insolvenzverfahrens mangels Masse abgelehnt worden ist. Immerhin hat der BGH die strenge Haftungslage dahingehend eingeschränkt, dass der Käufer beim Unternehmenskauf aus der *Insolvenzmasse* nach Eröffnung des Insolvenzverfahrens vom Insolvenzverwalter für die alten Geschäftsverbindlichkeiten nicht aufzukommen braucht, weil die Aufgabe des Insolvenzverwalters die bestmögliche Verwertung des Unternehmens ist und deshalb die strengen Haftungsfolgen des § 25 HGB sich kontraproduktiv auswirken würden (BGH BB 2007, S. 402).

Tipp

Unternehmenskäufer

Ein insolvenzreifes Unternehmen nur vom Insolvenzverwalter erwerben, ansonsten für Haftungsausschluss sorgen.

Selbst der Erwerb einer *selbstständigen Zweigniederlassung* genügt für die unangenehme Haftungsfolge, wenn diese wie ein selbstständiges Unternehmen organisiert ist und daher einem Handelsgeschäft gleichsteht. In einem solchen Fall haftet der Erwerber lediglich für die im Rahmen der Zweigniederlassung begründeten Verbindlichkeiten (BGH NJW 1979, S. 576).

Möglichkeiten des Haftungsausschlusses

Firmenänderung

Die eleganteste Art für den Käufer oder sonstigen Erwerber eines Unternehmens, diese unangenehme Haftung zu vermeiden, ist, dass der Erwerber das Geschäft nicht unter der alten, sondern unter einer neuen Firma betreibt. In diesem Fall muss nicht er für die früheren Geschäftsverbindlichkeiten einstehen, sondern lediglich der frühere Inhaber. Entscheidend ist demnach, wie tief gehend die *Firmenänderung* sein muss, um den Haftungsfolgen zu entgehen. Nicht beibehalten darf der Erwerber den prägenden Teil der alten in seiner neuen Firma, weil dieser für den Wirtschaftsverkehr das maßgebende Identifikationsmerkmal des Unternehmens bildet (BGH BB 2004, S. 1204).

> **Beispiel:**
>
> *»Der Unternehmenskäufer bleibt in der Haftung, wenn er die bisherige Firma des erworbenen einzelkaufmännischen Unternehmens »Kfz-Küpper, Internationale Transporte, Handel mit Kfz-Teilen und Zubehör aller Art« leicht verändert als »Kfz-Küpper Transport und Logistik GmbH« fortführt.*

Dagegen liegt keine haftungsbegründende Firmenfortführung vor, wenn prägende Namensbestandteile abgekürzt werden und dadurch sich das Klangbild der Firma erheblich ändert (OLG Köln BB 2007, S. 165).

Unternehmenskäufer   *Tipp*

Wollen Sie auch ohne gesonderte Haftungsvereinbarung die alten Geschäftsverbindlichkeiten durch Firmenumbildung nicht übernehmen, lassen Sie vor der Fortführung des Geschäfts unbedingt prüfen, ob die geplante Firmenänderung ausreichend ist.

Dennoch kann nach Absprache mit dem früheren Inhaber der Erwerber auch *ohne Firmenfortführung* dessen *Geschäftsschulden übernehmen* und diese Übernahme in handelsüblicher Weise bekannt machen (§ 25, Abs. 3 HGB). *(Besondere Vereinbarung)*

Wird aber die *Firma* mit oder ohne Nachfolgezusatz *fortgesetzt*, kann der Erwerber die *Haftung* für die alten Geschäftsverbindlichkeiten nur durch eine besondere Vereinbarung mit dem früheren Inhaber *ausschließen*, dass er nicht für dessen Geschäftsschulden einzustehen braucht. Das schlägt sich selbstverständlich in einer entsprechenden Erhöhung des Kaufpreises nieder. Anschließend ist diese abweichende Vereinbarung ins Handelsregister einzutragen und bekannt zu machen. Stattdessen kann er sie oder bzw. der frühere Inhaber den Geschäftspartnern gegenüber mitteilen (§ 25, Abs. 2 HGB). Wichtig dabei ist, das die Anmeldung zur Eintragung bzw. Mitteilung unverzüglich nach der tatsächlichen Geschäftsübernahme erfolgt. Das Risiko einer verzögerten Eintragung und Bekanntmachung trägt der Erwerber. Er hat innerhalb von fünf Monaten für die erforderliche Eintragung zu sorgen. Danach kommt sie – weil verspätet – nicht mehr in Betracht (OLG München, BB 2007, S. 903).

Tipp

Unternehmenskäufer

Nach Firmen- und Geschäftsübernahme mit Haftungsausschluss unbedingt parallel zur Eintragung in das Handelsregister die Geschäftspartner des früheren Inhabers über Haftungausschluss informieren.

Zeitlich beschränkte Weiterhaftung des früheren Inhabers
Auch der bisherige Inhaber haftet noch weiter für die von ihm eingegangenen Geschäftsverbindlichkeiten, jedoch nur zeitlich beschränkt für die nächsten fünf Jahre, wenn diese Schulden innerhalb dieser Zeitspanne nach Geschäftsübernahme fällig werden und von dem Gläubiger gerichtlich, insbesondere durch Vollstreckungsbescheid festgestellt worden sind oder der frühere Inhaber diese Ansprüche schriftlich anerkannt hat (§ 26 HGB). Demnach können sich die Gläubiger des Unternehmens für die nächsten fünf Jahre sowohl an den *früheren* als auch i.d.R. an den *neuen Inhaber* halten, die ihnen beide als Gesamtschuldner nach § 421 BGB haften.

3.2.6 Unternehmensregister und andere Informationsquellen

Rechtliche und wirtschaftliche Verhältnisse des Geschäftspartners

Gerade bei dem *Neuabschluss wichtiger Geschäftsverträge*, wenn man die andere Seite noch nicht kennt, ist es wichtig, sich über die rechtlichen und wirtschaftlichen Verhältnisse des Geschäftspartners zu informieren. In erster Linie dienen dazu
- die verschiedenen Unternehmensregister,
- für die Handelsgesellschaften das Handelsregister,
- für die Genossenschaften das Genossenschaftsregister und
- für die freiberuflichen Partnerschaften das Partnerschaftsregister.

Zentrales Unternehmensregister

In diese Register werden bestimmte, für den Rechtsverkehr wichtige Tatsachen über die betreffenden Unternehmen, nämlich deren Unternehmensgegenstand, die Rechtsform, Firma bzw. Name, Inhaber oder vollhaftende Gesellschafter, deren organschaftliche Vertretung und Prokuren, eingetragen. Seit 2007 gibt es in der BRD ein einheitliches vom Bundesministerium der Justiz geführtes *elektronisches Unternehmensregister* als Informationsquelle (§ 8b HGB), das über die Internetadresse www.unternehmensregister.de die offenlegungspflichtigen Unternehmensdaten aus dem Handels-, Genossenschafts- und Partnerschaftsregister, gesellschaftsrechtliche Bekanntmachungen aus dem *elektronischen Bundesanzeiger* und bestimmte andere Bekanntmachungen in der Funktion eines Sammelregisters verfügbar macht. Vorteile bietet das Unternehmensregister vor allem für die

Interessenten, die nicht genau wissen, wo die jeweiligen Unternehmensdaten gespeichert sind. Für sie wird die Recherche durch die bloße Eingabe von Namen und Sitz des Unternehmens im Sachfeld erheblich erleichtert. Die *Einsichtnahme* in das Unternehmensregister ist wie beim Handelsregister jedem Interessenten gestattet und der Abruf der Daten ist grundsätzlich gebührenfrei. Erfolgt dabei aber ein kostenpflichtiger Zugriff auf das Handels- oder die anderen Unternehmensregister, ist eine Gebühr von derzeit 4,50 € pro angefragtes Unternehmen und eingesehenes Dokument fällig.

Einsichtnahme

Demgegenüber werden sich die entgeltlichen Informationsdienste privater Unternehmensdatenbanken, wie z.B. ALLECO als gemeinsame Tochter von TELEKOM und ECOFIS nur auf dem Markt behaupten können, wenn sie einen Mehrwert an Informationen oder günstigere finanzielle Konditionen bieten.

Private Unternehmer- datenbanken

Jeder Vertragsmanager sollte *Grundkenntnisse* über das *Handelsregister* als dem wichtigsten Unternehmensregister besitzen, um dessen Eintragungen und Bekanntmachungen besser zu verstehen, auch weil die anderen Unternehmensregister weitgehend dem Handelsregister angeglichen sind.

3.2.6.1   Aufbau, Führung und Zugang zum Handelsregister

Das Handelsregister wird von dem nach dem Firmensitz bzw. Hauptniederlassung zuständigen Amtsgericht am Sitz des Landgerichts oder einem anderen von der Landesregierung bestimmten Amtsgericht in diesem Bezirk als Registergericht elektronisch geführt (§§ 8, 13 HGB, 10 GenG, 5 PartGG).

Elektronisches Handelsregister

Das Handelsregister setzt sich aus zwei Abteilungen zusammen:
- in *Abteilung A* stehen die Einzelkaufleute und Personenhandelsgesellschaften OHG und KG,
- in der *Abteilung B* stehen die Kapitalgesellschaften AG, KGaA und die GmbH.

Das Handelsregister ist – anders als das Grundbuch – ein so genanntes unbeschränkt *öffentliches Register*, weil jedermann Einblick in das Handelsregister nehmen (§ 9, Abs. 1 HGB) und eine gebührenpflichtige Online-Abfrage unter dem einheitlichen *Internetportal* der Bundesländer www.handelsregister.de durchführen kann, was auch die elektronische Übermittlung von weniger als zehn Jahre alten Dokumenten einschließt (§ 9 Abs. 2 HGB). Auch die amtlichen *Bekanntmachungen* der Eintragungen erfolgen elektronisch über die länderübergreifende Plattform www.handelsregisterbekanntmachungen.de (§ 10 HGB). Bis Ende 2009 geschieht das wie bislang noch zusätzlich in einem vom Gericht für jeweils ein Jahr im Voraus bestimmten Blatt, regelmäßig in einer oder mehreren Tageszeitung(en).

Handelsregister ist ein öffentliches Register

3.2.6.2   Eintragungen in das Handelsregister

Elektronische Anmeldung

Kaufmännische Unternehmen können nicht alle möglichen, sie betreffenden geschäftlichen Tatsachen in das Handelsregister eintragen lassen, sondern lediglich diejenigen Tatsachen, die das Gesetz selbst als eintragungsfähig erklärt. Dabei sind die Anmeldungen zur Eintragung elektronisch in *öffentlich beglaubigter* Form über einen Notar einzureichen (§ 12 Abs. 1 HGB).

Übersetzung für EU-Ausländer

Unternehmen mit wichtigen *Geschäftspartnern* aus *EU-Staaten* können zu deren besseren Information auch *Übersetzungen* in deren amtlicher Landessprache einreichen (§ 11 Abs. 1 HGB). Sie sollten aber strikt darauf achten, dass die Übersetzung vollständig mit der deutschen Originalfassung übereinstimmt, weil gegenüber dem auf die Richtigkeit des übersetzten Dokuments vertrauenden ausländischen Geschäftspartner *Übersetzungsfehler* zu ihren Lasten gehen (§ 11 Abs. 2 HGB). Insoweit entfaltet das Handelsregister die gleichen Publizitätswirkungen, wie fehlerhafte Bekanntmachungen in deutscher Sprache nach § 15 Abs. 3 HGB (vgl. Kap. 3.2.6.3).

Eintragungspflichtige Tatsachen

Gesetzlich vorgeschrieben

Dazu gehören in erster Linie die besonders wichtigen *eintragungspflichtigen Tatsachen*, deren Eintragung in das Handelsregister gesetzlich vorgeschrieben ist und die deshalb der Inhaber oder andere Personen der Unternehmensleitung zur Eintragung in das Handelsregister *anzumelden* haben.

- Ein *Einzelkaufmann* hat mit voller Namensunterschrift seine Firma sowie den Ort seiner Niederlassung zur Eintragung anzumelden (§ 29 HGB), des Weiteren eine eventuelle spätere Änderung der Firma bzw. ihr Erlöschen oder einen Inhaberwechsel oder eine Verlegung der Niederlassung (§ 31 HGB).
- *Personenhandelsgesellschaften* müssen die Gründung, den Sitz der Firma und ihre spätere Änderung, ferner den vollen Namen, den Ort und das Geburtsdatum der Gesellschafter und ihre Vertretungsmacht sowie nachträgliche Gesellschafterwechsel (§§ 106–108 HGB) zur Eintragung anmelden. Bei der KG werden zusätzlich die Namen der Kommanditisten einschließlich ihrer Haftsumme vermerkt (§§ 172, 175 HGB).
- Bei den *Kapitalgesellschaften* AG und GmbH werden die Firma, der Sitz der Gesellschaft, der Unternehmensgegenstand, die jeweilige Höhe des haftenden Grund- bzw. Stammkapitals, der Tag der Feststellung der Satzung bzw. Abschluss des Gesellschaftsvertrages sowie die Mitglieder des Vorstandes bzw. die Geschäftsführer und deren Vertretungsbefugnisse eingetragen (§§ 39, Abs. 1 AktG, 10, Abs. 1 GmbHG).

Alle kaufmännischen Unternehmen sind schließlich auch verpflichtet, die Erteilung oder den Widerruf einer *Prokura* (§ 53 HGB) anzumelden.

Eintragungsfähige Tatsachen

Eintragbar sind auch die Tatsachen, über deren Eintragung die Betroffenen frei entscheiden können. Neben dem Erwerb der Kaufmannseigenschaft für Land- und Fortwirte und Kleingewerbetreibende (sog. *Kann-Kaufleute* nach §§ 2, 3 HGB, vgl. Kap. 3.2.3.1.2) – handelt es sich dabei vor allem um Vereinbarungen über die *Haftungsbeschränkungen* im Zusammenhang mit einem Inhaberwechsel anlässlich eines Unternehmenskaufs (vgl. Kap. 3.2.5.8).

Gesetzlich erlaubt

Hinterlegung der Unterschrift bei Gericht

Jeder *Inhaber* und *Repräsentant* des Unternehmens oder jeder *Prokurist*, der umfassend für die Firma handeln bzw. sie vertreten kann, muss vor dem Registergericht eine Unterschrift leisten, die zum Register genommen wird. Das soll den Geschäftspartnern, die wegen verdächtiger Umstände die Echtheit der Unterschrift eines Kaufmanns oder seiner eingetragenen Vertreter prüfen wollen, ermöglichen, diese Unterlagen zum Vergleich heranzuziehen. Das erfordert allerdings eine direkte Einsichtnahme. Zu diesem Zweck zeichnet für die Firma:

Zeichnungsberechtigt in öffentlich beglaubigter Form

- der Inhaber eines Einzelhandelsunternehmens,
- der vertretungsberechtigte Gesellschafter von Personenhandelsgesellschaften (§ 108 HGB),
- bei Kapitalgesellschaften alle Vorstandsmitglieder oder Geschäftsführer (§§ 37, Abs. 5 AktG, § 8, Abs. 5 GmbHG), sowie
- bei allen kaufmännischen Unternehmen der Prokurist oder die Prokuristen (§ 53, Abs. 1 HGB).

Rechtswirkung der Eintragungen

Die meisten Eintragungen besitzen eine *rechtsbegründende bzw. konstitutive Wirkung*, d.h. die gesetzliche Rechtsfolge tritt erst mit der Vornahme der Eintragung ein, so vor allem für die Entstehung der Kapitalgesellschaften als juristische Personen und Kaufleute (§§ 36, 41 AktG, 7, 11 GmbHG) und für dort vorgenommene Kapitalerhöhungen bzw. Kapitalherabsetzungen einschließlich anderer Satzungsänderungen (vgl. §§ 181, Abs. 3 AktG, 54, Abs. 3 GmbHG). Dagegen gibt bei einer *deklaratorischen* oder *rechtsbezeugenden* Wirkung die Eintragung nur eine Rechtslage kund, die bereits besteht. Wichtigstes Beispiel hierfür sind die Eintragungen von mittleren und größeren Unternehmern als Ist-Kaufleute nach § 1, Abs. 2 HGB, sowie die Erteilung und der Widerruf einer Prokura (§ 53 HGB).

Konstitutive Wirkung

Deklaratorische Wirkung

3.2.6.3   Verlässlichkeit der Eintragung und Bekanntmachung

Publizitätsschutz bei eintragungspflichtigen Tatsachen

Eine verlässliche Informationsquelle über kaufmännische Unternehmen stellen die Eintragungen und Bekanntmachungen im Handelsregister für den Geschäftsverkehr nur dar, wenn die dort wiedergegebenen Rechtsverhältnisse für den Geschäftsverkehr auch dann maßgebend sind, sofern die tatsächliche Rechtslage anders ist. Kurz und bündig ausgedrückt: wenn also das Handelsregister eine falsche Rechtslage dokumentiert. Genau dies gewährleistet der sog. *Publizitätsschutz* des *Handelsregisters* nach § 15 HGB, jedoch nur im Hinblick auf die *eintragungspflichtigen Tatsachen*. Enthalten diese nun rechtlich relevante Umstände für Geschäftsverträge, so ist die eigentlich unrichtige Eintragung und Bekanntmachung für den ahnungslosen Geschäftspartner maßgebend und nicht die zutreffende wirkliche Rechtslage (siehe Abbildung 3.5). Festzuhalten bleibt, dass sich dieser gesetzlich geregelte Publizitätsschutz nur auf das eigentliche Handelsregister und *nicht* auf das neue *Unternehmensregister*, weil bloßes Sammelregister, erstreckt (vgl. Kap. 3.2.6)

Sorgfalt im Umgang mit Handelsregister

Die Gefahr möglicher Rechtsnachteile zwingt die in einem kaufmännischen Unternehmen verantwortlichen Personen dazu, größtmögliche Sorgfalt im Umgang mit dem Handelsregister walten zu lassen. Demnach müssen die *anmeldungspflichtigen Tatsachen* möglichst schnell und auch sachlich richtig dem Registergericht zugeleitet werden. Anschließend ist akribisch *nachzuprüfen*, ob die registerliche Eintragung auch sachlich stimmt. Deshalb sind in der Praxis unrichtige Eintragungen und Bekanntmachungen eher selten, und wenn es darüber zu Streitigkeiten kommen sollte, wird der Fall sehr schnell in die Hände eines erfahrenen und kompetenten Fachjuristen gelegt. Die folgende kurze Erläuterung kann sich deshalb auf die wesentlichen Punkte beschränken, auf die in der Geschäftspraxis zu achten ist.

Negative Publizität	Positive Publizität
Unrichtigkeit des Handelsregisters durch spätere nicht eingetragene Rechtsänderung:	Ursprünglich unrichtige Eintragung und Bekanntmachung:
z. B. Widerruf der Prokura, Ausscheiden eines Gesellschafters	z. B. Eintragung des falschen Angestellten als Prokurist
Negative Publizität endet durch nachträgliche Korrektur des Handelsregisters	Positive Publizität endet durch nachträgliche Korrektur des Handelsregisters

Beachte:
1. Jeder Unternehmer muss nach Treu und Glauben seine Stammkunden oder andere ständige Geschäftspartner über Änderungen seiner eintragungspflichtigen rechtlichen Verhältnisse direkt informieren.
2. Der Geschäftspartner kann auf den Publizitätsschutz verzichten und stattdessen die tatsächliche Rechtslage zugrunde legen, wenn sie für ihn günstiger ist.

Abb. 3.5: Publizität des Handelsregisters

Unrichtige Eintragung und Bekanntmachung

Geschützt wird der *Geschäftspartner* des eintragungspflichtigen Unternehmers in beiden Richtungen: Zunächst einmal, wenn eine eintragungspflichtige, ursprünglich richtig eingetragene Tatsache, insbesondere über die Haftungs- und Vertretungsverhältnisse, sich später ändert, der Unternehmer aber vergisst, diese nachträgliche Änderung im Handelsregister zur Eintragung anzumelden (§ 15, Abs. 1 HGB). Der Jurist spricht insofern von der *negativen Publizität*, weil das Handelsregister im Hinblick auf die nachträgliche Änderung schweigt, also nichts aussagt. Die Folge ist, dass der eintragungspflichtige Unternehmer die alte, nunmehr falsche, aber im Handelsregister noch eingetragene Rechtslage gegenüber dem ahnungslosen Geschäftspartner gegen sich gelten lassen muss.

Nicht eingetragene Rechtsänderung

Beispiel:
Franz Müller und Karl Meier sind Gesellschafter der Franz Müller-OHG, die Holzmaschinen herstellt. Sie wandeln die OHG später in eine KG um, bei der Karl Meier Kommanditist wird. Noch vor der Eintragung und Bekanntmachung der Umwandlung in eine KG beliefert der Lieferant L die Gesellschaft auf Kredit.

Lösung:
Wegen seines Kaufpreisanspruchs kann der ahnungslose Lieferant L nicht nur Franz Müller, sondern auch Karl Meier, dessen Zurücktreten in die Rolle des Kommanditisten zu diesem Zeitpunkt noch nicht ins Handelsregister eingetragen und bekannt gemacht war, in unbeschränkter Höhe in Anspruch nehmen (§§ 128, 161, Abs. 2, 15, Abs. 1 HGB).

Falsche Anmeldung oder Übersetzung

Zum Zweiten gilt die Verlässlichkeit der handelsregisterlichen Eintragungen auch in dem seltenen Fall, dass die eintragungspflichtige Tatsache von Anfang an falsch öffentlich bekannt gemacht wird – *positive Publizität* (§ 15, Abs. 3 HGB). In gleicher Weise sind unrichtige eingereichte Übersetzungen in einer amtlichen Landessprache eines EU-Staates, die vom deutschen Originaltext abweicht, für den ausländischen Geschäftspartner verlässlich (§ 11 Abs. 2 HGB; vgl. Kap. 3.2.6.2). Hauptsächlicher Grund für die Unrichtigkeit dürfte eine *falsche Anmeldung* sein, sodass die darauf beruhende falsche Eintragung auch in gleicher Weise unrichtig öffentlich bekannt gemacht wird. Möglich ist auch, dass trotz richtiger Anmeldung und Eintragung sich ein Fehler bei der Bekanntmachung einschleicht, was ebenfalls zu Lasten des eintragungspflichtigen Unternehmens geht, haben doch die verantwortlichen Personen die Rückmeldung vom Registergericht sofort zu überprüfen und eventuelle Fehler unverzüglich richtig stellen zu lassen.

Beispiel:

Franz Schmitt tritt als Kommanditist in die Karl Meier-KG ein. Der Komplementär Karl Meier und Franz Schmitt melden den Vorgang ordnungsgemäß im Handelsregister an, wo auch alles korrekt eingetragen wird. Infolge eines Versehens des Sachbearbeiters vom Registergericht wird der vermögende Franz Schmitt fälschlicherweise in der Bekanntmachung als persönlich haftender Komplementär bezeichnet. Ein Lieferant L verlässt sich auf die Bekanntmachung der KG und gibt ihr im Vertrauen auf die ihm bekannten Vermögensverhältnisse von Schmitt Warenkredit. Kurze Zeit später wird die KG insolvent. Auch der Komplementär Karl Meier ist nicht imstande, privat die Schuld der Gesellschaft zu begleichen.

Lösung:

Wendet sich der L nun an den eingetretenen Franz Schmitt und nimmt ihn unter Berufung auf § 15, Abs. 3 HGB als persönlich haftenden Komplementär gemäß §§ 161, Abs. 2, 128 HGB in Anspruch, so hat er Erfolg. Der »bedauernswerte« Franz Schmitt muss nämlich L den gesamten Kaufpreis bezahlen, selbst wenn er seine Einlage bereits erbracht hat und ihn deshalb als Kommanditist gegenüber dem Gesellschaftsgläubiger L eigentlich keine Haftung mehr treffen würde.

Falsche Eintragung ohne Anmeldung

Lediglich, wenn es durch ein schlichtes Versehen des Registergerichts, ohne jeglichen Antrag, infolge einer Verwechslung zu einer falschen Eintragung und Bekanntmachung kommt, gibt es *keinen Vertrauensschutz* für den Geschäftspartner, weil dieser Rechtsschein von dem betreffenden Unternehmer nicht veranlasst worden ist und deshalb für ihn keine Notwendigkeit besteht, sich um die Richtigkeit anderer Eintragungen und Bekanntmachungen des für ihn zuständigen Registergerichtes zu kümmern. Der auf die falsche Bekanntmachung vertrauende Geschäftspartner muss sich wegen etwaiger Ersatzansprüche entweder an den Staat oder das publizierende Presseunternehmen halten.

> Als eintragungspflichtiger Unternehmer sollten Sie, um dieses Haftungsrisiko auszuschließen, unbedingt sorgfältig anhand der Rückmeldungen des Registergerichtes unverzüglich prüfen, ob Ihre Angaben in das Handelsregister richtig eingetragen worden sind und sich danach auch noch vergewissern, dass die öffentliche Bekanntmachung korrekt ausfällt.

Tipp

Korrektur der unrichtigen Eintragung

Hat aber der eintragungspflichtige Unternehmer dafür gesorgt, dass die eintragungspflichtigen Tatsachen richtig eingetragen und bekannt gemacht worden sind, *erlischt* der *Verkehrsschutz* regelmäßig. Der Geschäftspartner muss die Tatsache gegen sich gelten lassen, unabhängig davon, ob er sie kannte oder nicht (§ 15, Abs. 2 HGB).

Verkehrsschutz erlischt

Beispiel:
Der Widerruf der Prokura oder das Ausscheiden des Gesellschafters ist eingetragen und bekannt gemacht, die Eintragung des falschen Prokuristen gelöscht etc.

Lediglich, wenn der betreffende Geschäftsabschluss oder die sonstigen Rechtshandlungen in unmittelbarer zeitlicher Nähe zur Bekanntmachung – nämlich innerhalb von 15 Tagen erfolgt – braucht der Geschäftspartner die Tatsache sich dann nicht entgegenhalten lassen, wenn er beweist, dass er sie weder kannte noch kennen musste. Seine Unkenntnis darf also nicht auf Fahrlässigkeit beruhen, wobei aber die Gerichte strenge Maßstäbe an die gebotene kaufmännische Sorgfaltspflicht anlegen. Jeder Kaufmann hat danach die Abläufe in seinem Betrieb so zu organisieren, dass die handelsrichterlichen Bekanntmachungen auch ständig erfasst werden können (BGH BB 1976, S. 1480).

Beispiel:
Innerhalb der ersten 12 Tage nach der Bekanntmachung waren beim Geschäftspartner Betriebsferien. Einen Tag später wird der Geschäftsvertrag abgeschlossen, ohne dass bisher die betriebliche Erfassungsstelle die entsprechenden handelsrechtlichen Bekanntmachungen verarbeiten und weiterleiten konnte.

Prüfungspflicht bei Neuabschlüssen

Dieser strenge, von der Rechtsprechung zugrunde gelegte Maßstab überfordert die Wirtschaftspraxis, weil Kaufleute sich über den öffentlich bekannt gemachten Registerstand aller potenziellen Geschäftspartner nicht ständig informieren können. Nur bei *Neuabschlüssen* oder vor dem Abschluss besonders wichtiger Rechtsgeschäfte ist die Auferlegung einer *besonderen Prüfungspflicht* sachgerecht.

Informationspflicht des eintragungspflichtigen Unternehmers

Geschäftsverbindung und Vertragsverhandlung

Diesen Umständen trägt die Rechtsprechung insofern Rechnung, als der eintragungspflichtige Unternehmer nach Treu und Glauben den anderen Teil gezielt über nachträgliche *Änderungen* seiner *eintragungspflichtigen Haftungs- und Vertretungsverhältnisse* informieren muss, wenn sich zwischen ihnen ein besonderes Vertrauensverhältnis entwickelt hat. Davon kann bei umfangreichen Vertragsverhandlungen oder innerhalb einer festen Geschäftsverbindung ausgegangen werden (BGH NJW 1987, S. 3125). Wird dies versäumt, kann sich das eintragungspflichtige Unternehmen unter dem Gesichtspunkt des Rechtsmissbrauchs nicht auf die eingetragene und bekannt gemachte Änderung der Haftungs- oder Vertretungsverhältnisse berufen.

Beispiel:

Das würde bedeuten, dass der ungünstige Vertrag, den der frühere Prokurist nach dem Widerruf der Prokura und deren Eintragung und Bekanntmachung im Handelsregister unerlaubterweise abschließt, den eintragungspflichtigen Unternehmer gegenüber dem ahnungslosen ständigen Geschäftspartner bindet. In gleicher Weise hat ein ausgeschiedener, vollhaftender Gesellschafter persönlich diesen Personen gegenüber für Verträge einzustehen, die erst nach Eintragung und Bekanntmachung seines Ausscheidens im Handelsregister abgeschlossen werden. Die vertragliche Bindung bzw. die Weiterhaftung wird erst beseitigt, wenn zuvor die ständigen Geschäftspartner über die Änderung dieser wichtigen Rechtsverhältnisse direkt unterrichtet worden sind.

Tipp

Sorgen Sie deshalb als eintragungspflichtiger Unternehmer unbedingt dafür, dass eine nachträgliche Änderung der Haftungs- und Vertretungsverhältnisse in Ihrer Firma nicht nur im Handelsregister eingetragen und bekannt gemacht wird, sondern diese Vorgänge auch Ihren Verhandlungspartnern oder ständigen Geschäftspartnern schriftlich mitgeteilt werden. Die nachweisliche Zusendung eines Briefes, eines Faxes oder einer E-Mail müsste hierzu genügen. Liest der Geschäftspartner diesen nicht, verdient er wegen dieser Sorgfaltspflichtverletzung keinen besonderen Schutz. Um ganz sicherzugehen, sollten Sie eine schriftliche Bestätigung der Kenntnisnahme einfordern.

Wahlrecht des Geschäftspartners

Diese Publizitätswirkungen des Handelsregisters sollen allein den Geschäftspartner von eintragungspflichtigen Unternehmen schützen. Deshalb kann er frei entscheiden, ob er sich auf diese Publizitätswirkung berufen will oder nicht. Sollte Ihnen deshalb die *tatsächliche Rechtslage günstiger* erscheinen, können Sie auch diese zugrunde legen (BGH WM 1990, S. 638).

Verzicht auf Publizitätsschutz

Beispiel:
Angestellter A der X-GmbH, dessen Prokura zwar widerrufen worden ist, der Widerruf aber noch nicht in das Handelsregister eingetragen und bekannt gemacht war, schließt nun unerlaubterweise für seine Firma mit dem Lieferanten L einen Kaufvertrag ab.

Lösung:
L könnte nun gemäß der negativen Publizitätswirkung des Handelsregisters nach § 15, Abs. 1 HGB A als Prokurist der X-GmbH ansehen und wegen des wirksamen Vertragsabschlusses von der X-GmbH Bezahlung des Kaufpreises nach § 433, Abs.2 BGB verlangen. Legt aber L auf das Geschäft keinen Wert, weil er sich bei dem Kaufpreis zu seinem Nachteil verkalkuliert hat, so kann er A auch als Vertreter ohne Vertretungsmacht betrachten und deswegen das für ihn wirtschaftlich nachteilige Geschäft sofort widerrufen, solange der Geschäftsführer der X-GmbH den Vertrag nach seiner Unterrichtung nun nicht selbst genehmigt (§ 177 BGB).

3.2.6.4   Partnerschaftsregister

Die gleichen rechtlichen Grundsätze wie beim Handelsregister, namentlich dessen *Publizitätswirkungen*, gelten auch für die im Partnerschaftsregister eingetragenen Partnerschaften von freien Berufen (§ 5, Abs. 2 PartGG). *Eingetragen* wird bei einer *Partnerschaft* deren Name und Sitz, Name und Wohnort jedes Partners, der in der Partnerschaft ausgeübte Beruf und schließlich auch der Gegenstand der Partnerschaft selbst (§§ 5, Abs. 1, 3 Abs. 2 PartGG). Hinzu kommen ggf. besondere Vertretungsregelungen, die von dem gesetzlichen Modell der Einzelvertretungsbefugnis jedes Partners abweichen (§§ 7, Abs. 3 PartGG, 126 HGB). Partnerschaften sind aber keine Kaufleute und können deshalb keine *Prokura* erteilen.

3.2.6.5   Genossenschaftsregister

Eingetragen wird die *Genossenschaft* mit ihrem Sitz, ihrer Firma, dem Statut und den Mitgliedern des Vorstandes einschließlich deren Vertretungsverhältnisse (§ 10, Abs. 1 GenG). Das Genossenschaftsregister selbst besitzt nun die gleichen Publizitätswirkungen wie das Handelsregister nach § 29 GenG.

3.2.6.6   Auswahl der richtigen Geschäftspartner

Vorsicht bei jungen Unternehmen

Der wirtschaftliche Erfolg hängt nicht nur von Ihrer eigenen Leistung, sondern auch von den richtigen Geschäftsverbindungen, also von den für Ihr Unternehmen wichtigen Geschäftspartnern ab. Dabei muss nicht nur das Preis-Leistungs-Verhältnis und die Produktqualität stimmen, sondern wichtig sind auch die fachliche Kompetenz, Kundenfreundlichkeit, Leistungs- und Zahlungsfähigkeit und Zuverlässigkeit, insbesondere beim Aufbauen oder der Pflege dauerhafter Geschäftsbeziehungen. Besondere Umsicht ist gegenüber jungen Unternehmen angebracht, weil diese in den ersten fünf Jahren besonders *insolvenzanfällig* sind.

Zertifizierung von Unternehmen

TQM-Zertifikat

Einen wichtigen Anhaltspunkt für die Güteklasse von Unternehmen bietet seit einigen Jahren die *Zertifizierung* nach den Regeln des *Totality-Quality-Managements*. Dieses TQM-Zertifikat bestätigt Ihnen, dass die Organisation des Unternehmens den Anforderungen der Normen entspricht. Damit sind zumindest die organisatorischen Voraussetzungen für die Erzeugung bzw. Erbringung qualitativ hochwertiger Produkte bzw. Dienstleistungen geschaffen. Das Zertifikat enthält allerdings keine Aussage über die inhaltliche Qualität einzelner Produkte und Dienstleistungen. Fragen Sie dennoch vor der Aufnahme der Geschäftsbeziehung Ihren Verhandlungspartner, ob er dieses Zertifikat erworben hat, sofern er nicht selbst damit wirbt.

Leistungsfähigkeit von Unternehmen

Business-Info

Wenn Sie die richtige Firma noch nicht kennen, jedoch ein *leistungsfähiges Unternehmen* nach bestimmten objektiven wirtschaftlichen Kriterien *suchen*, hilft Ihnen eine spezielle Recherche über die Handelsregister oder darauf aufbauende Unternehmensbanken allein nicht weiter. Sie können aber die entsprechenden Informationen von einer breiter angelegten, auf CD-ROM abgespeicherten

Wirtschaftsdatenbank beziehen. So vertreibt die Software-Firma Business-Info-Deutschland in Grafrath eine jährlich aktualisierte CD-ROM *»Business-Info«*. Sie enthält Angaben zu mehr als 700.000 Unternehmen in Deutschland – vom Unternehmensregistereintrag über Fax- und Rufnummer der Firma nebst Geschäftszweig bis hin zu deren Umsatz, Mitarbeiterzahl, Namen des Inhabers oder der geschäftsführenden Gesellschafter, Geschäftsführer oder Vorstandsmitglieder.

3.2.7 Behörden als Geschäftspartner

Bei dem Abschluss von Geschäftsverträgen, seien es Liefer- oder Dienstleistungsverträge mit *staatlichen Behörden* oder Institutionen, sind besondere *Sorgfaltsregeln* zu beachten. Auf die Einhaltung der maßgebenden Bestimmungen für die korrekte Ausschreibung bestimmter Projekte ab einer gewissen Größenordnung kann hier nicht näher eingegangen werden. Die im Folgenden aufgeführten Gesichtspunkte sollten Sie aber beachten:

1. Alle Erklärungen und Absprachen inklusive Vertragsabschluss sollten *schriftlich* erfolgen, weil i.d.R. die einschlägigen gesetzlichen Bestimmungen von Bund und Ländern dies für die wirksame Verpflichtung des staatlichen Geschäftspartners verlangen.

2. Ferner müssen Sie sich unbedingt davon überzeugen, dass Ihr *Verhandlungspartner* in dem Amt oder Behörde für die Abgabe entsprechender Erklärungen eine *Berechtigung* hat. Namen und Anschrift der Zeichnungsberechtigten sind in geeigneter Form durch Aushang bekannt zu geben und können von jedem eingesehen werden. Dagegen können Sie sich auf das Auftreten, das Amt oder die Stellung ihres Gesprächspartners in der Behörde nicht unbedingt verlassen, weil dies, anders als im Zivilrecht, keinen verlässlichen Rechtsschein begründet. Vielmehr muten es die Gerichte dem Vertragspartner solcher staatlicher Institutionen zu, sich vorher Klarheit zu verschaffen, ob die betreffende juristische Person des öffentlichen Rechts dem Gesetz entsprechend vertreten worden ist oder nicht.

   Berechtigung prüfen

3. Bei Verträgen mit *Kommunen*, also Gemeinden und Städten, werden diese Gebietskörperschaften i.d.R. von den Bürgermeistern bzw. Oberbürgermeistern umfassend vertreten, wenngleich bei wichtigen Geschäften nach den einschlägigen Geschäftsführungsregelungen des Kommunalrechts dazu auch ein billigender *Gemeinderatsbeschluss* einzuholen ist. Um ganz sicher zu sein, sollten Sie sich deshalb die Vertretungsmacht der Bürgermeister oder sonstiger kommunaler Vertreter in jedem Einzelfall schriftlich und unter Vorlage eines billigenden Gemeinderatsbeschlusses nachweisen lassen (vgl. BGH WM 1998, S. 1098).

   Kommunen

**Fehlerhafte
Bekanntgabe**

Äußerst selten, wenn auch nicht völlig auszuschließen, ist ein Fehler bei der Bekanntgabe der *zeichnungsberechtigten Personen*, auf deren Richtigkeit aber die Geschäftspartner vertraut haben. In solchen Fällen muss die betreffende juristische Person des öffentlichen Rechts den Vermögensschaden des auf die Wirksamkeit des Vertrages vertrauenden Unternehmens nach den Regeln des Verschuldens beim Vertragsabschluss ersetzen (§§ 280, Abs. 1, 311, Abs. 2 BGB; vgl. Kap. 2.4.3).

Beispiel:
Der Leiter des Finanzamtes der Stadt S, Regierungsdirektor Schmitt, tritt in Ruhestand. Bis zur Ernennung eines Nachfolgers leitet Oberamtsrat Müller das Amt. Zum neuen Leiter wird Oberregierungsrat Meier mit Wirkung zum 01.10. bestimmt. Am 02.10. bestellt Oberamtsrat Müller neue Möbel für sein Büro. Er hat schon in seiner Funktion als kommissarischer Leiter mit der Firma entsprechende Lieferverträge für andere Büroräume abgeschlossen. Der Geschäftsführer der X-Möbel-GmbH wusste nicht, dass mit dem Amtsantritt des neuen Leiters, Oberregierungsrat Meier, zum 01.10. die Vertretungsbefugnis von Müller erloschen ist.

Lösung:
Der neue Leiter, Oberregierungsrat Meier, kann jederzeit die Bestellung der Büromöbel durch Oberamtsrat Müller stornieren, weil das Vertrauen der X-Möbel-GmbH auf das vermeintliche Vertretungsrecht des Oberamtsrats Müller nicht geschützt wird.
Schadensersatz bräuchte das Finanzamt (genau besehen: eigentlich das jeweilige Bundesland als Verwaltungsträger) nach den Grundsätzen des Verschuldens beim Vertragsabschluss nur zu leisten, wenn es das Erlöschen der Zeichnungsberechtigung von Oberamtsrat Müller nicht ordnungsgemäß bekannt gegeben hätte oder der neue Leiter des Finanzamtes, Oberregierungsrat Meier, der schriftlichen Auftragsbestätigung der X-Möbel-GmbH nicht widersprochen hätte.

3.2.8   Wechsel der Vertragsparteien

Nach Vertragsabschluss kann es bei Geschäftsverträgen, die nicht sofort erfüllt werden oder als Dauerverträge fortlaufende Leistungspflichten begründen, nachträglich zu einem *Gläubigerwechsel* durch Abtretung von Forderungen oder, seltener, zu einem *Schuldnerwechsel* durch befreiende Schuldübernahme und schließlich zu einem kompletten Austausch der Vertragsparteien durch *Vertragsübernahme* kommen.

3.2.8.1 Abtretung von Forderungen

Steht Ihnen eine Forderung, also ein schuldrechtlicher Anspruch (z.B. eine Kaufpreisforderung) zu, können Sie, wenn Sie wollen, diese Forderung an Ihren Gläubiger abtreten. Die Abtretung der Forderung selbst ist rechtlich als *abstrakte Verfügung* anzusehen und entspricht insoweit der Eigentumsübertragung bei beweglichen Sachen (siehe Abbildung 3.6).

Gläubigerwechsel

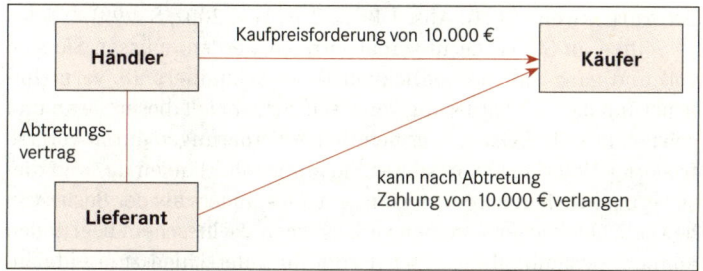

Abb. 3.6: Abtretung von Forderungen

Wirksame Abtretung

Notwendig für eine wirksame Abtretung ist lediglich ein formloser, am besten aber *schriftlicher Abtretungsvertrag* nach § 398 BGB zwischen dem bisherigen Inhaber und dem neuen Inhaber der Forderung, in dem die abgetretene Forderung im Hinblick auf den Drittschuldner, den Schuldgrund und den Forderungsbetrag so genau bezeichnet wird, dass sie klar von anderen Vermögenspositionen des bisherigen Inhabers unterschieden werden kann. Gelingt das nicht, wäre die Abtretung mangels hinreichender *Bestimmbarkeit* unwirksam, worauf vor allem bei der Abtretung mehrerer künftiger Forderungen im Rahmen einer Globalzession zu achten ist (vgl. Kap. 4.7.3.2).

Abtretungsvertrag

Dagegen ist die Zustimmung oder auch die bloße Unterrichtung des Schuldners der abgetretenen Forderung, des sog. *Drittschuldners*, nicht erforderlich. Er darf aber bei dieser *stillen Zession* keine rechtlichen Nachteile erleiden. Ohne Kenntnis der Zession kann er deshalb die geschuldete Leistung, insbesondere die Zahlung, mit *schuldbefreiender Wirkung* an den ihm bekannten bisherigen Inhaber der Forderung als den vermeintlichen Gläubiger erbringen, mit der Folge, dass der neue Inhaber seine Forderung verliert (§ 407 BGB). Darüber hinaus behält er bis zu seiner Kenntnis alle bis dahin erworbenen *Einwendungen* gegen die abgetretene Forderung, wie etwa eine Mängeleinrede (§ 404 BGB), oder kann mit einer bis dahin gegen den früheren Inhaber erworbenen fälligen Gegenforderung auch gegenüber dem neuen Gläubiger nach § 406 BGB *aufrechnen* (vgl. Kap. 4.8.2.3). Diese Rechte verliert der Drittschuldner

Stille Zession ist wirksam

erst, wenn ihm die Abtretung durch den bisherigen Inhaber nach § 409 BGB angezeigt worden ist und sich dadurch die stille in eine *offene Zession* umwandelt. Als Drittschuldner brauchen Sie ohne *Abtretungsanzeige* an den neuen Gläubiger nur gegen Ankündigung der von dem bisherigen Inhaber unterzeichneten Abtretungsurkunde zu zahlen oder sonstwie zu leisten. Auch Kündigung oder Mahnung des neuen Inhabers bleiben dann ohne Vorlage der Abtretungsurkunde unwirksam, wenn der Dittschuldner sie unverzüglich zurückweist (§ 410 Abs. 1 BGB; BGH WM 2007, S. 998).

Hohes Erwerbsrisiko

Sollten an Sie Forderungen abgetreten werden, müssen Sie sich voll und ganz auf die Redlichkeit Ihres Schuldners als vermeintlicher Inhaber der Forderung verlassen. Schwindelt dieser Sie an und spiegelt nur die Existenz vermeintlicher Forderungen durch Vorlage frisierter Unterlagen vor, stehen Sie mit leeren Händen da, weil diese vermeintlichen Forderungsunterlagen – anders als der Besitz von beweglichen Sachen – keinen verlässlichen Rechtsschein begründen können. Deshalb gibt es – wiederum im Unterschied zum gutgläubigen Eigentumserwerb beweglicher Sachen – *keinen gutgläubigen Erwerb* von Forderungen.

Ist die *Abtretung wirksam*, so hat der frühere Inhaber (Zedent) dem neuen Gläubiger (Zessionar) auf dessen Verlangen *Auskunft* über den Inhalt der Forderung und den Drittschuldner zu geben und alle *Forderungsunterlagen* herauszugeben (§ 402 BGB). Das entbindet den Zedenten selbstverständlich nicht von der Einhaltung eventueller *Verschwiegenheitspflichten*, wie etwa des Bankgeheimnis gegenüber dem Drittschuldner (BGH ZIP 2007, S. 620), Ist der Zedent ein Freiberufler, der wie ein Arzt, Rechtsanwalt oder Steuerberater einer nach § 203 StGB strafbewehrten besonders strengen berufsständischen Geheimhaltungspflicht unterliegt, besteht sogar ein gesetzliches Abtretungsverbot nach § 134 BGB, so dass die Zession solcher Honorarforderungen an beliebige Dritte unwirksam ist (BGH WM 2007, S. 803)

Offenlegung der Zession

Für Unternehmen als Drittschuldner kann nach Offenlegung der Abtretung die Pflicht, an den richtigen Inhaber der Forderung zu zahlen, äußerst lästig sein, wenn z. B. Inhaber von Märkten mit zahllosen Lieferanten Geschäftsbeziehungen unterhalten, weil die korrekte Bearbeitung der in großer Anzahl eingehenden Abtretungsanzeigen einen hohen Verwaltungsaufwand erfordert. Deswegen sehen ihre *Einkaufsbedingungen* typischerweise vor, dass die Abtretung von Forderungen ausgeschlossen oder nur mit ihrer Zustimmung wirksam sein soll, was § 399 BGB, 2. Fall gestattet.

Im Geschäftsverkehr zwischen kaufmännischen Unternehmen und staatlichen Behörden sind allerdings diese *rechtsgeschäftlichen Abtretungsbeschränkungen* nach der Sondervorschrift des § 354a HGB unwirksam, weil dadurch den wirtschaftlich abhängigen mittelständischen Unternehmen als Lieferanten faktisch die Möglichkeit genommen wird, Bankkredite durch Sicherungsabtretungen abzusichern. Dem im Gesetz ausdrücklich geregelten Abtretungsausschluss steht wegen der im Ergebnis gleichen Rechtswirkung der Zustimmungsvorbehalt gleich (BGH ZIP 2005, S. 447). Die *Drittschuldner* können aber – trotz Offenlegung der Zession nach Eingang der Abtretungsanzeige – nach wie vor mit befreiender Wirkung an ihre Lieferanten als *bisherige Inhaber* der Forderungen *zahlen*, sodass ihr Zahlungsverkehr durch die Abtretung nicht unnötig belastet wird (§ 354a, Satz 2 HGB). Nur wenn der einzelne Lieferant bekanntermaßen schon insolvenzreif sein sollte, ist der Drittschuldner nach Treu und Glauben verpflichtet, an den neuen Inhaber der Forderungen zu zahlen (OLG Hamburg WM 1999, S. 431).

Abtretungsbeschränkung

3.2.8.2   Befreiende Schuldübernahme

Nicht gleichgültig kann es dem Gläubiger sein, wenn ein *Schuldneraustausch* vorgenommen werden soll, gemäß dem eine andere Person die Schuld in der Weise übernimmt, dass der ursprüngliche Schuldner von seiner Leistungspflicht frei wird. Deshalb ist die befreiende Schuldübernahme nur mit der *Zustimmung* des *Gläubigers* möglich. Dabei treffen i.d.R. Altschuldner und Neuschuldner eine entsprechende vertragliche Vereinbarung, die dann der Gläubiger anschließend genehmigt (§ 415 BGB). Derartige Absprachen sind aber im Geschäftsverkehr sehr selten.

Schuldnerwechsel

Vielmehr ist dem Gläubiger daran gelegen, dass eine weitere Person neben dem eigentlichen Hauptschuldner dessen Schuld mit übernimmt, weil sich durch den *Schuldbeitritt* die Rechtsposition des Gläubigers verstärkt. Der *Beitretende* wird neben dem Hauptschuldner weiterer *Gesamtschuldner* (§§ 427, 421 BGB). Der Gläubiger kann dann beide auf die volle Leistung in Anspruch nehmen, erhält diese aber insgesamt selbstverständlich nur einmal. Bei dieser vertraglichen Schuldmitübernahme handelt es sich um eine besondere Form der *Personensicherheit* (vgl. Kap. 4.7.2.2).

Schuldmitübernahme

3.2.8.3   Vertragsübernahme und Vertragsbeitritt

Noch weiter als die Schuldübernahme reicht die nicht im Gesetz geregelte *Vertragsübernahme*. Sie bewirkt nämlich, dass der Übernehmer anstelle des bisherigen Vertragspartners in die *gesamte vertragliche Beziehung* eintritt, also nicht nur die Verpflichtung übernimmt, sondern auch die Forderung daraus erwirbt. Wenn man so will, stellt

Zustimmung aller Beteiligten erforderlich

die Vertragsübernahme eine Kombination zwischen Abtretung und Schuldübernahme dar. Als Verfügung über das Schuldverhältnis im Ganzen bedarf sie der *Zustimmung aller Beteiligten*. Die Vertragsübernahme kann dabei als Vertrag zwischen allen drei Beteiligten oder als Vertrag zwischen dem ausscheidenden und eintretenden Partner unter Zustimmung des anderen Teils geschlossen werden (BGH NJW 1998, S. 532).

Es liegt nun auf der Hand, dass die Person des Geschäftspartners der anderen Seite nicht gleichgültig sein kann, wenn diese auf deren Leistungsfähigkeit und Zuverlässigkeit besonderen Wert legt. Deshalb ist in solchen Fällen nachträglich ein Wechsel des Vertragspartners nicht ohne weiteres möglich und kann deshalb auch nicht wirksam durch sog. *Zustimmungsklauseln* in AGB herbeigeführt werden. Zumindest muss man dem Kunden für den Fall des Eintritts ein Recht zur sofortigen Beendigung des Vertrages einräumen (§ 309, Nr. 11 BGB, BGH NJW 1998, S. 532).

Vertrags-übernahmeklausel

Wird aber im unternehmerischen Geschäftsverkehr die *Vertrags-übernahmeklausel* enger gefasst und soll sie lediglich dazu dienen, geschäftliche Umstrukturierungen im Konzern abzusichern, dürften keine rechtlichen Bedenken bestehen, weil die Solvenz des einzelnen Konzernunternehmens ohnehin von der Gesamtlage des Konzerns abhängt. Kundenfreundlicher ist es sicherlich, wenn auch in diesem Fall an der prinzipiellen Notwendigkeit der Zustimmung festgehalten wird, ergänzt durch eine grundsätzliche *Zustimmungspflicht*, wie es in der *Konditionenempfehlung der Arbeitsgemeinschaft Zulieferindustrie* (ArGeZ) vorgesehen ist (www.argez.de).

Vertragsübernahme (ArgeZ)

Klauselvorschlag

»Die Rechtseinräumung zugunsten Dritter oder sonstige Einbeziehung Dritter in die Vertragsbeziehung bedarf der vorherigen Zustimmung des anderen Vertragspartners in jedem Einzelfall, auch bei Entstehung, Vorhandensein oder Änderung konzernmäßiger Verbindungen zwischen einem der Vertragspartner und dem begünstigten Dritten. Die Zustimmung darf nicht unbillig verweigert werden.«

Vertragsbeitritt

In gleicher Weise wie eine Vertragsübernahme ist auch ein *Vertragsbeitritt* zulässig, wodurch eine weitere Person als Vertragspartner aufgenommen wird. Die Art der Mitberechtigung bzw. Mitverpflichtung hängt dann von dem einzelnen Schuldverhältnis und den getroffenen Vereinbarungen ab (BGH MDR 1998, S. 522).

Beispiel:

Kaufmann K hat Geschäftsräume angemietet, die sich als zu groß erweisen. Deshalb tritt Geschäftsmann G mit Zustimmung des Vermieters in den Mietvertrag mit ein.

3.3 Vertretung im Unternehmen

Schon in *mittelgroßen Unternehmen* können die anfallenden Geschäfte nicht mehr allein vom Inhaber persönlich erledigt werden, sondern dieser ist auf die Unterstützung vertrauenswürdiger und kompetenter *Mitarbeiter* als seine Vertreter angewiesen, denen er eine entsprechende *Vollmacht* erteilt (§ 164 BGB). Das betrifft *Gesellschaften* auch auf der Leitungsebene, weil diese so nicht handlungsfähig sind, sondern nur durch ihre *vertretungsberechtigten Organe* (seien es Gesellschafter, Geschäftsführer oder Vorstandsmitglieder) agieren können.

Unternehmens-vertreter

Die optimale *Ausgestaltung* der *Vertretungsverhältnisse* im Unternehmen ist daher eine der wichtigsten Leitungsaufgaben für die Installierung eines erfolgreichen Vertragsmanagements. Darüber hinaus gehört die *Prüfung* der Vertretungsverhältnisse beim Geschäftspartner als zentrale Wirksamkeitsvoraussetzung für den einzelnen Geschäftsvertrag zu den selbstverständlichen Kontrollpflichten *des Vertragsmanagers.*

Unterhalb der Vertreterebene können aber auch *einfache Arbeitnehmer* als schlichte *Boten* eingeschaltet werden, deren Aufgabe sich darauf beschränkt, bereits formulierte mündliche oder schriftliche Erklärungen als Erklärungsboten zu übermitteln oder solche als Empfangsboten entgegenzunehmen und damit den Vertrag zustande zu bringen (vgl. Kap. 3.1.1.2).

Boten

3.3.1 Vertragsabschluss durch Vertreter

Auch die Vertretung von Unternehmen basiert auf den Regeln des allgemeinen Vertretungsrechts, die deshalb kurz erläutert werden sollen.

Allgemeines Vertretungsrecht

Charakteristisch für alle Formen der Vertretung ist, dass die als Vertreter tätige Person, die für das vertretene Unternehmen handelt, in seinem Namen die Vertragserklärung abgibt. Dazu braucht der Vertreter selbstverständlich eine rechtliche Erlaubnis, die sog. Vertretungsmacht, da die Rechtswirkungen seines Handelns, konkret die Rechtsfolgen aus dem betreffenden Geschäftsvertrag, nicht ihn, sondern den vertretenen Unternehmer treffen sollen (§ 164 BGB). Die *Vertretungsmacht* kann dabei kraft Gesetzes auf der beruflichen Stellung des Vertreters, wie etwa eines Geschäftsführers, beruhen, oder eben auf einer besonderen rechtsgeschäftlichen Erklärung, wie etwa bei einem Prokuristen, die man *Vollmacht* nennt (§ 167 BGB).

Die *Stellvertretung* hat deshalb folgende drei *Grundvoraussetzungen* (siehe Abbildung 3.7):

● eigene Willenserklärungen des Vertreters,

- im Namen des Vertretenen, soweit sich dies nicht schon aus den Umständen ergibt,
- mit Vertretungsmacht.

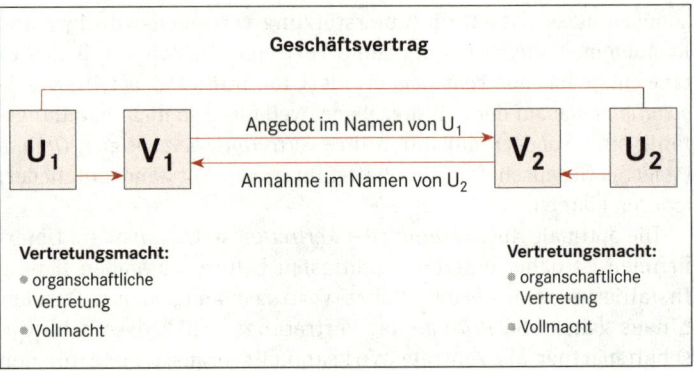

Abb. 3.7: Vertragsabschluss durch Vertreter

Handeln in fremdem Namen

Sind diese drei Grundbedingungen erfüllt, kommt der Vertrag zwischen dem *Vertretenen* und dem Geschäftspartner als Dritten zustande, oder er wird, wie etwa im Falle einer berechtigten Kündigung, beendet. Die Notwendigkeit der Offenlegung der Fremdwirkung des Vertreterhandelns bezeichnet man als sog. *Offenkundigkeitsprinzip*, das dem Schutz des Geschäftsgegners dienen soll. Dieser will wissen, mit wem er gerade einen Vertrag abschließt. Tut der Vertreter dies nicht, wird er selbst mit allen Rechten und Pflichten Vertragspartei, schließt also ein sog. Eigengeschäft ab (§ 164, Abs. 2 BGB). Bei Geschäftsverträgen zwischen Unternehmen ergibt sich aber das Auftreten für das Unternehmen bereits aus den Umständen, sodass es nicht unbedingt ausdrücklich erklärt werden muss.

Dabei können auf Seiten beider Geschäftspartner selbstverständlich Vertreter eingeschaltet sein, wie es gerade für Geschäftsverträge zwischen Unternehmen typisch ist (§ 164, Abs. 3 BGB).

Beispiel:
Die X-GmbH verkauft Maschinen an die Fritz Schmitt KG. Für die X-GmbH handelt deren Geschäftsführer G als organschaftlicher Vertreter, für die Fritz Schmitt KG deren Prokurist P als bevollmächtigter Vertreter.

3.3.1.1 Die Vertretungsmacht

Wirksamkeitsvoraussetzung

Die entscheidende *Wirksamkeitsvoraussetzung für das Handeln des Vertreters* ist also seine Vertretungsmacht, die bei Unternehmen entweder auf der *organschaftlichen Stellung* oder auf einer *Vollmacht* be-

ruht. Die Entscheidung darüber, wer ihn vertreten soll, trifft i.d.R.
der vertretene Unternehmer selbst. Das gilt auch für die organschaftliche Vertretung, indem entweder die Gesellschafter, oder bei der
Aktiengesellschaft der Aufsichtsrat, bestimmen, welche Personen
als Gesellschafter, Geschäftsführer oder Vorstandsmitglieder die
Gesellschaft nach außen repräsentieren sollen.

3.3.1.1.1 Organschaftliche Vertretung

Vollhaftende Gesellschafter, Geschäftsführer und Vorstandsmitglieder von eingetragenen Gesellschaften besitzen als *Repräsentanten*
der Gesellschaft eine *umfassende*, einseitig nicht beschränkbare *Vertretungsmacht*. Lediglich bei der Vertretung der Gesellschaft bürgerlichen Rechts durch Gesellschafter, kommt es insoweit auf die Regelung im Gesellschaftsvertrag an (vgl. Kap. 3.3.2).

*Nicht beschränk-
bare Vertretungs-
macht*

3.3.1.1.2 Vollmacht

Andere vertrauenswürdige und fähige im Unternehmen beschäftigte oder für das Unternehmen arbeitende Personen erhalten vom
Unternehmer oder einem dazu befugten *organschaftlichen Vertreter*
durch eine einseitige rechtsgeschäftliche Erklärung eine Vollmacht,
durch die der Vertreter mit einer entsprechenden Vertretungsmacht
ausgestattet wird (§ 167 BGB). Den *Umfang* der *Vollmacht* kann der
Vollmachtgeber nach den Vorschriften des BGB frei bestimmen.
Das wird aber dem Bedürfnis des Geschäftsverkehrs nach verlässlichen und sicheren Vertragsabschlüssen nicht gerecht, weil jeder
Geschäftspartner sich in jedem Einzelfall nach der Reichweite der
Vollmacht beim Vollmachtgeber erkundigen müsste. Deshalb hat der
Gesetzgeber für kaufmännische Unternehmen zwei typisierte han-
delsrechtliche Vollmachten im HGB vorgesehen – die weit reichende
Prokura und die engere *Handelsvollmacht*, die insoweit für Klarheit
sorgen sollen (vgl. Kap. 3.3.3).

*Fähige vertrauens-
würdige Personen*

Innenvollmacht

Abgesehen von der eintragungspflichtigen Prokura, wird diese üblicherweise *gegenüber* dem *Bevollmächtigten* erteilt (§ 167, Abs. 1 BGB).
Da aber bei dieser Innenvollmacht der Bestand der Vertretungsmacht
für den Geschäftspartner nicht erkennbar ist, kann er *einseitige
Willenserklärungen* des berechtigten Vertreters – wie etwa eine Kündigung, Rücktritts- und Anfechtungserklärung oder eine Mahnung
(BGH NJW 1983, S. 1542), aber auch eine Vertragsannahme – dennoch unverzüglich gegenüber dem vertretenen Unternehmen *zurückweisen*, wenn der Bevollmächtigte keine Vollmachtsurkunde vorlegt
oder der Vollmachtgeber ihn nicht zuvor über die Bevollmächtigung
in Kenntnis gesetzt hat (§ 174 BGB). Durch die Zurückweisung wird

*Zurückweisung der
Vertragserklärung*

die Vertragserklärung des Vertreters unwirksam. Diese wenig bekannte Regelung gilt jedoch nur für alle nicht registerlich erfassten Vollmachten und Vertretungsbefugnisse von Gesellschaftern, also nicht für die im Handelsregister eingetragene Prokura (BGH NJW 2002, S. 1195). Sie findet auch keine Anwendung auf *Vertragsangebote* von Vertretern, weil sich die andere Seite vor Annahme über das Bestehen der Vertretungsmacht vergewissern kann. Kommt der ungünstige Vertrag durch Annahme eines solchen Vertreters zu Stande, kann ihn der Geschäftspartner unverzüglich, also innerhalb von fünf, besser noch drei Geschäftstagen, ablehnen.

Tipp

> Nachteilige Verträge können Sie auch noch nach Vertragsabschluss durch unverzügliche Zurückweisung unwirksam machen, wenn die andere Seite Ihr Angebot durch einen Vertreter angenommen hat, über dessen Vertretungsmacht Sie mangels registerlicher Eintragung nicht genau Bescheid wissen. Gleiches gilt für Kündigungen und andere einseitige Willenserklärungen solcher Vertreter.

Der Geschäftspartner muss sich nur vergewissern, dass der Vertreter mit Vertretungsmacht handelt, selbst wenn der Vertreter im *Innenverhältnis* zum Vertretenen engeren Bindungen unterliegt, die ihn verpflichten, bestimmte Limits einzuhalten. Ob das Geschäft für den Vertretenen selbst wirtschaftlich vorteilhaft ist oder nicht oder der Vertreter weisungswidrig handelt, braucht den Geschäftspartner nicht zu kümmern (BGH NJW 1994, S. 2083).

Missbrauch der Vertretungsmacht

Keinen Schutz genießt der Geschäftspartner aber trotz formell vorhandener Vertretungsmacht bei offensichtlichem *Missbrauch der Vertretungsmacht*, weil er und der Vertreter bewusst zum Nachteil des Vertretenen sittenwidrig zusammenwirken oder bei pflichtwidrigem und für den Geschäftsgegner offenkundigem Überziehen der bestehenden Vertretungsbefugnis (BGH NJW 1995, S. 251). Bei derartig ersichtlich verdächtigen Geschäften kommt *kein* wirksamer *Vertrag* zustande (BGH DB 2002, S. 1440).

Beispiel:
Der Vertreter wird ohne Kenntnis des vertretenen Unternehmers durch die Zahlung von Schmiergeld zum wirtschaftlich unvorteilhaften Geschäftsabschluss bewegt.

Vollmachtsklauseln

Wegen Verletzung des Selbstbestimmungsrechts des vertretenen Unternehmers sind auch *AGB-Vollmachtsklauseln* des Geschäftspartners, die die erteilte Vollmacht ausweiten wollen, wegen unangemessener Benachteiligung unwirksam (§ 307, Abs. 1 BGB, BGHZ 108, S. 103).

Die Aufgabe des Vertreters ist es nun einmal, die Interessen des Vertretenen wahrzunehmen. Daher ist es ihm wegen der Interessenkollision nach § 181 BGB grundsätzlich verboten, eine Doppelrolle zu spielen und auf beiden Seiten des Geschäfts tätig zu werden, sei es, dass er selbst Geschäftspartner des Vertretenen ist *(Insichgeschäft)* oder auf beiden Seiten als Vertreter handelt *(Doppelvertretung)*. Erlaubt ist dies nur, wenn der Vertretene es selbst gestattet – so häufig beim Geschäftsführer einer GmbH – oder wenn das Geschäft nur der Erfüllung einer Verbindlichkeit dient.

Interessenkollision

Auch die zeitliche Reichweite einer Vollmacht bestimmt der Vollmachtgeber. So kann die Vollmacht durch *Befristung* zeitlich beschränkt werden und erlischt dann ohne weiteres mit Zeitablauf. Unabhängig davon ist sie als Vertrauensbeweis aber auch jederzeit durch den Vollmachtgeber widerrufbar (§ 168 BGB). Hat der Vertretene schon nach außen von seiner Vollmacht Gebrauch gemacht, so ist dieser Widerruf auch den Geschäftspartnern gegenüber zur Kenntnis zu bringen (§ 170 BGB). *Unwiderrufliche Vollmachten* sind im unternehmerischen Geschäftsverkehr weitgehend ungebräuchlich. Sie können aber gleichwohl aus wichtigem Grund, etwa bei Missbrauch der Vertreterstellung oder Missachtung von klaren Anweisungen des Vertretenen, wieder entzogen werden (BGH WM 1985, S. 646).

Befristung

Widerruf

Vertretungsmacht kraft Rechtsscheins

Auch ohne ausdrückliches Einverständnis des vertretenen Unternehmers kann die für das Unternehmen auftretende Person durch bestimmte Verhaltensweisen gegenüber dem Geschäftspartner den verlässlichen Eindruck erwecken, dass sie berechtigter Vertreter ist. Dann wird das Vertrauen des Geschäftsgegners in den Bestand einer in Wahrheit nicht existierenden Vertretungsbefugnis nach den Regeln der sog. *Duldungs- oder Anscheinsvollmacht* geschützt:

- Duldet der vertretene Unternehmer, dass jemand für ihn als Vertreter im Rechtsverkehr auftritt, obwohl er ihn gar nicht bevollmächtigt hat oder dieser sonst zur Vertretung berechtigt ist, muss er ohne wenn und aber die abgeschlossenen Geschäfte gegen sich gelten lassen – so genannte *Duldungsvollmacht* (BGH BB 1997, S. 16).

Duldungs- oder Anscheinsvollmacht

- Gleiches gilt nun, wenn der vertretene Unternehmer zwar nicht direkt weiß, dass jemand für ihn wiederholt im Rechtsverkehr auftritt, er aber dieses unerlaubte Handeln bei pflichtgemäßer Sorgfalt hätte erkennen und verhindern können. Die Vertragserklärung dieses Schein-Vertreters bindet dann ebenfalls das betreffende Unternehmen, falls der Geschäftsgegner redlich ist, weil er ohne Fahrlässigkeit auf diesen Rechtsschein vertrauen durfte – so genannte *Anscheinsvollmacht* (BGH WM 1998, S. 1790).

Tipp

Gegen solch ungewollte Geschäfte können Sie sich nur verlässlich schützen, wenn Sie Ihr Personal entsprechend überwachen und kontrollieren und den verdächtigen Hinweisen sofort nachgehen, um Ihren vermeintlichen Vertreter zu stoppen. Unabhängig davon, müssen Sie entscheiden, ob Sie einen eventuellen Vertretungsmangel gegenüber dem Geschäftspartner offen legen oder zur Vermeidung eines Imageschadens diesem gegenüber Stillschweigen bewahren und die Sache allein betriebsintern regeln.

3.3.1.2   Einzel- oder Gesamtvertretung

Vertretungsform kann gesellschafts-vertraglich bestimmt werden

Jeder Unternehmer oder sonstige Entscheidungsträger im Unternehmen muss sich grundsätzlich überlegen, ob er die Vertretungsmacht in die Hände einer einzigen, besonders fähigen und kompetenten Person als *Einzelvertreter* legen will oder diese rechtliche Handlungsbefugnis nur mehreren, am besten zwei geeigneten Personen gemeinschaftlich als *Gesamtvertreter* überträgt. Selbst wenn im Gesetz, namentlich bei den Handelsgesellschaften, für deren organschaftliche Vertretung als Regelfall die Einzel- oder Gesamtvertretung vorgesehen ist, kann die erwünschte *Vertretungsform* jederzeit durch eine abweichende Bestimmung im Gesellschaftsvertrag und deren Eintragung im Unternehmensregister und Bekanntmachung eingeführt werden (siehe Abbildung 3.8).

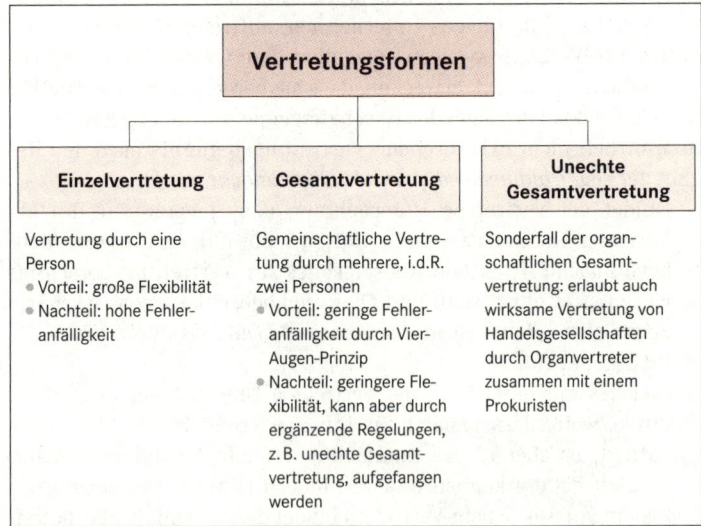

Abb. 3.8: Vertretungsformen

Einzelvertretung

Der Einzelvertreter ist alleine zur Vertretung des Unternehmens berechtigt. Dabei sind die Begriffe »Einzelvertretungsbefugnis« und »Alleinvertretungsbefugnis« gleichbedeutend. Dieses Vertretungsmodell gewährt sicherlich mehr *Flexibilität* und ist auch *kostengünstiger*, weil nicht eine hohe Anzahl qualifizierter, sondern nur ein vertrauenswürdiger Mitarbeiter benötigt wird. Auf der anderen Seite birgt es aber erhebliche Risiken, da Fehlentscheidungen des Einzelvertreters nach Vertragsabschluss sich nicht mehr einseitig korrigieren lassen und deshalb voll zu Lasten des Unternehmens gehen.

Hohes Fehlerrisiko

Gesamtvertretung

Dieses Vertretungskonzept bringt schon deswegen mehr Sicherheit, weil bekanntlich vier Augen mehr sehen als zwei, wodurch sich Fehlentscheidungen durch die gegenseitige Kontrolle der Gesamtvertreter besser vermeiden lassen. Es erfordert aber einen höheren Kostenaufwand, weil das mit der Gesamtvertretung beauftragte Personal vertrauenswürdig und qualifiziert sein muss. Ausreichende *Flexibilität* lässt sich dadurch *gewinnen*, dass man die Vertretungskompetenz jeweils zwei dafür geeigneten Personen, in wechselseitiger Zusammensetzung, überlässt.

Vier-Augen-Prinzip ist teurer

Darüber hinaus kann man die Handlungsfähigkeit des Unternehmens auch dann sicherstellen, wenn gerade nur einer der Gesamtvertreter anwesend ist. Die Gerichte erlauben es, dass sich die *Gesamtvertreter* jeweils gegenseitig ermächtigen, Geschäfte im Rahmen des *gewöhnlichen Geschäftsbetriebs* auch alleine abzuschließen, wie es bei der OHG ausdrücklich gesetzlich vorgesehen ist (§ 125, Abs. 2, Satz 2 HGB). Damit wird in diesem Rahmen die Gesamtvertretung zur *Einzelvertretung* (BGH NJW 1975, S. 1117). Ohne genaue Kenntnis der Ermächtigung kann aber der Geschäftspartner die Vertragsannahme oder eine einseitige Willenserklärung, wie etwa eine Kündigung, durch einen Gesamtvertreter unverzüglich zurückweisen und damit nach § 174 BGB unwirksam machen, wenn der allein handelnde Gesamtvertreter ihm nicht eine schriftliche Vollmachtsurkunde des anderen vorlegt (BGH NJW 2002, S. 1195, vgl. Kap. 3.3.1.1). Ohnehin ist jeder einzelne Gesamtvertreter allein berechtigt, Erklärungen der Gegenseite wie etwa eine Kündigung, persönlich entgegenzunehmen, die damit bereits zugegangen ist und wirksam wird – sog. *Passivvertretung* (§ 125, Abs. 2, Satz 3 HGB, BGH NJW 1988, S. 1200).

Einzelvertretungs-befugnis

Tipp

> Lassen Sie sich deshalb bei einer Kündigung oder anderen einseitigen Vertragserklärung durch einen Gesamtvertreter stets eine vom Vertragspartner unterzeichnete Vollmachtsurkunde vorlegen.

Duldungs- und Anscheinsvollmacht

Zum Schutze des Geschäftspartners finden darüber hinaus die Regeln über die *Duldungs-* und *Anscheinsvollmacht* auch bei der Gesamtvertretung Anwendung, wenn nur einer der Gesamtvertreter eigenmächtig ohne ausdrückliche Billigung des anderen Verträge abschließt und der andere Gesamtvertreter dagegen nicht einschreitet, obwohl er von dem eigenmächtigen Handeln weiß oder hätte wissen müssen. In solchen Fällen ist ebenfalls von einer wirksamen Verpflichtung des vertretenen Unternehmens auszugehen (BGH DB 2005, S. 823).

Tipp

> Prüfen Sie deshalb vor Geschäftsabschlüssen mit Unternehmen stets, welche Vertretungsregelungen, ob Einzelvertretung oder Gesamtvertretung, dort gelten. Im Falle der Gesamtvertretung bestehen Sie darauf, dass die Vertragsurkunde entweder von beiden Gesamtvertretern unterzeichnet wird oder, wenn das nur einer tut, dass er eine entsprechende Vollmacht des anderen vorlegt. Ist das nicht der Fall, müssen Sie stets das Einverständnis des anderen nicht anwesenden Gesamtvertreters einholen. Keinesfalls ist es zu empfehlen, sich auf eine Duldungs- oder Anscheinsvollmacht des nicht beteiligten Gesamtvertreters zu verlassen, weil man nicht sicher abschätzen kann, ob der nicht anwesende Gesamtvertreter von dem eigenmächtigen Handeln seines Partners Kenntnis hat oder nicht.

Hängt eine Rechtsfolge von der Kenntnis oder dem Kennen müssen eines Vertragspartners ab (wie etwa dem Vorhandensein von Sachmängeln beim Warenkauf durch arglistiges Verschweigen, dem guten Glauben für den Eigentumserwerb vom Nichtberechtigten oder dem Vertrauen auf vermeintliche, aber in Wirklichkeit nicht bestehende Rechtsverhältnisse und schließlich von zur Anfechtung berechtigenden Willensmängeln), so genügt ebenfalls die *Kenntnis* bzw. das Kennen müssen oder der *Willensmangel* eines *Gesamtvertreters* gegenüber der Gesellschaft (BGH NJW 1995, S. 2159).

Unechte Gesamtvertretung

Organmitglied mit Prokurist

Besteht auf der Führungsebene des Unternehmens die Gesamtvertretung durch zwei Gesellschafter, Geschäftsführer oder Vorstandsmitglieder, wird in der Praxis die Flexibilität dadurch ausgeweitet, dass anstelle des Zusammenwirkens von zwei Organmitgliedern es für die rechtswirksame *organschaftliche Vertretung* des Unternehmens auch genügt, dass ein *Organmitglied* zusammen mit einem *Prokuristen* handelt. Der mitwirkende Prokurist besitzt dann die gleiche unbeschränkbare Vertretungsmacht wie das betreffende Organmitglied, also Geschäftsführer etc., selbst. Diese Vertretungsform ist zwar ausdrücklich nur für die OHG in § 125, Abs. 3 HGB vorgesehen, gilt aber nach allgemeiner Ansicht für alle Handelsgesellschaften und die Genossenschaft.

3.3.1.3   Rechtsfolgen der berechtigten Vertretung

Handelt der für das Unternehmen auftretende Vertreter im Rahmen seiner Vertretungsmacht, so ist die wichtigste Rechtsfolge, dass die von ihm abgegebene Willenserklärung, sei es ein Vertragsangebot oder Vertragsannahme, den vertretenen Unternehmer bindet und dadurch der Vertrag zustande kommt (§ 164, Abs. 1 BGB).

Vertragsabschluss

Da aber der Vertreter eine eigene Willenserklärung abgibt, wird sein *rechtserhebliches Wissen* ebenfalls dem vertretenen Unternehmen zugerechnet (§ 166, Abs. 1 BGB). Das kann bei einem Willensmangel wie einem Irrtum wichtig sein, der zur Anfechtung der Vertragserklärung berechtigt (vgl. Kap. 3.6.2) oder auch für den gutgläubigen Eigentumserwerb von Sachen, die dem Veräußerer nicht gehören (vgl. Kap. 8.6.4). Ein Unternehmen muss sich aber darüber hinaus auch noch die Kenntnis anderer Beschäftigter zurechnen lassen, die zwar keine rechtliche Vertretungsmacht besitzen, dort aber doch eine verantwortungsvolle Position einnehmen. Man bezeichnet sie als sog. *Wissensvertreter* (vgl. Kap. 3.3.6).

Zurechnung
von Wissen

Eigenhaftung des berechtigten Vertreters

Wenn der Vertreter in einer dem Geschäftspartner erkennbaren Weise den Vertrag für den vertretenen Unternehmer abschließt, wird dieser auch nur allein verpflichtet. Eine Eigenhaftung des Vertreters tritt deshalb nur dann ein, wenn er eine *ausdrückliche Verpflichtungserklärung* gegenüber dem Geschäftsgegner abgibt. Infolgedessen ist es nicht statthaft, dass der Geschäftspartner in seinen AGB den Vertreter durch eine *Eigenhaftungsklausel* verdeckt in die Rolle des Mithafters drängen will, um einen zweiten Schuldner zu gewinnen. Sinn macht eine solche Verpflichtungserklärung wegen der beschränkten Haftung vor allem für Verträge mit GmbH's, um den Geschäftsführer auch in die persönliche Haftung nehmen zu können.

Ausdrückliche
Verpflichtungs-
erklärung
erforderlich

»Zahlungspflichtig ist gegenüber der Firma ... der Auftraggeber, sowie gesamtschuldnerisch derjenige, der den Auftragschein im eigenen oder fremden Namen unterzeichnet.«

Klauselvorschlag

Konsequenterweise ist nach dem AGB-Recht eine solche *Haftungserklärung* nur wirksam, wenn sie räumlich getrennt vom sonstigen Vertragstext abgegeben und zudem noch vom Vertreter gesondert unterschrieben wird (§ 309, Nr. 14a BGB; BGH NJW 1988, S. 2465).

**Schadens-
ersatzhaftung**

Ausnahmsweise kann den Vertreter aber eine eigenständige *Schadensersatzhaftung wegen Pflichtverletzung* bei der Vertragsanbahnung nach §§ 280, Abs. 1, 311, Abs. 2 u. 3 BGB treffen, wenn er beim Abschluss des Vertrages in besonderem Maße das Vertrauen des Geschäftsgegners in Anspruch genommen und dieses enttäuscht hat.

> **Beispiel:**
> *Kfz-Händler H verkauft den Gebrauchtwagen des Unternehmers U als dessen Vertreter an K. Einige Zeit später verunglückt K mit dem PKW, weil dieser schwere verdeckte Mängel aufwies. Die Mängel waren dem H bekannt. Er verschwieg sie jedoch beim Vertragsabschluss, weil U ein guter Kunde von ihm ist.*
>
> **Lösung:**
> *Neben den Mängelansprüchen gegen U nach § 437 BGB, insbesondere auf Rückzahlung des Kaufpreises und ggf. auf Schadensersatz, hat K auch gegen H einen Schadensersatzanspruch wegen Pflichtverletzung, da H als Fachhändler bei K besonderes Vertrauen erweckte und diesen deshalb auf die ihm bekannten Mängel hätte hinweisen müssen.*

3.3.1.4   Vertreter ohne Vertretungsmacht

Handelt ein Beschäftigter oder eine sonstige Person als Vertreter ohne Vertretungsmacht, sei es, dass er überhaupt keine Vertretungsbefugnis besitzt oder seine Vollmacht überzieht, so hängt das Schicksal des Vertrages von der Entscheidung des vertretenen Unternehmers bzw. Unternehmensträgers ab.

Genehmigung durch den Vertretenen

**Vertrag wird
wirksam durch
nachträgliche
Genehmigung**

Erweist sich das eigentlich ungewollte Geschäft für das Unternehmen von Vorteil oder sind Nachteile für seine Reputation zu besorgen, so kann der Unternehmer oder ein anderer vertretungsberechtigter Vorgesetzter des Handelnden seine Vertragserklärung nachträglich genehmigen, wodurch der Vertrag *rückwirkend* – bezogen auf den Zeitpunkt des Vertragsabschlusses – wirksam wird (§§ 177, Abs. 1, 184, Abs. 1 BGB). Dabei kann die Genehmigung als rückwirkende Zustimmung selbst formlos erfolgen (§ 182, Abs. 2 BGB; BGH NJW 1998, S. 1857). Bei *einseitigen Rechtsgeschäften*, wie z. B. einer Kündigung, ist eine derartige Heilung durch nachträgliche Genehmigung nicht möglich, sodass die nichtige Willenserklärung nachgeholt werden müsste (§ 180 BGB). Wird die Genehmigung verweigert, so ist der Vertrag nichtig (§ 177, Abs. 1 BGB).

Der ahnungslose *Geschäftspartner* kann aber vor der Genehmigung den Vertrag selbst *widerrufen* und damit ebenfalls hinfällig machen (§ 178 BGB). Will er Klarheit gewinnen, so kann er den Vertretenen zur *Genehmigung* des bislang schwebend unwirksamen Geschäfts *auffordern* (§ 177, Abs. 2 BGB). Reagiert das vertretene Unternehmen innerhalb von zwei Wochen ab Eingang der Aufforderung nicht, gilt die Genehmigung als verweigert (§ 177, Abs. 2 BGB). Schärfer sind dagegen die Rechtsfolgen des Schweigens bei der *Handlungsvollmacht*. Dort muss das vertretene kaufmännische Unternehmen nach Eingang der *Geschäftsanzeige* schneller reagieren und das ungewollte Geschäft unverzüglich, also innerhalb einer Woche, gegenüber dem Geschäftsgegner ablehnen. Andernfalls gilt sein Schweigen als Zustimmung (§ 75h HGB, vgl. Kap. 3.3.3.3).

Widerruf bis Genehmigungsverweigerung

Eigenhaftung des unberechtigten Vertreters

Im Falle der *Genehmigungsverweigerung* kann der Geschäftsgegner den Vertreter ohne Vertretungsmacht auf Erfüllung der Vertragsleistung bzw. in Geld auf *Schadensersatz wegen Nichterfüllung* in Anspruch nehmen, sofern der Vertreter wusste, dass er keine Vertretungsmacht hatte (§ 179, Abs. 1 BGB). In dem seltenen Fall, dass der Vertreter die mangelnde Vertretungsmacht nicht gekannt hat, beschränkt sich seine Ersatzpflicht auf den sog. *Vertrauensschaden*: Der Geschäftsgegner erhält nur die Kosten ersetzt , die ihm im Vertrauen auf den vermeintlich gültigen Vertrag entstanden sind. *Kannte* aber der *Geschäftspartner* den *Mangel* der Vertretungsmacht oder hätte ihn kennen müssen – fahrlässige Unkenntnis genügt – so besitzt er mangels Schutzwürdigkeit keinerlei Ansprüche (§ 179, Abs. 3 BGB). Eine Nachprüfungs- oder Erkundigungspflicht bei dem Vertretenen über den Bestand der Vertretungsmacht trifft ihn allerdings nur, wenn die Umstände des Einzelfalls erhebliche Zweifel an der Vertretungsmacht des eigenmächtig handelnden Vertreters begründen.

Erkundigung beim Vertretenen

3.3.2 Vertretung des Unternehmens auf Führungsebene

Wer nun das Unternehmen leitet und damit repräsentiert, bemisst sich nach der *Rechtsform* (siehe Abbildung 3.9).

3.3.2.1 Einzelunternehmer

Am überschaubarsten sind die Verhältnisse bei dem Einzelunternehmen, das stets von dessen *Inhaber* geführt wird. Er kann ohne jegliche Einschränkung für das Unternehmen Geschäfte abschließen und sonstige Maßnahmen gegenüber Dritten treffen, sofern er nicht ausnahmsweise minderjährig ist (vgl. Kap. 3.2.2.1). Rechtlich betrachtet,

Inhaber als Unternehmer

Organschaftliche Vertretung			
Personenhandels-gesellschaften	Partnerschaft	Kapitalgesell-schaften und Genossenschaft	Gesellschaft bürgerlichen Rechts
• Unbeschränkbare Einzelvertretungs-befugnis jedes voll haftenden Gesell-schafters, soweit keine abweichenden Regelungen im Gesellschafts-vertrag getroffen wurden und im Han-delsregister einge-tragen und bekannt gemacht sind. • Für Kommanditisten nur Prokura oder Handlungsvollmacht möglich.	• Unbeschränkbare Einzelvertretungs-befugnis jedes Partners, soweit nicht Gesamtvertre-tung vereinbart und eingetragen worden ist.	• Unbeschränkbare Gesamtvertre-tung durch alle Geschäftsführer oder Vorstandsmit-glieder, soweit in der Satzung keine abweichende Regelung getroffen und im Register eingetragen sowie bekannt gemacht worden ist.	• Gesamtvertretung durch alle Gesell-schafter. • Gesellschaftsver-trag kann davon abweichen und dann auch den Umfang der Ver-tretungsmacht einschränken.

Abb. 3.9: Vertretung von Gesellschaften

handelt es sich dabei aber nicht um eine Vertretung, weil der Inhaber direkt persönlich das Unternehmen verkörpert und damit auch selbst *Unternehmensträger* ist. Im Geschäftsverkehr agiert er unter seiner Firma im eigenen und eben nicht im fremden Namen. Als solcher kann er auch frei entscheiden, welche Mitarbeiter oder andere fähige Personen er durch Vollmacht zu seinen Vertretern bestimmt.

3.3.2.2 Organschaftliche Vertretung von Personenhandelsgesellschaften

Nur vollhaftende Gesellschafter

Bei den Personenhandelsgesellschaften OHG und KG steht nur den *vollhaftenden Gesellschaftern* das organschaftliche Vertretungsrecht zu, also jedem OHG-Gesellschafter und dem Komplementär der KG (§ 125, Abs. 1, § 161 Abs. 2 HGB). Der lediglich beschränkt haftende *Kommanditist* ist dagegen von Gesetzes wegen von der gesellschaf-terlichen Vertretung ausgeschlossen (§ 170 HGB). Ihm kann die fast so weit reichende Prokura und selbstverständlich auch die engere Handlungsvollmacht erteilt werden (BGH BB 1972, S. 726).

Prinzip der Einzelvertretung

Nicht beschränk-bare Einzelvertre-tungsbefugnis

Ohne besondere Regelung im Gesellschaftsvertrag steht jedem voll-haftenden Gesellschafter das *Einzelvertretungsrecht* zu (§ 125, Abs. 1 HGB), das ihn zum Abschluss aller Geschäfte und sonstigen Rechts-handlungen für die Gesellschaft berechtigt (§ 126, Abs. 1 HGB). Mag er auch im Innenverhältnis den anderen Gesellschaftern gegenüber verpflichtet sein, vor dem Abschluss wichtiger, über den gewöhnlichen Betrieb des Handelsgewerbes hinausreichender Geschäfte sich intern mit den übrigen Gesellschaftern abzustimmen (§ 116 HGB), so hat diese interne Beschränkung auf Geschäftsführungsebene für sein nach außen wirkendes Vertretungsrecht keine Bedeutung. Eine *einseitige Beschränkung* des Umfangs der Vertretungsmacht ist den Geschäftspartnern des Unternehmens gegenüber stets unwirksam (§ 126, Abs. 2 HGB).

Beispiel:
Eine OHG besteht aus den Gesellschafter A, B und C. Der Gesellschaftsvertrag bestimmt, dass das Eingehen von Verpflichtungen über 50.000 € der Zustimmung aller Gesellschafter bedarf. Gesellschafter A hält sich nicht daran und kauft auf einer Industriemesse einen neu entwickelten Schweißroboter zum Vorzugspreis von 98.000 €.

Lösung:
Gesellschafter A war hier zum Abschluss von Kaufverträgen für die Gesellschaft – unabhängig vom Kaufpreis – vertretungsberechtigt (§§ 125, Abs. 1, 126, Abs. 1 HGB). Der gesellschaftsvertragliche Zustimmungsvorbehalt auf Geschäftsführungsebene schränkt sein Vertretungsrecht nach außen nicht ein (§ 126, Abs. 2 HGB). Somit muss die OHG nach § 433, Abs. 2 BGB auch den Kaufpreis zahlen und die gekaufte Maschine abnehmen, ob es nun den Mitgesellschaftern B und C passt oder nicht. Die Gesellschaft kann aber von dem pflichtwidrig handelnden A Schadensersatz wegen Pflichtverletzung des Gesellschaftsvertrages nach § 280, Abs. 1 BGB fordern, sofern das Geschäft für sie Vermögensnachteile bringt.

Der durch das allumfassende unbeschränkbare Vertretungsrecht eines Gesellschafters geschützte einzelne *Geschäftspartner* kann aber auf diesen Schutz verzichten und mit dem vertretenen Unternehmen davon abweichende Vertretungsvereinbarungen treffen, wie das für Bankgeschäfte durch das Erfordernis von zwei Unterschriften zeichnungsberechtigter Personen allgemein üblich geworden ist.

Abweichende Vertretungsvereinbarung

Abweichende Vertretungsbestimmungen im Gesellschaftsvertrag

Im Gesellschaftsvertrag können die Gesellschafter, wenn sie es wollen, abweichende Regelungen zu der im Gesetz vorgesehenen Einzelvertretung jedes Gesellschafters treffen:

- Sie können einzelne OHG-*Gesellschafter* (oder bei einer KG mit mindestens zwei Komplementären, einzelne Komplementäre) von der Vertretung völlig *ausschließen* (§ 125, Abs. 1 HGB).

Sie können eine *organschaftliche Gesamtvertretung* einführen, zumeist in der Weise, dass die Gesellschaft jeweils durch zwei Gesellschafter in wechselnder Zusammensetzung rechtswirksam vertreten wird (§ 125, Abs. 2 BGB). Typischerweise wird diese Regelung durch eine *unechte Gesamtvertretung* ergänzt, wonach es ausreicht, wenn ein Gesellschafter zusammen mit einem Prokuristen handelt (§ 125, Abs. 3 HGB).

● Sie können diese *Vertretungsformen* in beliebiger Weise miteinander *kombinieren*, solange wenigstens ein allein vertretungsberechtigter Gesellschafter übrigbleibt.

● Es ist auch möglich, zwar nicht den Umfang der Vertretungsmacht zu beschränken, wohl aber die Handlungskompetenz eines Gesellschafters *räumlich* auf eine selbstständige *Filiale* zu begrenzen (§ 126, Abs. 3 HGB). Dann muss aber diese räumliche Beschränkung der Vertretungsbefugnis als solche auch im Handelsregister eingetragen werden, weil ein vollhaftender Gesellschafter aufgrund seiner Stellung als Unternehmer i.d.R. das Unternehmen im Ganzen repräsentiert.

Außenwirkung gegenüber den Geschäftspartnern erhalten diese abweichenden Vertretungsbestimmungen im Gesellschaftsvertrag aber erst, wenn sie im *Handelsregister* eingetragen und öffentlich bekannt gemacht worden sind (§ 15, Abs. 2 HGB).

Pflicht zur Unterrichtung über Änderung der Vertretungsverhältnisse

Ändern sich die *Vertretungsverhältnisse*, ist die Gesellschaft – unabhängig von einer registerlichen Eintragung und Bekanntmachung – von sich aus verpflichtet, ihre Stammkunden und andere ständige Geschäftspartner darüber zu unterrichten. Andernfalls werden diese in ihrem Vertrauen auf den Fortbestand der ihnen bekannten früheren Vertretungsverhältnisse geschützt (vgl. Kap. 3.2.6.3). Besteht Gesamtvertretung, kann der allein handelnde Gesamtvertreter dennoch in einem bestimmten Rahmen oder in bestimmten Einzelfällen einzelvertretungsberechtigt sein (vgl. Kap. 3.3.1.2).

3.3.2.3   Vertretungsregelungen für Partnerschaft und Freiberufler

Vertretungsregelungen sind ähnlich wie bei der OHG ausgestaltet (§ 7, Abs. 3 PartGG); jedoch gelten einige Besonderheiten. Es gibt hier *keine unechte Gesamtvertretung* mit einem Prokuristen, schlicht und einfach, weil diese Personengesellschaft kein Kaufmann ist und deshalb auch keine Prokura erteilen kann. Darüber hinaus kann ein Partner prinzipiell wegen seiner freiberuflichen Eigenverantwortung von der *Vertretung nicht ausgeschlossen* werden, insbesondere dann, wenn gerade die Ausübung des betreffenden freien Berufes im Zusammenhang mit der Betreuung des Mandanten, Klienten oder Patienten eine entsprechende Vertretungsmacht erfordert.

3.3.2.4   Gesellschaft des bürgerlichen Rechts

Schließen Sie Geschäfte mit GbR ab, wie Praxisgemeinschaften von Freiberuflern, Arbeits- oder Projektgemeinschaften von Unternehmen, muss man sich vor dem Abschluss wichtiger Geschäfte unbedingt den *Gesellschaftsvertrag* vorlegen lassen und die dort enthaltenen *Regelungen der Vertretungsbefugnis* genau studieren. Mangels registrischer Eintragung besitzen diese ohne weiteres Außenwirkung und gelten deshalb auch gegenüber den Geschäftspartnern der Gesellschaft (BGH WM 1996, S. 2232). Für unternehmerisch tätige Gesellschaften bürgerlichen Rechts ist aber das gesetzliche Vertretungsmodell der Gesamtvertretung durch alle Gesellschafter viel zu schwerfällig, sodass typischerweise der Gesellschaftsvertrag hiervon abweicht (§§ 714, 709 BGB).

> **Bestimmung durch Gesellschaftsvertrag**

Beispiel:

Eine Gesellschaft bürgerlichen Rechts besteht aus den vier Gesellschaftern A, B, C und D. In dem Gesellschaftsvertrag heißt es zur Vertretung:

1. *A ist allein vertretungsbefugt. Ansonsten wird die Gesellschaft durch jeweils zwei Gesellschafter vertreten.*

2. *Alle Maßnahmen oder Rechtsgeschäfte, durch die die Gesellschaft im Einzelfall mit einem Betrag von mehr als 10.000 € verpflichtet wird, bedürfen jedoch der vorherigen Genehmigung durch die Gesellschafterversammlung.*

A schließt nun einen Vertrag für die GbR mit einem Leistungswert über 50.000 € ab.

Lösung:

In diesem Fall sollte sich der Geschäftspartner unbedingt den zustimmenden Beschluss der Gesellschafterversammlung vorlegen lassen. Verweigern die Gesellschafter danach die Genehmigung, so werden weder die Gesellschaft, noch die übrigen Gesellschafter aus dem Vertrag verpflichtet. Gegenüber dem Geschäftspartner haftet nur A als Vertreter ohne Vertretungsmacht (§ 179, Abs. 1 BGB).

Sofern der Gesellschaftsvertrag die *Gesamtvertretung* durch zwei Gesellschafter vorsieht, kann – wie bei Personenhandelsgesellschaften – jeder Gesamtvertreter den anderen zur Vornahme einzelner Geschäfte oder von Geschäften bestimmter Art ermächtigen (BGH NJW 1988, S. 1585; vgl. Kap. 3.3.1.2). Ohne Nachweis der Vertretungsmacht kann aber der Geschäftspartner den abgeschlossenen Vertrag oder die einseitige Vertragserklärung nach § 174 BGB durch unverzügliche Zurückweisung unwirksam machen (vgl. Kap. 3.3.1.1.2).

3.3.2.5 Organschaftliche Vertretung bei Kapitalgesell- schaften und Genossenschaften

Regelfall ist Gesamtvertretung

Bei diesen Gesellschaften stellt der gesetzliche Regelfall die *Gesamtvertretung* durch den Vorstand oder die Geschäftsführer dar (§§ 78, Abs. 2 AktG, 35, Abs. 2, Satz 2 GmbHG, § 25, Abs. 1, Satz 2 GenG), wohingegen die *Kommanditgesellschaft auf Aktien* genau wie die Kommanditgesellschaft allein durch den Komplementär organschaftlich vertreten wird (§ 178, Abs. 1 AktG).

Bei größeren Gesellschaften mit einem mehrköpfigen Vertretungsorgan ab drei Personen aufwärts erweist es sich deshalb in der Praxis als notwendig, in die Satzung oder das Statut eine Art flexiblere *Gesamtvertretungsregelung* aufzunehmen, dass die Gesellschaft jeweils durch zwei Geschäftsführer bzw. Vorstandsmitglieder in wechselnder Zusammensetzung oder einen von ihnen zusammen mit einem Prokuristen rechtswirksam vertreten werden. Für die GmbH genügt hierzu auch ein schlichter Beschluss der Gesellschafter.

Stattdessen kann aber auch die *Einzelvertretung* jedes Vorstandsmitglieds oder jedes Geschäftsführers eingeführt werden. *Außenwirkung* erhalten aber diese abweichenden Vertretungsregelungen erst, wenn sie im Handels- bzw. im Genossenschaftsregister eingetragen und bekannt gemacht werden. Dabei ist der *Umfang* der Vertretung nach außen gegenüber Dritten nicht einseitig beschränkbar – genau wie bei den Personenhandelsgesellschaften (vgl. Kap. 3.3.2.2).

3.3.3 Handelsvollmachten

Umfang der Vollmacht ist typisiert

Gerade die zunehmende Komplexität des Geschäftsverkehrs in allen Bereichen, macht eine verstärkte Delegation der Verantwortung und damit auch die Erteilung der entsprechenden Vollmacht an geeignete Angestellte durch den Inhaber oder dazu befugte führende Manager notwendig. Die Besonderheit der Handelsvollmachten liegt darin, dass wegen der Gewährleistung des reibungslosen Abschlusses von Geschäftsverträgen der *Umfang der Vollmacht* – anders als nach den Vertretungsregelungen im BGB – nicht mehr in das Belieben der Unternehmensleitung gestellt ist, sondern eben *gesetzlich typisiert* worden ist. Dadurch sind die Geschäftspartner von Unternehmen nicht unbedingt gezwungen, sich bei jedem einzelnen Geschäft zu vergewissern, ob dieses vom Umfang der Vollmacht des handelnden Vertreters gedeckt ist oder nicht.

3.3.3.1 Die Prokura

Wegen seiner weit reichenden, nicht beschränkbaren Vollmacht gilt der *Prokurist* zu Recht als die *rechte Hand* des kaufmännischen Unternehmers. Für alle wichtigen Geschäftsverträge, die in diesem

Buch behandelt werden, macht es praktisch keinen Unterschied, ob man mit dem Geschäftsinhaber, dem Geschäftsführer oder mit einem Prokuristen verhandelt (siehe Abbildung 3.10).

Erteilung und Eintragung der Prokura

Diese weit reichende Handlungsvollmacht kann deshalb nur von dem Inhaber des kaufmännischen Unternehmens oder dem vertretungsberechtigten Organ von Handelsgesellschaften und Genossenschaften, d.h. deren Geschäftsführer bzw. Vorstandsmitgliedern erteilt werden – und diese auch nur durch *ausdrückliche Erklärung* (§ 48 HGB). Eine bloße *Duldung* durch den Geschäftsinhaber oder Geschäftsführer, dass ein Angestellter als Prokurist auftritt, ohne Prokura erhalten zu haben, stellt deshalb rechtlich gesehen keine Prokura dar. Wohl aber besitzt der betreffende Angestellte zum Schutze des Geschäftsverkehrs eine umfassende Generalhandlungsvollmacht, sodass deshalb der vertretene Unternehmer in gleicher Weise verpflichtet wird.

Inhaber, Geschäftsführer oder Vorstand erteilt Prokura

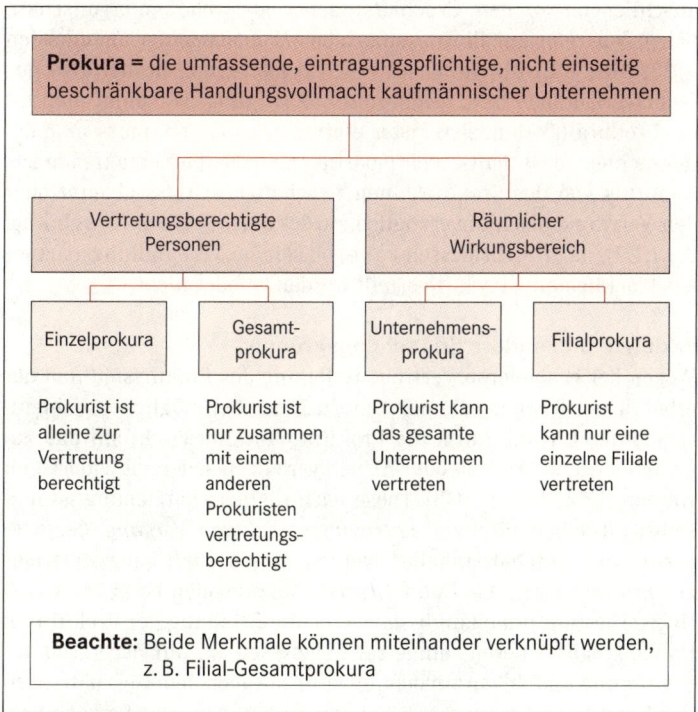

Abb. 3.10: Arten der Prokura

Beispiel:
*Geschäftsführer G der X-GmbH duldet es, dass sein langjähriger Ange-
stellter A als »Prokurist« der GmbH auftritt und Verträge abschließt.*

Lösung:
*A wird dadurch zwar nicht zum Prokuristen. Gleichwohl binden die von
ihm abgeschlossenen Verträge die GmbH, weil in der Duldung eine rechtlich wirksame stillschweigende Handlungsvollmacht zu sehen ist, die
zum Abschluss derartiger Geschäfte berechtigt (§ 54 HGB).*

Natürliche Personen

Eine Prokura kann wegen der besonderen Vertrauensstellung des
Prokuristen *nur* an *natürliche Personen* und nicht juristische Per-
sonen- oder Handelsgesellschaften direkt erteilt werden (BGHZ 32,
S. 67). Prokura können aber auch Gesellschafter erhalten, die, wie
der Kommanditist, kraft Gesetzes oder durch Gesellschaftsvertrag
von der Organschaftvertretung ausgeschlossen werden.

Im Handelsregister anmelden

Die Prokura selbst wird mit der mündlichen oder schriftlichen
Erteilung gegenüber dem Prokuristen bereits *wirksam.* Sie ist aber
anschließend von dem Geschäftsinhaber oder von dem organschaftlichen Vertreter zur Eintragung in das *Handelsregister* anzumelden
(§ 53, Abs. 1 HGB). Die anschließende *Eintragung* besitzt also nur
rechtsverlautende bzw. *deklaratorische Wirkung.* Versäumt man es,
die Prokura im Handelsregister eintragen zu lassen, muss man damit rechnen, dass der Geschäftspartner beim ersten Kontakt mangels
Kenntnis von der Prokura einen Geschäftsabschluss ablehnt oder
den Vertrag danach unverzüglich zurückweist (§ 174 BGB, vgl. Kap.
3.3.1.1.2), da er nicht wissen kann, ob seinem Verhandlungspartner
ausdrücklich eine Prokura erteilt worden ist oder nicht.

Widerruf und andere Erlöschungsgründe

Jederzeit Widerruf

Wegen der besonderen Vertrauensstellung des Prokuristen und der
erheblichen Risiken, die der Unternehmer bei möglichen Fehlentscheidungen trägt, kann die Prokura ohne Rücksicht auf das zugrunde liegende Dienst- oder Arbeitsverhältnis jederzeit widerrufen
werden (§ 52, Abs. 1 HGB). Diese nachträgliche Entziehung ist nun
selbst ein eigenständiger *eintragungspflichtiger Vorgang,* der wiederum vom Geschäftsinhaber oder vom organschaftlichen Vertreter
zur Eintragung in das *Handelsregister* anzumelden ist (§ 53, Abs. 3
HGB). Dies gilt unabhängig davon, ob die Erteilung der Prokura im
Handelsregister bereits eingetragen gewesen ist. Nur nach erfolgter
Eintragung und Bekanntmachung kann sie auch dem Geschäftspartner für den Fall entgegen gehalten werden, dass der frühere Prokurist dennoch unerlaubterweise entsprechende Geschäfte für das
Unternehmen tätigt.

> Zeigen Sie auf jeden Fall, unabhängig von der Eintragung und Bekanntmachung im Handelsregister, den Entzug oder eine Abstufung von einer Einzel- in eine Gesamtprokura direkt ihren ständigen Geschäftspartnern an. Sie sind dazu nach Ansicht der Rechtsprechung verpflichtet (vgl. Kap. 3.2.6.3).

Tipp

Zeichnung des Prokuristen

Jeder Prokurist hat bei der Anmeldung der ihm erteilten Prokura die Firma nebst seiner Namensunterschrift zur Aufbewahrung beim Registergericht zu zeichnen, wobei für die Firmenbezeichnung ein Firmenstempel ausreicht. Der Prokurist hat auch seine Vertragserklärung und sonstigen Rechtshandlungen mit Kennzeichnung seiner Prokurastellung zu unterschreiben, indem er nach der Firmenbezeichnung mit seinem Namen und dem Zusatz *»ppa.«* = *»per prokura«* unterzeichnet (§ 51 HGB). Der Zusatz soll nur weggelassen werden, wenn der Prokurist die umfassendere Generalvollmacht erhält (vgl. Kap. 3.3.3.2).

Per Prokura (ppa.)

Umfang der Prokura

Ein Prokurist kann stets alle *Geschäftsverträge* abschließen, mit Ausnahme von *Grundstücksveräußerungen* und *Grundstücksbelastungen*, für die er eine besondere Erlaubnis benötigt (§ 49 HGB); das schließt nach allgemeiner Ansicht sogar branchenfremde Geschäfte ein, weil er nach dem Gesetz zu Geschäften ermächtigt ist, »die der Betrieb eines Handelsgewerbes mit sich bringt«. Die Prokura deckt lediglich Geschäfte nicht ab, die die *Einstellung des Betriebes* nach sich ziehen, wie etwa den Verkauf des Unternehmens oder den Antrag auf Insolvenzeröffnung. Ferner umfasst sie nicht Rechtshandlungen, die dem *Inhaber vorbehalten* sind, wie etwa die Prokuraerteilung an eine andere Person.

Immobilarvorbehalt

Beschränkungen der Prokura

Dieser weite Umfang der Vollmacht ist nach außen gegenüber den Geschäftspartnern nicht einseitig beschränkbar (§§ 50, Abs. 1, 51, Abs. 2 HGB).

Die in der Wirtschaftspraxis allgemein üblichen, funktionell aus dem übertragenen Aufgabengebiet abgeleiteten Grenzen (oder gar irgendwelche *Limits*) besitzen deshalb *keine Außenwirkung.* Demzufolge reicht das rechtliche Können des Prokuristen in der Außenbeziehung stets weiter, als das rechtliche Dürfen im Innenverhältnis. Das Risiko, dass der Prokurist seine internen Kompetenzen einhält, trägt also immer der vertretene Unternehmer, weil der vom Prokuristen abgeschlossene Vertrag stets bindend für ihn ist.

Nicht einseitig beschränkbar

Prokuramissbrauch   Der Geschäftspartner wird ausnahmsweise nicht geschützt, wenn der Prokurist seine *Prokura* im Einzelfall offensichtlich zum Nachteil des Unternehmens *missbraucht* (BGH NJW 1990, S. 385, vgl. Kap. 3.3.1.1.2). Ansonsten bleibt der Unternehmer darauf beschränkt, wegen der Pflichtverletzung des Prokuristen aus dem Arbeits- oder Dienstverhältnis die entsprechenden Konsequenzen zu ziehen, diesen also zu entlassen und ggf. Schadensersatz zu fordern.

Tipp

Regeln Sie den internen Kompetenzrahmen Ihrer Prokuristen am besten schriftlich in dem Bestellungsschreiben oder innerhalb der Arbeitsplatzbeschreibung oder durch eine generelle Dienstanweisung an alle Prokuristen. Keinesfalls empfiehlt es sich, die Prokura mit dem Anstellungsvertrag zu verbinden, weil dann ihre Änderung nur arbeitsrechtlich durch Änderungskündigung des Vertrages möglich ist, falls der betroffene Prokurist nicht selbst zustimmt. Hinzu kommt, dass eine derartige Maßnahme stets Unmut bei dem dadurch herabgestuften Mitarbeiter hervorruft.

Gesamtprokura   Ein Unternehmer hat nur zwei Möglichkeiten, die Prokura mit Außenwirkung zu beschränken: Man erteilt, soweit möglich, keine Einzelprokura, sondern lediglich dafür geeigneten Personen *Gesamtprokura*, wobei das Unternehmen auf dieser Ebene dann jeweils durch zwei Prokuristen gemeinsam vertreten werden kann (§ 48, Abs. 2 HGB). Es handelt sich dann um einen Sonderfall der Gesamtvertretung (vgl. Kap. 3.3.1.2). Selbstverständlich kann man auch beide Formen der Prokuren einführen, sofern die leitenden Mitarbeiter unterschiedliche geschäftliche Erfahrungen und Fachkenntnisse besitzen: Der Erfahrenere erhält dann Einzel-, der Jüngere zunächst Gesamtprokura.

Beispiel:
Der schon seit vielen Jahren beim Unternehmen beschäftigte und sich bewährte kaufmännische Direktor D besitzt Einzelprokura. Der Angestellte A, der als sein Nachfolger vorgesehen ist, erhält Gesamtprokura gemeinsam mit D.

Filialprokura   Die zweite Möglichkeit besitzen nur größere Unternehmen mit mehreren Niederlassungen, indem man die Prokura räumlich auf die selbstständige Filiale beschränkt (§ 50, Abs. 3 HGB). In dem Unternehmen gibt es dann zwei qualitativ unterschiedliche Prokuren: Die *Prokura* der *Hauptniederlassung*, die zur Vertretung des gesamten Unternehmens berechtigt, und die *Filialprokura*, deren Vertretungsmacht sich räumlich auf die Filiale beschränkt, aber vom inhaltlichen Umfang das gleiche volle Vertretungsrecht verschafft.

Beispiel:
B hat Filialprokura für die Zweigniederlassung Z der X-GmbH mit Hauptsitz in S erhalten. Er ist nun befugt, Büromöbel für die Einrichtung von Geschäftsräumen der Z, jedoch nicht der Hauptniederlassung in S rechtswirksam zu bestellen. Möbelhändler M kann dies lediglich daraus entnehmen, zu welchem Ort die Möbel geliefert werden sollen.

Machen Sie Geschäfte mit Prokuristen, die bei einer Filiale tätig sind, sollten Sie deshalb insbesondere anhand des Lieferortes genauer prüfen, ob der betreffende Vertrag zum Geschäftszweig der Zweigniederlassung passt oder nicht.

Tipp

3.3.3.2 Generalvollmacht

Die von der Wirtschaftspraxis entwickelte, zweifelsohne über die Prokura hinausreichende, dennoch nicht gesetzlich geregelte *Generalvollmacht* kann in *allen Unternehmen*, unabhängig von der Rechtsform, ausgesprochen werden (BGH NJW 1977, S. 199). Den Inhaber einer solch umfassenden Vollmacht bezeichnet man als Generalbevollmächtigten. Im Wirtschaftsverkehr kommt die Generalvollmacht in zwei Varianten vor:

Umfassender als Prokura

1. Bei großen Unternehmen steht der *Generalbevollmächtigte* in der betrieblichen Hierarchie im Allgemeinen zwischen dem Vorstand bzw. dem Geschäftsführer und dem Prokuristen.
2. Der Generalbevollmächtigte kann aber auch der besondere *Vertrauensmann eines Großaktionärs* sein und dann auch den Vorstand der abhängigen AG dirigieren. Rechtlich ist er befugt, die geschäftlichen Interessen des Großaktionärs umfassend wahrzunehmen.

Mangels spezieller gesetzlicher Regelungen erweist es sich als sachdienlich, bei der engeren ersten Variante schon wegen der fehlenden Eintragungsfähigkeit im Register die Generalvollmacht mit der *Prokura* zu *verbinden* und dem Generalbevollmächtigten sicherheitshalber auch Prokura mit ausdrücklicher Befugnis zu Grundstücksgeschäften zu erteilen. Grundsätzlich ist der Generalbevollmächtigte in der weiten Variante 2 zum Abschluss aller Geschäfte befugt, bei denen sich ein Kaufmann generell vertreten lassen kann, einschließlich solcher, die von der Prokura nicht umfasst sind (vgl. Kap. 3.3.3.1).

3.3.3.3 Handlungsvollmacht

Die Handlungsvollmacht ist die verbreitetste unternehmensbezogene Vollmacht. Vom Umfang enger als die Prokura sorgt ihre gesetzliche Typisierung für eine gewisse *Rechtssicherheit* im Geschäftsverkehr.

Typisierter Umfang

Vollmacht versus Prokura

Als *nicht eintragbare Vollmacht* weist sie jedoch nicht die gleiche hohe Verlässlichkeit wie die Prokura auf. Darin liegt auch der Vorteil einer höheren *Flexibilität* für das vertretene Unternehmen, weil sie schneller rechtswirksam geändert und entzogen werden kann. Handlungsvollmachten erhalten in der unternehmerischen Praxis üblicherweise qualifizierte Beschäftigte, die befugt sind, das Unternehmen in einem engeren Geschäftskreis als der Prokurist zu vertreten und deshalb nicht eine solch hohe Vertrauensstellung besitzen (siehe Abbildung 3.11). Noch eine Ebene tiefer stehen Angestellte, die zwar befugt sind, Verträge auszuhandeln, aber nicht abzuschließen. Man bezeichnet sie im Unterschied zu dem ordnungsgemäßen Vertreter mit Abschlussvollmacht als bloße *Vermittlungsvertreter*, wie sie häufig im Außendienst oder bei den selbstständigen Handelsvertretern anzutreffen sind.

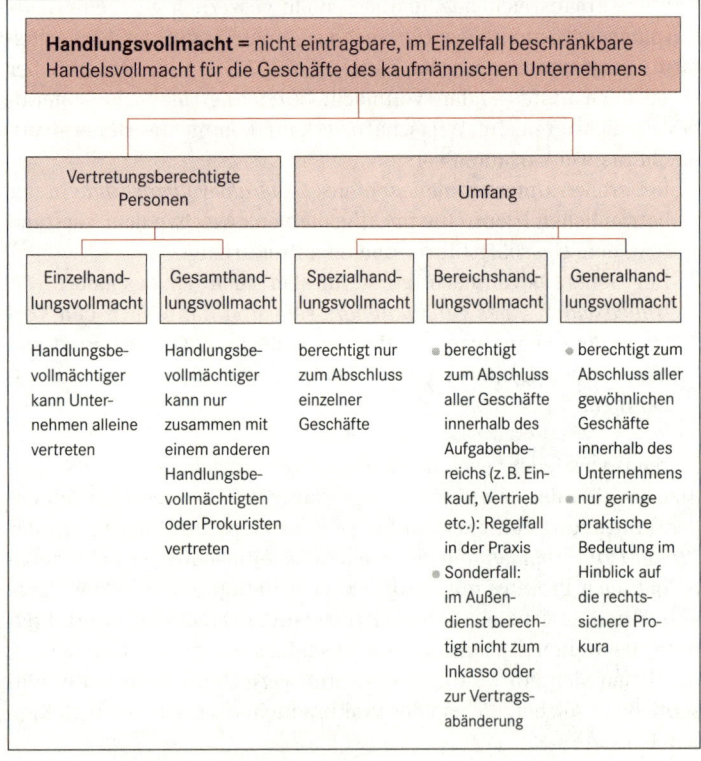

Abb. 3.11: Arten der Handlungsvollmacht

Reichweite der Handlungsvollmacht

Im Unterschied zur umfassenden Prokura ist die Handlungsvoll-   Übliche Geschäfte
macht mit Abschlussbefugnis gemäß § 54 HGB in doppelter Hinsicht
enger gefasst, weil sie lediglich zur Vollmacht von Geschäften und
Rechtshandlungen ermächtigt, die der Betrieb eines derartigen Handelsgewerbes gewöhnlich mit sich bringt:

1. Demgemäß darf der Handlungsbevollmächtigte nur solche
   Geschäfte vornehmen, die typischerweise zum *Geschäftszweig*
   seines *Unternehmens* gehören.

> **Beispiel:**
> *Der Handlungsbevollmächtigte einer Elektrogroßhandlung kann deshalb
> keine Textilien kaufen, wohl aber der Prokurist.*

2. Es muss sich bei dem abgeschlossenen Geschäftsvertrag für das
   betreffende Unternehmen im Hinblick auf seine Größe um ein
   übliches Geschäft handeln (BGH NJW-RR 2002, S. 968). Hierfür ist auch auf die finanzielle oder wirtschaftliche Tragweite
   des Geschäfts für das Unternehmen abzustellen. Die Gerichte
   sind jedoch bei der Annahme von ungewöhnlichen Geschäften
   äußerst zurückhaltend, um die notwendige Verlässlichkeit der
   Handlungsvollmacht für den Geschäftsverkehr zu gewährleisten.

> **Beispiel:**
> *Ungewöhnlich ist ein Millionenschuldanerkenntnis auch für größere
> Unternehmen (BGH BB 1978, S. 2118), sowie ein kompletter Forderungs-
> verzicht, dagegen nicht ein Liefervertrag mit einem wirtschaftlichen
> Wert von mehreren 100.000 € bei einem mittelgroßen Unternehmen.
> Ungewöhnlich ist wiederum eine langfristige Kreditierung, dagegen
> aber nicht die Einräumung von üblichen Zahlungszielen.*

Darüber hinaus berechtigt die Handlungsvollmacht stets nicht zum
Abschluss von Geschäften, die im *gesetzlichen Negativkatalog* des
§ 54, Abs. 2 HGB aufgelistet sind. Dazu gehören neben der Grundstücksveräußerung und Grundstücksbelastung, die dem Prokuristen bereits nicht gestattet sind, vor allem *Kreditaufnahmen* jeder Art
oder die Eingehung von *Wechselverbindlichkeiten*.

    Jeder Unternehmer kann aber die *Handlungsvollmacht,* wenn er   Handlungsvollmacht
will, über den gesetzlichen Negativkatalog hinaus *individuell be-*   einschränkbar
schränken, etwa weitere Geschäfte ausschließen oder ein Limit durch
die Festsetzung von Höchstbeträgen bestimmen, um unabhängig
vom Geschäftstyp das wirtschaftliche Risiko der vom Handlungsbevollmächtigten abgeschlossenen Verträge zu reduzieren.

> **Beispiel:**
> *Friedrich Müller ist zum Leiter der X-GmbH befördert worden und erhält eine seiner Position entsprechende Handlungsvollmacht mit folgendem Inhalt erteilt:*
> *»Unser Filialleiter, Herr Friedrich Müller, erhält umfassende Handlungsvollmacht zur Abwicklung des Geschäftsverkehrs der Filiale begrenzt auf die Übernahme von Verpflichtungen bis zu 50.000 €. Ausgenommen hiervon sind aber Grundstücksgeschäfte, Kreditaufnahmen, die Eingehung von Wechselverbindlichkeiten, die Übernahme von Bürgschaften und Garantien.«*
> *Unterschrift der Geschäftsführung*

Gegenüber den Geschäftspartnern sind diese individuellen Beschränkungen nur *wirksam*, wenn sie diese kennen oder kennen müssen (§ 54, Abs. 3 HGB). In der Möglichkeit der zusätzlichen Beschränkung liegt eben ein großer Vorzug der Handlungsvollmacht gegenüber der einseitig nicht beschränkbaren Prokura.

Tipp

> Wollen Sie sicherstellen, dass die betriebsintern festgelegten Grenzen von Handlungsvollmachten auch gegenüber den ständigen Geschäftspartnern greifen, so müssen Sie diese individuellen Beschränkungen ihnen durch Rundschreiben oder auch per E-Mail mitteilen und darüber hinaus durch Eingang der schriftlichen Bestätigung sicherstellen, dass sie die Nachricht auch erhalten haben.

Unwirksammachen von Geschäften gemäß § 174 BGB

Zudem kann der Geschäftspartner für ihn ungünstige Geschäfte oder einseitige Vertragserklärungen ohne *Nachweis* der bestehenden Handlungsvollmacht durch unverzügliche Zurückweisung im Rahmen von § 174 BGB unwirksam machen (vgl. Kap. 3.3.1.1.2).

Arten der Handlungsvollmacht

Nach der gesetzlichen Regelung in § 54 kann man drei Arten von Handlungsvollmachten unterscheiden:

- die sich auf den gesamten Geschäftsbetrieb in den beschriebenen Grenzen erstreckende *Generalhandlungsvollmacht,*
- die sektoral auf das Arbeitsgebiet und die Funktion des bevollmächtigten Angestellten beschränkte *Bereichshandlungsvollmacht*
- und die nur für einzelne Geschäfte gedachte *Spezialvollmacht.*

Die zu allen gewöhnlichen Geschäften des betreffenden Handelsgewerbes berechtigende *Generalhandlungsvollmacht* ist wenig verbreitet, weil bei ihr kein allzu großer Unterschied zur wesentlich rechtssicheren Prokura besteht, sodass Letztere in der Praxis vorgezogen wird.

Die nur für Einzelfälle gedachte *Spezialhandlungsvollmacht* kann keine verlässliche Grundlage für die Geschäftspartner darstellen.

Den Bedürfnissen der Wirtschaftspraxis wird nur die *Bereichshandlungsvollmacht* gerecht, die zur Vornahme einer bestimmten Art von Geschäften gewöhnlichen Umfangs berechtigt. Gemeint sind damit die *Geschäfte*, die in der betreffenden *Unternehmensabteilung*, in der der Handlungsbevollmächtigte arbeitet, typischerweise anfallen. Die Reichweite dieser Vollmacht wird funktionsmäßig bestimmt. Sie ergibt sich aus dem Arbeitsbereich, in dem der Bevollmächtigte eine leitende Position unterhalb der Ebene des Prokuristen wahrnimmt.

Funktionsbezogene Bereichshandlungsvollmacht

Beispiel:

Typischerweise sind Handlungsvollmachten bereits in mittelgroßen Unternehmen wie folgt abgestuft:

Der kaufmännische Direktor erhält Prokura und die ihm unterstellten Leiter der Einkaufs-, Verkaufs- oder Vertriebsabteilung jeweils Handlungsvollmacht, die beide zum Abschluss von Kaufverträgen berechtigen. Entsprechend seiner Funktion und Stellung ist der Einkaufsleiter nur zum Kauf von Waren, Halbfertigprodukten oder Rohstoffen, der Verkaufsleiter nur zum Verkauf der selbst produzierten Waren berechtigt, während der Prokurist beides tun darf.

Anders als die Prokura kann eine Handlungsvollmacht nicht nur von dem Inhaber oder von einem Mitglied der Geschäftsführung, sondern auch von einem *Prokuristen* erteilt werden. Der Handlungsbevollmächtigte selbst darf seine Vollmacht ohne Zustimmung des Vollmachtgebers *nicht* auf eine andere Person *übertragen* (§ 58 HGB). Die Erteilung selbst muss nicht ausdrücklich erfolgen, sondern kann auch stillschweigend durch bloße Duldung geschehen, was in der Praxis relativ häufig vorkommt.

Erteilung

Sind die Grenzen der Bereichshandlungsvollmacht schriftlich nicht klar definiert, so wird ihr *Umfang* funktionsmäßig danach festgelegt, welche Vertretungsbefugnis der leitende Beschäftigte zur ordnungsgemäßen Erfüllung des ihm übertragenen Aufgabenkreises i.d.R. benötigt. Lässt ihn die Unternehmensleitung gewähren, so verfügt er in dem beschriebenen Rahmen zumindest über eine entsprechende *Duldungsvollmacht*. Schließt er gar ohne Wissen und Billigung der Geschäftsleitung derartige Verträge ab, was aber die Unternehmensführung hätte erkennen müssen, so besitzt er gegenüber dem auf die Existenz dieser vermeintlichen Handlungsvollmacht vertrauenden Geschäftspartner zumindest für diesen Einzelfall eine entsprechende *Anscheinsvollmacht*. Das hat jeweils zur

Folge, dass die von ihm abgeschlossenen Verträge für und gegen das Unternehmen wirken (vgl. Kap. 3.3.1.1.2).

Vollmacht im Außendienst

Vermittlungs-vollmacht Außendienstmitarbeiter, seien es Leiter oder bloße Angestellte von Verkaufsbüros, reisende Angestellte oder auch selbstständige Handelsvertreter, besitzen i.d.R. nur *Vermittlungsvollmacht,* d.h. sie können *Vertragsgespräche* führen, wobei aber die Entscheidung über den Abschluss des Geschäfts der Zentrale vorbehalten bleibt.

Tipp Angesichts dieser Praxis sollten Sie sich als Geschäftspartner vor dem Vertragsabschluss mit den im Außendienst tätigen Personen stets durch Vorlage einer entsprechenden Vollmachtsurkunde oder durch Nachfrage bei der Zentrale davon überzeugen, dass diese eine entsprechende Abschlussvollmacht besitzen.

Abschlussvollmacht Haben Außendienstmitarbeiter eine *Abschlussvollmacht,* ist diese Handlungsvollmacht nach der Sonderregelung des § 55 HGB stärker *beschränkt.* Ohne besondere Ermächtigung berechtigt ihre Abschlussvollmacht nicht, abgeschlossene Verträge zu ändern, insbesondere Zahlungsfristen zu gewähren (§ 55, Abs. 2 HGB). Zur Annahme von Zahlungen benötigen diese Personen ebenfalls eine gesonderte Vollmacht, sodass Außendienstmitarbeiter regelmäßig keine sog. *Inkassovollmacht* besitzen und man deswegen an sie keine Zahlungen leisten soll (§ 55, Abs. 3 HGB). Darauf weisen viele Firmen nochmals in ihren AGB unter der Rubrik »Zahlungsbedingungen« hin. Eine darüber hinausreichende Einschränkung der Vollmacht durch AGB ist jedoch gegenüber den Geschäftspartnern nicht wirksam, weil sie auf den gesetzlichen Umfang vertrauen dürfen, sofern ihnen wegen der fehlenden Kenntnis über die Vollmachtsbeschränkung nicht Fahrlässigkeit vorgeworfen werden kann (§ 54, Abs. 3 HGB; BGH NJW 1982, S. 1390). Außendienstmitarbeiter mit Abschlussvollmacht gelten jedoch als ermächtigt, Mängelanzeigen oder ähnliche Erklärungen von Kunden im Zusammenhang mit mangelhaften Leistungen entgegenzunehmen (§ 55, Abs. 4 HGB).

Zeichnung und Auftreten des Handlungsbevollmächtigten

In Vertretung Ein Handlungsbevollmächtigter soll mit einem das Vollmachtsverhältnis ausdrückenden Zusatz unterzeichnen, hat sich dabei jedoch eines auf die Prokura hindeutenden Zusatzes zu enthalten (§ 57 HGB). Als allgemein gebräuchliche Form hat sich in der Praxis die

Bezeichnung *»i.V.« = in Vertretung* bewährt, die der Handlungsbevollmächtigte seinem Namen unter Beifügung der Firma voranstellt.

Ob der *Verhandlungspartner Handlungsvollmacht* besitzt oder
nicht, ist wegen des fehlenden Handelsregistereintrags für die andere Seite nur durch Erkundigung bei der Firmenleitung festzustellen.
Ansonsten orientiert man sich üblicherweise an dem Auftreten des
Beschäftigten sowie an dessen Stellung im Unternehmen und setzt
berechtigterweise eine entsprechende Vertretungsmacht voraus. Bei
bedeutsamen Geschäften mit hohen Vertragssummen besteht aber
immer noch die Unsicherheit, ob der Vertrag ein Geschäft im Rahmen des gewöhnlichen Geschäftsbetriebs darstellt oder nicht.

Tipp

Verhandeln Sie mit einem Ihnen bisher nicht bekannten Angestellten oder sonstigen Mitarbeiter des anderen Unternehmens, sind
Sie gut beraten, spätestens nach zufrieden stellendem Verlauf der
Vertragsverhandlungen vor Abschluss wichtiger Geschäfte sich zu
vergewissern, ob Ihr Verhandlungspartner zum Abschluss des Vertrages berechtigt ist oder nicht. Bei größeren Unternehmen sollte
man wegen der dort allgemein üblichen Gesamtvertretung auch darauf achten, dass der Vertrag bzw. die bindende Vertragserklärung die
Unterschrift zweier vertretungsberechtigter Personen der anderen
Seite erhält.

Geschäftsanzeige bei fehlender Vertretungsmacht

Besitzt die für das Unternehmen handelnde Person *keine Abschluss-*
vollmacht, sei es, weil sie nur mit der Vermittlung von Geschäften
beauftragt ist, sei es, dass sie ihre Abschlussvollmacht überzieht,
so hängt die Wirksamkeit des Geschäfts von der Genehmigung des
Geschäftsinhabers oder der Geschäftsleitung der Firma nach § 177
BGB ab (vgl. Kap. 3.3.1.4). Der Geschäftspartner kann sich aber
rasch selbst Gewissheit über das rechtliche Schicksal des Vertrages
verschaffen, indem er den *Abschluss* des *Geschäftes* samt seinem wesentlichen Inhalt der Leitung des anderen Unternehmens anzeigt.
War er dabei selbst gutgläubig und kannte den Mangel der Vertretungsmacht nicht, so müsste die andere Seite den unerwünschten
Vertrag unverzüglich – Überlegungsfrist ca. eine Woche, maximal
14 Tage – ablehnen. Tut sie das nicht, so gilt das Geschäft von der Gegenseite als genehmigt und wird dadurch rechtsgültig (§ 75h HGB).
Die gleiche Pflicht zur raschen Reaktion trifft die Unternehmensführung bei eigenmächtigen Geschäftsabschlüssen durch Handelsvertreter gegenüber gutgläubigen Geschäftspartnern, wenn sie vom
Vertreter oder Geschäftspartner über den Abschluss und den wesentlichen Inhalt des Geschäfts informiert worden sind (§ 91h HGB).

Unverzügliche
Ablehnung
erforderlich

Tipp

Haben Sie den Vertrag mit Personen abgeschlossen, die keine Prokura, wohl aber Handlungsvollmacht besitzen, sollten Sie unbedingt, um jeden Zweifel über den Umfang der Handlungsvollmacht zu beseitigen, der Leitung des anderen kaufmännischen Unternehmens das Geschäft anzeigen. Danach können Sie zwei Wochen in Ruhe abwarten. Kommt innerhalb dieser Zeit keine negative Reaktion, so ist der Vertrag zumindest durch Genehmigung zustande gekommen. Sofern möglich, sollten Sie vorher nicht finanziell in das Geschäft investieren. Beruft sich die andere Seite erst verspätet auf einen Vertretungsmangel, müssen Sie sich darauf nicht einlassen und besitzen eine äußerst starke Verhandlungsposition.

3.3.3.4   Zeichnungsbefugnis »im Auftrage«

Für Sachbearbeiter In größeren Unternehmen mit einer breiten Sachbearbeiterebene, wird die Erledigung einfacher Aufgaben soweit wie möglich nach unten delegiert. Befähigte und *erfahrene Sachbearbeiter* ohne Handlungsvollmacht erhalten aber die Befugnis, *einfache Geschäftskorrespondenz* (die aus Geschäftsbriefen ohne Vertragserklärungen oder aus der Erstellung von Rechnungen und Begleitbriefen von Warensendungen und aus allen sonstigen Mitteilungen ohne rechtsverbindliche Erklärungen besteht) selbstständig abzuwickeln und sie allein mit dem Zusatz *»i. A. = im Auftrag«* zu unterschreiben.

Darüber hinaus sind diese Sachbearbeiter auch befugt, *Verträge* einfacher Art an zweiter Stelle *mitzuunterzeichnen*, die aber zu ihrer Wirksamkeit noch die Unterschrift eines Vollvertreters, sei es die des Prokuristen oder Handlungsbevollmächtigten, benötigen. Diese spezifische Zeichnungsbefugnis können alle Mitglieder der Geschäftsleitung, Prokuristen sowie auch Handlungsbevollmächtigte, die mindestens die Bereichshandlungsvollmacht besitzen, erteilen. Wie jede andere Handlungsvollmacht auch, ist die i.A.-Zeichnungsbefugnis jederzeit nach den allgemeinen Grundsätzen widerrufbar.

3.3.3.5   Checkliste bei Vertragsabschlüssen mit Vertretern

Abgesehen von den seltenen Direktabschlüssen mit dem Geschäftsinhaber von Einzelfirmen stellt sich bei jedem mit einem Unternehmen abgeschlossenen Vertrag die Vertretungsfrage. Umso wichtiger
ist es, sich zu überzeugen, dass die für das Unternehmen handelnden
Personen entsprechende Vertretungsmacht besitzen.

Checkliste

1. Bei der Direktverhandlung mit der Geschäftsleitung von Handelsgesellschaften, Genossenschaften oder Partnerschaften
   sollte man bei dem erstmaligen Kontakt vor dem Abschluss von
   Verträgen sich über deren organschaftliche Vertretung über
   den betreffenden Eintrag des Handels-, Genossenschafts- oder
   Partnerschaftsregisters informieren, weil man seinen Verhandlungspartner noch nicht kennt. Dabei ist lediglich darauf zu
   achten, ob der handelnde vertretungsberechtigte Gesellschafter,
   Geschäftsführer oder das Vorstandsmitglied Einzelvertretung
   oder Gesamtvertretung besitzt. Ansonsten können diese alle
   Geschäftsverträge abschließen, weil deren Vertretungsmacht
   einseitig umfangmäßig nicht beschränkbar ist. Die Gesamtvertretung selbst wird üblicherweise so bestimmt, dass jeweils zwei
   Organmitglieder in wechselnder Zusammensetzung (oder bei den
   Handelsgesellschaften und Genossenschaften auch zusammen
   mit einem Prokuristen) in Form der unechten Gesamtvertretung
   das betreffende Unternehmen repräsentieren können.
   Demgegenüber stellt bei der Gesellschaft bürgerlichen Rechts,
   wie etwa Praxisgemeinschaften von Freiberuflern, Projekt- oder
   Arbeitsgemeinschaften von Unternehmen, der Gesellschaftsvertrag die einzig verlässliche Informationsquelle, sowohl über die
   Einzel- oder Gesamtvertretung, sowie den Umfang des Vertre-
   tungsrechtes selbst, dar.
2. Rechtssicher sind auch die Vertragsabschlüsse mit Prokuristen
   bei den Handelsgesellschaften und Genossenschaften wegen
   des großen Umfangs dieser einseitig nicht beschränkbaren Handelsvollmacht. Man muss lediglich darauf achten, ob Einzel- oder
   nur Gesamtprokura sowie Filialprokura vorliegt. Die notwendigen
   Informationen für den ersten geschäftlichen Kontakt holt man
   sich entweder von der Geschäftsleitung oder wiederum über das
   Handels- und Genossenschaftsregister.
3. Ist aber im Laufe der Zeit eine feste dauerhafte Geschäftsverbindung entstanden, können Sie als ständiger Geschäftspartner
   grundsätzlich auf das Fortwirken der Ihnen bekannten Vertretungsverhältnisse vertrauen. Ändert sich die organschaftliche
   Vertretung oder die Prokuren Ihres Geschäftspartners, so muss
   dieser Sie gesondert informieren, auch wenn er die Änderung im
   Handelsregister hat eintragen und bekannt machen lassen.

4. Dagegen sind die Geschäftsabschlüsse von Mitarbeitern mit Handlungsvollmacht nicht in gleicher Weise rechtssicher, weil zum einen diese Vollmacht in den Registern nicht eingetragen werden kann und zum andern das Unternehmen bei der Ausgestaltung einen gewissen Spielraum besitzt. Immerhin können aber die Geschäftspartner auf den im Gesetz typisierten geregelten Vollmachtsumfang vertrauen. Abweichungen davon müssen dem Geschäftspartner zur Kenntnis gebracht werden, um ihm gegenüber auch wirksam zu sein. Jeder Geschäftspartner sollte aber darauf achten, ob der betreffende Angestellte Einzel- oder nur Gesamthandlungsvollmacht hat. Ansonsten wird in der Praxis der Vollmachtsumfang grundsätzlich vom äußeren Erscheinungsbild des Auftretens und der Stellung des Angestellten im Unternehmen selbst bestimmt. Um ganz sicher zu gehen, sollte man aber unbedingt den Geschäftsabschluss mit dem wesentlichen Inhalt der Unternehmensleitung des Verhandlungspartners anzeigen. Diese müsste dann, wenn wider Erwarten der Vertreter zum Abschluss des Geschäfts nicht berechtigt gewesen wäre, das Geschäft unverzüglich, spätestens also innerhalb von zwei Wochen, ablehnen. Tut sie das nicht, gilt ihr Schweigen als Zustimmung, sodass der Vertrag auch gegen den Willen des vertretenen Unternehmens zustande kommt. Dabei ist auch zu berücksichtigen, dass Außendienstmitarbeiter oder Handelsvertreter i.d.R. keine Abschluss-, sondern lediglich eine Vermittlungsvollmacht besitzen, sodass der Vertrag dann ohnehin von der Geschäftsleitung ausdrücklich oder auch durch bloßes Schweigen gebilligt werden muss. Diese Personen dürfen auch nur bei ausdrücklicher Ermächtigung Zahlungen entgegennehmen oder einmal abgeschlossene Verträge ändern.

5. Ungünstige Verträge, die durch die Vertragsannahme eines berechtigten Vertreters der Gegenseite zunächst wirksam zustande gekommen sind, kann man durch unverzügliche Zurückweisung unwirksam machen, wenn die nicht registerlich erfasste Vollmacht oder gesellschafterliche Vertretungsmacht nicht dem Geschäftspartner vorher mitgeteilt wird. Gleiches gilt auch für einseitige Vertragserklärungen des betreffenden Vertreters, wie etwa eine Kündigung.

3.3.4 Wissenszurechnungen im Unternehmen durch Vertreter

Hängt die Wirksamkeit eines Geschäfts vom Wissen, der Kenntnis oder dem Kennen müssen eines Partners ab – so bei der Irrtumsanfechtung, dem guten Glauben beim Eigentumserwerb von einem Nichtberechtigten, einem Schadensersatzanspruch wegen bösgläubigem oder arglistigem Verhalten oder der Verjährung eines Anspruchs –, stellt sich die Frage, ob hierzu das *Wissen* des Inhabers bzw. der Geschäftsleitung des Unternehmens notwendig ist oder von

Bevollmächtigten und anderen *verantwortlichen Mitarbeitern* ausreicht. Die Antwort darauf bestimmt in den genannten Fällen die Rechtsposition des Inhabers bzw. der Gesellschaft.

Die *gesetzliche Lösung* nach § 166, Abs. 1 BGB, wonach das *Wissen* oder des Kennen müssen des am Geschäft beteiligten *Vertreters* ausschlaggebend, und nur bei weisungsgemäßem Handeln auf das Wissen und das Kennen müssen des Vertretenen abzustellen ist, eignet sich nicht für größere Unternehmen mit einer arbeitsteiligen Organisation. Sie ist ersichtlich auf die Zwei-Personen-Beziehung zwischen dem Vertretenen und dem Vertreter, der selbst das ganze Geschäft abwickelt, zugeschnitten, die aber nur bei *kleineren Unternehmen* existiert.

Bei *größeren Unternehmen* wird das Handeln der Beschäftigten nur ausnahmsweise durch direkte Weisungen der Unternehmensleitung dirigiert. Der Wissensfluss wird typischerweise durch Kommunikationsprozesse gesteuert, indem die geschäftsrelevanten Informationen von einer Abteilung an die anderen weitergegeben werden, bis sie zu den für das Unternehmen handelnden Vertretern gelangen. Kommt es also zu Störungen des Informationsflusses, käme die *Wissensteilung* zwischen dem ahnungslosen rechtsgeschäftlichen Vertreter und der informierten Fachabteilung dem Unternehmen zugute, wodurch unbilligerweise Großunternehmen gegenüber kleineren Firmen eindeutig rechtlich bevorzugt würden.

Um diese Ungleichbehandlung zu vermeiden, hat die Rechtsprechung den Wissensbereich von größeren Unternehmen durch den sog. *Wissensvertreter* ausgedehnt. Danach müssen Unternehmen sich über den rechtsgeschäftlichen Vertreter hinaus auch das Wissen und Kennen müssen von Personen zurechnen lassen, die auch ohne direkte Vertretungsmacht im Unternehmen Aufgaben mit eigener Verantwortung zu erledigen haben und dabei auch rechtlich relevante Informationen zur Kenntnis nehmen und weiterleiten. Dazu zählen insbesondere der *Handelsvertreter mit bloßer Vermittlungsvollmacht,* der *Versicherungsagent* und ganz allgemein jeder *Verhandlungsgehilfe,* dem die Vorbereitung des Vertrages überlassen worden ist (BGH NJW 2000, S. 1406).

Wissensvertreter

In der Konsequenz weitergedacht bedeutet das, dass das ganze *Unternehmen* als *Wissenseinheit* zu verstehen ist, wie es nunmehr auch die neueste Rechtsprechung sieht (BGH NJW 2001, S. 2536). Demzufolge ist die Unternehmensleitung für eine ordnungsgemäße Organisation des *betriebsinternen Kommunikationsprozesses* verantwortlich, sodass

Unternehmen als Wissenseinheit

- alle nach dem aktuellen Erkenntnisstand geschäftsrelevanten Daten gründlich erfasst und in Form jederzeitiger Abrufbarkeit abgespeichert werden (Problem des Wissens!),

• diese erfassten, abgespeicherten Daten durch reibungslosen Informationsfluss für den das konkrete Geschäft abwickelnden Mitarbeiter auch jederzeit verfügbar sind (Ebene der Wissenszurechnung!).

Externer Berater   Gerade für komplexe Geschäfte, bei denen *externe Berater* hinzugezogen werden, ist auch deren Wissenslage entscheidend. Ihr *Fachwissen* muss sich aber das Unternehmen i.d.R. nicht zurechnen lassen, weil sie nicht zu seiner Organisationseinheit gehören, sondern organisatorisch selbstständig sind (BGH NJW-RR 1997, S. 270). Ist die betreffende rechtsrelevante Information in das Unternehmen gelangt und hätte sie dort wegen ihrer Wichtigkeit abgespeichert oder sonstwie erfasst werden müssen, gehen alle Versäumnisse des unternehmensinternen Datenflusses zu Lasten des Inhabers bzw. der Gesellschaft. Erst durch diese rechtlich vernünftige Betrachtung des Unternehmens als Wisseneinheit gelingt es, die gebotene Gleichbehandlung von kleineren Firmen mit größeren Unternehmen zu erreichen.

Beispiel:
In einem großen Autohaus kauft der Einkäufer E einen Unfallwagen, vergisst aber, diese wichtige rechtsrelevante Tatsache in das betriebsinterne Datensystem einzugeben. Als der Wagen durch den Verkäufer V an einen Kunden weiterverkauft wird, informiert er den Kunden deshalb nicht.

Lösung:
Hier hat der Inhaber des Autohauses als Vertragspartner des Kunden Kenntnis von dem Unfall gehabt und sein Verkäufer hätte deshalb den Kunden über diesen erheblichen Vorschaden informieren müssen. Da er das nicht getan hat, hat er diesen Sachmangel dem Kunden arglistig verschwiegen. Deshalb kann der Kunde, wenn er von dem Mangel erfährt, wegen der längeren Verjährungsfrist seiner Mängelansprüche noch innerhalb der nächsten drei Jahre von dem Kaufvertrag zurücktreten oder Schadensersatz fordern (§§ 437, 438, Abs. 3 BGB).

Tipp   Organisieren und managen Sie daher den betriebsinternen Kommunikationsprozess so, dass die in das Unternehmen gelangenden geschäftserheblichen Informationen nicht nur im betriebsinternen Datensystem erfasst und richtig abgelegt, sondern jederzeit für die Abteilungen mit Außenkontakt verfügbar sind.

3.4 Allgemeine Geschäftsbedingungen

Allgemeine Geschäftsbedingungen, kurz *AGB* genannt, sind aus dem Wirtschaftsleben nicht mehr wegzudenken, wäre es doch bei dem Vertrieb standardisierter Produkte viel zu arbeits- und kostenaufwändig, jede einzelne Vertragsbedingung aushandeln zu müssen. Der große Vorteil von AGB besteht in ihrem *Rationalisierungseffekt*, weil man nur durch vorformulierte Vertragsbedingungen die in hoher Anzahl anfallenden Geschäfte des Unternehmens bewältigen kann. Außerdem lassen sich in AGB *Geschäftsrisiken* vorteilhaft eliminieren oder zumindest beschränken. Daher bergen Sie als einseitig formulierte, nicht ausgehandelte Vertragsbedingungen der einen Vertragspartei auch die *Gefahr* des *Machtmissbrauchs* in sich, da das betreffende Unternehmen seine AGB auch als Instrument dazu benutzt, seine Rechtsposition gegenüber dem Kunden, wozu nicht nur Verbraucher sondern auch Unternehmen gehören, zu verstärken.

> **Zweck von AGB**

Deshalb besitzt das betreffende Unternehmen bei der Aufstellung von AGB nach den spezifischen *Schutzregelungen des AGB-Rechts* im BGB nicht eine solch umfassende Gestaltungsfreiheit wie beim Abschluss einzeln ausgehandelter Verträge. Die mit dem AGB-Recht zusammenhängenden, vielfach diffizilen *Rechtsfragen* kann ein Unternehmen nur mit Hilfe eines erfahrenen kompetenten *Rechtsanwalts* lösen, der sich in diesem Rechtsgebiet besonders gut auskennt. Die folgende Darstellung befasst sich daher mit den maßgebenden Gesichtspunkten, die ein Unternehmen beim praktischen Umgang mit AGB zu beachten hat. Darüber hinaus soll des besseren Verständnisses wegen ein kurzer Überblick über die *Systematik* des AGB-Rechts gegeben werden, in dessen Mittelpunkt zunächst der Begriff der AGB steht (siehe Abbildung 3.12).

> **Schutzregelungen**

3.4.1 Begriff der AGB

AGB sind alle für eine Vielzahl von Verträgen – im Geschäftsverkehr mindestens drei – einseitig *vorformulierte Vertragsbedingungen*, die eine Vertragspartei *(Verwender)* der anderen Vertragspartei *(Kunde)* bei Abschluss eines Vertrages stellt (§ 305, Abs. 1 BGB). Unerheblich ist dabei die äußere Gestalt. So trifft man heutzutage AGB in allen Wirtschaftsstufen in mannigfacher Form, ob als eigenständiges Klauselwerk (das berühmte Kleingedruckte auf der Rückseite von Formularen) oder als vorgedruckte Vertragsklauseln in Formularverträgen und neuerdings auch als Bildschirmtext oder auf der Website im Internet. Maßgebend ist lediglich, dass sie als fertige *Textbausteine* des Vertrages konzipiert und für mehr als zwei Anwendungsfälle gedacht sind (BGH NJW-RR 2002, S. 14). Über die AGB-Qualität entscheidet – was häufig übersehen wird – nicht das gesamte Ver-

> **Fertige Textbausteine**

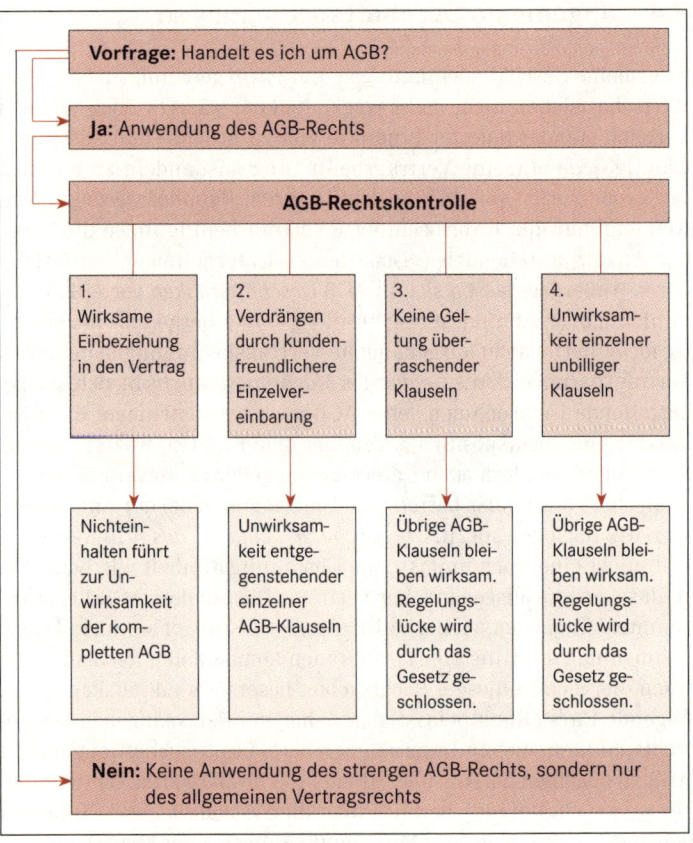

Abb. 3.12: Systematik des AGB-Rechts

tragswerk, sondern die *einzelne Vertragsbestimmung* selbst. Deshalb können einzelne Klauseln, namentlich wenn sie als nicht verhandelbar hingestellt werden, in sonst individuell gestalteten Verträgen durchaus AGB sein (BGH NJW 1997, S. 135).

Tipp Beachten Sie, dass bei einem individuell ausgehandelten Vertrag durch den Einbau einzelner, von Ihnen schon vorformulierter Vertragsklauseln, die Sie in Ihrem Betriebssystem als Muster abgespeichert haben, bereits AGB entstehen und diese einzelnen Vertragsklauseln deshalb dem strengeren AGB-Recht unterliegen.

Verwender

Ein Unternehmen wird zum Verwender im Sinne des Gesetzes, wenn es die *einseitigen Vertragsbedingungen stellt*, d.h. ihre Einbeziehung in den Vertrag veranlasst hat (BGH NJW 1995, S. 2034). Das setzt nicht voraus, dass man die AGB selbst formuliert oder formulieren lässt, sondern es genügt, die Empfehlungen des eigenen Unternehmensverbandes zu übernehmen (BGHZ 118, S. 229, 238). Selbst einseitige Vertragserklärungen des Kunden, die das andere Unternehmen vorformuliert hat, wie z.B. Vollmachtsformulare, gelten als AGB (BGH NJW 1987, S. 2011).

Einseitige Vertragsbedingungen

Keine AGB bei Aushandeln

Vertragsklauseln büßen selbstverständlich ihre AGB-Eigenschaft ein, wenn sie zwischen den Vertragsparteien ausgehandelt werden (§ 305, Abs. 1, Satz 3 BGB). »Aushandeln« verlangt mehr, wie die Rechtsprechung immer wieder betont, als bloßes Verhandeln. Dazu muss nicht der gesamte Vertragstext individuell ausformuliert werden, sondern es genügt, dass das Unternehmen als Verwender in deutlicher Weise seine *gesamten* vorformulierten *Vertragsklauseln* dem anderen Teil gegenüber ernsthaft zur *Disposition* stellt. Im Klartext heißt dies, dass deutlich werden muss, über jede einzelne Vertragsklausel bei Bedarf mit sich reden zu lassen. Dadurch erhält die Gegenseite eine reale Möglichkeit zur Klauseländerung zwecks Wahrung ihrer Eigeninteressen (BGH NJW 1998, S. 2601). Dieses so bekundete Entgegenkommen wird als Verhandlungsergebnis i.d.R. zu einigen *Klauseländerungen* führen, weshalb darin ein starkes Indiz für das Aushandeln des gesamten Vertrages gesehen werden kann (BGH NJW 2000, S. 1112). Sind dem Vertragstext, der mehrere unveränderte vorgefertigte Vertragsklauseln einer Partei enthält, intensive mündliche Vertragsverhandlungen vorausgegangen, muss dies zum Nachweis des Aushandelns des komplexen Vertrages genügen. Zu eng und zu streng ist andererseits der Bundesgerichtshof, wenn es den Fokus dabei auf die einzelne Vertragsbestimmung legt, und den Vertrag in ausgehandelte Einzelvereinbarungen und unverändert gebliebene AGB-Klauseln zerlegt (NJW-RR 2005, S. 1041). Diese Judikatur eröffnet später der Vertragspartei, die sich von den lästigen einzelnen Vertragsklauseln der Gegenseite befreien will, die Möglichkeit, dieses Ziel mittels der strengen richterlichen Inhaltskontrolle des AGB-Rechts zu erreichen (vgl. Kap. 3.4.5.2). Das aber ist unbillig und ungerecht, wenn der Verwender der anderen Seite für die Akzeptanz seiner Klauseln innerhalb der Vertragsverhandlungen in anderen wichtigen Punkten entgegengekommen ist. Von einem echten Aushandeln kann man aber nicht sprechen, sofern der Verwender lediglich pauschal im Preis ohne weitere inhaltliche

Aushandeln verlangt mehr als Verhandeln

Allgemeine Geschäftsbedingungen

Aushandeln des Vertrages

Preisnachgabe

Änderungen nachgibt, weil dieser bei der Preisgestaltung erreichte Kompromiss sich nicht auf eine bestimmte Vertragsregelung beziehen lässt (BGH NJW 1998, S. 2601). Auf keinen Fall genügt es, wenn verschieden ausformulierte Klauseln wahlweise von dem Kunden angekreuzt werden können (BGH NJW 1997, S. 1000).

Beweislast beim Verwender

Behauptet der Verwender das Vorhandensein eines *Einzelvertrages*, um den ihm lästigen AGB-Rechtsvorschriften zu entgehen, trägt er hierfür die volle *Beweislast*. Er kann sie auch nicht durch AGB auf den Kunden abwälzen, indem er sich von ihm in einer gesondert unterschriebenen Erklärung bescheinigen lässt, dass der Vertrag in allen Einzelheiten ausgehandelt sei. Diese Bestätigung verstößt gegen das Beweislastumkehrverbot nach § 309, Nr. 12b BGB, das auch im unternehmerischen Geschäftsverkehr gilt (BGH NJW-RR 1993, S. 864).

3.4.2   Aufstellen von AGB und Checkliste »Kerninhalt von AGB«

Maßgeschneiderte AGB

AGB müssen maßgeschneidert, also auf die speziellen Bedürfnisse des Unternehmens zugeschnitten sein, sollen sie ihr Ziel erreichen, die Geschäftsabläufe zu rationalisieren und zu optimieren. Ihre Aufstellung ist daher eine sehr komplizierte Angelegenheit, die hohen Sachverstand erfordert. Soweit Sie kein von ihrem Fachverband *empfohlenes Klauselwerk* komplett übernehmen, können Sie beim Ausarbeiten von AGB auf juristischen Beistand durch einen erfahrenen und kompetenten *Rechtsanwalt* nicht verzichten. Seine Aufgabe ist es, gemäß Ihren ökonomischen Vorgaben funktionsadäquate und möglichst rechtlich wasserdichte AGB zu formulieren. Verbandsempfehlungen haben auch den Nachteil, dass sie die konkrete Lage und die Interessen einzelner Unternehmen nicht ausreichend berücksichtigen. Daher sollten diese auf jeden Fall von einem versierten Rechtsanwalt überprüft und, falls notwendig, auch überarbeitet werden.

Checkliste

Kerninhalt von AGB

Wenn auch die inhaltliche Ausgestaltung der AGB dem einzelnen Unternehmen angepasst werden muss, lässt sich dennoch ein Kern von Problemkreisen angeben, der in allen AGB enthalten sein sollte. Anhand dieser Liste können Sie überprüfen, ob Ihre AGB komplett sind oder nicht. Vielleicht fällt Ihnen dabei auch auf, dass die Struktur von AGB der von Schuldverträgen ähnelt (vgl. Kap. 2.2.5.1). Eine klare Systematik für den unternehmerischen Kunden ist auch deshalb wichtig, weil nur übersichtlich gegliederte AGB nach dem sog. Transparenzgebot wirksam in den Vertrag einbezogen werden können (vgl. Kap. 3.4.3).

1. Abweichende Vereinbarungen, Änderungen von AGB
2. Abwehr gegenüber fremden AGB im unternehmerischen Geschäftsverkehr durch eine sog. Abwehrklausel
3. Klauseln für die eigene Sach- und Dienstleistung
   ✔ Ergänzende Regelungen zur Erbringung der vertraglichen Leistungen mit Blick auf Leistungsort, -zeit und -gegenstand
   ✔ Einseitige Leistungsänderung und -befreiung
   ✔ Gefahrübergang, Versand und Fracht
   ✔ Eigentumsvorbehalt
   ✔ Gewährleistung bei fehlerhafter Leistung
   ✔ Freizeichnung und Haftungsbeschränkung
4. Zahlungspflicht des Kunden
   ✔ Zahlungsbedingungen
   ✔ Preisnebenbestimmungen, insbesondere Wertsicherungsklauseln
5. Aufrechnungs-, Leistungsverweigerungs- und Zurückbehaltungsrecht des Kunden
6. Vertragsdauer und -beendigung, insbesondere Rücktritt oder Kündigung
7. Schlussbestimmungen
   ✔ Salvatorische Klausel
   ✔ Anwendung des deutschen Rechts bei Vertrag mit ausländischem Geschäftspartner

Anpassung von AGB

Wegen des fortlaufenden technischen Wandels müssen Ihre AGB selbstverständlich von Zeit zu Zeit überarbeitet werden. Um den jeweiligen Stand der AGB jederzeit ermitteln zu können, ist es zweckdienlich, auf jeder *Ausgabe* das *Datum* der *Aufstellung* zu vermerken.

Stand der AGB

Ohne besonderen Anlass sollte eine gründliche Prüfung alle fünf Jahre erfolgen. Ändert sich die Geschäftsstruktur des Unternehmens, müssen die AGB dem gewandelten betrieblichen Ablauf sofort angepasst werden. Auch der Erlass wichtiger neuer Gesetze oder neuer markanter obergerichtlicher Entscheidungen kann eine Durchleuchtung, ggf. Revision der AGB, notwendig machen. Rechtzeitige Informationen über derartige wesentliche Veränderungen erhalten Sie am ehesten aus Ihrer Verbandszeitschrift.

Jedenfalls zahlt sich das Arbeiten mit veralteten AGB nicht aus, ruft es doch die Wirtschaftsverbände auf den Plan und verärgert zudem die Kundschaft, was für den geschäftlichen Ruf nicht besonders förderlich ist. Innerhalb einer *dauerhaften Geschäftsverbindung* können Sie auch mittels einer *Rahmenvereinbarung* sicherstellen, dass Ihre AGB in der jeweils gültigen Fassung zur Anwendung kommen (vgl. Kap. 3.4.3.1).

3.4.3   Einbeziehung in den Vertrag

**AGB sind
keine Gesetze**

AGB als sog. *Privatgesetze der Wirtschaft* gelten im Unterschied zu staatlichen Gesetzen nicht automatisch, sondern müssen von den Geschäftspartnern zum *Vertragsinhalt gemacht* werden. Dass die dafür aufgestellten rechtlichen Anforderungen beachtet werden, liegt selbstverständlich im Interesse des Unternehmens, das seine AGB durchsetzen will. Geschieht das nicht, besitzen die AGB insgesamt keine Gültigkeit, sodass alle Mühe, die man für ihre Abfassung aufgewendet hat, umsonst ist.

Gegenüber *Privatverbrauchern* als Kunden, die mit AGB nicht so vertraut sind, ist deutlich auf die Geltung der AGB beim Vertragsabschluss hinzuweisen und auch die Möglichkeit einzuräumen, in zumutbarer Weise von ihrem Inhalt Kenntnis zu nehmen (§ 305, Abs. 2 BGB). Diese strengen Einbeziehungsvoraussetzungen brauchen gegenüber unternehmerischen Kunden nicht eingehalten zu werden, weil diese per se mit der Anwendung von AGB rechnen müssen (§ 310, Abs. 1 BGB).

3.4.3.1   Hinweis beim Vertragsabschluss

**Nach Vertrags-
abschluss
ist es zu spät**

Auch einem *unternehmerischen Kunden* gegenüber hat der Verwender deutlich zu machen, dass er den Vertrag nur bei Anwendung seiner AGB abschließen will (BGH NJW 2000, S. 1155). Das sollte spätestens beim Vertragsabschluss in der schriftlichen *Auftragsbestätigung* oder bei vorgeschalteten mündlichen Vertragsabschluss in dem schriftlichen *Bestätigungsschreiben* geschehen. Widerspricht der Geschäftspartner diesen Mitteilungen nicht und lässt sich stillschweigend darauf ein, indem er die gelieferten Waren abnimmt, so werden die AGB Vertragsbestandteil (BGH NJW 1995, S. 666). Entbehrlich wäre ein solcher Hinweis nur dann, wenn die AGB als branchenüblich anerkannt sind oder Handelsbräuche darstellen. Das kann aber niemals für die kompletten AGB, sondern nur für bestimmte einzelne Klauseln gelten, womit dem Verwender kaum gedient sein dürfte.

Jedenfalls ist ein Hinweis auf einem *Lieferschein* zu spät, weil dieser üblicherweise nicht in die Hände einer zur Vertretung des Geschäftspartners befugten Person gelangt (BGH NJW 1978, S. 2343). Im Streitfall ist der an der Geltung seiner AGB interessierte Verwender beweispflichtig dafür, dass er klar und eindeutig sowie rechtzeitig auf seine AGB hingewiesen hat.

Bei telefonischer Bestellung oder Auftragserteilung des Kunden sollte der Hinweis auf die Geltung der AGB des besseren Nachweises wegen im schriftlichen Bestätigungsschreiben wiederholt werden.	**Tipp**

Im Rahmen einer *dauerhaften Geschäftsbeziehung* kann auch eine *AGB-Rahmenvereinbarung* als rechtliche Grundlage dienen. Diese Abrede erstreckt die AGB auch auf künftige, zwischen den Vertragsparteien zustande gekommene ähnliche Verträge. Der Rahmenvertrag sollte die jeweilige Fassung der AGB für gültig erklären, sodass später vorgenommene Änderungen der AGB ebenfalls greifen. Die entgegenstehende Regelung des § 305, Abs. 3 BGB findet wegen des geringeren Schutzbedürfnisses gegenüber unternehmerischen Kunden nach § 310, Abs. 1 BGB keine Anwendung. Der unternehmerische Kunde kann ja entscheiden, ob er sich auf dieses Risiko einlassen will und seinem Geschäftspartner als Verwender ein solch umfassendes einseitiges Änderungsrecht einräumt.

AGB-Rahmenvereinbarung möglich

AGB-Rahmenvereinbarung
*»Die Vertragsparteien sind darüber einig, dass die AGB in ihrer jeweils gültigen Fassung der … (Firmenname des Verwenders) bei allen künftigen, zwischen ihnen abgeschlossenen Kaufverträgen (oder anderer Vertragstyp) im Rahmen ihrer Geschäftsbeziehung zugrunde gelegt werden sollen. Eventuelle spätere Änderungen der AGB werden wirksam, wenn der Geschäftspartner darüber nachweislich schriftlich informiert worden ist und dieser Mitteilung nicht innerhalb von … (vier Wochen) widerspricht.«
(Unterschriften)*

Klauselvorschlag

3.4.3.2   Zumutbare Kenntnisnahme
Ferner muss auch dem unternehmerischen Kunden die Möglichkeit eingeräumt werden, in zumutbarer Weise von dem *Inhalt* der *AGB* Kenntnis nehmen zu können. Das trifft immer zu, wenn der AGB-Text auf der Rückseite des dem Geschäftspartner ausgehändigten Vertragsformulars abgedruckt ist. Bei selbstständigen Klauselwerken liegt es beim Geschäftspartner, ob er sich über den Inhalt der AGB informieren will. Er kann deshalb von dem Verwender verlangen, Einsicht in die AGB zu nehmen oder dass ihr Text ihm überlassen wird, sofern es sich dabei nicht um leicht beschaffbare schlichte Verbandsempfehlungen handelt.

Transparenzgebot
Zumutbare Kenntnisnahme bedeutet nach dem sog. *Transparenzgebot*, dass die AGB insgesamt für einen durchschnittlichen Unternehmer lesbar und verständlich sind. Das erfordert eine *klare Gliede-*

AGB lesbar und verständlich

rung und einen gut strukturierten *Aufbau*, ähnlich wie beim Vertrag nach Sachkomplexen (vgl. Kap. 3.4.2). Diese Anforderungen müssen strikt eingehalten werden, weil anderenfalls die gesamten AGB nicht gelten.

Bei den einzelnen Klauseln selbst, müssen *rechtliche Fachausdrücke* nicht unbedingt erklärt werden, weil von einem durchschnittlichen Unternehmer eine bessere Rechtskenntnis und höheres wirtschaftliches Verständnis verlangt werden kann als von einem Privatverbraucher. Im Übrigen ist es Geschäftsleuten eher zuzumuten, sich Rechtsrat einzuholen. Deshalb ist es zulässig auf einzelne einschlägige Gesetzesvorschriften ohne weitere Erläuterung zu verweisen (BGH NJW, 2006 S. 3218). AGB-Klauseln dürfen aber den *Kunden nicht irreführen*, indem sie die anwendbaren rechtlichen Grundsätze, die Rechtslage oder rechtserhebliche Tatsachen falsch oder unvollständig wiedergeben, damit dieser seine Rechte nicht geltend macht. Solch undurchsichtige oder irreführende Klauseln benachteiligen den Vertragspartner unangemessen und sind deshalb unwirksam (§ 307, Abs. 1, Satz 3 BGB; vgl. Kap. 3.4.5.2.2).

> **Beispiel:**
> *Eine bestimmte Praxis darf nur als »verkehrsüblich« bezeichnet werden, wenn sie es tatsächlich ist.*

Internetverträge

Verschärfte Anforderungen

Verschärft sind aber die Anforderungen, wenn Unternehmen ihre Leistungen über das Internet auf einer *Website-Plattform* anbieten. Dann ist auf der so genannten *Titelseite*, auf der das Produkt präsentiert wird, nicht nur auf die Geltung der AGB hinzuweisen, sondern auch durch einen Link direkt mit dem AGB-Text zu verknüpfen. Jeder Kaufinteressent muss durch einfachen Mausklick den Text der AGB aufrufen und abspeichern können (BGH NJW 2006, S. 2977). Diese Informationspflichten müssen auch gegenüber unternehmerischen Kunden eingehalten werden, andernfalls gelten die AGB nicht (§ 312e, Abs. 1, Nr. 4 und Abs. 2, Satz 2 BGB). Lediglich, wenn der Vertrag ausschließlich durch individuelle Kommunikation via E-Mail geschlossen wird, müssen diese Informationspflichten nicht beachtet werden (§ 312e, Abs. 2, Satz 1 BGB).

3.4.4   Reaktionsmöglichkeiten des AGB-Kunden

Bei wirtschaftlich gleichstarken Partnern werden i.d.R. die AGB des leistungsanbietenden Unternehmens zugrunde gelegt. Rechtliche Probleme entstehen aber, wenn der Kunde selbst seine Vertragsbedingungen durchsetzen will. Dieser Situation sehen sich häufig kleinere oder mittlere Unternehmen als Lieferanten im Verhältnis zu marktmächtigen Einkäufern gegenübergestellt. Ferner kann es sein, dass der Kunde gegen einzelne unangenehme Klauseln Einwendungen erhebt.

3.4.4.1 Aufeinanderprallen verschiedener AGB

Wenn beide Seiten ihre AGB zugrunde legen, das Geschäft abschließen und auch ausführen, so zeigen sie damit, dass sie den Vertrag als gültig betrachten. Bei derartigen *AGB-Kollisionen* ist wegen des teilweisen Dissenses nach § 154, Abs. 1 BGB die einzige interessengerechte Lösung, dass die beiden AGB auch nur teilweise soweit gelten, als sie sich nicht inhaltlich widersprechen. Kommt es danach zwischen den Vertragsparteien zu Meinungsverschiedenheiten, so ist eine rechtliche Lösung ziemlich verwickelt. Entsteht durch den Wegfall kollidierender AGB-Klauseln eine Lücke, wird diese durch einschlägige gesetzliche Bestimmungen gemäß § 306, Abs. 2 BGB geschlossen (OLG Dresden NJW-RR 1999, S. 847). Die anderen ergänzenden Klauseln, die sich inhaltlich nicht widersprechen, werden durch konkludentes Einverständnis in Form der widerspruchslosen Geschäftsabwicklung Vertragsbestandteil (BGH NJW-RR 2001, S. 485). Das kann man auch durch eine *einfache Abwehrklausel* klarstellen.

AGB-Abwehrklauseln

Einfache Abwehrklausel

»Wir liefern ausschließlich auf der Grundlage unserer AGB. Die Geschäftsbedingungen unserer Vertragspartner werden nur insoweit anerkannt, als sie unseren nicht widersprechen.«

Klauselvorschlag

Die Einbeziehung einer ergänzenden, inhaltlich nicht kollidierenden AGB-Klausel der Gegenseite kann man durch eine sog. *strikte Abwehrklausel* verhindern.

Strikte Abwehrklausel

»Wir bestellen ausschließlich auf der Grundlage unserer AGB. Die Geschäftsbedingungen unserer Vertragspartner erhalten nur Gültigkeit, wenn sie von uns ausdrücklich anerkannt werden.«

Klauselvorschlag

Akzeptiert der Lieferant diese Klausel ohne Widerworte, setzen sich die *Einkaufsbedingungen* komplett durch, weil sie rechtlich ein neues abgeändertes Vertragsangebot nach § 150 Abs. 2 AGB darstellen, das der Lieferant mit der anschließenden Lieferung stillschweigend annimmt (BGH NJW-RR 2001, S. 484). Um dies zu verhindern, muss er widersprechen, was zu endlosem Schriftwechsel führen kann.

Tipp

> Sehen Sie sich als Lieferant mit Einkaufsbedingungen der Besteller konfrontiert, überprüfen Sie unbedingt, ob dieses Klauselwerk eine strikte Abwehrklausel enthält. Widersprechen Sie vorsorglich ausdrücklich der Geltung der Einkaufsbedingungen, wenn Sie sich das leisten können.

Verzichtet man aber als Besteller auf eine strikte Abwehrklausel, ist die rechtliche Analyse solcher Verträge sehr schwierig und zeitaufwändig, weil die beidseitigen AGB zunächst miteinander verglichen werden müssen und die dadurch entstehenden Vertragslücken durch die Anwendung der einschlägigen gesetzlichen Regelung auszufüllen sind. Das muss aber nicht unbedingt im Interesse der Vertragsparteien liegen. Außerdem können die damit verbundenen Rechtsprobleme ohne externen Rechtsrat nicht gelöst werden.

Für klare Verhältnisse durch Vertragsmix sorgen

Die bessere Strategie dürfte es in solchen Fällen sein, von vornherein für klare Verhältnisse durch einen *Vertragsmix* zu sorgen.

Tipp

> Als Kunde sollten Sie die AGB des leistungsanbietenden Unternehmens grundsätzlich anerkennen, gleichzeitig aber darauf drängen, dass zumindest die eigenen wichtigen Kernklauseln von der Gegenseite ausdrücklich akzeptiert werden. Dadurch entsteht ein klarer lückenloser Vertragsmix aus verschiedenen AGB. Notwendig ist dazu lediglich, die wesentlichen Kernbestimmungen der eigenen AGB zusammenzustellen und diese anschließend in den Vertrag einzubauen.

Einbeziehungsvereinbarung

Klauselvorschlag

Für diesen Vertrag gelten grundsätzlich die AGB der Firma ... (Name des leistungserbringenden Unternehmens). Unabhängig von deren Inhalt werden auf jeden Fall folgende Klauseln der Firma ... (Name des Kunden) Bestandteil des Vertrages:

1. ...

2. ...

3. ... etc.

(Unterschriften)

3.4.4.2   Vorrangige kundenfreundliche Einzelvereinbarung

Günstige Einzelvereinbarungen einbauen

Haben Sie als nachfragender Kunde keine *Musterklauseln* für den Einkauf zur Hand, sollten Sie bei der Vertragsverhandlung auf jeden Fall darauf drängen, dass die Kernpunkte des Geschäfts für Sie interessengerecht und akzeptabel geregelt werden. Immerhin sind Sie schon bereit, die AGB des Geschäftspartners zu akzeptieren, sodass

dieser Ihnen zumindest in einzelnen wichtigen Punkten entgegenkommen müsste. Kommt darüber ein Konsens zustande, hat man lediglich dafür zu sorgen, dass diese spezifischen, gegenüber den AGB
vorrangigen Einzelvereinbarungen in den Vertrag aufgenommen werden (§ 305b BGB). Für das Vorhandensein dieser für ihn günstigen
Einzelabsprachen ist der Kunde selbst beweispflichtig.

> Sorgen Sie deshalb als Kunde unbedingt dafür, dass die für Sie güns-
> tigen vorrangigen Einzelabsprachen in die schriftliche Vertragsurkun-
> de aufgenommen werden, um sie jederzeit beweisen zu können!

Tipp

Mündliche Einzelabsprachen wären zwar auch wirksam, wenn sie
mit dem vertretungsberechtigten Personal der Gegenseite abgespro-
chen sind, sind jedoch viel schwerer beweisbar. Eine *AGB-Schriftform-
klausel* des Leistungsanbieters, die als Wirksamkeitsvoraussetzung
für derartig abweichende Einzelabsprachen stets die Wahrung der
Schriftform verlangt, kehrt unzulässigerweise die gesetzliche Rangfolge des § 305b BGB um und ist deswegen stets unwirksam (OLG
Hamm NJW-RR 1994, S. 631).

3.4.5   Gesetzliche Kontrolle einzelner AGB-Klauseln

Steht nun fest, dass die AGB insgesamt den Vertragsinhalt bestimmen, so werden in einer zweiten Phase einzelne AGB-Klauseln einer rechtlichen Feinprüfung unterzogen. Die damit zusammenhängenden, äußerst schwierigen Probleme kann nur ein Fachjurist lösen,
sodass dem daran interessierten Leser nur ein kurzer Überblick verschafft werden soll.

Rechtliche
Feinprüfung durch
Fachjuristen

3.4.5.1   Keine Geltung überraschender Klauseln

Einzelne *überraschende AGB-Klauseln*, die »nach den Umständen,
insbesondere nach dem äußeren Erscheinungsbild des Vertrages so
ungewöhnlich sind, dass der Vertragspartner des Verwenders mit
ihnen nicht zu rechnen braucht, werden gemäß § 305c, Abs. 1 BGB
nicht Vertragsbestandteil. Zweck dieser Regelung ist es, ein Min-
destmaß an Vertrauen in den redlichen Geschäftsverkehr mit AGB
zu gewährleisten, indem eine Überrumpelung oder Benachteiligung
des Kunden verhindert wird. Dabei ist auf die Geschäftserfahrung
und den Kenntnisstand eines durchschnittlichen Unternehmers abzustellen (BGH NJW 2006, S. 3057).

3.4.5.2   Inhaltskontrolle einzelner AGB-Klauseln

Die übrigen AGB-Klauseln werden in einem dritten Schritt einer *richterlichen Inhaltskontrolle* dahingehend unterzogen, ob sie nun eini-

germaßen inhaltlich ausgewogen sind und auch in angemessenem Umfang die Interessen des Kunden berücksichtigen oder diesen unangemessen benachteiligen. Sollte Letzteres der Fall sein, sind nach dem AGB-Recht diese *unbilligen Klauseln*, weil sie den Kunden quasi wirtschaftlich ausbeuten, gemäß § 307 BGB *unwirksam*. Für das Verständnis dieser vagen *Generalklausel* können nach der Rechtsprechung auch die gesetzlich typisierten Fallgruppen unangemessener Benachteiligung in den beiden *Klauselverbotskatalogen* der §§ 308, 309 BGB, die wegen § 310, Abs. 1 BGB direkt nur zugunsten Privatverbrauchern als Kunden gelten, mittelbar im unternehmerischen Geschäftsverkehr herangezogen werden. Die Gerichte sehen in ihnen nämlich gesetzliche Leitbilder einer unangemessenen Benachteiligung. Wegen des Bedürfnisses nach größerer Gestaltungsfreiheit im unternehmerischen Geschäftsverkehr kommen sie jedoch nicht strikt zur Anwendung, sondern stellen bloße Auslegungsgrundsätze dar.

3.4.5.2.1 Geringere Kontrolle frei aushandelbarer Vertragsleistungen

Frei aushandelbare Vertragsleistungen

Rechtlich können nur AGB-Klauseln geprüft werden, die von gesetzlich geregelten Sachbereichen abweichen. Deshalb unterwirft das AGB-Recht die beidseitigen, frei aushandelbaren eigentlichen Vertragsleistungen, also *Preis-* und *Qualitätsvereinbarungen, keiner* richterlichen *Angemessenheitsüberprüfung* (§ 307, Abs. 3 BGB). Leistungsbeschreibungen und Preisklauseln müssen deshalb lediglich für den durchschnittlichen Kunden verständlich und transparent sein.

Umfassend *kontrollfähig* bleiben aber die ergänzenden *Nebenabreden*, die eine Einschränkung des Leistungsversprechens zum Ziel haben, wie vor allem Regelungen über den Liefertermin und Leistungsort, Mengen- und Qualitätstoleranzen (OLG Stuttgart BB 1998, S. 502) sowie Preisnebenbestimmungen, die die Entstehungsvoraussetzung für den Vergütungsanspruch regeln (BGH NJW 1993, S. 1129).

3.4.5.2.2 Unwirksamkeit unbilliger Klauseln

Keine unangemessene Benachteiligung des Kunden durch AGB-Klauseln

Einzelne AGB-Bestimmungen sind *unwirksam*, wenn sie den Vertragspartner des Verwenders entgegen den Geboten von Treu und Glauben *unangemessen benachteiligen* (§ 307, Abs. 1, Satz 1 BGB). Davon ist insbesondere auszugehen, wenn

Unverständliche AGB-Klausel

- die AGB-Bestimmung für den Vertragspartner nicht klar und verständlich ist (§ 307, Abs. 1, Satz 2 BGB), wobei die Kunden insbesondere über das *Preis- und Leistungsverhältnis* nicht irregeführt, sie treffende wirtschaftliche Nachteile und Belastungen nicht verschleiert werden dürfen (BGH NJW 2006, S. 3057) oder die Rechtslage unzutreffend dargestellt wird (BGH ZIP 2005, S. 2264). Das geht indes nicht soweit, dass ein Unternehmen verpflichtet wäre, die Preiskalkulation für die Höhe des Entgeltes offen zu legen (BGH NJW 1998, S. 324).

- Die betreffende AGB-Klausel mit *wesentlichen Grundgedanken* der *gesetzlichen Regelung,* von denen abgewichen wird, nicht zu vereinbaren ist (§ 307, Abs. 2, Nr. 1 BGB). Für den juristischen Laien ist es praktisch unmöglich zu erkennen, ob die betreffende Gesetzesbestimmung einen solch wesentlichen Grundgedanken enthält oder nicht.

- Die betreffende Klausel »wesentliche Rechte und Pflichten, die sich aus der Natur des Vertrages ergeben, so einschränkt, dass die Erreichung des Vertragszwecks gefährdet« ist (§ 307, Abs. 2, Nr. 2 BGB). Zu den *vertragswesentlichen Pflichten* gehören bei gegenseitigen Verträgen vor allem die zueinander im Gegenseitigkeitsverhältnis stehenden *Leistungspflichten,* ferner aber auch *Nebenpflichten,* die für den Schutz des Kunden von grundlegender Bedeutung sind, was wiederum ein Nichtjurist schwer einschätzen kann (BGH NJW 1993, S. 561).

Diese *Inhaltskontrolle* anhand der *Generalklausel* stellt das *Kernstück* des *AGB-Rechtes* dar, da rund zwei Drittel der hierzu ergangenen gerichtlichen Entscheidungen dort ihren rechtlichen Schwerpunkt haben. Ein Unternehmer oder Manager kann sich in diesem unübersichtlichen Dschungel zahlloser Urteile ohne verlässlichen Führer in Gestalt eines versierten *Fachjuristen* nicht zurechtfinden. Die Unbilligkeit einer Klausel im Einzelfall lässt sich angesichts der offenen und unbestimmt abgefassten Generalklausel ohne entsprechende rechtliche Fachkenntnisse schwerlich beurteilen. Voll erfassen kann man die dazu notwendigen juristischen Überlegungen erst im Zusammenhang mit den konkreten Sachproblemen, wie etwa einer Haftungsbeschränkung für Schadensersatzansprüche oder Mängelansprüche des Kunden etc. Bei der Erläuterung dieser einzelnen Problemkreise ist daher noch einmal darauf zurückzukommen.

Inhaltskontrolle anhand der Generalklausel

3.4.5.2.3   Prinzip der kundenfreundlichen Auslegung
Die verbliebenen wirksamen *AGB-Klauseln* werden, wenn sie mehrdeutig sind, *kundenfreundlich ausgelegt,* d.h. von mehreren Auslegungsmöglichkeiten ist die für den Kunden günstigste Lösung zugrunde zu legen (§ 305c, Abs. 2 BGB; BGH BB 2007 S. 237). Das ist eigentlich selbstverständlich, weil die Einbeziehung der AGB auf die Initiative des Verwenders zurückgeht (BGH NJW 1997, S. 3443). Deshalb trägt er die rechtliche Verantwortung dafür, unabhängig davon, ob er das Klauselwerk selbst ausgearbeitet oder auf Empfehlung seines Wirtschaftsverbandes übernommen hat, jede AGB-Bestimmung

Der für den Kunden günstigste Inhalt ist maßgebend

so eindeutig zu formulieren, dass derartige Unklarheiten erst gar nicht auftreten können (BGH NJW 2002, S. 2103).

> **Beispiel:**
> *Eine Betriebshaftpflichtversicherung hat für den durch einen zulassungspflichtigen Gabelstapler verursachten Schaden zu zahlen, wenn in den Versicherungsbedingungen zwar einerseits der Versicherungsschutz für zulassungspflichtige Fahrzeuge ausgeschlossen wird, andererseits aber Gabelstapler versehentlich ausdrücklich als Beispiel für unter den Versicherungsschutz fallende Fahrzeuge genannt werden (BGH NJW-RR 1995, S. 1303).*

3.4.6 Salvatorische Klauseln bei Unwirksamkeit von AGB

Sollten einzelne Klauseln in den AGB oder sogar die gesamten AGB mangels korrekter Einbeziehung in den Vertrag unwirksam sein, bleibt der übrige Vertrag mit dem Geschäftspartner – entgegen der allgemeinen Regel in § 139 BGB – als Torso wirksam, wobei die entstehenden Lücken durch die einschlägigen gesetzlichen Vorschriften geschlossen werden (§ 306, Abs. 1 u. 2 BGB). Nur wenn diese Rechtsfolge ausnahmsweise eine unzumutbare Härte für einen Vertragspartner mit sich bringt, was in der Praxis äußerst selten sein dürfte, wird der gesamte Vertrag hinfällig (§ 306, Abs. 3 BGB).

Die in der Vertragspraxis weit verbreitete sog. *salvatorische Erhaltungsklausel* ist deshalb völlig überflüssig, dient aber der Klarstellung (BGH BB 2003, S. 175).

Salvatorische Erhaltungsklausel

Klauselvorschlag · *»Soweit eine dieser AGB-Bestimmungen unwirksam sein sollte, bleiben die übrigen AGB-Klauseln wirksam.«*

Unwirksamkeitsrisiko trägt Verwender · Der Verwender darf nicht darauf vertrauen, dass eine von ihm benutzte *ungültige AGB-Klausel* im Wege der einschränkenden Auslegung bei der Rechtsanwendung im konkreten Streitfall durch das Gericht auf das zulässige Maß *reduziert* wird. Die Gerichte lehnen dies völlig zu Recht ab, weil der Verwender sonst gefahrlos Übermaßklauseln einsetzen könnte, ohne dass ihm – abgesehen von dem Hervorrufen eines Rechtsstreites – irgendwelche rechtlichen Nachteile drohen würden (BGH NJW 2006, S. 1059). Dieses rechtliche Unwirksamkeitsrisiko lässt sich auch nicht durch eine *salvatorische Ergänzungsklausel* auffangen. Danach soll im Falle der Unwirksamkeit von einzelnen AGB-Klauseln nicht die einschlägige gesetzliche Bestimmung, sondern eine noch auszuhandelnde Regelung maßgebend sein, deren wirtschaftlicher Erfolg dem der unwirksamen Regelung soweit wie möglich entspricht.

Unzulässige Ergänzungsklausel

»Im Falle der Unwirksamkeit einzelner AGB-Klauseln bleiben die übrigen gültig. Die dadurch entstehende Lücke ist durch eine nachträgliche Vereinbarung zwischen den Vertragsparteien zu schließen, die der unwirksamen Klausel möglichst weitgehend entspricht.«

Klauselvorschlag

Diese Klausel erachtet die Rechtsprechung wegen Verstoßes gegen die zwingende Kundenschutzbestimmung des § 306, Abs. 2 BGB als nichtig (OLG Celle WM 1994, S. 893). Gleiches gilt für die ebenfalls *unzulässigen Ersatzklauseln*, die bei Unwirksamkeit der Erstregelung hilfsweise nachrangig zur Anwendung kommen sollen (OLG München NJW-RR 1988, S. 796).

3.4.7   Überprüfungsverfahren bei AGB

Die rechtliche Wirksamkeit von AGB wird selbstverständlich umfassend gerichtlich überprüft, wenn es zu einem Rechtsstreit zwischen Vertragsparteien kommt, dessen Ausgang von der Geltung der gesamten AGB oder bestimmter einzelner Klauseln abhängt.

AGB können aber aufgrund ihrer breiten Wirkung nicht nur von den Vertragsparteien selbst, sondern auch auf die Initiative von *Wirtschaftsverbänden* im öffentlichen Interesse an fairen Vertragsbedingungen einer gerichtlichen Kontrolle unterzogen werden.

3.4.7.1   Verbandsklageverfahren

Die Verbandsklage beschränkt sich aber nur auf die *inhaltliche Kontrolle unbilliger Klauseln*, deren Weiterverwendung dem AGB-Verwender untersagt werden kann. Rechtsgrundlage für das Vorgehen größerer Verbraucher- und Unternehmensverbände bildet das *Unterlassungsklagengesetz* (UklaG).

Inhaltliche Kontrolle unbilliger Klauseln

Der gerichtlichen Unterlassungsklage wird aber eine *Abmahnung* des AGB-Verwenders durch den antragsberechtigten Verband vorgeschaltet. Der Verband will seinen Unterlassungsanspruch gegen den Verwender mittels einer *Unterwerfungserklärung* und der Übernahme einer *Vertragsstrafe* in Höhe von 1000 bis 1500 € pro beanstandeter Klausel durchsetzen.

Tipp

Sollte an Sie als AGB-Verwender ein solches Ansinnen gerichtet werden, schalten Sie unverzüglich einen kompetenten Rechtsanwalt ein, der überprüft, ob

- der betreffende Verband überhaupt antragsbefugt ist und
- die beanstandeten Klauseln Ihre Kunden tatsächlich unangemessen benachteiligen.

Beschwerden an den Unternehmensverband

Die Möglichkeit der Verbandsklage bietet aber auch mittelständischen Unternehmen, die sich erheblichen Repressionen wirtschaftsmächtiger Geschäftspartner durch die Stellung unbilliger AGB-Klauseln ausgesetzt sehen, eine Chance, dieser Praxis Einhalt zu gebieten. Sie können eine *Beschwerde* an ihren *Unternehmensverband* richten, der dann versuchen wird, diese anstößigen Geschäftspraktiken durch eine *Abmahnung* und notfalls durch eine gerichtliche *Unterlassungsklage* abzustellen. Dabei bleibt der sich beschwerende Unternehmer anonym, sodass er keine Nachteile durch Sanktionen seines übermächtigen Geschäftspartners befürchten muss.

3.4.7.2   Nachträgliche Überprüfung durch den Kunden

Wo Menschen arbeiten, geschehen zwangsläufig Fehler. Häufig zeigt sich die Brisanz von AGB-Bestimmungen, die man zunächst als unproblematisch eingeschätzt hat, erst später im Rahmen der Geschäftsabwicklung, wenn sich der Geschäftspartner als Verwender zur Begründung seiner Ansprüche oder zum Bestreiten von Kundenrechten auf seine AGB beruft. Wollen Sie das als Kunde nicht ohne weiteres akzeptieren, sollten Sie durch einen im Vertragsrecht – besonders im AGB-Recht – versierten *Fachanwalt* überprüfen lassen, ob die betreffenden AGB-Klauseln wirksam sind oder nicht.

3.5   Formerfordernisse

Formfreiheit als Regel

Verträge können nach dem Prinzip der *Formfreiheit* i.d.R. formlos, also auch mündlich oder sogar stillschweigend abgeschlossen werden, sind dann aber schwer beweisbar. Von den in diesem Buch behandelten Geschäftsverträgen sind nur der *Geschäftsraummietvertrag* mit einer Laufzeit von mehr als einem Jahr nach §§ 578, 550 BGB und die *Bürgschaftserklärung* des Bürgen nach § 766 BGB *schriftlich* abzufassen. Die strengste Form, die relativ teure notarielle Beurkundung, ist lediglich für den Grundstückskaufvertrag nach §§ 311b, 128 BGB erforderlich, der in diesem Buch überhaupt nicht behandelt wird.

3.5.1   Gesetzliche Schriftform

Eigenhändige Unterschrift

Anders als bei der notariellen Beurkundung, entstehen bei der gesetzlichen Schriftform keine besonderen Kosten in Form von Gebühren. Ihre Einhaltung bedingt aber, dass die einheitliche *Vertragsurkunde*, die den gesamten Vertragstext enthalten muss, am Ende von beiden Vertragsparteien *eigenhändig*, also nicht maschinell oder in Form eines notariell beglaubigten Handzeichens, *unterzeichnet* wird (§ 126, Abs. 1 BGB). Bei mehreren Ausfertigungen reicht es jedoch, dass jede Partei die für die andere Partei bestimmte Urkunde unterschreibt (§ 126, Abs. 2 BGB). Umfasst der Vertrag mehrere Blätter, so sind diese zusammenzuheften oder ihre körperliche Verbindung muss in einer anderen Form – etwa durch fortlaufende Nummerierung der Seiten – kenntlich gemacht werden (BGHZ 142, S. 160). Eine Übermittlung durch *Telefax* oder eine *eingescannte Unterschrift* durch einen Computer reicht nicht, weil dann die eigenhändig unterzeichneten Urkunde fehlt (BGH NJW 1997, S. 3170).

3.5.2   Elektronische Form

Mit Ausnahme des *Bürgschaftsvertrages* kann aber bei anderen formgebundenen Verträgen die klassische Schriftform durch die elektronische Form ersetzt werden (§ 126, Abs. 3 BGB). Hier sind die technischen Anforderungen sehr hoch, weil der Aussteller dem von ihm erstellten elektronischen Dokument nicht nur seinen Namen hinzufügen, sondern es auch mit einer *qualifizierten elektronischen Signatur* im Sinne des *Signaturgesetzes* versehen muss (§ 126a BGB). Das ist nur dann gegeben, wenn der Schlüssel von einer sicheren, der Wirtschaftsaufsicht der Bundesnetzagentur unterliegenden *Zertifizierungsstelle* vergeben wird. Da der damit verbundene technische Aufwand sehr teuer ist, lohnt es sich im Prinzip nur für Stellen, die wie Behörden, Notare oder Rechtsanwälte auf die besondere Geheimhaltung und Verlässlichkeit ihres Schriftverkehrs angewiesen sind.

Geht es um einen *Vertragsabschluss*, so müssen *beide Vertragsparteien* jeweils ein gleich lautendes Dokument mit ihrer qualifizierten elektronischen Signatur elektronisch *signieren*. Allein die mit einer derartigen Signatur versehenen Dokumente gelten im Rechtsstreit als *beweiskräftige Urkunden* (§ 292a ZPO).

Qualifizierte elektronische Signatur

3.5.3   Vereinbarte Schriftform

Nicht so streng sind die Anforderungen bei der *vereinbarten Schriftform*, wenn die Parteien, mittels gesonderter vertraglicher Absprache für bestimmte Geschäfte die Schriftform vereinbaren, um die Rechtssicherheit zu verstärken. Der *Vertrag* kann *formgültig* zustande kommen durch:

Formgültiger Vertrag

- schlichten Briefwechsel,
- telegrafische Vermittlung,
- die Zuleitung per Telefax oder
- per E-Mail.

Ein *Online-Vertragsabschluss* ist technisch wesentlich leichter zu realisieren, weil hierfür auch die einfache Signatur für die Angebots- und Annahmeerklärung nach § 127, Abs. 2 BGB genügt. Die eigene *elektronische Unterschrift* kann man sich bei jeder guten Software-Firma bestellen, soweit die Internet-Provider die Verschlüsselung nicht selbst mitliefern.

Tipp

Die Abfassung einer schriftlichen Vertragsurkunde oder zumindest der Austausch schriftlicher Vertragserklärungen bringt für alle wichtigen Geschäfte mehr Rechtssicherheit und Rechtsklarheit. Für die Auslegung gilt die errichtete Vertragsurkunde bis zum Beweis des Gegenteils als richtige und vollständige Dokumentation des Rechtsgeschäftes und dient als verlässliches Beweismittel (BGH WM 1998, S. 1884). Die Vertragsurkunde ist für die Auslegung des Vertrages primär als schriftlicher Vertragstext maßgebend.

3.5.4 Textform

Die neu eingeführte *Textform* wird für *einfache Schreiben* (Mitteilungen, Informationen und Dokumentationen) an den Kunden benutzt, wenn die Schriftform zu hohe Ansprüche stellt, die völlige Formlosigkeit aber zuwenig ist. Hierfür genügt es, dass die schriftliche Erklärung lesbar und dabei die Person des Erklärenden zur Identifizierung des Urhebers genannt wird und der Abschluss der Erklärung, z.B. durch Nachbildung der Namensunterschrift, erkennbar gemacht wird (§ 126b BGB). Mit einer elektronischen Übermittlung muss der Empfänger einverstanden sein, was er üblicherweise durch die Bekanntgabe seiner E-Mail-Adresse zum Ausdruck bringt.

3.5.5 Formmängel

Mündliche Abreden

Nicht nur bei der gesetzlich vorgeschriebenen, sondern auch bei der vereinbarten Schriftform sind *mündliche Abreden* nach der strengen Regelung des § 125 BGB wegen Formmangels nichtig und damit unwirksam. Das gilt dann, wenn die Form nicht nur Klarstellungs- und Beweisfunktion besitzen soll, sondern von den Parteien zur *Gültigkeitsvoraussetzung* erhoben worden ist. Von einer Klarstellungs- und Beweisfunktion ohne die unangenehme Nichtigkeitsfolge geht die Rechtsprechung bei der Festlegung bestimmter Übermittlungsarten, wie etwa einer Übergabe per Einschreiben aus (BGH NJW-RR 2000, S. 1561).

Wirksam bei Bestätigung

Selbstverständlich können die Vertragsparteien das *nichtige Rechtsgeschäft* durch erneute Vornahme *bestätigen,* die dann aber in gleicher Weise formbedürftig ist (§ 141, Abs. 1 BGB).

Können sich die Parteien im Hinblick auf die Behandlung des Form- **Rückabwicklung**
mangels nicht einigen, weil nur einer der Geschäftspartner an dem **bei Formmangel**
Geschäft Interesse hat, der andere aber nicht, muss der bereits in
Vollzug gesetzte Vertrag nach den *Regeln der ungerechtfertigten Bereicherung* rückabgewickelt werden. Danach erhält jede Seite die
von ihr erbrachten Leistungen – zumindest in Geld – wieder zurück
(§§ 812 ff BGB). Nur falls die Nichtigkeit des Vertrages für die benachteiligte Vertragspartei ausnahmsweise zu *unzumutbaren Konsequenzen* führen würde, insbesondere dadurch ihre Existenz gefährdet ist, darf sich der andere Partner nach Treu und Glauben nicht auf
die Unwirksamkeit des Vertrages berufen (BGH NJW 2002, S. 1051).
Darauf sollte man es allerdings nicht ankommen lassen.

> Sorgen Sie bei jedem wichtigen Geschäft dafür, dass die enthaltenen **Tipp**
> Vereinbarungen in der gebotenen Form, zumindest schriftlich, getrof-
> fen werden!

3.6 Fehlerhafter Vertragsabschluss durch Willensmängel

Fehlerhafte Vertragsabschlüsse durch Willensmängel lassen sich
durch umsichtiges Verhalten leicht vermeiden. Darauf ist strikt zu
achten, weil sie Geld kosten.

3.6.1 Scheingeschäfte und Strohmanngeschäfte

Scheinverträge, die die Parteien nur zum Schein schließen, sind *nich-* **Scheinverträge**
tig (§ 117, Abs. 1 BGB). Wenn aber dadurch ein anderes Geschäft ver- **sind nichtig**
deckt wird, so ist dieses wirksam, sofern die rechtlichen Voraussetzungen hierfür vorliegen (§ 117, Abs. 2 BGB). Verträge erhalten in
der Wirtschaftspraxis hin und wieder nach außen einen anderen als
den gewollten Inhalt, um Steuern oder sonstige Kosten zu sparen.

Beispiel:
*Der praktisch wichtigste Fall ist der Grundstückskauf, wenn man einen
niedrigeren als den vereinbarten Kaufpreis beurkunden lässt, um die
Grunderwerbsteuer zu umgehen.*

Das eigentliche Problem für den Wirtschaftsverkehr liegt in *betrüge-
rischen internen Scheingeschäften* durch sog. »Luftbuchungen«, um
nach außen eine in Wirklichkeit nicht vorhandene Bonität und Se-
riösität als Geschäftspartner vorzutäuschen. Zahlreiche skandalöse
Unternehmenszusammenbrüche im In- und Ausland, wie z. B. Euron

und Flowtex belegen, dass hierin ein erhebliches Gefährdungspotential für Kapitalanleger und Gläubiger steckt.

Strohmanngeschäfte sind wirksam

Strohmanngeschäfte dagegen, die im Unterschied zum Scheingeschäft ernsthaft gewollt sind und bei denen lediglich der Geschäftspartner über die Vertragspartei getäuscht werden soll, weil diese im Hintergrund bleiben will, sind dagegen *wirksam* (BGH BB 2002, S. 1563). Verpflichtet wird aus solchen Geschäftsverträgen allein der *Strohmann* bzw. die Strohfrau. Dieser muss dann gegenüber dem Auftraggeber im Innenverhältnis regeln, wie der Wertausgleich zwischen ihnen zu erfolgen hat.

3.6.2   Anfechtung bei Irrtümern und anderen Willensmängeln

Der Abschluss von Verträgen macht nur Sinn, wenn diese später auch gelten. Man sagt dazu: *Verträge sind bindend!* Nur auf dieser sicheren Grundlage sind die beiden Geschäftspartner bereit, die für die Abwicklung des Vertrages erforderlichen finanziellen Investitionen aufzubringen. Eine einseitige Lösung durch eine Vertragspartei kann deshalb nicht ohne weiteres hingenommen werden, wenn sie sich über ihre Vertragserklärung eine falsche Vorstellung gemacht hat. Jeder Geschäftspartner trägt grundsätzlich das Risiko seines Irrtums. Ein *Lösungsrecht* steht jeder Vertragspartei selbstverständlich zu, wenn sie durch *unlautere Methoden* der anderen Seite, nämlich

Unlautere Methoden

- durch arglistige Täuschung oder
- rechtswidrige Drohung

zum Vertragsabschluss bewegt worden ist. Das einseitige Lösungsrecht, durch das eine Vertragspartei den Vertrag vernichten kann, nennt man *Anfechtung*.

3.6.2.1   Irrtumsanfechtung

Anfechtbar sind nach § 119 BGB nur *drei Irrtumsfälle*:
1. der Erklärungsirrtum,
2. der Inhaltsirrtum und
3. der Eigenschaftsirrtum.

Nicht anfechtbar ist der häufige *Kalkulationsirrtum* und andere Motivirrtümer. Diese wichtige rechtserhebliche Unterscheidung ist für Nichtjuristen schwierig vorzunehmen (siehe Abbildung 3.13).

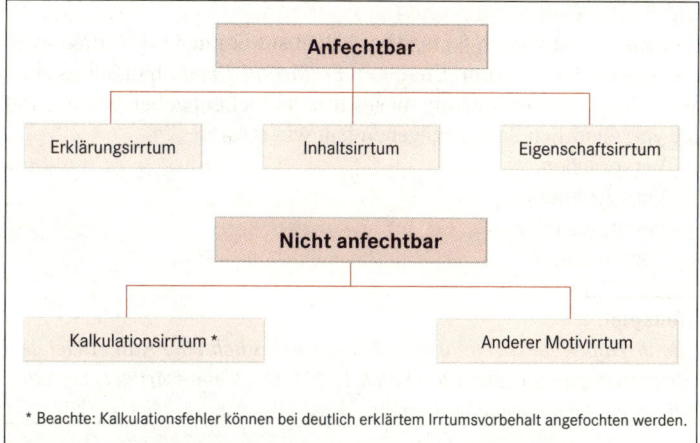

Abb. 3.13: Irrtum als Willensmangel

Unter *Irrtum* versteht man ganz allgemein das unbewusste Ausein-   **Irrtum**
anderfallen von Wille und Erklärung (BGH BB 2002, S. 427). Um
keinen Irrtum handelt es sich, wenn man beim Unterschreiben eines
Schriftstückes weiß, dass man dessen Inhalt überhaupt nicht kennt.
Macht man sich dagegen, ohne das Schriftstück gelesen zu haben,
von seinem Inhalt eine falsche Vorstellung, so irrt man sich aber
(BGH BB 2002, S. 427).

> Der Vertragspartner darf ein Schriftstück niemals ungelesen unter-   **Tipp**
> schreiben! Er muss den Inhalt vor der Unterschrift zur Kenntnis
> nehmen.

Schließt ein *Vertreter* den Vertrag ab, so ist sein *Willensmangel* für
die Anfechtung entscheidend. Irrtümer des Vertretenen bleiben dagegen unbeachtlich, wenn der Vertreter die Sachlage richtig beurteilt
hat (§ 166, Abs. 1 BGB; BGHZ 106, S. 204; vgl. Kap. 3.3.4).

Das *Anfechtungsrecht* wegen Irrtums bezieht sich nur auf den *ein-*   **Einseitiger Irrtum**
seitigen Irrtum einer Vertragspartei.   **ist anfechtbar**

Sollten beide Geschäftspartner einem *gemeinsamen Irrtum* unterliegen, wie etwa eine falsche Bedarfsschätzung, wird der Vertrag
ggf. nach den Regeln des *Wegfalls der Geschäftsgrundlage* den tatsächlichen Verhältnissen angepasst oder im schlimmsten Falle beendet (§ 313, Abs. 2 BGB). Ob die dort genannten Voraussetzungen
im Einzelfall vorliegen, kann nur ein kompetenter und erfahrener
Jurist klären (vgl. Kap. 5.7.1).

3.6.2.1.1   Erklärungs- und Inhaltsirrtum

Erklärungsirrtum

Anfechtbar sind nach § 119, Abs. 1 BGB sowohl der Erklärungs- wie auch der Inhaltsirrtum. Um einen *Erklärungsirrtum* handelt es sich, wenn man eine »Erklärung dieses Inhalts nicht abgeben wollte« und sie versehentlich doch abgegeben hat, wie etwa

- Versprechen,
- Verschreiben,
- Vertippen oder
- Vergreifen.

Beispiel:
Beim Tippen der Bestellung wurde versehentlich eine Null zuviel geschrieben und anstelle 1000 Stück 10.000 Stück eines Artikels bestellt, die dann auch angeliefert werden.

Übermittlungsirrtum

Dem gleichgestellt wird der *Übermittlungsirrtum*, wenn ein zur Übermittlung eingesetzter Beschäftigter als *Bote* etwas anderes ausrichtet, als ihm aufgetragen worden ist – oder auch sonstige *Kommunikationsmittler* wie die Post oder der Internet-Provider die Nachricht falsch übermitteln (§ 120 BGB) oder aufgrund fehlerhaften automatischen Datentransfers ein Übermittlungsfehler geschieht (BGB BB 2005, S. 854). In beiden Fällen versagt gewissermaßen die Übersetzung vom fehlerfrei gebildeten Willen hin zur Erklärung.

Inhaltsirrtum

Viel seltener ist dagegen der *Inhaltsirrtum*, bei dem die betreffende Vertragspartei zwar erklärt, was sie will, sich von dem Inhalt ihrer Erklärung aber eine falsche Vorstellung macht. Mit anderen Worten: Sie sagt, was sie will, weiß aber nicht, was sie zum Ausdruck gebracht hat. Dabei kann es sein, dass der Erklärende von dem bezeichneten *Vertragsgegenstand*, seltener dagegen von der *Person* des Geschäftspartners, eine falsche Vorstellung hat.

Beispiel:
Hersteller H produziert Maschinen eines bestimmten Typs mit unterschiedlicher Ausstattung und Preis. In einem Prospekt wird ein besser ausgestatteter Maschinentyp zu dem viel niedrigeren Preis, der für die schlichte Standardausführung vorgesehen war, angeboten.

Sie sehen, dass eine begriffliche Unterscheidung zwischen Erklärungs- und Inhaltsirrtum in Einzelfällen nicht leicht ist. Eine genaue begriffliche Unterscheidung erübrigt sich, weil beide Irrtümer anfechtbar sind.

3.6.2.1.2   Eigenschaftsirrtum und Kalkulationsirrtum

Anfechtbar ist der *Eigenschaftsirrtum*, wenn man sich über eine *ver-*   Eigenschaftsirrtum
kehrswesentliche Eigenschaft des Vertragspartners selbst oder des
Vertragsgegenstandes geirrt hat (§ 119, Abs. 2 BGB). Unter *Eigen-*
schaften sind dauerhafte Merkmale zu verstehen. Dabei gelten als
verkehrswesentliche Eigenschaften einer *Person* ihre persönlichen
Merkmale, wie Geschlecht und Alter, sowie ihre Sachkunde, Fähigkeiten im weitesten Sinne, Vertrauenswürdigkeit und Zuverlässigkeit, wenn sie für das konkrete Geschäft entscheidende Bedeutung
besitzen (OLG Görlitz NJW-RR 1994, S. 115). Zu den verkehrswesentlichen Eigenschaften einer *Sache* gehören alle wertbildenden dauerhaften Faktoren, wie etwa die stoffliche Beschaffenheit, Größe, Her-
kunft, Echtheit, aber nicht der Preis selbst (BGH NJW 1988, S. 2598).
Fehlt der nach dem Vertrag zu leistenden Sache eine verkehrswesentliche Eigenschaft, liegt i.d.R. zugleich auch ein *Sachmangel* vor. Dann
besitzt der Käufer bei einem Sachkauf nur seine flexibleren *Mängel-*
ansprüche nach § 437 BGB, sodass das allgemeinere, wenig elastische Anfechtungsrecht ausgeschlossen ist (BGH NJW 1988, S. 2598;
vgl. Kap. 8.9.3). Hat sich der Verkäufer dagegen zu seinem Nachteil
geirrt, kann er aus diesem Rechtsgrund anfechten.

Beispiel:
Kunsthändler K verkauft an den Unternehmer U ein Gemälde, das von
dem Schüler eines bekannten Malers stammen soll, für 50.000 €. Später
stellt sich heraus, dass das Bild vom Meister selbst gemalt worden ist
und sein realer Wert zehn Mal so hoch ist. Ist U nachträglich nicht bereit,
den von H geforderten angemessenen Preis zu bezahlen, so kann dieser
wegen Irrtums über eine verkehrswesentliche Eigenschaft der Kaufsache
den Kaufvertrag anfechten.

Preisirrtümer treten in der Praxis sehr häufig auf. Beruhen sie   Preisirrtümer
nicht auf einem schlichten Verschreiben, sondern auf einem komplexeren *Kalkulationsfehler*, sind sie nach Meinung der Gerichte
als sog. schlichter *Motivirrtum nicht anfechtbar*. Der Grund ist, dass
die falsche Preisvorstellung nicht direkt zum Inhalt der Vertragserklärung gehört, sondern sich auf Umstände der Willensbildung
bezieht, die dieser vorgelagert sind (BGHZ 139, S. 182). Um einen
Kalkulationsirrtum handelt es sich auch, falls in der betriebsinternen EDV-Anlage ein falsches Software-Programm eingesetzt wird,
das anschließend diesen Rechenfehler generiert. Ein *anfechtbarer Er-*
klärungsirrtum liegt dagegen vor, wenn die falsche Preisangabe auf
einem fehlerhaften Datentransfer der im Übrigen beanstandungsfrei
laufenden Software beruht (BGH NJW 2005, S. 977).

Tipp

Sorgen Sie stets dafür, dass Ihre Kalkulationsgrundlagen stimmen. Andernfalls müssen Sie auch bei einem zu niedrig angesetzten Preis das für Sie äußerst nachteilige Geschäft erfüllen.

Erheblicher Kalkulationsfehler

Nur wenn ein *erheblicher Kalkulationsfehler* mit geradezu ruinösen Folgen für den benachteiligten Geschäftspartner aufgetreten ist und der andere dies erkannt hat, ist er nach Treu und Glauben verpflichtet, entweder den realen höheren Preis zu zahlen, falls er den Vertrag auch zu diesen Konditionen abgeschlossen hätte. Andernfalls könnte die irrende Vertragspartei von dem für sie wirtschaftlich äußerst ungünstigen Vertrag zurücktreten (BGHZ 139, S. 184).

3.6.2.1.3   Schutz durch Irrtumsvorbehalt

Kalkulationsirrtum nur schwer anfechtbar

In der Wirtschaftspraxis kommen *Preisirrtümer* am häufigsten vor. Man kann sie aber nur, wenn es sich wegen Versprechens oder Vertippens um einen Erklärungsirrtum handelt, jedoch nicht bei einem Kalkulationsirrtum anfechten. In dieser Einschränkung steckt ein erheblich finanzielles Risiko für das irrende Unternehmen. Einen *Kalkulationsirrtum* nachträglich als einen Erklärungsirrtum zu deklarieren, gelingt nur in seltenen Fällen, wenn zufällig der dem Kunden genannte falsche Preis sich von dem richtigen Preis durch einen Zahlendreher oder durch Hinzufügen oder Weglassen eines Zehnerschrittes unterscheidet.

Tipp

Versehen Sie Ihre Preisangebote von vornherein mit einem optisch deutlich hervorgehobenen Irrtumsvorbehalt. Dadurch verschaffen Sie sich auch im Falle eines Kalkulationsirrtums ein einseitiges Anfechtungsrecht.

Irrtumsvorbehalt

Klauselvorschlag

Die eigenen Preisangaben in Prospekten, Katalogen etc. werden optisch deutlich hervorgehoben mit dem Zusatz:»Irrtümer bleiben vorbehalten!«

Dadurch behält sich das anbietende Unternehmen im Falle von Preisirrtümern ein *Anfechtungsrecht* unter gleichzeitiger Abgabe eines neuen Angebotes vor, das die andere Seite annehmen kann oder auch nicht. Im ersten Fall wird der Vertrag abgeändert, im zweiten ist er unwirksam.

3.6.2.2   Rechtsfolgen wirksamer Anfechtung

Hat sich eine Vertragspartei in anfechtbarer Weise geirrt, so liegt das rechtliche Schicksal des Vertrages in ihren Händen. Macht sie von ihrem Anfechtungsrecht keinen Gebrauch, bleibt der Vertrag wirksam.

Ohne Anfechtung bleibt Vertrag wirksam

3.6.2.2.1   Ausübung des Anfechtungsrechtes

Will sich die irrende Vertragspartei vom Vertrag lösen, so muss sie zunächst gegenüber der anderen Seite die *Anfechtung erklären*, wozu jede erkennbare Erklärung genügt, sich vom Vertrag lösen zu wollen (§ 143, Abs. 1 BGB). Dadurch wird die angefochtene *Vertragserklärung rückwirkend nichtig*, was bedeutet, dass der Vertrag, rechtlich betrachtet, nie zustande gekommen ist (§ 142, Abs. 1 BGB). Das gilt aber nur, wenn die Anfechtung fristgerecht *unverzüglich* nach Kenntnis des Irrtums, d.h. ohne schuldhaftes Zögern, erklärt wird (§ 121, Abs. 1, Satz 1 BGB). Unter Anrechnung einer angemessenen Überlegungsfrist, um Rechtsrat einholen zu können, gehen die Gerichte dabei i.d.R. von zwei Wochen als Obergrenze aus (OLG Hamm NJW-RR 1990, S. 523). Zur Wahrung der Frist genügt allerdings die rechtzeitige Absendung, die man in *beweissicherer Form* entweder per Einschreiben mit Rückschein oder mittels elektronisch signierter E-Mail vornehmen sollte (§ 121, Abs. 1, Satz 2 BGB).

Vertragserklärung rückwirkend nichtig

Kurze Anfechtungsfrist

Ist die Anfechtungserklärung bei dem betroffenen *Geschäftspartner* eingegangen, so kann er sich aber mit dem tatsächlich von dem Anfechtenden *Gewollten einverstanden* erklären, um die Auflösung des Vertrages zu verhindern. Dann gilt der Vertrag so wie gewollt. Da der durch den Irrtum herbeigeführte Nachteil entfällt, besitzt die irrende Vertragspartei kein Anfechtungsrecht mehr (BGH NJW 1988, S. 2599). Weshalb sollte aber ein profitorientierter Unternehmer gänzlich auf die wirtschaftlichen Vorteile, die ihm der Irrtum des Vertragspartners verschafft, verzichten?

Vorteilhafte Vertragsveränderung

Jedenfalls kann er nicht in seinen AGB, sollten diese gelten, das gesetzliche *Anfechtungsrecht* des Kunden ausschließen oder *einschränken*, handelt es sich doch dabei um nicht einseitig begrenzbare Fundamentalrechte der anderen Vertragspartei nach § 307, Abs. 2, Nr. 1 BGB (vgl. Kap. 3.4.5.2.1).

3.6.2.2.2   Rückabwicklung nach den Regeln der ungerechtfertigten Bereicherung

Sind nach erklärter *wirksamer Anfechtung* des Vertrages bereits Vertragsleistungen erbracht worden, so müssen diese nach den Grundsätzen der ungerechtfertigten Bereicherung zurückgewährt werden, weil der rechtliche Verpflichtungsgrund eines wirksamen Schuldvertrages entfallen ist (§ 812, Abs. 1 BGB). Das heißt im Klartext: Rückgabe der gelieferten Sache oder nach § 818, Abs. 2 BGB Wertersatz

Rückgewähr der erbrachten Vertragsleistungen

für Dienstleistungen gegen Rückzahlung des Preises! Zusätzlich ist auch Wertersatz für gezogene Nutzung oder Gebrauchsvorteile zu leisten (§ 818, Abs. 1 BGB). Sind die beiderseitigen Ansprüche jeweils auf Geld gerichtet, können Sie auch mittels Aufrechnung verrechnet werden (§ 387 BGB, vgl. Kap. 4.8.3.4).

Beispiel:
Eine Maschine ist wegen eines Erklärungsirrtums zu günstig verkauft worden. Zwei Monate später stellt der Lieferant den Irrtum fest und verlangt nachträglich einen höheren Preis. Der Käufer ist nicht bereit, den höheren Preis zu zahlen. Deshalb ficht der Lieferant den Vertrag an.

Lösung:
Nach der wirksamen Anfechtung muss nun der Käufer die Maschine zurückgeben und der Lieferant den gezahlten Kaufpreis zurückzahlen (§ 812, Abs. 1 BGB), weil der Kaufvertrag dadurch unwirksam wird (§ 142, Abs. 1 BGB). Der Lieferant kann aber von dem Käufer auch noch den Wert der gezogenen Nutzung für den Maschineneinsatz auf der Basis der Maschinenstunden in Geld fordern (§ 818, Abs. 1 BGB). Diese Summe kann er von dem zurückzuzahlenden Kaufpreis durch Verrechnung in Abzug bringen (§ 387 BGB).

3.6.2.2.3   Ersatz des Vertrauensschadens

Ersatz nutzloser Aufwendungen

Der *irrende Geschäftspartner* hat aber nach vollzogener Anfechtung auch dem anderen den Schaden zu ersetzen, den dieser dadurch erleidet, dass er auf die Gültigkeit der Erklärung vertraut hat (§ 122, Abs. 1 BGB). Dieser sog. *Vertrauensschaden*, auch *negatives Interesse* genannt, umfasst insbesondere jene Aufwendungen, die im Vertrauen auf die Gültigkeit der Erklärung gemacht wurden. Dazu gehören die Kosten des Vertragsabschlusses selbst und der bereits in Gang gesetzten Vertragsabwicklung, nämlich die Verpackungs- und Versendungskosten. Hierunter fallen aber auch andere Vermögensnachteile, die durch das Nichtzustandekommen eines ansonsten sicher abgeschlossenen anderen Geschäfts entstanden sind, also der entgangene Gewinn aus dem anderen ausgeschlagenen Geschäft (§ 252 BGB; BGH NJW 1984, S. 1950).

Entgangener Gewinn

Der Begriff Vertrauensschaden drückt es schon aus, dass keine *Ersatzpflicht* besteht, wenn der andere Teil die Anfechtbarkeit kannte oder hätte erkennen können und deshalb nicht schutzbedürftig ist (§ 122, Abs. 2 BGB). Sollte aber der Geschäftspartner den Irrtum der anderen Vertragsseite nur schuldlos mitverursacht haben, verliert er zwar seinen Schadensersatzanspruch nicht völlig. Dieser mindert sich aber in entsprechender Anwendung der Regeln über das *Mitverschulden* nach § 254 BGB (BGH NJW 1969, S. 1380; vgl. Kap. 6.3.3).

3.6.2.3   Interessengerechte andere Lösungsansätze

Ob und inwieweit von den Möglichkeiten der Irrtumsanfechtung in der Unternehmenspraxis Gebrauch gemacht wird, ist nicht bekannt. Man darf vermuten, dass das nicht häufig geschieht, weil die *Anfechtung* als sog. *Holzhammermethode* den Vertrag komplett vernichtet und damit unnötig Porzellan zerschlägt. Zwei Unternehmen, die regelmäßig kooperieren, wollen das gute Geschäftsklima durch die starre und hart wirkende Anfechtung für die Zukunft nicht unnötig belasten und werden deshalb primär nach einer einvernehmlichen Lösung suchen. Hinzu kommt, dass ein Irrtum in einem Rechtsstreit nicht so leicht zu beweisen ist.

Einvernehmliche Lösung anstreben

> **Beispiel:**
> *Die X-GmbH will bei der Ernst Müller OHG 500 Pakete Schrauben bestellen. Der Einkäufer der X-GmbH schreibt in dem Bestellungsschreiben irrtümlich 5000. Als die Müller OHG die 5000 bestellten Pakete Schrauben liefert, weigert sich die X-GmbH diese abzunehmen. Da man sich nicht einigen kann, kommt es zum Prozess. Der Anwalt der Klägerin Ernst Müller OHG meint, mit solchen Ausflüchten könne jeder kommen und die X-GmbH habe sich die Sache nachträglich anders überlegt.*
> *Die X-GmbH muss dann beweisen, dass ihr ein Erklärungsirrtum unterlaufen ist. Das kann sie nur, wenn das Gericht der Zeugenaussage ihres Einkäufers Glauben schenkt.*

Die vorgeschlagene *Irrtumsvorbehaltsklausel* verstärkt deshalb auch die Verhandlungsposition bei der Suche nach einvernehmlichen Lösungen, weil damit auch ein zwar leichter beweisbarer, aber nicht anfechtbarer Kalkulationsirrtum korrigiert werden kann (vgl. Kap. 3.6.2.1.3).

3.6.3   Anfechtung wegen arglistiger Täuschung oder rechtswidriger Drohung

Nicht hingenommen werden kann der Einsatz *unredlicher Mittel*, um die andere Seite zum Vertragsabschluss zu bewegen. Daher sind Verträge, die durch *arglistige Täuschung* oder *rechtswidrige Drohung* eines Vertragspartners zustande kommen, jederzeit anfechtbar, ohne dass der täuschende oder drohende Vertragspartner Schadensersatz verlangen kann (§ 123 BGB). Deshalb ist auch ein im Voraus vertraglich vereinbarter *Ausschluss* dieses Anfechtungsrechts *unwirksam* (BGH WM 2007, S. 563).

3.6.3.1   Arglistige Täuschung

Unter *Täuschung* versteht man das Hervorrufen oder Aufrechterhalten des Irrtums eines anderen durch Vorspiegeln falscher oder Unterdrücken von vertragswesentlichen Tatsachen. Dabei setzt *Arglist*

Täuschung

Arglist

keinen Schädigungsvorsatz oder eine böse Absicht voraus, sondern es genügt, wenn der Täuschende, ohne es positiv zu wissen, lediglich damit rechnet, dass die eigenen Angaben falsch sind und ins Kalkül zieht, dass seine Angaben möglicherweise für die Willensbildung des anderen von Bedeutung sind (BGH WM 2005, S. 1288). Vertragswesentliche Erklärungen »ins Blaue« hinein reichen dazu

Kausalität der Täuschung

(BGH NJW 1998, S. 2161). Die Nähe zum strafbaren *Betrug* ist unverkennbar. Ferner ist erforderlich, dass der *Irrtum* den *Getäuschten* zur Abgabe seiner Vertragserklärung *veranlasst* haben. Dabei reicht es aber, dass die Täuschungshandlung eine von mehreren Ursachen ist und seine Entschließung lediglich beeinflusst hat (BGH WM 2005, S. 1788). Diese Mitursächlichkeit dürfte nahezu jede Täuschung im Zusammenhang mit Verträgen aufweisen.

Beispiel:
Gezielt irreführende Angaben in einem zugesandten Angebotsschreiben über Entgeltlichkeit und Laufzeit des abzuschließenden Vertrages.

Verschweigen von Tatsachen

Täuschung kann ausnahmsweise auch durch *Unterlassen*, sprich Verschweigen von Tatsachen, begangen werden, wenn die betreffende Vertragspartei nach Treu und Glauben und nach der Verkehrsauffassung eine Aufklärung über solch wichtige Umstände erwarten durfte, weil sie für sie von entscheidender Bedeutung sind (BGH NJW 2001, S. 24). Jedoch ist eine allgemeine *Aufklärungspflicht* über alle Umstände, die für die Entschließung des Geschäftspartners von Belang sein könnten, abzulehnen. Ohne konkrete Nachfrage müssen daher nur solche Umstände ohne weiteres offen gelegt werden, die den Vertragszweck vereiteln oder erheblich gefährden könnten (BGH NJW 2000, S. 2498).

Beispiel:
Der Verkäufer eines Gebrauchtwagens hat den Käufer auch ungefragt darauf hinzuweisen, dass der Wagen einen schweren Verkehrsunfall hatte (OLG Koblenz DAR 2002, S. 452).

Verhandlungsführer und unbeteiligte Dritte

Unternehmen haben dabei für Täuschungshandlungen aller Personen einzustehen, die auf ihrer Seite am Zustandekommen des Geschäftes mitwirken, also über den rechtsgeschäftlichen *Abschlussvertreter* hinaus auch für *Verhandlungsführer* oder *Verhandlungsgehilfen* (BGH NJW 1996, S. 1051). Vermittlungsmakler gelten dagegen regelmäßig als unbeteiligte Dritte, sodass der Auftraggeber für deren Fehlverhalten nur verantwortlich gemacht werden kann, wenn er dessen Täuschung kannte oder kennen musste (§ 123, Abs. 2 BGB; BGH WM 1986, S. 1032), was aber im Einzelfall schwer beweisbar ist.

3.6.3.2 Widerrechtliche Drohung

Widerrechtliche Drohungen sind wesentlich seltener als Täuschungen. Unter *Drohung* versteht man die Ankündigung eines empfindlichen Übels, auf dessen Eintritt der Drohende vorgibt, Einfluss nehmen zu können. Die Drohung weist damit eine Parallele zur strafrechtlichen *Erpressung* auf. Drohungen sind *nur erlaubt*, wenn der Drohende an der Erreichung des verfolgten Zweckes, d.h. des konkreten Geschäftes, ein berechtigtes Interesse hat und das eingesetzte Mittel nach Treu und Glauben noch als angemessen zur Erreichung des Zweckes angesehen werden kann (BGH NJW 1988, S. 2601). Das ist relativ leicht festzustellen, wenn bereits das eingesetzte Mittel, d.h. das angedrohte Verhalten, widerrechtlich ist, wie das für die Androhung von Schlägen zutrifft. Schwieriger sind dagegen die Fälle zu beurteilen, wenn sowohl das eingesetzte Mittel als auch der Zweck für sich betrachtet rechtmäßig sind, aber der Einsatz des Mittels gerade zu diesem Zweck widerrechtlich ist, der Vorwurf sich also aus der unzulässigen Mittel-Zweck-Relation ergibt.

Beispiel:
Um die andere Seite zum Abschluss eines Kaufvertrages zu bewegen, droht die Gegenseite damit, den widerspenstigen Vertragspartner wegen Unfallflucht anzuzeigen.
Sowohl der Abschluss des Kaufvertrages (Zweck) als auch die Anzeige (Mittel) sind legal. Rechtswidrig ist aber die Verknüpfung beider, weil das eine mit dem anderen nichts zu tun hat.

Bei der Androhung einer *Strafanzeige* verlangen aber die Gerichte, dass ein hinreichender Tatverdacht besteht, andernfalls ist bereits der Einsatz dieses Mittels nicht gerechtfertigt (BGH NJW 1988, S. 2601).

3.6.3.3 Rechtsfolgen wirksamer Anfechtung

Die rechtlichen Konsequenzen im Falle der Anfechtung wegen Täuschung oder Drohung sind im Wesentlichen die *gleichen* wie bei der *Irrtumsanfechtung* mit dem wichtigen Unterschied, dass der nicht schutzwürdige täuschende oder drohende Vertragspartner selbstverständlich keinen Anspruch auf Ersatz des Vertrauensschadens besitzt. Zudem wird dem getäuschten oder bedrohten anfechtungsberechtigten Vertragspartner eine längere *Anfechtungsfrist* von einem vollen Jahr ab dem Zeitpunkt der Entdeckung der Täuschung oder dem Zeitpunkt, in welchem die Zwangslage aufhört, eingeräumt, ohne Kenntnis maximal zehn Jahre (§ 124, Abs. 3 BGB, § 124, Abs. 1 und 2 BGB).

Schließlich erstreckt sich regelmäßig die *Nichtigkeit* nicht nur wie bei der Irrtumsanfechtung auf den Schuldvertrag, sondern auch auf den *Verfügungsvertrag,* mit dem der Getäuschte oder Bedrohte seine vermeintlichen Verpflichtungen erfüllt. Bei diesem Anfechtungsgrund soll die Entschließungsfreiheit des getäuschten oder bedrohten Vertragspartners geschützt werden. Auch der Verfügungsvertrag wird noch unter dem Eindruck der Täuschung oder Bedrohung geschlossen, sodass wegen der Fehleridentität die Anfechtung beider Rechtsgeschäfte möglich ist.

Beispiel:
Der Verkäufer wird durch arglistige Täuschung des Käufers veranlasst, die Kaufsache unter Preis abzugeben. Nach Lieferung der Kaufsache ficht der Verkäufer seine Vertragserklärungen wegen arglistiger Täuschung an.

Lösung:
Die arglistige Täuschung ist nicht nur ursächlich für den Kaufvertrag, sondern auch für den davon rechtlich unabhängigen abstrakten Übereignungsvertrag nach § 929 BGB, sodass durch die Anfechtungserklärung auch der Übereignungsvertrag gemäß § 142, Abs. 1 BGB nichtig ist. Das bedeutet, dass mit der rechtswirksamen Anfechtung das Eigentum automatisch an den Verkäufer zurückfällt. Demnach kann er als Eigentümer von dem Käufer als nicht berechtigtem Besitzer gemäß § 985 BGB die Herausgabe der Kaufsache fordern und ist nicht auf den anfälligeren Anspruch aus ungerechtfertigter Bereicherung nach § 812, Abs. 1 BGB beschränkt.
Das ist bei einer möglichen Insolvenz des Käufers von Vorteil, weil der Verkäufer kraft seines Eigentums die ihm noch gehörende Sache aussondern kann. Bei dem schuldrechtlichen, nicht insolvenzrechtlich gesicherten Bereicherungsanspruch müsste er sich mit der bescheidenen Insolvenzquote in Geld zufrieden geben.

3.7   Gesetzliche Verbote und Sittenwidrigkeit

Nur in seltenen Fällen wird der abgeschlossene Vertrag wegen Verstoßes gegen ein gesetzliches Verbot oder gegen die guten Sitten nichtig sein, sodass einige kurze Anmerkungen zu dieser Problematik genügen sollen.

3.7.1   Gesetzliche Verbotsnorm

Strafvorschriften
Unter den Fachbegriff *»gesetzliches Verbot«* im Sinne von § 134 BGB fallen zunächst alle *Strafvorschriften,* wobei zweifelsohne für den Wirtschaftsverkehr die Vermögensrelikte, wie Hehlerei, Betrug oder Beamtenbestechung, im Vordergrund stehen. Darüber hinaus gibt es

eine ganze Reihe einzelner *Verbotsnormen,* die man häufig in einer typischen Formulierung erkennen kann, wie z.B. »ist unzulässig«, »ist unwirksam« etc. (BGH NJW 1992, S. 2022).

Nichtig ist ein *Vertrag,* der gegen diese Verbotsnorm verstößt nur, wenn dies gerade vom Sinn und Zweck der Vorschrift her gefordert wird, weil insbesondere der mit dem Vertrag gewollte wirtschaftliche Erfolg verhindert werden soll (BGHZ 147, S. 44). Das etwa bejahen die Gerichte immer noch bei der verbotenen Rechtsberatung durch Nicht-Rechtsanwälte, die nach dem Rechtsberatungsgesetz bislang allein Rechtsanwälten vorbehalten ist (BGH NJW 2002, S. 2326), jedoch nach dem in Kürze geltenden Rechtsdienstleistungsgesetz in bestimmtem Umfang auch anderen Beratern gestattet wird (vgl. Kap. 10.10.2.1).

Sie merken schon, dass der Teufel im wahrsten Sinne des Wortes im Detail steckt und Sie deshalb in Zweifelsfällen nicht umhin kommen, sich fachkundigen *Rechtsrat* einzuholen.

3.7.2   Verstoß gegen die guten Sitten

Ein Vertrag oder zumindest eine Vertragserklärung, welche gegen die *guten Sitten* verstoßen, sind nach der *Generalklausel* des § 138, Abs. 1 BGB nichtig, wodurch der Gesetzgeber seine Missbilligung unlauteren Verhaltens gegenüber zum Ausdruck bringt. Zur Beurteilung *sittenwidriger Praktiken* wird dabei als Maßstab auf das *Durchschnittsempfinden aller billig und gerecht Denkenden* abgestellt, gegen das der Handelnde verstößt (BGHZ 141, S. 361). Diese allgemeine Formel bedarf aber der Konkretisierung im Einzelfall, die bei einem Rechtsstreit durch das zuständige Gericht vorzunehmen ist.

Sittenwidriges Verhalten

3.7.2.1   Sittenwidriges Wuchergeschäft

Verträge sind als *Wuchergeschäft* sittenwidrig und damit nichtig, wenn jemand unter Ausbeutung der Zwangslage, der Unerfahrenheit oder des Mangels an Urteilsvermögen der anderen Seite sich *Vermögensvorteile* versprechen oder gewähren lässt, die im *auffälligem Missverhältnis* zur eigenen Leistung stehen (§ 138, Abs. 2 BGB). Davon kann man regelmäßig ausgehen, wenn die vom Wucherer erbrachte Leistung nur die Hälfte des objektiven Marktwertes erreicht oder geringfügig darüber liegt (BGH BB 1998, S. 393).

Auffälliges Missverhältnis der Vertragsleistungen

> **Beispiel:**
> *Der gezahlte Kaufpreis beläuft sich auf 45.000 €, der tatsächliche Marktwert der erworbenen Kaufsache liegt aber bei 85.000 €.*

Ist dieses Missverhältnis nicht nur besonders auffällig, sondern besonders grob oder besonders krass, wird vermutet, dass das subjek-

Bewusste Ausbeutung

tive Merkmal des *bewussten Ausbeutens* erfüllt ist, was aber eine Diskrepanz zwischen dem Wert der eigenen Leistung und der Gegenleistung von mindestens 150 % voraussetzt (BGH NJW 2002, S. 430).

Beispiel:
Der gezahlte Kaufpreis beträgt 50.000 €, der tatsächliche Marktwert liegt aber bei 130.000 €.

Kein vernünftiger Unternehmer wird sich mit einer Leistung der Gegenseite zufrieden geben, die nur die Hälfte seiner Eigenleistung oder gar noch weniger erreicht.

Mangelndes Urteilsvermögen

Wird die Schwelle zur *Ausbeutung* zwar nicht erreicht, liegt jedoch ein *auffälliges Missverhältnis* zwischen der eigenen Leistung und der erhaltenen Gegenleistung vor, müssen auch die beschriebenen *subjektiven Merkmale* des Wuchertatbestandes vorliegen. Der Geschäftsgegner leidet aber nicht an mangelndem Urteilsvermögen, wenn er in der Lage ist, Inhalt und Folgen des Vertrages sachgerecht einzuschätzen, diese Fähigkeiten aber nicht oder nur unzureichend einsetzt und deshalb ein unwirtschaftliches Geschäft abschließt (BGH NJW 2006, S. 3056).

3.7.2.2 Allgemeine Sittenwidrigkeit

Wirtschaftlicher Machtmissbrauch

Häufiger sehen sich kleinere oder mittlere Unternehmen erheblichem Druck wirtschaftlich starker Geschäftspartner ausgesetzt, die dazu neigen, ihre große wirtschaftliche Macht zu missbrauchen. *Sittenwidrig* sind insoweit nach § 138, Abs. 1 BGB auch Verträge, die die wirtschaftliche Bewegungsfreiheit des anderen in anstößiger Weise einschränken, wie etwa

- *Knebelungsverträge* (BGH BB 1998, S. 1918) oder
- *Verträge mit überlanger Laufzeit* von mehr als 15 Jahren (BGH NJW 1992, S. 2145).

Besonders lange *Bindungsfristen* über diese Zeitspanne hinaus müssen durch erhebliche finanzielle Investitionen, die sich nicht früher amortisieren lassen, gerechtfertigt sein.

Schmiergeldzahlungen

Weit schwieriger zu beurteilen sind die anderen Fälle von Sittenwidrigkeit, abgesehen von dem eindeutigen Fall der *Schmiergeldzahlungen* für die künftige Bevorzugung gegenüber Konkurrenten (BGH NJW 2001, S. 1067), bei denen sich der Verstoß gegen die guten Sitten schon allein aus der allgemein anerkannten *moralischen Anschauung* der beteiligten *Verkehrskreise* ergibt. Ansonsten lässt sich das nur mittels der einschlägigen Rechtsprechung einigermaßen verlässlich beurteilen, was wiederum die Hinzuziehung von fachkundigem *Rechtsrat* notwendig werden lässt. Erhebliche Klarheit wäre gewonnen, wenn man alle Verträge, die durch *unlautere Werbemaßnahmen* geschlossen werden, wegen des gezielten Einsatzes verbotener Mittel zur Akquirierung von Kunden, generell als sittenwidrig einstuft. In diese Richtung tendiert die neuere Rechtsprechung (BGH, NJW 2005, S. 2991).

Unlautere Werbung

3.7.2.3   Schadensersatzpflicht

Hat die benachteiligte Partei durch die *sittenwidrigen Handlungen* einen *Vermögensschaden* erlitten, kann sie von diesem wegen vorsätzlich sittenwidriger Schädigung *Schadensersatz* fordern (§ 826 BGB), wenn der Schadensverursacher die Umstände seines sittenwidrigen Verhaltens kannte. Dieser ist wegen der Nichtigkeit des Vertrages auf Ersatz des sog. *Vertrauensschadens* beschränkt, darf also nicht nach dem Erfüllungsinteresse unter Zugrundelegung eines wirksamen Vertrages berechnet werden (BGH NJW 1996, S. 1204; vgl. Kap. 3.6.2.2.3).

Vorsätzliche sitten-widrige Schädigung

3.7.3   Gesamtnichtigkeit oder Teilnichtigkeit von Verträgen

Sollte ein *Schuldvertrag* oder ein anderes Rechtsgeschäft wegen eines Verstoßes gegen ein gesetzliches Verbot oder gegen die guten Sitten, wegen eines Formmangels oder einer fehlenden Genehmigung bei einem Vertretungsmangel, nichtig sein, so erfasst das grundsätzlich den ganzen Vertrag. Demnach wären die erbrachten Leistungen nach den Regeln der ungerechtfertigten Bereicherung gemäß §§ 812 ff. BGB zurückzugewähren. Gleiches gilt, wenn durch die berechtigte Anfechtungserklärung einer Partei der Vertrag nachträglich vernichtet wird (vgl. Kap. 3.6.2.2.2).

Gesamtnichtigkeit

Manchmal betrifft die Nichtigkeit aber nur einen genau abgrenzbaren Teil des Vertrages oder sonstigen Rechtsgeschäftes.

Teilnichtigkeit

Beispiel:
Auf der einen Seite des Vertrages sind mehrere Personen beteiligt, wobei wegen der geschäftlichen Unerfahrenheit einer von ihnen, deren Verpflichtung sittenwidrig und damit nichtig ist.

Für diese Fälle der *Teilnichtigkeit* bestimmt § 139 BGB, dass dies im Zweifel den ganzen Vertrag oder das komplette Rechtsgeschäft erfasst, soweit nicht anzunehmen ist, dass die Parteien das Rechtsgeschäft auch ohne den nichtigen Teil geschlossen haben würden. Ob dies zutrifft oder nicht, ist aber für einen Nichtjuristen schwer zu beurteilen.

Weil aber die gesetzliche Regelung – Teilnichtigkeit führt grundsätzlich zur Gesamtnichtigkeit – nicht zwingend ist, können Sie von diesem Grundsatz abweichen (BGH NJW 1999, S. 1406).

Tipp

Sorgen Sie deshalb selbst für Klarheit im Vertrag und bestimmen Sie mittels einer salvatorischen Klausel, dass es regelmäßig bei der Teilnichtigkeit bleiben soll. Interessengerecht ist, wenn beide Seiten sich verpflichten, für den weggefallenen Teil des Rechtsgeschäftes nach einer einvernehmlichen vorläufigen Lösung zu suchen.

Salvatorische Ergänzungsklausel

Klauselvorschlag   *»Sollte eine Einzelvereinbarung oder ein sonstiger Teil des Vertrages unwirksam sein, lässt dies die Wirksamkeit der übrigen Vertragsbestimmungen unberührt. Die Parteien sind aber verpflichtet, für den weggefallenen Teil einvernehmlich eine interessengerechte Ersatzregelung zu treffen.«*

Diese salvatorische Klausel stößt aber an ihre Grenzen, wenn *Bestimmungen* von *grundlegender Bedeutung* sittenwidrig oder sonst nichtig sind, mit denen sozusagen das Geschäft steht und fällt. Dann bleibt es in Anwendung des § 139 BGB bei der Konsequenz, dass diese Teilnichtigkeit die Gesamtnichtigkeit auslöst (BGH NJW 1996, S. 774). In solchen Fällen kann also jede Partei berechtigterweise eine Neuverhandlung verweigern. Sind sich die Vertragsparteien darüber nicht einig, kann nur ein Fachjurist beurteilen, ob die nichtigen Regelungen grundlegende Bedeutung besitzen oder nicht.

4   Erfüllung von Schuldverträgen

Die Erfüllung von Schuldverträgen hängt von dem jeweiligen Ge-   **Vertragsfreiheit**
schäftsinhalt ab, denn die Vertragsparteien können nach dem Prin-
zip der *Vertragsfreiheit* ihre *Leistungsverpflichtungen,* insbesondere
nach Art, Zeit und Ort in dem einzelnen Vertrag im Wesentlichen
selbst bestimmen. Die entscheidenden Weichen hierzu werden bereits beim Vertragsabschluss gestellt, indem der jeweilige Geschäftspartner dafür sorgt, dass die für ihn zentralen Aspekte durch funktionsadäquate Vertragsabreden in dem Vertrag interessengerecht
ausgestaltet werden. Dabei geht es in diesem Kapitel um *allgemeine
Regelungskomplexe,* die für alle Vertragstypen wichtig sind.

Zur Vertragserfüllung gehört auch das tatsächliche Erbringen
der versprochenen Leistungen, was durch die Einrichtung eines *Vertragscontrollings* zu überwachen ist.

4.1   Vertragsbeginn: Bedingung und Befristung

Hin und wieder, insbesondere bei *Dauerverträgen,* kann es durchaus   **Befristung**
sinnvoll sein, den Vertrag bereits heute abzuschließen, ihn aber erst
für die Zukunft wirken zu lassen. Zumeist wird dann ein bestimmter Zeitpunkt festgelegt. In der Rechtssprache heißt diese fixe Zeitbestimmung *Befristung* (§ 163 BGB).

> **Beispiel:**
> *Abschluss des Mietvertrages zum 01.02., Mietbeginn aber erst am 01.03.,
> da die Büroräume vorher nicht frei sind oder der Mieter früher keinen
> Bedarf hat.*

Wesentlich seltener dürfte die Wirksamkeit von dem Eintritt eines   **Bedingung**
zukünftigen ungewissen Ereignisses abhängig gemacht werden.
Der Jurist spricht dann von einer *aufschiebenden Bedingung* (§ 158,
Abs. 1 BGB). Hauptanwendungsfall hierfür ist der *Kauf unter Eigentumsvorbehalt,* wodurch der Käufer das Eigentum erst unter der aufschiebenden Bedingung der vollständigen Zahlung des Kaufpreises
erhalten soll (§ 449 BGB, vgl. Kap. 8.7).

Die *Grenzlinien* zwischen Befristung und Bedingung verlaufen flie-ßend. Maßgebend für die Abgrenzung ist, ob die Vertragspartner das künftige Ereignis subjektiv als gewiss oder ungewiss angesehen ha-ben (BGH NJW 1993, S. 1978).

Den *Eintritt* der späteren *Bedingung* darf der leistungspflichtige Vertragspartner nicht schuldhaft vereiteln oder beeinträchtigen; an-sonsten macht er sich gegenüber dem berechtigten Geschäftspartner schadensersatzpflichtig (§ 160 BGB). Sollte er nochmals über den zu leistenden Gegenstand verfügen, weil er ein besseres Angebot von einem Dritten erhält, ist die Verfügung, wenn später die vereinbarte Bedingung eintreten sollte, dem Begünstigten gegenüber unwirk-sam (§ 161 BGB). Den gleichen Schutz genießt die Vertragspartei im Falle einer *Befristung* (§ 163 BGB). Einzelne damit zusammenhän-gende Rechtsfragen treten in der Praxis typischerweise beim Eigen-tumsvorbehaltskauf auf.

4.2 Vertragsleistungen

Gegenseitiger
Vertrag

Kernstück jedes Geschäftsvertrages sind die von den beiden Part-nern zu erbringenden Vertragsleistungen, die – wirtschaftlich be-trachtet – gegeneinander getauscht werden, weil sie nach Ansicht der Vertragsparteien gleichwertig sind. Deshalb nennt man diese Verträge in der Rechtssprache *gegenseitige Verträge* oder – allgemein verständlich – *Austauschverträge*. Die Pflichten der Vertragspartner lassen sich grob in *Leistungs- und Nebenpflichten* aufteilen, wobei die im Gegenseitigkeitsverhältnis stehenden *Hauptleistungspflichten* im Mittelpunkt stehen (siehe Abbildung 4.1).

4.2.1 Leistungspflichten des Anbieters

Der erste Komplex der Vertragsregelungen betrifft die Leistungs-pflichten des anbietenden Unternehmens, nachfolgend auch *Lieferer* genannt. Es geht dabei um die möglichst präzise und interessenge-rechte Ausformung seiner von ihm zu erbringenden Sach- und/oder Dienstleistungen. Das bezieht sich nicht nur auf die den Vertragstyp prägenden *Hauptleistungspflichten*, sondern auch auf wichtige, diese ergänzenden *Nebenleistungspflichten*. Als wesentliche Leistungsmo-dalitäten sollten die Geschäftspartner festlegen:

- den *Leistungsgegenstand,* also was zu leisten ist,
- die *Leistungszeit,* d.h. wann zu leisten ist sowie
- den *Leistungsort,* d.h. wo zu leisten ist.

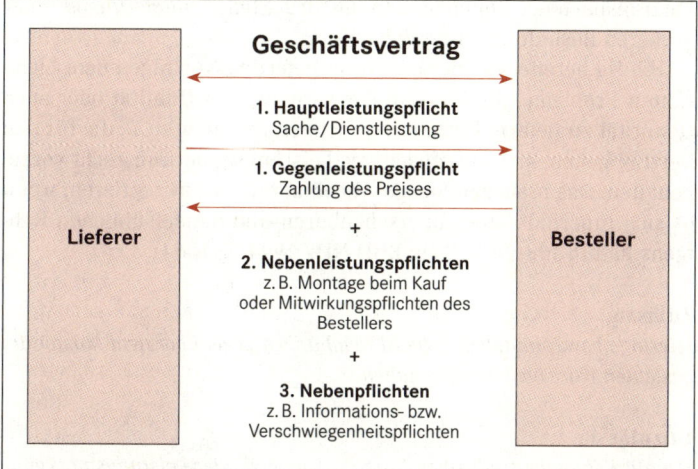

Abb. 4.1: Pflichten beim Geschäftsvertrag

4.2.1.1 Leistungsgegenstand

Die Art der von dem leistungspflichtigen Unternehmen als Schuldner zu erbringende *Hauptleistung,* die dem Geschäft sein Gepräge gibt, sollte in dem Vertrag möglichst genau, nach Art, *Beschaffenheit* und *Umfang,* insbesondere der Menge beschrieben werden. Bei einfachen Austauschverträgen reicht es, den Leistungsgegenstand im Vertragstext selbst zu definieren. Bei komplexeren Leistungsobjekten, wie etwa einem umfangreichen Projekt, dessen Inhaltsbestimmung sich vor allem nach technischen Normen richtet, bietet es sich an, die von Fachleuten erstellte *Leistungsbeschreibung* oder das umfangreiche Angebot des Lieferers dem Vertrag als Anlage beizufügen und hierauf zu verweisen.

Der Schuldner ist stets zur Erbringung der vollständigen Leistung verpflichtet. Als Gläubiger brauchen Sie keine Teilleistung anzunehmen, wenn Sie das nicht wollen, weil diese für Sie ohne wirtschaftlichen Wert ist (§ 266 BGB). **Teilleistung**

Beispiel:
Obwohl Unternehmer U für die Herstellung einer Metalllegierung eine ganz bestimmte Menge von einer Chemikalie benötigt, wird nur die Hälfte geliefert.

Lehnt man derartige *unzulässige Teilleistungen* berechtigterweise ab, treffen einen die unangenehmen Rechtsfolgen des Annahmeverzuges nicht (vgl. Kap. 5.5). Selbstverständlich bleibt es aber den

Vertragsparteien unbenommen, ausdrücklich *Teillieferungen* einer größeren Bestellung zu *vereinbaren.*

Leistungs-änderungsrecht

Häufig bereitet es aber bei Warenlieferungsverträgen dem Lieferanten Probleme, die Ware in der vereinbarten Qualität oder auch Quantität zu liefern. Deshalb versucht er, in seinen *AGB*, die für den Vertrag gelten, sich ein einseitiges Leistungsänderungsrecht vorzubehalten. Das brauchen Sie als Abnehmer nur zu akzeptieren, wenn es sich innerhalb eines überschaubaren und handelsüblichen Rahmens hält (§ 308, Nr. 4 BGB; BGH NJW 1994, S. 1064).

Klauselvorschlag

Zulässig
»Geringe bzw. handelsübliche Abweichungen gegenüber dem Muster der bestellten Ware bleiben vorbehalten.«

Unzulässig
»Qualitätsangabe freibleibend« oder »Angaben oder Leistungsmerkmale sind unverbindlich«.

Leistungsvorbehalt

Noch weiter reichen Leistungsvorbehalte, die sogar ein Abweichen von der versprochenen Leistung erlauben, also zu einer anderen Leistung führen. Die Gerichte erachten durchweg nur geringfügige oder für den Vertragspartner *günstige Abweichungen,* etwa technische Verbesserungen, als zumutbar und damit wirksam. Die Rechtsprechung hält zwar den Vorbehalt einer Lieferung eines qualitativ und preislich *gleichwertigen Ersatzartikels* gegenüber einem Verbraucher für nicht zulässig (BGH ZIP 2005, S. 2262). Diese Regelung sollte aber wegen der umfassenden Vertragsgestaltungsfreiheit im Wirtschaftsverkehr gegenüber unternehmerischen Kunden statthaft sein.

Klauselvorschlag

Zulässig
»Modellwechsel« oder »Lieferung einer qualitativ und preislich gleichwertigen Ersatzware« bzw. »des Nachfolgemodells bleibt vorbehalten.«

Unzulässig
»Technische Änderungen« oder »Konstruktionsänderungen bleiben vorbehalten.«

Lieferer

Halten Sie sich in Ihren AGB an diesen enggezogenen Rahmen. Zu weit gehende Leistungsänderungsvorbehalte sind unwirksam. Anderenfalls müssen Sie dem Kunden die vereinbarte Leistung stets punktgenau ohne irgendwelche Änderungen oder Abweichungen erbringen. Kommen Sie dem nicht nach, kann der Kunde, je nachdem, ob es sich bezogen auf den Grad der Abweichung um eine Nichterfüllung oder Schlechterfüllung handelt, vom Vertrag zurücktreten oder Schadensersatz statt Leistung verlangen (vgl. Kap. 5.1).

Besteller

Schreiben Sie unbedingt alle für Sie entscheidenden Produktmerkmale und Eigenschaften einzeln in den Vertrag hinein und zwar am besten wegen des Zusammenhangs mit den Leistungspflichten im unmittelbaren Anschluss an die Leistungsdefinition. Diese definitorische Bestimmung kann man um spezifische Rechtsfolgen und Regelungen ergänzen, soweit diese von den gesetzlichen abweichen. In diesem Fall braucht man sich um irgendwelche AGB-Leistungsänderungsvorbehalte der Gegenseite nicht zu kümmern, da diese vorrangige Einzelvereinbarung sich ohnehin gegenüber anderslautenden AGB-Bestimmungen durchsetzt (§ 305b BGB). Zu diesem Zwecke werden im Rahmen einer dauerhaften Lieferbeziehung sog. Qualitätssicherungsvereinbarungen (QSV) getroffen. Weicht die gelieferte Ware negativ von diesen Standards ab, so stehen Ihnen wegen dieser Schlechtleistung entweder spezifische Mängelansprüche zu oder Sie können sich zumindest vom Vertrag lösen bzw. sogar Schadensersatz fordern. Besser ist es für Sie, wenn ihnen der Lieferant oder Hersteller konkrete Beschaffenheitsgarantien abgibt. In diesem Fall trifft ihn bei Warenkauf- und Werkverträgen das volle Haftungsrisiko, was er auch durch vertragliche Absprachen nicht mehr beschränken kann (§§ 433, 444, 639 BGB, vgl. Kap. 8.9.1).

Tipp

4.2.1.2   Leistungsort

Mit dem *Leistungsort* ist der Ort gemeint, an dem das Unternehmen als Schuldner die ihm obliegenden *Leistungshandlungen* vorzunehmen hat. Dieser fällt regelmäßig mit dem *Erfolgsort* (Ort, an dem der Gläubiger das von ihm angestrebte *Leistungsergebnis* erhält) zusammen. Leistungsort und Erfolgsort können aber auch verschiedene Orte sein. Besondere Abreden über den Leistungsort sind nur dann notwendig, wenn dieser sich nicht unmittelbar aus dem Vertragszweck herleiten lässt.

Leistungsort
und Erfolgsort

> **Beispiel:**
> *Die Reparatur einer Sache ist stets an dem Ort vorzunehmen, wo sie sich befindet.*

Bring-, Hol- und Schickschuld

Die Vertragsparteien können nun vereinbaren, dass der *Leistungsort* der Sitz des Gläubigers – dann *Bringschuld* – oder des Schuldners – dann *Holschuld* – sein soll. Solche Regelungen sind vor allem für Liefergeschäfte wichtig. Eine Mittelstellung nimmt der *Versendungskauf* ein, bei dem zwar der Leistungsort der Sitz des Schuldners ist, dieser aber die Versendung der zu liefernden Ware an den Gläubiger zusätzlich durchführt (§ 269, Abs. 3 BGB). Bei dieser sog. *Schickschuld* fallen der Leistungsort, also die Niederlassung des Schuldners, und der Erfolgsort, an dem der Käufer das Eigentum der Ware erwirbt, eben sein Geschäftssitz, auseinander. Haben die Vertragspartner diesbezüglich *keinerlei Vereinbarungen* getroffen, und ergibt sich der Leistungsort auch nicht aus den Umständen, so handelt es sich um eine Holschuld. Die Leistung hat dann an dem Ort zu erfolgen, an welchem der Schuldner zur Zeit der Entstehung des Schuldverhältnisses, hier also des Vertragsabschlusses, seinen Sitz (§ 269, Abs. 1 BGB) bzw. seine geschäftliche Niederlassung (§ 269, Abs. 2 BGB) hatte.

Erfüllungsort

Der Leistungsort, auch *Erfüllungsort* genannt, hat über den Ort der vom Schuldner zu erbringenden Leistung hinaus die wichtige rechtliche Bedeutung, dass er auch einen *Gerichtsstand* begründet. Eine Klage gegen den Geschäftspartner kann bei dem für den Leistungsort zuständigen Gericht erhoben werden (§ 29 ZPO – *Gerichtsstand des Erfüllungsortes*). Haben die Vertragsparteien den Leistungsort vertraglich vereinbart, so betrifft dies nur Verträge, bei denen beide Parteien Kaufleute oder öffentlich-rechtliche juristische Personen oder Sondervermögen sind (§ 29, Abs. 2 ZPO).

4.2.1.3 Leistungszeit

Neben dem Leistungsgegenstand ist die *fristgerechte Abwicklung* für den geschäftlichen Erfolg Ausschlag gebend. Als Besteller sind Sie deshalb gut beraten, wenn Sie mit Ihrem Geschäftspartner klare *Liefer-* und *Leistungsfristen* vereinbaren, gemäß deren der Vertrag durchzuführen ist (siehe Abbildung 4.2). Diese bestimmen dann die *Fälligkeit*, d. h. den Zeitpunkt, von dem an der Gläubiger die Leistung verlangen kann (BGH NJW 2007, S. 1582). Tut man dies nicht, tritt die Fälligkeit sofort nach Vertragsabschluss ein, was häufig unerwünscht ist, sofern sich diese nicht schon aus den Umständen, d. h. aus der Natur des Vertrages, der Verkehrssitte oder der Beschaffenheit der Leistung ergibt (§ 271, Abs. 1 BGB). Letzteres birgt wegen der Notwendigkeit einer genaueren Präzisierung durch die Gerichte

Fälligkeit

in Streitfällen auch einen hohen Unsicherheitsfaktor in sich. Für den Besteller bieten ausdrücklich als *unverbindlich* bezeichnete *Liefer-* und *Leistungsfristen* keine adäquate Handhabe, weil sie eine Fristüberschreitung in angemessenen Umfang gestatten, bevor die Fälligkeit eintritt.

4.2.1.3.1 Liefer- und Leistungsfristen

Stufe 1	Stufe 2	Stufe 3
Bestimmung durch **Kalender**	Vereinbarung eines **Fixgeschäfts** durch Fixklausel	Präzise Leistungsfrist mit **Vertragsstrafe**
Nichteinhaltung bewirkt Leistungsverzug	Nichteinhaltung berechtigt zum sofortigen Rücktritt	Nichteinhaltung Schuldner muss fällige Vertragsstrafe zahlen

Abb. 4.2: Absicherung von Leistungsfristen

Die unbedingt erforderlichen Liefer- oder Leistungsfristen legt man am besten so fest, dass sich das Ende der Frist allein anhand des Kalenders, also durch ein *kalenderfestes Datum*, bestimmen lässt. Die Leistungszeit kann grundsätzlich auch dadurch nach dem Kalender bestimmt sein, dass die Leistung bis zum Ablauf eines bestimmten Kalenderabschnitts vereinbart wird (BGH WM 2007, S. 304). Das hat den großen Vorteil, dass der leistungspflichtige Partner mit allen damit verbundenen nachteiligen Konsequenzen in *Schuldnerverzug* fällt, ohne dass es hierzu einer Mahnung bedarf (§ 286, Abs. 2, Nr. 1 BGB; vgl. Kap. 5.2), wenn er diese Frist schuldhaft nicht einhält.

Kalenderfestes Datum

Beispiel:

»Lieferung am 12.03.« oder »Ende März« –Letzteres bedeutet immer der letzte Tag des betreffenden Monats (§ 192 BGB) – oder »bis Dezember ...«.

Ist die Einhaltung der Frist besonders wichtig, sodass der Vertrag mit ihr steht und fällt, können Sie sogar noch einen Schritt weiter gehen. Schreiben Sie diesen Umstand unbedingt in den Auftrag. Dadurch machen Sie den Vertrag zu einem *relativen Fixgeschäft* (BGHZ 110, S. 96). Bei Nichteinhaltung können Sie sofort von dem Vertrag zurücktreten, und müssen die bestellten Sachen oder Dienste weder abnehmen noch bezahlen (§ 323, Abs. 2, Nr. 2 BGB).

Fixgeschäft

> **Beispiel:**
> *Fabrikant F bestellt bei dem Dekorateur D einige Dekorationen für sein Firmenjubiläum. Er fügt daher dem schriftlichen Auftrag hinzu: »Fertig bis zu unserem Firmenjubiläum am 15.07.«.*
> *Sind diese Dekorationen bis zu diesem Zeitpunkt nicht fertig, kann F von dem Vertrag zurücktreten und daher Annahme sowie Bezahlung verweigern.*

Fixklauseln

Im Handelsverkehr haben sich zur strengen Fixierung von Liefer- und Leistungsterminen übliche *Fixklauseln* herausgebildet, die der nach einem genauen Datum bestimmten Leistungszeit lediglich hinzugefügt werden müssen um bei Vorhandensein besonderer Eilbedürftigkeit aus jedem Schuldvertrag ein solches relatives Fixgeschäft zu machen (BGH BB 2001, S. 1553).

> **Beispiel:**
> *Anerkannte Fixklauseln sind: »genau«, »präzis«, »fix«, »prompt«, »spätestens«.*

Zulässig dürfte es in einem solchen Fall sein, eine *zeitliche Staffelung* vorzunehmen, dass man zunächst ein wünschenswertes Lieferdatum bestimmt und zugleich mit der Fixklausel ein letztes Lieferdatum angibt. Das erste Lieferdatum ist dann für den Verzug wichtig, das zweite für die Vertragsbeendigung (vgl. Kap. 8.4.2.1).

Klauselvorschlag

»Lieferung der ... bis zum 15.10., spätestens bis zum 31.10.«

Sind Sie aber als Kunde beim Kauf von Waren trotz *Versäumung* der wichtigen Leistungsfrist an einer Fortführung des Vertrages interessiert, müssen Sie dies gegenüber dem Lieferanten unverzüglich anzeigen. Andernfalls erlischt bei diesem *Fixhandelskauf* ihr Erfüllungsanspruch (§ 376, Abs. 1, Satz 2 HGB).

Vertragsstrafe

Die rechtlich effektivste Form der Absicherung von Leistungsfristen ist die Vereinbarung einer *Vertragsstrafe*, weil sie den Schuldner sofort Geld kostet (vgl. Kap. 4.2.2).

Absolutes Fixgeschäft

In seltenen Fällen erweist sich die Einhaltung der Leistungszeit nach dem Zweck des Vertrages unter gegebener Interessenlage für den Gläubiger als derart entscheidend, dass eine verspätete Leistung überhaupt nicht mehr als Vertragserfüllung in Betracht kommt. Bei solchen *absoluten Fixgeschäften* führt deshalb die Nichteinhaltung der Leistungszeit regelmäßig zur gravierendsten Leistungsstörung, nämlich der Unmöglichkeit (BGHZ 99, S. 189; vgl. Kap. 5.4).

> **Beispiel:**
> *Hotelzimmerreservierung, Vermietung von Räumen für bestimmte Veranstaltungen oder zeitgebundene Dienstverträge.*

4.2.1.3.2   Fristenbestimmungen in AGB

Viele Unternehmen räumen sich in ihren AGB einseitig ziemlich lange oder unbestimmte Leistungs- oder Lieferfristen gegenüber den Kunden ein. Sofern diese jedoch unangemessen lang oder unbestimmt ausfallen, sind sie nach AGB-Recht unzulässig und damit unwirksam (§ 308, Nr. 1 BGB).

Keine unangemessen lange oder unbestimmte Fristen

Als *unbestimmt* wird eine Fristenregelung immer dann angesehen, wenn der Kunde das Fristende nicht erkennen oder berechnen kann (BGH NJW 1985, S. 856) oder eine individuell festgelegte Lieferzeit unverbindlich oder nur bei Liefermöglichkeit des Verwenders verbindlich sein soll (BGH WM 2007, S. 704).

> **Beispiel:**
> *Klauseln, die auf die branchenübliche Frist abstellen oder die den Fristbeginn von einem Ereignis im Bereich des Verwenders abhängig machen, wie etwa vom Vorliegen der Maße im Lieferwerk.*

Gleiches gilt für Regelungen, wonach sich der Verwender lediglich um die Einhaltung des Liefertermins bemühen will.

Ob eine Frist *unangemessen* lang ist, bemisst sich nach der Art der zu erbringenden Leistung (BGH NJW 2001, S. 203).

> **Beispiel:**
> *Beim Kfz-Kauf sind sechs Wochen zulässig, für den Möbelkauf dagegen zu lang.*

Weit verbreitet ist auch die Einräumung einer weiteren Lieferfrist als *unechte Nachfrist,* die sich an dem Ablauf der unverbindlichen Lieferfrist anschließt und den Besteller eine weitere Wartezeit auferlegt, bevor sein Lieferanspruch fällig wird. Damit verhindert der Lieferant einen für ihn nachteiligen vorzeitigen Verzugseintritt. Diese AGB-Regelung unterliegt ebenfalls den Maßstäben des § 308, Abs. 1 BGB (BGH WM 2007, S. 706).

Unechte Nachfrist

> **Beispiel:**
> *»Lieferung unverbindlich sechs Wochen nach Bestellung. Nach Fristüberschreitung von vier Wochen kann der Besteller den Lieferanten auffordern, binnen angemessener Frist zu liefern«.*

Bei einer solchen Regelung wird die Lieferung mit Ablauf der weiteren Frist, d. h. 10 Wochen nach Bestellung, fällig, so dass der Lieferant danach durch einfache Mahnung in Verzug gesetzt werden kann (BGH WM 2001, S. 31). Die in der AGB-Bestimmung vorgesehene fristgebundene Lieferaufforderung des Bestellers ist demzufolge rechtlich bereits als Mahnung mit Nachfristsetzung zu verstehen (vgl. Kap. 5.2.1.3).

Hält sich der Verwender nicht an diesen gesetzlich gezogenen Rahmen, sind allerdings die nachteiligen rechtlichen Konsequenzen für ihn zu verschmerzen. Es gelten dann *angemessene Liefer- und Leistungsfristen,* die i.d.R. zwischen zwei und vier Wochen liegen dürften (BGHZ 109, S. 363).

Tipp

> **Kunden**
>
> Diesen Unsicherheiten können Sie leicht aus dem Wege gehen, indem Sie, wie bereits erwähnt, für den konkreten Fall präzise individuelle verbindliche Leistungsfristen festlegen. Diese gehen als Einzelabreden anders lautenden AGB-Klauseln vor (§ 305b BGB).

4.2.1.3.3   Fristverlängerung durch Stundung

Sollten Sie als Lieferer erkennen, dass der vereinbarte Zeitpunkt nicht einzuhalten ist, setzen Sie sich umgehend mit dem Geschäftspartner in Verbindung und bitten diesen um eine angemessene Fristverlängerung. Ist dieser damit einverstanden, wird durch diese *Stundungsvereinbarung* die Fälligkeit der von Ihnen geschuldeten Leistungen entsprechend hinausgeschoben.

Klauselvorschlag   *»Die vereinbarte Lieferfrist wird um einen Monat verlängert.«*

Das leistungspflichtige Unternehmen entgeht dadurch auch den negativen Verzugsfolgen. Sollte die Abrede keine eindeutige Frist setzen, kann der Gläubiger die Leistungszeit nach billigem Ermessen bestimmen (§§ 316, 315 BGB).

Lieferer

Vermeiden Sie diese Unsicherheit und versuchen Sie eine präzise Fristverlängerung zu erreichen.

Für sein Entgegenkommen kann sich der Besteller als Gläubiger auch eine Entlohnung, etwa in Form eines angemessenen *Preisnachlasses*, ausbedingen. Die Gewährung derartiger finanzieller Vorteile bedarf stets einer ausdrücklichen Vereinbarung (BGH BB 1998, S. 1608). Sofern der Lieferer den gestundeten Anspruch bestreitet oder ihn sonst in erheblicher Weise gefährdet, vor allem, wenn sich seine Wirtschaftsverhältnisse wesentlich verschlechtern, kann der Besteller die *Stundung widerrufen* (BGH NJW 1981, S. 1667).

4.2.1.4   Nebenleistungspflichten

Im Unterschied zu den Hauptleistungspflichten, die bei den gesetzlichen Vertragstypen ausführlich geregelt sind, fehlt häufig bezüglich der Nebenleistungspflichten eine entsprechende normative Ausgestaltung. Man versteht darunter Leistungspflichten, die nicht im Gegenseitigkeitsverhältnis mit der Zahlungspflicht verbunden sind, sondern der *Vorbereitung, Durchführung* oder *Sicherung* der *Hauptleistung* nach dem Willen der Vertragsparteien dienen.

Klare vertragliche Regelung erforderlich

Beispiel:
Bei der Lieferung komplexer technischer Geräte hat der Verkäufer als Nebenleistung den Käufer in den sachgerechten Gebrauch einzuweisen, ihm insbesondere eine verständliche Gebrauchsanleitung auszuhändigen.

Hier eröffnet sich für die Vertragsgestaltung ein großer Spielraum, den man durch eine möglichst klare und genaue Definition des Inhalts und des Umfangs sowie der präzisen Regelung der Rechtsfolgen, wenn diese nicht erfüllt werden, nutzen sollte. Es empfiehlt sich, dies auch wegen des sachlichen Zusammenhangs in den Katalog der Leistungsbeschreibung aufzunehmen.

4.2.2   Vertragsstrafe oder Verfallklausel als Druckmittel

Die beste Absicherung von Lieferterminen oder anderen Leistungsfristen für den Besteller ist die Auferlegung einer *Vertragsstrafe* gegenüber dem Lieferanten oder sonstigen leistungspflichtigen Unternehmern. Hin und wider mag auch eine *Verfallklausel* die gleiche Funktion zu erfüllen.

4.2.2.1   Funktionen der Vertragsstrafe

Sicherung vertrags-
gerechter Erfüllung

Die Vereinbarung einer Vertragsstrafe oder *Konventionalstrafe* setzt voraus, dass der Lieferer zur Eingehung dieses zusätzlichen Risikos bereit ist. Können Sie dies durchsetzen, haben Sie mit dem *Vertragsstrafeversprechen* ein geeignetes *Druckmittel* für die pünktliche und korrekte Leistungserbringung zur Hand. Der Schuldner wird sich angesichts seiner Strafverpflichtung mit aller Kraft bemühen, seine Leistungen vertragsgerecht zu erbringen, um das Verwirken der Vertragsstrafe zu verhindern.

Beispiel:
Fabrikant F schließt mit seinem Lieferanten L einen Kaufvertrag über die Lieferung für ihn wichtiger Rohstoffe ab. Dabei wird vereinbart, dass L für jeden Tag der Überschreitung des fest vereinbarten Liefertermins eine Vertragsstrafe in Höhe von 1000 € zu zahlen hat.

In der Regel enthält die vereinbarte Vertragsstrafe eine *Geldleistung,* die der leistungspflichtige Lieferer dem Besteller als Gläubiger für den Fall verspricht, dass er seine Hauptleistung nicht pünktlich oder nur mangelhaft erbringt. Wird die versprochene Leistung nicht korrekt erbracht, ist die Vertragsstrafe in der vereinbarten Höhe ohne Rücksicht darauf fällig, in welcher Höhe dem Gläubiger tatsächlich ein Schaden entstand. In der *Entlastung* vom *Schadensnachweis* liegt deshalb der zweite Zweck der Vertragsstrafe. Der Beweis, dass ein Schaden in dieser angegebenen Höhe eingetreten und der Schaden auf die vom Ersatzpflichtigen begangene Rechtsverletzung zurückzuführen ist, ist der geschädigten Vertragspartei häufig nur unter großen Schwierigkeiten oder gar nicht möglich. Deshalb umfasst die Höhe der Vertragsstrafe den *Mindestschaden*. Diese Entlastungsfunktion kann man auch durch *Schadensersatzpauschalen* erreichen (vgl. Kap. 6.3.2.3.2).

Mindestschaden

4.2.2.2   Entstehung und Höhe des Strafanspruchs

Die vereinbarte Vertragsstrafe ist mangels anderweitiger Vereinbarungen verwirkt, wenn der Lieferer als Schuldner mit der Hauptleistung in *Verzug* kommt (§ 339, Satz 1 BGB), also seine Säumnis zu vertreten hat.

Das die Vertragsstrafe auslösende Verhalten kann auch eine *Unterlassungspflicht* sein. Hier verfällt die Strafe im Falle der Zuwiderhandlung des Schuldners (§ 339, Satz 2 BGB).

Beispiel:
Unternehmer U hat sich gegenüber seinem Konkurrenten K verpflichtet, bestimmte reißerische Behauptungen in seiner Werbung zu unter-

lassen oder für den Fall seiner Zuwiderhandlung eine Vertragsstrafe zu zahlen.

Der Anspruch auf die Vertragsstrafe entsteht, falls nichts anderes vereinbart ist, nur, sofern der Schuldner die *Säumnis* oder *Zuwiderhandlung* zu *vertreten* hat (BGH NJW 1985, S. 750 und 191). Dabei haften Unternehmen auch für schuldhafte Pflichtverletzungen ihrer Beschäftigten und anderer Erfüllungsgehilfen (BGH NJW 1998, S. 3343; vgl. Kap. 6.3.1). Die Vereinbarung, dass eine Vertragsstrafe *ohne Verschulden* verwirkt sein soll, ist zwar möglich, bedarf aber grundsätzlich einer *Einzelabsprache* (BGH BB 1997, S. 1555).

Vertretenmüssen des Schuldners

»Sollte die Firma ... (Name des Unternehmers) den vereinbarten Liefertermin nicht einhalten, verspricht sie die Zahlung einer Vertragsstrafe in Höhe von ... auch dann, wenn sie die Säumnis nicht zu vertreten hat.«

Klauselvorschlag

Schwierig zu beurteilen und letztendlich nur von einem erfahrenen *Rechtsanwalt* zu klären, bleibt die Frage, ob bei mehrfachen Verstößen die Strafe mehrmals oder wegen der Gleichartigkeiten der einzelnen Handlungen zu einer rechtlichen Einheit zusammengefasst werden kann und deshalb nur einmal verfällt (BGHZ 146 S. 318, 324).

Mehrfache Verstöße

Was die Höhe der Vertragsstrafe angeht, so findet bei einem Vertragsstrafeversprechen durch einen kaufmännischen Unternehmer – anders als bei Privatpersonen – *keine* richterliche *Angemessenheitskontrolle* nach §343 BGB statt, sondern diese können sich auch auf sehr hohe Vertragsstrafen einlassen, wenn dies in einer Einzelvereinbarung geschieht (§348 HGB). Daher sind auch sehr *hohe Vertragsstrafen* voll gültig, wenn ihre Vereinbarung nicht ausnahmsweise durch die Ausübung zu großen wirtschaftlichen Druckes in sittenwidriger Weise zustande gekommen ist oder wegen ihrer extremen Höhe zwangsläufig ruinöse Folgen haben muss und deshalb auf eine sittenwidrige wirtschaftliche Ausbeutung hinausläuft (vgl. Kap. 3.7.2.2). Ansonsten darf man von einem kaufmännischen Unternehmer erwarten, dass er die Tragweite eines übernommenen Vertragsstrafeversprechens überblickt und sich deshalb dieses Risikos voll bewusst ist.

Höhe der Vertragsstrafe frei vereinbar

Lieferer

Bevor Sie eine Vertragsstrafe freiwillig übernehmen, prüfen Sie genau, ob Sie die finanziellen Folgen tragen können.

Tipp

4.2.3   Besonderheiten von AGB-Vertragsstrafeklauseln

In der Praxis versucht häufig der wirtschaftlich stärkere Partner dem schwächeren gegenüber mit entsprechenden AGB-Klauseln eine Vertragsstrafe aufzuerlegen. Das ist indes nur gegenüber *unternehmerischen Schuldnern* zulässig, gegenüber Privatverbrauchern ist dies grundsätzlich verboten (§ 309, Nr. 6 BGB).

Angemessene Höhe   Vertragsstrafen dürfen einen angemessenen Umfang auf keinen Fall überschreiten. Das bedeutet, sie dürfen in ihrer Höhe über die Sicherung des Interesses des AGB-Verwenders an einer rechtzeitigen vertragsgerechten Leistung nicht hinausgehen (BGH BB 1998, S. 1555). Es kommt dabei aber nicht auf den zu erwartenden individuellen Schaden des Vertragsstrafengläubigers an. Entscheidend ist vielmehr, ob allgemein bei Verträgen dieser Art Nachteile zu erwarten sind, die die Ausgestaltung der Vertragsstrafe als angemessen erscheinen lassen (BGH NJW 2006, S. 2556). *Unverhältnismäßig hohe Vertragsstrafen*, die sich nicht an diesen Rahmen halten, sind per se wegen unangemessener Benachteiligung des unternehmerischen Schuldners nach § 307, Abs. 1 BGB *unwirksam* (BGH BB 1999, S. 1027). In der Praxis orientiert man sich an der Auftragssumme und drückt die Vertragsstrafen in einem bestimmten Prozentsatz dieses Wertes aus, ergänzt durch eine maximale Höhe als Obergrenze.

Maßstab: Auftragssumme

> **Beispiel:**
> *Orientierungshilfe kann insofern die Rechtsprechung zu Bauverträgen bieten. Nach der neuesten Entscheidung des BGH ist eine Vertragsstrafeklausel gegen einen Bauunternehmer, wonach 0,3 % je Tag, höchstens jedoch 5 % der Angebotssumme zu zahlen sind, wirksam – 0,5 % je Tag, höchstens jedoch 10 % wären dagegen zu hoch und unwirksam, weil dadurch die gesamte Gewinnspanne in relativ kurzer Zeit aufgezehrt würde (BB 2003, S. 1434).*

Verschuldensunabhängige Vertragsstrafe nur in Ausnahmefällen   Hinzu kommt, dass die Vertragsstrafe nur im Falle einer von dem Schuldner zu vertretenden *Säumnis* oder *Pflichtverletzung* auferlegt werden darf. Eine *verschuldensunabhängige Vertragsstrafe* darf eine AGB-Klausel nur dann vorsehen, wenn gewichtige Umstände vorliegen, die ein Abweichen von der gesetzlichen Bestimmung als mit Recht und Billigkeit noch vereinbar erscheinen lassen (BGH ZIP 1998, S. 1051). Da diese strengen Voraussetzungen nur in sehr seltenen Fällen vorliegen dürften, verzichtet man am besten gleich darauf. Andernfalls riskiert man die Unwirksamkeit der Vertragsstrafenklausel, sollte die Rechtsprechung im Streitfall diese Sonderumstände nicht bejahen.

4.2.3.1   Verhältnis zum Schadensersatz

Die Zahlung einer Vertragsstrafe erweist sich für den Gläubiger dann als unzureichend, wenn der entstandene Schaden höher ausfällt. Selbstverständlich können Sie neben der Vertragsstrafe einen höheren Schaden geltend machen, sofern Sie den Beweis dafür erbringen. Ist zwischen den Parteien nichts anderes vereinbart, so ist billigerweise die *Vertragsstrafe* auf den Schadensersatzanspruch *anzurechnen* (§§ 340, Abs. 2, 341, Abs. 2 BGB). Dieses gesetzliche Gebot der Anrechnung kann durch eine AGB-Bestimmung nicht ausgeschlossen werden. Anders lautende Regelungen benachteiligen den Schuldner unangemessen nach § 307, Abs. 2, Nr. 1 BGB und sind deshalb unwirksam (BGH NJW 1992, S. 1097).

Nachweis eines höheren Schadens

4.2.3.2   Verfallklauseln

Verfall- oder *Verwirkungsklauseln* begründen – anders als eine Vertragsstrafe – keine zusätzliche Leistungsverpflichtung, sondern führen zu einem *Rechtsverlust* bei nicht vertragsgerechter Leistung.

Bewirken eines Rechtsverlustes

> **Beispiel:**
> *Nach der Vereinbarung in einem Projektvertrag leistet der Auftraggeber eine Anzahlung von 10 %. Im Vertrag ist weiter geregelt, dass die Anzahlung verwirkt ist, sofern die festgelegten Termine nicht eingehalten werden. Hält sich der Anlagenbauer nicht an die Terminabsprache, muss er die geleistete Anzahlung danach ohne weiteres zurückerstatten.*

Rechtlich betrachtet, werden solche Verfall- und Verwirkungsklauseln wie eine Vertragsstrafe behandelt, sodass die Vorschriften der §§ 339 ff BGB entsprechende Anwendung finden (BGH NJW-RR 1993, S. 246).

4.3   Risikobeschränkungen bei Leistungsstörungen

Selbstverständlich gehen die Vertragsparteien beim Abschluss davon aus, dass der Vertrag – wie vereinbart - reibungslos abgewickelt wird, denn nur dann bringt das Geschäft für sie die kalkulierten Vorteile. Andererseits muss immer mit *Leistungsstörungen*, insbesondere der Nichteinhaltung von Terminen, einer minderwertigen Leistung oder gar dem schlimmsten Fall, der Leistungsunfähigkeit, *gerechnet* werden, wobei alle diese Leistungsstörungen in der Sphäre des Lieferers liegen und deshalb grundsätzlich von ihm auch zu vertreten sind. Das Risiko besteht in den Vermögenseinbußen, sprich *Vermögensschäden*, die der Besteller dadurch erleidet und deshalb von seinem Geschäftspartner ersetzt haben will.

Haftungsbeschränkung des Lieferers

Der Lieferer ist deshalb bemüht, seine Haftung völlig zu vermeiden oder zumindest auf ein vernünftiges Maß zu beschränken, sodass dieses *Risiko* durch *Versicherungen* aufgefangen werden kann. Dieses Ziel lässt sich am besten durch entsprechende Risikobeschränkungsvereinbarungen erreichen oder auch durch *Risikobeschränkungsklauseln* in den eigenen AGB, wenn diese auf den Vertrag Anwendung finden. Dabei lassen sich durch *Einzelvereinbarungen* weitgehende Haftungsausschlüsse erzielen, die, wenn überhaupt, der Geschäftspartner nur akzeptieren wird, falls der Lieferer ihm in erheblichem Umfang beim Preis entgegenkommt. Andererseits wird man gegen angemessene Risikobeschränkungsklauseln in den AGB des Lieferers nichts einzuwenden haben, wenn durch einen einzelnen Vertrag ein extrem hoher Schaden entstehen und damit der finanzielle Ruin drohen würde.

4.3.1 Einschränkung des Verzugsschadens

Hält der Lieferer den vereinbarten kalendermäßigen Termin nicht ein, gerät er in *Schuldnerverzug*, sofern er nicht beweisen kann, dass er die Säumnis nicht zu vertreten hat (§ 286, Abs. 2, Nr. 1 BGB; vgl. Kap. 5.2.1). Die Folge wäre, dass er alle Vermögensschäden des Geschäftspartners, die sich aus dieser Säumnis ergeben, nach § 280 BGB ersetzen müsste. Das kann ihn aber bei einem sehr hohen *Produktionsausfallschaden* bereits wirtschaftlich ruinieren. Die Pflicht zum Ersatz des sog. *Verzögerungsschadens* kann man zwar durch eine AGB-Klausel nicht völlig ausschließen, weil die Pflicht zur termingerechten Leistungserbringung eine vertragswesentliche Pflicht ist, die nicht in so extremer, die Erreichung des Vertragszwecks gefährdender Weise eingeschränkt werden darf (§ 307, Abs. 2, Nr. 2 BGB). Zulässig ist es aber, die *Ersatzpflicht* auf ein vernünftiges Maß in Relation zur Höhe der Auftragssumme – nach der Rechtsprechung reichen 5 % – zu *beschränken*. Der Grund für diese großzügige Linie des Bundesgerichtshofs liegt darin, dass der Besteller seinen möglichen Produktionsausfallschaden durch das Setzen einer angemessenen kurzen *Nachfrist* begrenzen und durch eine sog. *Betriebsunterbrechungsversicherung* auffangen kann (BGH NJW 2000, S. 295). Fünf Prozent weniger Einnahmen und damit eine ziemlich hohe Gewinneinbuße erscheinen als eine ausreichende Bestrafung des Lieferers, wenn er die Fristen nicht einhält (BGH NJW-RR 1989, S. 626). Des Weiteren ist zu beachten, dass nach dem Gesetz der Schuldner während des Verzugs auch für bloße *Zufallsschäden* des Vertragspartners haftet (§ 287 BGB).

(Randnotiz:) **Höchstbetrag**

(Randnotiz:) **Zufallsschäden**

> **Beispiel:**
> *Ein LKW soll umgebaut werden, wird aber nicht termingerecht fertiggestellt. Danach wird die Werkhalle, in der sich der LKW befindet, vom Hochwasser überflutet, wodurch an dem LKW ein Sachschaden von 50.000 € entsteht. Auch diesen Zufallsschaden müsste der Inhaber der Autofachwerkstatt ersetzen.*

Es ist allgemein anerkannt, dass man diese gesetzliche *Haftung* für Zufallsschäden auch durch AGB-Bestimmungen völlig *ausschließen* kann.

Als leistungspflichtiges Unternehmen können Sie deshalb Ihre Verzugsschadenshaftung im Falle *einfacher Fahrlässigkeit* durch folgende zulässige und funktionsadäquate Klausel begrenzen. Dagegen steht bei grober Fahrlässigkeit § 307 BGB einer solch weitgehenden Haftungsbeschränkung entgegen (vgl. Kap. 6.2.3.1).

Verzugsschaden

»Geraten wir in Lieferverzug, kann der Kunde im Falle einfacher Fahrlässigkeit für jede vollendete Woche Verzug eine pauschalierte Verzugsentschädigung in Höhe von 1 % des Lieferwertes, höchstens jedoch 5 % fordern. Weitere Ansprüche des Kunden wegen schuldhaften Verhaltens bleiben unberührt.«

Klauselvorschlag

Besteller

Prüfen Sie unbedingt, ob ihr(e) Lieferant(en) in seinen (ihren) AGB eine Verzugsschadensbegrenzung aufgenommen hat (haben). Falls ja, sichern Sie Ihr Produktionsausfallrisiko durch eine Betriebsunterbrechungsversicherung ab.

Tipp

4.3.2   Haftung bei Schlechterfüllung

Neben Leistungsverzögerungen stellt die *Schlechterfüllung* den praktisch wichtigsten Fall von Leistungsstörungen dar, wenn also die erbrachte Leistung mit Blick auf die vertraglichen Vereinbarungen nicht den berechtigten Erwartungen des Auftraggebers entspricht. Dass in solchen Fällen der Besteller die sog. *Nacherfüllung* entweder durch *Mängelbeseitigung* oder durch *Nachlieferung* verlangen kann, versteht sich von selbst. Ferner muss ihm auch das Recht zustehen, sofern die Nacherfüllung nicht gelingt oder gar unmöglich ist, sich von dem Vertrag durch *Rücktritt* oder *Kündigung* zu lösen. Die konkrete Art und Weise der Nacherfüllung hängt von dem Vertragstyp und der konkreten vertraglichen Leistung ab.

Die erforderliche Beschaffenheit der vertraglichen Leistung, sollte durch möglichst präzise *Qualitätsstandards* definiert werden, um

Nacherfüllung

Rücktritt oder Kündigung

schnell und sicher feststellen zu können, ob eine mangelhafte Leistung vorliegt oder nicht. Unter Haftungsgesichtspunkten ist in diesem Zusammenhang für den Lieferer problematisch, wenn durch die Schlechtleistung dem Besteller zusätzlich *weitergehende Vermögensschäden* an anderen Vermögensgütern entstanden sind. Auch hier liegt es in seinem berechtigten Interesse, sich vor allzu hohen Schadensersatzansprüchen der Gegenseite durch angemessene *Haftungsbeschränkungsklauseln* zu schützen, soweit dies gesetzlich nach dem AGB-Recht der §§ 309, Nr. 7, 307, Abs. 2, Nr. 2 BGB statthaft ist. Dabei erweist es sich am zweckmäßigsten, diese Haftungsbegrenzung in einer allgemeinen Haftungsbeschränkungsklausel *wegen Pflichtverletzung* aufgehen zu lassen, die sich an die Verzugsschadensregelung anschließt.

Mangelfolge-schaden *(margin)*

Allgemeine Haftungsbeschränkung wegen Pflichtverletzung

Klauselvorschlag *(margin)*

»1. Im Übrigen schließen wir eine Haftung wegen Pflichtverletzung grundsätzlich aus, mit Ausnahme von grober Fahrlässigkeit unserer gesetzlichen Vertreter, Angestellten und sonstiger Erfüllungsgehilfen sowie bei der schuldhaften Verletzung von Leben, Körper und Gesundheit, wesentlicher Vertragspflichten und beim Fehlen einer garantierten Beschaffenheit. Bei schuldhafter Verletzung wesentlicher Vertragspflichten haften wir, außer in den Fällen des Vorsatzes oder der groben Fahrlässigkeit unserer gesetzlichen Vertreter, Angestellten oder sonstiger Erfüllungsgehilfen, nur für den vertragstypischen, vernünftigerweise vorhersehbaren Schaden. Ansonsten bleibt der Anspruch des Kunden auf Schadensersatz statt Leistung oder Aufwendungsersatz unberührt.

2. Die Haftungsbeschränkung gilt nicht in den Fällen, in denen nach dem Produkthaftungsgesetz für fehlerhaft gelieferte Waren wegen Personen- und Sachschäden bei privat genutzten Gegenständen gehaftet wird.

3. Soweit die Haftung ausgeschlossen und beschränkt ist, gilt das auch für die persönliche Haftung unserer Angestellten, Arbeitnehmer, Mitarbeiter, gesetzlichen Vertreter und Erfüllungsgehilfen.«

Eine genauere Erläuterung dieser Haftungsbeschränkungsklausel erfolgt im Zusammenhang mit der Schadensersatzproblematik (vgl. Kap. 6.2.3.1). Die Formulierung der Klausel selbst beruht auf der *Konditionenempfehlung* der *Arbeitsgemeinschaft der Zulieferindustrie* (ArGeZ), die im Internet unter www.argez.de zu finden ist. Die Ziffer 3 dient dem Schutz der Beschäftigten des Lieferers und bildet die Grundvoraussetzung für ihre Absicherung durch die *Betriebshaftpflichtversicherung* des Arbeitgebers.

Schutz des fehlerhaft handelnden Mitarbeiters *(margin)*

4.3.3 Leistungsvorbehalte bei Leistungshindernissen

Der schlimmste Fall, der dem Lieferer widerfahren kann, ist, dass er eine zugesagte vertragliche Leistung nicht erbringen kann. Dann wird er von seiner Leistungspflicht nach § 275 BGB befreit, weil man von ihm rechtlich keine unmögliche Leistung verlangen kann. Deswegen bezeichnet der Jurist diesen gravierendsten Fall der Leistungsstörung als *Unmöglichkeit* (vgl. Kap. 5.4). Das hat logischerweise zur Konsequenz, dass der Geschäftspartner sich durch Rücktritt vom Vertrag lösen kann (§ 323 BGB). Das Problem liegt für den Leistungspflichtigen in seinem *Haftungsrisiko:* Er muss nämlich den kompletten Vermögensschaden des Geschäftspartners ersetzen, wenn er diese Unmöglichkeit zu vertreten hat (§§ 275, Abs. 4, 280, 283 BGB).

Unmöglichkeit der Leistung

Da der Lieferer sozusagen mit Vertragsabschluss für seine fortlaufende *Leistungsfähigkeit einzustehen* hat, treffen grundsätzlich ihn diese Risiken, selbst wenn er sie im Einzelnen nicht steuern und beherrschen kann. Die wichtigsten Fälle sind, dass man selbst von dem eigenen Lieferanten unerwartet im Stich gelassen wird oder dass die Produktion wegen eines Arbeitskampfes zum Erliegen kommt.

Tipp

Lieferer

Hier hat es sich in der Praxis bewährt, dass sich der Lieferer ein entsprechendes Leistungsverweigerungsrecht durch den sog. Vorbehalt der richtigen und rechtzeitigen Selbstbelieferung und höherer Gewalt ausbedingt.

Für den Fall, dass die Vertragserfüllung daran scheitert, dass der Lieferer von seinem eigenen Lieferanten im Stich gelassen wird, kann er sich in seinen AGB durch einen *Selbstbelieferungsvorbehalt* ausbedingen, dass er dann seinerseits von seiner Lieferpflicht frei wird und deshalb den Vertrag mit dem Geschäftspartner nicht erfüllen muss.

Selbstbelieferungsvorbehalt

Die *Leistungsbefreiung* setzt jedoch voraus, dass der Lieferer im Zeitpunkt der Vereinbarung des Leistungsvorbehaltes mit seinem Lieferanten ein *kongruentes Deckungsgeschäft* abgeschlossen hatte und danach von seinem Partner im Stich gelassen wird. Das Deckungsgeschäft muss dabei terminlich, gegenständlich und vom Umfang so beschaffen sein, dass bei einem normalen reibungslosen Ablauf die Erfüllung des Verkaufskontraktes durch den Lieferer ohne weiteres möglich ist. Demnach muss der Einkaufskontrakt als Deckungsgeschäft im Hinblick auf die Ware, ihre Menge und die vereinbarte Frist genau auf den Verkaufskontrakt des Lieferers mit dem Geschäftspartner abgestimmt sein (BGH NJW 1995, S. 1959).

Ohne diesen Selbstbelieferungsvorbehalt müsste nämlich der Lieferer wegen seines *Beschaffungsrisikos* nach § 276, Abs. 1 BGB sich die fehlenden Waren, Stoffe usw. bei einem anderen Unternehmen besorgen, auch wenn er wegen der besonderen Eile einen viel höheren Preis dafür zu zahlen hätte. Da aber andererseits i.d.R. der Besteller auf eine pünktliche Lieferung angewiesen ist, muss der Lieferer in einem solchen Fall, um größeren Schaden abzuwenden, unverzüglich den *Besteller* von dem Vorliegen des Leistungshindernisses und seiner getroffenen Entscheidung *informieren*. Auch insoweit empfiehlt sich eine präzise vertragliche Regelung, die den Selbstbelieferungsvorbehalt ergänzt.

Selbstbelieferungsvorbehalt

Klauselvorschlag

»Richtige und rechtzeitige Selbstbelieferung bleibt vorbehalten. Der Lieferer ist verpflichtet, den Besteller innerhalb einer Woche darüber zu informieren, wenn er bei Eintritt eines solchen Leistungshindernisses von seinem Leistungsverweigerungsrecht Gebrauch machen will.«

Arbeitskämpfe

Ein weiteres wirtschaftlich bedeutsames *Leistungshindernis*, stellt das *Streikrisiko* dar, wenn die Produktion im Betrieb des Lieferers durch einen Arbeitskampf zum Erliegen kommt. Dabei ist noch nicht hinreichend sicher geklärt, ob und unter welchen Umständen der Lieferer das Streikrisiko zu tragen hat, insbesondere, ob dabei zwischen einem rechtmäßigen Arbeitskampf oder wilden Streik unterschieden werden muss. Deshalb ist es zweckmäßig, das Streikrisiko in einer allgemeinen Klausel »höhere Gewalt« aufzunehmen. *»Höhere Gewalt«*

Höhere Gewalt

sind unvorhersehbare und unvermeidbare Ereignisse, die außerhalb der von den Geschäftspartnern beherrschbaren Sphäre liegen und deshalb ihnen auch nicht angelastet werden können. Das muss nach den Grundsätzen der sog. *überholenden Kausalität* in schwerwiegenden Fällen auch dann gelten, wenn diese Ereignisse zu einem Zeitpunkt eintreten, in dem sich der leistungspflichtige Vertragspartner in Verzug befindet, sofern er den Verzug nicht vorsätzlich oder grob fahrlässig verursacht hat. Das kommt allerdings in der Wirtschaftspraxis äußerst selten vor. Zur Vermeidung von Überreaktionen sollte erst versucht werden, den Vertrag an die neuen Umstände anzupassen, bevor er beendet wird.

Vertragsanpassung

Eine Anpassungspflicht ist den Geschäftspartnern nur zuzumuten, falls die Behinderung ihrerseits nicht allzu lange dauert. Alle diese rechtlichen Aspekte sind im Klauselvorschlag der *Arbeitsgemeinschaft Zulieferindustrie* in abgewogener Manier eingeflossen (www.argez.de).

Höhere Gewalt (ArGeZ)

»Höhere Gewalt, Arbeitskämpfe, Unruhen, behördliche Maßnahmen und Klauselvorschlag
sonstige unvorhersehbare, unabwendbare und schwerwiegende Ereignisse
befreien die Vertragspartner für die Dauer der Störung und im Umfang
ihrer Wirkung von den Leistungspflichten. Das gilt auch, wenn diese Er-
eignisse zu einem Zeitpunkt eintreten, in dem sich der betroffene Vertrags-
partner in Verzug befindet, es sei denn, dass er den Verzug vorsätzlich oder
grob fahrlässig verursacht hat. Die Vertragspartner sind verpflichtet, im
Rahmen des Zumutbaren einander unverzüglich – i.d.R. innerhalb einer
Woche – die erforderliche Information zu geben und ihre Verpflichtung den
veränderten Verhältnissen nach Treu und Glauben anzupassen. Dauert die
Behinderung länger als drei Monate, kann jeder Vertragspartner hinsicht-
lich des noch nicht erfüllten Teils vom Vertrag zurücktreten«.

Die Einschränkung des Rücktritts auf den noch nicht erfüllten Teil   Teilrücktritt
stellt sicher, dass die bereits abgewickelten Vertragsleistungen, wie
z. B. eine *Teillieferung*, Bestand haben und der teilweise erfüllte Vertrag nicht komplett rückabzuwickeln ist, wie es bereits der gesetzlichen Leitidee in § 323, Abs. 5, Satz 1 BGB entspricht. Damit hat
dieser *Teilrücktritt* das gleiche Ergebnis wie die *Kündigung* bei einem
Dauerschuldverhältnis, nämlich die Beendigung des Vertrages für
die Zukunft. Völlig zu Recht wird in dem Klauselvorschlag der Begriff *»Arbeitskampf«* und nicht wie häufig der Begriff »Streik« benutzt, denn bei Letzterem bleibt unberücksichtigt, dass als Arbeits-
kampfmittel auch die Aussperrung in Betracht kommt.

4.3.4 Zahlungspflicht des Bestellers
Die *Hauptpflicht* des Bestellers ist, den für die Sach- oder Dienstleistung des Lieferers vereinbarten Preis zu zahlen. Die Vergütungs-
und Preisvereinbarungen bilden deshalb den zweiten Kernbestand-
teil jeden Geschäftsvertrages.

4.3.4.1 Vergütung
Das deutsche Privatrecht kennt – abgesehen von bestimmten Grup-   Höhe der Vergütung
pen von Freiberuflern, wie Ärzte, Architekten, Rechtsanwälte   frei vereinbar
– *keine Preisregulierung*, sodass die Vertragsparteien die Höhe des
Preises der Sach- oder Dienstleistung innerhalb des weit gespannten
Rahmens der *Sittenwidrigkeit* frei vereinbaren können. Der Vorwurf
der objektiven Sittenwidrigkeit ist erst dann gerechtfertigt, wenn
der Preis den Wert der Gegenleistung um das Doppelte übersteigt,
was in der unternehmerischen Praxis äußerst selten vorkommt (BGH
NJW 1995, S. 1019, vgl. Kap. 3.7.2.1).
    Je nach Komplexität der Vertragsleistung ist es zweckmäßig, den
Gesamtpreis in verschiedene *Preisbestandteile* zu zerlegen, nach-

trägliche *Preisveränderungen* in bestimmtem Umfang zu gestatten, den zahlungspflichtigen Besteller zu Vorleistungen zu verpflichten und bei allen Verträgen die *Zahlungsmodalitäten* zu bestimmen. Das macht eine Reihe von zusätzlichen spezifischen Vereinbarungen im Vertrag erforderlich, deren vielfältiges Spektrum für die Vertragsgestaltung im Rahmen rechtlich zulässiger Rahmenbedingungen hier umrissen werden soll.

Preisgestaltung

Kalkulationsfehler

Klärungsbedürftig ist zunächst, ob es sich um einen unveränderlichen Festpreis handelt, was vor allem dem Besteller entgegenkommt, oder der Endpreis sich nach dem Aufwand aus bestimmten Faktoren, wie etwa den Materialkosten und dem Zeitaufwand, errechnet, die dem Lieferer seinen kalkulierten Gewinn sichern. Bei der Preisbildung sollte man sich tunlichst nicht zu seinen Ungunsten verrechnen, da *Kalkulationsfehler* ohne Irrtumsvorbehalt rechtlich unerheblich sind, sodass man zu dem vereinbarten Preis liefern muss (vgl. Kap. 3.6.1.2.2)

Festpreis

Bei einfachen Geschäftsverträgen ist die Vereinbarung eines *fixen Preises,* der zu einem bestimmten Zeitpunkt zu zahlen ist, die Regel. Hier liegt das Kalkulationsrisiko allein beim Lieferer, der den damit verbundenen Material-, Personal- und Zeitaufwand verlässlich taxieren muss.

Klauselvorschlag

»Der vereinbarte Preis ist ein Festpreis« oder *»... (Betrag in €) als Festpreis zu zahlen.«*

Vergütung nach Aufwand

Materialkosten und Zeitaufwand

Bei komplexeren Produkten, deren Erstellung einen größeren, schwer kalkulierbaren Zeitaufwand erfordert, ist häufig die sachgerechtere Alternative, die Höhe der Geldleistung neben den Materialkosten auch von der Höhe des Zeitaufwandes abhängig zu machen. Als maßgebende *Zeiteinheit* für die Preisbildung kommen vor allem die Arbeitsstunde oder noch kürzere Zeitabschnitte als sog. vom Lieferer individuell definierte Arbeitseinheiten in Betracht. Letzteres ist vor allem im Kfz-Gewerbe für die Wartung und Reparatur von Kraftfahrzeugen üblich.

Stundenliste

Dabei kommt in diesem Zusammenhang dem verlässlichen und glaubwürdigen Nachweis des Zeitaufwandes eine überragende Bedeutung zu. Deshalb sollte zusätzlich unbedingt die Art und Weise der Dokumentation festgelegt werden, damit der zahlungspflichtige Besteller eine verlässliche Prüfungsgrundlage hat. Insoweit hat sich die Führung einer *Stundenliste* durch Beschäftigte des Lieferers in der Praxis bewährt, die von autorisierten Mitarbeitern des Bestellers abzuzeichnen und als Beleg der Abschnitts- oder Schlussrechnung beizugeben ist. Eine entsprechende verlässliche Dokumentation ist aus rein tatsächlichen Gründen ausgeschlossen, wenn die Arbeitsleistung allein in den *Betriebsräumen des Lieferers* erbracht wird und deshalb deren Umfang der direkten Kontrolle des Bestellers entzogen ist. Kommt es später zwischen den Vertragsparteien über die Berechnung der Arbeitskosten zu Meinungsverschiedenheiten, muss der Lieferer die aufgewendete Arbeitszeit schlüssig beweisen, wobei er dazu als Vergleichsgröße auch auf *branchenübliche Erfahrungswerte* zurückgreifen und eine gewisse Toleranzgrenze festlegen kann.

»Zum Nachweis des Zeitaufwandes erstellt der Lieferer für jeden Arbeitstag Stundenlisten. Die dadurch dem Besteller nachgewiesene Arbeitszeit gilt als korrekt angegeben, solange nicht branchenübliche Erfahrungswerte um mehr als 10 % überschritten werden«.   **Klauselvorschlag**

Eine *Vergütung* nach *Aufwand* empfiehlt sich insbesondere, wenn der Materialeinsatz des Lieferers sehr gering ist und der Preis deshalb durch die Arbeitsleistung im Wesentlichen bestimmt wird.

Preisrahmen und Sonderprovision

Besteht die Vertragsleistung in der Entwicklung eines komplexeren Produktes und haben die Geschäftspartner keinen festen Ablieferungstermin, sondern einen festen Rahmen als Zeitfenster vereinbart, bietet es sich an, als besonderen *Leistungsanreiz* die Höhe des Preises an den zeitlichen und sachlichen Erfolg des Lieferers zu binden und den Endpreis entsprechend zu staffeln. Dabei sollte eine *Mindestvergütung* festgelegt werden, wenn der Lieferer das Zeitfenster voll ausschöpft. Stellt er aber das Produkt früher fertig, wird ihm eine *Sonderprovision* in Form eines bestimmten Preisaufschlags, gestaffelt nach Wochen oder Monaten, je nachdem, wie viel die frühere Fertigstellung dem Besteller wert ist, gezahlt.   **Preisaufschlag**

Dagegen empfiehlt es sich wegen der hohen Unbestimmtheit nicht, die *Preiserhöhung* nach billigem Ermessen durch eine Vertragspartei festlegen zu lassen, selbst wenn die Ausübung des einseitigen Preisgestaltungsrechts der richterlichen Billigkeitskontrolle nach §§ 315 ff BGB unterliegt (vgl. Kap. 4.3.4.2).

Wird das Produkt auch von dem Besteller mit entwickelt und bringt er insofern einen kreativen Input mit ein, ist es angemessen, dies auch entsprechend in umgekehrter Richtung durch *Preisabschläge* zu honorieren, wenn dadurch *Kosteneinsparungen* erzielt werden können. Allerdings lässt sich die Höhe nur schwer quantifi-   **Preisabschlag** zieren und kann deshalb nur vage in Relation zum taxierten Preis angegeben werden.

Preisabschlag

Klauselvorschlag

»Kosteneinsparungen beim Lieferer, die durch den Einsatz des Bestellers erzielt werden, sind im Umfang, wie der Besteller zu der Kosteneinsparung beigetragen hat, auf die Lieferpreise anzurechnen. Sie führen so lange zu entsprechenden Preisreduzierungen, bis sie in voller Höhe durch diese Anrechnung abgedeckt sind.«

Umsatz- oder gewinnabhängiger Preis

Stellt der betreffende Geschäftsvertrag eine *Dauerrechtsbeziehung* dar, wie vor allem die *Geschäftsraummiete,* kann es auch sinnvoll sein, die Höhe der zu zahlenden Miete oder zumindest einen Teil davon an die wirtschaftliche Geschäftsentwicklung beim Vertragspartner, sprich beim Mieter, zu koppeln. In Betracht kommt dabei vor allem der *Umsatz* oder der Gewinn. Von Letzterem ist aus Vermietersicht eher abzuraten, weil dann die Höhe der Miete primär vom geschäftlichen Erfolg des Mieters und zudem auch noch von seinen finanziellen Entscheidungen abhängt, da das deutsche Bilanzrecht im Hinblick auf Fragen der Gewinnermittlung recht großzügige Bewertungsspielräume zur Verfügung stellt. Sachgerechter ist daher, auf den wesentlich neutraleren Referenzwert des Umsatzes abzustellen.

Brutto- oder Nettopreis

Als leistungspflichtiger Lieferer müssen Sie auch wissen, dass der vereinbarte Preis ohne besondere Absprache nach ständiger Rechtsprechung als *Bruttopreis* anzusehen ist, weil im Zweifel die Umsatzsteuer ein rechtlich unselbstständiger Teil des zu zahlenden Preises darstellt und deshalb im angebotenen Preis enthalten ist (BGHZ 115, S. 50). Eingebürgert hat sich deshalb in der unternehmerischen Praxis die *Preisvereinbarung:* Nettopreis + Umsatzsteuer, sodass zu der vereinbarten oder später noch ermittelten Summe die darauf anfallende Umsatzsteuer zugeschlagen wird.

Fracht-, Versand- und Wegekosten

Muss die bestellte Ware zum Kunden transportiert werden, so ist zu regeln, wer die Fracht- oder Versandkosten zu tragen hat. Die übliche Praxis geht dahin, dass die Kosten dem Besteller gesondert in Rechnung gestellt werden, also der genannte Preis die *Transportkosten* nicht mit umfasst.

Üblich ist die allgemein bekannte und verbreitete Klausel: »ab Werk« oder   Klauselvorschlag
man kann die Preisangabe mit dem Hinweis »zuzüglich Versandkosten«
versehen.

Selbstverständlich kann auch der vom Lieferer genannte Preis die
Transportkosten einschließen, die er dann zuvor in den von ihm genannten Preis hineingerechnet hat.

Dass der Endpreis inklusive Transportkosten zu verstehen ist, wird vielfach   Klauselvorschlag
durch die Klausel »Lieferung frei Haus« kenntlich gemacht.

Diese Regelungen dienen vor allem der Klarstellung. Sie sind beim
Versendungskauf nicht unbedingt erforderlich, weil dort von Gesetzes wegen der Käufer ohnehin die Transportkosten zu tragen
hat (§ 448, Abs. 1 BGB). Nur bei der sog. *Bringschuld,* wenn also der
Transport gemäß ausdrücklicher Vereinbarungen oder nach der Verkehrssitte zur geschuldeten Vertragsleistung des Verkäufers gehört,
fielen dem Verkäufer ohne gesonderte Vereinbarungen die Frachtkosten zu (vgl. Kap. 4.2.1.2).
   Wegekosten fallen vor allem ins Gewicht, wenn die geschuldete   Wegekosten
Dienstleistung auf dem Betriebsgelände des Bestellers zu erfolgen
hat.

Beispiel:
Reparatur einer schwer transportierbaren Maschine auf dem Werksge-
lände des Bestellers.

Die Erstattung ist bei *Reparaturaufträgen* und *Wartungsverträgen*
etc. Bestandteil der üblichen Vergütung im Sinne von § 632 BGB, die
sich aus dem Arbeits- und Materialeinsatz sowie den so genannten
berechneten Wegekosten zusammensetzt. Ohne besondere Vereinbarung und ohne objektivierte Vergütungssätze in Form einer Taxe gilt
dann die übliche Vergütung als maßgebend (§ 632, Abs. 2 BGB).

Besteller   **Tipp**
Um absehbaren Streitigkeiten vorzubeugen, sollten Sie sich deshalb
als Besteller vor Vertragsabschluss nicht nur über die Stundensätze,
sondern auch über die Wegekosten informieren und, im Falle eines
schriftlichen Vertragsabschlusses, diese Kostenelemente ausdrücklich in den Vertrag aufnehmen.

Sonder- und Zusatzleistungen

Nachträgliche Änderungen durch Besteller

Nicht selten möchte der Besteller bei der Planung und Ausführung größerer Projekte nachträgliche Änderungen vornehmen, die jedoch die Kosten des Lieferers erhöhen. Daher ist es geradezu selbstverständlich und auch üblich, dass diese *Sonder-* oder *Zusatzleistungen* gesondert zu *honorieren* sind. Das gilt selbst dann, wenn das genau umrissene Vorhaben zu einem Festpreis angeboten worden ist. Um hier keine Missverständnisse aufkommen zu lassen, wird das in der Preisgestaltung durch den Lieferer klargestellt.

Honorierung von Sonderleistungen

Klauselvorschlag

»Der angegebene Festpreis umfasst nur die Leistungen, die im Leistungskatalog des Angebots enthalten sind. Darüber hinaus im Auftrage des Bestellers erbrachte Sonderleistungen oder durch nachträgliche vom Besteller geforderte Änderungen des Produktes (Werkes, Projektes etc.) sind zusätzlich angemessen zu vergüten.«

Eine Inrechnungstellung dieser Sonder- oder Zusatzleistung ist nur dann gerechtfertigt, wenn sie mit dem Kunden ausdrücklich vereinbart worden ist. Deshalb sollte man die o.g. Vergütungsklauseln noch ergänzen.

Klauselvorschlag

»Vergütungen für wesentliche oder vertragstypische Leistungen, denen keine entsprechende Verpflichtung des Vertragspartners gegenübersteht, können verweigert bzw. zurückgefordert werden.«

Anpassung des Liefergegenstandes

Im Rahmen einer *dauerhaften Lieferbeziehung* übernimmt der Lieferer des Öfteren Verpflichtungen zur Änderung oder Anpassung des Liefergegenstandes oder der Herstellungsverfahren. In solchen Fällen ist auch sicherzustellen, dass diese *Zusatzleistungen*, von denen der Besteller profitiert, angemessen honoriert werden. Da der damit verbundene Aufwand sich nicht genauer beschreiben lässt, muss es mit einer *offenen Vergütungsklausel*, wie von der Arbeitsgemeinschaft Zulieferindustrie empfohlen, sein Bewenden haben (www.argez.de).

ArGeZ

Klauselvorschlag

»Sofern der Lieferer Verpflichtungen zur Änderung oder Anpassung des Liefergegenstandes oder der Herstellungsverfahren in qualitativer, technischer oder preislicher Hinsicht übernommen hat, wird eine Amortisation dieser Leistungen durch das Liefergeschäft oder eine sonstige angemessene Vergütung dieser Leistungen des Lieferers vorgesehen.«

Preisbestimmung durch sachkundigen Experten

Kennen die Vertragsparteien den Wert des Vertrages nicht genau, sind sie auf das sachkundige Wissen eines Experten angewiesen, der i.d.R. ein für die Geschäftspartner verbindliches *Wertgutachten* darüber zu erstellen hat. Darin steckt ein nicht unerhebliches Risiko, weil der Inhalt des Schiedsgutachtens nur noch sehr beschränkt richterlich dahingehend überprüfbar ist, ob die von dem Schiedsgutachter vorgenommene Bestimmung »offenbar unbillig« ist (§ 317, Abs. 1, § 319, Abs. 1 BGB). *Offenbare Unbilligkeit* nimmt die Rechtsprechung bei Schiedsgutachten dann an, falls das Gutachten offenbar unrichtig ist. Das trifft zu, wenn sich die Unrichtigkeit dem sachkundigen unbefangenen Beobachter geradezu aufdrängt (BGH NJW-RR 1993, S. 1035) oder das Schiedsgutachten in seinem Ergebnis überhaupt nicht nachprüfbar ist (BGH NJW-RR 1988, S. 506).

Wertgutachten

Beispiele:

Außerachtlassung des Vertragsinhalts und zu einseitige Berücksichtigung der Interessen einer Partei (BGH NJW-RR 1994, S. 1315) oder Außerachtlassung anerkannter vertraglich vorgegebener oder Zugrundelegung unrichtiger Bewertungsmaßstäbe bzw. Faktoren (BGHZ 146, S. 285) oder wesentliche Irrtümer und grobe Verstöße gegen die Regeln der Sachkunde; dagegen nicht Fehleinschätzung innerhalb der Toleranzgrenze (OLG Frankfurt NJW-RR 1995, S. 80).

Angesichts dieser sehr allgemein gehaltenen Kriterien empfiehlt es sich, präzisere Maßstäbe einer groben Unbilligkeit aus Sicht beider Parteien festzulegen, die dann, wie die Rechtsprechung auch betont, für den Schiedsgutachter verbindlich sind (zur Kostenregelung vgl. Kap. 2.2.4.7).

Tipp

Wertgutachten

»Die Vertragsleistungen der Firma ...(Name des Lieferers) sind angemessen von dem Besteller zu vergüten. Über die Höhe entscheidet ein Schiedsgutachter, der einvernehmlich von den Parteien bestimmt wird, andernfalls durch die Industrie und Handelskammer in ... .
Die Leistungsbestimmung durch den Gutachter unterliegt der gerichtlichen Billigkeitskontrolle mit folgenden Maßgaben: Eine offenbare Unbilligkeit im Sinne des § 319 BGB liegt vor, wenn ... .«
(Unterschriften)

Klauselvorschlag

4.3.4.2   Preisänderungs- und Wertsicherungsklauseln

Nimmt die Abwicklung des Geschäftsvertrages eine relativ lange Zeit in Anspruch, liegt typischerweise zwischen der Vereinbarung

Kostenrisiko bei Verträgen mit langer Laufzeit

des Preises und der späteren Zahlung eine erhebliche Zeitspanne, was dem *Lieferer* ein erhebliches *Kostenrisiko* aufbürdet. Deshalb besteht für ihn ein Bedürfnis, sich in der Preisvereinbarung Vorbehalte für die Veränderung von Einkaufspreisen, Zulieferleistungen etc. auszubedingen, wenn diese sich verteuert haben. Dies geschieht durch entsprechende *Preisanpassungs-* oder *Tagespreisklauseln*, die man im unternehmerischen Geschäftsverkehr auch ohne weiteres in AGB aufnehmen kann. Auf die engere Verbotsnorm des § 309, Nr. 1 BGB kann sich ein Unternehmer als Besteller nicht berufen, weil er kraft seiner höheren Selbstverantwortung und Gestaltungsfreiheit stets mit veränderten Kosten rechnen muss und sich deshalb auch auf *kurzfristige Preisänderungen* einzustellen hat. Allerdings unterliegen Preisanpassungsklauseln auch im unternehmerischen Ge-

Transparenz- und Angemessenheits kontrolle

schäftsverkehr der allgemeinen *Transparenz-* und *Angemessenheitskontrolle* nach § 307 Abs. 1 Satz 2 und 1 BGB (vgl. Kap. 3.4.5.2.2), welche die Rechtsprechung in den letzten Jahren zu Gunsten des Verbrauchers zunehmend verschärft hat. Wegen der Identität der Bewertungsmaßstäbe dürften prinzipiell an die Wirksamkeit von Preisanpassungsklauseln gegenüber unternehmerischen Kunden vergleichbare Anforderungen zu stellen sein. Dabei macht der Bundesgerichtshof keinen Unterschied, ob es sich um einfache Austauschverträge oder langfristige Lieferbeziehungen – wie z.B. bei Lieferung von Flüssiggas I – handelt (BGH DB 2005, S. 2813).

Aus dem *Transparenzgebot* ergibt sich, dass die einzelnen *Kostenbestandteile* in der Klausel möglichst genau auch in ihrer Gewichtung aufgeschlüsselt werden müssen und nicht in Pauschalbegriffen, wie z.B. »Betriebskosten« gegenüber dem Kunden verschleiert

Genaue Angabe der einzelnen Kostenfaktoren aber keine Offenlegung der Kalkulation

werden dürfen (OLG Köln, Urt. v. 13.01.2006, Az.: 6 U 148/05). Zumindest gegenüber unternehmerischen Abnehmern sollte eine Bezugnahme sowohl auf Kostenfaktoren, die wie etwa Materialkosten durch die Marktverhältnisse bestimmt werden, als auch solche, die wie Lohn- und Lagerkosten von Entscheidungen des Unternehmers abhängen, zulässig sein. Dabei muss aber die Beschreibung der einzelnen Kostenelemente nicht so detailliert sein, dass dadurch der Lieferer gezwungen wäre, seine Kalkulation gegenüber dem Besteller offen zu legen. Die Kalkulation berührt nämlich den schutzwürdigen Kern seiner unternehmerischen Leistung.

Inhaltliche Angemessenheit

Aus dem Gebot *angemessener inhaltlicher Ausgestaltung* folgt, dass die Anpassungsklausel nur eine Abwälzung der *tatsächlich entstandenen Mehrkosten* eröffnen darf. Steigt ein bestimmter Kostenfaktor, darf dies dennoch nicht zu einer Preiserhöhung führen, wenn die Gesamtkosten wegen Verringerung anderer Kosten nicht gestiegen sind (BGH DB 2005, S. 2814). In gleicher Weise darf die Preisklausel dem Lieferer *keine* nachträgliche *Erhöhung* der *Gewinn-*

spanne erlauben, so dass er den Preis bei nachträglichen Kostenstei-
gerungen folglich nur entsprechend dem ursprünglich vereinbarten
Gewicht der Kosten für die Gesamtkosten erhöhen kann. Ferner hat
bei Kostenentscheidungen in der anderen Richtung, wenn die Kosten sinken sollten, in gleichem Umfang eine *Preissenkung* zu erfolgen. Nur so wird das Preisänderungsrisiko angemessen zwischen
den Geschäftspartnern verteilt. Im Falle erheblicher *Preissprünge*
von über 5 % kann die fehlende Angemessenheit einer Preisanpassungsklausel durch die Einräumung eines *Vertragslösungsrechts*
kompensiert werden, falls dieses bereits mit Ankündigung der
Preiserhöhung greift und dem Kunden auch keine zusätzlichen
ausübungsbehindernden Kosten auferlegt (BGH ZIP 2007, S. 916
– Flüssiggas II). Das kann indes nur in Betracht gezogen werden,
wenn der Besteller nicht vom Lieferer abhängig ist und eine Bezug-
salternative für dessen Leistung besitzt.

Unter dem Blickwinkel der hohen und komplexen Anforderungen
des Transparenz- und Angemessenheitsgebotes wird diesen Ansprüchen am ehesten eine echte automatisch wirkende *Kostenelements-
klausel* gerecht, die alle für den Endpreis wichtigen Kostenfaktoren
enthält und in einer mathematischen Formel zutreffend gewichtet.
Dabei handelt es sich um eine *genehmigungsfreie Wertsicherungsklausel.* **Automatische Kostenelements-klausel**

Kommt es bei ihrer Anwendung im Einzelfall zu einer starken
Preissteigerung, kann dagegen der Besteller durch die Vereinbarung
eines Lösungsrechtes sich vorbehalten, den Vertrag zu beenden, sofern ihm eine andere Lieferquelle zur Verfügung steht.

Tipp

Besteller

Es liegt an ihnen, sich gegenüber zu starken nachträglichen Preiserhöhungen zu schützen, indem Sie sich per Einzelvereinbarung ein
griffiges Lösungsrecht in Form des Rücktritts oder der Kündigung
ausbedingen und dabei die Ihnen genehme Toleranzgrenze festlegen.

Rücktritts- oder Kündigungsvorbehalt des Bestellers   **Klauselvorschlag**
*»Falls sich der vereinbarte Preis unter Anwendung der Preisänderungsklau-
sel um mehr als ... % erhöht, behalten wir uns einen Rücktritt (eine Kündigung) vor. Das Rücktrittsrecht (Kündigungsrecht) ist innerhalb von zwei
Wochen nach Kenntniserlangung von der Preiserhöhung auszuüben.«*

Besitzen Sie eine entsprechend starke wirtschaftliche Machtposition, können Sie sich als Besteller generell gegenüber einzelnen Preisänderungen des Lieferers durch eine *ausdrückliche Festpreisabrede*
sichern, die sich als vorrangige Einzelvereinbarung gegenüber der **Abwehr durch Festpreis**

Preisänderungsklausel der Gegenseite durchsetzt (§ 305b BGB). Zu erwägen wäre auch, in Ihre Einkaufsbedingungen eine Festpreisklausel aufzunehmen und bei der Bestellung darauf zu verweisen.

Klauselvorschlag *»Die mit uns vereinbarten Preise gelten stets als Festpreise.«*

Da in diesem Fall die Lieferbedingungen der Gegenseite mit Ihren Einkaufsbedingungen kollidieren, würde Ihre Abwehr-Festpreisklausel die Anwendung der Preisänderungsklausel des Geschäftspartners verhindern (vgl. Kap. 4.3.4.4.1).

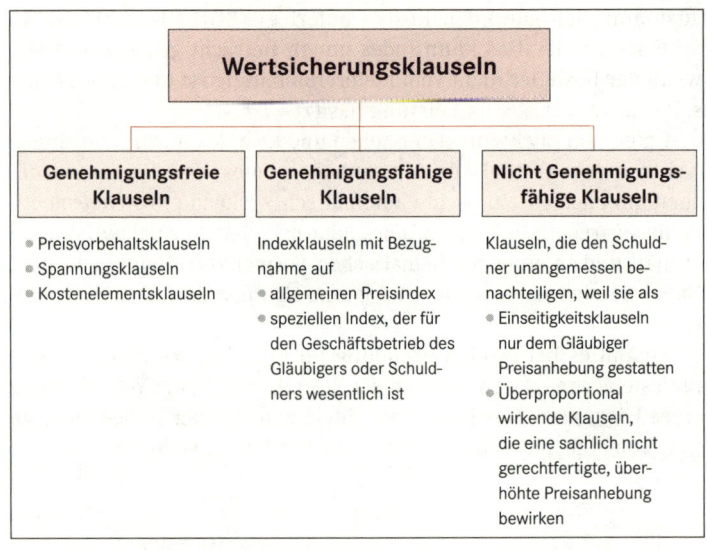

Abb. 4.3: Wertsicherungsklauseln

Wertsicherungsklausel Abgesehen vom AGB-Recht ist im Hinblick auf die Wirksamkeit der Preisänderungsklausel stets zu beachten, dass diese als Wertsicherungsklauseln genehmigungsbedürftig nach § 2, Abs. 1 des *Preisangaben- und Preisklauselgesetzes (PaPkG)* sein können. Nach dem dort enthaltenen Klauselverbot gilt: »Der Betrag von Geldschulden darf nicht unmittelbar oder selbsttätig durch den Preis oder Wert von anderen Gütern oder Leistungen bestimmt werden, die mit den vereinbarten Gütern oder Leistungen nicht vergleichbar sind.« Diese Generalklausel ist auf der Grundlage der Verordnungsermächtigung nach § 2, Abs. 2 PaPkG durch die sog. *Preisklauselverordnung (PrKV)* ergänzt worden, die in § 1 einen Katalog genehmigungsfreier Klauseln, von denen Unternehmen ohne weiteres Gebrauch machen können, enthält. Die nicht von der Genehmigung freigestellten Klauseln bedürfen nach § 2, Abs. 1, Satz 2 PaPkG der Genehmigung durch das nach § 7 PrKV zuständige *Bundesamt für Wirtschaft* in Frankfurt/ Eschendorf (siehe Abbildung 4.3).

Von besonderem Interesse sind für Sie die sog. *genehmigungs-freien Klauseln*, weil sie nicht zur Genehmigung vorgelegt werden müssen und deshalb bei ihrer Anwendung auch kein zusätzlicher Verwaltungsaufwand entsteht. Das betrifft im Einzelnen:

Genehmigungsfreie Preisklauseln

- *Preisvorbehaltungsklauseln,* weil sie keinen Anpassungsautomatismus auslösen, in der Gesetzessprache § 2, Abs. 1, Satz 1 PaPkG »nicht unmittelbar oder selbsttätig« wirken. Es handelt sich dabei um Vereinbarungen, bei denen die Höhe der Geldschuld bei Eintritt bestimmter Voraussetzungen – Änderungen einer Vergleichsgröße im Zeitablauf – durch den Gläubiger oder einen sachkundigen Dritten gewöhnlich nach *billigem Ermessen* i. S. v. §§ 315–317 BGB festgesetzt werden soll. Der Nachteil für den zahlungspflichtigen Besteller liegt in der Unbestimmtheit des Anpassungsrahmens.

- *Spannungsklauseln,* da sie die Preise für den vertraglichen Leistungsgegenstand nachträglich an die Preisentwicklung *vergleichbarer Wirtschaftsgüter* und eben nicht »anderer Güter oder Leistungen« anpassen (BGH NJW-RR 1986, S. 877). Hierfür reicht es, als Bezugsgröße im Wesentlichen gleichartige oder vergleichbare Leistungen gegenüber dem vertraglichen Leistungsgegenstand festzulegen.

Beispiel:
Ankoppelung des Gas- an den Ölpreis, Anbindung des Zinssatzes von Kreditverträgen an einen Leitzins oder Refinanzierungssatz der Kreditwirtschaft oder die Bindung des Miet- oder Pachtzinses an die Preisentwicklung für vergleichbare Räume.

- *Effektive Kostenelementsklauseln,* da sie lediglich die inzwischen *gestiegenen Selbstkosten* des Unternehmens an die Abnehmer weitergeben sollen. Wichtig ist dabei, dass die Kostenelementsklausel möglichst genau die Kostenstruktur des Lieferers widerspiegelt und die einzelnen Kostenfaktoren entsprechend gewichtet, sodass sich der Endpreis auch nur proportional erhöht. Ihre Genehmigungsfreiheit beruht darauf, dass sie lediglich das Gleichgewicht von Leistungen und Gegenleistungen konstant halten sollen und eben nicht abstrakte vertragsexterne Wertmesser einbeziehen (BGH BB 1979, S. 1213).

> **Beispiel:**
> *Verteuern sich die Rohstoffe für die Herstellung eines Produktes um 20 %, und gehen diese zu 40 % in den Endpreis ein, kann auf der Grundlage der Kostenelementsklausel der Preis um 8 % angehoben werden.*

Genehmigungs-fähige Index-klauseln

Indexklauseln sind genehmigungsbedürftig, jedoch unter bestimmten Voraussetzungen genehmigungsfähig. Sie sind die am weitesten verbreitete Wertsicherungsform. Neben dem *allgemeinen Lebenshaltungskostenindex* im gewerblichen Sektor sind auch *spezielle Indizes* gestattet, wenn die als Messgrößen gewählten Preisfaktoren eine direkte Verbindung zum Betrieb des Gläubigers oder Schuldners besitzen. Nur dann besteht die notwendige Vergleichbarkeit mit dem vertraglichen Produkt (§ 3 PrKV).

Nicht genehmi-gungsfähige Preisklauseln

Nicht genehmigungsfähig sind *Preisklauseln*, die zu einer *unangemessenen Benachteiligung* des zahlungspflichtigen Schuldners führen. Sie dürfen nach der Legaldefinition von § 2 PrKV insbesondere nicht

- *einseitig* beim Preisanstieg nur eine Erhöhung, bei einem Preis- oder Wertrückgang dagegen keine entsprechende Ermäßigung bewirken oder
- zulassen, dass sich der geschuldete Betrag gegenüber der Entwicklung der Bezugsgröße *überproportional* ändern kann.

Tipp

> **Lieferer**
>
> Wollen Sie dem Geschäftsvertrag eine genehmigungspflichtige Index- oder andere Wertsicherungsklausel zugrunde legen, sollten Sie vor Vertragsabschluss ihre rechtliche Zulässigkeit durch eine Anfrage beim Bundesamt für Wirtschaft abklären.

4.3.4.3 Zahlungsmodalitäten

Jeder Geschäftsvertrag sollte auch passende Regelungen für den Zahlungsvorgang enthalten, d. h. das Wann und Wie der Zahlungsleistung. Im Einzelnen geht es um die Klärung, ob eine *Gesamtzahlung* erfolgt oder *Abschlagszahlungen* oder gar *Vorauszahlungen* zu leisten sind, des Weiteren, welche Rechtsfolgen beim Zahlungsverzug eintreten sollen.

4.3.4.3.1 Fälligkeitsregelungen und Zahlungsfristen

Zahlungsziel

Die Fälligkeit der einzelnen Zahlungsleistungen koppelt man am besten an die korrekte *Erfüllung* der entsprechenden *Vertragsleistungen* des *Lieferers*, insbesondere die Lieferung der Waren oder die Abnahme durch den Besteller nach Fertigstellung – und stellt diese eine angemessene Zeit später fällig, um dem Besteller eine ausreichende Zahlungsfrist einzuräumen. Nach der Rechtsprechung sind nämlich Vertragsklauseln, die ein *Zahlungsziel* einräumen i.d.R. als eine Leistungszeitbestimmung im Sinne von § 271 Abs. 2 BGB anzusehen. Sie regeln damit die Fälligkeit der Geldforderung als den Zeitpunkt, von dem an der Gläubiger Zahlung verlangen kann, und nicht lediglich den Verzugsbeginn (BGH NJW 2007, S. 1582).

Zahlungsziel
»Zwei Wochen nach Rechnungseingang« oder »Lieferung bzw. Abnahme«.   Klauselvorschlag

Zu großzügig bemessene *Zahlungsfristen* in *Einkaufsbedingungen* des Bestellers, die erheblich über die gesetzlich eingeräumte Zahlungsfrist von dreißig Tagen (§ 286, Abs. 3 BGB) hinausgehen – womöglich noch unter Einräumung eines hohen Skontos – dürften den wirtschaftlich schwächeren Lieferanten gem. § 307, Abs. 2, Nr. 1 BGB unangemessen benachteiligen und damit unwirksam sein. Dabei dürfte bereits eine zu lange Zahlungsfrist auch ohne Skonto unzulässig sein.

Beispiel: Unzulässige Zahlungsklausel
»Die Zahlungsfrist beträgt sechzig Tage ab Rechnungseingang. Bei einer Zahlung innerhalb von dreißig Tagen wird uns ein Skonto von 4 % gewährt.«

4.3.4.3.2 Abschlags- und Vorauszahlungen
Bei der Vereinbarung von *Abschlagszahlungen* hängen diese zwangs-   Teilabnahme
läufig ohnehin von der Teilabnahme nach Fertigstellung des Teilprojektes ab.

Anders als bei den Lieferfristen ist eine klare präzise kalendermäßige Bestimmung beim Vertragsabschluss nicht interessengerecht, weil – abgesehen von einer Vorauszahlung – der Besteller billigerweise erst zahlen muss, wenn sein Geschäftspartner seine Vertragsleistung ganz oder teilweise erbracht hat.

Ohne ausdrückliche Vereinbarung kann der Lieferer nur bei einem *Werkvertrag* angemessene Abschlagszahlungen nach § 632 BGB fordern. Zu *Vorauszahlungen* oder Vorschüssen ist der Besteller dagegen grundsätzlich überhaupt nicht verpflichtet.

Abschlagszahlung
Steckt in dem Vertragsprodukt eine kapitalintensive umfangreiche *Entwicklungsleistung* des Lieferers, die er aus eigenen finanziellen Mitteln nicht aufbringen will oder kann, bietet es sich an, dass der Besteller sich an diesen Kosten beteiligt, weil er letzten Endes von   Entwicklungsleistungen des Lieferers

dem Endprodukt profitiert. Herrscht darüber prinzipiell Einverständnis, müssen die Vertragsparteien *Höhe* und *Fälligkeit* der vom Besteller zu leistenden Voraus- und/oder Abschlagszahlung festlegen. Darüber hinaus empfiehlt es sich, die Rechtsfolgen, insbesondere die Einräumung von *Lösungsrechten* in beide Richtungen klar zu bestimmen, wenn entweder der Lieferer seine Vertragsleistung nicht termingerecht erbringt oder die Vorauszahlung bzw. Abschlagszahlung durch den Besteller ausbleibt. In dieser Hinsicht bestehen bei den gesetzlichen Verzugsregeln gewisse Unsicherheiten, die man durch präzise Vertragsregelungen ausräumen kann. Klärungsbedürftig ist, was unter »angemessener« *Nachfrist* im Zusammenhang mit der Ausübung des Rücktritts bzw. Kündigungsrechts zu verstehen ist.

Rücktritt oder Kündigung bei Nichterfüllung *(margin)*

Abschlags- und Vorauszahlungsabrede

Klauselvorschlag *(margin)*

»Der Besteller ist verpflichtet, eine Vorauszahlung in Höhe von ... nach Ablauf von zwei Wochen (einem Monat) zu zahlen, nachdem ihm der Lieferer den Beginn der Vertragsdurchführung schriftlich angezeigt hat.«
Zusätzlich hat er, wenn der Lieferer die vereinbarten Termine einhält, folgende Anzahlungen zu leisten:

- *am ... die Summe von ...;*
- *am ... die Summe von ... etc.«*

Sollte der Besteller die genannten Zahlungen nicht termingerecht erbringen, ist der Lieferer berechtigt, vom Vertrag zurückzutreten (oder den Vertrag zu kündigen), wenn er dem Besteller eine angemessene Nachfrist von zwei Wochen (oder einem Monat) gesetzt hat und diese ergebnislos abgelaufen ist. Soweit aber der Lieferer andererseits einen der vereinbarten Termine nicht einhält und er auch nicht beweisen kann, dass er die Säumnis nicht zu vertreten hat, hat er die vom Besteller bereits geleisteten Voraus- oder Anzahlungen verwirkt mit der Folge, dass sie ohne weiteres an dem Besteller zurückzuzahlen sind. Kann er die ihm obliegenden Vertragsleistungen auch nicht bis zum Ablauf einer ihm vom Besteller gesetzten angemessenen Nachfrist von zwei Wochen (oder einem Monat) erbringen, ist der Besteller berechtigt, vom Vertrag zurückzutreten.«

Wegfall der Zahlungspflicht bei Leistungshindernissen *(margin)*

Die *Verpflichtung* zur *Vorauszahlung* oder zur *Abschlagszahlung* wird auch schon vor Eintritt der Fälligkeit *hinfällig*, sofern erkennbar wird, dass der Lieferer außerstande ist oder mit an Sicherheit grenzender Wahrscheinlichkeit außerstande sein wird, die ihm obliegende Vertragsleistung zu erbringen (§ 321, Abs. 1 BGB). Der Grund hierfür kann vor allem in einer wesentlichen Vermögensverschlechterung, wie etwa einem Antrag auf Eröffnung eines Insolvenzverfahrens oder einer Zahlungseinstellung oder anderen drohenden objektiven

Leistungshindernissen liegen, wie z.B. Export- und Importverbote, Kriegsereignisse, Zusammenbruch von wichtigen Geschäftspartnern etc. In solchen Fällen kann der zahlungspflichtige Besteller die Zahlung verweigern, bis der andere seine Leistung erbracht oder hierfür Sicherheit geleistet hat.

Besteller

Setzen Sie dem Lieferer eine angemessene Frist, i.d.R. von zwei Wochen, innerhalb der seine Leistung oder die Sicherheitsleistung zu erfolgen hat. Läuft diese erfolglos ab, können Sie danach vom Vertrag zurücktreten (§ 321, Abs. 2 BGB).

Tipp

4.3.4.3.3 Boni, Skonti und Rabatte

Weit verbreitet ist es im Wirtschaftsverkehr, dem zahlungspflichtigen Besteller einen besonderen Anreiz für eine pünktliche Zahlung durch einseitige Einräumung eines *Skontos* zu geben.

Darüber hinaus ist es auch üblich, wenn der Lieferumfang noch nicht bei Vertragsabschluss feststeht, sondern in einem gewissen Rahmen erst von dem Besteller noch bestimmt wird, diesem bei Abnahme größerer Mengen Preisnachlässe in Form von *Boni* oder *Rabatten* einzuräumen. Mangels entsprechender gesetzlicher Regelungen bedürfen diese Vergünstigungen stets einer ausdrücklichen vertraglichen Vereinbarung.

4.3.4.3.4 Zahlungsverzug

Bei einem einfachen Austauschvertrag ist eine gesonderte *Zahlungsverzugsklausel* nicht unbedingt erforderlich, weil die neue gesetzliche Verzugsregelung – §§ 286, Abs. 3 und 288 BGB – die Vermögensinteressen des Lieferers als Geldgläubiger ausreichend schützt. Das gilt sowohl im Hinblick auf den *Verzugseintritt* wie auch auf die praktisch wichtigste Verzugsfolge, nämlich die *Verzugszinsen*.

Zahlungsfrist

Zahlungspflichtige Unternehmen fallen von Gesetzes wegen spätestens *30 Tage* nach Fälligkeit und Zugang einer Rechnung oder gleichwertigen Zahlungsaufstellung (§ 286, Abs. 3, S. 1 BGB) in Verzug. Da aber für den Lieferer der Rechnungseingang beim Besteller schwer zu beweisen und eine Zusendung per Einschreiben zu teuer und deshalb unzumutbar ist, stellt das Gesetz für den Beginn der 30-Tagesfrist nach Fälligkeit ersatzweise auf den Empfang der Gegenleistung ab (§ 286, Abs. 3, Satz 2 BGB).

Gesetzliche
Zahlungsfrist

Tipp

> **Lieferer**
>
> Lassen Sie sich den Empfang der Ware oder Dienstleistung unbedingt durch eine schriftliche, mit dem Datum versehene Empfangsbestätigung bescheinigen.

Vereinbarte Zahlungsfrist

Sie brauchen aber keinesfalls so großzügig zu sein und Ihrem Schuldner eine 30-tägige *Zahlungsfrist* einzuräumen, sondern können diese zwar nicht einseitig auf einer Rechnung, wohl aber durch Vereinbarung bei Vertragsabschluss, also auch in den *Zahlungsbedingungen* in Ihren AGB, auf einen Ihnen angemessenen Zeitraum *verkürzen*.

Zahlungsfrist

Klauselvorschlag

»Zahlungen werden zwei Wochen nach Lieferung fällig.«

Verzugseintritt nach Ablauf

Diese *Zahlungsbedingung* bestimmt dann auch den *Verzugseintritt*, weil die gesetzliche 30-Tagesfrist, wie das Wörtchen »spätestens« deutlich macht, einem früheren Verzugseintritt nicht im Wege steht. Eine Mahnung zur Verzugsbegründung ist nach § 286, Abs. 2, Nr. 2 BGB auch dann entbehrlich, wenn »der Leistung (= Zahlung) ein Ereignis vorauszugehen hat«, wie etwa die Belieferung – »und eine angemessene Zeit für die Leistung in der Weise bestimmt ist, die sich von dem Ereignis an nach dem Kalender berechnen lässt«, wie hier die Zwei-Wochen-Frist.

Verzugszins

Basiszinssatz als Bezugsgröße

Als gesetzlich *pauschalierter Verzugsschaden* im unternehmerischen Geschäftsverkehr ist nunmehr als *abstrakter Verzugszins* die Messgröße Basiszinssatz plus 8 % bestimmt, kurzum B + 8 (§ 288, Abs. 2 BGB), was man in dem Vertrag zur Klarstellung noch einmal aufnehmen kann, aber nicht unbedingt muss. Die Höhe des jeweiligen *Basiszinssatzes* bemisst sich nach dem Zinssatz der Europäischen Zentralbank für ihre Hauptfinanzierungsoperationen. Er wird halbjährlich zum 01. Januar und 01. Juli angepasst und im Bundesanzeiger durch die Deutsche Bundesbank bekannt gemacht (§ 247 BGB).

Höherer Bankzins

Hat der zahlungsberechtigte Lieferer einen höher verzinslichen *Kontokorrentkredit* in Anspruch genommen, so kann er – maximal begrenzt auf die Höhe der Kreditsumme – den dafür zu leistenden höheren Zins als *konkreten Verzugsschaden* nach § 288, Abs. 3 BGB fordern. Auch dieser gesetzliche Anspruch sollte in die Verzugsschadensklausel aufgenommen werden.

Zahlungsverzug

»Bei einem Zahlungsverzug ist der Lieferer berechtigt, Verzugszinsen in Höhe des Zinssatzes in Rechnung zu stellen, den seine Bank für von ihm in Anspruch genommene Kontokorrentkredite berechnet, mindestens aber für seine Forderung in Höhe von 8 % über dem jeweiligen Basiszinssatz der Europäischen Zentralbank.«

Klauselvorschlag

4.3.4.4 Unbedingte Zahlungspflicht durch Schuldanerkenntnis

Als *Geldgläubiger* können Sie Ihre Situation erheblich verbessern, wenn es Ihnen nach Vertragsabschluss und Erfüllung Ihrer vertraglichen Leistungspflichten gelingt, dass sich Ihr Geschäftspartner als *Geldschuldner* schriftlich ohne Bezugnahme auf ein bestimmtes Schuldverhältnis, wie z. B. einen Kaufvertrag, *unbedingt* zur *Zahlung* der vereinbarten Geldsumme *verpflichtet* (*abstraktes Schuldversprechen,* § 780 BGB) oder er eine solche Zahlungsverpflichtung anerkennt (*abstraktes Schuldanerkenntnis,* § 781 BGB). Bei Kaufleuten genügt auch eine entsprechende formlose, also mündliche Verpflichtungserklärung, die aber im Streitfall schwer beweisbar sein dürfte (§§ 350, 351 HGB).

Selbstständiges Zahlungsversprechen birgt Risiken

Zum *Nachweis* Ihres Anspruchs reicht dann allein die Vorlage der *Schuldurkunde.* Wegen der Abstraktheit des Versprechens oder Anerkenntnisses kann Ihr *Schuldner* dann auch *keine Einwendungen* aus dem zugrunde liegenden Rechtsverhältnis, etwa Kauf oder Miete, wegen seiner Inanspruchnahme vorbringen (BGH NJW 1995, S. 960). Hat er aber ohne ein wirksames *Kausalverhältnis*, sprich Kaufvertrag oder sonstiger Schuldvertrag, ein solches Versprechen oder Anerkenntnis abgegeben, kann er dieses nach den Grundsätzen der ungerechtfertigten Bereicherung wieder zurückverlangen (§ 812, Abs. 2 BGB).

Beispiel:

Kunsthändler H verkauft an den Geschäftsmann G ein Gemälde, das ein bekannter Künstler angefertigt haben soll, für 20.000 €. G unterzeichnet ein von H vorbereitetes Schreiben mit folgendem Wortlaut:
»Ich, G, verpflichte mich, an H 20.000 € zu bezahlen« (abstraktes Schuldversprechen) oder »ich, G, anerkenne, dem H 20.000 € zu schulden« (abstraktes Schuldanerkenntnis).
Einen Monat später stellt sich heraus, dass das Bild von einem weniger bekannten Künstler gemalt worden ist, was aber auch G nicht wusste.

Lösung:

In diesem Fall muss H zunächst den vereinbarten Preis bezahlen, weil er Mängelansprüche aus dem Kaufvertrag nicht gegenüber seiner abstrak-

ten Zahlungsverpflichtung vorbringen kann. Ihm steht aber auch solange kein Anspruch auf Rückzahlung zu, bis er dem wirksamen Kaufvertrag durch eine Anfechtung wegen Irrtums die Grundlage entzogen hat und danach sein Schuldanerkenntnis aus ungerechtfertigter Bereicherung zurückverlangen kann.

Tipp

> **Geldschuldner**
>
> Wegen dieser erheblichen Rechtsnachteile lassen Sie sich deshalb nicht ohne Not auf ein solch abstraktes Schuldversprechen bzw. -anerkenntnis ein, sondern geben Sie nur eine kausale Verpflichtungserklärung mit Einwendungsvorbehalt ab.

Nur deklaratorisches Schuldanerkenntnis abgeben

Wird aber in der Erklärung ausdrücklich auf den Schuldgrund Bezug genommen, kann man nach dem Parteiwillen nicht von einem abstrakten, sondern von einem nicht gesetzlich geregelten *kausalen Schuldanerkenntnis* ausgehen, das eine *Beweisurkunde* darstellt, wie etwa eine Forderungsbestätigung unter Angabe des Schuldgrundes. Mit ihr lässt sich danach belegen, dass der dort genannte Vertrag tatsächlich zustande gekommen ist. Seine Rechtswirkungen gehen jedoch über die des abstrakten Schuldanerkenntnisses hinaus, weil mit ihm der anerkannte Anspruch unter gleichzeitigem *Verzicht* des Schuldners auf alle ihm bei Abgabe bekannten oder erkennbaren *Einwendungen* endgültig wie bei einem Vergleich festgestellt wird (BGH NJW 1998, S. 1492). Um diesen i.d.R. nicht gewollten Rechtsnachteil zu vermeiden, sollte das Anerkenntnis durch einen *Einwendungsvorbehalt* zu einem bloßen *deklatorischen*, sprich bestätigenden *Anerkenntnis* abgeschwächt werden.

Beispiel:
Im obigen Fall unterschreibt G lediglich folgenden Text: »Hiermit bestätige ich, aus dem Kaufvertrag vom ... dem H 20.000 € zu schulden. Einwendungen an diesem Vertrag bleiben ausdrücklich vorbehalten.«

Lösung:
Da bei diesem deklaratorischen Schuldanerkenntnis die Einwendung aus dem zugrunde liegenden Kaufvertrag nicht ausgeschlossen ist, bleiben G seine Mängelansprüche nach § 437 BGB erhalten. Er könnte von dem Kaufvertrag zurücktreten, die Rückzahlung des Kaufpreises verlangen oder das Bild, wenn es ihm gleichwohl gefällt, behalten und eine entsprechende Herabsetzung des Kaufpreises fordern.

4.3.5   Abnahme und andere Mitwirkungspflichten des Bestellers

Vielfach hängt der Vertragserfolg auch von einer positiven Mitwirkung des Bestellers der Sach- und Dienstleistung ab. Trotz ihrer großen praktischen Bedeutung fehlt dazu ein klares gesetzliches Konzept, sieht man einmal von den Regelungen über den *Annahmeverzug* ab (§§ 292 ff BGB). Danach treffen den säumigen Besteller, wenn er die ihm angebotene vertragsgerechte Leistung nicht annimmt, rechtliche Nachteile in Form der Erstattungspflicht für die durch die zusätzliche Nachlieferung entstandenen Kosten oder auch eine Zahlungspflicht trotz Untergangs seines Leistungsanspruches (vgl. Kap. 5.5).

Darüber hinaus finden sich aber zu *Mitwirkungspflichten*, abgesehen von der *Abnahmeverpflichtung* des *Käufers* nach § 433, Abs. 2 BGB und des *Bestellers* beim Werkvertrag nach § 652 BGB, keine einschlägigen gesetzlichen Bestimmungen.

Vertragliche Regelung für Mitwirkungspflichten

Ist deshalb – wie häufig – zur Herbeiführung des Leistungserfolges ein Mitwirkungshandeln des Bestellers erforderlich, erweist es sich als zwingend notwendig, den genauen Inhalt der Mitwirkungspflichten nach Art, Umfang und Zeit im Vertrag konkret auszugestalten. Neben der bereits erwähnten Abnahme ist vor allem an die *Aushändigung wichtiger Vertragsunterlagen*, wie Konstruktionspläne, Muster etc., zu denken. In einem zweiten Schritt sollten dann auch möglichst die Rechtsfolgen geregelt werden, wenn der Besteller seine *Mitwirkungspflichten verletzt*. In Betracht kommt hier insbesondere ein *Vertragslösungsrecht* des Lieferers als Rücktritt oder Kündigung und eine *Ersatzpflicht* für die von ihm schon bis dahin erbrachten Vertragsleistungen in Form einer angemessenen Vergütung unter Abzug der – durch das Unterbleiben weiterer Vertragsabwicklung – ersparten Aufwendungen. Das Lösungsrecht sollte – ähnlich wie bei den Abschlagszahlungen – von dem ergebnislosen Ablauf einer durch den Lieferer gesetzten angemessenen Nachfrist (wie beim Werkvertrag) abhängig gemacht werden (§ 634 BGB, vgl. Kap. 4.3.4.3.2).

Verletzung von Mitwirkungspflichten

4.3.6   Technische Hilfsmittel

Soll der Lieferer *Spezialprodukte* nach spezifischen Anforderungen des Bestellers herstellen, wird die genaue Produktbeschreibung oder -kennzeichnung auch in Zeichnungen oder anderen technischen Unterlagen vorgenommen. Vielfach hat der Lieferer auch *Modelle* oder *Prototypen* anzufertigen, bevor das Ganze in Serie gehen kann. Nicht selten sind für die Herstellung des Produktes auch spezifische Fertigungsmittel, insbesondere Werkzeuge, erforderlich, die der Lieferer vorab anzufertigen hat. In diesem Zusammenhang sollte der Vertrag

Anfertigung von Prototypen und Spezialwerkzeugen für Spezialprodukte

<table>
<tr><td>

Eigentum an technischen Hilfsmitteln

</td><td>

auch unbedingt regeln, wem diese technischen Hilfsmittel gehören, wer für die Herstellungs-, Instandhaltungs- und Aufbewahrungskosten aufzukommen hat und was nach Vertragsbeendigung mit ihnen geschehen soll.

Daher nimmt es kein Wunder, dass diese Aspekte in der Konditionenempfehlung der *Arbeitsgemeinschaft Zuliefererindustrie* sehr ausführlich geregelt sind, weil der Zulieferer seine Produktion auch auf die Bedürfnisse des Herstellers ausrichten muss (www.argez.de).

</td></tr>
</table>

4.3.6.1 Einfache technische Unterlagen

Interessengerecht ist daher allein, dass der Vertragspartner, der Konstruktionspläne und andere technische Zeichnungen oder Unterlagen entwickelt bzw. herstellt, daran stets das Eigentum behält.

Zeichnungen und Beschreibungen (ArGeZ)

Klauselvorschlag *»Stellt ein Vertragspartner dem anderen Zeichnungen oder technische Unterlagen über die zu liefernde Ware oder ihre Herstellung zur Verfügung, bleiben diese Eigentum des vorlegenden Vertragspartners.«*

4.3.6.2 Muster und Fertigungsmittel

Kosten für Herstellung, Verschleiß, Instandhaltung und Lagerung

Etwas komplexer müssen dagegen die Regelungen für Muster und Fertigungsmittel, die der Lieferer für den Besteller anfertigt, ausfallen. Insofern ist es nicht mehr als recht und billig, dass der Besteller dafür die *Kosten* für die *Herstellung* und den *Verschleiß* zu tragen hat, dagegen die Kosten für die *Instandhaltung* und sachgemäße *Aufbewahrung* dem Lieferer als Eigentümer zur Last fallen. Nach Vertragsbeendigung kann selbstverständlich vorgesehen werden, dass die Fertigungsmittel in das Eigentum des Bestellers übergehen sollen. Auch solange die speziell für den Besteller hergestellten Fertigungsmittel dem Lieferer gehören, darf er sie nur mit dessen Zustimmung für Lieferungen an Dritte verwenden, weil der Besteller sie schließlich bezahlt hat.

Muster und Fertigungsmittel (ArGeZ)

Klauselvorschlag *1. Die Herstellungskosten für Muster und Fertigungsmittel (Werkzeuge, Modelle, Formen, Schablonen etc.) werden – sofern nichts anderes vereinbart ist – gesondert von der zu liefernden Ware in Rechnung gestellt. Dies gilt auch für Fertigungsmittel, die infolge von Verschleiß, der dem Auftrag zuzurechnen ist, ersetzt werden müssen.*

2. Die Kosten für die Instandhaltung und sachgemäße Aufbewahrung sowie das Risiko einer Beschädigung oder Zerstörung der Fertigungsmittel werden vom Lieferer getragen. Die Muster und Fertigungsmittel werden vom Lieferer mit der Sorgfalt behandelt und verwahrt, welche er in eigenen Angelegenheiten anzuwenden pflegt.

3. *Setzt der Besteller während der Anfertigungszeit der Muster oder Ferti-gungsmittel die Zusammenarbeit aus oder beendet er sie, gehen die not-wendigen, bis dahin entstandenen Herstellungskosten zu seinen Lasten. Weitergehende Ansprüche des Lieferers bleiben unberührt.*

4. *Fertigungsmittel bleiben, auch wenn der Besteller sie bezahlt hat, min-destens bis zur Abwicklung des Liefervertrages im Besitz des Lieferers. Danach ist der Besteller berechtigt, die Auslieferung der Fertigungsmit-tel zu verlangen, wenn der Eigentumsübergang der Fertigungsmittel vereinbart worden ist und der Besteller seinen vertraglichen Verpflich-tungen nachgekommen ist.*

5. *Der Lieferer verwahrt die Fertigungsmittel unentgeltlich drei Jahre nach der letzten Lieferung an den Besteller. Danach fordert der Lieferer den Besteller schriftlich auf, sich innerhalb von sechs Wochen zur weiteren Verwendung zu äußern. Die Pflicht des Lieferers zur Verwahrung endet, wenn innerhalb dieser sechs Wochen keine Rückäußerung erfolgt oder keine neue Bestellung aufgegeben wird.*

6. *Abnehmerbezogene Fertigungsmittel dürfen vom Lieferer nur mit vorhe-riger schriftlicher Zustimmung des Bestellers für Lieferungen an Dritte verwendet werden.*

4.4   Sorgfaltspflichten bei der Vertragsabwicklung

Neben der korrekten Erbringung der Vertragsleistung, haben sich die Geschäftspartner bei der Vertragsabwicklung selbstverständ-lich so zu verhalten, dass der anderen Seite *kein unnötiger Vermö-gensschaden* zugefügt wird. Dieses allgemeine *Verhaltensgebot* wird nach § 241, Abs. 2 BGB dergestalt ausgedrückt, dass jeder Vertrag-steil »zur Rücksicht auf die Rechte, Rechtsgüter und Interessen des anderen Teils« verpflichtet ist. Angesichts des sehr vagen und unbe-stimmten Gesetzestextes empfiehlt es sich aber dringend, diese *Ver-haltenspflichten* beider Vertragsparteien in einem Kodex möglichst genau zu regeln. Zu denken ist dabei vor allem an *Informations-, Ge-heimhaltungs- und Konkurrenzschutzpflichten.*

Allgemeines Verhaltensgebot

Konkretisierung durch Vertrag

4.4.1   Informationspflichten

Grundsätzlich ist es Sache jeder *Vertragspartei* selbst, sich um alle für sie wichtigen Umstände des Geschäftes zu kümmern und die für sie notwendigen *Informationen* zu *beschaffen.* Das ist indes schwie-rig, wenn die betreffenden Tatsachen nicht allgemein zugänglich, sondern nur dem Geschäftspartner bekannt sind. Deshalb liegt es häufig im Interesse einer Vertragspartei, diese wichtigen Informa-tionen von der anderen Vertragspartei zu erhalten, etwa um Leis-tungsstörungen oder Leistungsprobleme frühzeitig zu erkennen und

Eigene Informati-onsbeschaffung

darauf angemessen reagieren zu können. Erforderlich ist dazu die *Auferlegung* einer *Informationspflicht* in dem Vertrag, weil ansonsten der Vertragspartner nur in krassen Ausnahmefällen den ahnungslosen Geschäftspartner von sich aus aufklären muss.

Informations-pflichten vereinbaren

Zunächst ist zu prüfen, inwieweit die Erfüllung von *Leistungspflichten* und die Realisierung von Haftungsrisiken *informationsabhängig* von dem Kenntnisstand des anderen Vertragsteils sind. Besteht ein akuter Informationsbedarf, verdichtet man ihn zu *Informationsrechten*. Regelungstechnisch kann man sie zusammen mit den Rechtsfolgen ihrer Nichtbeachtung in einem eigenen Abschnitt des Vertrages bündeln. Als Alternative bietet sich an, die Informationspflichten zusammen mit den jeweiligen Leistungshandlungen oder Leistungspflichten, wie es wohl üblicher Vertragspraxis entspricht, mitzuregeln.

4.4.2   Geheimhaltungspflichten

Geschäfts- und Betriebsgeheimnisse

In einer intensiven dauerhaften Geschäftsbeziehung, wie etwa *Projektverträgen* oder *Entwicklungsverträgen*, lässt es sich nicht vermeiden, dass die Geschäftspartner Einblick in das wirtschaftlich wertvolle Know-how als vertrauliche Information erhalten. Dabei reichen die *gesetzlichen Vertraulichkeitsverpflichtungen* nach dem Gesetz des unlauteren Wettbewerbs in § 17 UWG mit dem Schutz der *Geschäfts- oder Betriebsgeheimnisse* schon wegen ihrer begrifflichen Unschärfe keinesfalls aus. Hinzu kommt, dass der aus der Verletzung von Geheimhaltungspflichten entstehende Schaden vielfach schwer zu beziffern ist.

Verschwiegenheits-vereinbarungen

Daher empfiehlt es sich unbedingt, *präzise Vertraulichkeitsvereinbarungen* in den Vertrag aufzunehmen und deren Verletzung mit der Auferlegung einer angemessen Vertragsstrafe zu koppeln. Klärungsbedürftig ist des Weiteren die *Dauer* der Geheimhaltungspflicht, die durchaus eine angemessene Zeit über die Vertragsbeendigung hinaus reichen kann. Dieses Ziel kann man auch durch entsprechend gefasste *Geheimhaltungsklauseln* in den eigenen AGB erreichen. Mustergültig ist hier wiederum die Konditionenempfehlung der Arbeitsgemeinschaft Zulieferindustrie, die aber keine *Absicherung* durch eine *Vertragsstrafe* enthält und insoweit einer Ergänzung bedarf (www.argez.de).

Vertraulichkeit (ArGeZ)

Klauselvorschlag

1. Jeder Vertragspartner wird alle Unterlagen (dazu zählen auch Muster, Modelle und Daten) und Kenntnisse, die er aus der Geschäftsverbindung erhält, nur für die gemeinsam verfolgten Zwecke verwenden und mit der gleichen Sorgfalt wie entsprechende eigene Unterlagen und Kenntnisse gegenüber Dritten geheim halten, wenn der andere Vertrags-

partner sie als vertraulich bezeichnet oder an ihrer Geheimhaltung ein offenkundiges Interesse hat.

2. *Sollte ein Vertragspartner diese Geheimhaltungspflicht schuldhaft verletzen, so wird je nach Schwere des Verstoßes eine Vertragsstrafe von mindestens ... bis höchstens ... fällig. Die konkrete Höhe kann der verletzte Vertragspartner nach billigem Ermessen bestimmen, muss dabei aber seine Entscheidung plausibel begründen.*

3. *Diese Verpflichtung beginnt ab erstmaligem Erhalt der Unterlagen oder Kenntnisse und endet 36 Monate nach Ende der Geschäftsverbindung.*

4. *Die Verpflichtung gilt nicht für Unterlagen und Kenntnisse, die allgemein bekannt sind oder die bei Erhalt dem Vertragspartner bereits bekannt waren, ohne dass er zur Geheimhaltung verpflichtet war, oder die danach von einem zur Weitergabe berechtigten Dritten übermittelt werden oder die von dem empfangenden Vertragspartner ohne Verwendung geheim zu haltender Unterlagen oder Kenntnisse des anderen Vertragspartners entwickelt werden.*

Die *Mindesthöhe* der Vertragsstrafe sollte – unabhängig von dem konkreten Schaden – so bemessen werden, dass sie genügend abschreckende Wirkung entfaltet. Der *maximale Betrag* sollte dagegen so hoch sein, dass er in etwa den voraussehbaren typischen möglichen Schaden abdecken kann, was sicherlich von dem wirtschaftlichen Wert der entsprechenden Unterlagen oder des sonstigen Know-hows abhängt (vgl. Kap. 4.2.3).

Vertragsstrafe

4.4.3   Konkurrenzschutz

Ein ähnliches Problem stellt sich beim Konkurrenzschutz, insbesondere beim Auferlegen von *Wettbewerbsverboten* gegenüber dem Vertragspartner. Charakteristisch sind vor allem *Ausschlussklauseln* bei *Gewerberaummietverträgen*, in denen sich der Vermieter verpflichtet, in demselben Gebäude mit keinem Konkurrenzunternehmen einen Mietvertrag abzuschließen (vgl. Kap. 9.1.4) oder *Unterlassungsklauseln* beim Verkauf eines Geschäftslokals bzw. einer Praxis, mit denen sich der Veräußerer verpflichtet, nicht in räumlicher Nähe, die dann genauer zu definieren ist, ein neues Geschäftslokal oder eine neue Praxis zu eröffnen.

Wettbewerbsverbot

4.4.4   Schutz- und andere Sorgfaltspflichten

Geradezu eine rechtliche Selbstverständlichkeit ist es, dass keine Vertragspartei durch sorgfaltswidriges Verhalten *Körper* und *Gesundheit* der Person des Vertragspartners oder seiner mit der Vertragsabwicklung befassten Beschäftigten und auch nicht deren *Sachgüter verletzen* oder *beschädigen* darf, wie es sich aus den §§ 241, Abs. 2, 311, Abs. 3, Satz 1 BGB ergibt. Andernfalls muss er wegen

Körper- und Sachschaden

dieser Pflichtverletzungen den dadurch entstandenen Vermögens-schaden nach § 280, Abs. 1 BGB ersetzen (vgl. Kap. 5.5). Eine besondere spezifische Vertragsregelung für dieses selbstverständliche allgemeine Verhaltensgebot erscheint daher überflüssig, soweit nicht der Lieferer sein Haftungsrisiko mittels einer *Risikobeschränkungsklausel* begrenzen will (vgl. Kap. 4.3.2).

4.5 Vertragsdauer und Vertragsbeendigung

Wirtschaftliche Fehleinschätzungen kein Grund zur vorzeitigen Beendigung

Es liegt auf der Hand, dass in dieser Hinsicht ein Unterschied zwischen einfachen *Austauschverträgen,* bei denen der Vertrag durch die Erfüllung von Leistung und Gegenleistung endet, und den *Dauerschuldverhältnissen* mit ständig wiederkehrenden oder dauerhaften Leistungspflichten besteht. Ist aber der Vertrag wirksam zu Stande gekommen, so entfaltet er gemäß den getroffenen Vereinbarungen seine Bindungswirkung, auch wenn seine wirtschaftlichen Folgen nicht den Erwartungen der Vertragsparteien entsprechen. Bloße *wirtschaftliche Fehleinschätzungen* berechtigen deshalb nicht zur vorzeitigen Beendigung oder Rückabwicklung des Vertrages (BGH WM 2007, S. 1183).

4.5.1 Bestimmung durch Vertragszweck

Einfache Austauschverträge

Bei sog. *einfachen Austauschverträgen,* wie vor allem dem Warenkauf, ergibt sich die Vertragsdauer von selbst aus dem Vertragszweck, in dem die beiderseitigen Leistungen, auf der einen Seite die Lieferung der Ware, auf der anderen Seite die Bezahlung des vereinbarten Preises, erbracht werden. Eine besondere Regelung der Vertragsdauer erübrigt sich daher. Das gilt selbst dann, wenn die Herstellung der vertraglichen Sachleistung, so etwa der Bau einer komplexen technischen Fertigungsanlage, sich über mehrere Monate oder gar Jahre hinzieht. Es genügt dann völlig, wenn der zeitliche Rahmen durch möglichst *präzise Leistungsfristen* und darauf ausgerichtete *Zahlungstermine* abgesteckt wird (vgl. Kap. 4.3.1 und Kap. 4.3.4.3.1). Eine vorzeitige Beendigung ist durch Rücktritt möglich (vgl. Kap. 4.6.1).

4.5.2 Regelung bei Dauerschuldverhältnissen

Dagegen macht es Sinn, den zeitlichen Korridor bei Dauerschuldverhältnissen festzulegen, weil die *Vertragsdauer* ohne besondere Vereinbarungen *unbestimmt* ist und praktisch so lange währt, wie der Anbieter leistungsfähig ist. Die zeitliche Begrenzung der Vertragsdauer geschieht entweder durch Befristung oder mittels einer ausgesprochenen Kündigung. Im Interesse beider Geschäftspartner sollte die prinzipiell *unkündbare Grundlaufzeit* so bemessen werden, dass sich typischerweise der von ihnen aufgebrachte Kapitaleinsatz in dieser Zeitspanne voll amortisiert.

4.5.2.1 Befristung

Befristungen auf eine bestimmte Zeit erweisen sich bei Verträgen mit fortlaufenden Leistungspflichten (z.B. Leasing-, Miet- und anderen Dauernutzungsverträge sowie Wartungs- und Beratungsverträge etc.) als zweckmäßig. Sie bewirken bei solchen Dauerschuldverhältnissen die *automatische Vertragsbeendigung,* sodass eine gesonderte ordentliche Kündigung, bei der die maßgebende Frist leicht übersehen werden kann, überflüssig wird. Will man den Beendigungsautomatismus abschwächen, empfiehlt es sich die Befristung mit einer *Fortsetzungsklausel* zu verbinden. Danach wird der Vertrag auf Verlangen einer oder beider Vertragsparteien für eine bestimmte Zeit weitergeführt, sofern dies innerhalb einer bestimmten Frist vor Ablauf der ursprünglichen Befristung geschieht.

Ende durch Zeitablauf

Befristung mit Fortsetzungsklausel
»Der Vertrag endet nach Ablauf von zwei Jahren zum ... (genaues Datum, zweckmäßigerweise an einem Monatsende). Er wird für ein weiteres Jahr (ggf. länger, aber nicht mehr als die Grundlaufzeit) fortgesetzt, wenn eine Vertragspartei dies einen Monat vor Ablauf der ursprünglichen Dauer schriftlich verlangt.«

Klauselvorschlag

Eine derartige *Fortsetzungsklausel* kann auch in den AGB enthalten sein, wobei die dem Kunden auferlegte Bindung im unternehmerischen Geschäftsverkehr bis zu zehn Jahren reichen kann (BGH NJW 2000, S. 1110). Muss der AGB-Verwender hohe Entwicklungs- und Vorhaltekosten aufwenden, sind feste Vertragsbindungen, sogar von 20 Jahren oder noch mehr, zulässig (BGH NJW 1997, S. 3024).

4.5.2.2 Ordentliche Kündigung

Anstelle der Befristung, d.h. der automatischen Beendigung des Vertrages nach Ablauf der Grundlaufzeit, erfolgt typischerweise in der Vertragspraxis die Beendigung durch einseitige ordentliche fristgebundene Kündigung einer Vertragspartei. Wird davon allerdings kein Gebrauch gemacht, verlängert sich der Vertrag um eine bestimmte vorher festgelegte Zeitdauer (vgl. Kap. 4.6.2.1).

4.5.3 Vertragsbeendigung durch einvernehmliche Aufhebung

Unabhängig von irgendwelchen Laufzeiten und Bindungsfristen, können die Vertragsparteien jederzeit, also auch innerhalb der Grund-

Aufhebungsvertrag

laufzeit, *einvernehmlich* den *Vertrag* ohne Einhaltung irgendwelcher Fristen *aufheben,* wenn sie auf die Fortführung des Geschäfts, aus welchen Gründen auch immer, keinen Wert mehr legen. Die allgemeine Zulässigkeit des Aufhebungsvertrages ergibt sich aus dem *Prinzip der Vertragsfreiheit* als Gegenstück zur Abschlussfreiheit.

Abfindung

Da aber nicht beide Vertragspartner gleich stark an der Vertragsbeendigung Interesse haben, wird und kann derjenige, der den Vertrag bis zur vereinbarten Dauer fortsetzen will, seine Einwilligung in die vorzeitige Beendigung von der Zahlung einer *angemessenen Abfindung* abhängig machen. Das gilt insbesondere, wenn er durch die vorzeitige Vertragsbeendigung seinen kalkulierten Gewinn nicht erzielen kann oder seine mit dem Vertrag verbundenen finanziellen Investitionen noch nicht amortisiert sind. Die Höhe und Zahlungsweise der Abfindung muss dann selbstverständlich in der schriftlichen *Aufhebungsvereinbarung* geregelt werden. Dabei kann der Aufhebungsvertrag ad hoc geschlossen werden, wenn eine Vertragspartei sich aus bestimmten Gründen vorzeitig von dem Vertrag lösen will. Überlegenswert ist es aber auch, schon bei Vertragsabschluss jeder Seite einen *Aufhebungsanspruch* gegen Zahlung einer angemessenen Abfindung einzuräumen. Dann müsste der Vertrag schon vorab Regelungen zur Höhe der Abfindung und deren Zahlungsweise enthalten.

Vertragsaufhebung mit Abfindung

Klauselvorschlag

»Jeder Vertragspartner kann von dem anderen die Zustimmung zur Aufhebung des Vertrages jederzeit gegen Zahlung einer abgemessenen Abfindung fordern. Die Höhe der Abfindung legt der Abfindungsberechtigte nach billigem Ermessen auf der Grundlage seines entgangenen Gewinnes – bei Dauerschuldverhältnissen bis zur nächstmöglichen Kündigung oder Ablauf der Befristung – fest.

Der Abfindungsverpflichtete hat nach der Bestimmung der Abfindungssumme diesen Betrag innerhalb eines Monats auf das genannte Bankkonto des Abfindungsberechtigten zu überweisen oder innerhalb dieser Frist Klage auf Überprüfung der festgelegten Abfindungssumme beim zuständigen Gericht (oder Schiedsgericht) einzureichen.«

Schiedsgericht oder Schiedsgutachter

Im Falle der Zuständigkeit eines Schiedsgerichts bedarf der Vertrag einer *Schiedsgerichtsvereinbarung,* die in einer von dem Vertrag getrennten Urkunde niedergelegt wird. Alternativ dazu kann man die Festlegung der Abfindung auch einem neutralen versierten *Schiedsgutachter* überlassen, wobei diese Vereinbarung wiederum gesondert von dem Vertrag erfolgen sollte. Muster für derartige Vereinbarungen können Sie von der zuständigen Industrie- und Handelskammer bzw. Handwerkskammer oder von Ihrem Unternehmensverband beziehen. Andernfalls sollen Sie diese von einem versierten Fachanwalt ausarbeiten lassen.

4.5.4 Herausgabe und andere nachvertragliche Pflichten

Abgesehen von den erwähnten Leistungspflichten kann es zur kompletten Abwicklung eines Vertrages auch gehören, dass ein Vertragspartner die ihm von der anderen Seite überlassenen Sachen und Gegenstände, wie z.B. überlassenes dokumentiertes Know-how, Arbeitsmittel etc. herauszugeben hat, sodass dann auch diese *Herausgabepflichten* regelungsbedürftig werden (vgl. Kap. 4.3.6.2). Dabei stellt sich auch die Frage, ob der Nutzer die daran vorgenommenen Veränderungen rückgängig zu machen hat und ganz allgemein, in welchem Zustand die Sache zurückzugeben ist.

Eine über die Vertragsdauer hinausreichende *Nachwirkung* lässt sich auch, wie bereits erwähnt, im Zusammenhang mit Geheimhaltungs- und Konkurrenzschutz regeln (vgl. Kap. 4.4.2 und Kap. 4.4.3).

4.6 Rücktritt und Kündigung von Verträgen

In den meisten Fällen wird ein Vertrag durch Ausübung eines *einseitigen Lösungsrechts* einer Vertragspartei in Form der Kündigung oder des Rücktritts beendet, die aber im Unterschied zur Anfechtung den Vertrag nicht von vornherein null und nichtig machen (vgl. Kap. 3.6.2.2.1). Dagegen besitzt ein Unternehmer als Kunde – anders als ein Verbraucher – *kein Widerrufsrecht.* Kein Widerrufsrecht des Unternehmers

Wird der Rücktritt oder die Kündigung von einem *Vertreter* erklärt, dessen Vertretungsmacht nicht im Register erfasst und der Gegenseite nicht mitgeteilt worden ist, so kann diese die Vertragserklärung unverzüglich *zurückweisen* und damit unwirksam machen (§ 174 BGB, vgl. Kap. 3.3.1.1.2). Die Vertragserklärung muss dann nachgeholt werden, was bei der Kündigung zum Verstreichen knapper Kündigungsfristen führen kann. In gleicher Weise können *ohne Vertretungsmacht* ausgesprochene Kündigungs- oder Rücktrittserklärungen nicht nachträglich durch Genehmigung des Vertretenen wirksam gemacht werden, sondern müssen *erneut erfolgen* (§ 180 BGB; vgl. Kap. 3.3.1.4). Zurückweisung des Rücktritts oder der Kündigung

4.6.1 Rücktritt bei einfachen Austauschverträgen

Kaufverträge oder andere einfache Austauschverträge enden vorzeitig durch Rücktritt, indem die zum Rücktritt berechtigte Vertragspartei gegenüber dem anderen den Rücktritt erklärt (§ 349 BGB). Die *Rücktrittserklärung* als einseitige empfangsbedürftige Rücktrittserklärung

**Rückgewähr-
schuldverhältnis**

Willenserklärung wird wirksam mit Zugang beim Vertragspartner. Sie führt dazu, dass die weitere Vertragsabwicklung gestoppt wird und der schuldrechtliche Leistungsvertrag sich in ein gesetzliches *Rückgewährschuldverhältnis* nach § 346 BGB umwandelt, mit der Folge, dass die beidseitigen Erfüllungsansprüche erlöschen und die bereits erbrachten Leistungen zurückzugewähren sind. Dies gilt allerdings nur, wenn der Vertragspartei, die den Rücktritt erklärt, ein *Rücktrittsrecht* zusteht. Ein solches Recht kann sich aus dem Gesetz ergeben, namentlich, wenn die andere Seite den Vertrag nicht ordnungsgemäß erfüllt oder auch aus einem vertraglich vereinbarten Rücktrittsvorbehalt (siehe Abbildung 4.4).

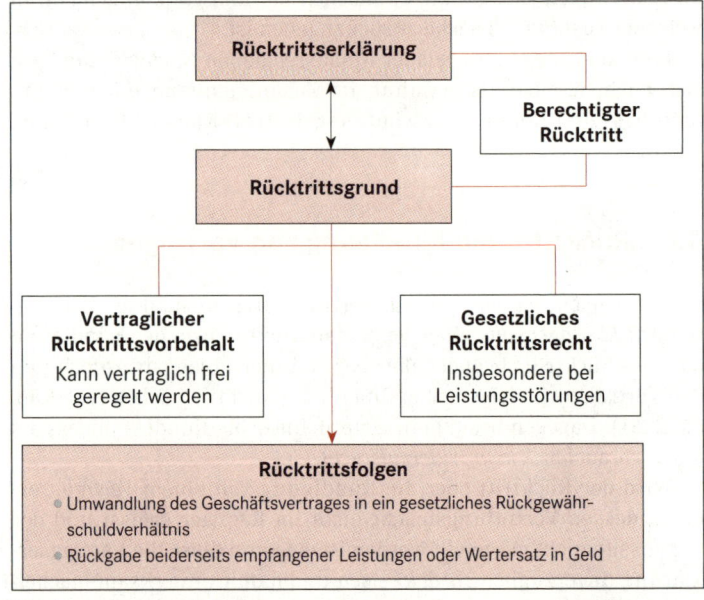

Abb. 4.4: Vertragsrücktritt

4.6.1.1   Gesetzliches Rücktrittsrecht

**Leistungsstörung
oder erhebliche
Pflichtverletzung**

Erfüllt eine Vertragspartei den Austauschvertrag nicht so, wie vereinbart, weil die versprochene Leistung nicht termingerecht oder minderwertig erbracht wird, so kann der andere Partner wegen dieser *Leistungsstörung* oder einer anderen *erheblicher Pflichtverletzung* nach § 323 BGB vom Vertrag zurücktreten. Zuvor muss er allerdings i.d.R. dem leistungspflichtigen Schuldner noch eine zweite Chance der ordnungsgemäßen Vertragserfüllung durch Setzung einer *angemessenen Nachfrist* einräumen. Erst wenn diese fruchtlos abgelaufen ist, steht ihm das Rücktrittsrecht zu (§ 323, Abs. 1 BGB). Auf die damit zusammenhängenden Fragen ist bei den Leistungsstörungen einzugehen (vgl. Kap. 5.2.3). Handelt es sich dagegen um eine *unerhebliche Pflichtverletzung*, so ist das *Rücktrittsrecht ausgeschlossen* (§ 323, Abs. 5, Satz 2 BGB). Wo allerdings die Bagatellgrenze verläuft, ist schwierig festzustellen. Lediglich bei Sachmängeln im Kaufrecht gibt es dazu präzisierende gerichtliche Entscheidungen (vgl. Kap. 8.9.3.3).

4.6.1.2 Vertraglicher Rücktrittsvorbehalt

Unabhängig von solchen Leistungsstörungsfällen können aber bei Verträgen mit *langer Abwicklungszeit* die Dinge einen unerwarteten Verlauf nehmen, die sich sehr nachteilig für eine Vertragspartei auswirken. Hier kann vorsorglich ein vertraglicher Rücktrittsvorbehalt helfen, weil der Schutz durch das gesetzliche Rechtsinstitut der *Störung der Geschäftsgrundlage* unzureichend ausfällt, (vgl. Kap. 5.7) legt er doch der benachteiligten Vertragspartei sehr hohe Vermögensopfer auf. Deshalb sollten derartige Verträge – neben dem schon besprochenen Selbstbelieferungsvorbehalt (vgl. Kap. 4.3.2) – als Generalklausel eine sog. *Härteklausel* aufweisen (vgl. Kap. 3.1.5.4).
Härteklausel für Härtefälle

Nach dem Prinzip der Vertragsfreiheit ist es auch möglich, einen *allgemeinen*, ohne an irgendwelche Bedingungen geknüpften *Rücktrittsvorbehalt* in den Vertrag einzubauen. Darauf wird sich der andere Teil nur einlassen, wenn sich der zurücktretende Partner verpflichtet, die der anderen Partei entstandenen Kosten und den für die bereits geleisteten Arbeiten anteiligen Gewinn zu erstatten.
Allgemeine Rücktrittsvorbehalte mit Auslagenersatz

Allgemeiner Rücktrittsvorbehalt

1. *Jede Vertragspartei ist berechtigt, ohne weiteres von dem Vertrag zurückzutreten. Die Rücktrittserklärung hat schriftlich zu erfolgen.*
Klauselvorschlag
2. *Macht eine Vertragspartei von diesem Rücktrittsrecht Gebrauch, so hat sie der anderen Seite die bisher entstandenen Aufwendungen einschließlich des auf die schon erbrachte Arbeit anfallenden Teils der vereinbarten Vergütung sowie andere dadurch hervorgerufene Vermögensnachteile zu ersetzen.*
3. *Gelingt es dem Lieferer trotz allen Bemühens nicht, einen Anschlussvertrag zur Auslastung seiner Kapazität abzuschließen, hat der zurücktretende Besteller die volle vereinbarte Vergütung unter Abzug der durch die Beendigung des Vertrages ersparten Aufwendungen zu zahlen.*

Diese differenzierten *Vergütungsregelungen* verpflichten den Lieferer, sich mit allen Kräften um ein entsprechendes *Anschlussgeschäft* zu bemühen, was er darzulegen und zu beweisen hat. Nur, wenn ihm dies nicht gelingt, wird im Falle des Rücktritts die volle vereinbarte Vergütung unter Abzug der ersparten Sach-, sowie ggf. Personalaufwendungen fällig.
Anschlussgeschäft

Von der Aufnahme noch weitergehender *Rücktrittsklauseln ohne finanziellen* Ausgleich der Gegenseite in den AGB ist dagegen abzuraten, weil sie regelmäßig wegen unangemessener Benachteiligung des Kunden nach § 307 BGB unwirksam sind.

Beispiel:

»Für den Fall, dass wir zur Lieferung nicht fähig sein sollten, behalten wir uns ein Rücktrittsrecht vor.«

Statthaft ist lediglich der wesentlich engere *Selbstbelieferungsvorbehalt* oder auch, den Lieferervorbehalt auf bestimmte Fälle von höherer Gewalt, wie Arbeitskampf etc. zu beschränken (vgl. Kap. 4.3.3).

Rücktrittsfrist

Ist – wie in den meisten Fällen – das *Rücktrittsrecht* an das Vorhandensein eines *Rücktrittsgrundes* gekoppelt, sollte die vertragliche Rücktrittsklausel auch eine Fristsetzung für die Ausübung des Rücktrittsrechts aufweisen, um den Vertrag nicht allzu lange in der Schwebe zu halten, was der anderen Seite schlechterdings kaum zugemutet werden kann.

Rücktrittsfrist

Klauselvorschlag

»Der Rücktritt ist innerhalb von zwei Wochen (nicht länger als ein Monat) nach Kenntniserlangung von dem Rücktrittsgrund auszuüben. Für die Fristwahrung genügt die rechtzeitige Absendung.«

Fehlt eine entsprechende *Fristenregelung*, kann der andere Partner dem Rücktrittsberechtigten für die Ausübung des Rücktrittsrechts eine angemessene Frist, i.d.R. zwei Wochen, bestimmen. Das Rücktrittsrecht erlischt, wenn der Rücktritt nicht vor dem Ablauf der Frist erklärt wird (§ 350 BGB).

4.6.1.3   Folgen eines wirksamen Rücktritts

Rückabwicklung des Vertrages

Die rechtlichen Konsequenzen des erklärten Rücktritts sind, wie bereits erwähnt, dass die Vertragsabwicklung gestoppt wird, weil sich der schuldrechtliche Leistungsvertrag in ein gesetzliches *Rückgewährschuldverhältnis* nach §§ 346 ff BGB umwandelt. Danach haben beide Vertragsparteien, sofern die Vertragsabwicklung bereits erfolgt ist, die empfangenen *Leistungen* zurückzugewähren und die gezogenen *Nutzungen* wertmäßig in Geld herauszugeben. Allerdings muss auch der Wert von möglichen Nutzungen, die entgegen den Regeln- einer ordnungsgemäßen Wirtschaft nicht gezogen werden, in Geld ersetzt werden (§ 347 BGB).

Verzinsung von Geldbeträgen

Das bedeutet, bei *Sachleistungsverträgen* ist auf der einen Seite die gelieferte Sache zurückzugeben und auf der anderen Seite der gezahlte Preis zurückzuzahlen, wobei der Lieferer von dem Preis den

Gebrauchsvorteil als gezogene Nutzung abziehen darf. Allerdings ist er als Unternehmer verpflichtet, den erhaltenen Geldbetrag rentabel einzusetzen und muss deshalb diese Summe auch entsprechend verzinsen.

Beispiel:

Bei der Rückabwicklung eines Autokaufs ergeben sich folgende beidseitige Rückgewährpflichten, nachdem der Käufer 5000 km gefahren ist:

1. *Der Käufer hat das gelieferte Auto zurückzugeben und muss den Gebrauchsvorteil für die gefahrenen 5000 km in Geld ersetzen.*
2. *Der Verkäufer muss den Kaufpreis zurückzahlen und hat die entsprechende Geldsumme entsprechend zu verzinsen.*
3. *Dabei kann der Verkäufer von dem zurückzahlenden Kaufpreis – zuzüglich Zinsen – den von dem Käufer in Geld zu erstattenden Gebrauchsvorteil abziehen, d. h. verrechnen.*

Da bei *Dienstleistungsverträgen* die erbrachten Dienste nicht mehr zurückgegeben werden können, hat der Auftraggeber hier per se *Wertersatz* in Geld nach § 346, Abs. 2, Nr. 1 BGB zu leisten. Die Höhe des Wertersatzes entspricht der gezahlten Vergütung, sodass beide Geldforderungen im Wege der Aufrechnung miteinander verrechnet werden können und deshalb tatsächlich hier keine Rückabwicklung durchgeführt werden muss. | **Wertersatz**

Gleiches gilt im Übrigen bei *Sachleistungsverträgen*, wenn der empfangene Gegenstand verbraucht, veräußert oder verarbeitet bzw. umgestaltet, sich verschlechtert oder untergegangen ist (§ 346, Abs. 2, Nr. 2 und 3 BGB). | **Sachverbrauch**

Ausnahmsweise *entfällt* die Pflicht zum *Wertersatz* in bestimmten Fällen gemäß § 346, Abs. 3 BGB, die hier nicht näher erörtert werden können. Ob sie als rückgabepflichtiger Partner im Streitfall sich ggf. darauf berufen können, sollten Sie mit Ihrem Rechtsanwalt klären. Wird die herauszugebende Sache erst nach Bekanntwerden des Rücktritts durch schuldhaftes Verhalten beschädigt oder zerstört, so ist für diese Pflichtverletzung *Schadensersatz* nach § 280 ff. BGB zu leisten (§ 346, Abs. 4 BGB, vgl. Kap. 6.1 ff). | **Sachbeschädigung**

4.6.1.4   Rücktrittsrecht bei Dauerschuldverhältnissen

Wegen seiner Rechtsfolgen – Rückabwicklung des kompletten Vertrages – besteht ein Rücktrittsrecht bei Dauerschuldverhältnisse jedenfalls dann nicht, wenn der Vertrag bereits in Vollzug gesetzt worden ist, d. h. die Vertragsparteien schon Vertragsleistungen erbracht haben. Da Dauerschuldverhältnisse auf einen ständigen Leistungsaustausch gerichtet sind, ist ein *Rücktritt nur* in dem ganz *frühen Vertragsstadium* zwischen Vertragsabschluss und vor der Vertrags- | **Rücktrittsrecht vor Vertragsbeginn** erfüllung sinnvoll und statthaft. Später endet das Dauerschuldverhältnis entweder automatisch durch Befristung oder i.d.R. durch Kündigung.

Aus diesen Gründen sollte ein vertraglicher *Rücktrittsvorbehalt* beim Dauerschuldverhältnis, wenn man ihn denn einräumen will, begrenzt werden.

Rücktritt bei Dauerschuldverhältnissen

Klauselvorschlag

»Jede Vertragspartei kann bis zum Beginn der Vertragsdurchführung vom Vertrag zurücktreten, muss jedoch der anderen Seite den Schaden ersetzen, den sie dadurch erleidet, dass sie auf den weiteren Fortbestand des Vertrags bis zum Ablauf der nächstmöglichen Kündigung vertraut hat. Liegt ein wichtiger Grund vor, beschränkt sich die Ersatzpflicht auf die bisherigen Auslagen des Vertragspartners.«

Die Beschränkung der *Ersatzpflicht* bei einem Rücktritt aus *wichtigem Grund* erklärt sich daraus, dass dann die Vertragspartei jederzeit aus dem Vertrag aussteigen kann (vgl. Kap. 4.6.2.2).

4.6.2   Kündigung bei Dauerschuldverhältnissen

Kündigungsarten

Dauerschuldverhältnisse, wie etwa ein Leasing-, Miet- oder Wartungsvertrag, die auf einen ständigen Leistungsaustausch gerichtet sind, enden i.d.R. durch die einseitige Kündigung einer Vertragspartei. Die Kündigung selbst löst anders als der Rücktritt den *Vertrag* nur für die *Zukunft auf*, sodass die bis zu diesem Zeitpunkt erbrachten Leistungen davon nicht berührt werden. Wegen ihrer rechtsgestaltenden Wirkung kann die Kündigung nicht einseitig zurückgenommen sondern der Vertrag nur mit Einverständnis des anderen Teils fortgeführt werden (BGH NJW 1998, S. 2664). Ein Kündigungsrecht steht jeder Vertragspartei regelmäßig erst nach Ablauf einer prinzipiell unkündbaren Grundlaufzeit zu. Bei dieser *ordentlichen Kündigung* ist auch noch die gesetzliche oder vereinbarte Kündigungsfrist einzuhalten. Unabhängig davon kann aber jeder Vertragspartner ausnahmsweise auch innerhalb der sog. unkündbaren Grundlauf- oder Verlängerungszeit den Vertrag *außerordentlich* kündigen, wenn ein sog. wichtiger Grund vorliegt (siehe Abbildung 4.5).

4.6.2.1   Ordentliche fristgebundene Kündigung

Unkündbare Grunddauer mit Kündigungsfrist und optionaler Verlängerungszeit

Da bei Geschäftsverträgen grundsätzlich keine zwingenden gesetzlichen Kündigungsfristen beachtet werden müssen, empfiehlt es sich stets, dass der Vertrag die prinzipiell unkündbare *Grundlaufzeit* und die einzuhaltende Kündigungsfrist, die i.d.R. nach Wochen oder Monaten bemessen wird, regelt. Zusätzlich ist dann an eine *Verlän-*

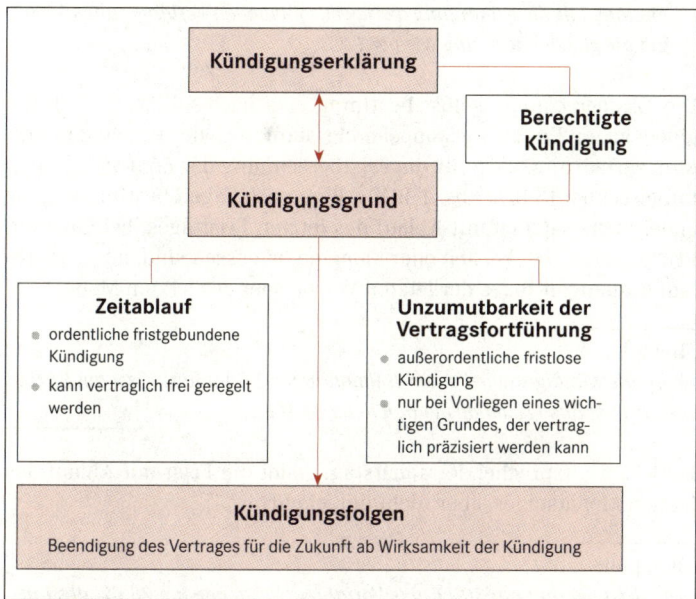

Abb. 4.5: Kündigung des Vertrags

gerungsklausel zu denken, nach der sich die Vertragsdauer eine bestimmte Zeit ausdehnt, wenn von dem Kündigungsrecht fristgerecht kein Gebrauch gemacht wird. Die Verlängerungszeit sollte sich an der Grunddauer orientieren und mindestens die Hälfte, maximal die volle Grundlaufzeit umfassen. Die Grundlaufzeit selbst sollte so bemessen werden, dass sich für beide Seiten der aufzubringende Kapitaleinsatz rechnet. Sie wird üblicherweise nach Jahren bestimmt. Darüber hinaus ist es der besseren Klarheit wegen zweckdienlich, für die Kündigung die *Schriftform* als zusätzliche Wirksamkeitsvoraussetzung vorzuschreiben. Wird zudem noch eine besondere *Übermittlungsform*, wie etwa ein Einschreiben vereinbart, so dient diese lediglich dem sicheren Nachweis des Zugangs, sodass eine Zusendung per Telefax genügen kann (BGH NJW 2004, S. 1320; vgl. Kap. 3.5.5).

Ordentliche Kündigung

»1. Das Vertragsverhältnis hat eine feste Laufzeit von ... (Monate, Jahre).   Klauselvorschlag
Das Vertragsverhältnis ist für beide Vertragspartner erstmalig zum Ablauf der Mindestvertragslaufzeit kündbar. Die Kündigung muss dem Vertragspartner mindestens drei Monate vor Ablauf der Mindestvertragslaufzeit schriftlich per Einschreiben zugehen.
2. Soweit das Vertragsverhältnis von keinem Vertragspartner gekündigt wird, verlängert sich das Vertragsverhältnis automatisch jeweils um ...

Monate. Für die Kündigung der jeweils folgenden Verlängerungszeiten gilt die gleiche Regelung wie bei 1.«

Fristberechnung Die *Fristberechnung* selbst bestimmt sich nach §§ 186 ff BGB. Bei einem an ein Ereignis gekoppelten Fristanfang, wie etwa eine Kündigungserklärung, wird für die Fristberechnung der *Ereignistag* nicht mitgerechnet (§ 187, Abs. 1 BGB). Eine nach Tagen bestimmte Frist endet grundsätzlich mit Ablauf des letzten Fristtages, bei längeren Fristen, die nach Wochen oder Monaten bemessen sind, mit dem Ablauf desjenigen Tages der letzten Woche oder des letzten Monats.

> **Beispiel:**
> *Wird die Kündigung bei einer dreimonatigen Kündigungsfrist am 31.07. erklärt, ist das Fristende demnach der 31.10.*

Fehlt der entsprechende Monatstag, endet die Frist mit Ablauf des letzten Monatstages, aber nicht umgekehrt.

> **Beispiel:**
> *Die Frist beginnt am 30.11. des Vorjahres, Fristende am 28.02. des laufenden Jahres. Beginnt aber die Frist am 28.02., endet die Drei-Monats-Frist nach Ansicht der Rechtsprechung bereits am 28.05. und nicht erst am 31.05. (BGH NJW 1984, S. 1358).*

Sonnabende, Sonntage und *gesetzliche Feiertage* bleiben bei der Fristberechnung im Falle der Kündigung entgegen § 193 BGB unberücksichtigt. Das wird für Nichtjuristen etwas spitzfindig damit begründet, dass die Verpflichtung zur Einhaltung der Kündigungsfristen nicht dem Erklärenden, wie von dieser Vorschrift vorausgesetzt, sondern dem Schutz des Kündigungsgegners dient. Er soll sich rechtzeitig auf die Vertragsbeendigung einstellen können. Deswegen sind auch vertraglich vereinbarte Kündigungsfristen Mindestfristen, die ihm ungekürzt zur Verfügung stehen sollen (BGH DB 2005, S. 1105).

> **Beispiel:**
> *Bei einer vereinbarten Kündigungsfrist von einem Monat wäre eine am 01.04. erklärte Kündigung, die den Vertrag zum 01.05. beenden soll, auch dann verspätet, selbst wenn der 31.03. ein Sonntag gewesen ist. Sie wirkt daher erst zum nächstmöglichen Kündigungstermin am 01.06.*

> Um Schwierigkeiten, die bei einer späten Kündigung zum Fristende drohen, aus dem Wege zu gehen, sollten Sie als kündigungswillige Vertragspartei rechtzeitig, mindestens eine Woche, besser zwei Wochen vor Fristablauf kündigen, damit Sie den Vertrag – wie geplant – zu dem gewünschten Termin beendigen können. Notieren Sie dieses Datum im Fristenkalender.

Tipp

4.6.2.2 Änderungskündigung

Das Primärziel einer Kündigung muss nicht unbedingt die Vertragsbeendigung, sondern kann auch eine *Vertragsänderung* sein, um eine Verbesserung der ursprünglichen Konditionen zu erreichen. Eine Änderungskündigung setzt sich aus *zwei Willenserklärungen* zusammen.

Ziel: Vertragsverbesserung

Die *Kündigungserklärung* wird als zweites Element mit dem Angebot zur Fortsetzung des Vertrages zu geänderten Bedingungen verknüpft. Dieses Änderungsangebot hat klar und bestimmt zu sein. Der gekündigten Vertragspartei muss ersichtlich sein, welche wesentlichen Vertragsbedingungen künftig gelten sollen und welchen Inhalt das Vertragsverhältnis zukünftig haben soll (BAG ZIP 2005, S. 367). Besteht Schriftformzwang gilt das nicht nur für die Kündigungserklärung, sondern auch für das Änderungsangebot als Bestandteil der Kündigung.

4.6.2.3 Außerordentliche Kündigung aus wichtigem Grund

Jeder Vertragspartner kann einen Vertrag stets bei Vorliegen eines wichtigen Grundes außerordentlich fristlos kündigen, wie nunmehr § 314 BGB klarstellt. Dabei bestimmt sich dieses Kündigungsrecht nach der Generalklausel, soweit nicht bei den einzelnen Verträgen für bestimmte Fälle, wie vor allem Miet- und Leasingverträge, Sondervorschriften gelten. *Generalklauseln* sind schwierig zu handhaben, weil die rechtlichen Voraussetzungen in unbestimmte Rechtsbegriffe gekleidet werden und deshalb im Streitfall der Spruchinstanz große *Auslegungsspielräume* eröffnen.

Unbestimmte gesetzliche Generalklausel

> Deshalb ist es den Vertragspartnern trotz der relativ ausführlichen gesetzlichen Regelungen anzuraten, die maßgebenden rechtlichen Kriterien schärfer durch ergänzende Vertragsbestimmungen zu konturieren.

Tipp

Das trifft vor allem auf die Grundvoraussetzung, den *wichtigen Grund* zu, der in § 314, Abs. 1 BGB dahingehend umschrieben wird, dass dem »kündigenden Teil unter Berücksichtigung aller Umstän-

Wichtigen Grund im Vertrag präzisieren

de und unter Abwägung der beiderseitigen Interessen die Fortsetzung des Vertragsverhältnisses bis zur vereinbarten Beendigung oder bis zum Ablauf einer Kündigungsfrist nicht zugemutet werden kann«. Der nachfolgende Absatz enthält eine Sonderregelung, wenn der wichtige Grund in der Verletzung einer Vertragspflicht besteht. Von daher gesehen, muss man zwischen zwei Grundtypen wichtiger Gründe unterscheiden:

1. Einem *schwerwiegenden vertragswidrigen Verhalten* einer Vertragspartei
2. oder – in objektiver Hinsicht – einer nachteiliger *unzumutbaren Veränderung vertraglicher Rahmenbedingungen.*

Unzumutbare Veränderungen

Dabei kann man den *objektiven Kündigungsgrund* wegen unzumutbarer Verschlechterungen der vertraglichen Rahmenbedingungen in eine allgemeine *Härteklausel* fassen, die die zumutbare Opfergrenze definiert (vgl. Kap. 2.2.4.6). Das ist umso wichtiger, weil die Umstände, die im Risikobereich des Kündigenden liegen, wie etwa eine finanzielle Notlage des Unternehmens, für sich alleine keinen wichtigen Grund bilden (BGH, NJW 2005, S. 1361).

Gravierende Pflichtverletzung

Dagegen ist der Tatbestand der *gravierenden Pflichtverletzung* eher präzisionsbedürftig, weil er von der einfachen, nicht zur Kündigung berechtigenden Pflichtverletzung abzugrenzen ist. Insoweit empfiehlt sich eine vertraglich ergänzende Regelung mittels einer sog. *Positivliste* durch die Aufzählung von typischen Beispielsfällen des wichtigen Grundes und einer *Negativliste* ausdrücklich genannter *einfacher Pflichtverletzungen.* Geeignete Beurteilungskriterien sind dabei die Schwere des Verschuldens, die Häufigkeit von Vertragsverletzungen und ggf. bei Verursachung von Vermögensschäden auch die Schadenshöhe. Der so umrissene Tatbestand einer schwerwiegenden Pflichtverletzung kann auch die Grenze für den

Schadensersatz

weitergehenden Anspruch des Schadensersatzes statt Leistung nach § 282 BGB bilden (vgl. Kap. 5.5.2). Wird wegen *schuldhafter Pflichtverletzung* gekündigt, kann im Falle von Vermögensschäden auch Schadensersatz gefordert werden (§ 314, Abs. 4 BGB).

Nachfristsetzung oder Abmahnung

Nachfrist bei Leistungspflichten

Trotz des Begehens einer schuldhaften Pflichtverletzung darf die andere Seite noch nicht sofort kündigen, sondern muss dem vertragsuntreuen Schuldner die Chance der Wiedergutmachung oder Besserung einräumen. Geht es dabei um die Verletzung einer *Leistungspflicht,* ist dem Schuldner (genau wie beim Rücktritt) eine angemessene *Nachfrist,* i.d.R. von zwei Wochen, einzuräumen. Erst nach dem *fruchtlosen Ablauf* ist eine Kündigung zulässig (§ 314, Abs. 2 BGB). Handelt es sich dagegen um sonstiges *vertragswidriges*

Verhalten, das hätte unterlassen werden müssen, hat zuvor eine *Abmahnung* mit Angabe des Pflichtenverstoßes unter Ankündigung der Vertragsauflösung im Falle einer Wiederholung zu erfolgen. Erst nach einem *nochmaligen Pflichtenverstoß* darf wegen erwiesener Unzuverlässigkeit eine *Kündigung* ausgesprochen werden.

Abmahnung bei Verhaltenspflichten

Abmahnung

»*Sie haben am ... (genaues Datum, Uhrzeit) ... in (genaue Ortsangabe) pflichtwidrig ... (genaue Beschreibung des beanstandeten Verhaltens) ... . Wegen dieser vertraglichen Pflichtverletzung mahne ich Sie hiermit ab und behalte mir im Falle eines weiteren Pflichtverstoßes eine außerordentliche Kündigung des Vertrages vor.*«

Formulierungsvorschlag

Kündigungserklärung aus wichtigem Grund

»*Trotz der Ihnen zugegangenen Abmahnung mit Schreiben vom ... haben Sie erneut Ihre Vertragspflichten verletzt, indem Sie ... (genaue Beschreibung der erneuten Pflichtverletzung nach Zeit, Ort und Art). Damit haben Sie sich als unzuverlässiger Vertragspartner erwiesen, sodass uns eine weitere Fortsetzung des Vertrages nicht zumutbar ist und wir uns deshalb gezwungen sehen, das Vertragsverhältnis fristlos außerordentlich zu kündigen.*«

Formulierungsvorschlag

Ausnahmsweise ist eine *Nachfristsetzung* oder *Abmahnung entbehrlich*, wenn der *Schuldner erfüllungsunwillig* ist und die ordnungsgemäße Vertragserfüllung ernsthaft verweigert oder es sich um eine *besonders schwerwiegende Pflichtverletzung* handelt, die direkt zu einer völligen Zerrüttung des Vertrauensverhältnisses zwischen den Vertragsparteien führt, sodass eine sofortige Vertragsbeendigung gerechtfertigt ist. Gerade diese Schwelle bedarf einer präziseren vertraglichen Ausformung.

Erfüllungsverweigerung

Rechtzeitige Kündigungserklärung

Die kündigungsberechtigte Vertragspartei muss aber ihr außerordentliches *Kündigungsrecht*, nachdem sie vom Kündigungsgrund Kenntnis erlangt hat, innerhalb einer *angemessener Frist* ausüben. Ansonsten büßt sie dieses Recht nach § 314, Abs. 3 BGB ein. Was man unter »angemessene Frist« zu verstehen hat, ist unklar. Auch hier ist eine vertragliche Präzisierung geboten: mindestens zwei Wochen, höchstens aber einen Monat, um den Vertrag nicht allzu lange in der Schwebe zu halten.

Verlust des Kündigungsrechts

Außerordentliche Kündigung

»*Jeder Vertragspartner kann das Vertragsverhältnis aus wichtigem Grund ohne Einhaltung einer Kündigungsfrist kündigen. Ein wichtiger Grund liegt vor, wenn*

Klauselvorschlag

1. *der andere Vertragspartner eine schwerwiegende, von ihm zu vertretende Pflichtverletzung begangen hat,*
2. *oder sonst dem kündigenden Teil unter Berücksichtigung aller Umstände und unter Abwägung der beiderseitigen Interessen die Fortsetzung
des Vertragsverhältnisses bis zur vereinbarten Beendigung oder bis zum
Ablauf einer Kündigungsfrist nicht zugemutet werden kann.*
3. *Eine besonders schwerwiegende Pflichtverletzung, die ohne Nachfrist
oder Abmahnung zur sofortigen Kündigung berechtigt, ist insbesondere
anzunehmen,*
   - *bei grobem Verschulden (Vorsatz oder grobe Fahrlässigkeit),*
   - *Verletzung des Betriebs- und Geschäftsgeheimnisses oder anderer
   gravierender Pflichtverletzungen, die zu einer völligen unheilbaren
   Zerrüttung des vertraglichen Vertrauensverhältnisses führen,*
   - *bei Verursachung schwerer Körperschäden, insbesondere mit Dauer-
   folgen oder hoher Vermögensschäden von mindestens ... (Richtwert
   die Vertragssumme!),*
   - *bei Unfähigkeit zur ordnungsgemäßen Vertragserfüllung.*
4. *Andere Pflichtverletzungen berechtigen erst dann zur Kündigung, wenn
zuvor eine angemessene Nachfrist zur Abhilfe oder eine Abmahnung
in schriftlicher Form erfolglos geblieben ist. Im Falle einer Abmahnung
kann bei jeder danach begangenen zu vertretenden Pflichtverletzung
gekündigt werden.*
5. *Die berechtigte Vertragspartei kann nur innerhalb einer Frist von zwei
Wochen (längstens einem Monat) kündigen, nachdem sie vom Kündigungsgrund Kenntnis erlangt hat.*
6. *Führt die Pflichtverletzung zu einem Schaden, kann im Falle schuldhaften Verhaltens trotz Kündigung Schadensersatz verlangt werden.«*

4.6.3   Zahlung von Auflösungspauschalen

**Unzulässige
Einschränkung
der Kündigung**

Steht Ihrem Vertragspartner berechtigterweise ein Rücktritts- oder
Kündigungsrecht zu, können Sie nicht wirksam in Ihren AGB, sofern
diese für den Vertrag gelten, das Vertragslösungsrecht des Kunden
dadurch entwerten, dass Sie ihn zur Zahlung von zu hohen Nut-
zungsvergütungen oder zu hohem *Aufwendungsersatz* verpflichten.

> **Beispiel:**
> *Annullierungs- oder Bearbeitungsgebühren.*

**Abwicklungs-
vergütung**

Soweit der betreffende Unternehmer den Rücktritt oder die Kündigung nicht durch vertragswidriges Verhalten zu vertreten hat, kann
er die ihm entstandenen Kosten einschließlich des üblichen Unter-
nehmensgewinns als *Abwicklungsvergütung* fordern.

Beispiel:
Eine Auflösungspauschale von drei Monatsbeträgen ist in Wartungsverträgen statthaft (OLG Celle BB 1984, S. 808).

Dem Kunden muss stets der *Gegenbeweis* erhalten bleiben, dass der im konkreten Fall angemessene Betrag wesentlich niedriger ist als die Pauschale (BGH NJW 1994, S. 1067). Entsprechende AGB-Klauseln dürfen also nicht zu apodiktisch abgefasst sein und gegenüber dem Kunden den Eindruck einer endgültigen, jeglichen Gegenbeweis ausschließenden Feststellung erwecken. Die AGB-Bestimmung muss auch klarstellen, dass eine *Zahlungspflicht* entfällt, sofern der Verwender die Beendigung des Vertragsverhältnisses zu vertreten hat (OLG Celle BB 1984, S. 808).

Gegenbeweis

Auflösungspauschale
»Tritt der Vertragspartner von dem Vertrag zurück oder kündigt er ihn, so hat er in der Regel eine Auflösungspauschale von ... zu zahlen, es sei denn, die Firma ... (Verwender) hat die Beendigung des Vertragsverhältnis zu vertreten.«

Klauselvorschlag

4.7   Sicherheiten bei risikoreicher Abwicklung

Fast jeder wichtige Geschäftsvertrag enthält während der Durchführungsphase zumindest für einen Geschäftspartner erhebliche *finanzielle Risiken*, die abgedeckt werden müssen. Die Risiken entstehen zum einen durch eine *asynchrone Vertragsabwicklung*, d. h., wenn die beidseitige Erbringung der Vertragsleistungen nicht gleichzeitig verläuft, weil der eine Vertragspartner vorzuleisten hat und durch den eigenen Kapital- und Sachaufwand sozusagen in Vorlage tritt. Diese finanziellen Risiken lassen sich durch spezielle *Sicherheiten* auffangen.

Vorleistung

Auf der anderen Seite treffen die Vertragsparteien auch *Schadensrisiken*. Diese lassen sich am besten vermeiden, indem man sie durch geschickte Vertragsgestaltung im zulässigen rechtlichen Rahmen dem anderen Vertragsteil zuschiebt oder, falls das nicht gelingt, versucht, durch *Versicherungen* aufzufangen.

Schadensrisiko

4.7.1   Personen- und Sachsicherheiten
Die Sicherheiten werden i.d.R. in Personen- und Sachsicherheiten aufgeteilt (siehe Abbildung 4.6). Bei den *Personensicherheiten* sichert ein *zahlungskräftiger Dritter* mit seiner persönlichen Leistungsfähigkeit (pfändbarem Vermögen) in dem vertraglich vereinbarten Um-

Dritter als Sicherungsgeber bei den Personensicherheiten

fang die Forderung des Gläubigers gegen den Hauptschuldner ab. Paradebeispiel dafür ist die *Bürgschaft*.

Verwertungsrecht bei Sachsicherheiten

Bei den *Sachsicherheiten* dagegen erhält der Gläubiger an bestimmten Vermögensobjekten, die regelmäßig seinem Schuldner gehören, ein *dingliches Verwertungsrecht*, sodass er sich im Krisenfall aus dem Verwertungserlös des Sicherungsobjektes befriedigen kann. Notfalls kann dabei auch, wenn der Schuldner über entsprechende Vermögensgegenstände nicht verfügt, ein diesem persönlich oder wirtschaftlich verbundener *Dritter* die Gläubigerforderung durch die sicherungsweise Übertragung ihm gehörender Vermögensgegenstände *absichern*. In diesem Fall liegt wiederum wie bei der Personensicherheit eine Dreiecksbeziehung, bestehend aus Gläubiger, Hauptschuldner und Sicherungsgeber, vor.

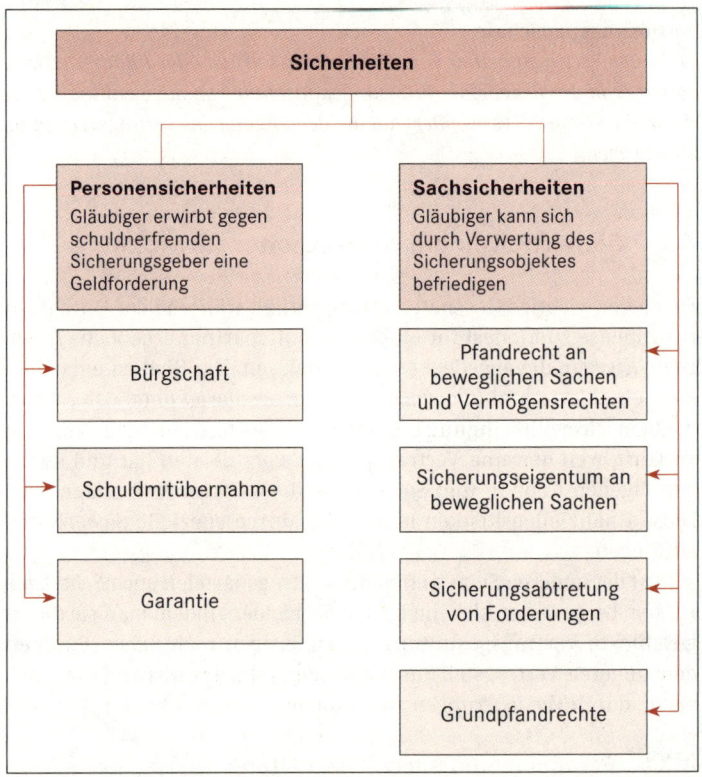

Abb. 4.6: Sicherheiten bei risikoreicher Abwicklung

Tipp

> **Gläubiger**
>
> Sie müssen bei eigener Vorleistung selbst gegenüber Ihrem zahlungs-
> oder leistungspflichtigen Geschäftspartner darauf drängen, dass Ihre
> Forderung bzw. Ihr Leistungsanspruch entsprechend abgesichert
> wird.

Nur in ganz wenigen Fällen räumt das Gesetz dem Gläubiger selbst
einen entsprechenden Anspruch auf Sicherheiten ein, so etwa beim
Bauvertrag durch eine *Bankbürgschaft* oder *Bankgarantie* nach § 648,
Abs. 2 BGB. Privilegiert ist insofern auch der *Verkäufer* beim *Warenkauf,* steht ihm doch sozusagen als naturgegebene vertragskonforme
Sicherheit der *Eigentumsvorbehalt* zur Verfügung. Auf die damit zusammenhängenden Probleme wird deshalb beim Warenverkauf
näher eingegangen (vgl. Kap. 8.7). Geschützt wird auch der *Werkunternehmer* bei der Reparatur von Sachen in seinen Betriebsräumen
im Hinblick auf seinen Werklohn oder der *Vermieter* bei Mietforderungen gegenüber dem Mieter jeweils durch *gesetzliche Pfandrechte*
(§§ 647, 562 BGB). Ohne besonderen Schutz stehen aber Dienstleister
wegen ihrer Entgeltansprüche da, wenn sie unkörperliche Dienste
wie etwa Herstellung, Unterhaltung technischer Kommunikations-
verbindungen, Beratungen etc., erbringen.

*Besicherungs-
vereinbarung*

4.7.1.1   Kriterien für die Sicherheitenbewertung

Bei der Frage, wie man am besten eine Geldforderung besichert, ist
es von großem Nutzen, die maßgebenden Kriterien für die Sicherhei-
tenbewertung zu kennen.

Bestellungsaufwand

Besitzt die Forderung nur eine kurze oder mittlere Laufzeit bis ca.
fünf Jahre, sollte über die *Schriftform* hinaus kein zusätzlicher Be-
stellungsaufwand erforderlich sein, der unnötig Zeit und Geld kostet.
Diese Voraussetzung liegt bei allen Sicherungsrechten, einschließlich der Bürgschaft mit ihrem gesetzlichen Schriftformzwang, vor.
Die wegen des unumgänglichen Grundbuchzwangs relativ teure Absicherung durch *Grundpfandrechte* lohnt sich deshalb nur für Forderungen mit einer längeren Tilgungsphase.

*Schriftform
ausreichend*

Wertstabilität

Von einer qualitativ hochwertigen Sicherheit lässt sich nur sprechen,
wenn diese tatsächlich das *Forderungsausfallrisiko* in dem erwarteten Umfang abdeckt. Das bedingt aber, dass der wirtschaftliche
Wert des *Sicherungsrechtes* bis zur Fälligkeit der gesicherten Forde-

rung – besser noch bis zum Verwertungsfall – im Zeitablauf *konstant* bleibt. Davon kann bei *Personensicherheiten* per se keine Rede sein, weil sich die künftige Bonität des Sicherungsgebers allenfalls kurzfristig einschätzen lässt, dagegen im mittel- oder gar langfristigen Bereich überhaupt nicht taxiert werden kann. Aber auch bei den Sachsicherheiten zeigen sich je nach Beschaffenheit des Sicherungsobjektes erhebliche Unterschiede, weil sie ggf. Preisschwankungen unterliegen.

Beispiel:
So lässt sich der zukünftige Wert von Kraftfahrzeugen – berücksichtigt man ihren Wertverlust durch Alter und Abnutzung – recht verlässlich taxieren, dagegen der künftige Wert von börsengängigen Aktien wegen ihrer hohen Volatilität überhaupt nicht voraussehen.

Grundpfandrechte

Völlig zu Recht gelten aber als *wertstabilste Sicherungsrechte* die *Grundpfandrechte*. Grundstücke sind nun einmal nicht beliebig vermehrbare Wirtschaftsgüter, sodass die Preise in der Zukunft eher steigen denn abnehmen, zumindest aber relativ konstant bleiben. Deshalb neigt die Kreditwirtschaft bei der Besicherung langfristiger Kredite, wie vor allem Baukredite, zur Absicherung durch Grundschulden.

Liquiditätsgrad

Liquide Geldforderungen

Damit ist gemeint, dass die Sicherheit im Krisenfall durch den Gläubiger möglichst schnell ohne großen Kostenaufwand zu Geld gemacht werden kann, sodass nicht allzu viele Zinsen auflaufen und dadurch das Ausfallrisiko begrenzt wird. Die *höchste Liquiditätsstufe* besitzen Sicherheiten in Form von liquiden *Geldforderungen*, wenn der Gläubiger sofort nach Fälligkeit der gesicherten Hauptforderung darauf zugreifen kann.

Beispiel:
Das trifft etwa auf die Verpfändung börsengängiger Wertpapiere zu, die sich durch raschen Verkauf an der Börse problemlos versilbern lassen. Annähernd gilt das aber auch für die selbstschuldnerische Bürgschaft eines leistungsfähigen und leistungswilligen Bürgen.

Eine extrem *niedrige Liquiditätsstufe* besitzen *Grundpfandrechte* wegen des unvermeidbaren langwierigen kostenträchtigen Zwangsversteigerungsverfahrens.

Sicherheitenauswahl als Einzelfallentscheidung

Stets müssen Sie aber als Gläubiger damit rechnen, dass Ihr zahlungspflichtiger Vertragspartner nicht die von Ihnen angestrebte optimale Sicherheit beschaffen kann, sondern eben nur ganz bestimmte Sicherungsrechte zur Verfügung hat, unter denen Sie auswählen können.

Sicherheitenmix

> Unabhängig von den konkreten Umständen im Einzelfall, lässt sich aber folgende Empfehlung geben: Eine optimale Besicherung ist ein Sicherheitenmix bestehend aus einer wertstabilen Sicherheit wie etwa einer Hypothek und einer liquiditätsstarken Sicherheit wie etwa einer selbstschuldnerischen Bürgschaft.
>
> Gegen eine mehrfache Besicherung der gleichen Forderung ist rechtlich auch nichts einzuwenden, weil der Gläubiger von den verschiedenen Sicherungsgebern insgesamt nur die Geldsumme in Höhe der gesicherten Forderung und sonstiger Nebenansprüche einfordern kann.

Tipp

4.7.1.2 Sicherungsvertrag und Sicherungszweck

Näherer Ausgestaltung bedarf der *Sicherungsvertrag* zwischen dem Sicherungsgeber und dem Gläubiger, der vor allem den Sicherungszweck regelt. So ist bei *Personensicherheiten* wie etwa der Bürgschaft der Bürgschaftsvertrag stets mit der Sicherheitenbestellung identisch, bei den abstrakten rechtlich forderungsunabhängigen *Sachsicherheiten* wie z. B. bei der Grundschuld bildet er eine gesonderte schuldrechtliche Vereinbarung. Beide zusammen – die Sicherheitenbestellung gekoppelt mit dem Sicherungsvertrag – bezeichnet man je nach Sicherungsobjekt als

Sicherungsvertrag und Sicherheitenbestellung

- *Sicherungsgrundschuld* bei Grundstücken,
- *Sicherungsübereignung* bei beweglichen Sachen und
- *Sicherungsabtretung* bei Forderungen.

Da es bei den einzelnen Sicherungsrechten teilweise überhaupt keine gesetzlichen Vorschriften gibt oder diese der besonderen Interessenlage im Einzelfall angepasst werden müssen, soll der *Sicherungsvertrag* detaillierte Regelungen zu folgenden Punkten enthalten:

Regelungsinhalt

- dem *Sicherungszweck*, d. h. dem *Umfang* der *gesicherten Forderung* nebst dem Umfang der *Haftung* des *Sicherungsgebers*, die ggf. im Hinblick auf die Summe – wie bei den Personensicherheiten – begrenzt werden und bei den Sachsicherheiten ohnehin gegenständlich auf das haftende Sicherungsobjekt beschränkt sind,

- der *Verfügungsbefugnis* des *Sicherungsgebers* über das Sicherungsobjekt bei den Sachsicherheiten zur Erhaltung seiner wirtschaftlichen Entscheidungsfreiheit,
- der *Freigabeverpflichtung* des *Sicherungsnehmers* bei den Sachsicherheiten im Falle einer länger andauernden Übersicherung,
- dem *Sicherungsfall* mit der Verwertungsbefugnis des Sicherungsnehmers.

Wegen der strukturellen Unterschiede der einzelnen Sicherungsrechte sind hierzu auch verschiedene Regelungen notwendig.

4.7.1.3   Singular- und Globalsicherheit

Globalsicherheit = Absicherung auch künftiger Forderungen

Der Kernaspekt ist aber die *Sicherungszweckabrede*, wodurch die *gesicherten Forderungen festgelegt* werden. Innerhalb einer dauerhaften Geschäftsbeziehung entstehen fortlaufend Forderungen. Deshalb strebt der Gläubiger an, alle seine Forderungen gegen den Schuldner, auch derzeit noch nicht existierende künftige Forderungen, global mittels einer *Geschäftsverbindungsklausel* oder eines sog. Kontokorrentvorbehalts abzusichern. Man spricht dann von einer *weiten Zweckerklärung*.

Weite Zweckerklärung

Klauselvorschlag

»Die ... (Angabe der konkreten Sicherheit, z. B. Bürgschaft) sichert alle Forderungen, auch künftige, ab, die der Sicherungsnehmer, Firma ... (Name des Gläubigers) gegen die Firma ... (Name des Schuldners) aus der laufenden Geschäftsverbindung erwirbt, einschließlich der Forderungen gegen den Schuldner, die der Firma ... (Gläubiger) von einem Dritten abgetreten werden.«

Die Einbeziehung künftiger Forderungen auch in *AGB-Sicherungszweckabreden* begegnet keinen rechtlichen Bedenken, wenn der *Sicherungsgeber* mit dem Schuldner identisch ist, weil dieser selbstverständlich seinen Schuldenstand kennt und bestimmen kann. Diese Konstellation ist, wie bereits erwähnt, für Sachsicherheiten typisch.

Ist der *Sicherungsgeber* nicht mit dem *Schuldner identisch*, wird ihm mit der weiten Zweckerklärung ein hohes Risiko auferlegt. Das ist aber charakteristisch für die Personensicherheiten (siehe Abbildung 4.7). Die Darstellung in der Abbildung 4.7 verschiebt sich spiegelbildlich, wenn durch eine *Erfüllungsbürgschaft* der Lieferanspruch des Bestellers als Gläubiger gegen den Lieferer als Schuldner gesichert wird.

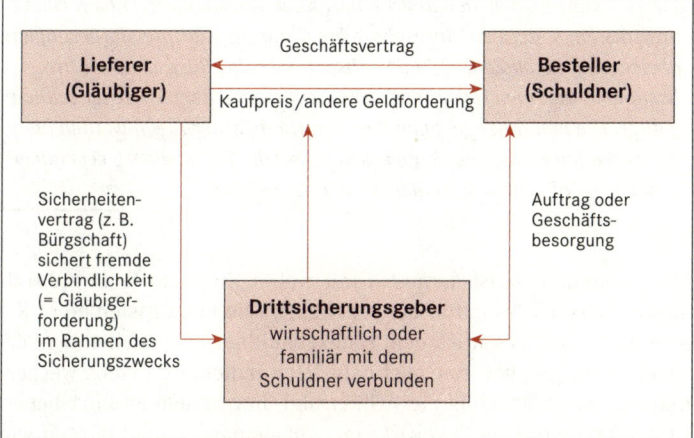

Abb. 4.7: Drittsicherheiten

Bei den Personensicherheiten als *Drittsicherheiten* mit einem *schuldnerfremden Sicherungsgeber* schränkt die Rechtsprechung die Zulässigkeit solch weiter vom Gläubiger einseitig vorformulierter Zweckabreden nach dem AGB-Recht ein, weil die Erstreckung auf künftige, dem Sicherungsgeber unbekannte Forderungen überraschende Wirkung besitzt oder ihn gar unangemessen benachteiligt und damit entweder gegen § 305c, Abs. 1 BGB oder § 307, Abs. 2 BGB verstößt (BGH NJW-RR 2002, S. 344). Bei einem Verstoß ist aber die weite Zweckabrede nicht nichtig, sondern teilnichtig bzw. teilwirksam, d. h. sie wird auf die *enge Zweckerklärung* reduziert. Das hat zur Folge, dass die Sicherheit nur die dem Sicherungsgeber bei Vertragsabschluss bekannten Forderungen abdeckt.

Bei Drittsicherheiten nur eingeschränkt wirksam

Beispiel:

Minderheitsgesellschafter G der X-GmbH sichert die Forderungen des Lieferanten L gegenüber der X-GmbH mit einer Höchstbetragsbürgschaft bis zu 100.000 € in der Weise ab, dass sich die Bürgschaftsverpflichtung auch auf die künftigen Forderungen des Lieferanten erstrecken soll (sog. Globalbürgschaft!). Zum Zeitpunkt des Vertragsabschlusses beliefen sich die Forderungen des Lieferanten gegen die GmbH auf 90.000 €. Zwei Jahre später wird die X-GmbH insolvent. L besitzt zu diesem Zeitpunkt neue Forderungen gegen die X-GmbH in Höhe von 80.000 €, wohingegen die alten zum Zeitpunkt des Abschlusses des Bürgschaftsvertrages bereits bestehenden Forderungen längst getilgt sind.

Lösung:

Gegenüber einem Minderheitsgesellschafter, der die Geschäftspolitik des Unternehmens nicht entscheidend bestimmen kann, ist die weite

Zweckerklärung der Globalbürgschaft nach gefestigter Rechtsprechung unwirksam, sodass die Bürgschaft von G nur die Kaufpreisforderungen absicherte, die im Zeitpunkt des Abschlusses des Bürgschaftsvertrages bestanden und dem G bekannt waren. Diese sind aber zwischenzeitlich getilgt. Die neu hinzugekommenen Kaufpreisforderungen werden aber durch die Bürgschaft nicht abgesichert, mit der Folge, dass L gegenüber G nach §§ 765, 767 BGB keinerlei Ansprüche besitzt.

Sicherungsgeber muss Deckungsumfang bestimmen können.

Mithin sind *Globalsicherheiten* mit weiter Zweckerklärung durch Minderheitsgesellschafter bei der GmbH, Kommanditisten einer KG oder auch von persönlich dem Hauptschuldner nahe stehenden Personen, wie dem Ehegatten oder nahe Verwandten, wenn die Zweckerklärung formularmäßig per AGB erfolgt, nur in dem beschriebenen Umfang teilwirksam. *Voll wirksam* sind sie dagegen bei Bürgen wie Geschäftsführern oder anderen vertretungsberechtigten Gesellschaftern sowie Mehrheitsgesellschaftern, da diese den *Schuldenstand* ihres Unternehmens als Hauptschuldner nicht nur kennen, sondern maßgebend beeinflussen können. Infolgedessen benötigen sie keinen besonderen rechtlichen Schutz, wenn sie sich in dieser umfassenden Weise verpflichten.

4.7.2   Bürgschaft und andere Personensicherheiten

Neben der Bürgschaft gehören zu den Personensicherheiten die *Schuldmitübernahme* und die *Garantie*. Gemeinsames Merkmal dieser Personensicherheiten ist, dass ein nicht mit dem Schuldner identischer Sicherungsgeber die für ihn fremde Verbindlichkeit des Schuldners gegenüber dessen Gläubiger absichert. Personensicher-

Drittsicherheiten

heiten sind deshalb stets *Drittsicherheiten*, sodass ihre Ausgestaltung als Globalsicherheit mit weiter Zweckerklärung, wie bereits eben dargestellt, nur bedingt zulässig ist (vgl. Kap. 4.7.2.3).

4.7.2.1   Bürgschaft

Typisch für diese Drittsicherheiten ist nach wie vor die Bürgschaft gem. § 765 ff BGB.

4.7.2.1.1   Abschluss des Bürgschaftsvertrages

Schriftliche Bürgschaftserklärung

Die *Bürgschaftserklärung* ist *schriftlich* abzufassen und vom Bürgen eigenhändig zu unterschreiben, weil die *elektronische Form* für die Bürgschaft ausdrücklich *ausgeschlossen* wird (§ 766 BGB); dagegen ist die Annahmeerklärung des gesicherten Gläubigers auch formlos wirksam. Kein entsprechender Formzwang besteht, wenn der *Bürge* ein *Kaufmann* ist und das Eingehen der Bürgschaftsverbindlichkeit ein Handelsgeschäft darstellt, also geschäftlich veranlasst ist (§ 350

HGB). Abgesehen von diesem engen Personenkreis sind deshalb Bürgschaftserklärungen per Fax oder per E-Mail wegen Formmangels nichtig (§ 125 BGB).

Tipp

Gläubiger

Ein mögliches Widerrufsrecht des Bürgen aus dem Grund, dass die Bürgschaftsverpflichtung widerrufbares Haustürgeschäft nach § 312 BGB sein könnte, schließt man am besten dadurch aus, dass der Bürge seine Verpflichtungserklärung nicht in seinen Privaträumen ausfüllt und unterschreibt, sondern in den Geschäftsräumen des Gläubigers.

Nur bei Unterzeichnung der Bürgschaftsurkunde in den Geschäftsräumen des Gläubigers hat man auch die Gewähr, dass der Bürge selbst seine Verpflichtungserklärung ausfüllt und nicht etwa der Hauptschuldner die Bürgschaftsurkunde in einer Weise ausfüllt, der der Bürge nicht zugestimmt hat. Darin liegt das rechtliche Problem der sog. *Blankobürgschaft*. Der Bürge kann wegen der besonderen Vertrauensbeziehung den Hauptschuldner ermächtigen, die Bürgschaftssumme bis zu einer bestimmten Höhe einzusetzen. Fügt aber der Hauptschuldner einen höheren Betrag ein, als vom Bürgen gewollt, muss er die Differenz nur unter bestimmten Voraussetzungen zahlen (BGH NJW 2000, S. 1179). Darauf sollten Sie es nicht ankommen lassen.

Unterzeichnung beim Gläubiger

Blankobürgschaft

4.7.2.1.2 Kerninhalt des Bürgschaftsvertrages

Regelungsbedürftig sind im Bürgschaftsvertrag die im Folgenden aufgeführten zentralen Gesichtspunkte.

Bezeichnung der Hauptschuld

Die Bürgschaft ist von der betreffenden *Hauptschuld* stets rechtlich *abhängig*. Sie gehört deshalb zu den sog. *akzessorischen Sicherheiten*, genau wie das Pfandrecht und die Hypothek.

Die Bürgschaft ist mit einem *engen Sicherungszweck*, die sich nur auf eine einzelne Forderung oder mehrere bereits existierende und dem Bürgen bekannte Forderungen des Gläubigers bezieht, rechtlich völlig unbedenklich. Will der Gläubiger die Bürgschaftsverpflichtung auf alle seine Forderungen aus der laufenden Geschäftsverbindung gegen den Schuldner ausdehnen, ist diese *Globalbürgschaft* mit ihrer *weiten Zweckerklärung* nur bedingt statthaft, wenn der Gläubiger die Zweckerklärung einseitig in *AGB-Form* formularmäßig vorgibt (vgl. Kap. 4.7.1.3). Ist dagegen der weite Sicherungszweck das Ergebnis einer ausgiebigen Verhandlung zwischen dem Gläubiger und dem

Globalbürgschaft

Bürgen, wäre die durch *Einzelvereinbarung* gegründete weite Zweckerklärung rechtlich voll wirksam, weil sie ausdrücklich im gesetzlichen Bürgschaftsrecht nach § 765, Abs. 2 BGB vorgesehen ist.

Umfang der Bürgenschuld

Weist der Bürgschaftsvertrag nur eine *enge Zweckerklärung* auf und sichert nur einzelne Forderungen ab, so ist wegen der rechtlichen Anbindung der Bürgschaft an die Hauptschuld eine besondere Regelung zum Umfang der Bürgenschuld nicht erforderlich.

Unbegrenzte Bürgschaft

Das ändert sich schlagartig bei der *Globalbürgschaft*, weil dadurch dem Bürgen ein völlig unkalkulierbares Haftungsrisiko auferlegt wird. Daher lässt sich eine *unlimitierte Bürgenhaftung* (auf die Summe bezogen) nur dann rechtfertigen, wenn der Bürge, wie ein Mehrheitsgesellschafter direkten Einfluss auf den Schuldenstand des Hauptschuldners nehmen kann. Gegenüber anderen Personen sollte man auf diese den Bürger stark benachteiligende und deshalb sittenwidrige Vertragsgestaltung völlig verzichten und sich als Gläubiger mit einer betragsmäßig beschränkten Bürgerhaftung begnügen (BGH BB 2003, S. 244).

Höchstbetragsbürgschaft

Die *Bürgenhaftung* ist deshalb hinsichtlich des Betrags grundsätzlich in Form der *Höchstbetragsbürgschaft* zu beschränken. Darauf wird auch der Bürge selbst drängen, da er nicht sein gesamtes pfändbares Vermögen verlieren möchte, sondern höchstens den zu verkraftenden Teil. Die Rechtsprechung versteht i.d.R. den im Vertrag festgelegten *Höchstbetrag* als *oberste Grenze*. Soll dieser Betrag nach dem Willen des Gläubigers nur auf die Hauptforderung beschränkt sein, dagegen sich diese Summe noch um eventuelle *Zinsen* und sonstige Nebenforderungen *erhöhen*, wie es auch der gesetzlichen Bürgenhaftung nach § 767, Abs. 1 BGB entspricht, muss dieser *Erhöhungsanspruch* in dem Bürgschaftsformular – optisch deutlich – durch räumliche Nähe zum Höchstbetrag und durch entsprechende grafische Gestaltung (wie etwa Fettdruck) hervorgehoben werden. Ansonsten handelt es sich bei dieser Erhöhungsregelung um eine unwirksame überraschende Klausel nach § 305c, Abs. 1 BGB. Ohne Hervorhebung würde der vereinbarte Höchstbetrag maximal diese Summe einschließlich Zinsen und Nebenkosten absichern (OLG Stuttgart NJW-RR 1997, S. 301).

Erhöhung durch Zinsen

Höchstbetragsbürgschaft

Klauselvorschlag

»...übernimmt zur Absicherung folgender Forderungen ... (genaue Bezeichnung) eine Bürgschaft in Höhe von ... Euro. Dieser Betrag kann sich aber um die darauf anfallenden Zinsen und sonstigen aus der Durchsetzung der Hauptforderung entstehenden Kosten und Auslagen erhöhen.«

Befristung der Bürgschaft

Es macht Sinn, die Bürgschaft zeitlich der Laufzeit der gesicherten Hauptforderung anzupassen und die Bürgenhaftung entsprechend zeitlich zu befristen.

Zeitbürgschaft

Zeitbürgschaft

»Die Bürgschaft wird auf ... Jahre (oder auch Monate) befristet.«

Klauselvorschlag

Bei einer solchen *Zeitbürgschaft* muss der Gläubiger dem Bürgen innerhalb der Gültigkeitsdauer der Bürgschaft anzeigen, dass er ihn in Anspruch nehmen will; ansonsten wird der Bürge von seiner Haftung frei (§ 777 BGB).

Gläubiger

Die für den Bürgschaftsvertrag gewählte Zeitdauer sollte deshalb etwas über die Fälligkeit der Hauptforderung hinausgehen, sodass der Gläubiger dem Bürgen noch vor Ablauf der Befristung die Anzeige für die Inanspruchnahme zuleiten kann.

Tipp

4.7.2.1.3   Bestimmung des Liquiditätsgrades

Wichtig für Sie als Gläubiger ist auch, dass Sie den Liquiditätsgrad der Bürgschaft abweichend von der gesetzlichen Regelung festlegen. Danach können Sie den Bürgen erst in Anspruch nehmen, nachdem Sie einen *fruchtlosen Pfändungsversuch* beim Hauptschuldner vorgenommen haben. Vorher steht nämlich dem Bürgen die *Einrede der Vorausklage* nach § 771 BGB zu. Das gilt indes nicht, wenn der Bürge Kaufmann ist und die Bürgschaft für ihn ein Handelsgeschäft darstellt (§ 349 HGB).

Einrede der Vorausklage durch Bürgen

Selbstschuldnerische Bürgschaft

Diese Einrede ist aber sehr leicht auszuschließen, indem sich der Bürge *selbstschuldnerisch,* d.h. genauso wie der Hauptschuldner verpflichtet (§ 773, Abs. 1, Nr. 1 BGB). Dann können Sie sofort auf den Bürgen zugehen, wenn trotz Fälligkeit Ihrer Hauptforderung die Leistung durch den Hauptschuldner ausbleibt.

Selbstschuldnerische Bürgschaft

»... verbürgt sich selbstschuldnerisch in Höhe von ...« oder *»übernimmt die selbstschuldnerische Bürgschaft in Höhe von ...«*

Klauselvorschlag

Bürgschaft auf erstes Anfordern

**Sofortige Zahlungs-
pflicht des Bürgen**

Noch liquider ist die *Bankbürgschaft auf erstes Anfordern,* wobei das Kreditinstitut als *Bürge* zulässigerweise auf sein Recht zur Leistungsverweigerung *verzichtet,* wenn der Hauptschuldner *Einreden* gegenüber der gesicherten Gläubigerforderung besitzt und deshalb vom Gläubiger nicht in Anspruch genommen werden kann. Der Grund, weshalb der Bürge sich durch sein Leistungsverweigerungsrecht indirekt auf diese Einreden aus einem Fremdvertrag berufen kann, liegt in der Akzessorietät der Bürgenhaftung. Durch Ihre Verpflichtung auf erstes Anfordern verzichtet die Bank als Bürge hierauf, sodass der Gläubiger sofort die Bürgschaftssumme erhält. Das Motto bei der Bankbürgschaft auf erstes Anfordern lautet nämlich: erst zahlen, dann prozessieren, sollte das Kreditinstitut an den Gläubiger den Betrag überwiesen haben, obwohl er gar keine entsprechenden Forderungen gegen den Schuldner besitzt.

**»Erst zahlen, dann
prozessieren«**

Bankbürgschaft

Bankbürgschaften sind deshalb *erstklassige Sicherheiten,* aber nicht ohne weiteres zu beschaffen: Zunächst einmal kosten sie den Schuldner als Auftraggeber Geld, weil er zusätzlich die *Avalprovision* als Risikoprämie zu zahlen hat. Außerdem übernehmen die Kreditinstitute dieses Risiko nur, wenn sie sicher sind, dass sie ihr Geld wieder von ihrem Kunden als Hauptschuldner erhalten. Dessen Bonität muss also stimmen.

**Nur finanziell
erfahrene Bürgen**

Die in *Vertragsformularen* enthaltene *riskante Bürgschaftsverpflichtung* auf erstes Anfordern schränkt die Rechtsprechung auf die Kreditwirtschaft und ähnliche in Finanzgeschäften erfahrene größere Unternehmen ein, weil der Bürge dazu ein profundes finanzielles Fachwissen besitzen muss, das bei kleineren und mittleren Unternehmen eben nicht vorhanden ist (BGH BB 1998, S. 1125). Wird dies nicht beachtet, so kommt nur ein gewöhnlicher Bürgschaftsvertrag in der gesetzlichen Form, also mit der *Einrede der Vorausklage,* zustande.

Tipp

Gläubiger

Begnügen Sie sich deshalb gegenüber mittelständischen Unternehmern als Bürgen mit einer selbstschuldnerischen Bürgschaft.

Ausfallbürgschaft

**Umfassende
Vollstreckung
gegenüber
Schuldner**

Hin und wieder will der Bürge an den Gläubiger nur zahlen, wenn er seine Forderung gegen den Hauptschuldner auch mittels einer umfassenden Zwangsvollstreckung, notfalls auch des Immobilienbesitzes, nicht beitreiben kann. Bei dieser *liquiditätsschwachen Ausfallbürgschaft* muss der Gläubiger, trotz Fälligkeit seiner Forderung, wenn er Pech hat, mehrere Jahre warten, bis er den nicht durch Ver-

wertungserlös abgedeckten Teil seiner Forderungen vom Bürgen einfordern kann.

Tipp

Gläubiger

Als Gläubiger sollten Sie deshalb zumindest versuchen, Ihre Ver-
wertungspflicht in Form einer modifizierten Ausfallbürgschaft abzuschwächen, indem vertraglich klare Fälle des Forderungsausfalls,
insbesondere die Eröffnung des Insolvenzverfahrens oder ein entsprechender abweisender Beschluss, zugrunde gelegt werden.

Ausfallbürgschaft

»... übernimmt ... eine Ausfallbürgschaft maximal in Höhe von ... . Der For-
derungsausfall des Gläubigers gilt als eingetreten, sofern über das Vermö-
gen des Schuldners das Insolvenzverfahren eröffnet oder mangels hinrei-
chender Masse die Eröffnung abgelehnt wird.«

Klauselvorschlag

4.7.2.1.4 Mehrere Bürgen

Wenn Sie Ihre Forderungen gegenüber Unternehmen mit mehreren
Gesellschaftern und/oder Geschäftsführern absichern wollen, sollten Sie anstreben, wenn möglich alle Gesellschafter und/oder Geschäftsführer als Bürgen zu verpflichten. Die optimale Besicherung
stellt insoweit die *Mitbürgschaft* dar, indem alle Bürgen die gleiche
Hauptforderung abdecken. Das sollte unbedingt durch die Formulierung im Vertragstext klargestellt werden.

Mitbürgschaft

Mitbürgschaft

»Verpflichtet sich als Mitbürge in Höhe von ... oder übernimmt die Mitbürg-
schaft in Höhe von ... .«

Klauselvorschlag

Wegen der *gesamtschuldnerischen Verpflichtung* aller Mitbürgen hat
eine derartige mehrstufige Verpflichtung für Sie den Vorteil, dass
Sie jeden Mitbürgen für die von ihm verbürgte Summe in voller Höhe
in Anspruch nehmen können (§§ 427, 421 BGB). Der *zahlende Mitbür-*
ge kann im sog. Innenverhältnis von den anderen Mitbürgen nach
Maßgabe von § 426 BGB *Ausgleich* nehmen. Dabei spielt es wegen der
Auslegungsbestimmung des § 769 BGB keine Rolle, ob die Mitbürgen sich in einem einheitlichen Vertrag durch ihre Unterschrift verpflichten oder ob dies in mehreren getrennten, von dem betreffenden
Mitbürgen unterschriebenen Bürgschaftserklärungen erfolgt.

Gesamtschuldne-
rische Haftung

Vorsicht ist dagegen geboten, wenn die verschiedenen *Bürgen*
nicht bereit sind, die volle Summe, sondern *nur* einen *Teilbetrag* abzusichern. Die Teilbeträge sollten dann so bemessen sein, dass ihre
Summe der versicherten Hauptforderung entspricht.

Vorsicht bei
Teilbürgschaft

> **Beispiel:**
> *Die Höhe der Hauptforderung beträgt 100.000 €. Gesellschafter G 1 verbürgt sich für 50.000 €, Gesellschafter G 2 für 30.000 € und Gesellschafter G 3 für 20.000 €.*

Lösung 1:
Im obigen Fall würde nach § 769 BGB neben den Teilbürgschaften gleichzeitig eine Mitbürgschaft anzunehmen sein. Das führt zu folgender Situation:

- *G 1 sichert von den 100.000 € die erste Hälfte von 50.000 € mit seiner Bürgschaft,*
- *G 2 wegen des Charakters als Mitbürgschaft von der ersten Hälfte 30.000 € und G 3 von der ersten Hälfte wiederum 20.000 €, sodass die zweite Hälfte der Forderung unbesichert wäre.*

Nebenbürgschaft vereinbaren

Durch den ausdrücklichen *Ausschluss* einer *Mitbürgschaft* entsteht eine *Nebenbürgschaft*.

Teilbürgschaft mit Nebenbürgschaft

Klauselvorschlag

»... verbürgt sich in Höhe von ... unter gleichzeitigem Ausschluss einer Mitbürgschaft gegenüber dem Gläubiger ...«.

Diese Regelung bewirkt nämlich, dass die Teilbürgschaften sich auf verschiedene Teile der Hauptforderung beziehen, sodass der Gläubiger insgesamt seine volle Forderung absichern kann.

Lösung 2:
Im o.g. Beispiel würde also der Gläubiger jeweils im Sicherungsfall, wenn der Hauptschuldner nicht zahlen kann, von dem Gesellschafter G 1 50.000 €, dem Gesellschafter G 2 30.000 € und von dem Gesellschafter G 3 20.000 €, also insgesamt von allen drei Bürgen 100.000 € verlangen können.

Tipp

Gläubiger

Bei den entsprechenden Teilbürgschaftsverträgen sollten Sie als Gläubiger unbedingt darauf achten, dass wegen § 769 BGB eine Mitbürgschaft ausdrücklich ausgeschlossen wird. Ansonsten hätten Sie hinzunehmen, dass nur ein Teil Ihrer Forderung durch die Bürgschaften abgedeckt wird, der Rest aber unbesichert ist.

4.7.2.2   Schuldmitübernahme oder Schuldbeitritt

Der *Schuldbeitritt* oder die *Schuldenmitübernahme* zur Absicherung von Krediten, wozu auch ein längerer Zahlungsaufschub gehören kann, stellt wegen seiner komplexeren Anforderungen beim Vertragsabschluss und der Vertragsabwicklung kein empfehlenswertes Sicherungsmittel dar.

Wesen der Schuldmitübernahme

Der Schuldbeitritt ist ein zulässiger atypischer, nicht gesetzlich geregelter schuldrechtlicher Vertrag im Sinne von § 311, Abs. 1 BGB, wobei der *Schuldmitübernehmer* die *fremde Verbindlichkeit* absichert, indem er gegenüber dem Gläubiger neben dem Hauptschuldner eine *gesamtschuldnerische Verpflichtung* auf vertraglicher Basis übernimmt (§§ 427, 421 BGB). Vertragstechnisch geschieht das dadurch, dass der absichernde Ehegatte, Verwandte, Gesellschafter und/oder Geschäftsführer die Vertragsurkunde als zweiter Verpflichteter mit einem entsprechenden kennzeichnenden Hinweis mit unterschreibt.

Gesamtschuldnerische Mithaftung

»Als Schuldmitübernehmer«, »als Schuldbeitretender« oder »als weiterer Gesamtschuldner«.

Klauselvorschlag

Schuldmitübernehmer als Verbraucher

Das größte rechtliche Problem besteht darin, dass der *mitabsichernde Beitretende*, sei es der Ehegatte, ein Verwandter bzw. der Geschäftsführer und/oder Gesellschafter, als *Verbraucher* im Sinne von § 13 BGB anzusehen ist. Das gilt wegen des standardisierten gesetzlichen Verbraucherbegriffes auch für geschäftskundige Geschäftsführer oder Gesellschafter, weil diese in beiden Funktionen keine gewerbliche oder selbstständige berufliche Tätigkeit ausüben. Die Funktion als Geschäftsführer hat deswegen keine eigene rechtliche Qualität, weil dieser als vertretungsberechtigtes Organ der Gesellschaft handelt. Die Position als Anlagegesellschafter gehört zur Vermögensverwaltung und gilt deshalb nicht als gewerbliche bzw. selbstständige berufliche Tätigkeit.

Das bedeutet nun, dass diese Personen als Sicherungsgeber gegenüber einem Unternehmer als Gläubiger die gesetzlichen *Verbraucherschutzrechte* besitzen, wenn sie eine Zahlungsverpflichtung ihrer Firma über 200 € mit einer Zahlungsfrist von über drei Monaten aus Kauf- ,Werk- oder Finanzierungsleasingverträgen absichern (§§ 499 ff BGB), denn die Rechtsprechung wertet den *Schuldbeitritt* als selbstständigen *kreditähnlichen Vertrag* (BGH NJW 1997, S. 1444). Daher spielt es auch keine Rolle, dass ein Wirtschaftskredit an ein Unternehmen abgesichert wird, weil es im Hinblick auf die Qualität

Verbraucherschutzrechte des Mitübernehmers

des Verbrauchergeschäfts allein auf die rechtlichen Verhältnisse des Sicherungsgeschäftes ankommt.

Beispiel:
Die X-GmbH bestellt bei der Y-AG eine komplette Fertigungsstraße zum Preis von 1 Mio. €. Den Vertrag unterschreibt der alleinvertretungsberechtigte Mitgesellschafter G sowohl als Geschäftsführer links unten als auch rechts daneben als Mitverpflichteter persönlich. Als Zahlungsmodalität ist vereinbart, dass nach Lieferung und Installation die erste Rate von 500.000 € fällig ist, ein Jahr später die zweite Rate von 500.000 €.

Lösung 1:
Die Schuldmitübernahme des geschäftsführenden Gesellschafters G gilt wegen des der X-GmbH eingeräumten Zahlungsaufschubs von mehr als drei Monaten nach § 499, Abs. 1 BGB als Verbraucherkreditgeschäft, weil der absichernde geschäftsführende Gesellschafter, der insoweit weder eine gewerbliche noch selbstständige wirtschaftliche Tätigkeit ausübt, als Verbraucher nach § 13 BGB einzuordnen ist und der andere Geschäftspartner, die Y-AG, Unternehmer im Sinne von § 14, Abs. 1 BGB ist.

Qualifizierte Schriftform

Das gesetzliche *Verbraucherschutzrecht*, auf das es nun ankommt, ist nach §§ 499, Abs. 1, 492, Abs. 1–3 BGB der *qualifizierte Schriftformzwang*, wonach alle wichtigen finanziellen Daten – angefangen von dem Kaufpreis bis zur Höhe des Nominalzinses und effektiven Zinssatzes inklusive des Gesamtbetrages aller Tilgungsleistungen usw. – in den Vertrag aufzunehmen sind und dem *absichernden Verbraucher* eine *gesonderte Vertragsurkunde* mit diesen gesetzlichen Mindestangaben *auszuhändigen* ist. Erfolgt dies nicht, wäre der gesamte Vertrag, also der Schuldbeitritt nach §§ 499, Abs. 1, S. 494 Abs. 1 BGB, nichtig. Eine teilweise Heilung des Formmangels nach § 494, Abs. 2 BGB kommt nicht in Betracht, weil der Sicherungsgeber das Darlehen bzw. die Ware weder in Anspruch nimmt bzw. noch empfängt.

Widerrufsrecht

Zum zweiten besitzt der *Verbraucher* ein *Widerrufsrecht* gemäß §§ 499, Abs. 1, 495 BGB innerhalb von zwei Wochen nach Aushändigung der schriftlichen Vertragsurkunde gemäß § 355, Abs. 1 und 2 BGB. Erfolgt die *Widerrufsbelehrung* überhaupt nicht oder fehlerhaft, so steht dem Verbraucher ein unbefristetes, sozusagen ewiges Widerrufsrecht zu (§ 355, Abs. 3, Satz 3 BGB). Erst wenn der *Widerrufsmangel* nachträglich behoben wird, ist der Widerruf wiederum an eine Frist gebunden, diesmal jedoch einen Monat nach Erteilung der späteren korrekten Widerrufsbelehrung (§ 355, Abs. 2, Satz 2 BGB).

Lösung 2:

Erhält der absichernde geschäftsführende Gesellschafter G persönlich keine komplette Vertragsurkunde mit den notwendigen gesetzlichen Mindestangaben, so ist der Vertrag, also sein Schuldbeitritt gemäß § 494 BGB, nichtig. Ist die Vertragsurkunde in Ordnung, die Widerrufsbelehrung dagegen fehlerhaft, so kann er zunächst unbefristet und ab der nachträglichen korrekten Widerrufsbelehrung noch einen Monat lang seine Verpflichtungserklärung widerrufen.

Das *Kernproblem* bei diesen Verbraucherschutzrechten für den nicht in solchen Finanzgeschäften erfahrenen Unternehmer liegt weniger in der Widerrufsbelehrung, vielmehr in der Erstellung einer *kompletten Vertragsurkunde* im Sinne von § 494 BGB, die den absichernden Verbraucher vollständig über seine finanzielle Gesamtbelastung zu informieren hat.

Tipp

Gläubiger

Kennen Sie sich in dieser Materie nicht hinreichend aus, sollten Sie auf einen Schuldbeitritt verzichten und stattdessen eine selbstschuldnerische Bürgschaft als Sicherheit annehmen.

Selbstständigkeit der Schuldmitübernahme

Wenig bekannt in der Wirtschaftspraxis, aber leichter zu handhaben ist der Umstand, dass der *Schuldbeitritt* eine gegenüber der Hauptschuld *abstrakte Verpflichtung* begründet. Zahlungsverpflichtungen des Hauptschuldners und des sicherungsgebenden Schuldbeitretenden können sich unterschiedlich entwickeln, denn andere als die in §§ 422–424 BGB bezeichneten Tatsachen haben keine gemeinsame Wirkung, soweit sich aus dem Schuldverhältnis nicht ein anderes ergibt (§ 425, Abs. 1 BGB). So befreien zwar *Tilgungsleistungen* des Hauptschuldners auch den mitverpflichteten Sicherungsgeber (§ 424, Abs. 1 BGB), dagegen berührt eine *Kündigung*, ein Rücktritt, ein Zahlungsverzug oder eine schuldhafte Pflichtverletzung des Hauptschuldners grundsätzlich den Schuldmitübernehmer nicht (§ 425, Abs. 2 BGB). Deshalb wirkt ihm gegenüber eine nur dem Hauptschuldner zugegangene Kündigung des Kredites nicht. In der Praxis wird aber häufig übersehen, dass deshalb auch direkt dem Schuldbeitretenden zu kündigen ist.

Abstrakte Mitverpflichtung

Bürgschaft als besseres Sicherungsrecht

Wegen den oben genannten Schwierigkeiten ist es empfehlenswert, eine Bürgschaft zu vereinbaren, auch weil im Gegensatz zur Schuldmitübernahme ein hinreichend gesicherter Fundus höchstrichterlicher Rechtsprechung vorhanden ist.

Mitverpflichtung persönlich haftender Gesellschafter

Allenfalls bei den persönlich haftenden *OHG-Gesellschaften* oder *Komplementären* als Sicherungsgebern käme ein *Schuldbeitritt* in Frage, da diese Personen nach gefestigter Rechtsprechung selbst Kaufleute sind und deshalb keine Verbraucherschutzrechte genießen.

Zur Absicherung von Forderungen mit langer Laufzeit macht die direkte vertragliche *Verpflichtung* der *persönlich haftenden Gesellschafter* durchaus Sinn, da sie im Falle ihres späteren Ausscheidens aus der Gesellschaft von Gesetzes wegen nur noch zeitlich beschränkt für die nächsten fünf Jahre haften und danach grundsätzlich frei werden (vgl. Kap. 3.2.5.2). Die Mitverpflichtung als Bürge oder als vertraglich Schuldbeitretender dagegen bestimmt sich allein nach der Fälligkeit und Verjährung der gesicherten Gläubigerforderungen.

4.7.2.3 Garantie

Garantievertrag

Auch die *selbstständige Garantie* ist nicht ausdrücklich geregelt und genau wie die Schuldmitübernahme als atypischer schuldrechtlicher Vertrag nach § 311, Abs. 1 BGB ohne weiteres zulässig. Mit dem *Garantievertrag* verspricht der sicherungsgebende Garant gegenüber dem Gläubiger als Garantienehmer, dass ein *bestimmter*, für den Gläubiger wichtiger wirtschaftlicher *Erfolg* – wie etwa die Zahlung einer bestimmten Geldsumme durch den Hauptschuldner – *eintritt*.

Frei aushandelbarer Garantiefall

Tritt dieser wirtschaftliche Erfolg nicht ein, muss der sicherungsgebende Garant den Gläubiger schadlos halten. Entscheidend ist dabei der Garantiefall, der zwischen den Beteiligten frei aushandelbar ist.

Die Übernahme einer Garantie ist wegen der *abstrakten Haftung* des Garantiegebers, die von der Hauptschuld gelöst ist, noch wesentlich gefährlicher als die schwach akzessorische Bankbürgschaft mit ihrem umfassenden Einredeverzicht.

Risikoreiche abstrakte Haftung

Sollte der Gläubiger in einem Vertragsformular die Garantie einseitig festlegen, begegnet sie mindestens den gleichen rechtlichen Bedenken wie eine Bürgschaft auf erstes Anfordern (vgl. Kap. 4.7.2.1.3).

Tipp

Sicherungsgeber

Soweit es sich bei den Garantiegebern nicht um Kreditinstitute oder sonstige finanzfahrene Unternehmen handelt, ist wegen des hohen Haftungsrisikos von der Übernahme einer Zahlungsgarantie abzuraten.

Mithin sollte man sich bei den Personensicherheiten auf die Bürgschaft beschränken, wobei primär die *liquiditätsstarke Bankbürgschaft* vorzuziehen ist. Kann und will diese Sicherheit das schuldnerische Unternehmen – vor allem wegen seiner zweifelhaften Bonität – nicht stellen, muss man auf *selbstschuldnerische Bürgschaft* von zahlungskräftigen Gesellschaftern, Geschäftsführern oder im Notfall auch von vermögenden Ehegatten bzw. nahen Verwandten ausweichen.

Bürgschaft ist ausreichend

Nicht zu verwechseln ist diese Garantie als Personensicherheit mit der sachbezogenen *Gewährleistungsgarantie* in Form der Qualitätssicherungs- oder Haltbarkeitsgarantie von hochwertigen Produkten durch den Hersteller, die in das Gebiet des Kauf- oder Werkvertragsrecht fallen (vgl. Kap. 8.9.4).

4.7.3 Pfandrechte und andere Sachsicherheiten

Die Qualität der Sachsicherheiten wird von dem *Veräußerungswert des Sicherungsobjektes* bestimmt, weil der Gläubiger wegen seines Verwertungsrechtes an dem Sicherungsgegenstand sich im Sicherungs- bzw. Verwertungsfall aus dem Erlös befriedigen kann. Sicherungsobjekte sind entweder Geldforderungen und andere Vermögensrechte, bewegliche Sachen wie Fahrzeuge, Maschinen oder auch Kunstgegenstände und schließlich Grundstücke. Dabei verpfändet der Schuldner seinem Gläubiger Sachen oder Rechte, die ihm gehören bzw. bestellt ihm daran ein ähnliches Verwertungsrecht.

Veräußerungswert bestimmt Sicherungsqualität

Hat aber der Schuldner selbst keine wertvollen Vermögensobjekte zur Hand, so kann auch ein ihm persönlich oder wirtschaftlich nahe stehender Dritter ihm gehörende Sachen oder Rechte verpfänden. Bei diesen sachbezogenen *Drittsicherheiten* sollte man sich von vornherein als Gläubiger mit einer *engen Sicherungszweckerklärung* begnügen, wonach nur einzelne, bereits existierende und dem Sicherungsgeber bekannte Forderungen abgesichert werden sollen. Dagegen ist die umfassendere *weite Zweckerklärung*, die in den Deckungsumfang auch erst künftige, aus der laufenden Geschäftsverbindung entstehende Forderungen einschließen soll, nur als umfassend erörterte und dem Sicherungsgeber erläuterte Einzelvereinbarung zulässig (vgl. Kap. 4.7.1.3).

Drittsicherheiten

Zweckerklärung

Warenlieferanten von Halbfertigerzeugnissen oder Rohmaterialien können sich ausreichend durch den *Eigentumsvorbehalt* mit seinen verschiedenen Varianten absichern, der sich leicht in die entsprechenden Lieferbedingungen integrieren lässt (vgl. Kap. 8.7). *Dienstleister* besitzen diese Möglichkeit dagegen nicht. Wollen diese anstelle oder neben Personensicherheiten ihre Forderungen auch durch Sachsicherheiten absichern, erfordert dies eine *ausdrückliche* vertragliche *Vereinbarung* mit dem Schuldner oder einem Dritten als

Sicherungsmittel für Dienstleister

Sicherungsgeber. Im Folgenden sollen daher knapp die teilweise gesetzlich geregelten, teilweise erst durch die Bankpraxis entwickelten Sicherungsrechte für die verschiedenen Arten von Sicherungsobjekten mit ihren Vor- und Nachteilen erläutert werden.

4.7.3.1   Geldforderungen, Wertpapiere und andere Vermögensrechte

Pfandrecht

Das gesetzlich vorgesehene Sicherungsrecht für Forderungen und andere Vermögensrechte inklusive Wertpapiere ist nach § 1273 BGB das *Pfandrecht*, das sich als Sicherheit außerhalb des Bankensektors nur bedingt eignet.

Verpfändung von Geldforderungen

Verpfändungs-
anzeige notwendig

Der große Nachteil bei der Verpfändung von Geldforderungen, die der Schuldner gegenüber seinen Kunden oder anderen Dritten erworben hat, ist, dass zur wirksamen Verpfändung ein *Verpfändungsvertrag* mit dem Gläubiger nicht genügt. Der Gläubiger erwirbt das Pfandrecht erst, wenn die Verpfändungsanzeige dem Kunden oder sonstigen Dritten als Drittschuldner zugeht (§ 1280 BGB). Wegen dieser unumgänglichen und kreditschädlichen *Verpfändungsanzeige* hat man in der Praxis die *Sicherungsabtretung* entwickelt, weil die Abtretung von Forderungen auch sicherungsweise still ohne Offenlegung gemäß § 398 BGB erfolgen kann (vgl. Kap. 3.2.8.1).

Verpfändung von Wertpapieren

Börsengängige
Wertpapiere

Besitzt Ihr Schuldner liquide Vermögenswerte in Form von börsengängigen Aktien oder Schuldverschreibungen, so können diese *Inhaberpapiere* wie bewegliche Sachen verpfändet werden (§ 1293 BGB). Da diese *Effekten* typischerweise bei einer Bank deponiert sind, muss die Verpfändung dem verwahrenden Institut angezeigt werden (§ 1205, Abs. 2 BGB). Zunächst müssten Sie sich aber von Ihrem Schuldner die *Depotbescheinigung* der Bank vorlegen lassen, um eine Luftverpfändung auszuschließen. Danach schließen Sie einen *Verpfändungsvertrag* – am besten schriftlich – ab (§ 1205, Abs. 1 BGB) und lassen sich anstelle der Aushändigung der Papiere den *Herausgabeanspruch* Ihres Schuldners gegen die Depotbank abtreten (§§ 1205, Abs. 2, 870 BGB). Zur Bezeichnung der verpfändeten Papiere genügt die Bezugnahme auf die Nummer des Depotkontos Ihres Schuldners, wenn der gesamte Bestand verpfändet werden soll, was unbedingt zu

Sicherungspuffer
bei Kursschwan-
kungen

empfehlen ist. Die entsprechende Wertangleichung und Aufteilung im Hinblick auf die Höhe der gesicherten Forderung(en) sollte Ihr Schuldner vor der Verpfändung vornehmen. Je nach Volatilität, d. h. den potenziellen Kursschwankungen der Papiere, ist dabei ein *Sicherungspuffer* bis zu 100 % des aktuellen Kurswertes angemessen.

Beispiel:
Höhe der gesicherten Forderung 100.000 €. Der Kurswert der verpfände-
ten Aktien sollte dann ca. 200.000 € betragen.

Darüber hinaus erhält der Schuldner eine *Verfügungsermächtigung*. **Verkaufsbefugnis**
Er darf also jederzeit die verpfändeten Papiere frei veräußern, um
Kursgewinne erzielen und Kursverluste vermeiden zu können. Er
ist dann aber verpflichtet, das Depot entsprechend dem vorherigen
Kurswert wieder aufzufüllen.

1. *Der Verpfänder bleibt ermächtigt, die verpfändeten, im Depot befind-* **Klauselvorschlag**
   lichen Wertpapiere frei, insbesondere zur Erzielung von Kursgewinnen
   und zur Vermeidung von Kursverlusten zu veräußern, hat dann aber
   sofort das Depot entsprechend dem vorherigen Kurswert wieder aufzu-
   füllen.
2. *Sollte der Kurswert der verpfändeten Papiere unter 60 % des ursprüng-*
   lichen fallen, ist der Verpfänder ebenfalls zur Depotauffüllung durch
   Nachverpfändung verpflichtet.

Das eigentliche Problem der Verpfändung von Wertpapieren besteht **AGB-Pfandrecht**
aber darin, dass diese im Depot befindlichen Wertpapiere unter das **der Banken**
vorrangige AGB-Pfandrecht der *Kreditinstitute* fallen (§ 1209 BGB).
Mithin benötigen Sie als Gläubiger noch die *Pfandfreigabeerklärung*
der Depotbank. Diese zu erhalten ist nicht einfach, wenn Ihr Schuldner dort Kredit in Anspruch genommen hat und die Verminderung
der Sicherheiten zu einer Verschlechterung seiner Bonität führt.

Sicherungsabtretung von Außenständen und anderen Geldforderungen

Selbstverständlich können Sie sich als Sicherheit auch die Außenstände Ihres Schuldners, also dessen *Forderungen gegen* die *Kunden*,
sicherungsweise abtreten lassen, wozu lediglich ein formloser, besser schriftlicher *Abtretungsvertrag* nach § 398 BGB genügt, ohne
dass der Drittschuldner unterrichtet werden muss. Dabei muss der
Umfang der abgetretenen Forderungen im Abtretungsvertrag zumin- **Bestimmbarkeit**
dest in bestimmbarer Weise nach dem Schuldgrund – etwa aus Liefe- **wichtig**
rung – und nach den Drittschuldnern definiert werden. Das bereitet
keine Schwierigkeiten, wenn es sich um eine einzige oder mehrere
bereits existierende Forderungen handelt (vgl. Kap. 3.2.8.1).

4.7.3.2   Besonderheiten der Globalzession

Möglich ist aber auch die Abtretung von mehreren künftigen For-
derungen in Form der sog. *Globalzession*. Insofern muss die Gruppe **Abtretung vieler**
der Drittschuldner in dem Abtretungsvertrag so genau beschrieben **künftiger**
Forderungen

werden, dass im Zeitpunkt der Entstehung der Forderung klar ist, ob diese abgetreten sind oder nicht (BGH NJW 2000, S. 277).

Tipp

> **Gläubiger**
>
> Vermeiden Sie, sich alle Außenstände des schuldnerischen Unternehmens abtreten zu lassen, weil dies sehr leicht zu einer anfänglichen sittenwidrigen Übersicherung führen kann, die die Nichtigkeit der Abtretung zur Folge hätte.

Sittenwidrige anfängliche Übersicherung

Die Grenzlinie ist hierbei erreicht, sofern nicht der Nennwert, sondern der tatsächliche wirtschaftliche Wert nach Abzug eines bestimmten Prozentsatzes in Höhe des wahrscheinlichen Forderungsausfalls *mehr als* das *Doppelte* des *Nennwertes* der gesicherten Forderungen erreicht (vgl. BGH WM 1998, S. 886). Zu empfehlen ist daher eine Begrenzung der Drittschuldner entweder nach den Anfangsbuchstaben ihrer Namen oder nach ihrer geografischen Niederlassung, wobei man sich an den politischen Ländergrenzen orientieren kann.

Was den Umfang der gesicherten Forderung betrifft, so kann hier ohne weiteres wegen der Identität zwischen dem Schuldner und Sicherungsgeber die weite Zweckerklärung durch die sog. *Geschäftsverbindungsklausel* zugrunde gelegt werden.

Zweckerklärung

Klauselvorschlag

»... tritt die Firma ... (Name des Schuldners und Sicherungsgebers) an die Firma ... (Name des Sicherungsnehmers und Gläubigers) zur Sicherung deren Forderungen einschließlich künftiger aus der laufenden Geschäftsverbindung zuzüglich der Forderungen von Dritten gegen den Sicherungsgeber, die der Sicherungsnehmer im Wege der Abtretung erwirbt, alle bestehenden und künftigen Forderungen des Sicherungsgebers gegen dessen Kunden ab, deren Firmennamen mit den Anfangsbuchstaben A–K beginnen« oder *»deren geschäftliche Niederlassung in den Bundesländern ... liegt.«*

Abschlusssalden bei Kontokorrent

Sollte Ihr Schuldner mit seinen Kunden laufende Verrechnung in Form eines *Kontokorrent* vereinbart haben, so müssen Sie sich stattdessen die positiven *Abschlusssalden* abtreten lassen, weil dann die einzelnen Forderungen nicht mehr abtretbar sind (§ 399 BGB; vgl. Kap. 4.8.2.2).

Forderungseinziehung durch Schuldner

Zur Wahrung seiner unternehmerischen Freiheit wird aber der Schuldner als *Sicherungsgeber* nach ständiger Vertragspraxis *ermächtigt*, auch die *abgetretenen Forderungen* im eigenen Namen einzuziehen, wodurch er die liquiden Mittel erhält, um die Forderungen seines Gläubigers zu begleichen.

Inkassoermächtigung

»Der Sicherungsgeber wird widerruflich ermächtigt, innerhalb des üblichen Geschäftsverkehrs die abgetretenen Forderungen im eigenen Namen bei den Kunden einzuziehen.

Der Sicherungsnehmer kann jedoch die Einziehungsermächtigung, vor allem bei grob vertragswidrigem Verhalten, widerrufen, wenn er auch zum Rücktritt oder zur Kündigung des gesicherten Hauptvertrages berechtigt wäre. Sollte der Sicherungsgeber die Zahlungen einstellen oder er selbst oder ein Gläubiger von ihm Antrag auf Eröffnung des Insolvenzverfahrens stellen, erlischt die Einziehungsermächtigung.«

Klauselvorschlag

Mehrfachabtretung der gleichen Forderungen

Allerdings birgt die Globalzession hohe *Erwerbsrisiken*, was ihre Sicherungsqualität erheblich beeinträchtigt. Die größte Gefahr stellt die *Mehrfachabtretung* dar. Hat nämlich der Sicherungsgeber diese Forderungen bereits an andere Gläubiger, insbesondere Banken, abgetreten, bleibt die spätere Abtretung ohne Wirkung, sodass Sie als Gläubiger mit leeren Händen dastehen. Anders als bei dem Eigentumserwerb von beweglichen Sachen gibt es mangels verlässlichem Rechtsschein bei schlichten Geldforderungen keinen gutgläubigen Erwerb.

Nur Erstabtretung ist wirksam

Gläubiger

Erkundigen Sie sich deshalb bei Ihrem Schuldner ganz genau, ob er noch Inhaber der Forderungen ist. Wenn er Sie anlügt, haben Sie Pech gehabt.

Tipp

Allerdings wird er sich dies gründlich überlegen, sofern ihm an der Geschäftsverbindung liegt, da der düpierte Gläubiger diese sofort abbrechen wird, wenn er dies erfährt.

Im Übrigen ist bei Schuldnern, die Sachgüter herstellen und/oder verkaufen, stets mit der Abtretung der gleichen Forderungen an diese im Rahmen des *verlängerten Eigentumsvorbehalts* zu rechnen. Unabhängig davon, ob Sie mit Ihrer Abtretung früher dran sind oder nicht, billigt die Rechtsprechung den Lieferanten die bessere Positi-

Verlängerter Eigentumsvorbehalt geht vor

on zu, weil sie mit ihrer Belieferung, wirtschaftlich gesehen, erst die Grundlage für die Entstehung der abgetretenen Forderungen setzen. Bestehen die abgetretenen Forderungen aus Lieferungen von Sachgütern und ist in dem dortigen Wirtschaftssektor ein verlängerter Eigentumsvorbehalt der Lieferanten branchenüblich, so sind andere *kollidierende Globalzessionen* sittenwidrig und damit *nichtig* (BGH NJW 1999, S. 2589).

Tipp

Gläubiger

Müssen Sie mit einem branchenüblichen verlängerten Eigentumsvorbehalt der Lieferanten Ihres Schuldners rechnen, sollten Sie – wie es auch Banken tun – dem fremden Sicherungsrecht in der Abtretungsvereinbarung ausdrücklich den Vorrang durch eine sog. Teilverzichtsklausel einräumen.

Teilverzichtsklausel

Klauselvorschlag

Die oben beschriebene Zweckerklärung ist um folgenden Satz 2 zu ergänzen:

»Sofern die abgetretenen Forderungen tatsächlich von einem branchentypischen Eigentumsvorbehalt von Lieferanten erfasst werden, wird diese Abtretung erst nach dem Erlöschen des Eigentumsvorbehalts wirksam.«

Abtretungsanzeige an Drittschuldner

Umwandlung in offene Zession

Um im Krisenfall rechtzeitig reagieren zu können, sollten Sie als Gläubiger sich wappnen, um diese *stille Zession* jederzeit in eine *offene Zession* umzuwandeln, damit die Drittschuldner nicht mehr an ihren Schuldner als den früheren Inhaber der Forderungen Zahlungen erbringen und dadurch ihre Forderungen erlöschen (§ 407 BGB). Dazu dient die von dem früheren Inhaber unterschriebene Abtretungsanzeige gemäß § 409 BGB.

Tipp

Gläubiger

Machen Sie es deshalb genauso wie die Kreditinstitute und lassen Sie sich vorsorglich eine genügende Anzahl von Blankoabtretungsanzeigen aushändigen, die Sie im Bedarfsfall nur mit dem Namen der Drittschuldner auszufüllen. Um an diese Daten zu gelangen, verpflichten Sie Ihren Schuldner als Sicherungsgeber, dass er Ihnen in bestimmten Zeitabständen, am besten quartalsmäßig, Forderungslisten über den Umfang der abgetretenen Forderungen einreicht.

Einreichung von Forderungslisten

»Der Sicherungsgeber verpflichtet sich, turnusmäßig zu Beginn jedes Quartals, ansonsten auf Aufforderung des Sicherungsnehmers, Forderungslisten über Art und Umfang der abgetretenen Forderungen dem Sicherungsnehmer zuzuleiten.«

Klauselvorschlag

4.7.3.3   Bewegliche Sachen als Sicherungsobjekte

Pfandrecht

Das gesetzestypische Sicherungsrecht für wertvolle bewegliche Sachen, seien es Maschinen oder Kunstobjekte, ist wiederum das Pfandrecht nach § 1204 BGB. Dazu ist neben dem obligatorischen *Verpfändungsvertrag* aber auch die *Übergabe* des *Pfandobjektes* an den Gläubiger notwendig, sodass wegen dieses *Faustpfandprinzips* alle Sachgüter, die der Schuldner für seinen Betrieb benötigt, nicht verpfändet werden können. Übrig bleiben daher nur Sachen wie Kunstgegenstände, Schmuck und sonstige Kostbarkeiten, auf deren Besitz der Sicherungsgeber verzichten kann.

Faustpfandprinzip

Das *Problem* liegt hier in der *Wertermittlung* der Pfandobjekte. Liegt keine Expertise vor, lässt sich der Wert nur sehr aufwändig durch Hinzuziehung eines Sachverständigen feststellen. Wegen des großen Zeit- und Kostenaufwandes ist deshalb eine Verpfändung wohl nur in Ausnahmefällen in Betracht zu ziehen.

Wertermittlung

Sicherungsübereignung

Maschinen und *technische Geräte* könnte man dagegen *sicherungsübereignen*, indem anstelle der erforderlichen Übergabe an den Sicherungsnehmer als Gläubiger die Sache im Besitz des Schuldners mit der Möglichkeit der weiteren wirtschaftlichen Nutzung verbleibt. Die Übergabe wird zulässigerweise durch die Vereinbarung eines *Besitzkonstituts* nach § 930 BGB ersetzt, wodurch der Sicherungsnehmer neben dem Eigentum auch den *mittelbaren Besitz* an der Sache im Sinne von § 868 BGB erlangt. Die Sicherungsübereignung setzt also neben dem *Übereignungsvertrag* zwischen dem Sicherungsgeber als bisherigen Eigentümer und dem Sicherungsnehmer zusätzlich die Vereinbarung eines Besitzkonstituts voraus, wofür man zweckdienlicherweise einen unentgeltlichen *schuldrechtlichen Überlassungsvertrag*, i.d.R. einen Verwahrungs- oder Leihvertrag, heranzieht. Keine besondere Mühe bereitet i.d.R. die genaue *Bezeichnung* des *Sicherungsguts* in dem Übereignungsvertrag oder seiner Anlagen in der Weise, dass es von anderen im Betrieb des Sicherungsgebers befindlichen Sachgütern zweifelsfrei abgegrenzt werden kann (sog. *Bestimmtheitsgrundsatz*).

Besitzkonstitut als Übergabeersatz

Bestimmtheitsgrundsatz

Werthaltigkeit

Die Schwierigkeiten für die Praxis bei diesem Sicherungsrecht liegen zunächst in der *Werthaltigkeit* der *Sicherheit*: Zum einen kann die Feststellung des Sicherungswertes Mühe bereiten, wenn hierfür kein Marktspiegel wie etwa im Gebrauchtwagenmarkt vorhanden ist. Darüber hinaus nutzen sich Maschinen im Betrieb des Schuldners ab und verlieren dadurch an Wert.

Eigentumsvorbehalt und frühere Sicherungsübereignung an Banken gehen vor

Das größte Problem ist bei der Sicherungsübereignung das erhebliche *Erwerbsrisiko*, weil der Sicherungsgeber Eigentümer des Sicherungsgutes sein muss. Das ist – bedingt durch den *Eigentumsvorbehalt* des *Lieferanten* – häufig nicht der Fall, sofern der Sicherungsgeber die Waren noch nicht bezahlt hat. Zudem ist mit einer früheren *Sicherungsübereignung* von Fahrzeugen und Maschinen etc. an *Kreditinstitute* zur Absicherung von Bankkrediten zu rechnen. Selbst wenn Sie sich als Gläubiger beim Schuldner danach erkundigen und er Ihnen eine falsche Auskunft erteilt, hilft ihnen ihre Gutgläubigkeit nicht. Sie erwerben gemäß § 933 BGB daran erst

Schwieriger gutgläubiger Eigentumserwerb

das Eigentum, wenn Sie als ahnungsloser Sicherungsnehmer den unmittelbaren Besitz erlangen. Dazu kommt es aber erst nach Vertragsabschluss im *Sicherungsfall*, sofern Sie auf der Grundlage Ihres vermeintlichen Sicherungseigentums das Sicherungsgut durch freihändigen Verkauf verwerten wollen.

Beispiel:

Die Software-Firma S erhält den Auftrag, eine Spezialsoftware für die X-Maschinenbau-GmbH zu einem Preis von 200.000 € zu entwickeln. Der Werklohn ist nach einwandfreiem Probelauf der entwickelten Software zu zahlen. Zur Sicherheit ihres Werklohnanspruchs lässt sich das Software-Haus S von der X-GmbH einen Teil der von ihr produzierten Maschinen, die in einem durch den Vertrag angegebenen Lagerraum aufbewahrt werden, sicherungsübereignen, verbunden mit der sicherungsweisen Abtretung der daraus entstandenen Kaufpreisforderungen im Falle des bestimmungsgemäßen Weiterverkaufs.

Die für die Herstellung der Maschinen erforderlichen Rohmaterialien und Bauteile erhält die GmbH unter verlängertem Eigentumsvorbehalt ihrer Lieferanten geliefert. Zugleich hat sie bereits diese Maschinen ein halbes Jahr früher an die Bank B zur Absicherung eines Kredites sicherungsübereignet.

Lösung:

Wird die X-GmbH später insolvent, so gehören die hergestellten Maschinen und auch die aus ihrem Verkauf erworbenen Kaufpreisforderungen in erster Linie den Lieferanten aus ihrem verlängerten Eigentumsvorbehalt. Danach kommt die Bank B mit ihrer zeitlich früheren und damit vorrangigen Sicherungsübereignung an die Reihe. Erst wenn diese bei-

den Gläubiger voll befriedigt sind, könnte das Software-Haus auf die
übrigen Maschinen bzw. noch offen stehende Außenstände zugreifen,
was aber eher unwahrscheinlich ist.

Dieses Beispiel macht deutlich, dass – abgesehen von Banken – die Sicherungsübereignung von Fahrzeugen, Maschinen und anderen Sachen des *Betriebsvermögens* i.d.R. für Wirtschaftsunternehmer als Gläubiger *keine werthaltige Sicherheit* darstellt. Übrig bleibt entweder die Verpfändung oder auch die Sicherungsübereignung von Kunstobjekten, je nachdem, ob der Sicherungsgeber auf den Besitz verzichten will oder nicht. Von Nachteil ist, dass ihre Wertermittlung einen großen Zeit- und Kostenaufwand erfordert, falls keine Expertise vorliegt.

Sachen des Betriebsvermögens keine werthaltige Sicherheit

Gesetzliche Pfandrechte

Erbringen Sie eine Dienstleistung an Waren oder Maschinen sowie sonstigen technischen Geräten Ihres Kunden, so steht Ihnen zur Sicherheit Ihrer Forderungen aus dem konkreten Schuldvertrag an diesen beweglichen Sachen ein *gesetzliches Pfandrecht* zu, wenn diese in Ihren Besitz gelangen. Das betrifft den *Werkunternehmer* bei der Reparatur beweglicher Sachen in seinen Betriebsräumen nach § 647 BGB sowie den *Verkaufskommissionär*, den *Spediteur, Frachtführer* und *Lagerhalter* nach §§ 397, 441, 464, 475b HGB. In gleicher Weise geschützt wird auch der *Vermieter* durch sein Pfandrecht an den eingebrachten Sachen des Mieters bei der Raummiete (§ 562 BGB). Diese Sicherungsrechte *wirken* auch *gegenüber Banken*, denen der Auftraggeber bzw. der Mieter diese Sachen sicherungsübereignet haben sollte, weil wegen der verdeckten Bestellung des Sicherungseigentums durch Besitzkonstitut die Dienstleister bzw. der Vermieter die Sicherungsübereignung nicht erkennen konnte. Will die Bank das Sicherungsgut also verwerten, so muss sie zunächst die Schulden ihres Kreditnehmers gegenüber diesen Unternehmen bezahlen.

Werkunternehmer, kaufmännische Warendienstleister und Vermieter

Vorrang gegenüber Banksicherheiten

Zahlt der Kunde trotz Fälligkeit der gesicherten Forderungen der kaufmännischen Dienstleistungsunternehmen nicht, so können diese ihrem säumigen Geschäftspartner den *Pfandverkauf* nach §§ 1257, 1234 BGB androhen und wären dann berechtigt, nach Ablauf einer Woche das Pfandobjekt zu verkaufen (§ 368 HGB). Beim Pfandverkauf muss der Werkunternehmer wegen seines Werkunternehmerpfandrechts oder der Vermieter wegen seines Vermieterpfandrechts länger warten, weil für diesen Pfandverkauf die Verwertungsfrist von einem Monat nach § 1234, Abs. 2 BGB gilt.

Pfandverwertung

Kaufmännisches Zurückbehaltungsrecht

Andere kaufmännische Unternehmer

Neben den genannten kaufmännischen Dienstleistern werden aber auch andere kaufmännische Unternehmen wegen ihrer Forderungen aus Geschäftsverträgen mit anderen Firmen in vergleichbarer Weise durch das *kaufmännische Zurückbehaltungsrecht* nach § 369 HGB geschützt. Erlangen Sie im Zuge der Geschäftsabwicklung Besitz an beweglichen Sachen oder Wertpapieren Ihres Kunden, so können Sie sich an den fremden Sachen genauso wie ein Pfandgläubiger wegen Ihrer Forderungen befriedigen und bereits schon nach Ablauf einer Woche ab der Verkaufsandrohung diese Sachen wie ein Pfandgläubiger verkaufen (§ 371 HGB; vgl. oben).

4.7.3.4 Grundstücke als Sicherheiten

Absicherung von langfristigen Forderungen oder eines Forderungsrahmens

Wegen des relativ *hohen Bestellungsaufwandes* durch die notwendige *Grundbucheintragung* (§ 873 BGB) eignen sich Grundpfandrechte nur zur Absicherung langfristiger Forderungen oder eines Forderungsrahmens. Dieser besteht aus einer Vielzahl einzelner Forderungen innerhalb einer dauerhaften Geschäftsverbindung. Dabei ist im Hinblick auf den Sicherungsumfang darauf zu achten, dass bei einem *Drittsicherungsgeber* – wenn also das belastete Grundstück nicht dem Unternehmensinhaber gehört, sondern dem Ehegatten, einem nahen Verwandten oder einem Geschäftsführer bzw. Gesellschafter – eine standardisierte, vom Gläubiger formulierte weite Zweckerklärung ggf. nur als enge Zweckerklärung teilwirksam sein kann. Die Grundschuld sichert dann nur die derzeit bestehenden, dem Sicherungsgeber bekannten Forderungen ab (vgl. Kap. 4.7.1.3).

Kontaminierung des Betriebsgrundstücks

Grundpfandrechte haben zwar eine hohe Wertbeständigkeit bei entsprechender Lage des belasteten Grundstücks, wobei aber der *Wert* von *Betriebsgrundstücken* je nach Produktionsverfahren und der eingesetzten Stoffe durch Kontaminierungen erheblich vermindert sein kann. Soweit möglich, sollten Sie das vorab als Gläubiger abklären. Der entscheidende Nachteil von Grundpfandrechten liegt in ihrer komplizierten Verwertbarkeit durch *Zwangsversteigerung*, also ihrem niedrigen Liquiditätsgrad.

Tipp

Gläubiger

Streben Sie daher eine Kombination zwischen der liquiden selbstschuldnerischen Bürgschaft mit einem wertstabilen Grundpfandrecht als Sicherungspaket an.

Grundschuld aus Gläubigersicht

Was nun den Grundpfandrechtstyp angeht, ist aus Sicht des Gläubigers die *abstrakte Sicherungsgrundschuld* vorzuziehen, da eine Grundschuld – anders als eine Hypothek – ohne eine zu sichernde Forderung bestehen kann. Deshalb muss hier die Verknüpfung der zu sichernden Forderung(en) mit der abstrakten Grundschuld durch einen gesonderten *Sicherungsvertrag* erfolgen. Dabei können Sie als Gläubiger mit dem Sicherungsgeber den Sicherungszweck frei aushandeln. Grundschulden eignen sich daher auch zur Absicherung einer unbestimmten Vielzahl von Forderungen oder auch von einzelnen Forderungen mit schwankender Höhe.

Flexible Sicherungsgrundschuld

Grundschuld aus Schuldnersicht

Befinden Sie sich aber in der Schuldnerposition, ist von der Bestellung einer *abstrakten Grundschuld* zugunsten von Wirtschaftsunternehmen, die nicht wie Kreditinstitute oder Versicherungsgesellschaften einer staatlichen Wirtschaftsaufsicht unterliegen, dringend abzuraten. In diesem Fall kann ihr Gläubiger als Inhaber der Grundschuld die Grundschuld in voller Höhe des im Grundbuch eingetragenen Kapitals jederzeit rechtswirksam an andere Personen abtreten, auch wenn die Summe der zu sichernden Forderung wegen erfolgter Tilgung etc. erheblich niedriger ist oder die Forderung gar nicht mehr besteht. Diese Einrede der sog. *Teilvalutierung* oder *Nichtvalutierung der Grundschuld* braucht nämlich der neue Inhaber der Grundschuld nach §§ 1192, Abs. 1, 1156, 1157 BGB nur gegen sich gelten zu lassen, wenn er sie entweder kannte oder sie im Grundbuch eingetragen war. Letzteres geschieht aber i.d.R. nicht, da nach gängiger Vertragspraxis *Tilgungen* nur auf die gesicherte *Forderung*, dagegen nicht auf die Grundschuld *angerechnet* werden sollen, damit diese jederzeit für neue Forderungen als Sicherungsgrundlage herangezogen werden kann. Die unangenehme Folge für Sie als sicherungsgebender Grundstückseigentümer wäre, dass Sie gegenüber dem neuen Gläubiger die Grundschuld in voller Höhe durch Zahlung einer entsprechenden Geldsumme ablösen müssen. Andernfalls riskieren Sie den Verlust Ihres Grundstücks durch Zwangsversteigerung.

Risiko bei Nichtvalutierung oder Teilvalutierung für Eigentümer

---

Beispiel:

Die X-GmbH bestellt als Sicherheit für die Werklohnforderung der Software-Firma S eine Grundschuld in Höhe von 200.000 €. Nachdem nun die X-GmbH die erste Hälfte des Werklohns in Höhe von 100.000 € gezahlt hat, tritt das Software-Haus S diese Grundschuld an seine Hausbank B in voller Höhe zur Absicherung eines Kredites ab.

Lösung:

Will also die X-GmbH ihr Grundstück enthaften, so hat sie nicht nur 100.000 €, sondern, je nach Höhe des Bankkredites, maximal 200.000 € plus Zinsen an die Bank B zu zahlen, um zu verhindern, dass das Kreditinstitut nach Fälligkeit des Bankkredites das Betriebsgrundstück zur Zwangsversteigerung bringt. B hat nämlich die Grundschuld in der Höhe des eingetragenen Kapitals von 200.000 € einredefrei nach §§ 1192, Abs. 1, 1156, 1157 BGB erworben.

Höchstbetrags-hypothek ist sicher

Es ist empfehlenswert, in solchen Fällen zugunsten des Gläubigers lediglich eine *streng akzessorische Höchstbetragshypothek* nach § 1190 BGB zu bestellen. Streng akzessorisch bedeutet hier, dass der Umfang des Gläubigerrechtes aus der Hypothek sich exakt nach dem Inhalt der gesicherten Forderung bemisst. Bei dieser Höchstbetrags-hypothek gibt es nämlich – anders als bei der normalen Verkehrs-hypothek – *keinen gutgläubigen einredefreien Erwerb* (§§ 1185, Abs. 2, 1138 BGB). Im Übrigen kann diese Hypothek nur als *Buchrecht* und nicht in Briefform bestellt werden (§ 1185, Abs. 1 BGB), sodass der Grundstückseigentümer durch das Grundbuchamt von solchen Gläubigerwechseln stets erfährt.

Beispiel/Lösung:

Hätte die X-GmbH zugunsten der Software-Firma eine Höchstbetragshypothek in Höhe von 200.000 € bestellt, würde diese Hypothek nach Zahlung von 100.000€ nur noch in dieser Höhe bestehen und könnte deshalb von der Bank B auch nur in diesem Umfang rechtswirksam erworben werden. Ein Gläubigerwechsel brächte daher der X-GmbH, anders als bei der Grundschuld, keine Rechtsnachteile.

4.7.4   Bankformulare als Musterverträge

Worauf bei der Bestellung der angesprochenen Sicherheiten zu achten ist und auf welche *Vertragsklauseln* es ankommt, können Sie den entsprechenden *Formularverträgen* der Kreditinstitute entnehmen, die auf diesem Gebiet sehr große Erfahrung besitzen. Sie müssen das Rad nicht neu erfinden, sondern sollten von dem profunden Sachwissen der Kreditwirtschaft profitieren. Lassen Sie sich von Ihrer Hausbank die entsprechenden Formulare aushändigen und gestalten Sie Ihre Sicherungsverträge nach diesen Vorbildern, indem Sie auf dieser Grundlage zusammen mit Ihrem *Rechtsanwalt* eigene *Vertragsmuster* entwickeln. Auf eine detailliertere Darstellung anderer wichtiger Vertragsklauseln, die nicht zum Verständnis des Textes erforderlich sind, wird verzichtet.

4.8   Die Erfüllung der Leistungs- und Zahlungspflicht

Beide Vertragspartner haben bei den Geschäftsverträgen nicht nur ihre jeweiligen *Leistungspflichten,* wie vereinbart, punktgenau zu erfüllen, sondern auch damit zusammenhängende *Schutz-* und sonstige *Nebenpflichten* mit der gebotenen Sorgfalt zu beachten. Ordnungsgemäß erfüllte Verträge schaffen Zufriedenheit und Vertrauen zwischen den Geschäftspartnern als Grundvoraussetzung für den Ausbau einer dauerhaften Geschäftsbeziehung. Ein wichtiges Planungsinstrument zur Erreichung dieses Zieles bildet das *Vertragscontrolling* (vgl. Kap. 4.9).

Punktgenaue Vertragserfüllung wichtig

4.8.1   Erbringen der Sach- oder Dienstleistung

In der Rolle des Lieferers haben Sie das vertragliche Produkt, sei es eine Sach- und/oder Dienstleistung, genau wie vereinbart zu erstellen, d.h. das richtige *Vertragsobjekt* mit der vereinbarten Qualität in der bestellten Menge zur richtigen Zeit und am richtigen Ort zu liefern. Tun Sie das nicht, so riskieren Sie, wenn der Besteller durch diese *Leistungsstörung* Schaden nimmt, diesen ersetzen zu müssen. Desgleichen kann der Besteller, sofern Sie die Leistungsstörung nicht zu vertreten haben, zumindest von dem Vertrag zurücktreten bzw. diesen kündigen (vgl. Kap. 5.1). Vor diesem Schritt kann er, soweit Ihnen die Leistung nicht unmöglich geworden ist, nach wie vor die ordnungsgemäße Vertragserfüllung in Form der *Nachlieferung* verlangen. Erst das Erbringen der vereinbarten geschuldeten Leistung an den Gläubiger bewirkt durch Erfüllung das Erlöschen des Schuldverhältnisses nach § 362, Abs. 1 BGB.

Lieferer

Schuldverhältnis erlischt

Rein theoretisch könnte anstelle des Schuldners auch ein *anderes leistungsfähiges Unternehmen* die geschuldete Leistung nach § 267 BGB bewirken, soweit der Schuldner nicht persönlich zu leisten hat. Hat der Besteller seinen Vertragspartner aufgrund seines besonderen Fachwissens und seiner Zuverlässigkeit ausgewählt, muss er die Leistung durch andere Unternehmen als Dritte nur hinnehmen, wenn diese eine vergleichbare Sachkunde oder Zuverlässigkeit besitzen. Man kann aber jederzeit die Bestimmung des § 267 BGB ausschließen.

Leistung durch Dritte

Persönliche Leistungspflicht

»Eine Leistungserbringung von Dritten im Sinne von § 267 BGB ist nur statthaft, wenn der Besteller ausdrücklich zustimmt.«

Klauselvorschlag

Im Übrigen liegt es an Ihnen als Besteller, möglichst präzise das von dem Lieferer zu erstellende vertragliche Produkt nach Art, Beschaffenheit, Qualität und Quantität zu definieren, sodass im Zeitpunkt der Leistung beurteilt werden kann, ob der Leistungspflichtige den Vertrag ordnungsgemäß erfüllt hat oder nicht (vgl. Kap. 4.3.4.1).

4.8.2 Bezahlung des geschuldeten Preises

Besteller

Als *Besteller* haben Sie den vereinbarten *Preis* für das Vertragsprodukt in der vertraglich bestimmten Weise zu *bezahlen,* sofern der Lieferant auf der Grundlage einer wirksamen *Wertsicherungsklausel* den entsprechenden Geldbetrag in einem bestimmten Umfang nicht anheben darf bzw. bei gegenläufiger Preisentwicklung auch zu reduzieren hat (vgl. Kap. 4.2).

4.8.2.1 Der Zahlungsvorgang

Forderung erlischt

Die Zahlung selbst ist innerhalb der vereinbarten Zeit und in der festgelegten Art und Weise zu bewirken. Geschieht dies, so erlischt die Forderung des Geldgläubigers durch Erfüllung nach § 362 BGB.

Zahlungsfristen und Skonto

Kalendermäßige Zahlungsfrist

Als *zahlungsberechtigter Lieferer* sollten Sie unbedingt darauf achten, dass die Fälligkeit Ihrer Forderungen kalendermäßig in dem Vertrag durch *klare Zahlungsfristen* bestimmt wird, weil nach ihrem Ablauf Ihr zahlungspflichtiger Geschäftspartner automatisch in Zahlungsverzug ohne Mahnung gerät (§ 286, Abs. 2, Nr. 1 BGB, vgl. Kap. 4.3.4.3.1). Später einseitig gesetzte Zahlungsfristen auf Rechnungen bringen insoweit nichts. Weist der Vertrag selbst *keine* kalendermäßigen *Zahlungsfristen* auf, so tritt der Zahlungsverzug kraft Gesetzes nach dem Ablauf von 30 Tagen nach Fälligkeit und dem Zugang einer Rechnung oder nach dem Empfang der Gegenleistung ein (§ 286, Abs. 3 BGB).

Skonto

Wenn Sie Ihrem Geschäftspartner einen bestimmten *Preisnachlass* bei Zahlung innerhalb einer bestimmten Frist in Form eines *Skontos* gewähren, so können Sie dieses auch einseitig in Ihren Rechnungen bestimmen. Für die Inanspruchnahme des Skontos bei bargeldloser Zahlung reicht die rechtzeitige Erteilung des Überweisungsauftrags oder Übersendung des Verrechnungsschecks innerhalb der Skontofrist aus (BGH DB 1998, S. 918).

Tipp

> **Gläubiger**
>
> Stellen Sie deshalb als Lieferant oder als Dienstleister zur Vermeidung von Rechtsnachteilen in Ihren Zahlungsbedingungen auf den Zahlungseingang ab.

Skonto

»Wir gewähren ... Prozent Skonto bei Eingang des Kaufpreises auf eines un-serer genannten Bankkonten innerhalb von ... (10 bis max. 14 Tage) nach Rechnungsdatum.«

Klauselvorschlag

Barzahlung

So altmodisch es auch anmutet, die gesetzlich vorgesehene Zahlungsweise ist immer noch die Barzahlung mit *gesetzlichen Zahlungsmitteln*, also mit *€-Geldscheinen* oder *-Münzen*. In der Praxis ist sie bei höheren Geldsummen wegen der damit verbundenen Verlustrisiken völlig aus der Mode gekommen ist. Nur die genannte *Barzahlung* führt ohne weiteres zum Erlöschen der Gläubigerforderungen und Erfüllung nach § 362 BGB.

Gesetzliche Zahlungsmittel

Praktiziert man diese selten gewordene Zahlungsweise, so sollte man als Schuldner unbedingt darauf achten, dass das Geld von einer für den Gläubiger *inkassoberechtigten Person* entgegengenommen wird. Alle Organvertreter wie Geschäftsführer, Vorstandsmitglieder, der Prokurist, auch der Handlungsbevollmächtigte sind inkassoberechtigt, jedoch ohne besondere Bevollmächtigung nicht der Außendienstmitarbeiter mit Abschlussvollmacht und der Handelsvertreter (vgl. Kap. 3.3.3.3). Ohne ausdrückliche Einwilligung des Gläubigers sollte man keinesfalls Bargeld in dessen *Briefkasten*, auch nicht Hausbriefkasten, einwerfen. Dieser Zahlungsvorgang hat keine Erfüllungswirkung, weil Briefkästen zur Aufnahme von Postsendungen, jedoch nicht von Geldbeträgen gedacht sind (AG Köln, NJW 2006, S. 1600). Um die Bezahlung nachzuweisen, sollten Sie als Schuldner darauf bestehen, dass der Empfang der Geldscheine Ihnen schriftlich quittiert wird. Auf die Erteilung einer *Quittung* haben Sie einen Rechtsanspruch nach § 368 BGB.

Inkasso-berechtigung

Quittung als Nachweis

Als Gläubiger schadet es Ihnen auch nicht, wenn die Ihnen ausgehändigten *Geldscheine gestohlen* sind, weil Banknoten als Zahlungsmittel unbeschränkt umlauffähig sein müssen. Deshalb erwirbt der Gläubiger (anders sonst im Sachenrecht) bei Bezahlung mit gestohlenen Geldscheinen rechtswirksam daran das Eigentum nach § 935, Abs. 2 BGB). Ein Schaden erleidet der Gläubiger lediglich, wenn ihm, was er nicht erkennt, *Falschgeld* ausgehändigt wird, weil dies von der Deutschen Bundesbank als Notenbank nicht in echtes Geld umgetauscht wird. Vermischt er das mit anderen Banknoten, so wird er später i.d.R. nicht mehr feststellen können, woher das Falschgeld stammt.

Falschgeld

Tipp

> **Gläubiger**
>
> Prüfen Sie bei Barzahlungen sofort, ob die Ihnen vom Kunden ausgehändigten Banknoten echt sind.

Banküberweisung und Lastschrift

Banküberweisung

Die typische unbare Zahlung erfolgt in der Bundesrepublik Deutschland durch *Banküberweisung*. Diese Zahlungsweise besitzt Erfüllungswirkung nur, wenn der Gläubiger mit ihr einverstanden ist. Von Gesetzes wegen muss der Schuldner in gesetzlichen Zahlungsmitteln, d.h. in bar, zahlen. Demnach ist die Zahlung per Banküberweisung rechtlich keine direkte Erfüllung nach § 362 BGB, sondern eine *Leistung an Erfüllungs statt* nach § 364, Abs. 1 (BGH NJW 1999, S. 210). In der Praxis zeigt der Gläubiger sein Einverständnis mit dieser Zahlungsweise durch die *Mitteilung* der *Bankverbindung* auf dem Vertragsdokument, dem Lieferschein oder der Rechnung (OLG Hamm NJW 1988, S. 2115). Der Schuldner hat bei einer Überweisung seine *Zahlungspflicht erfüllt*, wenn die Empfängerbank dem Konto des Gläubigers den entsprechenden Betrag gutschreibt und der Gläubiger den geschuldeten Geldbetrag endgültig zur freien Verfügung erhält (BGH BB 1999, S. 73).

Rechtzeitige Zahlung

Für die *Rechtzeitigkeit der Zahlung* im Hinblick auf die Wahrung von Zahlungsfristen reicht es mangels abweichender Vereinbarung aus, wenn der zahlungspflichtige Schuldner den *Überweisungsauftrag* seiner Bank innerhalb der vereinbarten Frist erteilt (OLG Koblenz MDR 1993, S. 213), sodass der Gläubiger das *Verspätungsrisiko* trägt (vgl. Kap. 4.2). Die Leistung wird dabei direkt von dem Schuldner an den Gläubiger als Inhaber des Kontos erbracht, die eingeschalteten Banken fungieren lediglich als Zahlstelle (BGH WM 1982, S. 293). Als zahlungspflichtiger Geldschuldner tragen Sie aber das *Übermittlungsrisiko*, d.h. die Gefahr, dass das Geld überhaupt beim Gläubiger ankommt. Dieses Risiko ist Ihnen kraft Gesetzes durch die Haftung der beauftragten Bank bei fehlgeschlagener Überweisung im Inland bis zu 75.000 € und im EU-Ausland bis zu 25.000 € nach §§ 676b, 676c BGB abgenommen.

Lastschrift

Zieht mit Erlaubnis des Schuldners der Gläubiger zur Vereinfachung wiederkehrender Zahlungen mit konstanten Beträgen den Betrag per *Lastschrift* auf dem Schuldnerkonto ein, so bestimmt er praktisch den Erfüllungszeitpunkt, indem er den Lastschrifteinzug veranlasst. Für die *Erfüllungswirkung* kommt es dabei nicht auf die Gutschrift auf dem Gläubigerkonto, sondern auf die wirksame *Belastungsbuchung* beim Schuldner an, sofern dieser später nicht widerspricht (BGH NJW 1983, S. 221).

Scheckzahlung

Händigt der Schuldner dem Gläubiger abredegemäß anstelle der Barzahlung einen Scheck aus, so besitzt die Hingabe des Schecks selbst
noch keine Erfüllungswirkung. Die Zahlung per Scheck stellt nur eine
Leistung erfüllungs- oder *zahlungshalber* dar (§ 364, Abs. 2 BGB), weil
hier der Schuldner vorübergehend eine zusätzliche Zahlungspflicht
als Scheckaussteller eingeht. Mit der Hingabe des Schecks bleibt also
die Verpflichtung zur Einlösung des Schecks und die Zahlungsverpflichtung aus dem der Scheckhingabe zugrunde liegenden Schuldvertrag, sei es Kauf, Werk- oder Dienstvertrag, zunächst bestehen.
Der *Geldgläubiger* ist aber gemäß der Scheckabrede gehalten, seine *Befriedigung* wegen der Forderung primär *aus dem Scheck* zu
suchen. Beide Verpflichtungen sind später erfüllt, wenn der Scheck
von dem bezogenen Bankinstitut eingelöst wird.

Erfüllung durch Scheckeinlösung

Bei *Geldschulden* tragen Sie als Schuldner, wie bereits erwähnt,
die sog. Transportgefahr. Haben Sie also Zahlungen zu erbringen,
so müssen Sie dafür sorgen, dass der Geldbetrag beim Gläubiger
ankommt (§ 270, Abs. 1 BGB). Der Zahlungspflichtige braucht aber
billigerweise nicht für die in der Sphäre des Geldgläubigers als Zah-
lungsempfänger liegenden Erfüllungshindernisse einzustehen. Sobald der zugeschickte Scheck in den Machtbereich des Gläubigers
gelangt ist, trägt dieser das *Verlustrisiko*, etwa durch die Unterschla-
gung eines untreuen Angestellten. Obwohl noch keine Erfüllung
eingetreten ist, muss der Schuldner wegen seines *Zahlungsverweige-
rungsrechts* nach § 320 BGB, wenn der Scheck zugunsten eines Nichtberechtigten eingelöst und sein Bankkonto entsprechend belastet ist,
nicht noch einmal zahlen. Der Gläubiger kann nun die von ihm übernommene Vertragspflicht, die Befriedigung primär aus dem Scheck
zu suchen, nicht mehr erfüllen (BGH DB 2000, S. 2516). Bei einer
Nachnahmesendung reicht es für den Gefahrübergang auf den Gläubiger aus, dass der Scheck dem beauftragten Transportunternehmen
ausgehändigt wird. Dieses fungiert als Zahlstelle des Gläubigers, sodass die Zahlung per Scheck wie eine Leistung unmittelbar an den
Gläubiger bewertet wird (LG Karlsruhe WM 1996, S. 1160). Hat aber
der Scheckempfänger den Verlust des Schecks, und sei es wegen
Fehlverhaltens eines Mitarbeiters, zu vertreten, macht er sich wegen
Verletzung seiner Obhutspflicht dem Scheckaussteller nach § 280,
Abs. 1 BGB schadensersatzpflichtig. Dann kann der Scheckaussteller
als Geldschuldner gegenüber dem Zahlungsanspruch seines Gläubigers aufrechnen (BGH DB 2007, S. 1192; vgl. Kap. 4.8.2.3).

Verlust des Schecks beim Gläubiger

**Nachnahme-
sendung**

Anzahlung

Eine Anzahlung ist rechtlich unproblematisch, wenn der Kunde die
angebotene Ware oder Dienstleistung fest erwerben will. Sie gibt

Stillschweigender Vertragsabschluss

dem Lieferer die Sicherheit, dass der Vertragspartner nicht mehr abspringt. Allerdings kann eine von der Gegenseite geforderte Anzahlung für den Kunden unangenehme Bindungswirkungen entfalten. Besteht der Verkäufer oder sonstige Leistungsanbieter später auf Erfüllung, obwohl der Kunde an der betreffenden Ware oder Dienstleistung nicht mehr interessiert ist, sehen die Gerichte üblicherweise in einer Anzahlung beim Vertragsabschluss, rechtlich ausgedrückt, die *stillschweigende Annahmeerklärung* des Kunden (BGH NJW 1986, S. 248). Als Lieferer sind Sie durch diese Rechtsprechung abgesichert, da Sie im Falle einer Anzahlung stets von einem Vertragsabschluss ausgehen können, auch wenn Ihr Kunde noch nicht endgültig zum Erwerb entschlossen ist.

Tipp

Kunden

Haben Sie sich noch nicht zum endgültigen Vertragsabschluss durchgerungen, sollten Sie eine Anzahlung nur unter Vorbehalt leisten und diese auch auf der Quittung des Verkäufers oder sonstigen Lieferers vermerken lassen.

Klauselvorschlag

»Die Anzahlung erfolgt unter dem Vorbehalt einer endgültigen Kaufentscheidung.«

Verknüpfung mit Vergleichsangebot

»Schuldenerlassfalle« bei Teilzahlungen

Teilzahlungen Ihrer Kunden, auch in Form von Schecks, können Sie ohne weiteres annehmen. Probleme treten nur dann auf, wenn der Schuldner die Übersendung des Schecks mit einem unerwarteten *Vergleichsvorschlag* verbindet.

Beispiel:

Schuldner S hat seinem Gläubiger G 100.000 € zu zahlen. Er übersendet G einen Verrechnungsscheck über 50.000 €, der in der Rubrik »Verwendungszweck« auf das Datum des näher bezeichneten Begleitschreibens verweist. Dort heißt es u.a.:
»Ich schlage Ihnen vor, den Scheckbetrag zum Ausgleich all Ihrer Forderungen zu zahlen. Unter Voraussetzung Ihres Einverständnisses biete ich Ihnen den beigefügten Verrechnungsscheck an. Auf eine Gegenbestätigung oder eine sonstige Stellungnahme Ihrerseits wird verzichtet.«
G reicht den Scheck bei seiner Bank ein, jedoch ohne die Absicht, S einen Teil seiner Forderungen zu erlassen. Vielmehr betrachtet er die Schecksumme lediglich als Teilzahlung. Er macht deshalb die Restforderung gegenüber S geltend. Dieser weigert sich aber zu zahlen, weil der Restbetrag infolge des Verzichts erloschen ist.

Der Bundesgerichtshof hat in diesem Fall dem Schuldner Recht gegeben, weil er sein *Zahlungsangebot* mit einem *Vergleichsangebot verbunden* hat unter ausdrücklichem Verzicht auf die Erklärung der Annahme gegenüber dem Anfragenden (vgl. § 151, Satz 1 BGB). Sein Angebot war verknüpft mit dem Antrag an den Gläubiger, den Scheck als Bezahlung der Vergleichsforderung anzunehmen, jedoch nur dann (aufschiebende Bedingung), sofern der Gläubiger auch den *Vergleichsvertrag* abschließt. Reicht der Gläubiger den Scheck zur Einlösung ein, drückt er stillschweigend seinen Annahmewillen aus. Um das Zustandekommen des Vergleichsvertrags zu verhindern, hätte er das Angebot ausdrücklich ablehnen müssen, indem er dem Schuldner mitteilt, dass er den Scheck nur als Teilzahlung betrachtet (BGH BB 1996, S. 584).

Erlass der Restforderung

Vergleichsvertrag

Geldgläubiger

Nehmen Sie Teilzahlungen Ihrer Schuldner nur unter dem ausdrücklichen Vorbehalt des Weiterbestehens der Restforderung an!

Tipp

Wenn Sie dies beachten, führt die von dem Schuldner geleistete Teilzahlung bereits zu einem *Neubeginn* der *Verjährung*. Das ist wichtig, sofern Ihre Forderung demnächst verjähren sollte (vgl. Kap. 4.8.8).

4.8.2.2 Vereinfachung der Zahlungsabwicklung durch Kontokorrent

Stehen Sie mit anderen Unternehmen in dauernder Geschäftsbeziehung, können Sie die Zahlungsströme durch Vereinbarung eines *Kontokorrents* erheblich vereinfachen. Danach muss nicht jede Lieferung oder Leistung einzeln bezahlt werden, sondern die beidseitigen Ansprüche und Leistungen werden in Rechnung gestellt, miteinander verrechnet. Am Ende der Rechnungsperiode stellt der Kontoführer einen *verbindlichen Abschlusssaldo* fest, der dann auszugleichen ist (§ 355 HGB), genauso wie bei den Giro-Kontokorrentkonten der Geschäftsbanken.

Nur Abschlusssaldo ist eigenständige Forderung

Die *Kontokorrentabrede* hat hauptsächlich zur Folge, dass die einzelnen in das Kontokorrent eingestellten Forderungen rechtlich gelähmt sind, d. h. darüber nicht mehr durch Abtretung und Verpfändung oder Aufrechnung verfügt werden kann. Abtretbar ist dann nur der positive *Abschlusssaldo*, worauf bei Globalzessionen zu achten ist (vgl. Kap. 4.7.2.3). Deshalb sollte Sie in einer *Einzelvereinbarung* getroffen werden, da Sie außerhalb des Bankensektors im Geschäftsverkehr nicht allgemein üblich ist. Allerdings kann das leistungsanbietende kaufmännische Unternehmen für die geldmä-

Kontokorrentvereinbarung

ßige Abwicklung dauerhafter Geschäftsbeziehungen mit anderen Unternehmen auch einseitig eine *Kontokorrentklausel* in seine AGB aufnehmen. Wegen der ausdrücklichen gesetzlichen Regelung handelt es sich nicht um eine unwirksame überraschende Klausel nach § 305c, Abs. 1 BGB.

Verzinsung von Guthaben

Interessengerecht erscheint es auch, ein durch Voraus- oder Zuvielzahlung eventuell entstehendes Guthaben zu verzinsen. Der Zinssatz sollte der Einfachheit halber an den *Basiszinssatz* angelehnt sein. Vorgeschlagen wird hier B + 2, d. h. 2 % über dem jeweiligen Basiszinssatz. Eine gesonderte Regelung der *Sollzinsen* erscheint angesichts der umfassenden gesetzlichen Regelungen für Fälligkeits- und Verzugszinsen dagegen nicht erforderlich.

Kontokorrentabrede

Klauselvorschlag

»1. Die Firmen ... (Unternehmer) und ... (Kunde) vereinbaren für die Abwicklung ihrer Geschäftsbeziehung eine laufende Rechnung (Kontokorrent im Sinne von § 355 HGB). Das Kontokorrent wird von dem Unternehmer geführt, der hierfür ein gesondertes Konto einrichtet.

2. *In dieses Kontokorrent werden die gegenseitigen Forderungen und Ansprüche eingestellt. Die Verrechnung soll jeweils am Ende eines (Monats, Vierteljahres etc. – gewünschte Rechnungsperiode!) erfolgen. Entsteht innerhalb der Rechnungsperiode ein Guthaben des Kunden durch Anzahlung oder Zuvielzahlung, so ist dieses mit B + 2 zu verzinsen, wobei die angefallenen Zinsen in den Abschlusssaldo einbezogen werden.*

3. *Der Unternehmer stellt am Schluss der Rechnungsperiode den Abschlusssaldo fest, der Verbindlichkeit erlangt, wenn er von dem Kunden anerkannt wird. Zu diesem Zweck teilt der Unternehmer dem Kunden den von ihm ermittelten Abschlusssaldo schriftlich mit. Dieser Saldo gilt als anerkannt, wenn der Kunde gegen ihn nicht binnen eines Monats Einwendung erhebt. Zur Wahrung der Frist genügt die rechtzeitige Absendung. Für den Unternehmer ist der gezogene Saldo bereits mit Mitteilung an den Kunden verbindlich.*

4. *Buchungsfehler können innerhalb einer Rechnungsperiode einseitig vom Unternehmer berichtigt werden. Der Kunde kann auch innerhalb der Rechnungsperiode Kontoauszüge verlangen, die er zu prüfen hat. Stellt er dabei falsche Kontostände fest, hat er diese unverzüglich, spätestens bis zur Ziehung des Abschlusssaldos dem Unternehmer schriftlich mitzuteilen.*

5. *Dieser Vertrag ist beiderseits jeweils nur zum Ende einer Rechnungsperiode mit einer Kündigungsfrist von drei Monaten (bei monatlicher Rechnungsperiode) bzw. von sechs Monaten (bei quartalsmäßiger Rechnungsperiode) kündbar. Die Kündigung bedarf der Schriftform.«*

Unterschrift (Unternehmer)   *Unterschrift (Kunde)*

Die hier vorgeschlagene Ausgestaltung des Kontokorrents ist den Banken-AGB nachgebildet (vgl. Nr. 7 und 8 AGB-Banken und AGB-Sparkassen). Eine einseitige Kündigung des Vertrages kommt nur bei einer *Individualabrede* in Betracht. Die relativ lange Kündigungsfrist erscheint wegen der erforderlichen Umstellung im Rechnungswesen des kontoführenden Unternehmens angemessen. Eine inhaltsgleiche *AGB-Kontokorrentklausel* bedarf selbstverständlich keiner Unterzeichnung.

4.8.2.3   Zahlung durch Aufrechnung

Auch ohne Kontokorrentabrede brauchen Sie als Schuldner keine effektive Zahlung zu erbringen, wenn Sie Ihrerseits eine *Gegenforderung* gegen Ihren Gläubiger besitzen und beide Forderungen sich soweit decken. Sie können dann nämlich Ihre eigene Gegenforderung mit der *Hauptforderung* des anderen *verrechnen*, in der Rechtsprache aufrechnen (§ 387 BGB).

Verrechnung der beidseitigen Forderungen

> **Beispiel:**
> *Möbelhändler H hat an den Fabrikanten F wegen einer Warenlieferung 50.000 € zu zahlen, besitzt aber aus einer früheren Überzahlung seinerseits einen Anspruch auf Rückerstattung von 30.000 €. In diesem Fall wird H beide Forderungen miteinander verrechnen, sodass er effektiv an den Fabrikanten F nur noch 20.000 € zu zahlen braucht.*

Dieses Beispiel macht auch die Wirkungsweise der Aufrechnung deutlich. Sie dient in erster Linie der *Zahlungserleichterung*, besitzt dabei aber auch zugleich *Sicherungsfunktion*, wenn die Gegenforderung des zahlungspflichtigen aufrechnenden Schuldners wegen wirtschaftlicher Probleme seines Gläubigers unsicher geworden ist. Es wäre unbillig, wenn er zahlen müsste, seinerseits aber auf seiner letztendlich uneinbringlichen Forderung sitzen bliebe (siehe Abbildung 4.8).

4.8.2.3.1   Aufrechnungslage

Eine Aufrechnung kommt nur in Frage, wenn beide Parteien gegeneinander eine Forderung besitzen, die Forderungen also wechselseitig bestehen. Wegen dieser notwendigen *Gegenseitigkeit* der beiden Forderungen muss also eine wechselseitige Gläubiger- und Schuldnerposition vorliegen. Die Forderungen müssen zudem gleichartig, d.h. auf den gleichen Leistungsgegenstand gerichtet sein. Eine derartige *Gleichartigkeit* trifft praktisch nur für Geldforderungen zu, die zudem in gleicher Währung zahlbar sein müssen, also i.d.R. in Euro (KG NJW 1988, S. 2188). Dagegen ist eine Aufrechnung eines Zahlungsanspruchs mit einem Anspruch auf Lieferung nicht mög-

Gegenseitige und gleichartige Geldforderungen

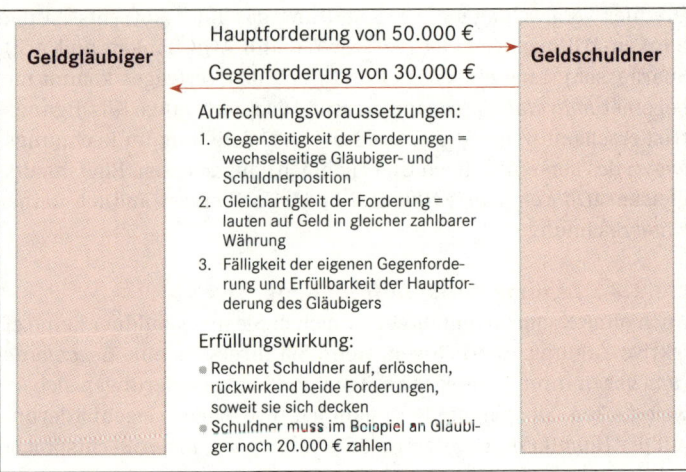

Abb. 4.8: Aufrechnung

lich. In diesem Fall besitzt der zahlungspflichtige Schuldner nur ein *Leistungsverweigerungsrecht*. Man kann damit eine Abwicklung Zug um Zug erzwingen (§§ 273, 320 BGB, vgl. Kap. 4.8.5).

Fälligkeit der eigenen Gegenforderung

Beide Forderungen müssten regelmäßig fällig sein, die eigene Forderung darüber hinaus voll wirksam und durchsetzbar. Der eigenen Gegenforderung dürfen insbesondere keine Einreden entgegenstehen (§ 390 BGB). Für die Hauptforderung des anderen Teils genügt bereits die *Erfüllbarkeit*. Maßgebend ist hierfür der Zeitpunkt, ab dem der aufrechnende Schuldner – ggf. vor Eintritt der Fälligkeit – an den Gläubiger leisten darf (§ 271, Abs. 2 BGB; BGH NJW 1985, S. 268).

> **Beispiel:**
> 1. *Die vorzeitige Zahlung eines gestundeten Kaufpreises ist zulässig, weil die Stundung allein im Interesse des Geldschuldners erfolgt.*
> 2. *Dagegen ist die vorzeitige Rückzahlung eines Darlehens nicht möglich und damit eine Aufrechnung ausgeschlossen, weil dadurch dem Gläubiger Zinsansprüche (Rechtsnachteile!) verloren gehen.*

Verjährung der Gegenforderung

Ist die *Aufrechnungslage* einmal *entstanden*, so schadet es dem Schuldner nicht, wenn danach seine *Gegenforderung* vor der Erklärung der Aufrechnung *verjährt* sein sollte. Ihm soll nämlich die einmal vorhandene Aufrechnungslage erhalten bleiben (§ 215 BGB, vgl. Kap. 4.8.6). Hat der zahlungsberechtigte Gläubiger seine *Hauptforderung* an einen Dritten, etwa an eine Bank, sicherungsweise *abgetreten*, stört dies Ihre Aufrechnungsmöglichkeit als Schuldner ebenfalls nicht, wenn Sie ihre eigene Gegenforderung vor Kenntnis dieses

Abtretung der Hauptforderung

Vorgangs erworben haben und die Aufrechnungslage bis dahin entstanden ist. Selbst wenn die Aufrechnungslage sich erst nach Kenntnis der Abtretung einstellt, können Sie noch aufrechnen, sofern Ihre Gegenforderung nicht später als die abgetretene Hauptforderung fällig wird (§ 406 BGB). Trotz Abtretung der *Hauptforderung* durch den Geldgläubiger kann der Schuldner zeitlich unbeschränkt ohne Beachtung von § 406 BGB aufrechnen, wenn die Hauptforderung mit einer *Abtretungsbeschränkung* versehen war (vgl. Kap. 3.2.8.1). Da er dann jederzeit an den bisherigen Forderungsinhaber befreiend zahlen darf, bleibt ihm auch das erfüllungsgleiche Aufrechnungsrecht erhalten (§ 354a Satz 2 HGB). Die Aufrechnung kann er nach seiner Wahl entweder gegenüber dem Alt- oder Neugläubiger erklären (BGH ZIP 2005, S. 446).

4.8.2.3.2   Aufrechnungserklärung und Aufrechnungswirkung

Die Aufrechnung wird als Gestaltungsrecht (genau wie die Anfechtung) nur wirksam, wenn sie gegenüber dem anderen Teil erklärt wird und ihm danach zugeht. Die ihm einmal abgegebene *Aufrechnungserklärung* ist unwiderruflich und darf auch nicht mit einer Bedingung oder Zeitbestimmung versehen werden (§ 388 BGB).

Aufrechnungs-erklärung

Danach *erlöschen* die *gegenseitigen Forderungen* von Schuldner und Gläubiger in Höhe der Deckungsgleichheit *rückwirkend* zum Zeitpunkt der Entstehung der Aufrechnungslage, sodass Sie als Schuldner nur noch einen eventuellen *Differenzbetrag* zu *zahlen* haben. Darin liegt die rückwirkende Erfüllungswirkung der Aufrechnung (§ 389 BGB). Der rückwirkende Effekt rechtfertigt sich daraus, dass, wenn eine Aufrechnung möglich war und sich der Berechtigte dadurch von seiner Schuld befreien konnte, er sich wirtschaftlich nicht mehr als Schuldner betrachten muss. Deshalb *entfallen* mit der Erklärung der Aufrechnung auch etwaige *Zinsverpflichtungen* für die Zeit ab Entstehen der Aufrechnungslage genauso wie ein danach eintretender *Zahlungsverzug*. Bereits entrichtete Zinsen können nach den Grundsätzen der ungerechtfertigten Bereicherung daher wieder zurückgefordert werden (§ 812, Abs. 1 BGB).

Rückwirkende Erfüllungswirkung

Wegfall von Zinsen und Zahlungsverzug

Konsequenterweise muss dann auch ein *Rücktritt* Ihres Vertragspartners wegen *Zahlungsverzugs*, sofern Sie wegen der Aufrechnungslage keine Zahlungen erbringen, *hinfällig* werden. Der Schuldner braucht lediglich unverzüglich nach dem Zugang der Rücktrittserklärung die Aufrechnung erklären (§ 352 BGB). Unverzüglich bedeutet auch hier nicht sofort, sondern nach angemessener Überlegungsfrist und Prüfung der Situation. Dabei müsste, genau wie bei der Anfechtung, zur Fristwahrung die rechtzeitige Absendung der Aufrechnungserklärung in entsprechender Anwendung von § 121, Abs. 1, Satz 2 BGB genügen.

Tipp

> **Schuldner**
>
> Tritt Ihr Geschäftspartner wegen Zahlungsverzuges vom Vertrag zurück, sollten Sie, sofern Sie eine Gegenforderung besitzen, zur Fristwahrung rasch reagieren und vorsorglich die Aufrechnung erklären, bevor Sie die Angelegenheit durch einen Rechtsanwalt prüfen lassen. Möglicherweise kommt dessen Reaktion zu spät, sodass die knappe Frist verstrichen ist.
>
> Selbst wenn Sie die kurze Frist für die Beseitigung des Rücktritts versäumen, bleibt es dabei, dass Sie mit der verspäteten Aufrechnung zumindest die unangenehmen Rechtsfolgen des Zahlungsverzuges beseitigen.

4.8.2.3.3   Vertragliche Aufrechnungsbeschränkungen

Vereinbarte effektive Zahlung

Man kann gut verstehen, dass Unternehmen als Geldgläubiger im Geschäftsverkehr mit Ihren Kunden versuchen, deren Aufrechnungsbefugnis zu beschneiden, weil Ihnen dadurch notwendige Liquidität entzogen wird.

Der einfachste Weg dazu ist, die Aufrechnung durch Einzelabsprachen auszuschließen, was nahezu beliebig durch spezifische und verbreitete *Zahlungsklauseln* möglich ist, in denen die Rechtsprechung entsprechende Aufrechnungsverbote sieht.

Klauselvorschlag

»Effektive Zahlung«, »Barzahlung«, »Nettokasse gegen Rechnung« oder »Cash on delivery« (OLG Düsseldorf NJW-RR 1996, S. 116 und BGH NJW 1985, S. 550).

AGB-Aufrechnungsklauseln

Dagegen ist der einseitige *Aufrechnungsausschluss* per AGB wegen des Klauselverbots in § 309, Nr. 3 BGB, das über § 307, Abs. 1 BGB entsprechend auch im unternehmerischen Geschäftsverkehr gilt (BGHZ 107, S. 189), nur begrenzt möglich. Danach können lediglich bestrittene oder noch nicht rechtskräftig festgestellte Gegenforderungen des Kunden von der Aufrechnung ausgeschlossen werden.

Bestrittene Gegenforderungen

Um eine *bestrittene Gegenforderung* in dem Sinne handelt es sich aber erst, sofern der Gläubiger die zur Aufrechnung gestellte Kundenforderung substantiell bestreitet, also plausible Einwendungen oder Einreden vorbringen kann. Ein pauschales Bestreiten genügt hierfür nicht. Unwirksam ist auch eine Klausel, die die Zulässigkeit der Aufrechnung auf vom Verwender anerkannte Forderungen beschränkt (BGH NJW 1994, S. 657).

Tipp

Schuldner

Sind in den AGB Ihres Geschäftspartners unwirksame AGB-Aufrechnungsklauseln enthalten, können Sie deshalb als zahlungspflichtiger Schuldner jederzeit aufrechnen, ohne dass Sie sich um diese Bestimmungen zu kümmern brauchen.

4.8.2.4   Ersatzzahlung durch Sachgüter und Forderungen

Wenn Ihr zahlungspflichtiger Schuldner nicht genügend Geld zur Verfügung hat, um Ihre fällige Forderung zu begleichen, gibt es hin und wieder eine Ersatzlösung. Vielleicht besitzt er wertvolle Sachgüter, wie Kunstgegenstände oder Sammlerobjekte, die Ihnen gefallen. Dann können Sie mit Ihrem Schuldner vereinbaren, dass Sie anstelle der Zahlung die Übereignung des betreffenden Kunst- oder Sammelobjektes an *Erfüllung statt* annehmen (§ 364, Abs. 1 BGB). Sie müssen sich dann noch mit Ihrem Schuldner über den Preis einigen, der mit Ihrer(n) Forderung(en) verrechnet wird. Je nach der Höhe Ihrer Forderung und dem festgelegten Preis des an *Zahlung statt* angenommenen Sachgutes, erlischt dann Ihre Forderung ganz oder teilweise, ggf. müssen Sie auch noch eine Zuzahlung leisten.

Spezielle Erfüllungsvereinbarung bei Sachgütern

Ihr Schuldner hat wegen eventueller Qualitäts- oder anderer Mängel des Sachgutes Ihnen gegenüber in gleicher Weise Gewähr zu leisten wie ein Verkäufer (§ 365 BGB). Als Käufer stehen Ihnen dann die entsprechenden Mängelansprüche nach § 437 BGB zu (vgl. Kap. 8.9.3).

Sachmängel

Erfüllungsvereinbarung

»Die Firma ... (Gläubiger) nimmt von der Firma ... (Schuldner) an Erfüllung statt die Übereignung folgender Sache (genaue Bezeichnung der Sache) für ihre fällige Forderung in Höhe von ... aus (Rechtsgrund) zu einem Preis in Höhe von ... an.«

Formulierungsvorschlag

Dringend *abzuraten* ist es dagegen, die Abtretung einer Geldforderung gegen einen Dritten an *Erfüllungs statt* anzunehmen, weil Sie dann als Gläubiger das *Erfüllungsrisiko*, also der effektiven Zahlung des Drittschuldners, tragen müssten. Vielmehr ist dann sicherzustellen, dass die Erfüllungswirkung erst zahlungshalber nach der tatsächlichen Zahlung des Dritten durch Verrechnung mit der eigenen Forderung im Sinne von § 364, Abs. 2 BGB eintritt, wobei bis dahin angefallene *Verzugszinsen* unberührt bleiben.

Abtretung von Forderungen

Vorschlag für Zahlungsvereinbarung

Formulierungs-
vorschlag

»Die Firma ... (Schuldner) tritt hiermit an die Firma ... (Gläubiger) ihre Forderung gegen die Firma ... (Drittschuldner) zahlungshalber im Sinne von § 364, Abs. 2 BGB ab. Die Hauptforderung des Gläubigers in Höhe von ... aus (Rechtsgrund) gegen den Schuldner erlischt erst und nur in der Höhe, wie der Drittschuldner an den Gläubiger Zahlungen leistet. Bis dahin auf die Hauptforderung angefallene Verzugszinsen bleiben davon unberührt.«

4.8.3 Abwicklung der beidseitigen Leistungen

Zug um Zug

Es liegt in dem Wesen von Austauschverträgen mit gegenseitigen Leistungspflichten, dass diese mangels abweichender Vereinbarungen *gleichzeitig*, in der Rechtssprache, Zug um Zug zu *erfüllen* sind (§ 320 BGB). In der Praxis ist das aber nur bei der seltenen Barzahlung oder Lieferung per Nachnahme möglich.

Lieferung
auf Rechnung

Ansonsten erfolgt vereinbarungsgemäß zunächst die Sach- oder Dienstleistung und anschließend nach Rechnungszugang die Zahlung per Banküberweisung oder Scheck innerhalb der vereinbarten oder vom Lieferer auf der Rechnung bzw. Lieferschein eingeräumten Zahlungsfrist in der Regel bis zu 30 Tagen nach Lieferung oder Rechnungszugang. Selbstverständlich kann bei der Herstellung komplexer zeit- und kostenaufwändiger Vertragsprodukte eine Seite auch zu *Vorleistungen*, insbesondere der Besteller zu angemessenen An- bzw. Auszahlungen verpflichtet werden (vgl. Kap. 4.3.4.3.2).

4.8.4 Leistung unter Vorbehalt in Zweifelsfällen

Ausdrücklichen
Vorbehalt erklären

Sind Sie sich nicht sicher, ob Sie zur geforderten Leistung an den Geschäftspartner verpflichtet sind, drohen Ihnen aber im Falle einer unberechtigten Leistungsweigerung erhebliche Rechtsnachteile, ist es empfehlenswert, die von der Gegenseite angeforderte *Leistung* zwar zu erbringen, allerdings unter dem *Vorbehalt* einer später noch zu ermittelnden Rechtspflicht oder der Wahrung eigener Ansprüche. Das trifft für beide Partner zu. Für den *Lieferer* kann eine derartige Zwangslage bei behaupteten Mängeln des Bestellers bestehen, wenn dieser einwandfreie Nachlieferung einfordert. Kommt der Lieferer dem nicht nach, entsteht dem Besteller möglicherweise ein hoher Vermögensschaden, den der Lieferer im Falle der Verweigerung ersetzen müsste. Für den *Besteller* wäre eine *Zahlung* unter *Vorbehalt*

Zahlung
unter Vorbehalt

anzuraten, sofern er dadurch die Nachteile eines Zahlungsverzugs abwenden oder bei *strittigen Forderungen* den Verlust seines Rückzahlungsanspruchs durch Verwirkung verhindern will (vgl. Kap. 4.8.6.3). In beiden Fällen wäre also die Lieferung bzw. die Zahlung mit einem entsprechenden Vorbehalt zu versehen.

Formulierungs-
vorschlag

»... liefern wir ...« oder *»... zahlen wir ohne Anerkennung einer Rechtspflicht.«*

Im Falle des Anforderns einer unberechtigten Geldzahlung ist dadurch der *Rückzahlungsanspruch* sofort fällig, sodass der zahlende Partner ab Eingang der Geldsumme auf dem Gläubigerkonto zumindest 5 % *Fälligkeitszinsen* fordern kann und auch sollte (§§ 352, 353 HGB), wenn beide Vertragsparteien Kaufleute sind.

Fälligkeitszinsen für Rückforderung

4.8.5   Berechtigte Erfüllungsverweigerung

Grundsätzlich gilt nach Treu und Glauben (§ 242 BGB), dass nur der *vertragstreue Geschäftspartner* die Leistung der Gegenseite einfordern kann.

4.8.5.1   Einrede des nicht erfüllten Vertrages

So kann der *Besteller* selbstverständlich, sofern er nicht zu Vorauszahlungen verpflichtet ist, die *Zahlung* solange *verweigern,* bis der Lieferer seine im sog. Gegenseitigkeitsverhältnis stehende Dienst- oder Sachleistungspflicht erbracht hat. Dieses Gegenrecht nennt man die Einrede des nicht erfüllten Vertrages nach § 320 BGB.

4.8.5.2   Zurückbehaltungsrecht

Besitzen beide Geschäftspartner fällige Ansprüche, die aber nicht gleichartig sind, so kommt eine Aufrechnung nicht in Betracht (vgl. Kap. 4.8.2.3.1).

Gegenseitige nicht gleichartige Ansprüche aus Geschäftsverbindung

Beispiel:
Lieferant L besitzt gegenüber dem Käufer K noch eine Restforderung aus einer früheren Warenlieferung, muss aber bei der letzten Lieferung nachliefern, weil diese Qualitätsmängel aufweist.

In solchen Fällen kann die zahlungspflichtige Partei die *Zahlung verweigern,* solange ihr fälliger Leistungsanspruch nicht ordnungsgemäß erfüllt wird (§ 273, Abs. 1 BGB). Dieses sog. *Zurückbehaltungsrecht* steht aber dem zahlungspflichtigen Schuldner nach dem Gesetzeswortlaut nur zu, wenn beide Ansprüche »aus denselben rechtlichen Verhältnissen« stammen. Diese Formulierung wird von der Rechtsprechung so verstanden, dass die Ansprüche nicht aus demselben Vertrag herrühren müssen, sondern ein natürlicher und wirtschaftlicher Zusammenhang genügt, wie eben als einheitliche Klammer eine ständige Geschäftsbeziehung (BGHZ 54, S. 215).

Lösung:
Im obigen Beispiel kann also K die Zahlung der fälligen Forderung aus der früheren Lieferung verweigern, wenn zwischen ihm und L eine ständige Geschäftsverbindung besteht. Davon kann man mit Sicherheit nur ausgehen, wenn die beiden einen Rahmenvertrag abgeschlossen haben und K die gewünschte Liefermenge lediglich abrufen muss.

Wegen dieser Unsicherheiten sollte man vertraglich das *Zurück-behaltungsrecht* auch auf Verträge *ausdehnen,* wenn sie nicht auf den gleichen rechtlichen Verhältnissen beruhen. Eine solche Erweiterung des Zurückbehaltungsrechts wird von den Gerichten gebilligt (BGH NJW 1991, S. 2563).

Zurückbehaltungsrecht

Klauselvorschlag

»Entstehen zwischen den Vertragsparteien wechselseitig fällige oder zumindest erfüllbare Ansprüche, so kann die leistungspflichtige Partei ihre Zahlung oder sonstige Leistung solange verweigern, bis die andere Seite ihre Leistung bewirkt hat.«

4.8.5.3 Einschränkung des Leistungsverweigerungs-rechtes

AGB-Klausel

Die Ausübung des *Zahlungsverweigerungsrechtes* auf der Grundlage der Einrede des nichterfüllten Vertrages oder eines Zurückbehaltungsrechtes, hat im Prinzip für den zahlungsberechtigten Lieferanten eine ähnliche *liquiditätsbeschränkende Wirkung* wie die Aufrechnung. Man kann deshalb gut verstehen, dass Unternehmen mittels ihrer *AGB* versuchen, dieses Recht ihrer Kunden einzuschränken. Das ist indes nur unter den gleichen engen rechtlichen

Nur bei bestrittenen Forderungen

Voraussetzungen zulässig wie bei der Aufrechnung, sodass ein Zurückbehaltungsrecht gegenüber einem unbestrittenen oder rechtskräftig festgestellten Anspruch nicht ausgeschlossen werden kann (§ 309, Nr. 2 BGB). Soweit noch kein rechtskräftiger Titel vorliegt, müssen Sie deshalb den fälligen Anspruch Ihres Kunden substanziell bestreiten können (vgl. Kap. 4.8.2.3.3).

Sollten Sie allerdings eine vertragliche Erweiterung des Zurückbehaltungsrechtes, wie beschrieben, vereinbart haben, geht diese *Individualabrede* ihren einschränkenden AGB nach § 305b BGB vor. Strebt man einen angemessenen Interessenausgleich zwischen dem Unternehmer und seinen Kunden an, so würde es sich anbieten, die Zurückbehaltungsvereinbarung entsprechend zu ergänzen.

Zurückbehaltungsrecht-Ergänzung

Klauselvorschlag

Es wird folgender Satz 2 angefügt:»Das Zurückbehaltungsrecht ist jedoch ausgeschlossen, wenn die Gegenseite den fälligen Anspruch substanziell und schlüssig durch das Vortragen geeigneter Tatsachen bestreitet.«

4.8.6 Leistungsverweigerung wegen Verjährung oder Verwirkung

Als Gläubiger sollten Sie sich mit der Durchsetzung Ihres fälligen Anspruchs nicht allzu viel Zeit lassen, sonst droht Ihnen möglicherweise die Verjährung. Tritt die *Verjährung* ein und beruft sich Ihr

Schuldner vor Gericht darauf, wird Ihre Klage abgewiesen, weil die Gegenseite die eingeklagte Leistung verweigern darf (§ 214, Abs. 1 BGB). Mit der Zulassung der Verjährung zieht der Gesetzgeber die Konsequenzen daraus, dass die gerichtliche Feststellung sehr lang zurückliegender Forderungen oder anderer Ansprüche häufig unüberwindliche Beweisschwierigkeiten mit sich bringt. Die Verjährung ermöglicht deshalb im Interesse des Rechtsfriedens und der Rechtssicherheit eine eindeutige *Klärung der Rechtslage*.

Prozessuale Einrede

Deshalb müssen Sie im Rahmen Ihres *Vertragscontrollings* durch ein sog. Fristenmanagement mittels Zeittabellen dafür sorgen, dass eine Verjährung Ihrer Forderungen oder sonstiger Ansprüche nicht eintritt (vgl. Kap. 4.9).

Steuerung durch Fristenmanagement

Auch schon vor Eintritt der Verjährung kann Ihr Anspruch nach Treu und Glauben verwirkt sein, wenn Sie Ihrem Schuldner durch eindeutiges Verhalten zu erkennen gegeben haben, Ihren berechtigten Anspruch nicht geltend machen zu wollen (vgl. Kap. 4.8.6.3).

4.8.6.1 Wichtige Verjährungsfristen

Ein entsprechendes Fristenmanagement basiert auf der Kenntnis der wichtigsten *Verjährungsfristen*, die hier kurz erläutert werden sollen.

1. Die *kenntnisabhängige Regelverjährungsfrist* ist vor kurzem erheblich verkürzt worden und beträgt nunmehr gemäß §§ 195, 199, Abs. 1 BGB *drei Jahre* zum Schluss des Jahres, in dem der Anspruch entstanden ist und der Gläubiger von den Anspruchstatsachen und der Person des Schuldners Kenntnis erlangt hat oder ohne grobe Fahrlässigkeit hätte erlangen müssen. Diese Verjährungsfrist gilt praktisch für alle beidseitigen vertraglichen *Erfüllungsansprüche* auf Sach- bzw. Dienstleistungen bzw. Zahlung des vereinbarten Entgelts sowie Schadensersatzansprüche wegen Pflichtverletzungen. Bei der Dreijahresfrist wird also das Jahr des Vertragsabschlusses nicht mitgerechnet, sodass die effektive Verjährungsfrist maximal fast vier Jahre betragen kann.

Dreijährige Regelverjährung zum Jahresschluss

2. Die *kenntnisunabhängige Verjährungshöchstfrist* beläuft sich in solchen Fällen auf *zehn Jahre* ab Entstehung des Anspruchs, sodass hier auch eine *unterjährige Verjährung* die Folge sein kann. Schon deswegen ist es wichtig, den Zeitpunkt des Vertragsabschlusses genau festzuhalten. Bei *Körperschäden* beträgt die Höchstfrist sogar *dreißig Jahre* ab Begehen der Pflichtverletzung (§ 199, Abs. 2–4 BGB).

Unterjährige Verjährung

3. Erfüllungs- und Schadensersatzansprüche aus *Speditions-, Transport-* und *Lagerverträgen* verjähren nach dem HGB i.d.R. schon nach *einem Jahr* ab Ablieferung des Gutes, sodass hier wiederum

Spezielle Verjährungsfristen

eine Verjährung innerhalb eines Jahres die Folge sein kann (§§ 439, Abs. 1, 463, 475a BGB).

4. *Sonderregelungen* gibt es schließlich für diverse *Mängelansprüche* beim Kauf- und Werkvertrag sowie von Ersatzansprüchen des Vermieters und Mieters nach Beendigung des Mietvertrages, auf die bei den einzelnen Verträgen noch zurückzukommen sein wird.

5. Wesentlich länger ist dagegen die Verjährungsfrist für *Erfüllungsansprüche* aus den in diesem Buch nicht behandelten *Grundstückskaufverträgen*. Sie beträgt nach § 196 BGB sogar *zehn Jahre* ab Entstehung des Anspruchs (§ 200 BGB).

6. Die *längste Verjährungsfrist*, nämlich *30 Jahre* ab Entstehung des Anspruchs, ist nach § 197 BGB für

- Herausgabeansprüche aus Eigentum und anderen dinglichen Rechten,
- rechtskräftig festgestellte Ansprüche und
- Ansprüche aus vollstreckbaren Vergleichen oder vollstreckbaren Urkunden, in denen sich der Schuldner in notariell beurkundeter Form der Duldung der sofortigen Zwangsvollstreckung unterworfen hat, vorgesehen.

Änderung der Verjährungsfristen

Erscheinen Ihnen diese gesetzlich geregelten Verjährungsfristen nicht sachgerecht, so können Sie diese jederzeit in beide Richtungen abändern, d.h. *verkürzen* oder auch *verlängern*, Letzteres jedoch bis max. 30 Jahre (§ 202, Abs. 2 BGB), wobei man allerdings der besseren Übersichtlichkeit wegen eine unterjährige Verjährung vermeiden und wie die gesetzliche Regelverjährung für den Beginn der Verjährungsfrist auf den Schluss des Jahres abstellen sollte.

Klauselvorschlag

»Die Ansprüche aus diesem Vertrag verjähren innerhalb von ... (fünf Jahren etc.) zum Schluss des Jahres, in dem der Anspruch entstanden ist.«

Eine modifizierte *Verjährungsregelung* in einer *AGB-Klausel* ist sinnvoll, sobald die gesetzliche Untergrenze von einem Jahr nicht unterschritten wird, d.h. die Mindestverjährungsdauer sollte ein Jahr betragen.

4.8.6.2 Verlängerung der Verjährung durch Hemmung oder Neubeginn

Durch bestimmte Handlungen oder Ereignisse kann die gesetzlich geregelte oder vertraglich vereinbarte Verjährung durch Hemmung gestoppt oder der Neubeginn nochmals in Gang gesetzt werden.

4.8.6.2.1   Hemmung der Verjährung

Die Hemmung der Verjährung führt dazu, dass die Verjährung ruht, d. h. die Verjährungsfrist nicht weiterläuft, solange der Hemmungsgrund vorliegt (siehe Abbildung 4.9). Die wichtigsten *Hemmungsgründe* sind im Folgenden aufgeführt.

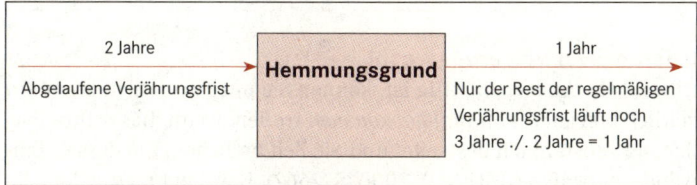

Abb. 4.9: Hemmung der Verjährungsfrist

Verhandlung über strittige Ansprüche

Kommt es zwischen Ihnen und Ihrem Geschäftspartner bei der Vertragsabwicklung zu Meinungsverschiedenheiten über die Berechtigung eines geltend gemachten Anspruchs, so setzt man sich unter »guten Freunden« zusammen und versucht, den Dissens aus der Welt zu schaffen. Für ein *Verhandeln* genügt jeder *Meinungsaustausch* zwischen den Beteiligten über den *strittigen Anspruch*, sofern dieser nicht sofort und eindeutig als unberechtigt abgelehnt wird. Eine *Verhandlung beginnt* schon dann, wenn der in Anspruch Genommene Erklärungen abgibt, die der anderen Seite die Annahme gestatten, der Verpflichtete lasse sich auf sachliche Erörterungen über die Berechtigung des Anspruchs ein. Eine Vergleichsbereitschaft oder eine Bereitschaft zum Entgegenkommen muss er nicht signalisieren (BGH NJW 2007, S. 587). Während der *Dauer* der *Vertragsverhandlungen*, solange bis eine Seite die Vertragsverhandlungen ergebnislos abbricht, wird die Verjährung gehemmt. Die *Verjährung* tritt danach frühestens drei Monate nach dem Ende dieses Hemmungsgrundes ein (§ 203 BGB). Der *dreimonatige Aufschub* gibt dem anspruchstellenden Geschäftspartner genügend Zeit, sich die weiteren Schritte zu überlegen und ggf. Klage einzureichen.

Rechtsverfolgung

Entgegen der früheren Rechtslage führt die *Zustellung* eines gerichtlichen *Mahnbescheids* oder des *Klageantrags* nicht mehr zur Unterbrechung mit der Folge des Neubeginns der Verjährungsfrist, sondern gemäß § 204 BGB nur noch zur *Hemmung*. Damit sollen Sie als Gläubiger angehalten werden, die gerichtliche Durchsetzung Ihres Anspruchs zügig zu betreiben.

Randnotizen:
Ruhen der Verjährung

Verhandlungsbeginn

Dreimonatiger Aufschub nach Verhandlungsende

Mahnbescheid und Klage

Tipp

> **Gläubiger**
>
> Beantragen Sie wegen einer fälligen Geldforderung den gerichtlichen Mahnbescheid rechtzeitig gegen ihren säumigen Schuldner, am besten spätestens einen Monat vor Ablauf der Verjährungsfrist, damit noch genügend Zeit zur Behebung von möglichen Verfahrensmängeln bleibt.

Leistungsverweigerungsrecht

Stillhalteabkommen Obwohl Ihr Anspruch fällig ist, können Sie mit Ihrem Schuldner ein zeitlich befristetes *Stillhalteabkommen* treffen, wenn dieser Ihre Forderung substanziell bestreitet und Sie Zeit brauchen, um dessen Einwände zu prüfen (BGH NJW 2000, S. 2662). Das dient häufig der Klärung der eigenen Verhandlungsposition. Damit der Gläubiger dies in Ruhe tun kann, wird die *Verjährung* für die vereinbarte Zeit nach § 205 BGB *gehemmt*. Schließen sich danach Verhandlungen an, wird die Hemmung gemäß § 203 BGB fortgesetzt.

4.8.6.2.2   Neubeginn der Verjährung durch Anerkenntnis oder Vollstreckung

Nochmaliger Beginn der vollständigen Verjähungsfrist Wesentlich vorteilhafter für den Gläubiger ist der Neubeginn der Verjährung, weil bei Eintritt eines solchen Ereignisses die ganze *Verjährungsfrist* vollkommen *neu* zu laufen beginnt, § 212 BGB (siehe Abbildung 4.10).

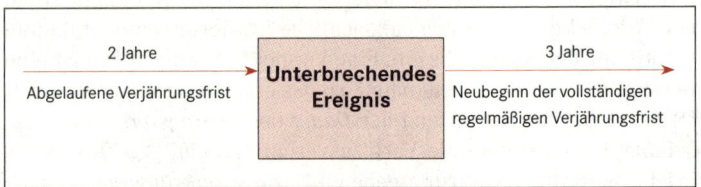

Abb. 4.10: Neubeginn der Verjährung

Das trifft in zwei Fällen zu:

Anerkenntnis 1. Ihr *Schuldner* erkennt den geltend gemachten Anspruch ausdrücklich an oder auch indirekt durch die Leistung einer *Abschlagszahlung, Zinszahlung* oder durch eine *Sicherheitsleistung* (§ 212, Abs. 1, Nr. 1 BGB). Ausreichend für die Anerkenntnis ist aber auch, wenn Ihr Schuldner ausdrücklich und unzweideutig auf die Erhebung der Verjährungseinrede verzichtet (BGH NJW 2000, S. 2663).

Vollstreckungs-auftrag 2. Ein Neubeginn der Verjährung erfolgt aber auch bei einer *ernsthaften Rechtsverfolgung*, wenn Sie als Gläubiger nach Erhalt eines Vollstreckungstitels, etwa eines Vollstreckungsbescheids oder eines gerichtlichen Endurteils, mit der Zwangsvollstreckung

beginnen und einen zulässigen *Vollstreckungsantrag* gestellt
haben (§ 212, Abs. 1, Nr. 2 und Abs. 3 BGB).

Gläubiger

Versuchen Sie Ihren Schuldner dazu zu bewegen, dass er Ihren
Anspruch ausdrücklich schriftlich anerkennt oder indirekt durch entsprechende Zahlungen oder er auf die Verjährungseinrede verzichtet.
Gelingt Ihnen dies, brauchen Sie eine Verjährung mit allen damit verbundenen Nachteilen nicht mehr zu befürchten.

Tipp

Da es bei der *Zwangsvollstreckung* auf die strikte Einhaltung von Ver-
fahrensregeln ankommt, sollten Sie spätestens jetzt für die Rechts-
durchsetzung einen kompetenten *Fachanwalt* mit der Wahrnehmung
Ihrer Interessen beauftragen. Dagegen können Sie das gerichtliche
Mahnverfahren bei entsprechender Schulung Ihres Personals bis
zum Vollstreckungsbescheid ggf. *selbst abwickeln*, wenn Sie sich
nicht sicher sind, dass Sie die zusätzlichen Rechtsanwaltskosten von
Ihrem Schuldner beitreiben können.

4.8.6.2.3   Verwertung von Sicherheiten trotz Verjährung

Besitzen Sie als Gläubiger eine gesicherte Forderung, so können Sie
die Ihnen gestellten *Sachsicherheiten*, wie eine Hypothek oder ein
Pfandrecht, auch dann noch verwerten, wenn Ihre gesicherte Forderung verjährt ist (§ 216, Abs. 1 BGB). Wegen der Akzessorietät der
Bürgenhaftung, ist dagegen der *Zahlungsanspruch* gegen den *Bürgen* nach § 768 BGB nicht mehr durchsetzbar. Dagegen kann sich im
Falle einer Garantie der *Garant* infolge der Abstraktheit dieser Personensicherheit von der gesicherten Forderung auf die Verjährungseinrede nicht berufen (vgl. Kap. 4.7.2.3)

4.8.6.3   Verlust des Anspruchs durch Verwirkung

Ausnahmsweise können Sie als Gläubiger Ihren *Anspruch* noch
innerhalb der Verjährungsfrist *verwirken*, wenn Sie durch Ihr eindeutiges dauerhaftes Verhalten bei Ihrem Schuldner den Eindruck
erwecken, dass Sie Ihren Anspruch nicht mehr ausüben wollen. Darüber hinaus muss der Schuldner sich auf diese Nichtausübung so fest
eingestellt haben, dass die verspätete Geltendmachung des Rechts
durch den Gläubiger für ihn nach Treu und Glauben eine nicht zumutbare Härte darstellt (BGH WM 2007, S. 312). Diese Umstände sind
insbesondere gegeben, wenn der Verpflichtete im Vertrauen auf die
Nichtgeltendmachung des Rechts erhebliche Vermögensdispositionen
getroffen hat oder sich wegen des Zeitablaufs seine Beweisposition,
etwa durch Verlust von Zahlungsbelegen, erheblich verschlechtert
hat (BGH NJW 1993, S. 1387).

*Anspruch erlischt
vor Ablauf
der Verjährung*

Zahlung unter Vorbehalt bei strittigen Forderungen

Geben Sie aber als Gläubiger durch eine Mahnung, einen Widerspruch oder in anderer Weise klar zu erkennen, dass Sie auf Ihrem Recht beharren, so kann von vornherein beim Schuldner kein derartiger Vertrauenstatbestand entstehen (BGHZ 146, S. 223). Aus dem gleichen Grund sollte man bei *strittigen Forderungen* Zahlungen nur unter Vorbehalt leisten (vgl. Kap. 4.8.4).

4.9   Vertragscontrolling

Ein dauerhafter unternehmerischer Erfolg, den Sie mit Ihren Geschäftsabschlüssen anstreben, lässt sich nur durch überlegte und *zielgerichtete Planung* erreichen. Das gilt auch für den Bereich des Vertragsmanagements, indem nach dem Vorbild der Betriebswirtschaft ein spezielles *Vertragscontrolling* in mittelständischen Unternehmen aufgebaut werden sollte. Genau wie dort geht es darum, für wichtige Schnittstellen der Vertragsabwicklung zu überprüfen, ob und inwieweit der tatsächliche Ablauf mit der Planung übereinstimmt oder nicht und eventuell auftretende Differenzen zu messen und die daraus gewonnenen Erkenntnisse zu bewerten.

Schwierige Erfolgskontrolle

Das ist im Hinblick auf die *Vertragsplanung* nicht so einfach, weil man es dabei nicht mit harten einfachen betriebswirtschaftlichen Kennzahlen, wie etwa Umsatz, Cashflow etc. zu tun hat, sondern eben mit weicheren Faktoren. Daher kann man von dem Vertragscontrolling keine vergleichbare Präzision erwarten. Die wichtigsten Instrumente des Vertragscontrollings sind eine effiziente *Ablaufsplanung*, eine lückenlose *Vertragsdokumentation* und schließlich ggf. eine sog. *Nachkalkulation*.

4.9.1   Sicherstellung korrekter Abwicklung durch Ablaufsplanung

Zur Erstellung einer möglichst effizienten *Abwicklungsplanung* gehört als erster Schritt, alle sich aus dem Vertrag ergebenden beidseitigen Durchführungshandlungen, nahtlos zu erfassen, wobei die eigenen Maßnahmen selbstverständlich im Vordergrund stehen.

4.9.1.1   Erstellung einer Vertragsmatrix

Pflichtenkatalog mit anschließender Risikoanalyse

Das planerische Hilfsmittel bildet die Anfertigung einer *Vertragsmatrix*, mit der man zunächst aus dem Vertragstext und seiner Anlagen die Rechte und Pflichten beider Parteien symmetrisch aufgliedert und die passenden Leistungsdaten und andere wichtige Informationen, die für die spätere Kontrolle erforderlich sind, hinzufügt. Dabei handelt es sich um eine komplette Übersicht über den *Pflichtenkatalog* und die in dem Vertrag steckenden Risiken. Diese besonders bei komplexen Verträgen schwierige Arbeit kann man durch den Einsatz einer *Planungssoftware* erleichtern, wodurch man die Übersicht mit dem Computer generieren kann. Die Gruppierung in der Matrix erfolgt nach einem relativ einfachen System, das nicht unbedingt dem Aufbau des Vertrages entsprechen muss:

Strukturierung der Vertragsmatrix

- Zunächst kommen die *eigenen Pflichten*, aufgegliedert in die Haupt-, insbesondere Leistungspflichten, gefolgt von den Nebenpflichten, insbesondere Informationspflichten.
- Anschließend werden entsprechend die *Pflichten des Vertragspartners* beschrieben.
- Als Drittes befasst man sich mit den *Risiken des Geschäfts*, aufgeteilt in solche, die nur durch Dritte beherrschbar, aber absicherbar sind, und in die nicht beherrschbaren Risiken.
- Zum Schluss folgen eventuelle rechtliche *Sicherungsmaßnahmen* außerhalb des Vertrages.

Hat man alle diese Aspekte erfasst, kann man bei einer Erstellung mit dem Computer das Ganze durch *Vertragszielnetze* verfeinern, die eine Evaluierung ermöglichen, inwieweit der konkrete Vertrag die gesteckten Geschäftsziele erreicht oder nicht (vgl. Kap. 2.3.2.2).

Vertragszielnetz

Aber auch ohne den Einsatz solcher Vertragszielnetze erlaubt die angefertigte Matrix die frühzeitige Kontrolle, ob alle *Vertragspflichten* korrekt erfüllt werden:

- Drohende *Leistungsstörungen*, insbesondere Verzug und Schlechterfüllung, werden so rechtzeitig erkannt, sodass vielfach eine Gegensteuerung möglich bleibt.
- Die *Rechte* im Falle von Leistungsstörungen können frühzeitig ergriffen werden, was entscheidend sein kann, wenn – wie etwa für die kaufmännische Rügepflicht beim beidseitigen Handelskauf – ein Zeitfenster von nur wenigen Tagen zur Verfügung steht.

4.9.1.2   Zeitliche Ablaufsplanung

Jeder Geschäftspartner hat nun dafür zu sorgen, dass der ihn betreffende *Pflichtenkatalog* und ggf. zusätzlich erforderliche Sicherungsmaßnahmen praktisch auch umgesetzt werden. Dazu wird insbesondere beim Lieferer, der das Produkt erstellt, eine zeitlich *genaue Ablaufsplanung* benötigt, die auch *Gewährleistungsfristen* im Falle der Schlechterfüllung oder noch weitergehende Haftungsfristen, etwa für fehlerhafte Produkte, berücksichtigt.

Lieferer

Dagegen ist der planerische Aufwand für den zahlungspflichtigen Besteller i.d.R. nicht zu hoch. Dieser hat im Prinzip nur dafür zu sorgen, dass die vereinbarten Zahlungsfristen eingehalten und eventuelle *Mitwirkungspflichten*, wie bspw. die Abnahme der Auftragsleistung des Lieferers, korrekt erfüllt werden.

Besteller

4.9.1.3   Spektrum der Vertragsüberprüfung

Welche Maßnahmen darüber hinaus im Rahmen des Vertragscontrollings zu treffen sind, kann man in der einfachsten Form in DIN/ISO 9000 Teil 3 unter der Ziffer 5.2 und 5.3 zum Thema »Vertragsüberprüfung« nachlesen (Text s. DIN-TB 226, S. 102 f).

4.9.2   Vertragsdokumentation

Beweissicherung

Ein ganz zentrales Instrument der Vertragsüberprüfung bildet die *Vertragsdokumentation,* die – richtig organisiert – über den Kern der DIN/ISO-Vorschriften hinausreichen sollte. Eine so angelegte Vertragsdokumentation kann auch Ihre zweite wichtige Aufgabe, die der *Beweissicherung* von Ansprüchen, optimal erfüllen.

4.9.2.1   Handelsrechtliche Aufbewahrungspflicht

Verträge und
Geschäftsbriefe

Nicht nur *Verträge,* sondern auch alle Geschäftsbriefe, wozu neuerdings auch *E-Mails* gehören, unterliegen der handelsrechtlichen Dokumentations- und Aufbewahrungspflicht nach dem HGB in § 257 und sind danach sechs Jahre lang zu archivieren. Teilweise greifen insoweit auch noch ergänzend *steuerliche Aufbewahrungspflichten.* Die *Dokumentation* kann auch in elektronischer Form auf Bild- oder Datenträger (Diskette oder CD) erfolgen, soweit deren spätere Lesbarkeit sichergestellt ist. Am besten archiviert man sie in zwei verschiedenen Formen – Papier- und Datenträger).

4.9.2.2   Erfasste Dokumente

Die Vertragsdokumentation sollte sich auf alle Dokumente im Zusammenhang mit der Planung, Verhandlung und Durchführung von Verträgen erstrecken. Sie erfasst deshalb neben dem Hauptdokument der Vertragsurkunde insbesondere folgende *ergänzende Unterlagen*:

- Projekt-, Zeit- und Budgetpläne, Projekttagebücher, technische Testunterlagen,
- Vertragsentwürfe, Protokolle, interne Memoranden und
- eventuelle Gutachten.

4.9.2.3   Organisation der Dokumentenverwaltung

Vertragsakte

Die Dokumentenverwaltung sollte klar und übersichtlich aufgebaut sein. Der *Fundort* jedes einzelnen Dokumentes muss, sortiert nach Geschäftsvorgängen, leicht feststellbar sein und die *Archivierungsdauer* vermerkt werden, damit sie jederzeit für späteres Nachlesen zur Verfügung stehen. Hierzu sind interne organisatorische Regelungen notwendig. Eine der wichtigsten ist, dass für jeden Vertrag eine eigene *Vertragsakte* angelegt wird, in der alle das konkrete Projekt betreffende schriftlichen Unterlagen gesammelt werden. Unabhängig von den gesetzlichen Aufbewahrungsfristen sollten die einzelnen Dokumente so lange aufgehoben werden, bis mit sog. *Fernwirkungen des Vertrages* nicht mehr zu rechnen ist. Das kann etwa bei für die Produkthaftung erheblichen Dokumenten, wie z. B. technische Testunterlagen, sich zeitlich soweit ausdehnen, bis kein entsprechendes Produkt mehr auf dem Markt ist.

4.9.2.4   Beweissicherung für vertragliche Ansprüche

Unverzichtbar ist eine *lückenlose Vertragsdokumentation* in dem beschriebenen Umfang für die Beweissicherung von Ansprüchen, die wichtig wird, wenn es im Hinblick auf die Vertragsabwicklung zu *Meinungsverschiedenheiten* zwischen den Geschäftspartnern kommt und man sich daher über die daraus ergebenden Rechte und Pflichten streitet. Ansatzpunkt für einen solchen Dissens bietet i.d.R. der Vertragstext, wenn dessen Wortlaut nicht eindeutig und präzise, sondern mehrdeutig ist. Dabei kann die lückenlose Dokumentation *ergänzender Vertragsunterlagen* bei der dann erforderlichen Auslegung des Vertrages sehr nützlich sein. Kann man dabei auf die erste bis zur letzten Version des Vertrages, ergänzt durch Verhandlungsprotokolle, geführte Briefwechsel und interne Notizen, zurückgreifen, fällt es vielfach nicht schwer, die eigenen Beweggründe für die Wahl einer bestimmten Formulierung herauszuarbeiten oder zu belegen, welche Argumente hierzu die Gegenseite ins Feld geführt hat.

> Alle Geschäfts-
> unterlagen sind
> wichtig

Sollte ein *Rechtsstreit* sich nicht vermeiden lassen und machen Sie als Gläubiger einen Anspruch geltend oder versuchen als Schuldner den gegen Sie erhobenen Anspruch durch Einwendungen oder Einreden zu entkräften, so sind Sie für alle *prozessrelevanten Tatsachen*, die Ihre eigene Rechtsposition untermauern, beweispflichtig, wenn gerade diese von der Gegenseite bestritten werden. Ohne Lieferung dieser Fakten ist auch Ihr Anwalt – mag er juristisch noch so brillant sein – machtlos.

> Beweispflicht

Eine Ausnahme hiervon gilt nur, wenn es sich dabei um allgemeine typische Abläufe handelt, die nach allgemeiner Erfahrung mit an Sicherheit grenzender Wahrscheinlichkeit zu bestimmten Ergebnissen führen. Man spricht insoweit vom *Beweis des ersten Anscheins*. Ferner kann es sein, dass zu Ihren Gunsten eine sog. *Beweislastumkehr* greift, die der Gesetzgeber vorgenommen oder die Rechtsprechung aus bestimmten Gründen verfügt hat. Das betrifft vor allem im Hinblick auf die Erfüllung von Vertragspflichten *betriebsinterne Abläufe*. Wegen der Beweisnot außenstehender Dritter als Gläubiger, muss hier der Unternehmer den Gegenbeweis führen, dass die eingetretene Pflichtverletzung von ihm nicht zu vertreten ist (§ 280, Abs. 1, Satz 2 BGB; vgl. Kap. 6.2).

> Anscheinsbeweis
> Umkehr der
> Beweislast

4.9.3   Schlussprüfung und Kalkulation

Schlussbilanz

Hat man die Ablaufsplanung komplett abgearbeitet und ist damit die Vertragsabwicklung abgeschlossen, sollte man schließlich eine *Schlussbilanz* ziehen, um insgesamt festzustellen, ob und inwieweit die tatsächliche Durchführung mit den Planungsvorgaben übereinstimmt oder nicht. Außerhalb des standardisierten Massengeschäftes wird erfahrungsgemäß bei *komplexen Vorhaben* i.d.R. nicht alles rund laufen. Dann geht es auch darum, für jeden nicht reibungslos abgelaufenen Abwicklungsschritt zu ermitteln, worin die Ursachen für diese Abweichungen vom Soll gelegen haben. Das Ziel ist es, die künftige Ablaufsplanung für ähnliche Vorhaben zu verbessern. In der »heißen« Durchführungsphase, wenn man durch unerwartete Schwierigkeiten in Zeitnot gerät, bleibt keine Zeit für eine solche gründliche Analyse.

Fehleranalyse

Dabei ist es die Aufgabe der *Unternehmensleitung*, den *Abschlusscheck* zu organisieren und zu gestalten. Jede mit dem Vertragsprojekt befasste Abteilung erhält den klaren Auftrag, für ihren Bereich aufgrund der gewonnenen praktischen Erfahrung einerseits die Ursachen für eventuell aufgetretene Störungen zu ermitteln und nach Verbesserungsmöglichkeiten zu suchen, jeweils mit dem Ziel, das Abwicklungssegment in ihrem Sektor zu optimieren. Anschließend trifft man sich zunächst in einer *Schlusskonferenz*, wo es darum geht, die gesamte bisherige Ablaufsplanung anhand der in den einzelnen Abteilungen gefundenen Teilergebnissen einer kritischen Prüfung zu unterziehen und dort, wo es sachlich notwendig ist, durch den Einbau neuer finanzierbarer Segmente zu optimieren.

Nachkalkulation der Kosten

Die dazu gehörende Nachkalkulation konzentriert sich auf die Kostenseite, indem möglichst präzise der eigene finanzielle Aufwand für das Projekt erfasst und mit den Ansätzen bei der *Projektkalkulation* im Zeitpunkt des Vertragsabschlusses abgeglichen wird. *Übersteigt* der tatsächliche *Aufwand* die *Kostenplanung*, ist zu untersuchen, ob der Fehler in einer zu niedrigen Kostenkalkulation bei Erstellung der Planung liegt oder ob bei der Vertragsdurchführung zu hohe Kosten entstanden sind. Eventuell muss korrigierend eingegriffen werden, um künftig ein zu starkes Auseinanderlaufen von Planung und tatsächlichem Aufwand zu verhindern. Nur wenn dies gelingt, stimmt die für den unternehmerischen Erfolg so wichtige *Gewinnkalkulation*. Dazu muss in den Kostenansätzen des betriebswirtschaftlichen Controllings möglichst realitätsgerecht der Kosten- und Zeitaufwand in allen Stadien des Vertrages, vom Beginn der Planung über die Vertragsverhandlungen bis zu der Vertragsabwicklung erfasst werden.

5 Leistungsstörungen und ihre Folgen

Jeder Geschäftspartner hofft selbstverständlich, dass der Vertrag auch in der Zukunft reibungslos abgewickelt wird. Dafür gibt es allerdings angesichts der Ungewissheit zukünftiger Entwicklungen keine Erfüllungsgarantie. Jede Vertragspartei kann erwarten, dass die andere Seite ihre Pflichten bei der Vertragsabwicklung korrekt erfüllt. Es ist geradezu eine Binsenweisheit, dass, wo Menschen arbeiten, auch Fehler gemacht werden, die sich nun im Stadium der Vertragsabwicklung als *Pflichtverletzungen* auswirken. Menschliches Versagen, also Pflichtverletzungen, sind demnach die *Hauptursache* von *Leistungsstörungen*, um die es in diesem Kapitel geht. Als Leistungsstörung im weiteren Sinne kann man aber auch unerwartete ungünstige Veränderungen der Rahmenbedingungen des Geschäfts betrachten, die sich erheblich nachteilig für einen Vertragspartner auswirken, so dass die unveränderte Fortführung des Vertrages ihm nicht mehr zumutbar ist. Die richtige Lösung für diese *Störung* der *Geschäftsgrundlage* kann daher nur die *Vertragsanpassung* oder *Vertragsbeendigung* sein, die deshalb in diesem Kontext erörtert wird (vgl. Kap. 5.7). Die schlimmste Form der Vertragsstörung stellt aber der völlige wirtschaftliche *Zusammenbruch des Schuldners*, die Insolvenz, dar (vgl. Kap. 5.8).

Was die nicht vermeidbaren Pflichtverletzungen betrifft, können und sollten die Vertragsparteien die für sie dadurch entstehenden *nachteiligen Rechtsfolgen* durch eine geschickte und interessengerechte vertragliche Gestaltung abfedern. Diese Regelungen müssen selbstverständlich der jeweiligen Form der Pflichtverletzung und den individuellen *Besonderheiten* des *Geschäfts angepasst* sein. Die umfangreiche zur Verfügung stehende Palette von Gestaltungsmöglichkeiten wurde bereits im Zusammenhang mit den vertraglichen Leistungspflichten beschrieben. Nachfolgend geht es nur noch darum, die rechtliche Struktur der verschiedenen Formen der Pflichtverletzungen zu analysieren und gleichzeitig aufzuzeigen, wie man sich am besten verhält, sollte dieser unerwünschte Fall auftreten.

Hauptursache: Pflichtverletzung

Ungünstige Veränderung der Rahmenbedingungen

Schuldnerinsolvenz

Nachteilige Rechtsfolgen durch Vertrag abfedern

5.1   Systematik und Rechtsfolgen der Pflichtverletzungen im Überblick

Vermögensschaden

Die Grundstruktur der Systematik und Rechtsfolgen von Pflichtverletzungen ist relativ leicht zu verstehen: Erleidet ein Geschäftspartner durch die Pflichtverletzung der anderen Seite einen *Vermögensschaden*, so muss der pflichtwidrig Handelnde ihm diesen ersetzen, wenn er ihn zu vertreten hat. Darüber hinaus kann ein Geschäftspartner im Falle einer gravierenden Pflichtverletzung der Gegenseite, wenn ihm die weitere Fortsetzung des Vertrages nicht zumutbar ist, die weitere *Vertragsabwicklung stoppen*, indem er entweder vom Vertrag zurücktritt bzw. kündigt oder bei einer Pflichtverletzung, die die andere Seite zu vertreten hat, umfassend Schadensersatz statt Leistung fordert. Ursachen der Pflichtverletzung des Leistungsanbieters können sein:

Ursachen der Pflichtverletzung

- eine verspätete Leistung, d. h. ein *Schuldnerverzug*,
- eine *Schlechtleistung*,
- sehr selten eine Leistungsunfähigkeit d. h. *Unmöglichkeit* oder
- eine *Sorgfaltspflichtverletzung* bei der Leistungserbringung, d. h. allgemeine Pflichtverletzung.

Annahmepflicht

Selbstverständlich hat die *empfangsberechtigte Vertragspartei* als Gläubiger auch die vertragsgemäß angebotene Leistung des Schuldners – wie vereinbart – abzunehmen. Tut sie das nicht, gerät sie in den sog. Gläubiger- oder *Annahmeverzug*, der für sie erhebliche

Arten		Typische Rechtsfolgen	
Leistungsanbieter	**Nachfrager**	**Schadensersatz neben Erfüllung**	**Vertragsbeendigung**
• Schuldnerverzug	• Zahlungsverzug	• Fortsetzung des Vertrags trotz Pflichtverletzung	• i.d.R. nur nach fruchtloser Nachfrist oder Abmahnung: zweite Chance des Schuldners auf Vertragserfüllung
• Schlechtleistung	• Annahmeverzug		
• Unmöglichkeit	• Verletzung von Mitwirkungspflichten	• Stets, wenn ← Schuldner nicht beweisen kann, dass er Pflichtverletzung nicht zu vertreten hat	
• Allgemeine Pflichtverletzung			**Rechte**
			• Rücktritt oder Kündigung
			• Schadensersatz statt Leistung im Falle einer vom Schuldner zu vertretenden Pflichtverletzung

Abb. 5.1: Pflichtverletzungen bei Geschäftsverträgen

Rechtsnachteile bringt (vgl. Kap. 5.6). Darüber hinaus kann sie aber auch die Rolle des Schuldners einnehmen, falls sie sog. *Mitwirkungspflichten*, wie etwa die Lieferung von Stoffen etc., nicht korrekt erfüllt. Diese Fälle werden dann nach den allgemeinen Grundsätzen der Pflichtverletzung, so wie eben beschrieben, behandelt (siehe Abbildung 5.1).

5.1.1 Schadensersatz bei zu vertretender Pflichtverletzung neben Vertragserfüllung

Immer wenn ein Geschäftspartner den abgeschlossenen *Vertrag nicht vereinbarungsgemäß erfüllt,* begeht er – juristisch ausgedrückt – eine *Pflichtverletzung,* unabhängig davon, ob es sich dabei, wie bereits im Zusammenhang mit der Abwicklung von Schuldverträgen beschrieben, um eine

Pflichtverletzung

- Hauptleistungspflicht,
- Nebenleistungspflicht oder
- schlichte Sorgfaltspflicht handelt.

Rechtlich sanktioniert wird diese Pflichtverletzung nach § 280, Abs. 1, Satz 1 BGB erst, wenn:

Ersatz des Vermögenschadens

1. die andere Vertragspartei dadurch einen *Vermögensschaden* erleidet und
2. der pflichtwidrig handelnde Geschäftspartner diese *Pflichtverletzung* zu *vertreten* hat.

Der leistungspflichtige Schuldner muss sein eigenes Verschulden (§ 276 BGB) oder das schuldhafte Handeln dritter Personen, die er zur Vertragserfüllung eingeschaltet hat und damit rechtlich gesehen seine *Erfüllungsgehilfen* sind (§ 278 BGB), vertreten. Zur rechtlichen Besonderheit des Schadensersatzanspruchs wird näher im Kapitel 6.2 eingegangen. Da der außenstehende Geschäftspartner als *Gläubiger* nur unzureichend die Verantwortlichkeiten im schuldnerischen Betrieb kennt, genügt es, wenn er das *Vorhandensein* der *Pflichtverletzung* beweist. Gelingt ihm dies, so hat die pflichtwidrig handelnde Seite die Pflichtverletzung stets zu vertreten, solange sie nicht den Gegenbeweis antreten kann (§ 280, Abs. 1, Satz 2 BGB; vgl. Kap. 6.1).

Haftung für Erfüllungsgehilfen

Letztendlich geht es also hierbei um den *Ersatz von Begleitschäden,* die dem leistungsberechtigten Gläubiger nach Vertragsabschluss im Rahmen der fehlerhaften Vertragsabwicklung an anderen Vermögensgütern entstehen. Die weitere Vertragserfüllung bleibt dadurch unberührt, d. h. der leistungspflichtige Geschäftspartner ist nach wie vor erfüllungsberechtigt.

Begleitschäden

5.1.2 Vertragsbeendigung und Schadensersatz statt Leistung

Wickelt aber der andere Geschäftspartner den Vertrag nicht korrekt ab, so wird sich häufig die andere Seite von dem Vertrag lösen wollen, weil sich der Geschäftspartner als unzuverlässig gezeigt hat, sofern die gewünschte *Vertragsleistung* jederzeit auch von einem *anderen Unternehmen* erbracht werden kann. Der angestrebte *Vertragsausstieg* ist aber nicht ohne weiteres möglich, sondern i.d.R.

Nachfrist abgelaufen

erst dann, wenn eine dem Schuldner gesetzte *angemessene Nachfrist fruchtlos abgelaufen* ist und er damit seine zweite Chance auf ordnungsgemäße Vertragserfüllung verspielt hat. Das gilt unabhängig davon, ob der Gläubiger von dem Vertrag *zurücktritt* (§ 323, Abs. 1 BGB) oder im Falle einer zu vertretenen Pflichtverletzung auch den umfassenden *Schadensersatz statt Leistung* (§ 281, Abs. 1 BGB) oder *Aufwendungsersatz* (§ 284 BGB) fordert (vgl. Kap. 5.2.4). Bei *Dauerschuldverhältnissen*, wie etwa Miet- oder Leasingverträgen, tritt

Außerordentliche Kündigung

anstelle des Rücktrittsrechtes die *außerordentliche Kündigung* aus wichtigem Grund nach § 314 BGB (vgl. Kap. 4.6.2.2). Ist die Pflichtverletzung gravierend, muss dem Gläubiger auch *ohne Nachfristsetzung* oder *Abmahnung* das Recht auf sofortige Vertragsbeendigung zugestanden werden, sodass er sofort Schadensersatz statt Leistung fordern und die weitere Vertragserfüllung ablehnen darf, vom Vertrag zurücktreten oder außerordentlich kündigen kann. Dabei hängen aber die einzelnen rechtlichen Voraussetzungen des Rücktrittsbzw. Kündigungsrechts oder des Schadensersatzanspruchs auch von der betreffenden Form der Pflichtverletzung, etwa Schuldnerverzug oder Schlechtleistung etc., ab.

5.2 Verspätete Leistung: Schuldnerverzug

Terminüberschreitung

Die wichtigste Form der Leistungsstörungen ist, dass die leistungspflichtige Vertragspartei als Schuldner nicht, wie vereinbart, pünktlich liefert oder sonstwie leistet. Führt diese *Säumnis* zu einem *Schaden* des anderen Geschäftspartners als Gläubiger, weil er seinerseits einen Vertrag mit einem Dritten nicht erfüllen kann oder wegen des Ausbleibens wichtiger Rohstoffe bei ihm die Produktion still steht, so stellt sich die Frage, ob der leistungspflichtige Schuldner diesen ersetzen muss. Ferner will der Gläubige bei einer länger andauernden Säumnis wissen, wie lange er an den Vertrag gebunden bleibt und unter welchen Voraussetzungen er sich von dem *Vertrag lösen* kann.

Beide Ansprüche, der auf Schadensersatz und das Recht auf Vertragsbeendigung, setzen aber voraus, dass der leistungspflichtige

Geschäftspartner sich in Verzug befindet, dessen rechtliche Voraussetzungen es zunächst zu klären gilt. Neben dem *Leistungsverzug* ist auf der anderen Seite für das leistungspflichtige Unternehmen, das seine vertraglichen Leistungspflichten erfüllt hat, wichtig zu wissen, welche Rechte ihm zustehen, sofern fällige Zahlungen des Kunden ausbleiben. Für diesen *Zahlungsverzug* gibt es einige Sonderregelungen, insbesondere die des Verzugszinses (vgl. Kap. 5.2.5).

5.2.1   Merkmale des Leistungsverzuges

Die Abbildung 5.2 macht deutlich, dass die Voraussetzungen und Folgen des Schuldnerverzuges sehr vielschichtig sind.

Voraussetzungen	Rechtsfolgen	
	Verzugsschaden neben Erfüllung	Vertragsbeendigung
• **Fälligkeit** des Leistungsanspruchs • **Säumnis:** Nichterbringen der möglichen Leistung • **Mahnung:** entbehrlich bei kalendermäßig bestimmter oder berechenbarer Leistungsfrist • **Vertretenmüssen** der Säumnis: Beweispflicht beim Schuldner • **Vertragstreue** des Gläubigers	• Fortführung des Vertrages • Ersatz des Verzögerungsschadens • Regel: volle Haftung • Kann auch durch AGB bei einfacher Fahrlässigkeit beschränkt werden • Bei **Zahlungsverzug** pauschaler Verzugsschaden durch Verzugszins in Höhe von 8 % über Basiszins	Zuvor Ablauf einer angemessenen Nachfrist • kann mit Mahnschreiben verbunden werden, • entbehrlich bei Fixgeschäft. **Rechte:** • Rücktritt oder Kündigung • Schadensersatz statt Leistung oder Aufwendungsersatz im Falle zu vertretender Säumnis

Abb. 5.2: Schuldnerverzug

5.2.1.1   Fälligkeit des Leistungsanspruchs

Die meisten Geschäftsverträge enthalten klare, nach dem Kalender bestimmte *Leistungsfristen*, die verbindlich die Fälligkeit des Leistungsanspruchs festlegen (§ 271, Abs. 2 BGB). Will sich eine Vertragspartei einen gewissen Dispositionsspielraum vorbehalten, lässt der betreffende Geschäftsvertrag den konkreten Fälligkeitszeitpunkt noch offen und räumt dem einzelnen Vertragspartner die Befugnis ein, die Fälligkeit später zu bestimmen.

Leistungsfristen

Beispiel:
Lieferung vier Wochen nach Abruf.

In einem solchen Fall müssten Sie als leistungsberechtigter Gläubiger beweisen, dass die Voraussetzungen für die Fälligkeit Ihres Leistungsanspruchs vorliegen.

Ungünstiger ist für den Besteller die Lage, wenn die Lieferzeit allein durch eine AGB-Klausel des Lieferanten bestimmt wird und dieser sich dort eine *unechte Nachfrist* ausbedungen hat, die die Fälligkeit bis zum Ablauf der weiteren Frist hinausschiebt (vgl. Kap 4.2.1.3.2).

5.2.1.2   Säumnis des leistungspflichtigen Schuldners

Ausstehende Leistung noch nachholbar

Die eigentliche typische objektive Verzugsvoraussetzung ist die *Säumnis* des *Schuldners*, d.h. er hat trotz seiner grundsätzlichen Leistungsfähigkeit die von ihm vorzunehmende Leistung nicht zeitgerecht erbracht. Der Leistungsverzug bedingt demnach, dass die Leistung, wenn auch verspätet, noch nachholbar ist.

Vorsicht bei bestimmten *Dienstleistungen*; hier schlägt die Säumnis sofort in eine nicht mehr erbringbare Leistung um. Infolgedessen handelt es sich nicht um die Leistungsstörung des Verzuges, sondern um den gravierendsten Fall der *Unmöglichkeit* (vgl. Kap. 5.4).

> **Beispiel:**
> *Trotz Abschluss eines sog. Bewachungsvertrages erscheint der Wachdienst zu dem vereinbarten Zeitpunkt nicht oder die Telefonleitung ist wegen eines Leitungsschadens für einen Tag unterbrochen, sodass im Unternehmen in dieser Zeit im Festnetz nicht telefoniert werden kann.*

5.2.1.3   Mahnung des Schuldners

Mahnschreiben und Nachfrist

Bleibt die versprochene Leistung des Schuldners zu dem vereinbarten Zeitpunkt aus, müssen Sie als Gläubiger – nach Eintritt der Fälligkeit – Ihren *Schuldner mahnen*, um ihn in Verzug zu setzen (§ 286, Abs. 1, Satz 1 BGB). Am zweckdienlichsten ist es, wenn Sie dem Schuldner ein *Mahnschreiben* zuleiten, in dem Sie ihn auf seine Säumnis hinweisen und ihn dringend zur Leistung auffordern, ohne dass Sie ihm irgendwelche negative Folgen im Falle des Ausbleibens der Leistung ankündigen (BGH NJW 1998, S. 2133). Sachdienlich ist es dabei, in dem Mahnschreiben dem säumigen Schuldner auch eine angemessene *Nachfrist* zu setzen, innerhalb der er letztmalig die geschuldete Leistung erbringen kann, um nach deren fruchtlosen Ablauf sofort den Vertrag durch Rücktritt beenden zu können (§ 323, Abs. 1, BGB; vgl. Kap. 5.2.3).

Mahnschreiben

Anrede

... weisen wir daraufhin, dass Sie nach dem zwischen uns abgeschlossenen Vertrag vom ... (Datum des Vertragsabschlusses) am ... (Lieferdatum).... (Bezeichnung der Ware oder des anderen Vertragsproduktes) zu liefern (leisten) haben. Die Lieferung (Leistung) ist aber bis heute nicht erfolgt. Wir fordern Sie hiermit nochmals auf, die ausgebliebene Lieferung (Leistung) nachzuholen und setzen Ihnen hierfür letztmalig eine Frist bis zum ... (zwei Wochen sind ausreichend!).

(Unterschrift)

Die Mahnung selbst hat *Warnfunktion* und soll verhindern, dass der Schuldner, sobald der Vertrag selbst keine klare Leistungszeit bestimmt und deshalb über die Fälligkeit des Leistungsanspruchs eine gewisse Unsicherheit besteht, ohne sein Wissen in Verzug gerät. Das *Mahnschreiben* sollte die geschuldete Leistung möglichst genau und korrekt bezeichnen. Eine *Zuvielforderung* schadet dem mahnenden Gläubiger nicht und macht die Mahnung nicht unwirksam, wenn sie nicht unangemessen hoch ist und das leistungspflichtige Unternehmen den Leistungsumfang selbst leicht anhand der eigenen Unterlagen bestimmen kann (BGH WM 2006, S. 2013).

Eine Mahnung ist nicht notwendig, wenn der Vertrag selbst klare, allein nach dem *Kalender bestimmte Leistungsfristen* enthält (§ 286, Abs. 2, Nr. 1 BGB). Das bedingt, dass die Leistungszeit durch einen Kalendertag fixiert ist (BGH WM 1995, S. 440).

> **Beispiel:**
> *»Spätestens am 15. Juni«; »noch im Laufe des Juli« (dann 31.07); »22. Kalenderwoche« (BGH WM 1996, S. 1598).*

Gleiches gilt, wenn der Leistung ein Ereignis vorauszugehen hat und eine angemessene Zeit für die Leistung in der Weise bestimmt ist, dass sie sich von dem Ereignis, wie etwa dem Abruf oder einer Kündigung, nach dem Kalender berechnen lässt. Der Eintritt des Ereignisses muss dann aber beweisbar sein.

> **Beispiel:**
> *»Lieferung vier Wochen nach Abruf«*

Nicht ausreichend ist die Formulierung »Lieferung sofort nach Abruf«, weil hier keine Frist nach dem Kalender gesetzt wird.

Die Mahnung ist ferner überflüssig, wenn

● sie ihre Funktion, den Schuldner zur Leistung anzuhalten, nicht mehr erfüllen kann, weil der Schuldner die Leistung ernsthaft

und endgültig verweigert (§ 286, Abs. 2, Nr. 3 BGB) sowie
● besondere Gründe vorliegen, wonach unter Abwägung der beiderseitigen Interessen der sofortige Eintritt des Verzuges gerechtfertigt ist (§ 286, Abs. 2, Nr. 4 BGB).

Ausdrückliche Terminzusage

Im letzteren Fall muss sich aus dem Vertragsinhalt eine besondere *Dringlichkeit der Leistung* ergeben, insbesondere, wenn sich der Schuldner selbst zur unverzüglichen Ausführung verpflichtet hat (BGH NJW 1963, S. 1823). Darüber hinaus kann in einer ausdrücklichen Terminzusage des Schuldners der Verzicht auf die Mahnung liegen (BGH NJW-RR 1997, S. 623).

Mahnung ist AGB-fest

Über diese gesetzlich geregelten Fälle hinaus ist das Erfordernis der *Mahnung AGB-fest*: Firmen können als *forderungsberechtigte Gläubiger* in ihren AGB eine Mahnung generell nicht für entbehrlich erklären, um dadurch immer bei dem leistungsverpflichteten Geschäftspartner einen automatischen Verzugseintritt auszulösen. Derartige Klauseln sind auch gegenüber Unternehmen unwirksam (§ 309, Nr. 4 BGB; BGHZ 110, S. 97). Unzulässig und damit unwirksam ist es auch, wenn das *leistungspflichtige* schuldnerische *Unternehmen* in seinen AGB den eigenen *Leistungsverzug* stets von einer Mahnung abhängig machen will, obwohl eine Mahnung von dem Gesetz nicht gefordert wird. Eine derartige AGB-Klausel benachteiligt den Kunden unangemessen, weil die gesetzlichen Bestimmungen wesentliche Leitgedanken verkörpern, von denen einseitig gemäß § 307, Abs. 2, Nr. 1 BGB eben nicht abgewichen werden darf.

5.2.1.4 Vertretenmüssen der Säumnis durch den Schuldner

Strenge Maßstäbe für Gegenbeweis

Der Schuldner gerät nach § 286, Abs. 4 BGB nicht in Verzug, wenn er die Umstände der Säumnis nicht zu vertreten hat. Dafür ist er indes voll beweispflichtig. *Vertreten* muss der *Schuldner* dabei das eigene Verschulden nach § 276 BGB, sowie auch das Verschulden seiner Beschäftigten oder anderer von ihm zur Vertragserfüllung eingesetzter Subunternehmer als seine Erfüllungsgehilfen wie eigenes Verschulden (§ 278 BGB). Für das Führen des *Gegenbeweises* gelten indes *strenge Maßstäbe*, weil jedes Unternehmen für die richtige Terminplanung selbst verantwortlich ist, sodass der Entschuldigungsnachweis i.d.R. nur gelingt, wenn für die eigene Fertigung wichtige Rohstoffe oder sonstige Materialien wegen unvorhersehbarer Marktengpässe ausbleiben.

5.2.1.5 Vertragstreue des leistungsberechtigten Gläubigers

Nicht ausdrücklich im Gesetz geregelt, aber aus dem Prinzip von Treu und Glauben ableitbar, ist eine weitere ungeschriebene Verzugsvoraussetzung, dass der leistungsberechtigte *Gläubiger* seinerseits *seine Vertragspflichten* korrekt *erfüllt* haben muss, wenn er seine Verzugsrechte ausüben, namentlich Schadensersatz verlangen will (BGH NJW-RR 1991, S. 898). Dazu gehört auch die Leistung der vereinbarten Anzahlung. Deshalb schließt bei gegenseitiger Leistungsverpflichtung, wie vor allem Bezahlung nur gegen vertragsgemäßer Lieferung oder umgekehrt, das Bestehen eines Leistungsverweigerungsrechtes wegen Nichterfüllung des Vertrages (§ 320 BGB) stets den Verzug des Schuldners aus (BGH WM 2007, S. 306).

Der *Leistungsverzug endet* selbstverständlich für die Zukunft, wenn eine seiner Voraussetzungen entfällt, insbesondere durch nachträgliches Erbringen der Leistung oder durch ein *vertragsgerechtes Angebot* der Leistung an den Gläubiger (BGH NJW 1987, S. 1546). Schließlich wird der Verzug auch durch eine nachträgliche *Stundungsvereinbarung* beendet (BGH NJW-RR 1991, S. 822; vgl. Kap. 4.2.1.3.2). Ende des Leistungsverzugs

5.2.2 Ersatz des Verzögerungsschadens

Der typische Rechtsnachteil, der den in Verzug befindlichen Schuldner trifft, ist, dass er dem anderen Geschäftspartner als Gläubiger den sog. *Verzögerungsschaden* nach § 280, Abs. 1 und Abs. 2 BGB ersetzen muss, den dieser gerade durch die Säumnis erlitten hat. Dieser *Schadensersatz* tritt *neben* den *Erfüllungsanspruch*, lässt also die weitere Abwicklung des Vertrages unberührt. Er bleibt auch dann bestehen, wenn der Gläubiger später – insbesondere nach ergebnislosem Ablauf einer angemessenen Nachfrist – die weitere Vertragsabwicklung stoppt und Schadensersatz statt der Leistung nach § 281 BGB fordert. Vertragserfüllung bleibt unberührt

Unter den *Verspätungsschaden* fallen *Begleitschäden* an anderen Vermögensgütern des Schuldners, die insbesondere durch einen Produktionsausfall entstehen können. Hierzu gehören aber auch besondere *Aufwendungen*, insbesondere die Kosten der außergerichtlichen Rechtsverfolgung und die nach Verzugseintritt entstandenen Mahnkosten (BGH NJW 1990, S. 1905) sowie die Kosten eines eingeschalteten Inkassounternehmens (OLG Frankfurt NJW-RR 1990, S. 729), jedoch *nicht* die *Kosten* der verzugsbegründeten *Mahnung* selbst (BGH NJW 1985, S. 324). Anders lautende AGB-Regelungen sind gemäß § 309, Nr. 4 BGB unwirksam. Ersatzfähige Mehrkosten können eine gegenüber einem Dritten verwirkte *Vertragsstrafe* sein Verspätungsschaden

(OLG Dresden NJW-RR 1987, S. 83) und auch ein durch die Säumnis verursachter *entgangener Gewinn* nach § 252 BGB.

> **Beispiel:**
> *Der Wiederverkaufspreis für Produkte des Gläubiger-Unternehmens sinkt während des Lieferverzugs seines Geschäftspartners.*

Produktionsausfall

Kommt es wegen der Säumnis zu einem *Produktionsausfall* bei einem leistungsberechtigten Gläubiger-Unternehmen, so liegt es auf der Hand, dass nach der gesetzlichen Ausgestaltung der *unbegrenzten Haftung* des schuldnerischen Unternehmens dieses im Falle der Säumnis ein hohes Haftungsrisiko trägt, das bis zur Existenzvernichtung gehen kann.

> **Beispiel:**
> *Die Gewürzwarenhandlung Peter Müller OHG liefert an die X-GmbH, die Wurstwaren herstellt, bestimmte Gewürze als Zutaten. Der Wert der Gewürzbeigaben beträgt gerade einmal 5 % der fertiggestellten Wurstware. Hält die Peter Müller-OHG den vereinbarten Liefertermin nicht ein und kann deshalb die X-GmbH, weil ihr die Gewürze ausgegangen sind, Wurstwaren mit dem entsprechenden Geschmack nicht herstellen, so müsste wegen des Produktionsausfalls die Peter Müller-OHG als Schadensersatz einen Betrag zahlen, der um ein Mehrfaches über dem Wert der eigenen Vertragsleistung liegt.*

AGB-Haftungs-beschränkung

Um dies zu vermeiden, schränken die Lieferanten in ihren AGB, die dann allerdings Vertragsinhalt werden müssen, einseitig ihre Haftung ein. Das ist allerdings gemäß § 309, Nr. 7b BGB nicht möglich, soweit die Säumnis auf grobem Verschulden, sprich Vorsatz oder grober Fahrlässigkeit, beruht. Darüber hinaus kann die Haftung wegen Verzugs auch im Rahmen *einfacher Fahrlässigkeit* nicht gänzlich ausgeschlossen werden, weil es um die vertragliche Hauptleistung und damit um eine vertragswesentliche Pflicht im Sinne von § 307, Abs. 2, Nr. 2 BGB geht, da nun einmal die pünktliche Lieferung für die Erreichung des Vertragszwecks als wesentlich anzusehen ist. Die Rechtsprechung des Bundesgerichtshofs lässt es aber zu, die Haftung des Lieferanten auf eine *angemessene Höhe* im Hinblick auf den *Wert* der eigenen *Vertragsleistung* zu beschränken und hält dabei 5 % als Kompensationszahlung für ausreichend (BGH NJW 2000, S. 295).

> **Lösung:**
> *Im oben genannten Fall würde das bedeuten, wenn die Peter Müller-OHG in ihren Lieferbedingungen eine entsprechende Haftungsbeschränkungs-*

klausel aufgenommen hat, dass die X-GmbH nur 5 % von 5 % ihres Produktionsausfallschadens, also nur 0,25 % ersetzt bekäme.

Diese geringfügige Kompensationsleistung wird damit gerechtfertigt, dass jedes Unternehmen sich angemessen durch eine *Betriebsunterbrechungsversicherung* gegen *Produktionsausfallrisiken* absichern kann, wohingegen für den leistungspflichtigen Schuldner eine solche Versicherungsmöglichkeit nicht besteht. Hinzu kommt, dass der Besteller durch das Anlegen eines *Vorratslagers*, zumindest im Falle kurzer Lieferverzögerungen, einen Produktionsausfallschaden vermeiden kann.

> Betriebsunterbrechungsversicherung

   Erweitert wird dieses Haftungsrisiko des schuldnerischen Unternehmens dadurch, dass es nach der verschärften Haftung des § 287 BGB auch für *Zufallsschäden*, die ohne sein Verschulden eintreten, haftet, wenn es sich zu diesem Zeitpunkt bereits im Verzug befindet (§ 287, Satz 2 BGB). Der Grund für diese Haftungserweiterung liegt darin, dass der Schuldner wegen seines Verzugs bereits eine schuldhafte Pflichtverletzung begangen und er deshalb alle danach entstehenden Schadensrisiken tragen soll.

> Erweiterte aber ausschließbare Haftung für Zufallsschaden

Beispiel:
Die angemahnte Lieferung der bestellten Waren wird zum Versand fertig gemacht. Durch einen Kurzschluss kommt es aber in dem Lager zu einem größeren Brand, der das gesamte Warenlager vernichtet.
In diesem Fall müsste das im Verzug befindliche leistungspflichtige Unternehmen den kompletten Vermögensschaden, den der Besteller wegen des Ausbleibens der Lieferung erleidet, ersetzen.

Da aber diese vertragliche Haftungserweiterung von dem grundlegenden Prinzip des Schadensersatzrechtes, wonach nur die auf schuldhaftes Verhalten zurückzuführenden Schadensfolgen zu ersetzen sind, abweichen, ist allgemein anerkannt, dass diese *Haftung* für sog. Zufallsschäden komplett auch einseitig durch AGB *ausgeschlossen* werden kann (Klauselvorschlag vgl. Kap. 4.3.1).

   In der anderen Position als leistungsberechtigter Gläubiger haben Sie die konkrete Höhe Ihres *Verzögerungsschadens* zu beweisen, was nicht immer leicht fällt. Dieser Mühe sind Sie enthoben, sofern es Ihnen gelungen ist, dem Geschäftspartner für den Fall der Säumnis eine ausreichend hohe *Vertragsstrafe* aufzuerlegen, die dann stets als *Mindestschaden* ohne besonderen Nachweis geltend gemacht werden kann (vgl. Kap. 4.2.2).

> Vertragsstrafe als Mindestschaden

5.2.3   Vertragsabbruch nach Ablauf einer Nachfrist

Rücktritt

Ist Ihr Geschäftspartner säumig und erbringt die versprochene Leistung trotz Fälligkeit nicht, so brauchen Sie sich nicht endlos vertrösten zu lassen. Können Sie sich die gewünschte Vertragsleistung bei einem anderen Unternehmer in entsprechender Qualität beschaffen, steht Ihnen das Recht zu, den Vertrag durch *Rücktritt* zu beenden, wenn Ihnen der Geduldsfaden gerissen ist. Erforderlich ist dazu lediglich, dass Sie der Gegenseite noch einmal eine letzte Chance zur ordnungsgemäßen Vertragserfüllung in Form einer *angemessenen Nachfrist* einräumen, die danach erfolglos abgelaufen ist (§ 323, Abs. 1 BGB). Die Angemessenheit der Frist bestimmt sich nach objektiven Kriterien, hängt also von der Art des Geschäftes, der Dringlichkeit der Leistung und ähnlichen Gesichtspunkten ab. In der Regel muss dem säumigen Schuldner eine Nachfrist von mindestens zwei Wochen, längstens einem Monat eingeräumt werden. Bei besonderer Eilbedürftigkeit genügen sogar zwei Tage (OLG Köln NJW-RR 1993, S. 949). Dabei können Sie die *Nachfristsetzung* ohne weiteres mit dem *Mahnschreiben* verbinden, sofern nicht schon vorher Verzug eingetreten ist (vgl. Kap. 5.2.1.2). Falls die von Ihnen gesetzte Nachfrist zu kurz ausfällt, führt das nicht zur Unwirksamkeit, sondern setzt lediglich eine angemessene Nachfrist in Lauf (BGH NJW 1996, S. 1814). Die Fristsetzung muss aber erkennen lassen, dass dies die *letzte Chance* für den Schuldner darstellt, was durch den Zusatz »letztmalig« oder »spätestens« klargestellt werden kann (vgl. Kap. 5.2.1.3).

Zweite Chance auf korrekte Vertragserfüllung

Keine Nachfrist bei Fixgeschäft

Ist für Sie als leistungsberechtigter Gläubiger die Einhaltung der vereinbarten Lieferzeit oder sonstiger Leistungstermine von so eminenter Bedeutung, dass mit deren Einhaltung für Sie das Geschäft sozusagen steht und fällt, weil eine verspätete Lieferung oder Leistung Ihnen nichts mehr nützt, müssen Sie den *Liefer- oder Dienstleistungsvertrag* lediglich zu einem sog. *Fixgeschäft* machen. Dazu ist erforderlich, dass Sie in dem Vertrag den vereinbarten Liefertermin durch Hinzufügen der Wörter »fix«, »prompt« oder »spätestens« eindeutig und präzise festlegen. Dadurch wird dem leistungspflichtigen Partner deutlich gemacht, dass die Einhaltung des Liefertermins ein so hohes Gewicht besitzt, dass damit die Erfüllung des Vertrages verknüpft wird.

Fixgeschäft

Klauselvorschlag

» ... *Lieferung bis zum 31.08... fix!«* oder » ... *Lieferung bis zum 31.08... prompt«* oder » ... *spätestens bis zum 31.08...«*.

In einem solchen Fall kann der leistungsberechtigte Gläubiger auch ohne Nachfristsetzung sofort im Falle der Nichteinhaltung dieses fixen Liefertermins von dem Vertrag gemäß § 323, Abs. 2, Nr. 2 BGB zurücktreten. Das gilt auch, sofern sich die besondere *Eilbedürftigkeit* aus den besonderen *Umständen* des *Geschäftes* ergibt, sodass unter Abwägung der beidseitigen Interessen ein sofortiger Rücktritt gerechtfertigt ist (§ 323, Abs. 2, Nr. 3 BGB). Beispiele sind die so genannten *Just-in-time-Verträge* vor allem in der Automobilindustrie. Weiterhin ist eine Nachfristsetzung als unnütze Förmelei entbehrlich, wenn sich der Schuldner ernsthaft und endgültig weigert, den Vertrag zu erfüllen (§ 323, Abs. 2, Nr. 1 BGB), wovon allerdings nur bei einem klaren und eindeutigen Verhalten ausgegangen werden kann (BGH NJW 1998, S. 535). In einem solchen Fall könnte man ausnahmsweise schon *vor* Eintritt der *Fälligkeit* vom Vertrag *zurücktreten*, weil hier mit an Sicherheit grenzender Wahrscheinlichkeit feststeht, dass die zeitgerechte Vertragsleistung ausbleiben wird (§ 323, Abs. 4 BGB).

Just-in-time-Verträge

Erbringt der Schuldner nicht die gesamte Leistung, sondern nur eine Teilleistung, so können Sie als Gläubiger nur dann von dem *kompletten Vertrag zurücktreten*, wenn diese teilweise Vertragserfüllung für Sie – objektiv betrachtet – wirtschaftlich ohne Interesse ist (§ 323, Abs. 5 BGB; BGH NJW 1990, S. 2550). Davon ist auszugehen, sofern der Gläubiger mit der Teilleistung nichts anfangen kann.

Teilleistung

Tipp

Besteller

Da im Einzelfall bei der Beurteilung des Interessenfortfalls schwierige Fragen entstehen können, sollten Sie diesen weit reichenden Schritt nicht tun und den Rücktritt von dem kompletten Vertrag erklären, bevor Sie sich mit Ihrem Rechtsanwalt beraten haben!

Festzuhalten bleibt aber, dass dieses *Rücktrittsrecht* dem leistungsberechtigten Gläubiger stets bei Säumnis seines Schuldners zusteht, unabhängig davon, ob dieser die Umstände zu vertreten hat oder nicht und sich damit in Verzug befindet.

Rücktrittsrecht ist verschuldungsunabhängig

Als Gläubiger treffen Sie die Entscheidung über das weitere Schicksal des Vertrages, selbst wenn die gesetzte angemessene Nachfrist oder, bei einem Fixgeschäft, der feste Liefertermin abgelaufen ist. Ihr *Erfüllungsanspruch erlischt* erst, wenn Sie ausdrücklich den *Rücktritt* vom Vertrag *erklären*. Das sollten Sie allerdings wegen der weit reichenden Folgewirkungen nicht ohne Rücksprache mit Ihrem *Anwalt* tun. Erst mit dem Zugang der Rücktrittserklärung nach § 349 BGB wandelt sich der Vertrag in ein gesetzliches Rückgewährschuldverhältnis gemäß §§ 346 ff BGB um (vgl. Kap. 4.6.1.3).

Gläubiger entscheidet über Fortbestehen des Vertrages

Erfüllungsanzeige
beim Fixhandelskauf

Anders liegt die Sachlage bei einem *Fixgeschäft*, wenn der betreffende Vertrag ein *Handelskauf* ist, weil zumindest einer der Geschäftspartner als größeres Unternehmen den Kaufmannsstatus besitzt (vgl. Kap. 3.2.3). Bei diesem *Fixhandelskauf* müssten Sie als leistungsberechtigter Käufer nach Ablauf der vereinbarten Lieferzeit dem Verkäufer unverzüglich anzeigen, dass Sie nach wie vor auf Erfüllung bestehen. Anderenfalls erlischt Ihr Erfüllungsanspruch mit Fristablauf (§ 376, Abs. 1, Satz 3 HGB).

Erfüllungsforderung

Formulierungs-
vorschlag

»Obwohl Sie den festen Liefertermin zum 31.07... nicht eingehalten haben, bestehen wir nach wie vor auf Vertragserfüllung und setzen Ihnen letztmalig eine Frist bis zum ... .«
Unterschrift

Darin liegt selbstverständlich auch der vorläufige Verzicht auf das gesetzliche Rücktrittsrecht. Dagegen bleibt der Anspruch auf Schadensersatz wegen Verzögerungsschadens im Falle des Verzuges davon unberührt (vgl. Kap. 5.2.3).

Unterbleibt gegenüber dem säumigen Verkäufer nach Ablauf der festen Lieferzeit die unverzügliche Anzeige des Käufers, dass er auf Erfüllung besteht, kann er danach nur noch vom Vertrag zurücktreten oder – im Falle des Verzuges – auch Schadensersatz statt Leistung fordern.

5.2.4 Schadensersatz statt Leistung oder Aufwendungsersatz

Leistungsverzug
des Schuldners

Unabhängig davon, ob Sie als leistungsberechtigter Gläubiger wegen der Verspätung Ihres Schuldners von dem Vertrag zurückgetreten sind oder nicht, können Sie *stattdessen* oder *zusätzlich* auch noch *Schadensersatz statt Leistung* verlangen (§ 325 BGB), dies jedoch nur, wenn der Schuldner sich in Verzug befindet, also die Umstände der Säumnis zu vertreten hat. Gelingt ihm aber der Nachweis, dass er hierfür nicht die Verantwortung trägt, ist der Anspruch auf Schadensersatz ausgeschlossen und es steht Ihnen nur das Recht auf Rücktritt zu.

Die konkreten Voraussetzungen für den Anspruch auf Schadensersatz statt Leistung sind praktisch die gleichen wie für den Rücktritt. Das bedeutet, dass zuerst eine angemessene *Nachfrist* ergebnislos *abgelaufen* sein muss (§ 281, Abs. 1 BGB).

Nachfristsetzung
ist entbehrlich

Eine *Nachfristsetzung* ist *entbehrlich*, wenn der Schuldner die Leistung ernsthaft und endgültig verweigert oder wenn – wie bei Just-in-time-Lieferverträgen oder anderen eilbedürftigen Geschäften – besondere Umstände vorliegen, die unter Abwägung der beiderseitigen Interessen die sofortige Geltendmachung des Schadensersatzanspruchs rechtfertigen (§ 281, Abs. 2 BGB). Anders als beim Rücktrittsrecht reichen aber hierzu grundsätzlich feste Liefervereinbarungen ohne Setzen einer Nachfrist in Form eines Fixgeschäftes für Schuldverträge mit Ausnahme eines Fixhandelskaufs nicht (§ 376, Abs. 1, Satz 2 HGB). Demnach erweisen sich bei *Warenkaufverträgen feste Liefervereinbarungen* durch die Zusätze »fix, prompt, genau, präzise« etc. als besonders nützlich, weil sie nach Fristablauf nicht nur das Rücktrittsrecht auslösen, sondern auch noch den Anspruch auf den Schadensersatz statt Leistung begründen, wenn die Säumnis von dem Verkäufer zu vertreten ist, wovon i.d.R. ausgegangen werden kann.

Fixhandelskauf

Nur wenn *ausdrücklich Schadensersatz statt Leistung gefordert* wird, führt dies – genau wie bei einer Rücktrittserklärung – zwangsläufig zum *Erlöschen des Leistungsanspruchs* nach § 281, Abs. 4 BGB. Dazu reicht jedoch der bloße Vorbehalt, Schadensersatz zu verlangen oder auch die schlichte Forderung nach Schadensersatz, ohne diesen genau zu spezifizieren, nicht aus. Das gilt aber auch in der anderen Richtung. Der Gläubiger verliert nach ergebnislosem Ablauf der Nachfrist nicht sein begründetes Rücktrittsrecht oder seinen Anspruch auf Schadensersatz statt Leistung, falls er zunächst weiterhin Erfüllung verlangt (BGH JZ 2006, S. 1029). Er kann dann nach Ablauf eines weiteren Zeitraumes, der der ursprünglich gesetzten Nachfrist entspricht, diese Rechte auch ohne zweite Nachfristsetzung ausüben. Da die damit verbundenen rechtlichen Konsequenzen für einen Nichtjuristen sowohl schwer zu durchschauen, als auch nicht leicht zu begreifen sind, sollte man sich zuvor mit dem eigenen *Fachanwalt* in Verbindung setzen.

Erlöschen des Leistungsanspruchs

Tipp

Besteller

Bevor Sie gegenüber Ihrem säumigen Schuldner ausdrücklich den Rücktritt erklären oder Schadensersatz statt Leistung verlangen, klären Sie mit Ihrem Rechtsanwalt ab, ob dies nach Sachlage die richtige Maßnahme ist!

Schadensersatz statt Leistung läuft nun darauf hinaus, dass der im Verzug befindliche Schuldner seinen Gläubiger wertmäßig durch Zahlung einer entsprechenden *Ausgleichssumme* in Geld so zu stellen hat, als wäre der *Vertrag korrekt* erfüllt worden. Die konkrete *Schadensberechnung* erfolgt danach, wie weit die Abwicklung des Vertrages bereits gediehen ist. Ist bereits eine Teilleistung erfolgt, so kann der Gläubiger diese, sofern sie ihm wirtschaftlich nützt, behalten und seinen Schaden danach in Form der Wertdifferenz berechnen

Ausgleichssumme wie bei korrekter Vertragserfüllung

Kleiner und großer Schadensersatz

(sog. *kleiner Schadensersatz*) oder stattdessen die für ihn wirtschaftlich wertlose Teilleistung zurückgeben und den Gesamtwert der ausgebliebenen Vertragsleistung als kompletten Schaden, als sog. *großer Schadensersatz*, in Rechnung stellen, wobei in beiden Fällen ggf. auch ein sog. *entgangener Gewinn* nach § 252 BGB hinzukommt.

Abstrakte Schadensberechnung

Leistungsberechtigte Unternehmen als Gläubiger brauchen hierzu nicht den konkreten Schaden zu ermitteln, sondern können eine sog. *abstrakte Schadensberechnung* nach § 252, Satz 2 BGB vornehmen, indem diese auf der Grundlage eines sog. hypothetischen Deckungsgeschäftes, also eines fiktiven Weiterverkaufs der Ware etc., geschieht (BGH WM 1998, S. 931). Das bedingt, dass die betreffende Ware einen festen Markt- oder Börsenpreis besitzt (vgl. Kap. 6.3.2.3).

Genau wie der Anspruch auf Ersatz des Verzögerungsschadens, kann das Recht auf *Schadensersatz statt Leistung* einseitig durch AGB *nicht völlig ausgeschlossen* werden. Weil es sich hierbei um eine vertragswesentliche Pflicht handelt, kann es auch nur in äußerst zurückhaltender Weise vertraglich beschränkt werden. Darauf wird genauer im Zusammenhang mit der Freizeichnung bei Schadensersatzansprüchen eingegangen (vgl. Kap. 6.2.3.1).

Aufwendungsersatz

Anstelle des *Schadensersatzes statt Leistung* kann der Gläubiger auch *Ersatz* derjenigen *Aufwendungen* ersetzt verlangen, die er im Vertrauen auf den Erhalt der Leistung billigerweise gemacht hat, soweit deren Zweck auch ohne die Pflichtverletzung des Schuldners nicht erreicht worden wäre (§ 284 BGB). Das schließt auch die Erstattung *kommerzieller Aufwendungen* ein. Vergebliche Aufwendungen sind alle freiwilligen Vermögensopfer, die der Gläubiger im Vertrauen auf den Erhalt der Leistung erbracht hat, die sich aber wegen der Nichtleistung oder nicht vertragsgerechten Leistung als nutzlos erweisen (BGH NJW 2006, S. 1199). Der Aufwendungsersatz ist dabei eine Alternative allein zum Schadensersatz statt der Leistung, nicht zum Schadensersatz schlechthin (BGH NJW 2005, S. 2848).

Beispiel:
Der Käufer mietet in Erwartung einer größeren jedoch ausbleibenden Lieferung noch vor dem vereinbarten Liefertermin Lagerräume an. Nach ergebnislosem Ablauf einer angemessenen Nachfrist tritt er vom Vertrag zurück.

Lösung:
Die zu zahlende Miete kann er als Aufwendungsersatz geltend machen. Daneben könnte er noch einen durch die Nichtlieferung hervorgerufenen Produktionsausfallschaden verlangen (§§ 325, 280 Abs. 1 BGB).

Der *Aufwendungsersatz* bringt in der Praxis vor allem *Vorteile,* wenn die Höhe des Schadens schwer zu ermitteln und zu beweisen ist. Welche der beiden Alternativen, ob Schadensersatz statt Leistung oder Aufwendungsersatz mit einfachen Schadensersatz, das bessere Ergebnis in einem konkreten Schadensfall liefert, kann man nur mit Hilfe eines versierten *Rechtsanwalts* klären.

5.2.5   Sonderregelungen für den Zahlungsverzug

Bleibt die vereinbarte fällige Zahlung aus, so gibt es für diesen Zahlungsverzug Sonderbestimmungen für den Verzugseintritt und für die Höhe des pauschalierten *Verzugsschadens* in Form des *Verzugszinses.*

5.2.5.1   Verzugseintritt

Bei fälligen Geldforderungen wegen vertraglicher Erfüllungsansprüche ist für den Verzugseintritt, auch wenn der Vertrag keine Zahlungsfristen enthält, *keine Mahnung* erforderlich, sondern es kommt automatisch zum Verzug, wenn das zahlungspflichtige Unternehmen die Zahlung nicht spätestens innerhalb von *30 Tagen nach Fälligkeit* und Zugang einer Rechnung oder gleichwertigen Zahlungsaufstellung in die Wege geleitet hat (§ 286, Abs. 3 BGB). Da bei der üblichen schlichten Versendung der Rechnung per Brief der Zugang unsicher ist, wird für die 30-Tage-Frist auf den quittierten *Empfang* der *Gegenleistung* abgestellt. Das Wort »spätestens« macht aber deutlich, dass ein früherer Verzugseintritt nicht ausgeschlossen werden soll.

Geldforderungen

Gesetzliche Zahlungsfrist

Demnach können Sie als zahlungsberechtigter Gläubiger auch schon vorher, also etwa zwei Wochen nach Rechnungszugang, sofern innerhalb dieser Zeit noch keine Zahlung eingegangen ist, Ihren Schuldner mahnen, der dadurch in Verzug gerät (§ 286, Abs. 1 BGB). Noch einfacher haben Sie es, sofern Sie in dem *Vertrag* schon klare kalendermäßige *kürzere Zahlungsfristen* aufgenommen haben. Ihr zahlungspflichtiger Geschäftspartner fällt dadurch bereits nach Ablauf der Zahlungsfrist in Verzug (§ 286, Abs. 2, Nr. 1 BGB). Der offen stehende Geldbetrag sollte in der Zahlungsaufforderung selbstverständlich korrekt beziffert sein, wobei geringfügige »Zuvielforderungen« unschädlich sind (vgl. Kap. 5.2.1.3). Spätere einseitig auf Rechnungen bestimmte Zahlungsfristen reichen allerdings nicht. Sie sind für Skonti jedoch relevant (vgl. Kap. 4.8.4.3.1)

Vertragliche Zahlungsbedingungen

Zahlungsfrist

»Zahlungen sind innerhalb von zwei Wochen nach bestätigter Warenlieferung zu leisten.«

Klauselvorschlag

Wird der Geldschuldner nach Ausbleiben der Zahlung, wie allgemein üblich, noch gemahnt, so hat diese *Mahnung* bloße *Hinweisfunktion* und keinerlei Auswirkungen auf den bereits zuvor eingetretenen Verzug und dessen Folgen. Jedoch können für die Anfertigung des Mahnschreibens anders als bei der verzugsbegründenden Mahnung die üblichen pauschalierten Mahngebühren von drei bis fünf Euro verlangt werden (vgl. Kap. 5.2.2).

Mahngebühren

5.2.5.2   Pauschalierte Verzugszinsen

Gesetzlicher Verzugszins: Basiszinssatz + 8 %

Nach Verzugseintritt können Sie als Geldgläubiger gegenüber dem säumigen zahlungspflichtigen schuldnerischen Unternehmen nach dem neuen erhöhten *gesetzlichen Verzugszins* als pauschalen Verzugsschaden jederzeit einen Verzugszins von 8 % über dem Basiszinssatz – bezogen auf den fälligen ausstehenden Geldbetrag – fordern (§ 288, Abs. 2 BGB). Der *Basiszinssatz* selbst ist abhängig von dem Hauptrefinanzierungssatz der Europäischen Zentralbank und wird halbjährlich zum 01. Januar und 01. Juli eines jeden Jahres dieser Bezugsgröße angepasst (§ 247, Abs. 1 BGB). Er wird von der Deutschen Bundesbank im Bundesanzeiger bekannt gemacht; dessen aktuelle Höhe können Sie jederzeit bei Ihrer Hausbank erfragen. In der Geschäftspraxis wird üblicherweise ein Verzugszins erst im *zweiten Mahnschreiben*, d. h., wenn die zweite Zahlungsfrist verstrichen ist, in Rechnung gestellt.

Fälligkeitszins

Nicht üblich ist es dagegen, dass kaufmännische Unternehmen untereinander schon ab Fälligkeit sich den gesetzlichen *Fälligkeitszins* in Höhe von 5 % nach §§ 352, 353 HGB in Rechnung stellen, obwohl dagegen rechtlich nichts einzuwenden ist. In aller Regel führt aber ein solches Verhalten zu einer Verärgerung des in Anspruch genommenen Geschäftspartners.

Höherer Bankzins und Vertragszins

Gerät Ihr Bankkonto wegen der ausbleibenden Zahlung in das Soll oder haben Sie Ihr Konto schon vorher überzogen, so können Sie auch einen *konkreten Verzugsschaden* in Höhe des von der Bank berechneten höheren *Dispositionszinses*, aber nur im Umfang des in Anspruch genommenen Dispositionskredits, maximal bis zur Höhe Ihrer eigenen Forderung, verlangen (§ 288, Abs. 4 BGB). Darüber hinaus kann der Vertrag, was allerdings in der Praxis selten vorkommen dürfte, nicht einseitig per AGB, sondern in einer Individualvereinbarung einen *höheren vertraglichen Verzugszins* vorsehen (BGH NJW 2000, S. 1408).

5.2.5.3   Kündigung bei qualifiziertem Zahlungsverzug

Verzugszins in Höhe ausstehender Raten

Ist bei *Dauerschuldverhältnissen*, wie etwa bei einem Miet- oder Leasingvertrag, der Mieter- bzw. Leasingnehmer mit den Miet- oder Leasingraten in Verzug, so kann der Vermieter oder Leasinggeber als Gläubiger Verzugszinsen nur im Hinblick auf die fälligen und ausstehenden *Miet- bzw. Leasingraten* fordern.

Er ist aber berechtigt, aus wichtigem Grund *außerordentlich* zu *kündigen*, wenn sich die Miet- oder Leasingraten auf mehrere Perioden erstrecken und damit die weitere Fortsetzung des Vertrages nicht zumutbar ist. Dabei orientiert sich die Vertragspraxis an der gesetzlichen Wertung im Mietrecht nach § 543, Abs. 1, Nr. 3 BGB, wonach der Vermieter bei einem sog. *qualifizierten Zahlungsverzug* des Mieters zur außerordentlichen Kündigung berechtigt ist,wenn dieser

> **Qualifizierter Zahlungsverzug**

- für zwei aufeinander folgende Termine mit der Entrichtung der Miete oder eines nicht unerheblichen Teils der Miete in Verzug ist oder

> **Mietrechtliche Regelung hat Modellcharakter**

- in einem Zeitraum, der sich über mehr als zwei Termine erstreckt, mit der Entrichtung der Miete in Höhe eines Betrages in Verzug ist, der die Miete für zwei Monate erreicht.

Diese gesetzliche Definition des qualifizierten Zahlungsverzugs ist gängiger Standard in Miet-, Pacht-, Leasing- oder Gelddarlehensverträgen geworden. Zur Klarstellung empfiehlt es sich, diese Regelung in dem betreffenden Dauervertrag – Abschnitt Zahlungspflichten – zu übernehmen.

5.3   Schlechtleistung

Fast genauso häufig wie zu Liefer- oder Leistungsverzögerungen kommt es in der Praxis zu einer Schlechtleistung. Darunter wird zusammenfassend verstanden, dass das leistungspflichtige Unternehmen die Leistung zwar termingerecht, aber nicht wie geschuldet erbringt (vgl. § 281, Abs. 1, Satz 1 BGB).

5.3.1   Spektrum fehlerhafter Vertragsleistungen

Unter dem Oberbegriff der *Schlechtleistung* werden verschiedene Fälle zusammengefasst, nämlich, dass das vertraglich erbrachte Produkt nicht die erwartete Qualität besitzt (sog. *Qualitätsmangel*), oder die gelieferte Menge zu gering ist (sog. *Zuwenig-Lieferung*), oder schließlich der seltenste Fall, dass eine völlig andere Sache als die bestellte geliefert worden ist (sog. *Falschleistung*). Während sich eine Zuwenig- oder Falschlieferung leicht feststellen lässt, trifft das für Qualitätsmängel nicht zu. Die Vertragsparteien haben es aber selbst in der Hand, durch präzise *Produktbeschaffenheitsvereinbarungen* oder gar *Qualitätsgarantien* des Herstellers für die notwendige Klarheit zu sorgen (vgl. Kap. 4.2.1.1).

> **Qualitätsmangel als typischer Fall**

5.3.2   Überblick über die allgemeinen Mängelansprüche

Rechtliches
Reaktionsmuster

Das *rechtliche Reaktionsmuster* zur Lösung dieser Fälle entspricht nun dem des Schuldnerverzuges:

- In erster Linie hat der leistungspflichtige Schuldner den Vertrag korrekt zu erfüllen – sog. *Nacherfüllung* –, d.h. bei einer Zuweniglieferung die noch ausstehende Menge nachzuliefern, bei einer falschen Sache die richtige Sache zu liefern und im Falle einer fehlerhaften Sache den Mangel entweder durch Reparatur zu beseitigen – sog. *Nachbesserung* – oder, sofern dies nicht gelingt, eine neue mangelfreie Sache zu liefern – sog. *Nachlieferung.* Erleidet der Gläubiger durch diese Schlechtleistung einen Körper-, Sach- oder sonstigen *Vermögensschaden*, so hat der vertragswidrig handelnde Schuldner diesen zu ersetzen, sofern er nicht beweisen kann, dass er diese Pflichtverletzung nicht zu vertreten hat (§ 280, Abs. 1, BGB; vgl. Kap. 5.1.2). Allerdings kann man die Ersatzpflicht auch einseitig per AGB im bestimmten Umfang beschränken (Klauselvorschlag s. Kap. 4.3.2).

Nacherfüllung

- Zurücktreten oder kündigen kann der Besteller erst, wenn die *Nacherfüllung gescheitert* ist bzw. von vornherein unmöglich ist. Dabei ist es mehr als nützlich, wenn der Vertrag klarstellt, wie viele *Mängelbeseitigungsversuche* der Besteller hinzunehmen hat. Tritt ein behebbarer Mangel auf, kann und sollte er den zeitlichen Rahmen der Reparatur oder Nachlieferung durch eine angemessene Nachfrist begrenzen (§§ 323, Abs. 1, 314, Abs. 2 BGB). Zusätzlich wäre dem Besteller bei kleineren Qualitätsmängeln ein *Minderungsrecht* einzuräumen, also eine Preisreduzierung zu fordern, wenn er die minderwertige Leistung in seinem Betrieb nutzen kann (siehe Abbildung 5.3).

Vertragsbeendigung

Arten	Mängelansprüche	
	Primäre	**Sekundäre**
• **Fehlerhafte Leistung:** Qualitätsmangel • **Es wird zu wenig** geliefert: Quantitätsmangel • **Falschlieferung:** Lieferung einer anderen Sache	**Nacherfüllung** • Mängelbeseitigung: Reparatur • Neulieferung	Nach **gescheiterter** oder unmöglicher **Nacherfüllung** – Klarstellung durch Nachfrist
	Ersatz des Begleitschadens an anderen Vermögensgütern im Falle zu vertretender Schlechtleistung	**Ansprüche:** • Rücktritt bzw. Kündigung oder Minderung • Schadensersatz statt Leistung im Falle zu vertretender Schlechtleistung

Abb. 5.3: Schlechtleistung

Einen weitergehenden *Schadensersatz statt Leistung* oder *Aufwendungsersatz* und einfachen Schadensersatz kann der Gläubiger i.d.R. dann wiederum nur fordern, sofern der Schuldner nicht beweisen kann, dass er die Umstände der Schlechtleistung nicht zu vertreten hat (§ 280, Abs. 1 Satz 2, 281, 284 BGB; vgl. Kap. 5.2.4). Zu den Aufwendungen gehören vor allem die entstandenen Kosten der Vertragsabwicklung.

    Stellt aber die Schlechtleistung nur eine *unerhebliche Pflichtverletzung* dar, so können Sie als Gläubiger weder Schadensersatz statt der ganzen Leistung verlangen (§ 281, Abs. 1, Satz 2 BGB) noch von dem kompletten Vertrag zurücktreten (§ 323, Abs. 5, Satz 2 BGB). Im Streitfall müsste das zuständige Gericht klären, ob es sich um eine unerhebliche Pflichtverletzung handelt oder nicht.

Unerhebliche Pflichtverletzung

Beispiel:
Geringfügige Mengen- oder Qualitätsabweichungen, die aber den Produktionsablauf im Betrieb des Bestellers nicht beeinträchtigen.

> Sorgen Sie in dem Vertrag für eine gewisse begriffliche Klarstellung, indem Sie den unbestimmten Rechtsbegriff »unerheblich« begrifflich präzisieren und abgrenzen!

Tipp

Zur Beschleunigung der Vertragsabwicklung sollte dem *Besteller* eine *fristgebundene Mängelrügepflicht* – ähnlich wie beim beidseitigen Handelskauf – auferlegt werden. Danach hat der Besteller nach Lieferung das Vertragsprodukt auf Mängel zu untersuchen und innerhalb einer angemessenen Frist von höchstens zwei Wochen feststellbare Mängel schriftlich zu rügen. Tut er dies nicht, so verliert er seine sämtlichen Mängelansprüche.

Fristgebundene Mängelrügepflicht

    Berücksichtigt man diese Überlegungen, so empfiehlt sich mangels einer gesetzlichen Regelung für Verträge, die keine Kauf-, Miet-, Leasing- oder Werkverträge sind, die folgende Vertragsregelung, die dem Kaufvertragsrecht nachgebildet ist.

Mängelansprüche

»1. Weist die erbrachte Vertragsleistung Mängel (Qualitäts-, Quantitätsmängel oder Lieferung eines falschen Produkts) auf, so stehen dem Besteller die folgenden Mängelansprüche nur zu, wenn er nach Lieferung oder Inbetriebnahme das Vertragsprodukt untersucht und die für ihn feststellbaren Mängel innerhalb einer Frist von zwei Wochen schriftlich rügt. Bei verdeckten Mängeln beginnt die Frist ab dem Zeitpunkt ihrer Entdeckung.

Klauselvorschlag

2. *Der Besteller kann zunächst Nacherfüllung durch kostenlose Mängel-beseitigung oder Nachlieferung verlangen. Handelt es sich um einen behebbaren Mangel, beschränkt sich das Recht zunächst auf Nachbes-serung. Die Mängelbeseitigung gilt aber nach dem dritten ergebnislosen Reparaturversuch als gescheitert. Der Lieferer kann die Nacherfüllung verweigern, wenn sie ihm nur mit unverhältnismäßig hohem Kostenauf-wand möglich ist.*

3. *Ist die Nacherfüllung ausgeschlossen oder gescheitert, kann der Bestel-ler auch ohne eine angemessene Nachfrist vom Vertrag zurücktreten bzw. den Vertrag kündigen oder Minderung verlangen. Das Recht auf Schadensersatz statt Leistung bleibt unberührt.*

4. *Schadensersatz statt Leistung oder auch das Recht auf Rücktritt bzw. Kündigung ist im Falle eines unerheblichen Mangels ausgeschlossen. Ein unerheblicher Mangel liegt insbesondere bei einer geringfügigen Qualitäts- oder Mengenabweichung vor, die die Verwendbarkeit des ge-lieferten Produktes oder den Produktionsablauf im Betrieb des Bestel-lers nicht beeinträchtigt.«*

5.3.3 Spezielle Mängelansprüche für Kauf-, Werk- und Mietverträge

Die soeben beschriebenen allgemeinen Mängelansprüche gelten un-eingeschränkt für *alle Schuldverträge* mit Ausnahme von Kauf-, Miet-, Leasing- und Werkverträgen. Dort müssen in erster Linie die spe-ziellen gesetzlich geregelten Mängelansprüche des Käufers, Mieters und Bestellers beachtet werden, worauf bei den einzelnen Vertrags-typen genauer eingegangen wird.

5.4 Leistungsunfähigkeit des Schuldners: Unmöglichkeit

Der schlimmste, glücklicherweise aber in der Geschäftspraxis sel-tenste Fall der Leistungsstörung ist die Leistungsunfähigkeit des Schuldners, in der *Rechtssprache* die sog. *Unmöglichkeit*, weil dann der Vertrag endgültig gescheitert ist. In diesem Fall muss der Vertrag – sofern er schon in Vollzug gesetzt worden ist – rückabgewickelt oder beendet wird. Ferner muss der Schuldner seinem Gläubiger Schadensersatz leisten, wenn er diese Unmöglichkeit zu vertreten hat (siehe Abbildung 5.4).

5.4.1 Begriff der Unmöglichkeit

Leistungsunfähig-keit des Schuldners

Der leistungspflichtige Schuldner wird *leistungsunfähig*, wenn er außerstande ist, die geschuldete Vertragsleistung zu erbringen

Formen	Rechtsfolgen	
	Leistungsbefreiung des Schuldners	Schadensersatzanspruch des Gläubigers

• objektive
• faktische:
   mögliche Leistung
   wirtschaftlich sinnlos
• persönliche:
   mögliche Leistung
   persönlich unzumutbar
	Kein Anspruch auf Gegenleistung: Preis, Entgelt
	Ausnahmen:
	• Verantwortlichkeit des Gläubigers für Leistungshindernis
	• Annahmeverzug des Gläubigers bei Eintritt des Leistungshindernisses
	• Geltendmachung der Ersatzleistung (z. B. Versicherungsentschädigung)
		• Verantwortlichkeit des Schuldners für Leistungshindernis
		• Schadensersatz statt Leistung auch ohne Nachfristsetzung
		• Anspruchskürzung bei Mitverantwortlichkeit des Gläubigers
		Beachte: Wenn der Schuldner nicht für das Leistungshindernis verantwortlich ist, besteht nur ein Rücktritts- oder Kündigungsrecht.

Abb. 5.4: Unmöglichkeit der Leistung

(§ 275, Abs. 1 BGB). Ob dies der Fall ist, hängt von der Art und Weise der geschuldeten Vertragsleistung ab.

So reicht es für eine *Dienstleistung,* die der Schuldner persönlich zu erbringen hat, aus, dass er für längere Zeit schwer erkrankt. Hat der Schuldner bestimmte Sachen herzustellen, schuldet er typischerweise nur Leistungen aus dem eigenen Vorrat. Bei dieser sog. *Vorratsschuld* wäre ihm die Leistung unmöglich, sofern sein Produktionsbetrieb abbrennt.

Dagegen würde es noch nicht genügen, dass der leistungspflichtige Hersteller von einem *Vorlieferanten* im *Stich gelassen* wird und er deswegen die bestellten Produkte nicht herstellen kann. Vielmehr müsste er sich dann die dazu erforderlichen Materialien anderweitig, sofern verfügbar, auf dem Markt – und sei es auch für einen wesentlich höheren Preis – beschaffen, weil er mit dem Vertragsabschluss für seine Leistungsfähigkeit einzustehen hat und deshalb ein entsprechendes *Beschaffungsrisiko* trägt (§ 276, Abs. 1 BGB). Die gleiche Pflicht trifft einen Händler, der von seinem Lieferanten im Stich gelassen wird.

Zulässigerweise schränken die Unternehmen als Produzenten oder Händler dieses Beschaffungsrisiko dahingehend ein, dass sie von ihrer Leistungspflicht frei werden, wenn sie rechtzeitig und in angemessenem Umfang entsprechende *Beschaffungsverträge* mit ihrem Lieferanten *abgeschlossen* haben. Dies wird durch die weitverbreitete Klausel zum Ausdruck gebracht: *»Selbstbelieferung bleibt vorbehalten«.* Bleiben die vertraglich vereinbarten Leistungen der Lieferanten aus, brauchen Sie gegenüber dem Kunden nicht nach-

Vorratsschuld

Einschränkung des Beschaffungsrisikos durch Selbstbelieferungsvorbehalt

zuliefern, sondern können von dem Vertrag zurücktreten (vgl. Kap. 4.3.3).

Gattungsschuld und Stückschuld

Ohne besondere vertragliche Vereinbarung ist man von der Beschaffungspflicht als Leistungsschuldner bei nach allgemeinen Typenmerkmalen bestimmten *Standardwaren* erst dann befreit, wenn man alle obliegenden Leistungshandlungen erbracht hat und dadurch sich diese sog. *Gattungsschuld* nach § 243, Abs. 1 BGB mittels sog. Konkretisierung in eine sog. *Stückschuld* gemäß § 243, Abs. 2 BGB *umwandelt*. Kurz und bündig ausgedrückt, *beschränkt* sich dann die *Lieferpflicht* auf die für den Gläubiger bereits ausgesonderten Sachen. Das bedeutet im Einzelnen, dass der Leistungsschuldner bei einer *Holschuld* die entsprechenden Sachen für den Besteller schon zur Abholung bereit gelegt hat, bei der *Schickschuld* zum Versand fertiggemacht und bei der selteneren *Bringschuld* die zu liefernden Sachen ihm angeboten hat, und erst danach das Leistungshindernis entsteht. Der Lieferort selbst wird typischerweise in dem Vertrag durch entsprechende Bestimmungen geregelt (vgl. Kap. 4.2.1.2). In den meisten Fällen tritt die Unmöglichkeit aber schon vor der Konkretisierung ein. Gegen dieses Beschaffungsrisiko in Gestalt der nach wie vor bestehenden Nachlieferungspflicht kann man sich verlässlich nur durch den schon erwähnten Selbstbelieferungsvorbehalt schützen.

Faktische Unmöglichkeit

Ohne eine solche Einschränkung wären Sie als leistungspflichtiges Unternehmen nur berechtigt, die Leistung zu verweigern, wenn diese einen wesentlich *höheren Aufwand* erfordert als der wirtschaftliche *Wert* der *Vertragsleistung* für den *Gläubiger*. Die Zumutbarkeitsgrenze für diese *faktische Unmöglichkeit* nach § 275, Abs. 2 BGB soll hier bei 150 % liegen, was aber im Einzelnen noch durch die Gerichte geklärt werden muss. Weil es aber für den Wertvergleich auf das Gläubigerinteresse ankommt, das sich i.d.R. am Marktwert orientiert, steigt dieses selbstverständlich auch, wenn der Preis am Markt sich erhöht. Unerwartete erhebliche Rohstoffverteuerungen, die für die Herstellung des vertraglichen Produktes benötigt werden, berechtigen deshalb nicht zur Leistungsverweigerung und deshalb ohne gesonderte vertragliche Regelung in Form einer *Härteklausel* nicht zum Vertragsausstieg (vgl. Kap. 3.1.5.4).

Persönliche Unmöglichkeit

Sollte die vertragliche *Leistung* durch den *Schuldner höchstpersönlich* zu *erbringen* sein, was aber i.d.R. nur für qualifizierte Dienstleistungen zutrifft, kann wegen einer sog. *persönlichen Unmöglichkeit* der Schuldner auch die Leistung gemäß § 275, Abs. 3 BGB verweigern, wenn Sie ihm unter Abwägung der seiner Leistungen entgegenstehenden Hindernisse mit dem Leistungsinteresse des Gläubigers nicht zugemutet werden kann. Zu denken ist dabei insbesondere an eine schwere Erkrankung des Ehegatten, sonstiger Lebensgefährten, von Kindern oder Eltern.

Beispiel:

Die für das Betriebsfest engagierte bekannte Sängerin sagt ihren Auftritt kurzfristig ab, weil ihre minderjährige Tochter schwer erkrankt ist und notoperiert werden muss. In diesem Fall steht ihr aus humanitären Erwägungen ein Leistungsverweigerungsrecht nach § 275, Abs. 3 BGB zu.

5.4.2 Rechtsfolgen der Unmöglichkeit

Neben der *Leistungsbefreiung* des Schuldners nach § 275 BGB hängen die *weiteren Rechtsfolgen* der Unmöglichkeit im Wesentlichen davon ab, ob der *Schuldner* die Umstände der *Unmöglichkeit* zu *vertreten* hat oder nicht. Dabei ist wegen der in der Unmöglichkeit liegenden objektiven Pflichtverletzung davon auszugehen, dass hierfür der Schuldner die rechtliche Verantwortung trägt, solange er nicht den Gegenbeweis führen kann (§ 280, Abs. 1, Satz 2 BGB).

Leistungsbefreiung

5.4.2.1 Vom Schuldner nicht zu vertretende Unmöglichkeit

Kann nun der leistungspflichtige Geschäftspartner als Schuldner nachweisen, dass er die *Unmöglichkeit nicht* zu *vertreten* hat, steht selbstverständlich der anderen Seite das Recht auf *sofortigen Rücktritt* nach § 326, Abs. 5 BGB zu, weil eine Nachfristsetzung gegenüber dem nicht mehr leistungsfähigen Schuldner sinnlos wäre. Auf der anderen Seite verliert der Schuldner naturgemäß seinen Anspruch auf die Gegenleistung, sprich Kaufpreis oder sonstiges Entgelt, nach § 326, Abs. 1 BGB. Das gilt aber dann nicht, wenn der Gläubiger für das Leistungshindernis überwiegend verantwortlich ist (§ 326, Abs. 2, Satz 1 BGB).

Rücktritt

Verlust des Anspruchs auf die Gegenleistung

Ausnahme: Gläubiger für Leistungshindernis verantwortlich

Beispiel:

Lackhersteller H hat von dem Vermieter V eine Lagerhalle gemietet, in der er die von ihm produzierten, zum Verkauf bestimmten Lackstoffe deponiert. Die von H in der Lagerhalle eingelagerten Lackstoffe explodieren aus unerklärbaren Gründen, ohne dass ein Produktionsfehler festgestellt werden kann. Die Lagerhalle brennt völlig nieder. Dem Vermieter V ist es infolge des Brandes unmöglich, während der ganzen Mietzeit den vertragsgemäßen Gebrauch der Lagerhalle dem Mieter H zu gewährleisten.

Lösung:

Dennoch hat H den Mietzins V auch in der Zeit zu entrichten, in dem er die Lagerhalle nicht nutzen kann, denn H hat die Ursache für die Unmöglichkeit durch die Herstellung der explodierten Lackstoffe selbst gesetzt und muss deshalb diese Unmöglichkeit gegenüber V nach § 326, Abs. 2 BGB vertreten.

Variante:

Anders liegt dagegen der Fall, wenn die Lagerhalle infolge eines Blitz-schlages oder eines Kurzschlusses in der elektrischen Leitung niederge-brannt wäre. Dann geht die Zerstörung zu Lasten des Vermieters, sodass er seinen Anspruch auf Mietzins nach § 326, Abs. 1 BGB verliert.

Gegenleistung bei Annahmeverzug

Als Schuldner behalten Sie auch den Anspruch auf die Gegenleis-tung, wenn zwar keine Partei die Unmöglichkeit zu vertreten hat, diese aber zu einem Zeitpunkt eingetreten ist, zu dem sich Ihr *Gläu-biger* in *Annahmeverzug* befand (§ 293, BGB, vgl. Kap. 5.6). Nimmt der Gläubiger die ihm vertragsgerecht angebotene Leistung nicht an, geht die *Preisgefahr* oder Gegenleistungsgefahr auf ihn über. Er muss also den vereinbarten Preis zahlen bzw. sonstige vereinbarte Gegenleistung erbringen, obwohl er selbst nichts mehr erhält (§ 326, Abs. 2, Satz 1 BGB).

Beispiel:

Computerhändler C will die an den Fabrikanten F verkaufte Computer-anlage zur vereinbarten Zeit abliefern und anschließen. Bei F ist aber infolge vorzeitigen Betriebsschlusses niemand anzutreffen. Auf dem Rückweg zu seinem Geschäft wird die Anlage während eines anderen Kundenbesuches aus dem verschlossenen Lieferwagen entwendet.

Lösung:

In diesem Fall muss F den Kaufpreis bezahlen, weil während des An-nahmeverzuges der leistungspflichtige Händler nur grobe Fahrlässigkeit nach § 300, Abs. 1 BGB zu vertreten hat.

Ersatzleistung aus Versicherungs-summe

Liegt die Unmöglichkeit darin, dass die zu *liefernde Sache zerstört* oder *beschädigt* worden ist und war das Vertragsprodukt gegen diese Risiken auch versichert, so kann der Gläubiger als Ersatzleistung auch auf die Versicherungssumme nach § 285 BGB zugreifen. Das ist in-des nur von untergeordneter Bedeutung, weil sich dieser Anspruch auf die Ersatzleistung nur dann lohnt, wenn die Sache- höher als der vereinbarte Vertragspreis versichert war. *Verlangt* man die *Er-satzleistung*, bleibt man nämlich in Höhe der von der Versicherung gezahlten Entschädigung zur *Zahlung* des vereinbarten Kaufpreises nach § 326, Abs. 3 BGB *verpflichtet*.

5.4.2.2   Vom Schuldner zu vertretende Unmöglichkeit

Schadensersatz statt Leistung

Hat der leistungspflichtige Schuldner seine Leistungsunfähigkeit zu vertreten, so hat er wegen dieser Pflichtverletzung den seinem Gläubiger entstandenen *Vermögensschaden* nach § 280, Abs. 1 BGB zu ersetzen. Dieser kann auch ohne die sinnlose Nachfristsetzung *sofort Schadensersatz statt Leistung* nach § 283 BGB verlangen (vgl. Kap. 5.2.4).

Als Gläubiger können Sie anstelle des umfassenden Anspruchs auf Schadensersatz statt Leistung die Ihnen entstandenen *Kosten* bei der *Vertragsabwicklung* als Aufwendungen neben sonstigen Schäden ersetzt verlangen (§ 284 BGB).

5.4.2.3   Beidseitig zu vertretende Unmöglichkeit

Recht selten kommt es vor, dass für das *Leistungshindernis beide Vertragsparteien verantwortlich* sind. Dieser im Gesetz nicht geregelte Fall ist interessengerecht dahingehend zu lösen, dass der Anspruch auf Schadensersatz des Gläubigers nach den Regeln des Mitverschuldens gemäß § 254 BGB – je nach dem Grad der Mitverantwortung – gekürzt wird.

Anspruchskürzung

> **Beispiel:**
> *Der zu liefernde und vom Hersteller einzubauende Spezialkran wird bei dem Einbau irreparabel unter anderem auch deswegen beschädigt, weil das Personal des Auftraggebers die Monteure falsch eingewiesen hat.*

5.4.2.4   Sonderregelungen für die ursprüngliche Unmöglichkeit

In der Geschäftspraxis sollte man vermeiden, dass das *Leistungshindernis* bereits beim *Abschluss* des *Vertrages* besteht. Jede Vertragspartei muss sich vor Eingehen des Vertrages von ihrer Leistungsfähigkeit zu diesem Zeitpunkt überzeugen. Dennoch ist ein solcher Vertrag gemäß § 311a, Abs. 1 BGB wirksam.

Eigene Leistungsfähigkeit sicherstellen

Das hat zur Konsequenz, dass der Gläubiger hier nach seiner Wahl Schadensersatz statt der Leistung oder Ersatz seiner Aufwendungen verlangen kann, es sei denn, der Schuldner beweist, dass er das Leistungshindernis bei Vertragsabschluss nicht kannte oder seine Unkenntnis nicht zu vertreten hatte. Das zu beweisen, dürfte aber der leistungspflichtigen Vertragspartei wegen ihrer Vergewisserungspflicht schwer fallen (OLG Karlsruhe NJW 2005, S. 990).

Schadensersatz oder Aufwendungsersatz

5.4.2.5   Teilweise Unmöglichkeit

Kann der Schuldner nur teilweise liefern oder sonstwie leisten, beschränkt sich das *Rücktrittsrecht* bzw. – im Falle einer von ihm vertretenen Unmöglichkeit – der Anspruch auf Schadensersatz statt Leistung auf den teilweise nicht erfüllten Vertrag. Dabei kann der Gläubiger vielfach den *anteiligen Kaufpreis* mit seiner Schadensersatzforderung verrechnen (§§ 326, Abs. 1, Satz 1, 441, Abs. 3 BGB, vgl. Kap. 4.8.4.5). Ist diese Teillieferung bzw. Teilleistung für den Gläubiger ohne wirtschaftliches Interesse, weil sie ihm nichts nützt,

Teillieferung

kann der Rücktritt bzw. der Schadensersatz auf den kompletten Vertrag nach §§ 323, Abs. 5, Satz 1, 281, Abs. 1, Satz 2 BGB ausgedehnt werden.

5.5 Schutz- und andere Sorgfaltspflichtverletzungen

Hierbei geht es darum, dass die eigentliche *Vertragsleistung korrekt erbracht* wird, einer der Geschäftspartner oder auch beide jedoch Schutz- und andere *Sorgfaltspflichten* gegenüber dem anderen Teil im Sinne von § 241, Abs. 2 BGB *verletzen*, was sicherlich dem Vertragsklima nicht förderlich ist. Dann stellt sich zunächst die Frage, ob und inwieweit der Vertrag Bestand hat. Darübcr hinaus muss bei Entstehung eines Vermögensschadens die Problematik der Ersatzpflicht geklärt werden.

Vertragliche Regelung wichtig

Da der Inhalt und Umfang dieser Schutz- und Sorgfaltspflichten im Gesetz nur in sehr allgemeiner Weise durch die Pflicht zur Rücksicht auf die Rechte, Rechtsgüter und Interessen des anderen Teils umschrieben wird, ist namentlich im Hinblick auf *Informations-* und *Verschwiegenheitspflichten* zu empfehlen, diese im Vertrag genauer zu konkretisieren. Vorschläge in diese Richtung sind bereits zusammen mit der Vertragserfüllung ausgearbeitet worden (vgl. Kap. 4.4).

5.5.1 Einfacher Schadensersatz

Begleitschaden

Werden durch eine Sorgfaltspflichtverletzung, die Person, Sachgüter- oder sonstige Vermögensgüter des Vertragspartners beeinträchtigt, so hat der pflichtwidrig handelnde Geschäftspartner diesen Begleitschaden nach § 280, Abs. 1 BGB zu ersetzen, wenn er nicht beweisen kann, dass er diese Pflichtverletzung nicht zu vertreten hat.

Einen vertraglichen Schadensersatzanspruch besitzen auch *verletzte Arbeitnehmer*, weil sie typischerweise in den Schutzbereich dieses Vertrages nach den Regeln des Vertrages mit Schutzwirkung zugunsten Dritter miteinbezogen sind (vgl. Kap. 6.4).

In der Vertragspraxis werden diese Schadensersatzansprüche auch einseitig in AGB durch sog. *Haftungsbeschränkungsklauseln* begrenzt (Klauselvorschlag vgl. Kap. 4.3.2 und Kap. 6.2.3).

5.5.2 Vertragsabbruch mit Schadensersatz statt Leistung nach fruchtloser Abmahnung

Erhebliche Pflichtverletzung

Eine sofortige Vertragsbeendigung wegen Pflichtverletzung durch Rücktritt oder bei einem Dauerschuldverhältnis (z. B. Mietvertrag) durch fristlose Kündigung ist nur in Ausnahmefällen bei *erheblichen Pflichtverletzungen* möglich, sofern die Fortführung des Vertrages der beeinträchtigten Vertragspartei nicht mehr zugemutet werden kann (§§ 323, Abs. 2, Nr. 3, 314, Abs. 2 BGB). Gleiches gilt im Übrigen, sofern bei einer schuldhaften Pflichtverletzung *Schadensersatz statt Leistung* gefordert wird (§ 282 BGB).

Ist diese Schwelle noch nicht erreicht, was im Streitfall letztlich die Gerichte zu entscheiden haben, muss der pflichtwidrig handelnden Vertragspartei als Schuldner zuvor eine Chance zur Besserung durch eine Abmahnung eingeräumt werden (§§ 284, Abs. 3, 323, Abs. 3, 314, Abs. 2 BGB). Das schriftliche *Abmahnschreiben* hat dabei

Abmahnung

- Zeit,
- Ort und
- die Art der Pflichtverletzung

genau zu bezeichnen und ferner den Hinweis zu enthalten, dass bei einer *erneuten Pflichtverletzung* der Schuldner mit ernsthaften rechtlichen Konsequenzen zu rechnen hat.

Abmahnung
Anrede
Genaue Bezeichnung der Pflichtverletzung nach Art, Ort und Zeit
»Wir weisen Sie darauf hin, dass wir ein nochmaliges Fehlverhalten nicht hinnehmen können und deshalb im Fall einer erneuten Pflichtverletzung uns das Recht vorbehalten, den Vertrag zu beenden und Schadensersatz zu fordern.«
Unterschrift

Formulierungsvorschlag

Sollte durch die Pflichtverletzung kein eigentlicher Schaden entstanden sein, kann man aber zumindest den finanziellen Aufwand, den der Vertrag erfordert hat, als *Aufwendung* nach § 284 BGB ersetzt verlangen.

Aufwendungsersatz

5.6 Nichtannahme der angebotenen Leistung: Gläubigerverzug

Als Gläubiger sollten Sie die von Ihrem leistungspflichtigen Geschäftspartner als Schuldner *vertragsgerecht angebotene* Ware oder Dienstleistung unbedingt abnehmen. Ansonsten geraten Sie in Annahmeverzug, der für Sie mit unangenehmen Konsequenzen verbunden ist.

Vertragsgerechte Leistung abnehmen

5.6.1 Tatbestand des Annahmeverzuges
Der *leistungspflichtige Schuldner* hat die ihm nach dem Vertrag obliegende Leistung vertragsgerecht zum richtigen Zeitpunkt, am rich-

tigen Ort dem Gläubiger gegenüber anzubieten; mithin muss er seine *vertraglichen Leistungspflichten vollständig erfüllt* haben (§ 293 BGB). Geht es dabei um die Lieferung von Sachen, kommt es insoweit auch auf den *Lieferort* an.

- Bei einer *Holschuld* muss der Verkäufer die Ware zu dem vereinbarten Zeitpunkt zur Abholung durch den Käufer bereit gestellt und dieser sie nicht mitgenommen haben.

- Bei einer *Schick- und Bringschuld* muss der Verkäufer die Ware zu dem vereinbarten Zeitpunkt dem Käufer an dessen Sitz oder sonstigen vereinbarten Lieferort tatsächlich angeboten haben (§§ 294, 295 BGB).

War für die Lieferung eine *Zeit nach dem Kalender* bestimmt, ist ein tatsächliches Leistungsangebot durch den Schuldner nicht vonnöten (§ 296 BGB; BGH NJW 1991, S. 268).

> **Beispiel:**
> *Die Ware sollte am 15.05. um 15.00 Uhr vom Käufer in der Lagerhalle des Verkäufers abgeholt werden. Der Käufer erscheint zu dem vereinbarten Übergabetermin nicht und fällt dadurch in Annahmeverzug.*

Ein *wörtliches Angebot* genügt auch, wenn der Gläubiger sich zwar zur Abnahme bereit erklärt, sich aber bestimmt und eindeutig weigert, die ihm obliegende Verpflichtung, z.B. eine Anzahlung, zu erfüllen (BGH NJW 1997, S. 581).

Dabei ist es für Sie auch wichtig zu wissen, dass der Annahmeverzug durch die *schlichte Nichtabnahme* unabhängig davon eintritt, dass der empfangsberechtigte Gläubiger das Annahmehindernis zu vertreten hat oder nicht.

5.6.2   Rechtsnachteile des Annahmeverzuges

Ersatz von Mehraufwendungen

Stets hat der in Annahmeverzug befindliche Gläubiger die dem Schuldner durch den Annahmeverzug entstandenen *Mehraufwendungen*, wie etwa Lager- und zusätzliche Lieferkosten, zu ersetzen (§ 304 BGB; BGH NJW 1996, S. 1465). Ist der *Schuldner* ein *kaufmännisches Unternehmen*, so kann er nach § 354 HGB die üblichen Lagerkosten auch dann verlangen, wenn er die von ihm zu liefernde Ware während des Annahmeverzuges des Käufers bei sich verwahrt (BGH WM 2007, S. 707).

Übergang der Preisgefahr

Darüber hinaus bleiben Sie als Gläubiger zur *Zahlung* des vollen Kaufpreises oder sonstigen vereinbarten *Entgelts verpflichtet*, auch wenn die zu liefernde Ware danach durch leichte Fahrlässigkeit des Verkäufers oder seiner Mitarbeiter beschädigt oder gar völlig zerstört wird.

- Zum einen legt nämlich § 300, Abs. 1 BGB fest, dass der Leistungsschuldner innerhalb des Annahmeverzuges des Gläubigers nur grobe Fahrlässigkeit zu vertreten hat.
- Zum anderen bestimmt § 326, Abs. 2 BGB, wie schon bei der Unmöglichkeit erwähnt, dass die Preisgefahr mit Annahmeverzug auf den Gläubiger übergeht (vgl. Kap. 5.4.2.2).

Tipp

Besteller

Können Sie die mit Ihrem Geschäftspartner vereinbarte Liefer- oder Abholfrist nicht einhalten, teilen Sie ihm das umgehend mit und versuchen Sie eine Verschiebung zu erreichen, um den beschriebenen Rechtsnachteilen des Annahmeverzuges zu entgehen!

5.7   Störung der Geschäftsgrundlage

Bei *Dauerverträgen* – seien es einfache Austauschverträge mit langer Abwicklungszeit, wie etwa ein Projektvertrag oder stets bei Dauerschuldverhältnissen – können sich die bei Vertragsabschluss bestehenden *grundlegenden wirtschaftlichen* oder *tatsächlichen Verhältnisse* später für eine Vertragspartei so *nachteilig ändern*, dass die unveränderte Fortsetzung des Vertrages den kalkulierten Gewinn aufzehrt oder sogar in die Verlustzone führt. Eine ähnliche Situation entsteht, sofern die von beiden Vertragsparteien grundlegenden wirtschaftlichen Erwartungen sich nicht erfüllen.

Dauerverträge

Äquivalenzstörung

Beispiel:
Nachteilige Veränderungen der Rahmenbedingungen wie z. B. sehr starke Preisveränderungen von Rohstoffen, die für die Herstellung des vertraglichen Produkts benötigt werden.
Gemeinsame wirtschaftliche Erwartungen wie z. B. ein künftiger Bedarf des Käufers oder Umsatz des Mieters etc.

5.7.1   Vertragsanpassung oder Vertragsauflösung nur in extremen Härtefällen

Kommt es wegen dieser Entwicklung zwischen den Vertragsparteien zu einem Rechtsstreit, so darf das angerufene zuständige Gericht den *Vertrag* an die neuen Verhältnisse nur *anpassen* oder, sofern dies ausgeschlossen ist, den benachteiligten Vertragsparteien ein *Vertragslösungsrecht* in Form des Rücktritts oder der Kündigung nach den Grundsätzen der Störung der Geschäftsgrundlage nach

Störung der Geschäftsgrundlage

§ 313 BGB nur zubilligen, wenn die *unveränderte Fortführung* des Vertrages einer Vertragspartei nicht *zumutbar* ist,

- weil die Veränderung Umstände betrifft, die zur Grundlage des Vertrages geworden sind und sich nach Vertragsabschluss so schwerwiegend verändert haben, dass die Parteien den Vertrag nicht oder mit anderem Inhalt geschlossen hätten, wenn sie diese Veränderung vorausgesehen hätten (Abs. 1) oder
- gemeinsame wesentliche Vorstellungen, die zur Grundlage des Vertrages geworden sind, sich im Nachhinein als falsch herausstellen (Abs. 2).

Stets muss es sich um *gravierende* für eine Vertragspartei *nachteilige Veränderung* solcher Umstände handeln, auf denen der Geschäftswille beider Seiten aufbaut (BGH BB 2006, S. 911).

Prinzip der Vertragstreue

Da Verträge während ihrer Gültigkeit grundsätzlich unverändert einzuhalten sind (*Prinzip der Vertragstreue!*) sind die Gerichte bei der Annahme des Fortfalls der Geschäftsgrundlage sehr zurückhaltend. Zunächst kommt es bei der Frage, ob der sich verändernde Umstand Geschäftsgrundlage des Vertrages geworden ist, auch auf die *vertragliche Risikoaufteilung* an, die darüber befindet, welchem der Vertragspartner die unerwartete Belastung zugemutet wird (BGH WM 2001, S. 523). Darüber hinaus muss die Veränderung äußerst gravierend sein, damit die dem benachteiligten Vertragspartner zumutbare Opfergrenze überschritten wird (BGH DB 1990, S. 1510).

Hohe Opfergrenze

Diese Opfergrenze ist aber keinesfalls schon dann erreicht, wenn das Unternehmen durch den unveränderten Vertrag rote Zahlen schreiben würde.

5.7.2   Abhilfe durch vertragliche Härteklauseln

Individuelle Zumutbarkeitskriterien

Nach allem dürfte klar geworden sein, dass das Institut der Störung der Geschäftsgrundlage in solchen Krisenfällen ein sehr fragiles und letztendlich unzulängliches Kompensationsinstrument darstellt. Vernünftige Abhilfe kann aber der Einbau einer vertraglichen Härteklausel schaffen, weil dann die vertragliche Angleichung oder Beendigung des Vertrages nicht mehr im billigen Ermessen der Gerichte steht, sondern diese die vertraglichen konkreteren Zumutbarkeitskriterien zu beachten haben (BGH DB 1990, S. 1510; s. Klauselvorschlag Kap. 3.5.1.4).

Unerwartete Preiserhöhungen

Unerwartete Preiserhöhungen lassen sich zwar besser durch eine *Preisanpassungsklausel* abwälzen (vgl. Kap. 4.3.4.2). Ist diese dem Besteller gegenüber nicht durchsetzbar, so kann dieser billigerweise seine Zustimmung zu einer Härteklausel ohne Anpassungsautomatismus nicht verweigern.

5.8   Insolvenz des Geschäftspartners

Es liegt auf der Hand, dass die Insolvenz eines Geschäftspartners, die nach Vertragsabschluss vor dessen vollständiger Abwicklung eintritt, nicht nur zu einer nachhaltigen Störung des Geschäfts führt, sondern vielfach für den leistungsfähigen Vertragspartner erhebliche Vermögensnachteile mit sich bringt. Als Unternehmer oder Manager müssen Sie sich nicht detailliert im hochkomplexen Insolvenzrecht auskennen, sondern es reicht, wenn Sie wissen, wie Sie sich *taktisch* in diesem *Worst-Case* am geschicktesten *verhalten*.

5.8.1   Risikominimierung und Warnsignale im Falle der Insolvenz

Liefern Sie Waren auf Kredit, so können Sie sich angemessen durch einen *Eigentumsvorbehalt* absichern (vgl. Kap. 8.6). Ist Ihre Firma dagegen ein Dienstleistungsunternehmen, so besitzen Sie keine besonderen Sachsicherheiten, sodass Sie auf *Personensicherheiten*, wie etwa eine Bürgschaft, angewiesen sind (vgl. Kap. 4.7.2). **Eigentumsvorbehalt und Personensicherheiten**

Wichtig ist bei *Geschäftsaufnahme* auch, dass Sie sich nach dem Alter der Firma Ihres Geschäftspartners erkundigen. *Junge Firmen* sind besonders *krisenanfällig*. In den ersten fünf Jahren muss etwa die Hälfte der Unternehmen wieder aufgeben, wobei die Hauptursache im fehlenden kaufmännischen Fachwissen oder in einer unzureichenden Kenntnis des wirtschaftlichen Umfeldes, in dem das betreffende Unternehmen tätig ist, liegt. Deshalb ist bei jungen Unternehmen auf die Stellung adäquater Sicherheiten besonderer Wert zu legen. **Hohes Insolvenzrisiko bei jungen Firmen**

Eine *bevorstehende* wirtschaftliche *Krise* eines Unternehmens *zeichnet* sich für die außenstehenden Geschäftspartner erst relativ spät ab. Sie können die bevorstehende Insolvenz nur innerhalb einer laufenden Geschäftsbeziehung anhand einer auffallenden Verschlechterung seiner Zahlungs- oder Leistungsmoral erkennen. Die wichtigsten *Indizien* sind: **Krisenerkennung**

- keine Gewährung von Skonti,
- Nachsuchen um eine ständige Verlängerung von Zahlungszielen,
- das Hinausschieben der effektiven Zahlung von gestellten Rechnungen sowie
- bei Lieferanten oder Dienstleistern auch die Zunahme von Reklamationen wegen schlechterer Qualität.

Besorgniserregend ist auch die Tatsache, dass *Großaufträge* erteilt werden, die in keinem angemessenen Verhältnis zur Größe des Unternehmens stehen.

Eigene Position glattstellen

Sind bei einem Ihrer Geschäftspartner derartige Indizien einer bevorstehenden Insolvenz zu erkennen, sollten Sie sich bemühen, Ihre *Position* innerhalb dieser Geschäftsbeziehung *glattzustellen*, d. h. einen *Ausgleich* der *gegenseitigen Forderungen* herbeizuführen. Wenn Sie sich dabei zuviel Zeit lassen, droht Ihnen, wenn das Insolvenzverfahren später eröffnet wird, die *Anfechtung* durch den *Insolvenzverwalter* wegen kongruenter oder inkongruenter Deckung. Hat dieser Erfolg, müssen Sie die von dem insolventen Schuldner empfangenen Leistungen wieder an die Masse zurückgeben (§§ 129 ff InsO).

5.8.2 Reaktionen bei Zahlungseinstellungen des Schuldners

Unerlaubte Nacht- und Nebelaktionen

Hat der insolvente Schuldner gegenüber seinen Gläubigern die Zahlung eingestellt, so versuchen *Lieferanten,* deren Rechnung noch nicht bezahlt worden ist häufig, zu retten, was zu retten ist. Sie lassen dann die gelieferten, noch nicht bezahlten *Waren* in sog. Nacht- und Nebelaktionen *abholen*, was aber rechtlich keinesfalls erlaubt ist. Nach der Stellung des Antrags auf Verfahrenseröffnung verhängt das Gericht Sicherungsmaßnahmen und setzt einen *vorläufigen Insolvenzverwalter* ein. Dieser wird nun, wenn er diesen Tatbestand ermittelt, von den Lieferanten die Rückgabe der abgeholten Waren nach § 861 BGB verlangen, weil sie sich daran unerlaubt den Besitz verschafft haben. Der Jurist spricht in diesem Fall von einer *verbotenen Eigenmacht* (§ 858 BGB). Hinzu kommt noch, dass das eigenmächtige Betreten des Betriebsgeländes zum Zwecke der Warenabholung, wenn der Schuldner damit nicht einverstanden ist, den strafbaren Tatbestand des *Hausfriedensbruchs* erfüllt.

5.8.3 Vorläufiger Insolvenzverwalter im Eröffnungsverfahren

Sicherung der Vermögensmasse

Der Schuldner stellt i.d.R. von sich aus oder auf Drängen seiner Hausbank, den Antrag auf Verfahrenseröffnung. Dann bestellt das Gericht zur *Sicherung der Vermögensmasse* einen *vorläufigen Insolvenzverwalter,* sofern kein eindeutiger Fall einer Massearmut vorliegt, d.h. die vorhandene Masse nicht einmal zur Deckung der Verfahrenskosten ausreicht (§ 21 InsO). Gleichzeitig wird dem *Schuldner* eine *Verfügungsbeschränkung* auferlegt, dass entweder der Geschäftsbetrieb des schuldnerischen Unternehmens sofort von dem vorläufigen Insolvenzverwalter übernommen wird, oder zumindest der Schuldner für die Veräußerung oder Belastung von Gegenständen des Betriebsvermögens die Zustimmung des Insolvenzverwalters benötigt (§ 22, Abs. 1 InsO).

Verfügungsbeschränkung gegenüber Schuldner

Starker Verwalter

Die erste Variante des sog. *starken vorläufigen Insolvenzverwalters* mit der *allgemeinen Verfügungsbeschränkung* ist bei den Insolvenzverwaltern wegen des hohen Haftungsrisikos nicht besonders beliebt. Alle von ihm abgeschlossenen Verträge gelten später im eröffneten Verfahren als voll zu befriedigende Masseverbindlichkeiten, für deren Erfüllung der Insolvenzverwalter persönlich haftet (§§ 55, Abs. 2, 61 InsO). Deshalb wird der *schwache vorläufige Insolvenzverwalter mit* dem *Zustimmungsvorbehalt* bevorzugt, wonach die Geschäftsführung des Unternehmens, gemeinsam durch Schuldner und vorläufigen Insolvenzverwalter erfolgt. Schließt nun der Schuldner mit seinen Geschäftspartnern auch mit Billigung des vorläufigen Insolvenzverwalters Verträge ab, so sind die daraus entstehenden *Forderungen* im späteren Insolvenzverfahren nicht geschützt, sondern sind ohne besondere gerichtliche Ermächtigung zur Begründung von einer Masseverbindlichkeit bloße *einfache Insolvenzforderungen (BGH ZIP 2003, S. 811)*. Dieses Risiko lässt sich anderenfalls nur dadurch vermeiden, dass man auf *sofortige Erfüllung*, insbesondere Zahlung besteht oder dass der Insolvenzverwalter diese persönlich garantiert, worauf er sich aber i.d.R. nicht einlassen wird.

Schwacher Verwalter

> Tragen Sie sich mit dem Gedanken, Verträge mit einem insolventen Geschäftspartner im Eröffnungsverfahren abzuschließen, so müssen Sie auf jeden Fall sich vergewissern, dass der vorläufige Insolvenzverwalter damit einverstanden ist. Dabei ist vor Vertragsabschluss auch unbedingt die Stellung des vorläufigen Insolvenzverwalters zu klären, ob es sich ausnahmsweise um einen starken vorläufigen Insolvenzverwalter oder nur einen schwachen mit Zustimmungsvorbehalt handelt. Im letzteren Fall ist ohne besondere Sicherheit von einer Vorleistung, etwa Lieferung mit Zahlungsziel, dringend abzuraten.

Tipp

Haben Sie eine *Zahlung* an Ihren insolventen Geschäftspartner zu *erbringen*, fragen Sie in jedem Fall beim *vorläufigen Insolvenzverwalter* nach, auf welches Konto der Betrag überwiesen werden soll. Barzahlungen an den Schuldner oder auf dessen Privatkonten sind unbedingt zu unterlassen, weil sie keine befreiende Wirkung besitzen (vgl. §§ 24, 82 InsO).

Zahlungen an Insolvenzverwalter

5.8.4   Verhalten nach Verfahrenseröffnung

Genügt die Insolvenzmasse voraussichtlich zur Abdeckung der Verfahrenskosten, eröffnet das zuständige Amtsgericht das Insolvenzverfahren und bestellt einen *Insolvenzverwalter*, der von Amts wegen als alleiniger Geschäftsführer des schuldnerischen Unternehmens fungiert. Auf ihn geht die *Verwaltungs- und Verfügungsbefugnis* über das *schuldnerische Vermögen* umfassend nach § 80 InsO über, d. h. er führt die Geschäfte des schuldnerischen Betriebs mit dem

Insolvenzverwalter ist Geschäftsführer

Ziel weiter, diesen bestmöglichst zu verwerten und den daraus erzielten Erlös nach Abzug der Verfahrenskosten an die Gläubiger entsprechend ihres Ranges gleichmäßig zu verteilen. Einziger Ansprechpartner für die Gläubiger ist demnach der Insolvenzverwalter als Herr des Insolvenzverfahrens, der lediglich unter der *Aufsicht* des *Insolvenzgerichts* steht. Er unterliegt nur einer intensiveren und ständigen Kontrolle im Falle der Einsetzung eines *Gläubigerausschusses*, was aber in der Insolvenzpraxis nur bei Großverfahren erfolgt. Als Gläubiger müssen Sie sich wegen Ihrer Rechte mit dem Insolvenzverwalter auseinander setzen (siehe Abbildung 5.5).

5.8.4.1 Behandlung der mit dem insolventen Schuldner abgeschlossenen schwebenden Geschäfte

Geschäftsverträge, die Sie mit einem insolventen Schuldner abgeschlossen haben, die aber bis zur Verfahrenseröffnung noch nicht erfüllt sind, kann der *Insolvenzverwalter* jederzeit *stornieren*, weil ihm das *Wahlrecht* auf *Erfüllung* und *Nichterfüllung* nach § 103 InsO zusteht.

Der Insolvenzverwalter wird seine Entscheidung davon abhängig machen, ob diese Leistungen für die Unternehmensfortführung notwendig oder zumindest nützlich sind oder nicht.

Hat der insolvente *Schuldner* Sie mit Waren unter *Eigentumsvorbehalt beliefert*, die aber noch nicht vollständig bezahlt sind, so darf der Insolvenzverwalter die Fortführung nicht beenden, weil Ihnen als *Käufer* an der Kaufsache eine *Eigentumsanwartschaft* zusteht, die insolvenzfest ist (§ 107, Abs. 1 InsO). Das bedeutet, wenn Sie, wie vertraglich vereinbart, den *Restkaufpreis* bezahlt haben, erlangen Sie an der Kaufsache das Eigentum, ohne dass der Insolvenzverwalter das verhindern kann. Unabhängig von der vereinbarten Laufzeit kann der Insolvenzverwalter deshalb auch *Dauerschuldverhältnisse*, wie Miet- und Leasingverträge, *kündigen* oder *fortsetzen*. Allerdings sind hierbei einige Sonderbestimmungen zu beachten, auf die bei der Erläuterung dieser Vertragstypen noch näher einzugehen ist.

Bis zur Entscheidung des Insolvenzverwalters ist der Vertrag in der Schwebe. Als *Geschäftspartner* können Sie selbst für Klarheit sorgen, indem Sie den *Insolvenzverwalter*, der sich bislang nicht geäußert hat, zur *Ausübung* seines *Wahlrechts* auffordern. Dann hat sich der Verwalter Ihnen gegenüber unverzüglich zu erklären, ob er die Erfüllung verlangen will. Unterlässt er dies, kann er auf Erfüllung nicht mehr bestehen (§ 103, Abs. 2 InsO).

Wählt der Insolvenzverwalter die *Erfüllung* und wird der Vertrag fortgesetzt, rücken Ihre Forderungen in den Rang von *Masseverbindlichkeiten* auf, für deren volle Erfüllung der Verwalter verantwortlich ist (§ 55, Abs. 1, Nr. 2 InsO). Geht es dabei um Dauerschuldverhält-

Gläubigerausschuss bei Großverfahren
Wahlrecht des Insolvenzverwalters

Schutz des Eigentumsvorbehaltskäufers

Bei Wahl der Vertragserfüllung entsteht Masseverbindlichkeit

Entstehung der Forderung vor Verfahrensöffnung		Schwebende Geschäfte des Schuldners	Verträge mit Insolvenzverwalter
Unbesicherte Forderung	**Besicherte Forderung**	• Vom Schuldner abgeschlossene, noch nicht vollständig erfüllte Verträge	• Forderungen als voll zu erfüllende **Masseschulden**
Einfache Insolvenzforderung bei ausreichender Masse – Deckungsquote zwischen 5–10 % • Anmeldung der Forderung gegenüber Insolvenzverwalter	**Personensicherheit** Fälliger Zahlungsanspruch gegen Sicherungsgeber **Sachsicherheit** • Aussonderung aus Masse oder abgesonderte Befriedigung aus Verwertungserlös • Anzeige des Sicherungsrechts gegenüber Verwalter **Aufrechnung** • Mit eigener Forderung gegen die Masseforderung, wenn Aufrechnungslage bei der Verfahrenseröffnung bestanden hat. • Befreit in Höhe der eigenen Gegenforderung von Zahlungspflicht gegenüber dem Insolvenzverwalter	• **Wahlrecht des Verwalters** zwischen Erfüllung und Nichterfüllung • Bei Erfüllung durch Verwalter ausstehende Gläubigerforderung Masseschuld	• Auch bei Verträgen mit starkem vorläufigen Insolvenzverwalter

Abb. 5.5: Gläubigerrechte in der Insolvenz des Schuldners

nisse, wie Miet- oder Leasingverträge, so betrifft dies die nach der Verfahrenseröffnung fällig werdenden Mieten oder Leasingraten. Die vorher aufgelaufenen Forderungen sind dagegen einfache Insolvenzforderungen, für die man lediglich die Quote erhält. Nur wenn im Eröffnungsverfahren das Insolvenzgericht einen starken *vorläufigen Insolvenzverwalter* eingesetzt und damit auch dem Schuldner komplett die Verfügungsbefugnis entzogen hat, gelten die von ihm eingegangenen Verbindlichkeiten – also auch die während der Dauer des Eröffnungsverfahrens fällig werdenden Mieten oder Leasingraten – nach § 55, Abs. 2 InsO als *Masseschulden*. Wegen des höheren Haftungsrisikos vermeiden es die Insolvenzverwalter, als vorläufige starke Insolvenzverwalter eingesetzt zu werden (vgl. Kap. 5.8.3).

Vorgehen bei Dauerschuldverhältnissen

5.8.4.2   Forderungsanmeldung gegenüber dem Insolvenzverwalter

Insolvenztabelle

Anhand des vom Insolvenzschuldner zu erstellenden Schuldner- und Gläubigerverzeichnisses werden Sie als Gläubiger vom Insolvenzverwalter aufgefordert, Ihre *Forderungen* bis zu einem bestimmten Termin ihm gegenüber *anzumelden* und *glaubhaft* durch Beifügung von Unterlagen zu *machen* (§ 174 InsO). Der Insolvenzverwalter trägt Sie dann vorläufig in die *Insolvenztabelle* ein (§ 175 InsO). Zur Anmeldung werden in der Praxis Formulare benutzt. Anschließend kann die *Berechtigung* der angemeldeten Forderung in einem nachfolgenden *Prüfungstermin erörtert* und ggf. vom Verwalter bestritten werden (§§ 176 ff InsO). Der Anmeldeaufforderung sollten Sie termingerecht nachkommen, damit das Verfahren reibungslos abgewickelt werden kann.

Prüfungstermin

5.8.4.3   Anzeige von Sicherungsrechten

Sollten Ihnen für Ihre Forderungen auch *Sicherungsrechte*, wie insbesondere ein Eigentumsvorbehalt zustehen, sind Sie auch gehalten, diese Sicherungsrechte *anzuzeigen* und *glaubhaft* zu *machen*, damit sie der Verwalter anhand der Geschäftsunterlagen überprüfen kann.

Das *Verlustrisiko* für gesicherte Gläubiger ist erheblich *niedriger* als jenes der einfachen Insolvenzgläubiger. Die durch Eigentumsvorbehalt abgesicherten Lieferanten können i.d.R. erwarten, dass sie in Höhe zwischen 60 % und 65 % ihrer Forderungen wegen der Ihnen zustehenden Aussonderungs- bzw. Absonderungsrechte bedient werden.

Aussonderung bei einfachem Eigentumsvorbehalt

Sachen oder Vermögensrechte, die nicht dem Schuldner gehören, kann der *Eigentümer* oder *Inhaber aussondern*, indem sie ihm der Insolvenzverwalter herausgibt (§ 46 InsO).

Abgesonderte Befriedigung nach Verarbeitung oder Verkauf der gelieferten Waren

Ist die unter Eigentumsvorbehalt gelieferte Ware in dem Lager des Insolvenzschuldners nicht mehr unterscheidbar vorhanden, weil sie dort bereits weiter verarbeitet oder verkauft worden ist, steht dem Lieferanten aber kein Recht auf Aussonderung wie beim einfachen Eigentumsvorbehalt zu, sondern nur ein Recht auf *abgesonderte Befriedigung* nach § 51 InsO. Das bedeutet, dass der *Insolvenzverwalter*, wenn er den Kaufpreis nicht bezahlen will, die verarbeitete Ware nicht herausgibt, sondern sie selbst *verwertet*, also weiterverkaufen darf (§ 166 InsO). Er zieht danach den Kaufpreis zur Masse ein, führt die darauf anfallende *Mehrwertsteuer* an das Finanzamt ab und kann von dem Nettopreis noch einmal pauschal 9 % des Kaufpreises als *Deckungsbeitrag* für die Masse in Abzug bringen und wird danach den Restbetrag an die gesicherten Gläubiger auszahlen (§ 170, 171 InsO). Weil aber häufig mehrere Lieferanten anteilmäßig einen

Anspruch auf den Verwertungserlös besitzen, ist es für diese sinnvoll, ihre Ansprüche in einen sog. *Lieferantenpool* einzubringen, der treuhänderisch – am besten von einem versierten Wirtschaftsanwalt – verwaltet wird. Gläubiger mit einem Recht auf abgesonderte Befriedigung sollten auch vorsorglich ihre gesicherte Forderung in Höhe der noch zu ermittelnden *Ausfallforderung* anmelden, weil sie nicht wissen, ob sie aus den Verwertungserlösen vollständig befriedigt werden (§ 52 InsO).

Ausfallforderung

Eine partielle Absicherung besteht, wenn Sie zwar einen Geldbetrag an die Masse – etwa als Käufer – zu zahlen haben, aber mit einer bis zur Verfahrenseröffnung fälligen Gegenforderung aufrechnen können (§ 387 BGB, vgl. Kap. 4.8.4.3). Nach Erklärung der Aufrechnung gegenüber dem Insolvenzverwalter sind Sie dann in Höhe Ihrer Gegenforderung von der Zahlungspflicht befreit (§ 389 BGB, §§ 94 ff InsO).

Aufrechnung

5.8.4.4   Geschäfte mit dem Insolvenzverwalter

Muss der Insolvenzverwalter für die *Unternehmensfortführung* noch Waren oder Materialien zukaufen, oder will er gemietete bzw. geleaste technische Geräte oder Maschinen weiter für den Betrieb nutzen, so sind die daraus entstehenden *Verbindlichkeiten Masseschulden*. Diese Verbindlichkeiten sind aus der *Insolvenzmasse* zu 100 %, d. h. *voll* zu *bedienen* (§ 55, Abs. 1, Nr. 1 InsO). Gleiches gilt, wie bereits ausgeführt, auch für die vom Schuldner abgeschlossenen gegenseitigen Verträge, die der Verwalter erfüllen will (§ 55, Abs. 1, Nr. 2 InsO). Dabei ist der Verwalter grundsätzlich persönlich dafür verantwortlich, dass die Masse hierfür genügend Substanz hat. Andernfalls macht sich der *Insolvenzverwalter* gegenüber den Massegläubigern *schadensersatzpflichtig*, soweit er nicht beweisen kann, dass für ihn die spätere Masseunzulänglichkeit nicht erkennbar war (§ 61 InsO).

**Masse-
verbindlichkeit**

**Persönliche
Haftung des
Insolvenzverwalters**

Demnach können Sie als Gläubiger grundsätzlich ohne große Bedenken entsprechende Geschäfte mit dem Insolvenzverwalter eingehen.

5.8.4.5   Anfechtung nachteiliger Geschäfte
durch den Insolvenzverwalter

Im Interesse der *Gleichbehandlung* aller *Insolvenzgläubiger* ist es nicht hinnehmbar, wenn einzelne Gläubiger von dem bereits insolvenzreifen Schuldner Leistungen empfangen und dadurch die spätere *Masse verkürzt* wird, weil dieser sich schon in der Krise befindet. Diese dem Gläubiger gewährten *ungerechtfertigten Vergünstigungen*, wie etwa eine Zahlung oder sonstige Leistung, können dann vom Insolvenzverwalter später angefochten werden, mit der Folge,

**Leistungen durch
insolvenzreifen
Schuldner**

dass der betreffende Gläubiger den Vermögensvorteil an die *Masse zurückgeben* muss (§§ 129 ff InsO). Die einzelnen Tatbestände der Insolvenzanfechtung sind aber in ihrer rechtlichen Struktur viel zu komplex, als dass sie sich in Kürze allgemein verständlich darstellen lassen. Deshalb sind im Folgenden die wichtigsten Punkte herausgegriffen:

Bargeschäfte sind nicht anfechtbar

Nicht anfechtbar und damit *insolvenzfest* sind sog. *Bargeschäfte*, also Geschäftsverträge, die im verkehrsüblichen Umfang sofort abgewickelt werden. In der Bundesrepublik Deutschland wird die Einräumung eines Zahlungsziels bis zu 14 Tagen, wirtschaftlich gesehen, von der Rechtsprechung noch als Bargeschäft akzeptiert (§ 142 InsO; BGHZ 150, S. 131). Kritisch wird es für Sie als Lieferant oder Dienstleister nur, sofern Sie dem späteren Insolvenzschuldner ein *längeres Zahlungsziel* einräumen und dieser die Zahlung später als vier Wochen nach Lieferung, aber innerhalb der letzten drei Monate vor dem Antrag auf Eröffnung des Insolvenzverfahrens vorgenommen hat. Dann kann diese Zahlung als *kongruente Deckung* angefochten werden, wenn zu diesem Zeitpunkt der Schuldner schon zahlungsunfähig war und dem Gläubiger verdächtige Umstände bekannt waren, die zwingend auf die Zahlungsunfähigkeit schließen lassen (§ 130 InsO). Noch leichter anfechtbar als sog. *inkongruente Deckung* sind vorzeitige Zahlungen, die mit oder ohne Druck des Gläubigers in dieser Krisenzeit erfolgen (§ 131 InsO).

Anfechtbar ist kongruente und inkongruente Deckung

5.8.5   Hinzuziehung eines Fachanwalts für Insolvenzrecht

Erhebliche Zahlungen aus Masse

Die Einschaltung eines *Fachanwaltes für Insolvenzrecht*, der Ihre Interessen im Insolvenzverfahren wahrnehmen soll, lohnt sich für Sie nur, wenn Sie im Hinblick auf Ihre *gesicherte Forderung erhebliche Zahlungen* aus der Masse erwarten können oder wenn der Insolvenzverwalter von Ihnen Rückzahlung bzw. Rückgabe wegen *Insolvenzanfechtung* verlangt. Bestreitet also der Insolvenzverwalter den Bestand Ihres angezeigten Sicherungsrechtes, drohen Sie in den Status eines ungesicherten Gläubigers zu fallen, der sich mit der üblichen Deckungsquote von ca. 5 bis 10 % zufrieden geben muss.

Dass die Hinzuziehung eines Fachanwaltes nur in diesen Sonderfällen sinnvoll ist, hat seinen Grund in der Höhe der Gebühren: Die Gebühren des Rechtsanwaltes berechnen sich nach der Höhe der angemeldeten Forderung und nicht nach der von dem Insolvenzverwalter errechneten ausgeschütteten Deckungsquote.

> **Beispiel:**
> *Sie besitzen gegen den Insolvenzschuldner eine Forderung in Höhe von 100.000 €, die aber unbesichert ist. Der Insolvenzverwalter zahlt Ihnen später 10.000 € bei einer Deckungsquote von 10 % aus. Beauftragen Sie*

nun einen Fachanwalt für Insolvenzrecht mit der Wahrnehmung Ihrer Interessen im Insolvenzverfahren, so berechnen sich seine Gebühren auf der Basis der angemeldeten Forderung in Höhe von 100.000 €, sodass diese über die Hälfte des ausgeschütteten Betrages aufzehren.

5.8.6 Stornierungsvorbehalt bei Insolvenz des Schuldners

Wegen der mit der Insolvenz verbundenen Unsicherheiten und nicht unerheblichen geschäftlichen Risiken liegt es nahe, dass der andere Geschäftspartner an der Fortführung des Vertrages kein Interesse mehr hat und deshalb aus dem Vertrag aussteigen will. Die rechtliche Problematik solcher *Stornierungsklauseln* besteht nun darin, dass dadurch das *Wahlrecht* des *Insolvenzverwalters*, zwischen Erfüllung und Nichterfüllung entscheiden zu können, *nicht ausgehöhlt* werden darf. Konsequenterweise erklärt das Gesetz Vereinbarungen, die im Voraus dieses Wahlrecht des Insolvenzverwalters direkt beschränken, für unwirksam, weil dadurch die wirtschaftlich erwünschte Betriebsfortführung durch den Insolvenzverwalter erschwert oder gar verhindert wird (§ 119 InsO). Im Hinblick auf die einschlägigen gesetzlichen Bestimmungen stellt sich aber die Rechtslage für Austauschverträge und Dauerschuldverhältnisse unterschiedlich dar.

Wahlrecht des Insolvenzverwalters als Schranke

5.8.6.1 Austauschverträge

Wie bereits erwähnt, kann der Insolvenzverwalter bei gegenseitigen, bis zur Verfahrenseröffnung beiderseits noch nicht voll erfüllten Verträgen zwischen Erfüllung und Nichterfüllung wählen (vgl. Kap. 5.8.4.2.1). *Lösungsklauseln* in Gestalt eines *Rücktritts-* oder *Kündigungsrecht* enthalten aber nur eine mittelbare Beschränkung des Wahlrechts und sind deshalb zwischen Unternehmen *grundsätzlich* zulässig. Sie bieten einen ausreichenden Schutz aber nur, wenn die eigene Leistung noch nicht erbracht worden ist. Danach ist es zu spät, weil der insolvente Schuldner und damit auch der spätere Insolvenzverwalter die Verfügungsgewalt erlangt, die ihm nicht mehr entzogen werden darf. Im Falle von *Vorleistungen* muss deshalb auf *andere Sicherungsrechte*, wie den Eigentumsvorbehalt, zurückgegriffen werden.

Lösungsrecht bis zur Vertragsausführung

Insolvenzschutz

»Beide Vertragsparteien können jederzeit vom Vertrag zurücktreten, wenn der andere Teil insolvent wird, vor allem, indem er seine Zahlungen einstellt oder ein Insolvenzverfahren gegen ihn beantragt wird und das Gericht einen vorläufigen Insolvenzverwalter einsetzt oder den Antrag mangels Masse ablehnt. Ein Rücktrittsrecht besteht jedoch nicht, sofern dem insolventen Schuldner der Vertragsgegenstand bereits überlassen worden ist.«

Klauselvorschlag

5.8.6.2   Dauerschuldverhältnisse

Kündigungssperre   Bei Dauerschuldverhältnissen besteht zudem eine *gesetzliche Kündigungssperre* wegen eines schon bereits bei Stellung des *Eröffnungsantrags* vorliegenden Zahlungsverzugs. Insofern kann auch nicht mehr gekündigt werden (§ 112, Nr. 2 InsO). Diese Bestimmung ist ebenfalls durch vertragliche Vereinbarungen nicht abänderbar (§ 119 InsO).

Damit sind die bisher in Dauerschuldverhältnissen üblichen Kündigungsklauseln nur noch eingeschränkt wirksam. In Anlehnung an den gesetzlichen Regelungsgedanken dürfte eine *Vertragsbeendigung*, sei es durch Rücktritt oder Kündigung, ab Stellung des Eröffungsantrags bei Miet-, Pacht- oder Leasingverträgen, wenn das *Mietobjekt* oder *Leasinggut* bereits dem Mieter bzw. Leasingnehmer *überlassen* worden ist, nicht mehr in Betracht kommen. Die Frage bedarf aber noch im Einzelnen der Klärung durch die Rechtsprechung.

6 Schadensersatz bei schuldhafter Pflichtverletzung

Erfüllt einer der Geschäftspartner seine Vertragspflichten nicht, so führt dies in den meisten Fällen zu Vermögensnachteilen der Gegenseite. Das bedeutet, eine *Pflichtverletzung* verursacht typischerweise einen Vermögensschaden. Demzufolge ist der Anspruch auf *Schadensersatz* der zweitwichtigste vertragliche Anspruch neben dem auf die vertragliche Leistung. Anders als der vertragliche Erfüllungsanspruch ist der Schadensersatzanspruch typischerweise *konfliktträchtig*: Wird nämlich der entstandene Schaden nicht durch eine Versicherung ausgeglichen, kommt es zwischen den Geschäftspartnern oft zu Meinungsverschiedenheiten über die Ursache, die rechtliche Verantwortung und die Höhe des entstandenen Schadens. Diese Konflikte können i.d.R. nur mit kompetenten *Fachanwälten* beigelegt werden.

Um die aus solchen Geschäftsverträgen entstehenden *Schadensrisiken* realistisch abzuschätzen und adäquat zu versichern, muss man den Rahmen der eigenen rechtlichen Verantwortung kennen. Hinzu kommt, dass die maßgebenden Gesetzesvorschriften in bestimmtem Umfang durchaus offen für eine *interessengerechte Vertragsgestaltung* sind, weil die Beteiligten zu ihrem Vorteil an den Stellschrauben der rechtlichen Verantwortung und der Höhe des zu ersetzenden Schadens drehen können. Deshalb sollte jeder Unternehmer auch wissen, wo die *Grenzen* der rechtlich zulässigen *Risikoverlagerungen* liegen. **Interessengerechte Vertragsgestaltung**

Ähnliche Sorgfaltspflichten, deren schuldhafte Verletzung eine Schadensersatzpflicht auslösen, sind bereits vor Vertragsabschluss in der Phase der Geschäftsanbahnung nach den Regeln des *Verschuldens beim Vertragsabschluss* zu beachten (vgl. Kap. 2.4).

Auch *außerhalb* von *Geschäftsbeziehungen* trifft jeden Hersteller und abgeschwächt Händler von Produkten gegenüber dem gewerblichen Endabnehmer eine gesetzliche Produkthaftung für Körper- und Sachschäden, sofern sie fehlerhafte Produkte in den Verkehr gebracht und dabei ihre Verkehrssicherungspflichten verletzt haben (§ 823 Abs. 1 BGB, vgl. Kap. 6.4.1). Das ist indes nur der Fall, wenn sie nicht innerhalb der Grenzen des technisch Möglichen und wirt- **Gesetzliche Produkthaftung** schaftlich Zumutbaren in ihrem Betrieb dafür gesorgt haben, dass der Endabnehmer keine Gesundheits- oder Sachschäden erleidet (BGH NJW 2007, S. 762).

6.1 Nachweis der Pflichtverletzung durch geschädigten Gläubiger

Die rechtliche *Grundregel* besagt nun, dass Sie *Vermögensschäden*, die Ihrem Geschäftspartner durch ein pflichtwidriges Handeln entstehen, ersetzen müssen, wenn Sie die *Pflichtverletzung*, insbesondere durch schuldhaftes Verhalten (§ 276 BGB), zu *vertreten* haben (§ 280, Abs. 1, Satz 1 BGB).

Pflichtwidriges Verhalten

Pflichtwidrig ist dabei jedes Handeln, wenn der Vertrag nicht punktgenau erfüllt wird, gleichgültig ob es sich um Leistungs- oder Nebenpflichten handelt. Das Spektrum der verschiedenen Pflichtverletzungen ist im vorigen Kapitel beschrieben worden. Dabei obliegt es nun der *geschädigten Vertragspartei* als Gläubiger nachzuweisen, dass die andere Seite eine solche Pflichtverletzung begangen hat (siehe Abbildung 6.1). Insofern wird zwischen erfolgsbezogenen *Leistungspflichten* und bloßen *Verhaltenspflichten* unterschieden. Für erstere genügt der Beleg der Tatsache, dass die Leistung nicht bzw. nicht wie geschuldet erbracht wird (BGH NJW 2006, S. 986). Bei den verhaltensbezogenen Schutz- und Obhutspflichten dagegen ist konkret der Verstoß gegen eine Sorgfaltspflicht darzulegen und zu beweisen (BGH NJW 2006, S. 2262).

Leistungs- und Verhaltenspflichten

Begehen einer Pflichtverletzung	Ohne Rechtfertigung	Vertretenmüssen der Pflichtverletzung	Hervorrufen eines Schadens
vertragswidrige Erfüllung einer • Leistungspflicht • Nebenpflicht	keine Notsituation • Notwehr • Notstand	vermutetes schuldhaftes Verhalten • Vorsatz • Fahrlässigkeit	Personenschaden • Körperverletzung • Gesundheitsbeeinträchtigung
durch • Unternehmer • Organvertreter • Erfüllungsgehilfen		**Erweiterte Haftung** • Übernahme eines Beschaffungsrisikos • Garantie	Vermögensschaden • Sachschaden • Sonstiger Vermögensschaden

Abb. 6.1: Schadensersatz wegen Pflichtverletzung

6.2   Verantwortlichkeit des Schuldners

Steht die *Pflichtverletzung fest,* so ist die pflichtwidrig handelnde Vertragspartei als Schuldner erst dann zum Ersatz des dadurch entstandenen Vermögensschadens verpflichtet, wenn sie diese zu vertreten hat. Das lässt sich mit Verlässlichkeit nur beurteilen, wenn man die gesamten Handlungsabläufe im schuldnerischen Unternehmen kennt. Den dazu notwendigen Einblick besitzt aber typischerweise der außenstehende geschädigte Gläubiger nicht. Um zu verhindern, dass der *pflichtwidrig handelnde Unternehmer* von den Beweisnöten des geschädigten Geschäftspartners profitiert, hilft das Gesetz dem geschädigten Gläubiger mit einer Beweiserleichterung. Danach ist von einem *Vertretenmüssen* des schuldnerischen Unternehmens so lange in widerlegbarer Weise auszugehen, bis dieses den *Gegenbeweis* führt. Dabei sind an den *Entlastungsnachweis* keine übertriebenen Anforderungen zu stellen. Ausreichend hierfür ist der Nachweis, dass der Schuldner die als Ursachen für den Schadenseintritt typischerweise in Betracht kommenden Umstände nicht zu vertreten hat. Rein abstrakte Möglichkeiten, für die es konkret keine Anhaltspunkte gibt, müssen nicht widerlegt werden (BGH NJW 2006, S. 2263). Das leistungspflichtige Unternehmen kann diese *Beweislast* in seinen AGB *nicht* einseitig dem Geschäftspartner als *Kunden zuschieben*, weil eine derartige Klausel das AGB-Rechts nach § 309, Nr. 12a BGB auch im unternehmerischen Geschäftsverkehr untersagt und unwirksam ist (BGH NJW 1996, S. 1538).

Verschulden wird widerlegbar vermutet

> Verzichten Sie deshalb in Ihren AGB auf jedwede Regelung, die die Beweislast des Vertretenmüssens bei Pflichtverletzungen der Gegenseite zuschiebt!

Tipp

6.2.1   Regelmäßiges Vertretenmüssen: Vorsatz und Fahrlässigkeit

Ohne zulässige abweichende vertragliche Regelung hat das pflichtwidrig handelnde Unternehmen jedes schuldhafte Verhalten des Unternehmers selbst und aller Personen zu verantworten, die als seine Erfüllungsgehilfen gehandelt haben.

Vorsatz und Fahrlässigkeit als schuldhaftes Verhalten

Vorsatz liegt bei einer bewussten und willentlichen Schädigung vor. Dazu ist aber nicht eine absichtliche Schadenszufügung als *direkter Vorsatz* notwendig, sondern es reicht aus, dass die vertragswidrig handelnde Partei in voller Kenntnis der Umstände die Vermögens-

Vorsatz

nachteile der anderen Seite zwar nicht unbedingt anstrebt, sondern billigend in Verfolgung anderer Zwecke in Kauf nimmt – sog. *bedingter Vorsatz* (vgl. BGH NJW 1986, S. 182).

Abgesehen von Schmiergeldzahlungen oder Diebstahl oder Betrug durch Beschäftigte, dürften solche Fälle in der Praxis aber selten sein.

Fahrlässigkeit   Meistens beruht ein Schadensersatzanspruch auf fahrlässigem Verhalten. *Fahrlässigkeit* bedeutet die Außerachtlassung der im Verkehr gebotenen Sorgfaltspflicht (§ 276, Abs. 2 BGB). Bedeutsam ist wegen der weit verbreiteten Haftungsbeschränkungsklauseln in AGB die Unterscheidung zwischen

- *leichter Fahrlässigkeit*, die Haftung kann ausgeschlossen werden und
- *grober Fahrlässigkeit*, da ist keine Haftungsbeschränkung möglich (§ 309, Nr. 7b BGB).

Grobe Fahrlässigkeit   Unter *grober Fahrlässigkeit* versteht man – *objektiv* betrachtet – einen besonders schweren Verstoß gegen die zu erwartende Sorgfalt, der deshalb *subjektiv* schlechthin unentschuldbar ist. Die betreffende Person hat ganz nahe liegende Überlegungen nicht angestellt und dasjenige unbeachtet gelassen, was unter den gegebenen Umständen jedem einleuchten musste (BGH NJW 1994, S. 2094). Vorsatz und **Grobes Verschulden**   grobe Fahrlässigkeit werden unter dem Begriff *grobes Verschulden* zusammengefasst.

Die *Grenzlinien* zwischen den verschiedenen Formen der Fahrlässigkeit sind aber recht vage, sodass leichte Fahrlässigkeit oder grobe Fahrlässigkeit sich nicht immer eindeutig voneinander trennen lassen (BGHZ 129, S. 163). Letztendlich obliegt im Streitfall die zu treffende Einzelfallentscheidung dem zuständigen Gericht.

6.2.2   Zurechenbares Verhalten: Haftung für Erfüllungsgehilfen und Organe

Unselbstständige und selbstständige Erfüllungsgehilfen   Unternehmen haften nicht nur für Fehler des Inhabers, sondern auch für das *Verschulden* aller Beschäftigten, unabhängig von ihrer Stellung und sonstigen Personen, die in ihrem Auftrage und mit ihrer Billigung tatsächlich als *Hilfspersonen* in die *Vertragsabwicklung* eingeschaltet sind (BGH WM 1998, S. 1791). Das können auch selbstständige Unternehmen als Subunternehmer sein (BGH NJW 1993, S. 1705). Die genannten Personen gelten als *Erfüllungsgehilfen* des jeweiligen Unternehmers. Für das inkorrekte Verhalten der eigenen Erfüllungsgehilfen muss jede Vertragspartei im Schadensfalle genauso einstehen wie für eigenes Verschulden (§ 278 BGB). Dieses be- **Verantwortlichkeits-** griffliche weite Verständnis der Rechtsfigur des Erfüllungsgehilfen **ketten** eröffnet die Bildung von längeren *Verantwortlichkeitsketten*.

Beispiel:

Demnach ist also der Subunternehmer Erfüllungsgehilfe des Generalunternehmers. Macht nun der Arbeitnehmer des Subunternehmers einen Fehler, so haftet über eine doppelte Zurechnungskette dafür auch der Generalunternehmer, weil er für das Verschulden des Subunternehmers einzustehen hat, der wiederum in der gleichen Weise für den Fehler seines Arbeitnehmers gerade stehen muss. Das bedeutet, dass der Arbeitnehmer des Subunternehmers der Erfüllungsgehilfe – Erfüllungsgehilfe des Generalunternehmers ist.

Sind die Unternehmen *juristische Personen* mit eigener Rechtspersönlichkeit, wie Kapitalgesellschaften und Genossenschaften, oder *rechtsfähige Personengesellschaften* (z.B. Personenhandelsgesellschaften), können sie nach außen nur durch ihre vertretungsberechtigten Organe handeln. Daher haben sie selbstverständlich für Fehler ihrer Geschäftsführer, geschäftsführenden Gesellschafter oder Vorstandsmitglieder nach den Grundsätzen der *Organhaftung* gemäß § 31 BGB genauso gerade zu stehen, wie ein Einzelunternehmer für eigenes Verschulden. Das ist insbesondere dann der Fall, wenn die Ursache für den Schaden in einem lückenhaften betriebsinternen Kontrollsystem zu sehen ist, es sich also um einen Fehler im Risikomanagement handelt, für das stets die Leitungsebene die rechtliche Verantwortung trägt. Zum Kreis der rechtsfähigen Personengesellschaften gehört neuerdings auch die unternehmerisch tätige *Gesellschaft bürgerlichen Rechts* (BGH ZIP 2003, S. 665).

— Organhaftung

Das entscheidende Kriterium bei der *Erfüllungsgehilfenhaftung* ist aber das Vorhandensein eines *Zurechnungszusammenhangs* zwischen *Aufgabenkreis* und *Pflichtverletzung* des Firmenmitarbeiters. Die betreffende fehlerhaft agierende Person muss mit dem Willen des leistungspflichtigen Unternehmens bei der Erfüllung einer ihm obliegenden Verbindlichkeit gegenüber dem Vertragspartner als dessen Hilfsperson tätig gewesen sein. Das bestimmt sich nach dem *konkreten Pflichtenkreis* des *Schuldners*, wie er durch den Inhalt des jeweiligen Schuldverhältnisses festgelegt ist (BGHZ 98, S. 334). Hinzu kommt, dass die schuldhafte Handlung des Erfüllungsgehilfen in einem inneren sachlichen Zusammenhang mit der Tätigkeit stehen muss, die ihm der Schuldner im Hinblick auf die Vertragserfüllung zugewiesen hatte (BGH NJW 1993, S. 1705). Dabei ist der innere Zusammenhang mit der Erfüllungshandlung grundsätzlich auch dann gegeben, wenn der Erfüllungsgehilfe seinen Auftrag überschreitet oder seine Befugnisse missbraucht (BGH NJW 1997, S. 1235). *Keine Haftung* trifft das leistungspflichtige Unternehmen für schuldhaftes Verhalten eines Beschäftigten, das dieser nur bei *Gelegenheit* der *Vertragserfüllung* begeht. Das kann aber nur in Fäl-

— Zurechnungszusammenhang: Aufgabenkreis und Pflichtverletzung

Keine Haftung des Unternehmens bei eindeutiger Kompetenzüberschreitung eines Beschäftigten

len eindeutiger Kompetenzüberschreitung angenommen werden (BGH NJW-RR 1989, S. 727).

> **Beispiel:**
> *Geschäftsmann G hat für eine wichtige Geschäftsreise ein kleines Verkehrsflugzeug samt Piloten von P gechartert. P soll den Flug persönlich durchführen. Weil er sich erheblich verspätet, beauftragt er seinen Bordmechaniker B, dies dem G mitzuteilen. Der verärgerte G dringt aber auf pünktlichen Abflug. Deshalb springt B selbst als Pilot ein, obwohl er keine Fluglizenz besitzt. Bei der Landung im Zivilflughafen schlägt das Flugzeug wegen mangelnder Erfahrung von B hart auf, wodurch G einige Blessuren erleidet und sich sofort in ärztliche Behandlung begeben muss. Er kann deshalb den für ihn wichtigen Geschäftstermin nicht wahrnehmen.*
>
> **Lösung:**
> *P ist gegenüber G für das Fehlverhalten von B nach Ansicht des Bundesgerichtshofes nicht verantwortlich, da dieser eigenmächtig ohne jeglichen Auftrag den Flug durchgeführt hat.*

Der Zusammenhang mit der Vertragserfüllung wird aber nicht dadurch unterbrochen, dass der Erfüllungsgehilfe lediglich von den Weisungen des Schuldners abweicht oder in die eigene Tasche wirtschaften will (BGH NJW 1994, S. 3345).

Tipp

> Sie sehen, dass die Frage des inneren Zusammenhangs mit der Vertragserfüllung bei der Erfüllungsgehilfenhaftung schwierig zu beurteilen ist. Sollte die Gegenseite ihre Schadensersatzpflicht mit diesem Argument bestreiten, kann das für Sie nur ein kompetenter und erfahrener Jurist klären.

6.2.3   Haftungsbeschränkungen

In der *Erfüllungsgehilfenhaftung* steckt insbesondere für Unternehmen, die zahlreiche Arbeitnehmer beschäftigen, ein hohes Risiko. Da ist es durchaus verständlich, dass viele Firmen versuchen, diese umfassende gesetzliche Haftung einseitig in ihren AGB zu beschränken. Diesem Bemühen sind aber durch das AGB-Recht erhebliche Grenzen gesetzt. Großzügiger zeigt sich das Gesetz gegenüber vertraglich ausgehandelten Haftungsbeschränkungen (siehe Abb. 6.2). Wirksame *AGB-Haftungsbeschränkungsklauseln* entfalten eine zeitliche *Vorwirkung*, weil sie auch bereits für die vertragsähnliche Haftung des Verschuldens beim Vertragsabschluss gelten (vgl. Kap. 2.4.3.1).

AGB-Freizeichnungsklausel	Einzelvereinbarung
• Unzulässig bei Körperschäden • Zulässig bei Sach- und anderen Vermögensschäden bei leicht fahrlässiger einfacher Pflichtverletzung des Erfüllungsgehilfen • Bei Verletzung wesentlicher Vertragspflichten ist stets vertragstypischer Schaden auch bei einfacher Fahrlässigkeit zu ersetzen	Haftungsausschluss auch bei grober Fahrlässigkeit des Erfüllungsgehilfen möglich

Abb. 6.2: Vertragliche Haftungsbeschränkung

6.2.3.1   AGB-Haftungsbeschränkungsklauseln

Das *AGB-Recht* stellt für einseitige Haftungsbeschränkungsklauseln bei Schadensfällen wegen vertraglicher Pflichtverletzungen ziemlich *strenge Vorgaben* gegenüber Privatverbrauchern als Kunden durch das spezifische Klauselverbot des § 309, Nr. 7 BGB auf. Der darin enthaltene gesetzgeberische Leitgedanke gilt mittelbar über die Generalklausel des Verbots unangemessener Kundenbenachteiligung des § 307 BGB auch für den Geschäftsverkehr zwischen Unternehmen mit geringfügigen Abweichungen gemäß § 310, Abs. 1 BGB (vgl. Kap. 3.5.2.2).

Treten *Körper-* und *Gesundheitsschäden* wegen Verletzung des Lebens, der Gesundheit oder körperlichen Integrität infolge einer schuldhaften Pflichtverletzung auf, so verbietet § 309, Nr. 7a BGB jede Haftungsbeschränkung, weil wegen des besonders hohen Rangs der persönlichen Rechtsgüter von Leben, Leib und Gesundheit eine Freizeichnung schlechthin als unangemessen anzusehen ist.

Keine Haftungsbeschränkung bei Körperschaften

Dagegen ist eine Haftungsbeschränkung für *Sach-* oder andere *Vermögensschäden*, die auf ein schuldhaftes Verhalten des Erfüllungsgehilfen und der gesetzlichen Vertreter zurückzuführen sind, nur im Falle *groben Verschuldens*, also bei vorsätzlicher oder grob fahrlässiger Schädigung nach § 309, Nr. 7 BGB *unzulässig*. Diese Regelung gilt etwas abgeschwächt im unternehmerischen Geschäftsverkehr dahingehend, dass die Haftung wegen einer Pflichtverletzung sich auf den typischerweise eintretenden vorhersehbaren Schaden begrenzen lässt und damit *Exzessschäden* ausgeschlossen sind, weil nur in diesem Rahmen das leistungsanbietende Unternehmen das Schadensrisiko durch eine Haftpflichtversicherung abdecken kann (BGH ZIP 2002, S. 220). Eine besondere Bewertung nimmt die Rechtsprechung für *Verzögerungsschäden* im Verzugsfall vor, wonach der säumige Geschäftspartner seine Haftung auf 5 % des Wertes der eigenen Vertragsleistung begrenzen darf, weil der Besteller dieses

Haftungsbeschränkung bei Vermögensschäden

Schadensrisikos adäquat durch eine Betriebsunterbrechungsversicherung abdecken oder sogar ein Vorratslager ausschalten kann. (BGH NJW 2000, S. 295, vgl. Kap. 5.2.2).

Leichte Fahrlässigkeit

Das bedeutet nun, wenn der *Vermögensschaden* durch lediglich *leichte Fahrlässigkeit* des Erfüllungsgehilfen oder des gesetzlichen Vertreters herbeigeführt worden ist, kann man sich nach § 309, Nr. 7 BGB von der Haftung völlig freizeichnen, mit Ausnahme der zwei in der Generalklausel des § 307, Abs. 2 BGB geregelten Fälle: Sieht die einschlägige *gesetzliche Regelung* eine *zwingende Haftung* des schuldnerischen Unternehmens vor, weil das Haftungsprinzip einen wesentlichen Leitgedanken enthält, so darf eine AGB-Klausel diese gesetzliche Regelung nicht abändern (§ 307, Abs. 2, Nr. 1 BGB).

> **Beispiel:**
> *Unzulässig wäre es demnach, die Haftung für Verzugsschäden, auch wenn diese nur durch einfache Fahrlässigkeit herbeigeführt worden sind, generell auszuschließen.*

Ist der Schaden auf eine *schwerwiegende Pflichtverletzung* zurückzuführen, so würde bei leichter Fahrlässigkeit ein vollständiger Haftungsausschluss die Erreichung des Vertragszwecks entgegen § 307, Abs. 2, Nr. 2 BGB vereiteln oder zumindest gefährden, weil dadurch der berechtigte gesetzliche Anspruch des Geschäftspartners auf Schadensersatz statt Leistung nach §§ 281–283 BGB leer laufen würde (BGH ZIP 2005, S. 1797; vgl. Kap. 5.1.2). Deshalb kann insofern eine *Freizeichnung* nur die *atypischen*, nicht vorhersehbaren und vom Kunden leicht versicherbaren *Schäden* betreffen (BGH DB 1998, S. 2107). Aus dem gleichen Grunde darf, wenn der Kunde anstelle des Schadensersatzes statt Leistung Ersatz der Aufwendungen nach § 284 BGB wählt, ihm dieses gesetzliche Wahlrecht nicht entzogen werden.

Zu weitgehende Haftungsbeschränkungsklausel ist vollständig unwirksam

Aus diesen verschiedenen rechtlichen Bausteinen eine *Haftungsbeschränkungsklausel* zu entwickeln, die im Streitfalle auch vor Gericht Bestand hat, ist angesichts der diffizilen gesetzlichen Vorgaben *nicht leicht*. Bei der Formulierung ist größte Sorgfalt angebracht, weil die vom AGB-Recht gezogenen Grenzen keinesfalls überschritten werden dürfen. Hält nämlich die konkrete Freizeichnungsklausel diesen gesetzlichen Rahmen nicht ein, so ist die gesamte *AGB-Regelung unwirksam*, mit der äußerst unangenehmen Folge, dass das Unternehmen den kompletten Schaden ersetzen muss, auch wenn dieser nur auf leichter Fahrlässigkeit seines Erfüllungsgehilfen beruht. Die Gerichte lehnen es verständlicherweise ab, die anstößige AGB-Bestimmung auf das zulässige gesetzliche Maß zu begrenzen, weil dann die Unternehmen ohne jedes Risiko überschießende AGB-Haftungsbeschränkungsklauseln einsetzen könnten (BGH NJW-RR 1991, S. 661). Dennoch soll hier der Versuch unternommen werden, eine breit einsetzbare Freizeichnungsklausel für den unternehmerischen Geschäftsverkehr zu formulieren, wobei aber wegen der schon angesprochenen unterschiedlichen rechtlichen Maßstäbe zwischen dem Verzugsschaden und den Schäden wegen anderer Pflichtverletzungen unterschieden werden muss.

Haftungsbeschränkung

»1. Kommen wir in Lieferverzug, dann ist unsere Schadensersatzhaftung im Falle einfacher Fahrlässigkeit auf 5 % des Wertes unserer Vertragsleistung begrenzt. Eine verschuldensunabhängige erweiterte Haftung für Zufallsschäden wird generell ausgeschlossen. Weitere Ansprüche des Kunden bleiben unberührt.   Klauselvorschlag

2. Entstehen dem Kunden Sach- oder andere Vermögensschäden durch leichte Fahrlässigkeit unserer Erfüllungsgehilfen oder gesetzlichen Vertreter, übernehmen wir hierfür grundsätzlich keine Haftung. Handelt es sich dabei aber um die Verletzung vertragswesentlicher Pflichten, so gilt dieser Haftungsausschluss nicht. Jedoch beschränkt sich dann unsere Haftung auf den durch die Pflichtverletzung entstandenen vorhersehbaren Schaden, soweit er nicht durch eine dem Kunden zumutbare Versicherung abgedeckt werden kann; Exzessschäden sind ausgeschlossen.

3. Bei einer grob fahrlässigen Verletzung unwesentlicher Pflichten beschränkt sich unsere Haftung auf den Ersatz der vorhersehbaren vertragstypischen Schäden.

4. Soweit nach den vorstehenden Regelungen die Haftung uns gegenüber ausgeschlossen oder begrenzt ist, gilt dies auch für die persönliche Schadenshaftung unserer Organe oder als Erfüllungsgehilfen handelnder Mitarbeiter, Angestellten oder Arbeitnehmer.«

Erläuternde Hinweise

Liegt nur *leichte Fahrlässigkeit* vor, so ist demnach für die Haftung entscheidend, ob es sich um eine Verletzung wesentlicher Vertragspflichten oder um eine unerhebliche Pflichtverletzung handelt. Das hängt auch von dem werbenden Auftreten des leistungsanbietenden Unternehmens ab. Wirbt dieses mit besonderer Fachkunde und erhält deswegen den Auftrag, so darf der Kunde auch auf eine einwandfreie Vertragsleistung vertrauen, mit der Folge, dass das Unternehmen dann im Falle einer Schlechtleistung für jedweden Vermögensschaden des Kunden nach § 307, Abs. 2, Nr. 2 BGB einstehen muss (BGH ZIP 1985, S. 624).

Beispiel:

Ein angesehenes Fachunternehmen für die Errichtung von Klimaanlagen in für EDV-genutzten Büroräumen hat eine derartige Anlage unter Hinweis auf die besondere Eignung für Computergeräte in Geschäftsräumen einer Wirtschaftsprüfungsgesellschaft eingebaut. Aus der Klimaanlage tropfte Wasser durch die Decke über dem Belegleseraum und gelangte in einen Belegleser, sodass ein erheblicher Sachschaden entstand. Die Lieferbedingungen schlossen u.a. lediglich durch leichte Fahrlässigkeit herbeigeführte Schäden, insbesondere an anderen Sachen als dem Liefergegenstand, aus.

Lösung:

Vertragszweck war hier, den Einbau der Klimaanlage fachgerecht durchzuführen, ohne dass die hochempfindlichen Datenverarbeitungsgeräte darunter Schaden nehmen. Der Haftungsausschluss stellte daher nach Ansicht des Bundesgerichtshofes eine unzulässige Aushöhung wesentlicher Vertragspflichten des Installationsunternehmers dar. Entscheidend für die Einstufung als wesentliche Vertragspflicht war dabei, dass der Verwendungszweck – Einbau in den EDV-Raum – dem Installationsunternehmen bekannt gewesen ist und es wegen seiner besonders herausgestellten Fachkunde auch hohes Vertrauen in seine Fähigkeit, eine fehlerfreie Klimaanlage einzubauen, genoss.

Tipp | **Lieferer**

Treten Sie gegenüber Ihren Kunden als versiertes Fachunternehmen auf, dürfen diese deshalb auch stets eine einwandfreie fachliche Leistung des Unternehmens erwarten. Das sollten Sie wegen des hohen Haftungsrisikos nur dann tun, wenn Sie über hinreichend qualifiziertes Fachpersonal verfügen und überdies dieses Schadensrisiko durch eine Produkthaftpflichtversicherung adäquat abgedeckt haben.

Die *Einbeziehung* der persönlichen Haftung Ihrer angestellten *Arbeitnehmer* als Erfüllungsgehilfen wirkt sich zu deren Gunsten einschränkend im Rahmen ihrer deliktischen Haftung nach §§ 823 ff BGB, insbesondere wegen Zufügens von Sachschäden aus.

6.2.3.2   Haftungsbeschränkung durch Einzelvereinbarung

Umfassender Haftungsausschluss möglich

Wesentlich weitergehend können Unternehmen ihre Haftung durch *Einzelvereinbarung* sowohl für *grobe Fahrlässigkeit* als auch *vorsätzliches Verhalten* der *Erfüllungsgehilfen* nach §§ 276, Abs. 3, 278 BGB völlig ausschließen, wenn der Geschäftspartner damit einverstanden ist.

Beispiel:

»Die Haftung des Lieferanten aus allen Rechtsgrundlagen vertraglicher und gesetzlicher Art wird ausgeschlossen, soweit nicht ein vorsätzliches Verhalten eines Organs des Lieferanten für die jeweilige Pflichtverletzung ursächlich war.«

Ein derartiges Ansinnen wird bei dem nachfragenden Kunden regelmäßig Zweifel an der Zuverlässigkeit des Lieferers erwecken, stellt dieser damit doch seinem Personal mittelbar ein schlechtes Qualitätszeugnis aus. Deshalb sind solch weitergehende Haftungsbeschränkungen im unternehmerischen Geschäftsverkehr mehr als ungewöhnlich.

Keine derartigen Einwände bestehen aber gegen eine ausgewogene Freizeichnungsvereinbarung, die die Haftung für *fahrlässiges Verhalten* auf eine *Höchstsumme* begrenzt, falls sie das i.d.R. bestehende vertragstypische nicht versicherbare Schadensrisiko des Bestellers oder zumindest einen erheblichen Teil davon abdeckt. Der Höchstbetrag erlaubt es seinerseits den Lieferanten sein Haftungsrisiko zu versichern.

Haftungsbeschränkungsvereinbarung

»1. Gerät der Lieferer in Verzug, ist seine Schadensersatzhaftung bei Fahrlässigkeit auf 5 % des Wertes seiner Vertragsleistung begrenzt. Eine erweiterte Haftung für Zufallsschäden wird generell ausgeschlossen.

2. Im übrigen wird die Haftung aus allen Rechtsgrundlagen vertraglicher und gesetzlicher Art beschränkt auf ... €, soweit nicht ein vorsätzliches Verhalten eines Organs des Lieferers, für die jeweilige Pflichtverletzung ursächlich war.

3. Soweit nach der vorstehenden Vereinbarung die Haftung des Lieferers ausgeschlossen oder begrenzt ist, gilt dies auch für die persönliche Schadenshaftung seiner Organe oder als Erfüllungsgehilfen handelnder Mitarbeiter, Angestellten oder Arbeitnehmer.«

Formulierungsvorschlag

Lieferer

Als leistungsanbietendes Unternehmen sollten Sie aber keinesfalls mit einer vorgefertigten Freizeichnungsklausel in die Verhandlungen einsteigen, sondern dort ganz offen ohne fixen Formulierungsvorschlag das Thema »Haftungsbeschränkung« erörtern.

Anderenfalls laufen Sie in einem späteren Schadensfall Gefahr, dass die Vereinbarung vom zuständigen Gericht mangels Aushandelns als unwirksame AGB-Klausel verworfen wird (vgl. Kap. 3.4.1).

Tipp

6.2.4   Garantie und andere Fälle erweiterter Haftung

Vermag das leistungspflichtige Unternehmen als Schuldner nicht zu liefern oder besitzt das vertragliche Produkt nicht die vereinbarte Qualität, so kann der *Lieferer* für die aus dieser Pflichtverletzung entstehenden Vermögensschäden des Geschäftspartners dennoch die *rechtliche Verantwortung* tragen, auch wenn ihn hieran *kein Schuldvorwurf* trifft. Das hat entweder seinen Grund in einer besonderen Beschaffungspflicht des leistungspflichtigen Unternehmens oder wenn er seinem Geschäftspartner eine einwandfreie vertragliche Leistung garantiert hat (§ 276, Abs. 1, Satz 1 BGB).

Verschuldensunabhängiges Beschaffungsrisiko

Vielfach ist das leistungspflichtige Unternehmen zur Herstellung des vertraglichen Produktes auf die Belieferung durch andere Firmen angewiesen. Dann trägt es das sog. *verschuldensunabhängige Beschaffungsrisiko*. Jeder Produzent oder Händler übernimmt mit dem Vertragsabschluss zugleich auch die Gewähr dafür, dass sich die für die Produktherstellung notwendigen Materialien oder Waren auf dem Markt beschaffen lassen. Diese verschärfte Haftung kommt vor allem dann zum Tragen, wenn das *Unternehmen* von seinen *Vorlieferanten* unerwartet *im Stich gelassen* wird. Berechtigterweise kann aber der Besteller nur erwarten, dass das Leistungsunternehmen alle notwendigen Schritte unternimmt, um den Vertrag mit dem Gläubiger korrekt erfüllen zu können, d. h. rechtzeitig mit den Vorlieferanten in ausreichendem Umfang entsprechende Deckungsgeschäfte tätigt. Bleibt die Lieferung aus, kann sich der Händler oder Hersteller durch einen sog. *Selbstbelieferungsvorbehalt* schützen, indem er sich für diesen unerwarteten Fall ein Rücktrittsrecht einräumt (vgl. Kap. 4.3.3).

Beschaffenheitsgarantie

Ist es für den Abnehmer wichtig, dass die ihm gelieferte *Ware* eine *besondere Qualität* aufweist, weil er sie in seinem Betrieb weiterverarbeiten will, so kann er sich das Vorhandensein dieser genauer im Vertrag zu spezifizierenden Eigenschaften von dem Produkthersteller ausdrücklich garantieren oder zusichern lassen. Durch eine *Beschaffenheitsgarantie* verpflichtet sich der Lieferer, jeden Vermögensschaden zu ersetzen, den sein Kunde auch dadurch erleidet, dass die Waren diese Qualitätsanforderungen nicht erfüllen. Vor allem beim Warenkauf könnte diese Situation auftreten (vgl. Kap. 8.9.2).

6.3   Schadensbegriff und Schadensumfang

Steht fest, dass die pflichtwidrig handelnde Partei grundsätzlich den der anderen Seite entstandenen Schaden ersetzen muss, ist zu ermitteln, wie *hoch* der entstandene *Schaden* ist und auf welche Art und Weise der *Schadensausgleich* zu erfolgen hat. Das ist in der Praxis nicht immer einfach, steckt doch der Teufel im wahrsten Sinne des Wortes im Detail. Als geschädigter Vertragspartner müssen Sie dazu Ihrem Rechtsberater die entsprechenden Fakten liefern, damit sie dieser juristisch entsprechend aufbereiten kann. Ferner sind Sie als Geschädigter auch verpflichtet, den entstandenen *Schaden* so *gering* wie möglich zu *halten*. Ansonsten müssen Sie wegen Mitverschuldens gemäß § 254, Abs. 2 BGB eine Anspruchskürzung hinnehmen, vgl. Kap. 6.3.3 (siehe Abbildung 6.3).

Schadensarten		Schadensausgleich	
Natural-restitution	**Geldausgleich**	**Schadens-umfang**	**Vermögens-güter**
• Sachschaden: Reparaturkosten • Personen-schaden: Heilbehandlungs-kosten • Entgangener Gewinn als Schadensposten	• Irreparabler Sach- oder Personen-schaden • Zu aufwändige Reparatur • Schmerzensgeld bei Personen-schaden	• Einfacher Schadensersatz neben Vertrags-erfüllung • Schadensersatz statt Leistung in Geld etc.	• Personen-schaden – Körper-verletzung – Gesundheits-beeinträchti-gung • Sachschaden • Sonstiger Ver-mögensschaden
ggf. **Kürzung** oder gar **Verlust** des Schadensersatzanspruches bei **Mitverschulden**			

Abb. 6.3: Schadensausgleich und Schadensarten

6.3.1   Regeln für den Schadensausgleich

Gemäß BGB setzt der Gesetzgeber den *Schadensbegriff* (= Gesamtheit aller vermögenswerter Nachteile) als bekannt voraus und stellt im Wesentlichen nur ein paar allgemeine Regeln für den Schadensausgleich auf. Die grundsätzliche Entscheidung enthält § 249, Satz 1 BGB. Danach hat der zum Schadensersatz Verpflichtete »den Zustand herzustellen, der bestehen würde, wenn der zum Ersatz verpflichtende Umstand nicht eingetreten wäre.« Nach der gegenständlichen Denkweise der Verfasser des BGB soll also die zugefügte Vermögenseinbuße wieder rückgängig gemacht werden, indem der Geschädigte so gestellt wird, als wäre die schadensverursachende Handlung nicht

Schadensbegriff

Naturalrestitution

erfolgt. Diese Regel bezeichnet man als die Wiederherstellung des ursprünglichen Zustandes, in der juristischen Fachsprache als *Naturalrestitution.* In der Praxis erfolgt der Schadensausgleich in einer *Geldentschädigung,* worauf der Geschädigte einen Anspruch bei Personen- oder Sachschäden besitzt (§ 249, Satz 2 BGB). Das stellt auch die einzige Kompensationsmöglichkeit dar, wenn die Wiederherstellung des früheren Zustandes nicht möglich ist oder zur Entschädigung des Gläubigers nicht ausreicht (§ 251, Abs. 1 BGB).

Geldentschädigung

> **Beispiel:**
> *Der typische Fall ist die Beschädigung eines Kfz durch einen Unfall, weil neben der Reparatur das Auto als »Unfallwagen« eine Wertminderung erleidet, die deshalb noch zusätzlich in Geld auszugleichen ist.*

Des Weiteren hat der für den Schaden Verantwortliche das Recht auf Geldentschädigung, sofern die Herstellung nur mit unverhältnismäßig hohen Aufwendungen möglich ist (§ 251, Abs. 2, Satz 1 BGB).

Bei sonstigen Vermögensschäden müsste der Geschädigte dem Schädiger eine *Frist* für die *Wiederherstellung* setzen, nach deren Ablauf er dann ebenfalls Geldersatz fordern könnte (§ 250 BGB). Praktisch ist diese Regelung ohne Belang, da man sich in solchen Fällen ohnehin über einen angemessenen Geldbetrag einigt.

6.3.2 Schadensart und Schadensberechnung

Vermögensschäden

Ersatzfähig sind grundsätzlich nur *Vermögensschäden,* weil diese allein in Geld bewertet werden können. Deshalb gibt es bei *immateriellen Schäden* keinen Ersatz in Geld, sondern es kommt lediglich die Naturalrestition in Frage (§ 253, Abs. 1 BGB).

> **Beispiel:**
> *Wer über einen anderen herabwürdigende Behauptungen aufstellt, ist nach § 249, Satz 1 BGB zum Widerruf verpflichtet. Der Geschädigte kann also nicht fordern, dass stattdessen 10.000 € an ihn oder an eine gemeinnützige Organisation bezahlt werden. Eine solche Geldstrafe kann nur im Strafprozess verhängt werden.*

Schmerzensgeld bei Personenschaden

Eine Ausnahme von dieser Regel stellt aber der Anspruch auf *Schmerzensgeld* dar, wonach bei Verletzung des Körpers, der Gesundheit, der Freiheit oder der sexuellen Selbstbestimmung wegen der zugefügten immateriellen Schäden eine billige Entschädigung in Geld gefordert werden kann (§ 253, Abs. 2 BGB).

6.3.2.1 Schadensberechnung bei Körper- und Gesundheitsschaden

Die Verpflichtung des pflichtwidrig handelnden Geschäftspartners, den ursprünglichen vor Eintritt des Schadens bestehenden Zustand wieder herzustellen, hat bei *Körper- und Gesundheitsschäden* zur Folge, dass die *Heilbehandlungskosten* erstattet werden müssen (§ 249, Satz 2 BGB), wozu die Rechtsprechung auch die Fahrtkosten von Angehörigen für Krankenhausbesuche rechnet (BGH NJW 1991, S. 2341), sowie die Aufwendungen für eine berufliche *Rehabilitation*, insbesondere eine Umschulung (BGH NJW-RR 1991, S. 854). | **Heilbehandlungskosten und Rehabilitation**

Führt die Verletzung zu einer *zeitlich begrenzten Erwerbsunfähigkeit*, so können *Arbeitnehmer* als Schaden ihre Bruttobezüge einschließlich der Arbeitgeberanteile zur Sozialversicherung (BGH NJW 1995, S. 390) sowie ihr anteiliges Urlaubs- und Weihnachtsgeld (BGH NJW 1994, S. 2296) erheben. Dagegen berechnet sich der Verdienstausfall von *Unternehmern* nicht nach dem Gehalt einer angestellten Ersatzkraft, sondern nach der konkret anhand des Betriebsergebnisses festzustellenden Gewinnminderung, wobei hierfür der erzielte Durchschnittsgewinn aus den letzten Jahren vor dem Schadensereignis zugrunde zu legen ist (BGH NJW 2001, S. 1640). Kommt es zu einer dauerhaften *erwerbsmindernden Behinderung*, steht dem Verletzten auch eine angemessene *Geldrente* oder auch eine *Kapitalabfindung* zu, wie sich aus den klarstellenden speziellen Schadensersatzbestimmungen des Deliktsrechts nach §§ 842, 843 BGB ergibt (BGHZ 26, S. 77). Im Falle der *Tötung* eines Menschen schließt das auch die Zahlung der *Beerdigungskosten* und einer *Unterhaltsrente* an unterhaltsberechtigte Hinterbliebene des Getöteten ein. Zu den ersatzpflichtigen Aufwendungen gehören auch die durch das Schadensereignis erforderlich gewordenen Rechtsverfolgungskosten, namentlich die für die Hinzuziehung eines Rechtsanwaltes. Das trifft zu, wenn die *Rechtsanwaltskosten* aus der Sicht des Geschädigten zur Wahrnehmung seiner Rechte notwendig und zweckmäßig waren. | **Erwerbsunfähigkeit** ... **Dauerhafte Behinderung** ... **Tötung**

Zu ersetzen sind dem Geschädigten aber auch *fehlgeschlagene Aufwendungen*, wenn er infolge des schädigenden Ereignisses eine geldwerte Nutzmöglichkeit nicht wahrnehmen kann (OLG München NJW-RR 1986, S. 964). | **Nutzlose Aufwendungen**

> **Beispiel:**
> *Geschäftsführer G wird durch das schuldhafte Verhalten des Lieferanten L beim Abladen so schwer verletzt, dass er an einer bereits gebuchten Kreuzfahrt nicht mehr teilnehmen kann.*

Je nach Schwere und den dauerhaften Folgen der Verletzung steht der verletzten Person oder den Erben des Getöteten auch ein ange-

**Schmerzensgeld-
tabellen**

messenes Schmerzensgeld nach § 253, Abs. 2 BGB zu. Der besseren Übersichtlichkeit wegen orientieren sich die Gerichte namentlich bei dauerhaften Verletzungsfolgen, wie dem Verlust von Körper und Gliedmaßen, an sog. *Schmerzensgeldtabellen*, die jedoch nur Richtwerte angeben.

Tipp

> **Lieferer**
>
> Wegen der möglichen extrem hohen Folgekosten bei schwer wiegenden Verletzungen sollte jedes leistungsbringende Unternehmen diese Risiken durch eine angemessene Haftpflichtversicherung abdecken, wenn nach der Vertragsabwicklung mit Personenschäden gerechnet werden muss.

6.3.2.2   Schadensberechnung bei Sachschäden

**Haftpflicht-
versicherung**

Reparaturkosten

Auch Sachschäden sind in den meisten Fällen durch die *Haftpflichtversicherung* abgedeckt. Zum Ausgleich hat der Schädiger den zur Wiederherstellung erforderlichen Geldbetrag zu leisten, sprich die entstandenen *Reparaturkosten* zu ersetzen. Das gilt selbst dann, wenn der Geschädigte die Reparatur selbst durchführt oder auf eine Reparatur verzichtet (§ 249, Abs. 2 BGB). In diesem Fall der *fiktiven Schadensberechnung* kann er die im Reparaturgewerbe typischerweise entstehenden Kosten i.d.R. ohne Mehrwertsteuer verlangen (BGH NJW 2003, S. 2085). Die *Umsatzsteuer* kann nur gefordert werden, wenn sie tatsächlich angefallen ist (§ 249 Abs. 2 Satz 2 BGB). Ersatzfähig können auch *Finanzierungskosten* sein, sofern die Wiederherstellung dem Geschädigten nur durch die Aufnahme eines Bankkredites möglich ist (BGHZ 61, S. 346) und die erforderlichen Rechtsverfolgungskosten (vgl. Kap. 6.3.2.1). Als Geschädigter müssen Sie sich, wenn die beschädigte Sache schon relativ alt war, unter bestimmten Umständen einen *Abzug »neu für alt«* gefallen lassen (BGH NJW 1996, S. 584).

> **Beispiel:**
> *Der typische Fall ist, dass beim Kfz-Unfall ältere Karosserieteile komplett ersetzt werden.*

Heilbehandlungskosten für *verletzte Tiere* sind allerdings ohne jegliche Begrenzung zu erstatten (§ 251, Abs. 2 BGB).

Totalschaden

Ist die Wiederherstellung wegen Verlustes oder *Totalschadens* ausgeschlossen oder nur mit unverhältnismäßig hohem Aufwand möglich, erhält man stattdessen *Wertersatz* gegen Geld in Höhe des Wertes, den die betreffende Sache gehabt hat (§ 251 BGB). Hier muss der Schädiger bei völliger Zerstörung einer Sache den jeweiligen

Zeitwert ersetzen. Bei Verlust eines Tieres ist aber Schadensersatz in Höhe des *Wiederbeschaffungswertes* zu leisten, ohne dass die aufgewandten Ausbildungskosten berechnet werden dürfen (OLG Schleswig NJW-RR 1994, S. 289).

Zeitwert

Für beschädigte Kraftfahrzeuge oder andere industrielle Erzeugnisse hat die Rechtsprechung die Grenze für den *Wiederherstellungsanspruch* noch tiefer gelegt. Er ist nicht erst bei einem unverhältnismäßigen Aufwand und Reparatur entfallen, sondern schon dann, wenn durch die Wiederherstellung wirtschaftlich unvernünftig hohe Reparaturkosten entstehen würden. Von einem solchen *wirtschaftlichen Totalschaden* gehen die Gerichte unter Berücksichtigung des schutzwürdigen Erhaltungsinteresses des Geschädigten dann aus, wenn der Aufwand für eine durchgeführte Reparatur 130 % des Wiederbeschaffungswertes übersteigt (BGH NJW 2007, S. 590). Auch dann muss sich der Geschädigte mit dem jeweiligen *Zeitwert* zufrieden geben. Die Obergrenze lässt sich sicherlich auf andere Sachgüter übertragen. Benutzt der Geschädigte sein unfallbeschädigtes, aber fahrtaugliches und verkehrssicheres Fahrzeug weiter, ist bei der Abrechnung nach den fiktiven Wiederbeschaffungskosten i.d.R. der in einem Sachverständigengutachten für den regionalen Markt ermittelte Restwert in Abzug zu bringen (BGH NJW 2007, S. 1675).

Wiederherstellungsanspruch

Wirtschaftlicher Totalschaden

Kann man infolge des Schadens eine bestimmte Sache nicht mehr nutzen und besitzt dieser Gebrauchsvorteil einen bestimmten wirtschaftlichen Wert, so gehört der *Nutzungsausfall* wie bei Kraftfahrzeugen ebenfalls zum ersatzfähigen Schaden, auch dann, wenn der Geschädigte keinen Mietwagen in Anspruch nimmt (BGH NJW 1992, S. 2884). Wesentlich differenzierter ist der Wegfall der Gebrauchsvorteile anderer Sachen zu sehen. Die Gerichte erkennen Nutzungsausfall nur bei bestimmten Wirtschaftsgütern an, deren ständige Verfügbarkeit für die eigene wirtschaftliche Lebenshaltung des Geschädigten von zentraler Bedeutung ist (BGHZ 117, S. 262).

Nutzungsausfall

> **Beispiel:**
> *Nutzungsausfall für Firmenflugzeug ja, für Privatflugzeug dagegen nicht (OLG Oldenburg NJW-RR 1993, S. 1437).*

Dabei kann die Nutzungsentschädigung gewerblich für Transportzwecke genutzter Fahrzeuge, bei denen ein entgangener Gewinn schwer festzustellen ist, auch pauschal nach der Tabelle von Sanden berechnet werden (OLG Stuttgart NJW 2007, S. 1697).

6.3.2.3   Schadensberechnung bei anderen Vermögensnachteilen

Entgangener Gewinn

Treten andere Vermögensschäden auf, so kommt in der Regel von vornherein eine Naturalrestitution nicht in Betracht, sodass der Ausgleich typischerweise in Geld zu erfolgen hat. Einen wichtigen Schadensposten bildet dabei der *entgangene Gewinn* aus dem konkreten Geschäft aus anderen profitablen Verträgen mit Dritten.

Nutzlose Aufwendungen

Ersatzfähig sind aber auch *nutzlose Aufwendungen*, die der Geschädigte im Vertrauen auf das korrekte Verhalten des Verhandlungs- oder Geschäftspartners gemacht hat, also die Kosten im Zusammenhang mit dem Vertragsabschluss oder der Vertragsabwicklung, wie etwa Inserats-, Verpackungs-, Versendungs-, Fahrt-, Versicherungs- und Gutachterkosten sowie erforderlicher Rechtsverfolgungskosten. Nach einer sog. *Rentabilitätsvermutung* ist bei Unternehmen davon auszugehen, dass diese Kosten bei ordnungsgemäßer Vertragserfüllung wieder erwirtschaftet worden wären (BGH NJW 1999, S. 2269). Man spricht insoweit auch vom sog. *Vertrauensschaden* oder dem *negativen Interesse*. Da sich aber die Ermittlung des Schadens schwierig gestaltet, können ggf. auch *Schadenspauschalen* helfen (vgl. Kap. 6.3.2.3.2).

Vertrauensschaden

6.3.2.3.1   Entgangener Gewinn: konkrete oder abstrakte Schadensberechnung

Sind Unternehmen geschädigt, so liegt der Schaden, insbesondere wenn wegen der Pflichtverletzung Schadensersatz statt Leistung gefordert wird (vgl. Kap. 5.1.2), vielfach in dem entgangenen Gewinn, den sie wegen des schädigenden Ereignis nicht mehr erzielen können. Er ist deshalb selbstverständlich von dem für den Schaden Verantwortlichen nach § 252 BGB zu ersetzen.

Gewinnermittlung

Darunter ist der *Gewinn* zu verstehen, den der Geschädigte ohne das schädigende Ereignis nach dem gewöhnlichen Lauf der Dinge *(abstrakte Berechnung)* oder nach den besonderen Umständen des Einzelfalls *(konkrete Berechnung)* mit Wahrscheinlichkeit gemacht hätte (BGH NJW 2005, S. 3348). Als geschädigter Gläubiger können Sie deshalb wählen, ob Sie einen Schaden konkret oder abstrakt berechnen wollen. Dabei kann die in Anspruch genommene Vertragspartei selbstverständlich entgegenhalten, dass der Geschädigte trotz Pflichtverletzung keine entsprechende Gewinn bringende Geschäfte getätigt hätte. Damit bestreitet sie die Entstehung eines Schadens. Erfolgreich ist sie indes nur, wenn sie dies auch beweisen kann (BGH NJW 1996, S. 311).

Konkrete Schadensberechnung

Im Falle der *konkreten Schadensberechnung* wird das wirtschaftliche Ergebnis, das ohne den schädigenden Umstand eingetreten

wäre, mit dem eines *konkreten Deckungsgeschäfts* verglichen, das
der geschädigte Geschäftspartner tatsächlich vorgenommen hat.

Beispiel:
*Großhändler G kauft bei dem Hersteller H äußerst günstig Waren zu
einem Preis von 100.000 €, die er für 130.000 € weiterverkauft hat. H
kann aber später auch innerhalb der gesetzlich angemessenen Nachfrist
nicht liefern. G tritt deshalb von dem Vertrag zurück und besorgt sich
die Waren bei einem Lieferanten zu einem höheren Preis von 120.000 €
(Deckungskauf).*

Lösung:
*Aus dem Vertrag mit H hätte G einen Gewinn von 30.000 € erzielt. Auf-
grund des Deckungskaufs erhält er jedoch nur 10.000 €. Sein Schaden
beläuft sich demnach auf 20.000 € nebst Zinsen.*

Sollte die Nichterfüllung dem *Geschädigten* auch *Vorteile* bringen, **Vorteilsausgleich**
sind diese bei der konkreten Schadensberechnung nach dem Grund-
satz des sog. *Vorteilsausgleiches* zu berücksichtigen und schadensmindernd anzurechnen, weil der Schaden das ermittelte Gesamter-
gebnis aus allen vermögensmäßigen Auswirkungen darstellt (BGH
NJW 1982, S. 326).

Beispiel:
*K 1 hat von V eine Spezialmaschine erworben, kann diese aber nicht
bezahlen. V tritt deshalb nach erfolgloser Fristsetzung ordnungsgemäß
vom Vertrag zurück (§ 323 BGB) und verkauft die stark nachgefragte
Maschine zu einem höheren Preis an K 2. Verlangt V von K 1 Schadensersatz, muss er sich diesen Mehrertrag als Vorteil auf die Nachteile – Kosten und Zinsverluste – anrechnen lassen.*

Abstrakte Schadensberechnung

Im Geschäftsverkehr zwischen Unternehmen kommt der *abstrakten* **Selbstkosten und**
Schadensberechnung ein erheblich höheres Gewicht zu, entspricht **Vertragspreis**
es doch dem gewöhnlichen Lauf der Dinge, dass Unternehmen gän-
gige Waren zu den marktüblichen Preisen beschaffen und absetzen
können (BGH NJW-RR 2001, S. 985). Der geschädigte Unternehmer
kann daher als abstrakt berechneten Schaden die *Differenz* zwischen
Marktpreis (Selbstkosten) und *Vertragspreis* fordern.

Sind Sie die geschädigte Vertragspartei, ergeben sich bei Geschäf-
ten mit solch marktgängigen Waren für Sie, je nachdem, ob Sie im
Vertrag die Position des Käufers oder Verkäufers innehaben, diverse
Möglichkeiten der abstrakten Schadensberechnung.

Käufer:
Differenz zwischen
Einkaufs- und
Vertragspreis

Der *geschädigte Käufer* hätte die erworbene Ware zu marktüblichen Preisen absetzen können. Er kann deshalb als *Erfüllungsschaden* die Differenz zwischen dem ersparten niedrigeren Vertragspreis und dem höheren Marktpreis für den Einkauf verlangen – sog. *hypothetischer Deckungskauf* (BGH BB 1998, S. 1500).

> **Beispiel:**
> *K kauft Waren für 20.000 € bei V, die er marktüblich für 25.000 € weiterverkaufen kann. V liefert aber nicht. K müsste sich die Waren zu dem höheren Marktpreis von 22.000 € beschaffen. Sein Schaden beträgt demnach 3000 €.*

Verkäufer:
Gewinnspanne

Dem *geschädigten Verkäufer* stehen stets *zwei Varianten* der abstrakten Schadensberechnung offen: i.d.R. wird er die Differenz zwischen dem marktüblichen Einkaufspreis bzw. den durchschnittlichen Herstellungskosten und dem mit dem Käufer vereinbarten Verkaufspreis als Erfüllungsinteresse fordern. Dann entspricht der Schaden seiner *Gewinnspanne*.

> **Beispiel:**
> *Großhändler V hat Waren, die er zu dem marktüblichen Preis von 10.000 € beschaffen kann, für 14.000 € an den Einzelhändler E verkauft. E nimmt aber die Ware nicht ab, weil er sie sich anderweitig billiger beschaffen kann. V kann hier die Differenz von 4000 € fordern, unabhängig davon, ob er die Waren tatsächlich zu einem Preis von 10.000 € eingekauft hat.*

Variable
Herstellungskosten

Stellt der Verkäufer die Waren selbst her, so müssen von dem *Vertragspreis* nur die *variablen Herstellungskosten*, nicht jedoch die fixen Kosten *abgesetzt* werden, sofern die vorhandene Produktionskapazität ausgereicht hätte, um die Vertragsleistung zu erbringen (BGH NJW 2001, S. 3535). Als Verkäufer brauchen Sie sich auch die Vorteile aus dem anderweitigen Verkauf der Ware nicht anrechnen zu lassen, denn es ist davon auszugehen, dass Sie die anderen Käufer bei der Durchführung des Erstvertrages mit anderen Waren beliefert hätten (BGH NJW 1994, S. 2479).

Differenz zwischen
Vertragspreis
und Verkaufspreis

Die zweite Möglichkeit der abstrakten Schadensermittlung besteht in der Berechnung des Unterschiedes zwischen dem *marktüblichen Verkaufspreis* und dem mit dem Käufer ausgehandelten *höheren Vertragspreis* (BGHZ 107, S. 69).

> **Beispiel:**
> *V verkauft Waren mit einem gewöhnlichen Wert von 17.000 € zu einem Preis von 20.000 € an K. Bezahlt K die Waren nicht, ist V demzufolge berechtigt, 3000 € als Erfüllungsschaden geltend zu machen.*

Die zweite Berechnungsmethode wirkt sich bei kleiner oder fehlender Gewinnspanne günstiger aus als die erste.

Beispiel:
*V kauft für 25.000 € Waren ein, die er aber wegen zwischenzeitlicher
Preiseinbrüche nur für 20.000 € an K absetzen kann. K zahlt wiederum
nicht. Der marktübliche Preis ist inzwischen sogar auf 18.000 € gesun-
ken. Nach der ersten Berechnungsmethode ergibt sich überhaupt kein
Schaden, nach der zweiten immerhin ein Schadensbetrag von 2000 €.*

Schwankt der marktübliche Preis erheblich, könnte der geschädigte Vertragspartner auf die Idee verfallen, durch eine geschickte
Wahl des Zeitpunktes für den Vergleich zwischen Vertragspreis und
marktüblichem Preis seine Forderungen nach oben zu treiben. Solche *Spekulationen* sind indes auch ausgeschlossen, weil die Rechtsprechung für den Preisvergleich nur bestimmte Zeitpunkte zulässt:
bei Unmöglichkeit den Tag ihres Eintritts, bei Verzug den Tag der
Mahnung oder den des Ablaufs der Nachfrist (RGZ 149, S. 137).

Bevor Sie eine konkrete Schadensersatzforderung stellen, sollten Sie
sich deshalb mit einem Rechtsanwalt beraten, welche Berechnungsmethode für Sie die günstigere Variante darstellt.

Tipp

Sind Sie Inhaber eines Betriebs und erleiden Sie durch das Verschulden Ihres Vertragspartners so schwerwiegende Verletzungen,
dass Sie längere Zeit arbeitsunfähig werden, so können Sie Ihren
eigenen *Verdienstausfall* aus selbstständiger Arbeit ebenfalls als
entgangenen Gewinn geltend machen. Nach allerdings umstrittener
Rechtsprechung bemisst sich der Schaden nicht nach dem Gehalt für
eine gleichwertige tatsächlich eingestellte Ersatzkraft, sondern ausschließlich nach der anhand des Betriebsergebnisses konkret festzu-
stellenden Gewinnminderung (vgl. Kap. 6.3.2.1).

Verdienstausfall

6.3.2.3.2   Schadenspauschale
Die konkrete Ermittlung des Vermögensschadens kann erhebliche
Mühe bereiten. Deshalb haben viele Firmen in ihren AGB zur *Beweiserleichterung* Pauschalierungsklauseln eingebaut. Dagegen ist
von Rechts wegen nichts einzuwenden. Sie können sich trotz einer
Pauschalierung sogar den Nachweis eines höheren konkreten Schadens vorbehalten. Wirksam sind solche *Schadenspauschalierungs-
klauseln* jedoch nur, wenn die im § 309, Nr. 5 BGB geregelten Vorgaben beachtet werden, die über die Generalklausel des § 307, Abs. 2,

**AGB-Pauschalie-
rungsklausel**

Nr. 1 BGB auch im Unternehmensverkehr gelten (BGH NJW 1994, S. 1068).

Beschränkung auf den typischen Schaden

Danach darf zum einen die Pauschale den *typischen* nach dem gewöhnlichen Lauf der Dinge zu erwartenden *Schaden* nicht übersteigen, wobei hier auf den branchentypischen Durchschnitt abzuheben ist (BGH NJW 1982, S. 331). Dabei hat sich die Klausel an dem *Schadensbegriff* des *BGB* zu orientieren und darf Vermögenspositionen, die wie z. B. Vorsorge- und Bearbeitungskosten nicht erstattungsfähig sind, nicht einbeziehen. Hierzu sind eine Fülle gerichtlicher Entscheidungen zu den jeweiligen Vertragstypen oder Geschäftsarten ergangen. Um Ihnen die Bewertungsgrundsätze der Rechtsprechung zu verdeutlichen, seien die allgemeinen Mahnkosten und die branchenübliche Verzugsschadenspauschale, im Möbel- und Kfz-Handel herausgegriffen.

> **Beispiel:**
> *Wegen des Arbeitsaufwandes sind Mahnkosten nach Eintritt des Verzuges bis zu 15 € statthaft (BGH NJW-RR 2000, S. 719).*
> *Eine Verzugsschadenspauschale ist beim Kauf fabrikneuer Möbel bis zu 30 % des Verkaufspreises (BGH NJW 1985, S. 322), im Kfz-Neuwagenhandel bis zu 15 % (OLG Naumburg NJW-RR 2000, S. 720), im Gebrauchtwagenhandel bis zu 20 % (LG Oldenburg BB 1998, S. 1280) wirksam.*

Nachweis eines niedrigeren Schadens

Unternehmerischen Kunden gegenüber muss die Klausel – anders als bei Privatverbraucher – nicht auf den jederzeit möglichen Gegenbeweis eines niedrigeren Schadens hinweisen. Sie darf aber nicht so gefasst sein, dass aus dem Blickwinkel des Kunden der Nachweis, ein Schaden sei überhaupt oder wesentlich niedriger entstanden, beschnitten wird (BGH NJW 1994, S. 1068).

Tipp

Vermeiden Sie deshalb unter allen Umständen Formulierungen wie »auf jeden Fall«, »mindestens« oder »wenigstens zu zahlen«!

Verstößt eine *Schadenspauschalierungsklausel* in den AGB gegen diese gesetzlichen Maßstäbe, so ist sie im Ganzen unwirksam (BGH NJW 1985, S. 632). Hält sich aber die Pauschalierungsklausel an den gesetzlichen Rahmen, so muss der Kunde, wenn er einen wesentlich *niedrigeren Schaden* geltend macht, also eine Differenz von mindestens 10 % behauptet, diese Umstände voll nachweisen (OLG Koblenz NJW-RR 1993, S. 1080).

6.3.2.4   Anrechnung von Vermögensvorteilen

In bestimmten Fällen kann das *schädigende Ereignis* dem Betroffenen zugleich aber auch *wirtschaftliche Vorteile* bringen. Dann sind
grundsätzlich die Vorteile gegen die Nachteile nach dem Prinzip
der *Vorteilsausgleichung* zu verrechnen, weil es Sinn und Zweck der
Schadensersatzleistung ist, den Verlust des Geschädigten auszugleichen, keinesfalls aber ihn zu bereichern.

Vorteilsaus-
gleichung

In bestimmten Fällen kann aber die *Anrechnung* von *Vermögens-
vorteilen* einen Schädiger *unbillig* entlasten und deshalb dem Zweck
der Schadensersatzpflicht widersprechen. Dann gebietet es der
Grundsatz von Treu und Glauben, von einer Anrechnung bestimmter Vorteile abzusehen. Das gilt für die Kapitalleistung aus einer *Lebensversicherung*, weil ansonsten der Geschädigte die Versicherungs-
beiträge letztendlich zugunsten des Schadensersatzpflichtigen und
nicht, wie von ihm gewollt, zugunsten seiner Angehörigen erbracht
hätte (OLG Köln NJW-RR 1994, S. 956). Die gleiche Interessenlage
besteht für eine *Entschädigungszahlung* aus einer privaten *Unfallversicherung*, aus der Sozialversicherung – gleichgültig ob Rentenversi-
cherung, Krankenversicherung, Unfallversicherung, Arbeitslosenver-
sicherung oder Betriebspensionen – und für Unterhaltsansprüche, die
der erwerbsunfähig gewordene Verletzte gegen Angehörige besitzt.
Auch das *Arbeitsentgelt*, das der Arbeitgeber dem verletzten Arbeitnehmer weiter bezahlen muss, braucht nicht angerechnet zu werden,
genauso wenig, wie eine mit dem Arbeitgeber ausgehandelte Abfindung im Falle der Kündigung (BGH NJW 1990, S. 1360).

Lebensversicherung
und Sozial-
leistungen

6.3.3   Anspruchskürzung bei Mitverschulden
des Geschädigten

Der Schadensersatzanspruch reduziert sich oder fällt sogar ganz
weg, wenn den *geschädigten Vertragspartner* ein *Mitverschulden* an
dem entstandenen Schaden trifft (§ 254 BGB).

Beispiel:
*Unternehmer U hat bei dem Möbelhaus M eine Bürowand bestellt. Als
ein Arbeiter von M die Möbelteile ins Büro von U trägt, stößt er versehentlich an eine auf einem Tisch stehende wertvolle chinesische Vase, die
herunterfällt und auf dem Boden zerspringt. Muss nun der Inhaber des
Möbelhauses M hierfür Schadensersatz leisten?*

Lösung:
*Sollte das Möbelhaus in seinen Allgemeinen Lieferbedingungen die
Haftung für leicht fahrlässiges Verhalten seiner Erfüllungsgehilfen ausschließen, erhält U den Schaden von M nur ersetzt, wenn sich der Arbeiter grob fahrlässig verhalten hat (§§ 309, Nr. 7b, 307, Abs. 2, Nr. 1 BGB).*

Das wird man hier wohl bejahen müssen, weil der Käufer U erwarten kann, dass der Möbelhändler und die von ihm beauftragten Mitarbeiter bei der Anlieferung der Kaufsache besondere Umsicht walten lassen. Andererseits hätte U seine wertvolle Vase auch wegräumen und an einen anderen sicheren Platz stellen können. Ob er sich Mitverschulden vorhalten lassen muss und sein Ersatzanspruch dadurch erheblich gemindert wird, hängt im Wesentlichen davon ab, inwieweit die betreffende Vase in der typischen Gefahrenzone beim Hereintragen der Möbel stand.

Höhe des Mitverschuldens

Über die Höhe des Mitverschuldens und die entsprechende *Minderungsquote* beim Schadensausgleich entscheiden im Streitfall die Gerichte. Unter Berücksichtigung aller relevanten Umstände des Einzelfalls lässt sich die Rechtsprechung von folgenden Grundsätzen leiten: Hat der Schädiger vorsätzlich gehandelt, bleibt regelmäßig ein fahrlässiges Mitverschulden des Geschädigten unberücksichtigt (BGH NJW 1992, S. 311). Bei beidseitiger Fahrlässigkeit erfolgt i.d.R. eine Schadensteilung nach dem Grad des Verschuldens (BGH NJW-RR 1991, S. 1240).

Mitverursachung

Haben Sie den Schaden zwar nicht mitverschuldet, aber mitverursacht (etwa durch den Betrieb eines Fahrzeuges einer anderen Maschine oder durch eine anderweitige Störung als typische Gefahrenquelle), müssen Sie als Geschädigter über die Ihnen zurechenbare *Mitverursachung* (jedenfalls wenn sie als Betreiber eine verschuldensunabhängige gesetzlich auferlegte *Gefährdungshaftung* trifft) ebenfalls mit einer *Schadensminderung* durch die Rechtsprechung in entsprechender Anwendung von § 254 BGB rechnen (BGH VersR 1981, S. 355). Das Schadensteilungsprinzip beruht auf dem Gedanken, dass der Geschädigte für jeden Schaden mitverantwortlich ist, bei dessen Entstehung er in zurechenbarer Weise mitgewirkt hat. Die Gefährdungshaftung wird regelmäßig bei leichter Fahrlässigkeit des anderen nicht ausgeschlossen, wohl aber bei grober Fahrlässigkeit (KG VersR 1993, S. 201).

Schadensabwendungs- oder -minderungspflicht

Von besonderer Bedeutung ist die *Schadensabwendungs*- oder *-minderungspflicht* des Geschädigten als ausdrücklich gesetzlich geregelter Fall des Mitverschuldens nach § 254, Abs. 2 BGB, wobei wiederum ein Unternehmen nachlässiges Verhalten seiner Beschäftigten nach den Grundsätzen der *Erfüllungsgehilfenhaftung* gemäß § 278 BGB zu vertreten hat (vgl. Kap. 6.2.2). Die Schadensminderungspflicht des Geschädigten erstreckt sich aber nur auf die allgemein *üblichen Maßnahmen*, die jeder ordentliche und verständige Mensch zur Abwendung oder Minderung des Schadens ergriffen hätte (OLG Rostock ZIP 2002, S. 429). Dazu gehört auch die *Information* über besonders hohe Schadensrisiken, damit der leistungspflichtige Geschäftspartner, auch besondere Umsicht walten lässt, um einen Schadenseintritt zu vermeiden.

Sind Sachen beschädigt, muss die *beschädigte Sache* vor weiterem Schaden gesichert werden und eine zügige Entscheidung über Reparatur oder Neuanschaffung einer Ersatzsache getroffen werden. Ein *Kredit* zur *Finanzierung* dieser Maßnahmen braucht der Geschädigte i.d.R. nicht aufzunehmen (BGH NJW 1989, S. 290), weil grundsätzlich der Schadensverursacher dies zu finanzieren hat (BGH NJW 2002, S. 2553). Zu den üblichen Maßnahmen zählt auch die Durchführung rechtzeitiger *Deckungsgeschäfte* mit Dritten, um die eigenen Verluste so niedrig wie möglich zu halten (OLG Naumburg BB 2001, S. 380). Im Falle eines *Körperschadens* muss sich der Verletzte auch einer Operation unterziehen, wenn sie einfach und gefahrlos ist, zu keinen besonderen Schmerzen führt, hinreichende Aussicht auf Erfolg verspricht und der Schädiger für die damit verbundenen Kosten und Aufwendungen aufkommt (BGH NJW 1994, S. 1593). Durch eine *Verzögerung* der *Schadensbeseitigung* entstandene *Mehrkosten* rechtfertigen aber die Annahme des Mitverschuldens nur, wenn die Geschädigte voraussehen konnte, dass die Kosten der Schadensbeseitigung schneller steigen, als die allgemeinen Lebenshaltungskosten (BGH NJW-RR 2004, S. 739).

Deckungsgeschäfte

6.4 Vertragliche Schadensersatzansprüche von Beschäftigten und Geschäftspartnern des Gläubigers

Werden durch die Pflichtverletzung die körperliche Unversehrtheit, die Gesundheit oder die Sachgüter anderer Personen verletzt oder beschädigt, so können diese von dem dafür verantwortlichen Unternehmer i.d.R. *keinen Schadensersatz aus Vertrag* fordern, weil sie eben keine Vertragsparteien sind und Verträge nur zwischen den Parteien selbst Rechte und Pflichten begründen. Ihnen stehen lediglich *deliktische Schadensersatzansprüche* aus unerlaubter Handlung nach § 823 ff BGB zu, die aber enger gefasst sind als die vertragliche Schadensersatzpflicht.

Regel: keine vertragliche Haftung

6.4.1 Unbillige Haftungslücken des gesetzlichen Deliktsrechts

Die *Grundregel* des *Deliktsrechts* lautet, dass niemand die körperliche Unversehrtheit, das Leben oder die Freiheit einer anderen Person sowie deren Eigentum oder sonstiges absolutes geschütztes Recht verletzen darf. Andernfalls macht er sich nach § 823, Abs. 1 BGB schadensersatzpflichtig. Anders als im Vertragsrecht haftet aber das

Grundregel des Deliktsrechts

Ausschließbare Haftung für Verrichtungsgehilfen

Unternehmen nicht stets für das *deliktische Fehlverhalten* seiner *Beschäftigten* als *Verrichtungsgehilfen* nach § 831 BGB. Kann die Unternehmensleitung nachweisen, dass sie den Beschäftigten als Verrichtungsgehilfen für den Auftrag sorgfältig ausgewählt und bei der Durchführung kontrolliert hat, so haftet der Unternehmer wegen des gelungenen *Entschuldigungsnachweises* nicht. *Deliktsrechtlich* verantwortlich und *ersatzpflichtig* ist dann allein der handelnde *Arbeitnehmer* oder sonstige Mitarbeiter nach § 823 BGB. Der Entlastungsbeweis misslingt jedoch stets bei Vorhandensein eines fehlerhaften Risikomanagements, weil dann wegen des Organisationsverschuldens der Geschäftsleitung das Unternehmen stets nach den strengen

Strenge Organhaftung

Regeln der *Organhaftung* (§ 31 BGB) bzw. beim Einzelunternehmer der Inhaber persönlich ersatzpflichtig ist.

Diese *Exkulpationsmöglichkeit* wird aber als *unbillig* angesehen, wenn die verletzten oder geschädigten *Personen* dem leistungsberechtigten Geschäftspartner als Gläubiger besonders nahe stehen und deshalb den *gleichen Schadensrisiken*, wie er selbst ausgesetzt sind. Unbillig ist aber auch eine Haftungsbefreiung des verantwortlichen Schädigers bei Sachschäden, wenn der Sacheigentümer, der eigentliche Gläubiger als Anspruchsinhaber, keinen Schaden erleidet, weil wegen einer sog. *Schadensverlagerung* das Schadensrisiko einer seiner Geschäftspartner zu tragen hat. Diese unbefriedigenden *Haftungslücken* hat man durch zwei ähnliche *Rechtsinstitute geschlossen*. Im ersten Fall durch den *Vertrag mit Schutzwirkung zugunsten Dritter*, im zweiten Fall durch die *Schadensliquidation* im *Drittinteresse* (siehe Abbildung 6.4).

Schuldvertrag mit Schutzwirkung zugunsten Dritter	Schadensliquidation im Drittinteresse
• Leistungsnähe des verletzten/geschädigten Dritten • Erkennbarkeit dieses Umstandes für leistungspflichtigen Unternehmer • Verantwortlichkeit des Gläubigers für Unversehrtheit des verletzten/geschädigten Dritten	• Schadensverlagerung von nicht geschädigtem Gläubiger auf dessen Geschäftspartner • durch vertragliche Risikozuweisung
Rechtsfolge Verletzter/Geschädigter Dritte kann wie Gläubiger Schadensersatz wegen Pflichtverletzung verlangen.	**Rechtsfolge** Geschädigter Geschäftspartner kann anstelle des Gläubigers Schadensersatz wegen Pflichtverletzung fordern.

Abb. 6.4: Vertragliche Schadensersatzansprüche nahe stehender Dritter

6.4.2 Vertrag mit Schutzwirkung zugunsten Dritter

Erleidet ein Unternehmer oder eine Gesellschaft als Vertragspartner durch die Pflichtverletzung der Gegenseite, die diese rechtlich zu verantworten hat, einen Vermögensschaden, so muss die pflichtwidrig handelnde Partei diesen selbstverständlich ersetzen. Genau darum ging es bisher in diesem Kapitel.

Zusätzlich können neben dem leistungsberechtigten Unternehmen als *Gläubiger* auch alle diesem *nahe stehenden verletzten* oder *geschädigten Personen* selbst *Schadensersatz wegen Pflichtverletzung* nach §§ 280, Abs. 1, 241, Abs. 2 BGB verlangen, wenn sie in einer für das leistungspflichtige Unternehmen vorhersehbarer Weise mit der vertraglichen Leistung genauso in Berührung kommen wie der eigentliche Vertragspartner selbst. Die Möglichkeit einer derartigen Ausdehnung der vertraglichen Haftung lässt das Gesetz ausdrücklich in § 311, Abs. 3, Satz 1 BGB zu. Danach kann ein »Schuldverhältnis mit Pflichten nach § 241, Abs. 2 auch zu Personen entstehen, die nicht selbst Vertragspartei werden sollen.« Gegenüber besonders nahe stehenden Personen hat nämlich der *Schuldner* die *gleichen Schutz- und Sorgfaltspflichten* zu beachten, wie gegenüber dem anderen Vertragsteil als Gläubiger selbst. Unter diesen Umständen kann jeder *Schuldvertrag* auch entsprechende Schutzwirkungen für die betroffenen Personen entfalten (BGH NJW 1995, S. 1747). Die Juristen sprechen dann in diesem Zusammenhang von einem *Vertrag mit Schutzwirkung zugunsten Dritter.*

Leistungsnähe eines verletzten oder geschädigten Dritten

Beispiel:

Geschäftsführer G der X-GmbH beauftragt den Fliesenleger F, die Treppen vor der Eingangstür des Bürogebäudes auszubessern. Der von F mit der Reparatur beauftragte Geselle verlegt die Platten nicht ganz sauber, sodass sie an einigen Stellen leicht überstehen. Bei der Endabnahme waren diese geringfügigen Unebenheiten für den Fliesenleger F nicht erkennbar. Der Büroangestellte A der X-GmbH übersieht einen solchen Vorsprung, bleibt an ihm hängen und stürzt die Treppe hinunter. Er erleidet Hautabschürfungen, einen Beinbruch und seine Brille wird beschädigt.

Lösung:

Der eigentliche Vertragspartner, die GmbH als juristische Person, kann die Treppe nicht nutzen. Begangen wird sie vielmehr von den Angestellten, sonstigen Arbeitnehmern und dem Geschäftsführer. Deshalb erstreckt sich die Schutzpflicht des Werkvertrages aus §§ 631, 241, Abs. 2, 311, Abs. 3, Satz 1 BGB auch auf sie. Da der Geselle G nicht mit der gebotenen Präzision gearbeitet hat, hat F für das Verschulden seines Erfüllungsgehilfen vertraglich wie für eigenes Verschulden gerade zu stehen (§ 278 BGB). Folglich muss er dem Angestellten A den ihm entstandenen Schaden wegen Pflichtverletzung des Werkvertrages nach §§ 631, 241, Abs. 2, 280, Abs. 1 BGB ersetzen. Eine deliktische Haftung des F aus § 831 BGB für die unerlaubte Handlung des Verrichtungsgehilfen G aus § 823,

> *Abs. 1 BGB wegen des zugefügten Körper- und Sachschadens scheitert an § 831, Abs. 1, Satz 2 BGB, weil sich hier F mit dem Hinweis auf die sorgfaltsgerechte Auswahl von G und dessen hinreichender Beaufsichtigung durch die Endabnahme exkulpieren kann. Hierin zeigt sich eben der Vorteil der vertraglichen Haftung für den verletzten Angestellten A.*

Dabei kann die vertragliche Haftung gegen die *einbezogenen Personen* keinesfalls weiter gehen als gegenüber dem Gläubiger selbst, sodass sich der geschützte Dritte sein Mitverschulden schadensmindernd anrechnen lassen muss (vgl. Kap. 6.3.4). Ebenso greifen die anspruchskürzenden wirksamen *AGB-Haftungsbeschränkungsklauseln* (vgl. Kap. 6.2.3.1).

Arbeitnehmer, Kunden und Familienangehörige des Gläubigers

Das Problem des Rechtsinstituts zur vertraglichen Schutzwirkung zugunsten Dritter liegt in der Abgrenzung des *geschützten Personenkreises,* weil dessen besondere *Leistungsnähe* für den leistungserbringenden Unternehmer als Schuldner prinzipiell *erkennbar* sein muss (BGH NJW 1996, S. 2429), Name und Zahl der zu schützenden Dritten seines Auftraggebers braucht er jedoch nicht zu kennen (BGH ZIP 2004, S. 1814). Dieser betrifft bei Unternehmen hauptsächlich die *Beschäftigten,* bei Privatpersonen auch die in der Wohnung lebenden *Familienangehörigen.* Nach dem Parteiwillen kann man wohl auch bestimmte, nicht zum Unternehmen gehörige Personen, wie *Geschäftskunden,* einbeziehen. Zufällige Besucher und Gäste fallen jedoch nicht darunter. Letztere müssen sich dann mit dem engeren deliktischen Schadensersatzanspruch begnügen (OLG Köln VersR 2001, S. 205).

Sorgfaltspflichten bei Vertragsabschluss

Diese Grundsätze der vertraglichen Haftungsausdehnung gelten auch schon für die *Sorgfaltspflichten* vor und beim Vertragsabschluss nach den Regeln des *Verschuldens beim Vertragsabschluss* (BGH NJW-RR 2003, S. 1035; vgl. Kap. 2.4.3).

6.4.3 Schadensliquidation im Drittinteresse

Schadensverlagerung auf Geschäftspartner

Dem pflichtwidrig handelnden Geschäftspartner als Schadensverursacher soll auch nicht zugute kommen, dass aus seiner *Vertragspflichtverletzung* beim Vertragspartner deswegen zufälligerweise kein Schaden entsteht, weil das finanzielle Risiko auf dessen Geschäftspartner verlagert worden ist (BGH ZIP 1996, S. 1667).

Versendungskauf

Diese Situation tritt hauptsächlich beim sog. *Versendungskauf* auf, wenn die verkaufte Ware während des Transports beschädigt wird oder gar verloren geht. Dennoch hat der Käufer den Kaufpreis nach § 447 BGB zu bezahlen, sodass er und nicht der Verkäufer einen Schaden erleidet. Deliktische Schadensersatzansprüche stehen ihm aber noch nicht zu, weil er noch nicht Eigentümer der Ware geworden ist. Deshalb kann der *Warenempfänger* die Ersatzansprüche, die eigentlich nur der Verkäufer als Auftraggeber besitzt, direkt aus dem *Frachtvertrag* gegen den Frachtführer im eigenen Namen erheben (§ 421, Abs. 1 HGB; vgl. Kap. 8.5.3). Weitere Anwendungsfälle bilden die *Dienstleistungsverträge,* die *Geschäftsbesorgungen* zum Inhalt haben, wenn der von dem Dienstleistungsunternehmen ausgesuchte Geschäftspartner seine Vertragspflichten nicht ordnungsgemäß erfüllt. In solchen Fällen besitzt nur der Dienstleister wegen der Pflichtverletzung Ersatzansprüche, erleidet aber keinen Schaden, da das wirtschaftliche Risiko sein Auftraggeber trägt (BGH NJW 1989, S. 3099; NJW-RR 2001, S. 1612).

Geschäfts-
besorgungsverträge

Die *Lösung* erfolgt nun dahingehend, dass entweder der nicht geschädigte Gläubiger den Schaden seines Vertragspartners beim pflichtwidrig handelnden Schuldner liquidiert oder er seinen Ersatzanspruch ohne den Schaden entsprechend § 285 BGB an seinen geschädigten Geschäftspartner abtritt. Dieser kann dann aus abgetretenem Recht gegen den Schadensverursacher vorgehen. Insofern erfolgt der Schadensausgleich ebenfalls nach den in diesem Kapitel beschriebenen Regeln des vertraglichen Haftungsrechts.

Abtretung des
Ersatzanspruchs

6.4.4   Abgrenzung zwischen beiden Rechtsinstituten

Im Unterschied zum Vertrag mit Schutzwirkung zugunsten Dritter kann bei der *Drittschadenliquidation* der geschädigte Dritte nur anstelle des nicht betroffenen Gläubigers seinen Schaden liquidieren, während im ersteren Fall der Gläubiger ebenfalls verletzt oder geschädigt sein kann.

> **Beispiel:**
> *Die vom Lieferanten L an Unternehmer U gelieferte Maschine explodiert. Maschinenteile fliegen durch die Luft und mehrere Arbeiter von U werden verletzt. Die Produktion steht vorübergehend still, sodass U seine Kunden nicht pünktlich beliefern kann.*

Der Vermögensschaden infolge des Produktionsausfalls betrifft U als Gläubiger, die Körperschäden betreffen seine Arbeitnehmer als mitgeschützte Dritte. Im Zweifel besitzt der Vertrag mit Schutzwirkung Vorrang, weil er dem Geschädigten einen eigenen Schadensersatzanspruch einräumt (BGH NJW 1985, S. 2411).

7 Basischeckliste für Austauschverträge mit Kurzkommentierung

Die nachfolgende Checkliste enthält eine kurze Zusammenstellung von rechtlichen Gestaltungsmöglichkeiten für interessengerechte und funktionsadäquate Regelungen beim Abschluss und bei der Erfüllung von Austauschverträgen über *standardisierte Vertragsleistungen*, die keine umfangreichen Vertragsverhandlungen erfordern, wie sie in den Kapiteln 3 bis 6 genauer erläutert sind. Die maßgebenden Regeln der Verhandlungstechnik, Verhandlungspsychologie und allgemein des korrekten Verhaltens beim *Aushandeln komplexerer Geschäftsverträge* in mehreren Verhandlungsrunden sind in einer besonderen Checkliste am Ende des 2. Kapitels zu finden. Die Basischeckliste wird wiederum durch spezielle Checklisten für bestimmte Geschäftsverträge (z.B. Warenkauf) in den nachfolgenden Kapiteln 8 bis 10 ergänzt. Einzelne passende Klausel- und Formulierungsvorschläge sind je nach Sachgebiet in den Buchtext eingearbeitet.

Standardisierte Vertragsleistungen

7.1 Regeln für den Vertragsabschluss

Durch geschickte Gestaltung kann der *Abschluss* des *Vertrages* beschleunigt oder auch verzögert, sowie durch die Durchsetzung der eigenen AGB bestimmenden Einfluss auf den *Vertragsinhalt* ausgeübt werden. Dabei kommt es selbstverständlich auch auf die richtige Auswahl des Geschäftspartners sowie die Vertretungsbefugnis der für ihn handelnden Personen an.

7.1.1 Zeitlicher Rahmen und Bindungswirkung

Es ist empfehlenswert, das eigene *Angebot* zu *befristen*, z.B. auf zwei Wochen, um eine rasche Entscheidung der Gegenseite zu erzwingen, denn

Annahmefrist

- nach dem *Fristablauf* ist das eigene Angebot unwirksam,
- eine *verspätete Annahme* der Gegenseite gilt als neues Angebot, das auch abgelehnt werden kann.

Bindungswirkung Desgleichen sollte die *Bindungswirkung* an das eigene Angebot (Bestellung oder Lieferung) ggf. durch den Zusatz »unverbindlich« oder »freibleibend« *ausgeschlossen* werden, um die Preisvorstellungen der Gegenseite auszuloten.

7.1.2 Allgemeine Geschäftsbedingungen

Hinweis beim Vertragsabschluss Allgemeine Geschäftsbedingungen müssen bereits beim *Vertragsabschluss einbezogen* werden.

Hinweise auf die AGB sind spätestens bei der Auftragsbestätigung oder – im Falle eines mündlichen Vertragsabschlusses – auf dem schriftlichen Bestätigungsschreiben erforderlich.

Kollidierende AGB Bei beidseitiger Verwendung von AGB gelten diese nur, soweit sie sich inhaltlich decken. Ein umfassender zeitaufwändiger *inhaltlicher Abgleich* ist erforderlich, um die inhaltliche Übereinstimmung festzustellen.

Es ist *empfehlenswert*, dem Vertrag die *AGB des Anbieters* zugrunde zu legen.

Der Kunde darf und sollte aber alle wichtigen Punkte einvernehmlich mit dem Leistungsanbieter in seinem Sinne schriftlich regeln, die sich dann stets als *vorrangige Einzelvereinbarung* gegenüber anders lautenden AGB-Klauseln durchsetzen. Man kann stattdessen auch eigene fertige Vertragsbausteine als *spezielle eigene AGB-Klauseln* an wichtigen Punkten einvernehmlich dem Vertrag hinzufügen.

7.1.3 Irrtumsvorbehalt

Die eigene *Vertragserklärung* mit einem *Irrtumsvorbehalt* zu *versehen*, ist sinnvoll, weil nicht alle Irrtumsfälle über wichtige Vertragsdaten zur Vertragslösung durch Anfechtung berechtigen.

Man sollte deshalb das eigene Leistungsangebot mit einem optisch deutlich gestalteten ausdrücklichen Irrtumsvorbehalt versehen, wie z. B. »Irrtümer bleiben vorbehalten«.

Wichtig für Kalkulationsfehler Der Irrtumsvorbehalt berechtigt auch zur *Anfechtung* und damit zur Vernichtung wirtschaftlich ungünstiger Geschäfte bei dem häufigeren, ansonsten nicht anfechtbaren *Kalkulationsirrtum*.

Der Irrtumsvorbehalt zwingt durch die Ausübung des Anfechtungsrechts und dem gleichzeitigen *Angebot eines Neuabschlusses* die andere Seite an den Verhandlungstisch, wenn diese auch bei ungünstigeren vertraglichen Konditionen an dem Geschäft weiter interessiert ist.

Im Falle der *Nichteinigung* ändert der Irrtumsvorbehalt an der gesetzlich geregelten Pflicht des Anfechtungsberechtigten zum Ersatz des *Vertrauensschadens* der Gegenseite nichts.

7.1.4   Ordnungsgemäße Vertretung des Geschäftspartners

Alle Vertragserklärungen des Geschäftspartners sind beim Erstabschluss dahingehend zu prüfen, ob sie von *vertretungsberechtigten Personen* abgegeben worden sind, weil ansonsten der Vertrag nicht wirksam zustande gekommen ist.

Umfassende Prüfung beim Erstabschluss

Im Falle der häufig bei größeren Unternehmen anzutreffenden *Gesamtvertretung* durch zwei Personen, müssen Vertragserklärungen von beiden unterschrieben werden. Andernfalls ist sicherzustellen, dass der nicht beteiligte Gesamtvertreter den Vertragsabschluss des anderen billigt.

Jedes Geschäft muss durch den *Umfang* der *Vertretungsbefugnis* gedeckt sein:

Umfang der Vertretungsmacht

- Das *organschaftliche Vertretungsrecht* eines Geschäftsführers umfasst alle Geschäftsverträge.
- Das Gleiche gilt auch für die *Prokura* mit Ausnahme der hier nicht relevanten Grundstücksveräußerungen und -belastungen. Lediglich bei der *Filialprokura* ist auf den räumlichen Bezug des Geschäfts – etwa anhand des Lieferortes zu der betreffenden Filiale – zu achten.
- Bei der schwächeren *Handelsvollmacht* dagegen besteht eine gewisse Unsicherheit dahingehend, dass sie nur die von der Branchenzugehörigkeit und der Größe des betreffenden Unternehmens abhängigen, zum gewöhnlichen Geschäftsbetrieb rechnenden Verträge mit Ausnahme von Kreditverträgen umfasst, die je nach der beruflichen Stellung und Funktion des Handlungsbevollmächtigten zu dessen Arbeitsgebiet gehören. Ferner besitzen *Außendienstmitarbeiter* und *Handelsvertreter* typischerweise nur eine *Vermittlungsvollmacht* und können also die Eingehung von Verträgen einleiten, sie aber nicht selbst wirksam abschließen.

Eine umfassende Überprüfung der Vertretungsverhältnisse ist bei erstmaliger geschäftlicher Kontaktaufnahme vor einem *Neuabschluss* notwendig. Danach liegt es bei dem vertretenen Unternehmen, seine ständigen Geschäftspartner über eine *Änderung* seiner Vertretungsverhältnisse zu informieren.

Informationspflicht bei nachträglicher Änderung

- Die Überprüfung der organschaftlichen Vertretung und der Prokura sollte anhand des *Handels- oder Genossenschaftsregisters* erfolgen. Aus diesem Grund müssen die kaufmännischen Unternehmen auf ihren Geschäftsbriefen auch die Handelsregister- oder Genossenschaftsregisternummer angeben.
- Bei der nicht eintragungsfähigen Handlungsvollmacht dagegen muss man sich auf den *äußerlichen Anschein* des für das Unter-

nehmen auftretenden Vertreters verlassen, vorausgesetzt, man holt seine Informationen nicht direkt bei der Geschäftsleitung.

Zurückweisung bei unklaren Vertretungsverhältnissen

Eine *unverzügliche Zurückweisung* des ungünstigen Vertrages durch den Geschäftspartner ist bei unklaren nicht im Register erfassten Vollmachten und Vertretungsverhältnissen möglich. Deshalb sollte ein vertretenes Unternehmen mit der Vertragsausführung erst nach Ablauf der i.d.R. einwöchigen Zurückweisungsfrist beginnen.

7.1.5   Richtige Auswahl des Geschäftspartners

Auf Solvenz und Leistungsfähigkeit achten

Wichtige Geschäfte sollte man nur mit leistungsfähigen, solventen und zuverlässigen Geschäftspartnern abschließen.

Vor dem Neuabschluss wichtiger Verträge sollte man sich stets über die maßgebenden rechtlichen Verhältnisse der kaufmännischen Unternehmen und der eingetragenen Partnerschaften mittels des Eintrags im betreffenden *Unternehmensregister* informieren. Davon hängt vor allem die Haftung für Unternehmensverbindlichkeiten ab.

Die *Solvenz* und *wirtschaftliche Leistungsfähigkeit* muss je nach der Risikolage bei der Geschäftsabwicklung durch eine Bankauskunft über eine Anfrage der eigenen Hausbank abgeklärt werden. Ergänzend dazu sollte man Informationen von Wirtschaftsdatenbanken einholen.

7.1.6   Klärung aller wichtigen Punkte vor Vertragsabschluss

Es ist ratsam, die Vertragsurkunde oder die eigene bindende schriftliche Vertragserklärung erst zu unterzeichnen, wenn alle wichtigen Punkte zufrieden stellend geregelt sind.

Zweifelhafte oder *unklare Aussagen* sollten mit der Gegenseite abgeklärt werden. Der Geschäftspartner muss die an ihn gerichteten Fragen nach bestem Wissen und Gewissen korrekt und vollständig beantworten, ansonsten haftet er auf Schadensersatz nach den Regeln des Verschuldens beim Vertragsabschluss.

7.2   Die Erfüllung von Austauschverträgen

Vertragliches Pflichtenprogramm

Der zentrale Punkt bei der Erfüllung von Austauschverträgen ist eine möglichst *interessengerechte* und genaue Regelung des *Pflichtenprogramms* beider Vertragsparteien, das wegen der im Schuldrecht herrschenden Vertragsfreiheit weitgehend frei bestimmt werden kann. Jede Vertragspartei, insbesondere der Leistungsanbieter, sollte dessen tatsächliche Umsetzung, d.h. die Übereinstimmung der Planung mit der Abwicklung mittels eines betriebsinternen *Vertragscontrollings*, überwachen. Speziell bei *Dauerschuldverhältnissen* erweisen sich besondere Bestimmungen über die Vertragsdauer und -beendigung als überaus nützlich.

7.2.1   Leistungspflichten des Anbieters
Dabei geht es um die den Vertragstyp prägende und im Gegenseitigkeitsverhältnis stehende *Hauptleistungspflicht* des Anbieters, wie auch um wichtige, diese ergänzenden *Nebenleistungspflichten*.

7.2.1.1   Bestimmung des Vertragsproduktes
Kern der Hauptleistungspflicht ist die *Kennzeichnung* des Vertragsproduktes. Alle *wichtigen Produktmerkmale* sollten in dem Vertrag möglichst genau nach Art, Beschaffenheit, Eigenschaften und Umfang, insbesondere der Menge bestimmt werden. *Präzisierende Beschaffenheitsangaben* sind wichtig für die spätere *Fehlerfeststellung* nach Lieferung.

Kern der Hauptleistungspflicht

Einseitige *Leistungsänderungsvorbehalte* des Anbieters sind nur zulässig bei Naturstoffen im Rahmen handelsüblicher Abweichung oder bei der Lieferung technisch gleichwertiger *Ersatz*- oder *Nachfolgemodelle,* sofern keine ausdrücklich vorangigen Einzelvereinbarungen getroffen worden sind.

Auf der anderen Seite ist eine stärkere rechtliche Absicherung des Bestellers durch eine ausdrückliche *Beschaffenheitsgarantie* des Herstellers möglich, wonach der Hersteller alle finanziellen Nachteile ausgleichen muss, die dem Besteller durch das Fehlen solcher Produkteigenschaften entstehen.

7.2.1.2   Leistungsort
Besondere Regelungen sind sinnvoll, insbesondere bei *Distanzgeschäften* wegen räumlich weit auseinander liegenden Niederlassungen des Bestellers und Lieferers.

Distanzgeschäfte

Der *Leistungsort* ist der Ort, an dem die geschuldeten Leistungshandlungen vorzunehmen sind.

In Betracht kommt vor allem der Ort der Niederlassung des Lieferers oder des Bestellers, weil ohne besondere Regelung grundsätzlich Ersterer maßgebend ist.

- *Niederlassungsort* des *Lieferers*: Der Besteller hat das Produkt entweder beim Lieferer abzuholen – sog. *Holschuld* – oder der Lieferer hat die Ware zum Zwecke der Versendung versandfertig dem Transportunternehmen zu übergeben – sog. *Schickschuld.*
- *Niederlassungsort* des *Bestellers*: Der Lieferer hat die bestellte Ware direkt beim Besteller abzuliefern – sog. *Bringschuld* – und trägt damit auch die Transportgefahr für den Fall der Zerstö-

rung oder Beschädigung der Ware während des Transports. Eine Bringschuld bedarf i.d.R. einer besonderen Vereinbarung, ist aber sinnvoll, wenn der Lieferer den Transport organisiert.

7.2.1.3   Leistungszeit

Kalendermäßige Leistungsfristen

Die *Leistungszeit* ist stets regelungsbedürftig und noch wichtiger als der Leistungsort.

Für den Besteller ist eine nach dem *Kalender* klar bestimmte oder zumindest berechenbare Leistungsfrist am günstigsten. Diese

- führt im Falle der *Nichteinhaltung* bei einer vom Schuldner zu vertretenden Säumnis auch ohne Mahnung zum *Verzug* und damit zu einer Ersatzpflicht des Verzögerungsschadens.

Vertragsstrafe

- kann durch Verknüpfung mit einer *Vertragsstrafe* zu einem effektiven Druckmittel gegenüber dem leistungspflichtigen Schuldner gemacht werden und darüber hinaus die Funktion eines nicht weiter zu beweisenden *Mindestschadens* erfüllen.

Die einseitige Auferlegung von Vertragsstrafen durch *AGB-Klauseln* ist nur statthaft in angemessener Höhe von nicht mehr als 0,3 % pro Tag und höchstens insgesamt 5 % des Auftragswertes und auch nur im Falle der zu vertretenden Säumnis wirksam.

- kann ggf. durch eine *Verfallklausel* ergänzt werden. Dadurch werden bereits erbrachte finanzielle Vorleistungen des Bestellers – wie Anzahlungen – im Falle einer Säumnis hinfällig und müssen deshalb ohne weiteres zurückgezahlt werden.

Fixgeschäfte

Soll die *Säumnis* direkt zur *Vertragslösung* berechtigen, muss die Fristbestimmung bei besonders eilbedürftigen Geschäften durch eine *Fixklausel* in Form des Zusatzes »fix« oder »prompt« ergänzt werden. Nur bei diesem *Fixgeschäft* ist ein sofortiger Rücktritt ohne Einräumung einer Nachfrist möglich.

7.2.1.4   Nebenleistungspflichten

Eindeutige Regelung im Vertrag

Mangels hinreichender gesetzlicher Ausgestaltung sollten auch wichtige, die Hauptleistungspflicht ergänzende *Nebenleistungspflichten* eindeutig und präzise geregelt werden.

Nebenleistungspflichten stehen *nicht* im *Gegenseitigkeitsverhältnis*. In den Vertrag werden aufgenommen:

- die genaue Beschreibung des *Inhalts* und *Umfangs* je nach dem Geschäftstyp, wie z. B. die Einweisung, Installierung, Montage oder Schulung von Personal etc. sowie
- die genaue Benennung der Rechtsfolgen, wenn die Vertragsbedingungen – vor allem *Vertragsbeendigung* und *Schadensersatz* – nicht erfüllt werden.

7.2.1.5   Risikobeschränkungen bei Leistungsstörungen

Zur Vermeidung finanzieller Einbußen *schränkt* der *Lieferer* seine *Haftung* häufig ein, wenn der Vertrag nicht vereinbarungsgemäß läuft, insbesondere wenn Termine nicht eingehalten bzw. minderwertige Leistungen erbracht werden oder wenn er leistungsunfähig wird.

- Die *Haftung für Verzugsschäden* kann im Falle leichter Fahrlässigkeit auch einseitig durch AGB-Klauseln auf die relativ bescheidene Höhe von 5 % des Auftragswertes beschränkt werden, weil der Besteller seinen möglichen Produktionsausfallschaden durch eine Betriebsunterbrechungsversicherung auffangen oder durch Anlegen eines Vorratslagers sogar vermeiden kann.

Verzögerungs-schaden

- Im Falle einer *Schlechtleistung* kann der Besteller zunächst auf seinen Anspruch auf *Mängelbeseitigung* verwiesen werden. Erst wenn dieser durch mehrere erfolglose Reparaturversuche gescheitert ist – Anzahl durch Vertrag bestimmbar –, kann mangels ordnungsgemäßer Erfüllung *Nachlieferung* verlangt werden oder der Vertrag durch *Rücktritt* bzw. *Kündigung* beendet und ggf. *Schadensersatz statt Leistung* gefordert werden. Zur Wahrung der *Mängelansprüche* sollte dem Besteller eine angemessene fristgebundene *Rügepflicht* auferlegt werden.

Schlechtleistung mit Rügepflicht

- Ist der Lieferer wider Erwarten *nicht leistungsfähig* und trifft ihn an dem Eintritt des Leistungshindernisses kein Verschulden, so kann sich der Lieferer ohne eigene Ersatzpflicht ein *Lösungsrecht* vom Vertrag durch Rücktritt oder Kündigung einräumen:
  - durch einen sog. *Selbstbelieferungsvorbehalt,* sofern er trotz Abschlusses eines ausreichenden Deckungsgeschäftes von seinem eigenen Vorlieferanten im Stich gelassen wird oder
  - wenn er durch sog. *höhere Gewalt* infolge des Eintritts unerwarteter, von ihm nicht beeinflussbarer Ereignisse, wie insbesondere Naturkatastrophen, ein Streik oder Ähnliches, den Vertrag nicht erfüllen kann.

Selbstbelieferungs-vorbehalt und Höhere Gewalt

- Die Beschränkung der Haftung des Lieferers im Falle von *Schadensersatzansprüchen* des Bestellers, nur im Falle *leichter Fahrlässigkeit* auch einseitig durch AGB-Klauseln, ist wie folgt zulässig:
  - bei Verletzung *vertragswesentlicher* Pflichten ein Haftungsausschluss nur für atypische oder vom Besteller ohne weiteres versicherbare Sach- und sonstige Vermögensschäden;
  - wegen Verletzung *unwesentlicher* vertraglicher *Nebenleistungspflichten* im Hinblick auf Sach- und Vermögensschäden ein kompletter Haftungsausschluss zumindest bei leichter Fahrlässigkeit;

AGB-Haftungsbe-schränkung

– in jedem Fall ist die volle Haftung für alle *Personen*- oder *Gesundheitsschäden* gegeben.

Haftungsbeschränkungsvereinbarung für komplexe Verträge

● Angesichts dieser eng gezogenen Grenzen und des damit verbundenen rechtlichen Risikos der Unwirksamkeit zu weitgehender Freizeichnungsklauseln, sollte man auf sie bei komplexen ausgehandelten Geschäften völlig verzichten. *Vorzuziehen* ist eine offen verhandelte von beiden Parteien gemeinsam ausformulierte *Haftungsbeschränkungsvereinbarung*, deren Inhalt für fahrlässige Pflichtverletzungen frei gestaltbar ist.

7.2.2   Zahlungspflicht des Bestellers

Hauptpflicht

Die *Hauptpflicht* des Bestellers besteht darin, dem Lieferer den angemessenen, vereinbarten *Preis* zu *zahlen* für die erbrachte Sach- und/oder Dienstleistung. Dabei sind nicht nur der Umfang der Vergütung, sondern auch die Zahlungsmodalitäten regelungsbedürftig.

7.2.2.1   Höhe des Entgelts

Die Höhe des zu zahlenden Entgeltes bestimmt sich nach der Preisgestaltung und der maßgebenden Preisbestandteile.

Preisgestaltung

Festpreis oder Endpreis

Vereinbart werden kann ein Festpreis oder ein nach Abschluss der Arbeiten nach Aufwand zu ermittelnder Endpreis.

● Der Besteller wird einen fixen, nicht einseitig veränderbaren *Festpreis* vorziehen, der das Kalkulationsrisiko allein dem Lieferer aufbürdet.

● Bei noch zu erstellenden *komplexeren Vertragsprodukten* mit einem schwer kalkulierbaren Materialverbrauch, insbesondere Zeitaufwand, versucht der Lieferer eine *Vergütung nach Aufwand* des benötigten Materials und insbesondere der eingesetzten Arbeitszeit zu erreichen. Das von ihm erstellte Angebot muss dann die für die Preisbildung maßgebenden Berechnungsfaktoren, d.h. die Höhe der Materialkosten und der aufgewendeten Arbeitsstunden oder noch kürzer definierte Arbeitseinheiten, enthalten.

● In Einzelfällen ist eine *variable Preisgestaltung* möglich:

Variable Preisgestaltung

– durch Vereinbarung eines flexiblen Preisrahmens für die Entwicklung komplexerer Produkte: So lässt sich einerseits eine frühzeitige Fertigstellung durch den Lieferer durch Zahlung einer *Sonderprovision* in Form eines bestimmten Preisaufschlags oder andererseits ein Kosten sparender kreativer Input des Bestellers in umgekehrter Richtung durch Gewährung eines *Preisabschlages* honorieren;

- das zu zahlende Entgelt wird an dem *wirtschaftlichen Erfolg* des zahlungspflichtigen Vertragspartners durch umsatzabhängige Preisgestaltung, wie etwa bei der Geschäftsraummiete, *gekoppelt*;
- Vereinbarung eines *Nettopreises* zuzüglich Umsatzsteuer;
- verbindliches *Wertgutachten* durch sachkundigen Experten bei fehlender Preiskenntnis der Vertragspartner.

Wertgutachten

Sonstige Preisbestandteile

Wird die bestellte Ware zu dem Kunden transportiert, sollte eine genaue Regelung der *Fracht-, Versand-* und *Wegekosten* erfolgen.

Wenn der Besteller nachträgliche, kostenintensive Änderungen wünscht, muss eine In-Rechnung-Stellung von *Sonder-* und *Zusatzleistungen* bei der Planung und Ausführung größerer Projekte erfolgen.

Sonder- und Zusatzleistungen

Preisänderungs- und Wertsicherungsklauseln

Zur Abfederung des Preisänderungsrisikos bei den eigenen Selbstkosten empfiehlt sich für den Lieferer bei Dauerschuldverhältnissen oder einfachen Austauschverträgen mit relativ langer Abwicklungszeit die Aufnahme von *Preisanpassungs-* und *Wertsicherungsklauseln* in den Vertrag:

- Generelle Zulässigkeit von einseitigen *Preisänderungen* in *AGB* gegenüber unternehmerischen Kunden. Der Besteller kann sich vor zu hohen Preissteigerungen durch die Vereinbarung eines Kündigungs- bzw. Rücktrittsrecht schützen, wobei die Erheblichkeitsgrenze für zumutbare Preissprünge vertraglich festgelegt werden muss.

- *Preisanpassungsklauseln* sind als Wertsicherungsklauseln *genehmigungsfrei*, wenn sie

Genehmigungspflicht

  - als *Spannungsklausel* die Preisanpassung von der Preisentwicklung vergleichbarer Wirtschaftsgüter abhängig machen oder
  - mittels einer effektiven *Kostenelementsklausel* nur die tatsächlich gestiegenen Selbstkosten proportional und richtig gewichtet weitergeben.

- Sie sind als *Indexklauseln* durch das Bundesamt für Wirtschaft in Frankfurt/ Eschendorf genehmigungsbedürftig, aber *genehmigungsfähig*, wenn sie als Messgröße den allgemeinen Preisindex oder einen Index zugrunde legen, der einen direkten Bezug zum Betrieb des Gläubigers oder Schuldners besitzt.

7.2.2.2   Zahlungsmodalitäten

Zahlungsmodalitäten enthalten Regelungen für den *Zahlungsvorgang*, d. h. das Wann und Wie der Zahlungsleistung.

Fälligkeit durch Zahlungsfristen

Zahlungspflichten sind grundsätzlich an die korrekte Erfüllung bestimmter Vertragsleistungen des Lieferers geknüpft.

- Bestimmung klarer *Zahlungsfristen* nach Lieferung oder Abnahme für den Besteller,
- für eventuelle *Abschlagszahlungen* sofort oder eine bestimmte Zeit nach Teilabnahme oder Teilfertigstellung.

Abschlags- und Vorauszahlung

Im Falle des Herstellens eines besonders kapitalintensiven komplexen Vertragsproduktes wird eine *Abschlags-* oder *Vorauszahlung* nach Fälligkeit und Höhe jeweils nach Beendigung bestimmter Produktionsstufen vereinbart.

Empfehlenswert ist eine *Regelung der Rechtsfolgen*, vor allem der Einräumung von Lösungsrechten in beiden Richtungen, wenn:

- der Lieferer seine Vertragsleistung nicht termingerecht erbringt oder
- die Vorauszahlung bzw. Abschlagszahlung durch den Besteller ausbleibt.

7.2.2.3   Preisnachlass durch Boni, Skonti und Rabatt

Ein Anreiz für die pünktliche Zahlung des zahlungspflichtigen Bestellers ist die einseitige Einräumung eines *Skontos* auch auf Rechnung nach Vertragsabschluss.

Bei unklarem Lieferumfang zum Zeitpunkt des Vertragsabschlusses sind Preisnachlässe in Form von *Boni* oder *Rabatten* bei Abnahme in größerer Menge durch den Besteller üblich, deren Umfang und Höhe im Vertrag geregelt sein sollten.

7.2.2.4   Zahlungsverzug

Pauschalierter gesetzlicher Verzugszins

Die neue gläubigerfreundliche gesetzliche Verzugsregelung beinhaltet den *automatischen Verzugseintritt* 30 Tage ab Rechnungszugang oder Lieferung und den relativ hohen *pauschalierten Verzugszins* von 8 % über dem Basiszinssatz. In den *Zahlungsbedingungen* ist deshalb nur eine Ergänzung zur Abkürzung der Zahlungsfrist und zur Auferlegung des Verzögerungsrisikos auf den zahlungspflichtigen Vertragspartner erforderlich.

Die *Zahlungsfrist* wird auf zwei Wochen nach Lieferung verkürzt. Gemäß dieser Regelung ist für die Fristwahrung der Zahlungseingang und eben nicht – wie nach dem Gesetz – der Zeitpunkt des Zahlungsauftrages gegenüber der Schuldnerbank maßgebend.

Die genannten Regelungen müssen Bestandteil der Zahlungsbedingungen in den eigenen AGB sein, eine Fristenbestimmung auf der Rechnung reicht nicht aus.

Zahlungsbedingungen im Vertrag

7.2.2.5 Abnahme und andere Mitwirkungspflichten des Bestellers

Der Vertragserfolg hängt häufig auch von einer *positiven Mitwirkung* des Bestellers der Sach- und Dienstleistung ab.

Es ist keine besondere Regelung für die Pflicht zur Annahme oder Abnahme der vertraglich angebotenen Leistung angesichts der umfangreichen gesetzlichen Regelung im Hinblick auf den *Annahmeverzug* erforderlich.

Annahmeverzug

Mangels einschlägiger gesetzlicher Bestimmungen ist die detaillierte vertragliche Regelung zusätzlicher Mitwirkungspflichten notwendig:

Zusätzliche Mitwirkungspflichten im Vertrag regeln

- zunächst die klare *Definition* nach Art, Umfang und zeitlichem Rahmen der einzelnen Mitwirkungspflichten,
- dann aber auch die präzise Bestimmung der *Rechtsfolgen* im Falle einer Verletzung derartiger Mitwirkungspflichten, insbesondere eines *Vertragslösungsrechtes* des Lieferers als Rücktritt oder Kündigung und einer *Ersatzpflicht* für die von ihm bis dahin schon erbrachten Vertragsleistungen in Form einer angemessenen Vergütung unter Abzug der durch das Unterbleiben weiterer Vertragsabwicklung ersparten Aufwendungen.

7.2.3 Technische Hilfsmittel

Bei der Erstellung von *Spezialprodukten* nach spezifischen Anforderungen des Bestellers werden häufig technische Unterlagen oder auch Modelle oder Prototypen sowie Spezialwerkzeuge vom Hersteller angefertigt, bevor das Produkt in Serie gehen kann.

Herstellung von Spezialprodukten

Regelungsbedürftig sind danach die *Eigentumsverhältnisse* an diesen diversen technischen Hilfsmitteln.

Ergänzend muss bei komplexeren Mustern oder Fertigungsmitteln auch die *Kostentragungslast* abgeklärt werden für deren Herstellung, Verschleiß und Aufbewahrung sowie die Frage, ob und inwieweit diese Fertigungsmittel auch bei *Lieferungen für Dritte* verwendet werden dürfen.

7.2.4   Sorgfaltspflichten der Vertragsparteien bei der Vertragsabwicklung

Kodex von Verhaltenspflichten aufstellen

Wegen der vagen gesetzlichen Ausgestaltung sollten wichtige Verträge auch durch einen möglichst *detaillierten Kodex* der beidseitigen Verhaltenspflichten ergänzt werden.

- Das betrifft in erster Linie *Informations-, Geheimhaltungs-* und *Konkurrenzschutzpflichten,* die in ihrem Inhalt und Umfang möglichst genau beschrieben werden sollten.
- Regelungsbedürftig wären darüber hinaus auch die *Rechtsfolgen* im Falle einer *Pflichtverletzung,* wobei neben der gesetzlich bereits vorgesehenen Schadensersatzpflicht eine zusätzliche vertragliche Absicherung durch Auferlegung einer Vertragsstrafe in Erwägung zu ziehen ist.

7.2.5   Vertragsdauer und Vertragsbeendigung

Dauerverträge

Besondere Regelungen zur Vertragsdauer sind insbesondere bei unbefristeten *Dauerschuldverhältnissen* sinnvoll und erforderlich, aber auch bei einfachen Austauschverträgen mit langer Abwicklungszeit nützlich, um eine vorzeitige Beendigung des Vertrages zu ermöglichen.

7.2.5.1   Vertragsbeginn

Besondere Regelungen sind nur bei *Dauerschuldverhältnissen* erforderlich, wenn der Vertrag später als zum Zeitpunkt des Vertragsabschlusses beginnen soll.

7.2.5.2   Laufzeit von Dauerschuldverhältnissen

Befristung

Die Vertragsdauer von Dauerschuldverhältnissen kann von vornherein zeitlich durch Befristung begrenzt oder unbefristet sein mit der Einräumung eines Kündigungsrechts.

Die Dauer der *Befristung:*

- erfolgt nach wirtschaftlichen Gesichtspunkten, insbesondere ausreichend für die Amortisation des Kapitaleinsatzes des Leistungsanbieters,
- führt nach Zeitablauf automatisch zur Beendigung des Vertrages, wobei einer oder beiden Parteien das Recht zur wieder befristeten Fortsetzung des Vertrages durch eine sog. *Fortsetzungsklausel* eingeräumt werden kann.

Unkündbare Grundlaufzeit

Die *unbefristete Dauer* mit unkündbarer Grundlaufzeit wird nach wirtschaftlichen Kriterien bemessen:

- Beendigung durch fristgebundene *ordentliche Kündigung* einer Vertragspartei,

- befristete Verlängerung maximal bis zur Grundlaufzeit mit der Möglichkeit erneuter fristgebundener ordentlicher Kündigung ohne Gebrauch der erstmaligen Kündigungsmöglichkeit durch *Verlängerungsklausel.*

7.2.5.3 Vertragsbeendigung durch Kündigung

Im Unterschied zum Rücktritt bei einfachen Austauschverträgen führt die *Kündigung* nicht zu einer kompletten wirtschaftlichen Rückabwicklung des Vertrages, sondern *beendet* ihn nur *für* die *Zukunft,* weil eine umfassende Rückgewähr bei Dauerschuldverhältnissen mit ständig wiederkehrenden Leistungspflichten für den Besteller praktisch unmöglich ist.

- Die *fristgebundene ordentliche Kündigung* erfolgt
  - nach Ablauf einer unkündbaren Grundlaufzeit bei *Dauerschuldverhältnissen* oder
  - im Falle der Kündigung durch den Besteller auch bei einfachen *Austauschverträgen,* die auf die Herstellung eines zeitaufwändigen komplexen Werkes gerichtet sind, nur gegen Zahlung einer angemessenen Vergütung für die bisher geleisteten Arbeiten und den entgangenen Gewinn des Lieferers.

Ordentliche Kündigung

- Die *außerordentliche fristlose Kündigung* aus *wichtigem Grund*
  - ist zwar generalklauselartig gesetzlich geregelt, jedoch ist eine vertragliche Präzisierung des wichtigen Grundes der die weitere Fortsetzung des Vertrages für die benachteiligte Partei unzumutbar werden lässt, empfehlenswert, durch die beispielhafte Auflistung eindeutiger Fälle in Form eines *Positivkatalogs* und von minderschweren Fällen eines *Negativkatalogs.*
  - Des Weiteren ist eine klare *Fristenregelung* für die Ausübung des Kündigungsrechts nach Kenntnis des wichtigen Grundes empfehlenswert.

Außerordentliche Kündigung

7.2.5.4 Härteklauseln für unvorhergesehene nachteilige Entwicklungen

Der Einbau einer *vertraglichen Härteklausel* zur Bewältigung von nachteiligen unvorhersehbaren Entwicklungen nach Vertragsabschluss wegen der unzureichenden gesetzlichen Regelung der *Störung der Geschäftsgrundlage* ist empfehlenswert,

- um durch eine möglichst präzise Bestimmung einer sog. *Opfergrenze* bei unveränderter Fortführung des Vertrages zu hohe Verluste zu vermeiden,
- indem primär einvernehmlich mit der anderen Seite durch Neuverhandlung eine interessengerechte *Anpassung des Vertrages* angestrebt wird.

Härtefall genau beschreiben

Falls dies nicht gelingt, ist in solchen Fällen als ultima ratio ein *Rücktritts-* oder *Kündigungsrecht* der benachteiligten Vertragspartei zur Vertragsbeendigung erlaubt.

7.2.5.5   Wechsel der Vertragsparteien

Zustimmung

Ein späterer Wechsel der Vertragsparteien durch Unternehmensverkauf etc. ist zwar grundsätzlich erlaubt, sollte jedoch von der *Zustimmung* des anderen *Geschäftspartners* abhängig gemacht werden, die aber nur bei Vorliegen triftiger Gründe verweigert werden darf.

7.2.6   Besicherung von risikoanfälligen Forderungen

Erbringt eine Vertragspartei bei der regelmäßigen Vertragsabwicklung in größerem Umfang *Vorleistungen*, gewährt also der anderen Seite wirtschaftlich – ähnlich wie eine Bank – *Kredit*, so sollte ihre Forderung auch angemessen abgesichert werden.

Vertragliche Besicherungsklausel

Dazu ist der Einbau einer vertraglichen *Besicherungsklausel* notwendig, die eine Pflicht zur Sicherstellung begründet und die Art und Weise der Besicherung regelt.

Als Sicherheiten kommen Personen- und/oder Sachsicherheiten in Betracht:

Sicherungsmittel

- Die beste *Personensicherheit* ist eine liquide Bankbürgschaft oder Bankgarantie auf erstes Anfordern, die aber nur erstklassige Schuldner stellen können. Ausreichend ist auch die selbstschuldnerische *Bürgschaft* eines solventen Geschäftsführers und/oder Gesellschafters.
- Als *Sachsicherheit* kommt für den Warenlieferanten insbesondere der *Eigentumsvorbehalt* mit seinen verschiedenen Varianten in Betracht, die näher im Zusammenhang mit dem Warenkauf darzustellen sind. Für Dienstleistungsunternehmen bietet sich insbesondere die *Sicherungsabtretung* von liquiden Geldforderungen des Bestellers gegen seinen Kunden an.

Grundpfandrecht

Eine *grundpfandrechtliche Absicherung* sollte wegen des hohen Bestellungsaufwandes und der notwendigen Grundbucheintragung nur bei einer *dauerhaften Geschäftsverbindung* erwogen werden und dann auch wegen der großen Missbrauchsgefahr der forderungsunabhängigen Sicherungsgrundschuld nur in Form der sicheren *Höchstbetragshypothek* als Sondertyp der streng akzessorischen forderungsabhängigen Sicherungshypothek.

7.2.7   Weitere Regelungen

Der Vertragstext wird abgerundet durch weitere ergänzende Regelungen, die man unter *Schlussbestimmungen* zusammenfassen kann. Dazu zählen vor allem:

- die *Gerichtsstandsklausel,* wonach i.d.R. im Falle von Rechtsstreitigkeiten das Gericht für den Sitz oder Niederlassungsort des Leistungsanbieters zuständig sein soll oder durch eine *Schiedsgerichtsklausel* ein bestimmtes Schiedsgericht für zuständig erklärt wird oder einer *Mediationsklausel* mit dem verpflichtenden Vorlauf eines außergerichtlichen Einigungsversuchs durch einen Mediator,

- die *salvatorische Erhaltungsklausel,* wonach die Unwirksamkeit unwesentlicher Vertragsbestimmungen die Wirksamkeit des Vertrages im Übrigen unberührt lässt und dadurch die Gefahr der Gesamtnichtigkeit ausgeschlossen wird. Diese wird ergänzt durch die Pflicht der Parteien, die Lücke durch eine interessengerechte Neuregelung zu schließen. Gelingt dieses nicht, übernehmen die einschlägigen gesetzlichen Bestimmungen diese Aufgabe.

Schluss-
bestimmungen

Teil 2
Management wichtiger
Geschäftsverträge

Einleitung

Der zweite Teil dieses Buches befasst sich mit den spezifischen Problemen *einzelner Geschäftsverträge* außerhalb des Bau- und Finanzsektors, wie sie in der Geschäftspraxis von Unternehmen besonders häufig vorkommen.

Musterverträge im Internet

Für *Kauf-* und *Mietverträge* bieten einige Industrie- und Handelskammern *Musterverträge* an, die Sie über das Internet kostenlos herunterladen können (www.stade.ihk24.de). Muster zu vielen anderen Geschäftsverträgen können Sie für weniger als 10 € bei folgenden Anbietern downloaden: www.janolaw.de, www.vertragscenter.de, www.vertrag.de und – speziell für den DV- und IT-Sektor – www.vorlagen.de.

Vertragsmuster als flexible Bausteine

Diese *Vertragsmuster* können als flexible Bausteine in Ihrer Geschäftspraxis eingesetzt werden, sollten Ihren besonderen Bedürfnissen jedoch angepasst werden. Auf welche Punkte es dabei ankommt, zeigen Ihnen die ausführlichen Erläuterungen, Formulierungshilfen und Tipps in den Kapiteln 8–10. Zum Schluss sollte der modifizierte Mustervertrag durch einen versierten *Fachanwalt* überprüft werden.

8   Warenerwerb und Warenabsatz

Dieses Kapitel behandelt die wichtigsten Rechtsprobleme aus der wirtschaftlichen *Beziehung* zwischen dem *Hersteller*, dem *Händler* und dem *Endabnehmer von Waren*, deren rechtliches Fundament der *Kaufvertrag* als häufigster Verpflichtungsvertrag im Wirtschaftsleben bildet. Verkauft bzw. gekauft werden kann nach der gesetzlichen Definition dieses Vertragstyps in § 433, Abs. 1 BGB praktisch alles, was einen wirtschaftlichen Wert besitzt. Neben den hier allein interessierenden Waren also auch Grundstücke, Vermögensrechte, wie insbesondere Forderungen, und schließlich sogar eine Vermögensgesamtheit, wie ein komplettes Unternehmen. Dagegen spielt im inländischen Wirtschaftsverkehr der *Tauschvertrag*, bei dem nicht eine Sache oder ein Recht gegen Geld, sondern ein Vermögensgegenstand gegen einen anderen gleichwertigen getauscht wird, so gut wie keine Rolle. Für ihn gelten ohnehin die kaufrechtlichen Bestimmungen (§ 480 BGB).

    Kaufverträge über *standardisierte Produkte* kann ein Vertragsmanager auch ohne anwaltliche Unterstützung abschließen und abwickeln, wenn die dazu benutzten AGB oder Vertragsformulare zuvor fachjuristisch geprüft worden sind. Ein Fahrplan für die wichtigsten dabei zu beachtenden rechtssensiblen Aspekte finden Sie in den beiden Checklisten zu Austauschverträgen ganz allgemein in Kapitel 7 und speziell für den Warenkauf am Ende dieses 8. Kapitels. Wer genauere Informationen über einzelne, dort aufgelistete Problembereiche benötigt, findet dazu nützliche Tipps und tiefergehende Erläuterungen in den Kapiteln 3 bis 6 zum allgemeinen Vertragsrecht und in Kapitel 8 speziell zum Warenkauf.

Kaufvertrag

Tauschvertrag

Standardisierte Produkte

8.1   Die Ware als Kaufobjekt

Das typische Geschäft im Wirtschaftsverkehr zwischen Unternehmen bildet, wie bereits erwähnt der *Warenkauf*, dessen Palette vom Kauf einfacher Bedarfsartikel wie Schrauben, Nägel, Lebensmittel bis zu dem von hochwertigen Maschinen und Fahrzeugen reicht. *Waren* sind in größerer Stückzahl hergestellte *vertretbare Sachen* (§ 91 BGB), die Gegenstand des Handelsverkehrs sind. Wegen der großen

Handelbare bewegliche Sachen

wirtschaftlichen Bedeutung, werden hier die rechtlichen Besonderheiten des Auto- und Computerkaufs gesondert zusammengefasst (vgl. Kap. 8.11. und 8.12).

8.2   Rechtsgrundlagen und Arten des Warenkaufs

Kaufvertrag verpflichtet

Gegenseitiger Vertrag

Übereignungs- vertrag erfüllt

Wirtschaftlich betrachtet, tauschen bei einem *Sachkauf* die Parteien *Waren* gegen *Geld*. Dabei hat der Verkäufer die gewünschte Ware mangelfrei zu übergeben und das Eigentum daran zu verschaffen (§ 433, Abs. 1 BGB). Auf der anderen Seite verpflichtet sich der *Käufer*, dem Verkäufer den vereinbarten Kaufpreis zu zahlen und ihm die gekaufte Sache abzunehmen (§ 433, Abs. 2 BGB). Die Pflichten beider Vertragsparteien bedingen sich gegenseitig, sodass der Kaufvertrag den praktisch wichtigsten Fall des *gegenseitigen Vertrags* darstellt, der in diesem Buch – wirtschaftlich gesehen – auch als *Austauschvertrag* bezeichnet wird. Die *Erfüllung* der *Vertragspflichten* beider Vertragsparteien geschieht nun – rechtlich betrachtet – durch zwei vom einheitlichen Verpflichtungsgeschäft, dem Kaufvertrag, getrennte und unabhängige abstrakte Verfügungsgeschäfte – sog. *Abstraktionsgrundsatz:* Der Verkäufer übereignet dem Käufer die gewünschte Ware (erster Verfügungsvertrag) und der Käufer zahlt dafür die vereinbarte Geldsumme (zweiter Verfügungsvertrag).

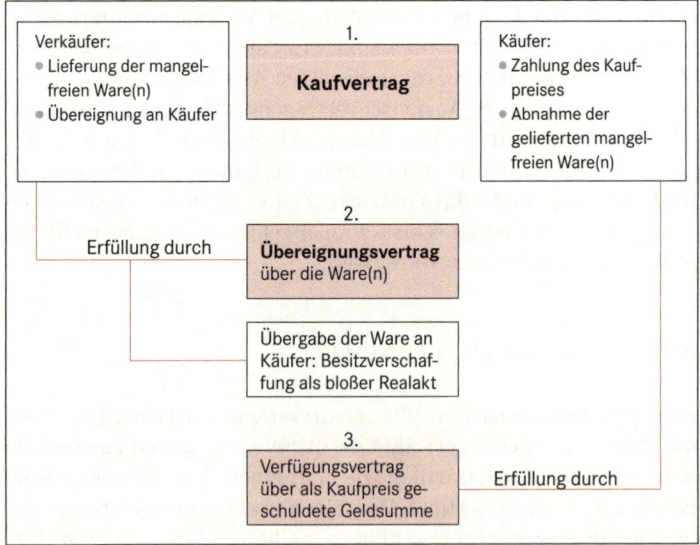

Abb. 8.1: Warenkauf – Leistungspflichten und vertragliche Grundlagen

Die zentralen *Rechtsgrundlagen* für den Kaufvertrag finden Sie im Schuldrecht des BGB (§§ 433 ff). Das HGB enthält dazu ergänzend lediglich ein paar Sonderregelungen für Kaufverträge, an denen ein Kaufmann beteiligt ist und für den der Vertrag auch ein Handelsgeschäft darstellt – sog. *Handelskauf* (§§ 373 ff). Nur ganz wenige Bestimmungen, insbesondere die Rügepflicht des Käufers bei mangelhafter Lieferung (vgl. Kap. 8.9.2), setzen voraus, dass sowohl Käufer wie Verkäufer als Kaufleute tätig sind – sog. *beidseitiger Handelskauf.*

Handelskauf

8.2.1   Abgrenzung zu anderen Verträgen

Rechtlich unerheblich ist es aber, ob der Verkäufer zuvor die Waren als Hersteller selbst produziert oder nur damit handelt. Vertreibt der Verkäufer die von ihm *selbst hergestellten Waren*, handelt es sich um einen sog. *Werklieferungsvertrag*, der gemäß § 651 BGB genau wie ein Kaufvertrag zu behandeln ist. Keine Rolle spielt es dabei, ob der Hersteller die für die Produkterzeugung erforderlichen Stoffe und Bauteile selbst ankauft, oder diese der Besteller zur Verfügung stellt, weil er sie eben billiger besorgen kann.

Werklieferungsvertrag

Geht es dabei allerdings um *speziell* für den Käufer *angefertigte Sachen*, weist dieser Vertrag namentlich im Hinblick auf die wichtigen Mitwirkungspflichten des Bestellers für die Erreichung des Vertragsziels große Ähnlichkeiten mit dem *Werkvertrag* auf, was der Gesetzgeber in § 651, Satz 2 BGB berücksichtigt. Die bei diesen *Zulieferer- und Projektverträgen* spezifisch auftretenden Rechtsfragen werden am Ende dieses Kapitels behandelt (vgl. Kap. 8.12). Wird dem Kunden an den Sachen nicht das Eigentum übertragen, sondern erhält er gegen ein entsprechendes Entgelt nur ein zeitlich befristetes Nutzungsrecht, so handelt es sich dabei – je nach vertraglicher Ausgestaltung – entweder um einen *Miet-* oder *Leasingvertrag* (vgl. Kap. 9).

8.2.2   Unternehmen als Käufer oder Verkäufer

Industrie- und *Handelsunternehmen* nehmen bei Kaufverträgen sowohl die Rolle des Käufers als auch die des Verkäufers wahr, da sie Waren ankaufen und diese unverändert (oder andere daraus hergestellte Produkte) an ihre Kunden verkaufen.

Andere *Dienstleistungsunternehmen* erwerben dagegen nur als Käufer Waren für den eigenen Bedarf. Deshalb werden in diesem Buch die Interessen beider Vertragsparteien gleichgewichtig berücksichtigt.

Sind beide Geschäftspartner gleich stark, wird der Kaufvertrag i.d.R. auf der Grundlage der *Lieferbedingungen* des Verkäufers abgeschlossen. Marktmächtige Einkäufer können dagegen auch ihre *Ein-*

Verkaufs-
und Einkaufs–
bedingungen

kaufsbedingungen durchsetzen. Deshalb müssen die wichtigsten Bestimmungen beider Klauselwerke in den Text eingearbeitet werden.

Einkaufsverbände

Selbst wenn der Käufer sich einem Einkaufsverband angeschlossen hat, bleibt er i.d.R. in der Käuferposition. Auf die spezifischen Rechtsprobleme des Kaufs unter Beteiligung von Einkaufsverbänden ist noch später einzugehen (vgl. Kap. 8.10).

8.2.3   Kauf auf Probe oder auf Besichtigung

Kauf auf Probe

Will der Käufer sich trotz fester Bereitschaft des Verkäufers noch nicht binden, so kann er einen *Kauf auf Probe* oder Besichtigung vornehmen. In diesem Fall hängt die Wirksamkeit des Vertrages von seiner Billigung ab (§ 454 BGB). Bei diesem Kaufvertragstyp ist der Verkäufer von vornherein gebunden, der Käufer jedoch nicht.

> **Beispiel:**
> *Unternehmer U erwirbt eine Spezialmaschine, die aus einer Insolvenzmasse günstig angeboten wird. Er will seine endgültige Entscheidung von der Erprobung der Maschine in seinem Betrieb abhängig machen.*

Billigung des Käufers

Der Käufer kann die Billigung nur innerhalb der vereinbarten oder – ohne eine derartige Abrede von dem Verkäufer einseitig bestimmten angemessenen – Frist erklären (§ 455 BGB). War die Sache dem Käufer zum Zwecke der Probe oder Besichtigung bereits übergeben, so gilt sein Schweigen nach Fristablauf als Billigung. Damit sich der Käufer innerhalb der *Billigungsfrist* entscheiden kann, ist der Verkäufer verpflichtet, dem Käufer die Untersuchung des Gegenstandes zu gestatten (§ 455, Abs. 2 BGB).

Tipp

Es ist empfehlenswert, bei einem Kauf auf Probe die Billigungsfrist im Vertrag klar zu regeln, wobei grundsätzlich zwei Wochen als angemessen gelten können.

Die sog. *Preisgefahr*, d.h. die Gefahr des zufälligen Unterganges der Kaufsache, trägt der Käufer – anders als beim normalen Kauf – erst ab Billigung.

Kauf zur Probe

Leicht verwechselt werden kann der gesetzlich geregelte Kauf auf Probe mit dem nicht normierten *Kauf zur Probe*. Hier liegt von Beginn an ein *gültiger Kaufvertrag* vor, der jedoch mit einer *auflösenden Bedingung* versehen ist (§ 158, Abs. 2 BGB), falls die Kaufsache sich zum vorgesehenen Zweck nicht eignet (BGH WM 1970, S. 878). Auch hier hat der Verkäufer dem Käufer die Erprobung der Ware zu gestatten. Danach muss der Käufer so schnell als möglich dem Verkäufer mitteilen, ob er die Ware behalten will oder nicht. Unterbleibt dies innerhalb einer angemessenen Frist – klare vertragliche Regelung empfehlenswert! – wird der Kauf endgültig wirksam (OLG Schleswig NJW-RR 2000, S. 1696). Da ohne Stornierung des Vertrages durch den Käufer der Kaufvertrag von Anfang an wirksam ist, trägt hier der Käufer wie beim normalen Kauf schon ab Übergabe der Sache auch die *Gefahr* des *zufälligen Untergangs* nach § 446 BGB (vgl. Kap. 8.5.3). Vergleicht man beide Kaufvertragstypen, so erweist sich aus diesem Grund der *Kauf auf Probe* für den Käufer als günstiger.

Häufig räumt der Verkäufer dem Käufer in der Praxis einen *Umtauschvorbehalt* ein. Dieser Kaufvertrag stellt von vornherein einen *unbedingten Kauf* dar, bei dem der Käufer das Recht hat, die erhaltene (nicht einwandfreie) Ware gegen eine gleichwertige umzutauschen (BGHZ 73, S. 361). Nach Rückgabe der unversehrten Ware kann nun der Käufer zum gleichen Preis die Lieferung einer anderen Sache der gleichen Gattung verlangen. Das *Umtauschrecht* kann wiederum nur innerhalb der vertraglich vereinbarten bzw. angemessenen Frist ausgeübt werden. Der *Umtauschvorbehalt* ist demnach i.d.R. eine Ersetzungsbefugnis des Käufers. Es kann sich ausnahmsweise aber auch um ein bloßes Rücktrittsrecht handeln (LG Landau NJW-RR 2002, S. 487; vgl. Kap. 4.6.1.2).

Umtauschrecht

8.3   Abschluss des Kaufvertrages

Für das *Zustandekommen* des *Kaufvertrages* über Waren gelten die *allgemeinen Grundsätze* des *Vertragsrechts*, wie sie bereits in Kap. 3 erläutert worden sind. Mag auch von Gesetzes wegen Schriftlichkeit nicht verlangt werden, so sollte doch bei dem Kauf hochwertiger Gebrauchs- und Investitionsgüter, wie z.B. teurer Maschinen, eine *schriftliche Vertragsurkunde* angefertigt werden, um später einen Beweis in den Händen zu haben.

Den Verkauf von Waren, die über *Internetauktionen* von Verbrauchern erworben werden, sollte man sicherheitshalber als widerrufbares *Fernabsatzgeschäft* behandeln. Danach hat der Verkäufer in seinem »Angebot« den Kaufinteressenten über dessen zweiwöchiges *Widerrufsrecht* zu *belehren* und spätestens bis zur Warenlieferung in Textform diese Information zur Verfügung zu stellen (§§ 312c, 312d, 355 BGB). Andernfalls kann der Vertrag von einem Verbraucherkäufer zeitlich unbegrenzt widerrufen werden (§ 355, Abs. 3; BGH BB 2005, S. 236.) Dabei genügt nach den strengen Maßstäben der Rechtsprechung den Anforderungen der gesetzlich vorgeschriebenen Textform des § 126b BGB der einfache Hinweis auf das Widerrufsrecht in einer eBay-Angebotsseite des Verkäufers nicht (§§ 312a, Abs. 1, Satz 1, 355, Abs. 2, Satz 1 BGB; KG Berlin NJW

Widerruf bei Internetauktionen

2006, S. 3216). Die Widerrufsfrist beträgt dann eben nicht zwei Wochen, sondern einen Monat ab Warenlieferung, wenn diese Information später dem Käufer formell korrekt in einer E-Mail, einem Fax oder der Warensendung beigefügten Hinweisblatt gegeben wird (§§ 312d, Abs. 2, Satz 1, 355, Abs. 2, Satz 2 BGB).

8.3.1   Wesentliche Vertragsbestandteile

Kaufsache und Kaufpreis

Stets setzt ein wirksamer Kaufvertrag voraus, dass sich Käufer und Verkäufer über den *geschäftswesentlichen Inhalt* geeinigt haben. Dazu gehört beim Kaufvertrag die Einigung über die *Kaufsache* und den zu zahlenden *Kaufpreis*. Neben der Bestimmung der Waren selbst, also Warentyp und Liefermenge, sind auch die *Lieferzeit* und der *Lieferort* von erheblichem Gewicht. Dabei ist es für den Verkäufer von eminenter Bedeutung dafür zu sorgen, dass alle für ihn wichtigen Produkteigenschaften in der Produktbeschreibung des Vertrages ihren Niederschlag finden (vgl. Kap. 8.4.1).

8.3.2   Beratung und Aufklärung durch den Verkäufer

Sachgerechter Gebrauch und Wartung

Mag auch die Einschätzung der Vorteile und Risiken des geplanten Vertragsabschlusses Sache jeder Vertragspartei sein, so kann und darf der Käufer nach Treu und Glauben erwarten, dass der *Verkäufer* ihn über den *sachgerechten Gebrauch* und die Wartung der Kaufsache berät und auf eventuelle Gefahren hinweist, die ihm unbekannt sind. Nur dann kann der Käufer die gelieferte Ware funktionsgemäß und ohne Risiken für sich nutzen (BGH NJW-RR 1988, S. 394).

Aufklärungspflicht

Holt sich der *nichtsachkundige Käufer* bei dem Verkäufer als Fachmann im Zuge der Kaufvertragsverhandlungen *Rat* ein, so nimmt der Verkäufer die Stellung einer Vertrauensperson ein; ihn trifft daher die Verpflichtung zur sachgemäßen und umfassenden Aufklärung über die besonderen Eigenschaften des von ihm verkauften Produkts (BGH DB 1997, S. 1072). Dabei hat der *Verkäufer* den Käufer über alle für den vorgesehenen und ihm mitgeteilten Verwendungszweck wesentlichen, insbesondere auch ungünstigen *Eigenschaften* und *Mängel* der in Betracht kommenden *Ware* zu *informieren*, soweit sie ihm bekannt sind. Dabei bleibt der Verkäufer auch dann für die korrekte Aufklärung des Käufers verantwortlich, wenn er sich für die Durchführung des Verkaufs eines *Verkaufsagenten* als seines Stellvertreters bedient, was bei Internetauktionen häufig vorkommt (BGH NJW-RR 2004, S. 1196). Wegen des unterschiedlichen Wissensstandes geht die Informationspflicht bei dem *Hersteller-Verkäufer* weiter als beim bloßen Fachhändler, weil der Käufer beim Händler nicht dieselbe überragende Sachkunde voraussetzen kann, wie beim Hersteller. Ein *Händler* braucht daher entfernt liegende Risiken im Zusammenhang mit der Anwendung der Kaufsache, die sich erst durch aufwändiges Untersuchen feststellen lassen, nicht zu kennen. Insoweit trifft ihn auch keine Erkundigungspflicht (BGH BB 2004, S. 1987).

Verschärft sind diese *Informationspflichten* beim *Kauf via Internet*, weil dort der Käufer die Ware nicht besichtigen kann. Deswegen hat der Verkäufer alle wichtigen Eigenschaften und Fehler durch eine verständliche und vollständige Beschreibung oder deutliche Abbildung sichtbar zu machen und nicht erst auf Nachfrage des Käufers herauszustellen (so aber zu Unrecht LG Berlin NJW-RR 2004, S. 1061).

Internet-Vertrag – Aufklärung

Verletzt der Verkäufer die ihm obliegende Informationspflicht, wird dadurch die *Kaufsache* im Rechtssinne *mangelhaft*, sodass, wegen der Verantwortlichkeit des Verkäufers für den Mangel, der Käufer nicht nur vom Vertrag zurücktreten, sondern auch *Schadensersatz* wegen *Pflichtverletzung* gemäß § 280, Abs. 1 BGB verlangen kann (vgl. Kap. 8.9.3).

Verletzung der Informationspflicht

Ansonsten bestimmt sich *Inhalt* und *Umfang* der *Informationspflicht* nach den Umständen des Einzelfalls, insbesondere nach der Geschäftsgewandtheit, dem Kenntnisstand und dem Verhalten des Käufers. Geschäftserfahrene Kunden brauchen deshalb nicht so intensiv aufgeklärt und beraten zu werden wie weniger mit der Materie vertraute Personen. *Fragen* des *Käufers* müssen immer vollständig und nach bestem Wissen und Gewissen richtig beantwortet werden. Ungefragt ist der Verkäufer nach Treu und Glauben lediglich verpflichtet, den Käufer auch auf solche Umstände hinzuweisen, die erkennbar für dessen Kaufentschluss von wesentlicher Bedeutung sind (BGH WM 1991, S. 1041), vor allem, wenn sie den Vertragszweck gefährden können (BGH-Urteil vom 17.12.1997 – Az: VIII ZR 166/96).

Kenntnisstand des Käufers

Beispiel:
Fabrikant F will von dem Hersteller H eine neu entwickelte Spezialmaschine erwerben. Der Verkäufer von H nutzt die fehlende Fachkenntnis von F aus und verkauft ihm das teuerste Spitzenmodell. Die Maschine besitzt zwar eine hervorragende Qualität, viele zusätzliche Sonderfunktionen, die F in seinem Betrieb aber nicht benötigt.

Lösung:
Mängelansprüche hat F nicht, da die Maschine keinen Mangel aufweist. Im Falle einer fachgerechten Beratung hätte F sicherlich das billigere für seine Bedürfnisse ausreichende Standardmodell genommen, sodass der Schaden für ihn in dem ungünstigen Vertragsabschluss liegt. F kann deshalb nachträglich die Aufhebung des Vertrages, also Rückgabe der Maschine gegen Rückzahlung des Kaufpreises, verlangen.

Tipp

> **Käufer**
>
> Da keine allgemeine Informationspflicht des Verkäufers besteht, sollten Sie Ihren Verkäufer auch beim Internet-Kauf unbedingt gezielt nach dem Vorhandensein von bestimmten Eigenschaften der Kaufsache fragen, wenn diese für Sie sehr wichtig sind. Der Verkäufer hat dann wahrheitsgemäß und sorgfältig Auskunft zu geben.

Beratungsvertrag

Will der *Käufer* von dem Verkäufer *umfassende Beratung*, kann zwischen ihnen ein dem Kaufvertrag vorgeschalteter *Beratungsvertrag* zustande kommen, namentlich, wenn sich der Verkäufer seine Beratungsdienste gesondert vergüten lässt (BGH WM 2003, S. 2387). Das hat für den Käufer auch den Vorteil, dass seine Schadensersatzansprüche wegen Beratungsfehlern nicht den kurzen zweijährigen Verjährungsfristen der kaufvertraglichen Mängelansprüche unterliegen.

Expertise

Hat der Verkäufer von einem sachkundigen Dritten, etwa von einem *Sachverständigen*, eine besondere *Expertise* eingeholt, braucht er diese dem Käufer nicht unentgeltlich zur Verfügung zu stellen. Weiß der Käufer, dass bei dem geplanten Geschäft ein bestimmtes Risiko besteht, liegt es allein an ihm, ob er den Vertragsabschluss von der Offenlegung der angebotenen Expertise abhängig machen will und dafür dem Verkäufer das geforderte *Zusatzentgelt* zahlt oder nicht (BGH WM 1993, S. 1099).

Beispiel:
Unternehmer U will für die Herstellung eines Produkts einen neuartigen Rohstoff verwenden, der zwar viele Vorteile gegenüber dem bisherigen Material besitzen soll, jedoch nicht umfassend technisch erprobt ist. Hersteller H macht ihn auf diesen Umstand aufmerksam. Gegen Zahlung einer »Schutzgebühr« für eine wissenschaftliche Expertise könnte U detaillierte Aufschlüsse über diesen Rohstoff erhalten.

8.4 Lieferung der bestellten Ware

Mangelfreie Ware

Der Verkäufer hat dem Käufer die *bestellte Ware mangelfrei* zu *liefern* und sie ihm zu *übereignen* (§ 433, Abs. 1 BGB). Neben der Bestimmung der Kaufsache selbst, müssen die Modalitäten der Lieferung speziell im Hinblick auf die Lieferzeit und dem Lieferort geklärt, sowie auch wichtige Nebenpflichten des Verkäufers und Käufers geregelt werden. Rechtsfragen des Eigentumserwerbs des Käufers, der in der Praxis typischerweise durch einen Eigentumsvorbehalt des Verkäufers verzögert wird, werden im Anschluss an den Zahlungsvorgang behandelt.

8.4.1 Bestimmung der Kaufsache

Wegen seiner Verpflichtung zur Lieferung einer mangelfreien Kaufsache begeht jeder Verkäufer eine *Pflichtverletzung*, wenn er *mangelhafte Waren* liefert. Ob nun die Ware die entsprechende Qualität besitzt oder nicht, entscheiden die *Vertragsparteien* primär durch *Beschaffenheitsvereinbarungen* (§ 434, Abs. 1, Satz 2, BGB, vgl. Kap. 8.9.1.1). Deshalb ist die möglichst genaue Beschreibung der Eigenschaften, die die Kaufsache besitzen soll, in den Mittelpunkt der vertraglichen Gestaltung gerückt, einschließlich der damit zusammenhängenden Verkäuferpflichten.

Beschaffenheitsvereinbarung

Je nachdem, ob es sich bei der Kaufsache um in großen Serien aufgelegte *marktgängige Waren* oder um eine *Spezialanfertigung* im Auftrage des Käufers handelt, kann dieser unterschiedlich stark auf die Produktgestaltung Einfluss nehmen, sodass die Produktbeschreibung bei den üblichen Handelswaren in dem Vertrag knapp und bündig ausfallen kann, anderenfalls sehr detailliert geregelt werden muss.

8.4.1.1 Produktbeschreibung im Vertrag

Erwirbt man ein *marktgängiges Handelsprodukt*, gleichgültig, ob vom Händler oder auch vom Hersteller, so genügt es, wenn in dem Vertrag der *Produkttyp* und die gewünschte *Menge* vereinbart werden. Das Produkt selbst wird hinreichend durch die Produktbeschreibung des Herstellers spezifiziert, auf die man der besseren Klarstellung wegen in dem Vertrag ausdrücklich Bezug nehmen sollte. Als Käufer muss man dann lediglich durch *gezieltes Befragen* des *Verkäufers* sicherstellen, dass sich die Kaufsache für die vorgesehene Verwendung uneingeschränkt eignet (vgl. Kap. 8.3.2).

Handelsprodukt

Wird die Kaufsache nach den spezifischen Vorgaben des Käufers angefertigt, so erweist es sich als unverzichtbar, dass in dem Vertrag eine möglichst *umfassende* und *detaillierte Produktbeschreibung* erfolgt, die alle für den Käufer wichtigen Eigenschaften präzise bestimmt. Um den Vertragstext überschaubar zu halten, hat es sich in der Praxis bewährt, die technisch komplexe Produktbeschreibung dem Vertrag als Anlage beizufügen, wie es für Zulieferer- und Projektverträge typisch geworden ist (vgl. Kap. 8.13).

Spezialanfertigung

In beiden Fällen sollte es der Käufer nicht bei bloßen *Beschaffenheitsangaben* bewenden lassen, sondern versuchen, bei einem Direkterwerb vom Hersteller diesem verlässliche *Beschaffenheitsgarantien* abzuringen. In einem solchen Falle haftet der Produzent wegen Produktmängeln für alle Schäden, die daraus dem Käufer entstehen, wobei anderslautende AGB-Haftungsbeschränkungsklauseln insoweit wirkungslos werden (§ 444 BGB, vgl. Kap. 8.9.4).

Beschaffenheitsgarantie

Tipp

> **Käufer**
>
> Bestehen Sie deshalb auf Beschaffenheits- oder Haltbarkeitsgarantien des Verkäufers für alle wichtigen Produkteigenschaften.

8.4.1.2 Spezifische oder gattungsmäßige Produktkennzeichnung

Je nachdem, wie genau bei Standardwaren die Produktbeschreibung schon bei Vertragsabschluss erfolgt, unterscheidet man rechtlich zwischen Gattungs- oder *Spezieskauf.* Ganz selten handelt es sich wie bei dem Erwerb eines Unikats um einen *Stückkauf.*

8.4.1.2.1 Gattungskauf

Durchschnittliche Qualität

In der Regel bezieht der Käufer von dem Verkäufer *Waren*, die dieser selbst oder ein anderer Hersteller in *großer Stückzahl* produziert. Dem Käufer kommt es bei diesem Gattungskauf nur darauf an, dass die gelieferte Ware auch zu dem bestimmten Typ, der bestimmten Sorte, eben der Gattung gehört und *durchschnittliche Qualität* besitzt, nach dem Gesetz also von »mittlerer Art und Güte« ist (§ 243, Abs. 1 BGB).

> **Beispiel:**
> *Verzinkte Holzschrauben in einer bestimmten Länge, Maschinen oder Fahrzeuge eines bestimmten Typs usw.*

Da der Verkäufer mit einer Vielzahl von Sachen, die der gleichen Gattung angehören, seine *Lieferpflicht* erfüllen kann, bleibt er solange zur Lieferung verpflichtet, wie noch *Leistung* aus der *vereinbarten Gattung* möglich ist. Erst wenn er alle seine Leistungspflichten komplett erfüllt hat, indem er die für den Käufer bestimmten Sachen zur Abholung ausgesondert oder versandfertig dem Spediteur übergeben hat, oder nach besonderer Lieferabsprache dem Käufer anliefert, beschränkt sich seine Leistungspflicht durch die eingetretene Konkretisierung auf die ausgesuchten Sachen, wodurch sich die ursprüngliche Gattungsschuld in eine *Stückschuld* umwandelt (§ 243, Abs. 2 BGB).

Beschaffungsrisiko trägt der Verkäufer

Zuvor übernimmt der Verkäufer rechtlich die Gewähr für die Beschaffungsmöglichkeit und trägt mithin das *Beschaffungsrisiko* für alle Hindernisse, die seiner Geschäftssphäre zuzurechnen sind (BGH WM 1995, S. 1357). Gegen dieses umfassende Beschaffungsrisiko sichern sich üblicherweise die Verkäufer durch einen sog. *Selbstbelieferungsvorbehalt* ab, wenn sie von ihren eigenen Lieferern im Stich gelassen werden oder bedingen sich in ihren Lieferbedingungen ein einseitiges *Leistungsänderungsrecht* aus, sofern die verarbeiteten Naturmaterialien von den Prospektangaben etwas abweichen oder gerade dieser Produktionstyp auf dem Markt nicht mehr verfügbar ist. Im ersten Fall kann der Verkäufer ohne Entschädigungszahlung aus dem Vertrag aussteigen, im zweiten Fall darf er Sachen in handelsüblicher Abweichung oder technisch gleichwertige Ersatzgeräte liefern (vgl. Kap. 4.3.3 und 4.2.1.1).

8.4.1.2.2   Spezifikations- oder Wahlkauf

Sind Sie als Käufer an dem Bezug einer stark nachgefragten Ware mit knappem Angebot interessiert, mag es zweckmäßig sein, sich zunächst bei der *Produktbeschreibung* mit *allgemeinen Merkmalen* zufrieden zu geben und sich dennoch den Warenbezug durch festen Vertragsabschluss in der entsprechenden Menge und zu einem bestimmten oder zumindest kalkulierbaren Preis zu sichern, bevor die näheren Eigenschaften wie Sorte, Form, Maß und Leistungsstärke oder ähnliche Beschaffenheitsmerkmale festgelegt werden.

Allgemeine Produktmerkmale

Beispiel:
Vorbestellung eines neu entwickelten Schweißautomaten, der demnächst in Serie gehen soll. Der Käufer kann die genaue Ausstattung, Leistung usw. noch bestimmen.

Bezieht sich der Kaufvertrag auf einen einheitlichen Warentyp in verschiedenen Ausführungen, liegt ein *Spezifikationskauf* vor.

Spezifikationskauf

Beispiel:
Gasheizkessel mit typenmäßig unterschiedlicher Leistungsstärke.

Der Käufer hat dann rechtzeitig nachträglich die von ihm gewünschte *Spezifizierung* dem Verkäufer anzugeben. Tut er das nicht rechtzeitig, gerät der Käufer in Annahme- oder Gläubigerverzug (vgl. Kap. 5.6). Ferner sind beim *Handelskauf*, wenn mindestens eine der Vertragsparteien kaufmännischer Unternehmer ist, die Sonderregelungen des HGB zum *Bestimmungskauf* zu beachten, die die vom Käufer vorzunehmende Leistungsbestimmung zu dessen schuldnerischer Hauptpflicht erhebt (§ 375, Abs. 1 HGB). Nimmt der Käufer die ihm obliegende Spezifizierung nicht fristgerecht vor, so fällt er in *Schuldnerverzug*. Danach kann der Verkäufer die Bestimmung mit verbindlicher Wirkung gegenüber dem Käufer selbst treffen.

Spezifizierung

Tipp

> Im Interesse beider Vertragsseiten sollte für die spätere Spezifizierung im Vertrag eine klare kalendermäßige Frist vorgesehen sein, weil dann der Verkäufer den Käufer für den Verzugseintritt nicht einmal mahnen muss (vgl. Kap. 5.2.1.3).

Rücktritt des Verkäufers

Reagiert der Käufer innerhalb der Frist, so wird dadurch der Verzug beseitigt, falls nicht, so kann der Verkäufer die Spezifikation selbst durchführen und sie dem Käufer mitteilen. Will er sich von dem Vertrag gemäß § 323 BGB durch *Rücktritt* lösen, so muss er dem Käufer noch eine angemessene *Nachfrist* zur letztmaligen Vornahme der Spezifizierung setzen, sofern die Fristsetzung ausnahmsweise nicht entbehrlich ist. Läuft auch diese Nachfrist ergebnislos ab, kann der Verkäufer zurücktreten und/oder Schadensersatz statt der Leistung nach §§ 323, 281 BGB verlangen (vgl. Kap. 5.2.3 und 5.2.4).

Wahlkauf

Ein Vertrag über die Lieferung von *Waren unterschiedlicher Art* gilt nicht als Spezifikations-, sondern als *Wahlkauf*. Die Abgrenzung zwischen beiden Formen kann schwierig sein, ist aber wegen der unterschiedlichen Rechtsfolgen unvermeidlich. Die Gerichte gehen dabei nicht selten von einem relativ engen Gattungs- bzw. Warenbegriff aus (BGH NJW 1960, S. 674).

> **Beispiel:**
> *Ein Vertrag, in dem nach Wahl des Käufers eine bestimmte Menge Autoöle, Spezialöle, Schmierfette usw. geliefert werden sollen, gilt nach Ansicht des Bundesgerichtshofs als Wahlkauf.*

Einzelstücke oder gebrauchte Sachen

Das *Wahlrecht* steht ohne besondere Vereinbarung dem leistungspflichtigen *Verkäufer* als Schuldner zu, kann ohne weiteres durch Vertrag dem Käufer als Gläubiger eingeräumt werden, wie es in der Wirtschaftspraxis die Regel ist (§ 262 BGB). Nach Ausübung des Wahlrechts gilt rückwirkend die gewählte Leistung als die von Anfang an geschuldete (§ 263 BGB).

8.4.1.2.3   Stückkauf

Will der Käufer nur eine ganz bestimmte Sache erwerben, die er sich zuvor angesehen hat oder bereits kennt, handelt es sich um einen *Stückkauf*. Hauptsächlich geht es um den Kauf wertvoller Einzelstücke (wie Kunstobjekte) oder auch von gebrauchten Sachen. Stets gibt es diese Kaufsache nur einmal. In solchen Fällen wird auch nur die Lieferung dieser bestimmten Sache geschuldet.

Unmöglichkeit

Sollte die betreffende Kaufsache irreparabel *beschädigt* oder *zerstört* werden, oder wird sie dem Verkäufer gestohlen, so kann der Verkäufer die Lieferpflicht wegen *Unmöglichkeit* nicht mehr erfüllen.

Er wird deshalb von seiner Leistungspflicht frei (§ 275, Abs. 1 BGB). Der Käufer braucht dann auch den vereinbarten Kaufpreis nicht mehr zu bezahlen (§ 323, Abs. 1 BGB), falls nicht ausnahmsweise die Preisgefahr schon vorher auf ihn übergegangen war (vgl. Kap. 8.5.4). Schadensersatz muss der Verkäufer dem Käufer nur leisten, wenn er seine Leistungsunfähigkeit zu vertreten hat (§§ 280, Abs. 1, 283 BGB, vgl. Kap. 5.4.2).

Bei *gebrauchten Sachen* mag stattdessen aber auch die *Nachlieferung* einer gleichwertigen vertretbaren Sache in Betracht kommen, wenn damit dem Käufer in gleicher Weise gedient ist, weil dieser Mängelanspruch dem Käufer auch beim Stückkauf nach § 439 Abs. 1 BGB zusteht (BGH NJW 2006, S. 2839). Das eröffnet indes zu große Auslegungsspielräume im Streitfall. Deshalb sollten die *Parteien selbst* für Klarheit sorgen und *regeln*, ob Nachlieferung erwünscht ist oder nicht.

Nachlieferung

8.4.1.3   Kauf nach Probe oder nach Muster
Muss die bestellte Ware noch nach bestimmten Maßen angepasst werden oder besitzt sie eine sehr große räumliche Ausdehnung, orientiert sich der Käufer vielfach an einem von dem Verkäufer vorgelegten *Muster*, anhand dessen er ihre Qualität und sonstige Eigenschaften, wie Farbe, Aussehen, Gestalt etc, beurteilen kann.

Beispiel:
1. *Kaufmann K will bei dem Fachhändler H für seine neuen Büroräume einen strapazierfähigen Teppichboden erwerben. Er wählt ihn nach Qualität und Farbe anhand einer ihm von H vorgelegten Musterkollektion aus.*
2. *Textilfabrikant T kauft bei dem Stoffhändler S mehrere Bahnen Stoff, nachdem er sich von S etwas Stoff daraus als Probe hat vorlegen lassen.*

Hier kann der Käufer davon ausgehen, dass die später gelieferte Ware dem Muster oder der Probe entspricht. Demzufolge hat sie in ihren Produkteigenschaften dem Muster oder der Probe zu entsprechen, wenn die Parteien darauf Bezug genommen haben. Weicht später die gelieferte Ware von dem vorgelegten Muster bzw. der Probe ab, so ist sie per se mangelhaft (vgl. Kap. 8.9.1).

Gelieferte Ware ist anders

8.4.2   Modalitäten der Lieferung
Neben der Bestimmung der Kaufsache müssen auch die *Lieferzeit* und der *Lieferort* festgelegt werden. Bei dauerhaften Geschäftsbeziehungen mit ständigen Einzellieferungen stellt die *Lieferung auf Abruf* eine besondere Variante dar.

8.4.2.1 Lieferzeit

Eine möglichst präzise und eindeutige *Bestimmung* der *Lieferzeit*, am besten in Form einer allein durch den Kalender festgelegten Lieferfrist, liegt im Interesse beider Vertragsparteien. Der Käufer kann dann sicher mit der eingehenden Lieferung für sein Geschäft disponieren und der Verkäufer hat ab diesem Zeitpunkt Anspruch auf die Bezahlung. Ein weiterer Vorteil für den Käufer liegt darin, dass mit Nichteinhaltung der vereinbarten *kalendertäglichen Lieferfrist* der Verkäufer auch ohne Mahnung nach § 286, Abs. 2, Nr. 1 BGB in *Verzug* gerät, wenn er nicht nachweisen kann, dass er die Säumnis nicht zu vertreten hat (vgl. Kap. 5.2.1.3).

Kalendertägliche Lieferfrist

Ist für den Käufer die *Einhaltung* dieser *Lieferzeit* so *wichtig*, dass eine spätere Nachlieferung für ihn wirtschaftlich ohne Interesse ist, so kann er den Kaufvertrag mittels Hinzufügens einer *Fixklausel* zu dem vereinbarten Termin durch die Worte »fix«, »prompt« oder »spätestens« zu einem *Fixgeschäft* machen. Dies hat zur Folge, dass er nach Ablauf dieser Frist ohne weiteres vom Vertrag zurücktreten kann (§ 323, Abs. 2, Nr. 1 BGB; vgl. Kap. 4.2.1.3). Eine *Vertragsbeendigung* macht für ihn allerdings nur Sinn, wenn er sich die benötigte Ware gleicher Qualität anderweitig auf dem Markt beschaffen kann. Transformiert er nun durch die Vereinbarung eines solch strikten Liefertermins den Kaufvertrag in ein Fixgeschäft, so sollte er allerdings beachten, dass bei diesem *Fixhandelskauf* nach § 376, Abs. 1, Satz 2 HGB ein Vertragsbeendigungsautomatismus in der Weise ausgelöst wird, dass mit Ablauf der vereinbarten Lieferzeit auch sein Erfüllungsanspruch erlischt. Will er das vermeiden und sich die Option auf Weiterbelieferung aufrechterhalten, so muss er dem Verkäufer sofort nach Ablauf der Zeit anzeigen, dass er nach wie vor auf Erfüllung besteht.

Fixgeschäft

Tipp

> **Käufer**
>
> Markieren Sie deshalb in Ihrem Fristenkalender beim Fixhandelskauf das Lieferdatum und fügen Sie den Hinweis hinzu: »ggf. sofort Lieferanten mitteilen, dass man noch auf Vertragserfüllung besteht«.

Vertragsstrafe

Können Sie als Käufer nicht auf andere Lieferanten ausweichen, so nützt Ihnen die Vereinbarung eines Fixgeschäftes relativ wenig, sondern es reicht die schlichte Vereinbarung einer kalendertäglichen Lieferfrist. Stattdessen sollten Sie dann versuchen, gegenüber dem Lieferanten einen Leistungsdruck zur pünktlichen Lieferung durch die Auferlegung einer *Vertragsstrafe* aufzubauen. Das tut man am besten in einer *Einzelvereinbarung*, weil in AGB-Vertragsstrafe-Klauseln zu enge Grenzen gezogen sind (vgl. Kap. 4.2.2).

Ist das Kaufobjekt ein komplexes Produkt, das von dem Hersteller als Verkäufer in einem aufwändigen Fertigungsprozess noch gebaut werden muss, versuchen viele *Produzenten*, das *Verspätungsrisiko* in ihren Lieferbedingungen auf den Käufer mittels unverbindlicher *Lieferklauseln* abzuwälzen. Danach soll die vereinbarte *Lieferzeit* eine *unverbindliche Lieferfrist* darstellen. Außerdem soll der Verzugseintritt noch weiter dadurch hinausgeschoben werden, dass dieser erst nach dem fruchtlosen Ablauf einer mehrwöchigen Nachfrist, die der Käufer dann zu setzen hat, eintreten soll. Darauf brauchen Sie sich als Käufer, wenn Sie über eine entsprechende *Verhandlungsstärke* verfügen, nicht einzulassen (vgl. Kap. 4.2.1.3).

Unverbindliche Lieferfrist

Käufer

Lesen Sie deshalb sorgfältig die Lieferbedingungen durch, und sollten diese entsprechende Vertragsklauseln aufweisen, kann man sie durch vorrangige individuelle Lieferabsprachen ausschalten, indem man die genannte Lieferfrist ausdrücklich als verbindlich festschreibt.

Tipp

Verbindliche Liefervereinbarung
»Verbindlicher Liefertermin ist ... (bestimmtes Kalenderdatum)«

Klauselvorschlag

8.4.2.2   Lieferort

Lieferort kann die Niederlassung oder das Lager des Verkäufers sein, sofern die Ware dort abgeholt werden soll oder auch die Niederlassung des Käufers bzw. ein sonstiger Ort, an dem die bestellte Ware vom Verkäufer anzuliefern ist. Im ersten Fall handelt es sich um eine *Holschuld*, bei der der Verkäufer zu dem vereinbarten Termin die Ware lediglich zur Abholung bereitstellen muss, im anderen Fall um eine *Bringschuld*, weil die Waren von dem Verkäufer an den genannten Ort noch zu liefern sind, sodass der Transport noch zu seinen Leistungspflichten gehört (vgl. Kap. 4.2.1.2). Bei den sog. *Distanzgeschäften*, wenn also die Ware noch zu dem Käufer zu transportieren ist, gehört der Liefervorgang ohne besondere Absprache nicht mehr zu den Leistungspflichten des Verkäufers, selbst wenn er für den Käufer den Warentransport organisiert und damit einen Spediteur beauftragt (§ 269, Abs. 3 BGB). Der Jurist spricht dann von einer sog. *Schickschuld* und bezeichnet diesen Kaufvertragstyp als *Versendungskauf.*

Hol-, Bring-, Schickschuld

Distanzgeschäft

Die Frage der Festlegung des Leistungsortes ist von erheblich praktischer Bedeutung. Das betrifft nicht in erster Linie die Frage, ob die *Transportkosten* in den Kaufpreis eingerechnet sind oder gesondert in Rechnung gestellt werden. So oder so werden Sie als

Transportkosten

Käufer die Transportkosten zu tragen haben, weil im ersteren Fall der Verkäufer die Transportkosten in den Stückpreis einkalkulieren wird (vgl. Kap. 8.5). Vielmehr geht es hauptsächlich darum, wer von

Transportgefahr beiden Parteien, Verkäufer oder Käufer, die sog. *Transportgefahr* zu tragen hat, ob also der Käufer trotz des zufälligen, vom Verkäufer unverschuldeten Untergangs, vor allem Verlustes der Ware, dennoch den Kaufpreis fordern kann (vgl. Kap. 8.5.3).

Lieferklauseln Nicht nur im internationalen Warenhandel mit den *Incoterms*, sondern auch im inländischen Warenverkehr bedient man sich in der Vertragspraxis *standardisierter Lieferklauseln* zur Regelung, wer für den Transport der Kaufsache zuständig ist. Klauseln, nach denen der Käufer sich um die Beförderung der Ware selbst kümmern muss und demzufolge auch die Transportkosten trägt, bezeichnet man als

Abholklauseln sog. Abholklauseln. Gängige *Abholklauseln* sind:

- »*Ab Werk*« begrenzt die Verpflichtung des Lieferanten; die Waren sind an dem jeweils bezeichneten Ort zur Abholung bereit zu halten, wobei die Kosten der Verpackung und der Prüfung der Ware der Lieferant trägt und alle sonstigen Kosten zu Lasten des Bestellers gehen (BGH ZIP 1986, S. 232). Das betrifft insbesondere die Kosten und Gefahren des Transports sowie die Verladekosten.
- »*Ab Lager*« oder »*ab Fabrik*« haben den gleichen Sinngehalt.

Ablieferungs-klauseln Das Gegenstück dazu bilden die *Ablieferungsklauseln*, wonach der Spediteur als Frachtführer die Fracht vom Absender (Verkäufer) ausgehändigt erhält. Übliche Ablieferungsklauseln sind:

- »*Frachtfrei*« verpflichtet den Lieferant, die Ware auf seine Kosten an den besonderen Bestimmungsort zu bringen. Der Besteller trägt alle Kosten ab Eintreffen der Ware an dem Bestimmungsort.
- »*Frei Bestimmungsort*« bedeutet, dass der Lieferant die Kosten und die Gefahr bis zum Eintreffen der Ware an dem Bestimmungsort trägt.
- »*Frei Haus*« oder »*Fracht frei Haus*« legt darüber hinausgehend dem Lieferanten nicht nur die Transportkosten bis zum Bestimmungsort, sondern auch die Abnahmekosten auf, also auch die Kosten für das Abladen und Einbringen der Ware in das Lager des Bestellers.

Transportklauseln Werden wie beim *multimodalen Transport* mehrere Transportmittel eingesetzt, kann man die Zuständigkeit für den Gesamttransport zwischen Verkäufer und Käufer auch durch entsprechende *Transportklauseln* aufteilen, namentlich, wenn die Ware auch per Schiff oder per Bahn transportiert wird. Gängige *Transportklauseln* sind:

- *»Ab Kai«* oder *»ab Schiff«* legt dem Verkäufer die Kosten der Beförderung bis zum vereinbarten Bestimmungshafen auf.
- *»Ab Station«* verpflichtet den Empfänger, die Lieferung an dem vereinbarten Stationsort zu übernehmen und auch zu überprüfen, sowie für den Weitertransport zu sorgen.

Ferner kann im *Frachtvertrag* (vgl. Kap. 10.8.1) geregelt werden, dass die Fracht, entgegen § 421, Abs. 2 HGB, nicht eingezogen werden soll. Dazu sind folgende Klauseln üblich:

- *»Frei«*, *»franko«* oder *»frachtfrei«* bedeuten, dass der Frachtführer nur vom Absender die Zahlung verlangen kann.
- *»Fracht prepayed«* verpflichtet den Absender zur Zahlung der Fracht bei Übernahme des Gutes durch den Frachtführer.

8.4.2.3 Lieferung auf Abruf

Besteht zwischen Verkäufer und Käufer eine *dauerhafte Lieferbeziehung* in der Weise, dass der Lieferant den Käufer kontinuierlich mit bestimmten Materialien. Stoffen oder Bauteilen von gleichbleibender Qualität nach Abruf durch den Käufer beliefern soll, bedarf es einer *umfangreicheren Liefervereinbarung*, die die Modalitäten im Einzelnen regelt. So wird der einfache Kaufvertrag, der auf einen einmaligen Leistungsaustausch gerichtet ist, zu einem *Dauerschuldverhältnis* weiter entwickelt, indem wiederkehrende Leistungen in Form von ständigen Warenlieferungen erfolgen. Der Jurist bezeichnet diese Dauerlieferverträge als *Sukzessivlieferverträge*. Genau besehen, ist die Geschäftsbeziehung zweistufig aufgebaut: aus einer Rahmenvereinbarung, die die allgemeinen Vertragsbedingungen als Dauerschuldverhältnis für die künftigen einzelnen Warenbestellungen festlegt und darauf beruhenden *Einzelbelieferung*, die einen Kaufvertrag im Sinne von § 433 BGB darstellt.

Dauerhafte Lieferbeziehung

Sukzessiv-liefervertrag

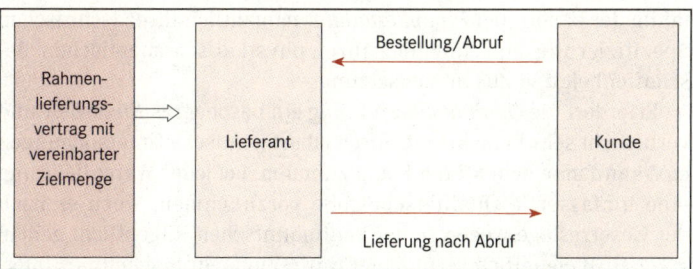

Abb. 8.2: Sukzessivlieferungsvertrag

Derartige *Rahmenlieferungsvereinbarungen* dienen der Bindung wichtiger Lieferanten, bei entsprechender Ausgestaltung auch der

Rahmenlieferungs-vereinbarung

Stabilisierung des Preises und gewährleisten eine Versorgungssicherheit über einen längeren Zeitraum. Mit ihnen lässt sich auch eine erhebliche Senkung der beidseitigen Gemeinkosten erreichen durch

- Wegfall der Abschlusskosten für jede Belieferung,
- Rationalisierung des Abrufverfahrens durch EDV-Techniken, wie etwa EDI (Electronic Data Interchange),
- Reduzierung der Lagerbestände und damit der anfallenden Lagerkosten für beide Vertragspartner,
- Vereinfachung der Finanzbuchhaltung durch periodische Sammelrechnungen.

Zur Gewährleistung einer dauerhaften *Produktqualität* trifft man im Interesse des Bestellers auch *Qualitätssicherungsvereinbarungen* (QSV), die die Verantwortlichkeit beider Geschäftspartner für die Produktqualität regeln und die Wareneingangskontrolle für den Käufer erheblich vereinfachen (vgl. Kap. 8.9.2.8).

Tipp

Nicht nur wegen der höheren Komplexität im Vergleich zu einfachen Kaufverträgen, sondern auch wegen ihrer großen wirtschaftlichen Bedeutung sollte man derartige Sukzessiv-Lieferungsverträge nicht ohne anwaltlichen Beistand abschließen. Das gilt sowohl für den Lieferanten wie auch für den Käufer.

Die nachfolgenden, bewusst knapp gehaltenen Erläuterungen sollen deshalb nur einen Überblick über die wichtigsten Regelungskomplexe verschaffen.

Bestimmung und Sicherung der Produktqualität

Kernpunkt dieser Vereinbarung ist zweifelsohne die präzise Bestimmung der benötigten *Produktqualität,* namentlich ihrer technischen Spezifizierung einschließlich ihrer physikalisch-chemischen Beschaffenheit und Zusammensetzung.

Qualitäts-überprüfung

Erfordert die *Qualitätsüberprüfung* ein besonderes *Know-how* und verursacht sehr hohe Kosten durch labortechnische Untersuchungen etc., kann man dem Käufer kaum zumuten, bei jeder Warenlieferung eine umfassende Qualitätskontrolle vorzunehmen, wozu er nach der Gesetzeslage wegen seiner kaufmännischen Rügepflicht gemäß § 377 HGB eigentlich verpflichtet wäre. Vielmehr erscheint es interessengerecht, die Verantwortung für die Qualitätssicherheit vertraglich dem Lieferanten im Rahmen einer *Qualitätssicherungsvereinbarung* zu übertragen).

Zielmenge

Zunächst sollten die Vertragspartner eine flexible Zielmenge mit einem gewissen Toleranzspielraum festlegen, die i.d.R. der Käufer dem Lieferanten jährlich abzunehmen hat. Diese Abnahmemenge bildet die *Kalkulationsgrundlage* für den *Verkaufspreis* des Lieferanten. Wird sie unterschritten, sollte der Lieferant zu einer Nachkalkulation berechtigt sein, also zu einem Preisaufschlag mit einer entsprechenden Nachzahlung durch den Käufer. Im umgekehrten Fall wäre dem Käufer ein nachträglicher gestaffelter Preisrabatt zu gewähren.

Abnahmemenge als Kalkulationsgrundlage

Abrufmodalität

Ruft der Käufer die benötigte Menge ab, sollte auch die *Lieferfrist* festgelegt werden, d.h. innerhalb welcher Zeitspanne der Verkäufer die bestellte Ware zu liefern hat, wenn, wie i.d.R., dieser die Lagerung der Waren übernimmt.

Lieferfrist nach Abruf

Anlegung eines Vorratslagers

Um das Risiko eines Produktionsstopps beim Käufer auszuschließen, bedarf es auch der Bestimmung, einer *ausreichenden Vorratsmenge*, also in welchem Umfang der Lieferant auf Vorrat zu produzieren hat. Sofern die entsprechenden Kapazitäten bei ihm vorhanden sind, sollte er für die Lagerung der vorzuhaltenden Waren zuständig sein und trägt dann auch bei dieser fremden Bevorratung die Lagerkosten. Hat der Hersteller nicht genügend Lagerräume zur Verfügung, so kann die *Einlagerung* auch beim Käufer in Form des sog. *Konsignationslagers* erfolgen. Die Übernahme dieser eigentlich dem Lieferanten zufallenden Dienstleistung sollte sich in einem entsprechenden Preisnachlass niederschlagen. Der *Kaufpreis* ist auch in diesem Fall vom Käufer erst bei *Warenentnahme* zu entrichten.

Ausreichende Vorratsmenge

Qualitätssicherung

Unabhängig, wo die Einlagerung der Waren geschieht, sollte der Käufer zur Vereinfachung der Wareneingangskontrolle versuchen, die Verantwortung der Qualitätssicherung durch eine *Qualitätssicherungsvereinbarung* (QSV) dem Lieferanten aufzubürden, wenn er dazu technisch und organisatorisch imstande ist, was grundsätzlich die Einführung eines *Qualitätsmanagements* in seinem Betrieb erfordert. Dadurch fallen beim Käufer keine hohen Kosten für die Warenüberprüfung nach Wareneingang an, weil er sich dann auf eine repräsentative stichprobenweise äußerlich durchgeführte Warenprüfung durch sein Personal beschränken darf (vgl. 8.9.2.8).

Qualitätssicherung durch Lieferung

Wertsicherung des Kaufpreises

Wird der Kaufpreis bereits in dem Sukzessiv-Lieferungsvertrag bestimmt, läuft der Lieferant Gefahr, Verluste zu machen, wenn sich während der Laufzeit des Vertrages seine Selbstkosten verteuern oder die Kaufkraft ganz allgemein wegen inflationärer Entwicklungen schwindet. Die Sicherung von Wertbeständigkeit von Forderungen erreicht man mittels Wertsicherungsklauseln. Solche Wertsicherungsklauseln sind ohne weiteres zulässig, wenn sie als offene Preisklauseln bei Änderung bestimmter Kostenelemente lediglich die Möglichkeit eröffnen, erneut in Preisverhandlungen zu treten oder im Falle eines Anpassungsautomatismus lediglich die effektive Kostensteigerung beim Lieferanten an den Abnehmer weiterreichen (vgl. Kap. 4.3.4.2).

Wertsicherungs-klauseln (Randspalte)

Zahlung und Rechnungstellung

Kontokorrent (Randspalte)

Die Bezahlung des Kaufpreises für die Lieferungen erfolgt kostensparend periodisch in Form eines *Kontokorrents* durch quartalsmäßige oder halbjährliche *Sammelabrechnungen* des Verkäufers auf der Grundlage des Warenabrufs oder der Warenentnahme im Falle einer Konsignationslagervereinbarung (vgl. Kap. 4.8.8.2).

Gültigkeitsdauer und Kündigung

Grundlaufzeit mit Kündigungsfrist (Randspalte)

Da es sich bei dem Sukzessiv-Lieferungsvertrag um ein *Dauerschuldverhältnis* handelt, darf auch eine Regelung zur Laufzeit des Vertrages nicht fehlen. Am zweckdienlichsten dürfte wie bei Miet- und Leasingverträgen eine unkündbare *Grundlaufzeit* von einem Jahr sein, danach eine Kündigung unter Einhaltung einer angemessen langen *Kündigungsfrist* von mindestens drei, ggf. auch sechs Monaten. Diese relativ lange Kündigungsfrist gibt dem gekündigten Geschäftspartner genügend Zeit, sich auf die neue Situation einzustellen.

8.4.3 Montage, Instruktions- und andere Nebenpflichten des Verkäufers

Vor allem bei der Lieferung von *Spezialmaschinen* übernimmt der Verkäufer typischerweise auch die Montage, Installierung und auch Einweisung des Personals als Nebenleistungspflicht. Darüber hinaus gehört es zu der selbstverständlichen Nebenpflicht des Verkäufers, während der Lieferung alles zu unterlassen, was den Käufer schädigen könnte.

8.4.3.1 Montage- und Instruktionspflichten bei der Lieferung technischer Geräte

Soll der Verkäufer dem Käufer ein *Spezialgerät* liefern, dessen Montage, Inbetriebnahme und fachgerechte Bedienung besonderes Fachwissen erfordert, gehört zu dem *Leistungspaket* des *Verkäufers* auch die *Montage* und *Installierung* bis zur Betriebsfähigkeit der Maschine sowie auch die sachgerechte *Einweisung* des Bedienungspersonals. Ist zur fachgerechten Handhabung eine länger andauernde *Schulung* erforderlich, übernimmt der Verkäufer auch diese Aufgabe.

Montage und Installation

Mangels ausdrücklicher gesetzlicher Regelung empfiehlt sich hier unbedingt eine klare ausführliche vertragliche Vereinbarung, welche

Vertragliche Regelungen notwendig

- den *Umfang* der Nebenleistungspflichten regelt,
- die *Vergütung* bestimmt: in den Kaufpreis eingerechnet oder gesondert zu bezahlen,
- die *Fälligkeit* des *Kaufpreises* (ggf. zuzüglich der Montagekosten) von der Erfüllung aller Nebenleistungspflichten bis zur Betriebsfähigkeit der gelieferten Maschinen abhängig macht.

Da der Käufer rechtzeitig auch bestimmte Vorkehrungen treffen muss, damit die Endmontage vom Verkäufer durchgeführt werden kann, ist es sachdienlich, den Verkäufer zu verpflichten, dem Käufer rechtzeitig den konkreten *Anlieferungstermin* mitzuteilen. Haben beide Seiten eine bestimmte kalendermäßige Lieferzeit vereinbart, so hat der Verkäufer selbstverständlich den zeitlichen Rahmen einzuhalten, will er nicht in Schuldnerverzug geraten.

Anlieferungstermin

Liefervereinbarung

»1. Die Lieferung/der ... (Bezeichnung der Kaufsache) erfolgt (spätestens) bis zum ... .« (Bei Hinzusetzung von »spätestens«, »fix« oder »prompt« handelt es sich um ein Fixgeschäft, wonach der Käufer im Falle der Nichteinhaltung zum sofortigen Rücktritt berechtigt ist.)

Klauselvorschlag

2. Der Verkäufer wird innerhalb dieser Frist den konkreten Liefertermin zwei Geschäftstage vorher dem Käufer schriftlich mitteilen.

3. Als weitere Nebenleistungen übernimmt es der Verkäufer, die/den ... (Kaufsache) im Betrieb des Käufers zu montieren und betriebsfertig zu installieren. Neben Aushändigung der schriftlichen Betriebsanleitung verpflichtet sich der Verkäufer, nach Herbeiführung der Betriebsfähigkeit das vom Käufer ausgewählte Bedienungspersonal so umfassend in die Bedienung der gelieferten ... (Kaufsache) einzuweisen, dass dieses danach die (Kaufsache) selbstständig sachkundig einsetzen kann.

4. Dauert die Einweisung des Bedienungspersonals länger als ... (2 Stunden oder mehr), so steht dem Verkäufer für jede weitere zusätzliche Stunde eine Vergütung von ... € zzgl. MwSt. zu.«

**Schulung
und Wartung**

Sollte zum fachgerechten Umgang eine längere Schulung erforderlich werden, so gewinnt diese einen eigenständigen rechtlichen Charakter, sodass sich hierfür ein eigenständiger *Schulungsvertrag* als Sonderform des Dienstvertrages empfiehlt (vgl. Kap. 10.9.1). Gleiches gilt im Übrigen, wenn der dauerhafte Einsatz der Maschine eine technisch aufwändige Wartung erfordert, die nur spezifisch geschultes Personal durchführen kann. Dieser *Wartungsvertrag* stellt rechtlich einen Sonderfall des Werkvertrages dar (vgl. Kap. 10.8.1).

Die *Vergütungspflicht* der *Nebenleistungen* kann wegen des Sachzusammenhangs auch bei der Zahlungspflicht des Käufers geregelt werden.

Ersatzteile

Für serienmäßig produzierte Maschinen oder technische Geräte hat der Hersteller auch ohne besondere Vereinbarung eine gewisse Zeit ausreichend *Ersatzteile* für die Käufer gemäß Treu und Glauben bereitzuhalten. In der Praxis empfiehlt sich zwischen Hersteller und Fachhandel eine Vereinbarung klarer vertraglicher Regelungen, die die Vorhaltungszeit bestimmen.

Tipp

> **Käufer**
>
> Erkundigen Sie sich nach der Vorhaltungszeit für Ersatzteile bei Ihrem Händler oder direkt beim Hersteller.

8.4.3.2   Aufklärung über sachgemäßen Gebrauch

**Bedienungs-
anleitung**

Auch ohne ausdrückliche vertragliche Regelung hat der *Verkäufer* den *Käufer* in den sachgemäßen *Gebrauch* der *Kaufsache einzuweisen* und ihn über besondere Gefahren für Leib und Leben, auch drohender Sachschäden, zu informieren. Das kann auch standardisiert durch die Aushändigung einer schriftlichen *Bedienungsanleitung* geschehen. Erfolgt dies nicht, so ist die *Kaufsache mangelhaft*, mit der Folge, dass dem Käufer seine diversen Mängelansprüche zustehen (BGH DB 1997, S. 1072). Das schließt im Falle des Direkterwerbs vom Hersteller auch Schadensersatzansprüche ein, weil dieser einen solchen Mangel stets zu verantworten hat (vgl. Kap. 8.9.3).

8.4.3.3   Rechnungserteilung

Mehrwertsteuer

Eine besondere Bedeutung besitzt im unternehmerischen Geschäftsverkehr die *Erteilung* von *Rechnungen*, auf die der Käufer wegen der anfallenden Mehrwertsteuer stets einen Anspruch hat. Besonders auszuweisen ist die *Mehrwertsteuer* in Rechnungen, wenn das Finanzamt den Vorgang beim Käufer bereits bestandskräftig der Umsatzsteuer unterworfen hat (BGHZ 103, S. 284). Bis zur Erteilung kann der Käufer den Kaufpreis nach § 273 BGB zurückhalten (OLG

München NJW 1988, S. 270). Selbstverständlich sollte jeder Käufer die Richtigkeit der erstellten Rechnung prüfen. Jedoch müssen Sie als Käufer nicht mit ungewöhnlichen einseitigen, außerhalb des Rechnungszwecks liegenden Vermerken des Verkäufers rechnen. Diese besitzen keine Wirkung, selbst wenn Sie ihnen nicht ausdrücklich widersprechen (BGH WM 1997, S. 1483).

Prüfung der Rechnungsrichtigkeit

Tipp

Käufer

Prüfen Sie deshalb unbedingt die Richtigkeit der vom Verkäufer erstellten Rechnung, damit Sie keine Überzahlungen leisten.

8.4.3.4 Rücksichtnahme- und Schutzpflichten des Verkäufers

Selbstverständlich hat der *Verkäufer* bis zur vollständigen Vertragserfüllung nach der für alle Vertragsparteien geltenden Verhaltensregel der Rücksichtnahme in § 241, Abs. 2 BGB alles zu *unterlassen*, was den *Käufer schädigen* könnte. Darüber hinaus treffen ihn auch besondere *Schutzpflichten*, sofern die Durchführung des Vertrages erhebliche Risiken mit sich bringt, zu deren Beherrschung eine besondere *Fachkenntnis* erforderlich ist, über die nur der Verkäufer oder sein fachlich geschultes Personal verfügt (BGH WM 1993, S. 1928).

Fachkenntnisse

Beispiel:

Sehr strenge Sorgfaltsanforderungen treffen den Öllieferanten und sein Personal beim Füllen von Heizöltanks, weil es sich hierbei um einen besonders risikoreichen Vorgang wegen der Gefahr des Auslaufens von Öl handelt. Der Ölanlieferer muss sich wenigstens solange an der Einfüllstelle aufhalten, bis er sich von dem ordnungsgemäßen Ablauf des Tankvorgangs überzeugt hat. Mängel an der Tankanlage kann er i.d.R. besser erkennen und beherrschen als der Bezieher. Deshalb ist es nach Ansicht des Bundesgerichtshofs seine Sache, alle zumutbaren Vorsichtmaßnahmen zu ergreifen, um Schäden zu vermeiden.

8.4.4 Warenabnahme durch den Käufer

Selbstverständlich hat der Käufer die vom Verkäufer vertragsgerecht angebotene Ware abzunehmen, um ihn von der weiteren Aufbewahrung zu entlasten (§ 433, Abs. 1, Satz 1 BGB). Der *Käufer* befindet sich dadurch in einer *Doppelrolle*: Er ist zwar Gläubiger des Lieferanspruchs gegen den Verkäufer, zugleich aber auch Schuldner im Hinblick auf seine Abnahmepflicht. Die *Nichtabnahme* der vertragsgerecht angebotenen Kaufsache führt stets zum *Gläubigerverzug*

Nichtabnahme

(vgl. Kap. 5.6). Hat der Käufer diesen Umstand wie i.d.R. auch zu vertreten, gerät er auch noch in *Schuldnerverzug* (vgl. Kap. 5.2), erst recht bei Abnahmeverweigerung (vgl. Kap. 8.4.4.2). Demnach kann der Verkäufer im Falle der Nichtabnahme die dadurch anfallenden zusätzlichen Kosten, insbesondere für den Rücktransport und die Lagerung der Waren, entweder als Mehraufwendungen nach § 304 BGB wegen Annahmeverzuges oder auch als Verzögerungsschaden *ersetzt* verlangen (§ 286 BGB).

Mangelhafte Ware　　*Mangelhafte Waren* brauchen Sie als Käufer i.d.R. nicht abzunehmen, weil der Verkäufer zur mangelfreien Lieferung schon kraft Gesetzes verpflichtet ist (§ 433, Abs. 1, Satz 2 BGB).

> **Tipp**
>
> **Käufer**
>
> Prüfen Sie die Lieferung unbedingt darauf, ob sie aus den bestellten Waren, in der richtigen Menge und der vereinbarten Qualität besteht. Das ist schon deswegen notwendig, um sich bei einem beidseitigen Handelskauf die Mängelansprüche zu sichern (vgl. Kap. 8.9.2).

Zeigen sich bei der *Wareneingangskontrolle* erhebliche Mängel oder auch kleinere in größerem Umfang, kann der Käufer die Annahme ablehnen. Wichtig für den Käufer ist es auch, den Tag der Lieferung als Wareneingang in den Datenbestand aufzunehmen, weil dieser Zeitpunkt für den *Verjährungsbeginn* der *Mängelansprüche* entscheidend ist (vgl. Kap. 8.9.3.8).

> **Tipp**
>
> **Käufer**
>
> Halten Sie den Tag des Wareneingangs stets fest!

8.4.4.1 Abnahmeverzug und Selbsthilfeverkauf

Kaufleute als Verkäufer können bei *Annahmeverzug* ihrer Kunden nicht nur Geld, Urkunden, Wertpapiere und Kostbarkeiten nach § 372 BGB, sondern auch *Waren* auf Kosten des Käufers *hinterlegen*, und zwar nicht nur bei amtlichen Hinterlegungsstellen, sondern auch in öffentlichen Lagerhäusern und bei anderen zuverlässigen Lagerhaltern (§ 373, Abs. 1 HGB). Zudem sind Sie als Verkäufer berechtigt,

Hinterlegung oder Verkauf der gelagerten Waren　die nicht abgenommene Ware für Rechnung des Käufers im Wege der *öffentlichen Versteigerung* zu veräußern – sog. *Selbsthilfeverkauf* –, sobald Sie diesen Schritt dem sich in Annahmeverzug befindlichen Käufer zuvor angedroht und Ort und Zeit der Versteigerung mitgeteilt haben (§ 373, Abs. 2–5 HGB). Bei Waren mit einem Markt- oder Börsenpreis ist auch der *freihändige Verkauf* zugelassen. Aus dem

Erlös kann der Verkäufer den Betrag in Höhe seiner Kaufpreisforderung und der entstandenen Kosten einbehalten. Ein eventuell erzielter Überschuss muss an den Käufer zurückgezahlt werden.

8.4.4.2   Unberechtigte Abnahmeverweigerung

Weigert sich der Käufer, die Ware abzunehmen und den vereinbarten Preis zu zahlen, weil er überhaupt nicht mehr an ihr interessiert ist, so muss er dem Verkäufer wegen dieser *Erfüllungsverweigerung Schadensersatz statt Leistung* zahlen (vgl. Kap. 5.2.4). Bei neuwertigen Waren legen viele Unternehmen als Lieferer ein vereinfachtes Berechnungsverfahren in ihren AGB zugrunde. Danach ist ein bestimmter Prozentsatz des Verkaufspreises, der sich am branchentypischen Durchschnittsgewinn orientiert, als *pauschaler Schaden* zu ersetzen, ohne dass ein konkreter Schaden nachgewiesen werden muss (vgl. Kap. 6.3.2.3.2).

Schadensersatz statt Leistung

8.4.4.3   Kosten der Lieferung und andere Nebenpflichten des Käufers

Der Käufer hat schon nach dem Gesetz weitere Nebenpflichten zu beachten, sodass sich insoweit eine vertragliche Regelung erübrigt, sofern man hiervon nicht abweichen will. Der Käufer trägt die *Kosten der Übergabe* der verkauften Sache, insbesondere die des Messens und Wägens, sowie die Kosten der Abnahme oder Versendung der Sache nach einem anderen Ort als dem Erfüllungsort (§ 448 BGB). Das bedeutet, beim *Versendungskauf* kann der Verkäufer die Zahlung der *Transportkosten* neben dem vereinbarten Kaufpreis verlangen, wenn in dem Vertrag nichts anderes geregelt ist.

Versandkosten

Zur Regelung der Kostentragungslast kann man sich auch der im inländischen Warenverkehr gängigen *Lieferklauseln* bedienen (vgl. Kap. 8.4.2.2).

Weitere Nebenpflichten können sich je nach Lage des Falles aus *Treu* und *Glauben* ergeben (§ 242 BGB), die der besseren Klarheit wegen ausdrücklich im Vertrag geregelt werden sollten. Dazu gehört etwa die Verpflichtung zum *Abruf* der Ware, zur Angabe des Versendungsziels, zur Bereitstellung bzw. zur Rückgabe von Transportbehältnissen und auch zur vorläufigen *Aufbewahrung* von Sachen, die der Käufer im Falle von verdeckten Mängeln rechtzeitig als mangelhaft beanstandet hat (§ 379 HGB).

Liefert der *Verkäufer* auf eigenen Wunsch *außerhalb* der *üblichen Geschäftszeiten* des Käufers auf dessen unbewachten Parkplatz, trägt er die volle Beweislast für die Anzahl der gelieferten Container, was er grundsätzlich durch eine Empfangsquittung nachzuweisen hat (BGH WM 1997, S. 1483).

Lieferung außerhalb der Geschäftszeit

8.5   Zahlung des Kaufpreises durch den Käufer

**Beweislast
beim Käufer**

Die *Hauptpflicht* des *Käufers* besteht darin, dem Verkäufer den vereinbarten Kaufpreis als Gegenleistung zu zahlen. Dabei trägt der Käufer die volle *Beweislast* dafür, dass er den *Kaufpreis,* so *wie vereinbart* oder wie ihm der Verkäufer auf der Rechnung durch Mitteilung der Bankverbindung signalisiert hatte, *bezahlt* hat, weil damit der Kaufpreisanspruch durch Erfüllung erloschen ist (BGH NJW 2006, S. 300). Die *Höhe* des Kaufpreises, die Art und Weise sowie der *Zeitpunkt* der *Zahlung* sind für den Käufer entscheidend. Die Fülle vertragstechnischer Gestaltungsmöglichkeiten zur Regelung dieses Kernpunktes sind bereits im Zusammenhang mit der Erfüllung von Austauschverträgen erläutert worden (vgl. Kap. 4.3.4), wobei nochmals darauf hingewiesen werden soll, dass die *Transportkosten* grundsätzlich nicht in dem vereinbarten Kaufpreis inbegriffen sind, sodass sie der Verkäufer mangels ausdrücklich abweichender vertraglicher Vereinbarungen gesondert in Rechnung stellen kann (§ 448, Abs. 1 BGB; BGHZ 114, S. 251). Wird die Ware von einem *Spediteur* angeliefert, so zahlt ihm der Käufer die vereinbarten *Frachtkosten* oder den im Frachtbrief genannten Betrag (§ 421, Abs. 1 und 2 HGB; vgl. Kap. 8.4.2.2). Etwas anderes gilt nur, wenn er mit dem Verkäufer Direktzahlung vereinbart hat, falls dieser selbst mit dem Spediteur abrechnet.

Frachtkosten

Falscher Kaufpreis

Hat der Verkäufer dem Käufer versehentlich einen *falschen Kaufpreis* genannt, kann er seine Vertragserklärung nur in einigen rechtlich eng umgrenzten Fällen anfechten, jedoch ohne ausdrücklichen Irrtumsvorbehalt nicht bei einer bloß falschen Kalkulation (vgl. Kap. 3.6.2.1).

8.5.1   Übliche Preisklauseln

Im Wirtschaftsverkehr sind bestimmte *Preisklauseln* in den *AGB* des Verkäufers weit verbreitet, die man als Käufer kennen sollte:

- »*brutto für netto*« bedeutet, dass der Kaufpreis nach dem Gewicht der Ware zuzüglich Verpackung berechnet wird.
- »*Preis freibleibend*« heißt, dass der Verkäufer bei einer Preissteigerung bis zum Lieferungszeitpunkt eine entsprechende Erhöhung des Kaufpreises einseitig festsetzen kann.
- »*Tagespreis*« berechtigt den Verkäufer wiederum zur einseitigen Preiserhöhung, jedoch nicht über den Preis hinaus, den er von anderen vergleichbaren Kunden fordert.
- Bei »*Kassenskonto … %*« kann der Käufer den Rechnungsbetrag um den genannten Skontosatz kürzen, wenn er sofort oder innerhalb der angegebenen Frist bezahlt.

- Bei *»Nettokasse«* muss der Käufer ohne jeden Abzug Zahlung leisten.
- Mit *»Selbstkostenpreis«* ist die Summe der Gestehungskosten, d.h. Einstandspreis zuzüglich aller Unkosten, jedoch ohne Hinzuziehung der allgemeinen, auch ohne diesen Kauf anfallenden Geschäftsunkosten, gemeint (OLG Hamm BB 1965, S. 1369).

8.5.2 Zusendung per Nachnahme

Im *Versandhandel* ist die Zusendung der Ware per Nachnahme weit verbreitet, um sich vor Zahlungsausfällen zu schützen. Durch den Zwang zur sofortigen Zahlung des Kaufpreises zuzüglich einer nicht geringen *Nachnahmegebühr* wird dem Kunden die Möglichkeit genommen, vor Bezahlung die verpackte Ware auf Vollständigkeit fehlerfrei zu untersuchen. Deshalb bedarf dieser *Zahlungsmodus* einer *besonderen Vereinbarung*. Der Käufer sollte den vom Beförderer angestellten *quittierten Zahlungsbeleg* sorgfältig aufbewahren, um beweisen zu können, dass er die Ware bezahlt hat (BGH NJW 2006, S. 300). Gegenüber Unternehmern als Kunden dürfte es wohl zulässig sein, ihnen die Nachnahmekosten einseitig durch *Bestellklauseln* aufzuerlegen, auch wenn die Nachnahmeklausel wegen ihres Inkassocharakters eine aufrechnungsbeschränkende Wirkung besitzt. Einseitige *Aufrechnungsverbote* zwischen Unternehmern sind nichts Ungewöhnliches (siehe die Klausel »Kasse gegen Dokument« BGH BB 1998, S. 1970; vgl. Kap 4.8.2.3.3).

Nachnahmegebühr

Quittierter Zahlungsbeleg

8.5.3 Zahlungspflicht trotz Beschädigung oder Zerstörung der Kaufsache

Ist die verkaufte Ware ohne Verschulden des Verkäufers untergegangen oder beschädigt, bevor dieser sie an den Käufer übereignet hat, so stellt sich die Frage, wer dieses Risiko der sog. *Preisgefahr* zu tragen hat. Diese Konstellation ist typisch bei Lieferung der Ware vor vollständiger Bezahlung unter Eigentumsvorbehalt (vgl. Kap. 8.7). Hierfür trifft das BGB eine vernünftige Lösung. Gelangt die Kaufsache in den *Besitz* des *Käufers*, so trägt dieser die Preisgefahr, weil er die in seinem Herrschaftsbereich gelangte Sache gebrauchen und nutzen kann und damit auch die Entscheidung darüber trifft, welchen Risiken sie ausgesetzt sein soll (§ 446, Abs. 1 BGB). In der Vertragspraxis wird die Preisgefahr durch *Lieferklauseln* festgelegt, die auch die Kostenfrage regeln (vgl. Kap. 8.4.2.2). In zwei Fällen geht die Preisgefahr schon *vor Übergabe* auf den Käufer über.

Preisgefahr

8.5.3.1 Annahmeverzug des Käufers

Nimmt der Käufer dem Verkäufer die ihm vertragsgerecht angebotene Ware nicht ab, gerät er in *Annahmeverzug*. Das hat für ihn die unangenehme Konsequenz, dass, wenn die Ware beim Rücktransport oder beim Verkäufer beschädigt oder zerstört wird, ohne dass dem Verkäufer hierfür grobes Verschulden zur Last fällt, er dennoch den vollen Kaufpreis bezahlen muss (§ 326, Abs. 2 BGB; vgl. Kap. 5.6.2).

8.5.3.2   Versendungskauf

Aushändigung der Ware an Transportunternehmer

Auch beim Versendungskauf geht bereits mit *Aushändigung* der unbeschädigten ordnungsgemäß verpackten Kaufsache an den *Transportunternehmer* die Preisgefahr auf den Käufer über. Warenschulden, die einem gewerblichen Käufer abgeliefert werden sollen, sind im Zweifel Schickschulden, sodass als Leistungsort die Niederlassung des Verkäufers gilt (BGHZ 113, S. 111).

Soll der *Verkäufer* auf Verlangen des Käufers die bestellte Ware direkt bei ihm abliefern oder sie ihm zuschicken oder sie zu einem anderen Bestimmungsort liefern, so sind Versandhäuser oder andere Lieferanten lediglich zur *ordnungsgemäßen Verpackung* der Ware und zur Aushändigung der unversehrten Ware an das Transportunternehmen verpflichtet.

Transportrisiko

Das hat rechtlich zur Konsequenz, wenn die *Kaufsache unterwegs beschädigt* bzw. zerstört wird oder sonst wie verloren geht, der Verkäufer nicht nur von seiner Lieferpflicht nach § 275, Abs. 1 BGB frei wird, sondern er gegenüber dem Käufer auch den *Kaufpreis behält*, obwohl der eigentlich angestrebte Leistungserfolg des Geschäfts, der Eigentumserwerb des Käufers, noch nicht eingetreten ist (§ 447 BGB). Wirtschaftlich ausgedrückt: Der Käufer muss bezahlen, obwohl er nur eine minderwertige oder gar keine Ware erhält. Kurzum trägt also der Käufer bei dem Versendungskauf das Transportrisiko, die Preisgefahr, was viele Käufer in Erstaunen versetzt. Etwas anderes gilt nur, sofern der Verkäufer ausdrücklich die Transportgefahr übernimmt oder sie in den Einkaufsbedingungen marktmächtiger Käufer auf den Verkäufer zurückverlagert wird, sofern diese Vertragsinhalt geworden sind.

Beispiel:

Kaufmann K hat bei dem Fachhändler eine Videokamera samt Wiedergabegerät bestellt, die er zum Verkaufstraining für seine Mitarbeiter einsetzen will. Vier Wochen später erhält er die Rechnung, ohne dass die Ware angekommen ist. Er fragt daher bei dem Fachhändler nach. Dort wird ihm mitgeteilt, dass das bestellte Gerät ordnungsgemäß verpackt und der Post übergeben worden ist. Nachforschungen bei der Post bleiben ergebnislos. Die Geräte sind unauffindbar.

Lösung:

Obwohl die bestellten Geräte K nicht ausgehändigt worden sind, muss er wegen § 447 BGB an den Fachhändler den vereinbarten Kaufpreis bezahlen.

Die Gefahrenregelung des § 447 BGB verlangt lediglich, dass die *Ware* an den *Käufer versandt* wird, nicht aber, dass dies vom Sitz des Verkäufers aus geschieht. Es reicht, wenn die Ware von einem dritten Ort aus versandt wird, so z. B. dann, wenn sich Parteien über die Lieferung der Ware »ab Werk« oder »ab Seehafen ...« geeinigt haben (BGH WM 1991, S. 594).

> **Beispiel:**
> *Der Verkäufer ist in Hannover, der Käufer in Nürnberg ansässig. Die Ware soll direkt ab Schiff in Bremen »nach Nürnberg« transportiert werden.*

Die Regelung des § 447 BGB greift auch im Falle des *Transports* der Ware durch *eigene Leute* des Verkäufers, falls die Ware unterwegs ohne deren Verschulden unter bzw. verloren geht (RGZ 96, S. 258). Das gilt auch, wenn die Waren im Internet ersteigert werden (BGH NJW 2003, S. 3493). **Transport durch eigene Leute**

Diese negative Konsequenz wird abgemildert durch das Transportrecht im HGB, wonach der Warenempfänger aus dem Transportvertrag die Ansprüche des Verkäufers in Form einer *Drittschadensliquidation* direkt gegenüber dem Frachtführer oder dessen Versicherer geltend machen kann (§ 421, Abs. 1 HGB; vgl. Kap. 6.4.3). Trotz allem bleibt es für den Käufer lästig, dass er zunächst den Kaufpreis zu bezahlen hat und erst danach sich bemühen muss, das Geld wieder vom Transportunternehmer oder dessen Versicherung zurückzuholen. Immerhin kann die *Schadensabwicklung* durch die Versicherungsgesellschaft Wochen oder gar Monate dauern. Es erscheint nicht unbillig, die *Transportgefahr* dem Lieferanten zuzuweisen, der den Spediteur ausgesucht hat, weil er diesen für zuverlässig hält. **Ersatzansprüche des Käufers**

Zuweisung der Transportgefahr an Lieferant möglich

> **Käufer**   **Tipp**
>
> Wollen Sie sich diesen Ärger ersparen und besitzen Sie eine entsprechend starke Verhandlungsposition, so können Sie die Anwendung der nachteiligen Gefahrenregelung des § 447 BGB durch eine abweichende vertragliche Vereinbarung ausschließen.

Preisgefahr
»Der Kaufpreis wird erst bei Anlieferung der Ware auf dem Betriebsgelände des Käufers oder an einem anderen vereinbarten Bestimmungsort fällig.« **Klauselvorschlag**

Hat der *Verkäufer* den Untergang bzw. die *Beschädigung* der Kaufsache zu *vertreten*, so verdient er den Rechtsschutz durch § 447 BGB nicht. Lässt er den Transport durch eigene Mitarbeiter durchführen, **Verkäufer für Schaden verantwortlich** verursachen diese schuldhaft einen Schaden oder einen Verlust der bestellten Ware, muss der Verkäufer wegen der von ihm zusätzlich übernommenen Rolle als Transportführer im Rahmen des Kaufvertrages den von seinen Leuten als Erfüllungsgehilfen verursachten Schaden nach § 278 BGB gemäß den üblichen Regeln der vertraglichen Haftung für Pflichtverletzungen gemäß §§ 280, 283 BGB ersetzen (OLG Nürnberg BB 1968, S. 478; vgl. Kap. 6.2.2). Demnach verliert er auch ohne besondere vertragliche Regelungen nicht nur den Kaufpreisanspruch, sondern muss ggf. auch darüber hinausgehende Vermögenseinbußen dem Käufer erstatten.

> **Beispiel:**
> *Die Ware wird dem Fahrer des Verkäufers unterwegs gestohlen, als dieser den LKW auf einen Parkplatz abgestellt hat, um Mittag zu essen. Der Fahrer hat vergessen, die Hintertür des Lieferwagens zu verschließen, wodurch der Diebstahl erst ermöglicht worden ist.*

8.5.3.3   Kauf auf Probe

Rückgaberecht

Noch günstiger ist es für Sie als Käufer, wenn der Verkäufer Ihnen ein zeitlich – meist auf 10 oder 14 Tage – begrenztes *Rückgaberecht* eingeräumt hat, wie es im Versandhandel vielfach gebräuchlich ist. Die Gerichte stufen diese spezifische Vereinbarung dann als *Kauf auf Probe* nach § 454 BGB ein. Da der Kaufvertrag erst nach Ablauf der Rücksendungsfrist zustande kommt, trägt hier der Verkäufer stets das Transportrisiko (OLG Bamberg NJW 1987, S. 1644; vgl. Kap. 8.2.3).

8.6   Eigentumserwerb des Käufers

Der Verkäufer hat dem Käufer die *verkaufte Sache frei von Rechten Dritter* zu *übereignen* (§ 433, Abs. 1 BGB). Der bloße Eigentumserwerb nützt dem Käufer – wirtschaftlich betrachtet – nichts, wenn diese Rechtsposition durch wirksame Rechte Dritter am Kaufgegenstand weitgehend ausgehöhlt wird. Im Falle von *Rechtsmängeln* stehen dem Käufer die gleichen Mängelansprüche wie bei Sachmängeln zu (§§ 435, 437 BGB; vgl. Kap. 8.6.5).

8.6.1   Übereignung der gekauften Ware

Übereignungs-vertrag

Die Eigentumsübertragung der Ware auf den Käufer erfolgt durch einen rechtlich selbstständigen, vom Kaufvertrag getrennten formlosen *Übereignungsvertrag* nach § 929, Satz 1 BGB, selbst wenn beide Rechtsgeschäfte (z.B. beim Barkauf) zeitlich zusammenfallen und deswegen schwer zu unterscheiden sind. Zusätzlich hat der

Verkäufer die Ware dem Käufer zu übergeben, wodurch der Käufer die tatsächliche Sachherrschaft oder die – dieser gleichwertigen – rechtliche Verfügungsmacht über die Sache erhält. Aus Gründen der Rechtssicherheit und Klarheit, weil das Eigentum ein gegenüber jedermann geltendes absolutes Herrschaftsrecht über die betreffende Sache darstellt, kann dieses Recht nur vom Eigentümer oder mit dessen Billigung übertragen werden. Dabei eröffnet der Gesetzgeber dem Wirtschaftsverkehr einen gewissen Gestaltungsspielraum, weil die Übereignung anstelle der Übergabe der Ware auch noch durch bestimmte Absprachen mit dem Eigentümer ersetzt werden kann (§§ 930, 931 BGB).

Übergabe der Ware oder Vereinbarung eines Übergabeersatzes

Wichtig ist zu wissen, dass, anders als bei den schuldrechtlichen Austauschverträgen wie dem Kaufvertrag die *Übereignung* nur in den gesetzlich vorgesehenen Formen erfolgen kann, da wegen der absoluten Wirkung der Sachenrechte (gegenüber jedermann) die sachenrechtlichen Vorschriften zwingender Natur sind. Es herrscht also dort keine umfassende *Vertragsfreiheit* wie im Schuldrecht.

Übereignungsformen gesetzlich vorgegeben

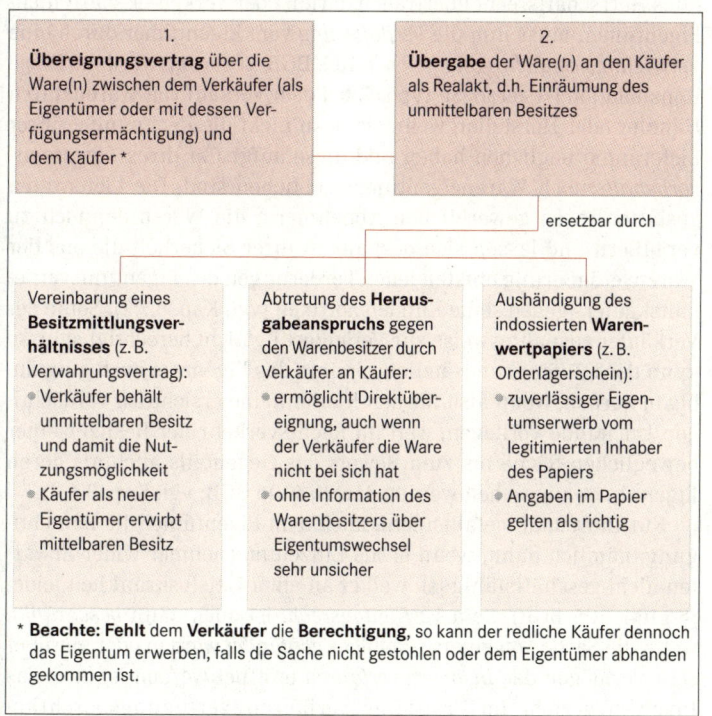

1.
Übereignungsvertrag über die Ware(n) zwischen dem Verkäufer (als Eigentümer oder mit dessen Verfügungsermächtigung) und dem Käufer *

2.
Übergabe der Ware(n) an den Käufer als Realakt, d.h. Einräumung des unmittelbaren Besitzes

ersetzbar durch

Vereinbarung eines **Besitzmittlungsverhältnisses** (z. B. Verwahrungsvertrag):	Abtretung des **Herausgabeanspruchs** gegen den Warenbesitzer durch Verkäufer an Käufer:	Aushändigung des indossierten **Warenwertpapiers** (z. B. Orderlagerschein):
• Verkäufer behält unmittelbaren Besitz und damit die Nutzungsmöglichkeit • Käufer als neuer Eigentümer erwirbt mittelbaren Besitz	• ermöglicht Direktübereignung, auch wenn der Verkäufer die Ware nicht bei sich hat • ohne Information des Warenbesitzers über Eigentumswechsel sehr unsicher	• zuverlässiger Eigentumserwerb vom legitimierten Inhaber des Papiers • Angaben im Papier gelten als richtig

* **Beachte: Fehlt** dem **Verkäufer** die **Berechtigung,** so kann der redliche Käufer dennoch das Eigentum erwerben, falls die Sache nicht gestohlen oder dem Eigentümer abhanden gekommen ist.

Abb. 8.3: Warenkauf – Eigentumsübertragung

8.6.2   Übereignungsvertrag zwischen Verkäufer und Käufer

Formloser Übereignungsvertrag

Der Verkäufer als Eigentümer und der Käufer müssen sich darüber einig sein, dass der Käufer an der Kaufsache das Eigentum erwerben soll (§ 929, Satz 1 BGB). Dabei können auf beiden Seiten selbstverständlich *Vertreter* tätig werden, wie es beim Warenerwerb zwischen Unternehmen in der Praxis üblich ist. Der Kreis der hierzu berechtigten Personen ist dabei größer als für den Abschluss des Kaufvertrages selbst. Auf *Verkäuferseite* gehören dazu alle, die zum Versand oder zur Übergabe der Ware berechtigt sind, auf Seiten des *Käufers* alle empfangsberechtigten Personen, also auch das Lagerpersonal. Typischerweise liegt in der Zusendung bzw. Übergabe der Ware das Übereignungsangebot, das der Käufer wiederum durch die Entgegennahme annimmt. *Zahlt* der *Käufer nicht sofort*, behält sich der Verkäufer zu seiner Sicherung das Eigentum bis zur vollständigen Kaufpreiszahlung vor (vgl. Kap. 8.7).

Veräußerung durch Dritte

Wirksam ist der *Übereignungsvertrag* nur, wenn das *Übereignungsangebot* von dem *Eigentümer* erfolgt, weil nur dieser ein solch absolutes Herrschaftsrecht übertragen darf. Ist der Verkäufer selbst nicht Eigentümer, muss ihm die *Veräußerung* vom Eigentümer durch eine *Verfügungsermächtigung* nach § 185 BGB gestattet werden. Diese Konstellation ist geradezu typisch bei dem Verkauf von Waren durch Händler oder Hersteller, wenn sie noch nicht die Rechnungen ihrer Lieferanten beglichen haben und diese aufgrund ihres *Eigentumsvorbehalts* noch Wareneigentümer geblieben sind. Die Lieferanten gestatten ihren gewerblichen Abnehmern, die Waren dennoch zu veräußern und lassen sich deshalb zu ihrer Sicherheit die aus der Warenveräußerung entstandenen Forderungen des Eigentumsvorbehaltskäufers gegen seine Kunden abtreten (vgl. Kap. 8.7.2). Sollte der Verkäufer ausnahmsweise zur Veräußerung nicht berechtigt sein, so kann der Käufer grundsätzlich von ihm das Eigentum auch gutgläubig erwerben, wenn also für den Käufer keine ersichtlich verdächtigen Umstände vorliegen, weil im Rechtsverkehr der Besitzer einer beweglichen Sache bis zum Beweis des Gegenteils auch als deren Eigentümer angesehen werden darf (§ 1006 BGB; vgl. Kap. 8.6.4).

Eigentümer fehlt die Berechtigung

Nur in Ausnahmefällen fehlt auch dem Eigentümer die Berechtigung, nämlich dann, wenn er als Einzelunternehmer wider Erwarten nicht geschäftsfähig ist, weil er an einer Geisteskrankheit leidet (§§ 104, 105 BGB). Sein *Verfügungsrecht* ist auch dann *beschränkt*, wenn die Sache von einem Gläubiger *gepfändet* worden oder gar über sein Vermögen das *Insolvenzverfahren* eröffnet worden ist bzw. das Insolvenzgericht im Eröffnungsverfahren Verfügungsbeschränkungen verhängt hat (vgl. Kap. 5.8.3 und 5.8.4).

8.6.3   Warenübergabe und andere Übereignungsformen

Der Abschluss des Übereignungsvertrages macht den Käufer noch nicht zum Eigentümer, sondern er erwirbt das Eigentum erst, wenn ihm vom Verkäufer die Ware übergeben worden ist (§ 929, Satz 1 BGB) oder die Übergabe durch eine gesetzlich vorgesehene *Übertragungsvereinbarung* ersetzt wird. Ist der Käufer bereits im Besitz der Ware, etwa weil er sie schon zuvor zur Probe mitgenommen hat, so genügt selbstverständlich der bloße Übereignungsvertrag für den Eigentumswechsel – sog. Übereignung kurzer Hand (§ 929, Satz 2 BGB).

8.6.3.1   Übergabe der Ware

Die Übergabe der Kaufsache stellt keinen Vertrag dar, sondern sie ist eine rein tatsächliche Handlung oder *Realakt,* durch die der Käufer die tatsächliche Verfügungsgewalt über die Sache und damit den *unmittelbaren Besitz* nach § 854 BGB an ihr erlangt. Für den Vollzug genügt auch die Aushändigung der Ware an empfangsberechtigte Beschäftigte des Käufers, da diese als bloße weisungsabhängige *Besitzdiener* nach § 855 BGB den Besitz für den Käufer, etwa eine GmbH, ausüben. Die Übergabe ist auch erfolgt, wenn die Ware im Auftrage des Käufers an einen selbstständigen Besitzmittler, wie etwa den benannten Lagerverwalter oder an dessen *Abnehmer* als seine *Geheißperson* im Falle des direkten Weiterverkaufs, ausgeliefert wird (BGH ZIP 1998, S. 2156).

Unmittelbarer Besitz

8.6.3.2   Vereinbarung eines Besitzmittlungsverhältnisses

Gelegentlich soll der *Verkäufer* trotz des Eigentumswechsels den *Besitz* an der Kaufsache *behalten*, diese also vorläufig für den Käufer verwahren. In diesem Fall kann das Eigentum dennoch an den Käufer sofort übertragen werden, indem anstelle der Übergabe zwischen Verkäufer und Käufer ein *Besitzmittlungsverhältnis* als Übergabesurrogat – i.d.R. Leihe oder Verwahrungsvertrag – vereinbart wird (§ 930 BGB). Eine große praktische Bedeutung besitzt diese Übereignungsweise jedoch für die *Sicherungsübereignung* beweglicher Sachen an Banken zur Besicherung von Krediten (vgl. Kap. 4.7.3.3).

8.6.3.3   Abtretung des Herausgabeanspruchs

Eine wesentlich größere Rolle spielt die Übertragungsweise, dass der *Verkäufer* anstelle der Übergabe dem Käufer seinen *Herausgabeanspruch* gegen den besitzenden Dritten *abtritt* (§ 931 BGB). Das ist dann wichtig, wenn der Verkäufer die Ware nicht bei sich liegen hat, sondern sie sich bei einem Dritten befindet, weil sie dort eingelagert ist oder gerade transportiert wird. Das Eigentum geht hier bereits mit der Einigung über, ohne dass die Abtretung gegenüber dem Warenbesitzer angezeigt werden muss. Das Problem bei dieser

Erlaubt: Direktübereignung

Keine Anzeige gegenüber Warenbesitzer notwendig

Unsicherer Erwerb

Übertragungsweise ist, dass der Käufer die Ware nicht sieht und er sich deshalb beim Besitzer vergewissern muss, ob dieser die Ware hat und dieser den vom Verkäufer behaupteten Herausgabeanspruch anerkennt.

Wichtig: Warendokumente

Diese *Unsicherheit* lässt sich durch die *Anfertigung* eines verlässlichen *Warendokuments beseitigen*. Das Handelsrecht stellt für die sofortige Übereignung von schwimmender oder eingelagerter Ware eine besonders rechtssichere Übertragungsweise zur Verfügung, wenn die betreffende Ware in einem Warenwertpapier dokumentiert und dem Käufer dieses Papier nach Anbringung eines Indossaments des Verkäufers ausgehändigt wird. Dann steht die *Übergabe* des *Papiers* rechtlich der *Übergabe* der *Ware* selbst *gleich* (vgl. § 475g HGB

Warenwertpapiere

für den *Orderlagerschein*). Als Käufer müssen Sie lediglich prüfen, ob das *Warenwertpapier* den Verkäufer als berechtigten Inhaber bezeichnet, wozu eine lückenlose *Indossamentenkette* erforderlich ist (§ 365 HGB) und ob die Waren nach Art und Menge richtig angegeben sind. In diesem Fall wäre der Warenbesitzer, also etwa der Lagerhalter, verpflichtet, auf Verlangen des Käufers an ihn die betreffenden Waren herauszugeben (§§ 475c–475e HGB). Zu diesen Warenwertpapieren, die man deshalb auch *Traditionspapiere* nennt, gehören das *Konnossement* als Seefrachtbrief, der *Ladeschein* als *Flusskonnossement* und der *Lagerschein*.

Frachtbrief als Beweisurkunde

Obwohl der ansonsten im Transportverkehr übliche *Frachtbrief* nicht zu diesen verlässlichen Warenwertpapieren gehört, stellt er dennoch eine wichtige *Beweisurkunde* dar (§§ 408, 409 HGB; vgl. Kap. 10.8.1.5).

8.6.4   Gutgläubiger Eigentumserwerb vom nicht berechtigten Verkäufer

Verkäufer ist nicht Eigentümer

Selbst wenn wider Erwarten der Verkäufer nicht Eigentümer der Waren ist oder ihm die Veräußerung auch nicht vom Eigentümer gestattet sein sollte, kann der *Käufer* grundsätzlich dennoch daran das *Eigentum erlangen*, wenn er den Verkäufer für den Wareneigentümer oder den Verfügungsberechtigten hält, er also *gutgläubig* ist. Das hat seinen Grund darin, dass die Eigentumsverhältnisse an beweglichen Sachen nach außen nicht erkennbar sind und man sich deswegen im Rechtsverkehr nur an den Besitzverhältnissen orientieren muss und darauf bauend Rückschlüsse auf das Eigentum ziehen kann (§ 1006 BGB).

Guter Glaube an das vermeintliche Eigentum

Insofern eröffnet die Grundnorm des § 932 BGB den rechtswirksamen Eigentumserwerb an beweglichen Sachen, die nicht dem *Veräußerer* gehören, sofern der Erwerber ihn im Einzelfall *ohne grobe Fahrlässigkeit* für den *Eigentümer halten* darf. Das reicht für die Bedürfnisse des Handelsverkehrs nicht aus, weil Kaufleute häufig

auch fremde Sachen im eigenen Namen kommissionsweise veräu-
ßern. Gleiches gilt für Händler oder Hersteller, wenn sie noch mit
Eigentumsvorbehalten ihrer Lieferanten belastete Waren veräußern.
Wichtig ist für deren Kundschaft nur, dass diese zur Veräußerung
eigener oder fremder Waren berechtigt sind. Deshalb schützt das
HGB bei einem Warenverkauf durch einen *Kaufmann* auch den *guten
Glauben* an dessen *vermeintliche Verfügungsberechtigung* in gleicher
Weise (§ 366, Abs. 1 HGB).

**Guter Glaube an
die vermeintliche
Verfügungs-
berechtigung
des Kaufmanns**

Die Zulassung des gutgläubigen Eigentumserwerbs hat zwangsläufig zur *Konsequenz*, dass der *bisherige Eigentümer* sein *Recht
verliert*. Dieser Rechtsverlust kann ihm zugemutet werden, weil er
durch die Besitzüberlassung der ihm gehörenden Sachen an einen
treulosen, nicht berechtigten Verkäufer erst die vertragswidrige
Veräußerung ermöglicht hat. Er ist dann eben auf Ersatzansprüche
gegen den Warenbesitzer, also den Verkäufer, beschränkt, dem er
vertraut hat.

8.6.4.1   Guter Glaube des Erwerbers

Schutzwürdig ist nur der *redliche Käufer*, der nach den konkreten
Umständen den objektiv nicht zur Veräußerung berechtigten Käufer subjektiv für dazu berechtigt halten durfte. Das Gesetz schließt
den Eigentumserwerb aus, wenn der *Erwerber* von der fehlenden
Berechtigung Kenntnis hat oder sich insoweit in grob fahrlässiger
Unkenntnis befindet (§ 932, Abs. 2 BGB). Dann gilt er als *bösgläu-
big* oder *unredlich*. *Grob fahrlässig* handelt der Käufer nur, wenn er
die im Verkehr erforderliche Sorgfalt in ungewöhnlich hohem Maße
verletzt hat und dasjenige unbeachtet lässt, was sich im gegebenen
Fall jedem aufgedrängt hätte (BGH NJW 1994, S. 2093). Indizien für
triftige Verdachtsmomente können etwa die Veräußerung weit unter
Marktwert oder Liquiditätsschwierigkeiten des Veräußerers sein
(OLG Düsseldorf DB 1999, S. 19) – oder der Veräußerer verhält sich
kaufmännisch nicht korrekt (BGH WM 1980, S. 1349).

**Bösgläubiger
Erwerber**

Insofern hat ein *Kaufmann* beim Erwerb hochwertiger Inves-
titions- oder Gebrauchsgüter *besondere Sorgfalt* zu beachten. Wegen des üblichen Eigentumsvorbehalts der Lieferanten oder der
weiten Verbreitung von Leasingverträgen ist typischerweise damit zu rechnen, dass der Verkäufer noch kein oder nur eingeschränkt verfügungsberechtigter Eigentümer ist. Deswegen darf
sich ein Unternehmen beim Erwerb nicht allein auf die an den
Besitz geknüpfte Eigentümervermutung verlassen, sondern hat
sich als Käufer von der *Eigentümerstellung* des *gewerblichen Verkäufers* zu überzeugen (BGH WM 2003, S. 2420). Dazu gehört
regelmäßig die Vorlage und Aushändigung von *Legitimationsurkun-
den* über den Kaufgegenstand, nicht nur des Kfz-Briefes, sondern

**Vorlage von
Warendokumenten
erforderlich**

auch anderer Warendokumente, die den Verkäufer als Berechtigten ausweisen müssten (BGH NJW 2005, S. 1366). Ansonsten hat der Erwerber weitere Informationen einzuholen (BGH NJW 1996, S. 2227). Nur mit solchen Urkunden kann, wenn der Käufer nicht absoluter Fachmann ist, verlässlich festgestellt werden, ob die Angaben des Verkäufers zum Alter, zum Wert, zum Marktpreis, zur Abschreibung und zum Restnutzwert plausibel sind. Mit anderen Worten: Kein Kaufmann kauft eine Katze im Sack! (OLG Schwerin DB 1999, S. 277).

Erkundigungspflicht des Käufers

Selbst bei Vorlegen der Betriebsunterlagen legt der Bundesgerichtshof dem gewerblichen Käufer eine *gesteigerte Erkundigungspflicht* über das Verfügungsrecht und/oder die Eigentumsverhältnisse an der Kaufsache auf, wenn die *Veräußerung außerhalb* des *gewöhnlichen* oder ordnungsgemäßen *Geschäftsbetriebs* des Verkäufers geschieht (BGH NJW 1999, S. 426). Warenveräußerungen sind typisch für Händler oder Industrieunternehmen, dagegen für Dienstleistungsunternehmen nicht.

Beispiel:
Ungewöhnlich sind daher beim Baumaschinenvermieter der Verkauf von zehn hochwertigen fabrikneuen Maschinen zum Preis von ca. 430.000 € netto.

Unternehmen müssen sich dabei die Kenntnis oder das Kennenmüssen bestimmter Mitarbeiter als sog. *Wissensvertreter* zurechnen lassen (BGHZ 132, S. 35; vgl. Kap. 3.3.4).

Tipp

Käufer

Lassen Sie sich bei dem Kauf hochwertiger Gebrauchs- oder Investitionsgüter die Warendokumente vorlegen und vergewissern Sie sich, dass der Verkäufer zu ihrer Veräußerung berechtigt ist!

8.6.4.2 Ausschluss des Eigentumserwerbs bei abhanden gekommenen Sachen

Kein gutgläubiger Eigentumserwerb

Trotz guten Glaubens des Käufers scheidet ein rechtsgeschäftlicher Eigentumserwerb aus, wenn die *erworbene* Ware dem *Eigentümer gestohlen* oder sonstwie gegen seinen Willen *abhanden gekommen* ist (§ 935, Abs. 1 BGB). Dabei spielt es keine Rolle, ob die Ware in einem Warenwertpapier, wie etwa in einem Orderlagerschein verbrieft worden ist oder nicht. Der Eigentümer hat hier zu der vermeintlichen Eigentumsposition des nichtberechtigten Besitzers, des Verkäufers, nichts beigetragen, weil er den Besitz unfreiwillig verloren hat.

Sollten Sie daher verlorene oder gestohlene Sachen gekauft haben, *nützt* Ihnen der *gute Glaube* als Käufer *nichts,* wenn Sie auch den Verkäufer verständlicherweise für den Eigentümer gehalten oder zumindest zu dieser Veräußerung berechtigt gehalten haben. Gelingt es später dem Eigentümer, die ihm abhanden gekommenen Sachen beim jetzigen Besitzer aufzuspüren, muss dieser sie ihm herausgeben, weil er gegenüber dem Eigentümer nicht zum Besitz berechtigt ist (§§ 985, 986 BGB). Lediglich beim Erwerb in einer *öffentlichen Versteigerung* kann man an gestohlenen oder sonst wie abhanden gekommen Sachen Eigentum erwerben, weil die Teilnehmer an dieser Veranstaltung erwarten dürfen, dass die Eigentumsverhältnisse der Versteigerungsobjekte vorher genau untersucht worden sind (§ 935, Abs. 2 BGB). Für *Internetauktionen* gilt diese Erleichterung jedoch nicht, weil sie keine öffentliche Versteigerungen darstellen (vgl. Kap. 3.1.3.1). Ohne Gefahr erwerben kann man jedoch *Bargeld* jeglicher Art, seien es Münzen, Banknoten, inländisches oder ausländisches Geld sowie besonders umlauffähige *Inhaberpapiere,* wie Inhaberaktien, Anleihen und Obligationen als Inhaberschuldverschreibungen, weil das unbedingte Vertrauen des Wirtschaftsverkehrs in deren besonderen Umlaufsfähigkeit eines starken Verkehrsschutzes bedarf.

Öffentliche Versteigerungen

Sind ganze *Warenpartien* gestohlen und anschließend an viele Personen veräußert worden, wäre für den *Eigentümer* die Durchsetzung seines Herausgabeanspruchs nach § 985 BGB gegen jeden einzelnen Käufer als Besitzer sehr schwierig und mit hohen Kosten verbunden. Deswegen gibt ihm der Bundesgerichtshof die rechtliche Befugnis, nachträglich die eigentlich unwirksamen *Veräußerungen* durch den Verkäufer zu *genehmigen* (§ 185 BGB), in dessen Besitz sich die gesamte Warenpartie oder große Teile davon befunden haben. Dadurch erwerben dessen Abnehmer rückwirkend gemäß § 184, Abs. 1 BGB das Eigentum. Anschließend kann der bisherige Eigentümer von dem nicht berechtigten *Verkäufer* den gesamten eingenommenen *Kaufpreis* aus ungerechtfertigter Bereicherung nach § 816, Abs. 1 BGB fordern (BGH DB 1976, S. 814). Diese Strategie empfiehlt sich für den Eigentümer auch, wenn er den Verbleib der Sache überhaupt nicht aufklären kann oder wenn sie schon ziemlich stark abgenutzt ist und deshalb keinen hohen Wert mehr besitzt.

Herausgabe der Ware oder des Kaufpreises

Tipp

Eigentümer

Sobald Ihnen Waren gestohlen werden und Sie zumindest einen der Verkäufer ermitteln können, klären Sie zuvor mit Ihrem Anwalt ab, welcher der beiden Ansprüche für Sie der vorteilhaftere ist: der Herausgabeanspruch gegen die einzelnen Besitzer oder der Bereicherungsanspruch in Geld gegen den/die Verkäufer? Erst danach sollten Sie die Genehmigung aussprechen.

Eigentumserwerb durch Ersitzung nach zehn Jahren

Handelt es sich bei der gestohlenen Sache mehr oder weniger um *zeitlose Wertobjekte*, die keiner starken Abnutzung unterliegen, kann der *gutgläubige Käufer* auch ohne Genehmigung des Eigentümers zwar nicht durch Vertrag, wohl aber kraft Gesetzes zum rechtmäßigen *Eigentümer* durch *Ersitzung* werden (§ 937 BGB). Er muss sie dazu zehn Jahre lang gutgläubig in seinem Eigenbesitz gehabt, sich also aus seiner subjektiven Sicht berechtigterweise für den Eigentümer betrachtet haben. Ging der gestohlene Kunstgegenstand oder das sonstige Wertobjekt durch mehrere Hände, so kommt dem letzten Besitzer die Ersitzungszeit seiner redlichen Vorbesitzer zugute.

8.6.4.3   Gutgläubiger Erwerb durch Besitzkonstitut oder Abtretung des Herausgabeanspruchs

Ist die Kaufsache nicht gestohlen worden oder dem Eigentümer sonst wie abhanden gekommen, so müssen für das Gelingen des gutgläubigen Eigentumserwerbs noch *weitere rechtliche Anforderungen* erfüllt werden, wenn die Übereignung nicht durch Warenübergabe, sondern durch Vereinbarung eines Besitzmittlungsverhältnisses oder Abtretung des Herausgabeanspruches erfolgen soll.

Eigentumserwerb erst durch spätere Besitzerlangung bei Besitzkonstitut

Behält der Verkäufer an der Ware den Besitz und wird zwischen ihnen anstelle der Übergabe ein *Besitzmittlungsverhältnis* nach § 930 BGB vereinbart, so kann der Käufer nicht schon bei Vertragsabschluss, sondern erst später das Eigentum erlangen, wenn die Ware danach vom Veräußerer in seinen Besitz gelangt und er zu diesem späteren Zeitpunkt noch gutgläubig ist (§ 933 BGB; BGH NJW 1996, S. 2654).

Sofortiger Eigentumserwerb mit Abtretung, wenn Verkäufer mittelbarer Besitzer der Ware ist

Befindet sich bei Abschluss des Übereignungsvertrages die Ware im Besitz eines Dritten, wie etwa eines Spediteurs, so bemisst sich der gutgläubige Erwerb nach § 934 BGB. Der *Verkäufer* ist i.d.R. *mittelbarer Besitzer* der Ware nach § 868 BGB, weil er sie dem jetzigen Besitzer als vermeintlicher Eigentümer überlassen hat. Dann genügt für den gutgläubigen Erwerb des Käufers, dass der Verkäufer ihm seinen schuldrechtlichen Herausgabeanspruch gegen den Warenbesitzer abtritt und er zu diesem Zeitpunkt gutgläubig gewesen

ist (§ 934 1. Alternative BGB). Die vergeistigte rechtliche Zugriffs-
möglichkeit kraft des Herausgabeanspruchs der Veräußerung auf
die Ware wird also für den Fall des gutgläubigen Erwerbs dem unmittelbaren Besitz gleichgestellt (BGH WM 1997, S. 1090). Um sich
von dem *mittelbaren* Besitz des Verkäufers zu *überzeugen,* wird der
Erwerber sich beim *Warenbesitzer erkundigen* und die Ware besichtigen, wenn der Verkäufer kein verlässliches vom Besitzer ausge-
stelltes Warendokument vorweisen kann, weil kein Unternehmer die
»Katze im Sack« kauft.

Beispiel:
*Unternehmer U hat von dem Leasingunternehmen L eine Spezialma-
schine geleast. Da er in Geldnöten steckt, vermietet er diese Maschine
unbefugt an M weiter. Nachdem die Mietzeit abgelaufen ist, veräußert er
die ihm nicht gehörende Maschine an den gewerblichen Käufer K durch
Abtretung seines Herausgabeanspruchs gegenüber M aus dem Mietvertrag.*

Lösung:
*M besitzt die Maschine für U, da er von dem Eigentum der Leasinggesell-
schaft nichts weiß. U ist demnach mittelbarer Besitzer dieser Maschine
nach § 868 BGB. Folglich hat K das Eigentum an der Maschine bereits
zum Zeitpunkt der Einigung mit U über den Eigentumserwerb, die auch
die Abtretung des Herausgabeanspruchs einschließt, erworben, wenn er
gutgläubig war (§ 934 1. Alternative BGB). Dazu müsste K die Eigentumsverhältnisse sorgfältig geprüft haben, was auch die Vorlage von Betriebsunterlagen über die Spezialmaschine erfordert, die regelmäßig die
Leasinggesellschaft L behält. K kann also nur das Eigentum erwerben,
wenn U gefälschte Dokumente vorlegt.*

Ist über die Waren auch ein *Warenwertpapier* – wie etwa ein Orderlagerschein – ausgefertigt, erübrigt sich eine Warenbesichtigung.
Es *genügt,* dass das *Dokument* den nichtberechtigten *Verkäufer* per
Indossament als *berechtigten Inhaber* bezeichnet. Insofern schadet
es dem Käufer nicht, wenn nur der Schein dem Wareneigentümer
gestohlen sein sollte, solange der Verkäufer als berechtigter Inhaber
dieses Dokuments anhand der Indossamentenkette ausgewiesen ist.
Wegen der hohen Umlaufsfähigkeit dieses Warenwertpapiers kann
der Käufer auch dann gutgläubig das Eigentum an diesen verbrieften
Waren nach § 365 HGB erwerben.

Verlässlichkeit der
Warenwertpapiere

8.6.5 Käuferrechte bei Rechtsmängeln der Kaufsache
Hat der *Käufer* das *Eigentum* an den Waren *nicht erlangt,* weil sie gestohlen oder dem Eigentümer abhanden gekommen sind und ist die-

Herausgabe der Ware an Eigentümer

ser auch nicht zur nachträglichen Genehmigung bereit, so muss er die *Waren* an den *Eigentümer* auf dessen Verlangen nach § 985 BGB *herausgeben*. Selbstverständlich kann er wegen dieses unheilbaren Rechtsmangels (§ 435 BGB) gegenüber dem Verkäufer seine gesetzlichen Mängelansprüche geltend machen und von dem Kaufvertrag nach §§ 437, Nr. 2, 326, Abs. 5 BGB auch ohne Nachfristsetzung sofort zurücktreten. In einem solchen Fall müsste ihm der Verkäufer den Kaufpreis unter Abzug der durch die Abnutzung herbeigeführten Wertminderung zurückzahlen (§ 346 BGB).

Sofortiger Rücktritt

Schadensersatz statt Leistung

Nur wenn der Verkäufer den Eigentumsmangel hätte erkennen können, steht dem Käufer auch noch ein Anspruch auf *Schadensersatz statt Leistung* nach §§ 437, Nr. 3, 283 BGB zu (OLG Karlsruhe NJW 2005, S. 990). Dieser Schadensersatz wegen Nichterfüllung umfasst auch den Schaden, den der Käufer wegen des Rechtsmangels erleidet, weil er nach Weiterverkauf seinem Abnehmer den entgangenen Gewinn ersetzen muss (BGH NJW 1992, S. 905).

8.7   Sicherung des Verkäufers durch Eigentumsvorbehalt

Bezahlung erst nach Warenlieferung

Immer dann, wenn – wie üblicherweise – der Kauf nicht bar abgewickelt wird, sondern der Käufer erst nach Lieferung den Kaufpreis bezahlt, sichert sich der Verkäufer zulässigerweise durch einen *Eigentumsvorbehalt* ab, wonach der Käufer erst nach vollständiger Bezahlung des Kaufpreises das Eigentum erwirbt (§ 449 BGB). Rechtlich betrachtet wird der Übereignungsvertrag mit einer entsprechenden *aufschiebenden Bedingung* versehen (§§ 929, 158, Abs. 1 BGB).

8.7.1   Vereinbarung des Eigentumsvorbehalts

Hinweis in Auftragsbestätigung

Will der Verkäufer sich das Eigentum vorbehalten, so müssen sich Verkäufer und Käufer grundsätzlich darüber schon bei Abschluss des Kaufvertrages einigen (*vereinbarter EV*). Das kann auch einseitig durch AGB-Klauseln geschehen, wie das typischerweise in den Lieferbedingungen des Verkäufers vorgesehen ist. Der entsprechende Hinweis muss spätestens in der schriftlichen *Auftragsbestätigung* des Verkäufers deutlich hervorgehoben werden oder bei mündlichem Vertragsabschluss, in dem unmittelbar darauf zugeleiteten schriftlichen *Bestätigungsschreiben* (BGH BB 1989, S. 1996). Nur unter dieser Voraussetzung hat der Käufer rechtzeitig Kenntnis von der Eigentumsvorbehaltsklausel des Verkäufers erlangt oder hätte er davon in zumutbarer Weise Kenntnis erlangen können (vgl. Kap. 3.4.3.1).

Erfolgt der Hinweis auf die *Eigentumsvorbehaltsklausel* erst bei Lieferung nach Vertragsabschluss auf dem Lieferschein oder der Rechnung, ist dieser zunächst unerheblich, weil verspätet. Obwohl der Verkäufer dadurch eigentlich eine Vertragsverletzung des Kaufvertrages begeht, weil er sich zur sofortigen Übereignung verpflichtet hat, erachten die Gerichte den *nachträglichen EV* wegen des fehlenden Übereignungswillens des Verkäufers für *wirksam*, wenn er vor oder gleichzeitig mit der Übergabe der Ware dem Käufer zugeht. Ist die Eigentumsvorbehaltsklausel in dem *Lieferschein* enthalten, der mit der Ware übergeben wird, hängt der Zugang und damit ihre Wirksamkeit gegenüber dem gewerblichen Käufer davon ab, ob der Lieferschein von einem einfachen Angestellten entgegengenommen wird – dann kein Zugang und keine Wirksamkeit – oder von Mitgliedern der Geschäftsleitung bzw. Angestellten, die für die inhaltliche Ausgestaltung von Verträgen zuständig sind – dann Zugang und Wirksamkeit des EV (BGH NJW 1979, S. 2200).

Keine Wirkung entfaltet der Eigentumsvorbehalt, wenn die Klausel erst in der *Rechnung* erscheint, die dem Käufer nach Auslieferung der Ware später zugesandt wird. In solchen Fällen hat der Käufer daran sofort das Eigentum erlangt. Wegen dieser verschärften Anforderung stellt der verspätete Hinweis auf dem Lieferschein immer die zweite Wahl dar.

> **Verkäufer**
>
> Verweisen Sie spätestens in der schriftlichen Auftragsbestätigung oder dem Bestätigungsschreiben deutlich auf die Geltung Ihrer Lieferbedingungen, in denen Ihre Eigentumsvorbehaltsklausel enthalten ist!

Tipp

Marktmächtige Einkäufer, die mit einer großen Anzahl verschiedener Lieferanten in geschäftlichen Beziehungen stehen, sind nur unter Zugrundelegung ihrer *Einkaufsbedingungen* bereit, Waren zu beziehen. Dort wird nicht selten der EV des Verkäufers ausgeschlossen.

Beispiel:
»Eigentumsvorbehalte von Lieferanten sind nur wirksam im Falle der ausdrücklichen Anerkennung oder schriftlichen Bestätigung.«

Der Bundesgerichtshof akzeptiert eine derartige *strikte Abwehrklausel* nur bei Warenhäusern oder Handelsunternehmen mit weit gefächertem Angebot in der besonderen Form des Supermarktes wegen des extrem hohen Überwachungsaufwandes für die Einhaltung

Nachträglicher Eigentumsvorbehalt

Lieferschein

Rechnung

Ausschluss des EV in Einkaufsbedingungen

**Einfacher Eigen-
tumsvorbehalt
bleibt wirksam**

der einzelnen Eigentumsvorbehalte im Hinblick auf die darin eingeschlossenen Abtretungen von Kaufpreisforderungen (BGHZ 78,
S. 308). Trotz einer solchen Abwehrklausel setzt sich sachenrecht-
lich der einseitige EV des Verkäufers durch, weil der Einkäufer weiß,
dass der Verkäufer die bezogenen Waren nur unter Geltung seines
EV übereignen will (BGH WM 1989, S. 1343). Vereinbart ist dann nur
der *einfache EV,* der stets erlischt, wenn der Käufer die gelieferten
Waren weiter veräußert oder verarbeitet (BGH WM 1986, S. 1083).
Rechtlich unbedenklich ist daher eine *einfache Abwehrklausel* in den
Einkaufsbedingungen.

> **Beispiel:**
> *»Wir erkennen den einfachen Eigentumsvorbehalt des Lieferanten an.«*

Tipp

> **Verkäufer**
>
> Liefern Sie Waren oder Stoffe an größere Unternehmen, so müs-
> sen Sie damit rechnen, dass diese nur unter Zugrundelegung ihrer
> Einkaufsbedingungen Waren beziehen wollen. Achten Sie deshalb
> darauf, ob deren Einkaufsbedingungen eine Ausschlussklausel zur
> Abwehr Ihres EV beinhalten. Trifft das zu, sollten Sie angesichts der
> schwierigen rechtlichen Situation versuchen, eine klare einvernehm-
> liche Regelung auf der Grundlage einer Einzelvereinbarung zu finden.

8.7.2 Ausgestaltung des Eigentumsvorbehalts

Der Eigentumsvorbehalt soll den Verkäufer gegen die wirtschaftlichen und rechtlichen Verlustrisiken schützen, denen das ihm noch
gehörende Vorbehaltsgut im Betrieb des Käufers typischerweise ausgesetzt ist. Die Risikolage bestimmt sich danach, was der Käufer mit
der gelieferten Ware macht. So betrachtet, kann man die Käufer in
drei Gruppen einteilen:

Käufergruppen

1. den gewerblichen *Endabnehmer,*
2. den *Händler,* der die gelieferte Ware lediglich an seine Kunden
   weiterverkauft,
3. den *Hersteller,* der die gelieferten Stoffe und Materialien erst ein-
   baut oder verarbeitet und danach weiterverkauft.

Ferner will der Verkäufer bei einer *dauerhaften Geschäftsverbindung*
all seine Forderungen gegen den Käufer absichern.

Vorbehaltsgut			Gesicherte Forderung	
Einfacher Eigentumsvorbehalt	Einfacher verlängerter Eigentumsvorbehalt	Qualifizierter verlängerter Eigentumsvorbehalt	Normaler Eigentumsvorbehalt	Erweiterter Eigentumsvorbehalt
• nur gelieferte Ware • bei Lieferung an Endabnehmer ausreichend	• gelieferte Ware + Vorausabtretung der Forderungen des Käufers gegen Kunden • bei Lieferung an Händler und Bauunternehmer oder Bauhandwerker	• gelieferte Ware + Verarbeitungsklausel mit Anteilseigentum an neuen Produkten nach Verarbeitung + Vorausabtretung der Forderung des Käufers gegen Kunden • bei Lieferung an Industrieunternehmen	• einzelne Kaufpreisforderung aus Lieferung • bei gelegentlicher Belieferung des Käufers	• alle Forderungen aus der laufenden Geschäftsverbindung, bis diese vollständig beglichen sind • bei dauerhafter Lieferbeziehung zwischen Verkäufer und Käufer

Abb. 8.4: Formen des Eigenumvorbehalts

8.7.2.1 Einfacher Eigentumsvorbehalt gegenüber dem gewerblichen Endabnehmer

Erwirbt der Käufer die Kaufsache für eigene betriebliche Zwecke, um sie dort dauerhaft zu nutzen, so genügt der *einfache Eigentumsvorbehalt*, der sich auf die gelieferte Ware als solche beschränkt. Hierzu gehören vor allem Fahrzeuge, technische Geräte und Anlagen, Werkzeuge und Spezialmaschinen.

Wegen des dauerhaften Verbleibs und der häufig eingeräumten langen Zahlungsziele sollte der Käufer verpflichtet werden, das *Vorbehaltsgut* gegen die üblichen Risiken angemessen zu *versichern*. Selbstverständlich hat er dieses pfleglich zu behandeln und, sofern geboten, es auch auf seine Kosten warten zu lassen. Diese *Inspektionspflicht* berührt seine gesetzlichen Mängelansprüche im Falle von Sachmängeln innerhalb der Gewährleistungs- oder Garantiefrist nicht. Im Falle, dass die Gläubiger des Käufers vor der vollständigen Bezahlung des Kaufpreises auf das Vorbehaltsgut durch *Pfändung* rechtlich zugreifen wollen, ist auch die Auferlegung einer Informationspflicht ratsam.

Versicherungs- und Wartungspflicht

Einfacher Eigentumsvorbehalt

»1. Die gelieferte Ware bleibt bis zur vollständigen Bezahlung des Kaufpreises unser Eigentum.

2. Der Käufer ist verpflichtet, die Kaufsache pfleglich zu behandeln, ins-

Klauselvorschlag

besondere, sie auf eigene Kosten gegen Feuer-, Wasser- und Diebstahl-
schäden ausreichend zum Neuwert zu versichern. Werden Wartungs-
und Inspektionsarbeiten erforderlich, hat sie der Käufer auf eigene
Kosten rechtzeitig durchzuführen. Bei Auftreten von Sachmängeln
bleiben seine Mängelansprüche unberührt.

3. Bei Pfändung oder sonstigen Eingriffen Dritter hat der Käufer den Verkäufer unverzüglich schriftlich zu benachrichtigen. Weigert sich der
Pfändungsgläubiger oder Dritter, den Restkaufpreis zu bezahlen und
kann der Verkäufer zur Wahrung seiner Rechte die gerichtlichen und
außergerichtlichen Kosten von dem Dritten nicht erlangen, so haftet
der Käufer für den dadurch entstandenen Ausfall.«

8.7.2.2   Abtretung der Kaufpreisforderungen bei Weiterverkauf

Käufer ist Händler

Ist der *Eigentumsvorbehaltskäufer Händler,* so ist er wirtschaftlich
darauf angewiesen, die gelieferten Waren an seine Kunden weiter
zu verkaufen, weil er nur dadurch seine Kaufpreisschuld gegenüber
dem Eigentumsvorbehaltsverkäufer tilgen kann. Mit der Veräußerung der Waren geht das Eigentum regelmäßig, ob es nun dem Verkäufer passt oder nicht, auch vor der vollständigen Bezahlung an
die gutgläubigen Abnehmer des Eigentumsvorbehaltskäufers nach
§ 932 BGB über (vgl. Kap. 8.6.4). Deshalb gestattet der Verkäufer dem
Käufer, die noch mit dem *EV belasteten* Waren im *eigenen Namen zu
veräußern* und erteilt ihm eine entsprechende *Verfügungsermächtigung* nach § 185 BGB. Dafür lässt er sich anstelle des erloschenen EV
an der Ware im Vorhinein die daraus erworbenen Kaufpreisforderungen des EV-Käufers gegen die Abnehmer mittels einer *Anschlusszession* abtreten. Deswegen bezeichnet man diese Sonderform des
Eigentumsvorbehalts als *einfachen verlängerten EV,* weil dieser sich
anstelle des untergegangenen Eigentums an der Sache auf das wirtschaftliche Surrogat, die daraus erworbene Kaufpreisforderungen,
erstreckt.

Einfacher verlängerter EV

Verkaufsermächtigung

Ordnungsgemäßer Geschäftsgang

Die Einwilligung des Verkäufers im Rahmen der Verfügungsermächtigung zum Weiterverkauf der Waren beschränkt sich auf den *ordnungsgemäßen Geschäftsgang.* Sie gilt daher nicht, wenn der Käufer
in erhebliche wirtschaftliche Schwierigkeiten gerät, insbesondere insolvent wird. Ferner deckt sie nicht die Veräußerung von Waren weit
unter Wert im Rahmen von Notverkäufen oder Räumungsverkäufen
ab, um dringende Schulden zu tilgen (BGH WM 1969, S. 1472).

Abtretungserklärung

Die Verfügungsermächtigung ist nun gekoppelt an die sog. *Anschlusszession* als Sonderfall der *Globalabtretung*, worin der Käufer alle aus der Vorbehaltsware erlangten *Kaufpreisforderungen gegen seine Abnehmer* an den Verkäufer *abtritt*. Die gegenständliche Beschränkung der abgetretenen Forderungen auf das Vorbehaltsgut genügt zur hinreichenden Kennzeichnung der künftigen Kaufpreisforderungen und damit den Bestimmbarkeitsanforderungen für die Wirksamkeit der Abtretung (BGH NJW 1987, S. 487; vgl. Kap. 4.7.3.2).

Abschlusszession

Besteht zwischen dem Käufer und seinen Abnehmern eine *dauerhafte Geschäftsverbindung* und haben diese eine *Kontokorrentvereinbarung* getroffen, weil ständig laufende Forderungen entstehen, so muss sich der Verkäufer ausdrücklich die künftig anerkannten Abschlusssalden abtreten lassen, weil die einzelnen Kaufpreisforderungen mit ihrer Einstellung in den Kontokorrent nicht mehr abtretbar sind (BGH BB 1978, S. 222).

Kontokorrentvereinbarung

Billigerweise sollte man im Hinblick auf die *Höhe* der abgetretenen Forderungen nicht auf den Händlerverkaufspreis, sondern auf den *Einkaufspreis*, also den eigenen Rechnungsbetrag abstellen, sodass die Händlerspanne von der Anschlusszession nicht erfasst wird. Ansonsten kann sehr leicht eine nachträgliche *Übersicherung* entstehen, bei der der Eigentumsvorbehaltskäufer ohnehin die Freigabe von Sicherheiten von dem Verkäufer fordern kann. Dieses Recht steht ihm nach der Rechtsprechung zu, sofern der realisierbare Wert der gesicherten Forderungen um mehr als 10 % den Wert der zu sichernden Forderungen übersteigt (BGHZ 137, S. 212; 138, S. 367) Von einer solchen Übersicherung ist i.d.R. auszugehen, wenn der Nennbetrag der abgetretenen Forderungen um mehr als 50 % den Nennbetrag der Lieferantenforderungen übersteigt. Der Mehrbetrag von 10 % soll zur Abdeckung des Verwaltungsaufwandes des Verkäufers dienen. Mithin handelt es sich bei der hier vorgeschlagenen Fassung um eine *Teilabtretung*, weil die in die Verkaufsforderung eingerechnete Händlerspanne zur Vermeidung einer Übersicherung nicht mit abgetreten wird. Sollten die Abnehmer nur Teilzahlungen erbringen, würde diese ohne besondere Abrede proportional auf den abgetretenen und nicht abgetretenen Forderungsteil angerechnet werden. Deshalb sollte sich der Verkäufer ausdrücklich einen *Vorrang* einräumen lassen, um diese vollständig mit seiner eigenen Forderung verrechnen zu können, und zwar so lange, bis er vollständig befriedigt ist.

Höhe: Rechnungsbetrag des Lieferanten

Vorrang bei Teilzahlung

Einziehungsermächtigung bei stiller Zession

Verständlicherweise legt der Käufer keinen Wert darauf, dass die Vorausabtretung an den Verkäufer gegenüber seinen Abnehmern offen gelegt wird. Zur Gewährleistung einer normalen Zahlungsabwicklung bei dieser *stillen Zession* erteilt der Verkäufer dem Käufer eine widerrufbare *Einziehungsermächtigung* nach § 185 BGB, die ihn im normalen Geschäftsgang befugt, die dem *Verkäufer gehörenden Forderungen* im *eigenen Namen einzuziehen*. Zahlen die Abnehmer an den Käufer, so tilgen sie auch ihre Schuld gegenüber dem Verkäufer als eigentlichen Gläubiger nach § 362, Abs. 2 BGB. Der Verkäufer darf die Einziehungsermächtigung nur widerrufen, wenn sich der Käufer vertragsuntreu verhält, insbesondere in Zahlungsverzug gerät oder seine Zahlungen einstellt bzw. Antrag auf Eröffnung des Insolvenzverfahrens gestellt wird. In diesen Fällen darf der Verkäufer die *Zession* gegenüber den Abnehmern durch schriftliche *Abtretungsanzeige* nach § 409 BGB offen legen. Der Käufer ist verpflichtet, dem Verkäufer gegenüber alle Auskünfte und Unterlagen über die abgetretenen Forderungen zu geben bzw. herauszugeben (§ 402 BGB).

Einzug der abgetretenen Forderungen durch Käufer

Hat der *Käufer* die an den Verkäufer abgetretenen *Forderungen* berechtigterweise *eingezogen*, so ist der Verkäufer darauf angewiesen, dass der Käufer die ihm zugeflossenen Beträge an ihn abführt, wozu dieser allerdings verpflichtet ist. Nach dem Forderungseinzug gehört das Geld zum Vermögen des Käufers, auch wenn dieser später insolvent werden sollte. Der *Verkäufer trägt* also immer das sog. *Weiterleitungsrisiko*.

Verkäufer trägt Weiterleitungsrisiko

Tipp

> **Verkäufer**
>
> Seien Sie sich deshalb als EV-Verkäufer stets bewusst, dass der verlängerte EV Ihnen nur Sicherheit auf Zeit gibt, genau betrachtet, bis zur Zahlung des Abnehmers an den Käufer, solange Sie dessen Einziehungsermächtigung noch nicht berechtigterweise widerrufen haben.

Eigentumsvorbehalt mit Anschlusszession

Klauselvorschlag

»1. Der Käufer ist berechtigt, die unter Eigentumsvorbehalt erworbenen Kaufsachen im ordentlichen Geschäftsgang weiterzuverkaufen; er tritt deshalb im Voraus an den Verkäufer alle Forderungen, die er aus der Weiterveräußerung dieser Sache gegen seine Abnehmer oder Dritte erwirbt, in Höhe des Rechnungsendbetrages einschließlich Mehrwertsteuer der Verkäuferforderung ab. Zur Einziehung dieser Forderung bleibt der Käufer auch nach der Abtretung ermächtigt. Diese Einziehungsermächtigung kann von dem Verkäufer widerrufen werden, wenn sich der Käufer in grober Weise vertragswidrig verhält, insbesondere in Zahlungsverzug gerät, die Zahlungen eingestellt hat oder über sein Vermögen ein Antrag

auf Eröffnung des Insolvenzverfahrens gestellt worden ist. Ist dies der Fall, so kann der Verkäufer verlangen, dass der Käufer die abgetretenen Forderungen und deren Schuldner bekannt gibt, alle zum Einzug erforderlichen Angaben macht, die dazu gehörigen Unterlagen aushändigt und seinen Schuldnern die Abtretung mitteilt. Im Falle von Teilzahlungen der Abnehmer werden diese zunächst vollständig auf die Forderung des Verkäufers solange angerechnet, bis dieser vollständig befriedigt ist.«

Alternativ nach Satz 1 als Zusatz folgende Klausel, wenn zwischen Käufer und dessen Abnehmer ein Kontokorrentverhältnis nach § 355 HGB besteht:

»Die dem Verkäufer im Voraus abgetretene Forderung bezieht sich auch auf den anerkannten Saldo sowie, im Falle der Insolvenz des Abnehmers, auf den dann jeweils bei Verfahrenseröffnung vorhandenen kausalen Saldo.

2. *Der Verkäufer verpflichtet sich, die ihm zustehenden Sicherheiten auf Verlangen des Käufers insoweit freizugeben, als der realisierbare Wert seiner Sicherheiten die zu sichernden Forderungen um mehr als 10 % übersteigt. Davon ist i.d.R. auszugehen, wenn der Nennbetrag der abgetretenen Forderungen um mehr als 50 % über dem der zu sichernden Forderungen liegt. Das Recht zur Auswahl der freizugebenden Sicherheiten steht dem Verkäufer zu.«*

8.7.2.3   Eigentumsvorbehalt mit Verarbeitungs- oder Verbindungsklauseln

Nimmt der gewerbliche Käufer an den gelieferten Materialien erhebliche tatsächliche Veränderungen vor, die die Substanz der Sache als solche verändern, so haben diese Maßnahmen auch Auswirkungen auf die daran bestehenden Eigentumsverhältnisse nach § 946 ff BGB.

Käufer ist Industrieunternehmen

Verarbeitung

Der praktisch wichtigste Fall ist typisch für die industrielle Herstellung von Waren, die durch *Verarbeitung* oder *Umbildung* bestimmter Materialien produziert werden. Es entsteht dadurch praktisch eine völlig *neue bewegliche Sache*. Deswegen erwirbt daran der Produzent kraft Gesetzes das Eigentum, wenn die durch den Herstellungs- und Umbildungsprozess von ihm geschaffene wirtschaftliche *Wertschöpfung* nicht erheblich geringer ist als der Wert der verarbeiteten Rohstoffe oder Materialien (§ 950 BGB). Die Rechtsprechung verlangt hierzu, dass der *Verarbeitungs-* oder *Bearbeitungswert* mindestens 60 % des Gesamtwertes der Ausgangsstoffe beträgt (BGH NJW 1995, S. 2633), was in der industriellen Fertigung schon wegen der hohen Lohnkosten ohne Probleme erreicht wird. Durch diesen Eigentumswechsel steht der Verkäufer ungeschützt da, wenn danach über das

Eigentumswechsel durch wertschöpfende Verarbeitung

Vermögen des Käufers das Insolvenzverfahren eröffnet werden sollte. Ihm stünden dann nur einfache, nicht gesicherte Insolvenzforderungen zu, sei es in Gestalt seiner Kaufpreisforderung oder – ohne direkte vertragliche Beziehung mit dem Hersteller – eines bereicherungsrechtlichen Wertersatzanspruchs nach § 951 BGB (BGH WM 1989, S. 1342).

Verarbeitungs- bzw. Herstellungsklauseln

Zur *Abwendung* dieses *Insolvenzrisikos* behilft sich die Praxis mit der von den Gerichten anerkannten sog. *Verarbeitungs- bzw. Herstellungsklausel:* Danach *verpflichtet* sich der *Käufer* als Produzent, die *Waren* im *Auftrage* des/der *Lieferanten herzustellen.* Durch diesen juristischen Trick wird nun der Lieferant als Verkäufer rechtlich zum Hersteller der neuen Sache, obwohl er den Produktionsprozess rein tatsächlich gar nicht beeinflusst. Die Folge ist, dass sich dann sein Eigentumsrecht auch auf die neuen produzierten Waren unmittelbar ohne Durchgangserwerb des verarbeitenden Käufers erstreckt

Lieferanten bleiben Eigentümer

(BGHZ 46, S. 118). Produkte werden aus verschiedenen Rohstoffen oder Materialien hergestellt. Um eine sittenwidrige *Übersicherung* des einzelnen Lieferanten und damit die Nichtigkeit seiner Verarbeitungsklausel zu vermeiden, wird ergänzend bestimmt, dass der *Verkäufer* nach der Verarbeitung nur *Miteigentümer* der *neuen Sache* mit dem Anteil werden soll, in welchem der Wert der von ihm gelieferten Rohstoffe, Materialien oder Bauteile zu dem Wert der anderen verarbeiteten Gegenstände steht (BGHZ 79, S. 23). Die Lieferanten eignen sich damit außer dem Stoffwert auch den nicht unerheblichen Verarbeitungswert an und sind deshalb tendenziell übersichert. Das ist angesichts der Unsicherheit, dass die neue Ware auch zu dem Marktwert verkauft werden kann, keinesfalls sittenwidrig (BGHZ 46, S. 117), zumal nach der neuesten Rechtsprechung der Käufer ohnehin bei einer tatsächlichen Übersicherung von mehr als 10 % die Freigabe von Sicherheiten fordern kann (BGH WM 1998, S. 231).

Käufer darf neue Waren gegen Abtretung seiner Kaufpreisforderungen verkaufen

Genau wie ein Händler, wird nun der *Käufer* als Produzent der neuen Ware, von den Lieferanten *ermächtigt,* die ihnen gehörenden *Produkte* im eigenen Namen im Rahmen des ordnungsgemäßen Geschäftsgangs zu verkaufen. Er *tritt* hierfür die daraus erworbenen *Kaufpreisanforderungen* an seine Abnehmer in Höhe des Rechnungsendbetrages der Lieferantenforderung ab (vgl. Kap. 8.7.2.2). Wegen der notwendigen Verarbeitungsklausel bezeichnet man diese Variante als *qualifiziert verlängerten EV.*

Verarbeitungs- oder Herstellungsklausel

Klauselvorschlag

»1. Soweit der Käufer die vom Verkäufer gelieferte Ware verarbeitet oder umbildet, erfolgt dies im Auftrage des Verkäufers. Wird die Kaufsache mit anderen, dem Verkäufer nicht gehörenden Gegenständen verarbeitet, so erwirbt er hieran das Miteigentum an der neuen Sache im Verhältnis des

Wertes der Kaufsache zu den anderen verarbeiteten Gegenständen zur Zeit der Verarbeitung.

Der Käufer ist berechtigt, die im Miteigentum des Verkäufers stehende neue hergestellte Sache im ordentlichen Geschäftsgang weiter zu verkaufen.«
(Hieran schließt sich die Abtretungsvereinbarung des einfachen verlängerten EV – 2. und 3. – an).«

Verbindung mit anderen beweglichen Sachen

Wird die gelieferte Kaufsache mit anderen beweglichen Sachen so verbunden, dass daraus eine neue Sache entsteht bzw. werden bewegliche Sachen miteinander untrennbar vermischt, so erwerben daran die bisherigen Eigentümer *Miteigentum* nach Bruchteilen (§§ 947, 948 BGB). Nur wenn eine der beteiligten Sachen als Hauptsache anzusehen ist, steht das Eigentum an der neu entstandenen Sache allein deren Eigentümer zu. Die Regelungen der §§ 947, 948 BGB sind nur dann von Belang, wenn bei dem Vorgang der Verbindung oder Vermischung der *Verarbeitungswert* unter 60 % liegt und deshalb § 950 BGB, nicht greift (BGH BB 1972, S. 197; vgl. oben). Da diese Vorschriften, anders als § 950 BGB, grundsätzlich keinen kompletten Eigentümerwechsel vorsehen, sondern sich das bisherige Einzeleigentum in wertanteiliges Miteigentum nach Bruchteilen wandelt, erübrigt sich hierfür eine besondere Regelung im Eigentumsvorbehalt. Sollte eine von einem anderen Lieferanten gelieferte *Sache* als *Hauptsache* im Sinne von § 947, Abs. 2 BGB anzusehen sein, kann man durch die eigene Eigentumsvorbehaltsklausel dessen gesetzlich entstehendes *Alleineigentum* nicht verhindern, weil der Eingriff in die gesetzlichen Rechte anderer stets diese unangemessen im Sinne von § 307, Abs. 2, Nr. 1 BGB benachteiligen würde und deshalb eine entsprechende AGB-Klausel unwirksam ist (vgl. Kap. 3.4.5.2.2).

Anders liegt die Sachlage nur, wenn der Käufer eine selbst ihm gehörende Hauptsache mit anderen gelieferten Stoffen oder Materialien verbindet bzw. vermischt. In diesem Fall kann man dessen gesetzliches Alleineigentum durch die Vereinbarung eines wertanteiligen Miteigentums schmälern.

Miteigentum der Lieferanten

Alleineigentum

Verbindungs- oder Vermischungsklausel

»1. Wird die Kaufsache mit anderen, dem Verkäufer nicht gehörenden Gegenständen untrennbar verbunden oder vermischt, so erwirbt der Verkäufer an der neuen Sache Miteigentum im Verhältnis des Wertes der Kaufsache zu den anderen verbundenen oder vermischten Gegenständen zum Zeitpunkt der Verbindung oder Vermischung. Geschieht die Verbindung oder Vermischung in der Weise, dass die Sache des Käufers als Hauptsache anzusehen ist, überträgt der Käufer hieran dem Verkäufer anteilsmäßig das Miteigentum.« (Hieran schließt sich die Abtretungsvereinbarung des einfachen verlängerten EV – 2. und 3. – an).«

Klauselvorschlag

Verbindung mit Grundstück

Abtretung der
Werklohnforderung
bei fester dauer-
hafter Verbindung
mit Grundstück
oder Bauwerk

Die übliche *Verarbeitungs-* oder *Vermischungsklausel* versagt völlig, wenn die gelieferte *bewegliche Sache* von dem Käufer bestimmungsgemäß mit einem *Grundstück* oder einem *Bauwerk dauerhaft* und *fest verbunden* wird. Dadurch werden die verbundenen *Materialien* zwangsläufig, ohne dass eine vertragliche Vereinbarung etwas daran ändern kann, *wesentlicher Bestandteil* des *Grundstücks* nach § 94 BGB und fallen deshalb unvermeidbar in das Eigentum des Grundstückseigentümers (§ 946 BGB). *Baustoffhändler* und andere Lieferanten derartiger Materialien können sich daher, wenn die gelieferten Baustoffmaterialien vor Bezahlung der Rechnung mit dem Grundstück verbunden oder in das Bauwerk eingebaut werden, nur dadurch sichern, dass sie sich im Vorhinein die *Werklohnforderungen* ihrer Käufer, i.d.R. Bauunternehmer oder Bauhandwerker, gegen den Bauherrn *abtreten* lassen. In diesen Fällen bedarf der einfache EV noch der Ergänzung durch eine Einbauklausel verbunden mit den weiteren Regelungen der Abtretungsklausel beim einfachen verlängerten Vorbehalt.

Einbauklausel

Klauselvorschlag

»Sofern der Käufer bestimmungsgemäß die gelieferte Kaufsache dauerhaft mit einem Grundstück oder dessen Bauwerk verbindet, tritt er an den Verkäufer seine Werklohnforderungen oder andere Forderungen, die ihm gegen den Grundstückseigentümer zustehen, in Höhe des Rechnungsendbetrages einschließlich Mehrwertsteuer der Verkäuferforderung zur Sicherheit ab. Im Falle von Teilzahlungen des Grundstückseigentümers werden diese zunächst so lange auf die Forderung des Verkäufers angerechnet, bis dieser vollständig befriedigt ist.«

8.7.2.4   Erweiterter EV bei laufender Geschäftsbeziehung

Besteht zwischen dem Käufer und dem Verkäufer – wie bei Lieferbeziehungen zwischen Lieferanten und Hersteller bzw. Händler üblich – eine *ständige Geschäftsbeziehung* mit fortlaufenden einzelnen Lieferungen, genügt der normale verlängerte EV, der lediglich die Zahlungsansprüche des Verkäufers aus dem konkreten Liefergeschäft erfasst, seinem Sicherungsbedürfnis nicht. Vielfach ist nämlich die Rechnung für eine frühere Lieferung noch nicht vollständig bezahlt, bevor die nächste Lieferung erfolgt. Deshalb *verzögert* dann der *Verkäufer* in seinen Lieferbedingungen den *Eigentumserwerb* des Käufers an den gelieferten Waren, bis dieser seine *sämtlichen*, aus der Geschäftsverbindung herrührenden *Forderungen*, auch die künftigen Zahlungsansprüche, *beglichen* hat. Eine derartige Ausdehnung des EV in die Breite hält der Bundesgerichtshof auch in AGB für unbedenklich, obwohl der Eigentumserwerb des Käufers, selbst wenn

Eigentumsvorbehalt
sichert alle Forde-
rungen an der
laufenden Ge-
schäftsverbindung

nur ein geringfügiger Restbetrag aus einer früheren Lieferung offen steht, dadurch komplett vereitelt wird (BGH NJW 1994, S. 1154). Sind alle Forderungen des Verkäufers glattgestellt, erlischt der erweiterte EV komplett und lebt danach nicht wieder auf. Er kann durch die nachfolgenden, noch nicht bezahlten Lieferungen wieder neu entstehen.

Beispiel:

Kaufmann K ist Inhaber eines Kaufhauses für Haushaltsartikel und Haushaltsgeräte. Er bezieht in einer dauerhaften Geschäftsbeziehung verschiedene Haushaltsgeräte von dem Hersteller H. Dieser liefert an ihn unter erweitertem EV zunächst 20 Waschmaschinen und einen Monat später, bevor die erste Rechnung bezahlt ist, 15 Spülmaschinen.

Lösung:

Der erweiterte EV wirkt sich dahingehend aus, dass K Eigentümer der zuerst gelieferten Waschmaschinen erst dann wird, wenn er auch die Rechnung für die später bezogenen Spülmaschinen bezahlt hat.

Dem äußerst umstrittenen *Konzernvorbehalt,* wonach das Eigentum auf den Käufer erst dann übergehen sollte, wenn alle Forderungen von Unternehmen beglichen sind, die zum gleichen Konzern wie der Verkäufer oder Käufer gehören, ist die rechtliche Grundlage entzogen worden, weil ihn nunmehr § 449, Abs. 3 BGB ausdrücklich für nichtig erklärt.

Konzernvorbehalt ist nichtig

Erweiterter EV

»Die gelieferte Ware bleibt so lange Eigentum des Verkäufers, bis der Käufer alle laufenden Forderungen des Verkäufers aus der zwischen ihnen bestehenden Geschäftsverbindung vollständig erfüllt hat.«

Klauselvorschlag

Sollte der Käufer mit dem Verkäufer zur Vereinfachung der Zahlungsströme einen *Kontokorrent* vereinbart haben, ist insoweit auf den anerkannten Abschlusssaldo abzustellen.

Kontokorrent

Erweiterter Eigentumsvorbehalt mit Kontokorrentvereinbarung

»Die gelieferte Ware bleibt so lange Eigentum des Verkäufers, bis der Käufer jeweils den von ihm anerkannten Saldo aus dem bestehenden Kontokorrentverhältnis ausgeglichen hat.«

Klauselvorschlag

Diese Regelungen bilden vor allem eine wichtige Ergänzung zum verlängerten EV.

8.7.3   Zahlungsverzug und sonstiges vertragswidriges Verhalten des Käufers

Rücktritt durch Verkäufer

Zahlt der Käufer nicht pünktlich den Kaufpreis und gerät in *Zahlungsverzug*, so kann der *Verkäufer* von dem Kaufvertrag grundsätzlich nur *zurücktreten*, wenn er ihm zuvor eine angemessene *Nachfrist* i.d.R. von zwei Wochen gesetzt hat, die ergebnislos geblieben ist (§ 323, Abs. 1 BGB; vgl. Kap. 5.2.3). Gleiches gilt, wenn sich der Käufer sonst wie vertragswidrig verhält und wesentliche Nebenpflichten, wie etwa eine Versicherungs- oder Wartungspflicht, *verletzt* (§ 324 BGB).

Rückgabe der Ware

Die gelieferte *Kaufsache zurückverlangen* kann der Verkäufer nach § 449, Abs. 2 BGB nur, wenn er zuvor vom Vertrag zurückgetreten ist. Von diesen gesetzlichen Vorgaben kann in AGB zum Nachteil des Käufers nicht abgewichen werden, weil es sich insoweit um prägende gesetzliche Leitgedanken im Sinne von § 307, Abs. 2, Nr. 1 BGB handelt. Dennoch erweist es sich zur Klarstellung der Rechte der Beteiligten als nützlich, die gesetzliche Regelung in die Eigentumsvorbehaltsklausel aufzunehmen und in diesem Zusammenhang auch das *Verwertungsrecht* des Verkäufers nach Rücknahme der Kaufsache zu regeln. Die entsprechende AGB-Bestimmung sollte sich unmittelbar an die ausdrückliche Erklärung des EV anschließen (vgl. Kap. 8.7.2.1).

Rücktritts- und Verwertungsrecht des Verkäufers

Klauselvorschlag

»Bei vertragswidrigem Verhalten des Käufers, insbesondere bei Zahlungsverzug, ist der Verkäufer nach Setzung einer angemessenen Nachfrist berechtigt, vom Kaufvertrag zurückzutreten und die Kaufsache zurückzunehmen. Danach darf der Verkäufer die Kaufsache bestmöglich verwerten; der Verwertungserlös wird auf die Verbindlichkeiten des Käufers abzüglich angemessener Verwertungskosten angerechnet.«

8.7.4   Kollision mit den Sicherungsrechten anderer Gläubiger

Beliefern Sie Ihre Abnehmer auf Kredit unter EV und geraten diese in die wirtschaftliche Krise, kann es gut sein, dass Banken oder andere Gläubiger wegen ihrer vermeintlichen Sicherungsrechte Anspruch auf das Vorbehaltsgut oder die abgetretenen Forderungen erheben.

Sicherungseigentum von Banken

Was die gelieferten Waren vor oder nach der Verarbeitung angeht, so besitzen Sie als *EV-Verkäufer* in einem solchen Kollisionsfall, salopp formuliert, wegen § 933 BGB eindeutig die besseren Karten. Die Bank kann danach frühestens das Eigentum erlangen, wenn sie im

Sicherungsfall die Maschinen oder Waren in ihren Besitz nimmt und zu diesem späten Zeitpunkt auch noch gutgläubig ist, was eine sorgfältige Prüfung der Eigentumsverhältnisse im Einzelfall notwendig macht (vgl. Kap. 8.6.4.1). Hat die *Bank* die *Waren* schon *abholen* lassen und *verwertet*, so muss sie nach bereicherungsrechtlichen Grundsätzen den ihr nicht zustehenden Erlös nach § 816, Abs. 1 BGB vorrangig an die Lieferanten abliefern.

Eigentumsvorbehalt geht vor

Pfandrechte anderer Gläubiger

Nachteile drohen den Lieferanten lediglich, wenn die Waren nachträglich bei einem gewerbsmäßigen *Lagerhalter* eingelagert worden sind, weil dieser wegen seiner Forderungen aus dem Lagervertrag hieran gutgläubig ein vorrangiges *gesetzliches Pfandrecht* erwirbt (§§ 475b, 366, Abs. 3 HGB). Gleiches gilt im Übrigen für Spediteure, Frachtführer und Kommissionäre, wenn sie in den Besitz der Vorbehaltsware gelangen (§§ 441, 464, 397 HGB). Ähnlich geschützt würde ein *Werkunternehmer*, wie etwa der Inhaber eines Autohauses, falls an dem noch nicht bezahlten unter EV stehenden Pkw schadhafte Teile ausgewechselt werden müssen. Diese Reparaturforderungen kann der Werkunternehmer von dem EV-Verkäufer kraft seines *AGB-Pfandrechts* (§ 1207 BGB) oder zumindest seines Zurückbehaltungsrechts wegen notwendiger Verwendungen ersetzt verlangen, sofern sein Kunde, der Käufer, die Rechnungen nicht bezahlen kann (§§ 994, 1000 BGB). Wird die Vorbehaltsware dagegen in gemieteten Räumen eingelagert, so kann der Vermieter hieran kein gesetzliches *Vermieterpfandrecht* nach § 562 BGB erlangen, weil dieses nur die eingebrachten Sachen des Mieters, die diesem gehören, umfasst und ein gutgläubiger Erwerb dieses gesetzlichen Pfandrechtes nach § 1257 BGB, anders als bei den genannten Besitzpfandrechten des HGB, nicht vorgesehen ist (BGH NJW 1999, S. 3717). Das bedeutet eben: Sie als Verkäufer könnten die Ihnen gehörenden Sachen aus den gemieteten Räumen herausnehmen, ohne dass der Vermieter Sie daran hindern darf, selbst wenn der Käufer als Mieter den fälligen Mietzins noch nicht bezahlt hat.

Lagerhalterpfandrecht

Werkunternehmerpfandrecht bei Reparaturen

Kein Vermieterpfandrecht

Globalzession an Banken

Sind die noch mit einem EV belasteten Waren bereits veräußert, die Kaufpreisforderungen anschließend von dem Käufer noch nicht eingezogen, prallen häufig die im verlängerten EV enthaltene Anschlusszession der Lieferanten mit der sog. *Globalzession* einer oder mehrerer Banken zusammen. Selbst wenn die Sicherungsabtretung an die Bank zeitlich vor der Vereinbarung des EV erfolgt ist, räumt die Rechtsprechung wegen der besonderen Schutzwürdigkeit und Angewiesenheit der Lieferanten dem *verlän-*

Verlängerter EV ist vorrangig

gerten EV den Vorrang ein. Durch ihre Warenlieferung schaffen sie erst die wirtschaftliche Grundlage für das Entstehen der abgetretenen Forderungen und stehen diesen damit wirtschaftlich näher als die Geldgläubiger. Die Banken müssen in ihren Vertragsformularen ausdrücklich dem verlängerten EV den Vorrang gewähren, ansonsten wäre die Globalzession wegen sittenwidriger Benachteiligung der Lieferanten gänzlich unwirksam (BGH BB 1999, S. 388). Mittlerweile haben alle Vertragsformulare der Kreditwirtschaft eine derartige *Teilverzichtsklausel* aufgenommen.

Verlustrisiko bei Zahlungen der Drittschuldner

Dennoch können für Sie als Lieferant Vermögensnachteile entstehen, wenn die *Drittschuldner* bereits an den EV-Käufer oder seine Kreditbank gezahlt haben. Zieht eine Geschäftsbank unter Berufung auf ihre vermeintlich wirksame Globalzession *unwissentlich Forderungen* bei Schuldnern ein, die eigentlich den *Lieferanten zustehen,* so muss sie die zu Unrecht eingenommenen *Gelder* an die *Lieferanten* nach bereicherungsrechtlichen Grundsätzen gemäß § 816, Abs. 2 BGB *zurückzahlen.* Bezahlen die Drittschuldner vorher per Überweisung auf das Geschäftskonto des EV-Käufers/Kreditnehmers bei der Kreditbank, solange dieser noch die Einziehungsermächtigung von den Lieferanten besitzt, leisten sie an ihn und eben nicht an die Bank, die lediglich als Zahlstelle fungiert. Dann besteht allerdings kein Bereicherungsanspruch gegen die Kreditbank (BGH NJW 1969, S. 464). Nur wenn die Kreditbank versucht, durch eine sog. *Zahlstellenklausel* in ihren Formularverträgen den Vorrang des verlängerten EV zu unterlaufen, billigen die Gerichte den Lieferanten einen bereicherungsrechtlichen Ersatzanspruch zu (OLG Brandenburg ZIP 1998, S. 952). Die Zahlstellenklausel verpflichtet den Käufer/Kreditnehmer, alle Zahlungen seiner Abnehmer auf die abgetretenen Forderungen ausschließlich über Geschäftskonten der Kreditbank laufen zu lassen. Dadurch erreicht sie, dass bei einem debitorischen Konto der Sollsaldo reduziert und bei einem kreditorischen Konto sich die bankmäßige Sicherheit erhöht, weil das Kontoguthaben nach der AGB-Pfandklausel automatisch gegenüber der Kreditbank verpfändet ist.

Tipp

Verkäufer

Haben die Abnehmer Ihrer Käufer bereits die an Sie abgetretenen Forderungen durch Zahlung auf ein Geschäftskonto der Kreditbank beglichen, so lohnt sich im Streitfall die Prüfung,

- ob diese lediglich auf das Geschäftskonto der Kreditbank gezahlt haben, weil der Käufer diese Bankverbindung auf seiner Rechnung angegeben hat – dann besteht kein Bereicherungsanspruch gegen die Kreditbank oder

- das Globalzessionsformular eine derartige Zahlstellenklausel aufweist – dann besteht ein Bereicherungsanspruch gegenüber der Kreditbank oder

- die Kreditbank direkt nach Offenlegung der Zession an die Abnehmer herangetreten ist und sie zur Zahlung aufgefordert hat – dann besteht ein eindeutiger Bereicherungsanspruch gegen die Kreditbank.

Factoring

Hin und wieder verkauft der Käufer als mittelständischer Unternehmer werthaltige Forderungen gegen erstklassige Schuldner an eine sog. *Factoring-Bank* und tritt diese Forderungen an den *Factor* ab, der dem Käufer nicht nur sofort den Forderungsbetrag unter Abzug seiner Provisionen und Vorschusszinsen zur Verfügung stellt, sondern als Dienstleistung auch das *Forderungsmanagement,* bestehend aus der Debitoren-Buchhaltung und dem Forderungseinzug, übernimmt.

Werden nun an das *Factoring-Institut* die gleichen *Forderungen abgetreten*, die unter den *verlängerten Eigentumsvorbehalt* der *Lieferanten* fallen, so müssen die Lieferanten die Einziehung dieser Forderungen, sobald sie später fällig geworden sind, dulden, wenn der Forderungserwerb durch das Factoring-Institut endgültig ohne Rückbelastungsmöglichkeit, also unter Übernahme des sog. *Delkredere-Risikos* erfolgt. Bei diesem *echten Factoring* können Lieferanten von dem Factoring-Institut keine Herausgabe der eingenommenen Erlöse nach bereicherungsrechtlichen Regeln fordern (BGH NJW 1982, S. 571). Dies deshalb, weil der Verkäufer auch bei der von ihm durch die erteilte Erziehungsermächtigung gestaltete Direkteinziehung der Forderungen durch den Käufer stets das *Weiterleitungsrisiko* trägt. Er ist also auch hier darauf angewiesen, dass der Käufer die erhaltene Zahlung in Höhe des Rechnungsbetrages an ihn weitergibt. Da bei einem echten Factoring, das Factoring-Institut dem Käufer gleichfalls diese Geldmittel endgültig zur Verfügung stellt, kann dieser – genauso wie bei der Direktzahlung – seine Schulden bei den Lieferanten begleichen. Die Bevorschussung durch das Factoring-Institut

Echtes Factoring vor EV

Delkredere-Risiko beim Factor

steht damit, wirtschaftlich gesehen, der Direktzahlung gleich, ohne dass dadurch der Eigentumsvorbehaltsverkäufer unangemessen benachteiligt wird. Daran ändert auch die Abzinsung bei einer Bevorschussung nichts, da die Forderungen der Lieferanten sich auf den niedrigeren Einkaufspreis beziehen, dagegen die abgetretene Forderung auf dem höheren Verkaufspreis basiert. Diese Wertdifferenz ist i.d.R. allemal höher als die Abzinsung selbst.

Kreditähnliches, unechtes Factoring

Anders liegt die Sachlage beim *kreditähnlichen unechten Factoring* ohne Übernahme des Delkredere-Risikos, das genauso wie die Globalzession nachrangig gegenüber dem verlängerten EV ist und deshalb in der Praxis selten vorkommt (BGHZ 82, S. 56).

8.7.5 Sicherung des Verkäufers in der Insolvenz des Käufers

Wird der Käufer vor vollständiger Bezahlung des Kaufpreises insolvent, entstehen dem Verkäufer wegen der Eröffnung des Insolvenzverfahrens i.d.R. nur *Nachteile,* sofern der *Insolvenzverwalter* die Bezahlung des noch offenen Kaufpreises ablehnt (§ 103 InsO). Tut dieser das nicht, weil er die gelieferte Ware für die Betriebsfortführung benötigt, so sind die Kaufpreisforderungen der Lieferanten vorzugsweise zu befriedigende *Masseverbindlichkeiten* (§ 55, Abs. 1, Nr. 1–2 InsO; vgl. Kap. 5.8.4.1).

Insolvenzverwalter lehnt Bezahlung ab

Lehnt der Verwalter die Bezahlung ab, kommt es darauf an, welches Recht der Eigentumsvorbehalt dem Gläubiger in dem Insolvenzverfahren gibt.

Aussonderung

Ist die *gelieferte Ware* noch *unverändert* und *unterscheidbar* in der Masse *vorhanden,* so kann der *Lieferant* bei diesem einfachen EV von dem Insolvenzverwalter deren *Herausgabe verlangen,* in der Rechtssprache aussondern (§ 47, Satz 1 InsO; BGH NJW 1994, S. 3233). Insoweit wäre der Lieferant zwar verpflichtet, eine von dem insolventen Käufer geleistete Anzahlung wieder zurückzuerstatten, kann diese Forderung aber mit seinem gleichzeitig entstehenden Anspruch auf Ersatz für die gezogenen Nutzungen verrechnen (§ 94 InsO). Erleidet er wegen des Vertragsabbruchs noch einen darüber hinausgehenden *Vermögensschaden,* so kann er diesen nur als einfacher, nicht gesicherter Insolvenzgläubiger geltend machen und erhält auf diese Forderung bestenfalls eine bescheidene Quote von i.d.R. 10 %.

Ersatzaussonderung

Sollte der Schuldner oder Verwalter unberechtigterweise das *Vorbehaltsgut weiter veräußert* haben, steht dem Verkäufer das Recht auf *Ersatzaussonderung* zu, indem er von dem Verwalter die Abtretung der daraus erworbenen Kaufpreisforderungen gegen den Abnehmer verlangt (§ 48 InsO).

Beispiel:

Verkauf der unter EV gelieferten, noch nicht bezahlten, für die Produktion des schuldnerischen Betriebes bestimmten Maschine durch den Schuldner oder Insolvenzverwalter ohne Erlaubnis des Herstellers, weil diese wegen des Produktionsrückgangs nicht mehr benötigt wird.

Hat der Abnehmer bereits an den Insolvenzschuldner oder den Verwalter bezahlt, kann eine *Ersatzaussonderung* in *Geld* nur gefordert werden, wenn die *Gegenleistung* in der *Masse* noch unterscheidbar *vorhanden* ist. Dazu ist es erforderlich, dass auf dem Schuldner- oder Verwalterkonto mindestens und ständig ein Guthaben in Höhe des Ersatzanspruches vorhanden war (BGH ZIP 1998, S. 1844). Deswegen ist die Unterscheidbarkeit in der Masse auf jeden Fall gegeben, wenn der eingegangene Geldbetrag vom Verwalter auf einem *Sonderkonto* verwahrt wird (BGH ZIP 1998, S. 1845). Gehen die Zahlungen auf einem *Girokonto* ein und nimmt der Insolvenzverwalter danach Abverfügungen vor, so reduziert sich der Ersatzaussonderungsanspruch entsprechend. Hatte der Verwalter zu diesem Zeitpunkt bereits Kenntnis von dem Ersatzaussonderungsbegehren, macht er sich persönlich gegenüber dem Verkäufer schadensersatzpflichtig. Eine spätere Wiederauffüllung des Kontos durch andere Gutschriften lässt den Anspruch in der vollen Höhe nicht wieder aufleben (BGH BB 1999, S. 1459).

Ersatzaussonderung von Kontoguthaben

Verkäufer

Berufen Sie sich gegenüber dem Insolvenzverwalter wegen des einfachen Eigentumsvorbehalts auf Aussonderung oder Ersatzaussonderung. Bestreitet der Verwalter diesen Anspruch, wenden Sie sich am besten an einen kompetenten Fachanwalt für Insolvenzrecht, der Ihre rechtlichen Interessen gegenüber dem Insolvenzverwalter vertritt.

Tipp

Ist die vom Verkäufer gelieferte *Ware* in der Masse *so nicht mehr vorhanden*, weil sie vom Schuldner oder Insolvenzverwalter bestimmungsgemäß weiter verarbeitet und/oder verkauft worden ist, so können die Lieferanten wegen eines verlängerten und/oder erweiterten EV nicht mehr aussondern, sondern sie verfügen wegen ihres Sicherungsrechtes nach § 51 InsO lediglich über das Recht auf *abgesonderte Befriedigung*. Dann darf der *Insolvenzverwalter*, weil die Vermögensgegenstände sich in der von ihm vorgefundenen Ist-Masse befinden, selbst *verwerten* oder er kann die abgetretenen Forderungen bei den Drittschuldnern direkt einziehen (§ 166 InsO). Nach deren Verwertung hat der Insolvenzverwalter den erzielten *Erlös* an die *Lieferanten auszuzahlen*, allerdings unter Abzug eines De-

Abgesonderte Befriedigung bei verlängertem oder erweitertem Eigentumsvorbehalt

ckungsbeitrages für den Verwaltungsaufwand von 9 % für die Kosten der Feststellung des Absonderungsrechts und der Verwertung der Waren bzw. der abgetretenen Forderungen zuzüglich der darauf entfallenden Umsatzsteuer – derzeit in Höhe von 19 % (§§ 170, 171 InsO; vgl. Kap. 5.8.4.3)).

Sicherungspool

Da dem einzelnen Lieferanten die abgetretenen Forderungen nur wertanteilig zustehen, sollten Sie Ihr Vorgehen gegenüber dem Insolvenzverwalter rechtlich abstimmen und unter Federführung eines erfahrenen Wirtschaftsanwaltes einen sog. *Sicherungspool* in Form einer Gesellschaft bürgerlichen Rechts *bilden*. Ferner ist zu

Ausfallforderung

empfehlen, dass die Lieferanten vorsorglich ihre *Ausfallforderung* gegenüber dem Insolvenzverwalter *anmelden*, weil in aller Regel nicht damit zu rechnen ist, dass der an sie ausgeschüttete Verwertungserlös zur vollen Abdeckung ihrer Forderungen ausreicht. Immerhin erhalten sie auf den nicht abgedeckten Restbetrag noch die Insolvenzdividende (i.d.R. zwischen 5 bis 10 %) vom Verwalter – während oder nach Abschluss des Verfahrens – ausgezahlt.

Tipp

> **Verkäufer**
>
> Sollte Ihnen als Lieferanten der Insolvenzverwalter das Recht auf abgesonderte Befriedigung streitig machen, müssen Sie sich wieder an einen erfahrenen Fachanwalt für Insolvenzrecht wenden.

8.7.6   Schutz des vertragstreuen EV-Käufers

Eigentumsvorbehalt des Käufers

Mag auch der EV primär der Sicherung des Lieferanten dienen, so steht der EV-Käufer nicht völlig rechtlos dar. Als Käufer erlangen Sie an den unter EV in Ihren Besitz gelangten Sachen eine *Eigentumsanwartschaft* als wesensgleiche Vorstufe zu dem späteren Vollrecht Eigentum. Das Anwartschaftsrecht wandelt sich automatisch mit der vollständigen Bezahlung des Kaufpreises in *Eigentum* um (BGH NJW 1984, S. 1184).

Das Anwartschaftsrecht schützt gegen eine *vertragswidrige Weiterveräußerung des Verkäufers*. Sollte er es sich später anders überlegen, etwa weil ein Dritter ihm einen höheren Kaufpreis bietet und er deshalb als Noch-Eigentümer die gleiche Ware nochmals an diesen veräußert, beeinträchtigt das die Rechtsposition des Erstkäufers nicht. Diese Zweitverfügung wird ihm gegenüber unwirksam, wenn er den Kaufpreis vollständig bezahlt hat und mithin auch das Eigentum erlangt (§ 161, Abs. 1 BGB). Zuvor wirkt auch die Eigentumsanwartschaft und das darauf gegründete Recht zum Besitz der Ware gegenüber dem Zweitkäufer nach § 986, Abs. 2 BGB, sodass dieser, trotz seines vorübergehenden Eigentumserwerbs, von ihm nicht die Herausgabe der Ware nach § 985 BGB fordern kann.

Noch wichtiger für den Käufer als solch vertragswidrige Weiterveräußerungen durch den Verkäufer ist, dass sein *Anwartschaftsrecht* sich auch als *bestandsfest* in der *Insolvenz* des *Verkäufers* erweist. Dem Insolvenzverwalter ist es nämlich entgegen der allgemeinen Regel verwehrt, die ordnungsgemäße Vertragserfüllung gegenüber dem Verkäufer abzulehnen und dadurch dessen Anwartschaftsrecht zu vernichten (§ 107, Abs. 1 BGB). Er muss sich deshalb mit der vertragsgerechten Zahlung des noch ausstehenden Kaufpreises begnügen und den dadurch herbeigeführten Eigentumserwerb des Käufers hinnehmen.

Insolvenz des Verkäufers

Käufer

Sorgen Sie deshalb bei dem Kauf unter Eigentumsvorbehalt unbedingt dafür, dass Sie pünktlich Ihre Zahlungspflichten erfüllen, damit nicht der Verkäufer wegen Zahlungsverzugs von dem Kaufvertrag zurücktreten und dadurch Ihr Anwartschaftsrecht vernichten kann oder, im Falle seiner Insolvenz, die gleiche Befugnis dem Insolvenzverwalter zusteht!

Tipp

8.8 Management von Leistungsstörungen

Wie bei jedem Austauschvertrag, können selbstverständlich auch beim Warenkauf Probleme bei der Erfüllung der Leistungspflichten beider Vertragsparteien auftreten, wobei dann dem Vertragsmanagement die Aufgabe zufällt, diese Störungsfälle vernünftig und interessengerecht zu regeln und abzuwickeln.

8.8.1 Überblick über die wichtigsten Störungsfälle

Die Hauptursachen von Leistungsstörungen bestehen darin, dass
- der Verkäufer nicht pünktlich liefert, wobei seine Säumnis, wenn er sie rechtlich zu verantworten hat, den *Leistungsverzug* auslöst,
- auf der anderen Seite der Käufer nicht termingerecht zahlt und damit in *Zahlungsverzug* fällt;
- der Verkäufer zwar termingerecht liefert, aber nicht in der vereinbarten Qualität oder eine zu geringe Menge oder gar die falsche Sache – *Schlechterfüllung*.

Nur für die *Schlechterfüllung* gibt es im Sachkaufrecht *spezielle Regelungen*, die einer gesonderten Erläuterung bedürfen. Die Bewältigung der anderen Störungsfälle geschieht nach den allgemeinen Regeln des Vertragsrechts (s. Kapitel 5).

8.8.2 Steuerung durch funktionsadäquate Vertragsklauseln

Stets empfiehlt es sich für beide Vertragsparteien, durch den Einbau funktionsadäquater Vertragsklauseln für die typischen Fälle künftig möglicher Leistungsstörungen rechtzeitig Vorsorge zu treffen. Die Bandbreite rechtlicher Gestaltungsmöglichkeiten zu den einzelnen Problemkreisen ist bereits in Kapitel 4 und 5 dargestellt. Für den gesetzlich speziell geregelten Fall der Schlechterfüllung durch den Verkäufer sind deshalb auch besonders darauf zugeschnittene Vertragsklauseln notwendig (vgl. Kap. 8.9.3).

8.9   Schlechterfüllung durch den Verkäufer

Sachmangel

Neben dem Leistungsverzug bildet die Schlechterfüllung auf Verkäuferseite die wichtigste Störungsquelle bei der Erfüllung von Warenkaufverträgen. Die diversen Formen der Schlechterfüllung werden unter dem rechtlichen Begriff des *Sachmangels* zusammengefasst. Weist die Kaufsache im *Zeitpunkt* der *Ablieferung* an den Käufer oder

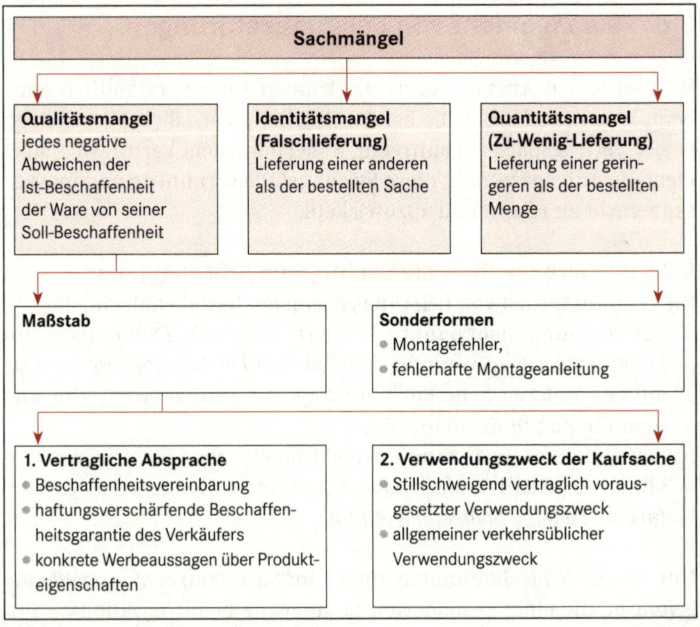

Abb. 8.5: Sachmängel beim Warenkauf

bei einem früheren Gefahrübergang einen Sachmangel im Sinne von §434 BGB auf, so stehen dem Käufer, soweit nichts anderes vereinbart ist, seine verschiedenen gesetzlich in §437 BGB aufgelisteten *Mängelansprüche* zu. Deshalb bedarf es zunächst der Klärung, was unter einem Sachmangel der Kaufsache zu verstehen ist.

Sachmangel im Zeitpunkt der Ablieferung

8.9.1   Umfassender Sachmangelbegriff

Unter dem Begriff des Sachmangels nach §434 BGB werden zunächst die drei wichtigsten Fälle einer *Schlechterfüllung* zusammengefasst:

1. der *Qualitätsmangel* (Abs. 1),
2. der *Quantitätsmangel* (Abs. 3),
3. und die *Falschlieferung* (Identitätsmangel) (Abs. 3).

Dabei wird ein *Montagefehler,* sofern der Verkäufer als Dienstleistungspflichtiger die Montage der Kaufsache übernommen hat, oder eine fehlerhafte Montageanleitung einem Qualitätsmangel gleichgestellt (Abs. 2).

Es gehört nunmehr zu der ausdrücklich geregelten Verkäuferpflicht, aus einem Warenkaufvertrag dem Käufer eine mangelfreie Sache zu übergeben und zu übereignen (§433, Abs. 1, Satz 2 BGB). Jede Lieferung einer mangelhaften Sache stellt damit eine *Pflichtverletzung* des Verkäufers dar, sodass er, soweit er sie zu vertreten hat, dem Käufer auch den daraus entstandenen Schaden nach §280 Abs. 1 BGB ersetzen muss, wie auch ausdrücklich durch §437, Nr. 3 BGB klargestellt wird.

Pflichtverletzung

8.9.1.1   Qualitätsmangel

Ein *Qualitätsmangel* stellt jedes negative Abweichen der tatsächlichen Ist-Beschaffenheit der Kaufsache von seiner Soll-Beschaffenheit dar. Der Bewertungsmaßstab hierfür ergibt sich nach der gesetzlichen Definition in §434, Abs. 1 BGB aus einer dreistufigen Rangfolge:

1. Primär kommt es dabei auf *Beschaffenheitsvereinbarungen* zwischen den Parteien an,
2. danach entscheidet die *Eignung* für die nach dem *Vertrag vorausgesetzten Verwendung* und
3. schließlich die *Eignung* zur *gewöhnlichen Verwendung* bei der für die Sache üblichen bzw. zu erwartenden Beschaffenheit.

Kurzum besitzt die Kaufsache einen Qualitätsmangel, wenn sie nicht die genannte Beschaffenheit oder Verwendungseignung aufweist, sondern davon negativ abweicht. Das ist ohne konkrete Beschaffenheitsvereinbarungen nicht immer leicht festzustellen.

8.9.1.1.1   Beschaffenheitsvereinbarung

Beschaffenheits-
vereinbarung
bestimmt
Pflichtenprogramm
des Verkäufers

Damit ist die möglichst genaue Beschreibung der Kaufsache und der damit zusammenhängenden Verkäuferpflichten in den Mittelpunkt der Vertragsgestaltung gerückt, die am besten durch konkrete *Beschaffenheitsvereinbarungen* geschieht. Diese wiederum legen das Pflichtenprogramm des Verkäufers fest, für deren ordnungsgemäße Erfüllung er einzustehen hat und deshalb im Falle der Nichterfüllung haftet. Unter *Beschaffenheit* sind dabei alle Anforderungen an die Kaufsache zu verstehen, seien es bestimmte physische *Eigenschaften* wie etwa die Leistungsfähigkeit einer Maschine oder die *Umweltbeziehungen* der Kaufsache wie vor allem ihre Einsatzbedingungen oder andere sonstige Umstände außerhalb der Kaufsache – wie etwa die Existenz und Richtigkeit eines Sachverständigengutachtens. Die Beschaffenheit nur auf den tatsächlichen Zustand des Kaufgegenstandes und die mit ihm verbundenen Eigenschaften beziehen zu wollen, erscheint dagegen zu eng (so aber OLG Nürnberg NJW 2005, S. 2020).

Einfache
Produkt-
beschreibung
genügt

Sofern der Verkäufer nicht selbst, wie bei Standardwaren üblich, eine *präzise Produktbeschreibung* liefert, erweisen sich solche Beschaffenheitsvereinbarungen als unverzichtbar, namentlich, wenn die Kaufsache speziell auf die Bedürfnisse des Käufers zugeschnitten ist, weil seine Vorgaben schon bei ihrer Herstellung beachtet werden mussten, wie bei der Zulieferung maßangefertigter Bauteile oder gar der Produktion spezieller technischer Anlagen (vgl. Kap. 8.12). Günstige Beschaffenheitsvereinbarungen, wie etwa bestimmte technische Leistungen, schaffen beim Käufer Vertrauen, haben *haftungsbegründende Wirkung,* weil deren Nichteinhaltung automatisch zu einem Qualitätsmangel führt. Für eine *Beschaffenheitsabrede* genügt die bloße Beschreibung der geschuldeten Beschaffenheit im Vertrag.

> **Beispiel:**
> *Modelljahr bei dem Kauf eines gebrauchten Pkw.*

Ungünstige Beschaffenheitsvereinbarungen sind zwar für den Verkäufer haftungsentlastend, zugleich auch oder doch zumindest preisverringernd. Sie sollten deshalb i.d.R. vermieden werden.

> **Beispiel:**
> ... *»der Ölverbrauch des Motors liegt über der Norm«.*

Beschaffenheits-
garantie

Ob günstige Beschaffenheitsvereinbarungen zudem auch als haftungsverschärfende *Beschaffenheitsgarantien* zu verstehen sind, wäre durch Auslegung des Vertrages zu ermitteln. Für den Käufer jedenfalls liegt darin ein schneidiges Sicherungsinstrument. Legt er auf das Vorhandensein bestimmter Qualitätsstandards Wert, kann er darauf den Verkäufer festnageln (vgl. Kap. 8.9.1.1.3). Selbstverständlich kann der Hersteller, wie das auch für Markenprodukte üblich ist, bestimmte Eigenschaften garantieren und dadurch den Absatz seiner Erzeugnisse fördern.

Tipp

Verkäufer

Wegen der unterschiedlichen Haftungsfolgen zwischen einfachen Beschaffenheitsvereinbarungen, bei denen der Verkäufer seine Gewährleistungshaftung beschränken kann und Beschaffenheitsgarantien, wo dies nach § 444 BGB nicht möglich ist, sollten die Vertragsparteien unmissverständlich und eindeutig regeln, wie die von ihnen vorgenommene Beschreibung der Kaufsache rechtlich einzuordnen ist. Will der Verkäufer keine garantiemäßige Verpflichtung eingehen, so sollte dies unbedingt in dem Vertragstext ausgeschlossen werden.

Beschaffenheitsbeschreibung

»Die in dem Vertrag vorgenommene Beschreibung stellt eine einfache Beschaffenheitsvereinbarung und keine Beschaffenheitsgarantie dar.«

Klauselvorschlag

8.9.1.1.2   Werbeaussagen als stillschweigende Beschaffenheitsabrede

Bei dem Vertrieb von *Standardwaren* legt allein der *Hersteller* die *Produkteigenschaften* fest und bewirbt sein Erzeugnis, um das Interesse der Käufer zu wecken. Diese dürfen dann auch erwarten, dass das betreffende Produkt die in der Werbeaussage genannten Eigenschaften besitzt. Deswegen liegt ein Qualitätsmangel auch vor, wenn die Sache Eigenschaften nicht aufweist, die der Käufer nach den öffentlichen Äußerungen des Verkäufers, des Herstellers oder seines Gehilfen, insbesondere in der Werbung oder bei der Kennzeichnung über bestimmte Eigenschaften der Sache erwarten kann (§ 434, Abs. 1, Satz 3 BGB). Das gilt nicht,

- wenn der Verkäufer die in Frage stehenden Äußerungen nicht kannte und auch nicht kennen musste,   Ausschlussgründe
- die Äußerung zum Zeitpunkt des Vertragsschlusses in gleichwertiger Weise berichtigt war oder
- die Äußerung die Kaufentscheidung nicht beeinflussen konnte.

Das Vorhandensein eines dieser Entlastungsgründe hat der Verkäufer dazulegen und zu beweisen.

Objektiv über-prüfbare Produktbeschreibung des Herstellers

Selbstverständlich kann nicht jedes negative Abweichen von einer Anpreisung als Sachmangel eingestuft werden, sondern das betrifft nur Werbeaussagen im Hinblick auf *bestimmte Produkteigenschaften*, die *objektiv überprüfbar* sind.

> **Beispiel:**
> *Ein klassisches Beispiel für eine konkrete überprüfbare Produkteigenschaft wäre die Angabe eines bestimmten Spritverbrauchs beim Auto, wie etwa das berühmte »3-Liter-Auto«.*
> *Nicht sachmangelfähig sind die typischen Übertreibungen im Superlativ, wie etwa »das weißeste Weiß« bei Waschmitteln etc.*

Sofern als Beschaffenheit der Sache präzise bestimmte *Eigenschaften* angegeben werden, die vor Vertragsabschluss in der Werbung und in sonstiger Weise öffentlich bekannt gemacht werden, gelten diese auch als *stillschweigend mit vereinbart*, selbst wenn sie nicht ausdrücklich im Vertrag genannt werden.

Verantwortlichkeit des Handels

Wichtig ist dabei für den *Handel*, dass nicht nur die *Aussagen des Produktherstellers* für den Verkäufer *bindend* sind, die er kannte, sondern auch solche, die er hätte kennen müssen. Unter das Kennenmüssen fallen demnach immer solche Eigenschaften, die tatsächlich in der Werbung angepriesen werden, denn der Verkäufer wird sich wegen seiner Marktbeobachtungspflicht im Prozess nicht auf fehlende Kenntnis einer Herstelleraussage berufen können, sofern eine entsprechende Werbung regelmäßig in den Medien geschaltet wird. Das hat für ihn die unangenehme Konsequenz, dass er gegenüber dem Käufer wegen des Sachmangels einzustehen hat, seinerseits aber gegenüber dem Hersteller wegen seiner grob fahrlässigen Unkenntnis als Fachmann i.d.R. keinen Rückgriff nehmen kann (§ 442, Abs. 1, Satz 2 BGB).

Berichtigung der Werbeaussage

Die *Berichtigung* der fehlerhaften Beschaffenheitsangabe in gleichwertiger Weise setzt ihre Ersetzung durch eine *neue richtige Information* voraus, die den gleichen Aufmerksamkeitswert besitzt und dabei geeignet ist, das gleiche Publikum zu erreichen.

Tipp

> **Händler-Verkäufer**
>
> Checken Sie vor dem Verkauf beworbener Waren, soweit es Ihnen als Fachmann möglich ist, ob die konkreten Werbeaussagen Ihrer Hersteller/Lieferanten stichhaltig sind oder nicht.

8.9.1.1.3   Beschaffenheits- und Haltbarkeitsgarantie

Qualitätssicherung

Eine besondere Qualitätssicherung erhält der Käufer, sofern der Verkäufer und/ oder Hersteller eine bestimmte Beschaffenheit oder

Haltbarkeit der Kaufsache garantiert (§ 443, Abs. 1 BGB). Das kann auch in einer konkreten Werbeaussage geschehen. In der Praxis werden derartige Garantien *ausschließlich* von *Herstellern* übernommen, dagegen nicht von dem Händler-Verkäufer, der die Beschaffenheit so genau ja gar nicht kennt. Jedenfalls sollte es sich ein Hersteller beim Direktvertrieb sehr genau überlegen, ob er eine derartige Garantie übernehmen will, weil er dann als Verkäufer im Falle des Nichtvorhandenseins dieser Eigenschaft seine *Haftung* gegenüber dem Käufer *nicht einschränken* kann (§ 444 BGB).

Herstellergarantie

Garantieerklärung
Mit einer Garantieerklärung übernimmt der Garant eine *verschuldensunabhängige Haftung* (§ 276, Abs. 1, Satz 1 BGB). Der Lieferant muss also ein Leistungsversprechen abgeben, dessen Erfüllung er ohne Rücksicht auf Verschulden absichert. Bei einer *Beschaffenheitsgarantie* setzt dies voraus, dass der Verkäufer die Gewähr für das Vorhandensein der vereinbarten Beschaffenheit der Kaufsache übernimmt und damit seine Bereitschaft zu erkennen gibt, für alle Folgen des Fehlens dieser Beschaffenheit einzustehen (BGH BB 2007, S. 574). Ist eine Garantiehaftung und damit eine verschuldensunabhängige Einstandspflicht wirklich gewollt, so sollte sprachlich auch klar zum Ausdruck gebracht werden, dass ein solch strikter Verpflichtungswillen besteht, um Missverständnissen vorzubeugen.

Verschuldensunabhängige Einstandspflicht

»... garantieren wir ...«, »... gewährleisten wir ...«, »... sichern wir zu ...«, »... versichern wir ...« etc. Am empfehlenswertesten ist eine Formulierung mit dem Wort »Garantie«, weil dies die stärkste Indizwirkung für einen unbedingten Verpflichtungswillen enthält.«

Formulierungsvorschlag

Weit verbreitet sind *Angaben* von *technischen Daten* oder sonstigen Beschaffenheitsmerkmalen der Kaufsache durch den Fachverkäufer, wie Kapazität, Leistungsstärke, Verbrauch und Laufleistung bei gebrauchten Fahrzeugen oder Maschinen, auf deren Richtigkeit sich der Käufer bei seinem Kaufentschluss verlässt. Entgegen einer verbreiteten Ansicht der Obergerichte, sollte man hierin alleine noch *keine Garantie* sehen (so aber OLG Celle, OLGR 2004, S. 298; OLG Koblenz NJW 2004, S. 1670; OLG Hamm NJW-RR 2005, S. 1220), sondern sich mit der Annahme einer schlichten *Beschaffenheitsvereinbarung* begnügen, deren Nichterreichen bzw. Nichtvorhandensein einen einfachen Qualitätsmangel bedeutet. Der Bundesgerichtshof hat diese wichtige Frage noch nicht entschieden (bewusst offen gelassen in BB 2007, S. 575).

Angabe technischer Daten

Um eine *Beschaffenheitsgarantie* handelt es sich jedoch, wenn sie sich auf eine bestimmte, im Zeitpunkt der Warenübergabe oder eines

Beschaffenheitsgarantie

früheren Gefahrübergangs vorhandene *Eigenschaft* der Kaufsache bezieht deren Vorhandensein der *Verkäufer ausdrücklich gewährleistet* (BGH NJW 1991, S. 112).

Beispiel:
Der Hersteller sichert zu, dass der von ihm hergestellte Klebstoff für bestimmte Materialien geeignet ist.

Die *Haltbarkeitsgarantie* als *Sonderfall* der *Beschaffenheitsgarantie* hat zum Inhalt, dass die Kaufsache für eine bestimmte Dauer eine bestimmte Beschaffenheit behält.

Beispiel:
Hinweis auf der Verpackung »haltbar bis ...«.

Haltbarkeitsgarantie

Die Besonderheit der Haltbarkeitsgarantie besteht darin, dass das Gesetz eine *Fehlervermutung* in § 443, Abs. 2 BGB begründet. Tritt während der Dauer der Haltbarkeitsgarantie ein Mangel auf, ist davon auszugehen, dass ein *Garantiefall* vorliegt und deshalb die in der Garantie begründeten Rechte zugunsten des Käufers bestehen. Dem Käufer soll nämlich während der Garantiezeit der ungestörte Sachgebrauch erhalten bleiben (BGH NJW 1996, S. 517). Ausgenommen sind lediglich die Mängel oder Schäden, die zwar innerhalb der Garantiezeit auftreten, aber auf *unsachgemäßer*, der vertraglichen Bestimmung zuwiderlaufender *Benutzung* der Kaufsache beruhen, was stets der Lieferant als Garantiegeber zu beweisen hat (BGH WM 1996, S. 1913).

Inhalt der Garantieerklärung

Die Garantieerklärung hat neben der genauen Beschreibung der Beschaffenheit bzw. Haltbarkeit auch klar und eindeutig im Falle des Fehlens dieser Eigenschaften, die dem *Käufer* insoweit *zustehenden Rechte* zu enthalten, weil im Kaufrecht des BGB nur die Rechtsfolgen der Verkäufergarantie mittelbar durch das Verbot jeglicher Haftungsbeschränkung in § 444 BGB, jedoch nicht die der reinen Herstellergarantie, geregelt sind. In der unternehmerischen Praxis werden diese sich regelmäßig auf den Anspruch auf *Nacherfüllung* durch Mängelbeseitigung oder Nachlieferung einer mangelfreien Sache *beschränken*. Sollten hierzu keine Bestimmungen getroffen werden, stehen dem Käufer als Garantienehmer alle gesetzlichen Mängelansprüche, also auch das Recht auf Schadensersatz zu, was keinesfalls im Interesse des Lieferanten liegen kann. Dabei muss in der Garantieerklärung auch deutlich gemacht werden, dass die Rechte aus der Garantie neben und unabhängig von der Mängelhaftung des Verkäufers bestehen (§ 443, Abs. 1 BGB).

Garantieerklärung

»... garantieren wir, dass die von uns hergestellte Sache folgende Eigen- Klauselvorschlag
schaften besitzt:

...

Sollten diese Eigenschaften nicht vorhanden sein, so werden wir
1.   auf unsere Kosten den Mangel, soweit behebbar, beseitigen;
2.   misslingt auch der dritte Nachbesserungsversuch, steht dem Kunden
das Recht auf Lieferung einer neuen mangelfreien Sache zu.
Die in der Garantie genannten Rechte des Kunden gewähren wir neben und
unabhängig von einer Mängelhaftung des Verkäufers.«

Garantiegeber

Die Beschaffenheits- oder Haltbarkeitsgarantie kann von dem *Ver-*
käufer selbst abgegeben werden, was in der unternehmerischen Praxis nur vorkommt, wenn er *zugleich Hersteller* oder *Generalimporteur*
ausländischer Produkte ist. In diesem Fall ist die Garantieerklärung
Bestandteil des Kaufvertrages selbst.

Tritt ein *Händler* als *Verkäufer* auf, so erfolgt die Garantie vom
Produkthersteller oder Importeur. Bei kleinen technischen Geräten
wird der Verpackung ein Garantieschein beigelegt. In diesem Fall
bildet die Rechtsgrundlage für die Garantie ein *selbstständiger Ga-*
rantievertrag im Sinne von § 311, Abs. 1 BGB, der dadurch zustande
kommt, dass der Verkäufer als Vertreter oder als Bote des Herstellers
bzw. Importeurs den Vertrag abschließt (BGHZ 104, S. 85). Bei der   Herstellergarantie
Herstellergarantie scheiden Minderung und Rücktritt als Garantieansprüche von vornherein aus, da der Hersteller kein Vertragspartner
des Käufers ist.

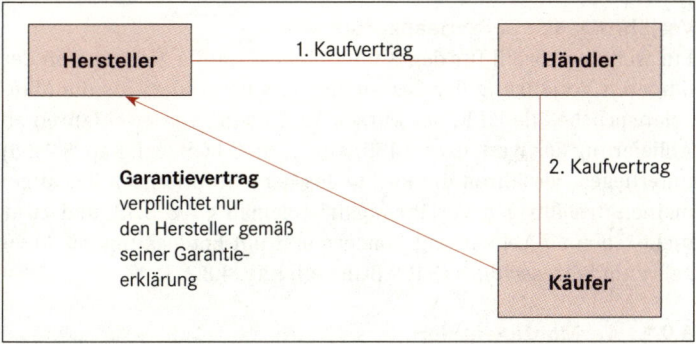

Abb. 8.6: Herstellergarantie

Besonderheiten der Verkäufergarantie

Beliefert nun der Hersteller als Verkäufer einen Händler als Käufer
und hat er dabei eine Beschaffenheits- oder Haltbarkeitsgarantie

Unbeschränkte Haftung

übernommen, so kann er, wenn die verkaufte Sache nicht die genannte Eigenschaft oder die zugesicherte Haltbarkeit besitzt, den Anspruch des Käufers auf Schadensersatz weder formularmäßig per AGB in seinen Verkaufsbedingungen noch durch Einzelvereinbarung beschränken oder gar ausschließen (§ 444 BGB).

Tipp

> **Hersteller-Verkäufer**
>
> Deshalb sollten sie keine Garantiezusage im Hinblick auf die Beschaffenheit des Produktes abgeben, sondern versuchen, den Käufer mit Beschaffenheitsvereinbarungen zufrieden zu stellen!

Haftungsobergrenze wichtig

Lässt sich das nicht vermeiden, weil der Käufer wegen des hohen Preises etc. darauf besteht, sollte als Zweitlösung in die Garantieerklärung selbst eine *Haftungsobergrenze* im Hinblick auf den Schadensersatzanspruch aufgenommen werden. Damit bringt der Verkäufer klar zum Ausdruck, dass er verschuldensunabhängig nur bis zu dieser bestimmten Grenze für das Vorliegen der Beschaffenheit einstehen will. Bei der Vertragsgestaltung ist dann darauf zu achten, dass die Beschränkung der Garantie sich unmittelbar aus der Übernahmeerklärung ergibt, also selbst in der Garantieübernahme enthalten ist.

Begrenzte Garantieerklärung

Klauselvorschlag

»In dem o. g. Klauselvorschlag ist bei den Rechten aus der Garantie eine Ziffer 3 einzubringen:
3.   »Für Schäden, die dem Käufer entstehen, haften wir bis zu einer Obergrenze von ... Euro.«

Verjährung des Garantieanspruchs

Längere Verjährungsfristen

Ein weiterer Vorteil für den Käufer einer Garantie zeigt sich in der längeren Verjährung der Garantieansprüche. Anders als die Mängelansprüche, die i.d.R. der kurzen Verjährung von zwei Jahren ab Ablieferung der Ware nach § 438, Abs. 1, Nr. 3 BGB (vgl. Kap. 8.9.2.6) unterliegen, verjähren die Rechte aus der Garantie nach der allgemeinen dreijährigen Verjährungsfrist gemäß § 195 BGB, und zwar nicht schon ab Ablieferung, sondern erst mit Entdeckung des Mangels zum Jahresschluss (§ 199 BGB; vgl. Kap. 4.8.3.3).

8.9.1.1.4   Montagefehler

Übernimmt es der Verkäufer als zusätzliche Nebenleistung, die Kaufsache nicht nur anzuliefern, sondern sie auch im Betrieb oder in den Büroräumen des Käufers fachgerecht zu montieren bzw. betriebsfertig zu installieren, was stets einer ausdrücklichen Vereinbarung bedarf, so gilt die *unsachgemäße Montage* durch den Verkäufer selbst oder dessen Personal als seine Erfüllungsgehilfen ebenfalls als *Qualitätsmangel* (§ 434, Abs. 2, Satz 1 BGB).

Ergänzt wird dies durch die sog. *IKEA-Klausel,* wonach der Verkäufer auch für die Güte von beigelegten Montageanleitungen zur Selbstmontage durch den Käufer einzustehen hat (§ 434, Abs. 2, Satz 2 BGB). *Fehlerhafte Montageanleitungen* oder *Betriebshandbücher* stellen deshalb ebenfalls einen Qualitätsmangel dar, soweit es dem Käufer nicht gelingt, die Sache trotz fehlerhafter Montageanleitung einwandfrei zu montieren. Schafft der Käufer die Montage, so erhält er keinen Ersatz allein deswegen, dass die Montage wegen der fehlerhaften Anleitung längere Zeit in Anspruch nimmt. Die *Montageanleitung* oder *Betriebsanweisung* selbst ist *fehlerhaft,* wenn sie falsche, lückenhafte oder aus Sicht des verständigen Käufers unklare Handlungsanweisungen gibt. Wichtig für die rechtliche Beurteilung ist der betreffende *Käuferkreis*: Wird die Sache ausschließlich an professionelle Monteure, wie etwa Möbelhäuser oder Handwerker oder auch an Laien veräußert? Nur im ersteren Fall ist die Mitteilung von Basiswissen entbehrlich. Hat der Käufer wegen der fehlerhaften Montageanleitung die Kaufsache falsch zusammengesetzt, so kann er zur *Mängelbeseitigung* nur die Aushändigung einer fehlerfreien Anleitung, dagegen nicht die Neumontage durch den Verkäufer verlangen. Der Verkäufer schuldet ihm nur die fachgerechte Anleitung zur Montage. Hauptanwendungsgebiet dieser Regelung bildet der Möbelhandel und Erwerb von Standardsoftware (vgl. Kap. 8.11).

Fehlerhafte Montageanleitungen und Betriebshandbücher

8.9.1.2 Falsch- und Zuweniglieferung

Einem Sachmangel steht es auch gleich, wenn der Verkäufer eine andere als die bestellte Sache liefert, unabhängig davon, ob die gelieferte Sache einwandfrei oder fehlerhaft ist, weil auch dann der Verkäufer seine Lieferpflicht nicht ordnungsgemäß erfüllt hat – sog. *Falschlieferung* oder *Identitätsmangel* (§ 434, Abs. 3 BGB).

> **Beispiel:**
> *Der Verkäufer liefert zwar den richtigen Maschinentyp, aber mit einer niedrigeren Leistung, als der bestellten.*

Ebenso gilt als Sachmangel eine *Zuweniglieferung,* wenn also der Verkäufer eine geringere Anzahl als vereinbart liefert – sog. *Quantitätsmangel.*

Kein Sachmangel ist die für den Käufer günstige versehentliche *Zuviellieferung.* Ob man darin ein stillschweigendes Angebot des Verkäufers auf Änderung des Kaufvertrages sehen kann, ist mehr als zweifelhaft, weil der Verkäufer ja nicht zuviel liefern will, sondern das versehentlich tut. Jedenfalls braucht der Käufer darauf keines-

Zuviellieferung

falls einzugehen, wenn er den Mehrpreis nicht zahlen will und auch für die größere Menge keine Verwendung hat. Stellt der Verkäufer später diese Zuviellieferung fest, kann er von dem Käufer die *Herausgabe* der *Überschussmenge* nach den Regeln der ungerechtfertigten Bereicherung gemäß § 812, Abs. 1, Satz 1, Fall 1 BGB verlangen.

8.9.2   Wareneingangskontrolle durch den Käufer

Von Unternehmen als Käufer darf man eigentlich erwarten, dass sie nach Wareneingang kontrollieren, dass die Lieferung vertragsgerecht ist und auftretende Mängel dem Verkäufer möglichst rasch anzeigen, weil dies der *Schnelligkeit* der *Geschäftsabwicklung* dient, an der beide Seiten gleichermaßen interessiert sein dürften. Um seine Mängelansprüche geltend machen zu können, ist deshalb der kaufmännische Einkäufer verpflichtet, unverzüglich die erhaltene Ware zu untersuchen und dabei festgestellte Sachmängel dem Verkäufer anzuzeigen

8.9.2.1   Gesetzliche Untersuchungspflicht beim beidseitigen Handelskauf

Käufer und Verkäufer sind Kaufleute

Ohne besondere vertragliche Regelung muss nur der Käufer die eingegangene Ware untersuchen, wenn beide Seiten Kaufleute sind und die Lieferung Geschäftszwecken dient, also auch Handelsgeschäftscharakter besitzt (§ 377 HGB). Ein *beidseitiger Handelskauf* liegt in aller Regel beim Warenkauf zwischen Unternehmen vor. Ausgenommen bleibt lediglich der Warenverkauf an Freiberufler oder Kleinunternehmer, weil sie i.d.R. keine Kaufleute sind (vgl. Kap. 3.2.3.1). Ihnen kann per Vertrag eine Untersuchungspflicht auferlegt werden (vgl. Kap. 8.9.2.2).

Sofortige Wareneingangskontrolle

Jeder *kaufmännische Käufer* hat auf seine Kosten eine nach ordnungsgemäßem Geschäftsgang tunliche *Wareneingangskontrolle* unverzüglich durchzuführen und die von ihm dabei entdeckten Sachmängel gegenüber dem Verkäufer auch zu rügen (§ 377, Abs. 1 HGB).

Versäumen führt zu Verlust sämtlicher Mängelansprüche

Tut er das nicht, so gilt die erhaltene Ware, mit Ausnahme der nicht festgestellten verdeckten Mängel, als genehmigt (§ 377, Abs. 2 HGB) mit der Folge des Verlustes seiner Mängelansprüche. *Verdeckte Mängel*, die sich später zeigen, sind unverzüglich nach ihrer Entdeckung dem Verkäufer gegenüber anzuzeigen (§ 377, Abs. 3 HGB). Nicht schutzwürdig ist allerdings ein Verkäufer, wenn er den Mangel arglistig verschwiegen hat. Dann kann er sich auf diese gesetzliche Genehmigungsfiktion nicht berufen (§ 377, Abs. 5 HGB).

Dauerhafte Geschäftsverbindung

Besteht zwischen Verkäufer und Käufer eine *dauerhafte Geschäftsverbindung* und ist der Käufer auf eine gleichbleibende Qualität der ihm gelieferten Stoffe angewiesen, so kann durch eine besondere *Qualitätssicherungsvereinbarung* zwischen ihnen die Qualitätskontrolle über die gelieferten Waren weitgehend dem Pflichtenkreis des Verkäufers zugeordnet werden, wie dies für Sukzessivlieferverträge (vgl. Kap. 8.4.2.3), Zuliefererverträge und auch Projektverträge charakteristisch ist (vgl. Kap. 8.12.2). Ansonsten muss der Käufer betriebswirtschaftlich abwägen, ob er das für eine ordnungsgemäße Warenüberprüfung notwendige Personal vorhalten will oder anstatt dessen den rechtlichen Nachteil des Verlustes seiner Mängelansprüche in Kauf nimmt.

Qualitätskontrolle Verkäufer zuweisen

8.9.2.2   Intensität der Prüfungspflicht

Der Käufer hat »die Ware unverzüglich nach der Ablieferung durch den Verkäufer, soweit dies nach ordnungsmäßigem Geschäftsgang tunlich ist, zu untersuchen« (§ 377, Abs. 1 HGB). Welche *Kontrollmaßnahmen* nach einem *ordnungsgemäßen Geschäftsgang* tunlich sind, hängt von einer Reihe von Fakten, insbesondere der Art der gelieferten Ware, dem Umfang und der Wert der Lieferung ab. Das ist anhand von objektiven Maßstäben zu bestimmen. Die Warenüberprüfung hat der Einkäufer so zu organisieren, dass eventuelle Mängel von ihm persönlich mit relativ einfachen Mitteln, also grundsätzlich mit den menschlichen Sinnesorganen entdeckt werden können. Demnach ist die *Ware* in *Augenschein* zu nehmen und ggf. wie bei Lebensmitteln noch eine Geruchs- oder Geschmacksprobe durchzuführen (BGH NJW 1991, S. 2633).

Äußerliche Kontrolle der angelieferten Ware

Bei der Lieferung großer Warenpartien ist eine repräsentative *stichprobenweise Untersuchung* durchzuführen, wobei grundsätzlich ein Päckchen bzw. Paket pro Palette oder Gebinde genügt. Noch großzügiger sind die Gerichte bei der Stichprobe *unverkäuflicher Ware*, so von Lebensmitteln, die in Konservendosen abgefüllt sind. Hier genügt sogar als Stichprobenmenge etwa das Verhältnis von 1 zu 500, das mit größerer Stückzahl sich auf 1 zu 1000 erhöht (BGH BB 1977, S. 1019).

Repräsentative Stichproben

Beispiel:
Bei der Lieferung von insgesamt 2400 gelieferten Konservendosen, in denen Pilze abgefüllt sind, werden sechs von insgesamt 2400 geprüft, bei der Lieferung von 5000 Dosen Apfelmus reicht die Öffnung von zehn Dosen.

Die *Stichproben* müssen an verschiedenen Stellen des Gebindes, Behältnisses, der Verpackung oder des Transportmittels entnommen werden.

Bei der Lieferung größerer Maschinen gehört es typischerweise zur ordnungsgemäßen Prüfung, dass die Maschine nicht nur aufgebaut, sondern auch ein *Probelauf* durchgeführt wird (OLG Köln

Probelauf

BB 1988, S. 20). Liefert der Verkäufer an den Käufer Rohstoffe oder Halbfertigprodukte, aus denen dieser Endprodukte herstellt, so kann der Fehler typischerweise erst bei der Verarbeitung festgestellt werden, sodass hier zur ordnungsgemäßen Kontrolle auch eine *probeweise Verarbeitung* kleinerer Mengen gehört. Gefärbte Textilien hat der Käufer i.d.R. einem Wasch- oder Kochtest zu unterziehen, um ihre Farbechtheit festzustellen (BGH NJW 1976, S. 625).

Sachverständiger

Eine Hinzuziehung von *Sachverständigen* ist nur ausnahmsweise erforderlich, namentlich, wenn *Fehler schwer festzustellen* sind und dem Käufer typischerweise die notwendigen Fachkenntnisse fehlen. Lassen sich derartige Mängel nur durch eine aufwändige chemo-physikalische Analyse feststellen, ist unter Umständen das Qualitätsgutachten eines Handelschemikers oder eines anderen Fachmannes einzuholen. Anhaltspunkt für die Notwendigkeit derartig aufwändiger Überprüfungen bildet die Gefahr größerer Schäden, die aus der Verwendung fehlerhaften Materials resultieren kann (OLG Frankfurt ZIP 1985, S. 108).

8.9.2.3   Unverzügliche Mängelrüge

Fristgemäße Mängelrüge durch Absendung der Mängelanzeige

Für die Durchführung der Wareneingangskontrolle lässt das Gesetz dem kaufmännischen Käufer nicht sehr viel Zeit, weil er diese unverzüglich nach Ablieferung der Ware vorzunehmen hat. *Unverzüglich* bedeutet nach der gesetzlichen Definition in 121 BGB, »ohne schuldhaftes Zögern«. Im Verständnis der Rechtsprechung steht damit dem Käufer ein enges *Zeitfenster* von *drei bis maximal fünf Geschäftstagen* zur Verfügung, wie es das Reichsgericht bereits entschieden hat (RGZ 47, S. 21). Wegen der knappen Untersuchungsfrist bestimmt § 377, Abs. 4 HGB, dass für die *Fristwahrung* die *Rechtzeitigkeit* der *Mängelabsendung* ausreicht. Das spielt indes nur bei Benutzung des klassischen Briefes eine Rolle, jedoch nicht mehr bei den modernen Massenkommunikationsmitteln Telefax oder E-Mail. Diese gehen dem Empfänger, also dem Verkäufer, gleichzeitig mit der Absendung zu. Weil der *Käufer* im Streitfall die Rechtzeitigkeit seiner Mängelrüge zu *beweisen* hat, sollte er hierfür die modernen, verlässlichen technischen Übertragungswege benutzen. Schon die geringfügigste vermeidbare Nachlässigkeit des Käufers, die zu einer Verzögerung der Rüge führt, löst die Genehmigungsfiktion aus und bewirkt damit den äußerst nachteiligen Ausschluss der Mängelansprüche (BGH ZIP 1987, S. 852).

Beweislast beim Käufer

Dabei kommt es für den *Fristbeginn* darauf an, ob sich ein *Mangel* »zeigt«, also ob er sichtbar vorhanden ist. Der Käufer darf also nicht zuwarten, bis er eine präzise Abklärung der Mangelursache vorgenommen hat. Wartet er deshalb erst das Ergebnis einer chemischen

Untersuchung nach Entdeckung des Mangels ab, so kommt die Mängelrüge zu spät.

Tipp

Käufer

Organisieren Sie deshalb die Wareneingangskontrolle in Ihrem Betrieb unbedingt so, dass diese rechtzeitig, i.d.R. im Laufe des dritten Geschäftstages nach Wareneingang, abgeschlossen ist und bei Auftreten von Mängeln, die Rüge auch noch bis zum Ende des gleichen Tages dem Verkäufer rechtssicher per Fax oder per E-Mail zugesandt wird.

Die zur Verfügung stehende Rügefrist kann sich bei leicht *verderblicher Ware* erheblich bis auf wenige Stunden am gleichen Tage verkürzen, wie etwa bei der Lieferung von Frischobst oder Frischgemüse (OLG München NJW 1955, S. 1560), genauso in die andere Richtung auf deutlich über eine Woche ausdehnen, wenn, wie bei Maschinen, umfangreiche *Testläufe* notwendig sind oder gar das Gutachten eines Sachverständigen eingeholt werden muss. Im letzteren Fall empfiehlt es sich, den Verkäufer von dieser Verzögerung in Kenntnis zu setzen.

Liefert der Verkäufer auf Weisung des Käufers die Ware direkt an dessen Abnehmer, so hat der Käufer bei diesem *Streckengeschäft* dafür zu sorgen, dass sein Kunde eine entsprechende Wareneingangskontrolle durchführt und, wenn er nun Fehler dabei entdeckt, entweder in Vertretung des Erstkäufers die Mängelanzeige direkt an den Verkäufer schickt oder seinerseits den Erstkäufer unverzüglich informiert, damit dieser die Rüge dann wiederum unverzüglich an den Verkäufer weiterleiten kann (BGH BB 1954, S. 954). Im letzteren Fall *verlängert* sich die *Rügefrist* geringfügig um die Vermittlungszeit, konkret also um etwa ein bis maximal zwei Geschäftstage. Demnach beträgt die Frist insgesamt i.d.R. fünf bis höchstens sieben Geschäftstage.

Streckengeschäft

Eine nicht unwesentliche Bedeutung besitzt auch die Art des Sachmangels. Während Qualitätsmängel ggf. nur unter hohem Zeitaufwand festgestellt werden können, sind *Mengenfehler* bereits beim ersten Augenschein, zumindest beim Durchzählen bzw. Wiegen der Ware *leicht erkennbar*. Bei größeren Warenlieferungen genügen hier ebenfalls repräsentative Stichproben, wie das Durchzählen einzelner Gebinde, Paletten etc. Wird die versehentliche »Zu-Wenig-Lieferung« nicht rechtzeitig gerügt, müsste der Käufer den vollen Kaufpreis zahlen. Berechnet der Verkäufer ordnungsgemäß nur den niedrigeren Kaufpreis für die geringere Menge, braucht der Käufer auch nur die-

Mengenfehler

sen zu zahlen, verliert jedoch seinen Anspruch, die fehlende Ware nachzufordern (BGHZ 91, S. 300).

Kulanzregelung

Innerhalb einer funktionierenden Geschäftsverbindung werden Mengenfehler einvernehmlich aus *Kulanz* ausgeglichen: So akzeptiert der Verkäufer i.d.R. auch eine verspätet erkannte Minderlieferung und liefert »kostenlos« nach. Auf der anderen Seite teilt der Käufer dem Verkäufer eine versehentliche Zuviel-Lieferung mit, sodass dieser die nicht benötigte Überschussmenge abholen kann. Er kann auch bereit sein, sie dem Verkäufer abzunehmen und zu bezahlen, namentlich wenn der Verkäufer ihm preislich durch einen Abschlag entgegenkommt, weil er dadurch die nicht unerheblichen Kosten der Warenrücknahme spart.

Verdeckte Mängel

Ist die gelieferte Ware nach Durchführung der üblichen Wareneingangskontrolle in Ordnung, und werden erst später verdeckte Mängel aufgedeckt, so hat der Käufer diese *Mängel* wiederum *nach* ihrer *Entdeckung* in dem soeben beschriebenen Sinne *unverzüglich* dem Verkäufer gegenüber *anzuzeigen*, will er wegen dieser verdeckten Mängel den Verkäufer auf Gewährleistung in Anspruch nehmen (§ 377, Abs. 3 HGB).

Kundenreklamation

Typischerweise erfährt der Käufer von den Mängeln der Ware nach ihrem Weiterverkauf an Kunden durch deren *Reklamationen*, die er deshalb auch unter Hinzufügung des Lieferzeitpunktes *an* den *Verkäufer* unverzüglich *weiterzuleiten* hat. Das gilt insbesondere für die Mängel von Rohstoffen, aus denen der Käufer Fertigprodukte herstellt, weil dort nicht selten erst nach dem Verkauf der Produkte Qualitätsmängel festgestellt und durch Kundenreklamationen offen gelegt werden. Dabei kann der Käufer auch zum Zurückfragen bei den reklamierenden Abnehmern verpflichtet sein, um weitere Einzelheiten wegen der behaupteten Menge in Erfahrung zu bringen (BGH NJW 1986, S. 3136).

Tipp

Käufer

Reklamieren Ihre Kunden wegen Materialfehlern, informieren Sie umgehend Ihren Lieferanten und versuchen Sie durch gezielte Rückfragen bei den Abnehmern eine genaue Sachverhaltsklärung.

8.9.2.4   Inhalt der Mängelrüge

Genaue Mängel-beschreibung

Die dem Verkäufer rechtzeitig zugeleitete Mängelrüge muss auch inhaltlich ausreichend substantiiert sein und insbesondere *Art* und *Umfang* des *Mangels* genau beschreiben. Werden *mehrere Mängel* im Rahmen der Untersuchung festgestellt, dann ist jeder einzelne zu rügen. Das gilt auch, wenn gehäufte Reklamationen gleicher Art von den Kunden des Käufers eingehen, die der Käufer sofort an den Verkäufer weiterzuleiten hat. Erst wenn die Häufung beim Käufer den Verdacht auf einen *Serienschaden* wegen eines Material- oder Konstruktionsfehlers nahe legt, muss er den Verkäufer *gezielt* darauf *hinweisen*. In der Regel ist der Käufer nämlich nicht verpflichtet, neben der Mängelanzeige auch noch die Ursache des Mangels gleichzeitig aufzudecken, weil sich darum der Verkäufer zu kümmern hat (BGH NJW 1986, S. 3136).

Käufer

Fertigen Sie deshalb stets über die Durchführung und die Ergebnisse der Wareneingangskontrolle ein Protokoll an und legen Sie auch eine Kopie der eingegangenen Kundenreklamationen Ihrer Mängelrüge bei!

Tipp

Mängelrüge

»Bei der Wareneingangskontrolle Ihrer Lieferung vom ... Lieferschein Nr. ... haben sich folgende Mängel gezeigt

1. ....

2. ....

Eine Kopie des Ergebnisses unserer Warenüberprüfung liegt diesem Schreiben bei.

Wir fordern Sie daher auf, die von uns beanstandeten Mängel durch Nachlieferung zu beseitigen und die mangelhaften Waren zurückzunehmen. Dazu setzen wir Ihnen letztmalig eine Frist von ... (i.d.R. zwei Wochen).«

Formulierungs-vorschlag

8.9.2.5   Verwahrungs- und Notverkaufspflicht des Käufers

Beim *Distanzkauf*, bei welchem dem Käufer die Ware von einem anderen Ort übersandt worden ist, wird der Käufer vom Gesetzgeber verpflichtet, die gelieferte, von ihm beanstandete *Ware* für den Verkäufer ordnungsgemäß zu *verwahren* (§ 379, Abs. 1 HGB). Er kann allerdings die ihm dadurch entstandenen Kosten vom Verkäufer – quasi wie ein Lagerhalter – ersetzt verlangen (§ 354 HGB).

Distanzkauf

Zusätzlich hat der Käufer die Option – sofern die Ware dem Verderb ausgesetzt und Gefahr im Verzuge ist – unter Beachtung der Regel des § 373 HGB einen *Notverkauf* vorzunehmen. Dieser geschieht. durch *öffentliche Versteigerung*. Wenn die Ware einen Börsen- oder Marktpreis besitzt, kann sie auch *freihändig* durch einen öffentlich ermächtigten Handelsmakler oder durch eine zur öffentlichen Versteigerung befugte Person jeweils auf Kosten des Verkäufers freihändig *verkauft* werden (§ 379, Abs. 2 HGB).

Notverkauf

8.9.2.6   Abweichung und Konkretisierung durch AGB

Rügefrist

Wegen der Unklarheiten der gesetzlichen Regelung des § 377 HGB, insbesondere im Hinblick auf den unbestimmten Rechtsbegriff »unverzüglich«, empfiehlt es sich, die Rügepflicht zu konkretisieren, sei es durch Einzelvereinbarung oder auch schon in den Verkaufsbedingungen. Vernünftig und interessengerecht erscheint bei normalen Waren eine *Rügefrist* von *fünf Geschäftstagen*; sind aufwändigere Untersuchungen durch den Käufer erforderlich, wie etwa bei umfangreicheren Testläufen von größeren Maschinen, sollte diese Frist entsprechend ausgedehnt werden.

Mängelrügeklausel

Klauselvorschlag

1. *»Der Käufer ist verpflichtet, die Ware innerhalb angemessener Frist auf etwaige Qualitätsabweichungen oder Mengenfehler zu prüfen; die Rüge ist rechtzeitig, sofern sie innerhalb einer Frist von fünf Geschäftstagen, gerechnet ab Wareneingang oder, bei versteckten Mängeln, ab Entdeckung erfolgt. Zur Wahrung der Frist genügt die rechtzeitige Absendung.«*
2. *»Rügt der Käufer nicht rechtzeitig, erkennt er die gelieferte Ware unter Verlust seiner Mängelansprüche als vertragsgerecht an.«*

Verkäuferverzicht

Auf der anderen Seite kann der *Verkäufer* jederzeit auch auf die ihm günstige Rechtsfolge der *Genehmigungsfiktion verzichten*, wobei allerdings für einen stillschweigenden Verzicht die Rechtsprechung eindeutige Hinweise verlangt (BGH DB 1999, S. 687).

Beispiel:

Die vorbehaltlose Rücknahme der verspätet beanstandeten Ware oder das Versprechen des Verkäufers vorbehaltlos nachzubessern.

Jedenfalls ist in der bloßen Aufnahme von Verhandlungen kein entsprechender Verzicht zu sehen (OLG Oldenburg DB 2001, S. 1089).

8.9.2.7   Auferlegung einer Rügepflicht gegenüber anderen Unternehmen

Freiberufler und Kleinunternehmer

Das AGB-Recht lässt es zu, dass einem *Privatverbraucher* eine Rügepflicht im Hinblick auf *offensichtliche*, von ihm leicht zu entdeckende *Mängel* in den Verkaufsbedingungen des Verkäufers auferlegt werden kann, wenn ihm dazu eine angemessene, also großzügiger bemessene Rügefrist eingeräumt wird (§ 309 Nr. 8b und ee BGB): Der Bundesgerichtshof verlangt mindestens zwei Wochen – bezogen auf das Absenden der Anzeige (BGHZ 139, S. 196). Dann muss dies erst recht für *wirtschaftlich selbstständige Käufer* gelten, auch wenn sie wie Freiberufler oder Kleinunternehmer keine Kaufleute sind. Vielmehr dürften ihnen gegenüber vergleichbar strenge Maßstäbe angelegt werden wie bei Kaufleuten. Dass der Warenbezug nicht zum Kern ihres eigentlichen Geschäfts gehört, kann man dann flexibel im Einzelfall bei der Frage des Umfangs der Wareneingangskontrolle berücksichtigen. Nach alldem spricht also nichts dagegen, die oben vorgeschlagene Rügeklausel gegenüber allen unternehmerischen Käufern, auch den Nichtkaufleuten, anzuwenden.

8.9.2.8 Geringere Prüfungsintensität im Laufe einer dauerhaften Geschäftsverbindung

Bezieht der Käufer vom *gleichen Lieferanten* ständig in größeren Mengen die *gleiche* Ware, so darf er darauf vertrauen, dass diese ihm von dem Verkäufer in *gleichbleibender Qualität* geliefert wird. Er ist deshalb auch ohne eine spezifische Qualitätssicherungsvereinbarung nur verpflichtet, bei den ersten Lieferungen eine umfassende Qualitätskontrolle einschließlich kostenaufwändiger Laboruntersuchungen durchzuführen, wenn er seinem Lieferanten klargemacht hat, dass er von ihm stets Materialien von gleichbleibender Qualität für seine Produktion benötigt. Bei den *folgenden Belieferungen* braucht der Käufer für die Kontrollprüfung die Ware nur noch in Augenschein zu nehmen und sich vergewissern, dass die gelieferte Ware offensichtlich keine Mängel aufweist. Sollte eine dann danach folgende Lieferung nicht mehr den gleichen Qualitätsstandard besitzen, was der Verkäufer weiß, so muss er von sich aus den Käufer darauf hinweisen, um von diesem Schaden abzuwenden (BGHZ 132, S. 178). Tut er das nicht, begeht er eine schuldhafte Pflichtverletzung und muss den dem Käufer daraus entstandenen Schaden ersetzen. Der Käufer hat den Mangel nach seiner Entdeckung dem Verkäufer wiederum unverzüglich entsprechend § 377, Abs. 3 HGB anzuzeigen, um sich seinen Schadensersatzanspruch zu erhalten (BGH NJW 1996, S. 1537).

Randnotizen:
- Informationspflichten des Lieferanten
- Umfassende Qualitätskontrolle nur bei ersten Lieferungen
- Informationspflicht des Lieferanten über spätere Qualitätsabweichungen

---

Beispiel:

Lieferant L belieferte den Käufer K, eine mittelständische Schuhfabrik, die Extremschuhe für die Jagd und zum Bergwandern herstellt, seit mehreren Jahren mit Schuhleder von gleichbleibender Qualität. K hat die ersten Lieferungen ordnungsgemäß einer umfassenden Qualitätskontrolle im Hinblick auf die Menge und Dicke des Leders, seine Farbechtheit sowie dahingehend überprüft, ob Wasser abtropft. Anschließend lieferte L an K »B-Bergleder voll imprägniert« in den Farben grün bzw. natur, beanstandungsfrei mehrere Jahre. Bei einer weiteren Lieferung war, bedingt durch eine Änderung der »Zurichtung des Leders«, das Ledermaterial für die vom Käufer hergestellten Extremschuhe nicht mehr geeignet und damit mangelhaft: das zwar wasserdichte Leder nahm bei Berührung mit

Wasser Feuchtigkeit auf, sodass sich innerhalb kurzer Zeit pockennar-
bige Aufwölbungen bildeten. K stellte diesen Mangel nicht fest, weil er
bei diesen Lieferungen keinen sog. Wassertropfentest mehr durchführte,
mit dem der Fehler leicht hätte entdeckt werden können. Vielmehr verar-
beitete er das Leder zu ca. 2500 fertigen und halbfertigen Schuhen und
lieferte diese an die Kunden aus. Im folgenden Jahr musste die komplette
Produktion wegen Kundenreklamationen infolge des pockennarbigen
Oberleders zurückgenommen werden. K zeigte diesen Mangel drei Tage
nach Eingang der Reklamationen L gegenüber an und verlangt nun von
diesem Schadensersatz.

Lösung:
Der Bundesgerichtshof hat K Recht gegeben, obwohl dieser den ihm mög-
lichen Wassertropfentest nicht vorgenommen hatte. Er führt zur Begrün-
dung aus, dass der Verkäufer L aufgrund der langjährigen unveränderten
Lieferbeziehungen den Käufer auf die Änderung der »Zurichtung des Le-
ders« hätte hinweisen müssen, weil das Ledermaterial nicht mehr die bis-
her gewährleistete Wassertropfenfestigkeit besaß. Da die vergangenen Lie-
ferungen alle beanstandungsfrei gewesen waren, konnte der Käufer auch
diesmal auf eine entsprechende Qualität vertrauen und brauchte deshalb
bei der fraglichen Lieferung nicht mehr den Wassertropfentest durchfüh-
ren. Nach Kenntniserlangung von der Fehlerhaftigkeit des gelieferten Le-
ders durch seine Abnehmer hat er die Mängelanzeige innerhalb von drei
Tagen vorgenommen, also unverzüglich, gerügt.

Belieferungsdauer

Diese für den Käufer günstige Rechtsprechung birgt dennoch erhebliche *Unsicherheiten* im Hinblick auf die *Belieferungsdauer,* die
einen derartigen Vertrauenstatbestand beim Käufer zu begründen
vermag, wodurch sich seine Untersuchungspflicht reduziert. Insofern empfiehlt sich dringend eine präzise vertragliche Regelung,
die durchaus in die Verkaufsbedingungen des Verkäufers bzw. Einkaufsbedingungen des Käufers aufgenommen werden kann. Die bereits vorgeschlagene Rügeklausel wäre um folgende Bestimmung zu
ergänzen (vgl. Kap. 8.9.2.6).

Reduzierte Prüfungspflicht

Klauselvorschlag

»Beliefert der Verkäufer den Käufer dauerhaft mit Materialien von gleicher
Qualität, so reduziert sich ab der ... (z. B. 5. Lieferung), ... die Prüfungs-
pflicht des Käufers auf eine Besichtigung der gelieferten Ware, bei größeren
Mengen auf eine repräsentative Stichprobenprüfung. Sollten nachfolgende
Lieferungen von der bisherigen Qualität abweichen, ist der Verkäufer,
wenn er darüber Bescheid weiß, verpflichtet, den Käufer hierüber rechtzei-
tig, mindestens ... (i.d.R. zwei Wochen) vor der ersten Lieferung des neuen
Materials zu informieren.«

8.9.2.9   Überprüfung der Mängelrüge durch den Verkäufer

Ist die *Reklamation* des Käufers begründet, so stehen ihm seine Mängelansprüche zu, deren Erfüllung stets den Verkäufer zusätzliches Geld kostet. Es liegt daher in seinem wohlverstandenem Interesse, zunächst von sich aus die *Stichhaltigkeit* der *Warenbeanstandung* zu untersuchen, sei es, dass ihm die Ware – bei kleineren Mengen – zugeschickt wird oder er eine vorläufige Prüfung im Lager des Käufers durch ausreichend geschultes Fachpersonal durchführen lässt, bevor die ganze Lieferung oder Teile davon von ihm zurückgenommen und danach umfassend untersucht werden. Wegen der Selbstverständlichkeit dieser Handhabung existieren dazu überhaupt keine gesetzlichen Regelungen.

Stichhaltigkeit der Mängelrüge

Werden sich Käufer und Verkäufer über die Berechtigung der Mängelrüge nicht einig, so steuert alles auf einen Rechtsstreit hin, bei dem die Hinzuziehung versierter Fachanwälte unvermeidbar ist. Als Alternative bietet sich stattdessen an, um eine weitere Eskalation des Streites zu vermeiden, die Entscheidung über diese strittige Frage einem Sachverständigen als *Schiedsgutachter* zu überlassen. Dieses Prozedere, man bezeichnet es in der Praxis als *Qualitätsarbitrage,* besitzt besondere Vorteile innerhalb einer dauerhaften Geschäftsbeziehung, weil es die Atmosphäre am wenigsten belastet und zu einer raschen Klärung der Streitfrage führt. Die *Schiedsgutachtervereinbarung* kann man ad hoc treffen oder auch schon im Vertrag eine *Schiedsgutachterklausel* aufnehmen. Beides sollte ohne die aktive Unterstützung geeigneter Fachanwälte nicht vereinbart oder in die AGB eingefügt werden. Klärungsbedürftig sind dabei insbesondere

Qualitätsarbitrage durch Gutachter

- die Auswahl des geeigneten Schiedsgutachters,
- die wichtigsten Verfahrensregelungen,
- die Honorierung des Schiedsgutachters und
- die Regelung über die Kosten des Verfahrens (BGH NJW 1991, S. 2761; vgl. Kap. 2.2.4.7).

> Jede Schiedsgutachtervereinbarung oder -klausel sollte durch einen versierten Fachanwalt ausgearbeitet oder zumindest geprüft werden.

Tipp

8.9.3　Mängelansprüche des Käufers

Abb. 8.7: Mängelansprüche des Käufers – Überblick

Käufer für Vorhandensein eines ursprünglichen Sachmangels beweispflichtig

Akzeptiert der Verkäufer die Reklamationen des Käufers oder wird im Streitfall von dritter Seite (sei es ein Gericht, Schiedsgericht oder Schiedsgutachten) festgestellt, dass die *Kaufsache* bei *Gefahrübergang* einen *Sachmangel* hat, so stehen dem Käufer die gesetzlichen Mängelansprüche zu. *Beweispflichtig*, dass die Kaufsache bereits mangelhaft war, ist der *Käufer*. Der Nachweis ist bei dem späteren

Auftreten verdeckter Mängel schwer zu erbringen. Handelt es sich um Material- oder Beschaffenheitsmängel, ist nach den *Regeln* des *Anscheinsbeweises* von einem ursprünglichen Fehler auszugehen. Die in § 437 BGB genannten vier gesetzlichen Mängelansprüche des Käufers sind:

(margin) **Gesetzliche Mängelansprüche**

1. der Anspruch auf *Nacherfüllung* durch *Mängelbeseitigung* oder *Nachlieferung* (Nr. 1),
2. das Recht auf *Rücktritt vom Vertrag*, i.d.R. nach Ablauf einer angemessenen Nachfrist (Nr. 2),
3. oder statt dessen das Recht auf *Minderung* des Kaufpreises bei gleichzeitigem Behalten der gelieferten Ware
4. und schließlich der Anspruch auf *Schadensersatz*, wenn der Verkäufer den Mangel zu vertreten hat (Nr. 3).

Nach der gesetzlichen Regelung kann der *Käufer* zwischen diesen Ansprüchen *wählen*, wenn hierfür jeweils die gesetzlichen Voraussetzungen vorliegen. Bei einem Kauf zwischen Unternehmen spricht nichts dagegen, dass der *Verkäufer* sich in seinen Verkaufsbedingungen stattdessen das *Auswahlrecht* verschafft, weil das Wahlrecht zwingend nur dem Privatverbraucher beim Verbrauchsgüterkauf verbleiben muss (§ 475, Abs. 1 BGB).

(margin) **Auswahl**

Wahl der Mängelansprüche

»Soweit ein Mangel der Kaufsache vorliegt, beschränkt sich der Mängelanspruch des Käufers zunächst auf Nacherfüllung, die der Verkäufer nach seiner Wahl durch Mängelbeseitigung oder Nachlieferung einer mangelfreien Sache vornehmen kann.«

(margin) **Klauselvorschlag**

Eine derartige *vorläufige Beschränkung* der *Mängelansprüche* des Käufers erlaubt das AGB-Recht in § 309, Nr. 8b BGB.

Ohne besondere vertragliche Vereinbarung besitzt der Käufer – anders als im Werkvertragsrecht – *kein Recht* zur *Selbstvornahme* auf Kosten des Verkäufers, also die fachgerechte Beseitigung des Mangels durch eigene Leute oder einen anderen Unternehmer.

(margin) **Selbstvornahme**

Sollte die Kaufsache auf Grund eines Pfandrechts in einer *öffentlichen Versteigerung* unter der Bezeichnung »Pfand« verkauft werden, kann der Käufer diese Mängelansprüche nach § 445 BGB nur geltend machen, wenn der Verkäufer den Mangel arglistig verschwiegen hat (vgl. Kap. 9.3.5) oder eine Garantie für die Beschaffenheit der Kaufsache übernommen hat (vgl. Kap. 8.9.1.1.3).

(margin) **Öffentliche Versteigerung**

8.9.3.1   Der Anspruch auf Nacherfüllung

Kostenlose Nach-
besserung oder
Neulieferung

Als Mängelrecht steht dem Käufer primär der in § 439 BGB geregelte Anspruch auf *Nacherfüllung* zu. Danach kann der Käufer im
Falle eines Mangels nach seiner Wahl Nacherfüllung in Form einer
Mängelbeseitigung sog. *Nachbesserung* oder der *Lieferung* einer *neu-*
en mangelfreien *Sache* verlangen (§ 439, Abs. 1 BGB), soweit nicht
der Verkäufer sich in seinen zum Vertragsinhalt gewordenen Lieferbedingungen, das Wahlrecht vorbehalten hat (vgl. Kap. 8.9.3). Ge-

Ausbesserung

lingt bei einer *Spezialmaschine* oder anderen Sache, die der Käufer
dringend benötigt und sich auch nicht anderweitig beschaffen kann,
die Nachbesserung nicht, ist dem Käufer mit dem ihm dann zustehenden Rücktrittsrecht wenig gedient. Sollte aber der Verkäufer die
Sache durch teilweise Mängelbeseitigung so ausbessern können,
dass diese wieder für den Käufer in ausreichendem Maße gebrauchsfähig wird, nützt ihm das im Ergebnis wesentlich mehr. Einen derartigen *Ausbesserungsanspruch* enthält der gesetzliche Katalog seiner
Mängelansprüche in § 437 BGB nicht. Bislang ist aber ungeklärt, ob
dieses Recht in dem umfassenden Nachbesserungsanspruch enthalten ist oder nicht (offen gelassen BGH NJW 2005, S. 2852 und NJW
2006, S. 2839). Jeder *Käufer* ist deshalb gut beraten, sich diese Option in seinen Einkaufsbedingungen, sofern sie Vertragsbestandteil
sind oder durch eine Einzelvereinbarung *einzuräumen.*

Klauselvorschlag »Ausbesserungsanspruch«

Klauselvorschlag

»Sollte die Nacherfüllung durch Nachbesserung oder Nachlieferung schei-
tern, kann der Käufer anstelle vom Vertrag zurückzutreten auch Ausbesse-
rung, soweit diese möglich ist, verlangen. Der Verkäufer kann die Ausbesse-
rung ablehnen, wenn sie höhere Kosten, als den Kaufpreis verursacht.«

Tipp

Käufer

Behalten Sie sich einen Ausbesserungsanspruch vor, wenn sie diese
Kaufsache in gebrauchsfähigem Zustand dringend benötigen, für den
Fall das eine komplette Mängelbeseitigung oder eine Nachlieferung
scheitern sollte.

Erhöhte Mängel-
beseitigungslosten

Die *Mängelbeseitigung* hat der Verkäufer praktisch *kostenlos* durchzuführen, da die zum Zwecke der Nacherfüllung erforderlichen
Aufwendungen, insbesondere Transport-, Wege- und Arbeitsmaterialkosten, ihm zufallen (§ 439, Abs. 2 BGB). Es spricht sicherlich
nichts dagegen, *erhöhte Mangelbeseitigungsaufwendungen,* die dadurch entstehen, dass die nachzubessernde Sache nach Gefahrenübergang vom Käufer an einen anderen Ort als den Erfüllungsort

verbracht worden ist, per AGB dem Käufer aufzubürden (BGH NJW 1991, S. 1604).

Steht das Wahlrecht dem Käufer zu, so kann der Verkäufer die geforderte *Nacherfüllung* nur dann *ablehnen,* wenn sie im Hinblick auf den Wert der Sache und der Schwere des Mangels nur mit *unverhältnismäßigen Kosten* möglich ist (§ 439, Abs. 3 BGB). *Vergleichsmaßstab* ist hierfür nicht der Gewinn des Verkäufers, sondern der *Nutzen* der Nacherfüllungsmaßnahme *für den Käufer.* Unklar ist dabei aber, welche Grenze im Hinblick auf den Sachwert zu ziehen ist. Die Vorschläge schwanken zwischen 130 bis 200 %. Deswegen empfiehlt es sich, eine klarstellende Regelung in die Verkaufsbedingungen aufzunehmen und als Obergrenze die Höhe des Kaufpreises zu bestimmen, was den Verkäufer erheblich entlastet. Jedenfalls verliert der Verkäufer diese Einrede, wenn die ihm vom Käufer gesetzte angemessene Nacherfüllungsfrist verstrichen ist (OLG Celle ZGS 2006, S. 429).

Ablehnung der Nacherfüllung wegen hoher Kosten

Mängelbeseitigungskosten

»Im Falle der Mängelbeseitigung ist der Verkäufer verpflichtet, alle zum Zwecke der Nachbesserung erforderlichen Aufwendungen, insbesondere Transport-, Wege- und Arbeitsmaterialkosten, zu tragen, soweit sich diese nicht dadurch erhöhen, dass die Kaufsache an einen anderen Ort als den Erfüllungsort gebracht worden ist. Der Verkäufer kann die Mängelbeseitigung ablehnen, wenn sie höhere Kosten als den Kaufpreis verursacht.«

Klauselvorschlag

Besteht der Sachmangel in einer schlichten *Zuweniglieferung,* so beschränkt sich von vornherein die Nacherfüllung auf die *Nachlieferung* der noch fehlenden Menge.

Dem Käufer ist auf jeden Fall zu empfehlen, den Verkäufer bereits in der *schriftlichen Mängelrüge* zur Mängelbeseitigung oder Nachlieferung innerhalb einer angemessenen *Frist* aufzufordern (vgl. Kap. 8.9.2.4).

Fristen für Mängelbeseitigung bzw. Nachlieferung

Mit *Zugang* des *Mahnschreibens* fällt der Verkäufer regelmäßig in *Verzug,* sodass dann der Käufer ab diesem Zeitpunkt den ihm durch die Säumnis entstandenen Schaden vom Verkäufer ersetzt verlangen kann, sofern dieser ausnahmsweise nicht beweisen kann, dass er die Säumnis nicht vertreten muss (§§ 280, Abs. 1, 286, Abs. 1 BGB; vgl. Kap. 5.2.2). Ferner wäre der Käufer berechtigt, nach *Ablauf* der angemessenen *Nachfrist* auch vom Kaufvertrag *zurückzutreten* und ggf. sogar *Schadensersatz* statt Leistung zu fordern (§ 437, Nr. 2 und 3 BGB). Sollte der Käufer nach fruchtlosem Ablauf der Nachfrist zunächst *noch* weiter *Nacherfüllung* verlangen, so muss er allerdings erst noch den gleichen Zeitraum wie die ursprüngliche Nachfrist abwarten, bevor er den Rücktritt erklären oder Schadensersatz statt Leistung fordern darf (BGH NJW 2006, S. 1199).

Prüfung der Nachlieferung

Nimmt der Verkäufer nach Aufforderung eine *Nachlieferung* oder *Nachbesserung* vor, so muss der *Käufer* genau wie bei der Neulieferung die Kaufsache nach Ablieferung gemäß § 377 HGB unverzüglich *erneut untersuchen* und etwa verbliebene oder auch neue Mängel zur Erhaltung seiner Mängelansprüche wiederum unverzüglich rügen (BGH DB 2000, S. 567; OLG Düsseldorf ZGS 2005, S. 118; vgl. Kap. 8.9.2). In der *zweiten Rüge* sollten die festgestellten *Mängel* möglichst *präzise* nach *Art* und *Umfang* beschrieben werden. Das gilt vor allem dann, wenn andere Fehler als in der Erstlieferung auftreten. Bei einer Fehleridentität kann aber auf die Darstellung in der ersten Rüge durch den Hinweis – »... der gleiche Mangel wie ...« – Bezug genommen werden. *Pauschalbemerkungen* wie »vergebliche Nachbesserungsarbeiten« oder ein allgemeiner Ausdruck der Verärgerung informieren den Verkäufer nicht ausreichend und genügen deshalb nicht (BGH WM 1998, S. 938; OLG Düsseldorf NJW-RR 2001, S. 822).

Konkrete zweite Mängelrüge

Beispiel:
»... ist derselbe Mist wieder geliefert worden.«

Tipp

Käufer

Untersuchen Sie vom Verkäufer nachgelieferte oder nachgebesserte Sachen unverzüglich und rügen Sie umgehend dabei entdeckte Mängel. Ansonsten büßen Sie Ihre Mängelansprüche ein!

Leistet der Verkäufer Nacherfüllung durch *Nachlieferung* einwandfreier Waren, kann er von dem Käufer selbstverständlich die Rückgabe der mangelhaften Waren und evtl. *Wertersatz* für die daran gezogenen *Nutzungen* nach den Regelungen des Rücktritts fordern (§§ 439, Abs. 4, 346 BGB; vgl. Kap. 4.6.1.3). Gerade bei dem Erwerb von Fahrzeugen, Maschinen und technischen Geräten, wirkt sich für den Käufer die Verpflichtung zum Nutzungsersatz nachteilig aus, wenn der *Fehler* erst spät auftritt. Dann kann dies zu einer erheblichen Zahlungsbelastung führen. Der Bundesgerichtshof leitet den Gegenanspruch des Verkäufers aus den Rücktrittsfolgen des § 346 Abs. 1 BGB ab, die für den Nacherfüllungsanspruch wegen der umfassenden Verweisung in § 439 Abs. 4 BGB entsprechend gelten (BGH NJW 2006, S. 3200). Er sieht in dieser einseitigen Belastung des Käufers, jedoch nur soweit er Verbraucher ist, einen europa-

Nutzungsersatzanspruch des Verkäufers belastet Käufer

rechtswidrigen Verstoß gegen die EU-Verbrauchsgüterkaufrichtlinie und hat diese Frage dem Europäischen Gerichtshof zur Klärung vorgelegt (BGH NJW 2006, S. 3201). Unternehmen als Käufer können diesen unerwünschten Anspruch des Verkäufers entweder in ihren Einkaufsbedingungen, so sie gelten, oder noch besser durch eine Ausschlussvereinbarung abwehren.

Klauselvorschlag:

»*Im Falle der Nacherfüllung wird der Anspruch des Verkäufers auf Ersatz der durch den Käufer gezogenen Nutzungen an der Kaufsache ausgeschlossen.*«

Klauselvorschlag

Käufer

Schließen Sie im Fall der Nacherfüllung ausdrücklich den Nutzungsersatzanspruch Ihres Verkäufers aus.

Tipp

Andererseits kann der Käufer i.d.R. die *Kosten* der *zweiten Untersuchung* vom Verkäufer als Schadensersatz nach §§ 437 Nr. 1, 280 Abs. 1 Satz 1 BGB ersetzt verlangen, weil dieser sie durch seine vertragswidrige mangelhafte Erstlieferung veranlasst hat.

Kosten der zweiten Untersuchtung

8.9.3.2   Mängelbeseitigung durch den Käufer

Dagegen steht dem Käufer von Gesetzes wegen – anders als dem Besteller beim Werkvertrag in § 637 BGB – *kein ausdrückliches Recht* auf *Selbstvornahme* zu (vgl. Kap. 10.3.5.2). Andererseits hat der Verkäufer die Mängelbeseitigungskosten nach § 439, Abs. 2 BGB ohnehin zu tragen. Deshalb wird man dem Käufer auch das Recht zubilligen müssen, die Mängelbeseitigung selbst auf Kosten des Verkäufers durchzuführen oder von einem *sachkundigen Dritten* durchführen zu lassen, wenn der Verkäufer seiner Mängelbeseitigungspflicht nicht nachkommt. Zuvor muss daher eine angemessene *Nachfrist* zur Mängelbeseitigung ergebnislos *abgelaufen* sein und der Verkäufer darf wegen der zu hohen Kosten nicht berechtigt sein, die Nacherfüllung zu verweigern (BGH NJW 2005, S. 1349; vgl. Kap. 8.9.3.1). Ohne Setzung dieser erforderlichen Nacherfüllungsfrist steht freilich dem Käufer kein Mängelbeseitigungsanspruch zu (BGH NJW 2006, S. 2839).

Selbstvornahme

Tipp

> **Käufer**
>
> Eine Selbstbeseitigung des Mangels sollte man nur bei ausdrücklicher Vereinbarung oder nach fruchtlosem Ablauf einer angemessenen Nacherfüllungsfrist vornehmen!

Schriftliche Vereinbarung

Keine Bedenken bestehen daher, falls der Käufer sich dieses Recht auf Selbstvornahme, ähnlich wie im Werksvertragsrecht umschrieben, in seinen *Einkaufsbedingungen* einräumt. Das gilt insbesondere, wenn die sofortige Mängelbeseitigung zur Abwendung von weiteren Schäden geboten ist und deshalb eine besondere Eilbedürftigkeit vorliegt.

Selbstvornahme

Klauselvorschlag

»Der Käufer ist berechtigt, auf Kosten des Verkäufers die Mängelbeseitigung selbst vorzunehmen, falls Gefahr im Verzug ist oder besondere Eilbedürftigkeit vorliegt. Ansonsten steht ihm dieses Recht nach ergebnislosem Ablauf einer angemessenen Nachfrist zu, die er dem Verkäufer zur Mängelbeseitigung gesetzt hat. Es ist ausgeschlossen, wenn der Verkäufer berechtigterweise wegen des zu hohen Kostenaufwandes die Nacherfüllung verweigern kann.«

8.9.3.3   Rücktritt vom Vertrag oder Minderung des Kaufpreises

Ablauf einer Nachfrist

Als Käufer können Sie von dem Vertrag *zurücktreten*, wenn der Verkäufer trotz angemessener Fristsetzung den monierten Mangel nicht beseitigt bzw. nicht nachgeliefert hat (§§ 437, Nr. 2, 323, Abs. 1 BGB). Das gleiche Recht steht ihm auch zu, wenn,

- was selten vorkommt, die *Nacherfüllung* für den Verkäufer *unmöglich* ist (§§ 437, Nr. 2, 326, Abs. 5 BGB),
- der Verkäufer die Nacherfüllung *generell verweigert* oder weil sie mit einem *zu hohen Kostenaufwand* verbunden ist (§§ 437, Nr. 2, 323 Abs. 2, 440, Satz 1 BGB) und schließlich,
- wenn die Nacherfüllung *fehlgeschlagen* ist (§ 440, Satz 1 BGB).

Scheitern der Nacherfüllung

Klärungsbedürftig ist insbesondere die Frage, wann von einem *Fehlschlagen der Nacherfüllung* auszugehen ist. Nach dem gesetzlichen Kaufrecht gilt die Nachbesserung bei der Mängelbeseitigung als fehlgeschlagen, wenn auch der zweite Versuch nicht zum Erfolg geführt hat (§ 440, Satz 2 BGB). Insofern spricht bei Kaufverträgen zwischen Unternehmen nichts dagegen, in den *Verkaufsbedingungen*, die *Zahl* der dem Verkäufer zuzubilligenden ergebnislosen Nachbesserungsversuche vorsichtig auf drei zu erhöhen.

Sind die mit einem Mangel behafteten Waren für den Käufer noch von Nutzen, kann er, anstatt vom Vertrag zurückzutreten, den *Kaufpreis* durch eine entsprechende Erklärung gegenüber dem Verkäufer mindern (§ 441 BGB). Dabei ist der Kaufpreis in dem *Verhältnis herabzusetzen*, in welchem zur Zeit des Vertragsabschlusses der Wert der Ware in mangelfreiem Zustand zu dem wirklichen Wert gestanden haben würde. Das bedeutet, entsprach der vereinbarte Kaufpreis dem tatsächlichen Marktwert, führt dies zu einem entsprechenden prozentualen Kaufpreisabschlag. War aber, was zwischen Unternehmen selten vorkommt, der Kaufpreis höher oder niedriger, so ist der prozentuale Abschlag jeweils von dem vereinbarten Kaufpreis vorzunehmen. Damit soll gewährleistet werden, dass der wirtschaftliche Charakter des Geschäftes – *unvorteilhafter* oder *vorteilhafter Kauf* – jeweils erhalten bleibt.

Gegen eine Minderung wird der Verkäufer in aller Regel nichts einzuwenden haben, weil es für ihn die billigste Form des Wertausgleichs mit dem Käufer darstellt.

Das *Rücktrittsrecht* ist aber von Gesetzes wegen bei einem *unerheblichen Sachmangel ausgeschlossen* (§§ 437 Nr. 2, 323 Abs. 5 Satz 2 BGB), wenn er die Gebrauchsfähigkeit nicht oder kaum erheblich beeinträchtigt oder der Mängelbeseitigungsaufwand nicht 5 % des Kaufpreises erreicht (BGH BB 2005, S. 2632; OLG Köln NJW 2007, S. 1696). Kein unerheblicher Mangel soll dagegen unabhängig von seiner Schwere vorliegen, wenn der Verkäufer hierüber den Käufer arglistig getäuscht hat (BGH NJW 2006, S. 1960).

> **Beispiel:**
> *Nicht ganz bündiger Türschluss .... bei einem Kleinwagen, wenn dieser optisch kaum wahrnehmbar ist (OLG Düsseldorf NJW 2005, S. 2235).*

Rücktritts- und Minderungsrecht des Käufers
»Schlägt die Nacherfüllung fehl, so ist der Käufer nach seiner Wahl berechtigt, Rücktritt oder Minderung zu verlangen. Von einem Fehlschlagen der Nacherfüllung ist auszugehen, wenn auch der dritte Mängelbeseitigungsversuch des Käufers erfolglos geblieben ist und der Verkäufer nicht in der Lage ist, unverzüglich eine mangelfreie Sache zu zumutbaren Bedingungen nachzuliefern. Im Übrigen bleibt das gesetzliche Rücktritts- und Minderungsrecht des Käufers unberührt.«

8.9.3.4   Anspruch auf Schadensersatz

Ruft der Fehler der Kaufsache bei Ihnen einen weiteren Vermögensschaden, sei es Körper-, Sach- oder auch sonstiger Schaden an anderen Vermögensgütern hervor, so können Sie wegen dieses *Mangelfolgeschadens* von dem Verkäufer *Schadensersatz* fordern, falls dieser

Marginalien:
Minderung

Preisabschlag in Höhe der Wertminderung

Unerheblicher Sachmangel

Klauselvorschlag

Mangelfolgeschaden

nicht nachweisen kann, dass er den Mangel nicht zu vertreten hat (§§ 437, Nr. 3, 280, Abs. 1 BGB; vgl. Kap. 6.1.–6.3).

> **Beispiel:**
> *Bei einer der gelieferten Maschinen lösen sich nach Inbetriebnahme infolge eines Materialfehlers einzelne schwere Maschinenteile, die nicht nur in der Nähe befindliche Arbeitnehmer verletzen, sondern auch einen erheblichen Sachschaden anrichten.*

> **Lösung:**
> *Haftbar für diese Schäden ist typischerweise nur der Hersteller, dagegen nicht der Händler, der die erworbenen Waren bloß weiterverkauft. Ein Händler ist nur zum Schadensersatz verpflichtet, wenn er sich gegenüber dem Käufer arglistig verhält, insbesondere wenn er ihm bekannte wesentliche Mängel verschweigt (vgl. Kap. 8.9.3.5). Generell bleibt der Hersteller für die Sicherheit seiner Produkte verantwortlich; er haftet auch außerhalb von Vertragsverhältnissen direkt gegenüber dem Endabnehmer nach den gesetzlichen Bestimmungen der Produkthaftung für Körper- und Sachschäden, auf die hier nicht näher einzugehen ist.*

Schadensersatz statt Leistung

Steht dem Käufer nach dem *ergebnislosen Ablauf* einer *Nachfrist* zur Mängelbeseitigung oder nach dem Scheitern der Nacherfüllung ein Rücktrittsrecht zu, so kann er stattdessen vom Verkäufer auch *Schadensersatz statt Leistung* fordern, wenn dieser den *Mangel* zu *vertreten* hat (§§ 437, Nr. 3, 281, 283 BGB), wodurch gleichfalls die weitere Vertragsabwicklung gestoppt wird (vgl. Kap. 5.2.4). Das gilt jedoch gemäß § 281 Abs. 1 Satz 3 BGB *nicht* bei einem *unerheblichen Sachmangel* (vgl. Kap. 8.9.3.3). Andererseits steht dieses Recht dem Käufer zu, wenn der Verkäufer schuldhaft die gebotene *Nacherfüllung* *unterlässt* oder *hinauszögert* und dabei die ihm vom Käufer gesetzte angemessene Nacherfüllungsfrist verstreichen lässt (OLG Celle ZGS 2006, S. 431).

Tierkauf

Beim *Kauf* eines *Tieres* besteht dieses Recht sogar ohne vorherige Nachfristsetzung nach § 281 Abs. 2 BGB, wenn der Zustand des Tieres eine unverzügliche *tierärztliche Behandlung* als Notmaßnahme erforderlich macht, die vom Verkäufer nicht rechtzeitig veranlasst werden könnte (BGH NJW 2005, S. 3212).

Haftungsbeschränkung

Der Verkäufer kann den Umfang des Schadensersatzanspruches teilweise auch einseitig in seinen *Verkaufsbedingungen* (vgl. Kap. 6.2.3.1) beschränken.

8.9.3.5 Verschärfte Haftung des Verkäufers bei Arglist

Sollte der Verkäufer dem Käufer gegenüber bei Abschluss des Kaufvertrages einen *Mangel arglistig verschweigen*, so stehen dem Käufer ungeschmälert alle gesetzlichen Mängelansprüche zu. Irgendwelche beschränkende Bestimmungen in den Verkaufsbedingungen des Verkäufers gelten dann gemäß § 444 BGB nicht.

Arglistig handelt der *Verkäufer* nicht erst dann, wenn er den Mangel kennt, sondern bereits schon, sofern er mit der Möglichkeit des Vorhandenseins eines Mangels rechnet, wobei er die Unkenntnis des Käufers ausnutzt, um daraus wirtschaftliche Vorteile zu ziehen (BGH NJW-RR 2003, S. 990). Dabei muss ein Unternehmen sich das Wissen und Verhalten aller Beschäftigten und sonstiger Hilfspersonen, die am Vertragsabschluss beteiligt sind, als sog. *Wissensvertreter* zurechnen lassen, wahrscheinlich auch das Wissen anderer selbstständig arbeitender Angestellter in anderen Abteilungen (vgl. Kap. 3.3.4).

Arglist des Verkäufers

Arglistiges Verschweigen liegt nur vor, wenn der *Verkäufer* zur Offenlegung rechtlich verpflichtet ist, wobei eine *Aufklärungspflicht* nur im Hinblick auf für den Käufer wesentliche Mängel besteht. Alle vom Käufer gestellten Fragen muss das Personal des Verkäufers richtig und vollständig beantworten. Wissenslücken dürfen nicht verschwiegen werden. Der Käufer sollte deshalb von der Möglichkeit umfassender Aufklärung unbedingt Gebrauch machen (vgl. Kap. 8.3.2). *Arglistiges Verschweigen* bei Kaufvertragsabschluss rechtfertigt den *sofortigen Rücktritt* ohne vorherige Nachfristsetzung nach § 323 Abs. 2 Nr. 3 BGB (BGH BB 2007, S. 293), weil dadurch der Verkäufer das in ihn gesetzte Vertrauen des Käufers zerstört hat. In gleicher Weise gilt das für seinen Anspruch auf *Schadensersatz statt Leistung* gemäß § 281 Abs. 2 2. Alternative BGB.

Aufklärungspflicht

Sofortiger Rücktritt oder Schadensersatz statt Leistung

Dem arglistigen Verschweigen steht nach allgemeiner Ansicht das *arglistige Vortäuschen* nicht vorhandener, für den Käufer wichtiger Eigenschaften gleich.

Arglistiges Vortäuschen

> **Beispiel:**
> *Paradefall ist das Vortäuschen einer geringeren Fahrleistung bei einem gebrauchten Kraftfahrzeug durch Verstellen des Kilometerzählers.*

Beruhen die Mängelansprüche des Käufers auf arglistigem Verhalten, unterliegen Sie auch nicht der üblichen kurzen zweijährigen Verjährung (§ 438, Abs. 1, Nr. 3, BGB; vgl. Kap. 8.9.2.8). Ferner sollen daran selbst bei eigentlich geringfügigen Mängeln nach der Meinung des Bundesgerichtshofs das Recht des Käufers vom Vertrag zurückzutreten oder Schadensersatz statt Leistung zu fordern, nicht ausgeschlossen sein (NJW 2006 S. 1960; vgl. Kap. 8.9.3.3 und 8.9.3.4).

Keine kurze Verjährung

8.9.3.6 Ausschluss der Mängelansprüche wegen Kenntnis des Käufers

Auf der anderen Seite verdient der Käufer keinen rechtlichen Schutz durch die *Mängelansprüche*, wenn er bereits bei *Vertragsabschluss* den betreffenden Mangel *kennt*, weil er wegen des geringeren Sachwertes auch einen niedrigeren Kaufpreis aushandeln kann. Deshalb stehen dem Käufer keine Mängelansprüche zu (§ 442, Abs. 1, Satz 1 BGB). Gleiches gilt im Prinzip, wenn dem Käufer ein entsprechender Sachmangel infolge *grober Fahrlässigkeit unbekannt* geblieben ist, er also begründeten Hinweisen, die auf einen solchen Mangel hindeuten, nicht nachgeht. Bei grober fahrlässiger Unkenntnis bleiben dem Käufer die *Mängelansprüche erhalten*, falls der *Verkäufer* sich *arglistig* verhalten hat oder eine *Garantie* für die Beschaffenheit der Sache übernommen hat (§ 442, Abs. 1, Satz 2 BGB). Diese gesetzlichen Bestimmungen besitzen indes für den Warenverkehr zwischen Unternehmen wegen der ohnehin bestehenden Untersuchungs- und Rügepflichten des Käufers so gut wie keine praktische Bedeutung.

Unwissenheit durch grobe Fahrlässigkeit

8.9.3.7 Vertragliche Beschränkung der Mängelansprüche

Im unternehmerischen Geschäftsverkehr kann der Verkäufer durch eine ausgehandelte *Individualvereinbarung* nach § 444 BGB jederzeit die Mängelansprüche des Käufers beschränken ja sogar völlig *ausschließen*, soweit er sich nicht arglistig verhält und der Käufer sich auf diese für ihn nachteilige Abrede einlässt. Ein vollständiger Ausschluss ist aber nicht nur für fabrikneue ... auch für gebrauchte Fahrzeuge oder Maschinen völlig ungewöhnlich, weil der Kunde von einem Händler stets eine bestimmte Qualität erwartet. Lediglich bei einem Ankauf von einem Verbraucher ist wegen deren fehlender Fachkunde ein Gewährleistungsausschluss im Hinblick auf gewöhnliche verdeckte Fehler verkehrsüblich (vgl. Kap. 8.11.2.4).

Unbegrenzt bei Einzelvereinbarungen

Weit verbreitet ist demgegenüber auch beim Verkauf neuer Waren, dass der Verkäufer in seinen *Lieferbedingungen* die *Mängelansprüche* des Käufers auf *Nachbesserung* begrenzt und Anspruch auf Nachlieferung, Rücktritt und Minderung ausschließt. Das kann er wegen des Klauselverbots in § 309 Nr. 8 bb) BGB *nur vorläufig* tun. Scheitert die Mängelbeseitigung, stehen dem Käufer diese gesetzlichen Mängelansprüche ungeschmälert zu. Diese den Verbraucher schützende AGB-Rechtsvorschrift gilt über die Generalklausel des § 307 BGB auch zu Gunsten von Unternehmen als Käufer (BGH WM 1995, S. 1456; vgl. Kap. 3.4.5.2). Auch *mittelbare Beschränkungen* des Nachbesserungsanspruchs durch *Abwälzung* der *Kosten* auf den Käufer scheitern an den Vorgaben des AGB-Rechts, die wiederum den unternehmerischen Käufer schützen. Unzulässig ist es dem Kunden die Mängelbeseitigungskosten aus Arbeits-, Materialaufwand und Weg-

Beschränkt durch AGB-Klausel

Wiederaufleben nach gescheiterter Mängelbeseitigung

strecke aufzuerlegen (§ 309 Nr. 8 cc) BGB; BGH NJW 1981, S. 1490), genauso wie die Nacherfüllung von der Zahlung des vollständigen Kaufpreises oder eines unverhältnismäßigen Teils davon, abhängig zu machen. Die zulässige Obergrenze dürfte bei 50 % liegen, zumal der Käufer nach § 320 BGB die Zahlung stets verweigern kann, wenn die Ware mangelhaft ist.

8.9.3.8 Richtiges Käuferverhalten nach ordnungsgemäßer Mängelrüge

Haben Sie als Käufer dem Verkäufer in der rechtzeitigen Mängelrüge eine angemessene Frist von mindestens zwei Wochen zur Nacherfüllung gesetzt, hängt das weitere Vorgehen von dessen Verhalten ab.

Reagiert der *Verkäufer* darauf *nicht*, so sollten Sie, wenn ein anderer geeigneter Lieferant greifbar ist, sofort von dem Vertrag *zurücktreten*.

Rücktrittserklärung

»Da Sie trotz unserer Mängelrüge vom... den beanstandeten Mangel innerhalb der gesetzten Frist nicht behoben haben, treten wir hiermit von dem am... geschlossenen Vertrag über ... zurück.«

Formulierungs-vorschlag

Der Lieferant wird sich i.d.R. bei Ihnen melden und das weitere Prozedere mit Ihnen abstimmen. *Weigert* sich der *Verkäufer*, den *Mangel anzuerkennen* oder wegen der zu hohen Kosten *nachzuerfüllen*, müssen schwierige Rechtsfragen im Hinblick auf die Fehlerursache oder die Zumutbarkeit der Nacherfüllung geklärt werden, für die Sie *fachanwaltlicher Beratung* bedürfen. Gleiches gilt, wenn der Verkäufer das von Ihnen erhobene Rücktritts- oder Minderungsrecht bestreitet. Ebenso ist es, wenn sie wegen finanzieller Einbußen oder sonstiger Schäden Aufwendungs- oder Schadensersatz verlangen. Insbesondere mit der schwierigen Entscheidung zwischen einfachem Schadensersatz neben Vertragserfüllung bzw. Aufwendungsersatz oder Schadensersatz statt Leistung und der korrekten Schadensaufstellung ist ein Nichtjurist vielfach überfordert.

Verkäufer bestreitet Mangel oder Anspruch

8.9.3.9 Kurze Verjährung der Mängelansprüche

Die verschiedenen Mängelansprüche des Käufers wegen Sachmängeln an Waren *verjähren* bereits zum Schutze des Verkäufers in *zwei Jahren* ab Ablieferung der Sache (§ 438, Abs. 1, Nr. 3 und Abs. 2 BGB), sodass ohne weiteres auch eine *unterjährige Verjährung*, d. h. innerhalb des Jahres, eintreten kann.

Verjährung

Tipp

> **Käufer**
>
> Halten Sie deshalb unbedingt den Tag der Ablieferung fest, um jederzeit den Ablauf der kurzen Verjährung feststellen zu können.

Nacherfüllung

Handelt es sich bei der Kaufsache um *Baustoffe*, so verlängert sich die Verjährungsfrist auf *fünf Jahre*, damit Bauhandwerker oder Bauunternehmer, wenn sie wegen Baumängeln in Anspruch genommen werden und der Mangel auf Fehlern der gelieferten Baustoffe beruht, ihrerseits noch bei dem rechtlich verantwortlichen Baustofflieferanten Rückgriff nehmen können (§ 438, Abs. 1, Nr. 2b BGB). *Ungeklärt* ist aber bislang die Frage, ob im Falle der *Nachbesserung* die *Verjährung* wegen eines darin liegenden stillschweigenden Anerkenntnisses des Verkäufers im Sinne von § 212 Nr. 1 BGB, *neu beginnt*, was aber bei bloßen Kulanzfällen abzulehnen ist. Eindeutig ist ein *Neubeginn* aber bei Lieferung einer neuen Sache anzunehmen. Ansonsten kommt eine *Hemmung* der Verjährung nach § 203 BGB in Betracht, solange der Verkäufer das Nacherfüllungsbegehren nicht rundweg ablehnt (OLG Koblenz ZGS 2006, S. 118).

Zahlungsverweigerung

Sollte der Käufer innerhalb dieser zwei bzw. fünf Jahre den Kaufpreis noch nicht vollständig bezahlt haben, so wäre er *nach* Eintritt der *Verjährung* noch zur *Zahlungsverweigerung* im Hinblick auf den ausstehenden Restkaufpreis berechtigt (§ 438, Abs. 4 BGB). Daraufhin kann seinerseits der Verkäufer von dem Vertrag zurücktreten. Das gilt nicht, soweit der Käufer damit *verspätet mindern* will. Dann darf er die Kaufsache dennoch behalten (§ 438, Abs. 5 BGB).

Tipp

> **Käufer**
>
> Sollte ein Materialfehler erst nach Ablauf der Verjährung auftreten und haben Sie den Kaufpreis noch nicht vollständig bezahlt, verweigern Sie die Restzahlung unter Berufung auf Ihr Minderungsrecht!

Allgemeine Verjährungsfrist bei Arglist oder Garantie

In den Genuss dieser kurzen Verjährung kommt der sich *arglistig verhaltende Verkäufer* nicht, sondern hier gilt dann für die Mängelansprüche des Verkäufers die *allgemeine längere Verjährungsfrist* von drei Jahren zum Schluss des Kalenderjahres, nachdem der Käufer von dem arglistigen Verhalten erfahren hat, frühestens bei Baustoffen jedoch innerhalb von fünf Jahren ab Ablieferung (§ 438, Abs. 3 BGB). Diese günstige allgemeine Verjährungsfrist gilt auch für *Beschaffenheits-* oder *Haltbarkeitsgarantien* des Verkäufers, wenn der

Mangel innerhalb der Garantiezeit aufgetreten ist (§ 443 BGB, vgl.
Kap. 8.9.1.1.3).

Mit Ausnahme einer Beschaffenheits- oder Haltbarkeitsgarantie
und dem seltenen Fall der Arglist können diese gesetzlichen *Verjährungsfristen* in den *Verkaufsbedingungen* des Verkäufers *verkürzt*
oder auch in den Einkaufsbedingungen des Käufers verlängert werden. Dabei lässt das AGB-Recht indirekt eine Verkürzung auf ein
Jahr zu, weil erst darunter der Käufer unangemessen benachteiligt
wird (§ 309, Nr. 8b ff BGB).

*Verkürzung der
Verjährungsfristen*

Kürzere Verjährung der Mängelansprüche
*»Die Verjährungsfrist für Mängelansprüche beträgt 12 Monate, gerechnet ab
Ablieferung.«*

Klauselvorschlag

Auf der anderen Seite bleibt es dem Käufer unbenommen, in seinen
Einkaufsbedingungen eine angemessene *Verlängerung* der *Verjährungsfrist* vorzusehen. Mit Blick auf die gesetzliche Regel der Verjährungsfrist von drei Jahren zum Jahresschluss, die sich faktisch
auf nahezu vier Jahre erstrecken kann, dürfte eine Verdoppelung
der gesetzlichen Verjährungsfrist auf vier Jahre den Verkäufer nicht
unangemessen benachteiligen, während dagegen überwiegend im
Fachschrifttum für AGB eine Höchstfrist von nur drei Jahren befür-
wortet wird.

*Verlängerung der
Verjährungsfristen*

Längere Verjährung der Mängelansprüche
*»Die Verjährungsfrist beträgt 36 Monate (48 Monate) vom Zeitpunkt der
Ablieferung der Kaufsache an.«*

Klauselvorschlag

8.9.4 Rückgriff des Käufers in der Lieferkette
Für die vertragsgemäße Qualität der gelieferten Waren trägt letztendlich immer der Hersteller oder der Generalimporteur die Verantwortung. Weist diese Qualitätsmängel auf und müssen die *Händler*
wegen *Reklamationen* ihrer *Kunden* die *Ware zurücknehmen*, so werden sie versuchen, sich das Geld beim Produzenten zurückzuholen.
Das hat in den meisten Fällen Erfolg, wenn sie als Kaufleute die ihnen obliegende Wareneingangskontrolle durchgeführt und die erst
später erkennbaren, durch Kundenreklamation aufgedeckten Mängel rechtzeitig gegenüber ihrem Verkäufer gerügt haben (vgl. Kap.
8.9.2).

Handelt es sich bei der Kaufsache um ein *neues Produkt*, welches
an einen *Verbraucher verkauft* wird, wird der *Händlerrückgriff* gesetzlich verschärft. Muss der Einzelhändler die Ware wegen eines
Sachmangels zurücknehmen oder eine Minderung des Kaufpreises
akzeptieren, kann er in gleicher Weise nach den zwingenden Vor-

*Rückgriff in
der Händlerkette*

schriften der §§ 478, 479 BGB in der Lieferkette bei dem Großhändler, und dieser wiederum bei seinem Verkäufer – bis zum Produkthersteller – *Rückgriff* nehmen, *selbst* wenn in den einzelnen Kaufverträgen zwischen den Unternehmen zulässigerweise ihre *Mängelansprüche beschränkt* oder gar ausgeschlossen sein sollten. Lediglich eine in den Verkaufsbedingungen vorgenommene statthafte Beschränkung des Schadensersatzes bleibt wirksam (§ 478, Abs. 4 BGB). Diese gesetzlich vorgesehenen *Rückgriffsverbesserungen* sind *auf den Verbrauchsgüterkauf* beschränkt und *gelten* daher *nicht* für den *Warenverkauf* an *Unternehmer.*

Kein Rückgriff bei Verkauf an gewerblichen Endabnehmer

Dass der Warenkauf in diesem wichtigen Punkt zwei unterschiedlichen Rechtsregimen unterliegen soll, erscheint nur sinnvoll und praktikabel für *Produktgruppen,* die, wie *Investitionsgüter* und reine *Konsumgüter,* sich klar und eindeutig den beiden Käufergruppen – Unternehmen auf der einen Seite und Verbraucher auf der anderen Seite –, zuordnen lassen. Für die meisten Produkte, wie etwa einen Laserdrucker, trifft das nicht zu. Hinzu kommt, dass der *Rückgriff* des Letztverkäufers in § 478, Abs. 1 BGB nach dem eindeutigen Wortlaut des Gesetzestextes »neu hergestellte Sache« beim *Hersteller* des Endproduktes *endet,* sich *nicht* auf den *Zulieferer* des Herstellers erstreckt, der dazu lediglich Zutaten oder Bestandteile liefert. Deshalb ist der Zulieferer kein »Lieferant« im Sinne dieser Regelung, sodass der Hersteller auf seinem Schaden sitzen bleibt, wenn bereits seine Mängelansprüche gegen den Zulieferer verjährt sind. Zu klären bleibt daher, ob die Einkäufer in ihren Einkaufsbedingungen entsprechend diesem neuen gesetzlichen Leitbild zu ihrem besseren rechtlichen Schutz sich entsprechende Rückgriffsrechte einräumen dürfen (vgl. Kap. 8.9.4.2.1).

Rückgriff endet beim Hersteller

8.9.4.1   Gesetzliche Rückgriffsansprüche des Händlers gegenüber seinem Lieferanten

Rückgabe der mangelhaften Ware oder Minderung durch Privatverbraucher

Diese *Rechte* stehen, wie bereits erwähnt, nur dem *Händler,* nicht dem Hersteller als Käufer zu, wenn die *Kaufsache* zu guter Letzt an den *Privatverbraucher verkauft* worden ist und der Händler die Kaufsache wegen eines Qualitätsmangels von seinem Kunden zurücknehmen musste bzw. dieser den Kaufpreis gemindert hat (§ 478, Abs. 1 HGB). In diesem Fall kann der *Händler-Käufer* von seinem Kaufvertrag mit dem Lieferanten – und der wiederum gegenüber seinem Vorlieferanten bis hin zum Hersteller (§ 478, Abs. 5 BGB) – sofort *zurücktreten* oder auch, wenn der betreffende Verkäufer den Mangel zu vertreten hat, *Schadensersatz statt Leistung* verlangen. Die ansonsten notwendige Nachfristsetzung, um dem Verkäufer Gelegenheit zur Behebung des Fehlers zu geben, erübrigt sich hier, weil der Käufer durch die Warenrücknahme bereits einen nicht mehr korrigierbaren Vermögensnachteil erlitten hat.

Ferner kann der *Käufer* von dem *Verkäufer* den Ersatz seiner sämtlichen Aufwendungen verlangen, die ihm im Zusammenhang mit der Bearbeitung und Abwicklung der Kundenreklamationen wegen dieses Sachmangels entstanden sind (§ 478, Abs. 2 BGB). Das schließt zweifelsohne die *Transport-, Wege-, Arbeits-* und *Materialkosten* sowie auch die *Personalkosten* im Zusammenhang mit der Untersuchung und Reparatur des Fehlers ein (BGH NJW 1991, S. 1604). Die Kosten für Personal, das auch in anderen Betriebsabteilungen eingesetzt wird, dürfen allerdings nur anteilig in Rechnung gestellt werden. Anstelle der Barerstattung kann gleichwertiger *Aufwendungsersatz* vom Verkäufer bei entsprechender Vereinbarung auch durch *Warengutschrift* in Höhe eines Verkaufspreises geleistet werden (§ 478, Abs. 4, Satz 1 BGB, vgl. Kap. 8.9.3.4)

Aufwendungsersatz

Warengutschrift

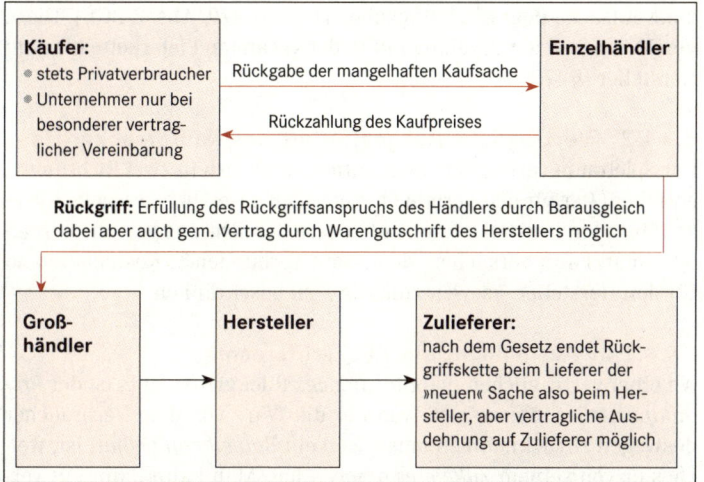

Abb. 8.8: Rückgriff in der Lieferkette beim Warenkauf

Der Händler kann bei seinem Lieferanten nur Rückgriff nehmen, wenn er beim *Wareneingang* seiner *Untersuchungs-* und *Rügepflicht* entsprochen hat (§§ 478 Abs. 6, 377 HGB; vgl. Kap. 8.9.2).

Wareneingangskontrolle durch Händler

Dabei ist regelmäßig davon auszugehen, dass ein Sachmangel, der innerhalb von sechs Monaten nach Ablieferung an den Verbraucher auftritt, bei Übergabe an den Händler – oder im Falle der Warenversendung bei einem noch frühzeitigeren Gefahrenübergang durch Aushändigung an den Spediteur – schon vorhanden war und der Verkäufer dafür gewährleistungspflichtig ist (§ 478, Abs. 3 BGB). Demnach muss der Verkäufer innerhalb dieser Frist beweisen, dass der

Mangel etwa auf eine unsachgemäße Handhabung zurückzuführen ist.

Die gesetzlichen *Rückgriffsansprüche* stehen dem Händler als Käufer bei seinem Rückgriff *ungeschmälert* zu, auch wenn der Verkäufer in seinen Verkaufsbedingungen diese Mängelansprüche zulässigerweise beschränkt haben sollte (§ 478, Abs. 4 BGB). Lediglich auf die zulässige Freizeichnung wegen seiner Schadensersatzhaftung kann sich der Verkäufer berufen, weil auch nur insoweit die Gewährleistungsrechte des Verbrauchers als Käufer nach § 475, Abs. 3 BGB beschränkbar sind (vgl. Kap. 6.2.3.1).

Hemmung der Verjährung

Die genannten Ansprüche des Käufers gegen den Lieferanten verjähren in zwei Jahren ab Ablieferung der Ware (§ 479, Abs. 1 BGB). Sie werden aber so lange in der *Verjährung* gehemmt, bis der Käufer die Ansprüche des Verbrauchers wegen des Sachmangels erfüllt hat. Die Verjährung tritt dann frühestens zwei Monate nach diesem Zeitpunkt ein. Sie endet spätestens fünf Jahre, nachdem der Lieferant die Kaufsache dem Käufer abgeliefert hat (§ 479, Abs. 2 BGB). Diese Verjährungssonderregelung gilt in der gesamten Lieferkette bis zum Hersteller (§ 479, Abs. 3 BGB).

8.9.4.2 Vertragliche Ausgestaltung des Käuferrückgriffs

Der Spielraum vertraglicher Gestaltung kann sich in zwei Richtungen entfalten: Der für den Verbrauchsgüterkauf gesetzlich geregelte Rückgriff bis zum Hersteller kann auf andere Bereiche ausgedehnt werden oder man kann versuchen, den damit verbundenen Kostenaufwand für den Hersteller – soweit zulässig – zu beschränken.

8.9.4.2.1 Ausdehnung des Rückgriffsrechts

Rückgriff des Herstellers beim Zulieferer

An einer vertraglichen Erweiterung des Rückgriffsrechts ist der *Produkthersteller* interessiert, wenn er die Ware von dem Verbraucher deswegen zurücknehmen muss, weil ein *Bauteil mangelhaft* ist, welches er von seinem *Zulieferer bezogen* hat. Man kann dann gut verstehen, dass er die ihm dadurch entstandenen Kosten an den letztendlich verantwortlichen *Zulieferer weitergeben* will. Ein gleiches Interesse besitzen *Händler*, die ihre Waren *sowohl* an Verbraucher als auch an *Unternehmer verkaufen* und deshalb Wert auf ein einheitliches Rechtsregime für die Bearbeitung und Abwicklung berechtigter Kundenreklamationen legen. Dieses Ziel ließe sich am besten dadurch verwirklichen, dass man die Geltung der §§ 478, 479 BGB vereinbart, die dazu in die Verkaufs- oder Einkaufsbedingungen aufgenommen werden. Rechtstechnisch würde dazu ein Verweis auf die beiden Paragraphen reichen, ergänzt durch die Wiedergabe ihrer Kernregelung, um auch den Verkäufer über die wichtigsten rechtlichen Konsequenzen zu informieren. Der Umsetzung dieses

Erweiterung auf Verkauf an gewerbliche Endabnehmer

Vorhabens mittels AGB auf den Verkauf an *Unternehmen* hat aber der Bundesgerichtshof eine klare Absage erteilt und eine entsprechende Ausdehnung der Regelung angesichts ihrer erheblichen wirtschaftlichen Belastung für den Lieferanten nach § 307 Abs. 1 AGB für *unwirksam* erklärt (NJW 2006, S. 1067). Eine solche Ausweitung der Gesetzesnormen durch AGB-Klauseln benachteiligen den Lieferanten unangemessen, weil sie nur die spezifisch verbraucherschutzrechtlichen Nachteile des Einzelhandels kompensieren soll (vgl. Kap. 3.4.5.2). Mithin kann man dieses Ziel nur in einem *ausgehandelten Einzelvertrag* erreichen (vgl. Kap. 3.4.1). Keine rechtlichen Bedenken bestehen nach dieser Begründung, dass der *Produkthersteller* den *Käuferrückgriff* in seinen Einkaufsbedingungen oder per Einzelvereinbarung auf seine *Zulieferer* erstreckt, wenn das Produkt an einen Verbraucher veräußert wird. Allein für diese Konstellation ist der folgende Klauselvorschlag gedacht.

Keine Ausdehnung per AGB zulässig

Käuferrückgriff des Herstellers

»Muss der Käufer eine ihm vom Verkäufer verkaufte neue Sache, die an einen Verbraucher weiterverkauft wird, als Folge ihrer Mangelhaftigkeit zurücknehmen oder hat der Verbraucher den Kaufpreis gemindert, so stehen dem Käufer die in §§ 478, 479 BGB geregelten Rechte zu. Das gilt nicht, wenn dem Verbraucher ohne Rechtspflicht aus Kulanz gewährleistet worden ist.

1. Insbesondere kann der Käufer dann sofort ohne Setzung einer Nachfrist von dem Kaufvertrag zurücktreten oder, wenn der Verkäufer den Mangel zu vertreten hat, auch Schadensersatz fordern.

2. Ferner kann der Käufer von dem Verkäufer den Ersatz der Aufwendungen verlangen, die im Verhältnis zu seinem Kunden bzw. Verbraucher wegen des geltend gemachten Sachmangels entstanden sind, wenn dieser bereits bei der Ablieferung an den Käufer oder im Falle der Versendung der Ware an den Transportunternehmer vorhanden war. Anstelle der Barzahlung leistet der Verkäufer Aufwendungsersatz in Form der Erteilung einer Warengutschrift in Höhe des von ihm berechneten Verkaufspreises der Kaufsache.

3. Auf eine vor Mitteilung eines Mangels an den Verkäufer getroffene Vereinbarung, die zulässigerweise die Mängelansprüche des Käufers beschränkt hat, kann sich der Verkäufer im Hinblick auf die Rückgriffsansprüche des Käufers nicht berufen. Das gilt allerdings nicht im Hinblick auf eine zulässige Beschränkung seiner Haftung auf Schadensersatz.

4. Die Rückgriffsansprüche stehen dem Käufer indes nur zu, wenn er nach Belieferung durch den Verkäufer die erhaltene Ware ordnungsgemäß untersucht und die dabei entdeckten oder später aufgetretenen Mängel unverzüglich im Sinne von ... (Verweis auf die Rügeklausel, sofern vorhanden) gerügt hat.

Klauselvorschlag

5. *Die Rückgriffsansprüche verjähren in zwei Jahren (ggf. auch nach längs-*
tens vier Jahren bei abweichender günstigeren vertraglichen Regelung)
ab Ablieferung der Sache. Die Verjährung tritt frühestens zwei Monate
nach dem Zeitpunkt ein, an dem der Käufer die Ansprüche seines Kun-
den bzw. Verbrauchers erfüllt hat. Diese Ablaufshemmung endet spätes-
tens fünf Jahre nach dem Zeitpunkt, in dem der Verkäufer die Sache dem
Käufer abgeliefert hat.«

8.9.4.2.2 Kein Regelungsbedarf bei ausgenommenen Produktbereichen

Produkte nur für Unternehmen

Sind die hergestellten *Produkte ausschließlich für Unternehmen* bestimmt, so besteht, wenn die Beteiligten keinen Wert darauf legen,
überhaupt kein Handlungsbedarf, weil hier der gesetzlich geregelte
verschärfte Käuferrückgriff nach § 478 BGB überhaupt keine Anwendung findet.

> **Beispiel:**
> *Großmaschinen, wie etwa ein Bagger, oder Spezialprodukte wie die SAP-*
> *Software.*

Selbstverständlich können die Vertragsparteien, wenn sie das wollen, dem Käufer ein erweiterte *Rückgriffsmöglichkeit*, so wie oben
beschrieben, per *Einzelvereinbarung* einräumen.

Unterbrochene Lieferkette

Ohne besondere vertragliche Regelung stehen dem Käufer auch
bei der sog. *unterbrochenen Lieferkette* keine spezifischen Rückgriffsrechte zu, selbst wenn es sich dabei um ein *Verbraucherprodukt* handelt. Dabei geht es darum, dass die *Ware* vom Hersteller ausgeliefert
wird, aber, bevor sie zum Verbraucher gelangt, beim *Händler hän-*
gen bleibt, weil dieser einen Mangel entdeckt und nun seine Mängelrechte gegenüber dem Hersteller bzw. Vorhändler geltend macht.
Auch hier liegt begrifflich noch kein Verbrauchsgüterkauf vor.

> **Beispiel:**
> *Solche spezifischen Verbraucherprodukte wären etwa Freizeitkleidung,*
> *elektronische Spielkonsolen etc.*

Es macht auch keinen Sinn, in solchen Fällen für eine entsprechende
Anwendung dieser Rückgriffsrechte zu plädieren, weil die ganz
überwiegende Bandbreite der im Markt befindlichen Produkte, seien
es Lebensmittel, Möbel, Kleidung, Elektronik etc., sowohl von Verbrauchern als auch von Unternehmen sinnvoll gekauft und genutzt
werden können. Wie soll man wissen, wenn die mangelhafte Ware
hängen bleibt, in wessen Hände sie künftig gelangt wäre? Die einzige vernünftige Lösung ist, die unterbrochene Lieferkette nicht dem

verschärften gesetzlichen Rückgriffsrecht zu unterstellen, wenn das zwischen Hersteller und Händler nicht ausdrücklich vertraglich vereinbart worden ist.

8.9.4.3 Vertragliche Beschränkung des Käuferrückgriffs

Sollten Sie Hersteller von Waren sein, die sowohl von Unternehmen als auch Verbrauchern sinnvoll genutzt werden können, könnte man versuchen, der durch einen Händlerrückgriff drohenden Kostenbelastung dadurch zu entgehen, dass man dem *Käufer* in den Verkaufsbedingungen faktisch eine *Verkaufsbeschränkung* auferlegt. In den AGB wird klargestellt, dass der Käufer (Händler) die Ware weder an den Verbraucher noch an Händler weiterveräußert, die wiederum an Verbraucher verkaufen. Hält sich der Händler nicht daran, begeht er zwar eine Pflichtverletzung, wodurch sein Anspruch auf Aufwendungsersatz wegen einer Kundenreklamation blockiert wäre. Diese Strategie verspricht wenig Erfolg, da eine derartige Kanalisierung des Vertriebsweges wegen erheblicher wettbewerbsrechtlicher Bedenken wohl nach § 14 GWB kartellrechtlich unzulässig wäre.

> *Wettbewerbswidrigkeit von Verkaufsbeschränkungen*

Das andere Kompensationsinstrument, *anstelle* des gesetzlichen *Aufwendungsersatzanspruch* dem Käufer einen *gleichwertigen Ausgleich* einzuräumen, birgt dagegen weniger rechtliche Risiken, weil es ausdrücklich vom Gesetzgeber in § 478, Abs. 4, Satz 1 BGB zugelassen wird. Von einem »gleichwertigen Ausgleich« kann nur die Rede sein, wenn dieser die üblichen im Zusammenhang mit der Kundenreklamation entstehenden Kosten des Käufers abdeckt. *Pauschale Abrechnungssysteme*, wie insbesondere allgemeine Rabattgewährungen oder pauschale Ersatzleistungen können dies i.d.R. nicht leisten.

> *Pauschale Abrechnungssysteme*

> **Beispiel:**
> *Produzent P vereinbart mit dem Händler H, dass dieser alle Waren von P mit einem pauschalen Rabatt von ... % beziehen kann, wenn er ausdrücklich auf seine Rückgriffsansprüche aus § 478 BGB verzichtet. Der Produzent von Unterhaltungselektronik P zahlt seinen Händlern im Gewährleistungsfall für jedes Produkt einen bestimmten Pauschalbetrag, gestaffelt nach dem Kaufpreis.*

Bei solch *pauschalen Rabatten* oder *Ersatzleistungen* ist die *»Angemessenheit«* sehr problematisch, die sich rein faktisch nur auf breiter Erfahrungsbasis ermitteln lässt. Der gewährte finanzielle Ausgleich muss dabei den durchschnittlichen Kostenaufwand wegen Mängeln an dem Produkttyp X/oder bei Händler Y abdecken. Dabei gibt es in der Praxis immer wieder konkrete Einzelfälle, in denen die für die breite Masse der Handelsbeziehungen ermittelten Pauschalen eben

> *Angemessenheit fraglich*

nicht für das Handelsunternehmen des betreffenden Händlers passen. So muss der Hersteller stets damit rechnen, dass im Streitfall das Gericht seine AGB-Klausel wegen unangemessener Benachteiligung des Kunden verwirft.

Warengutschrift

Wesentlich Erfolg versprechender dürfte es sein, eine *Limitierung* des *Aufwendungsersatzes* dadurch zu erreichen, dass der Hersteller seinem Händler anstelle der Barzahlung einen gleichwertigen Ausgleich in Form der *Warengutschrift* auf der *Basis* des *Herstellerverkaufspreises* gewährt; sie kostet den Hersteller weniger als die direkte Bezahlung von Aufwendungsersatz, die aus dem Cashflow des Unternehmens beglichen werden müsste. Ein nicht unerwünschter Nebeneffekt wäre es, dass eine Warengutschrift den *Händler* noch stärker und länger an die *Produktpalette* des *Herstellers* bindet. Der zum Regress berechtigte Händler erhält wertmäßig aus seiner Sicht genau das Gleiche wie bei einer Barzahlung, sodass hier in der Tat eine echte Gleichwertigkeit besteht. Rechtlich ist diese Lösung auch deswegen geeignet, weil damit voll und ganz dem Erfüllungsinteresse des regressberechtigten Händlers aus dem ursprünglichen Kaufvertrag entsprochen wird, nämlich fehlerfreie Waren vom Hersteller zum Zwecke des Weiterverkaufs zu erhalten. Eine entsprechende Regelung ließe sich ohne weiteres auch in die Verkaufsbedingungen des Herstellers einbauen.

Begrenzung des Aufwendungsersatzes

Klauselvorschlag

»Nimmt der Käufer den Verkäufer im Wege des Rückgriffs infolge eines Sachmangels nach § 478 BGB in Anspruch, so erhält der Käufer als Aufwendungsersatz anstelle der Barzahlung eine Warengutschrift in Höhe des von dem Verkäufer berechneten Verkaufspreises der Kaufsache.«

8.10 Kauf unter Beteiligung von Einkaufsverbänden

Einkaufsverband

Kleine und mittlere Unternehmen, vor allem aus dem Bereich von Handel und Handwerk schließen sich häufig zur Bündelung ihrer Nachfragemacht, um *bessere Einkaufskonditionen* erzielen zu können, *Einkaufsverbänden* an, die für ihre *Mitglieder* den *Einkauf zentral* abwickeln. Für die *Lieferanten* bringt dieses Verbundsystem den Vorteil einer erheblichen *Absatzsteigerung* durch die Gewinnung eines »Großkunden«. Angesichts des beidseitigen Nutzens für Käufer und Lieferant solcher Zusammenschlüsse, die als freigestellte *Mittelstandskartelle* nach § 3, Abs. 1 GWB ohne weiteres zulässig sind,

Mittelstandskartell

ist es kein Wunder, dass sie heute eine erhebliche Wirtschaftskraft besitzen. Allein der Zentralverband gewerblicher Verbundgruppen (ZGV) vereint unter seinem Dach mehr als 300 verschiedene Kooperationen mit knapp 200.000 Mitgliedsunternehmen aus über 30 Branchen, die jährlich einen Umsatz von ca. 100 Mrd. € in Waren und Dienstleistungen machen.

8.10.1   Rechtsrahmen des Zentraleinkaufs

Der rechtliche Rahmen des Zentraleinkaufs ist sehr komplex, weniger im Innenverhältnis zwischen dem Mitgliedsunternehmen und seinem Verband, sondern in der Ausgestaltung des Außenverhältnisses zwischen dem Lieferanten und seinen Beziehungen zu dem Verband und den einzelnen Mitgliedern durch den Zentralregulierungsvertrag als gemeinsame Klammer.

Die *Einkaufszentralen* sind i.d.R. *gesellschaftsrechtlich*, ob als Genossenschaft, GmbH oder KG, organisiert, denen im Innenverhältnis das *Mitgliedsunternehmen* als *einfacher Gesellschafter* beitritt. Diese mit den Mitgliedern geschlossenen Verträge großer Einkaufsverbände sind in ihrer Gesamtheit branchenweit, vor allem den Lieferanten, bekannt. Dabei übernehmen sie zumeist nicht nur die Koordination des Einkaufs. Vielmehr bieten sie über den reinen Service beim Kauf weitere Dienstleistungen wie das Zentralregulierungsgeschäft, d. h.

Innenverhältnis: Gesellschaftsvertrag

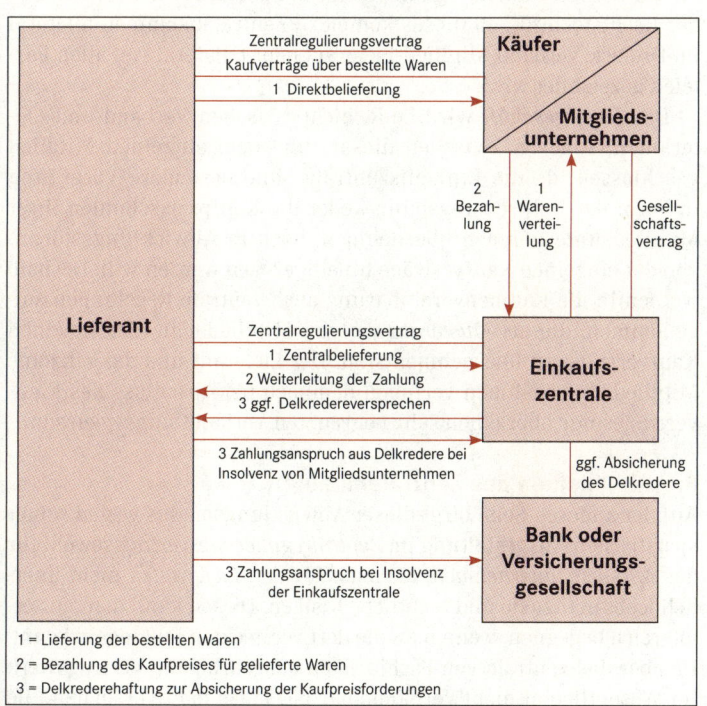

Abb. 8.9: Rechtsrahmen des Zentraleinkaufs

Abwicklung des Zahlungsverkehrs mit dem Lieferanten, Beratungs- und Betreuungsdienste, sowie Laden- und Sortimentsgestaltung an.

Außenverhältnis: Zentralregulierungs-vertrag

In der *Außenbeziehung* zum Lieferanten sorgt der Verband durch *Musterkonditionen*, vor allem Abreden über Preise, Rabatte, Boni, für eine einheitliche Ausgestaltung der Kaufverträge zwischen dem Lieferanten und seinen beigetretenen Anschlusshäusern. Der Lieferant willigt in die Geltung dieser Regelungen durch Unterzeichnung eines Rahmenvertrages, ob er nun je nach Nomenklatur als »Lieferantenvereinbarung«, »Liefer- und Konditionsvertrag«, »Lieferungsabkommen« oder »Zentralregulierungsvertrag« bezeichnet wird, ein. Im Bereich des *Zahlungsverkehrs* übernimmt die Einkaufszentrale gegenüber den Lieferanten den Einzug der Lieferantenforderungen auch zur Kontrolle der Geschäftstätigkeit ihrer Mitglieder. Ferner bieten viele Einkaufskooperationen gegen Zahlung einer Gebühr den Lieferanten die Übernahme der *Delkrederehaftung*, wodurch sie dessen Kaufpreisforderungen garantiemäßig für den Fall der Zahlungsunfähigkeit der Käufer absichern. Die Serviceleistung kann bis zur Übernahme des Forderungsmanagements reichen, indem der Lieferant seine Kaufpreisforderungen im Rahmen des *Factoring* an den Verband abtritt (vgl. Kap. 8.7.4). Dabei ist es allein eine Frage der Rechtstechnik, ob dieses komplexe Zentralabkommen bilateral im Dreieck Verband-Mitglied-Lieferant oder trilateral von allen Parteien gezeichnet wird.

Musterkonditionen für Kaufverträge

Das *Liefergeschäft* wird i.d.R. nicht zwischen Verband und Lieferanten, sondern zwischen diesem und dem einzelnen Mitglied geschlossen, da die Einkaufszentrale ohne besondere Vergütung in Form der Delkrederegebühr weder die Kaufpreisschulden ihrer Mitgliedsunternehmen übernehmen, noch in Abwicklungsstörungen der einzelnen Kaufverträge hineingezogen werden will. Deshalb werden in die Rahmenvereinbarung auch zentrale Regelungen aufgenommen, die als *Musterangebot* der Mitglieder in die einzelnen Kaufverträge zu übernehmen sind. Der Lieferant und das einzelne Mitgliedsunternehmen verfügen demnach bei Abschluss des Kaufvertrages nur über einen sehr begrenzten Verhandlungsspielraum.

8.10.2 Risiken des Zentraleinkaufs

Auf der anderen Seite birgt dieser Abwicklungsmodus wegen seiner spezifischen Ausgestaltung im *Zentralregulierungsvertrag* sowohl für das *Mitgliedsunternehmen*, als auch für den *Lieferanten* nicht unerhebliche finanzielle und rechtliche Risiken. Diesen kann man nur erfolgreich begegnen, wenn man die dort versteckten Fußangeln kennt. Da aber das zentrale von Fachjuristen ausgearbeitete Vertragswerk im Wesentlichen nicht verhandelbar ist, muss man versuchen, die Risiken auf der unteren Ebene der einzelnen Kaufverträge durch zusätzliche Abreden aufzufangen oder wenigstens zu minimieren.

8.10.2.1   Auf Käuferseite

Keine Rolle spielt die Durchführung der Vertragsanbahnung beim
Liefergeschäft, ob die *Warenbestellungen* dezentral vom einzelnen
Mitglied aufgegeben oder zunächst in der Verbandszentrale gesammelt und zusammengefasst und von dort an den Lieferanten als Vertreter der angeschlossenen Unternehmen weiter geleitet werden.

Mehr Augenmerk ist aber auf die Abwicklung der *Warenlieferung*
zu legen: Direktbelieferung der einzelnen Käufer oder zunächst
Warenauslieferung an das Zentrallager des Verbandes, von wo sie
an die Mitgliedsunternehmen verteilt werden? Im Falle der *Zentral-
auslieferung* sollte wegen der knapp bemessenen *Mängelrügefristen*
und des drohenden Verlustes der Mängelansprüche des Käufers (vgl.
Kap. 8.9.2.3) durch eine gesonderte Abrede festgelegt werden, dass
der *Fristlauf* erst mit *Wareneingang* beim Käufer, was schriftlich zu
dokumentieren ist, einsetzt. Sofern auch die Bearbeitung der Mängelrügen zur Vereinfachung über die Zentrale erfolgt, diese dort gesammelt, nach Warentypen sortiert und danach unverzüglich dem
Lieferanten zugeleitet werden, wird eine Ergänzung dergestalt nötig
wird, dass zur *Fristwahrung* die rechtzeitige Abwendung der Rüge
an die Einkaufszentrale genügt, wenn diese sie unverzüglich an den
Lieferanten weiterleitet. Die Zusammenfassung aller Mängelrügen
aus der Gesamtlieferung hat für den Lieferanten den großen Vorteil,
dass er schnell ein Gesamtbild über das Ausmaß der Mängel gewinnen und rasch die notwendigen Maßnahmen treffen kann.

Mängelrügeklausel

*»Die Rügefrist beginnt erst mit der dokumentierten Ablieferung der bestell-
ten Waren an den Käufer.« (»Zur Wahrung der Frist genügt die rechtzeitige
Absendung der Mängelrüge an die Einkaufszentrale des Käufers, wenn sie
dort unverzüglich an den Lieferanten weitergeleitet wird.«)*

Als Käufer sind Sie wegen der vereinbarten *Zentralregulierung* des
Zahlungsverkehrs verpflichtet, den Kaufpreis an die Einkaufszentrale
zu überweisen, die den Geldbetrag, ggf. geschmälert um eigene Provisionen, dann an den Lieferanten abführt. Die Kaufpreisforderung
ihres Lieferanten erlischt erst durch Erfüllung nach § 362 Abs. 1
BGB, wenn der Geldbetrag beim Lieferanten eingegangen ist. Die
Bezahlung an den *Verband* selbst hat *nur schuldbefreiende Wirkung*,
wenn der Lieferant seine Forderung durch Factoring an den Verband
abgetreten und dieser dadurch neuer Gläubiger geworden ist (§§ 398,
362, Abs. 1 BGB) oder die Einkaufszentrale ausdrücklich zum For-
derungsinkasso ermächtigt hat (§ 362 Abs. 2 BGB). Beides sehen
aber die im Wirtschaftsverkehr gängigen Zentralregulierungsver-
träge eben nicht vor, sondern hierfür bedarf es spezifischer Verein-

**Warenbestellung
und Warenlieferung**

Mängelrügefristen

Klauselvorschlag

**Bezahlung
an den Verband**

barungen. Als Käufer laufen Sie deshalb Gefahr, trotz Bezahlung des Kaufpreises an die Einkaufszentrale, vom Lieferanten berechtigterweise nochmals auf Zahlung in Anspruch genommen zu werden, wenn der Verband den Geldbetrag nicht an den Lieferanten abführt, namentlich wenn dieser insolvent geworden ist. Dass dieses Risiko tatsächlich besteht, bestätigen eine ganze Reihe von für die Mitgliedsunternehmen ungünstig ausgegangen Rechtsstreitigkeiten aus den letzten Jahren (BGH WM 2003, S. 1717; OLG Düsseldorf, Urt. v. 15.06.2004 – 23 U 3/04; OLG Hamm, Urt. v. 23.04.1991 – 19 U 19/91; OLG Köln, OLGR 1998, S. 199; OLG München, Urt. v. 12.10.1991 – 27 U 135/91).

Gegen das Risiko der *Doppelzahlung* können Sie sich als Käufer nur schützen, wenn der Einzelkaufvertrag durch die Erfüllungsvereinbarung ergänzt wird, dass Zahlungen an den Einkaufsverband unabhängig von der Regelung im Zentralregulierungsvertrag stets mit schuldbefreiender Wirkung gegenüber dem Lieferanten erfolgen.

Zahlungsklausel mit Erfüllungswirkung

Klauselvorschlag

»Hat der Käufer den Kaufpreis an den Zentralverband ... überwiesen, so erlischt mit Eingang des Geldbetrages beim Empfänger auch die Kaufpreisschuld gegenüber dem Lieferanten«.

Auf diese Abrede kann und wird sich Ihr Lieferant nur einlassen, wenn der Zentralverband die Kaufpreisforderungen gegen die Mitgliedsunternehmen durch eine insolvenzfeste Delkrederehaftung absichert oder er zumindest seinen Eigentumsvorbehalt so lange behält, bis der Kaufpreis bei ihm eingegangen ist (vgl. Kap. 8.10.2.2).

Tipp

> **Käufer**
>
> Versuchen Sie mit Ihrem Lieferanten dahingehend eine Vereinbarung zu treffen, dass die vorgegebene Zahlung des Kaufpreises an den Zentralverband auch von der Zahlungsverpflichtung gegenüber dem Verkäufer befreit.

8.10.2.2 Auf Lieferantenseite

Für den Lieferanten birgt auf den ersten Blick der Zentraleinkauf im Vergleich zum normalen Warenkauf keine besonderen Gefahren. Gegenüber dem Insolvenzrisiko beim Käufer sichert er sich durch den verlängerten Eigentumsvorbehalt (vgl. Kap. 8.7.2.2) ab. Das Bild ändert sich aber, wenn der Einkaufsverband durch gesonderte Vereinbarung gegenüber dem Lieferanten gegen Bezahlung einer Gebühr

Delkrederehaftung

die *Delkrederehaftung* übernimmt und dadurch dessen Kaufpreisforderungen gegen die Mitgliedsunternehmen mittels einer garantie-mäßigen Einstandspflicht absichert. Auf das Delkredere legen die meisten Lieferanten Wert, weil sie die Solvenz des Verbandes höher einschätzen, als die der einzelnen Mitglieder. Die Sache hat aber einen Haken, da die meisten Vertragswerke zugleich vorsehen, dass der Lieferant sein Eigentum an der veräußerten Ware vorab an die Verbundgruppe unter *Aufgabe* seines *Eigentumsvorbehaltes* überträgt. Er tauscht demnach die Realsicherheit – Eigentum gegen eine Personalsicherheit – Delkredere.

Dieser *Sicherheitentausch* bürdet dem Lieferanten ein zusätz-liches finanzielles Risiko auf, denn die Personalsicherheit versagt bei einem wirtschaftlichen Zusammenbruch des Einkaufsverbandes, sofern er nicht seine Bonität wiederum bei einer Bank oder einer Versicherungsgesellschaft abgesichert hat. Nur wenige besonders solvente Einkaufskooperationen können eine *insolvenzfeste Absiche-rung* ihres Delkredereversprechens vorweisen, wonach der Lieferant sowohl bei Einzelinsolvenzen einzelner Mitglieder als auch der Insol-venz der Verbundgruppe gegen Forderungsausfälle geschützt wird. Listen mit Zusammenschlüssen, die ein solches Sicherungsnetz bie-ten, führen zahlreiche Wirtschaftsverbände. Sicherheitentausch

Es fragt sich, was Lieferanten realistischerweise tun können, um dieses finanzielle Risiko bei einem Warenverkauf unter Einschal-tung einer Einkaufszentrale mit Übernahme der Delkrederehaftung zu minimieren. Insoweit bieten sich zwei Möglichkeiten an:

1. Die Radikallösung wäre, die Zentralregulierung nur zu akzeptie-ren, wenn der Verband für eine *Absicherung* seiner *Delkredere-verpflichtung* gesorgt hat. Da dies bislang in der Praxis die große Ausnahme bildet, müssten Lieferanten auf einen Großteil potenti-eller Kunden verzichten, was sie allerdings meist nicht wollen.
2. Der gangbarere Weg ohne Absatzeinbuße ist, am klassischem Sicherungsrecht, dem *Eigentumsvorbehalt* bei der einfachen nicht bonitätsmäßig abgesicherten Delkrederehaftung des Ver-bands so lange festzuhalten, bis die Zahlung an den Verkäufer erfolgt ist.

Eigentumsvorbehalt beim Zentraleinkauf

»Die gelieferte Ware bleibt bis zur vollständigen Bezahlung unser Eigentum. Der Einkaufsverband erwirbt daran erst Eigentum, wenn die Zahlung an den Verkäufer erfolgt ist.«

Tipp

> **Lieferant**
>
> Bei einer Zentralregulierung ohne Delkrederehaftung des Verbandes genügt zu Ihrer Absicherung der verlängerte Eigentumsvorbehalt. Ist das Delkredere inbegriffen, sollten Sie der sofortigen Eigentumsübertragung an den gelieferten Waren auf den Verband unter Verzicht auf den Eigentumsvorbehalt nur zustimmen, wenn die Einkaufszentrale ihr Delkredere bonitätsmäßig abgesichert hat, was aber in der Praxis selten vorkommt. Anderenfalls ist im Verhandlungswege durchzusetzen, dass der Verband Eigentümer der Waren erst nach Bezahlung an den Verkäufer wird.

8.11   Autokauf

Barkauf

Ob der Kauf im Vergleich zum Leasing von Firmenwägen die beste wirtschaftliche Lösung darstellt, hängt maßgeblich von der Liquiditätslage des Unternehmens ab. Befindet sich – salopp ausgedrückt – genügend Geld in der Firmenkasse, so spricht alles für den Kauf, weil dann der Unternehmer von dem Fachhändler hohe *Barzahlungsrabatte* erhält. Bei dem Kauf von Autos sind gewisse rechtliche Besonderheiten wichtig, wobei es einen Unterschied macht, ob ein *neues Fahrzeug* oder ein *Gebrauchtwagen* erworben wird.

Händler-
mustervertrag

Auf den Inhalt des Vertrages kann der Käufer – abgesehen vom Fahrzeugtyp und seiner Ausstattung sowie in gewissem Umfang den Preis – kaum Einfluss nehmen, da die Vertragsbedingungen schon in dem *Mustervertrag* des *Händlers* vorgegeben sind. Üblicherweise werden einheitlich die Empfehlungen des Zentralverbandes Deutsches Kraftfahrzeuggewerbe e.V. (ZDK) verwendet.

8.11.1   Neuwagenkauf

Beim Kauf eines fabrikneuen Wagens geht es hauptsächlich um vier *Kernprobleme*:
1. Typ und Ausstattung des Wagens, der Preis und Liefertermin,
2. die Lieferung eines »fabrikneuen« Wagens,
3. Fahrzeugabholung und Bezahlung sowie
4. Fahrzeugmängel.

8.11.1.1   Kaufvertragsformular

Als Käufer können Sie den Fahrzeugtyp, das betreffende Modell, die Farbe und die gewünschte Ausstattung nebst Zubehör innerhalb der mittlerweile von allen Herstellern angebotenen breiten Palette frei wählen. Dieses nach individuellen Wünschen gestaltete und ausgesuchte Kraftfahrzeug, das so zum Vertragsgegenstand gemacht worden ist, stellt in seiner Gesamtheit ein einheitliches *neues Fahrzeug* dar (OLG Hamm BB 1996, S. 2323). Sie sollten auch darauf achten, dass die Kaufvertragsformulare der Autohändler einige Fußangeln enthalten, die man als Käufer unbedingt kennen sollte. Als vorformulierte Vertragsklausel müssen Sie den Anforderungen des AGB-Rechts genügen (vgl. Kap. 3.4.5).

Zunächst sehen die Vertragsformulare rechtlich zulässige unterschiedliche *Bindungsfristen* für Besteller und Verkäufer vor: Der Besteller bleibt nach Unterzeichnung zehn Tage bis zwei Wochen an das Angebot gebunden, der Verkäufer an seine Annahme jedoch erst, wenn er den Kaufvertrag innerhalb dieser Frist schriftlich bestätigt (BGH DAR 1990, S. 95).

Vertragsbindung

Die von den Herstellern genannten *Werkpreise* sind *unverbindliche Empfehlungen*, sodass man den Kaufpreis mit dem Händler frei aushandeln und je nach Marktlage erhebliche Preisabschläge erhalten kann. Gleichgültig, ob man sich auf eine bestimmte Marke festgelegt hat oder nicht, ist es deshalb immer sinnvoll, das Angebot mehrerer Händler einzuholen. Bei einer Lieferzeit von mehr als vier Monaten ist der Händler mittels einer sog. *Tagespreisklausel* zu einer einseitigen Preiserhöhung berechtigt, wenn der Hersteller seine Preise entsprechend angehoben hat. Solche *Preiserhöhungsklauseln* sind gegenüber Unternehmen ohne weiteres gültig, soweit sie leicht erkennbar sind und nicht irgendwo im Kleingedruckten versteckt werden (vgl. Kap. 4.3.4.2). Wenn Sie ein guter Kunde sind, können Sie selbstverständlich versuchen, mit Ihrem Händler einen *Festpreis* unter Ausschluss des nachträglichen Preiserhöhungsrechtes zu vereinbaren.

Preiserhöhungsklauseln

Bestellen Sie ein neues Modell, müssen Sie ggf. mit längeren *Lieferfristen* beim Hersteller rechnen. Auf eine konkrete Lieferzusage wird sich Ihr Händler kaum einlassen. Nach der üblichen Standardklausel können Sie als Käufer erst sechs Wochen nach Überschreitung des unverbindlichen Liefertermins eine Nachfrist setzen, die Sie zum Rücktritt vom Kaufvertrag berechtigt. Das hat zur Folge, dass mit Ablauf dieser weiteren Frist – sog. *unechte Nachfrist* – der Lieferanspruch des Käufers erst fällig wird (BGH DB 2001, S. 263).

Liefertermin

Käufer

Angesichts dieses allgemein üblichen großzügigen zeitlichen Rahmens für die Lieferung, sollten Sie entsprechend vorsichtig disponieren und Ihr bisher benutztes Fahrzeug erst verkaufen, wenn Ihnen der Händler eine verbindliche Lieferzeit nennt, verbunden mit der schriftlichen Zusage, dass er bei Nichteinhaltung des Liefertermins kostenlos einen Ersatzwagen stellt oder die Kosten für einen Mietwagen übernimmt.

Tipp

8.11.1.2   Lieferung eines »fabrikneuen« Wagens

Beschaffenheits-garantie

Der bestellte Wagen wird in den Vertragsformularen typischerweise als »fabrikneu« bezeichnet. Wegen der besonderen Bedeutung dieser Eigenschaft für den Käufer in Abgrenzung zum Gebrauchtwagen dürfte darin auch nach dem neuen seit 2002 geltendem Kaufrecht eine *stillschweigende Beschaffenheitsgarantie* des Verkäufers im Sinne von § 443, Abs. 1 BGB liegen. Will dies der Fahrzeughändler wegen seiner erweiterten Haftung nach § 444 BGB vermeiden (vgl. Kap. 8.9.1.1.3), so müsste er unmissverständlich und klar zum Ausdruck bringen, dass es sich hier um eine einfache Beschaffenheitsvereinbarung handelt.

Fabrikneuer Wagen

Fabrikneu ist in diesem Sinne der Wagen nur, wenn er lediglich die üblichen Werkskilometer bei Probe- und Übungsfahrten zurückgelegt hat und noch nicht im öffentlichen Straßenverkehr zugelassen worden ist, und sei es auch nur für einen Tag (OLG Dresden NJW 1999, S. 1037). Allerdings schadet die im Neuwagengeschäft verkehrsübliche *Tages-* oder *Kurzzulassung* ohne tatsächliche Fahrzeugnutzung nicht (BGH NJW 2005, S. 1423). Die Eigenschaft als Neufahrzeug kann schon mit Auslieferung des Wagens an einen anderen Kunden verloren gehen ohne eine nachfolgende amtliche Zulassung, weil auch dann der Fahrzeugbesitzer das Auto bereits tatsächlich im öffentlichen Straßenverkehr bewegen kann (BGH NJW 1997, S. 1848). Ansonsten ist der verkaufte Pkw so lange fabrikneu, wie er als Modell von dem jeweiligen Autobauer im Zeitpunkt des Verkaufs unverändert hergestellt wird. Ob der Händler oder der Kunde als Außenstehender die Einstellung der Produktion hätten erkennen können oder nicht, ist hierfür unerheblich (BGH DB 2003, S. 2170). Nach der Verkehrsanschauung unterliegt jedes Kraftfahrzeug einem wertmindernden Alterungsprozess, da die *Standzeit* einen wesentlichen Gesichtspunkt für die Wertschätzung aus der Sicht eines Neuwagenkäufers besitzt. Steht das Fahrzeug schon mehr als zwölf Monate beim Händler, so ist es auch nicht mehr fabrikneu (BGH Urt. v. 15.10.2003, ZIP 44/2003 A 85).

Liefert der Händler *keinen fabrikneuen Wagen*, so ist das Fahrzeug auf jeden Fall mangelhaft, sodass der Käufer die Nachlieferung eines fabrikneuen Wagen des bestellten Typs fordern kann (§ 439 BGB), und wenn in der Fahrzeugbezeichnung »fabrikneu« auch eine Beschaffenheitsgarantie liegt, zudem noch Schadensersatz, da deren Fehlen der Händler dann stets zu vertreten hätte (§§ 437, Nr. 3, 280 Abs. 1, 444 BGB).

EU-Neuwagen

Aus EU-Staaten *reimportierte Neuwagen* werden von Unternehmen, obwohl sie um einiges billiger sind, i.d.R. selten gekauft. Als Käufer sollten Sie darauf achten, dass der Händler Ihnen das *Fahrzeug zulassungsfertig* übergibt. Holen Sie auf jeden Fall vom Händler die Bestätigung ein, dass die Ausstattung des EU-Importes den deutschen Zulassungsbestimmungen entspricht, um sich ggf. teurere Nachrüstungen zu ersparen. Ferner müssen Sie vom Händler unbedingt bescheinigen lassen, dass der verkaufte reimportierte Pkw fabrikneu ist und nicht bereits im Ausland zum öffentlichen Straßenverkehr zugelassen wurde, weil er dann nicht mehr als fabrikneu angesehen werden kann (OLG Oldenburg BB 1996, S. 2321). Des Weiteren sollten Sie sich unbedingt vergewissern, dass die vom Verkäufer zu beschaffende *Herstellergarantie* gültig ist.

8.11.1.3   Abholung und Bezahlung

Teilt Ihnen der Händler mit, dass das bestellte Fahrzeug zur Abholung bereitgestellt ist, sollten Sie dieser Aufforderung unbedingt Folge leisten, andernfalls drohen Ihnen erhebliche Nachteile wegen Annahmeverzugs (vgl. Kap. 5.6). Kommen Sie seiner Aufforderung nicht nach, kann Ihnen der Händler auch eine Nachfrist setzen und nach ergebnislosem Ablauf ohne besonderen Nachweis die übliche Händlerspanne von 5 % des Kaufpreises als pauschalierten Schadensersatz berechnen (vgl. Kap. 6.3.2.3.2). Fahrzeug-bereitstellung

Der *Kaufpreis* selbst ist innerhalb kurzer Zeit zu zahlen, nach der Standardklausel bei Fahrzeugübergabe, spätestens acht Tage nach Aushändigung oder Zugang der Rechnung. Diese kurze Frist kann zwischen Unternehmen noch als angemessen akzeptiert werden, obwohl sie die gesetzlich vorgesehene Zahlungsfrist von 30 Tagen um mehr als das Dreifache verkürzt (§ 286, Abs. 3 BGB), weil es ohnehin für die Rechtzeitigkeit der Bezahlung auf den Tag des Zahlungsauftrags und nicht des Zahlungseingangs ankommt (vgl. Kap. 4.8.2).

8.11.1.4   Inzahlungnahme des alten Wagens

Eine besondere Zahlungsvariante stellt die *Inzahlungnahme* des alten Wagens dar, der in einer bestimmten Höhe auf den Kaufpreis des Neuwagens angerechnet werden soll. Ob sich das für Sie lohnt, müssen Sie als Käufer selbst entscheiden, da Ihnen der Händler keinen großzügigen Preisrabatt einräumt. Dann kommt es eben auf die Höhe des Verrechnungspreises an.

Anders verhält es sich dagegen beim *Agenturvertrag*, sofern der Händler nur den Kaufvertrag zwischen dem Kunden als Verkäufer und einem Dritten als Kunden vermittelt oder als Verkaufskommissionär den Wagen auf Ihre Rechnung veräußert. Weniger Risiken birgt der *Kommissionsvertrag* beim Fahrzeugankauf, weil beim Agenturvertrag Sie selbst die Position des Verkäufers einnehmen und gegenüber dem Käufer für Fahrzeugmängel nach § 437 BGB einstehen müssen (OLG Stuttgart NJW 2004, S. 2170). Ist dieser Verbraucher, beträgt die nicht weiter verkürzbare Gewähr- Agenturvertrag leistungsfrist bei diesem Verbrauchsgüterkauf immerhin ein volles Jahr (§ 475, Abs. 2 BGB). Deshalb sollten Sie Ihren *Gebrauchtwagen*, bevor er zum Verkauf angeboten wird, unbedingt vom Händler *generalüberholen* lassen. Das Geld erhalten Sie dann auch erst später, wenn der Dritte als Käufer tatsächlich bezahlt hat. Diese Verfahrensweise dürfte rabattunschädlich sein. Als Käufer sollten Sie dann auch versuchen, den Händler dazu zu bewegen, dass er auf seine Kommissionärsprovision verzichtet, er Ihnen also ungeschmälert den mit dem Dritten ausgehandelten Kaufpreis durchleitet.

Bei der *klassischen Inzahlungnahme* des alten Wagens wird der vereinbarte Kaufpreis fest auf den *Neuwagenpreis* angerechnet. Hier trägt der Händler voll und ganz das Absatzrisiko (BGH WM 2005, S. 809). Erzielt er einen höheren Verkaufspreis, darf er ihn behalten (BGH NJW 1982, S. 1699). Die Inzahlungnahme des erhaltenen Wagens wird in einem eigenständigen Vertragsformular dokumentiert und unterschrieben. Der Neuwagenkäufer nimmt die Position des Altwagenverkäufers ein, der in Höhe des vereinbarten Anrechnungspreises für den Altwagen anstelle der Zahlung des Kaufpreises seinen gebrauchten Pkw an Erfüllungs statt an den Fahrzeughändler übereignet (§ 364, Abs. 1 BGB).

Fahrzeugmängel

In Ihrer Rolle als Fahrzeugverkäufer haben Sie grundsätzlich wie jeder Verkäufer für eventuelle Fahrzeugmängel einzustehen (§ 365, Abs. 1 BGB) mit der Besonderheit eines *stillschweigenden Gewährleistungsausschlusses* für bloßen Verschleiß und Gebrauchsmängel (BGH NJW 1982, S. 1701). Allerdings müssen Sie als Kunden-Verkäufer Baujahr, Kilometerleistung und erhebliche Mängel, die die Verkehrssicherheit oder Gebrauchstauglichkeit und damit auch den Fahrzeugwert stark herabsetzen, offen legen. Handelt es sich dabei um einen *Unfallwagen*, genügen Sie der Informationspflicht, wenn Sie den Händler darüber unterrichten. Stellt sich später der Unfallschaden schwerer als angenommen heraus, ist der Händler gezwungen, den Wagen von dem neuen Käufer zurückzunehmen. Er kann von Ihnen dennoch keine Rückzahlung des angerechneten Kaufpreises verlangen. Ein Fahrzeughändler ist nämlich verpflichtet, bei Mitteilung eines Unfalls den Wagen gründlich zu untersuchen, um den Umfang des Mangels selbst festzustellen (BGH NJW 1982, S. 1700).

8.11.1.5 Fahrzeugmängel

Zeigen sich an dem Neuwagen innerhalb der üblichen Garantiefrist von zwei bis drei Jahren erhebliche Mängel, so hängt Ihre rechtliche Position als Käufer davon ab, ob diese Mängel behebbar sind oder nicht.

Nicht behebbare Mängel

Treten nicht beseitigbare Mängel auf, können Sie als Käufer entweder die *Nachlieferung* eines mangelfreien Wagens gleichen Typs und Ausstattung fordern (§ 439 BGB) oder – weil dieses Fahrzeug nicht mehr gebaut wird – sofort vom Kaufvertrag *zurücktreten* oder – was dem Käufer in den wenigsten Fällen nützt – *mindern,* also eine Herabsetzung des Kaufpreises fordern (§ 437, Nr. 2 BGB).

Schadensersatz steht Ihnen nur zu, wenn der Händler den Mangel zu vertreten hat, insbesondere, weil er eine bestimmte Beschaffenheit garantiert hat.

Abgesehen von der Eigenschaft »fabrikneu« sind die Händler in Bezug auf Prospektangaben des Herstellers zu Recht äußerst zurückhaltend, weil sie über die Beschaffenheit des jeweiligen Neufahrzeugs aus eigenem Wissen keine zuverlässigen Angaben machen können (BGH NJW 1996, S. 1337). Ein äußerst wichtiger Qualitätsmangel wäre schon wegen der hohen Benzinpreise und des gesteigerten Umweltbewusstseins bei der Käuferschicht ein überhöhter *Kraftstoffverbrauch.* Dabei gilt das gelieferte Fahrzeug im Rechtssinne als erheblich mangelhaft, wenn der tatsächliche Kraftstoffverbrauch im Drittelmix oder Euromix von den Herstellerangaben durchschnittlich um mindestens 10 % abweicht (BGH ZIP 1997, S. 1548). Nach der zum 1.11.2004 in Kraft getretenen Verordnung über Verbraucherinformationen zu Kraftstoffverbrauch und CO_2-Emissionen (PKW – EnVKV, v. 28.5.2004, BGBl. I, S. 1037), sind Hersteller und Händler von neuen PKW's verpflichtet, ihre Kunden umfassend über den Kraftstoffverbrauch und die CO_2-Emissionen der von ihnen angebotenen Fahrzeuge zu informieren. Trotz dieser neuen Rechtslage hält die Rechtsprechung an der bisher festgelegten Grenze von 10 % für das Rücktrittsrecht fest (BGH BB 2007, S. 1414), so dass bei geringerem Mehrverbrauch nur gemindert werden kann. Bei Unterschreiten der vom Hersteller angemessenen Höchstgeschwindigkeit liegt die Erheblichkeitsgrenze, ab der ein Rücktritt möglich ist, deutlich niedriger nämlich bei 5 % (OLG Düsseldorf NJW 2005, S. 3505).

Kraftstoffverbrauch

Behebbare Mängel

Zeigen sich an dem Neuwagen innerhalb der Garantiefrist erhebliche Mängel, hat der Händler sie kostenlos zu beheben. Dazu zählt auch eine deutliche *Farbabweichung* des bestellten vom gelieferten Fahrzeug (LG Aachen NJW 2005, S. 2237).

Beispiel:
Bestellt wird »carbonschwarzmetallic« mit Grundfarbe Schwarz, geliefert wird zwar die richtige Lackierung, die aber sowohl objektiv nach der Farbzusammensetzung, als auch subjektiv für den Betrachter einen Blau- statt Schwarzton darstellt.

Unerheblicher Fahrzeugmangel

Nach der üblichen Vertragspraxis müssen Sie als Käufer *drei Nachbesserungsversuche* hinnehmen, bevor Sie das Auto zurückgeben können und der Verkäufer Ihnen einen mangelfreien Neuwagen liefert oder Sie vom Kaufvertrag zurücktreten können. Ein *unerheblicher Fahrzeugmangel*, der das Rücktrittsrecht nach § 323, Abs. 5 Satz 2 BGB ausschließt sondern dem Käufer nur den Minderungsanspruch gemäß § 441 Satz 2 BGB belässt, liegt jedenfalls dann nicht vor, falls der Nachbesserungsaufwand 5 % des Anschaffungspreises oder gar mehr beträgt (OLG Köln NJW 2007, S. 1696). Machen Sie von Ihrem Rücktrittsrecht Gebrauch, müssen Sie dem Händler eine *Nutzungsentschädigung* zahlen, wobei 0,40 % des Kaufpreises pro Tausend gefahrene Kilometer, berechnet auf der Grundlage einer durchschnittlichen Fahrleistung von 250.000 Kilometern, in Rechnung gestellt werden können. Bei Mittelklassewagen geht die Rechtsprechung von dieser höheren durchschnittlichen Nutzungsdauer aus (OLG Karlsruhe NJW 2003, S. 1950). Treten *unterwegs* größere Fehler auf, die sofort behoben werden müssen, müssen Sie einen Vertragshändler aufsuchen, der zur Mängelbeseitigung nicht nur berechtigt, sondern auch verpflichtet ist. Lehnt er eine kostenlose Reparatur ab, weil der Schaden angeblich auf einen Bedienungsfehler des Käufers zurückzuführen ist, gerät auch Ihr Autohändler mit der Mängelbeseitigung automatisch in Verzug, weil er die Ablehnung des anderen Vertragshändlers zu vertreten hat (BGH BB 1991, S. 1449).

Tipp

> **Käufer**
>
> Zahlen Sie in einem solchen Fall die Rechnung nur unter Vorbehalt und verlangen Sie danach Ihre Aufwendungen von Ihrem Verkäufer nach § 634, Nr. 2 BGB zurück.

Fahrzeuginspektionen

Garantiebedingungen

Innerhalb der zwei- bis dreijährigen Garantie für einen Neuwagen hat der Käufer die vorgeschriebenen *Inspektionen* und Fahrzeugwartung ausschließlich bei einem *autorisierten Vertragshändler* vorzunehmen. Ansonsten verliert er seinen Garantieanspruch gegen den Hersteller. Da diese *Garantiebedingungen zwingend* sind, gelten sie selbst dann, wenn der eingetretene Schaden am Fahrzeug nicht in einem ursächlichen Zusammenhang mit der unterlassenen Inanspruchnahme eines autorisierten Vertragshändlers steht (OLG Nürnberg NJW 1997, S. 2186). Tritt innerhalb der Garantiefrist ein *Mangel* auf und wird dieser *behoben*, so *verlängert* sich für die durchgeführte Reparatur die *Gewährleistungszeit* noch einmal um die gesetzliche Gewährleistungsfrist von zwei Jahren (BGH NJW 1996, S. 2505).

> **Beispiel:**
> *Eine typische Klausel lautet: »Der Verkäufer leistet Gewähr für eine dem jeweiligen Stand der Technik des Kaufgegenstandes entsprechende Mangelfreiheit für zwei Jahre ab der Auslieferung.«*
> *Tritt ein Mangel im 24. Monat auf, so müsste der Verkäufer für Reparaturmängel selbst noch einmal zusätzlich zwei Jahre einstehen.*

Im Falle einer solchen Garantiezusage des Herstellers hat dieser, wenn der Händler die Mängelbeseitigung ablehnt, zu beweisen, dass ein Mangel auf sachwidrige äußere Einwirkungen oder auf den Verantwortungsbereich des Käufers zurückzuführen ist (BGH NJW 1996, S. 2505).

> **Beispiel:**
> *Störungen im Airbag-System werden durch Nagetierbisse im Bereich der Fahrzeugelektronik hervorgerufen, Schläuche oder Kabel werden durch Marderbisse beschädigt.*
> *Andere anerkannte, von der Gewährleistung ausgeschlossene Fälle sind Mängel, die durch Eingriffe von außen, wie z. B. Naturkatastrophen, Beschädigungen durch Dritte oder Tiere, verursacht worden sind.*

Manche Hersteller bieten ihren Kunden auch an, durch Abschluss einer besonderen *Fahrzeugversicherung* gegen Entrichtung einer bestimmten Prämie die Garantiezeit für bestimmte Fahrzeugteile um zwei bis drei Jahre zu verlängern. Sollten die von der Versicherung erfassten Fahrzeuge und Bauteile funktionsuntüchtig oder schadhaft werden, werden sie im Rahmen der Fahrzeugwartung ausgetauscht. Die Kosten hierfür trägt die entsprechende Versicherung. Das verschafft den Unternehmen die Möglichkeit, Firmenfahrzeuge mit hohem Verschleiß rundum zu versichern und damit die Wartungskosten in einem kalkulierbaren Rahmen zu halten, bis eine Neuanschaffung erfolgt.

Verlängerung der Garantiezeit

8.11.2 Gebrauchtwagenkauf

Auch gut erhaltene Gebrauchtwagen, insbesondere *Vorführwagen*, kommen als Firmenfahrzeuge durchaus in Betracht. Wegen der wesentlich größeren Verlässlichkeit sollte man sie allerdings nicht von Privatpersonen, sondern nur von seriösen *Fachhändlern* erwerben. Dagegen können Sie Ihre gebrauchten Firmenautos ohne weiteres direkt an interessierte *Privatleute*, insbesondere über das Internet, z. B. E-Mail etc., verkaufen. Beim Gebrauchtwagenkauf oder -verkauf sollten einige rechtliche Besonderheiten beachtet werden, wenngleich auch hier der Knackpunkt bei den Fahrzeugmängeln liegt.

Fachhändler

8.11.2.1   Checkliste und Mustervertrag

ADAC

Der *ADAC* hat für den Käufer eine Checkliste für den Gebrauchtwagenkauf entwickelt, die alle wesentlichen Aspekte enthält, auf die
es ankommt. Als Käufer sollten Sie sich deshalb diese *Checkliste* unbedingt besorgen und Ihr konkretes vom Händler vorgelegtes Vertragsformular daraufhin überprüfen, ob alle wichtigen Punkte darin
käufergerecht berücksichtigt sind. Geht es dagegen um den Verkauf
Ihres gebrauchten Kraftfahrzeugs, so können Sie von dem ADAC
ebenfalls nützliche Vertragsmuster beziehen, die Sie bei sorgfältiger
Ausfüllung aller rechtlichen Schwierigkeiten entheben müssten (LG
Zweibrücken NJW 1999, S. 586).

8.11.2.2   Probefahrt

Verkehrsunfall

Einen Gebrauchtwagen sollte man vor dem Erwerb Probe fahren.
Ereignet sich während der Probefahrt ein *Verkehrsunfall*, stellt sich
die Frage der Haftung. Ist der Verkäufer ein Autohändler, haftet der
Probe fahrende Kunde nur, wenn er den Unfall *grob fahrlässig* ver-
schuldet hat. Er kann erwarten, dass der Händler die typischen Un-
fallrisiken durch den Abschluss einer *Kasko-Versicherung* abdeckt.
Andernfalls muss der Händler den Kunden ausdrücklich auf das erhöhte Risiko hinweisen (OLG Düsseldorf NZV 1994, S. 317).

8.11.2.3   Fahrzeugübergabe und Veräußerungsanzeige

Kfz-Brief

Als Käufer müssen Sie sich bei dem Erwerb des Fahrzeugs unbedingt den *Kfz-Brief* vorlegen lassen, da Sie ansonsten, sollte der Ver-
käufer wider Erwarten nicht zur Veräußerung berechtigt sein, das
Fahrzeug nicht gutgläubig erwerben können (§ 932, Abs. 2 BGB, BGH
NJW 2005, S. 1366; vgl. Kap. 8.6.4.1). Es ist weder üblich noch erforderlich, den Händler als Fahrzeughalter einzutragen. Es genügt also
die Vorlage des Briefes durch ihn selbst (BGH NJW 1996, S. 314).
Legt der Händler Ihnen einen *nagelneuen Kfz-Brief* vor, hatte der
Wagen schon mindestens sechs Vorbesitzer – sechs passen in einen
Kfz-Brief. Achten Sie unbedingt auf die Eintragungen der Innensei-
ten einschließlich der Rückseite, aus denen Verdacht erweckende
längere *Stilllegungszeiten* erkennbar werden.

Eigentums-
vorbehalt des
Verkäufers

Als Verkäufer dürfen Sie den Brief erst aus den Händen geben,
wenn der Käufer den Kaufpreis entweder bar bezahlt, der vereinbarte Kaufpreis auf Ihrem Konto gutgeschrieben oder der Scheck von
der Bank eingelöst worden ist. Wird das Auto zwar übergeben, der
Brief jedoch *einbehalten*, kann dass der Käufer nur so verstehen, dass
der Verkäufer ihm das Eigentum am Fahrzeug zur Sicherung seiner Kaufpreisforderung erst nach vollständiger Bezahlung des Kaufpreises übertragen will (BGH BB 2006, S. 2439). Die Übereignung
des Fahrzeugs an den Käufer ist nach der Straßenverkehrszulas-

sungsordnung der Zulassungsstelle und dem *Haftpflichtversicherer* mitzuteilen (§ 27, Abs. 3 StVZO). Dabei bleiben Sie als Verkäufer so lange Halter des Fahrzeugs, bis der Käufer es auf seinen eigenen Namen umgemeldet hat. Für die *Veräußerungsanzeige* gegenüber der Zulassungsstelle und der Haftpflichtversicherung können Sie den gleichen Text verwenden.

Veräußerungsanzeige

»Hiermit teilen wir mit, dass wir am ... unser Kraftfahrzeug Fabrikat: ...; — Formulierungs-
Fahrgestellnummer: ...; amtliches Kennzeichen: ... an den Käufer (Vor- und vorschlag
*Zuname mit voller Anschrift) unter Aushändigung des Kfz-Scheins und des
Kfz-Briefs veräußert haben. Der Käufer wird die sofortige Ummeldung des
Fahrzeugs veranlassen. Das Fahrzeug ist haftpflichtversichert bei der Ver-
sicherungsgesellschaft ... Ort/Datum.«*
(Letzter Satz entfällt bei der Veräußerungsanzeige an den Versicherer!)
(Unterschrift)

8.11.2.4 Fahrzeugmängel

Ein *Autohändler* ist stets verpflichtet, das zum Verkauf angebotene — Autohändler
gebrauchte *Fahrzeug* gründlich zu *untersuchen*. Deshalb kann er sich
seiner Verantwortung für offen zu legende größere Vorschäden nicht
formularmäßig durch eine eingeschränkte Zusicherung »soweit uns
bekannt« entziehen. Eine derartige einschränkende Klausel erachtet
die Rechtsprechung wegen ihrer überraschenden Wirkung als unwirksam (BGH NJW 1998, S. 2207). Ihm bekannte gravierende Fahrzeugmängel hat der Händler ohnehin ohne weiteres offen zu legen,
ansonsten setzt er sich wegen arglistigem Verschweigen einer verschärften Haftung auch auf Schadensersatz aus (vgl. Kap. 8.9.3.4).
Solch *offenlegungspflichtige Fehler* sind bei Fahrzeugen: — Offenlegungspflichtige Mängel
- falsche Angaben über Alter oder Fahrleistung (OLG Frankfurt
  BB 1980, S. 992);
- Verschweigen eines erheblichen Unfallschadens mit Reparaturaufwendungen von mehr als 1500 € (OLG Köln NJW-RR 1995,
  S. 51);
- falsche Typenbezeichnung, insbesondere, wenn das Fahrzeug
  mit einem anderen als vom Hersteller serienmäßigen, also typge-
  rechten Motor ausgerüstet ist (BGH DB 1985, S. 975).

In gleicher Weise dürfen das Vorhandensein bestimmter Eigenschaften wahrheitswidrig ohne gründliche Prüfung, sozusagen »ins
Blaue hinein«, nicht zugesichert werden (BGH BB 2006, S. 1985).

Beispiel:
Unfallfreiheit des Wagens

Chip-Tuning

Ein *gravierender Fahrzeugmangel* stellt der Einbau eines leistungssteigernden Chips in einen Pkw-Motor – sog. »Chip-Tuning« dar, wenn dieser nicht unverzüglich durch einen amtlich anerkannten Sachverständigen abgenommen wird und dieser eine Bestätigung erteilt, weil ansonsten die Betriebserlaubnis nach der Straßenverkehrszulassungsordnung erlischt (§ 19 Abs. 2 Satz 1; OLG Karlsruhe NJW 2007, S. 443).

Modelljahr

Auch die Angabe eines bestimmten *Modelljahres* im Vertrag stellt eine Beschaffenheitsangabe dar, deren Unrichtigkeit wegen der wertbildenden Bedeutung zu einem erheblichen Mangel führt (OLG Nürnberg NJW 2005, S. 2020). Wird das gebrauchte Fahrzeug als *Jahreswagen* verkauft, dürfen zwischen der Herstellung und dem Abschluss des Kaufvertrages nicht mehr als zwölf Monate vergangen sein (BGH WM 2006, S. 2009).

»Generalüberholt«

Weist der Gebrauchtwagen *normale Verschleißerscheinungen* auf, so stellen diese eigentlich keinen Fahrzeugmangel dar (BGH BB 2006, S. 69). Von diesem Einwand macht der Gebrauchtwarenhandel aber nur selten Gebrauch, weil nun einmal der Käufer von einem Fachhändler geprüfte Qualität erwartet. Um dies zu dokumentieren, bieten die Händler ihre Fahrzeuge als »generalüberholt« an. Das bedeutet dann, dass die üblichen Verschleißteile ausgewechselt sind und das Fahrzeug sich in einem verkehrssicheren Zustand befindet.

Händlergarantie

Noch besser stellen Sie sich als Käufer, wenn Ihnen der Händler eine zeitlich beschränkte *Garantie*, i.d.R. zwölf bis 24 Monate, gibt. Dann können Sie – wie bei der Herstellergarantie für einen Neuwagenkauf – kostenlose Mängelbeseitigung innerhalb der Garantiefrist fordern. Bei einem *Vorführwagen*, der höchstens zwölf Monate alt ist, kommen Sie selbstverständlich in den Genuss der noch nicht abgelaufenen Herstellergarantie. Besteht weder eine Händler noch eine Herstellergarantie, so können Sie zumindest darauf drängen, dass der Händler Ihnen das Vorhandensein wichtiger Eigenschaften in dem Kaufvertrag ausdrücklich schriftlich garantiert und dadurch eine Beschaffenheitsgarantie übernimmt (vgl. Kap. 8.9.1.1.3, OLG Koblenz DB 2004, S. 1037). Die bloße Aufnahme solcher Angaben in den Vertrag dürfte alleine betrachtet noch keine Garantieerklärung enthalten (offen gelassen BGH BB 2007, S. 575).

Beispiel:
Das Alter des Wagens oder seine Fahrleistung etc.

Ansonsten fällt Ihnen der Nachweis einer solch beschränkten Garantie schwer, sofern in der Spalte des Vertragsformulars »Garantie« schriftlich vom Händler »keine« eingefügt wird (BGH BB 1997, S. 1659).

Käufer

Lassen Sie sich deshalb alle für Sie wichtigen Fahrzeugeigenschaften ausdrücklich vom Händler schriftlich im Vertrag garantieren.

Sollte der *Händler* den *Mangel bestreiten* und deswegen sich weigern, ihn zu beheben, kann der Käufer ohne Nachfristsetzung sofort Schadensersatz statt Leistung oder Aufwendungsersatz und einfachen Schadensersatz fordern (§§ 281 Abs. 2 1. Alternative, 284 BGB). Deswegen können Sie als Käufer in einem solchen Fall das *fehlerhafte Fahrzeugteil*, wie z.B. einen Turbolader, von einem anderen Fachmann austauschen lassen, müssen jedoch das ausgetauschte Teil unbedingt bis zum Gewährleistungsschluss gegen den Verkäufer als *Beweismittel aufbewahren*. Anderenfalls verlieren Sie wegen fahrlässiger Beweisvereitelung den Rechtsstreit, weil das Gericht dann zu Ihrem Nachteil davon auszugehen hat, dass der Schaden durch normalen Verschleiss verursacht worden ist und eben nicht auf einen Mangel beruht (BGH Urt. v. 23.11.2005 – Az. VII ZR 43/05, ZIP 48/2005 A 93).

Schadhafte Teile bei strittigen Mängeln als Beweismittel aufbewahren

Verkaufen Sie Ihr gebrauchtes *Firmenfahrzeug* an eine *Privatperson*, können Sie gegenüber dieser Käufergruppe in dem Kaufvertrag Ihre Gewährleistungspflicht durch die Formulierung »gekauft wie besehen« oder »ohne Gewährleistung« etc. nicht gänzlich ausschließen, weil es sich bei diesem Vertrag wegen seines Geschäftsbezuges um einen *Verbrauchsgüterkauf* handelt, bei dem der Gesetzgeber ausdrücklich eine derartige Rechtsverkürzung des Käufers verbietet (§ 475, Abs. 2, Satz 2 BGB). Vielmehr müssen Sie für Fahrzeugmängel ein Jahr lang gerade stehen. Das gilt auch bei einer *Versteigerung* über das *Internet*, weil sich dort hauptsächlich Verbraucher beteiligen. Der Verkauf kann auch im Wege der umgekehrten Versteigerung geschehen, bei der in einem bestimmten Sekundentakt der Anfangspreis des angebotenen Fahrzeugs um einen bestimmten Betrag sinkt. Voraussetzung hierfür ist, dass sich der Auktionssieger nach Abschluss der Veranstaltung frei und ohne finanzielle Nachteile entscheiden kann, ob er den ersteigerten Wagen zu dem erzielten Preis erwerben will (BGH DB 2004, S. 873).

Verkauf des Firmenwagens an Privatperson

Verkäufer

Deswegen sollten Sie Ihr Fahrzeug vor dem Verkauf an einen Verbraucher unbedingt von einem Fachhändler überholen und gründlich prüfen lassen.

Vorzuziehen ist daher der *Verkauf* des Fahrzeugs an einen *Händler*, weil Sie Ihre Gewährleistungshaftung völlig ausschließen können und lediglich verpflichtet sind, die Ihnen bekannten gravierenden offenlegungspflichtigen Mängel mitzuteilen, um sich nicht dem Vorwurf arglistigen Verhaltens auszusetzen.

Verkauf des Firmenwagens an Händler

Neben dem Eingehen eines hohen Haftungsrisikos gegenüber Ihrem Vertragspartner machen Sie sich direkt gegenüber dem Kunden des Händlers, an den dieser das Auto weiterverkauft hat, unter dem rechtlichen Gesichtspunkt der vorsätzlich sittenwidrigen Schädigung nach § 826 BGB ersatzpflichtig (OLG Hamm NJW 1997, S. 2122). Der geschädigte Kunde muss sich allerdings bei der Berechnung seines Schadens die zwischenzeitlich gezogene Nutzung in Höhe der von ihm gefahrenen Kilometer abziehen lassen. Geht es dabei um Unfallschäden, entgehen Sie der drohenden Haftung, wenn Sie Ihren Händler darüber in Kenntnis setzen, dass das Fahrzeug an dieser oder jener Stelle beschädigt worden ist; über das konkrete Ausmaß selbst hat sich der Händler wegen seiner höheren Fachkenntnis zu informieren.

Tipp

> **Verkäufer**
>
> Verkaufen Sie Ihren gebrauchten Firmenwagen an einen Händler, versäumen Sie es daher nicht, diesen über eventuelle gravierende Fahrzeugmängel, insbesondere einen größeren Unfallschaden, zu unterrichten.

Gestohlenes Auto

Wird der gekaufte Wagen wegen *»Diebstahlverdachts« beschlagnahmt,* so können Sie als Käufer wegen diesem nicht behebbaren Sachmangel innerhalb der Gewährleistungsfrist von zwei Jahren sofort von dem Kaufvertrag zurücktreten (BGH DB 1997, S. 2322). Nur wenn sich der Verdacht bestätigt, dass das Fahrzeug tatsächlich gestohlen war, steht Ihnen als Käufer wegen dieses Rechtsmangels nach § 435 BGB auch noch später ein Rücktrittsrecht zu, und wenn der Verkäufer von dem Diebstahl wusste oder hätte wissen müssen, auch noch Schadensersatz statt Leistung (§§ 437, Nr. 3, 281, Abs. 1 BGB; BGH DB 1997, S. 2323).

8.12   Computerkauf

Auch kleinere Unternehmen benötigen eine leistungsfähige DV-Anlage zur möglichst effizienten optimalen Steuerung betriebsinterner Abläufe und Inanspruchnahme wichtiger Telekommunikationsdienste, insbesondere des Anschlusses an das Internet. Dem *Kaufrecht* unterliegt nur der Erwerb von *Hard-* und *Standardsoftware* (BGH NJW 2000, S. 1415). Die Probleme von Verträgen über die Entwicklung spezieller Software für den Auftraggeber nebst der Inanspruchnahme spezieller *Telekommunikationsdienste,* unter dem Schlagwort »Informationstechnologie« zusammengefasst, werden im Bereich der Dienstleistungen behandelt (vgl. Kap. 10.7).

Benötigen Sie als Käufer einer kompletten DV-Anlage mangels geeigneten Fachpersonals auch eine *Hardware-Wartung* und *Software-Pflege,* sind Sie auf die Wartung der Anlage durch den Lieferanten oder ein anderes von diesem beauftragten Unternehmen angewiesen. Dabei handelt es sich typischerweise um einen *Dienstleistungsvertrag* in Gestalt eines Werkvertrages, der ebenfalls in Kapitel 10 näher erläutert wird (vgl. Kap. 10.7.5.3).

8.12.1   Vor Vertragsabschluss: DV-Beratung und Funktionsprüfung

Einen einheitlichen Computer-Kaufvertrag gibt es nicht: Die Anschaffung eines die Schaltstellen des Betriebes vernetzenden *DV-Systems* unterscheidet sich insbesondere im Hinblick auf den Beratungsbedarf des Käufers ganz wesentlich von dem Kauf eines oder mehrerer PCs. Dabei bedarf es insbesondere der Klärung, ob Sie nur Ein- oder Mehr-Platz-Systeme oder auch vernetzte Mehr-Platz-Systeme benötigen.

Keine besonderen Schwierigkeiten treten beim Erwerb einzelner PC-Anlagen mit der dazugehörigen *Betriebssoftware* auf. Die damit zusammenhängenden wichtigen Punkte, wie Preis, technische Leistungsfähigkeit, insbesondere die Telekommunikationsfähigkeit für den Internet-Anschluss und auch eine Erweiter- oder Aufrüstbarkeit des PC's, lassen sich in einem einfachen Verkaufsgespräch klären. Als Käufer müssen Sie lediglich darauf achten, dass die für Sie *wichtigen Daten* in das *Vertragsformular* eingesetzt werden, soweit sie nicht schon im Verkaufsprospekt des Herstellers enthalten sind. Soll der Verkäufer als Nebenleistung auch noch für die betriebsbereite Installation der DV-Anlage verantwortlich sein, gehört dies ebenfalls in den Vertrag.

PC-Anlage mit Betriebssoftware

Wegen der Schnelllebigkeit dieser Produkte legt der Käufer selbstverständlich Wert darauf, das jeweils *neueste technische Modell* oder die *neueste Version* der Software zu erhalten. Das sollte er sich im Vertrag ausdrücklich zusichern lassen. Versäumt er das, hat er als Käufer i.d.R. keine Mängelansprüche, wenn das gelieferte DV-System einwandfrei funktioniert, selbst wenn schon ein Nachfolgemodell oder eine Nachfolgeversion auf dem Markt erhältlich ist (BGH NJW 1996, S. 1466).

Neuestes Modell und neueste Version

Beispiel:

Es soll eine EDV-Anlage zum Gesamtpreis von 55.000 € geliefert werden. Im Angebotstext war die Anlage näher spezifiziert und als »unsere überarbeitete LSX-Lösung« aufgeführt.

Lösung:

Aus dieser angebotenen Hardware-Konfiguration konnte der Käufer nach Ansicht des BGH lediglich entnehmen, dass es sich bei der »überarbeiteten LSX-Lösung« im Verhältnis zur »nicht überarbeiteten LSX-Lösung« um ein technisch neueres Modell handelt. Jedoch besagt diese Angabe nichts darüber, ob schon die Markteinführung eines etwaigen Nachfolgemodells vollzogen ist.

Tipp

Käufer

Spezifizieren Sie daher die zu liefernde Anlage samt Software möglichst genau in dem Vertrag und lassen Sie sich von dem Händler ausdrücklich schriftlich bestätigen, dass die EDV-Anlage dem neuesten technischen Stand sowohl im Hinblick auf die Hardware als auch auf die Software entspricht.

8.12.1.1 Umfassende Beratung bei vernetzten DV-Systemen

Pflichtenheft

Geht es um den Erwerb und die Installierung einer *vernetzten DV-Anlage* mit mehreren Arbeitsplätzen mitsamt der dazugehörigen Betriebssoftware und einer umfassenden Anwendungssoftware, so muss die *Komplettanlage* spezifisch auf die *betrieblichen Verhältnisse* des Käufers zugeschnitten sein. Ob das von dem Verkäufer angebotene System sich für die konkreten betrieblichen Zwecke eignet oder nicht und nach den Gegebenheiten die optimale Problemlösung darstellt, können i.d.R. kleinere und mittlere Unternehmen mangels ausreichendem Know-how nicht beurteilen. Sie benötigen deshalb eine umfassende *Beratung* durch die fachkundige *Computerfirma*. Je nach Einsatzbereich im Betrieb kann das für die Anlage technisch erforderliche Leistungsvermögen und die Ausstattung des DV-Systems nur in intensiver gemeinsamer Arbeit zwischen Lieferant und Käufer ermittelt werden. Dabei muss das Ergebnis in einem *Pflichtenheft* schriftlich festgehalten werden, das als Anlage zum späteren Kaufvertrag genommen und damit verbindlicher Vertragsinhalt wird. Um dies abzuklären, hat der Lieferant eine Ortsbesichtigung im Betrieb des Käufers vorzunehmen, damit er sich ein Bild über den Einsatzbereich des DV-Systems machen kann. Dabei ist auch zu ermitteln, ob die vorhandenen technischen Installationen ausreichen oder ob der Käufer insoweit noch nachrüsten muss.

Zu einer solch umfassenden und zeitaufwändigen Beratungsleistung ist der Lieferant nur gegen *angemessene Vergütung* bereit. Das muss er Ihnen als Käufer auch deutlich machen. Gehen Sie aber, weil Ihnen das zu teuer erscheint, nicht darauf ein und schlagen Sie dieses Angebot in den Wind, so können Sie nur eine wesentlich geringere Beratungsleistung erwarten. Schließen Sie den Vertrag dennoch ab, müssen Sie mit dem zufrieden sein, was Ihnen geliefert wird, auch wenn die Anlage für Ihren Betrieb zu klein oder zu groß dimensioniert ist (OLG Köln NJW-RR 1995, S. 1460).

(Randnotiz: Vergütung für Beratungsleistung)

Nehmen Sie das Beratungsangebot des Lieferanten an, so kommt zwischen Ihnen ein *Beratungsvertrag* als atypischer schuldrechtlicher Vertrag im Sinne von §311, Abs. 1 BGB zustande. Im Mittelpunkt steht dabei die Bestimmung des für die Käuferzwecke bestmöglichen DV-Systems, worüber ein Pflichtenheft anzulegen ist. Selbstverständlich gehört auch der vom Käufer zu zahlende Preis dazu, sowie die Regelung der Vergütung für die Beratungsleistung selbst.

(Randnotiz: Beratungsvertrag)

Als Käufer sollten Sie sich keineswegs mit einer relativ unbestimmten Vergütungsregelung, wonach sich das Entgelt nach dem in Stunden gemessenen Zeitaufwand und dem Stundensatz bemisst, zufrieden geben, weil unter Umständen ein unkalkulierbarer hoher Kostenfaktor auf Sie zukommen kann. Versuchen Sie deshalb mit dem Lieferanten eine *Pauschalvergütung* zu vereinbaren oder, noch besser, eine Vergütung mit einer Obergrenze primär nach Zeitaufwand. Sparen Sie hier nicht an der falschen Stelle und seien Sie durchaus bereit zwischen 5 bis 10% des Gesamtpreises der Anlage zu investieren.

Beratungsvergütung

»Die Beratungsleistung des Verkäufers wird je nach Zeitaufwand mit ... € pro Arbeitsstunde honoriert; sie beträgt höchstens ... €.«

(Randnotiz: Klauselvorschlag)

8.12.1.1.1   Bestimmung des geeigneten DV-Systems

Im Rahmen der Beratung legen Käufer und Lieferant gemeinsam das *Anforderungsprofil* für das erwünschte DV-System im Hinblick auf seinen *betrieblichen Einsatzbereich* fest. Die Faktenlage bestimmt der Käufer anhand der benötigten Arbeitsplätze, der Funktionsbreite und -tiefe der gewünschten DV-Anlage mit Blick auf die durch sie zusammengeschlossenen Betriebsfelder, wie z.B. Daten, Verwaltung und Datenmanagement für den Gesamtbetrieb oder nur für einzelne Sektoren, wie etwa die Buchhaltung etc. Daraus kann das *Mengengerüst* des Käufers im Hinblick auf die jährlich zu verarbeitenden, Datenmenge vom Lieferanten oder vom Käufer unter fachgerechter Anleitung des Lieferanten ermittelt werden. Das Ergebnis dieser

(Randnotiz: Anforderungsprofil)

Untersuchung im Hinblick auf die benötigte Datenmenge, die betroffenen Arbeitsgebiete und Arbeitsplätze, wird möglichst konkret und systematisch in ein *Pflichtenheft* übernommen, für deren Erstellung der Lieferant als Fachmann verantwortlich sein sollte. Dadurch wird nun der vertragsgemäße Gebrauch der des DV-Systems konkretisiert. Danach ist es nun Aufgabe des Lieferanten, ein unter technischen und wirtschaftlichen Gesichtspunkten ausreichend dimensioniertes DV-System zu ermitteln und dem Käufer anzubieten.

Wirtschaftlichkeit   Dem *Wirtschaftlichkeitsgebot* entspricht der Verkäufer, wenn er Folgendes beachtet:

- Sind unterschiedlich umfangreiche und auch teure Modelle und Versionen eines DV-Systems vorhanden, darf er nicht nur die teuersten anbieten (OLG Köln NJW 1994, S. 1355),
- grundsätzlich ist immer das neuere Modell oder die neuere Version anzubieten, auch wenn diese ca. 12 % teurer ist (ECR LG 142),
- es besteht nur bei einer gezielten Nachfrage eine Verpflichtung, auf preiswürdigere Konkurrenzprodukte hinzuweisen (OLG Dresden NJW-RR 1998, S. 1351),
- Speichererweiterungen dürfen empfohlen werden, falls der Anwender nicht deutlich zu erkennen gibt, dass er an den sich daraus ergebenden Vorteilen kein Interesse hat (OLG Düsseldorf NJW-RR 1997, S. 47).

8.12.1.1.2   Erstellung des Pflichtenheftes

Ohne eine besondere Vereinbarung wäre es Ihre Aufgabe als Besteller, ein Pflichtenbuch anzufertigen (OLG Köln CR 1998, S. 459). Verzichten Sie auf die Abfassung eines Pflichtenheftes und beauftragen auch Ihren Lieferanten nicht damit, so hat er als Software lediglich eine Programmlösung, die einem dem jeweiligen Stand der Technik entsprechenden mittleren Ausführungsstandard entspricht, anzubieten. Das muss Ihren ggf. höheren Ansprüchen nicht genügen (OLG Düsseldorf NJW-RR 1998, S. 346).

Erstellung durch Lieferanten   Wegen der besseren Sachkunde sollte man die Abfassung des Pflichtenheftes dem Lieferanten überlassen. Achten Sie als Käufer darauf, dass die *Beschreibung* des *Anforderungsprofils* in den einzelnen Punkten hinreichend genau ist und auch Ihre spezifischen Erwartungen präzise wiedergibt. Pflichtenhefte bestehen typischerweise aus einer Mischung der nur in Stichpunkten beschriebenen gewöhnlichen Anforderung, die der Lieferant für unproblematisch erachtet und sehr spezifischen, auf den Betrieb des Käufers zugeschnittenen Anforderungen. Bei der Produktbeschreibung in Stichpunkten besteht die Gefahr, dass es später zu Meinungsverschiedenheiten zwischen beiden Seiten kommt. Als Käufer ist es Ihr Risiko, wenn Sie sich mit solchen Schlagworten begnügen.

8.12.1.1.3   Lieferung aus einer Hand

Benötigen Sie sowohl die DV-Anlage als auch die passende Software, so sollten Sie das *komplette DV-System* als Gesamtheit – Hardware, Betriebssystem und Anwendersoftware – bei *einem Anbieter* beschaffen. Kennen Sie sich in der Materie der Datenverarbeitung nicht besonders aus, laufen Sie bei Missachtung dieses Rates sowohl bei einem *Kapazitätsmangel,* als auch bei einem *Kompatibilitätsmangel* Gefahr, dass der Computer-Verkäufer die Verantwortung dem Software-Haus zuschiebt und umgekehrt. Ein Kapazitätsmangel liegt vor, wenn der Computer für die von ihm zu erfüllenden Aufgaben eine zu geringe Speicherkapazität auf der Festplatte oder dem Arbeitsspeicher besitzt. Von einem Kompatibilitätsmangel spricht man, wenn bei getrenntem Erwerb Computer und Software nicht zusammenpassen.

Hard- und Software als Gesamtpaket

Auch bei einem *ungeklärten Funktionsmangel* im Bereich der Hardware oder Software muss der Erwerber damit rechnen, dass sich Hardware- und Softwareanbieter gegenseitig die Schuld in die Schuhe schieben.

> **Beispiel:**
> *Es tritt ein Funktionsmangel auf dem Bildschirm in der Weise auf, dass der Bildschirm stets 20 Minuten nach dem Programmstart gelöscht wird (OLG München CR 1987, S. 506).*

Bei dem Erwerb von Hard- und Software von dem gleichen Anbieter, bildet der *Hardware-und-Software-Vertrag* ein *einheitliches Rechtsgeschäft*, weil der Wille des Käufers darauf gerichtet ist, alle Leistungen aus einer Hand zu beziehen (BGH NJW 1996, S. 1747). Um ganz sicherzugehen, dass die Lieferung von Hard- und Software einen einheitlichen Vertrag bildet, sollten Sie beide Leistungspflichten rechtlich ausdrücklich verbinden.

Einheitliches Geschäft

»Die Vertragsparteien sind sich einig, dass die zu liefernde Hardware und Software ein einheitliches Geschäft darstellen.«

Klauselvorschlag

8.12.1.2   Besonderheiten bei der Software

Computersoftware dient der Informations- und Wissensverwaltung des Benutzers. Sie muss auch bei sich ständig ändernden Geschäfts- und Organisationsprozessen des Anwenders eingesetzt werden können. In ihr steckt daher eine beeindruckende geistige Leistung.

Deshalb sind *Softwareprogramme* als »geistiges Produkt« urheberrechtlich geschützt, sodass deren Vervielfältigung stets nur mit Erlaubnis des Urhebers zulässig ist (§ 69c UrhG). Das Kopieren und die

Urheberrecht

Open-Source-Software

Weitergabe ist stets bei der sog. *»Open-Source-Software«*, wie etwa das Betriebssystem Linux, mit der Maßgabe erlaubt, den Dritten dabei auch den *Quellcode* auszuliefern oder anderweitig zur Verfügung zu stellen, um die angestrebte offene Weiterentwicklung der Programme zu gewährleisten, was ein Grundprinzip der Open-Source-Software darstellt (LG München MMR 2004, S. 693). Der *Kaufpreis* für andere Software hängt auch von der *Anzahl* der *Arbeitsplätze* ab, an denen die erworbene Software eingesetzt werden soll. Deshalb dürfen Sie nicht ohne Erlaubnis des Lieferanten oder sonstigen Herstellern eigenmächtig die Software an einem zusätzlichen Arbeitsplatz einsetzen, ansonsten begehen Sie eine Urheberrechtsverletzung. Dazu ist keinesfalls die Abspeicherung der Software auf einem Datenträger, einer Festplatte oder einer CD-ROM erforderlich (BGHZ 112, S. 278), sondern das Laden in den Arbeitsspeicher reicht schon auch, weil die Software bereits dadurch bestimmungsgemäß genutzt werden kann (AG Amberg CR 1990, S. 658).

Den urheberrechtlichen Problemen gehen Sie aus dem Weg, wenn Sie sich eine Unternehmens- oder Firmenlizenz besorgen (vgl. Kap. 10.7.6.2).

Tipp

Käufer

Sofern möglich und auch nicht zu teuer, erwerben Sie vom Hersteller eine Firmenlizenz.

Wird Ihnen die Software auf Datenträger – wie etwa einer CD – geliefert, so dürfen Sie einen eingebauten *Kopierschutz*, etwa den Kopierschutzstecker »Dongle« nicht ausschalten, wenn dies den ordnungsgemäßen Programmlauf nicht stört (OLG Karlsruhe NJW 1996, S. 2583).

Anpassungs-programmierung

Erweist sich bei der mitgelieferten Anwendungssoftware eine *Anpassungsprogrammierung* oder *Parametrierung* für die zusätzliche Serviceleistung als erforderlich, wird und kann der Lieferant für diese zusätzliche Dienstleistung eine *gesonderte Vergütung* fordern. Ist das schon vorher absehbar, sollte im Kaufvertrag dafür eine entsprechende Vergütungsregelung aufgenommen werden. Das vom Verkäufer angebotene DV-System sollte dazu einen angemessenen Preisrahmen vorsehen, wobei sich der finanzielle Aufwand in einem vernünftigen Verhältnis zum Preis der Software selbst bewegen soll. Weil es dafür in der Rechtsprechung bisher noch keinen Richtwert gibt, sollte der Vertrag eine Obergrenze von etwa 25 % vorsehen. Wird lediglich ein *Stundensatz* vereinbart, darf die Anpassungsprogrammierung nicht mehr kosten als der Gesamtkaufpreis für die

System- und Anwendungssoftware (OLG Düsseldorf NJW-CoR 1994, S. 304). Eine relativ teure Anpassungsprogrammierung führt auch zu der vielleicht nicht unbedingt gewollten Konsequenz, dass diese werkvertragliche Nebenleistung in Gestalt eines einheitlichen Werkvertrages rechtliche Selbstständigkeit gewinnen kann (OLG Karlsruhe CR 1995, S. 397).

Handelt es sich bei der mitgelieferten Software um ein sehr komplexes Programm, dessen fachgerechte Anwendung eine längere *Einweisung, Schulung* und *Training* erfordern mag, gehört es häufig auch zum Leistungspaket des Lieferanten, dass er die Einweisung oder Schulung des Personals vom Käufer übernimmt. Dann steckt in dem Erwerbsgeschäft auch noch eine dienstvertragliche Komponente (vgl. Kap. 10.9).

Einweisung

Auch *Standardsoftware* wird von dem Hersteller ständig weiterentwickelt. Deshalb ist es für Sie als Nutzer wichtig, an diesem Prozess teilzunehmen, berücksichtigt man, dass die durchschnittliche Marktlebensdauer bei Standard-Software knapp über zwei Jahre liegt. Treffen Sie eine entsprechende vertragliche Vereinbarung mit dem Lieferanten über ein sog. *Update*. Dafür müssen Sie auch zusätzliche *Update-Kosten* zahlen (OLG Koblenz DB 1997, S. 470). Der Preis hierfür muss in einem vernünftigen Verhältnis zu dem damit verbundenen Arbeitsaufwand stehen und darf keinesfalls so hoch bemessen sein, dass bei jeder kleinen Programmänderung der Käufer verpflichtet wird, den vollen Kaufpreis zu bezahlen, um seine Geschäftsdaten nicht zu verlieren. Ein solcher Knebelungsvertrag ist sittenwidrig und damit nichtig (AG Hanau Urt. v. 26.06.1998 Az: 31c 709/98-M).

Updates

8.12.2   Testlauf bei DV-Systemen

Es ist geradezu eine Selbstverständlichkeit und liegt im ureigensten Interesse des Käufers, dass das gelieferte DV-System nach seiner Installierung einem umfassenden *Probelauf* unterzogen wird und alle wichtigen Funktionen, die das System leisten soll, *geprüft* werden. Die *OT-Vorgehensmodelle* und die *Qualitätssicherungssysteme*, wie vor allem ISO/IEC 9126, ISO 9241-10; ISO 92441-12, enthalten zweckdienliche Maßnahmekataloge für eine zügige und gezielte Abnahme durch den Käufer, die sich auf die vereinbarte Funktionalität, Performance und Dokumentation des DV-Systems erstreckt. Vorab sind dazu Testfälle und Testszenarien in einem fest definierten Zeitrahmen – *Testphase* mindestens zwei, besser vier bis sechs Wochen – festzulegen, die die wesentlichen Anwendungsfälle des Käufers abdecken. Nur wenn die Testphase erfolgreich verläuft, ist das gelieferte und installierte DV-System fehlerfrei. Auch diese Annahmeregelungen gehören in das Pflichtenheft. Durch diese Vorgehensweise

Strukturierung durch Qualitätssicherungssysteme

lassen sich die meisten Mängel relativ schnell und rechtzeitig auffinden. Man kann dadurch produktspezifisch die kaufrechtliche *Rügefrist* bei Lieferung mangelhafter Waren interessengerecht ausdehnen (BGH NJW 2000, S. 1417; vgl. Kap. 8.9.2).

Tipp

> **Käufer**
>
> Bestehen Sie bei komplexen DV-Systemen auf der Vereinbarung einer ausreichend langen Testphase vor einer rechtsverbindlichen Abnahme.

8.12.3   Fehler beim DV-System nach Inbetriebnahme

Mit Ausnahme der äußerlich leicht erkennbaren Schäden an der Oberfläche der Hardware ist die Fehlerfindung wegen des hohen Zeitaufwandes bei der Suche nach der Fehlerursache bei DV-Systemen enorm schwierig. Das betrifft vor allem *Softwarefehler*. Häufig gibt das Fehlerbild wenig oder keinen Aufschluss über die Fehlerursache, wie jeder DV-Fachmann weiß.

Das gilt vor allem, wenn sich das System aus Komponenten verschiedener Hersteller zusammensetzt, was gerade für größere DV-Systeme, die der Lieferant zu konfigurieren hat, typisch ist.

> **Käufer**
>
> Umso wichtiger ist es deshalb, das komplette DV-System aus einer Hand zu beziehen, denn dann ist zumindest klar, dass Ihr Lieferant für den aufgetretenen Mangel die rechtliche Verantwortung trägt, soweit es sich nicht um einen Bedienungsfehler handelt.

Sind *verschiedene Hersteller* bei der Software im Spiel, schiebt jeder dem anderen die Verantwortung zu, indem er behauptet, dass die andere Komponente fehlerhaft sei. Sie als Käufer sind dann der Dumme, weil Sie beweisen müssen, in wessen Verantwortungsbereich der aufgetretene Mangel fällt.

8.12.3.1   Unverzügliche präzise Fehlermeldung

Zeigen sich nach Inbetriebnahme Mängel, muss der Käufer diese unverzüglich mit möglichst genauer Fehlerbeschreibung dem Verkäufer rügen (vgl. Kap. 8.9.2).

Beispiel:
Nicht ausreichend wäre die Fehlermeldung »das System arbeitet nicht ordnungsgemäß« oder »bricht ständig zusammen« etc.

Wenn das System mehrfach zufällig in verschiedenen Anwendungs-feldern des Programms zusammenbricht, wäre eine entsprechende Fehlermeldung ausreichend, weil hier eine genaue Spezifizierung dem Käufer unmöglich ist.

Die *Fehlerbeschreibung* muss die Art des Fehlers erkennen lassen (OLG Köln NJW-RR 1997, S. 1533). Kann der DV-Fachmann Ihres Lieferanten den Fehler nicht finden, weil die Fehleranzeige ungenau ist, wird er die Existenz eines Fehlers bestreiten. Schalten Sie bei Meinungsverschiedenheiten einen Rechtsanwalt ein, kann er Ihnen wegen Verletzung der Rügepflicht auch nicht mehr helfen.

Genaue Fehler-beschreibung

Tipp

Käufer

Beschreiben Sie den aufgetretenen Fehler in der Fehleranzeige nach Art und äußerlich erkennbarem Erscheinungsbild so genau wie möglich, also in welchem Programmteil er auftritt und welche Folgeerscheinung er mit sich bringt etc.

Hat der Lieferant die Nachbesserungsarbeiten beendet, muss der Käufer zur Erhaltung seiner Mängelansprüche das Softwarepro-gramm erneut unverzüglich untersuchen und etwa verbliebene oder auch neue Mängel unverzüglich rügen (BGH DB 2000, S. 568; vgl. Kap. 8.9.3.1).

Tipp

Käufer

Nach Reparatur oder Austausch des Programms muss sofort eine Mängelüberprüfung durchgeführt und dabei aufgetretene Fehler wiederum präzise gerügt werden.

Geraten Sie später deswegen mit Ihrem Lieferanten in Streit, ohne dass Sie sich einigen können, läuft alles ohnehin auf eine gericht-liche Auseinandersetzung hinaus, sodass Sie dann zur Wahrung Ihrer Rechte einen versierten Fachanwalt einschalten sollten, der sich gut im IT-Vertragsrecht auskennt. Bei unklarer Fehlerursache, insbesondere zur Klärung der Frage, ob es sich um einen Programm- oder Bedienungsfehler des Anwenders handelt, muss im Prozess ohnehin ein *Sachverständiger* herangezogen werden.

8.12.3.2 Fehlerverantwortung und Fehlerbehebung
Klare eindeutige Fälle, die in den *Verantwortungsbereich* des *Lieferanten* fallen, sind in der Praxis leider sehr selten. Dazu gehören

äußerlich leicht erkennbare Beschädigungen des Gehäuses oder der Bedienungselemente der Hardware sowie das Fehlen eines schriftlichen Handbuchs, dessen Mitlieferung beim Kauf standardisierter Soft- und Hardware Voraussetzung für eine fehlerfreie Leistung ist (OLG Köln NJW-RR 1998, S. 343).

Virenschutz

Treten dagegen Fehlfunktionen bei der Software auf, ist nicht von vornherein klar, ob es sich um einen vom Lieferanten zu verantwortenden Programmfehler oder vom Käufer zu vertretenden Bedienungsfehler handelt. Zu letzterer Gruppe ist auch eine Zerstörung oder teilweise Zerstörung der Software durch *Virenbefall* zu rechnen, die sich der Käufer vom Internet heruntergeladen hat. Deswegen sollten Sie als Käufer schon im eigenen Interesse die entsprechenden Schutzmaßnahmen gegen Viren treffen.

Tipp

> **Käufer**
>
> Überzeugen Sie sich nach Installierung der Software vor der eigentlichen Inbetriebnahme von deren Virenfreiheit und verhindern Sie durch das Herunterladen und die Anwendung der neuesten und besten Virenschutzprogramme, dass der von Ihnen aus dem Netz heruntergeladene und bereits mit Viren infizierte Datensatz auch die installierte Software anstecken kann.

Lässt sich das Ursachenfeld des aufgetretenen Softwarefehlers lokalisieren oder sektoral beschränken, kann der Mangel durch einfache *Umprogrammierung* oder zumindest durch Nachlieferung einer mangelfreien Software ohne Probleme behoben werden.

Rücktritt bei nicht behebbarem Mangel

Gelingt dies nicht und kann auch das vom Lieferanten eingesetzte DV-Fachpersonal die Fehlerursache nicht klären oder den Mangel durch den Austausch einzelner Komponenten beseitigen, so können Sie als Käufer wegen der gescheiterten Nacherfüllung vom *gesamten Kaufvertrag* zurücktreten (vgl. Kap. 8.9.3.3), wenn Hard- und Software ein einheitliches Geschäft bilden(vgl. Kap. 8.11.1.1.3). Anderenfalls wäre das *Rücktrittsrecht* auf das Vertragsteil der *Softwarelieferung* beschränkt. Im ersteren Fall bedeutet dies, dass Sie auch die mitgelieferte fehlerfreie Hardware zurückgeben dürfen und den kompletten Kaufpreis, eventuell abzüglich der gezogenen Nutzungen, zurückfordern können (§§ 437 Nr. 2, 440, 323, 346 BGB; OLG Köln BB 1998, S. 17). Das gilt selbst dann, wenn die Hardware, wie in den meisten Fällen, den wesentlich teureren Leistungsanteil darstellt. Im Streitfall müssten Sie diese etwas schwierige Rechtsfrage mit Ihrem Rechtsanwalt abklären.

8.12.3.3   Datensicherheit

Als Käufer müssen Sie dafür sorgen, dass Ihnen wegen des durch   Datenverlust
den Fehler produzierten Systemabsturzes nicht wertvolle betrieb-   vermeiden
liche Daten unnötigerweise verloren gehen und/oder dadurch betriebliche Prozesse gestört werden. Zum Zwecke der *Datensicherung*
ist es sinnvoll, von der wertvollen Software *Sicherungskopien* zu erstellen sowie am Ende jeden Arbeitstages die betrieblichen Daten neben der Festplatte zusätzlich auf andere Datenträger, wie etwa eine
CD, abzuspeichern. Kommt es dann zu einem unerwarteten System-
crash, sind Sie je nach Art und Ursache des Fehlers ggf. in der Lage,
durch Einspielen der vorhandenen Ersatz-Software das DV-System
wieder zum Laufen zu bringen oder Sie begrenzen den Datenverlust
mengenmäßig auf das betriebliche Ergebnis eines Arbeitstages.

Tun Sie das nicht, so müssen Sie sich den Vorwurf des *Mitverschuldens* nach § 254 BGB gefallen lassen und können von dem
Lieferanten, sobald dieser den Fehler zu vertreten hat, überhaupt
keinen Schadensersatz mehr fordern oder haben zumindest eine
erhebliche Anspruchskürzung hinzunehmen (vgl. Kap. 6.3.3).

8.13   Kauf speziell gefertigter Produkte

Gerade Industrieunternehmen benötigen für Ihre Fertigung spezifisch auf Ihre Bedürfnisse zugeschnittene Produkte. In erster Linie
betrifft dies die Zulieferung von maßangefertigten Bauteilen für die
vom Käufer selbst hergestellten komplexeren Produkte, wie Maschinen, technische Geräte oder Einrichtungsgegenstände etc. Die gleiche Situation besteht auch, wenn das Unternehmen für die eigene
Produktionsausstattung großtechnische Anlagen benötigt.

Sowohl *Zulieferer-Rahmenvertrag* als auch der *Projektvertrag* er-   Zulieferer-Rahmen-
fordern wegen ihrer hohen Komplexität und großen wirtschaftlichen   bzw. Projektvertrag
Bedeutung eine detailgenaue und interessengerechte Ausarbeitung,
die nur ein versierter *Fachjurist* leisten kann. Juristischer Sachverstand sollte deshalb spätestens nach der technischen Spezifizierung
des Vertragsgegenstandes in die weiteren Vertragsverhandlungen
einbezogen werden. Auf welche Punkte es bei der Vertragsvorbereitung und der Führung der Vertragsverhandlung bis zum Vertragsabschluss bei solchen Spezialgeschäften ankommt, wird in Kapitel 2
näher beschrieben, an dessen Ende eine kurz gehaltene spezifische
Checkliste steht.

Die folgenden Erläuterungen können sich deshalb auf wenige
wichtige Leitlinien beschränken, über die auch ein Vertragsmanager Bescheid wissen sollte, wenn er vernünftig mit Juristen kommu-
nizieren will.

8.13.1 Zuliefervertrag

Der Zuliefervertrag ist eine Rahmenvereinbarung, in der sich der Zulieferer gegenüber dem Hersteller verpflichtet, auf Abruf eine bestimmte Menge von Bauteilen oder sonstigen Zutaten an den Hersteller zu liefern, die nach dessen Qualitätsanforderungen und Maßangaben von ihm angefertigt worden sind. Der Hersteller fügt nun diese Bauteile oder Zutaten mit oder ohne Bearbeitung in sein Produkt ein, das er seinerseits weiterverkauft. Es handelt sich damit um einen Sonderfall des Sukzessivliefervertrages (vgl. Kap. 8.4.2.3).

Neben der Vertragsdauer sollte der Zuliefervertrag insbesondere drei Kernbereiche interessengerecht regeln:

Kernpunkte

- Die genaue Beschaffenheit des Zulieferer-Produktes,
- die Verpflichtung zur Lieferung auf Abruf (Zielmenge, Preisrabatte oder -aufschläge und Lieferfristen),
- die Verantwortung für die Qualitätskontrolle des Zuliefererproduktes.

Die großen Autohersteller und auch andere marktmächtige Produzenten wälzen nun durch geschickte Vertragsgestaltung die *Kosten* für die *Lagerhaltung* und der *Qualitätskontrolle* des Wareneingangs auf den Zuliefererbetrieb ab (vgl. Kap. 8.13.1.3). Dieses den Hersteller begünstigende Vertragskonzept hat verständlicherweise keinen Eingang in die Verbandsempfehlungen der *Arbeitsgemeinschaft Zulieferindustrie (ArGeZ)* gefunden, die Klauseln zur vertraglichen Gestaltung partnerschaftlicher Lieferbeziehung, entwickelt hat (www.argez.de).

Durch die Zuliefervereinbarung entsteht eine wechselseitige wirtschaftliche Abhängigkeit, wenn der Hersteller das Zuliefererteil nur von einem einzigen Produzenten bezieht. Dann sollte der Hersteller auch angemessene Schadensvorsorge treffen, falls der Zulieferer die vereinbarten Liefertermine nicht einhält (vgl. Kap. 8.13.1.2).

8.13.1.1 Produktbeschreibung und Produktentwicklung

Produktentwick-
lungsvereinbarung

Da das *Zuliefererteil* maßgerecht in das Produkt des Herstellers eingefügt werden soll, muss sich der *Hersteller* an seiner *Entwicklung* aktiv *beteiligen*, indem er dem Zulieferer technische Zeichnungen, Konstruktionspläne oder gar ein Modell zur Verfügung stellt. Kennzeichnend für den Zuliefervertrag sind deshalb umfangreiche Mitwirkungspflichten des Herstellers als späterem Käufer, wenn das Zuliefererteil serienfertig entwickelt ist. Zweckdienlicherweise wird diese vorgeschaltete *Produktentwicklungsvereinbarung* wegen Ihres werkvertraglichen Charakters in einem *eigenständigen Vertragswerk* geregelt. Dies dient auch der klaren Unterscheidung von den nachfolgenden Lieferverträgen, die rechtlich Kaufverträge darstellen. Die

Verbandsempfehlungen enthalten dazu im Teil 3 ausgewogene Klauseln für die Vergütung der Entwicklungsarbeit und des Schutzes des Know-hows, der Erfindungen und der Zuweisungen der Schutzrechte, auf die Sie ohne Bedenken zugreifen können. Zu einseitig sind die Verbandsempfehlungen, wenn sie dem Vertragspartner die Schutzrechte oder die Rechte an den Entwicklungsergebnissen zuweisen, der sie erarbeitet hat (vgl. Ziffer 3.6.1 und 3.6.2). Finanziert der Hersteller die gesamten Produktentwicklungskosten, wie in Ziffer 3.3 vorgesehen, sollte er auch an den Schutzrechten beteiligt werden.

Typischer Bestandteil des *Produktentwicklungsvertrages* ist auch die Pflicht des Zulieferers, zunächst einen oder mehrere *Prototypen* herzustellen, damit der Hersteller testen kann, ob sich das Zulieferprodukt ohne Abstriche für den Einbau eignet. | **Prototyp**

8.13.1.2   Bestellmenge und Lieferung auf Abruf

Fällt der Produkttest zur Zufriedenheit aus, nimmt der Zulieferer die *Serienproduktion* auf. Will man dabei keine verbindlichen Bestellmengen festlegen, so sollte doch eine sog. *kalkulierte Zielmenge* für einen bestimmten Zeitraum bestimmt werden, die der Zulieferer seiner Preiskalkulation zugrunde legt. Wenn der Hersteller in dem betreffenden Zeitraum weniger abruft, kann der Zulieferer den Preis pro Einheit angemessen erhöhen und im Falle eines Mehrbedarfs angemessen ermäßigen. | **Zielmenge**

Der Knackpunkt bei diesen Abrufverträgen ist der *Liefertermin*. Nach der Verbandsempfehlung der ArGeZ hat der Hersteller die verbindliche Menge mindestens drei Monate vor dem Liefertermin mitzuteilen und muss auch die Mehrkosten, die durch einen verspäteten Abruf oder eine nachträgliche Änderung der Bestellmenge entstehen (vgl. Ziffer 2.10), tragen. Es spricht keinesfalls etwas dagegen, je nach Interessenlage die *Abruffrist* entsprechend zu kürzen. Der Lieferzeitraum muss keinesfalls auf wenige Tage oder sogar nur wenige Stunden durch eine *Just-in-Time-Vereinbarung* verkürzt werden, wie dies in der Automobilindustrie üblich ist. | **Abruffrist**

Da die Einhaltung des durch den Abruf konkretisierten Liefertermins für den Hersteller wegen eines drohenden Produktionsstillstands äußerst wichtig ist, handelt es sich bei diesem Warenkauf nach der Verkehrssitte um ein *Fixgeschäft* nach § 323, Abs. 2, Nr. 1 BGB, sodass Sie als Hersteller im Falle der Säumnis sofort von dem Vertrag zurücktreten könnten (vgl. Kap. 4.2.1.3). Das macht für Sie jedoch nur Sinn, wenn Sie sofort einen anderen Zulieferer zur Hand haben. Das Risiko eines *Produktionsausfallschadens* sollten Sie am besten durch eine *Betriebsunterbrechungsversicherung* abdecken. Ersatzzahlungen des säumigen Zulieferers, auch wenn es sich um *Vertragsstrafen* handelt, reichen i.d.R. dazu nicht aus, weil sie sich | **Fixgeschäft** typischerweise auf einen bestimmten Prozentsatz des Wertes der ausgebliebenen Lieferung beschränken (vgl. Kap. 5.2.2). Am besten lässt sich die Gefahr eines Produktionsstillstandes durch den Aufbau eines ausreichenden *Vorratslagers* auffangen (vgl. Kap. 8.4.2.3). Den Anreiz zu einer pünktlichen Lieferung kann man zusätzlich durch eine angemessene Vertragsstrafe gegenüber dem Zulieferer verstärken (vgl. Kap. 4.2.2).

8.13.1.3 Qualitätssicherungsvereinbarung

Ist der Zulieferer technisch dazu in der Lage, spricht auch nichts dagegen, dass er die gleichbleibende Qualität seines Bauteils garantiert und damit dem Hersteller dessen Eignung für den Einbau zusichert. Dadurch wird dieser von seiner gesetzlichen Käuferpflicht einer umfangreichen Überprüfung der eingehenden Waren entlastet.

Ausgangskontrolle beim Zulieferer

Die *Wareneingangskontrolle* des Käufers wird zulässigerweise auf eine *Ausgangskontrolle* beim Zulieferer verlagert. Das ist rechtlich nur zulässig, wenn für eine ausreichende Qualitätskontrolle beim Zulieferer-Unternehmen die organisatorischen Voraussetzungen geschaffen worden sind. Dieses sollte, sofern noch nicht geschehen, unbedingt in die Qualitätssicherungsvereinbarung mit aufgenommen werden. Es geht dabei um die Einrichtung und Fortführung eines *Qualitätsmanagements* beim Zuliefererunternehmen, etwa nach VDA 6.1, QS 9000 oder ISO/DS 16949. Beim Hersteller als Käufer verbleibt dann eine »Rest-Prüfungspflicht« im Hinblick auf die eingehenden Waren, dass die richtige Anzahl (Quantitätsprüfung) und die richtige Art der Ware (Identitätsprüfung) geliefert worden sind und ob Transportschäden bzw. sonst äußerlich erkennbare Schäden an der Verpackung oder an der Kaufsache vorhanden sind.

Eingeschränkte Warenprüfungspflicht

Klauselvorschlag

»Eine Wareneingangskontrolle findet durch den Hersteller nur im Hinblick auf äußerlich erkennbare Schäden und Abweichungen in Identität und Menge statt. Solche Mängel sind binnen fünf Geschäftstagen seit Wareneingang zu rügen. Der Hersteller behält sich vor, eine weitergehende Wareneingangsprüfung durchzuführen. Im Übrigen werden Mängel, sobald sie nach den Gegebenheiten des ordnungsgemäßen Geschäftsganges festgestellt werden, vom Hersteller gerügt. Der Zulieferer verzichtet insoweit auf den Einwand der verspäteten Mängelrüge.«

Fehlerhaftes Zulieferteil

Für den Fall, dass der Hersteller später Waren wegen eines *fehlerhaften Zulieferteils* zurücknehmen muss, kann er sich ebenfalls in der Qualitätssicherungsvereinbarung einen erleichterten *Rückgriff* gegenüber dem letztendlich dafür verantwortlichen Zulieferer vorbehalten, wie er gesetzlich nur im Rahmen des Verbrauchsgüterkaufs vorgesehen ist (vgl. Kap. 8.9.3.2).

Ein einheitliches Qualitätssicherungssystem gibt es nicht, weil hierzu die produkt- und branchenspezifischen Besonderheiten berücksichtigt werden müssen und deshalb das Verhältnis zwischen Hersteller und Zulieferer einer exakten Vereinbarung bedarf. *Qualitätssicherungsvereinbarungen* sind äußerst komplexe und komplizierte Verträge, die nur durch ein akkurates Zusammenwirken zwischen Technikern, Kaufleuten, Versicherungsexperten und Juristen gelingen. Der damit angestrebte Erfolg wird nur erreicht, indem man die Risiken zunächst zutreffend herausarbeitet, dann minimiert und die verbleibenden, soweit es geht, versicherungstechnisch abfängt. Das so erarbeitete Gesamtkonzept kalkulatorisch zutreffend zu bewerten, bildet die Kernaufgabe des Kaufmanns.

Qualitätssiche-rungsvereinbarung

Sind Sie Hersteller von Maschinen oder anderen komplexeren Produkten, müssen Sie mit Ihren Zulieferern ein *geschlossenes Qualitätssicherungssystem* aufbauen, also einen einheitlichen rechtlichen Rahmen für Ihre geschäftlichen Beziehungen mit verschiedenen Zulieferern schaffen. Insofern sind die einheitlichen Vertragsbedingungen – rechtlich betrachtet – *AGB-Klauseln*, die der schärferen Billigkeitskontrolle des AGB-Rechts unterliegen (vgl. Kap. 3.4.5).

8.13.2 Projektverträge

Erhält der Hersteller von dem Besteller den Auftrag, ihm eine größere Spezialmaschine oder technische Großanlage zu liefern, spricht man von einem *Projektvertrag* oder *Anlagenbauvertrag*. Rechtlich gesehen, handelt es sich dabei i.d.R. ebenfalls um ein dem Kaufrecht unterliegenden *Werklieferungsvertrag* nach § 651 BGB, auch wenn der Auftraggeber ganz oder z.T. die zur Herstellung erforderlichen Bauteile, Materialien oder Stoffe liefert. Da das gemeinsame Projekt nur im Falle einer ständigen reibungslosen Zusammenarbeit zwischen Auftraggeber und *Auftragnehmer* gelingen kann, ist der Besteller genau wie beim Werkvertrag gesetzlich zur *Mitarbeit* verpflichtet (§ 651, Satz 3 BGB; vgl. Kap. 10.4.2).

Anlagenbauvertrag

Werklieferungs-vertrag

Sollte die maßangefertigte Maschine fest in ein *Bauwerk* des Bestellers eingefügt oder direkt mit dessen Grundstück verbunden werden, ist der Projektvertrag ein reiner *Werkvertrag* nach § 631 BGB (vgl. Kap. 10.3). Die Vorschriften des Kaufrechts finden dann keine Anwendung. (OLG Hamm NJW-RR 2001, S. 1309).

Werkvertrag

Beispiel:
Herstellung und Einbau eines Hebekrans für Fabrikhalle oder Planung und Errichtung einer Raffinerieanlage.

Auch Projektverträge sind komplizierte und hochkomplexe Vertragswerke, die aus einem genau aufeinander abgestimmten Zusammenspiel zwischen Technikern, Kaufleuten, Juristen und ggf. auch Versicherungsexperten entstehen. Anders als bei dem Zulieferervertrag ist das *vertragliche Produkt* keine vertretbare Sache, die serienmäßig angefertigt werden soll, sondern eben die Verwirklichung einer einzelnen *Industrieanlage*, die in den Produktionsprozess des Bestellers eingepasst werden soll. Die zu liefernde größere Spezialmaschine oder technische Großanlage wird von dem Besteller selbst genutzt und nicht weiterverkauft, sodass sich deswegen eine besondere Qualitätssicherungsvereinbarung erübrigt.

8.13.2.1 Projektbeschreibung und Projektumsetzung

Strukturierung des Projekts

Projektverträge sind deshalb stets in umfangreichen Vertragsverhandlungen entwickelte komplexe Vertragsgebilde, in deren Mittelpunkt naturgemäß eine möglichst detailgenaue technisch präzise *Projektbeschreibung* steht. Da sich die Projektverwirklichung häufig über mehrere Monate oder sogar Jahre hinzieht, kann dies nur gelingen, wenn beide Seiten möglichst vertrauensvoll und effektiv kooperieren. Charakteristisch für einen Projektvertrag sind deshalb ebenfalls umfangreiche *Mitwirkungspflichten* des *Bestellers*, die präzise in dem Vertrag, einschließlich der Rechtsfolgen im Falle ihres Unterbleibens, geregelt werden müssen, weil diese sich durch alle Projektphasen hindurchziehen können (vgl. Kap. 2.2.5.2). Bei der *Strukturierung* des *Projekts* in verschiedene Abschnitte ist auch ein möglichst genauer zeitlicher Stufenplan sehr wichtig. Nur so lässt sich einigermaßen verlässlich sicherstellen, dass die Großanlage oder ein anderes aufwändiges technisches Projekt tatsächlich auch pünktlich fertiggestellt werden kann.

Kostenrahmen

Der leistungspflichtige Lieferer kann wegen des sehr hohen Zeitaufwandes den genauen Preis nicht exakt kalkulieren und dem Besteller ein verbindliches Angebot unterbreiten, sodass der große Posten der *Vergütung* für *Arbeitsleistungen* häufig offen bleiben und deshalb eine Bezahlung nach Arbeitsaufwand vereinbart werden muss. Auf der anderen Seite legt der Besteller großen Wert darauf, einen verbindlichen Kostenrahmen abzustecken, indem der Besteller einen *Kostenvoranschlag* ausarbeitet, der dem Vertrag zugrunde gelegt wird (vgl. Kap. 10.3.1.4). Sollte sich bei der späteren Projektumsetzung zeigen, dass die Kosten wesentlich überschritten werden, hat der Lieferer den Besteller – wie bei einem Werkvertrag – unverzüglich darüber zu unterrichten (§§ 651, Satz 3, 650, Abs. 2 BGB). Ferner kann der Besteller dann den Projektvertrag nach § 650, Abs. 1 kündigen. Macht der Besteller davon Gebrauch, so hat er dem Lieferer nur die bisher geleistete Arbeit zu vergüten und ihm die in der Vergütung nicht enthaltenen Auslagen zu ersetzen (§§ 651, Satz 3, 650, Abs. 1, 645, Abs. 1 BGB).

Entscheidend ist demnach, was man unter einer *»wesentlichen Kostenüberschreitung«* zu verstehen hat. Die Gerichte erachten dabei eine Überschreitung des Kostenansatzes von bis zu 20 % als akzeptabel (BGH WM 1997, S. 1385). Im Vertrag kann selbstverständlich eine niedrigere Kostenschwelle, etwa die Zehnprozentgrenze, vereinbart werden.

8.13.2.2   Projektstörung

Wegen der langen Zeitdauer der Projektverwirklichung muss immer mit Störungen verschiedenster Art gerechnet werden. Funktionsadäquate juristische Klauseln können zwar den Eintritt des Störungsfalles nicht verhindern, aber zumindest interessengerecht zwischen den Vertragsparteien die daraus entstehenden wirtschaftlichen finanziellen Risiken verteilen, soweit das Gesetz keine Lösungskonzepte bereithält. Das Spektrum rechtlicher Gestaltungsmöglichkeiten für die wichtigsten Störungsfälle wird in Kapitel 5 umrissen, sodass hier lediglich noch einmal kurz auf drei in Projektverträgen besonders häufig auftretende Schwierigkeiten bzw. Problemfälle eingegangen werden soll.

Treten *Mängel* bei der gelieferten Spezialmaschine oder Industrieanlage auf, so bestimmen sich die Mängelansprüche des Bestellers i.d.R. nach dem Kaufrecht (vgl. Kap. 8.9). Nur wenn die Maschine oder Anlage in ein Gebäude fest eingebaut oder direkt auf den Grund und Boden fest installiert wird, gilt hierfür das Werkvertragsrecht (vgl. Kap. 10.3.5).

Mängel

Wegen der langen Laufzeit ist der Einbau einer *Härteklausel* in den Vertrag sinnvoll. Damit können ungünstige, nicht vorhersehbare Veränderungen der wirtschaftlichen Rahmenbedingungen (vgl. Kap. 5.7.2) abgefedert werden.

Härteklauseln

8.13.2.2.1   Verletzung von Mitwirkungspflichten

Vermeidbare Verzögerungen bei der *Projektverwirklichung* können dadurch auftreten, dass der Besteller seinen *Mitwirkungspflichten* vertragswidrig nicht nachkommt.

Beispiel:
Der Besteller versäumt es, dem Lieferer wichtige technische Unterlagen auszuhändigen.

In einem solchen Fall gerät der Besteller deswegen ohne weiteres nach § 295 BGB in *Annahmeverzug,* mit allen damit verbundenen nachteiligen Konsequenzen, insbesondere, dass er die dadurch ent-

Entschädigungsanspruch des Lieferers

stehenden Mehrkosten zu tragen hat (vgl. Kap. 5.6.2). Zudem steht dem Lieferer, bezogen auf die vereinbarte Vergütung, während der Dauer des Annahmeverzuges – wie bei einem Werkvertrag – eine angemessene *Entschädigung* nach §§ 651, Satz 3, 642 BGB zu, selbst wenn der Vertrag später fortgeführt wird (BGH NJW 2003, S. 1601). Der *Lieferer* braucht diesem auch nicht tatenlos zuzusehen, sondern kann dem Besteller eine angemessene Nachfrist setzen, verbunden mit der Erklärung , dass er den Vertrag *kündigt*, sofern die geschuldete Mitwirkungshandlung nicht bis zum Ablauf der Frist vorgenommen wird (§§ 651, Satz 3, 643 BGB).

Lieferer

Formulierungs-vorschlag

»... haben Sie entgegen unserer vertraglichen Vereinbarung die ... (genaue Beschreibung der ausgebliebenen Mitwirkungshandlung) nicht vorgenommen. Wir setzen Ihnen zur Nachholung eine Frist bis zum ... (mindestens zwei Wochen!). Sollten Sie dieser Aufforderung nicht fristgerecht nachkommen, werden wir den Vertrag kündigen.«

Vertragsbeendigung

Nach ergebnislosem Ablauf der Frist gilt der Vertrag gemäß § 643, Satz 2 als aufgehoben und damit *beendet*, wenn sich der Lieferer nicht anders erklärt. Er kann also jederzeit die Wirkung der Fristsetzung bis zum Fristablauf zurücknehmen. Ist der Vertrag beendet, steht dem Lieferer als Entschädigung die vereinbarte Vergütung zu, abzüglich der ersparten Aufwendungen wegen der Projektaufgabe und des Gewinns, den er durch die andere Verwendung seiner Arbeitskraft erzielen kann (§§ 651, Satz 3, 642, Abs. 2 BGB).

Die gleichen Rechte besitzt der Lieferer, wenn das Projekt daran scheitert, weil die vom Besteller zu liefernden *Materialien mangelhaft* gewesen sind oder er dem Lieferer eine *falsche Anweisung* erteilt hat, deren Fehlerhaftigkeit der Lieferer nicht erkennen konnte (§§ 651, Satz 3, 645 BGB). Die gesetzliche Ausgestaltung des Entschädigungsanspruchs und Kündigungsrechts des Lieferers ist nicht zwingend, sodass die Beteiligten davon in dem Projektvertrag ohne weiteres abweichen können. Zumindest dürfte es sich empfehlen, die dort enthaltenen, ziemlich unbestimmt festgelegten normativen Kriterien im Vertragstext präziser zu fassen.

8.13.2.2.2   Nichterfüllung durch Lieferer

Terminüber-schreitung

Hält der Lieferer die vereinbarten Termine *nicht* ein, so können Sie als Besteller nach dem ergebnislosen Ablauf einer angemessenen Nachfrist den Vertrag kündigen und zudem noch Schadensersatz fordern, wenn der Lieferer diese Verzögerung zu vertreten hat (vgl. Kap. 5.2.2. und 5.2.3).

Ist schon klar abzusehen, dass der Lieferer den vertraglich bestimmten Termin zur Erfüllung nicht einhalten wird, können Sie auch schon vorab *vor Eintritt* der *Fälligkeit* – sprich vor Ablauf des festgelegten Termins – wegen schwerwiegender Pflichtverletzung den Vertrag nach § 314 BGB kündigen und gemäß § 282 BGB Schadensersatz statt Leistung fordern, wenn die Säumnis eine so gravierende Pflichtverletzung darstellt, dass eine weitere Fortsetzung des Vertrags für Sie unzumutbar ist (BGH NJW 2003, S. 1600).

Beispiel:

Bis zum vereinbarten Termin sollte der Lieferer einen Fertigungsstand von 75 % erreichen, der tatsächliche Fertigungsstand bis zu diesem Termin beträgt nur 25 %. Den erheblichen zeitlichen Rückstand kann der Lieferer nicht mehr aufholen. Wegen der dadurch unvermeidbar eintretenden Verzögerung kann der Besteller seinerseits seine Verträge gegenüber den Kunden nicht erfüllen und ihm drohen hohe Vertragsstrafen.

8.13.2.3 Haftungsbeschränkung für wirtschaftliche Folgeschäden

Die bestellten maßgeschneiderten Investitionsgüter benötigt der Käufer oftmals dringend für seinen Produktionsprozess. Mit ihrem termingerechten Einsatz will er in seinem Betrieb eine hohe Wertschöpfung erzielen. Klappt es nicht mit dem geplanten Termin, bringt die Spezialmaschine bzw. technische Anlage nicht die erwartete Leistung oder fällt für längere Zeit wegen einer Funktionsstörung aus, so können *hohe Betriebsstillstands-* und *Produktionsausfallkosten* anfallen. Diese indirekten nicht am Investitionsgut selbst anfallenden Schäden bezeichnet man als *wirtschaftliche Folgeschäden.* Dazu zählt vor allem ein durch Produktionsausfall *entgangener Gewinn*, der als Schadensposten nach § 252 Satz 1 BGB grundsätzlich ersetzbar ist (vgl. Kap. 6.3.2.3.1). Ersatzfähig sind demnach sämtliche Betriebsstillstands-, Betriebsunterbrechungs- und sonstige Produktionsausfallkosten. Dagegen droht eine weitere Ausweitung des Schadens in der Lieferkette durch Schadensersatzansprüche der Kunden des Bestellers wegen ihrer ebenfalls ausgefallenen oder verzögerten Produktion i.d.R. nicht, weil der Besteller nachweislich diese Verzögerungen nicht zu vertreten hat. Anders liegt die Sachlage nur, wenn er ihnen gegenüber eine verschuldensunabhängige Vertragsstrafe übernommen hat (vgl. Kap. 4.2.2). Diese wirtschaftlichen Folgeschäden sind für den *Lieferer* zwar vorhersehbar, jedoch *nicht* im Voraus *kalkulierbar* und als reine Vermögensschäden anders als Personen- und Sachschäden des Bestellers oder seiner Beschäftigten auch nicht über eine Haftpflichtversicherung *deckungsfähig.* Lediglich der Besteller kann diese Schadensrisiken aber auch nicht vollständig, sondern nur gegenständlich und summenmäßig begrenzt, über eine *Betriebsunterbrechungsversicherung* abdecken.

Betriebsstillstands- und Produktionsausfallkosten

Verhandlungsziele von Lieferer und Besteller

Die Interessenlage beider Seiten ist völlig konträr: Der *Lieferer* möchte als sein Hauptziel in den Vertragsverhandlungen eine weitgehende *Haftungsbeschränkung* erreichen. Unter keinen Umständen will er für nicht absehbare und nicht versicherbare wirtschaftliche Folgeschäden aus Verzug, mangelhafter Lieferung, Unmöglichkeit oder sonstiger fahrlässiger vertraglicher Pflichtverletzung haften. Er möchte einen- Haftungsausschluss – oder, falls dies nicht durchsetzbar ist, zumindest seine Haftung auf eine bestimmte kalkulierbare und für ihn noch wirtschaftlich erträgliche Prozentquote der Vertragssumme – Haftungshöchstbetrag – begrenzen.

Demgegenüber ist dem *Besteller* daran gelegen, *vollständig* die bei ihm entstandenen wirtschaftlichen *Folgeschäden* durch den Lieferer *ersetzt* zu erhalten, wie es die für ihn günstige gesetzliche Haftungsverteilung ohnehin vorsieht. Eine Haftungsbeschränkung kommt für ihn nur soweit in Betracht, wie er die Risiken durch eine Betriebsunterbrechungsversicherung kostenmäßig vertretbar abdecken kann.

Interessengerechte Haftungsbeschränkung

VDMA Lieferbedingungen

Wegen der eng gezogenen Grenzen des AGB-Rechts ist dieses Ziel durch eine AGB-Haftungsbeschränkungsklausel in einem Mustervertrag nicht oder nur schwerlich erreichbar, wohl aber weitgehend in einem ausgehandelten *Individualvertrag* (vgl. Kap. 6.2.3). Diese Vorgehensweise empfiehlt ausdrücklich der Verbund Deutscher Maschinen- und Anlagenbau e.V. (VDMA) seinen Mitgliedern in seinem Merkblatt »Bedingungen für die Lieferung von Maschinen für Inlandsgeschäfte«. Deshalb sollte der Lieferer in die Vertragsverhandlungen nicht mit einer fertig ausformulierten Freizeichnungsklausel einsteigen, sondern dort nur einen unverbindlichen *Entwurf* als bloße *Verhandlungsgrundlage* präsentieren (vgl. Kap. 3.4.1). In der konkreten Ausgestaltung der Haftungsvereinbarung empfiehlt sich eine *Trennung* zwischen *Verzugsschäden* infolge von Terminüberschreitung und allen anderen durch eine Pflichtverletzung verursachten wirtschaftlichen *Folgeschäden*, weil für den Verzugsfall auch eine Abstufung nach der Dauer der Säumnis sachgerecht ist.

Verzögerungs- schaden

Haftungsbeschränkung für Verzugsschaden

Klauselvorschlag

»Im Falle von Terminüberschreitungen, die der Lieferer zu vertreten hat, beschränkt sich seine Haftung wegen des Verzögerungsschadens des Bestellers für jede begonnene Woche der Säumnis auf... (1–2 %), maximal jedoch... (5–10 %) der Auftragssumme. Die Haftung ist aber ausgeschlossen, sofern der Vermögensschaden durch eine Betriebsunterbrechungsversicherung des Bestellers ersetzt wird.«

Zweifelsohne ist diese weitgehende Haftungsbeschränkung für den Besteller eher akzeptabel, wenn der Lieferer die Terminabsprache in der gleichen Höhe durch die Übernahme einer *verschuldensunabhängigen Konventionalstrafe* absichert und im übrigen eine darüber hinausgehende Haftung wegen Verzugsschaden ausgeschlossen wird.

Das enthebt den Besteller von der Notwendigkeit nach Terminüberschreitungen, die konkrete Höhe seines Verzögerungsschadens nachweisen zu müssen (vgl. Kap. 4.2.2).

Vertragsstrafeversprechen mit Haftungsausschluss

»Im Falle von Terminüberschreitungen verpflichtet sich der Lieferer zur Zahlung einer Vertragsstrafe für jede begonnene Woche der Säumnis auf... (1–2 %), maximal jedoch... (5–10 %) der Auftragssumme. Eine darüber hinausgehende Haftung für Verzugsschäden wird ausgeschlossen.« Klauselvorschlag

Die Haftung für alle weiteren durch *fahrlässig begangene Pflichtverletzungen* hervorgerufenen wirtschaftlichen Folgeschäden kann, soweit sie vom Besteller versicherbar sind, ohne Bedenken ausgeschlossen, ansonsten sollte sie durch einen *Haftungshöchstbetrag* auf einen für den Lieferer noch wirtschaftlich verkraftbaren Prozentsatz des Vertragswertes beschränkt werden. Dabei ist es unumgänglich, den Terminus »*wirtschaftliche Folgeschäden*« näher zu *umschreiben* und zu erläutern, da es sich dabei nicht um einen gefestigten Rechtsbegriff handelt. Sonstige Pflichtverletzungen

Selbst eine einzelvertragliche Haftungsbegrenzung kommt aber für *Schäden* aus *Mängeln*, für deren Abwesenheit der Lieferer durch eine *Beschaffenheitsgarantie* einsteht, nicht in Betracht.

Da der Produkthersteller zugleich Verkäufer bzw. Werkunternehmer ist, scheitert ein solcher Haftungs-Cap an den zwingenden Bestimmungen des § 444 BGB bzw. § 639 BGB, die ihm dann eine unbegrenzte Haftung auferlegen (vgl. Kap. 8.8.1.1.3 und Kap. 10.3.5.1). Dieser gesetzlichen »Haftungsfalle« vermag er nur dadurch zu entgehen, dass er keine Beschaffenheitsgarantie übernimmt oder den Inhalt der Garantieerklärung in seinem Sinne eng fasst.

Beispiel:
Garantiert wird für eine bestimmte Zeit nur die Funktionsfähigkeit von Bauteilen mit langer Nutzungsdauer, die keinem hohen Verschleiß unterliegen.

Haftungsbeschränkungsvereinbarung für fahrlässige Pflichtverletzungen

Klauselvorschlag

»1. Personen- und Sachschäden des Bestellers oder seiner Beschäftigten, die durch eine schuldhafte Pflichtverletzung des Lieferers, eines seiner leitenden Manager oder einer seiner Erfüllungsgehilfen aus diesem Vertrag verursacht werden, sind durch eine Haftpflichtversicherung des Lieferers mindestens bis zu einer Gesamthöhe von ... Mio. € für jeden Schadensfall abzudecken.

2. Kommt es durch eine fahrlässige Pflichtverletzung dieser Personen zur wirtschaftlichen Folgeschäden des Bestellers, wird die Haftung des Lieferers ausgeschlossen, soweit sie durch eine Betriebsunterbrechungsversicherung des Bestellers ersetzt werden. Die Deckungssumme dieser Versicherung muss sich mindestens auf ... € belaufen; im übrigen wird die Haftung auf ... % (20–100 je nach Höhe des Vertragswertes) der Auftragssumme begrenzt. Diese Haftungsbeschränkung gilt jedoch nicht für Vermögensschäden aus Mängeln, deren Abwesenheit der Lieferer garantiert hat.

3. Wirtschaftliche Folgeschäden in diesem Sinne sind sämtliche einfache Vermögensschäden, die nicht direkt an der gelieferten Sache entstehen. Zu ihnen gehören insbesondere Betriebsstillstands-, Betriebsunterbrechungs- und sonstige Produktionsausfallkosten des Bestellers.«

8.13.2.4   Sonderkündigungsrecht des Bestellers

Vergütung zahlen

Der *Besteller* kann von Gesetzes wegen bis zur Beendigung des Projektes *jederzeit* den Vertrag *kündigen*, muss dann dennoch die vereinbarte Vergütung unter Abzug der ersparten Aufwendungen an den Lieferanten zahlen (§§ 651, Satz 3, 649 BGB). Auch dieses jederzeitige Ausstiegsrecht des Bestellers kann ohne weiteres vertraglich ausgeschlossen werden (vgl. Kap. 10.3.6.1).

8.14   Checkliste für den Warenkauf

Die speziell für den *Warenkauf* entwickelte Checkliste sollte stets in Verbindung mit der *allgemeinen Checkliste* für *Geschäftsverträge* in Kapitel 7 genutzt werden, weil hier nur die Besonderheiten dieses Vertragstyps zusammengestellt sind. Sie soll Ihnen als Käufer oder Verkäufer eine Hilfe sein, beim Abschluss eines Warenkaufvertrages nichts Wichtiges zu übersehen und bei der Erfüllung des Geschäfts, namentlich wenn es zu einem unerwünschten Störungsfall kommt, die richtigen Schritte zu tun, um Ihre Rechte zu wahren bzw. unberechtigte oder überzogene Ansprüche der Gegenseite abzuwehren.

Erster geschäftlicher Kontakt

Geht es nicht um den Abschluss standardisierter Geschäfte, sondern werden diese wegen ihrer großen wirtschaftlichen Bedeutung für die Vertragspartei zuvor intensiv verhandelt, zeigt die besondere *Checkliste* für *Vertragsverhandlungen* am Ende des 2. Kapitels die wichtigsten Leitlinien für eine erfolgreiche Verhandlungsführung auf. Die zeitaufwändige und mühevolle Kleinarbeit, die das Abarbeiten der Checklisten erfordert, ist nicht nur nützlich, sondern zwingend erforderlich beim *erstmaligen geschäftlichen Kontakt* der Beteiligten. Mit der Entwicklung eines Vertragsmusters lässt sich ein ausgewogener verbindlicher Rechtsrahmen für die dann hoffentlich gut funktionierende dauerhafte Geschäftsverbindung schaffen. Kernfragen von *Zulieferer-* und *Projektverträgen* sind in Kap. 8.13 umrissen. Das gleiche gilt für die spezifischen Rechtsprobleme des *Auto-* und *Computerkaufs* in Kap. 8.11 und Kap. 8.12.

Dabei sind i.d.R. neben den frei zu vereinbarenden Vertragsleistungen – der Kaufsache und dem dafür zu zahlenden Preis – die ergänzenden Pflichten und Rechte der Vertragsparteien durch die *Verkaufsbedingungen* des Lieferanten vorgeprägt. Deshalb muss es die Strategie des Käufers sein, seine Interessen durch die Einfügung ihm wichtiger ergänzender Vertragsklauseln oder, noch besser, spezifischer vorrangiger Einzelvereinbarungen angemessen zu wahren.

Bei der schwierigen Formulierung des Vertragstextes sollen die zahlreichen, in dem Buchtext eingearbeiteten Klauselvorschläge Unterstützung bieten, genauso wie die Formulierungstipps für den sonstigen Schriftverkehr.

Produktbeschreibung und Liefermodalitäten   *Checkliste*

Die Kaufsache sollte möglichst präzise im Hinblick auf ihre erwünschten Eigenschaften im Vertrag definiert werden.

✔ Jede *negative Abweichung* von den festgelegten Beschaffenheitsmerkmalen stellt dann einen *Sachmangel* dar, dessen Beseitigung der Käufer aufgrund seiner Mängelansprüche fordern kann.

✔ Die richtige Strategie des Käufers ist es dabei, dass er sich für ihn besonders wichtige *Produkteigenschaften* vom Verkäufer *garantieren* lässt; sollte diese Garantiezusage dann nicht eingehalten werden, so haftet dieser prinzipiell unbeschränkt für alle dem Käufer daraus entstehenden Nachteile.

✔ Bei einer durch den Verkäufer vermittelten Garantie des Herstellers stehen die in der Garantie gewährten Ansprüche neben den kaufvertraglichen Mängelansprüchen gegen den Verkäufer.

✔ Kernpunkte zum *Liefervorgang*, wie vor allem die wichtigsten Gestaltungsmöglichkeiten zur Bestimmung der Lieferzeit und des Lieferortes (vgl. Kap. 7.2.4.3).

Transportkosten und Transportgefahr

Entsprechende vertragliche Regelungen sind sinnvoll beim *Distanzkauf*, wenn die Niederlassungen von Käufer und Verkäufer sich an verschiedenen Orten befinden und deshalb der Verkäufer die Ware dem Käufer schicken soll.

✔ Ohne besondere Vereinbarung gehört die *Durchführung* des *Transports* nicht zu den Leistungspflichten des Verkäufers, sondern sie erfolgt auf *Gefahr* und *Kosten* des *Käufers*, sodass er auch den vereinbarten Kaufpreis bezahlen muss, wenn die Ware unterwegs zerstört oder beschädigt wird. Die Transportrisiken lassen sich auch durch handelsübliche Lieferklauseln regeln.

✔ Wenn der *Verkäufer* den *Transport organisiert*, sollte der Käufer versuchen, die Preisgefahr auf ihn abzuwälzen, indem der Kaufpreis erst mit Ablieferung der Waren fällig ist.

✔ Gelingt ihm dies nicht, hat er sich zu vergewissern, dass die von ihm erworbenen Waren während des Transportes ausreichend gegen die üblichen Risiken versichert sind, sodass ein Transportversicherer im Schadensfalle einspringt.

Eigentumsvorbehalt

Der Eigentumsvorbehalt des Lieferanten als Verkäufer, schützt diesen gegen das *Insolvenzrisiko* des Käufers nur, wenn er wirksam ist und auch die typischen Risiken abdeckt, die sich aus der weiteren Vertragsabwicklung ergeben. Die konkrete Ausgestaltung des EV hängt im Wesentlichen von der Käufergruppe ab, also auf welcher Art und Weise der Käufer die unter EV erworbene Ware wirtschaftlich nutzt.

Erklärung des Eigentumsvorbehalts

Der Verkäufer muss den Eigentumsvorbehalt rechtzeitig beim *Abschluss des Kaufvertrages* erklären. Geschieht das später, aber noch vor Übergabe der Ware, ist dieser nachträgliche EV mangels entsprechendem Einverständnis des Käufers nur als einfacher EV wirksam.

✔ Der Hinweis auf den gewollten EV muss spätestens in der schriftlichen *Auftragsbestätigung* oder bei einem vorgeschalteten mündlichen Vertragsabschluss in dem *schriftlichen Bestätigungsschreiben* erfolgen.

✔ EV-Klauseln, die erst nach Vertragsabschluss auf dem *Lieferschein* der gleichzeitig ausgehändigten Ware enthalten sind, sind nur als einfacher, ausschließlich auf die gelieferte Ware beschränkter EV wirksam.

✔ EV-Klauseln, die erst nach Aushändigung der Ware auf Rechnungen stehen, kommen zu spät. Sie sind ohne Belang, weil der Käufer zuvor das Eigentum schon erworben hat.

Arten des Eigentumsvorbehalts

Man kann *vier Formen* des Eigentumsvorbehalts unterscheiden:

✔ Den *einfachen EV* bei Belieferung des *gewerblichen Endverbrauchers,* der die Kaufsache in seinem Betrieb nutzt.

✔ Den *einfachen verlängerten EV* bei Belieferung eines Händlers, der die erworbenen Waren an seine Abnehmer bestimmungsgemäß weiterverkauft, wodurch der einfache EV erlischt; deswegen gestattet dies der Verkäufer dem Käufer im Rahmen des üblichen Geschäftsbetriebs und lässt sich als *Ersatzsicherheit,* die daraus erlangten Kaufpreisforderungen gegen die Kunden des Käufers im Vorhinein abtreten – sog. *Anschlusszession*; der Käufer darf die an den Verkäufer abgetretenen Forderungen regelmäßig bei seinen Kunden im eigenen Namen einziehen und kann und sollte danach mit dem erhaltenen Geld die Lieferantenforderungen begleichen.

✔ Den *verlängerten qualifizierten EV mit Herstellungs- oder Verarbeitungsklauseln* bei Belieferung eines Industrieunternehmens, wobei der einfache verlängerte EV noch um eine Verarbeitungs- und Herstellungsklausel ergänzt wird. Danach verpflichtet sich der industriell tätige Käufer, aus den bezogenen Stoffen oder sonstigen Materialien seine neuen Produkte im Auftrage der Lieferanten herzustellen, wodurch diese ihr Eigentum in der gewandelten Form des wertanteiligen Miteigentums behalten;

✔ Den *erweiterten EV* im unternehmerischen Geschäftsverkehr, der die anderen Formen des EV dadurch ausdehnt, dass dieser EV nicht nur die einzelne Kaufpreisforderung aus der jeweiligen Lieferung, sondern *alle Forderungen* des Verkäufers gegen den Käufer aus der *laufenden Geschäftsverbindung* umfasst. Dagegen ist eine Konzernvorbehaltsklausel nichtig, wonach der EV sich noch darüber hinausgehend auf alle Forderungen aus Lieferungen von Unternehmen, die entweder mit dem Verkäufer oder Käufer konzernverbunden sind, erstrecken soll.

Prüfung der Eigentumsverhältnisse durch den Käufer

Damit der Käufer das Eigentum an den gekauften Waren erwerben kann, muss der Verkäufer selbst Eigentümer oder zumindest vom Eigentümer zur Veräußerung ermächtigt worden sein. Mit *Ausnahme* von *gestohlenen Sachen* ist das Erwerbsrisiko für den Käufer im Wirtschaftsverkehr gering, weil ansonsten auch ein *gutgläubiger Eigentumserwerb* des Käufers vom nicht zur Veräußerung berechtigten Verkäufer möglich ist. Hat der Verkäufer die Waren in seinem Besitz, ist daher eine besondere Prüfung der Eigentumsverhältnisse nur geboten, wenn verdächtige Umstände vorliegen, die erhebliche Zweifel an der Verfügungsberechtigung des Verkäufers wecken.

✔ Sicherheitshalber sollte sich der Käufer stets die verkehrsüblichen *Warendokumente,* wie z. B. Kfz-Brief, vorlegen und aushändigen lassen.

✔ Verdacht erregend ist der umfangreiche Verkauf von Waren, wenn diese Transaktion nicht zum unternehmerischen Kerngeschäft gehört.

✔ Verdacht erweckend ist auch ein Verkauf weit unter dem üblichen Preis, weil der verlängerte Eigentumsvorbehalt der Lieferanten nur zur Veräußerung im Rahmen des gewöhnlichen Geschäftsbetriebs befugt.

✔ Sind verdächtige Umstände gegeben, reicht auch die bloße Vorlage von Warendokumenten nicht mehr.

✔ Vor Abschluss einer positiven Eigentümerprüfung sollte der Käufer keine Zahlungen an den Verkäufer leisten.

Gewährleistungshaftung des Verkäufers bei Sachmängeln

Ist die gelieferte Ware mangelhaft, so stehen dem Käufer bestimmte Mängelansprüche zu. Ein Sachmangel ist

✔ die seltene Falschlieferung (Identitätsfehler),

✔ eine Zuweniglieferung (sog. Quantitätsfehler), und eben der häufigste Fall,

✔ der Qualitätsmangel.

Neben den bereits erwähnten Mängelansprüchen sollte im Vertrag die Rügepflicht des Käufers näher ausgestaltet werden, sowie ggf. der Rückgriff des Verkäufers gegen seinen Lieferanten, wenn er von seinen Käufern mangelhafte Waren zurücknehmen muss.

Rügepflicht des Käufers

Nach dem Gesetz ist ein *kaufmännischer Unternehmer* als Käufer verpflichtet, die eingehende Ware im ordnungsgemäßen Geschäftsgang auf ihre Fehlerfreiheit hin unverzüglich zu überprüfen und dabei zutage tretende Mängel unverzüglich zu rügen. Der Vertrag sollte dabei den unbestimmten Begriff »unverzüglich« präzisieren. Überlegenswert ist es auch, den Käufer von der *Wareneingangskontrolle* zu entlasten und die Qualitätssicherung dem Lieferanten in Form einer Warenausgangskontrolle aufzuerlegen, wenn er dazu organisatorisch imstande ist.

✔ Als übliche *Mängelrügefrist* sollten »eine Woche« oder »fünf Geschäftstage« eingeräumt werden.

✔ *Beschränkung* der *Rügepflicht* des Käufers auf äußerlich leicht erkennbare Mängel, wie Transportschäden oder offensichtliche Mengenabweichungen im Rahmen einer *Qualitätssicherungsvereinbarung,* wenn Lieferant Produktsicherheit und Produktqualität organisatorisch durch ein anerkanntes Qualitätsmanagement sicherstellen kann.

Beschaffenheitsgarantien des Verkäufers

Das Problem einer *Beschaffenheitsgarantie* für den Verkäufer, wenn er also dem Käufer zusichert, dass die Kaufsache bestimmte, für diesen wichtige Eigenschaften besitzt, liegt darin, dass er, wenn die gelieferte Sache diesen Qualitätsanforderungen nicht entspricht, dem Käufer gegenüber unbeschränkt haftet. Gegen dieses kaum hinnehmbare unkalkulierbare Haftungsrisiko kann sich der Verkäufer durch zwei Strategien schützen:

✔ Er sollte eine *Garantieerklärung* vermeiden und stattdessen schlichte *Beschaffenheitsvereinbarung* mit dem Käufer treffen, deren Nichteinhaltung lediglich einen einfachen Sachmangel darstellt.

✔ Besteht der Käufer auf einer Beschaffenheitsgarantie, so sollte die Garantieerklärung nur beschränkt abgegeben werden, indem die Garantiefälle klar umrissen sind und zusätzlich mit einer Haftungsobergrenze versehen werden.

Mängelansprüche des Käufers

Ist die gelieferte Ware mit einem Sachmangel behaftet und hat der *Käufer* diese ordnungsgemäß unter Beachtung der Vertragsbestimmungen unverzüglich gerügt, stehen ihm seine gesetzlichen Mängelansprüche zu:

✔ zunächst die *Nacherfüllung* durch Mängelbeseitigung oder Nachlieferung; dann auch im Falle des Ablaufs einer angemessenen Nachfrist, der Verweigerung oder Unzumutbarkeit der Nacherfüllung oder deren Scheitern das Recht auf *Rücktritt* oder *Minderung*;

✔ zusätzlich, wenn der Verkäufer den Sachmangel zu vertreten hat, auch *Schadensersatz*, was praktisch nur für den Hersteller gilt.

So sehen zulässigerweise die *Verkaufsbedingungen* des Lieferanten eine entsprechende Präzisierung oder Beschränkung der Mängelansprüche des Käufers vor; setzen sich die *Einkaufsbedingungen* des Käufers als stärkeres Recht durch, so können diese Mängelansprüche vorsichtig auch ausgedehnt werden.

✔ Zulässigerweise können die Mängelansprüche des Käufers *vorläufig* auf *Nacherfüllung* durch Mängelbeseitigung oder ggf. Nachlieferung bis zu deren Scheitern *beschränkt* werden, wobei dem Käufer maximal drei vergebliche Nacherfüllungsversuche zumutbar sind. Nach jeder Nachbesserung bzw. Nachlieferung hat der Käufer die erhaltenen Waren wiederum unverzüglich zu kontrollieren und dabei auftretende Mängel unverzüglich zu rügen.

✔ Beruht der Sachmangel auf leichter Fahrlässigkeit des Verkäufers, so kann dieser den Anspruch des Käufers auf *Schadensersatz* auf die vertragstypischen Schäden und damit grundsätzlich versicherbare Schäden beschränken.

✔ Als *zusätzlicher Mängelanspruch* kann sich der Käufer durch Einzelvereinbarung aber auch in seinen Einkaufsbedingungen – wie beim Werkvertrag – das Recht auf *Selbstvornahme* nach Scheitern der Nacherfüllung ausbedingen. Nützlich kann auch die Einräumung eines schlichten *Ausbesserungsanspruches* sein, wenn der Käufer gerade auf diese Kaufsache angewiesen ist und eine vollständige Mängelbeseitigung nicht gelingt.

Rückgriff des Händlers/Herstellers bei Warenrücknahme

Ein *erleichterter Rückgriff* des Käufers nach Weiterverkauf der neuen Ware ist nur beim Verbraucher als Endabnehmer vorgesehen, wenn der Händler als Verkäufer wegen eines Sachmangels die Ware vom Verbraucher zurücknehmen muss oder dieser den Kaufpreis mindert. Die gesetzliche *Rückgriffskette* endet beim Hersteller als »Lieferer« der »neuen beweglichen Sache«.

✔ Die *Ausdehnung* des Rückgriffs durch AGB, etwa in den Einkaufsbedingungen, ist auch beim Verkauf an Unternehmen als Endabnehmer nicht möglich, wohl aber beim Verkauf an einen Verbraucher auch auf den für den Fehler verantwortlichen Zulieferer des regresspflichtigen Herstellers.

✔ Der *Ausgleich* für den durch die Warenrücknahme oder Minderung entstandenen finanziellen Verlust des Händlers muss nicht bar erfolgen, sondern kann auch durch eine *Warengutschrift* des Herstellers bei entsprechender vertraglicher Vereinbarung ersetzt werden.

✔ Die *Verjährung* der *Mängelansprüche* des rückgriffnehmenden Käufers wird auch nach Ablauf von zwei Jahren für die Dauer der Bearbeitung der *Kundenreklamation* gestoppt, in der Rechtssprache gehemmt, wobei die maximale Verjährungsfrist fünf Jahre vom Tag der Ablieferung beträgt

Kauf unter Einschaltung von Einkaufsverbänden

Bei diesem Zentraleinkauf treten sowohl für das einzelne Mitgliedsunternehmen als Käufer, als auch für den Lieferanten spezifische Rechtsprobleme bzw. Risiken auf, die es zu lösen bzw. zu minimieren gilt.

✔ Das *Mitgliedsunternehmen* sollte im Falle des Warendurchlaufs beim Verband und der Zentralerfassung der *Mängelrügen* sicherstellen, dass die dafür benötigte Zeit bei der Bemessung der knappen Rügefrist eingerechnet wird. Ferner sollte es versuchen gegenüber dem Lieferanten zu erreichen, dass die durch die Zentralregulierung vorgegebene Bezahlung des Kaufpreises an die Einkaufszentrale stets schuldbefreiende Wirkung hat. Diese Erfüllungsvereinbarung befreit den Käufer von der Gefahr der Doppelzahlung im Falle der Insolvenz eines Verbandes.

✔ Der *Lieferant* wird dieser Zahlungsabrede nur zustimmen, wenn die Einkaufszentrale seine *Kaufpreisforderungen* gegen die Mitglieder durch eine *Delkrederehaftung* absichert, die ihrerseits bank- oder versicherungsmäßig gedeckt ist. Nur damit wird er zuverlässig gegen die Insolvenzrisiken auf beiden Ebenen – der der Mitglieder und des Verbandes – geschützt. Sofern die Verbandsgruppe ihr Delkredereversprechen nicht abgesichert hat, sollten sie als Lieferant deren vorzeitigen Eigentumserwerb an den gelieferten Waren durch *Eigentumsvorbehalt* blockieren und so lange verzögern, bis die entsprechenden Zahlungen bei Ihnen eingegangen sind.

9 Miete und Leasing

Anstelle der kapitalintensiven Anschaffung der für den Geschäftsbetrieb notwendigen Räumlichkeiten oder/und anderen Investitionsgüter, wie technische Geräte, Maschinen, Fahrzeuge und Software, besteht für ein Unternehmen auch die Möglichkeit, sich ein *vertragliches Nutzungsrecht* an diesen Betriebsmitteln in Form der Miete oder des Leasing gegen Zahlung eines angemessenen Entgelts einräumen zu lassen. Der Unterschied zwischen Miete und *Leasing* besteht vor allem darin, dass bei dem Leasings neben der Gebrauchsüberlassung noch eine *Finanzierungsfunktion* hinzutritt. Nicht eingegangen wird im Folgenden auf die Besonderheiten des Immobilien-Leasings, da der Abschluss solcher Verträge genau wie der Immobilienerwerb selbst eine äußerst umfangreiche Planung und auch rechtliche Beratung erfordert.

> **Unterschied zwischen Miete und Leasing**

Unternehmen wollen typischerweise die entsprechenden Miet- oder Leasingobjekte in ihrem Betrieb einsetzen, die ihnen von darauf spezialisierten Vermietungs- oder Leasinggesellschaften auf den Märkten angeboten werden. Für den Abschluss der entsprechenden Leasingverträge werden deshalb die *Vertragsformulare* der *Vermieter* und *Leasinggeber* herangezogen. Daher können sich die nachfolgenden Erläuterungen auf die wichtigsten rechtlichen Aspekte beschränken, worauf Sie als Mieter bzw. Leasingnehmer sowohl beim Abschluss als auch bei der Erfüllung von Miet- oder Leasingverträgen unbedingt achten sollten.

9.1   Geschäftsraummiete

Angesichts des hohen Leerstandes von Büro- und Gewerbeflächen in der Bundesrepublik, in einigen Städten mit Spitzenwerten bis zu 17 %, sind die Mietpreise im gewerblichen Sektor in der letzten Zeit erheblich gefallen. Deshalb stellt die *Anmietung von Geschäftsräumen* für Unternehmen eine wirtschaftlich interessante Alternative zur teuren Anschaffung von Gewerbeimmobilien dar. Diese vorteilhafte Marktlage können Sie als Mieter ausnutzen, um möglichst effektiv Ihre Interessen bei dem Aushandeln von günstigen Konditionen, nicht nur im Hinblick auf die Miethöhe, sondern auch in Bezug

> **Günstige Marktlage ausnutzen**

auf die Ausgestaltung anderer wichtiger Rechte und Pflichten aus dem Mietverhältnis durchzusetzen. Jedenfalls will der Abschluss eines solchen Mietvertrages wohl überlegt sein, betrachtet man die übliche Laufzeit von mindestens fünf Jahren.

9.1.1   Wesen der Geschäftsraummiete und Abgrenzung zu anderen Nutzungsverträgen

Die *Geschäftsraummiete* ist ein Sonderfall des Mietvertrages, durch den sich der Vermieter verpflichtet, dem Mieter den Gebrauch der vermieteten Sache – hier Geschäftsräume im Unterschied zur *Wohnraummiete* – gegen Entgelt zu gewerblichen Zwecken zu überlassen (§§ 535 ff BGB). Das Mietrecht des BGB ist dreistufig gegliedert:

Mietrecht des BGB
- Im ersten Teil die allgemeinen Regelungen für *alle Mietverhältnisse* (§§ 535–548 BGB),
- im zweiten Teil die zahlreichen Sondervorschriften für die *Wohnraummiete* (§§ 549–577a BGB),
- und schließlich die wenigen Spezialbestimmungen für *Mietverhältnisse* über *andere Sachen* (§§ 578–580a BGB). Dazu gehört nach § 578, Abs. 2 BGB auch die *Geschäftsraummiete*, auf die wiederum mit Ausnahme der spezifischen Mieterschutzregelungen die meisten Vorschriften für die Wohnraummiete, jedoch i.d.R. dann aber nur die ausdrücklich genannten, entsprechende Anwendung finden (OLG Brandenburg, Urt. v. 24.05.2006 – 3 U 189/05). Keine Bedenken bestehen aber, dass der *Mustervertrag einzelne* geeignete *Bestimmungen* zur *Wohnraummiete*, etwa zur Mieterhöhung (§§ 557a ff. BGB) ausdrücklich übernimmt..

Abgrenzung zur Pacht

Räume mit Inventar Gewerbliche Räume können nur bei entsprechender baulicher Eignung und Einrichtung Gegenstand eines *Pachtvertrages* nach § 581 BGB sein, für den im Übrigen – mit Ausnahme der §§ 582–584 BGB – auch die mietrechtlichen Bestimmungen nach § 581, Abs. 2 BGB entsprechend gelten. Räume als *Pachtobjekte* müssen für den einschlägigen Betrieb *Früchte* im Sinne von § 99 BGB sein, d.h. unmittelbare Erträge abwerfen können, was aber bei der bloßen Zurverfügungstellung leerer Räume nicht zutrifft (BGH WM 1981, S. 798). Dabei muss aber der Verpächter dem Pächter nicht unbedingt das Inventar überlassen, sondern neben der Zurverfügungstellung geeigneter Räume genügt es, wenn er weitere Leistungen zu erbringen hat, die geeignet sind, wesentlich zur Förderung des Gewerbebetriebs des Pächters beizutragen (BGH WM 1991, S. 1480).

Beispiel:

Der Verpächter (Brauerei) gewährt dem Pächter (Gastwirt) ein Darlehen, damit er sich das für den Gewerbebetrieb (Gaststätte) notwendige Inventar beschaffen kann.

Mischmietverhältnisse

Wesentlich schwieriger ist die rechtliche Situation bei sog. *Mischmietverhältnissen* zu beurteilen, wenn die gemieteten Räume *sowohl* zu *Wohn-* als auch *Geschäftszwecken* gedacht sind. Werden diese lediglich äußerlich in einer Vertragsurkunde zusammengefasst, ohne dass ein enger räumlicher Bezug vorliegt, weil sie sich mühelos voneinander trennen lassen, ist auch jeder Sektor rechtlich getrennt zu behandeln. Die Kündigung der Wohnung wirkt sich dann nicht auf die Miete der Geschäftsräume aus, und umgekehrt (LG Duisburg NJW-RR 1986, S. 1211).

Beispiel:

Eine Werkshalle und eine anderswo gelegene Wohnung werden in einer Vertragsurkunde angemietet, weil beide Objekte dem gleichen Vermieter gehören.

Typisch ist dagegen, dass der Mietvertrag über Wohnung und Geschäftsräume eine *Einheit* als *gemischter Vertrag* bildet, weil er ein untrennbares Gesamtgeschäft darstellt. Eine rechtliche Aufspaltung kommt selbst dann nicht in Betracht, wenn die Parteien für die Gewerbe- und Wohnräume unterschiedliche Mieten festgesetzt haben. Der Mietvertrag gilt dann je nachdem, welche Nutzungsart im Hinblick auf die darauf entfallenen Flächen oder Mietwerte einheitlich entweder als Geschäftsraum- oder Wohnraummiete (OLG Köln ZMR 2001, S. 963; OLG Düsseldorf ZMR 2006, S. 685) im Vordergrund steht.

Einheitlicher Mietvertrag

Beispiel:

Einheitlicher Mietvertrag über Ladenlokale, Büro, Praxisräume, Labors mit zugehöriger Wohnung.

In *Zweifelfällen* neigen die Gerichte dazu, wegen des besseren Mieterschutzes von einer *Wohnraummiete* auszugehen (LG Frankfurt ZMR 1992, S. 542). Zur Klarstellung können bei annähernder Gleichwertigkeit die Beteiligten vereinbaren, dass der Vertrag insgesamt den Regeln der Geschäftsraummiete unterliegen soll.

Klarstellung im Vertrag

9.1.2   Vor Vertragsabschluss

Bevor Sie als Mieter den Mietvertrag mit dem Vermieter abschließen können, müssen Sie erst einmal die geeigneten Räume gefunden ha-

ben. Erst danach können Sie sich mit dem Vermieter zusammensetzen und die vertraglichen Konditionen aushandeln.

9.1.2.1   Suche nach geeigneten Räumen

Klar ist selbstverständlich, dass Sie als Mieter Ihren konkreten Bedarf im Hinblick auf Nutzungszweck, Nutzungsfläche und Lage geklärt haben. In der Regel werden Sie durch entsprechende Inserate,
Hinweistafeln etc. des Vermieters auf entsprechende Mietangebote
hingewiesen.

Auf Maklerklauseln achten

Sollten Sie aber einen *Makler einschalten*, so müssen Sie die vereinbarte Provision in der üblichen Höhe von zwei bis drei Monatsmieten bezahlen. Hat der Vermieter einen Makler eingeschaltet, so ist
es gängige Vertragspraxis geworden, ebenfalls dem Mieter die Maklerkosten im *Mietvertrag* durch eine sog. *Maklerklausel* aufzubürden.
Das brauchen Sie indes nicht zu akzeptieren (vgl. Kap. 10.5.1.2).

> **Tipp**
>
> Achten Sie deshalb darauf, ob in dem Mietvertrag eine derartige Mak-
> lerklausel enthalten ist.

Ist der Kontakt zwischen Ihnen ohne Vermittlung des Maklers zustande gekommen, kann es je nach Inhalt des Maklervertrages dennoch sein, dass der Makler Provision beanspruchen darf. Um die
Maklerkosten wiederum auf den *Mieter abzuwälzen*, muss der Vermieter den Mieter deutlich darauf hinweisen, denn in solchen Fällen
braucht der Mieter nicht mit Maklerkosten zu rechnen. Eine schlichte Maklerklausel in dem Mietvertrag könnte eine Zahlungspflicht
auch nicht begründen, weil sie wegen ihrer überraschenden Wirkung nach § 305c, Abs. 1 BGB unwirksam wäre.

9.1.2.2   Besichtigung des Mietobjektes
und Grundbucheinsicht

Fragen des Vermieters richtig beantworten

Ist der geschäftliche Kontakt mit dem Vermieter hergestellt und
sind Sie an dem Mietobjekt interessiert, so müssen Sie zunächst
die vom Vermieter gestellten Fragen immer, soweit sie sachdienlich
sind, wahrheitsgemäß und vollständig beantworten. Bei *unwahren
Angaben* kann Ihnen der Vermieter bis zum Zeitpunkt der Besitzüberlassung den Vertrag nicht nur jederzeit kündigen, sondern, wenn
dies wissentlich geschieht, auch wegen *arglistiger Täuschung* nach
§ 123 BGB anfechten (vgl. Kap. 3.6.3.1). Auf der anderen Seite sollten
Sie mit dem Vermieter alle wichtigen Aspekte des Mietobjektes abklären und gezielt danach fragen. Die gestellten Fragen hat er eben-

Informationspflicht des Vermieters

falls wahrheitsgemäß zu beantworten. Ohne Nachfrage hat der Vermieter nur über diejenigen Umstände und Rechtsverhältnisse mit Bezug auf die Mietsache den *Mieter* von sich aus *aufzuklären*, die dem Vermieter erkennbar von besonderer Bedeutung für den Entschluss des Mieters zum Eingehen des Vertrages sind und deren Mitteilung deshalb nach Treu und Glauben erwartet werden kann (BGH WM 2007, S. 758).

Vor Abschluss des Mietvertrages sollten Sie sich unbedingt den *Energiepass* des Mietobjekts zur besseren Abschätzung der voraussichtlichen Nebenkosten vorlegen lassen (vgl. Kap. 9.1.9.5) und auch die Mieträume mit oder ohne Grundstück zusammen mit dem Vermieter oder dessen Beauftragten besichtigen und eine detaillierte *Zustandsbeschreibung* anfertigen. Vergewissern Sie sich, dass die von Ihnen geplante Nutzung räumlich möglich und gesetzlich bzw. vertraglich erlaubt ist. Drängen Sie auf eine entsprechende Garantie des Vermieters. Stellen Sie dabei aber auch gezielt Fragen nach der *Beschaffenheit*, der *Bausubstanz* und der *Bauweise*, insbesondere auch der Isolierung, weil diese die Höhe der Energiekosten bestimmt, die Sie im Rahmen der Nebenkosten als Mieter zu tragen haben. Auch diese Angaben sind in die Zustandsbeschreibung aufzunehmen. Werden dabei eventuelle Sachmängel festgestellt, so sind sie in das *Besichtigungsprotokoll* unbedingt einzufügen, das später dem Mietvertrag als Anlage beigefügt wird. Behalten Sie sich wegen dieser bekannten Mängel Ihre Mängelansprüche vor, weil diese sonst nach § 536b BGB ausgeschlossen werden. Das gilt auch im Hinblick auf leicht feststellbare Mängel, die wegen einer zu oberflächlichen Besichtigung nicht entdeckt werden, wenn der darüber Bescheid wissende Vermieter Sie nicht arglistig verschweigt (vgl. Kap. 9.1.8.5).

Bei Mietverträgen mit langer Laufzeit – fünf Jahre und mehr – sollten Sie auch die *Grundstücksbelastungen* prüfen, da Sie ansonsten bei einer späteren Zwangsversteigerung mit den üblichen Rechtsnachteilen rechnen müssen (vgl. Kap. 9.1.10.3). Verlangen Sie daher von dem Vermieter einen Grundbuchauszug oder zumindest dessen Zustimmung zur Einsichtnahme.

Bei der sog. *Vermietung vom Reißbrett* müssen Sie sich die Baupläne und ergänzenden Zeichnungen vorlegen lassen, um die entsprechenden Prüfungen durchführen zu können. Wegen des Schriftformzwanges werden diese Unterlagen als Anlagen dem Mietvertrag beigefügt (vgl. Kap. 9.1.3.3).

Sind noch erhebliche bauliche Investitionen vorzunehmen, die atypischerweise der Mieter für einen *Baukostenvorschuss* finanzieren soll, so sollte er auf eine angemessene grundpfandrechtliche Absicherung in Form einer Sicherungshypothek oder besser noch bankmäßigen Sicherheit durch eine Bankbürgschaft bestehen (vgl. Kap. 4.7.3.2). Die allgemein übliche Anrechnungsvereinbarung die-

Besichtigungs-protokoll

Mängelansprüche vorbehalten

Prüfung des Grundbuchs

Vermietung vom Reißbrett

Baukosten-vorschuss

ser Mietvorauszahlung mit der späteren Miete bietet keine ausreichende Sicherheit bei einer späteren Zwangsversteigerung (vgl. Kap.
9.1.10.3). Nimmt der Vermieter *bauliche Veränderungen* am Mietobjekt vor Vertragsabschluss vor, so trägt er das finanzielle Risiko,
wenn später der Mietvertrag nicht zu Stande kommt. Etwas anderes
gilt jedoch, sofern der Mieter dem späteren Vertragsabschluss als sicher hingestellt und die *Vertragsverhandlungen* ohne triftigen Grund
abgebrochen hat (BGH NJW 1996, S. 1885).

Anpassung der Räumlichkeiten vor Vertragsabschluss

> **Beispiel:**
> *In dem beiderseits unterschriebenen Besprechungsprotokoll übernimmt
> der Mieter bestimmte Umbaukosten*

Der *Schadensersatzanspruch* des Vermieters aus Verschulden beim
Vertragsabschluss, wegen seiner Umbau- bzw. Rückbaukosten verjährt aber sehr schnell, nämlich in entsprechender Anwendung von
§ 548 BGB bereits wie aus einem wirksamen Mietvertrag, innerhalb
von sechs Monaten ab Beendigung der Vertragsverhandlungen (BGH
NJW 2006, S. 1964; vgl. Kap. 2.4.4.4).

9.1.2.3   Sicherung begehrter Mietobjekte

Sollten die gewerblichen Räume noch nicht frei oder das Gebäude
noch nicht errichtet sein, so können Sie sich als Mieter das Mietobjekt durch verschiedene Gestaltungsformen frühzeitig sichern.

9.1.2.3.1   Mietvorvertrag

Mietvorvertrag

Der *Mietvorvertrag* eignet sich insbesondere, wenn die zu vermie-
tenden *Geschäftsräume* noch *nicht fertig gestellt* sind, sondern das
Gebäude sich erst in Planung und Gestaltung befindet. Er hat für Sie
als Mieter auch den Vorteil, dass Sie auch noch größeren Einfluss auf
die Raumaufteilung und Innenausstattung nehmen können. Wichtige Details können dann nach Fertigstellung geregelt werden.

Durch den Vorvertrag verpflichten sich die Parteien, nach Fertigstellung einen *Hauptmietvertrag* abzuschließen. Damit werden
noch keine unmittelbaren Leistungspflichten begründet, sondern es
genügt, wenn in dem Vorvertrag der Inhalt des künftigen Mietvertrages in den wesentlichen Punkten, also das Mietobjekt, die Mietdauer, die zu zahlende Miete, umrissen wird. Für die Miete selbst ist
es ausreichend, dass sie notfalls mit sachverständiger Hilfe später
bestimmt werden kann (BGH WM 2003, S. 387). Auf dieser Grundlage hat der Vermieter später, nach Fertigstellung des Objektes, dem
Mieter ein entsprechendes Angebot auf Abschluss des Hauptmiet-
vertrages zu unterbreiten. Erstreckt sich die *vereinbarte Mietfläche*
nicht über den gesamten Gebäudekomplex, kann der Vermieter seine

Verpflichtung aus dem Vorvertrag nicht durch das Anbieten eines die gesamte Gebäudefläche umfassenden *Generalmietvertrages,* um Leerstände zu vermeiden, erfüllen, weil er damit unzulässigerweise einseitig die Mietpflicht des Mieters ausdehnt.

Generalmietvertrag

Zur Klarstellung sollte man aber die Vereinbarung ausdrücklich auch als Mietvorvertrag bezeichnen, weil ansonsten i.d.R. davon auszugehen ist, dass die Vertragsparteien sofort einen wirksamen Hauptmietvertrag abschließen wollen (BGH WM 1996, S. 1064).

Legen Sie als Mieter auf einen bestimmten *Fertigstellungstermin* besonderen Wert, weil Sie bis zu diesem Zeitpunkt die Geschäftsräume benötigen, spricht nichts dagegen, in den Vorvertrag eine entsprechende Zusicherung des Vermieters aufzunehmen und die Nichteinhaltung dieser Pflicht mit einer angemessenen *Vertragsstrafe* zu belegen. Die Höhe der Vertragsstrafe kann dabei durchaus mindestens die Hälfte der vom Mieter später zu zahlenden Monatsmiete erreichen, selbst wenn dies vom Mieter in einer Standardklausel vorgegeben wird (BGH ZIP 2003, S. 1662; vgl. Kap. 4.2.2.2).

Fertigstellungstermin

> Sind Sie auf einen bestimmten Fertigstellungstermin angewiesen, lassen Sie sich dessen Einhaltung vom Vermieter garantieren und für den Fall, dass das nicht geschieht, mit einer ausreichend hohen Vertragsstrafe absichern.

Tipp

Fertigstellungsgarantie

»Die Parteien verpflichten sich, spätestens einen Monat vor Fertigstellung des Mietobjekts den Hauptmietvertrag abzuschließen. Die Fertigstellung erfolgt spätestens zum … . Sollte der Vermieter den Fertigstellungstermin nicht einhalten, so verpflichtet er sich, für jeden Tag der Säumnis zur Zahlung einer Vertragsstrafe in Höhe von …«.

Klauselvorschlag

Zwar muss der Mietvorvertrag nicht unbedingt *schriftlich* abgefasst sein (BGH NJW 2007, S. 1817). Der gesetzliche Formzwang in §550 BGB gilt nur für den Hauptmietvertrag zum Schutze des Grundstückserwerbers, da dieser nach Überlassung der Mietsache an den Mieter an den Mietvertrag gebunden ist (§566 BGB; vgl. Kap. 9.1.10.2). Wegen der höheren Klarheit und aus Beweiszwecken ist aber die schriftliche Abfassung dennoch zu empfehlen.

9.1.2.3.2   Anmiet- und Vormietrecht

Ist der Vermieter nicht jetzt, sondern erst später zum Abschluss eines Mietvertrages bereit, so können Sie sich als Mieter das Mietobjekt schon jetzt durch die Vereinbarung eines *Anmietrechts* sichern. Dadurch wird der Vermieter, wenn er sich zur Vermietung ent-

Anmietrecht

schließt, verpflichtet, Ihnen als Anmietungsberechtigten zunächst die Mietsache anzubieten. Zu welchen Konditionen das geschieht, bleibt allerdings ihm allein überlassen, sofern das nicht festgelegt wird. Sie sichern sich mangels abweichender Vereinbarung damit das Mietobjekt zu ungewissen Konditionen.

Eine ähnliche Funktion besitzt die Einräumung eines *Vormiet-rechts,* wonach der an dem Mietobjekt Interessierte – genau wie beim Vorkauf – das Recht erlangt, in einen vom Vermieter mit einem

Vormietrecht

Dritten abgeschlossenen Mietvertrag zu den gleichen Bedingungen einzutreten. Mangels gesetzlicher Regelung finden auf das Vormietrecht die Bestimmungen zum Vorkaufsrecht in §§ 463 ff BGB entsprechende Anwendung (BGH NJW 2002, S. 3016). Sollte aber der Vormietungsberechtigte auf der Abänderung einzelner, ihm nicht genehmer Vertragsbestandteile beharren, so ist seine Eintrittserklärung unwirksam (BGH NJW 1988, S. 703).

Tipp

> Beide Absprachen sollten schriftlich getroffen werden, auch wenn zumindest das Anmietrecht keinem gesetzlichen Formzwang unterliegt, weil sich dadurch für beide Rechte klar die Vertragskonditionen festlegen lassen.

Das Anmiet- und Vormietrecht bietet aber keinen Schutz mehr, wenn der Vermieter das Mietobjekt an einen Dritten nicht nur vermietet, sondern ihm auch bereits *überlassen* hat. Dann verbleiben dem Anmiet- oder Vormietberechtigten lediglich wegen der vom Vermieter selbst herbeigeführten Unmöglichkeit der Erfüllung der Anspruch auf Schadensersatz statt Leistung in Geld (§ 283 BGB).

9.1.3 Kernregelungen des Mietvertrages und Checkliste für Mietformulare

Grundlage des Mietvertrages bildet regelmäßig das vom Vermieter benutzte Vertragsformular für die Geschäftsraummiete, das ergänzende Regelungen zu den eigentlichen vertragswesentlichen Punkten, dem Mietobjekt, Mietzins und der Vertragsdauer enthält.

Tipp

> Nutzen Sie bei der Lektüre des Mustervertrages auch die folgenden Erläuterungen im Buchtext und achten Sie insbesondere auf die zahlreichen spezifischen Praxis-Tipps. Auf die wichtigsten Knackpunkte stoßen Sie durch das systematische Abarbeiten der Checkliste (Kap. 9.3.1.15).

Für den Vertragsabschluss selbst gelten auch die Regelungen des allgemeinen Vertragsrechts, soweit nicht das Mietrecht Sonderbestimmungen versieht (vgl. Kap. 3). Dabei enthalten Mietvertragsformulare über komplexe Objekte häufig für den *Mieter Annahmefristen*, die aber mindestens zwei Wochen betragen müssen – 17 Tage sind ausreichend – (OLG Naumburg NZM 2004, S. 825; vgl. Kap. 3.2.1.4).

Annahmefrist bei Geschäftsraummiete

Mietformulare

Checkliste

Das folgende Raster typischer Regelungen soll Ihnen helfen, sich besser in dem Dickicht undurchsichtiger Vertragsklauseln zurecht zu finden.

Vertragspartei
- ✔ Bei einer Mehrheit von Vermietern oder Mietern: Bevollmächtigungsklauseln
- ✔ Bei GmbH: Mithaftung natürlicher Personen wie Gesellschafter oder Geschäftsführer
- ✔ Mieter- oder Vermieterwechsel

Mietobjekt
- ✔ Genaue Beschreibung der vermieteten Räume, mitbenutzbarer Anlagen und Einrichtungen (z. B. Parkplatz) und ggf. Fertigstellungstermin
- ✔ Zweck der Gebrauchsgewährung
- ✔ Vertragsgemäßer Gebrauch, Betriebspflicht
- ✔ Veränderung der Mietsache
- ✔ Anbringung von Werbeschildern etc.
- ✔ Konkurrenzschutz für den Mieter
- ✔ Untervermietung (Ausschluss oder Erlaubnis)

Baukostenvorschuss des Mieters
- ✔ Verrechnung mit Miete
- ✔ grundpfandrechtliche Absicherung des Mieters

Nur Grundstück
- ✔ Errichtung von Bauwerken durch Mieter
- ✔ Beseitigung oder Übernahme nach Vertragsende

Gewährleistung des Vermieters für Sachgebrauch
- ✔ Ausschluss für anfängliche Sachmängel
- ✔ Instandhaltung, Schönheitsreparaturen und kleine Reparaturen

Mietzins
- ✔ Fester und/oder variabler Mietzins
- ✔ Mehrwertsteuer
- ✔ Fälligkeit
- ✔ Mieterhöhung und Mietzinsanpassung
- ✔ Aufrechnungsbeschränkung zu Lasten des Mieters

Nebenkosten
- ✔ Energiepass zur Taxierung der Nebenkosten
- ✔ Regelung der umlagefähigen Nebenkosten
- ✔ Umlageschlüssel
- ✔ Fälligkeit

Mietkaution und andere Sicherheiten
- ✔ Anlageform
- ✔ Verzinsung
- ✔ Rückzahlung bei Vertragsende
- ✔ Weitere Sicherheiten, wie z. B. Bürgschaft

Vertragsdauer und Vertragsende
- ✔ Feste Vertragszeit mit oder ohne Verlängerungsklauseln
- ✔ Optionsrecht des Mieters
- ✔ Kündigungsfristen bei unbestimmter Dauer
- ✔ Ggf. Erweiterung oder Einschränkung von Kündigungsrechten
- ✔ Vorzeitige Beendigung und Ersatzmieter

Rückgabe der Mietsache
- ✔ Zustand der Mietsache
- ✔ Vom Mieter zu tragende Reparaturen
- ✔ Ersatzansprüche des Mieters bei wertverbessernden baulichen und anderen Maßnahmen

9.1.3.1 Ausdehnung der Mieterpflichten und Mieterschutzklauseln

Gefährliche Miet-klauseln eliminieren und durch bessere Regelungen ersetzen

Durch geschickt formulierte Vertragsklauseln sollen nun die Verantwortlichkeiten zu Lasten des Mieters verschoben werden, wodurch dessen finanzielle Belastungen oder Risiken sich erheblich erhöhen können. Darauf sollten Sie als Mieter Ihr Hauptaugenmerk legen und dem durch abweichende interessengerechtere eigene Regelungen oder auch Einzelvereinbarungen entgegenwirken.

So hat der Vermieter dem Mieter die *Mietsache* in einem gebrauchsfähigen Zustand zu überlassen und, was besonders wichtig ist, auch während der Mietzeit zu erhalten (§ 535 BGB). Demnach fallen ihm ohne besondere vertragliche Regelungen die Kosten für die Instandhaltung der Mietsache zu. In Gewerbemietverträgen kann aber die *Instandhaltungslast* fast vollständig auf den Mieter abgewälzt werden. Solch ungünstige Vertragsklauseln müssen Sie also aus dem Mietvertrag eliminieren. **Instandhaltungslast**

Sie als Mieter haben für die Ihnen eingeräumte Nutzung den vereinbarten *Mietzins* zu zahlen, dessen Höhe frei zwischen Ihnen festgelegt werden kann. Dabei liegt es in Ihrem Interesse als Mieter, dass die Miete möglichst lange konstant und damit für Sie kalkulierbar bleibt. Die Vermieter streben aber danach, durch entsprechende Vertragsklauseln sich möglichst umfassend ein einseitiges *Mieterhöhungs- oder Mietanpassungsrecht* einzuräumen. Das sollten und brauchen Sie nicht ohne weiteres zu akzeptieren. Dass Sie als Mieter auch die *Nebenkosten* zu zahlen haben, ist unbestritten. Schauen Sie sich aber die Vertragsbedingungen im Hinblick darauf an, welche einzelnen Nebenkosten Ihnen der Vermieter in Rechnung stellen will. **Mietzinsanpassung**

Ein weiterer zentraler Punkt bildet die *Vertragsdauer*, die zwischen den Vertragsparteien auszuhandeln ist. In Ergänzung zu der vereinbarten unkündbaren Grundlaufzeit sehen die Mietformulare typischerweise noch einmal eine gleich lange *automatische Verlängerung* vor, wenn das Mietverhältnis nicht durch eine entsprechende schriftliche Mitteilung oder Kündigung des Mieters bzw. Vermieters beendet wird. Dadurch kann die Vertragsdauer doppelt so lange werden, als ursprünglich gedacht. Überlegen Sie sich als Mieter ganz genau, ob die Fortsetzungszeit des Vertrages nicht kürzer bemessen sein sollte. **Verlängerung der Mietzeit**

Für den Fall, dass der Mieter eine GmbH ist, sehen die Mietformulare verschiedentlich vor, dass der unterzeichnende *Geschäftsführer* für die Erfüllung der Verpflichtungen der GmbH aus dem Mietvertrag *mithaften* soll (vgl. Kap. 9.1.3.3). Als Geschäftsführer sollten Sie deshalb das Vertragsformular daraufhin durchsehen. Ist Ihnen diese Mitverpflichtung nicht genehm, kommt es auf Ihre Verhandlungsstärke an, ob der Vermieter darauf verzichtet oder nicht. **Persönliche Mithaftung des Geschäftsführers**

> Die Einhaltung eines für Sie wichtigen Termins, wie vor allem Fertig-
> stellungs- oder Bezugstermin, sollten Sie durch ausreichend hohe
> Vertragsstrafen absichern (vgl. Kap. 9.1.2.3.1).

Nach- und Untermieter

Nach Abschluss des Mietvertrages ist es allein das Risiko des Mieters, ob er während der gesamten Vertragsdauer wirtschaftlich für die gemieteten Räume in vollem Umfang Bedarf hat oder nicht. Gehen die Geschäfte zurück, sollte der Mieter zur Vermeidung finanzieller Verluste die nicht mehr benötigten Räume untervermieten oder vorzeitig aus dem Mietvertrag durch den gleichzeitigen Eintritt eines Nachmieters aussteigen. Dazu muss aber der Vermieter zustimmen. Das kann er schon im Vorhinein tun, indem er dem Mieter bereits im Mietvertrag die Untervermietung oder die Stellung eines zuverlässigen Nachmieters erlaubt. Sorgen Sie deshalb als Mieter für den Einbau einer entsprechenden *Untervermietungs- oder Nachmieterklausel.*

9.1.3.2   Die Parteien des Mietvertrages

Mietverträge können alle Unternehmen, egal in welcher Rechtsform, abschließen. Werden die Räume von mehreren Unternehmen angemietet, ist der Mietvertrag von jedem Mitmieter zu unterschreiben.

Gesellschaften als Mietvertragspartei

Auf wirksame Vertretung achten

Gesellschaft des bürgerlichen Rechts

Mietpartei

Sind *Handelsgesellschaften, Genossenschaften* oder auch *Partnerschaften* Mietvertragsparteien, so ist auf deren ordnungsgemäße Vertretung zu achten, was mangels registerlicher Eintragung gerade bei der unternehmerischen Gesellschaft des bürgerlichen Rechts erhöhte Sorgfalt verlangt (BGH NJW 2005, S. 2225; vgl. Kap. 3.3.2.2). Auch bei der GbR ist die Organisation als solche Vertragspartner, die aus dem Mietverhältnis als Berechtigter verpflichtet wird (§ 705 BGB), wenn das aus der Bezeichnung der Mietvertragsparteien durch den Hinweis auf die Gesellschaftsform oder ihren Gesellschaftsnamen deutlich wird (BGH ZIP 2001, S. 330), selbst wenn diese in ihrer Zusammensetzung noch unbestimmt ist (BGH NJW 2006, S. 141; vgl. Kap. 9.1.3.3). Die Problematik der persönlichen Haftung der Gesellschafter selbst hängt von dem jeweiligen Gesellschaftstyp ab (vgl. Kap. 3.2.5).

Mithaftung des Abschlussvertreters oder Gesellschafters bei der GmbH

Ist der Mieter eine GmbH, haftet sie allein mit ihrem Gesellschaftsvermögen. Ihr Geschäftsführer als gesetzlicher Vertreter oder auch

Gesellschafter wird nicht Vertragspartner. Da Mietverträge eine sehr lange Laufzeit besitzen, wird der Vermieter versuchen, auch den für die Gesellschaft handelnden Geschäftsführer oder andere vermögende Gesellschafter in die persönliche Haftung zu nehmen.

Eine *versteckte Mithaftung* in vorformulierten Vertragsklauseln ohne gesonderte Unterschrift ist nur in Bezug auf den unterzeichnenden Geschäftsführer denkbar. Die Auferlegung einer vorformulierten Mithaftung gegenüber dem Abschlussvertreter scheitert jedoch an der Verbotsbestimmung des AGB-Rechts in § 309, Nr. 11 BGB, die auch im unternehmerischen Verkehr gilt. Wirksam ist jedoch eine vom übrigen Vertragstext abgesetzte getrennte und gesondert unterschriebene Haftungserklärung, auch wenn sie in das Vertragsformular eingearbeitet ist (BGH NJW 2002, S. 3186).

Offenlegung der Mithaftung erforderlich

Geschäftsführer

Schließt dagegen der *Vertreter* den Mietvertrag durch die vorformulierte Vertragsklausel auch im eigenen Namen *als Mieter* ab, so gelten die genannten strengen Formerfordernisse auch dann nicht, wenn er keine gesonderte Unterschrift leistet (BGH WM 1988, S. 1908). Sie muss aber optisch deutlich hervorgehoben sein, eine verdeckte Platzierung lässt die Klausel wegen ihrer überraschenden Wirkung regelmäßig an § 305c, Abs. 1 BGB scheitern.

> **Beispiel:**
> *Die Bestimmung im Mietvertrag lautet: »Der unterzeichnende Vertreter handelt bei Abschluss des Mietvertrages zugleich im eigenen Namen als Mitmieter.«*

Die unterschiedliche rechtliche Beurteilung beider *Verpflichtungsklauseln* lässt sich damit rechtfertigen, dass im Falle der bloßen Mithaftung, ohne Mietvertragspartei zu werden, der Vertreter keine Möglichkeit hat, das Vertragsverhältnis durch Abgabe gestaltender Erklärungen zu beeinflussen (OLG Köln ZIP 1995, S. 45).

Eine Mitverpflichtung eines zwar vermögenden, aber *nicht geschäftsführenden Gesellschafters*, lässt sich nur dadurch erreichen, dass dieser einen *Schuldbeitritt* erklärt und darin die gesamtschuldnerische Haftung für die Erfüllung der Verpflichtung der GmbH aus dem Mietvertrag gegenüber dem Vermieter übernimmt oder in einer gesonderten Verpflichtungserklärung sich dazu schriftlich verbürgt (vgl. Kap. 4.7.2). Jedenfalls kann ihm eine solche Verpflichtung gegen seinen Willen nicht aufgezwungen werden.

Gesellschafter

Mehr Flexibilität durch Vollmachtsklauseln

Kann das mietende oder vermietende Unternehmen rechtswirksam nur durch zwei Personen zusammen vertreten werden, so ist bei dieser *Gesamtvertretung* (vgl. Kap. 3.3.1.2) auch die Aufnahme einer

Umwandlung der Gesamt- in Einzelvertretung

Vollmachtsklausel in den Mietvertrag sinnvoll, die für das Mietverhältnis die *Einzelvertretung* einführt. Danach reicht es für die wirksame Vertretung im Bereich des Mietverhältnisses aus, wenn nur einer der Gesamtvertreter die Vertragserklärung des anderen Teils erhält oder eine entsprechende Erklärung abgibt.

Beispiel:
Kündigungserklärung durch einen Gesamtvertreter. Das erleichtert die Abwicklung des Geschäftsverkehrs für beide Teile erheblich und schafft Rechtssicherheit, wenn es um die Wahrung knapper Fristen geht (BGH NJW 1997, S. 3437).

Bevollmächtigung

Klauselvorschlag

»Besteht auf Mieter- oder Vermieterseite Gesamtvertretung durch zwei Personen, so kann im Rahmen dieses Vertrages jeder Gesamtvertreter allein mit Wirkung für die eigene Vertragspartei Willenserklärungen abgeben und entgegennehmen.«

9.1.3.3   Schriftform des Mietvertrages

Mietverträge über *Grundstücke* und ihnen *gleichgestellter Räume* bedürfen der *Schriftform*, wenn sie für eine längere Zeit als ein Jahr geschlossen sind (§ 550, Satz 1 BGB), weil dem nach § 566 BGB in den Mietvertrag eintretenden Grundstückserwerber die Möglichkeit gegeben werden soll, sich zuverlässig über den Inhalt des betreffenden Mietvertrages zu informieren (BGH DB 2002, S. 2528) und die Schriftform bei langfristigen Verträgen dem Bedürfnis der Vertragsparteien dient, sich Klarheit über die einzelnen Bedingungen zu verschaffen (BGH DB 1998, S. 2109).

Zur Erfüllung der Schriftform müssen die Anforderungen der §§ 126, 126a BGB beachtet werden, wobei aber die neue *elektronische Schriftform* mit der elektronischen Unterzeichnung durch eine qualifizierte Signatur bis heute so gut wie keine Bedeutung im Geschäftsverkehr besitzt. Gemäß der *klassischen Schriftform* ist der Vertrag von beiden Parteien auf derselben Urkunde eigenhändig zu unterzeichnen, was keine besondere Mühe bereitet, wenn beide Vertragsparteien das ausgefüllte Mietformular am Ende unterschreiben.

Gesellschaft des bürgerlichen Rechts als Mietpartei

Mietpartei kann auch eine *Gesellschaft bürgerlichen Rechts* mit noch unbestimmter Zusammensetzung sein, wenn diese bestimmbar im Vertrag ausgegeben wird. Dazu genügt, dass die jeweilige Zusammensetzung der Gemeinschaft anhand der Gesellschafterliste maßgeblich sein soll (BGH NJW 2006, S. 141).

Tipp

Bei Gesellschaften bürgerlichen Rechts mit unbestimmter Zusammensetzung als Mietpartei, sollte die Kriterien, an Hand derer die Personen später ermittelt werden können, so genau wie irgend möglich im Mietvertrag beschrieben werden. Sonst steht bei gewollter langfristiger Bindung die Kündigung der Vertragspartei, die nicht mehr am Vertrag interessiert ist, im Raum.

Bei der Bestimmung der Mietdauer wird im Hinblick auf die in Jahren angegebene *Vertragslaufzeit* für den Mietbeginn vielfach auf den Zeitpunkt der Übergabe im Mietvertrag abgestellt. Dazu genügt der lapidare Verweis auf das Datum des Übergabeprotokolls, das dem Mietvertrag aber nicht als Anlage beigefügt werden muss (BGH NJW 2006, S. 140). Dennoch ist die Beifügung empfehlenswert, weil sich so ohne großen Rechercheaufwand für beide Seiten die Zeit des Ablaufs der Grundmietzeit oder eines späteren Vertragsendes – im Falle der Vertragsverlängerung – feststellen lässt (vgl. Kap. 9.1.4).

Zeitpunkt der Übergabe

Werden *mehrere Ausfertigungen* angefertigt, wie es bei Mietverträgen üblich ist, genügt es jedoch, wenn jede Partei das für den Vertragsgegner bestimmte Exemplar unterschreibt und diesem aushändigt. Es reicht auch aus, dass die Vertragsbestimmungen in einem von einer Partei unterzeichneten Schreiben niedergelegt sind, wenn die andere dieses danach ihrerseits gegenzeichnet (BGH ZIP 2004, S. 2143). Die *Übermittlung* des Mietvertrages per Telefax oder E-Mail genügt der Form des § 550 BGB nicht. Nach Überlassung der Mietsache nimmt die Rechtsprechung jedoch einen stillschweigenden Verzicht auf den Zugang der formellen Annahmeerklärung an (OLG Celle ZMR 1996, S. 26). Besteht der *Vertrag* aus *mehreren Blättern* und Anlagen, so müssen diese aber nicht unbedingt körperlich zu einer Urkunde verbunden sein, sondern es reicht, dass deren Einheit sich aus fortlaufender Paginierung und Nummerierung der einzelnen Bestimmungen in Paragraphen, einheitlicher grafischer Gestaltung, inhaltlichem Zusammenhang des Textes oder vergleichbaren Merkmalen zweifelsfrei ergibt (BGH NJW 1999, S. 2591). Richtig ist allerdings, dass eine körperliche Verbindung die zusammenhängende Lektüre einer mehrseitigen Urkunde zweifelsohne erleichtert.

Um ein unnötiges Aufblähen der Haupturkunde zu vermeiden, kann man auch wichtige Vertragsbestandteile, wie insbesondere Pläne, Skizzen etc. in Anlagen zusammenfassen, auf die der Hauptvertrag Bezug nimmt. Zur *Wahrung* der *Urkundeneinheit* muss die Zusammengehörigkeit der Schriftstücke und Anlagen zweifelsfrei deutlich gemacht werden. Das kann dadurch geschehen, dass die Anlagen jeweils von den Parteien unterzeichnet sind, auf die die Haupturkunde Bezug nimmt (BGH NJW 1999, S. 1104). Es genügen hierzu

Vertragsanlagen

aber auch Paragraphen auf den Anlagen, weil sie die Verbindung zwischen Hauptvertrag und Anlage genauso dokumentieren wie Unterschriften (BGH NZM 2003, S. 281).

Genaue Bezeichnung des Mietobjektes

Aus dem *Prinzip der Einheitlichkeit der Vertragsurkunde* folgt aber auch, dass in ihr alle wesentlichen vertraglichen Abreden enthalten sein müssen (BGH NJW 1998, S. 58)., wozu neben den Parteien auch die genaue *Bezeichnung* des *Mietgegenstandes* gehört (BGH NJW 2007, S. 290). Dazu genügt der bloße Verweis auf ein Lageplan nicht, sondern dieser ist als Anlage dem Mietvertrag beizufügen.

Vertragsergänzung

Deshalb gilt der Formzwang prinzipiell auch für die *Verlängerung* und wesentliche *Veränderungen* oder *Ergänzungen* des Ursprungsvertrages. Um die Anforderung an die Vertragspraxis nicht praxisfremd zu überspannen, sind die Formerfordernisse für die Einheit der Urkunde geringer als beim Ursprungsvertrag. Für die gesetzliche Schriftform des gesamten Vertragswerkes genügt es daher, wenn in den Nachtragsurkunden die reduzierten Anforderungen der Schriftform beachtet werden, indem auf den ursprünglichen Vertrag Bezug genommen und zum Ausdruck gebracht wird, dass er unter Einbeziehung der Nachträge oder Änderungen ansonsten unverändert fortgelten solle (BGH NJW-RR 2000, S. 744).

Schriftformklausel

Als äußerst nützlich erweist sich auch die Einfügung einer Schriftformklausel, um das Nebeneinander von wichtigen schriftlichen und weniger bedeutsamen mündlichen Vertragsabreden zu vermeiden (BGH NJW-RR 1991, S. 1289).

Schriftform

Klauselvorschlag

»Vertragsänderungen bedürfen stets der Schriftform.«

Abweichende mündliche Einzelvereinbarung

Diese Regelung schafft Rechtssicherheit. Handelt es sich dabei um eine Klausel in einem Mustervertrag, so sind zwar danach mündlich getroffene davon abweichende *Einzelvereinbarungen* nach der Vorrangsregelung des AGB-Rechts in § 305b BGB wirksam (vgl. Kap. 3.4.4.2). Die Mietvertragspartei, die sich auf ihre Geltung beruft, hat damit aber nur vor Gericht Erfolg, wenn sie den Inhalt voll beweisen kann (BGH NJW 2006, S. 134). Genau darin liegt aber ihr Problem. Keine Bedenken bestehen auch gegen eine formularmäßige *Erhaltungsklausel*, die den übrigen Vertrag für wirksam erklärt falls einzelne Bestimmungen nichtig oder unwirksam sein sollten, wohl aber gegen eine weiterreichende *Ersetzungsklausel* (BGH WM 2005, S. 1293; vgl. Kap. 3.4.6).

Mietverhältnis auf unbestimmte Zeit bei Formmängeln

Sollte sich später ergeben, dass die *Formerfordernisse nicht eingehalten* wurden, stellt das, je nachdem, wie man es betrachtet, noch keinen Beinbruch dar, weil der Vertrag dann nicht unwirksam ist, sondern ohne Rücksicht auf den entgegenstehenden Parteiwillen als auf *unbestimmte Zeit* abgeschlossen gilt. Er kann dann nach § 550, Satz 2 BGB von beiden Seiten ordentlich unter Beachtung der kürzeren *gesetzlichen Kündigungsfristen* beendet werden. Das eröffnet aber einem Mieter, der einen langfristigen Mietvertrag in einer Hochpreisphase abgeschlossen hat, die Möglichkeit, wenn die Mietpreise für Gewerbeflächen zurückgehen, sich vorzeitig vom Vertrag unter Berufung des Formmangels zu lösen; im Falle der umgekehrten Preisentwicklung steht diese Tür dem Vermieter offen. Als *Mindestlaufzeit* des Vertrages bestimmt die gesetzliche Regelung, dass die Kündigung frühestens zum Ablauf des ersten Jahres nach Überlassung der Mietsache – und eben nicht des Vertragsabschlusses – zulässig ist. Das kann zu dem unbefriedigendem Ergebnis führen, dass bei einer *Vermietung vom Reißbrett* auf der Grundlage eines formgerechten schriftlichen Vertrages, wenn das Mietobjekt erst Jahre später bezugsfertig sein soll, der Vertrag je nach Vereinbarung der Grundlaufzeit schon vor Überlassung ordentlich kündbar ist (BGH NJW 1987, S. 948). Dagegen wäre der gleiche formwidrig abgeschlossene Vertrag aber erst ein Jahr nach Übernahme der Mietsache durch den Mieter, also wesentlich später, kündbar. Dass ein mit Formmängeln behafteter Vertrag eine längere Bindungswirkung entfaltet als ein formgerechter, widerspricht elementaren Rechtsprinzipien. Diese Ungereimtheit lässt sich nur dadurch aus der Welt schaffen, dass, entgegen dem Gesetzestext, für die Einjahresfrist, wie nach altem Recht, vom Vertragsabschluss als dem maßgeblichen Zeitpunkt ausgegangen wird.

Im Falle einer nicht formgerechten *Vertragsänderung* oder Vertragsergänzung kann die einjährige Mindestlaufzeitfrist ohnehin nur mit Wirkung der Vertragsänderung beginnen, weil zuvor ein formgerechter Mietvertrag vorlag und deshalb ein Mietverhältnis auf unbestimmte Zeit nicht bestand (BGH ZMR 2000, S. 593).

Selbstverständlich können die Vertragsparteien den Formverstoß jederzeit *nachträglich heilen*, indem sie die Anforderungen der Schriftform erfüllen. Die daran interessierte Vertragspartei hat aber darauf keinen Rechtsanspruch. Das gilt auch für den Mieter, selbst wenn die Mietsache ihm überlassen worden ist und er die Miete anstandslos gezahlt hat (BGH NJW 2004, S. 2103). Eine Berufung auf den Formmangel wegen *Rechtsmissbrauchs* ist einer Partei wegen Verstoß gegen *Treu und Glauben* nach § 242 BGB nur ausnahmsweise verwehrt, wenn sie durch die formwidrige Vertragsänderung allein begünstigt wurde (OLG Karlsruhe NJW-RR 2003, S. 945; BGH NJW 2004, S. 1103) oder sich die Parteien in einem späteren schriftlichen und damit formwirksamen Nachtrag verpflichtet haben, diesen als Bestandteil zum früheren formunwirksamen Hauptvertrag zu nehmen (BGH WM 2005, S. 1294).

Kurzfristige Kündigung

Bindungsdauer bei Vermietung vom Reißbrett

Heilung des Formmangels

Beispiel:
In der nicht formgerechten Vertragsänderung wird die Miete herabgesetzt bzw. erhöht. Dennoch beruft sich der dadurch begünstigte Mieter bzw. Vermieter auf den Formverstoß.

9.1.3.4 Wechsel der Vertragsparteien

Dass es bei dem sich über viele Jahre hinweg erstreckenden Mietvertrag auch zu personellen Änderungen in Form eines Mieter- oder Vermieterwechsels kommen kann, ist evident. Da wegen des personenrechtlichen Einschlags der Miete ein späterer *Personenwechsel* den Kern des Mietverhältnisses berührt, ist hierfür stets, auch bei dem Eintritt eines neuen Mieters, neben der vertraglichen Absprache zwischen den Beteiligten auch die *Zustimmung* der anderen Partei des Mietvertrages erforderlich (BGH ZMR 2000, S. 593 für den Mieterwechsel; BGH ZIP 2003, S. 1658 für den Vermieterwechsel). Die *Übernahmevereinbarungen* zwischen dem alten und neuen Mieter bzw. dem alten und neuen Vermieter müssen *schriftlich* erfolgen, wobei es aber zur Wahrung der Form genügt, dass sie neben der Absprache ausdrücklich auf den ursprünglichen Mietvertrag Bezug nehmen (BGH NZM 2002, S. 291). Die Zustimmung selbst ist nach § 182 BGB nicht formbedürftig (BGH ZIP 2003, S. 1658).

Eine vorsorgliche Regelung im Mietvertrag für diese Fälle empfiehlt sich nicht, sondern die Vertragsparteien sollten zuwarten, bis sich diese Situation ergibt. Insbesondere kann formularmäßig dem anderen Vertragspartner nicht eine pauschale Zustimmung im Vorhinein zugemutet werden, wenn für ihn überhaupt nicht absehbar ist, wer künftig sein Vertragspartner werden soll (vgl. Kap. 3.2.8.3).

9.1.3.5 Koppelung mit Beitritt zu Werbegemeinschaft

Im Rahmen von Gewerbemietverträgen in Einkaufszentren ist es nicht unüblich, dass der *Mieter* durch eine Vertragsklausel verpflichtet werden soll, einer vom Vermieter organisierten *Werbegemeinschaft beizutreten*. Diese AGB-Klausel ist indes nur wirksam, wenn die Werbegemeinschaft in der Rechtsform der GmbH betrieben wird, oder jedenfalls einer Gesellschaft, die den Mietern als Mitgliedern keine unbeschränkte Haftung auferlegt und auch die maximal auf den Mieter zukommenden Kosten durch das Festschreiben einer Beitragshöchstgrenze summenmäßig begrenzt sind. Anderenfalls ist die Beitrittsklausel wegen fehlender Klarheit oder zu weitgehendem Ermessensspielraums des Vermieters nach § 307 Abs. 1 BGB unwirksam (BGH NJW 2006, S. 3057). Diese Entscheidung des Bundesgerichtshofes verdient uneingeschränkte Zustimmung, wird doch damit den unseriösen Werbegemeinschaften, die hauptsächlich der Gewinnmaximierung des Vermieters dienen, ein Riegel vorgeschoben.

Tipp

Wollen Sie Gewerbeflächen in Einkaufszentren mieten, prüfen Sie unbedingt, ob der Mustermietvertrag sie zum Beitritt einer Werbegemeinschaft verpflichtet. Falls ja, wie hoch die damit verbundenen Kosten sind.

9.1.4 Mietbeginn und Mietdauer

Wie bei jedem Dauerschuldverhältnis, so bildet auch bei der Geschäftsraummiete die *Vertragsdauer* einen zentralen Gesichtspunkt. Die Laufzeit des Vertrages können Sie zusammen mit Ihrem Vermieter frei bestimmen und dabei zwischen einer festen Vertragszeit und einer unbestimmten Dauer wählen. Als Startpunkt für den *Mietbeginn* bestimmt man am zweckmäßigsten das Datum der Übergabe an Hand des dem Mietvertrag beizuheftenden Übergabeprotokolls (vgl. Kap. 9.1.3.3).

Mietbeginn und Mietdauer
»Das Mietverhältnis beginnt bei Übergabe des Mietobjektes an Mieter laut des beigefügten Übergabeprotokolls und läuft dann ... Jahre«.

Klauselvorschlag

9.1.4.1 Zeitmietvertrag

Kann der Mieter schon vor Abschluss des Mietvertrages absehen, wie lange er die gewerblichen Räume benötigt, bietet sich die Vereinbarung einer fixen Mietdauer an. Auf der anderen Seite hat der Vermieter ein starkes Interesse an einer längeren Vertragsdauer, sofern er erhebliche Investitionen getätigt hat. Zeitmietverträge können dann vor Ablauf der Festmietzeit nicht ordentlich gekündigt werden und enden ohne weiteres mit Ablauf der vereinbarten Vertragszeit (§ 542, Abs. 2 BGB).

Dabei ist es Usus geworden, neben der Ursprungsdauer auch noch eine bestimmte *Verlängerungszeit* vorzusehen, sodass der Vertrag auch innerhalb der jeweiligen Verlängerungszeit nicht mehr ordentlich gekündigt werden kann (OLG Düsseldorf BB 1993, S. 682). Gegen *Verlängerungsklauseln* in Mietformularen ist solange nichts einzuwenden, wie die Verlängerungsdauer kürzer oder wenigstens nicht länger als die Ursprungslaufzeit ist (OLG Karlsruhe NJW-RR 1989, S. 243). Die Verlängerung selbst kann von der ausdrücklichen Erklärung einer oder beider Vertragsparteien abhängen, der insoweit ein *Optionsrecht* eingeräumt wird. Damit die andere Seite recht-

Verlängerungsoption

zeitig Bescheid weiß, sollte man die Ausübung des Optionsrechts befristen.

Verlängerung mit Optionsrecht

Klauselvorschlag *»Das Mietverhältnis endet in fünf Jahren, wenn nicht eine der beiden Parteien (oder der Mieter bzw. der Vermieter) schriftlich zwei Monate vor Ablauf der Mietzeit die Fortsetzung verlangt. In diesem Fall verlängert sich
der Mietvertrag wiederum um fünf Jahre.«*

Widerspruch gegen
Verlängerung Möglich ist stattdessen aber auch eine *automatische Verlängerung*,
sofern nicht eine der beiden Vertragsparteien innerhalb einer bestimmten Frist dem widerspricht.

Verlängerung mit automatischer Fortsetzung

Klauselvorschlag *»Die Dauer des Mietverhältnisses beträgt zunächst fünf Jahre und setzt
sich danach um die gleiche Zeit jeweils fort, wenn nicht eine der Vertragsparteien zwei Monate vor dem Ablauf der ursprünglichen Vertragszeit oder
der jeweiligen Verlängerungszeit schriftlich widerspricht.«*

Vertragsdauer
von dreißig Jahren Was die *Mietdauer* selbst betrifft, so verfügen die Vertragsparteien
über einen weit reichenden Gestaltungsspielraum. Immerhin beträgt
die höchste zulässige Laufzeit von Mietverträgen dreißig Jahre, innerhalb der eine ordentliche Kündigung ausgeschlossen ist (§ 544
BGB). Danach kann der Mietvertrag unter Einhaltung der *gesetzlichen Frist* – das wäre spätestens der 3. Werktag des laufenden Kalender-Vierteljahres zum Ablauf des nächsten Kalender-Vierteljahres
nach § 580a, Abs. 2 BGB – *außerordentlich gekündigt* werden (vgl.
Kap. 9.1.12.2.1). Als Mieter sollten Sie sich aber genau überlegen, ob
Sie eine solch lange vertragliche Bindung eingehen wollen. Auch bei
umfangreichen baulichen Investitionen des Vermieters sollten sich
dessen Kosten spätestens nach 15 Jahren amortisiert haben.

Bauwerke
des Mieters Eine so lange Nutzungsdauer kommt für den Mieter wirtschaftlich betrachtet fast einer Anschaffung gleich, sodass sich für ihn
auch umfangreiche bauliche Investitionen – soweit nach Mietvertrag
zulässig – lohnen. Diese baulichen Vorhaben müssen unbedingt vorher im Mietvertrag vom Vermieter bewilligt werden. Ferner ist zu
regeln, was nach Beendigung des Mietvertrages mit den vom Mieter
errichteten *Bauwerken* zu geschehen hat – Abriss oder stehen lassen.
Jedenfalls sollten Sie auch auf eine ausreichende *grundbuchmäßige
Absicherung* ihres Nutzungsrechtes durch die Eintragung einer persönlichen *Dienstbarkeit* auf dem Mietgrundstück achten, um Vermögensnachteile bei einer eventuellen Zwangsversteigerung zu vermeiden (vgl. Kap. 9.1.10.3).

Tipp

Um interessengerecht unerwarteten nachteiligen Entwicklungen begegnen zu können, sollte man bei Dauermietverträgen unbedingt eine Härteklausel einbauen (vgl. Kap. 5.7.2).

9.1.4.2   Unbestimmte Vertragszeit

Eine echte Alternative zum Zeitmietvertrag mit Verlängerungs-klausel wäre daher ein auf unbestimmte Zeit abgeschlossener Miet-vertrag mit einer *unkündbaren Grundmietzeit.* Der unbefristete Miet-vertrag endet regelmäßig durch eine ordentliche Kündigung, sodass für einen solchen Mietvertrag auch angemessene Kündigungsfristen – die durchaus länger sein können als die gesetzliche halbjährliche Kündigungsfrist – unverzichtbar sind.

Grundmietzeit mit Kündigung

»Der Mietvertrag wird auf unbestimmte Zeit geschlossen. Eine Kündigung ist frühestens mit dem Ablauf von fünf Jahren zulässig. Danach kann der Vertrag schriftlich spätestens am Jahresende für den Ablauf des nächsten Jahres gekündigt werden.«   Klauselvorschlag

9.1.4.3   Fortdauer des Mietverhältnisses trotz Vertragsende

Wird trotz Vertragsende der Gebrauch der Mietsache durch den Mie-ter fortgesetzt, so verlängert sich kraft Gesetzes stillschweigend das *Mietverhältnis* auf *unbestimmte Zeit,* wenn nicht eine der Vertrags-parteien innerhalb von zwei Wochen ihren entgegenstehenden Wil-len erklärt (§ 545 BGB), was in der Praxis häufig übersehen wird. In einer ordentlichen Kündigung ist ein derartig entgegenstehender Wille nicht enthalten, wohl aber in einer fristlosen außerordent-lichen (OLG Schleswig NJW 1982, S. 449).   Verlängerung durch Mietgebrauch

Tipp

Deswegen kann und sollte man den Widerspruch vorsorglich in das Kündigungsschreiben aufnehmen für den Fall, dass die fristlos aus-gesprochene Kündigung nur als ordentliche Kündigung Bestand hat (OLG Hamburg NJW 1981, S. 2258).

Haben allerdings die Vertragsparteien ausdrücklich die Anwendung dieser Regelung ausgeschlossen, ist ein Widerspruch entbehrlich (OLG Schleswig NJW 1996, S. 2858).

Hierzu genügt die schlichte Formulierung: »§ 545 BGB findet keine An-wendung.«   Klauselvorschlag

9.1.5   Mietkaution und Mietbürgschaft

An der Zahlung einer Mietkaution führt i.d.R. kein Weg vorbei, weil die Vermieter auf diese Sicherheit auch wegen des schwerfälligen gesetzlichen Vermieterpfandrechtes bestehen. Üblicherweise werden zwei bis drei Monatsmieten gefordert. Die Stellung einer Mietbürgschaft wird dagegen nur bei der Vermietung an eine insolvenzanfällige GmbH, GmbH & Co KG und Limited verlangt.

9.1.5.1   Mietkaution

Pünktlich zahlen

Die Verpflichtung des Mieters zur Zahlung einer *Mietkaution* bedarf stets *ausdrücklicher Vereinbarung.* Sie ist typischerweise spätestens bei Überlassung des Mietobjektes zu entrichten. Zahlen Sie als Mieter die vereinbarte Kaution nicht, kann der Vermieter wegen dieser schuldhaften Säumnis auch schon vor Beginn des tatsächlichen Mietverhältnisses den *Mietvertrag* aus wichtigem Grund fristlos nach § 543, Abs. 1 BGB *kündigen,* wenn ihm unter Abwägung der beiderseitigen Interessen der Vertragsparteien, die Fortsetzung des Mietverhältnisses unzumutbar ist (OLG München ZMR 2000, S. 528). Deshalb ist das Kündigungsrecht ausgeschlossen, wenn der Vermieter sich selbst nicht vertragstreu verhält, indem er etwa die vertraglich geschuldete Herstellung des Mietobjektes verweigert (BGH WM 2007, S. 1189).

Tipp

> Bestehen Sie als Mieter bei der Vereinbarung darauf, dass der Vermieter die geleistete Kautionssumme insolvenzfest auf einem offenen Treuhandkonto, also einem speziellen Sonderkonto, anzulegen hat und zwar zu vernünftigen Zinsen, da es unsicher ist, ob von einer stillschweigenden Pflicht zur verzinslichen Anlage ausgegangen werden kann (BGH NJW 1994, S. 3287).

Zurückzahlung der Mietkaution

Die *Kaution* selbst *sichert* dem Vermieter alle seine *Ansprüche* aus dem *Mietverhältnis,* hauptsächlich die Mietzinsansprüche, aber auch die während der Vertragszeit entstandenen Ansprüche auf Schadensersatz, Nutzungsentschädigung oder auf Ersatz des Mietausfallschadens bei vorzeitiger Vertragsauflösung. Hat der Mieter aber nach Beendigung des Mietvertrages alle seine Verpflichtungen erfüllt, ist die Kaution spätestens sechs Monate nach Mietende *zurückzuzahlen* (OLG Hamm NJW-RR 1992, S. 1036). Das vom Vermieter vorgelegte Mietvertragsformular kann auch die Verpflichtung enthalten, dass der Mieter anstelle einer Kaution eine *Bankbürgschaft* auf erstes Anfordern zu stellen hat. Das ist nach Ansicht der Rechtsprechung zulässig und benachteiligt den Mieter nicht unangemessen, weil er

Bankbürgschaft

dadurch finanziell nicht schlechter gestellt wird, als bei der Mietkaution (OLG Karlsruhe NZM 2004, S. 742; vgl. Kap. 4.7.2.1.3).

9.1.5.2 Mietbürgschaft

Bei der Vermietung an eine insolvenzanfällige GmbH, GmbH & Co KG oder Limited bestehen die Vermieter vielfach neben der Zahlung einer angemessenen Kaution auch auf einer zusätzlichen Sicherheitsleistung in Form der *Bürgschaftsverpflichtung* von *Geschäftsführern* und/oder *Gesellschaftern*. In der schriftlichen Bürgschaftserklärung sind möglichst genau die durch die Bürgschaft gesicherten Mietforderungen zu beschreiben (§§ 765, 766 BGB, vgl. Kap. 4.7.2.1.2). Sollten Vermieter oder Mieter nach Übernahme der Bürgschaft eine in dem Mietvertrag nicht vorgesehene Erhöhung des Mietzinses oder die Anmietung zusätzlicher Räume vereinbaren, so haftet der Mietbürge dafür nicht (§ 767, Abs. 1, Satz 3 BGB). Nach Vertragsende muss sich der Vermieter innerhalb einer angemessenen Frist darüber klar werden, ob er den Bürgen in Anspruch nehmen will oder nicht. Danach, i.d.R. spätestens nach sechs Monaten, hat er die Bürgschaftsurkunde zurückzugeben (OLG Hamm NJW-RR 1992, S. 1036).

> Genaue Bezeichnung der gesicherten Mietforderungen

9.1.6 Vertragsgemäße Nutzung durch den Mieter

Als Mieter müssen Sie dabei vor allem auf zwei Dinge achten:

> Klare Nutzungsabsprache im Vertrag

1. Sie sollten sich unbedingt vergewissern, dass die angemieteten Räume, mit oder ohne Grundstück, sich ohne Einschränkung für den vorgesehenen betrieblichen Zweck objektiv eignen.
2. Dann müssen Sie durch klare und präzise Absprachen mit dem Vermieter sicherstellen, dass sich die gemieteten Räume in der geplanten Weise auch entsprechend nutzen lassen.

Der Mieter darf die gemieteten Räume, mit oder ohne Grundstück, nur in dem Rahmen benutzen, wie es der Mietvertrag gestattet. Ohne besondere Abrede haben Sie aber stets pfleglich mit der Mietsache umzugehen und dürfen ohne Erlaubnis des Vermieters keine wesentlichen Änderungen hieran vornehmen oder die Nutzung Dritten überlassen.

9.1.6.1 Betriebszweck: Gewerbliche Betätigung und Betriebspflicht

Welche Art von Gewerbe der Mieter betreiben darf, legen die Vertragsparteien fest. Als Mieter behalten Sie die größtmögliche Entscheidungsfreiheit, wenn der *Vertragszweck* lediglich vage mit »zum Betrieb eines Gewerbes« umschrieben wird. Sie können dann frei den Geschäftszweig bestimmen (BGH NJW 1984, S. 1031). Andererseits verschärft die Angabe eines konkreten Betriebszwecks die Ein-

> Konkrete Betriebszweckvereinbarung mit Erweiterungsmöglichkeit

standspflicht des Vermieters, weil er dafür zu sorgen hat, dass der vertragsgemäße Gebrauch möglich ist.

Klauselvorschlag *Zum Betrieb einer »Steuerberatungspraxis«, eines »Einzelhandelsgeschäfts«, einer »Kfz-Werkstatt«.*

Sofern Sie aber einen bestimmten Geschäfts- oder Gewerbezweig fest vereinbaren, dürfen Sie den Charakter des Betriebs nicht mehr einseitig ändern (BGH NJW 1985, S. 2527).

Tipp
> Um die notwendige Flexibilität für eine spätere betriebliche Anpassung zu gewinnen, sollten Sie sich eine einseitige Änderung des konkreten Betriebszwecks vorbehalten.

Betriebszweckvereinbarung

Klauselvorschlag *»Das Mietobjekt dient ... (Beschreibung des konkreten Betriebszwecks). Der Mieter ist aber berechtigt, eine andere erlaubte wirtschaftliche Tätigkeit zu betreiben, sofern dies ohne Eingriffe in geschützte Rechte Dritter geschieht.«*

Dabei hat der Mieter vermeidbare Störungen, wie etwa unnötige Lärm- und Geruchsbelästigung, zu unterlassen.

Betriebspflicht nur bei Kündigungsrecht

Sofern der Wert des Mietobjekts durch längere *Leerzeiten* sinkt, weil der Geschäftsbetrieb – wie vor allem bei Ladenlokalen – auf Laufkundschaft angewiesen ist, versuchen Vermieter vielfach, dem Mieter in den Verträgen eine *Betriebspflicht* aufzuerlegen, was stets aber einer ausdrücklichen Regelung bedarf (BGH WM 1992, S. 1582). Akzeptieren Sie als Mieter eine Betriebspflicht, so werden Sie gezwungen, den Geschäftsbetrieb während der Mietdauer selbst dann aufrechtzuerhalten, wenn er hohe Verluste schreibt. Weigern Sie sich, könnte der Vermieter dann nach erfolgter Abmahnung und Kündigungsandrohung fristlos kündigen (§ 543, Abs. 2, Nr. 2 BGB), wozu beim Ladenlokal bereits eine unzureichende Öffnungszeit genügt (OLG Düsseldorf NJW 1998, S. 689). Ferner soll es zur Absicherung der auferlegten Betriebspflicht zulässig sein, dass der Vermieter in seinem Mustervertrag dem Mieter im Falle der Verletzung der Betriebspflicht mit einer zeitlich unbegrenzten *Vertragsstrafe* in Höhe von 125 % der auf den Tag entfallenden Miete belegt (OLG Rostock NZM 2004, S. 610).

Tipp
> Lassen Sie sich auf keinen Fall eine Betriebspflicht auferlegen!

Können Sie einer Betriebspflicht nicht aus dem Wege gehen, so sollten Sie sich deshalb unbedingt eine Kündigungsklausel ausbedingen, wenn die aufgelaufenen Verluste eine bestimmte Schmerzgrenze erreicht haben.

Kündbare Betriebspflicht

»Der Mieter ist während der Dauer des Mietvertrages zum Betrieb des Gewerbes verpflichtet. Er wird dann aber von seiner Betriebspflicht befreit, wenn der für seinen kalkulatorischen Gewinn erforderliche Umsatz über mehr als ... (genaue Zeitspanne) nicht erreicht worden ist.«

Klauselvorschlag

9.1.6.2   Einrichtung der Räume und bauliche Veränderungen

Die gemieteten Räume müssen mit allen Einrichtungen und Mobiliar ausgestattet werden können, die für die Ausübung des Gewerbes erforderlich und sinnvoll sind. Deshalb darf der Mieter die üblichen Geräte und Maschinen anschließen, soweit es fachmännisch und ohne Beschädigung des elektrischen Leitungsnetzes im Gebäude geschieht. Ferner muss der Vermieter der Installierung von ausreichend vielen Anschlüssen für Telefon, Telefax, Kabel, Internet und/oder andere Kommunikationsmedien zustimmen.

Im Rahmen des Betriebszwecks

Damit der Mieter werbend auf sich aufmerksam machen kann, darf er auch *Hinweisschilder* im Treppenhaus oder an der Außenwand anbringen. Größere Werbeflächen an der Außenwand darf der Mieter aber nur bei ausdrücklicher Gestattung im Mietvertrag oder mit späterer Zustimmung des Vermieters nutzen. *Kleinere bauliche Veränderungen*, wie das Anbringen einer beleuchteten Reklametafel, sind erlaubt, soweit sie nicht die Substanz des Gebäudes betreffen, andernfalls ist wieder eine ausdrückliche mietvertragliche Regelung oder die ausdrückliche Zustimmung des Vermieters notwendig (OLG Köln, Beschluss v. 31.5.2006 – Wx 11/06).

Hinweisschilder

Beispiel:

Eine gesonderte Erlaubnis ist beim Herausbrechen einer nicht tragenden Wand oder Veränderung der äußerlichen Fassade erforderlich (BGH NJW 1974, S. 1463).

Ohne eine solche Erlaubnis macht sich der Mieter wegen schuldhafter Pflichtverletzung des Mietvertrages nach § 280, Abs. 1 BGB schadensersatzpflichtig. Sind die vorgenommenen Änderungen nicht zu beseitigen, kann der Vermieter wegen dieser gravierenden Vertragsverletzung auch den Vertrag fristlos aus wichtigem Grund nach § 543, Abs. 1 BGB kündigen.

Größere Umbauten mit Vermieter abstimmen

Größere Umbauarbeiten müssen Sie daher immer mit Ihrem Vermieter abstimmen. Das betrifft auch bauliche Verbesserungen, die den Wert des Mietobjekts erhöhen. Hier gilt es in einer schriftlichen

Zusatzvereinbarung zu klären, inwieweit die finanziellen Investitionen mit der künftigen Miete verrechnet werden und im Falle einer vorzeitigen Vertragsbeendigung vom Vermieter zu ersetzen sind. Ferner sollte wie bei einem Baukostenvorschuss der Verrechnungsbetrag *grundbuchmäßig* abgesichert werden (vgl. Kap. 4.7.3.4). Ist jedoch das Mietgrundstück erheblich vorbelastet, sollte eine *Bankbürgschaft* angestrebt werden (vgl. Kap. 4.7.2.1.3).

Zusatzvereinbarung

Klauselvorschlag

»1. Der Vermieter stimmt zu, dass der Mieter folgende bauliche Veränderungen an der Mietsache vornehmen darf.
2. Die Kosten der baulichen Maßnahmen werden wie folgt aufgeteilt: ... % trägt der Mieter, ... % der Vermieter.
3. Der Kostenanteil des Vermieters wird in Höhe von ... € auf die monatliche Miete angerechnet. Sollte der Mietvertrag vor der vollständigen Verrechnung beendet werden, hat der Vermieter den Restbetrag dem Mieter zu erstatten.
4. Der anfängliche Verrechnungsbetrag in Höhe von ... € wird durch eine Sicherungshypothek des Mieters auf dem Mietgrundstück abgesichert. Die Kosten hierfür trägt ... (Mieter/Vermieter).«

9.1.6.3 Obhuts- und Versicherungspflicht des Mieters

Pfleglicher Umgang mit der Mietsache und Schadensverhütung

Als Mieter haben Sie die Ihnen überlassene Mietsache einschließlich der Räumepflichten usw., die Sie mitbenutzen dürfen, sorgfältig und pfleglich zu behandeln. Dazu gehört es auch, die gebotenen Sicherungsvorkehrungen gegenüber drohenden Schäden (vor allem das Auslaufen von Flüssigkeiten oder Entweichen von Gasen sowie Frostschäden) zu treffen (BGH ZIP 1987, S. 1893). Diese *Sorgfalts- und Fürsorgepflicht* endet für Sie erst mit der Rückgabe der Mietsache nach Vertragsende (BGH WM 1967, S. 749). Wegen Ihrer Obhutspflicht sind Sie auch gehalten, dem *Vermieter* unverzüglich *mitzuteilen*, wenn sich im Laufe der Mietzeit ein Mangel zeigt oder Vorkehrungen zur Abwehr einer Gefahr erforderlich werden (§ 536c, Abs. 1 BGB; vgl. Kap. 9.1.8.3).

Versicherung des überlassenen Mobiliars

Als Mieter brauchen Sie das Mietobjekt nur bei ausdrücklicher Vereinbarung zu versichern, wobei Ihnen der Vermieter auch in dem Mietformular eine derartige *Versicherungspflicht* auferlegen kann (OLG Düsseldorf BB 1994, S. 2027). Sinn macht eine solche Regelung vor allem, wenn der Mieter auch die Instandhaltungspflicht im üblichen Rahmen übernommen hat. Zu diesem Zwecke sollten im Vertrag die Risiken, gegen die der Mieter die Mietsache zu versichern hat, genau bezeichnet werden. Unterlässt der Mieter den Abschluss der gebotenen Versicherung, haftet er für alle Schäden, die die jeweilige Versicherung erstattet hätte.

Die *Sachversicherungspflicht* des Mieters beschränkt sich dabei üblicherweise auf das Mobiliar im Gebäude, wie z. B. eine *Maschinenversicherung*. Typischerweise übernimmt der Vermieter die Versicherung des Gebäudes gegen Feuer und andere Risiken.

Sollten Sie oder einer Ihrer Beschäftigten leicht fahrlässig einen *Brand* verursacht haben, dessen Schaden die Versicherung dem Vermieter ersetzt, so kann der Versicherer bei Ihnen als Mieter keinen Rückgriff nehmen. Das gilt jedenfalls dann, wenn der Vermieter die *Versicherungsprämie* auf die Miete zulässigerweise im Rahmen der Nebenkosten umgelegt hat. Hierin sieht der Bundesgerichtshof einen stillschweigenden Haftungsverzicht des Vermieters (NJW 1996, S. 715).

Brandschaden

9.1.6.4   Untervermietung

Da der Vermieter auf die Zuverlässigkeit des Mieters baut, kann es ihm nicht gleichgültig sein, wer die Räume nutzt. Deshalb ist der Mieter unter Fortführung des Mietvertrages ohne *Erlaubnis* des *Vermieters* nicht zur Weitervermietung der überlassenen Räume oder einzelner Teile davon berechtigt (§ 540, Abs. 1, Satz 1 BGB). Auf der anderen Seite kann aber eine *Untervermietung* für den Mieter im Falle einer noch langen Restlaufzeit des Mietvertrages, etwa beim Geschäftsrückgang, als sinnvolle umfassende wirtschaftliche Nutzung dringend geboten sein. Deshalb kann er im Falle einer grundlosen *Erlaubnisverweigerung* des *Vermieters*, ohne dass in der Person des ins Auge gefassten Untermieters ein wichtiger Grund vorliegt, den Mietvertrag außerordentlich vorzeitig unter Einhaltung der gesetzlichen Frist kündigen (§ 540, Abs. 1, Satz 2 BGB).

Untervermietungsklausel aufnehmen

> Zur Vermeidung dieser Schwierigkeiten nehmen Sie deshalb in den Mietvertrag eine Untervermietungsklausel auf.

Tipp

Untervermietung

»Dem Mieter ist die Untervermietung der gemieteten Räume erlaubt. Der Vermieter kann jedoch seine Einwilligung widerrufen, sofern in der Person des Untermieters ein wichtiger Grund vorliegt.«

Klauselvorschlag

Diese vertragliche Regelung bringt für Sie als Mieter den Vorteil, Ihren Vermieter, wenn er seine *Erlaubnis grundlos zurückzieht*, auch auf Rücknahme des Widerrufs verklagen zu können. Darüber hinaus könnten Sie wegen dieser erheblichen Vertragspflichtverletzung nach § 543, Abs. 1 BGB den Mietvertrag aus wichtigem Grund fristlos, und eben nicht nur unter Wahrung der gesetzlichen Frist kündigen (BGH NJW 1984, S. 1031). Überdies begeht dadurch der Vermieter auch eine zum Schadensersatz verpflichtende Vertragsverletzung nach § 280, Abs. 1 BGB (BGH WM 1984, S. 343).

Wirtschaftliche Nachteile für Vermieter

Andererseits kann der *Hauptmieter* wirtschaftlich in *Konkurrenz* zum Vermieter durch die Untervermietung treten, wenn er die leerstehenden Räume mit erheblichen Preisabschlägen anbietet und gar versucht, Mieter aus dem Bestand des Vermieters abzuwerben. Diese Praxis ist völlig legal, weil der Vermieter einen potentiellen *Untermieter* nur bei Vorliegen persönlicher Gründe, jedoch nicht aus rein wirtschaftlichen Gründen *ablehnen* darf (§ 540 Abs. 1 Satz 2 BGB). Versucht der Vermieter dieser Praxis rigeros durch einen formularmäßigen Ausschluss des Sonderkündigungsrechts zu begegnen, sind vor dem Bundesgerichtshof gescheitert (vgl. Kap. 9.1.12.2.2).

Auskunftsanspruch des Vermieters

Der *Vermieter* darf aber zum Schutz seiner eigenen berechtigten Interessen vor seiner Zustimmung vom Mieter eine konkrete *Auskunft* über die *Person* des *Untermieters* verlangen, was auch Angaben über die *wirtschaftliche Situation* des künftigen Untermieters einschließt, namentlich wenn dem Hauptmieter eine Betriebspflicht trifft (BGH NJW 2007, S. 289). Dazu gehört auch die Offenlegung der wesentlichen Bedingungen der geplanten Untervermietung wie die Miethöhe, Laufzeit des Vertrages und das vom Untervermieter beabsichtigte Geschäft. Nur dann kann der Hauptvermieter erkennen, ob das geplante Geschäft wirtschaftlich betrieben werden kann und dadurch auch keine Konkurrenzsituation zu ihm oder anderen Mietern entstehen würde. Deshalb ist rechtlich nichts gegen eine Vertragsklausel einzuwenden, die den Mieter in der Ausübung des Rechts auf Untervermietung in der Weise einschränkt, dass dieses nicht zu einem Zwecke benutzt werden darf, die den berechtigten Interessen des Vermieters entgegensteht (OLG Düsseldorf ZMR 2005, S. 421).

Haftung für Untermieter

Die Untervermietung bietet auch für den Mieter gewisse Risiken: Für den Fall, dass der *Untermieter* die Mietsache durch Unachtsamkeit beschädigen sollte, muss er dessen Verhalten als sein Erfüllungsgehilfe gegenüber dem Vermieter wie eigenes Verschulden vertreten und diesem den entstandenen Schaden nach §§ 540, Abs. 2, 278 BGB ersetzen (BGH WM 1991, S. 107; vgl. Kap. 6.3.2).

9.1.6.5 Rechtsfolgen des vertragswidrigen Gebrauchs

Unterlassungs- und Kündigungsrecht des Vermieters

Wenn Sie die gemieteten Räume oder das Grundstück vertragswidrig gebrauchen, so kann der Vermieter von Ihnen zunächst *Unterlassung* verlangen (§ 541 BGB). Dazu hat er den Mieter vorher abzumahnen. Sollte der Mieter den *vertragswidrigen Gebrauch* dennoch fortsetzen, so kann der Vermieter das Mietverhältnis danach *fristlos* aus wichtigem Grund *kündigen* (§ 543, Abs. 1 BGB). Einer vorherigen *Abmahnung* bedarf es hierzu ausnahmsweise nicht, wenn die Beseitigung des vertragswidrigen Verhaltens des Mieters nicht erwartet werden kann (§ 543, Abs. 3, Nr. 1 BGB).

Beispiel:
Der Mieter hat ohne das Einverständnis des Vermieters umfassende, nicht mehr rückgängig zu machende bauliche Veränderungen vornehmen lassen.

Tipp

Akzeptieren Sie auf keinen Fall, dass in dem Mietformular des Vermieters eine Formulierung eingebracht wird, die in solchen Fällen von Ihnen eine angemessene Vertragsstrafe fordert.

Wirft Ihnen Ihr Vermieter einen angeblichen vertragswidrigen Gebrauch vor und droht mit Sanktionen, klären Sie diese schwierige Rechtsfrage mit einem im Gewerbemietrecht versierten Rechtsanwalt.

9.1.7   Gebrauchsfähiger Zustand der Mietsache
Der Vermieter ist nicht nur verpflichtet, dem Mieter die Mietsache in vertragsgerechtem *gebrauchsfähigen Zustand* zu *überlassen*, sondern er muss sie später auch *erhalten* (§ 535, Abs. 1, Satz 2 BGB). Je klarer und eindeutiger der »gebrauchsfähige Zustand« im Vertrag geregelt ist, desto leichter lässt sich später feststellen, ob die Mietsache bei Besitzeinräumung diesen Anforderungen entspricht oder nicht.

Tipp

Sorgen Sie deshalb als Mieter unbedingt dafür, dass die von Ihnen erwartete vertragsgemäße Beschaffenheit des Mietobjektes möglichst präzise im Vertrag bestimmt wird.

9.1.7.1   Verkehrssicherer Zustand der Mietsache
Auch ohne besondere vertragliche Absprache wird stillschweigend vorausgesetzt, dass die überlassenen Räume etc. dem *Sicherungsgrad* einschlägiger baurechtlicher Vorschriften entsprechen und man sie daher gefahrlos nutzen kann, sie sich also in einem verkehrssicheren, insbesondere nicht die Gesundheit des Mieters oder seiner Beschäftigten gefährdenden Zustand befinden (BGH NJW 2006, S. 2326).

Baurechtliche Vorschriften als Maßstab

Sollte Letzteres der Fall sein, können Sie den Mietvertrag aus wichtigem Grund fristlos kündigen (§§ 569, Abs. 1, 543, Abs. 1 BGB; vgl. Kap. 9.1.12.3.3).

Fristlose Kündigung bei gesundheitsgefährdendem Zustand

Beispiel:
Paradefall ist die Verwendung gesundheitsgefährdender Baustoffe, die sich nicht beseitigen lassen, oder eine Einsturzgefahr des Gebäudes (OLG Koblenz NJW-RR 1992, S. 1228).

9.1.7.2   Wettbewerbsschutz des Mieters

Konkurrenzschutz vereinbaren

Was die spätere Nutzung des Mietobjekts angeht, erwartet der Mieter selbstverständlich, dass er in den Räumen ein profitables Geschäft betreiben kann. Ob er diese Erwartungen erfüllen kann oder nicht, liegt aber allein in seinem Verantwortungsbereich. Dennoch gehört es bei der Geschäftsraummiete auch ohne ausdrückliche Bestimmung zur Gewährung des *ungestörten vertragsgemäßen Gebrauchs*, dass der Vermieter in anderen Räumen desselben Gebäudekomplexes oder auf einem angrenzenden Grundstück, falls es ihm gehört, keine geschäftliche Konkurrenz zulässt (BGH WM 1985, S. 1175). Dieser *vertragsimmanente Konkurrenzschutz* erstreckt sich aber nur auf das *Hauptsortiment*, das dem Geschäft das Gepräge gibt (OLG Schleswig MDR 2001, S. 81). Der Wettbewerb bei *Nebenartikeln* berührt die Ertragslage nicht entscheidend und muss daher ohne spezielle vertragliche Vereinbarung geduldet werden (Grenze 5 % – OLG Hamm NZM 1998, S. 511). Ebenfalls vom Einzelfall abhängig ist die Beurteilung der gebotenen räumlichen Entfernung, wenn dem Vermieter mehrere Nachbargrundstücke gehören. Dieser vertragsimmanente Wettbewerbsschutz bedarf letztendlich der verbindlichen Interpretation durch das entscheidende Gericht.

Tipp

> Legen Sie deshalb als Mieter den Umfang des von Ihnen gewünschten Wettbewerbsschutzes gegenständlich und räumlich unbedingt im Mietvertrag fest.

9.1.7.3   Instandhaltung und Instandsetzung

Vorsicht vor nachteiligen Abwälzungsklauseln

Der Vermieter ist von Gesetzes wegen gemäß § 535, Abs. 1, Satz 2 verpflichtet, die vermieteten Räume in einem gebrauchsfähigen Zustand zu erhalten – *Instandhaltung!* – und muss daher auch auftretende Mängel wieder beseitigen – *Instandsetzung!* – , denn die normale Abnutzung der Mietsache durch vertragsgemäßen Gebrauch hat der Mieter nicht zu vertreten (§ 538 BGB). Die Vermieter sind aber bei der gewerblichen Raummiete bemüht, die Instandhaltung und Instandsetzungspflicht in weitem Umfang auf den *Mieter abzuwälzen*, was rechtlich durchaus statthaft ist, weil es sich bei dieser Regelung um abänderbares Recht handelt (OLG Saarbrücken NJW-RR 1997, S. 248). Selbst die formularmäßige Auferlegung der Instandhaltung und Instandsetzung *gemeinschaftlich genutzter* Flächen und Anlagen im Einkaufszentrum auf die Mieter soll wirksam sein, wenn sie betragsmäßig maximal auf 10 % der Jahresnettomiete begrenzt wird (KG Berlin NZM 2003, S. 395). Die Abwälzung dieser Pflicht ohne Beschränkung der Höhe nach ist aber wegen unangemessener Benachteiligung des Mieters unwirksam (BGH WM 2005, S. 2154).

Tipp

> Solch nachteilige Instandsetzungsklauseln sollten Sie als Mieter nicht ohne weiteres hinnehmen, sondern versuchen, mit dem Vermieter günstigere abweichende Vereinbarungen zu treffen.

9.1.7.3.1   Instandhaltung

Zur *Instandhaltungspflicht* des Vermieters gehören alle Maßnahmen zur Erhaltung der Mietsache im gebrauchsfähigen, verkehrssicheren Zustand (vgl. Kap. 9.1.7.1). Die Instandhaltungspflicht bezieht sich deshalb auf die *gefahrlose Nutzung* der elektrischen Leitungen, sanitärer Anlagen, der Benutzung des Zugangs zu den gemieteten Räumen (Treppenhaus) und des mitvermieteten Zubehörs, wie etwa von Maschinen oder der Gemeinschaftsfläche (Hof, Speicher usw.). Dieser Sorge für einen verkehrssicheren Zustand kann sich der Vermieter nicht entziehen und sie auch nicht auf den Mieter abwälzen.

Verantwortung des Vermieters für verkehrssicheren Zustand

Beispiel:
Die Wasserleitung muss Werte ergeben, die der Trinkwasserverordnung entsprechen (LG Hamburg NJW 1991, S. 1898).

Um dieser Pflicht entsprechen zu können, muss sich der Vermieter in bestimmten zeitlichen Abständen, i.d.R. alle zwei Jahre, von der *betriebsicheren Beschaffenheit* der vermieteten Anlagen und Räume überzeugen. Diese Prüfungspflicht erstreckt sich auch auf Elektroanlagen (OLG Celle NJW-RR 1996, S. 521). Daher muss man dem Vermieter auch ohne ausdrückliche vertragliche Regelung ein *Besichtigungsrecht* einräumen. Regeln Sie aber das Betretungsrecht des Vermieters am besten im Vertrag. Jedenfalls kann sich der Vermieter ein Recht zur jederzeitigen Besichtigung nicht einseitig formularmäßig ausbedingen, weil dadurch der Mieter einer unzumutbaren Belästigung ausgesetzt wird (OLG Celle WM 1994, S. 892). Die Überwachung kann der Vermieter auch anderen Personen, wie etwa dem *Hausverwalter* oder einer *Verwaltungsgesellschaft,* übertragen. Sollten diese aber nachlässig handeln und der Mieter dadurch einen Schaden erleiden, so muss der Vermieter für dieses Fehlverhalten seiner Erfüllungsgehilfen gerade stehen und den entstandenen Schaden wegen Pflichtverletzung ersetzen (§§ 535, Abs. 1, 280, Abs. 1, 278 BGB; vgl. Kap. 5.5.1).

Überwachungspflicht und Besichtigungsrecht des Vermieters

Innerhalb der *gemieteten Räume* besteht die Überwachungspflicht des Vermieters nur in eingeschränktem Maße, da Sie hier als Mieter selbst auf Gefahren zu achten und dem Vermieter schwerwiegende *Mängel* sofort *anzuzeigen* haben (§ 536c BGB). Unterlassen Sie dies als Mieter, verlieren Sie nicht nur Ihre Gewährleistungsansprüche, wie etwa Mietminderung, sondern machen sich bei einer Schadens-

Mängelanzeige des Mieters

vergrößerung wegen Pflichtverletzung auch schadensersatzpflichtig (vgl. Kap. 9.1.8.3).

9.1.7.3.2 Instandsetzung und Wartungspflicht

Nach der *gesetzlichen Lastenverteilung* trägt der Vermieter die Instandsetzungs- oder Reparaturpflicht. Er hat nämlich aufgetretene Mängel der Mietsache auf seine Kosten zu beseitigen. Im Rahmen einer Individualvereinbarung kann der Mieter weitgehend zu Reparatur- und Instandsetzungsarbeiten verpflichtet werden, selbst wenn ihn dadurch im Ergebnis die Instandsetzungslast trifft (OLG Saarbrücken NZM 2003, S. 438). Auf eine solche Vereinbarung brauchen und sollen Sie sich auf keinen Fall einlassen.

Abwälzung der Instandsetzungspflicht auf Mieter nur bei einwandfreier Mietsache

Der *Abwälzung der Reparaturpflicht* auf den Mieter durch einen Formularvertrag sind dagegen engere Grenzen gezogen. Dem Mieter darf die Erhaltungslast jedenfalls nicht in vollem Umfang aufgezwungen werden, insbesondere, wenn er zur Behebung anfänglicher Mängel, die also schon bei Abschluss des Mietvertrages vorhanden gewesen sind, verpflichtet wird (OLG Naumburg ZMR 2000, S. 383).

> **Beispiel:**
> *So umfasst die Instandsetzungspflicht des Mieters nicht die Erneuerung der nicht mehr reparaturfähigen Heizungsanlagen (KG NZM 2000, S. 1228).*

Grundsätzliche Voraussetzung für die Abwälzung der Erhaltungslast auf den Mieter ist demzufolge ein *einwandfreier Zustand* der *Mietsache* bei Mietbeginn (OLG Naumburg NJW-RR 2000, S. 823). Statthaft ist sogar, dem Mieter die Instandhaltung auch von »Dach und Fach« aufzuerlegen, jedoch nur mit einer Kostenbegrenzung, die zum Nutzungswert des Mietobjekts in einem vernünftigen Verhältnis steht (OLG Naumburg NJW-RR 2000, S. 823). Darüber hinaus darf der Mieter nicht zur Erstattung von Schäden verpflichtet werden, die außenstehende Dritte verursacht haben (OLG Saarbrücken NJW-RR 1997, S. 248).

> **Beispiel:**
> *Besprühen der Außenfront eines gemieteten Gebäudes durch einen anonymen Graffiti-Künstler.*

Tipp

Wenn überhaupt, so sollten Sie als Mieter die Abwälzung der Erhaltungslast nur im Hinblick auf die Risiken akzeptieren, die von Ihren eingebrachten Sachen, d.h. Einrichtungen, Einbauten sowie Maschinen, ausgehen.

Werden bei der Raummiete auch technische Geräte mitvermietet, bestehen gegen die Auferlegung einer *Wartungspflicht* auf den Mieter, dass dieser das Gerät auf seine Kosten zu warten hat oder einen entsprechenden Wartungsvertrag abzuschließen hat, gleichfalls keine Bedenken. Ist die *Maschine* aber voll abgenutzt und muss *ersetzt* werden, sollte aber auf jeden Fall der Vermieter die Kosten der Neuanschaffung tragen, da die technische Ausstattung insoweit in die Mietkalkulation eingeht.

Wartung von technischen Geräten

9.1.7.3.3   Schönheitsreparaturen und Renovierung

Sowohl bei der Geschäftsraummiete als auch bei der Wohnraummiete ist es üblich, dass der Mieter während der Mietzeit zu *Schönheitsreparaturen* verpflichtet wird. Gegen dieses Ansinnen des Vermieters können Sie sich als Mieter schlechterdings nicht verschließen.

Unter *Schönheitsreparaturen* versteht man die Behebung von Schäden, die sich beim vertragsgemäßen Gebrauch der Mietsache durch den Mieter infolge *natürlichen Verschleißes* ergeben. Dazu gehören Streich- und Tapezierarbeiten im Innenbereich sowie das Ausbessern kleinerer Wandlöcher und auch die Reinigung von Teppichböden. Nicht dazu zählen das Streichen der Außenseiten von Fenstern und Türen. Die Erneuerung des Bodenbelages, wie ein Teppichboden, fällt nur bei übermäßig starker Abnutzung durch den Mieter wegen Brandlöchern oder Brandflecken darunter (OLG Hamm NJW-RR 1991, S. 844). Eine über Schönheitsreparaturen hinausgehende umfassende Instandsetzungspflicht sollten Sie sich aber, wie bereits erwähnt, als Mieter nicht aufzwingen lassen.

Reparaturumfang

Die *Übernahme* der Schönheitsreparaturen durch den *Mieter* setzt eine entsprechende *vertragliche Vereinbarung* voraus, weil dieser nur für die übermäßige Benutzung der Räume einzustehen braucht (§ 538 BGB). Die Einfügung einer Schönheitsreparaturenklausel ist bei Mietformularen Standard.

Die *Durchführung* der Schönheitsreparatur während der Mietzeit sollte nach einem festen Zeitplan im Mietvertrag geregelt werden. Insbesondere sollte auch geregelt werden, in welchem Zustand die Räume nach Mietende wieder übergeben werden müssen. Formularklauseln mit einem *starren Zeitplan*, der keine Abweichungen nach oben oder unten zulässt, sind jedoch aufgrund ihrer überschießenden Tendenz wegen unangemessener Benachteiligung des Mieters

Schönheitsreparaturen nach vereinbartem Zeitplan

unwirksam (§ 307, Abs. 1 Satz 1 und Abs. 2 Nr.1 BGB; BGH NJW 2006, S. 2047).

Beispiel:
Unzulässig ist der einseitig vom Vermieter vorgegebene starre Fristenplan, dass »Schönheitsreparaturen mindestens in der Zeitfolge von drei Jahren in Küche, Bad und Toilette sowie in fünf Jahren in allen übrigen Räumen auszuführen« sind, für die Miete eines Ladenlokals, weil hier im Gegensatz zur Wohnraummiete keine Abnutzung entsteht.

An einem zur Unwirksamkeit führenden *starren Fristenplan* fehlt es aber bereits, wenn die Schönheitsreparaturklausel den schlichten Zusatz »in der Regel« enthält, weil damit bei der Beurteilung des Einzelfalls genügend Raum für eine Anpassung der tatsächlichen Renovierungsintervalle an das objektiv Erforderliche besteht (BGH NJW 2005, S. 3416). Gleiches trifft für die Auferlegung einer lediglich beschränkten oder *abgestuften Renovierungspflicht* zu, die den Mieter anhält, »alle bis zu dem Termin nach dem Grad der Abnutzung oder Beschädigung erforderlichen Arbeiten auszuführen«. (BGH NJW 2004, S. 2087).

Ausführung nach Geschmack des Mieters

Dem Vermieter ist es auch verwehrt, den Mieter zu verpflichten, Schönheitsreparaturen in der »bisherigen Ausführungsart« durchzuführen und die Zulässigkeit von Abweichungen von seiner Zustimmung abhängig zu machen. Eine derartige Klausel ist nicht nur wegen ihrer überraschenden Wirkung nach § 305c Abs. 2 BGB, sondern auch wegen unangemessener Benachteiligung des Mieters nach § 307 Abs. 1 Satz 1 BGB unwirksam, wie der Bundesgerichtshof zu Recht für die Wohnraummiete entschieden hat (NJW 2007, S. 1743). Da der *Zustimmungsvorbehalt* für jegliche Abweichung von der bisherigen Ausführungsart gelten soll, könnte der Mieter die Räume nicht mehr nach seinem Geschmack einrichten, sondern müsste bei jeder Änderung des Farbtons oder der Tapete dem Vermieter um sein Einverständnis bitten. Eine derartige Einschränkung der Gestaltungsfreiheit ist auch gegenüber einem gewerblichen Mieter nicht hinnehmbar. Der unzulässige Zustimmungsvorbehalt hat für den Vermieter die unangenehme Folge, dass die Abwälzung der Schönheitsreparaturlast auf den Mieter insgesamt hinfällig wird.

Keine Mieterhöhung bei unwirksamer Reparaturklausel

Enthält Ihr Mietvertrag aber eine *unwirksame Schönheitsreparaturklausel*, so besitzt Ihr Vermieter nach derzeitiger Gesetzeslage vor Ablauf der unkündbaren Grundmietzeit *keine* rechtliche *Handhabung* gegen Ihren Willen eine Mieterhöhung einseitig durchzusetzen. Für die Wohnraummiete existieren mit dem Mietspiegel oder der ortsüblichen Vergleichsmiete bezogen auf den preisgebundenen sozialen Wohnungsbau gesetzliche Maßstäbe in § 558a BGB für die berechtigte Mieterhöhung die gerichtlich nach § 558b BGB vom Vermieter auch eingeklagt werden kann (LG Düsseldorf NJW 2006, S. 3072), nachdem er den Mieter zuvor unter Setzung einer angemessenen Erklärungsfrist vergeblich zur Erteilung seiner Zustimmung aufgefordert hat. Die genannten Vorschriften gelten aber nach § 578 BGB nicht ohne weiteres für die Geschäftsraummiete sondern nur, wenn sie in den Mietvertrag zum Zwecke der Mietanpassung ausdrücklich übernommen worden sind (vgl. Kap. 9.1.9.2.2). Eine nachträglich richterliche Vertragsänderung unter dem Gesichtspunkt der Störung der Geschäftsgrundlage nach § 313 BGB scheitert vermutlich daran, dass der Vermieter nach dem gesetzlichen Leitbild des Mietvertrages für die gesamte Vertragsdauer uneingeschränkte Gebrauchsgewährung schuldet und damit ohnehin für Schönheitsreparaturen aufzukommen hat (vgl. Kap. 57.1).

> **Tipp**
>
> Sollte Ihr Mietvertrag eine unwirksame Schönheitsreparaturklausel aufweisen, brauchen Sie auf ein Mieterhöhungsverlangen Ihres Vermieters nur einzugehen, wenn Sie eine längere über die Grunddauer hinausgehende Anmietung anstreben. Dann sollten Sie aber vor Ihrer Zustimmung die Angemessenheit der geforderten Mieterhöhung gründlich prüfen.

Zeitabstand

Was die *Zeitabstände* angeht, dürfen dem Mieter keine übermäßigen Renovierungspflichten auferlegt werden. Bei üblicher Nutzung sollte ein Rhythmus von drei Jahren nicht unterschritten werden. Kürzere Zeitabstände sind nur bei erheblicher Abnutzung, wie etwa bei einer Gaststätte, statthaft.

Endrenovierungsklausel

Selbst wenn Sie als Mieter beim Einzug die Räume auf Ihre Kosten renoviert haben, können Sie mittels einer *Renovierungsklausel* verpflichtet werden, die Räume vor Rückgabe ohne Rücksicht auf die tatsächliche Abnutzung zu erneuern (OLG Celle NJW-RR, 2003 S. 1165). Das liegt keinesfalls im Interesse des Mieters. Sinnvoll und sachgerecht ist es vielmehr, dass der jeweilige Mieter bei Bezug die Räume renoviert und sie nach seinem Geschmack und seinen Bedürfnissen gestaltet. Die Rechtsprechung erachtet deshalb die Renovierungsklausel wegen unangemessener Benachteiligung des Mieters auch bei der gewerblichen Miete nach § 307 Abs. 1 Satz 1 BGB für *unwirksam*, mit der Folge, dass durch den Summierungseffekt auch die ganze Schönheitsreparaturklausel hinfällig wird (BGH NJW 2005, S. 2006).

Tipp

Lassen Sie sich auch nicht durch eine mit dem Vermieter ausgehandelte Einzelvereinbarung eine Renovierungspflicht auferlegen, welche aber rechtlich verbindlich wäre.

Fachgerechte Durchführung

Wie der Mieter die Schönheitsreparaturen durchführt und die Mieträume herrichtet, kann er allein nach seinen Vorstellungen und seinem Geschmack entscheiden. Der Vermieter kann nur verlangen, dass die Schönheitsreparaturen fachgerecht, jedoch nicht unbedingt von einem Fachhandwerker ausgeführt werden (OLG Stuttgart NJW-RR 1993, S. 1422).

Mieter repariert nicht

Kommt der Mieter während der Mietzeit seiner Pflicht zur Durchführung von Schönheitsreparaturen nicht nach, so begeht er eine *schwerwiegende Vertragsverletzung*, die den Vermieter zur fristlosen Kündigung nach vorheriger *Abmahnung* berechtigt (§ 543, Abs. 1 und Abs. 3 BGB). Sollte der Vermieter während des laufenden Mietverhältnisses die Schönheitsreparaturen selbst durchführen lassen, kann er *Schadensersatz* in Höhe seiner ihm entstandenen Aufwendungen nur fordern, wenn er zuvor dem Mieter eine angemessene Nachfrist gesetzt hat und diese ergebnislos abgelaufen ist (§§ 281, Abs. 1; 284 BGB) oder sich der Mieter strikt geweigert hat, die gebotene Schönheitsreparatur vorzunehmen (§ 281, Abs. 2 BGB). Vor Durchführung der Reparatur ist er aber bereits berechtigt, einen *Kostenvorschuss* in Höhe des von einer Fachfirma erstellten Kostenvoranschlags oder Angebots einzufordern (BGH NJW 2005, S. 1863).

9.1.7.4 Modernisierung und Sanierung

Mieten Sie ältere Räume oder gar ein älteres Gebäude an, so müssen Sie damit rechnen, dass Ihr Vermieter während der Dauer des Mietverhältnisses auch *Modernisierungs- oder Sanierungsmaßnahmen* durchführt. Das kommt dem Mieter auch zugute, weil sich der Gebrauchswert bessert und bei Energiesparmaßnahmen auch die Nebenkosten gesenkt werden. Allerdings wird der Vermieter die Kosten dieser Sanierungs- bzw. Modernisierungsmaßnahmen in Form einer beträchtlichen *Mieterhöhung* auf den Mieter abwälzen (vgl. Kap. 9.1.9.3).

Mieterhöhung als Folge

Modernisierungs-maßnahmen

Zu solchen Modernisierungsmaßnahmen zählen vor allem der Neueinbau einer energiesparenden Heizungsanlage, die Erneuerung sanitärer Anlagen oder der Einbau neuer Fenster mit Wärme dämmendem Isolierglas. Ein Abriss oder Teilabriss mit einer anschließenden Neuerrichtung gehört aber nicht dazu, weil die Maßnahme sich auf die vorhandene Bausubstanz beziehen muss.

Als Mieter von Räumen haben Sie solche Modernisierungsmaßnahmen zu *dulden* (§§ 554, 578, Abs. 2 BGB), d.h. alle, auch den Mietgebrauch einschränkenden Einwirkungen auf die Mieträume oder das Gebäude, die erforderlich sind. Das schließt auch den *Zutritt* der vom Vermieter mit der Durchführung beauftragten Person (wie Architekt oder Handwerker) zu den *gemieteten Räumen* ein. Wird dadurch die Nutzung nicht unerheblich gestört, kann der Mieter in angemessener Weise die Miete mindern (vgl. Kap. 9.1.8.7). Ein Recht auf Schadensersatz steht ihm allerdings nicht zu, weil der Vermieter den durch die Durchführung notwendiger Baumaßnahmen verursachten mangelhaften Zustand des Mietobjektes nicht zu vertreten hat (OLG Düsseldorf NJW-RR 2000, S. 531). Der Mieter kann den Ersatz seiner Aufwendungen vom Vermieter verlangen, die ihm im Zusammenhang mit der Duldung und den Modernisierungsmaßnahmen entstehen.

Duldungspflicht des Mieters

Mietminderung

Beispiel:
Vorübergehende Verlegung des Geschäftslokals oder das Anfallen zusätzlicher Kosten durch Umräumungsarbeiten.

Damit der Mieter sich rechtzeitig auf die Modernisierungsarbeiten einstellen kann, muss der *Vermieter* ihm die beabsichtigten Maßnahmen drei Monate vorher schriftlich *ankündigen* (§ 554, Abs. 3, Satz 1 BGB). Ist der *Mieter* mit den Modernisierungsmaßnahmen nicht einverstanden oder kann er sich kurzfristig anderweitig keinen Ersatzmietraum beschaffen, so ist er nach Zugang der Vermietermitteilung bis zum Ablauf des folgenden Monats berechtigt, das Mietverhältnis außerordentlich kurzfristig zu kündigen. Die Kündigung wird danach zum Ende des nächsten Monats wirksam.

Kündigung nach Anzeige der Modernisierungsmaßnahmen

Beispiel:
Die Modernisierungsmaßnahme soll am 15. Juli beginnen. Der Vermieter hat dem Mieter dies spätestens am 15. April mitzuteilen. Danach kann der Mieter das Mietverhältnis bis Ende Mai mit Wirkung zum 30. Juni kündigen.

Das gilt aber nicht bei Maßnahmen, die nur mit einer unerheblichen Einwirkung auf die vermieteten Räume verbunden sind oder nur zu einer unerheblichen Mieterhöhung führen (§ 554 Abs. 3 Satz 2 BGB). Der Vermieter hat aber nach Abschluss der Modernisierungsmaßnahme den Mieter über den *sachgerechten Gebrauch*, wie etwa das Lüftungsverhalten nach Einbau neuer Isolierfenster, *aufzuklären* (LG München I, NJW 2007, S. 2500).

Einweisungspflicht des Vermieters

Tipp

> Sollte Ihr Vermieter Ihnen Modernisierungsmaßnahmen ankündigen, erkundigen Sie sich nach deren Dauer und nach der geplanten Mieterhöhung. Ist Ihnen das Ganze zu beschwerlich oder die Mieterhöhung zu hoch und stehen Ihnen geeignete Ersatzräume zur Verfügung, kündigen Sie kurzfristig das Mietverhältnis – spätestens bis zum Ablauf des folgenden Monats nach Eingang der Mitteilung des Vermieters.

9.1.7.5 Nicht rechtzeitige Gebrauchsüberlassung durch den Vermieter

Fällt, wie häufig, der Abschluss des Mietvertrages und der Beginn der Mietzeit zeitlich auseinander, so wird in dem Mietvertrag der Beginn der Mietzeit vereinbart, d.h. der Zeitpunkt, in dem der Vermieter dem Mieter das Gebäude oder die Räume – mit oder ohne Grundstück – in gebrauchsfähigem Zustand zu überlassen hat. Ist

Unmöglichkeit der Leistung

der *Vermieter* dazu *nicht in der Lage*, so handelt es sich nicht einfach um einen Mietmangel, sondern um den gravierenderen Fall der *Unmöglichkeit der Leistung*. Die Gründe hierfür können sehr vielfältig sein:

- Zerstörung oder schwere Beschädigung des Mietobjekts durch Naturereignisse wie Feuer oder Hochwasser,
- nicht termingerechte Fertigstellung der vermieteten Räume,
- bei *Vermietung* vom *Reißbrett* entspricht das fertiggestellte Mietobjekt nicht den Vorgaben des Plans, so z.B. wenn die tatsächliche Mietfläche um mehr als 10 % unter der vereinbarten Fläche liegt (BGH NJW 2005, S. 2152; vgl. Kap. 9.1.8.2.1),
- kein rechtzeitiger Auszug des Vormieters,
- unerlaubte Doppelvermietung der Räumlichkeiten durch den Vermieter,
- keine vertragsgemäße Nutzung der Mietsache wegen behördlicher Beschränkung.

Termin-überschreitung

Mit Ausnahme von Naturereignissen, hat der Vermieter all diese Hindernisse rechtlich zu verantworten. Als Unmöglichkeit gilt auch die *verspätete Gebrauchsgewährung*, weil bei der Immobilienvermietung die Vertragszeit so wesentlich ist, dass die vom Vermieter zu vertretende verspätete Gebrauchsgewährung, da nicht nachholbar, keinen bloßen Verzug darstellt (BGH NJW 1992, S. 3226; OLG Frankfurt ZMR 1999, S. 814).

Die *Rechtsfolgen* sind dann klar: Die beidseitigen vertraglichen Leistungspflichten entfallen, die Gebrauchsgewährungspflicht des Vermieters nach § 275, Abs. 1 BGB und die Pflicht des Mieters auf Zahlung der Miete nach § 326, Abs. 1 BGB. Der Vermieter schuldet dann dem Mieter *Schadensersatz statt Leistung* (§ 283 BGB) oder

Ersatz seiner im Hinblick darauf gemachten vergeblichen Aufwendungen (§ 284 BGB). Das gilt nur dann nicht, wenn das Leistungshindernis schon beim Vertragsabschluss vorlag und der Vermieter beweisen kann, dass er es nicht kannte und seine Unkenntnis auch nicht zu vertreten hat (§ 311a, Abs. 2, Satz 2 BGB).

Anfängliche Unmöglichkeit

Beispiel:

Während Mieter und Vermieter den Vertrag aushandeln, wird das zu vermietende Gebäude, was beide nicht wissen, durch Brand völlig zerstört. Anschließend schließen sie in Unkenntnis dieser Sachlage den Mietvertrag ab.

Derartige Fälle bilden aber die ganz große Ausnahme, weil nun einmal der Vermieter das Mietobjekt dem Mieter zu beschaffen hat (§ 276, Abs. 1 BGB). Als *Schaden* hat der Vermieter dem Mieter alle Nachteile zu ersetzen, die ihm wegen der Nichterfüllung des Mietvertrages entstehen, vor allem den entgangenen Gewinn, und zwar für die Gesamtzeit der vertraglichen Bindung des Vermieters, also die unkündbare Grundmietzeit bis zum ersten Kündigungstermin. Sollten Sie sich als Mieter ein anderes teureres *Ersatzobjekt anmieten*, stehen Ihnen auch die hierbei angefallenen Kosten für die höhere Miete zu (BGH NJW 1999, S. 3625). Sie können sich jedoch auch als Mieter vertraglich durch die Vereinbarung einer recht hohen *Vertragsstrafe* absichern, die dann fällig wird, wenn der Vermieter Ihnen nicht rechtzeitig die angemieteten Räume überlässt (BGH ZIP 2003, S. 1658; vgl. Kap. 9.1.2.3.1).

Vertragsstrafe vereinbaren

Als Mieter können Sie in solchen Fällen jederzeit vom Mietvertrag nach § 326, Abs. 5 BGB *zurücktreten* oder diesen außerordentlich nach § 543, Abs. 2, Satz 1, Nr. 1 BGB *fristlos kündigen*, was im Ergebnis auf das Gleiche hinausläuft. Diese Rechte dürfen Sie auch schon vor dem vereinbarten Übergabetermin ausüben, wenn mit Sicherheit abzusehen ist, dass der Vermieter den Termin nicht einhalten kann (BGH NZM 1999, S. 371). Machen Sie davon Gebrauch, behalten Sie daneben Ihren Anspruch auf Schadensersatz in dem schon beschriebenen Umfang (§§ 325, 314, Abs. 4 BGB). Im Falle der *Doppelvermietung* der gleichen Räume kann schließlich der Mieter, dessen Vertrag nicht erfüllt wird, anstelle des Schadensersatzes nach § 285 BGB von dem Vermieter auch die *Abführung* der *Miete* verlangen, die der Vermieter von dem anderen Mieter einzieht als sog. rechtgeschäftliches Surrogat (BGH NJW 2006, S.2323). Das lohnt sich vor allem, wenn diese Miete höher ist als die in dem nicht erfüllten Mietverhältnis vereinbarte (vgl. Kap. 5.4.2.1).

Doppelvermietung

9.1.7.6   Zerstörung der Mietsache nach Übergabe

Sind die *Gebäude* etwa durch Brand völlig zerstört oder so beschädigt worden, dass sie *unbenutzbar* sind, beendet diese Unmöglichkeit das Mietverhältnis ebenfalls nicht. Jedoch wird der Vermieter von seiner Leistungspflicht nach § 275, Abs. 1 BGB frei. Er ist grundsätzlich nicht verpflichtet, das Gebäude etc. wieder herzustellen (BGH WM 1977, S. 400). Auch eine von der Versicherung gezahlte Entschädigung muss er ohne ausdrückliche vertragliche Vereinbarung nicht zur Wiederherstellung verwenden. Im Übrigen sind die Rechtsfolgen dieser nachträglichen Unmöglichkeit davon abhängig, ob und wer von den Parteien dieses Leistungshindernis zu vertreten hat (vgl. Kap. 5.4.2).

Wiederherstellungs-klausel einfügen

Sind die durch Brand oder sonstige Naturereignisse zerstörten Räume speziell auf Ihren Betrieb zugeschnitten, sodass sich keine gleich geeigneten Ersatzräume finden lassen, sollten Sie in dem Mietvertrag eine *Wiederherstellungsklausel* einfügen und gleichzeitig den Vermieter verpflichten, die Mietsache gegen die üblichen Risiken zu versichern.

Versicherung- und Wiederherstellung

Klauselvorschlag

»Der Vermieter ist verpflichtet, die Mietsache gegen die üblichen Risiken, wie Feuer, Wasser und Sturm, angemessen abzusichern. Die von der Versicherungsgesellschaft ausgezahlte Entschädigung hat er danach zur vollständigen Wiederherstellung der Mietsache einzusetzen.«

9.1.8   Mangelhafte Mietsache

Die häufigste Störung des Mietverhältnisses auf Vermieterseite besteht darin, dass das Mietobjekt mangelhaft ist oder später wird. Dadurch verletzt der Vermieter objektiv seine Kernpflicht: die Gewährung des *vertragsgemäßen Gebrauchs* gegenüber dem Mieter, die er nicht nur im gebrauchsfähigen Zustand zu überlassen, sondern auch während der Mietdauer zu erhalten hat (§ 535, Abs. 1, Satz 2 BGB). Er hat daher umgehend den *Mangel* zu *beseitigen* und der *Mieter* kann insbesondere die Miete *mindern* (§ 536, Abs. 1 BGB).

9.1.8.1   Mietmängel nach Gebrauchsüberlassung

Mietmängel hat der Vermieter zu beseitigen, soweit nicht nach dem Mietvertrag die Durchführung solcher Instandsetzungsmaßnahmen auf den Mieter abgewälzt worden sind (vgl. Kap. 9.1.7.3.3).

Streit bei unklarer Mängelursache

Treten in der Praxis Mietmängel auf, ist zwischen Vermieter und Mieter häufig strittig, wer dafür die rechtliche Verantwortung und das Risiko trägt. Ist die Mängelursache unklar, so wird der Vermieter sich zunächst damit verteidigen, dass der Schaden auch durch den unsachgemäßen Gebrauch des Mieters hervorgerufen worden ist. Um Ihre *Rechte* als *Mieter* in solchen Situationen zu wahren, sollten Sie wissen

● was man unter einem »Mietmangel« versteht und welche Arten es gibt;

● in wessen Verantwortungsbereich diese Mängel nach der konkreten Ausgestaltung Ihres Mietvertrages fallen,

● sollte die Mängelbeseitigung, wie i.d.R., dem Vermieter obliegen, welche gesetzlichen Mängelansprüche Sie gegenüber dem Vermieter besitzen,

● ob und inwieweit Ihr Mietvertrag diese gesetzlichen Mängelansprüche verkürzt.

Aus wirtschaftlicher Sicht ist es verständlich, dass die Vermieter durch geschickt formulierte Vertragsklauseln versuchen, die sie selbst betreffenden Risiken, soweit es irgendwie geht, auf ihre Mieter abzuwälzen. Um das zu verhindern, müssen Sie schon bei Vertragsabschluss sehr aufmerksam sein und die Sie *benachteiligenden Vertragsklauseln* in den Verhandlungen eliminieren. Umsichtiges Verhalten ist aber auch vonnöten, wenn ein Mangel der Mietsache später in Erscheinung tritt. Zur Wahrung Ihrer Mängelansprüche müssen Sie diesen sofort gegenüber dem Mieter anzeigen. Tun Sie das nicht, kommt anschließend jede anwaltliche Hilfe zu spät.

Risikoabwälzung auf Mieter

Sofortige Mängelanzeige

9.1.8.2 Begriff und Arten des Mietmangels

Vorab wird der Begriff des *Mietmangels* geklärt. Unter einem Fehler der Mietsache ist – genau wie beim Kaufvertrag – jede ungünstige Abweichung der tatsächlichen von der geschuldeten Beschaffenheit des Mietobjektes zu verstehen, die den vertragsgemäßen Gebrauch aufhebt oder mindert (§ 536, Abs. 1 BGB; BGH NJW 2006, S. 899), sowie das *Fehlen* einer vom Vermieter *zugesicherten Eigenschaft* (§ 536, Abs. 2 BGB). Diesen Sachmängeln gleichgestellt sind – genau wie im Kaufrecht – auch Rechtsmängel infolge privater Rechte von Dritten nach § 536, Abs. 3 BGB. Nach Abschluss des Mietvertrages treten derartige *Rechtsmängel* aber in der Praxis äußerst selten auf.

Rechtsmängel

Beispiel:

In einer größeren Gebäudeanlage, die nach dem Wohnungseigentumsgesetz in Wohnzwecke dienendes Wohnungseigentum und gewerblichen Zwecken dienendes Teileigentum aufgeteilt ist, wird in dem nach Abschluss des Mietvertrages aufgestellten Teilungsplan der im Mietvertrag vorgesehene Gebrauchszweck nicht gestattet.

Sachmängel

Die *Sachmängel* der Mietsache lassen sich grob in drei Kategorien aufgliedern (Das Nichtvorhandensein einer zugesicherten Eigenschaft stellt dabei einen Sonderfall des *Beschaffenheitsmangels* dar, der aber wegen der verschärften Haftung eine eigene rechtliche Betrachtung erfordert).

- Beschaffenheitsmangel,
- Umweltmangel,
- Fehlen einer zugesicherten Eigenschaft.

Beschaffenheitsmängel		Umweltmängel
Vertragliche Absprachen	**Sonstige Fehler**	• Naturereignisse
• Negatives Abweichen von konkreter Beschaffenheitsvereinbarung • Fehlen einer zugesicherten Eigenschaft	• Nichterreichen der Normalbeschaffenheit • Mängel der mitbenutzten Bau- oder Grundstücksanlage • Behördliche Nutzungsbeschränkung	• Bauarbeiten, Straßenlärm • Störungen durch Dritte • Niedrige Ertragsfähigkeit der Mietsache

Abb. 9.1: Arten von Mietmängeln

9.1.8.2.1   Beschaffenheitsmangel

Einen verbindlichen rechtlichen Maßstab für Beschaffenheitsmängel können die Vertragsparteien selbst durch möglichst konkrete Beschaffenheitsvereinbarungen im Mietvertrag oder auch als Anlage beigefügte Pläne bestimmen (BGH NJW 2005, S. 2153). Darüber hinaus kommt es auch auf den verkehrsüblichen Gebrauch an.

Nichteinhaltung von Beschaffenheitsvereinbarungen

Präzise Beschaffenheitsvereinbarungen sind wichtig

Trotz objektiver ordnungsgemäßer normaler Beschaffenheit, ist die Mietsache immer mit einem *Mangel* behaftet, wenn sie *nicht* der *vereinbarten Beschaffenheit* entspricht. Das hat besondere Bedeutung für die Eignung zu dem vereinbarten Verwendungszweck. Sie als Mieter haben es in der Hand, eine möglichst konkrete *Zweckbestimmung* vorzunehmen. Enthält der Mietvertrag keine Zweckbestimmung über die vermieteten Räume, so ist das Mietobjekt nicht fehlerhaft, auch wenn es sich zu dem von Ihnen vorgesehenen Zweck nicht eignet. Sie als Mieter tragen allein das Risiko der *wirtschaftlichen Verwendbarkeit*. Allgemeine Umschreibungen wie »zum Zwecke seines Betriebs«, gemeint ist der des Mieters, helfen dabei wenig. Vielmehr sollte der konkrete Betriebszweck im Vertrag präzise zum Ausdruck gebracht werden (vgl. Kap. 9.1.6.1).

Sichern Sie sich als Mieter entsprechend ab, müssen die Räume sich in einem Zustand befinden, der die Aufnahme des genannten

Betriebes erlaubt. Andernfalls fehlt ihre Eignung zum vertragsgemäßen Gebrauch (BGH NJW 1982, S. 696).

    Ein zweiter wichtiger Aspekt bei der *Immobilienmiete* ist die Flächengröße, die üblicherweise in dem Mietvertrag angegeben wird. Dies kann auch in Form der Brutto-Mietfläche gemäß DIN 277 geschehen.

> Da es in Deutschland keine gesetzliche Definition der »Mietfläche« gibt und die DIN 277 verschiedene Varianten anbietet – Brutto-Grundfläche, Netto-Grundfläche und Nutzfläche – sollten Sie darauf achten, dass im Vertrag nicht schlicht und einfach auf DIN 277 verwiesen wird, sondern auch auf die entsprechende gewünschte Unterziffer.

Mietfläche genau bestimmen und sich garantieren lassen

Tipp

Jedenfalls ist unter *Nutzfläche* nur die tatsächlich nutzbare Fläche zu verstehen (OLG Düsseldorf NJW-RR 2000, S. 1681).

    Bei Flächenangaben kommt es darauf an, ob sie verbindlich oder unverbindlich sein sollen. Da diese Maßgröße i.d.R. nicht nur die Höhe der Miete, sondern auch die Eignung der Mietsache für den Mieter bestimmt, handelt es sich grundsätzlich um ein verbindliches Beschaffenheitsmerkmal (BGH NZM 2005, S. 861). Unverbindlich ist diese Angabe nur, wenn sie ausdrücklich als solche im Mietvertrag bezeichnet wird. Andererseits ist in der schlichten Angabe der Mietfläche auch ohne Circa-Zusatz noch keine verbindliche Zusicherung des Vermieters zu sehen. Davon wird erst ausgegangen, wenn der Vermieter diese dem Mieter garantieren will.

    Unterschreitet die tatsächliche Fläche die im Mietvertrag angegebene, so gilt nicht jede *Minderfläche* auch gleich als Mietmangel. Das ist aber der Fall, wenn die zu geringe Größe den Mietgebrauch beeinträchtigt, weil der Mieter seinen Geschäftsbetrieb nicht in dem vorgesehenen Umfang aufnehmen kann. Unabhängig davon, wertet die neue Rechtsprechung eine Flächenabweichung oberhalb der Toleranzgrenze von 10 % stets als Sachmangel, der zur *Mietminderung* berechtigt, auch wenn die Flächenangabe mit dem Zusatz »ca.« versehen worden ist (OLG Frankfurt NZM 2003, S. 431). Der Mieter kann aber auch stattdessen in einem solchen Fall wegen Nichtgewährung des vertragsgemäßen Gebrauchs nach § 543 Abs. 2 Nr. 1 BGB fristlos *kündigen* (BGH NJW 2005, S. 2153; vgl. Kap. 9.1.12.3).

    Im umgekehrten Fall, wenn die tatsächliche *Fläche größer* ist als im Mietvertrag angegeben, kann der Vermieter nicht ohne weiteres eine höhere als die in einem Fixbetrag angegebene Grundmiete verlangen (vgl. Kap. 9.1.9.1.3).

Flächenabweichung

Nichterreichen der Normalbeschaffenheit der Mietsache: bautechnische Mängel

Bautechnische Mängel

Auch ohne ausdrückliche vertragliche Absprache ist die Mietsache fehlerhaft, wenn sie nicht einmal die übliche Beschaffenheit aufweist, wozu insbesondere *bautechnische Mängel* im weitesten Sinne, zu hoher Energieverbrauch oder vor allem ein gesundheitsgefährdender Zustand des Mietobjektes gehören. Lässt sich die potenzielle Gefährdung einer *Schadstoffbelastung* nicht nach festgelegten Grenzwerten messen, wie z. B. bei Asbest, reicht es zur Annahme eines Sachmangels aus, dass ein Sachverständiger festgestellt hat, dass Asbestfasern in einem Mietobjekt freigesetzt werden und die Atemluft belasten (OLG Hamm NZM 2003, S. 395).

Raumtemperatur

Sind Sie als Mieter mit der *Raumtemperatur* nicht zufrieden, so ist nach der Rechtsprechung ein Mangel des Mietobjekts anzunehmen, wenn die Grenzen der Arbeitsstättenrichtlinie überschritten sind (OLG Rostock NZM 2001, S. 425). In den heißen *Sommermonaten* muss die Innentemperatur in Büroräumen und Geschäftslokalen mindestens 6 Grad unter der höheren Außentemperatur liegen. Diese schematische Betrachtungsweise verdient Kritik, weil es volkswirtschaftlich unsinnig ist und dem Ziel der Energieeinsparung zuwiderläuft, ältere Bestandsgebäude mit teuren und energiefressenden Klimaanlagen nachzurüsten, deren Einbau wegen der hohen Betriebskosten auch zu einer Erhöhung an Miete führt. Deshalb sollte die Frage der geschuldeten Vertragsstandards präzise von den Parteien geregelt werden. Während der *Heizungsperiode* muss mindestens eine Innentemperatur von 20 Grad erreicht werden.

Nachrüstung bei Gesundheitsrisiken

Verschärfen sich während des Mietverhältnisses die wissenschaftlichen und technischen Richtlinien oder Verordnungen zur Vermeidung *gesundheitlicher Risiken*, wird auch die Mietsache nachträglich mangelhaft und muss nachgerüstet werden (BVerfG ZMR 1998, S. 687). Das gilt aber nicht unterhalb der Schwelle gesundheitlicher Gefahren. Insofern schuldet der Mieter nur den bei Vertragsabschluss vereinbarten Zustand, weil der Mangelbegriff nicht mit einer dem Gesetz nicht zu entnehmenden Pflicht des Vermieters zur ständigen Nachrüstung überdehnt werden darf (OLG Düsseldorf ZMR 2002, S. 819).

Mängel der mitbenutzten Bau- oder Grundstücksanlage

Mängel in anderen Gebäudeteilen

Bei der Grundstücks- oder Raummiete wirken sich auch schadhafte, vom Mieter benutzte Treppen, Flure oder Zugangswege sowie defekte Elektro- oder Wasserzuleitungen im Gebäude als *Mangel* der *Mietsache* selbst aus, da sie zwangsläufig den Mietgebrauch beeinträchtigen.

Beispiel:

Schadhafte Elektroleitungen außerhalb der Mieträume, defekte Was-serzuleitungsrohre (OLG Düsseldorf ZMR 2000, S. 377) oder störende Baumaßnahmen des Vermieters im Zugangsbereichs des Geschäftslokals (BGH NJW 1981, S. 2405).

Behördliche Nutzungsbeschränkungen

Behördliche Maßnahmen, die den Mietgebrauch einschränken, sind ebenfalls als *Fehler* der *Mietsache* einzustufen, wenn sie an der konkreten Beschaffenheit des Mietobjektes anknüpfen (KG Berlin NJW-RR 2000, S. 819). Ist nämlich der konkrete *Betriebszweck* des Mieters zum Vertragsinhalt gemacht worden, trägt auch der Vermieter das Risiko einer behördlichen Gebrauchsbeschränkung (BGH NJW-RR 1991, S. 1102). Das ist wiederum ein Beleg dafür, wie wichtig es für Sie als Mieter ist, möglichst genau die Eignung der Mietsache für die gemieteten Räume bzw. das Grundstück vertraglich festzuschreiben, auch im Hinblick auf bestimmte bauliche Erweiterungen, die durch Sie selbst herbeigeführt werden (vgl. Kap. 9.1.6.1).

Beeinträchtigung des Betriebs durch behördliche Auflagen

Beispiel:

Das Grundstück, das der Mieter bebauen will, ist mit einem Bebauungs-verbot belegt (BGH WM 1968, S. 1306). Die Räume zum Betrieb eines chemischen Labors genügen nicht den Brandschutzvorschriften (OLG Düsseldorf NZM 2003, S. 556); lärmintensive Arbeiten in zum Betrieb einer Kfz-Werkstatt vermieteten Räumen werden durch das Bauordnungsamt zeitlich begrenzt (OLG Düsseldorf BB 1991, S. 799).

Ändern sich die *öffentlich-rechtlichen Anforderungen*, kann deshalb die zunächst mangelfreie Mietsache fehlerhaft werden. Dabei hat der Vermieter –und nicht der Mieter – dafür zu sorgen, dass der vertraglich vereinbarte Mietgebrauch stets mit den öffentlich-rechtlichen Vorgaben übereinstimmt (KG Berlin NZM 1999, S. 708). Der Mangel einer Mietsache wird nicht erst durch die behördliche Untersagungs-verfügung ausgelöst, sondern dafür kann schon die *Androhung behördlicher Maßnahmen* ausreichen, wenn die Ungewissheit bereits die gegenwärtigen Interessen des Mieters beeinträchtigt (OLG Düsseldorf NZM 2005, S. 707). Ob das für Sie als betroffener Mieter im Einzelfall zutrifft oder nicht, müssten Sie aber durch Rücksprache mit einem im Mietrecht versierten Rechtsanwalt klären.

Als *Mieter* können Sie sich auf einen Sachmangel wegen eines behördlichen Gebrauchshindernisses aber nicht berufen, wenn Sie es laut Mietvertrag übernommen haben, die behördliche *Genehmigung* einzuholen, also den Antrag zu stellen, dabei aber untätig bleiben (OLG Düsseldorf ZMR 1993, S. 334).

Vermietung vom Reißbrett

Darüber hinaus trägt der *Mieter* das *Risiko* behördlicher Nutzungsbeschränkungen, wenn er nicht fertige Räume anmietet, sondern bei der sog. *Vermietung vom Reißbrett* vom Vermieter Geschossflächen vermietet werden, die der Mieter im Innenausbau seinen Bedürfnissen entsprechend einteilen und ausstatten kann. Dann trägt auch der Mieter die Verantwortung dafür, dass der von ihm bestimmte Innenausbau den behördlichen Anforderungen für den vorgesehenen Betrieb entspricht.

Risikoabwälzung auf Mieter

Unzulässig ist es aber, wenn der Vermieter versucht, generell die Gefahr eines behördlichen Nutzungsverbots oder einer Nutzungsbeschränkung im Mietvertragsformular auf den Mieter abzuwälzen. Der Mieter hat keine Möglichkeit, darauf Einfluss zu nehmen, dass die Mieträume eine entsprechende Einrichtung oder Ausstattung besitzen. Deswegen sind solche AGB-Klauseln wegen unangemessener Benachteiligung des Mieters nach § 307, Abs. 1 Satz 1 BGB unwirksam (OLG Celle NZM 2000, S. 621).

> **Beispiel:**
> *Der Mieter holt auf seine Kosten und sein Risiko die für die Einrichtung oder den Betrieb in den Mieträumen erforderlichen behördlichen Genehmigungen und Erlaubnisse ein. Werden diese nicht erteilt, berührt das die Wirksamkeit des Vertrages nicht.*

9.1.8.2.2   Umweltmängel

Ein Mangel der Mietsache kann auch dadurch hervorgerufen werden, dass Umwelteinflüsse, wie Naturgewalten oder auch das Verhalten von anderen Personen, störend auf den Mietgebrauch wirken.

Naturereignisse

Es liegt auf der Hand, dass ein schwerer Sturm oder auch Hochwasser die Nutzung der gemieteten Räume oder des Grundstücks durch den Mieter beeinträchtigen kann. Der Mieter kann aber auch von dem Vermieter nichts Menschenunmögliches verlangen.

Gefahrabwehrpflicht des Vermieters

Natürliche Einflüsse sind dann jedenfalls als *Mangel* der Mietsache mit der Folge der grundsätzlichen Mängelbeseitigungspflicht des Vermieters anzusehen, sofern diese *Störungen* für den Vermieter *vorhersehbar* gewesen sind und er daher auch Vorkehrungen zur Abwehr treffen konnte. Bäume, die auf dem Grundstück stehen, darf der Vermieter nur so wachsen lassen, dass bei Sturm keine Gefahr von ihnen für die Mietsache ausgeht (OLG Frankfurt NJW-RR 1986, S. 108). Grundstücke, die in hochwassergefährdeten Gebieten liegen, sind dann mangelhaft, wenn der Vermieter keine Vorkehrungen gegen das eindringende Wasser getroffen hat (OLG Koblenz WM 1997, S. 471). *Elektromagnetische Felder* stellen keinen Sachmangel dar,

wenn sie den Grenzwert nach § 26 des Bundesemissionsschutzge-
setzes nicht überschreiten und auch keine konkrete Gefährdung des
Mieters besteht (BGH NJW-RR 2006, S. 879).

Behinderung oder Belästigung durch Bauarbeiten oder Straßenlärm

Starker Bau- oder Straßenlärm kann ein Sachmangel sein. In den
meisten Fällen scheitern aber Gewährleistungsansprüche des Mieters an der Ortsüblichkeit und Erkennbarkeit dieser Umstände nach
§ 536b BGB schon beim Vertragsabschluss. So muss in einem Gebiet
mit älterer Bausubstanz generell mit Bauarbeiten und im innerstäd-
tischen Bereich mit Straßenbauarbeiten gerechnet werden (KG NZM
2003, S. 718). *Dauerhafte Zugangsbehinderungen* von mehr als sechs
Monaten stellen aber einen Sachmangel dar. Da sie der Vermieter
nicht verhindern kann, können Sie als betroffener Mieter den Mietvertrag wegen Nichtgewährung des vertragsgemäßen Gebrauchs
nach § 543, Abs. 2, Satz 1, Nr. 1 BGB außerordentlich kündigen (OLG
Dresden ZMR 1999, S. 241).

Dauerhafte Zugangs-behinderungen

Sonstige Störungen durch private Dritte

Nicht verhindern kann der Vermieter grundsätzlich auch andere Störungen und Belästigungen durch andere Privatpersonen, wie Nachbarn oder sonstige Dritte, durch Gerüche, Staub usw. Auch in diesen
Fällen dürften Mängelansprüche des Vermieters typischerweise an
der Vorhersehbarkeit dieser Umstände nach § 536b BGB scheitern
(KG NZM 2003, S. 718). Insbesondere erscheint es nicht angemessen, den Vermieter für *kriminelles Verhalten Dritter* in der näheren
Umgebung des Mietobjektes einstehen zu lassen. Trotz einer Ein-
bruchsserie, die das Eigentum des Mieters und den ordnungsgemäßen Ablauf seines Geschäftsbetriebes erheblich gefährdet, besitzt
er gegenüber dem Vermieter keinen Anspruch auf Nachrüstung des
Objektes zur Verbesserung des Einbruchschutzes, weil die Frage der
Einbruchssicherheit sich nach dem zu erwartenden Standard zum
Zeitpunkt des Vertragsabschlusses bestimmt (OLG Düsseldorf NZM
2002, S. 737).

Kriminelles Verhalten

Zu geringe Ertragsfähigkeit der Mietsache

Ohne besondere Zusicherung hat der Vermieter nicht dafür einzustehen, dass sich die wirtschaftlichen Erwartungen des Mieters, die er
mit dem Geschäftsvertrieb verbindet, tatsächlich erfüllen. Insoweit
trägt der Mieter allein das wirtschaftliche Risiko seines Geschäfts.
Fehlende Kundenakzeptanz, die aber für Geschäftslokale in Einkaufszentren negative Auswirkungen auf Umsatz und Gewinn mit sich

Wirtschaftliches Risiko des Mieters

bringen, stellen deshalb, für sich betrachtet, noch keinen Mangel dar (BGH NJW 2000, S. 1714).

Tipp

Ist bei dem Mietobjekt für Sie auch die Kundenakzeptanz entscheidend, sollten Sie Ihren Vermieter gezielt nach dem Leerstand befragen und auf einer schriftlichen Antwort bestehen, deren Richtigkeit er durch seine Unterschrift bestätigt. Stellt sich diese später als falsch heraus, können Sie den Mietvertrag sofort wegen schwerwiegender Pflichtverletzung kündigen.

9.1.8.2.3   Fehlen oder Wegfallen einer zugesicherten Eigenschaft

Wichtige dauerhafte Eigenschaften

Sollte der Vermieter Ihnen eine bestimmte, für Sie wichtige Eigenschaft der Mietsache zugesichert haben und diese von Anfang fehlen oder später wegfallen, so hat er Ihnen dafür nach § 536, Abs. 2 BGB stets einzustehen. Unabhängig davon, ob das Mietvertragsformular irgendwelche Beschränkungen Ihrer Mängelansprüche enthält, gelten die *Zusicherungen* als vorrangige Einzelvereinbarungen und verdrängen nach § 305b BGB immer anders lautende AGB-Klauseln. Dazu ist aber erforderlich, dass Ihr Vermieter einen entsprechenden unbedingten Verpflichtungswillen bekundet, wovon i.d.R. nur ausgegangen werden kann, wenn er eine *garantiemäßige Einstandspflicht* übernommen hat. Indizien sind deshalb entsprechende Formulierungen wie »garantiere ich« oder »sichere ich zu« etc. In der Regel scheuen die Vermieter die Abgabe einer solchen Garantie wegen ihrer weit reichenden Haftungsfolgen.

Vom Vermieter garantieren lassen

Zusicherungsfähig sind nur die dauerhaften Eigenschaften, die der Mietsache unmittelbar anhaften. Gleichgültig ist, ob sie ihre physische Beschaffenheit oder die tatsächlichen rechtlichen Beziehungen des Mietobjekts zu seiner Umwelt betreffen. Eine mittelbare Verknüpfung derart, dass diese Eigenschaft erst durch das Heranziehen von weiteren Umständen, die außerhalb des Mietobjekts liegen, in Erscheinung tritt, genügt aber nicht (BGH ZIP 2000, S. 887).

Beispiel:
Zugesichert werden können deshalb bestimmte Ausstattungsmerkmale der Räume oder auch eine bestimmte Flächengröße, dagegen nicht die Vollvermietung eines Einkaufszentrums oder das Vorhandensein einer großen Anzahl von Parkplätzen in der Nähe der vermieteten Geschäftsräume.

9.1.8.3   Mängelanzeige und Mängelbeseitigungsaufforderung

Treten nun während der Dauer des Mietvertrages *Mietmängel*, insbesondere *Beschaffenheitsmängel* auf, müssen Sie diese Ihrem Vermieter unverzüglich unter genauer Beschreibung des Mangels anzeigen, damit dieser der Gebrauchsbeeinträchtigung so schnell wie möglich abhelfen kann (§ 536c, Abs. 1 BGB). Gleiches gilt im Übrigen, wenn eine Maßnahme zum *Schutz der Mietsache* gegen eine nicht vorhergesehene Gefahr, wie etwa drohendes Hochwasser, erforderlich ist oder sich ein Dritter ein Recht an dem Mietobjekt anmaßt. Sollten Sie als Mieter diese *Anzeige unterlassen*, so müssen Sie dem Vermieter den daraus entstandenen Schaden ersetzen und verlieren zudem noch sämtliche Mängelansprüche, wenn der Vermieter hätte Abhilfe schaffen können (§ 536c, Abs. 2 BGB).

> **Unverzügliche Mängel- oder Gefahrenanzeige erforderlich**

Die *Anzeigepflicht* besteht nach Ansicht der Gerichte nicht nur bei Kenntnis, sondern auch bei grob fahrlässiger Unkenntnis des Mieters, wenn also der schadhafte Zustand für einen durchschnittlichen Mieter klar wahrnehmbar hervorgetreten wäre (BGH NJW-RR 2006, S. 1157). *Unverzüglich* bedeutet hier: so schnell als möglich, um den drohenden Schaden für den Vermieter so gering wie möglich zu halten. Erst nach der Mängelanzeige kann und sollte man genauer prüfen, ob der Vermieter für die Mängelbeseitigung verantwortlich ist oder andererseits der Mieter wegen einer eventuell übernommenen Instandsetzungspflicht. Die Mängelanzeige selbst kann *formlos* erfolgen, soweit nicht im Mietvertrag die Schriftform festgelegt wird. Dann genügt aber auch ein Fax oder eine E-Mail (vgl. Kap. 3.5.3).

> **Tipp**
>
> Die Regel lautet also: erst die Mängelanzeige, danach die Prüfung, wer für die Beseitigung des Mangels zuständig ist. In den meisten Fällen trifft aber hierfür den Vermieter die Verantwortung. Deshalb empfiehlt es sich, die Mängelanzeige gleich mit einer befristeten Mängelbeseitigungsaufforderung zu verbinden, um diesen möglichst schnell in Verzug zu setzen.

Erst danach können Sie als Mieter regelmäßig *Schadensersatz* verlangen, weil der Vermieter bis dahin den auch ihm unbekannten Mangel nicht zu vertreten braucht (§ 536a, Abs. 1 BGB). Außerdem ist das die Voraussetzung dafür dass, sollte der Vermieter nicht rechtzeitig reagieren, der Mieter selbst den Mangel fachgerecht beseitigen lassen und Ersatz für die entstandenen Aufwendungen verlangen kann(§ 536a, Abs. 2 BGB; vgl. Kap. 9.1.8.9).

9.1.8.4   Beweispflicht des Mieters für das Vorhandensein eines Mangels

Beweiserleich-
terung durch
Anscheinsbeweis

Ab dem Zeitpunkt, zu dem Sie das Mietobjekt beanstandungsfrei vom Vermieter als Erfüllung angenommen haben, tragen Sie auch als *Mieter* die *Beweislast* später aufgetretener Mängel (BGH NJW-RR 2006, S. 1238). Helfen können Ihnen dabei die Grundsätze des *Anscheinsbeweises,* wenn die äußeren Umstände eindeutig auf Fehler der Mietsache hindeuten und ausgeschlossen werden kann, dass dieser auf einen unsachgemäßen Gebrauch durch den Mieter zurückzuführen sind (BayObLG ZMR 1999, S. 751).

Tipp

> Würde die Mängelbeseitigung den Vermieter viel Geld kosten, ist damit zu rechnen, dass er die Existenz eines von ihm zu verantwortenden Mangels bestreitet, indem er die Schuld dafür dem Mieter zuschiebt oder, wenn der Mietvertrag es aufgrund bestimmter Instandsetzungsklauseln hergibt, die Beseitigungspflicht dem Mieter zuweisen wird. Können Sie sich darüber mit Ihrem Vermieter nicht einigen, bleibt Ihnen nichts anderes übrig, als einen im Gewerbemietrecht versierten Fachanwalt einzuschalten.

9.1.8.5   Mängelansprüche des Mieters

Treten an den gemieteten Räumen – mit oder ohne Grundstück – Mängel auf, die den Mietgebrauch einschränken, so kann das nicht ohne Folgen für die Miete bleiben. Ferner sind die Fehler, soweit behebbar, zu beseitigen. Geht das nicht oder dauert das zu lange, wird sich der Mieter von dem Vertrag lösen wollen. Schließlich will er auch Schadensersatz haben, wenn er durch den Mangel in seiner Person, seinen Sachgütern oder seinem sonstigen Vermögen geschädigt worden ist. Die typischen *Mängelansprüche* des Mieters sind daher:

- die *Mietminderung,* soweit der Mangel andauert, und die *Mieteinbehaltung* als Druckmittel,
- die *Mängelbeseitigung* durch den Vermieter oder auch durch den Mieter auf Kosten des Vermieters,
- die *außerordentliche Kündigung* durch den Mieter wegen Nichtgewährung des vertragsgemäßen Gebrauchs und
- der Anspruch auf *Schadensersatz.*

Unverzügliche Mängelanzeige durch den Mieter

Mietminderung
- solange nicht unerheblicher Mangel andauert
- kann im Mietvertrag ausgeschlossen werden

Mieteinbehaltung
- soweit Mangel behebbar ist
- in Höhe der Mängelbeseitigungskosten
- kann im Mietvertrag ausgeschlossen werden

Mängelbeseitigung
- durch Vermieter sofort nach Mängelanzeige
- Selbstvornahme durch Mieter auf Kosten des Vermieters nach fruchtlosem Ablauf einer Abhilfefrist
- stets durch Mieter auf eigene Kosten, wenn Instandsetzungspflicht zulässigerweise auf ihn abgewälzt wird

Fristlose Kündigung
in der Regel nur nach fruchtlosem Ablauf einer Abhilfefrist
Ausnahmen:
- Nicht behebbarer Mangel
- Verweigerung der Mängelbeseitigung durch den Vermieter

Schadensersatz
- wenn Vermieter Mangel zu vertreten hat
- einfacher Schadensersatz von Begleitschäden
- Schadensersatz statt Leistung erst nach fruchtlosem Ablauf einer Abhilfefrist wie bei Kündigung
- kann wegen anfänglichen Mietmängeln ausgeschlossen, ansonsten bei leichter Fahrlässigkeit auf Ersatz der vertragstypischen Schäden begrenzt werden

Abb. 9.2: Mängelansprüche des Mieters

Im Hinblick auf die *Schadensersatzhaftung des Vermieters* macht es einen erheblichen Unterschied, ob der Mietmangel schon bei Vertragsabschluss bestand oder die Mietsache erst später mangelhaft wird. Für einen schon bei Vertragsabschluss vorliegenden *ursprünglichen Mangel* haftet nämlich der Vermieter nach § 536a, Abs. 1 BGB verschärft, weil der Vermieter bei Vertragsabschluss nach § 276, Abs. 1 BGB das Beschaffungsrisiko trägt und deshalb solch anfängliche Mängel stets zu vertreten hat. Die Folge ist, dass er ohne Rücksicht auf sein Verschulden, wenn er also von diesem Mangel bei Vertragsabschluss überhaupt nichts wusste oder wissen konnte,

Schadensersatzpflicht des Vermieters

dennoch dem Mieter umfassend Schadensersatz leisten muss. Schäden aus nachträglichen Mängeln braucht er nur zu ersetzen, wenn er sie zu vertreten hat.

Haftungsausschluss bei ursprünglichen Mietmängeln

Zulässiger Haftungsausschluss

Man kann deshalb gut verstehen, dass die Vermieter dieses erhebliche wirtschaftliche Risiko wegen der garantiemäßigen Einstandspflicht für die Mängelfreiheit der Mietsache bei Vertragsabschluss nicht eingehen wollen. Rechtlich ist dagegen auch nichts einzuwenden, wenn dies einseitig durch vorgegebene Vertragsklauseln in den Mietvertragsformularen geschieht, weil das Haftungssystem des BGB regelmäßig für den Schadensersatzanspruch ein schuldhaftes Verhalten des Schadensverursachers voraussetzt. Daher kann der Vermieter sogar die Haftung wegen Gesundheitsschäden des Mieters infolge einer ihm nicht bekannten gesundheitsbeeinträchtigenden Schadstoffbelastung der Mieträume ausschließen, weil das Klauselverbot im AGB-Recht gemäß § 309, Nr. 7a BGB nur für die Folgen verschuldeter Pflichtverletzungen gilt (BGH NJW 2002, S. 3232).

Beispiel: Haftungsausschuss für ursprüngliche Mietmängel
»Die Mietsache wird in dem Zustand überlassen, in dem sie sich bei Beginn des Mietverhältnisses befindet. Der Mieter versichert, dass er ihren Zustand kennt.«

Diese *Vertragsklausel* ist für Sie als *Mieter nicht unproblematisch*, weil Sie damit bekunden, dass Sie den Zustand der Mietsache kennen. Davon kann schlechterdings keine Rede sein, wenn Sie vorher den Zustand der Räume nicht geprüft haben oder durch einen Fachmann haben prüfen lassen. Jedenfalls sollten Sie eine solche Vertragsbestimmung nicht unbesehen akzeptieren. Soweit der Vermieter seine Schadensersatzhaftung für anfängliche Mängel damit ausschließt, ist dagegen nichts einzuwenden. Gleiches gilt für die darin enthaltene Pflicht des Mieters, die Mietsache bei der vor Vertragsabschluss durchgeführten Besichtigung auf erkennbare Mängel zu prüfen und diese zu beanstanden (BGH WM 1993, S. 914). Keinesfalls interessengerecht wäre es aber, dem Mieter damit auch seine anderen Mängelansprüche bei versteckten, erst später bemerkbaren Mängeln abzusprechen.

Tipp

Deshalb sollten Sie den Haftungsausschluss des Vermieters nur mit einer klarstellenden Ergänzung, die in den Mietvertrag aufgenommen wird, akzeptieren.

Haftungsausschluss

Die o.g. Haftungsausschlussklausel wird durch folgenden Zusatz ergänzt:
»Im Falle versteckter Mängel, die erst nach Vertragsabschluss erkennbar
werden, bleiben die übrigen Mängelansprüche des Mieters, insbesondere
auch Mietminderung, Mängelbeseitigung und Kündigung, unberührt.«

Klauselvorschlag

Davon abgesehen sollten Sie sich *vor Vertragsabschluss* beim Vermieter genauestens über den Zustand der gemieteten Räume und/oder Grundstücks erkundigen. Diesem ist es dann verwehrt, Ihnen eine falsche Antwort zu geben, nur um Sie zum Abschluss des Mietvertrages zu bewegen. Lassen Sie sich diese schriftlich geben. Stellt sich später die Unrichtigkeit seiner Darstellung heraus, hat er Ihnen gegenüber arglistig einen Fehler des Mietobjektes verschwiegen und muss Ihnen den daraus entstandenen Schaden ersetzen, weil dann der Haftungsausschluss nach § 536d BGB hinfällig ist.

Erkundigungen beim Vermieter einziehen

9.1.8.6 Weiterzahlung der Miete

Haben Sie Ihrem Vermieter den Mangel ordnungsgemäß angezeigt, sollten Sie aus psychologischen Gründen die Miete nicht ohne ausdrücklichen Vorbehalt ungeschmälert weiterzahlen, um dem Vermieter Ihr *Mietminderungsrecht* zu verdeutlichen. Die Rechtsprechung ist nämlich der Meinung, dass nach dem Verstreichen einer angemessenen Überlegungsfrist von sechs Monaten der Mieter mit der Zahlung der ungekürzten Miete zu erkennen gibt, dass die Mietsache ihren vollen Preis wert ist (BGH ZMR 2003, S. 341). Die Folge kann für den Mieter äußerst unangenehm werden.

Weiterzahlung der Miete nur unter Vorbehalt

> Deswegen sollten Sie die Mängelanzeige durch den Hinweis ergänzen, dass Sie künftig die Miete weiterhin ungeschmälert, um das Mietverhältnis nicht zu belasten, aber ausdrücklich nur unter Vorbehalt Ihrer Mängelansprüche bezahlen.

Tipp

Tun Sie das nicht, droht Ihnen entgegen der älteren Rechtsprechung ansonsten nach dem neuen Mietrecht nicht mehr der Verlust der Mängelansprüche wegen Verwirkung, weil nach der ausdrücklichen Regelung in § 536c, Abs. 2 BGB die Mängelanzeige zu deren Wahrung genügt (BGH ZIP 2003, S. 1502; NJW 2005, S. 1503). Die nach der Mängelanzeige ungekürzte ohne Vorbehalt *gezahlte Miete* kann man aber wegen § 814 BGB *nicht* mehr *zurückfordern*, weil hierin ein Verzicht auf die Ausübung des Minderungsrechts zu sehen ist.

9.1.8.7   Mietminderung und Einbehaltung der Miete

Erhebliche Gebrauchsminderung

Verursacht der Mietmangel eine *nicht unerhebliche Minderung* der Tauglichkeit der Mietsache, so ist der Mieter von Gesetzes wegen von der Verpflichtung der Mietzahlung – je nach Schwere der Beeinträchtigung – teilweise, bei Aufhebung der Tauglichkeit der Mietsache sogar völlig befreit, ohne dass sich der Mieter ausdrücklich darauf berufen muss (BGH WM 1991, S. 1006). Anders als beim Schadensersatz spielt es keine Rolle, ob der Vermieter den Mangel zu vertreten hat; er muss nur in seinem Verantwortungsbereich liegen und darf nicht durch eine Instandsetzungsregelung dem Mieter aufgebürdet sein.

Gesetzliche Mietreduzierung

In den meisten Fällen ist die *Miete angemessen* zu *reduzieren*, indem ein bestimmter Prozentsatz von der vereinbarten Grundmiete abgezogen wird. Inwieweit das auch die Nebenkosten berührt, hängt von den Umständen des Einzelfalls, insbesondere der Art des Mangels ab. Führt der Mangel zur völligen *Gebrauchsuntauglichkeit*, so erfolgt eine Minderung auf Null, d.h. der Mieter ist komplett seiner Zahlungspflicht enthoben. Die Zuvielmiete, die der Mieter bis zur Kenntniserlangung seines Minderungsrechts gezahlt hat, muss der Vermieter zurückzahlen, weil er insoweit ungerechtfertigt nach § 812, Abs. 1 BGB bereichert ist.

Minderungsquote

In welcher Höhe Sie als Mieter abzugsberechtigt sind, ist für Sie schwer einzuschätzen. Die folgenden Beispiele aus der Rechtsprechung können nur eine gewisse Orientierungshilfe bieten:
- 30 bis 50 % bei Eintreten von Wasser wegen eines undichten Daches, wenn dadurch ein größerer Teil der gemieteten Fläche nicht mehr benutzbar ist,
- 50 % bei undichten Fenstern, durch die die ganze Raumeinheit feucht wird,
- 100 % bei totalem Heizungsausfall in den Wintermonaten.

Minderungszeit

Wenn die Störung nur einige Tage anhält, darf der Mieter die Miete auch nur *zeitanteilig* mindern.

Beispiel:
Geht man bei der Nässebildung im obigen Fall von einer 30 %-igen Minderungsquote aus, und hält der Mangel 15 Tage an, darf die monatliche Miete auch nur um 15 % gemindert werden.

Nebenkosten

Bemessungsgrundlage für die Minderung ist die *Bruttomiete* – also Mietzins einschließlich aller Nebenkosten, unabhängig davon, ob die Nebenkosten als Pauschale oder Vorauszahlung zu entrichten sind (BGH NJW 2005, S. 1713). Dass dies auch gelten soll, wenn der Mietmangel die vom persönlichen Verbrauch des Mieters abhängigen Kosten für Heizung und Wasser nicht betrifft – z.B. undichte Dachrinne – ist aus Vermietersicht schwer verständlich. Der Vermieter kann in dem Mietvertrag die Geltendmachung der Mietminderung von einer *vorherigen Ankündigung* des Mieters abhängig machen (OLG Rostock NZM 1999, S. 1006), die dann am besten mit der Mängelanzeige verbunden wird.

Ankündigung der Minderung

Nach Beschreibung des Mangels und der Mängelanzeige:
»Während der Dauer des Mangels werden wir die Miete angemessen mindern.«
Es folgt die fristgebundene Mängelbeseitigungsaufforderung.

Formulierungsvorschlag

> **Zahlungsverzug**
>
> Was die Höhe der Minderung angeht, sollten Sie sich, wenn Sie keine Einigung mit Ihrem Vermieter erzielen, anwaltlich beraten lassen. Im Falle einer überhöhten Mietminderung geraten Sie ansonsten in Zahlungsverzug und haften für den Verzugsschaden des Vermieters (BGH WM 2002, S. 3114). Außerdem droht Ihnen die fristlose Kündigung wegen Zahlungsverzugs (vgl. Kap. 9.1.12.3).

Tipp

Das Recht des Mieters auf *Mietminderung* kann aber bei der gewerblichen Miete durch vom Vermieter gestellte Vertragsklauseln *abbedungen* werden (BGH NJW-RR 1993, S. 519). Das erstreckt sich aber nicht auf Mängel, die ihre Ursache außerhalb des Mietgebrauchs haben (BGH NJW-RR 1987, S. 906).

Vertraglicher Ausschluss

Beispiel:
Umfangreiche Nässebildung wegen eines undichten Dachs in der gemieteten Halle, sodass der Geschäftsbetrieb des Mieters teilweise nicht fortgeführt werden kann; der Mieter räumt deshalb den betroffenen Hallenteil.

Trotz Abbedingung der Mietminderung können Sie aber als Mieter die zuviel gezahlte Miete von dem Vermieter im Wege der *ungerechtfertigten Bereicherung* wieder zurückfordern, was aber sehr mühevoll ist (BGH NJW 1984, S. 2405).

> Mietvertragsklauseln, die Ihr Minderungsrecht ausschließen, sollten Sie deshalb nicht akzeptieren.

Tipp

Der Vermieter kann sich auf einen Ausschluss des Minderungsrechts auch dann nicht berufen, wenn der Mangel darin besteht, dass der Mietsache eine von ihm *zugesicherte Eigenschaft* fehlt, weil dies dem Zweck der Zusicherung als gegenüber der AGB-Klausel vorrangige Einzelvereinbarung nach § 305b BGB zuwiderlaufen würde.

Tipp

> Tritt ein Mietmangel auf, der die Nutzung beeinträchtigt, zeigen Sie diesen umgehend dem Vermieter an, setzen Sie ihm eine Frist zur Mängelbeseitigung und kündigen ihm nach ergebnislosem Fristablauf die Einbehaltung der Miete bis zur Mängelbehebung an. In welcher Höhe Sie zur Mietminderung berechtigt sind, lässt sich dann später klären. Zuviel einbehaltene Beträge müssen Sie dann ggf. nachzahlen.

Mieteinbehaltung als Druckmittel

Um Ihren Vermieter bei Auftreten eines von ihm zu verantwortenden Mangels zu bewegen, den Mangel umgehend zu beseitigen, können Sie ihn auch dadurch unter Druck setzen, dass Sie *über* die *Minderungsquote* hinaus vorläufig die Miete nach § 320 BGB einbehalten, weil er den Mietvertrag nicht ordnungsgemäß erfüllt hat – sog. *Einrede des nicht erfüllten Vertrages*. Das gilt solange, bis der Mangel behoben ist. Der einbehaltene Betrag muss aber in einem angemessenen Verhältnis zur berechtigten Minderung und zur Höhe der Mangelbeseitigungskosten stehen. Das ist der Fall, wenn sich die Zurückbehaltung auf die *Höhe* der voraussichtlichen *Reparaturkosten* beschränkt (BGH ZMR 2003, S. 416). Auf diese Weise können Sie als Mieter kontinuierlich den Betrag ansparen, den Sie für die Beseitigung der Mängel benötigen, sollte sich Ihr Vermieter allzu lange Zeit lassen. Nach Behebung des Mangels müssen Sie aber den über die berechtigte Minderung hinausgehenden Betrag Ihrem Vermieter nachzahlen, jedoch ohne Zinsen, weil die Mietraten wegen der Einrede des nicht erfüllten Vertrages nicht fällig gewesen sind (BGH WM 1971, S. 1020). Jedoch dürfen Sie die Miete in der genannten Größenordnung erst dann einbehalten, wenn Sie den Mangel Ihrem Vermieter angezeigt haben.

Ausschluss bei unerheblichem Mangel

Der Anspruch auf Mietminderung ist aber von Gesetzes wegen bei *geringfügigen Mängeln*, die nur zu einer erheblichen Minderung der Tauglichkeit des Mietobjekts führen, ausgeschlossen (§ 536 Abs. 1 Satz 3 BGB). Das trifft zu, wenn der Mangel der Mietsache leicht zu erkennen und dessen Ursache sich auch ohne aufwendige Untersuchung ermitteln sowie mit geringen Kosten beheben lässt (BGH NJW-RR 2004, S. 1450).

9.1.8.8 Mängelbeseitigung durch den Vermieter

Handelt es sich um einen behebbaren Mangel, so hat ihn i.d.R. der Vermieter zu beseitigen, es sei denn, dass die Instandsetzung zulässigerweise auf den Mieter im Vertrag abgewälzt worden ist (vgl. Kap. 9.1.7.3.3). Obliegt aber dem Vermieter die Mängelbeseitigung, so sollten Sie als Mieter bereits in Ihrer *schriftlichen Mängelanzeige* den Vermieter zur Mängelbeseitigung auffordern; bei leichteren Schäden innerhalb einer Frist von zwei Wochen, bei umfangreicheren Mängeln von einem Monat. Allein diese *Mahnung*, nicht die bloße Mängelanzeige, setzt Ihren Vermieter in Verzug (OLG Düsseldorf NJW-RR 1992, S. 716). Zugleich sollten Sie aber dem Vermieter ankündigen, wenn er dieser Aufforderung nicht nachkommt, dass Sie vorläufig die Miete in Höhe der voraussichtlichen Reparaturaufwendungen einbehalten.

Mängelanzeige und Mängelbeseitigungsaufforderung

»Sehr geehrter ...,
leider müssen wir Ihnen mitteilen, dass an den von Ihnen vermieteten Geschäftsräumen folgender Schaden aufgetreten ist ... (genaue Bezeichnung des Mangels). Wir fordern Sie hiermit auf, diesen Mangel bis spätestens zum ... (mindestens zwei Wochen, bei größeren Schäden auch bis zu vier Wochen) zu beseitigen. Bis zur Behebung des Mangels, werden wir vorläufig die Miete bis zur voraussichtlichen Höhe der Reparaturaufwendungen einbehalten.
Mit freundlichem Gruß«

Formulierungsvorschlag

Sollte aber der Vermieter die *Mängelbeseitigung grundlos* von vornherein endgültig *ablehnen* und damit den Mangel nicht anerkennen, ist eine Mahnung mit Fristsetzung nach § 281, Abs. 2, Satz 1 BGB entbehrlich. Befindet sich Ihr Vermieter mit der Mängelbeseitigung in Verzug, so können Sie von ihm nach § 536a, Abs. 1 BGB umfassend Schadensersatz verlangen (vgl. Kap. 9.1.8.11).

Als Mieter müssen Sie aber alle Maßnahmen des Vermieters, die zur *Beseitigung* des *Mangels* erforderlich sind, nach § 554, Abs. 1 BGB dulden. Auch wenn es dadurch wegen Bauarbeiten noch zu größeren Nutzungsbeschränkungen kommen sollte; diese Verschlimmerung wird durch eine zeitlich begrenzte höhere Mietminderung kompensiert. Da der Vermieter an der Erhaltung der Mietsache ein starkes Interesse besitzt, können Sie als Mieter die mangelhafte Mietsache nicht einfach weiter nutzen und dauerhaft Ihre Miete mindern.

Duldung der Einschränkung des Mietgebrauchs

Handelt es sich um einen grundsätzlich behebbaren *Beschaffenheitsmangel*, so kann der Vermieter nur ausnahmsweise die *Mängelbehebung verweigern*, wenn die damit verbundenen hohen Aufwendungen in grobem Missverhältnis zum Leistungsinteresse des

Hoher Mängelbeseitigungsaufwand

Mieters stehen (§ 275, Abs. 2, Satz 1 BGB). Diese »Opfergrenze« ist grundsätzlich erst dann überschritten, wenn die Instandsetzungskosten den Zeitwert der Mietsache oder die Mieteinnahmen deutlich übersteigen (BGH NJW 2005, S. 3284). Erhält der Vermieter aber den Schaden von einer Versicherung ersetzt, lässt sich aus dem Mietvertrag eine Wiederherstellungspflicht ableiten (BGH WM 1977, S. 400).

9.1.8.9 Mängelbeseitigung durch den Mieter auf Kosten des Vermieters

Aufwendungs-ersatzanspruch des Mieters

Ist Ihr *Vermieter* zur Beseitigung des behebbaren Mangels verpflichtet und befindet er sich mit der *Mängelbeseitigung in Verzug*, so können Sie als Mieter den Mangel selbst fachgerecht beseitigen lassen und vom Vermieter den Ersatz der dadurch Ihnen entstandenen erforderlichen Aufwendungen verlangen (§ 536, Abs. 2 BGB). In Verzug gerät der Vermieter spätestens mit fruchtlosen Ablauf der vom Mieter gesetzten angemessenen *Abhilfefrist* oder bereits dann, wenn er sich aufgrund der Mängelanzeige weigert, den Mangel anzuerkennen und ihn beheben zu lassen. Eine sofortige Mängelbehebung durch den Vermieter ist auch geboten, wenn dies zur Erhaltung oder Wiederherstellung des Bestandes der Mietsache notwendig ist (§ 536a, Abs. 2, Nr. 2 BGB).

> **Beispiel:**
> *Rohrverstopfung, Wasserrohrbruch oder undichtes Dach, durch das es ständig wegen des schlechten Wetters hereinregnet.*

Reparatur durch Mieter in Eilfällen

In solchen Fällen ist die umgehende Reparatur durch den Mieter auch in dessen eigenem Interesse zur Verhinderung eines größeren Schadens dringend geboten, will er sich nicht dem Vorwurf des *Mitverschuldens* und damit einer Anspruchskürzung seiner Schadensersatzansprüche nach § 254, Abs. 2 BGB aussetzen (vgl. Kap. 6.3.3). Als Mieter erhalten Sie alle Kosten ersetzt, die Sie für die Instandsetzung für erforderlich halten durften. Unerheblich ist dabei, ob der Vermieter die Reparaturarbeiten hätte billiger ausführen lassen können (BGH NJW 1972, S. 1458).

Kostenvorschuss vom Vermieter verlangen

Um den Mieter nicht zur Vorfinanzierung zu zwingen, wird man ihm das Recht einräumen müssen, vom Vermieter die Zahlung eines angemessenen *Kostenvorschusses* in Höhe der voraussichtlichen Mängelbeseitigungsaufwendungen zu verlangen, selbst wenn dies im § 536a, Abs. 2 BGB, anders als im Werkvertragsrecht, nicht vorgesehen ist (BGH NJW 1985, S. 267).

> **Tipp**
>
> Kommt der Vermieter der fristgebundenen Mängelbeseitigungsaufforderung nicht nach, werden Sie zur Beitreibung der Reparaturkosten oder eines Kostenvorschusses einen im Gewerbemietrecht beschlagenen Rechtsanwalt einschalten müssen.

9.1.8.10 Fristlose Kündigung des Mietvertrages wegen Mietmängeln

Hat der zur Beseitigung des Mangels verpflichtete Vermieter die ihm vom Mieter gesetzte angemessene Abhilfefrist ungenutzt verstreichen lassen, so kann der Mieter danach auch den Mietvertrag nach § 543, Abs. 3, Satz 1, Nr. 1 BGB außerordentlich *fristlos kündigen*, wenn er durch den Mangel in der Nutzung der Mietsache erheblich beeinträchtigt wird (OLG Düsseldorf ZMR 2006, S. 518). Dabei ist bislang noch offen, ob die *Kündigung* dem Vermieter zuvor nicht mit erneuter Fristsetzung *angedroht* werden muss (BGH NJW 2007, S. 2474). Das dürfte aber bei dem gravierenden Mangel – *gesundheitsgefährdender Zustand* – nicht erforderlich sein. Doch muss der Kündigung nach § 569, Abs. 1 BGB eine Abmahnung vorausgehen (BGH NJW 2007, S. 2177).

Ablauf der Abhilfefrist

> **Beispiel:**
> *Undichtes Dach, durch das es ständig hereinregnet, viel zu niedrige Temperatur in den Wintermonaten etc.*

Dieser Schritt ist für Sie als Mieter dann von Vorteil, wenn Sie rasch *geeignete Ersatzräume* beschaffen können.

Ausschluss des Kündigungsrechts

Ihr Vermieter kann aber in dem Mietformular dieses Kündigungsrecht zulässigerweise nach §§ 543, Abs. 4, Satz 1, 536d BGB ausschließen, wovon in der Praxis vereinzelt Gebrauch gemacht wird.

> **Tipp**
>
> Nehmen Sie als Mieter keinen derartigen Ausschluss Ihres Kündigungsrechts hin und bestehen Sie bei der Vertragsverhandlung auf einer Streichung dieser Vertragsklausel.

Unabhängig davon, könnte sich der Vermieter auf den Kündigungsausschluss nicht berufen, wenn der Mieter durch diesen Mangel *dauerhaft* in dem vertragsgemäßen *Gebrauch* der Mietsache erheblich *eingeschränkt* wird, weil die Mietsache untergegangen oder der Fehler nur schwer behebbar ist. In solchen Fällen muss der Mieter berechtigt sein, sich von diesem für ihn nutzlosen Vertrag zu lösen.

> **Tipp**
>
> Bevor Sie aus diesem wichtigen Grund den Mietvertrag fristlos kündigen, stimmen Sie diesen Schritt mit Ihrem Rechtsanwalt ab.

9.1.8.11   Schadensersatz wegen Mietmängel

Vertretenmüssen des Vermieters

Schäden, die der Mieter wegen des Mietmangels an seiner Person, an den ihm gehörenden eingebrachten Sachen oder an sonstigem Vermögen erleidet, muss ihm der Vermieter nur dann ersetzen, falls er den Mietmangel zu vertreten hat (§ 536a, Abs. 1 BGB). Für bislang *versteckte Mängel*, die erst nach Vertragsabschluss auftreten, kann der Vermieter erst dann verantwortlich gemacht werden, wenn er davon durch die Mängelanzeige des Mieters oder auch sonstwie davon erfahren hat und er trotz der Mängelanzeige und Mängelbeseitigungsaufforderung des Mieters nicht alle gebotenen, ihm zumutbaren Maßnahmen ergreift, den aufgetretenen Mangel so rasch wie irgend möglich beheben zu lassen (BGH NJW 2006, S. 1061). Erst dadurch gerät der Vermieter mit der Mängelbeseitigung in Verzug und muss dem Mieter dem aus dieser Pflichtverletzung entstandenen Schaden nach §§ 280, Abs. 1 und Abs. 2, 286 BGB ersetzen. Erst

Ungeklärte Schadensursache

wenn feststeht, dass die Ursache für den Schadenseintritt im *Verantwortungsbereich* des *Vermieters* liegt, muss dieser sich seinerseits entlasten. Das ist aber gerade bei Mängeln, deren Ursache ungeklärt bleibt – wie etwa das sog. »Fogging«, einem plötzlichem Schwarzwerden der Wände – nicht der Fall (BGH NZM 2006, S. 258).

Schadensersatz statt Leistung

Lässt er auch die ihm vom Mieter gesetzte angemessene *Abhilfefrist* ungenutzt verstreichen oder weigert er sich schon zuvor, den berechtigten Mangel anzuerkennen und beheben zu lassen, so kann der Mieter von ihm auch noch *Schadensersatz statt Leistung* nach § 281 BGB verlangen (vgl. Kap. 5.2.3). Den Vermieter trifft dabei eine umfassende Ersatzpflicht; er hat dem Mieter nicht nur den durch

Folgeschäden

den Mietmangel hervorgerufenen unmittelbaren *Folgeschaden* an dessen Person oder eingebrachten Sachen zu ersetzen, sondern auch jeden weiteren *Begleitschaden*, wie etwa Lagerkosten oder die Miete für Ersatzräume oder auch Ersatz des entgangenen Gewinns für die Zeit, für die er in seiner Betriebstätigkeit eingeschränkt oder für die ihm seine Betriebstätigkeit sogar unmöglich ist (BGH NJW-RR 1991, S. 970). Bei einer *verzögerten* oder *unberechtigt verweigerten Mängelbeseitigung* nützen dem Vermieter somit auch vertragliche Haftungsbeschränkungsklauseln nichts, weil er sich immer den Vorwurf grob fahrlässigen Verhaltens gefallen lassen muss (vgl. Kap. 6.3.2). Das gilt auch für Schadensersatzansprüche anderer Personen, die wie die Arbeitnehmer oder Kunden des Mieters in den Schutzbereich des Mietvertrages nach den Regeln des *Vertrages mit Schutzwirkung zugunsten Dritter* einbezogen sind (vgl. Kap. 6.3.4.2).

Tipp

Im Streitfalle müssen Sie diese schwierige Rechtsfrage, ob sich Ihr Vermieter im Falle einer verspäteten Mängelbeseitigung grob fahrlässig verhalten hat oder nicht bzw. zur Mängelverweigerung berechtigt war oder nicht, durch einen kompetenten, im Gewerbemietrecht besonders kundigen Fachanwalt klären lassen.

9.1.9   Miete und Betriebskosten

Ein weiterer Schwerpunkt des Mietvertrages bildet Ihre vertragliche Hauptpflicht als Mieter, eine angemessene *Miete* als Entgelt für die Gebrauchsgewährung (§ 535, Abs. 2 BGB) nebst der in der Praxis üblichen Umlegung der anteiligen *Betriebskosten* für die vermieteten Räume zu zahlen.

9.1.9.1   Miethöhe

Die Mietvertragsparteien können die Höhe der Miete innerhalb der Grenzen des sittenwidrigen Wuchers nach § 138, Abs. 2 BGB frei vereinbaren (vgl. Kap. 3.7.2.1) und werden sich dabei selbstverständlich an den Marktgegebenheiten orientieren. *Sittenwidrig* und damit nichtig wäre i.d.R. ein überhöhter Mietzins, der knapp doppelt so hoch ist wie die orts- bzw. marktübliche Miete (BGH NJW 2004, S. 3554). Üblicherweise wird eine *fixe Miete* festgelegt, die in bestimmten Zeiträumen – monatlich, vierteljährlich, halbjährlich oder ganzjährig – fällig ist.

Höhe der Miete ist frei vereinbar

9.1.9.1.1   Umsatzabhängige variable Miete

Bei der Geschäftsraummiete ist aber auch die Abrede einer variablen Miete, abhängig von dem vom Mieter erzielten Umsatz, weit verbreitet. Wenn aber der Vermieter seinen Ertrag nicht völlig von dem geschäftlichen Erfolg des Mieters abhängig machen will, wird das häufig mit einer in einem bestimmten Geldbetrag ausgedrückten *Festmiete* als *Mindestmiete* gekoppelt.

Mindestmiete

Beispiel:
In einem Mietvertrag heißt es: »Die monatliche Miete beträgt x % des von dem Mieter erzielten monatlichen Umsatzes, mindestens aber x €.«

Selbst bei einer *Umsatzmiete* ist der Mieter ohne besondere vertragliche Vereinbarung einer Betriebspflicht nicht zum Betreiben des Geschäfts verpflichtet (BGH NJW 1979, S. 2351), wofür aber eine AGB-Klausel reicht (OLG Rostock NZM 2004, S. 460). In einem solchen Fall müsste dann die Miete unter Zugrundelegung eines fiktiven, durchschnittlich erzielbaren Umsatzes ermittelt werden. Der Mieter hat aber dem Vermieter Auskunft über die Höhe des erzielten

Umsatzmiete

Auskunftspflicht des Mieters

Umsatzes zu geben und der Vermieter kann Einsichtnahme in die Belege verlangen, die üblicherweise erstellt und aufbewahrt werden (§ 259 BGB; OLG Düsseldorf NJW-RR 1990, S. 1098).

9.1.9.1.2 Brutto- oder Nettomiete

Ein wichtiger Punkt stellt die Frage dar, ob die vereinbarte Miete *Brutto- oder Nettomiete* zuzüglich *Mehrwertsteuer* ist.

Nettomiete nur bei Vereinbarung

Auch zwischen Unternehmen kann der Vermieter die *Mehrwertsteuer* nur verlangen, wenn dies ausdrücklich zwischen den Mietvertragsparteien vereinbart worden ist (OLG Hamburg ZMR 2000, S. 291), weil grundsätzlich die Miete von Grundstücken und Räumen umsatzsteuerfrei ist (OLG Düsseldorf ZMR 2006, S. 262). Ist mit der Errichtung des betreffenden Gebäudes erst nach dem 10. November 1993 begonnen worden, so kann der Vermieter nach § 9, Abs. 1 UStG die Mieteinkünfte als steuerpflichtige Umsätze nur noch behandeln lassen (optieren), falls der Mieter in den Mieträumen mindestens über 90 % umsatzsteuerpflichtige Geschäfte tätigt. Die *Umsatzsteueroption* betrifft die Vollmiete, also einschließlich der Betriebskosten.

Bruttomiete

Sollte in einem langfristigen Mietvertrag mit Mehrwertsteuerpflicht des Vermieters eine Bruttomiete einschließlich Mehrwertsteuer vereinbart sein, können im Falle der *Änderung* des *Steuersatzes* beide Parteien auch eine entsprechende Anpassung des Mietzinses fordern (§ 29 UStG). Ist eine Bruttomiete vereinbart, so kann der Mieter vom Vermieter verlangen, dass dieser ihm in der Rechnung die Steuer gesondert ausweist (§ 14, Abs. 1 UStG), damit er seinerseits den *Vorsteuerabzug* gemäß § 15 UStG beanspruchen kann. Der Vermieter ist aber befugt, jederzeit die Option zur Umsatzsteuer auch gegen den Willen des Mieters zurückzunehmen, hat danach aber nur noch Anspruch auf die Nettomiete (OLG Hamm ZMR 1997, S. 457).

9.1.9.1.3   Berechnungsfaktoren für die Miete

Mietfläche

Bei der Immobilienmiete bildet die *Mietfläche* die Grundlage für die Miethöhe, wobei sie üblicherweise pro Quadratmeter ausgedrückt wird. Im Vertragstext wird aber i.d.R. auch der daraus errechnete *Gesamtbetrag* angegeben. Ist die tatsächliche Fläche niedriger als die im Vertrag angegebene, so können Sie als Mieter ohne besondere Absprache die Miete nur mindern, wenn die *Toleranzgrenze* von 10 % überschritten ist (vgl. Kap. 9.1.8.2.1). Im umgekehrten Fall wird der Vermieter unter Zugrundelegung der Vereinbarung des qm-Preises wohl nur mit Einverständnis des Mieters eine Neuberechnung der Miete vornehmen dürfen. Stimmt der Mieter der neu errechneten höheren Miete nicht zu, bleibt dem Vermieter wohl nichts anderes übrig, als den Mietvertrag wegen Irrtums über eine verkehrswesentliche Eigenschaft nach § 119, Abs. 2 BGB anzufechten (vgl. Kap. 3.6.2.1.2). Beide Lösungen vermögen aber nicht zu befriedigen.

> Der Mietvertrag sollte eindeutig klarstellen, dass im Zweifel die ange-
> gebene qm-Miete gilt und eine Neuberechnung nur für die Zukunft
> erfolgt.

Tipp

qm-Miete-Klausel

»Sollte sich später die im Mietvertrag genannte Fläche als unrichtig heraus-
stellen, so ist nur für die folgende Mietzeit eine Neuberechnung der Miete
vorzunehmen.«

Klauselvorschlag

Die *Mietanpassung* nur für die *Zukunft* schützt das Vertrauen der Parteien in die Richtigkeit des im Mietvertrag angegebenen Gesamtbetrages.

Frei festlegen können die Vertragsparteien auch die *Grundlage* der *Flächenberechnung,* ob es die Brutto-Mietfläche, Netto-Mietfläche oder auch die Nutzfläche sein soll. Jedenfalls sollte das unbedingt in dem Mietvertrag klargestellt werden.

Dagegen ist von der Vereinbarung einer nur bestimmbaren Höhe der Miete, dass die »angemessene Miete« zu zahlen sei, eher abzuraten. Als angemessen gilt dann die *marktübliche Miete,* die für vergleichbare Objekte beim Neuabschluss üblicherweise erzielt werden kann. Innerhalb dieses Rahmens kann der Vermieter nach *billigem Ermessen* gemäß § 315 BGB die konkret zu zahlende Miete bestimmen (BGH NJW-RR 2003, S. 727). Der Ermessensrahmen ist aber überschritten, wenn die von ihm bestimmte Miete mehr als 36 % über dem Marktüblichen liegt (OLG Hamm NJW-RR 1994, S. 1050). Das eröffnet aber Ihrem Vermieter einen zu großen Entscheidungsspielraum, dem Sie ihm nicht zubilligen sollten.

Miethöhe festlegen

Überlässt man die Ermittlung der Miethöhe einem *Sachverständigen,* so ist dessen Schiedsgutachten nach § 317 BGB für die Mietvertragspartei dann wegen grober Unbilligkeit unverbindlich, sofern im Gutachten keinerlei Angaben zum Berechnungsmaßstab gemacht werden und Außenstehende das Ergebnis nicht nachvollziehen können (BGH NJW 1975, S. 1556; vgl. Kap. 2.2.4.7).

9.1.9.2 Mietanpassung

Mietverträge als Dauerschuldverhältnisse werden oft über Jahre, nicht selten sogar über mehr als ein Jahrzehnt hinaus abgeschlossen. Wegen des inzwischen eingetretenen *Kaufkraftschwundes* des Geldes stellt dann die ursprünglich vereinbarte Miete nicht mehr das wertmäßige Äquivalent für den Nutzungswert der vermieteten

Vertragliche Regelung erforderlich

**Mietanpassungs-
klauseln**

Räume dar. Diesen drohenden Wertverlust kann der Vermieter durch *Mietanpassungsklauseln* auffangen. Die Mieterhöhungsvorschriften zur Wohnungsmiete in §§ 557ff BGB sind auf die gewerbliche Miete nach § 578 BGB nicht anwendbar.

Enthält der Mietvertrag nämlich überhaupt keine Anpassungsklausel, so hat der Vermieter nach der Rechtsprechung eine sehr hohe Opfergrenze zu tragen. Unter dem rechtlichen Gesichtspunkt einer unzumutbaren *Äquivalenzstörung* kann er nach § 313 BGB erst dann eine Vertragsanpassung in Form der Mieterhöhung verlangen, wenn es zu einem Kaufkraftschwund von mehr als 60 % im Hinblick auf das bei Vertragsabschluss bestehende Verhältnis von Leistung und Gegenleistung gekommen ist (BGH NJW 1993, S. 52; vgl. Kap. 5.7.1). Deswegen legt der Vermieter bei länger laufenden Mietverträgen stets Wert auf den Einbau adäquater Mietanpassungsregelungen.

9.1.9.2.1   Staffelmiete

**Betragsmäßige
oder prozentuale
Anhebung**

Von einer *Staffelmiete* spricht man, wenn nach dem Mietvertrag eine *Mieterhöhung* um einen bestimmten *Betrag* oder *Prozentsatz* jeweils nach Ablauf eines bestimmten Zeitraums, i.d.R. jährlich, erfolgt. Dabei kann der nur für die Wohnraummiete geltende § 557a BGB Richtschnur für eine angemessene Ausgestaltung bieten. Danach kann die unkündbare Grundmietzeit höchstens vier Jahre betragen (§ 557a, Abs. 3 BGB).

Klauselvorschlag

»Die Miete beträgt X-Euro; sie erhöht sich jeweils innerhalb der unkündbaren Grundmietzeit nach Ablauf von einem Jahre um x Prozent, bezogen auf die ursprünglich vereinbarte Miete.«

Im Allgemeinen ist von einer *Staffelmiete abzuraten*, laufen doch beide Parteien Gefahr, dass die vereinbarte Staffelung konträr zur Entwicklung des allgemeinen Mietpreisniveaus verläuft. So können Sie als Mieter eine gegenüber der Marktpreisentwicklung überhöhte Mietsteigerung nicht erfolgreich abwehren (BGH NZM 2002, S. 659), auch nicht mit dem Argument einer sittenwidrig überhöhten Miete, selbst wenn die zu zahlende Miete mehr als 100 % über der Marktmiete liegt (BGH NZM 2005, S. 63).

9.1.9.2.2   Wertsicherungsklauseln

Flexible Anpassung

Wesentlich mehr Flexibilität weisen dagegen *Wertsicherungsklauseln* auf, wobei aber darauf zu achten ist, dass diese einen zulässigen Inhalt haben (vgl. Kap. 4.3.4.2). Rechtlich unbedenklich, weil *genehmigungsfrei*, sind *Spannungs-, Kostenelements- oder Leistungsvorbehaltsklauseln*.

Eine genehmigungsfreie *Spannungsklausel* liegt bei der Raummiete vor, wenn die Miete jeweils der ortsüblichen oder marktüblichen Miete angepasst werden soll, in der sich die Veränderung des Vertragswertes gewerblich genutzter Grundstücke spiegelt (BGH WM 1986, S. 912). Der Unterschied zwischen beiden Formulierungen besteht darin, dass bei der »*marktüblichen*« *Miete* nur die Neuabschlüsse als Vergleichsmaßstab herangezogen werden, während bei der »ortsüblichen« Miete auch der Altbestand mit zugrunde gelegt wird. Kostenelementsklauseln sind bei der Raummiete weitgehend ungebräuchlich.

Leistungsvorbehaltsklauseln schließlich enthalten keinen Anpassungsautomatismus, sondern die Neufestsetzung erfolgt durch einen selbstständigen Akt der Leistungsbestimmung entweder durch die Vertragsparteien, i.d.R. den Vermieter selbst, oder durch einen Dritten – jeweils nach Billigkeitserwägungen (§§ 315, 317 BGB). Im zuletzt genannten Fall handelt es sich um eine *Schiedsgutachtenklausel* (vgl. Kap. 2.2.4.7).

Spannungsklausel

Leistungsvorbehaltsklausel

Leistungsvorbehalt

»Verändern sich die Grundstückspreise um mehr als 5 % nach oben oder unten, so können beide Parteien eine Angleichung des Mietzinses verlangen, falls sie der Billigkeit entspricht.«

Klauselvorschlag

Selbst wenn die Vertragsparteien innerhalb der unbestimmten Anpassungsklausel auf die Zumutbarkeitsgrenze »*Treu und Glauben*« abstellen, reicht für ein Anpassungsverlangen eine Änderung von mehr als 10 % (BGH NJW 1995, S. 1360).

Unbestimmte Anpassung

»Der Mietzins ist anzupassen, wenn sich die wirtschaftlichen und die währungsrechtlichen Verhältnisse derart nachhaltig ändern, dass einer Partei das Festhalten am vereinbarten Entgelt nach Treu und Glauben nicht mehr zugemutet werden kann.«

Klauselvorschlag

Bei der *Indexmiete* erfolgt die Wertsicherung durch eine *genehmigungspflichtige Indexklausel*. Das ist nach der Preisklauselverordnung gestattet, wenn sie als Referenzwert auf die Entwicklung des allgemeinen Preisindex Bezug nimmt und der Mietvertrag eine Mindestlaufzeit von zehn Jahren besitzt oder dem Mieter bei geringerer Dauer ein Verlängerungsrecht bis zu dieser Zeitspanne eingeräumt wird. Nicht erlaubt ist dagegen die Heranziehung anderer Indizes, wie z.B. ein Baukostenindex. (Nr. 7 des Merkblatts Wertsicherungsklauseln in Miet- und Pachtverträgen des Bundesamtes für Wirtschaft und Ausfuhrkontrolle; OLG Rostock NZM 2005, S. 506).

Indexklausel

Bundesamt für Wirtschaft

Wird aber dennoch eine solch automatisch wirkende, nicht zulässige Wertsicherungsklausel vereinbart, führt das entgegen § 139 BGB nicht zur Unwirksamkeit des gesamten Vertrages, sondern die Rechtsprechung neigt in diesem Fall dazu, im Wege der *ergänzenden Vertragsauslegung* die unwirksame Klausel durch eine erlaubte Anpassungsklausel zu ersetzen, weil in Kenntnis dieser Situation die Parteien eine andere wirksame Klausel gewählt hätten (BGH NJW 1979, S. 1545).

Derartige Indexklauseln können sich für Sie als *Mieter* aber sehr *nachteilig* auswirken. Stehen sie im Mietvertrag unter der Überschrift »Wertsicherung«, ist keine Herabsetzung der Miete gegen die Bewegungsrichtung des Lebenshaltungskostenindexes möglich, selbst wenn die Marktmiete deutlich gefallen ist (OLG Celle NJW-RR 2001, S. 1017).

Tipp

> Unter Abwägung aller Gesichtspunkte dürfte die jährliche Anpassung an die ortsübliche Vergleichsmiete die interessengerechteste Art der Wertsicherung bei der Gewerberaummiete darstellen.

9.1.9.3 Mieterhöhung und Mietsenkung

Nach Ablauf der Grundmietzeit

Ohne besondere Vereinbarung kann der Vermieter erst nach Ablauf der unkündbaren Grundmietzeit eine *Mieterhöhung* verlangen.

> **Beispiel:**
> *Im Mietvertrag heißt es: »Dieser Mietvertrag wird für die Dauer von fünf Jahren geschlossen und setzt sich um den gleichen Zeitraum fort, wenn nicht eine der Vertragsparteien drei Monate vor Ablauf der Grundmietzeit fristgerecht kündigt.«*
>
> **Lösung:**
> *In diesem Fall kann der Vermieter mit Hilfe einer Änderungskündigung drei Monate vor dem Ablauf von fünf Jahren eine Mieterhöhung durchsetzen.*

Im Unterschied zur Wohnraummiete nach § 559 BGB besitzt der Vermieter bei der gewerblichen Miete nach der Durchführung von *Modernisierungs-* und *Sanierungsmaßnahmen kein* gesondertes *Recht* zur *Mieterhöhung*. Das ist auch nicht erforderlich, weil er die Erhöhung der Miete ohnehin von der Entwicklung der ortsüblichen oder marktüblichen Miete für vergleichbare Objekte durch eine entsprechende Anpassungsklausel abhängig machen kann. Steigt später der Standard der vermieteten Räume, wird die Vermietung je nach vertraglicher Vereinbarung dann automatisch oder auf sein Verlangen hin dem höheren Niveau angepasst.

Auf der anderen Seite kann durch nachträgliche Vertragsänderung jederzeit i.d.R. auf Wunsch des Mieters die *Miete herabgesetzt* werden. Diese Vereinbarung bedarf auch nicht der Schriftform, wenn sich der Vermieter zumindest mit Wirkung für die Zukunft den Widerruf vorbehält (BGH NJW 2005, S. 1862). Das bedeutet, dass der Vertrag bis zum Ablauf der Grundmietzeit wirksam bleibt und nicht wegen Formmangel vorzeitig gekündigt werden kann (vgl. Kap. 9.1.3.3).

Mietsenkung

9.1.9.4   Fälligkeit der Mietzahlung

Bei Mietverhältnissen über Räume ist der *Mieter* nach §§ 579 Abs. 2, 556b, Abs. 1 BGB *vorauszahlungspflichtig*, und zwar spätestens zum 3. Werktag des vereinbarten Zeitabschnitts – i.d.R. des Monats oder Vierteljahrs, nach dem die Miete bemessen ist. Dagegen ist die Miete bei einem Grundstück jeweils nach Ablauf eines Quartals zu zahlen, sofern sie nicht nach kürzeren Zeiträumen bemessen ist (§ 579, Abs. 1, Satz 3 BGB).

Vorauszahlungspflicht

Da der Mieter die Miete typischerweise in Geld zu entrichten hat, handelt es sich um eine Geldschuld und damit um eine qualifizierte Schickschuld nach § 270 BGB (vgl. Kap. 4.8.4.3.3). Als Mieter erfüllen Sie deshalb korrekt Ihre Zahlungspflicht, wenn Sie Ihrer Bank den *Überweisungsauftrag rechtzeitig*, d.h. am letzten Tag des vorausgehenden Monats erteilt oder einen entsprechenden Ausführungstermin im Falle eines Dauerauftrages vereinbart haben. Ihr Vermieter kann sich jedoch durch eine entsprechende Zahlungsklausel im Mietvertrag ausbedingen, dass eine rechtzeitige Zahlung nur vorliegt, wenn der Betrag bis zur vereinbarten Fälligkeit zumindest bei seiner Bank eingegangen ist.

Dauerauftrag

Hat der Mieter dem Vermieter eine *Abbuchungsermächtigung* zum Einzug einer *Lastschrift* erteilt, wird aus der Geldschuld eine Holschuld. Insofern muss der Vermieter rechtzeitig von seiner Abbuchungsermächtigung auch Gebrauch machen (BGH NJW 1984, S. 871). Wünscht der Vermieter einen Lastschrifteinzug und nimmt der Mieter daran aber nicht teil, kann sich der Vermieter einen geringen Aufschlag auf den Mietzins ausbedingen, um den Mieter zu bewegen, den Weg des für den Vermieter kostengünstigeren Forderungseinzugs freizumachen (OLG Düsseldorf NJW-RR 1997, S. 374).

Lastschrifteinzug

Da die Miete typischerweise zu bestimmten Kalendertagen, i.d.R. dem Monatsersten, zu zahlen ist, fallen Sie als Mieter auch *ohne Mahnung* in Verzug (§ 284, Abs. 2 BGB), wenn Sie den Zahlungsvorgang nicht rechtzeitig veranlasst haben oder, im Falle des Lastschrifteinzugs, die Lastschrift von Ihrer Bank mangels Deckung nicht eingelöst wird (§ 286, Abs. 2 BGB; vgl. Kap. 9.1.9.6).

9.1.9.5   Mietnebenkosten

Energiepass

Der Vermieter will selbstverständlich auch die fortlaufenden Unterhaltungskosten für die vermieteten Räume, insbesondere für Wasser und Strom und Heizung, auf seine Mieter umlegen. Die Abwälzung dieser Neben- bzw. Betriebskosten bedarf aber einer ausdrücklichen vertraglichen Vereinbarung, wie sie in der Praxis allgemein üblich geworden ist (OLG Hamburg ZMR 1988, S. 420). Ab Juli 2009, für neue Bauanträge bereits seit dem Oktober 2007, wird jeder Vermieter auch bei der gewerblichen Vermietung für seine Immobilie einen *Energieausweis* nach der neuen *Energiesparverordnung* 2007/2008 (§§ 4, 16 ff.) sich besorgen müssen, den er vor Abschluss des Mietvertrages dem Mieter auf dessen Verlangen vorzulegen hat. An Hand der Einstufung des Mietobjektes in die jeweilige Energieklasse kann der Mieter in etwa abschätzen, mit welchen Nebenkosten er zu rechnen hat.

9.1.9.5.1   Umlagefähige Betriebskosten

Verweis auf Betriebskostenverordnung

Welche Nebenkosten den Mieter treffen sollen, muss mangels gesetzlicher Grundlage im Vertrag möglichst genau umschrieben werden, weil § 556a BGB nur für die Wohnraummiete gilt. Sie muss hinreichend bestimmt sein, damit der Mieter Art und Umfang der Belastung erkennen kann (BGH NJW-RR 2006, S. 84). Der Einfachheit halber nehmen die Parteien auf den Katalog in § 2 der gleichfalls nur für die Wohnraummiete geltenden *Betriebskostenverordnung* Bezug, die seit 01.01.2004 die bisherige Anlage 3 zu § 27 der zweiten Berechnungsverordnung abgelöst hat. Dieser ausdrückliche Verweis – auch ohne Textbeifügung als Anlage des Mietvertrages – genügt wegen der allgemeinen Bekanntheit, obwohl der Mieter hieraus nicht das Ausmaß der ihn treffenden Belastungen entnehmen kann (OLG Celle ZMR 1999, S. 238).

Tipp

> Als Mieter können Sie darauf bestehen, dass der genannte Katalog der Betriebskostenverordnung in Druckfassung als Anlage dem Mietvertrag beigefügt wird.

Betriebskostenkatalog

Zu dem genannten normativen Katalog der *Betriebskosten* gehören insbesondere die laufenden öffentlichen Lasten des Grundstücks, die Kosten der Wasserversorgung, der Entwässerung, des Betriebs der zentralen Heizungs- und Warmwasseranlagen, der Sach- und Haftpflichtversicherung auch eine Terrorversicherung bei entsprechender vertraglicher Vereinbarung (OLG Stuttgart NZM 2007,

S. 247), des Betriebs eines Fahrstuhls, der Straßenreinigung, der Müllabfuhr, der Hausreinigung, der Schornsteinreinigung, der Beleuchtung, der Gartenpflege, der maschinellen Wascheinrichtung, der Gemeinschaftsantenne, eines eventuellen Hauswartes. Danach kann aber mangels gegenteiliger Vereinbarung der Vermieter auch die Aufzugskosten auf Mieter im Erdgeschoß umlegen, selbst wenn sie diesen nicht nutzen (BGH NJW 2006, S. 3557).

> **Tipp**
>
> Prüfen Sie als Mieter genau den Katalog der umlagefähigen Betriebskosten und schließen Sie die Umlage der technischen Einrichtungen ausdrücklich aus, die sie nicht nutzen.

Sonstige Betriebskosten genau aufschlüsseln

Hinzu kommt als Auffangklausel die Position *»sonstige Betriebskosten«* in Nr. 17, worunter nur solche Kosten zu verstehen sind, die mit den einzeln aufgeführten vergleichbar sind. Dazu zählen aber andere typischerweise bei der gewerblichen Miete anfallenden Aufwendungen für die *Überprüfung* der *Funktionstüchtigkeit* von *Anlagen* (z.B. die Auswechslung von Messgeräten, für Elektroanlage, Klimaanlage, Sprinkleranlage, Sicherheitsvorkehrungen zur Überwachung der Gebäude, Gebäuderechtschutzversicherung und ganz allgemein sog. Vorsorgekosten) nicht. Diese einzelnen Posten müssten deshalb, sollen sie vom Mieter anteilig zu tragen sein, im Mietvertrag *genau aufgeschlüsselt* werden, damit der Mieter das von ihm zu tragende Kostenrisiko erkennen kann (BGH NJW 2007, S. 1356). Unbestimmte vage Formulierungen sind deshalb unwirksam (KG NZM 2002, S. 954).

Beispiel:
»Alle Nebenkosten« oder *»öffentliche Lasten«* oder *»Kosten und Lasten«* oder *»Kosten für allgemeinen Service«* etc.

Verwaltungskosten

Spezielle *Verwaltungskosten,* die bei Einkaufs- und Dienstleistungszentren anfallen, kann der Vermieter auf die Mieter abwälzen, wobei die hierfür übliche Position »Center-Management« noch den Leistungskatalog genauer zu beschreiben hat (KG NZM 2002, S. 954). Ohne *ausdrückliche Vereinbarung* schließen die (sonstigen) Betriebskosten, den finanziellen Aufwand für das *Wärmecontracting,* d.h. die Ermittlung und Abrechnung der Nebenkosten durch ein von dem Vermieter beauftragten Dienstleistungsunternehmen, wie z.B. Techem nicht ein, weil in diesen Kosten die Wärmelieferung abweichend von §7 Abs. 2 Heizkostenverordnung neben anderen Beträgen auch Kosten für Instandhaltung, Abschreibung, Kapitalbeschaffung und ein kalkulatorischer Gewinn enthalten sind. Deshalb bedarf die Umstellung dieses laufenden Mietverhältnisses auf diese Ab-

Wärmecontracting

rechnungsweise stets der Zustimmung jedes Mieters, sofern nicht der Mietvertrag ausdrücklich eine entsprechende Regelung unter genauer Aufschlüsselung der einzelnen Kosten enthält (BGH NJW 2006, S. 2185; NZM 2007, S. 563). Da unter dem Strich die Umstellung auf Wärmecontracting wegen der präziseren Berechnung trotz Einkalkulierens der Kosten für die Heizungsanlage für den Mieter vielfach eine Kostenersparnis bringt, besteht für ihn kein Grund dem Nachtrag zum Mietvertrag nicht zuzustimmen.

9.1.9.5.2   Höhe der Nebenkosten

Was die Höhe der zu zahlenden Betriebskosten angeht, kann eine Pauschale oder eine Kostenumlage nach Abrechnung vereinbart werden.

9.1.9.5.3   Pauschalentgelt

Nicht empfehlenswert

Wird bei den Betriebskosten im Mietvertrag ein Pauschalentgelt vereinbart, erspart sich der Vermieter zwar die Abrechnung, läuft aber Gefahr, dass die Pauschale die angefallenen Kosten nicht deckt. Um eine nachträgliche Erhöhung der Pauschale durchzusetzen, müsste er sich deren Anhebung für die Zukunft ausdrücklich im Vertrag ausbedingen.

Die Vereinbarung einer Pauschale ist aber schon deswegen nicht empfehlenswert, weil die *Heizungs-* und *Warmwasserkosten* ohnehin nach Verbrauch und Nutzfläche gemäß der zwingenden Heizkostenverordnung abzurechnen sind, sodass diese trotz Pauschale gesondert abgerechnet werden müssten (BayObLG ZMR 1988, S. 384).

9.1.9.5.4   Kostenumlage nach Abrechnung

Umlegungsschlüssel bestimmen

Weitgehend durchgesetzt hat sich deshalb die *Umlegung* der Nebenkosten aufgrund einer *Abrechnung* des Vermieters.

Tipp

> Dabei sollten Sie als Mieter unbedingt darauf achten, dass der Mietvertrag auch den Umlegungsschlüssel angibt.

Fehlt dazu eine Regelung, so kann Ihr Vermieter den Verteilungsschlüssel nach billigem Ermessen, allerdings für Heizungs- und Warmwasserkosten nur in dem engeren Rahmen der Heizkostenverordnung, selbst bestimmen (§§ 315, 316 BGB; BGH WM 1993, S. 660). Bei einer *Mischnutzung*, d.h. gemischten Vermietung zu Wohnungs- und Geschäftszwecken sind nach dem *Prinzip der Kostentrennung*, die auf den Gewerbebereich entfallenden Kosten i.d.R. bei der Betriebskostenabrechnung vorweg abzuziehen (BGH NJW 2006,

Mischnutzung

S. 1419). Das gilt im Übrigen auch bei stark divergierender gewerblicher Nutzung, etwa zwischen Büro- und Lagerräumen.

Heizungs- und Warmwasserkosten müssen mindestens mit 50 %, höchstens 70 % nach dem ermittelten Wärme- bzw. Warmwasserverbrauch verteilt werden, im Übrigen nach dem Verhältnis der Nutzflächen bzw. des umbauten Raumes (§§ 7, Abs. 1, 8, Abs. 1 und 2 HeizkostenVO). Dabei ist die Verbrauchserfassung mit Wärmemesser nach dem Verdunstungsprinzipverfahren nach wie vor zulässig (BGH NJW 1986, S. 3195). Hat aber Ihr Vermieter entgegen seiner Verpflichtung keine *Verbrauchserfassungsgeräte* angebracht, dürfen Sie als Mieter den auf Sie entfallenden Kostenanteil um 15 % kürzen (§ 12, Abs. 1 HeizkostenVO). Der Vermieter trägt die Beweislast für die ordnungsgemäße Installation der Erfassungsgeräte. Sind Sie als Mieter mit den abgelesenen Werten nicht einverstanden, so müssen Sie deren Unrichtigkeit beweisen. Der einmal im Vertrag bestimmte oder von dem Vermieter zulässigerweise gewählte Verteilungsschlüssel ist beizubehalten, sofern sich der Vermieter nicht einen ausdrücklichen Verteilungsvorbehalt eingeräumt hat. Fallen einmal die Verbrauchserfassungsgeräte aus, ist der Verbrauch aufgrund früherer Ergebnisse für vergleichbare Räume zu schätzen (§ 9a HeizkostenVO). Kommt es zu einem Mieterwechsel während des Abrechnungszeitraums, ist eine Zwischenablesung vorzunehmen (§ 9b HeizkostenVO).

Für die *übrigen Betriebskosten* dürfte bei Gewerberäumen die Flächengröße, insbesondere die *Nutzungsfläche* den geeigneten Verteilungsmaßstab bilden. Das ist ebenfalls im Mietvertrag zu regeln.

Zur Finanzierung der entstehenden Unterhaltungskosten während der Abrechnungsperiode, wird in der Praxis der Mieter zu einer zusammen mit der Miete zu entrichtenden *Vorauszahlung* verpflichtet, deren Höhe im Mietvertrag festzulegen ist. Will der Vermieter in längerfristigen Mietverträgen im Falle gestiegener Preise eine Erhöhung verlangen, müsste ebenfalls eine Anpassung der Nebenkostenvorauszahlung im Mietvertrag vorgesehen sein.

Die Vertragsparteien haben auch die *Abrechnungszeiträume* zu bestimmen, wobei man im Zweifel von einer jährlichen Abrechnung ausgehen darf (BGH NJW 1984, S. 1684). Die verbrauchsunabhängigen Kostenanteile für *unvermietete Räume* hat der Vermieter zu tragen (BGH NJW 2003, S. 2902).

Die Nebenkostenabrechnung selbst hat inhaltlich den allgemeinen Anforderungen nach § 259 BGB zu entsprechen und muss daher eine geordnete *Zusammenstellung* der *Einnahmen* und *Ausgaben* mit folgenden Mindestangaben aufweisen (BGH ZMR 2003, S. 293; NJW 2007, S. 1060):

Sonderregelung für Heizungs- und Warmwasserkosten

Verbrauchserfassung

Übrige Betriebskosten

Vorauszahlung

Abrechnungsperiode

Nebenkostenabrechnung

- Die Zusammenstellung der *Gesamtkosten* – bei schwankenden Energiepreisen auf der Basis des Einstandspreises, aufgeschlüsselt nach den Kostenarten einschließlich der nicht umlagefähigen Kostenteile,
- die Angabe und Erläuterung der zugrunde gelegten *Verteilerschlüssel,*
- die Berechnung des Anteils des Mieters,
- den Abzug der tatsächlichen Vorauszahlung des Mieters.

Contractor

Die Abrechnung ist vom Vermieter zu erstellen. Die von einem *Contractor angefertigte Abrechnung* ist ohne entsprechende Regelung im Mietvertrag oder nachträgliche Zustimmung des Mieters rechtlich unwirksam und verpflichtet den Mieter zu keinerlei Zahlungen (BGH NJW 2006, S. 2185). Im Falle eines *Vermieterwechsels* während der Abrechnungsperiode geht diese Last mit allen Rechten und Pflichten auf den neuen Eigentümer über (BGH NZM 2005, S. 17).

Angesichts der hohen *formellen Anforderungen*, die der Vermieter beim Erstellen der Nebenkostenabrechnung wegen des umfangreichen Katalogs genau spezifizierter Mindestangaben zu beachten hat, dürfte er gut beraten sein, diese schwierige Aufgabe einem sachkundlichen Contractor zu überlassen. Anderenfalls riskiert er wegen eines gravierenden formellen Mangels die Unwirksam der gesamten Abrechnung und besitzt bis zu dessen Behebung keine Nachzahlungsforderung gegen den einzelnen Mieter (BGH NJW 2007, S. 1060).

Als Mieter haben Sie auch das Recht, die *Belege* einzusehen, jedoch keinen Anspruch auf Kopien der Betriebskostenbelege, selbst gegen Kostenerstattung (BGH NJW 2006, S. 1419). Bei größeren Entfernungen wird jedoch der Vermieter wegen des geringen Aufwands diese Alternative vorziehen, etwa die Belege einscannen und dem Mieter per E-Mail zuschicken. Dabei kann der Mietvertrag formularmäßig vorsehen, dass die *Abrechnung* als *anerkannt* gilt, wenn der Mieter nicht innerhalb einer bestimmten Frist widerspricht. Das bedingt jedoch, dass der Mieter auf der Abrechnung oder im Schreiben, das die Abrechnung enthält, unmissverständlich auf die Bedeutung seines Schweigens hingewiesen und ihm eine großzügige Prüfungs- und Erwiderungsfrist von mindestens einem Monat bewilligt wird.

Anerkennung der Abrechnung

Abrechnungsfrist

Die Abrechnungsfrist beträgt nach § 556, Abs. 3 Satz 2 BGB *zwölf Monate* nach Beendigung der Abrechnungsperiode. Diese für den Wohnraum nicht bestehende Frist gilt für die gewerbliche Miete entsprechend (BGH NJW 2006, S. 2552). Legt Ihr Vermieter die Abrechnung *nicht rechtzeitig* vor, können Sie solange die laufenden Abschlagszahlungen nach § 273 BGB einbehalten, den Anspruch auf Nachzahlung verliert aber der Vermieter, anders als bei der Wohnungsmiete (§ 556, Abs. 3 Satz 3 BGB), dadurch nicht.

Nachzahlung kann der Vermieter erst mit der Erteilung der Abrechnung und deren nachweislichem Zugang verlangen (LG Düsseldorf NJW 2007, S. 1290), wobei die Höhe der Vorauszahlungen keinesfalls die Höhe der Nachforderungen begrenzt (BGH NJW 2004, S. 1102). Sollte der Vermieter die Abrechnung grundlos verzögern, so können Sie die fällig werdende Vorauszahlung, nicht jedoch die fällige Grundmiete, zurückhalten (OLG Koblenz ZMR 1995, S. 157). Rechnet der Vermieter *nicht fristgerecht* ab, können Sie, wenn das Mietverhältnis inzwischen beendet ist, sofort die vollständige Rückzahlung der geleisteten Abschlagszahlungen verlangen (BGH NJW 2005, S. 1502). Der Anspruch des Vermieters auf Nachzahlung verjährt erst in drei Jahren nach § 195 BGB nach Zugang der nachprüfbaren Abrechnung beim Mieter (BGH NJW 1991, S. 836). Das kann sich auch zu Ihrem Vorteil als Mieter auswirken, weil im Falle einer Überzahlung Ihr Anspruch auf Rückzahlung ebenfalls erst ab Zugang der Abrechnung verjähren kann.

Nachzahlung

9.1.9.6 Zahlungsverzug des Mieters

Als Mieter sollten Sie stets Ihre Miete pünktlich, so wie im Vertrag vereinbart, entrichten, weil Sie ansonsten auch ohne Mahnung wegen der nach dem Kalender bestimmten Zahlungsfrist gemäß § 286, Abs. 2 BGB in Verzug kommen. Das kommt Sie teuer zu stehen, weil Sie dann Ihrem Vermieter als *pauschalen Verzugsschaden* die ausstehende Miete mit 8 % über dem Basiszinssatz nach § 288, Abs. 3 BGB verzinsen müssen. Haben Sie Ihrer Bank einen Dauerauftrag erteilt oder Ihrem Vermieter eine Lastschriftermächtigung, kann es, sofern Ihr Bankkonto gedeckt ist, zu dem unangenehmen Zahlungsverzug gar nicht erst kommen. An dem erst den Verzug begründenden *Verschulden* des Mieters fehlt es aber, wenn er nach dem Tod des Vermieters bei unübersichtlichen Erbverhältnisses nicht erkennen kann, an wen er zu zahlen hat (BGH NJW 2006, S. 52).

Harte Konsequenzen bei hohen Mietrückständen

Verzugsschaden

Vermeiden Sie aber als Mieter unbedingt einen *qualifizierten Zahlungsverzug* mit zwei aufeinander folgenden Mieten oder einen Verzug über einen noch längeren Zeitraum mit einem Betrag, der den Mietzins für zwei Monate erreicht. Andernfalls riskieren Sie die fristlose Kündigung durch den Vermieter nach § 543, Abs. 2, Nr. 3 BGB (vgl. Kap. 9.1.12.3.5).

Hin und wieder enthalten die Mietvertragsformulare für einen solchen Fall auch *Vorfälligkeitsklauseln,* nach denen bei entsprechendem Zahlungsrückstand die Fälligkeit sämtlicher bis zum Ende der unkündbaren Grundmietzeit geschuldeter Beträge eintreten soll, allerdings abgezinst, weil der Vermieter die Gesamtsumme früher einfordert. Diese Regelung erachtet die Rechtsprechung für wirksam, wenn sie nur auf einen verschuldeten Zahlungsrückstand ab-

Vorfälligkeitsklauseln

Versorgungssperre

stellt (BGH NJW 1985, S. 2329). Bei der Anfertigung eines schriftlichen Mietvertrages kann dabei Ihr Vermieter die ausstehenden Mieten vereinfacht auch im *Urkundenprozess* einklagen (BGH NJW 1999, S. 1408). Die Verhängung einer *Versorgungssperre* gegenüber dem Mieter ist selbst bei erheblichen Zahlungsrückständen stets unzulässig (OLG Celle NJW-RR 2005, 1383; KG ZMR 2005, S. 951).

Tipp

Sollten Sie, aus welchen Gründen auch immer, die vereinbarte Miete nicht entrichten können, setzen Sie sich daher umgehend mit dem Vermieter in Verbindung, um von ihm einen Zahlungsaufschub zu erreichen. Damit gehen Sie den aufgezeigten unangenehmen Konsequenzen aus dem Weg.

9.1.9.7 Vermieterpfandrecht

Eingebrachte Sachen des Mieters

Das *gesetzliche Vermieterpfandrecht* nach § 562 BGB soll den Vermieter eines Grundstücks oder von Räumen vor der Insolvenz seines Mieters schützen, indem es dessen bestehende aber auch künftige *Forderungen aus dem Mietvertrag* sichert (zu diesen gehören rückständige Forderungen bis zu einem Jahr, insbesondere die Ansprüche auf Mietzins und Nebenkosten, sowie auch Schadensersatzansprüche wegen Pflichtverletzung). Das Pfandrecht erstreckt sich auf die *eingebrachten Sachen des Mieters*, wobei unter »Einbringung« das bewusste Hineinschaffen dieser Sachen in die Mieträume zu verstehen ist. Dazu gehört auch der Warenbestand des Mieters. Es umfasst aber nicht unpfändbare Sachen im Sinne von § 811 ZPO, wozu insbesondere die zur Fortführung des Betriebs oder des Berufs notwendigen Gegenstände gehören, ferner die Geschäftsbücher oder Geschäftsunterlagen, sowie eine Kundenkartei (OLG Frankfurt MDR 1979, S. 313). Hat der Mieter Waren unter *Eigentumsvorbehalt* geliefert erhalten, aber noch nicht bezahlt, kann der Vermieter auf diese Sachen erst zugreifen, wenn der Lieferant den Restkaufpreis erhalten hat (BGH WM 1995, S. 993). Es entsteht auch im Hinblick auf die Sicherung künftiger Forderungen bereits mit dem tatsächlichen Vorgang »Einbringung«; was den Vermieter in der *Insolvenz* des *Mieters* ein anfechtungsfreies Absonderungsrecht ab diesem Zeitpunkt verschafft (BGH BB 2007, S. 403; vgl. Kap. 5.8.4.3).

Erlöschen mit Entfernung

Das Pfandrecht erlischt aber mit der *Entfernung* der Sachen von dem Mietgrundstück nach § 562a BGB. Auch bei Veräußerung der pfandbehafteten Sache durch Besitzkonsistent nach § 930 BGB erlischt es erst später mit der Übergabe an den noch insoweit redlichen Erwerber gemäß § 936 BGB (BGH WM 2005, S. 1861; vgl. Kap. 8.6.4.3). Das ist bei einer Kollision mit dem Sicherungseigentum von Banken wichtig (vgl. Kap. 4.7.3.3). Geschieht diese Entfernung allerdings *ohne Wissen* oder unter *Widerspruch* des Vermieters, so bleibt es bestehen.

Wiederspruch des Vermieters

Allerdings darf der Vermieter der Entfernung nicht widersprechen, wenn sie den gewöhnlichen Lebensverhältnissen entspricht, also im regelmäßigen Geschäftsbetrieb geschieht oder wenn die zurückbleibenden Sachen zu seiner Sicherung offenbar ausreichen.

> **Beispiel:**
> *Ein Beispiel wären hier Waren, die in einer gemieteten Lagerhalle nach ihrem Verkauf zu den Kunden gebracht werden. Solange es sich nicht um einen Ausverkauf handelt und danach der Mieter das Geschäft dicht machen will, kann der Vermieter dagegen nichts unternehmen.*

Damit ist vernünftigerweise ausgeschlossen, dass der Vermieter – unter Berufung auf sein Vermieterpfandrecht – den Geschäftsbetrieb seines Mieters unangemessen behindert.

Auszug des Mieters

Sollte aber der *Mieter ausziehen* wollen, ohne dass alle Forderungen des Vermieters befriedigt sind, kann er die eingebrachten Sachen im Rahmen seines *Selbsthilferechts* nach § 562b BGB in seinem Besitz nehmen. Befriedigt der Mieter die berechtigten Forderungen des Vermieters aus dem Mietvertrag danach nicht, so kann sich der Vermieter – genau wie bei einem durch Vertrag bestellten Pfandrecht – aus dem Erlös der versteigerten Sachen befriedigen (vgl. Kap. 4.7.3).

9.1.9.8 Mietzahlung bei vorzeitigem Auszug und Ersatzmieter

Ziehen Sie aus triftigen Gründen wirtschaftlicher oder persönlicher Art *vor Ablauf* der vereinbarten *Mietzeit* aus und beharrt der Vermieter auf Vertragserfüllung, so müssten Sie, auch wenn Sie die Mietsache nicht weiter nutzen, dennoch die Miete weiter *zahlen*, bis Sie den Mietvertrag durch ordentliche Kündigung beenden (§ 537, Abs. 1, Satz 1 BGB). Das Gesetz stellt nämlich dort klar, dass der Mieter selbst dann zur Zahlung der Miete verpflichtet bleibt, wenn er durch in seiner Person liegende Gründe an der Ausübung des Gebrauchs gehindert ist, weil er als Mieter allein das Verwendungsrisiko trägt (BGH WM 1991, S. 328). Für die Annahme eines persönlichen Hinderungsgrundes im Sinne dieser Vorschrift reicht es, dass das Nutzungshindernis in den Risikobereich des Mieters fällt und nicht der Sphäre des Vermieters zuzurechnen ist (BGH NJW 1963, S. 341).

Miete muss weiterbezahlt werden

> **Beispiel:**
> *Krankheit oder Tod des Geschäftsinhabers, Verlegung der Betriebsstätte etc.*

Der Vermieter muss sich lediglich den Wert der *ersparten Aufwendungen anrechnen* lassen, was bei der Grundstücks- und Raummiete

Abzug ersparter Aufwendungen

Keine Pflicht zur Weitervermietung

dazu führt, dass der Mieter die *verbrauchsabhängigen Betriebskosten* nicht zu zahlen braucht, wenn diese wegen des Leerstehens des Mietobjektes nicht anfallen. Dagegen soll der Vermieter ohne gesonderte vertragliche Vereinbarung nicht verpflichtet sein, die *Mietsache*, sofern er kann, umgehend *weiter zu vermieten*, um seinen Mietausfallschaden gering zu halten (OLG München NJW-RR 2003, S. 77). Das wird damit begründet, dass es sich zum einen bei der Mietzahlung um einen vertraglichen Erfüllungsanspruch handelt, auf den die Schadensminderungspflicht bei Schadensersatzansprüchen nach § 254, Abs. 2 BGB nicht zur Anwendung kommt und zum anderen die Spezialregelung des § 537 BGB eben eine schärfere Risikoteilung zu Lasten des Mieters vornimmt (BGH NJW 1987, S. 842). Deshalb ist auch nichts dagegen einzuwenden, wenn das Mietformular eine Klausel enthält, die bestimmt, dass für den Fall der vorzeitigen Rückgabe der Mietsache der Mieter sofort einen *Teil* der bis zum *Vertragsende anfallenden Mietzinsen* zu zahlen hat. Diese Regelung wirkt sich auch günstig für den Mieter aus, weil ihm die fortbestehende Mietzahlungspflicht dadurch zum Teil erlassen wird (BGH NJW 1993, S. 1113). Ohne ausdrückliche Regelung im Mietvertrag ist Ihr Vermieter grundsätzlich nicht verpflichtet den *Mietvertrag aufzuheben*, selbst wenn Sie einen geeigneten zumutbaren Ersatzmieter stellen, gegen den keine persönlichen Einwendungen bestehen (BGH NJW 2003, S. 1246).

Ersatzmieterklausel aufnehmen

Tipp

Drängen Sie bei Abschluss eines Mietvertrages mit mehrjähriger Laufzeit unbedingt auf die Einfügung einer Ersatzmieterregelung für den Fall, dass Sie unerwartet vorzeitig ausziehen müssen oder nicht bis zum Vertragsende die Mietsache nutzen können. Für die Restlaufzeit sind Sie danach gegenüber dem Vermieter berechtigt, einen geeigneten Ersatzmieter zu stellen. Dazu wird der Vermieter umso eher bereit sein, wenn der alte Mieter im Wege der Schuldmitübernahme weiter verpflichtet bleibt. Das ist ohne weiteres zulässig, wenn sie nicht über die schon bestehende Verpflichtung des alten Mieters im Hinblick auf Laufzeit und Miete hinausgeht (OLG Düsseldorf MDR 1994, S. 162).

Ersatzmieterregelung

Klauselvorschlag

»1. Kann der Mieter die Mietsache aus zwingenden Gründen nicht für die vereinbarte Laufzeit nutzen und kommt es auch nicht zu einer Aufhebung des Mietvertrages, so ist er gegenüber dem Vermieter berechtigt, einen oder mehrere Ersatzmieter zu stellen. Diese treten dann voll und ganz in die Rechte und Pflichten des bestehenden Mietvertrages ein. Der Vermieter ist nur zur Ablehnung der angebotenen Ersatzmieter berechtigt, wenn in deren Person ein wichtiger Grund vorliegt.

2. *Zwingende Gründe sind alle Umstände, die aus persönlichen oder wirtschaftlichen Gründen eine weitere Nutzung der Mietsache für den Mieter unzumutbar werden lassen, wie vor allem eine schwere Erkrankung, die Verlegung der Betriebsstätte oder die dauerhafte fehlende Rentabilität des Betriebs.*

3. *Tritt der Nachmieter in den Mietvertrag ein, haftet der bisherige Mieter dem Vermieter gegenüber auch für die Verpflichtungen des Nachmieters innerhalb der ursprünglichen Laufzeit.«*

Dabei darf der Vermieter das Stellen eines *Ersatzmieters* auch nicht faktisch blockieren, indem er für sein Einverständnis etwa durch das Verlangen der Zahlung einer unangemessenen Abstandssumme zu hohe Hürden aufbaut (BGH NJW 1995, S. 3052). Des Weiteren ist es dem Vermieter verwehrt, die *Weitervermietung* durch das Stellen ungünstigerer Bedingungen zu verhindern, indem er etwa von dem Nachmieter einen höheren Mietzins verlangt oder die Zahlung einer höheren Kaution (OLG München NJW-RR 1995, S. 393). **Blockadeverbot für Vermieter**

Wird nun das leerstehende Objekt weitervermietet, führt das dazu, dass nach § 537, Abs. 2 BGB der Vermieter seinen Anspruch auf Zahlung der Miete gegen den Altmieter verliert, weil er ihm gegenüber zur Gebrauchsgewährung außerstande ist. Diese unerwünschte negative Folge lässt sich aber, wie bereits gezeigt, durch die *Schuldmitübernahmeverpflichtung* des Altmieters vermeiden. Sollte aber der *Nachmieter* nur zum Eintritt in das Mietverhältnis gegen die Zahlung einer *niedrigeren Miete* bereit sein, weil diese am Markt inzwischen gefallen ist, ist es interessengerecht, wenn der Altmieter gegenüber dem Vermieter weiterhin zur Zahlung des Differenzbetrages verpflichtet bleibt (OLG Frankfurt NJW-RR 1995, S. 1225). Um jeden Zweifel auszuräumen, sollte auch darüber eine vertragliche Regelung getroffen werden.

Ergänzung der Ersatzmieterregelung

»4. Kann nach vorzeitigem Auszug des Mieters die Mietsache an einen anderen Mieter nur zu einer geringeren Miete weitervermietet werden, so ist der bisherige Mieter verpflichtet, dem Vermieter die Mietdifferenz innerhalb der ursprünglichen Laufzeit zu erstatten.« **Klauselvorschlag**

Durch diese Regelungen ist Ihr Vermieter wirtschaftlich voll abgesichert und dürfte gegen eine vorzeitige faktische Beendigung des Mietverhältnisses, wenn dies aus den genannten zwingenden Gründen geboten ist, keine Einwendung erheben.

9.1.10 Mieterschutz bei Verkauf der Mietsache durch den Vermieter

Trotz der Vermietung des Grundstücks oder der Räume behält der Vermieter als Eigentümer seine Verfügungsmacht und kann das vermietete Objekt an einen Dritten veräußern. Dann stellt sich für den Mieter die entscheidende Frage der *Fortdauer* seines *Mietverhältnisses*. Die Antwort hängt im Wesentlichen davon ab, ob die Veräußerung vor Gebrauchsüberlassung oder nach Gebrauchsüberlassung an den Mieter geschieht.

9.1.10.1 Beendigung des Mietverhältnisses bei Veräußerung vor Gebrauchsüberlassung

**Ohne Vertrags-
übernahme nur
Schadensersatz**

Wird die Eigentumsübertragung vor Gebrauchsüberlassung an den Mieter bereits vollzogen, ist der *Erwerber* an den Mietvertrag *nicht gebunden*. Der Mieter besitzt keinerlei Ansprüche gegen ihn, sondern kann dann wegen der unmöglich gewordenen Erfüllung des Mietvertrages vom Vermieter gemäß §§ 275, 281, 283 BGB Schadensersatz statt Leistung fordern (vgl. Kap. 5.5.2).

**Vereinbarung
mit Vermieter**

Der Erwerber kann aber dem Vermieter gegenüber die Erfüllung der sich aus dem Mietverhältnis ergebenden Verpflichtungen übernehmen, und dies auch noch nach der Eigentumsübertragung, also der Umschreibung des Grundbuchs. Dadurch tritt der Erwerber gegenüber dem Mieter kraft Gesetzes in die Rechte und Pflichten aus dem Mietvertrag nach § 567a BGB ein, ohne dass dem der Mieter zustimmen muss oder davon Kenntnis erhält. Selbstverständlich bleibt **Beteiligung
des Mieters** es den Beteiligten unter Einbeziehung des Mieters unbenommen, eine ausdrückliche Vertragsübernahme als dreiseitige Vereinbarung vorzunehmen (OLG Düsseldorf ZMR 1992, S. 445; vgl. Kap. 3.2.8.3).

9.1.10.2 Fortdauer des Mietverhältnisses bei Veräußerung nach Gebrauchsüberlassung

**Kauf bricht
nicht Miete**

In diesem Fall bedarf der Mieter, weil er sich schon im *Besitz* des vermieteten Grundstücks oder der vermieteten Räume befindet, eines besonderen Schutzes. Deshalb *tritt* der *Erwerber* nach dem Motto »Kauf bricht nicht Miete« (ob er es will oder nicht) in die Rechte und Pflichten aus dem *Mietverhältnis* zwischen dem Vermieter und dem Mieter kraft Gesetzes nach § 566, Abs. 1 BGB *ein*.

**Veräußerung
durch Vermieter**

Diese Regelung setzt aber voraus, dass der Veräußerer auch der Vermieter ist, beide müssen also identisch sein (BGH NJW-RR 2004, S. 657; OLG Rostock NZM 2006, S. 262). Nur bei einem Veräußerer, der als Vermieter die Pflichten aus dem Mietvertrag persönlich begründet hat, lässt es sich rechtfertigen, dass dieser nach § 566, Abs. 2 BGB gegenüber dem Mieter als Bürge für die Erfüllung der Pflichten aus dem Mietvertrag durch den Erwerber haftet.

Beispiel:

An der notwendigen Identität zwischen Veräußerer und Vermieter fehlt es, wenn das Grundstück einer Miteigentümergemeinschaft gehört, der Vermieter aber einer der Miteigentümer ist.

Haben jedoch die anderen Miteigentümer der Vermietung zugestimmt, findet § 566 BGB Anwendung (OLG Karlsruhe NJW 1981, S. 1278). Ebenso muss es ausreichen, wenn der vom Eigentümer ermächtigte Grundstücksverwalter den Mietvertrag im eigenen Namen abgeschlossen hat (OLG Celle ZMR 2000, S. 284).

»Überlassen« im Sinne von § 566 BGB ist das *Grundstück* oder sind die Räume mit der Übergabe der Mietsache durch den Vermieter an den Mieter, wenn dieser den Besitz daran erhält, wozu auch die Aushändigung der Schlüssel genügt (BGH ZIP 1989, S. 375).

»Veräußert« ist das Grundstück mit dem Eintritt des Eigentumswechsels, gleichviel aus welchem Rechtsgrund. Deshalb genügt die Eintragung einer Eigentumsvormerkung nicht (BGH NJW 2003, S. 2158), wohl aber reicht es, wenn das betreffende Grundstück oder die Räume in eine Gesellschaft eingebracht werden, an der der Vermieter beteiligt ist (OLG Düsseldorf NJW-RR 1992, S. 1291). Maßgebliches Datum ist dabei der *Eigentumswechsel* selbst, also die Eintragung ins Grundbuch (OLG Düsseldorf NJW-RR 1994, S. 1101). Zu diesem Zeitpunkt muss das Grundstück vermietet sein. Deshalb übernimmt der Erwerber den Mietvertrag auch dann, wenn der Abschluss des Mietvertrages und die Überlassung der Mietsache an den Mieter erst nach der Eintragung einer Eigentumsvormerkung des Erwerbers erfolgen sollten (BGH ZIP 2003, S. 1658).

9.1.10.2.1 Sonderkündigungsrecht des Vermieters mit Entschädigungszahlung

Es liegt auf der Hand, dass wegen des gesetzlich vorgesehenen Eintritts des neuen Eigentümers in den bestehenden Mietvertrag, vermietete Grundstücke schwerer verkäuflich sind und – wenn überhaupt – im Falle eines Verkaufs der Vermieter nur einen geringeren Kaufpreis erzielen kann. Nach dem Prinzip der *Privatautonomie* können deshalb Mieter und Vermieter im Mietvertrag – allerdings nur durch eine *Einzelvereinbarung* – diese den Erwerber treffende negative Rechtsfolge abbedingen. Eine vom Vermieter vorformulierte Vertragsklausel widerspricht den Vorgaben des AGB-Rechts. Sie dürfte stets den Mieter unangemessen nach § 307, Abs. 2, Nr. 1 BGB benachteiligen, weil der Grundsatz »Kauf bricht nicht Miete« zum Leitbild des Grundstücksmietvertrages gehört.

Einzelvereinbarung notwendig

Tipp

> Als Mieter sollten Sie auf den Schutz des § 566 BGB nur verzichten, wenn sich der Vermieter Ihnen gegenüber zur Zahlung einer – je nach Nutzungswert und Restlaufzeit – angemessenen Entschädigung im Vorhinein verpflichtet. Zweckdienlicherweise sollte die gesamte Vereinbarung in ein vertragliches Sonderkündigungsrecht des Vermieters gebettet sein.

Vereinbarung über ein Sonderkündigungsrecht des Vermieters bei Grundstücksveräußerung

Klauselvorschlag

»1. Der Vermieter und der Mieter sind sich einig, dass der Vermieter im Falle der Veräußerung des Mietobjekts zu einer außerordentlichen Kündigung des Mietvertrages berechtigt ist, wenn der Erwerber den Mietvertrag nicht übernehmen will.

2. Macht der Vermieter von seinem Kündigungsrecht Gebrauch, so endet der Mietvertrag mit Ablauf des nächsten Kalendervierteljahres, wenn die Kündigungserklärung dem Mieter spätestens am 3. Werktag des jeweiligen Monats zugeht, andernfalls einen Monat später.

3. Endet dadurch der Mietvertrag vorzeitig und kann der Mieter innerhalb dieser Zeit keine angemessenen Ersatzräume finden, zahlt der Vermieter an den Mieter ... € Entschädigung pro Monat- höchstens bis zum Ende der normalen Restlaufzeit des Vertrages (Höhe abhängig von laufenden Kosten und entgangenem Gewinn).

4. Zieht der Mieter aus, braucht er – abgesehen von größeren Schäden – keine Reparaturen durchzuführen. Die Kosten der Räumung bei Auszug und des Bezugs der neuen Räume trägt stets der Vermieter.

5. Ist der Erwerber nur zu einer Weitervermietung mit einem höheren Mietpreis bereit oder sind passende Ersatzräume nur zu einem höheren Preis zu beschaffen, verpflichtet sich der Vermieter gegenüber dem Mieter zur Zahlung der Differenzmiete für die normale Restlaufzeit des Vertrages.«

Dabei kann der Vermieter den *Käufer* auch ermächtigen, den bestehenden Mietvertrag im eigenen, d.h. im Namen des Käufers, zu kündigen (§ 185 BGB) und zwar schon, bevor der Käufer mit der Eintragung im Grundbuch in den Mietvertrag eintritt (BGH DB 1998, S. 1613).

9.1.10.2.2   Eintritt des Erwerbers in den Mietvertrag

Erwerber als neuer Vermieter

Der Erwerber tritt kraft Gesetzes in alle sich aus dem Mietverhältnis ergebenden Rechte und Pflichten ein (BGH NJW 2006, S. 1800). Deshalb stehen ihm ab *Eigentumsübertragung* die fälligen Mietzinsen und Nebenkosten zu. Andererseits trifft ihn von diesem Zeitpunkt an die Verpflichtung zur ordnungsgemäßen Gebrauchsgewährung.

Zudem haftet er auch für die fällig werdenden Ansprüche des Mieters aus dem Mietvertrag. Daher ist der Erwerber auch an Pflichten gebunden, die sich erst nach der Ausübung eines Gestaltungsrechts durch den Mieter, so bei einer Kündigung, ergeben (BGH WM 1995, S. 2115). Das gilt auch für die Ausübung einer Verlängerungsoption, wenn sie der Mieter in Unkenntnis des Eigentumswechsels bereits gegenüber dem Vermieter erklärt hatte (BGH NZM 2002, S. 291). Ferner geht es zu Lasten des Erwerbers, wenn sich der frühere Vermieter wegen der *Beseitigung von Mietmängeln* in Verzug befindet. Der Mieter kann dann ihm gegenüber seine Mängelansprüche geltend machen (BGH NJW 2005, S. 1188; vgl. Kap. 9.1.8.7 ff.). Da es für den Rechtsübergang auf den Zeitpunkt des Eigentumswechsels ankommt, müssen hierfür die bis dahin bereits entstandenen Ansprüche vom Vermieter an den Erwerber abgetreten werden (BGH NJW-RR 2004, S. 656; vgl. Kap. 3.2.8.1).

Klar ist, dass der Mieter, solange er von dem Eigentumswechsel noch nichts erfahren hat, mit seinen Zahlungen an den Vermieter geschützt werden muss. Zahlt er deshalb in Unkenntnis des Eigentumswechsels den fälligen Mietzins weiterhin an den alten Eigentümer, so *befreit* ihn dies auch von seiner *Zahlungspflicht* gegenüber dem Erwerber. Dieser Schutz ist jedoch zeitlich begrenzt auf den laufenden Kalendermonat ab Kenntniserlangung von dem Eigentumsübergang, wenn die Nachricht ihn vor dem 15. Tage dieses Monats erreicht, ansonsten gilt er auch noch für den folgenden Kalendermonat (§ 566c BGB). Darüber hinaus muss der Erwerber in gleicher Weise auch alle Absprachen zwischen Vermieter und Mieter im Hinblick auf den *Mietzins*, wie etwa Erlass, Aufrechnung, Stundung oder nach § 566b BGB auch eine Vorauszahlung und auch Ersatzansprüche aus dem Mietvertrag (BGH BB 1999, S. 386) gegen sich gelten lassen, jedoch nicht eine Vereinbarung, die wie eine unbefristete Mietsenkung zu einer dauerhaften Vertragsänderung führt (BGH NJW-RR 2002, S. 730).

Mietzahlungen an früheren Vermieter

> Zeigt Ihnen Ihr Vermieter als Veräußerer den Eigentumsübergang an, sollten Sie als Mieter nur noch an den Erwerber zahlen.

Tipp

Da der Mieter den Zeitpunkt des Eigentumswechsels schlecht erkennen kann, kann er sich stets auf die Richtigkeit der *Veräußerungsanzeige* verlassen. Deshalb können Sie als Mieter stets mit befreiender Wirkung auch an den Erwerber zahlen, selbst wenn der Eigentumsübergang bis dahin noch nicht erfolgt ist oder, was sich erst später herausstellt, unwirksam sein sollte (§ 566e, Abs. 1 BGB). Die Anzeige und ihre Rechtswirkung kann der Vermieter nur mit Zustimmung des Erwerbers zurücknehmen (§ 566e, Abs. 2 BGB).

Veräußerungsanzeige

9.1.10.2.3   Übergang der Mietkaution und anderer Sicherheiten auf den Erwerber

Rückzahlung der Mietkaution

Zusammen mit den Ansprüchen des Vermieters gehen auch die vom Mieter geleisteten Sicherheiten, insbesondere die Mietkaution, auf den Erwerber über (§ 566a BGB). Das schließt auch den Übergang von *Mietbürgschaften,* – insbesondere von Gesellschaftern und Geschäftsführern – ein, die diese für Mietschulden ihrer Gesellschaft gegenüber dem Vermieter übernommen haben.

Nach *Beendigung* des *Mietverhältnisses* ist der Erwerber gegenüber dem Mieter zur Rückzahlung der unverbrauchten Kautionssumme verpflichtet, ohne Rücksicht darauf, ob der Vermieter die Sicherheit an ihn weitergeleitet hat oder nicht (BGH NJW 2007, S. 1818). Erhalten Sie auf Ihr Verlangen von dem Erwerber die Mietkaution nicht zurück, so bleibt Ihnen gegenüber der Vermieter weiterhin zur Rückgewähr verpflichtet (§ 566a, Satz 2 BGB; BGH ZIP 1999, S. 170).

9.1.10.2.4   Weiterhaftung des Vermieters

Um zu verhindern, dass dem Mieter durch den Eigentümerwechsel ein neuer insolventer Vermieter aufgedrängt wird, ordnet das Gesetz trotz des Eintritts des Erwerbers in den bestehenden Vertrag eine zeitlich befristete Weiterhaftung des Vermieters an.

Gesetzliche Zeitbürgschaft

Sollte der Erwerber seine Verpflichtung gegenüber dem Mieter nicht erfüllen, *haftet* der *Vermieter* für die Schadensersatzansprüche des Mieters gegen den Erwerber wie ein *selbstschuldnerischer Bürge* (§ 566, Abs. 2, Satz 1 BGB). Die Haftung des Vermieters ist aber zeitlich begrenzt. Geht dem Mieter die Anzeige des Vermieters über den Eigentumswechsel zu, so wird der Vermieter ab dem erstmöglichen Kündigungstermin des Mieters von seiner *Haftung befreit*, sofern der Mieter das Mietverhältnis über den Termin hinaus fortsetzt (§ 566, Abs. 2, Satz 2 BGB). Die Haftung des Vermieters als Veräußerer *erlischt* aber ebenfalls, wenn Erwerber und Mieter einen neuen Mietvertrag abschließen, oder wenn der alte Mietvertrag durch eine Fortsetzungsklausel, Ausübung eines Optionsrechts oder durch widerspruchslose Fortsetzung des Mietgebrauchs nach § 545 BGB verlängert wird.

9.1.10.2.5   Kündigung des Mietvertrages

Ohne besondere Vereinbarung steht beiden Vertragsparteien kein *Sonderkündigungsrecht* zu (vgl. Kap. 9.1.10.2.1).

Kündigung durch Mieter

Hat der Mieter nach dem Eigentümerwechsel *gegenüber dem Vermieter*, jedoch vor seiner Kenntnis dieses Vorgangs wirksam gekündigt, wirkt dies nach dem Rechtsgedanken des § 566e BGB, der direkt nur Mietzahlungen betrifft, auch gegenüber dem Erwerber. Nach Zugang der Veräußerungsanzeige kann er jederzeit gegenüber dem *Erwerber* kündigen, mag auch bis dahin der Eigentumswechsel noch nicht vollzogen sein.

Steht Ihnen als Mieter ein *außerordentliches Kündigungsrecht* wegen Nichtgewährung des vertragsgemäßen Gebrauchs zu, weil sich der Vermieter mit der Beseitigung eines gravierenden Mietmangels in Verzug befindet (§ 543, Abs. 2, Nr. 1 BGB), so können Sie dieses Kündigungsrecht auch gegenüber dem Erwerber ausüben und sich dadurch aus dem Mietvertrag lösen. Wollen Sie dagegen eine fristlose Kündigung wegen einer sonstigen Vertragsverletzung Ihres Vermieters aussprechen, so müssten Sie auch ihm gegenüber den Vertrag rechtzeitig kündigen, bevor Sie von dem Eigentumswechsel Kenntnis erlangen. Das vertragswidrige Verhalten des Voreigentümers braucht insofern der Erwerber nicht gegen sich gelten zu lassen.

Dagegen kann der Erwerber erst *nach Eigentumsübertragung* gegenüber dem Mieter kündigen, weil er vorher noch nicht Vertragspartei ist. Eine zuvor ausgesprochene Kündigung ist stets unwirksam; sie müsste nach Vollziehung des Eigentumsübergangs noch einmal wiederholt werden. Diese formalistische Sichtweise entspricht gefestigter Rechtsprechung (OLG Hamm NJW-RR 1993, S. 273). Hat dem Vermieter ein Recht zur außerordentlichen Kündigung wegen erheblichen Zahlungsverzugs oder gravierender Vertragsverletzung des Mieters zugestanden, er davon aber keinen Gebrauch gemacht, geht dieses Kündigungsrecht nicht auf den Erwerber über, weil im Fall einer solchen Vertragsverletzung nur die betroffene Vertragspartei selbst kündigen kann.

Kündigung durch Erwerber

9.1.10.3 Zwangsversteigerung des Mietobjektes

Wird das Grundstück oder die Raumeinheit im Rahmen der von einem Gläubiger des Vermieters betriebenen Zwangsversteigerung veräußert, so kann der Erwerber den Mietvertrag vorzeitig unter Beachtung der gesetzlichen Kündigungsfrist zum nächstmöglichen Termin – i.d.R. also nach sechs Monaten – kündigen (§ 57a ZVG; BGH WM 1996, S. 133). Wegen der vorzeitigen Vertragsbeendigung müssten Sie sich dann als Mieter mit wirtschaftlich wertlosen Schadensersatzansprüchen nach §§ 280, 281, 283 BGB gegen den zumeist insolventen Vermieter begnügen.

Vorzeitige Kündigung möglich

Sollte die vertragliche Restlaufzeit des Mietvertrages noch mehrere Jahre betragen und hat der Mieter erhebliche Investitionen in das Mietobjekt vorgenommen oder einen *Bankvorschuss*, die sich noch nicht amortisiert haben, stellt ohne grundbuchmäßige oder bankmäßige Absicherung (vgl. Kap. 9.1.6.2) die vorzeitige Beendigung des Mietverhältnisses einen harten Schlag für ihn dar (OLG Düsseldorf, Urteil v. 19.4.2007 – 10 U 122/06). Dann wäre zu überlegen, ob es

Bauinvestitionen des Mieters

sich lohnt, die Schulden des Vermieters gegenüber dem die Zwangsversteigerung betreibenden Gläubiger (i.d.R. nach § 268 BGB) abzu-
lösen oder das *Grundstück* selbst zu *ersteigern.*

9.1.11   Beendigung des Mietverhältnisses ohne Kündigung

Abgesehen von der Kündigung kann ein Mietvertrag durch *Zeitablauf, Aufhebung* oder *Rücktritt* beendet werden.

9.1.11.1   Zeitablauf bei befristetem Mietvertrag

Haben Sie einen befristeten *Zeitmietvertrag* mit einer bestimmten
Zeitdauer ohne Verlängerungsmöglichkeit abgeschlossen, so endet
der Vertrag regelmäßig mit dem vereinbarten Zeitablauf. Enthält der
Mietvertrag, wie in den meisten Fällen, eine Fortsetzungsklausel mit
automatischer Verlängerung, kann der Mietvertrag dadurch beendet
werden, dass eine der Vertragsparteien die Fortsetzung gemäß den
vertraglichen Bestimmungen ablehnt (BGH ZIP 2002, S. 1251; vgl.
Kap. 9.1.4.1).

Diese Erklärung wird in der Praxis zwar vielfach als Kündigung
bezeichnet, ist aber – rechtlich betrachtet – keine, weil nur unbefristet abgeschlossene Mietverträge gekündigt werden können. Die versehentliche Bezeichnung der Ablehnungserklärung als Kündigung
ist aber unschädlich (OLG Düsseldorf ZMR 2002, S. 910).

Auch ein Zeitmietvertrag kann *vorzeitig* einvernehmlich durch
Aufhebung oder einseitig durch außerordentliche Kündigung beendet werden.

9.1.11.2   Rücktritt

Die Beendigung des Mietvertrages durch *Rücktritt* stellt bei Dauerschuldverhältnissen die große Ausnahme dar, weil dort als sofortiges
Lösungsrecht die fristlose Kündigung aus wichtigem Grund vorgesehen ist.

**Nur vor Gebrauchs-
überlassung**

Sie kommt deshalb nur dann in Betracht, solange die *Mietsache*
dem Mieter *noch nicht überlassen* worden ist und deshalb noch kein
Leistungsaustausch zwischen den Parteien stattgefunden hat (BGH
NJW 1969, S. 37).

Rücktrittsgrund

Vor Überlassung kann insbesondere der Mieter zurücktreten,
wenn der Vermieter seine Pflicht zur Gebrauchsgewährung überhaupt nicht erfüllen kann – Unmöglichkeit – oder sich damit in
Verzug befindet. Stattdessen ist aber auch eine fristlose Kündigung
möglich. Dem Vermieter steht insbesondere ein Rücktrittsrecht bei
wesentlicher Verschlechterung der Vermögensverhältnisse des Mieters zu (§ 321, Abs. 2 BGB; BGH NJW 1991, S. 102).

9.1.11.3   Aufhebung des Mietvertrages

Vermieter und Mieter können den Mietvertrag aber auch jederzeit, also auch innerhalb der eigentlich unkündbaren Grundmietzeit, ohne Einhaltung von Fristen einvernehmlich aufheben. Sind *mehrere Mieter* vorhanden, so muss grundsätzlich jeder der Mieter zustimmen (BGH NJW 2004, S. 1797). Der Vertrag endet dann durch Einigung der Vertragsparteien, und nicht durch eine einseitige Gestaltungserklärung einer Seite.

Jederzeitige Beendigung möglich

Bei dem *Aufhebungsvertrag* müssen die Willenserklärungen beider Seiten, sowohl das Angebot als auch die Annahme, ausdrücklich erklärt werden. Bloßes *Schweigen* auf ein zugegangenes, auf Vertragsauflösung gerichtetes Angebot der anderen Seite, gilt grundsätzlich auch unter Kaufleuten nicht als Zustimmung, denn es besteht keine Pflicht, auf solche rechtserheblichen Erklärungen der Gegenseite zu reagieren (BGH NJW 1981, S. 43). Nur ausnahmsweise kann man das Schweigen nach den Grundsätzen des *kaufmännischen Bestätigungsschreibens* als Annahme werten, wenn sich Mieter und Vermieter zuvor mündlich auf die Vertragsaufhebung geeinigt haben, eine der Vertragsparteien dies schriftlich bestätigt hat und darauf der Empfänger nicht ablehnend reagiert (vgl. Kap. 3.1.6.4). Die Aufhebungsvereinbarung selbst ist bei der Raummiete im Unterschied zum Vertragsabschluss (§ 550 BGB) nicht formbedürftig (OLG Düsseldorf MDR 1991, S. 349).

Im Aufhebungsvertrag werden zweckmäßigerweise sämtliche *Folgen* der *Vertragsbeendigung* (ähnlich wie im Mietvertrag, was den Zustand der Räume und den Zeitpunkt der Rückgabe betrifft) im Einzelnen geregelt. Vor allem wird bei vorzeitiger Auflösung eine *Abstandszahlung* des Mieters oder eine *Entschädigungszahlung* des Vermieters (je nachdem, wer auf vorzeitige Vertragsauflösung drängt) vereinbart. Für diese Zahlungsansprüche gilt regelmäßig eine im Mietvertrag zu Lasten des Mieters enthaltene Aufrechnungsbeschränkung nicht (BGH WM 1982, S. 1329).

Folgen regeln

Abstandszahlung

9.1.12   Kündigung des Mietvertrages

Regelmäßig endet ein *unbefristeter Mietvertrag* durch *Kündigung* einer der Parteien, sei es die fristgebundene ordentliche Kündigung oder die fristlose außerordentliche Kündigung. Zusätzlich besitzen Mieter und Vermieter in bestimmten Fällen *Sonderkündigungsrechte* unter Wahrung der i.d.R. kürzeren gesetzlichen Kündigungsfristen.

Auch für die Geschäftsraummiete gelten die allgemeinen Regeln für Inhalt und Form von *Kündigungserklärungen*, wobei aber typischerweise in dem Mietvertrag für die Kündigungserklärung die Schriftform, teilweise auch noch per Einschreiben, zulässigerweise vereinbart wird (vgl. Kap. 4.6.2.1).

Ordentliche Kündigung
• nach Ablauf der vereinbarten Grundmietzeit oder Verlängerungszeit • unter Einhaltung der vereinbarten Kündigungsfrist

Außerordentliche fristgebundene Kündigung	
Beide Vertragsparteien • Dauer • Tod des Mieters	Mieter • unberechtigte Verweigerung der Untervermietung durch den Vermieter • vom Vermieter angekündigte, zu teure Modernisierungsmaßnahme
i.d.R. Einhaltung der gesetzlichen Kündigungsfrist	

Fristlose Kündigung aus wichtigem Grund		
Vertragwidriges Verhalten des Vermieters	Vertragwidriges Verhalten des Mieters	Andere wichtige Gründe
• Nichtgewährung vertragsgemäßen Gebrauchs • gesundheitsgefährdender Zustand der gemieteten Räume	• qualifizierter Zahlungsverzug und andere erhebliche Mietrückstände • vertragswidriger Gebrauch der Mietsache	• sonstige erhebliche Pflichtverletzungen einer Vertragspartei
i.d.R. erst nach fruchtloser Nachfrist oder Abmahnung zulässig		

Abb. 9.3: Kündigung des Geschäftsraummietvertrages

9.1.12.1 Ordentliche Kündigung

Ablauf der Grundmiet- oder Verlängerungszeit

Ein auf unbestimmte Zeit eingegangenes Mietverhältnis kann – entsprechend der üblichen Vertragspraxis – mit dem Ablauf der vereinbarten *Grundmietzeit* oder danach vereinbarten *Verlängerungszeit* unter Einhaltung der vertraglich vereinbarten Frist gekündigt werden.

Sollte, was jedoch selten vorkommt, der Mietvertrag keine *Kündigungsfristen* vorsehen, gelten die gesetzlichen Kündigungsfristen. Das gilt auch, wenn das Mietverhältnis nach Ablauf der vereinbarten Mietzeit (ohne dass vertraglich eine Verlängerung vorgesehen ist) länger als zwei Wochen ohne Widerspruch einer Vertragspartei fortgesetzt wird und sich dadurch auf unbestimmte Zeit verlängert hat (§ 545 BGB). Nur in Ausnahmefällen mag dieses Kündigungsrecht nach Treu und Glauben durch ausdrücklichen oder stillschweigenden *Verzicht* einer Vertragspartei ausgeschlossen sein (OLG München ZMR 1992, S. 298), kann jedoch jederzeit im Mietvertrag ausdrücklich abbedungen werden (BGH KJW 1991, S. 1750).

> **Beispiel:**
> *Der Vermieter sagt trotz anderslautender Regel im Mietvertrag dem Mieter ausdrücklich zu, dass er nicht ohne triftigen Grund kündigt. In diesem Fall hat er auf sein Kündigungsrecht verzichtet.*

Bei der ordentlichen Kündigung brauchen Sie auch nicht unbedingt den *Kündigungstermin* anzugeben. Selbst wenn Ihnen bei der Fristberechnung ein Fehler unterläuft und Sie in der rechtzeitigen Kündigungserklärung die Frist zu gering berechnen, schadet das nicht (vgl. Kap. 4.6.2.1). Ihre Kündigungserklärung beendet dann das Mietverhältnis stets fristgerecht zum nächstmöglichen Termin (OLG Frankfurt NJW-RR 1990, S. 337).

Eine ordentliche Kündigung ist auch schon *vor Überlassung* der Mietsache an den Mieter statthaft (BGH NJW 1987, S. 948). Sie brauchen also nicht bis zum vereinbarten Überlassungstermin abzuwarten.

9.1.12.1.1   Gesetzliche Kündigungsfrist

Ist bei der Geschäftsraummiete im Mietvertrag nichts Abweichendes geregelt, so kann der Mietvertrag spätestens am 3. Werktag eines Kalendervierteljahres zum Ablauf des nächsten Kalendervierteljahres gekündigt werden (§ 580a, Abs. 2 BGB). Demnach beläuft sich die Kündigungsfrist faktisch auf sechs Monate abzüglich der *Karenztage* (»bis zum 3. Werktag«). Der Samstag oder Sonnabend gilt als Werktag (BGH NJW 2005, S. 2154) und zählt bei den Karenztagen mit, sofern er der 1. oder 2. Werktag ist (LG Wuppertal ZMR 1994, S. 266).

Kündigungsfristen einhalten

9.1.12.1.2   Vereinbarte Kündigungsfrist

Sie können in dem Mietvertrag jederzeit längere oder kürzere Kündigungsfristen vereinbaren, die dann gelten. Solche *abweichenden Kündigungsfristen* können auch durch vorformulierte Vertragsklauseln bestimmt werden. Sie sollten dann aber prinzipiell für beide Vertragsparteien *gleich lang* sein. Kommt es hier zu groben Divergenzen zu Lasten des Mieters, erachten die Gerichte eine solche Klausel wegen dessen unangemessener Benachteiligung nach § 307, Abs. 1 BGB für unwirksam (OLG Hamm ZMR 1988, S. 387; OLG Hamburg ZMR 1981, S. 477). Dagegen ist gegen die Vereinbarung unterschiedlich langer Kündigungsfristen zum Vorteil des Mieters (dass er den Vertrag früh kündigen kann) nichts einzuwenden, wenn er eine angemessen lange unkündbare Grundmietzeit einhalten muss (BGH DB 2001, S. 2287).

Beispiel:
Der Mietvertrag hat eine unkündbare Grundlaufzeit von zehn Jahren. Die Kündigungsfrist für den Vermieter beträgt ein Jahr, die des Mieters sechs Monate.

Eine *verspätet* zugegangene *Kündigungserklärung* beendet das Mietverhältnis erst zum nächstmöglichen Termin.

9.1.12.1.3   Änderungskündigung

Ziel einer ordentlichen Kündigung muss nicht unbedingt die Auflösung des Vertrages, sondern kann auch eine *Vertragsänderung* mit dem Ziel der Verbesserung der ursprünglichen Konditionen sein (BGH WM 1980, S. 1073, ZMR 1997, S. 634, vgl. Kap. 4.6.2.2).

> **Beispiel:**
> *Vermieter V kündigt den Mietvertrag lediglich, um eine Mieterhöhung zu erreichen.*

9.1.12.1.4   Einschränkung des Kündigungsrechtes in den neuen Bundesländern

Kündigungsschutz für Mieter

Für bereits vor dem 03. Oktober 1990 in den neuen Bundesländern wirksam abgeschlossene *gewerbliche Altmietverträge* besteht immer noch aufgrund des Schuldrechtsanpassungsgesetzes für den früheren Nutzer und jetzigen Mieter/Pächter ein zeitlich befristeter und inhaltlich beschränkter Kündigungsschutz. Noch bis zum 31. Dezember 2005 kann der Grundstückseigentümer den Vertrag nur unter den in § 49, Abs. 2 *Schuldrechtsanpassungsgesetz* genannten Gründen, also

- Eigenbedarf, auch für die Erweiterung des eigenen Betriebes,
- Störung des eigenen Unternehmens und
- keine Gewähr für die Fortsetzung der betrieblichen Nutzung durch den Mieter

kündigen. Sollten die betrieblichen Interessen des Mieters erheblich die des Grundstückseigentümers überwiegen, kann sich der genannte Kündigungsausschluss sogar bis zum 31. Dezember 2020 verlängern.

9.1.12.2   Sonderkündigungsrechte von Mieter und Vermieter

Nach Eintreten bestimmter nachteiliger Ereignisse gewährt das Gesetz Mieter und Vermieter oder nur einem von ihnen ein Recht zur vorzeitigen Kündigung –regelmäßig unter Einhaltung der bereits beschriebenen gesetzlichen Kündigungsfrist von rund sechs Monaten (§ 580a, Abs. 4 und Abs. 2 BGB).

9.1.12.2.1 Kündigungsrecht bei Dauermietverträgen und Tod des Mieters

Bei einem Dauermietvertrag, der *über mehr als 30 Jahre* geschlossen ist, können zwar beide Vertragsparteien den Vertrag unter Einhaltung der gesetzlichen Kündigungsfrist von sechs Monaten kündigen, jedoch nicht vor Ablauf von 30 Jahren (§ 544, Satz 1 BGB). Das Sonderkündigungsrecht des Vermieters soll verhindern, dass der Mieter durch eine überlange Vertragsdauer eine einem dinglichen Nutzungsrecht, wie dem Nießbrauch, vergleichbare Berechtigung erhält (BGH NZM 2004, S. 190). Sie gilt auch, falls der Mieter aufgrund eines Optionsrechtes die Vertragszeit auf mehr als 30 Jahren ausdehnen kann, jedoch nicht, wenn durch eine Kette aufeinanderfolgender Mietverträge die Gesamtdauer von 30 Jahren überschritten wird (BGH NJW 1996, S. 2028).

Dauermietvertrag

Sollte der Mietvertrag sogar auf *Lebenszeit des Mieters* oder Vermieters abgeschlossen sein, besteht das Sonderkündigungsrecht nach 30-jähriger Vertragsdauer nicht. Das hat zur Folge, dass der Mietvertrag durch eine ordentliche Kündigung nicht beendet werden kann (§ 544, Satz 2 BGB).

Stirbt der Mieter während der Laufzeit eines Mietvertrages, können sowohl sein *Erbe* als auch der *Vermieter* das Mietverhältnis unter Einhaltung der gesetzlichen Frist *vorzeitig kündigen* (§ 580 BGB). Die Kündigung selbst ist innerhalb eines Monats, nachdem der Erbe oder der Vermieter vom Tod des Mieters erfahren haben, möglich. Sind *mehrere Erben* vorhanden, so kann wirksam nur von allen Miterben oder durch den Vermieter nur gegenüber allen Miterben gekündigt werden (§ 2040 BGB), was im letzteren Fall bedeutet, dass der Vermieter das Kündigungsschreiben an jeden Miterben adressieren muss. Auch wenn der oder die Erben das *Handelsgeschäft* fortführt bzw. fortführen, berührt das dessen bzw. deren Sonderkündigungsrecht nicht (OLG Düsseldorf ZMR 1994, S. 114). Praktische Bedeutung besitzt diese Regelung nur bei der Vermietung an Einzelunternehmer, nicht dagegen an rechtsfähige Personengesellschaften, da diese selbst Vertragspartei sind.

Tod des Mieters

9.1.12.2.2 Sonderkündigungsrechte des Mieters

Wegen seiner größeren Schutzwürdigkeit kann der Mieter zusätzlich in weiteren Fällen den Mietvertrag außerordentlich fristgerecht kündigen.

Als Mieter steht Ihnen zwar kein gesetzliches Recht zur *Untervermietung* zu. Verweigert Ihnen aber Ihr Vermieter ohne triftigen Grund die *Erlaubnis*, die gemieteten Räume teilweise oder gänzlich unterzuvermieten, so können Sie das Mietverhältnis unter Einhaltung der gesetzlichen Frist vorzeitig kündigen (§ 540, Abs. 1, Satz 2

Verbot der Untervermietung

BGB; vgl. Kap. 9.1.6.4). Sollte aber der Vermieter den Mietgebrauch unberechtigterweise behindern, können Sie als Mieter gleichfalls kündigen (BGH NJW 1972, S. 1267).

> **Beispiel:**
> *Der Vermieter will nicht zulassen, dass vom Untermieter in den Mieträumen ein bestimmtes Gewerbe betrieben wird, was aber im Mietvertrag keine Stütze findet. Der Vermieter braucht aber nicht hinzunehmen, dass der Verwendungszweck der Mietsache sich grundlegend verändert (BGH NJW 1984, S. 1031 – Auslegungssache: z. B. Sex-Shop statt Damenmodengeschäft).*

Die Kündigung müssen Sie nicht sofort nach Versagung der Erlaubnis oder Widerruf der Erlaubnis zum nächstmöglichen Termin aussprechen, weil Ihnen als Mieter eine angemessene Überlegungsfrist, jedenfalls bis zum nächsten zulässigen Kündigungstermin, zusteht (BGH WM 1972, S. 731).

Vertragliche Einschränkung

Der Vermieter kann dieses *Sonderkündigungsrecht* nicht in seinem Mietvertragsformular *ausschließen*, weil das Risiko für den geschäftlichen Erfolg allein der Mieter trägt und er ein berechtigtes Interesse besitzt, etwa durch Untervermietung, Verluste abzuwenden (BGH NJW 1995, S. 2034), der verdeckte Ausschluss mittels einer Ausübungsbeschränkung soll aber wirksam sein (vgl. Kap. 9.1.6.4).

Unerwünschte Modernisierung

Plant Ihr Vermieter, das Gebäude oder die gemieteten Räume durch bauliche Maßnahmen, insbesondere zur Einsparung von Energie und Wasser, zu verbessern, so können Sie das Mietverhältnis zum Ablauf des folgenden Monats, in dem der Vermieter diese *Modernisierungsmaßnahmen* angekündigt hat, kündigen. Voraussetzung ist, dass sein Vorhaben die vertragliche Nutzung der Mieträume nicht nur unwesentlich einschränkt oder zu einer erheblichen Mieterhöhung führt (§ 554, Abs. 3, Satz 2 BGB; vgl. Kap. 9.1.7.4).

9.1.12.3   Außerordentliche fristlose Kündigung

Wichtiger Grund

Die fristlose Kündigung beendet das Mietverhältnis unmittelbar mit einer zugegangenen Kündigungserklärung, wenn für die kündigende Partei ein wichtiger Grund vorliegt, der so schwer wiegt, dass ihr die weitere Fortsetzung des Mietvertrages nicht zugemutet werden kann (§ 543, Abs. 1 BGB). Das ist insbesondere bei einer *schwerwiegenden Vertragsverletzung* durch den Mieter oder Vermieter der Fall. Dabei müssen beide Seiten auch für *Fehler* ihrer *Erfüllungsgehilfen*, also auch vermeidbare Rechtsirrtümer der eingeschalteten Rechtsberater einstehen (§ 278 BGB; BGH NJW 2007, S. 429). Regelmäßig muss aber dieser Kündigung eine fruchtlose *Abmahnung* vorausgehen (BGH NJW 2007, S. 2177).

Abmahnung

Sie müssen nicht fristlos kündigen, sondern können in Ihrer Kündigungserklärung auch eine bestimmte, für den Kündigungsempfänger erkennbare *Auslauffrist* angeben und damit zu einem bestimmten Termin kündigen. Für die Geschäftsraummiete bietet sich insbesondere das Ende des laufenden oder nächsten Monats an, weil dies die Berechnung der Miete erheblich erleichtert (vgl. Kap. 4.6.2.3). **Auslauffrist**

»... kündigen wir außerordentlich zum Ende des Monats ...« **Formulierungs-vorschlag**

Mag auch die Angabe des *Kündigungsgrundes* nicht unbedingt Wirksamkeitsvoraussetzung sein, so sollte die *Kündigungserklärung* doch plausibel begründet werden, weil der Gegner sie dann umso eher akzeptieren wird. Als Kündigender bleibt es Ihnen aber unbenommen, tatsächliche, im Zeitpunkt der Erklärung schon vorhandene Kündigungsgründe *nachzuschieben* (OLG München ZMR 1996, S. 496 und 557). **Kündigungsgrund nennen**

Anders aber als die ordentliche Kündigung haben die Vertragspartner die außerordentliche Kündigung nicht einkalkuliert, sodass dieses Recht typischerweise *streitanfällig* ist. Machen Sie von diesem Recht Gebrauch, so müssen Sie stets damit rechnen, dass die Gegenseite einen Rechtsanwalt einschaltet, was wiederum Sie zum Nachziehen zwingt.

9.1.12.3.1   Gesetzliche Regelung und vertragliche Ausgestaltung

Anders als in der recht unbestimmten Generalklausel des § 314 BGB sind die Kündigungsgründe in der *mietvertraglichen Spezialregelung* des § 543 BGB, soweit sie auf die Vertragspflichtverletzungen von Mieter und Vermieter abstellen, wesentlich präziser gefasst, ergänzt durch die beiden gesetzlichen Spezialfälle eines *wichtigen Grundes* in § 569 BGB: der *gesundheitsgefährdende Zustand* der Mietsache (Abs. 1) und die *Störung* des *Hausfriedens* durch den Mieter (Abs. 2).

Im *Mietvertrag* ist deshalb nur zu einzelnen Punkten eine Klarstellung, Nachbesserung oder *Feinjustierung* erforderlich, namentlich, soweit die Spezialregelung hinter der Generalklausel zurückbleibt. Das gilt zunächst hinsichtlich des Verlustes des Kündigungsrechtes durch *Verwirkung* wegen zu langem Zuwartens, da § 543 BGB keine dem § 314, Abs. 3 BGB vergleichbare Regelung enthält (LG Hamburg ZMR 2006, S. 695). Aber auch im Mietrecht büßt man sein Kündigungsrecht ein, wenn man es in Kenntnis des Kündigungsgrundes nicht innerhalb einer angemessenen Frist ausübt (BGH NJW 2005, S. 2775). Präzisierungsbedürftig ist dabei aber die Bestimmung der »angemessenen Frist«. Hier lässt sich auf die gesetzliche Zwei-Wochen-Frist bei der außerordentlichen Kündigung von Dienstverträgen nach § 626, Abs. 2 BGB zurückgreifen; jedenfalls sollte sie nicht länger als einen Monat ausfallen. **Feinjustierung im Mietvertrag**

Klargestellt werden sollte auch, dass bei einer Kündigung wegen einer von der anderen Vertragspartei zu vertretenden Pflichtverletzung (wie ebenfalls in § 314, Abs. 4 BGB ausdrücklich erwähnt wird) ein Anspruch auf Schadensersatz des Kündigenden davon unbenommen bleibt.

Außerordentliche Kündigung

Klauselvorschlag

»1. Beide Vertragsparteien können aus wichtigem Grund den Mietvertrag gemäß §§ 543, 569, Abs. 1 und 2 BGB schriftlich unter Angabe des Kündigungsgrundes per Einschreiben kündigen. Abgesehen von einer akuten Gefahr oder einer besonders schwer wiegenden Pflichtverletzung erfordert die Kündigung zuvor eine fruchtlos gebliebene schriftliche Abmahnung. Die Kündigung ist innerhalb von zwei Wochen (einem Monat) ab dem Zeitpunkt vorzunehmen, in dem der Kündigungsberechtigte von dem wichtigen Grund Kenntnis erlangt hat.

2. Die Berechtigung, Schadensersatz zu verlangen, wird durch die Kündigung nicht ausgeschlossen.«

Ohne besondere vertragliche Regelung hat man mit Gewissheit das außerordentliche Kündigungsrecht erst dann *verwirkt*, wenn der Vorfall, der Anlass zur Kündigung gegeben hat, über sechs Monate zurückliegt (OLG München ZMR 2001, S. 535).

9.1.12.3.2   Wegen Nichtgewährung vertragsgemäßen Gebrauchs durch den Vermieter

Nicht beseitigte Mietmängel

Als Mieter können Sie den Mietvertrag fristlos kündigen, wenn der Vermieter den *vertragsgemäßen Gebrauch* des Mietobjekts ganz oder zum Teil nicht rechtzeitig gewährt oder später entzieht (§ 543, Abs. 2, Nr. 1 BGB). Was dabei im Einzelnen unter vertragsgemäßem Gebrauch zu verstehen ist, bestimmt der Mietvertrag. Je präziser die dortigen Regelungen sind, desto besser für den Mieter (vgl. Kap. 9.1.7). *Hauptanwendungsfall* bilden nach Vertragsabschluss auftretende, vom Vermieter nicht oder jedenfalls nicht mit zumutbaren Aufwendungen behebbare *Mängel der Mietsache* (vgl. Kap. 9.1.8). Soweit aber die Gewährleistungsansprüche des Mieters im Vertrag oder wegen fehlender Mängelbeanstandung nach § 536b BGB ausgeschlossen sind (vgl. Kap. 9.1.8.2), büßt er nach § 543, Abs. 4, Satz 1 BGB auch sein Recht zur außerordentlichen Kündigung ein.

Abhilfefrist

Ansonsten können Sie als Mieter abgesehen von dem klaren Fall der unbegründeten Erfüllungsverweigerung, erst dann fristlos kündigen, wenn der Vermieter innerhalb der ihm gesetzten angemessenen Abhilfefrist den behebbaren Mangel nicht beseitigt hat (§ 543, Abs. 3 BGB). Lässt der Vermieter aber die Abhilfefrist verstreichen, behebt er aber den Mangel vor der Kündigungserklärung, entfällt das Kündigungsrecht des Mieters, weil dadurch der Kündigungsgrund weggefallen ist. Ein weiterer Kündigungsgrund für Sie als Mieter besteht auch darin, dass der Vermieter Ihnen die nach dem Vertrag ausdrücklich zulässige Untervermietung untersagt (BGH NJW 1984, S. 1031).

9.1.12.3.3 Wegen gesundheitsgefährdendem Zustand der Mietsache

Um einen *schwerwiegenden Mangel* handelt es sich auch, wenn die zum Aufenthalt von Menschen bestimmten Geschäftsräume sich in einem gesundheitsgefährdenden Zustand befinden. Dann kann der Mieter selbstverständlich ebenfalls nach §§ 543, Abs. 1, 569, Abs. 1 BGB fristlos kündigen, wenn zuvor eine *Abmahnung* ergebnislos geblieben ist (BGH NJW 2007, S. 2177). Fristlose Kündigung wegen Gesundheitsgefährdung gilt auch bei der Gewerberaummiete, weil der Gesundheitsschutz der Bevölkerung ein besonders hohes Rechtsgut darstellt (BGH NJW 2004, S. 848). Eine *Gesundheitsgefährdung* kann auch wegen zu hoher Raumtemperatur vorliegen. Dazu muss aber der Mieter den Mangel mit geeichten Aufzeichnungsgeräten feststellen und dabei sowohl die Außen- als auch Innentemperatur über einen längeren Zeitraum messen (OLG Düsseldorf NZM 2002, S. 917). Besteht eine *akute Gesundheitsgefährdung* und kann diese auch nicht innerhalb kurzer Zeit beseitigt werden, ist eine Kündigung sofort *ohne* Einräumung einer *Abhilfefrist* möglich (§ 543, Abs. 3, Satz 2, Nr. 2 BGB; OLG Koblenz NJW-RR 1992, S. 2228).

Akute Gefahr

Beispiel:
Verwendung gesundheitsgefährdender Baustoffe oder Einsturzgefahr eines Gebäudes, Schimmelpilzbildung mit Toxinbildung (KG ZMR 2004, S. 513) oder funktionsunfähige Brandschutzeinrichtung in Lagerhalle (KG ZMR 2004, S. 259).

Hat der Mieter oder einer seiner Erfüllungsgehilfen den gesundheitsgefährdenden Zustand hervorgerufen, so steht ihm dieses Kündigungsrecht selbstverständlich nicht zu (BGH NJW 2004, S. 848).

9.1.12.3.4 Wegen vertragswidrigem Gebrauch der Mietsache durch den Mieter

Auf der anderen Seite kann nun auch der Vermieter nach § 543, Abs. 2, Satz 1, Nr. 2 BGB den Mietvertrag fristlos kündigen, sollte der Mieter die Vermieterrechte in erheblicher Weise dadurch verletzen, dass er unter Missachtung der ihm obliegenden Sorgfalt die Mietsache erheblich gefährdet oder sie unbefugt einem Dritten überlässt. Eine fristlose Kündigung wegen vertragswidrigen Gebrauchs durch unerlaubte Untervermietung des Mieters ist ausgeschlossen, wenn der Vermieter die Untervermietung nur aus wichtigem Grund versagen darf und dazu keine geeignete Tatsachen vortragen kann

Abmahnung

(OLG Düsseldorf ZMR 2003, S. 177). Zuvor muss der Vermieter allerdings den Mieter wegen dieses vertragswidrigen Verhaltens abgemahnt haben und der Mieter dennoch diese unerlaubte Praxis fortsetzen. Bei der Raummiete stellt vor allem die nachhaltige *Störung des Hausfriedens* durch den Mieter einen solchen Kündigungsgrund nach §§ 569, Abs. 2, 578, Abs. 2, Satz 1 BGB dar (BGH NJW 1998, S. 374). Hierfür reicht auch das störende Verhalten eines Mitbenutzers, Untervermieters oder Gesellschafters, wie erhebliche Lärmbelästigung zur Nachtzeit, tätliche Angriffe auf Vermieter oder andere Mieter oder wiederholte Beleidigungen dieser Personen.

Störung des Hausfriedens *(Randnotiz)*

9.1.12.3.5   Wegen Zahlungsverzug des Mieters

Qualifizierter Zahlungsverzug *(Randnotiz)*

Nicht jeder geringfügige Zahlungsverzug, sondern nur ein *qualifizierter Zahlungsverzug* im Sinne von § 543, Abs. 2, Satz 1, Nr. 3 BGB berechtigt den Vermieter zur fristlosen Kündigung,

- wenn der Mieter die Miete oder einen nicht unerheblichen Teil davon für zwei aufeinander folgende Termine nicht zahlt oder
- die Miete über einen längeren Zeitraum hinweg mehrfach teilweise schuldig bleibt und der Rückstand die Höhe zweier Monatsmieten erreicht.

Erheblicher Zahlungsrückstand *(Randnotiz)*

Unklar ist in dieser Aufzählung das Merkmal »nicht unerheblich«. Dieser bemisst sich nach dem gesamten Mietzinsrückstand. Die *Grenze* der *Unerheblichkeit* ist jedenfalls überschritten, wenn der rückständige Mietzins insgesamt eine Monatsmiete übersteigt (BGH WM 1987, S. 932), wobei in die Rückstände auch die fälligen Nebenkosten, Vorauszahlungen oder Pauschalen einzuberechnen sind (OLG Köln ZMR 2000, S. 459). Der Verzug mit einer *Nebenkostenvorauszahlung* in der gleichen Größenordnung genügt gleichfalls als Kündigungsgrund (OLG Frankfurt NJW-RR 1989, S. 973), jedoch nicht ein Rückstand des Mieters mit später eingeforderten Nebenkostennachzahlungen (OLG Koblenz NJW 1984, S. 2369). Die Nichtzahlung der Kaution berechtigt zur fristlosen Kündigung, wenn außerdem Mietrückstände aufgelaufen sind, die an sich die Voraussetzung einer fristlosen Kündigung wegen Zahlungsverzugs allein nicht erfüllen (OLG Celle NJW-RR 1998, S. 585); gleichfalls rechtfertigt die Nichtzahlung der Kaution die fristlose Kündigung nach mehrfacher Anmahnung, wenn das Mietobjekt noch nicht übergeben war (OLG München NJW-RR 2000, S. 1251).

Darlegungspflicht des Vermieters *(Randnotiz)*

Für die Kündigung wegen qualifizierten Zahlungsverzugs durch den Mieter schadet es dem Vermieter nicht, wenn er sich in seinem *Kündigungsschreiben* auf eine unrichtige Vorschrift bezieht oder einen Zahlungsverzugsmonat falsch bezeichnet, solange darin nur ein zur fristlosen Kündigung *ausreichender Saldo* angegeben wird, auf den er die Kündigung stützt (LG Berlin NJW 2003, S. 3063); der Vermieter hat aber den Zahlungsrückstand darzulegen. Die Überreichung einer bloßen Aufstellung, aus der nicht entnommen werden kann, welche unterlassenen Zahlungen (nämlich Mietrückstände oder Rückstände aus Nebenkostenabrechnung) der Kündigung zugrunde liegen, reicht dagegen nicht (LG Hamburg NJW 2003, S. 3064).

Kündigungs-erleichterung

Manche von den Vermietern verwendeten Vertragsformulare *schwächen* die gesetzlichen *Kündigungsanforderungen* ab und räumen dem Vermieter auch schon bei weniger schwerwiegenden Zahlungsrückständen ein Recht zur fristlosen Kündigung ein. Solche AGB-Klauseln werden von der Rechtsprechung durchweg wegen der darin liegenden unangemessenen Benachteiligung des Mieters als unwirksam verworfen (BGH NJW 1987, S. 2506; OLG Düsseldorf ZMR 1996, S. 436).

Nachzahlung

Der Vermieter *verliert* sein *Kündigungsrecht*, wenn der Mieter die ausstehende Miete vollständig nachzahlt, bevor ihm die Kündigung zugegangen ist (§ 543, Abs. 2, Satz 2 BGB; BGH NJW 2006, S. 1585). Steht Ihnen als Mieter eine Gegenforderung gegen Ihren Vermieter zu, schließt diese Aufrechnungslage dagegen den Verzug allein nicht aus. Wenn Sie jedoch unverzüglich nach Zugang der fristlosen Kündigung die Aufrechnung erklären, wird dadurch der Zahlungsverzug hinfällig (§ 543, Abs. 2, Satz 3 BGB). Ist im Mietvertragsformular eine Aufrechnungsbeschränkung vorgesehen, so müsste der Vermieter Ihre Gegenforderung, um das zu verhindern, substantiiert bestreiten. Sollte allerdings der Mietvertrag die *Aufrechnung* von einer Vorankündigung des Mieters abhängig machen, so tilgt die Aufrechnungserklärung die Mietforderung nicht sofort (OLG Rostock NZM 1999, S. 1006).

Aufrechnung

Ständige geringe Mietrückstände

Dem steht aber nicht entgegen, dass *ständige unpünktliche Mietzinszahlungen* unterhalb des gesetzlichen Schwellenwertes für eine längere Zeit als drei Monate einen allgemeinen wichtigen Grund nach § 543, Abs. 1 BGB darstellen, der den Vermieter ebenfalls zur fristlosen Kündigung berechtigt (OLG Karlsruhe NJW-RR 2003, S. 945). Ausnahmsweise reicht der Verzug in Höhe einer monatlichen Rate dann aus, wenn der Mieter erklärt, zur weiteren Mietzinszahlung nicht imstande zu sein (OLG Düsseldorf NJW-RR 1991, S. 1353). Letztendlich kann man die Zumutbarkeitsgrenze nur nach den konkreten Umständen im Einzelfall im Hinblick auf die Höhe und den Zeitraum der wiederholten verschuldeten Zahlungsrückstände bestimmen.

Tipp

9.1.12.3.6   Wegen erheblicher Pflichtverletzungen der Vertragsparteien

Schwierige Gesamtabwägung

Sowohl der Mieter wie auch der Vermieter können das Mietverhältnis fristlos bei einer *gravierenden Pflichtverletzung* der anderen Seite
kündigen, wenn ihm deswegen – unter Berücksichtigung aller Umstände des Einzelfalls, insbesondere des Verschuldens des Vertragspartners und unter Abwägung der beiderseitigen Interessen – die
Fortsetzung des Mietverhältnis bis zum Ablauf der Kündigungsfrist oder bis zur sonstigen Beendigung des Mietverhältnis nicht
zugemutet werden kann (§ 543, Abs. 1 BGB). Dies entscheidet sich
im Rahmen einer Gesamtabwägung aller Umstände (BGH WM 1986,
S. 172).

Beispiel:
*Grundlose Erfüllungsverweigerung oder unbegründete Kündigung bzw.
Anfechtung des Mietverhältnisses (BGH WM 2003, S. 1724).*

Einen weiteren Fall bilden *grobe Ungehörigkeiten* eines Vertragspartners oder die *Verletzung* von wichtigen *Nebenabsprachen*.

Beispiel:
*Beleidigung oder Misshandlung des Vermieters bzw. Mieters oder jah-
relange Verweigerung der Abrechnung von Nebenkosten, die unrichtige
Angabe zur Höhe der Umsätze bei der Vereinbarung der umsatzabhän-
gigen Miete (OLG Düsseldorf NZM 2001, S. 1033) oder die Abfalllage-
rung auf dem Mietgrundstück ohne abfallrechtliche Genehmigung (BGH
NJW 2002, S. 3237).*

Keine derartige schwerwiegende Pflichtverletzung ist hingegen im
Widerspruch einer Vertragspartei gegen die berechtigte Kündigung
der anderen Seite zu sehen; hierin liegt lediglich die Äußerung einer
abweichenden Rechtsauffassung (BGH NJW-RR 2003, S. 416).

Unzumutbar kann aber die Weiterführung eines begonnenen Mietverhältnisses sein, wenn sich später herausstellt, dass einer der Vertragspartner den anderen im Rahmen der Vertragsverhandlung über
wichtige Punkte unzutreffend informiert oder seiner Aufklärungspflicht nicht entsprochen hat (BGH ZIP 2000, S. 887).

9.1.12.3.7   Wegen sonstiger Störungen des Mietverhältnisses

Andere beeinträchtigende oder ausschließende Umstände, die im
Risikobereich einer Vertragspartei liegen, stellen keinen wichtigen
Grund für eine vorzeitige Vertragsbeendigung dar (BGH WM 1981,
S. 66). So kann der Vermieter nicht außerordentlich kündigen, wenn
er aufgrund *behördlicher Nutzungsbeschränkungen* dem Mieter nicht, **Behördliche**
wie versprochen, den vertragsgemäßen Gebrauch einräumen kann **Nutzungs-**
(BGH ZMR 2004, S. 248). Genauso wenig steht dem Mieter ein außer- **beschränkungen**
ordentliches Kündigungsrecht wegen *schwerer Erkrankung* zu, selbst
wenn er dadurch an der weiteren Ausübung seines Berufes oder Gewerbes dauerhaft gehindert (OLG Düsseldorf NZM 2001, S. 669) oder
wenn seine Existenz gefährdet ist (OLG Köln NJW-RR 2001, S. 442).

> Umso wichtiger ist der Einbau einer Härteklausel, die diese Risiken   **Tipp**
> auffängt (vgl. Kap. 5.7.2).

Als sonstiger wichtiger Grund bleibt letztendlich nur eine dauerhafte
Zerrüttung des *Vertrauensverhältnisses* zwischen Vermieter und
Mieter übrig. Das ist der Fall, wenn die Vertragsbeziehung endgültig
zerstört ist und nicht geklärt werden kann, ob eine der Parteien dies
allein oder überwiegend zu vertreten hat (OLG Hamburg ZMR 1992,
S. 23). Dabei kann es sich aber nur um extreme Ausnahmefälle handeln, weil die Rechtsprechung hierfür sehr strenge Anforderungen
stellt.

Beispiel:
*Nicht ausreichend wäre etwa eine Serie gegenseitiger Prozesse (OLG
Hamm NJW-RR 1993, S. 16) oder die Einstellung des Geschäftsbetriebs
des Mieters (OLG Dresden ZMR 2000, S. 375).*

9.1.13   Rückabwicklung des beendeten Mietverhältnisses

Nach Beendigung des Mietverhältnisses ist der *Vertrag abzuwickeln*:
Der Mieter hat vor allem die Mietsache im vertragsgerechten Zustand
dem Vermieter zurückzugeben und der Vermieter hat dem Mieter
noch nicht verbrauchte Mietvorauszahlungen, die Kaution und ggf.
Sachinvestitionen des Mieters in das Mietobjekt (in der Rechtssprache *»Verwendungen«*) zurückzuerstatten.

9.1.13.1   Rückgabepflicht des Mieters

Unmittelbar mit Beendigung des Mietverhältnisses haben Sie als Mieter die gemieteten *Räume* spätestens am letzten Tag der Mietzeit an den Vermieter *zurückzugeben* (§ 546, Abs. 1 BGB; BGH NJW 1989, S. 451). Dazu müssen Sie Ihre Sachen vollständig aus dem Mietobjekt – Räume mit oder ohne Grundstück – entfernen und die Schlüssel zurückgeben (OLG Hamm NZM 2003, S. 26). Die Rückgabe kann nach Absprache mit dem Vermieter auch an eine für ihn empfangsberechtigte Person, wie z. B. dem Nachmieter erfolgen (OLG Saarbrücken NJW-RR 2001, S. 993). Die Rückgabepflicht erstreckt sich auch auf *Zubehör.* So hat der Mieter Schilder und ähnliche Einrichtungen, die auf seinen Betrieb oder sein Geschäft hinweisen, zu entfernen (OLG Brandenburg NZM 2000, S. 463). Der Vermieter muss Ihnen allerdings die Anbringung von *Hinweisschildern für neue Geschäftsräume* während einer angemessenen Übergangszeit – maximal sechs Monate – gestatten (OLG Düsseldorf NJW 1988, S. 2545).

Hinweis auf neue Geschäftsräume

Rücknahmepflicht

Der Vermieter hat die Sache stets zurückzunehmen, auch wenn sie sich in einem vertragswidrigem Zustand befindet. Ein *Zurückweisungsrecht* besitzt er also nicht (BGH NJW 1983, S. 1049). Ist der Vermieter zur Rücknahme nicht bereit, so befreit Sie die einseitige Besitzaufgabe ohne Mitwirkung des Vermieters erst dann von der Rückgabepflicht, wenn Sie ihm diese zuvor angedroht haben (§ 303 BGB; OLG Düsseldorf ZMR 1999, S. 326).

Stehen Ihnen als Mieter noch *Gegenansprüche* wegen erbrachter Verwendungen usw. zu, können Sie jedoch im Hinblick auf den Rückgabeanspruch kein Zurückbehaltungsrecht geltend machen, weil ein solches Recht bei der Grundstücks- und Raummiete wegen der großen Wertunterschiede beider Ansprüche gesetzlich ausgeschlossen ist (§ 570 BGB).

9.1.13.1.1   Renovierung, Rückbau und Abriss

Rückgabe so wie übernommen

Als Mieter haben Sie die Räume in dem gleichen Zustand wie bei deren Überlassung zurückzugeben, wobei *Abnutzungen* im Rahmen des vertragsgemäßen Gebrauchs nach dem Gesetz zu berücksichtigen sind (§ 538 BGB). »Besenrein« bedeutet dabei die Beseitigung grober Verschmutzungen (BGH NJW 2006, S. 2915) Entsprechend der üblichen Vertragsklauseln in den Mietformularen, sind Sie aber als Mieter typischerweise verpflichtet, je nach dem Zustand der Räume, *Schönheitsreparaturen* oder weitere *Renovierungsarbeiten* durchzuführen (vgl. Kap. 9.1.7.3.2 und 9.1.7.3.3). Stets haben Sie aber angebrachte Einrichtungen, Umbauten und sonstige Veränderungen (auch Brandreste bei Zerstörung) zu entfernen und zu beseitigen, auch wenn Ihnen der Vermieter zuvor zugestimmt hat (BGH NJW

2006, S. 2115). Dabei spielt es keine Rolle, welchen Aufwand dies erfordert (BGH NJW 2002, S. 3234).

Sollten Sie ein *Grundstück angemietet* haben, müssen Sie ggf. die von Ihnen errichteten Bauwerke beseitigen, wenn der Vermieter darauf besteht. Nach den üblichen Vertragsklauseln kann er dabei zwischen *Abriss* und *Wiederherstellung* des *ursprünglichen Zustandes* oder kostenloser Übernahme des Bauwerks wählen. Liegt das Grundstück aber in den neuen Bundesländern und ist das Bauwerk vor dem 03. Oktober 1990 – entsprechend der Rechtsvorschriften der früheren DDR – errichtet, braucht der Mieter das Gebäude nicht zu beseitigen. Vielmehr fällt es nach dem Schuldrechtsanpassungsgesetz dem Grundstückseigentümer als Vermieter zu, der den Mieter zu entschädigen hat (§ 15). Der Vermieter kann aber die Wiederherstellung des alten Zustandes bei Vertragsende dann nicht verlangen, wenn er ohnehin die Räume umbauen will, sodass dadurch die Wiederherstellungsmaßnahmen des Mieters nutzlos wären (BGH NJW 1986, S. 309). **Abriss von Gebäuden**

Sollten Sie aber als Mieter die von Ihnen im Vertrag übernommenen *Instandsetzungs-* oder *Reparaturpflichten* nicht erfüllen, besitzt der Vermieter stets einen Ausgleichsanspruch in Geld (BGH ZMR 2002, S. 735).

9.1.13.1.2 Rückgabeprotokoll

Als Mieter können Sie dann nur für Schäden haftbar gemacht werden, die im *Übergabeprotokoll* vermerkt sind. Das gilt nach der Rechtsprechung auch für verdeckte Mängel, die nur ein Fachmann erkennen kann. Es obliegt nämlich dem Vermieter, dafür Sorge zu tragen, dass ein Sachkundiger zur Übernahmeverhandlung hinzugezogen wird (BGH WM 1983, S. 44). Dem Übergabeprotokoll steht aber nach gemeinsamer Besprechung die einseitige (teilw. nicht lesbar) schriftliche und dem Vermieter zugeleitete Bestandsaufnahme des Mieters gleich, wenn der Vermieter dieser nicht rechtzeitig widerspricht, oder auch umgekehrt (OLG Düsseldorf NZM 2004, S. 260). **Haftung nur für erfasste Schäden**

> Bestehen Sie als Mieter darauf, dass die Übergabe der Räume an den Vermieter in einem schriftlich anzufertigenden Übernahmeprotokoll dokumentiert wird. Dadurch lassen sich ein späterer Streit über Vorhandensein und Art von Schäden am Mietobjekt vermeiden. **Tipp**

9.1.13.1.3   Ersatzansprüche des Vermieters bei verspäteter oder nicht ordnungsgemäßer Rückgabe

Tipp

> Vermeiden Sie es als Mieter nach Beendigung des Mietverhältnisses unbedingt, die Räume nicht rechtzeitig oder in nicht ordnungsgemäßem Zustand zurückzugeben. Das kommt Sie wegen der Ersatzansprüche des Vermieters teuer zu stehen.

Verspätete Rückgabe

Schlüssel nicht vergessen

Geben Sie die Mietsache verspätet zurück, wozu auch die Schlüsselvorenthaltung oder eine Teilrückgabe genügt (OLG Koblenz NZM 2006, S. 181), kann Ihr Vermieter für die Dauer der Vorenthaltung *Nutzungsentschädigung* in voller Höhe des vereinbarten Mietzinses zuzüglich Umsatzsteuer verlangen (§ 546a, Abs. 1 BGB; BGH NJW-RR 2003, S. 1308). Allerdings fehlt es an einem anspruchsbegründenden Vorenthalten der Mietsache, wenn der Vermieter seinerseits seine Mitwirkungshandlung – etwa das Erscheinen zum vereinbarten Übergabetermin – schuldig bleibt (OLG Köln ZMR 1993, S. 77) oder den Mieter durch Ausübung seines Vermieterpfandrechts an der Räumung hindert (KG NZM 2005, S. 422).

Vermieter steht Entschädigung zu

An Stelle einer Nutzungsentschädigung kann der Vermieter bei der Grundstücks- und Raummiete auch eine höhere Entschädigung in Höhe des durch die Weitervermietung erzielbaren ortsüblichen *Mietzinses* für *vergleichbare Objekte* fordern (BGH ZIP 1999, S. 1395). Selbst wenn die Mietsache nach Vertragsende mangelhaft wird, bleibt die Nutzungsentschädigung ungeschmälert bestehen, weil der Vermieter ab dieser Zeit nicht mehr zur Erhaltung des Mietobjekts verpflichtet ist (OLG München ZMR 1993, S. 466). Hat der Vermieter

Räumungsfrist

Ihnen für die Rückgabe eine *Räumungsfrist* bewilligt, berührt das sein Nutzungsentgelt gleichfalls nicht, weil in dieser Zusage keine Stundung zu sehen ist (BGH WM 1987, S. 1045). Kurzum endet Ihre Entschädigungspflicht als Mieter erst mit der Rückgabe der Mietsache. Diese Konsequenz kann man nur durch eine *Räumungsvereinbarung* mit dem Vermieter vermeiden.

Tipp

> Treffen Sie mit Ihrem Vermieter wegen des Auszugstermins eine Räumungsvereinbarung und schreiben Sie hinein, dass bis dahin keine Nutzungsentschädigung zu zahlen ist.

Räumungsvereinbarung

»1. Das Mietverhältnis endet am ... (Ende des jeweiligen Monats). Der Mieter hat die Mietsache bis zum ... (15. oder anderes Datum des folgenden Monats) geräumt und besenrein zurückzugeben. Bis zu diesem Termin wird keine Nutzungsentschädigung fällig.

2. Über den Zustand der Mietsache bei Rückgabe wird ein Rückgabeprotokoll angefertigt.«

(Unterschriften)

Formulierungs-vorschlag

Sollte der Vermieter durch die verspätete Rückgabe einen weiterreichenden Schaden erleiden, kann er diesen neben der Nutzungsentschädigung geltend machen (§ 546a, Abs. 2 BGB). Das betrifft insbesondere den Ersatz des *Verzögerungsschadens* nach §§ 286, 280, Abs. 1 BGB (vgl. Kap. 5.2.2).

Hoher Verzögerungsschaden des Vermieters

Beispiel:

Mieter M räumt die Geschäftsräume nicht – wie geschuldet – zum 31., sondern erst 14 Tage später. Der Vermieter V konnte das Mietobjekt daher wegen des Rückgabeverzugs nicht sofort, sondern erst einen Monat später weiter vermieten. In diesem Fall kann V als Nutzungsentschädigung die halbe Monatsmiete verlangen. Den weiteren Rest seines Mietausfalls kann er als Verzugsschaden geltend machen.

Zum Verzögerungsschaden gehören zudem diejenigen *zusätzlichen Kosten*, die dem Vermieter entstehen, wenn er wegen der Nichträumung vertragliche Zusagen mit Dritten nicht einhalten kann. Der Schaden besteht hier in dem an diese Personen zu leistenden Schadensersatz oder einer eventuell fälligen Vertragsstrafe (OLG Celle NJW-RR 1993, S. 1282).

Ein weiterer Nachteil, der den Mieter bei einer verspäteten Rückgabe trifft, besteht darin, dass er während des Verzugs für jede Verschlechterung oder den Untergang der Mietsache auch ohne Verschulden haftet. Das ist äußerst unangenehm beim Eintritt von Schäden, deren Risiken der Vermieter nicht versichert hat (§ 287 BGB).

Erweiterte Mieterhaftung

Rückgabe im nicht vertragsgemäßen Zustand

Zieht der Mieter aus, ohne die ihm obliegenden Schönheitsreparaturen oder Renovierungsarbeiten durchzuführen, kann der Vermieter von ihm regelmäßig nur *Schadensersatz wegen Pflichtverletzung* nach § 280, Abs. 1 BGB fordern, den er dadurch erleidet, dass er die Mietsache in diesem schlechten Zustand nicht sofort weitervermieten kann. Das gilt aber wegen der *Schadensminderungspflicht* des

Keine Weitervermietung möglich wegen Ausbleibens fälliger Reparaturarbeiten

Vermieters nach § 254, Abs. 2 BGB nur solange, bis er die Mieträume selbst auf Kosten des Mieters herrichten kann.

Schönheits-reparatur wegen Auszug

Der Anspruch des Vermieters auf die dem Mieter obliegende Durchführung der Schönheitsreparaturen oder Renovierungsarbeiten wird am letzten Tag der Vertragszeit fällig (BGH NJW 1989, S. 451). Bevor der Vermieter aber vom Mieter die Kosten der Reparaturarbeiten als Schadensersatz statt Leistung nach § 281, Abs. 1 BGB verlangen kann, muss er ihm zuvor eine angemessene Nachfrist gesetzt haben, die erfolglos verstrichen sein muss. Eine derartige Nachfrist ist nur dann entbehrlich, wenn der Mieter die Erfüllung endgültig verweigert. Die Gerichte setzen aber hierfür die Anforderungen recht niedrig, um den Vermieter aus seinem Dilemma zu befreien – einerseits den Schaden durch rasche Weitervermietung möglichst gering zu halten, andererseits die Nachfrist für den eigenen Schadensersatzanspruch abwarten zu müssen. Daher ist von einer endgültigen *Erfüllungsverweigerung* des *Mieters* bereits dann auszugehen, wenn er in der vor Vertragsende geführten Korrespondenz seine Renovierungspflicht bestreitet oder der Vermieter bei der Schlussbegehung auf diese Maßnahmen besteht und er dennoch ohne die notwendigen Reparaturarbeiten auszieht (BGH NJW 1989, S. 451). Hat der Nachmieter auf eigene Kosten die vom Mieter zu erbringenden Schönheitsreparaturen oder Renovierungsarbeiten ausführen lassen, so entlastet dies den Mieter nicht (OLG Hamburg ZMR 1984, S. 342).

Nachfrist

Umbau durch Vermieter

Als Schadensersatz müssten Sie als Mieter alle Aufwendungen für die Durchführung der Reparaturen ersetzen, sowie einen eventuellen Mietzinsausfall, der dem Vermieter infolge des Verzugs entstanden ist (BGH NJW 1985, S. 267). Will der Vermieter nach Beendigung des Mietverhältnisses die Mieträume umbauen, wäre die Durchführung einer Schönheitsreparatur oder Renovierungsarbeit unsinnig. Dieser Umstand befreit Sie aber als Mieter nicht von Ihrer Leistungspflicht, sondern der Anspruch des Vermieters wandelt sich direkt in einen Geldzahlungsanspruch um (BGH NZM 2002, S. 655).

9.1.13.2   Rückzahlung von Mietvorauszahlung und Kaution

Nach Vertragsbeendigung hat der Vermieter dem Mieter auch die noch nicht verbrauchten *Mietvorauszahlungen* und die geleistete *Kaution* zurückzuerstatten.

9.1.13.2.1   Mietvorauszahlung

Sollten Sie als Mieter eine Vorauszahlung geleistet haben, die vor Vertragsende noch nicht verbraucht ist, muss Ihnen der Vermieter diese nach § 547, Abs. 1 BGB zurückzahlen. Sofern allein der Vermieter – wie bei einer *fristlosen Kündigung* durch den *Mieter* – die

Vertragsauflösung zu vertreten hat, ist die Vorauszahlung auch vom Empfang an zu *verzinsen* (Satz 1), ohne besondere Vereinbarung mit 4 % (§ 246 BGB). Hat er dagegen die Vertragsbeendigung – wie bei einer ordentlichen Kündigung oder seiner außerordentlichen Kündigung – nicht zu vertreten, muss er die nicht verbrauchte Vorauszahlung nur nach Bereicherungsgrundsätzen gemäß § 812, Abs. 1 BGB zurückgewähren. Dann besteht eine Verzinsungspflicht erst ab dem Zeitpunkt, nach dem er das Geld zinsbringend angelegt hat (§ 818, Abs. 1 BGB).

Verzinsung

Mietvorauszahlungen sind alle finanziellen Mieterleistungen, die ganz oder teilweise für eine bestimmte Zeit vom Mieter im Voraus als Gegenleistung zur Gebrauchsgewährung erbracht werden (BGH WM 2000, S. 1964), mögen sie auch als »Darlehen« bezeichnet sein. Dabei kann es sich aber auch um Aufbauleistungen des Mieters handeln (BGH NJW 1959, S. 852). Dazu zählt ein Darlehen ohne jeglichen Bezug zur Miete nicht (BGH NJW 2003, 1317).

Aufbauleistungen des Mieters

> Deshalb sollten Sie als Mieter bei einer Darlehensgewährung an den Vermieter immer eine klare Mietanrechnungsvereinbarung treffen und das Darlehen angemessen absichern (vgl. Kap. 9.1.6.2).

Tipp

Die von den Vermietern zugrunde gelegten Vertragsformulare sehen häufig vor, dass bei einer vom *Mieter zu vertretenden* vorzeitigen *Vertragsauflösung* der Rückerstattungsanspruch entfallen soll, was grundsätzlich bei der Geschäftsraummiete zulässig ist (§ 547, Abs. 2 BGB). Die Gerichte sehen in einer derartigen *Verfallklausel* eine Art Vertragsstrafe. Sie sind deshalb auch gegenüber Unternehmen als Mieter wegen unangemessener Benachteiligung nach § 307, Abs. 1 BGB unwirksam, wenn die Rückzahlungspflicht des Vermieters auf volle Jahresmieten begrenzt wird (OLG München ZMR 1994, S. 15).

Verfallklausel als Vertragsstrafe

> **Beispiel:**
> *Unzulässig ist folgende Verfallklausel:*
> *»Vom Mieter geleistete Mietvorauszahlungen, die bei Vertragsende noch nicht verbraucht sind, braucht der Vermieter nur zurückzuzahlen, wenn die nicht verbrauchte Mietzeit mindestens ein Jahr beträgt. Darüber hinausreichende Zahlungen sind nur in Höhe der Jahresmiete zu erstatten, wenn sie jeweils immer ein volles Mietjahr erreichen.«*

9.1.13.2.2   Zurückzahlung der Mietkaution

Der Mieter kann die Kaution nach Beendigung des Mietvertrages *nicht sofort* vom Vermieter zurück verlangen. Gemäß dem Siche-

Prüfung durch Vermieter

Rückzahlungsfrist   rungszweck dieser Zahlung steht dem Vermieter eine angemessene Frist von *mindestens drei Monaten* zu, innerhalb der er sich nach Prüfung des Mietobjekts und nach Einsicht in die Unterlagen für die Berechnung der Betriebskosten entscheiden kann. Insbesondere wird er prüfen, ob und in welchem Umfang er auf die Kaution zur Abdeckung dieser Ansprüche zurückgreifen will (OLG Köln ZMR 1998, S. 346).

> **Beispiel:**
> *Im Einzelnen ist die Rechtsprechung sehr schwankend: In der Regel sechs Monate (OLG Düsseldorf ZMR 2000, S. 600 und OLG Celle NZM 2003, S. 763), in schwierigen Einzelfällen auch ein Jahr (OLG Hamm NJW-RR 1992, S. 1036), keinesfalls aber über zwei Jahre (OLG Düsseldorf ZMR 1992, S. 191).*

Tipp   Deshalb sollte im Mietvertrag die Prüfungsfrist festgelegt werden; aus Mietersicht reichen drei Monate.

Vorbehaltlose Zurückzahlung   Zahlt der Vermieter vorbehaltlos die geleistete Kaution zurück, sieht die Rechtsprechung darin regelmäßig einen *Verzicht* auf weitere Schadensersatzansprüche (OLG München NJW-RR 1990, S. 20).

9.1.13.3 Wegnahmerecht des Mieters

Abbau von angebrachten Einrichtungen   Als Mieter steht Ihnen bei Vertragsende auch das *Recht* zu, *Einrichtungen*, mit denen Sie die Mietsache versehen haben, *wegzunehmen* (§ 539, Abs. 2 BGB). Dass die Entfernung solcher Einrichtungen im Rahmen der Rückgabepflicht nicht nur den Mieter belastet, sondern ihn auch berechtigt, hat erhebliche praktische Bedeutung, wenn der Mieter an der Wegnahme interessiert ist, weil er diese Sachen für seinen Gewerbebetrieb weiter verwenden will.

In den neuen Bundesländern besitzt jeder Nutzer eines Grundstücks, der ein Bauwerk errichtet hat, ein Wegnahmerecht (§ 12, Abs. 3 SchuldRAnpG).

Unter *Einrichtung* im Sinne von § 539, Abs. 2 BGB sind nur bewegliche Sachen zu verstehen, die mit der Mietsache verbunden worden sind.

> **Beispiel:**
> *Installation einer Heizung, sanitäre Installation, Einbau eines Wandschrankes und fest mit dem Gebäude verbundene Maschinen (OLG Köln ZMR 1994, S. 509).*

Der Vermieter hat die *Wegnahme* durch den Mieter zu *dulden*, kann dies aber verhindern, indem er dem Mieter für dessen Rechtsverlust eine angemessene *Entschädigung* zahlt (BGH NJW-RR 2006, S. 294). Das gilt nicht, sofern der Mieter unbedingt auf den Gebrauch angewiesen ist (§ 552, Abs. 1 BGB; OLG Köln ZMR 1994, S. 509). Im Falle eines berechtigten Interesses können Sie aber als Mieter auf der Wegnahme bestehen, wenn Sie die Einrichtung für die Fortführung des Geschäftsbetriebs benötigen.

Oder Entschädigung durch Vermieter

Macht der Mieter von seinem Wegnahmerecht Gebrauch, so hat er die Mietsache auf seine Kosten wieder in den ursprünglichen Zustand zu versetzen (§ 258, Satz 1 BGB). Wegen möglicherweise dadurch entstehender Schäden kann der Vermieter von ihm Sicherheitsleistung verlangen (§ 258, Satz 2 BGB).

Im Mietvertrag kann formularmäßig das *Wegnahmerecht* des Mieters ausgeschlossen werden, wenn sich der Vermieter zu einer angemessenen *Entschädigungszahlung* verpflichtet. Selbst den Ausschluss ohne Entschädigungspflicht erachtet die Rechtsprechung nicht als unangemessen (OLG Karlsruhe NJW-RR 1986, S. 13944).

Ausschluss des Wegnahmerechts

> Akzeptieren Sie keinesfalls den Ausschluss des Wegnahmerechtes für geschäftswichtige Einrichtungen außer gegen angemessene Entschädigung.

Tipp

Sollte sich aber der *Vermieter* unberechtigterweise *weigern*, die Wegnahme von Einrichtungen zu dulden, hat er dem Mieter wegen dieser Pflichtverletzung Schadensersatz in Höhe des Wertes der zurückgebliebenen Sache zu leisten (§§ 280, 281 BGB; OLG Bremen NZM 2002, S. 292).

Ist hingegen für die aufgegebenen Geschäftsräume schon ein *neuer Mieter* gefunden, der dort ein ähnliches Geschäft betreiben will, kommt statt des kostenaufwändigen Ausbaus häufig eine andere Lösung in Betracht. Kann der neue Mieter die Einrichtung gebrauchen, bietet es sich an, dass er sie von dem Altmieter gegen Entrichtung einer *Abstandszahlung* übernimmt. Das erfordert eine entsprechende Vereinbarung zwischen dem bisherigen und dem neuen Mieter, wobei der Vermieter wegen seines Entfernungsanspruchs zustimmen muss.

Abstandszahlung des neuen Mieters

Übernahmevereinbarung

»Die Fa. ... (Neumieter) übernimmt von der Fa. ... (Altmieter) die komplette Einrichtung (oder folgende Einrichtungsgegenstände ...) in der Mietsache (genaue Beschreibung des Mietobjekts) gegen eine Abstandszahlung in Höhe von ...«
(Unterschrift Neumieter)   (Unterschrift Altmieter)
»Die Fa. ... (Vermieter) stimmt dieser Übernahme ausdrücklich zu.«
(Unterschrift Vermieter)

Formulierungsvorschlag

9.1.13.4　Verwendungsersatzanspruch des Mieters

Renovierungen und bauliche Verbesserungen mit Vermieter abstimmen

Lässt der Mieter die gemieteten Räume auf seine Kosten renovieren und instandsetzen, tut er dies regelmäßig, weil er dazu nach dem Mietvertrag verpflichtet ist. Anders sieht das dagegen mit *baulichen Maßnahmen* aus, die die Mietsachen in ihrer Qualität verbessern. Dazu braucht er aber regelmäßig die *Erlaubnis* des *Vermieters*. Nimmt der Mieter ohne eine vertragliche Verpflichtung derartige Renovierungs- und Instandsetzungs- oder bauliche Maßnahmen vor, dann stellt sich die Frage, ob er nach Beendigung der Mietzeit Ersatz von dem Vermieter für die ihm entstandenen Kosten verlangen kann.

In der Regel bekommen Sie als Mieter nur Ersatz für die Aufwendungen zur Beseitigung von Mängeln, deren Beseitigung der Vermieter vertragswidrig nach § 536a, Abs. 2 BGB unterlassen hat (§ 539, Satz 1 BGB; vgl. Kap. 9.1.8.8). Die Kosten für *wertsteigernde bauliche Maßnahmen* erhalten Sie dagegen grundsätzlich nur nach vorheriger Absprache mit Ihren Vermieter erstattet (vgl. Kap. 9.1.6.2). Ansonsten erhält der Mieter nach den strengen Regeln der *Geschäftsführung ohne Auftrag* im Sinne von §§ 677, 683 BGB seine Aufwendungen nur ersetzt, wenn dies objektiv dem Vermieter nützt und er deswegen die Räume mit einer höheren Miete weiter vermieten kann (§ 539, Satz 2 BGB; BGH NJW-RR 2006, S. 294). Der Anspruch kann im Mietvertrag komplett ausgeschlossen werden, worauf Sie sich aber nicht einlassen sollten (OLG Karlsruhe NJW-RR 1986, S. 1394).

9.1.13.5　Kurze Verjährung der Ersatzansprüche von Vermieter und Mieter

Sechsmonatige Verjährungsfrist

Die Ersatzansprüche des *Vermieters* wegen *Veränderung* oder *Verschlechterung* der Mietsache verjähren in sechs Monaten, beginnend mit dem Zeitpunkt, in welchem der Vermieter die Sache vollständig zurückerhält (BGH NJW 2006, S. 2399), auch wenn der Anspruch erst später entsteht (BGH NJW 2005, S. 741). Mit der Verjährung der Ansprüche des Vermieters auf Rückgabe der Mietsache verjähren auch die damit zusammenhängenden Ersatzansprüche (§ 548, Abs. 1 BGB), auch der auf Entfernung von Einbauten (BGH NJW 2006, S. 1588).

In gleicher Weise verjähren Ihre Ansprüche als *Mieter* wegen Ersatz von *Aufwendungen* oder auf Gestattung oder *Wegnahme* einer Einrichtung in sechs Monaten nach der rechtlichen Beendigung des Mietverhältnisses (§§ 548, Abs. 2, 200 Satz 1 BGB; OLG Bamberg NJW-RR 2004, S. 227). Die kurze Verjährungsfrist gilt aber auch für den an die Stelle des Wegnahmerechts tretenden vertraglichen Anspruch auf Geldausgleich (OLG Bremen NZM 2002, S. 292) oder (nach inhaltlichem Sachzusammenhang) auch für den Schadensersatzanspruch gegen den Vermieter wegen Vereitelung der Wegnahme.

Für *andere Schadensersatzansprüche* des Mieters wegen verspäteter Rückerstattung von Mietvorauszahlungen oder der Mietkaution gilt die allgemeine Verjährungsfrist von drei Jahren, beginnend mit dem Schluss des Jahres, in dem das Mietverhältnis endet (§§ 195, 199, Abs. 1 BGB; BGH NJW 1970, S. 2289).

> **Tipp**
>
> Sie merken schon, dass Nichtjuristen große Mühe haben, diese unterschiedlichen Verjährungsfristen auseinander zu halten. Sollte Ihr Vermieter nach Beendigung des Mietverhältnisses die von Ihnen geltend gemachten Ersatzansprüche nicht anerkennen, schalten Sie umgehend einen im Geschäftsraummietrecht versierten Rechtsanwalt ein, der Ihre Interessen vertritt.

9.1.14 Schicksal des Mietvertrages bei Insolvenz des Vermieters

Kündigung vor Verfahrenseröffnung

Sollten Vermieter oder Mieter bei Insolvenz des Vermieters das Mietverhältnis schon *vor Verfahrenseröffnung beendet* haben, wird der Insolvenzverwalter im Rahmen seines allgemeinen Auftrags das Mietverhältnis auf Vermieterseite abwickeln und von Ihnen als Mieter die Rückgabe der Mietsache gemäß § 546 BGB fordern (vgl. Kap. 9.1.13.1). Die auf Geld gerichteten Ansprüche des Mieters sind demzufolge vor Eröffnung entstanden und deshalb lediglich einfache *ungesicherte Insolvenzforderungen* nach § 38 InsO, die der Verwalter nur quotenmäßig zu bedienen braucht. Das Gleiche gilt, wenn Vermieter oder Mieter vor Verfahrenseröffnung das Mietverhältnis ordentlich mit Wirkung zu einem nach Verfahrenseröffnung liegenden Termine gekündigt haben. Der Mietvertrag endet dann ungeachtet der Verfahrenseröffnung. Was Ihre Abwicklungsansprüche als Mieter angeht, resultieren diese zwar aus einem nach Verfahrenseröffnung noch bestehenden Mietverhältnis, gelten dennoch aber nicht nach § 55, Abs. 1, Nr. 2 InsO als bevorzugt zu bedienende *Masseverbindlichkeiten*. Diese Regelung soll nur Erfüllungsansprüche erfassen, die der Masse voll zugute kommen (BGH NJW 1979, S. 310). Daher sind sie wiederum nach § 108, Abs. 2 InsO einfache ungeschützte Insolvenzforderungen.

Gesicherte Ansprüche aus weiter bestehendem Mietvertrag

Ist dagegen der Raummietvertrag noch *nicht gekündigt*, gehen diese Mietverträge nach § 108, Abs. 1 InsO auf die Masse über. Ihr Anspruch als Mieter auf Gewährung des vertragsgemäßen Gebrauchs ist dann voll und ganz nach § 55, Abs. 1, Nr. 2 InsO ungeschmälert aus der Masse zu erfüllen. Das gilt, weil die gesetzliche Regelung diesbezüglich keine Unterscheidung trifft, und zwar selbst dann, wenn der Vermieter dem Mieter das Mietobjekt vor Verfahrenseröffnung noch nicht überlassen hat. Ersatzansprüche des Mieters, die auf einem *vertragswidrigem Verhalten* des *Insolvenzverwalters* beruhen, sind deshalb ebenfalls Masseverbindlichkeiten. Haben Sie aber Vorauszahlungen auf die Miete geleistet, so sind diese nur zeitlich begrenzt nach § 110 InsO wirksam, und zwar für den laufenden Monat der Verfahrenseröffnung, und bei Eröffnung nach dem 15. des Monats auch noch für den nachfolgenden Monat (BGH NJW 1962, S. 1860). Sollten Sie dagegen Ihrem Vermieter einen *Baukostenzuschuss* oder ein *Aufbaudarlehen* gewährt haben, gilt die kontinuierliche Verrechnung mit der künftigen Miete unbeschränkt, da die durch Sie geschaffenen Werte auch der Insolvenzmasse zugute kommen (BGH NJW 1952, S. 867).

Aufrechnungs-beschränkungen

Sollte der Formularmietvertrag zu Lasten des Mieters eine *Aufrechnungsbeschränkung* vorsehen, ist diese mit Eröffnung des Insolvenzverfahrens hinfällig. Jedoch ist die Aufrechnung nach § 96, Nr. 1 InsO unzulässig, wenn der aufrechnende Mieter erst nach der Eröffnung des Insolvenzverfahrens »etwas zur Masse schuldig geworden ist«. Die Mietforderung der Masse entsteht aber erst mit der jeweiligen Gebrauchsgewährung, sodass der Mieter erst dann »etwas zur Masse schuldig« wird. Deshalb können Sie mit eventuell schon bestehenden Schadensersatzansprüchen gegen den Vermieter nicht mehr aufrechnen (BGH ZIP 1990, S. 646). Das *Aufrechnungsrecht* des Mieters wird aber bei der Immobilienmiete nach § 110, Abs. 3 InsO etwas *erweitert*: Aufrechnungen gegen Mietforderungen aus dem bei Verfahrenseröffnung laufenden Monat oder im Falle einer Verfahrenseröffnung nach dem 15. werden auch noch für den nachfolgenden Monat zugelassen. Selbstverständlich können Sie aber mit Schadensersatzansprüchen, die durch vertragswidriges Verhalten des Verwalters entstehen, gegen die laufenden Mietforderungen der Masse aufrechnen, weil es sich dabei eindeutig um gegenseitige Ansprüche handelt (BGH NJW 1986, S. 3206).

Mietkaution

Steht Ihnen schließlich als Mieter ein Anspruch auf Rückgewähr der *Kaution* zu, so können Sie von dem Insolvenzverwalter die *Aussonderung*, also die Herausgabe des vollen Kautionsbetrages nur fordern, wenn der Vermieter die Kautionssumme von seinem Vermögen getrennt auf einem *Treuhand-Sonderkonto* angelegt hat (BGH ZIP 2003, S. 1404).

Veräußerung des Mietobjekts

Sollte der Insolvenzverwalter das Mietobjekt veräußern, so übernimmt gemäß § 111 InsO - genau wie bei einem Verkauf durch den Mieter nach § 566 BGB - der Erwerber den Mietvertrag. Die bürgenähnliche Ersatzhaftung des veräußernden Vermieters trifft dann die Insolvenzmasse, sodass der Ersatzanspruch des Mieters eine Masseverbindlichkeit nach § 55, Abs. 1, Nr. 1 InsO darstellt (vgl. Kap.

9.1.10.2.4). Im Insolvenzverfahren wird der *Erwerber* aber dadurch begünstigt, dass er den Mietvertrag *vorzeitig* unter Einhaltung der gesetzlichen Frist von sechs Monaten zum erstmöglichen Termin *kündigen* kann.

9.1.15   Checkliste für den Mieter

Diese Liste enthält die wichtigsten Punkte, die Sie vor dem Vertragsabschluss, bei dem Abschluss und der Erfüllung von Mietverträgen über Geschäftsräume unbedingt beachten sollten. Ergänzend dazu kann man die Basischeckliste in Kapitel 7 heranziehen.

Vor Vertragsabschluss

Checkliste

✔ *Besichtigen* Sie unbedingt die in Aussicht genommenen Gewerbe- oder Büroräume und fertigen Sie mit dem Vermieter eine umfassende schriftliche *Zustandsbeschreibung* an, die dann später als Anlage zu dem Mietvertrag genommen wird. Stellen Sie dabei Mängel fest, die noch behoben werden müssen: Nehmen Sie diese ausdrücklich in das *Besichtigungsprotokoll* auf und behalten sich wegen dieser Fehler Ihre Mängelansprüche in dem Mietvertrag ausdrücklich vor.

✔ Überzeugen Sie sich auch unbedingt davon, dass die *Mieträume* für den von Ihnen vorgesehenen *Betriebszweck* nach Zuschnitt, Lage und Ausstattung *geeignet*, sowie die betreffende wirtschaftliche Tätigkeit behördlich oder von den anderen Miteigentümern (bei einer größeren Gebäudeanlage) *erlaubt* ist. Lassen Sie sich diese für Sie wichtigen Eigenschaften der Mietsache vom Vermieter am besten ausdrücklich schriftlich garantieren. Werden diese Zusagen von ihm nicht oder nicht in vollem Umfang eingehalten, dann haftet stets er dafür.

✔ Auch bei der *Vermietung vom Reißbrett* einer noch zu erstellenden Gebäudeanlage oder eines Teiles davon, ist eine entsprechende Prüfung anhand der vorhandenen Pläne und Bauzeichnungen usw. durchzuführen.

✔ Lassen Sie sich, soweit vorhanden, auch den *Energiepass* für das Mietobjekt vorlegen, um an Hand der Energieklasse des Gebäudes die voraussichtliche Höhe der Nebenkosten abschätzen zu können.

Abschluss und Inhalt des Mietvertrages

✔ Schließen Sie auf jeden Fall einen schriftlichen Mietvertrag ab. Sollte, wie i.d.R., ein *Mietformular* des *Vermieters* verwendet werden, unterschreiben Sie nicht sofort, sondern lesen sich alle Regelungen, auch das Kleingedruckte, in aller Ruhe durch. Wenn Sie einzelne Bestimmungen nicht verstehen, lassen Sie sich diese vom Vermieter erklären. Fällt die Antwort nicht zufrieden stellend aus, holen Sie fachkundigen Rat ein.

✔ Wollen Sie die Räume zusammen mit anderen Unternehmen mieten, so sollten auch alle *Mitmieter* Hauptmieter werden. Dazu ist erforderlich, dass im oberen Vertragstext die Betreffenden als Mietpartei aufgeführt werden und am Ende den Vertrag auch unterzeichnen.

✔ Achten Sie auf eine Ihren Bedürfnissen entsprechende Bestimmung der *Vertragsdauer*, die sich aus einer nicht allzu langen *Grundmietzeit* mit einer Verlängerungsoption des Mieters zusammensetzen sollte. Wenn Sie in größerem Umfang in das Mietobjekt investieren, so muss die unkündbare Grundmietzeit wenigstens derart bemessen werden, dass sich Ihre Aufwendungen amortisieren können. Auch die vom Vermieter einzuhaltenden *Kündigungsfristen* müssen so bemessen werden, dass Sie genügend Zeit haben, sich auf die neue Situation einzustellen.

✔ Sorgen Sie dabei auch für eine ausreichende Flexibilität, um möglichst frühzeitig auf unerwartete wirtschaftliche Veränderungen reagieren zu können. Hierfür können Sie sich im Falle eines Geschäftsrückganges oder eines vorzeitigen Auszugs das Recht vorbehalten, die Räume *unterzuvermieten* oder auch einen geeigneten *Nachmieter* zu stellen. Sonstigen unerwarteten nachteiligen Entwicklungen kann man durch das Einfügen einer *Härteklausel* mit dem Ziel der Vertragsanpassung, oder, im Falle des Scheiterns, des Rechtes zur vorzeitigen Vertragsauflösung begegnen.

✔ Achten Sie auch auf eine möglichst präzise Regelung des *vertragsgemäßen Gebrauchs*, namentlich der möglichst konkreten Angabe des Betriebszwecks; um so leichter tun Sie sich dann später mit der Feststellung eines Mietmangels, für den der Vermieter die Verantwortung trägt, wenn die Mietsache nicht Ihren Erwartungen entsprechen sollte; sichern Sie sich auch das Recht, den Betriebszweck in einem bestimmten Rahmen nachträglich ändern zu können.

✔ Akzeptieren Sie keine umfassende nachteilige Instandsetzungsklausel, die Sie als Mieter über die üblichen Schönheitsreparaturen hinaus zu umfangreichen Instandsetzungsarbeiten verpflichtet.

✔ Auch eine *Endrenovierungsklausel* sollten Sie nicht widerspruchslos hinnehmen.

✔ Eine Aufbürdung der *Instandsetzungspflicht* ist nur für solche Schäden angemessen, die aus den erhöhten Risiken Ihres Geschäftsbetriebes resultieren; das Gleiche gilt für die Auferlegung einer Versicherungspflicht gegenüber dem Mieter.

✔ Ablehnen sollten Sie auch den Ausschluss Ihres Rechtes auf *Mietminderung* oder der vorläufigen *Mieteinbehaltung* wegen in den Verantwortungsbereich des Vermieters fallenden Sachmängeln.

✔ Die Höhe der in dem Mietvertrag festzulegenden *Miete* sollte *marktüblich* sein; in dieser Hinsicht ist auch das Recht des Vermieters zur einseitigen Mieterhöhung mittels einer *Wertsicherungsklausel* akzeptabel; dagegen muss von der Vereinbarung einer

Staffelmiete, die einen ganz anderen Verlauf als die Marktentwicklung nehmen kann, dringend abgeraten werden.

✔ Achten Sie besonders auch auf die von Ihnen zusätzlich zur Grundmiete zu entrichtenden *Nebenkosten*, die im Mietvertrag möglichst genau beschrieben sein sollten; die von Ihnen zu leistenden *Abschlagszahlungen* sollten wirklichkeitsbezogen sein, also in etwa die anfallenden Kosten abdecken; erkundigen Sie sich deshalb unbedingt bei dem Vermieter nach seinen Erfahrungswerten.

✔ Wird – wie üblich – eine *Mietkaution* verlangt, so sorgen Sie unbedingt dafür, dass der Vermieter diese auf ein eigens dafür eingerichtetes Sonderkonto als *Treuhandkonto* einzahlt. Über dieses Konto dürfen keine anderen Geldtransaktionen abgewickelt werden. Lassen Sie sich das von der Bank auch bestätigen, denn nur dann können Sie sicher sein, in einer möglichen Insolvenz des Vermieters durch Ausübung eines *Aussonderungsrechtes* den Betrag ungeschmälert vom Verwalter zurückzuerhalten; verlangt der Vermieter von Ihnen eine *Mietbürgschaft*, ist diese präzise auf Forderungen aus dem Mietvertrag zu beschränken.

Erfüllung des Mietvertrages

✔ *Vor* dem *Einzug* sollten Sie noch einmal zusammen mit dem Vermieter oder seinem Vertreter die Räume begehen und ein gemeinsames *Begehungsprotokoll* anfertigen, in dem alle eventuellen Mängel oder noch zu erledigende Arbeiten vermerkt werden; behauptet der Vermieter später, die Räumlichkeiten seien in Ordnung gewesen und deshalb die Mängel auf Ihren unsachgemäßen Gebrauch zurückzuführen, haben Sie keine Beweisprobleme.

✔ Nach dem Einzug sorgen Sie unbedingt mittels eines Dauerauftrages oder einer Abbuchungsermächtigung dafür, dass die *Miete* inklusive der Abschlagszahlung für Nebenkosten *pünktlich bezahlt* wird; sind Sie mit zwei monatlichen Mieten in Verzug, droht Ihnen die fristlose Kündigung wegen Zahlungsverzugs durch den Vermieter.

✔ *Unterlassen* Sie auch jedweden *vertragswidrigen Gebrauch* spätestens nach der Abmahnung durch den Vermieter, weil dieser sonst fristlos den Mietvertrag kündigen kann.

✔ Treten später *Mietmängel* auf, so müssen Sie diese unverzüglich Ihrem Vermieter *anzeigen*, um Ihre Mängelansprüche zu wahren; nur so können Sie es auch vermeiden, ihm gegenüber schadensersatzpflichtig zu werden; fordern Sie den Vermieter in der Mängelanzeige unter Setzung einer angemessenen *Frist* zur *Mängelbeseitigung* auf und kündigen Sie ihm Mietminderung und vorläufige Mieteinbehaltung an, wenn er dem nicht Folge leistet; können Sie sich aber mit dem Vermieter nicht einigen, sollten Sie die Höhe der Mietminderung und die anderen Schritte mit Ihrem Anwalt besprechen.

✔ Wollen Sie den Mietvertrag *ordentlich kündigen*, müssen Sie strikt die vereinbarten Kündigungsfristen beachten. Das stellt man am besten dadurch sicher, dass man die Kündigungsfristen im betrieblichen Fristenmanagement vorhält.

✔ Sollte Ihnen der *Vermieter* unerwarteterweise *fristlos* wegen vertragswidrigem Verhalten *kündigen*, was Sie nicht hinnehmen wollen, weil Sie die gemieteten Räume weiter nutzen wollen, lassen Sie durch einen im Geschäftsraummietrecht beschlagenen Rechtsanwalt überprüfen, ob die Kündigung rechtmäßig ist.

✔ *Nach Vertragsende*, gleichgültig wie es herbeigeführt worden ist, sollten Sie umgehend die gemieteten *Räume frei machen*, sofern Ihnen der Vermieter nicht eine längere Rückgabefrist eingeräumt hat. Danach erstellen Sie auf jeden Fall zusammen mit Ihrem Vermieter ein gemeinsames schriftliches *Übergabeprotokoll*, in dem er bestätigt, dass das Mietobjekt in einem vertragsgemäßen Zustand zurückgegeben worden ist. Andernfalls werden die noch von Ihnen zu erledigenden Arbeiten eingetragen.

9.2   Miete von Fahrzeugen und anderen technischen Geräten

Benötigt Ihr Unternehmen nur *kurzfristig* wegen eines Unfalls ein *Ersatzfahrzeug* oder für andere Zwecke ein Fahrzeug oder eine Maschine, kann man diese Objekte *mieten*; im Falle einer längeren Nutzung werden sie üblicherweise geleast. Wird der Mietwagen wegen eines Unfalls benötigt, so hat der *Autovermieter* den Unfallgeschädigten vor Vertragsabschluss, will er sich ihm gegenüber nicht nach den Regeln des Verschuldens beim Vertragsabschluss schadensersatzpflichtig machen (vgl. Kap. 2.4.4.3), deutlich und unmissverständlich darauf *hinweisen*, dass der teure weit über dem Normaltarif liegende *Unfallersatztarif* möglicherweise nicht voll von der Haftpflichtversicherung des Unfallgegners übernommen wird (BGH NJW 2006, S. 2619). Dagegen braucht er nicht auf günstigere eigene oder gar anderer Anbieter hinzuweisen (BGH NJW 2006 S. 2621 und BB 2007, S. 912; 1755), wohl aber wenn er einen *exorbitanten* »*Normaltarif*« zu Grunde legt, der weit über dem Durchschnittspreis des Schwacke Mietpreis-Spiegels – im entschiedenen Fall 25 % – liegt (BGH NJW 2006, S. 2106).

Überteuerter Unfallersatztarif

Brauchen die Mitarbeiter des Unternehmens nicht ständig einen Pkw für dienstliche Zwecke, sind viele Unternehmen dazu übergegangen, den punktuellen kurzfristigen Bedarf durch das Mieten von

Rahmenvertrag mit Autovermieter

Fahrzeugen zu decken. Zu diesem Zweck wird ein *Rahmenvertrag* mit einem professionellen größeren Autovermieter (wie z.B. der Sixt-Autovermietung) abgeschlossen, der auf Abruf kurzfristig benötigte Fahrzeuge zu günstigen Konditionen bereitstellt. Ist der Mitarbeiter im Zielort angekommen, gibt er dort das Fahrzeug wieder zurück.

9.2.1 Rechtsregeln für Miete beweglicher Sachen

Für die *Mobilienmiete* gelten zunächst die *allgemeinen Vorschriften* für Mietverhältnisse des BGB in §§ 535-548, sowie die besonderen Regelungen für Mietverhältnisse über andere Sachen mit Ausnahme von Grundstücken, Räumen und eingetragenen Schiffen in §§ 580, 580a, Abs. 3 BGB.

Der Vertrag ist aber bei weitem *nicht so kompliziert* wie bei der *Geschäftsraummiete*, weil viele dort behandelte Regelungsbereiche unerheblich sind:

Einfachere Mobilienmiete

- keine Nebenkosten zur Grundmiete,
- üblicherweise keine Kautionsleistung des Mieters,
- keine Instandsetzungspflicht des Mieters,
- mangels Einbringung kein Vermieterpfandrecht,
- wegen der kurzen Laufzeit keine Nachmieterregelung,
- kein Eintritt des neuen Eigentümers in den Mietvertrag im Falle der Veräußerung, denn der Mieter behält während der vereinbarten Mietzeit stets sein Besitzrecht gegenüber den neuen Eigentümern nach § 986, Abs. 2 BGB.

In den aufgezeigten Grenzen gelten für die Mobilienmiete die *gleichen Regeln* wie für die *Geschäftsraummiete*, wobei sich aus der anderen Beschaffenheit des Mietobjekts bestimmte rechtliche Unterschiede ergeben. Das erfordert spezifische Vertragsregelungen, von denen die wichtigsten nachfolgend erläutert werden sollen.

Gleiche Regeln wie Geschäfts-raummiete

Wegen der typisch kurzen Nutzungsdauer erübrigen sich eigentlich besondere vertragliche Regelungen für die *ordentliche Kündigung*. Die gesetzlichen Kündigungsfristen betragen gemäß § 580, Abs. 3 BGB

- bei einer nach Tagen bemessenen Miete, ein Tag (Nr. 1) und
- bei einer nach längeren Zeitabschnitten bemessenen Miete drei Tage (Nr. 2).

Nur im letzteren Fall mag es sinnvoll sein, vertraglich die Kündigungsfristen vertraglich auszudehnen und nach Wochen bzw. Monaten zu bemessen.

9.2.2　Mustervertrag des Vermieters

Auf die Vermietung von Fahrzeugen oder anderen technischen Geräten und Software haben sich bestimmte *Vermietungsgesellschaften* spezialisiert, die wie andere Unternehmen ihr Geschäft standardisiert haben und die Verträge durchweg nur auf der Grundlage ihrer Musterverträge mit vorgefertigten Vertragsklauseln abschließen.

Laufzeitklauseln

Der Mietvertrag bedarf bei der Mobilienmiete von Gesetzes wegen keiner Schriftform. Er wird aber aus Gründen der Rechtsklarheit und besseren Beweisbarkeit in der Praxis stets schriftlich abgeschlossen. Die Gerichte halten sehr lange *Laufzeitklauseln* von bis zu zehn Jahren in den AGB des Vermieters für zulässig, wenn daran ein anerkennungswürdiges Interesse des Vermieters wegen seiner hohen Entwicklungs- und Vorhaltekosten sowie der praktisch ausgeschlossenen Weitervermietung der Geräte besteht (OLG Düsseldorf BB 1997, S. 1439).

> **Beispiel:**
> *So ist eine Zehnjahres-Laufzeit-Klausel in Mietverträgen von Telekommunikationsanlagen gültig.*

Tipp

> **Übernahmeprotokoll**
>
> Vor Unterzeichnung des Mietvertrages, spätestens vor Übergabe des Mietobjekts, sollte sich der Mieter unbedingt davon überzeugen, dass es sich im einwandfreien Zustand befindet und auch reibungslos funktioniert. Ansonsten tun Sie sich unnötig schwer beim Nachweis von Mängeln (vgl. Kap. 9.2.4). Zeigen sich hierbei kleinere Schäden, sind diese im Vertrag oder gesonderten Übernahmeprotokoll zu vermerken.

9.2.3　Verwendbarkeit und Einsatz des Mietobjektes

Verwendungsrisiko liegt beim Mieter

Das gemietete Fahrzeug, gemietete technische Gerät oder sonstige Mietobjekt muss, so wie es vertraglich vereinbart ist, *funktionstauglich* sein. Insoweit ergeben sich keine Unterschiede zur Geschäftsraummiete. Jedoch tragen Sie als Mieter das allgemeine *Verwendungsrisiko*. Danach müssen Sie gleichwohl den vereinbarten Mietzins zahlen, wenn außerhalb der Mietsache liegende Gebrauchshindernisse auftreten (OLG Koblenz NJW 1968, S. 942).

> **Beispiel:**
> *Der Mieter kann das Kraftfahrzeug wegen extremer Straßenzustände (bedingt durch ungewöhnliche Witterungseinflüsse, z. B. Hochwasser, Schneeverwehungen etc.) nicht einsetzen.*

Besteht das Gebrauchshindernis etwa für eine längere Zeit, so hat der Vermieter von Kraftfahrzeugen und technischen Geräten den geringeren Verschleiß, der während der Dauer der Nichtbenutzung auftritt, stets in Geld auszugleichen. Das kann auch dadurch geschehen, dass dem Mieter in den AGB des Vermieters bei längeren Stillliegezeiten von über zehn Tagen ein Kostenvorteil in Form einer niedrigeren Miete eingeräumt wird.

Längere Stillegezeiten

Häufig kommt es auch vor, dass Sie als Mieter verpflichtet sind, dem Vermieter den Stand- bzw. Einsatzort des Mietgegenstandes mitzuteilen. Das ist zulässig, weil der Vermieter als Eigentümer zur Sicherung seines Eigentums ein berechtigtes Interesse an dieser Information besitzt.

> Lesen Sie deshalb das Vertragsformular sorgfältig dahingehend durch, ob dort eine Mietminderung bei längeren Stillliegezeiten oder eine Informationspflicht über den Stand- und Einsatzort enthalten ist.

Tipp

Die generelle Verwendungseignung der Maschine sollte der Mieter in dem Vorgespräch mit dem Vermieter durch gezielte Nachfragen *klären*. Werden fahrbare Baumaschinen angemietet, die auch im Straßenverkehr bewegt werden können, ist aber der Vermieter gegenüber dem nicht kundigen Mieter verpflichtet, darauf *hinzuweisen*, dass diese *nicht haftpflichtversichert* sind. Eine Missachtung dieser Aufklärungspflicht löst einen Schadensersatzanspruch wegen Verschuldens beim Vertragsabschluss des Mieters aus, wenn dieser wegen eines von ihm verschuldeten Verkehrsunfalls seinerseits dem Unfallgegner Schadensersatz leisten muss (BGH WM 2007, S. 758; vgl. Kap. 2.4.4.3).

Aufklärungspflicht bei fehlender Haftpflicht-versicherung

9.2.4 Mängel der Mietsache

Weist das Fahrzeug oder technische Gerät einen solchen Mangel auf, der die *Nutzung* durch den Mieter *erheblich beeinträchtigt* oder gar völlig ausschließt, oder werden durch diesen Mangel sogar noch andere Vermögensgüter von ihm beschädigt, so stehen dem Mieter die zum allgemeinen Mietrecht gehörenden, bereits bei der Geschäftsraummiete beschriebenen Gewährleistungs- und Schadensersatzansprüche zu (vgl. Kap. 9.1.8.4).

Anders als bei der Geschäftsraummiete wird der Vermieter bei solchen Sachmängeln in seinen AGB festlegen, dem Mieter statt der fehlerhaften Maschine ein *gleichwertiges Ersatzgerät* des gleichen Typs zu überlassen. Ohne eine solche Ersatzregelung brauchen Sie sich als Mieter regelmäßig keine andere Sache als die gemietete gegen Ihren Willen aufdrängen lassen, da sich das Mietverhältnis ge-

Gleichwertiges Ersatzgerät

Mängelanzeige   mäß § 243, Abs. 2 BGB auch bei der Anmietung von Gattungssachen auf die überlassene Sache konkretisiert (BGH NJW 1982, S. 873).

Ansonsten büßen Sie nicht nur Ihre *Mängelansprüche* ein, weil der Vermieter mangels Ihrer Anzeige den Mangel nicht beheben konnte, sondern müssen überdies dem Vermieter auch noch den *Verschlimmerungsschaden* ersetzen (§ 536c, Abs. 2 BGB).

Tipp

> Keinesfalls dürfen Sie aber als Mieter es versäumen, Ihrer Rügepflicht zu genügen und erkennbare Mängel sofort bei Überlassung anzuzeigen. Verborgene Mängel sind dem Vermieter unverzüglich nach ihrer Entdeckung und am besten schriftlich (so ist es auch in den meisten AGB niedergelegt) anzuzeigen.

Fehlgeschlagene Mängelbeseitigung   Schlägt die Mängelbeseitigung fehl, so sehen die AGB ein *Rücktrittsrecht* des Mieters vor. Nach dem Gesetz ist aber unklar, wie viele erfolglose Mängelbeseitigungsversuche Sie als Mieter hinnehmen müssen. Das sollte vertraglich präzisiert werden; mehr als drei brauchen Sie als Mieter keinesfalls zu akzeptieren.

Werden durch den Gebrauch des mangelhaften gemieteten Objektes auch noch *andere Personen verletzt* oder deren Sachen beschä-
Verletzung von Begleitpersonen   digt, so können aus dem Mietvertrag nicht nur der Mieter, sondern auch dessen Arbeitnehmer, der Fahrer oder die Insassen eines gemieteten Fahrzeugs nach den Regeln des *Vertrages mit Schutzwirkung zugunsten Dritter* Schadensersatz verlangen (§ 311, Abs. 3, Satz 1 BGB; BGH NJW 1964, S. 694 und 1973, S. 2059), wenn der Vermieter den Mangel zu vertreten hat (vgl. Kap. 6.4.2).

9.2.5   Ersatzpflicht des Mieters für Schäden

Wenn Sie als Mieter selbst oder einer Ihrer Mitarbeiter als Erfüllungsgehilfe *schuldhaft* die Mietsache beschädigen, zerstören oder für deren Verlust verantwortlich sind, so müssen Sie selbstverständlich den daraus entstehenden Schaden wegen Pflichtverletzung ersetzen (§ 280 BGB; vgl. Kap. 5.5).

9.2.5.1   Keine verschuldensunabhängige Haftung des Mieters

Fahrzeugdiebstahl   Trifft aber den Mieter an der Beschädigung, Zerstörung oder dem Verlust kein Verschulden (sei es, dass die Mietsache gestohlen oder durch einen Dritten beschädigt wird), so braucht er keinen Ersatz zu leisten. Durch den *Diebstahl* des gemieteten Kraftfahrzeugs oder der Maschine verwirklicht sich eben kein im Mietgebrauch liegendes Risiko (BGH NJW 1992, S. 683). Deshalb darf die Gefahr des zufälligen Untergangs des gemieteten Fahrzeugs bzw. Maschine durch Diebstahl oder Brand nicht auf den Mieter verlagert werden. Eine verschuldensunabhängige Haftung des Mieters weicht zu deutlich vom Leitbild der vertraglichen Mieterhaftung ab und ist deshalb wegen darin liegenden benachteiligenden Wirkung gemäß § 307, Abs. 2, Nr. 1 BGB unwirksam (BGH BB 1992, S. 166). Als Mieter haben Sie deshalb nur für Schäden gerade zu stehen, die Sie oder Ihre Mitarbeiter vertreten müssen.

Auch kann Ihnen durch den Mietvertrag keine generelle *Beweislast* auferlegt werden, weil die darin liegende Risikoverteilung zu weit von den gesetzlichen Pflichten der Vertragsparteien abweicht und somit in Zweifelsfällen den Vermieter unangemessen bevorzugen würde (BGH ZIP 1994, S. 1027).

> **Beispiel:**
> *Sollte die gemietete Maschine beschädigt werden, trifft den Mieter die Beweislast dafür, dass der Schaden nicht durch sein Verschulden entstanden ist.*

Soweit der Schaden durch das schuldhafte Verhalten eines Dritten, insbesondere im Rahmen eines *Verkehrsunfalls*, hervorgerufen wird, kann sich der Vermieter jederzeit die Ersatzansprüche des Mieters gegen den Unfallgegner im Vorhinein abtreten lassen. Hierzu ist der Mieter auch wegen § 285 BGB verpflichtet. Üblich ist es, dass der Vermieter dann dem Mieter die Schadensabwicklung abnimmt (BGH NJW 1994, S. 1443). — *Schadensverursachung durch Dritte*

9.2.5.2   Haftungsfreistellung des Mieters

Falls der Mieter oder die von ihm eingesetzten Personen den Schaden zu verantworten haben, gewähren ihm die vermieterseitigen Mietbedingungen von Fahrzeugen oder hochwertigen Maschinen vielfach eine völlige *Haftungsfreistellung* für Schäden am Mietfahrzeug gegen Zahlung eines zusätzlichen Entgeltes (soweit nicht der Schaden durch vorsätzliches oder grob fahrlässiges Handeln verursacht worden ist). Dieser beschränkten Haftungsfreistellung stehen rechtlich keine Bedenken entgegen (OLG Düsseldorf BB 1997, S. 702). Gängig ist es, dass dem Mieter, je nachdem, welchen *Versicherungsschutz* er wünscht, eine *Vollkaskoversicherung* mit oder ohne Eigenbeteiligung angeboten wird – mit unterschiedlich hohen Mietpreisen. Die durch Versicherungsschutz eröffnete Haftungsfreistellung erstreckt sich auch auf Bedienungsfehler, wenn diese in den Mietbedingungen nicht ausdrücklich ausgesschlossen werden (BGH WM 2005 S. 662, 663). — *Zusätzliche Risikoprämie* · *Abhängig vom Versicherungsschutz*

Will der Vermieter verhindern, dass das Fahrzeug ohne seine *Zustimmung* einem Dritten überlassen wird, muss er das durch eine — *Fahrzeugweitergabe* optisch deutlich gestaltete Klausel im Mietvertrag zum Ausdruck bringen; ansonsten behält der Mieter den Versicherungsschutz (BGH WM 1985, S. 1868). Gleiches gilt, wenn der Vermieter für den Versicherungsschutz vom Mieter oder dessen Fahrer eine besondere *Fahrpraxis* fordert (OLG Hamm NJW-RR 1992, S. 1275).

Tipp

> Als Mieter sollten Sie unbedingt auf einen ausreichenden Versicherungsschutz des Mietobjekts und die Versicherungsbedingungen achten und deswegen bei Ihrem Vermieter nachfragen.

Versicherungs-schutz fehlt

Enthält der Mietvertrag keine entsprechende Haftungsfreistellung oder Haftungsbeschränkung, müsste jeder Mieter Schadensersatz leisten, wenn er das Fahrzeug oder die Maschine beschädigt zurückgibt. Von sich aus braucht der Vermieter jedenfalls gegenüber dem gewerblichen Mieter nicht auf den *fehlenden Versicherungsschutz* hinzuweisen (OLG Hamm MDR 1982, S. 580).

Tipp

> Sollten Sie wegen des günstigeren Mietpreises sich für eine Kaskoversicherung mit Eigenbeteiligung entschieden haben, weisen Sie unbedingt Ihre Beschäftigten, die den Wagen fahren, darauf hin, dass diese vor Fahrzeugübernahme den Wagen genauestens in Augenschein nehmen. Es muss festgestellt werden, ob dieser kleinere Lackschäden oder Dellen aufweist. Ansonsten müssen
> Sie bei der Fahrzeugrückgabe damit rechnen, dass der Vermieter Sie unter Hinweis des zu ersetzenden Schadens in Höhe der Selbstbeteiligung zur Kasse bittet. Den Gegenbeweis können Sie dann nicht mehr führen.

Mietausfall

Muss der Vermieter die *Mietsache* wegen des vom Mieter hervorgerufenen Schadens *reparieren* lassen, so kann er sich ohne besonderen Nachweis nicht für jeden Reparaturtag einen *Mietausfall* in Höhe des Tages-Mietzinses ausbedingen. Die Belastung des Mieters mit einer solch weit gehenden Zahlungspflicht benachteiligt ihn unangemessen, da nicht immer davon ausgegangen werden kann, dass ein Fahrzeug oder eine Maschine täglich zu vermieten ist (OLG Saarbrücken NJW-RR 1991, S. 313). Daher sind derartige Klauseln wegen Verstoßes gegen § 307, Abs. 2, Nr. 2 BGB unwirksam (vgl. Kap. 3.4.5.2.2).

9.2.6 Rückgabepflicht des Mieters

Nach Ablauf der Mietzeit haben Sie die Mietsache *vertragsgerecht*, einschließlich des Zubehörs, zurückzugeben (§ 546 BGB). Bei Kraft-

Fahrzeugpapiere

fahrzeugen gehören dazu auch die *Fahrzeugpapiere*.

Achten Sie unbedingt darauf, dass Sie diese Pflicht korrekt erfüllen, weil Sie im Falle der *nicht rechtzeitigen Rückgabe* nicht nur den Mietausfall des Vermieters als Verzugsschaden nach §§ 280, 286 BGB ersetzen müssen, sondern auch für Zufallsschäden nach § 287 BGB verantwortlich sind.

Pünktliche Rückgabe ist wichtig

Beispiel:
Das gemietete, nicht rechtzeitig zurückgegebene Fahrzeug wird bei einem Unfall ohne Verschulden des Mieters M beschädigt. In diesem Fall hat M dem Vermieter den Schaden an dem gemieteten Fahrzeug zu ersetzen, weil das Fahrzeug bei rechtzeitiger Rückgabe nicht in den Unfall verwickelt worden wäre. Das ist vor allem unangenehm, wenn von dem eigentlichen Unfallverursacher oder dessen Versicherung kein Ersatz zu erlangen ist.

Dem Vermieter ist wegen des Wertverlustes infolge der Weiterbenutzung besonders an einer rechtzeitigen Rückgabe gelegen. Deshalb kann er zu seinem Schutz dem Mieter auch durch einstweilige Verfügung die weitere *Nutzung untersagen* lassen (OLG Karlsruhe ZIP 1994, S. 1983).

Mitmieter haften auch für die vertragsgerechte Rückgabe durch den anderen Mieter, der die Sache zurzeit in seinem Besitz hat (BGH NJW 1976, S. 287).

Mitmieter

9.2.7   Miete einer Spezialmaschine mit Bedienungspersonal

Benötigen Sie für bestimmte Sonderarbeiten ein Spezialfahrzeug oder eine sonstige Spezialmaschine, deren sachgerechte Bedienung spezifische Sachkenntnisse und Fertigkeiten erfordert, über die Ihr Personal aber nicht verfügt, können Sie diese technischen Geräte von darauf spezialisierten Unternehmen mitsamt Bedienungspersonal anmieten.

Die rechtliche Einordnung dieser im Wirtschaftsleben gängigen Verträge ist schwierig, jedoch unvermeidlich, bestimmt doch der Vertragstypus darüber, wer für *Schäden*, die durch *Bedienungsfehler* hervorgerufen worden sind, einzustehen hat. Entscheidendes Kriterium für die Verteilung des Haftungsrisikos zwischen Entleiher und Verleiher ist, wer nach dem Inhalt des geschlossenen Vertrages die entscheidenden Weisungen über den Einsatz des Geräts geben sollte (BGH WM 1996, S. 1786).

Oberaufsicht bestimmt Vertragstyp

9.2.7.1   Miete mit Dienstverschaffungsvertrag

Von einem solch gemischten Vertrag ist auszugehen, wenn der Verleiher Ihnen als Entleiher ein gebrauchsfähiges Gerät samt geeignetem Bedienungspersonal überlässt und Sie (als Mieter) während

Geräteeinsatz bestimmt Mieter

der Dauer des Mietverhältnisses aufgrund der umfassenden Weisungsbefugnis die volle Verantwortung für den sachgerechten Einsatz des Gerätes tragen.

> **Beispiel:**
> *Die Miete eines Baggers oder Baukranes mit Baggerfahrer oder Kranführer.*

Haftung für Bedienungspersonal

Diese Konstellation erfordert, dass Sie als Mieter über das *notwendige Know-how* für die Durchführung der Sonderarbeiten verfügen. Nach Meinung des Bundesgerichtshofs kommt es darauf an, wer letztendlich die Oberaufsicht haben sollte. Besitzt der Mieter das entscheidende Direktionsrecht, handelt das eingesetzte *Bedienungspersonal* als sein *Erfüllungsgehilfe,* sodass er deshalb auch für den angerichteten Schaden nach §§ 280, Abs. 1, 276, 278 BGB einzustehen hat (OLG Frankfurt BB 1997, S. 13; vgl. Kap. 6.2.2).

> **Beispiel:**
> *Die X-GmbH, eine Montagefirma, entleiht bei der Y-GmbH, einer Kranverleihfirma, einen 200 t schweren Teleskop-Autokran mit Kranfahrer zum Montageeinsatz in einem Kraftwerk. Beim Positionswechsel auf der Baustelle entgeht dem Kranfahrer, dass er einen der vier Abstützrollen nicht auf seine volle Länge ausgefahren hat. Beim Hub bricht dieser Holm, der Autokran stürzt zur Seite und beschädigt Anlageteile des Kraftwerks im Wert von ca. 1,5 Mio. €.*
>
> **Lösung:**
> *Die X-GmbH muss diesen erheblichen Schaden ersetzen, weil der Kranfahrer im Hinblick auf die Durchführung der Montagearbeiten der Direktionsbefugnis ihrer Geschäftsleitung unterstellt ist. Dass der Kranfahrer seine Schaden stiftende Handlung eigenverantwortlich ohne entsprechende Weisung des Montagepersonals ausführt (welches im Übrigen hierzu regelmäßig fachlich auch nicht in der Lage ist), soll nach Ansicht des Bundesgerichtshofs keine Rolle spielen (WM 1996, S. 1787).*

Verantwortungsbereich des Vermieters

Demnach haftet der Vermieter nur für die *Funktionsfähigkeit* des Geräts und die ordnungsgemäße *Auswahl* des Bedienungspersonals, das für die vereinbarte Arbeit generell geeignet sein muss.

Planungs- und Einsatzfehler

Sachgerechter wäre es demgegenüber, die *Risikoverteilung* danach vorzunehmen, wer am besten die jeweiligen *Schadensrisiken* steuern und beeinflussen kann. Unter diesem Gesichtspunkt würden den Mieter nur die Folgen von Planungs- und Einsatzfehlern treffen, wozu auch Fehler der technischen Einsatzvorbereitung zählen, weil er hierfür die Verantwortung trägt.

Dass er aber, wie in dem obigen Beispiel, auch für reine *Bedienungsfehler* haften soll, geht daher zu weit. Da dieser Fehlertyp auf der mangelnden fachlichen Qualifikation des Bedienungspersonals beruht, müsste dieses Risiko der Vermieter als eigentlicher Arbeitgeber tragen.

Bedienungsfehler

Immerhin lässt sich das Haftungsrisiko für den Mieter entschärfen, wenn es sich bei dem technischen Gerät um ein Fahrzeug handelt, für das der Vermieter eine *Haftpflicht-* und besser noch *Kaskoversicherung* abgeschlossen hat. Dann können Sie sich nämlich als Mieter nach Abtretung des Versicherungsanspruchs an das Versicherungsunternehmen wenden und von ihm Ausgleich fordern. Die Haftpflichtversicherung greift stets beim Gebrauch des Fahrzeugs nach § 10, Abs. 1b AKB 1. Der Begriff des »Gebrauchs« bei solch fahrenden Arbeitsmaschinen, insbesondere einem Autokran, betrifft jeden Vorgang und jede Handlung, die mit dem Verwendungszweck des Fahrzeugs zeitlich und örtlich in unmittelbarem Zusammenhang stehen, wozu auch sein Einsatz als Arbeitsmaschine gehört (BGH NJW 1990, S. 258).

Haftpflicht und Kaskoversicherung

Beispiel:
In dem oben beschriebenen Fall des umgekippten Autokranfahrzeugs ist der Schaden im Zusammenhang mit der Hebetätigkeit des Krans entstanden. Es handelt sich also um einen Schaden, der durch den Gebrauch des Fahrzeugs während einer typischen Arbeitsleistung hervorgerufen worden ist. Folgerichtig hat das Oberlandesgericht Frankfurt den Pflichtversicherer zur Ersatzleistung verurteilt (BB 1997, S. 14).

Wird aber durch den Bedienungsfehler nur oder auch die *gemietete Maschine beschädigt*, so müsste diesen eigentlich der Vermieter verantworten. Dagegen legen die Gerichte den Mietvertrag dahingehend aus, dass der Mieter umfassend die Sorge für die Betriebsführung und Wartung des Gerätes während der Dauer des Mietverhältnisses übernommen hat und deswegen auch das daraus resultierende Schadensrisiko zu tragen habe. Näher liegt es demgegenüber, den Vermieter als *Halter* dazu zu verpflichten, für einen ausreichenden Versicherungsschutz zu sorgen. Als Mieter sollten Sie sich aber auf diese nicht gerade mieterfreundliche Rechtsprechung einstellen.

Tipp

Vor Abschluss des Mietvertrages sollten Sie sich vergewissern, dass Ihr Vermieter für die teure Spezialmaschine nicht nur eine Pflichtversicherung, sondern auch eine ausreichende Kaskoversicherung abgeschlossen hat. Sollte das nicht der Fall sein, müssten Sie durch eine entsprechende vertragliche Vereinbarung regeln, dass der Vermieter die Haftung für Bedienungsfehler trägt.

Risikovereinbarung

Klauselvorschlag

»Für Schäden, die durch Bedienungsfehler seines Personals verursacht werden, trägt der Vermieter die Verantwortung.«

9.2.7.2   Einheitlicher Dienst- oder Werkvertrag

Oberaufsicht durch Vermieter

Besitzt die *Verleihfirma* nicht nur das technische *Know-how* für den sachgerechten Einsatz der überlassenen Maschine, sondern auch für die *Durchführung* der *Arbeiten* selbst, so übt sie auch die *Oberaufsicht* aus und trägt deshalb auch die umfassende Verantwortung für die sachgerechte Erledigung der Arbeiten. In diesem Fall kann Ihr Maschinist, Kranführer oder sonstige Bedienungsperson keinesfalls als Erfüllungsgehilfe des Mieters angesehen werden. Mithin haftet dann allein der Vermieter für jeden Schaden, der durch den fehlerhaften Einsatz des Fahrzeugs oder der Maschine verursacht worden ist (BGH WM 1996, S. 1786).

Erfolgsbezogene Werkleistung

Wird mit der Arbeitsleistung der Maschine auch ein bestimmter wirtschaftlicher Erfolg als Werk geschuldet, handelt es sich bei diesem Vertrag um einen einheitlichen *Werkvertrag*, sodass die mietvertraglichen Elemente völlig zurücktreten (vgl. Kap. 10.3). Sind Sie aber in dem Großauftrag als *Generalunternehmer* gegenüber dem Auftraggeber für das Gelingen insgesamt verantwortlich, so fungiert das »Verleihunternehmen« als Ihr *Subunternehmer* und damit rechtlich als Erfüllungsgehilfe nach § 278 BGB. Das hat zur Folge, dass Sie gegenüber Ihrem Auftraggeber Schäden, die durch den fehlerhaften Maschineneinsatz hervorgerufen worden sind, ersetzen müssen, sofern Sie nicht die Haftung zulässigerweise im Falle einfacher Fahrlässigkeit beschränkt haben (vgl. Kap. 6.3.2.3) oder diese Schäden durch eine Versicherung abgedeckt sind.

9.3 Mobilien-Leasing für die längerfristige Nutzung beweglicher Güter

Anstelle der sehr kostenintensiven Anschaffung teurer Fahrzeuge und Spezialmaschinen, bietet sich wegen seiner betriebswirtschaftlichen und steuerlichen Vorteile das *Mobilien-Leasing* als interessante wirtschaftliche Alternative an.

9.3.1 Wirtschaftlicher und steuerlicher Hintergrund

Seinen großen wirtschaftlichen Aufschwung verdankt das Leasinggeschäft insbesondere den steuerlichen Vorteilen, die der *Leasingnehmer* erzielt, sofern der Leasingvertrag den steuerrechtlichen Vorgaben entspricht.

9.3.1.1 Wirtschaftliche Bedeutung des Leasinggeschäfts

Die Leasing-Branche hat sich zu einem äußerst wichtigen Wirtschaftssektor entwickelt. Die Zahlen sprechen für sich. Knapp ein Fünftel aller Investitionen in Wirtschaftsgüter wird über Leasing finanziert. Sein Aufschwung verdankt das Leasing dem erheblichen Eigenkapitalmangel deutscher Unternehmen, die ihre Investitionen nicht aus laufenden Verträgen finanzieren können. Zudem ist das Leasing im Vergleich zur klassischen Kreditfinanzierung wegen der besonderen steuerlichen Vorteile besonders attraktiv.

Der *Schwerpunkt* des *Mobilien-Leasings* liegt eindeutig bei den Fahrzeugen mit ca. 70 %; allein im gewerblichen Bereich werden fast 60 % aller Fahrzeuge geleast. Den Rest teilen sich Büromaschinen, insbesondere DV-Anlagen, Produktionsmaschinen und Kommunikationsanlagen, sowie sonstige technische Geräte im Bereich der Nachrichten- und Signaltechnik. Das Fahrzeug-Leasinggeschäft betreiben überwiegend Tochtergesellschaften der Automobilhersteller, weil diese allein dem Kunden einen Vollservice mittels des schon vorhandenen Händlernetzes anbieten können. Im Bereich der *Informations-* und *Kommunikationsanlagen* konnte sich dagegen das *herstellerunabhängige Leasing* fest behaupten, weil nur neutrale Leasinggesellschaften, die nicht auf bestimmte Produkte festgelegt sind, für den Kunden das komplette Marktangebot ausschöpfen können.

Fahrzeugleasing

9.3.1.2 Steuerliche Aspekte

In den vollen Genuss steuerlicher Vorteile, insbesondere der *Anerkennung* der Finanzierungskosten als *Betriebsausgaben* kommt aber der gewerbliche Leasingnehmer nur, sofern das Leasinggut dem *Leasinggeber* auch als wirtschaftliches Eigentum im steuerlichen Sinne zugerechnet wird. Dazu muss die Laufzeit des Leasingvertrages mindestens 40 %, aber höchstens 90 % der für das Steuerrecht maß-

Wirtschaftliches Eigentum des Leasinggebers

gebenden betriebsgewöhnlichen Nutzungsdauer des Leasingobjektes betragen. Das ist im Einzelnen in dem *Vollamortisationserlass* des Bundesfinanzministeriums vom 19.04.1971 (DB 1971, S. 795) und *Teilamortisationserlass* vom 22.12.1975 (DB 1976, S. 172) festgelegt. Nur bei einem erlasskonform ausgestalteten Leasingvertrag braucht der Leasingnehmer den Wert des Leasinggutes als Anschaffung nicht zu aktivieren und kann die vereinbarten Leasingraten vollständig als Betriebsausgaben von seiner Steuerschuld absetzen.

9.3.1.3   Erlasskonformer Vollamortisations- und Teilamortisationsvertrag

**Betriebs-
gewöhnliche
Nutzungsdauer
des Leasingguts**

Die steuerlichen Vorgaben zwingen den Leasinggeber, den Leasingvertrag auf 90 % der *betriebsgewöhnlichen Nutzungsdauer* des Leasingguts zu verkürzen und innerhalb dieser Zeit über die vom Leasingnehmer zu bezahlenden Leasingraten den Anschaffungspreis des Leasingguts und seiner sämtlichen Finanzierungs- und Refinanzierungskosten sowie die allgemeinen Geschäftsunkosten und den kalkulierten Gewinn zu erwirtschaften, um eine *Vollamortisation* zu erreichen. *Vollamortisationsverträge* sind aber wegen der hohen Leasingraten auf dem Markt nicht unterzubringen. Deshalb haben sich in der Praxis sog. *Teilamortisationsverträge* durchgesetzt, bei denen der Leasinggeber mit den niedrigeren kalkulierten Leasingraten nur einen Teil seiner Kosten und des Gewinns innerhalb der üblichen Grundmietzeit erzielt. Zur Vermeidung wirtschaftlicher Verluste wird dem Leasingnehmer im Leasingvertrag eine zusätzliche Zahlungspflicht in Höhe des noch fehlenden Deckungsbetrages auferlegt.

**Restzahlung bei
Teilamortisation**

Dazu sind verschiedene *Vertragsgestaltungen* üblich: Entweder eine Kaufoption bzw. eine Restzahlung des Leasingnehmers ohne vertragliche Verlängerung (mit oder ohne Andienungsrecht des Leasinggebers) oder die Vereinbarung einer Verlängerung bis zur angestrebten Vollamortisation (BGH NZM 2004, S. 340, 342). Zudem kann der *Leasingnehmer* zu einer *Anzahlung* in Höhe von 20 bis 40 % des Kaufpreises verpflichtet sein, um die Leasingraten niedriger halten zu können und das wirtschaftliche Risiko einer ordnungsgemäßen Vertragserfüllung durch ihn gegenüber dem Leasinggeber entsprechend zu reduzieren. *Erlasskonform* sind diese ergänzenden Vertragsbestimmungen nur, wenn der vorgesehene Kaufpreis nicht niedriger ist, als der unter Abzug linearer Abschreibungen nach der amtlichen Afa-Tabelle ermittelte Buchwert bzw. ein ggf. geringer gemeiner Wert im Veräußerungszeitpunkt. Im Falle der Mietverlängerungsoption muss die Summe der noch zu entrichtenden Mietraten im Verlängerungszeitraum wenigstens den Wert erreichen, der der linearen Abschreibung entspricht.

Auf eine Restzahlung kann man aber verzichten, wenn die Leasingsache – wie bei Fahrzeugen – ohne Schwierigkeiten durch Verkauf oder Vermietung wirtschaftlich problemlos weiter verwertet werden kann (so beim Kilometerbegrenzungsvertrag; vgl. Kap. 9.3.9.4.2).

9.3.2 Form und Rechtsnatur des Leasings

Leasing ist ein schillernder Begriff. Von dem englischen Wort »to lease« abgeleitet, bedeutete es ursprünglich schlicht und einfach »mieten« oder »pachten«. Im Wirtschaftsverkehr hat sich daraus aber ein komplexer mietähnlicher Vertrag eigener Art mit jeweils spezifischen Ausprägungen entwickelt (BGH NZM 2004, S. 340, 342).

Nutzungsdauer des Leasingobjekts	Amortisation für den Leasinggeber	Service-Leistungen des Leasinggebers
Operating Leasing: • kurze Nutzungsdauer • jederzeit kündbarer Leasingvertrag **Finanzierungsleasing:** • längere Nutzungsdauer • unkündbare Grundmietzeit • ggf. Restzahlung des Leasingnehmers am Vertragsende	**Vollamortisations-Leasingvertrag:** Finanzierungs-Leasingvertrag ohne Restzahlung des Leasingnehmers **Teilamortisations-Leasingvertrag:** Finanzierungs-Leasingvertrag, bei dem Leasinggeber nur einen Teil seiner Kosten während der Vertragszeit erwirtschaftet	**Full-Service-Leasing:** zusätzlich übernimmt der Leasinggeber insbesondere die Wartung und Versicherung des Leasingguts und ggf. weitere Leistungen bis zum kompletten Fuhrparkmanagement **Teil-Service-Leasing:** Leasingvertrag mit i.d.R. einer Serviceleistung **Net-Leasing:** Leasingvertrag ohne zusätzliche Serviceleistung

Abb. 9.4: Formen des Leasings

9.3.2.1 Nutzungsdauer des Leasingobjektes

Entscheidende Bedeutung bei der Ausgestaltung des Leasingvertrages besitzt die Nutzungsdauer des Leasingobjekts. Bezogen auf die Dauer und Kündbarkeit des Leasingvertrages haben sich für die kurzfristige Nutzung das *Operating-Leasing* und für die längerfristige Nutzung das *Finanzierungs-Leasing* entwickelt.

9.3.2.1.1 Operating-Leasing

Operating-Leasing gehört zu den Teilamortisationsverträgen, bei denen der Leasinggeber durch wenigstens zwei aufeinander folgende Teilamortisations-Leasingverträge anstrebt, eine Vollamortisation zu erreichen (BGH NJW 2003, S. 505). Sie weisen nur eine kurzfristige Laufzeit (bezogen auf die betriebsgewöhnliche Nutzungsdauer, bis längstens ein Jahr) auf, sind jederzeit kündbar und erfüllen daher nicht die Anforderungen der steuerrechtlichen Leasingerlasse.

Jederzeit kündbar

Kurzer
Nutzungsbedarf

Diese Art eignet sich besonders für solche Leasingobjekte, bei denen der Leasingnehmer nicht genau weiß, wie lange er sie für seinen Betrieb braucht.

Atypischer
Mietvertrag

Rechtlich betrachtet, handelt es sich um Mietverträge im Sinne von § 535 ff BGB, sodass, abgesehen von einigen Besonderheiten, die rechtlichen Regeln für die Mobilienmiete greifen (BGH NJW 1998, S. 1637; vgl. Kap. 9.2). Im Unterschied dazu enthält der einzelne Vertrag aber eine Reihe von mietuntypischen Dienstleistungen, wie vor allem die Übernahme der Betriebskosten, die Stellung von Fachpersonal und die regelmäßige Wartung durch den Leasinggeber. Wegen der relativ kurzen Dauer des Mietverhältnisses werden die Güter vom Leasinggeber erneut vermietet oder auf dem Markt für Gebrauchsgüter verwertet. Als Leasingobjekte kommen deshalb nur Standardgüter in Betracht, die nicht speziell auf den Betrieb des Leasingnehmers zugeschnitten sind, wie vor allem Kraftfahrzeuge, Kopiergeräte, Datenverarbeitungs- und Telekommunikationsanlagen. Das Investitionsrisiko trägt hier allein der Leasinggeber.

9.3.2.1.2   Finanzierungs-Leasing

Feste Grundlaufzeit

Im Unterschied zum Operating-Leasing zeichnen sich *Finanzierungs-Leasingverträge* durch eine unkündbare *Grundmietzeit* aus, die, um in den Genuss der steuerlichen Vorteile zu kommen, mindestens 40, höchstens 90 % der betriebsgewöhnlichen Nutzungsdauer beträgt. Innerhalb der Grundmietzeit, meist zwei bis sechs Jahre, kann der Leasinggeber zumindest 40 % seiner Investitionskosten für das Leasinggut aus den von dem Leasingnehmer zu entrichtenden Leasingraten amortisieren und der Rest wird durch eine *Zuzahlung* des Leasingnehmers durch Entrichtung eines Restkaufpreises oder einer Anschlussmiete abgedeckt (BGH NJW 1998, S. 1637). Das volle *Investitionsrisiko* trägt hier also – wirtschaftlich gesehen – der *Leasingnehmer*. Darüber hinaus hat er, genau wie ein Sacheigentümer, für die Wartungs- und Instandhaltungskosten aufzukommen.

9.3.2.2   Full-Service-, Teil-Service- und Net-Leasing

Diese begrifflichen Unterscheidungen zielen darauf ab, welche zusätzlichen *Dienstleistungen* mit der Gebrauchsüberlassung innerhalb des Leasingvertrages verknüpft sind.

Full-Service

Bei dem *herstellernahen Leasing* über Tochtergesellschaften bietet der Leasinggeber auch zusätzliche Serviceleistungen im Zusammenhang mit dem Leasingobjekt, insbesondere Wartung, Reparatur und Versicherung des Leasinggutes im Leasingvertrag als Full-Service-Leistung an. Durch die Inanspruchnahme des umfangreichen Service-Paketes des Leasinggebers lassen sich für Sie als Leasingnehmer im Einzelfall erhebliche Kosten sparen. Dieses Potenzial gilt es zu nutzen.

Gehört zu Ihrem Betrieb ein größerer Fuhrpark mit unterschiedlichen Fahrzeugen, können Sie vielfach die Kosten erheblich senken, wenn Sie im Rahmen des Out-Sourcing das sog. *Fuhrparkmanagement* einer kompetenten innovativen Leasinggesellschaft überlassen. Sie übernimmt neben Wartung, Reparatur und Versicherung auch zusätzliche kostensparende Dienstleistungen, wie Reparaturkosten, Analyse, Betreuung des Fuhrparks, Vergleichsanalyse, Modellberatung und Austausch der Fahrzeuge durch Laufleistungsüberwachung.

Fuhrparkmanagement

Wird die Service-Leistung nur auf die Durchführung umfangreicher Reparaturen beschränkt, spricht man von *Teil-Service-Leasing*.

Rechtlich betrachtet wird bei beiden Service-Leasing-Formen der Leasingvertrag um bestimmte Vertragskomponenten ergänzt: im Falle der Wartung und Reparatur um eine werkvertragliche Dienstleistung und im Falle der Versicherung um eine versicherungsvertragliche Risikoabdeckung.

Vom *Net-Leasing* spricht man dagegen, wenn der Leasingvertrag keinerlei Serviceleistung des Leasinggebers enthält.

9.3.3 Vertragsstruktur beim Finanzierungs-Leasing

Der typische Ablauf beim Finanzierungs-Leasing sieht so aus, dass der *Leasingnehmer* sich das für seinen Betrieb *geeignete Leasinggut* bei der Leasinggesellschaft oder direkt beim Hersteller/Lieferant aussucht, die Leasinggesellschaft das Leasingobjekt vom Hersteller/Lieferant ankauft und anschließend an den Leasingnehmer weiter verleast. Charakteristisch für das Finanzierungs-Leasing ist deshalb das *Personen-Dreieck*, bestehend aus Lieferant/Hersteller, Leasinggeber und Leasingnehmer. Beide Verträge, der Kaufvertrag zwischen Leasinggeber und dem Hersteller/Lieferant sowie der Leasingvertrag zwischen Leasinggeber und Leasingnehmer stehen in enger wirtschaftlicher Verbindung und bilden deshalb eine sog. *wirtschaftliche Einheit*.

Verbund zwischen: Hersteller/Lieferant Leasinggesellschaft Leasingnehmer

Mit Hilfe des *Finanzierungs-Leasings* kann der Hersteller/Lieferant seinen Absatz fördern, indem ihm die Leasinggesellschaften große Stückzahlen abnehmen. Der Leasinggeber verdient Geld durch die Gebrauchsüberlassung und Vorfinanzierung des Leasingobjektes an den Leasingnehmer. Der Leasingnehmer schließlich kann das Leasinggut in seinem Betrieb wirtschaftlich einsetzen und daraus die zu zahlenden Leasingraten erwirtschaften und kommt überdies in den Genuss erheblicher steuerlicher Vorteile.

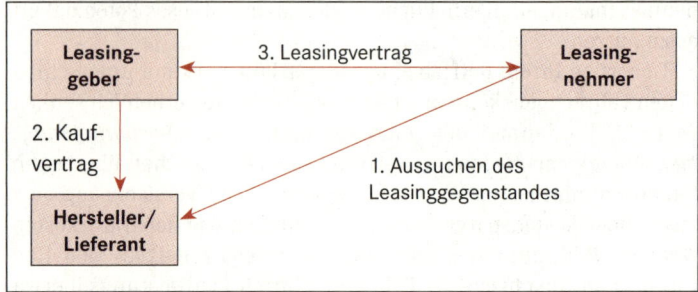

Abb. 9.5: Vertragsverhältnisse: Finanzierungsleasing

Miete mit Kauf-kreditfunktion

Rechtlich betrachtet ist der Finanzierungs-Leasingvertrag wegen der Gebrauchsüberlassungspflicht des Leasinggebers weitgehend mit einem *Mietvertrag* vergleichbar, weicht aber von ihm erheblich dadurch ab, dass das Investitionsrisiko für das Leasinggut der Leasingnehmer – praktisch wie ein Käufer – zu tragen hat, indem die Sachgefahr ab Überlassung der Mietsache auf ihn übergeht. Die kaufvertragliche Überlagerung kommt auch dadurch zum Ausdruck, dass der Leasinggeber zulässig seine Gewährleistungspflicht für Mängel des Mietobjektes ausschließt und stattdessen an den Leasingnehmer seine *kaufvertraglichen* Mängelansprüche gegenüber dem Hersteller/Lieferanten abtritt. Schließlich steckt im Finanzierungs-Leasinggeschäft auch noch eine *darlehensvertragliche* Komponente, weil im Falle vorzeitiger Vertragsbeendigung der Leasingnehmer dem Leasinggeber gänzlich seine Finanzierungskosten zu erstatten hat. Die Kernpflicht des Leasinggebers besteht aber in der entgeltlichen Gebrauchsüberlassung des Leasinggutes für die vertraglich vereinbarte Zeit in einem für den Vertragszweck geeigneten Zustand. Daher ist es gerechtfertigt, den Finanzierungs-Leasingvertrag als *mietvertragsähnlichen* Schuldvertrag einzuordnen (BGH ZIP 1995, S. 383). Lösungen zu Rechtsfragen aus derartigen Verträgen müssen deshalb ebenfalls zunächst im Mietvertragsrecht gesucht werden.

9.3.4   Abschluss des Leasingvertrages

Musterverträge

Der Leasingvertrag über bewegliche Wirtschaftsgüter wird stets unter Zugrundelegung von Musterverträgen der Leasinggesellschaft geschlossen. Nur auf diese Weise erhält der Leasingvertrag – rechtssicher – das gewünschte rechtliche Gepräge, indem zum einen das wirtschaftliche Risiko des Leasinggebers abgedeckt wird und zum anderen erlasskonform der Leasingnehmer die angestrebten steuerlichen Vorteile in Anspruch nehmen kann.

Als Leasingnehmer müssen Sie vor allem auf folgende Punkte achten:

- eine passgenaue *Laufzeit* des Vertrages ggf. mit Verlängerungs- ·bzw. Kaufoption oder Andienungsrecht des Leasinggebers, **Kernpunkte**
- die genaue Bezeichnung des ausgesuchten bedarfsgerechten Leasinggutes,
- die inhaltliche *Deckung* von *Leasingvertrag* und *Kaufvertrag* im Sinne einer Übereinstimmung mit dem gegenüber dem Lieferanten erzielten Verhandlungsergebnis,
- eine marktgerechte *Leasingrate* mit oder ohne Anzahlung,
- eine ausreichende *Versicherung* des Leasinggutes gegen Verlust, Zerstörung oder Beschädigung,
- Ihre Rechte bei *Lieferproblemen*; wichtig sind vor allem verbindliche Lieferfristen und der Übernahmezeitpunkt,
- Ihre Rechte bei *Mängeln* der Leasingsache
- und die Höhe der *Schlusszahlung* bei Beendigung des Leasingvertrages.

> Nutzen Sie bei der Lektüre des Mustervertrages auch die folgenden Erläuterungen im Buchtext und achten Sie insbesondere auf die zahlreichen spezifischen Praxis-Tipps. Auf die wichtigsten Knackpunkte stoßen Sie durch das systematische Abarbeiten der Checkliste in Kap. 9.3.13.

Tipp

9.3.4.1 Regelungen zum Vertragsabschluss und zur Vertragsdauer

Nach den »AGB für das Leasing« bleiben Sie an Ihren schriftlichen *Leasingantrag* vier Wochen gebunden. Solange kann sich die Leasinggesellschaft mit ihrer schriftlichen Bestätigung der Annahme Zeit lassen. Diese relativ lange *Annahmefrist* mag wegen der hohen Komplexität dieses Geschäfts noch angehen. Sollte die Leasinggesellschaft die Annahme nicht innerhalb dieses Zeitraums bestätigen, entfällt die Bindungswirkung, sodass Sie sich ggf. nach einem neuen Anbieter umsehen können. **Bindungsfrist**

Beim Finanzierungs-Leasing muss die Vertragsdauer so bemessen sein, dass sie als Leasingnehmer Ihre sämtlichen Finanzierungskosten steuerlich als Betriebsausgaben voll absetzen können (vgl. Kap. 9.3.2.1.2). Dabei ist bei der Bestimmung de Grundmietzeit auch darauf zu achten, dass die ausgewiesene *Vertragsdauer* mit der zahlungspflichtigen Nutzungsdauer übereinstimmt, wenngleich die Rechtsprechung in der Festlegung einer *längeren Nutzungsdauer* im Mustervertrag eine unwirksame überraschende Klausel nach § 305c **Längere Nutzungsdauer**

Abs. 1 BGB sieht (OLG Hamm Urt. v. 01.03.2004 – 13 U 223/03; vgl. Kap. 3.4.5.1).

9.3.4.2   Mithaftung von Geschäftsführern und Gesellschaftern des Leasingnehmers

Tritt eine insolvenzanfällige GmbH oder Limited als Leasingnehmer auf, ist es wegen der beschränkten Haftung der Gesellschafter weit verbreitet, dass die Leasinggesellschaft auf eine Mithaftung in Form der *Schuldmitübernahme* des Geschäftsführers und/oder eines solventen Gesellschafters besteht bzw. von diesen Personen eine selbstschuldnerische *Bürgschaft* einfordert.

Bürgschaft

Dagegen ist rechtlich nichts einzuwenden, wenn dies in offener Form geschieht, wobei beide *Verpflichtungserklärungen schriftlich* abgefasst sein müssen, die Bürgschaft wegen § 766 BGB und die Schuldmitübernahmeerklärung, weil es sich dabei um eine *verbraucherdarlehensähnliche Finanzierungshilfe* nach §§ 499, Abs. 2, 500 BGB handelt (vgl. Kap. 4.7.2.2). Zusätzlich muss nur bei der Schuldmitübernahme der mithaftende Geschäftsführer oder Gesellschafter auch noch über sein zeitliches *Widerrufsrecht* (§§ 495, 355 BGB) ordnungsgemäß belehrt werden. Andernfalls steht ihnen ein zeitlich unbefristetes Widerrufsrecht zu, wobei der Kaufvertrag zwischen dem Leasinggeber und dem Hersteller/Lieferant und der Finanzierungs-Leasingvertrag zwischen Leasinggeber und Leasingnehmer eine *wirtschaftliche Einheit* nach § 358 BGB darstellt.

Schuldmitübernahme

Keine verdeckte Mithaftung

Bedenklich ist es aber, den ohnehin den Vertrag als Organvertreter der GmbH unterzeichnenden Geschäftsführer in verdeckter Form durch eine versteckte Vertragsklausel in die Haftung nehmen zu wollen. Das AGB-Recht verbietet mit gutem Grund, dem Abschlussvertreter eine verschleierte, ihm nicht bewusste Eigenhaftung anzuheften (§ 309, Nr. 11a BGB). Solch verdeckte *Eigenhaftungsklauseln* für Abschlussvertreter sind deshalb wegen deren unangemessener Benachteiligung unwirksam (BGH NJW 2002, S. 3186).

Gesonderte Verpflichtungserklärung

Zur Offenlegung der gewollten Mithaftung des unterzeichnenden Geschäftsführers reicht es aber nicht, wenn er diese vorformulierte Verpflichtungserklärung gesondert unterschreibt, sofern diese Unterschrift nach dem Gesamtzusammenhang auch anders verstanden werden kann. Notwendig ist vielmehr eine ausdrückliche und gesondert unterschriebene Erklärung des Vertreters, die eine erhöhte Aufmerksamkeit für den Inhalt des Formulars bewirken und ihm auf diese Weise Inhalt und Bedeutung seiner Verpflichtungserklärung klar vor Augen führen soll. Die angestrebte Warnung des Vertreters macht es zwar nicht erforderlich, dass die betreffende Erklärung in einer vom Hauptvertrag getrennten Urkunde aufgenommen wird. Der Text der Verpflichtungserklärung und die sich darauf beziehende Unterschrift müssen jedoch deutlich von dem Wortlaut des Vertrages, etwa durch Fettdruck, Schriftbild oder Schriftgröße und am besten auch noch räumlich durch eine Umrandung abgesetzt sein, um dem Vertreter Inhalt und Wirkung seiner Erklärung unübersehbar vor Augen zu führen (BGH DB 2002, S. 2530).

> **Beispiel:**
> *In dem vom Bundesgerichtshof entschiedenen Fall war eine gesondert unterzeichnete Erklärung der Schuldmitübernahme nicht deutlich vom Vertragstext abgesetzt, sondern in diesen eingegliedert, stand aber nicht für sich allein, sondern zusammen mit der Regelung, dass mehrere Leasingnehmer gesamtschuldnerisch haften – und überdies unmittelbar unterhalb der Einzugsermächtigung, sodass die Aufmerksamkeit des Betrachters in erster Linie auf die Bankklausel gelenkt worden ist. Das genügte den strengen Anforderungen des Gerichts nicht. Somit konnte die Leasinggesellschaft nach Insolvenz des Leasingnehmers von dem Geschäftsführer nicht Zahlung der rückständigen Leasingraten und Schadensersatz statt Leistung fordern.*

9.3.4.3   Bestimmung des Leasingobjektes

Als Leasingnehmer sollten Sie der möglichst präzisen Beschreibung des Leasingobjektes im Leasingvertrag besondere Aufmerksamkeit schenken und vor allem darauf achten, wenn Sie die Vertragsverhandlungen mit dem Hersteller/Lieferant oder Händler geführt haben, dass Ihr *Verhandlungsergebnis* sich voll und ganz im Leasingvertrag niederschlägt.

9.3.4.3.1   Deckungsgleichheit von Leasingvertrag und Kaufvertrag

Wenn Sie als Leasingnehmer, wie i.d.R., beim Hersteller oder einem mit ihm verbundenen Händler bzw. sonstigen Lieferanten das von Ihnen gewünschte *Leasingobjekt aussuchen*, so tragen Sie allein auch das Risiko, dass das Leasinggut für Ihre Zwecke tauglich ist und die dafür notwendigen wichtigen Eigenschaften besitzt.

Sie müssen dann dafür sorgen, dass in den von Ihnen auszufüllenden *Vertragsantrag* für das Leasinggeschäft auch die entsprechende genaue Beschreibung des Leasinggutes aufgenommen wird. Mittlerweile entspricht es gängiger Praxis, dass der Hersteller/Lieferant oder Händler mit Billigung der Leasinggesellschaft die vorbereitenden Verhandlungen zum Abschluss des Finanzierungs-Leasingvertrages unter Verwendung der ihm für diese Zwecke überlassenen Formularverträge führt (BGH NJW 1985, S. 129). Bei dieser mittlerweile typischen Konstellation bilden der Erwerb der Leasingsache durch den Leasinggeber im *Kaufvertrag* mit dem Hersteller/

Verhandlungsergebnis als gemeinsame Vertragsgrundlage

Kauf- und Leasingvertrag sind eine wirtschaftliche Einheit

Lieferanten sowie die Gebrauchsüberlassung und Finanzierung im *Leasingvertrag* zwischen Leasinggeber und Leasingnehmer eine wirtschaftliche Einheit. Aus diesem Verbund folgt rechtlich ohne weiteres, dass die Beteiligten sich darauf verlassen können, dass das Verhandlungsergebnis sowohl *Bestandteil* des *Kauf-* als auch des *Leasingvertrages* – sog. Prinzip des deckungsgleichen Verhandlungsergebnisses – ist (BGH WM 1985, S. 906).

Das *Prinzip des deckungsgleichen Verhandlungsergebnisses* bedeutet, dass der Leasinggeber die zwischen dem Leasingnehmer und Hersteller/Lieferant oder Händler im Zusammenhang mit dem Erwerb des Leasingobjektes ausgehandelten technischen und wirtschaftlichen Modalitäten gegen sich gelten lassen muss. Haben Sie jedoch nichts Schriftliches zur Hand, werden Sie das im Streitfall schwerlich beweisen können, weil Sie damit rechnen müssen, dass Ihr Hersteller/Lieferant oder Händler, der mit der Leasinggesellschaft ständig kooperiert oder gar zum gleichen Konzern gehört, dies abstreitet.

Tipp

Stellen Sie sicher, dass das mit dem Lieferanten/Hersteller oder Händler erzielte Verhandlungsergebnis im Hinblick auf die wichtigen Vertragsdaten korrekt in das Antragsformular übernommen wird und überprüfen Sie anschließend das von der Leasinggesellschaft Ihnen zugeschickte ausgefüllte Vertragsformular.

Sind Ihnen im Hinblick auf besonders wichtige Eigenschaften des Leasingguts entsprechende Zusicherungen oder Garantien des Herstellers/Lieferanten von Bedeutung, so nützt Ihnen das nur etwas, wenn diese Garantien auch in dem Kaufvertrag zwischen Hersteller/ Lieferant und Leasinggeber übernommen werden. Nur dann kann und wird der Leasinggeber diese Garantien an Sie weiterreichen. Holen Sie sich deshalb unbedingt die schriftliche Zusicherung des Herstellers bzw. Lieferanten ein, dass die Garantiezusagen im Kaufvertrag aufgenommen werden.

Garantieübernahme

Formulierungsvorschlag

»1.Zunächst die Beschreibung der Beschaffenheits- oder Haltbarkeitsgarantie über das Leasinggut.

2. Wir verpflichten uns, diese Garantieerklärung in den Kaufvertrag über das Leasinggut mit der Leasinggesellschaft ... zu übernehmen.«
(Unterschrift)

Hersteller/Lieferant als Verhandlungsgehilfe

Dennoch kann nicht ausgeschlossen werden, dass der *Hersteller/Lieferant* den Leasingnehmer über das Leasinggut *falsch informiert* oder berät. Für diese Fehlleistung Ihres Verhandlungsgehilfen ist dann aber gleichfalls der Leasinggeber rechtlich nach § 278 BGB verantwortlich (vgl. Kap. 6.2.2).

Eine zweischneidige Angelegenheit ist es aber, wenn der Leasing-nehmer zunächst selbst den Kaufvertrag mit dem Hersteller/Liefe-ranten *abschließt* und der Leasinggeber erst später bei gleichzeitigem Ausscheiden des ursprünglichen Käufers in den Vertrag einsteigt. Dann bleibt er ohne Vereinbarung eines *ausdrücklichen Rücktritts-vorbehalts* nämlich bis zum Abschluss des Leasingvertrages gegen-über dem Hersteller bzw. Lieferant zur Zahlung des Kaufpreises verpflichtet. Das wirkt sich nachteilig aus, wenn der beabsichtigte Vertragsabschluss scheitern sollte (BGH WM 1990, S. 1241). Auf der anderen Seite hat er aber die Gewähr der *inhaltlichen Deckungs-gleichheit* zwischen Kaufvertrag und Leasingvertrag, namentlich im Hinblick auf eventuell vom Hersteller/Lieferanten abgegebene Beschaffenheits- oder Haltbarkeitsgarantien bzgl. des Leasingob-jekts. Zumindest können Sie sich als Leasingnehmer vergewissern, ob Kaufvertrag und Leasingvertrag hinsichtlich des Leasinggutes inhaltlich voll übereinstimmen, bevor Sie das Formular für den Lea-singvertrag unterzeichnen.

> **Direktabschluss mit Lieferant**

> **Rücktrittsvorbehalt ist wichtig!**

9.3.4.3.2   Vertragsgegenstand beim EDV-Leasing

Entscheiden Sie sich bei der Anschaffung einer kompletten *DV-An-lage* samt Software statt eines Kaufes für das Leasing, weil Sie Ihr *Betriebssystem* jeweils auf den *neuesten technischen Stand* halten wollen, sollten Sie bei der Festlegung des Vertragsgegenstandes be-sondere Sorgfalt walten lassen.

Beziehen Sie neben der Hardware, wie häufig, auch noch die dazu passende *Betriebssoftware*, bilden beide Verträge nach gefestigter Rechtsprechung eine Einheit, weil die Hardware ohne die Betriebs-software nicht einsatzfähig ist (BGH ZIP 1987, S. 788).

Enthält aber das Leistungspaket des Herstellers/Lieferanten auch noch die *Anwendersoftware*, wie z.B. Buchführungs- oder Lagerhal-tungsprogramme, sollten Sie mit dem Leasinggeber ausdrücklich regeln, ob auch diese spezielle Software Vertragsgegenstand ist. An-sonsten müssten im Streitfall die Gerichte durch Auslegung ermit-teln, inwieweit eine einheitliche Vertragsleistung vorliegt oder nicht (BGH NJW 1985, S. 129). Das gilt insbesondere bei dem Bezug von individueller, nicht standardisierter, auf die speziellen Bedürfnisse des Kunden zugeschnittener Anwendersoftware. Besteht der Vertrag aus einer aus Hardware-, Standard- und Spezialsoftware bestehen-den DV-Komplett-Anlage, geht die Rechtsprechung von einer *einheit-lichen Vertragsleistung* aus (BGH WM 1990, S. 987), wenn

> **Anwendersoftware als Vertragsleistung**

> **Auf Ausgestaltung als einheitlichen Vertrag achten!**

- eine technische Unteilbarkeit der Gesamtleistung besteht
- oder die Vertragsparteien durch eine ausdrückliche oder konklu-dente Absprache eine Gesamtleistung gebildet haben.

Beispiel:
Eine stillschweigende Absprache einer Gesamtleistung ist darin zu sehen, wenn das Leasingobjekt als ein »Praxis-Daten-Verarbeitungssystem« bezeichnet wird und darunter als Komplettleistung auch die Anwendersoftware fällt.

Insbesondere in zwei Fällen ist die präzise Beschreibung des Leasingobjektes von erheblicher rechtlicher Bedeutung:
1. wenn davon abhängt, ab wann der Leasingvertrag vom Leasinggeber vollständig erfüllt ist (BGH NJW 1990, S. 3011),
2. wenn nur die Software unbrauchbar ist, dagegen die Hardware fehlerfrei arbeitet (BGH DB 1990, S. 1123).

Mangelhafte Leistungsteile

Liegt eine einheitliche Vertragsleistung vor, wird auch bei *Mangelhaftigkeit* einzelner Leistungsteile der gesamte Leasingvertrag rückabgewickelt.

Tipp

> Wollen Sie die mitgelieferte fehlerfreie Hardware nur dann behalten, wenn auch die Software brauchbar ist, sollten Sie daraus stets ein einheitliches Vertragspaket schnüren.

9.3.4.3.3   Leistungs- und Änderungsvorbehalt des Leasinggebers

Gleichwertiges Leasingobjekt

Keine Bedenken bestehen dagegen, wenn sich in den AGB des Leasingvertrages der Leasinggeber im Hinblick auf eine Konstruktions- und Formenänderung des Leasinggegenstandes die Lieferung eines anderen, *gleichwertigen Leasingobjektes* vorbehält (hier geht es um vor allem Abweichungen des Farbtons sowie Änderungen des Lieferumfangs seitens des Herstellers). Das entspricht gängiger und zulässiger Vertragspraxis in Lieferverträgen beweglicher Wirtschaftsgüter (vgl. Kap. 4.2.1.1).

9.3.4.3.4   Kein Recht zur Untervermietung

Ausschluss durch Leasingvertrag

In den Vertragsbedingungen der Leasinggesellschaft wird typischerweise nicht nur das Recht des Leasingnehmers zur Untervermietung, sondern auch das *mietrechtliche Sonderkündigungsrecht* nach § 540, Abs. 1 BGB ausgeschlossen (vgl. Kap. 9.1.6.4). Das ist im Unterschied zum Mietvertrag stets statthaft, weil das Leasing im Vergleich zur Miete eine Finanzierungsfunktion besitzt und der Leasinggeber innerhalb der Leasingzeit seine wirtschaftlichen Kosten erwirtschaften will. Dieses *Prinzip der Vollamortisation* ließe sich nicht realisieren, falls der Leasingnehmer schon während der Mindest-Leasingzeit nach Verweigerung der Zustimmung des Leasinggebers zur Untervermietung das Vertragsverhältnis ohne Ausgleich durch weitere Ratenzahlungen kündigen könnte (BGH ZIP 1990, S. 1113).

9.3.4.4 Fehlerhafte Information und Beratung bei Vertragsabschluss

Bei dem für das Finanzierungs-Leasing typischen indirekten Leasing sucht der Leasingnehmer den Leasinggegenstand nach Absprache mit dem Leasinggeber direkt vom Hersteller, Händler und sonstigen Lieferanten aus. Dieser berät ihn demzufolge auch über die Eigenschaften und die Eignung des Leasinggutes für den vom Leasingnehmer gewünschten Gebrauch. *Leasinggesellschaften* können anders als Händler beim *Kfz-Leasing*, die seit November 2004 gesetzlich durch die PKW-Energieverbraucherkennzeichnungsverordnung für angebotene neue Pkw-Modelle Angaben zu *Kraftstoffverbrauch-* und *CO_2-Emissionswerten* ausdrücklich als unverbindliche Information deklarieren, um Mängelansprüchen des Leasingnehmers zu entgehen.

Sind hierbei *unrichtige Auskünfte* des *Lieferanten* nicht in den schriftlichen Leasingvertrag eingeflossen, so müssen Sie als enttäuschter Leasingnehmer deren Inhalt im Streitfall beweisen, etwa durch zusätzliche schriftliche Versicherungen des Lieferanten oder zumindest durch glaubwürdige Zeugenaussagen Ihrer als Vertreter eingesetzten Mitarbeiter. Gelingt es Ihnen, diese Hürde zu überwinden, so können Sie auch den Leasinggeber auf Schadensersatz in Anspruch nehmen oder ggf. den Vertrag wegen arglistiger Täuschung anfechten.

Beratungsergebnis festhalten

Schadensersatz gegenüber dem Leasinggeber

Erweisen sich die Auskünfte des Lieferanten als unrichtig und ist deshalb das *Leasingobjekt* für den Bedarf des Leasingnehmers ungeeignet, so hat der Leasinggeber ihm zunächst für die schuldhaft falsche Auskunft und Ratserteilung Schadensersatz wegen Verschuldens beim Vertragsabschluss nach §§ 280, Abs. 1, 311, Abs. 2, 241, Abs. 2 BGB zu leisten (vgl. Kap. 2.4.4.3). Der Leasinggeber muss nämlich für das Handeln des *Lieferanten* als seines *Verhandlungsgehilfen* nach § 278 BGB geradestehen (BGH DB 1988, S. 108). Für die Position des Lieferanten als Erfüllungsgehilfen des Leasinggebers genügt es, dass die auf den Abschluss des Leasingvertrags gerichtete Aktivität des Lieferanten mit Wissen und Willen des Leasinggebers erfolgt (OLG Köln DB 1991, S. 1770). Der Ausgleich geschieht regelmäßig durch *Aufhebung* des für den Leasingnehmer ungeeigneten *Leasingvertrages* (BGH NJW 1995, S. 1146). Sollte der Leasingnehmer einen darüber hinausreichenden Schaden erlitten haben, kann der Leasinggeber den Ausgleich zunächst in der Form gewähren,

Haftung für Fehlverhalten des Lieferanten

Verhandlungsgehilfe

Aufhebung des Leasingvertrags

dass er seine Schadensersatzansprüche wegen Verschuldens beim Abschluss des Kaufvertrages gegenüber dem Lieferanten an den Leasingnehmer abtritt (BGH ZIP 1984, S. 962).

> **Beispiel:**
> *Bei der Anschaffung einer EDV-Anlage berät der Hersteller H den Leasingnehmer L falsch über die richtige Kombination von Hard- und Software für die Installierung eines Fertigungsprogramms. Da die Produktionsabläufe von dem gelieferten Programm nicht richtig gesteuert werden, erleidet L einen hohen Produktionsausfall.*

Wenn der Leasingnehmer seinen Anspruch gegen den Lieferanten nicht realisieren kann (etwa weil dieser insolvent geworden ist), lebt die Haftung des Leasinggebers wieder auf. Eine formularmäßige Haftungsbeschränkung im Leasingvertrag ist insoweit nur in den engen Grenzen des AGB-Rechts allenfalls für leichte Fahrlässigkeit zulässig (vgl. Kap. 6.3.2.3).

Überziehen der Verhandlungsmacht

Nicht verantwortlich gemacht werden kann die Leasinggesellschaft, wenn der die Vertragsverhandlungen führende *Hersteller/Lieferant* eindeutig seine *Kompetenzen überschreitet* und Erklärungen abgibt, zu denen er überhaupt nicht autorisiert ist – kurzum, wenn er oder sein Vertreter sich unseriös verhält und zum Zwecke der Förderung des eigenen Absatzes bei dem Leasingnehmer gezielt unrichtige Vorstellungen durch schönfärberische Beschreibungen über das Leasinggut hervorruft, von denen aber der Leasinggeber keine Kenntnis erlangt. Bei solchem, schon ins Kriminelle gehenden Verhalten, muss die Wissenszurechnung gegenüber dem Leasinggeber entsprechend § 166 BGB ihre Grenzen finden (vgl. Kap. 3.4.4). Abhilfe findet dadurch statt, dass sich der Leasingnehmer von dem nachteiligen Vertrag durch Anfechtung lösen kann (vgl. Kap. 9.3.4.5).

Beratungsvertrag mit Lieferanten

Einen eigenen Schadensersatzanspruch des Leasingnehmers gegen den falsch beratenden Hersteller und Lieferanten besteht nur auf der Grundlage eines *selbstständigen Beratungsvertrages*. Mit der Annahme eines solchen Vertrages ist aber die Rechtsprechung äußerst zurückhaltend. Davon kann man nur ausgehen, wenn eine besonders intensive, über das übliche Maß hinausgehende Beratung erfolgt ist (wie sie aber häufiger vom Kunden bei der Anschaffung von kompletten DV-Anlagen in Anspruch genommen wird). Wird diese Beratung gesondert vergütet, deutet das auf eine rechtlich selbstständige Beraterleistung hin (vgl. Kap. 8.11.1).

9.3.4.5   Anfechtung wegen arglistiger Täuschung

Hat der *Lieferant* oder einer seiner Mitarbeiter beim Leasingnehmer *gezielt falsche Vorstellungen* über das Leasingobjekt oder sonstige

vertragswesentliche Punkte erweckt, von denen aber der Leasing- **Täuschung**
geber nichts weiß und wissen konnte, so kann der Leasingnehmer **durch Lieferant**
den *Leasingvertrag* innerhalb eines Jahres, nachdem er von der Täuschung Kenntnis erlangt hat, nach § 123 BGB wegen *arglistiger Täuschung anfechten*. Damit kann er den Leasingvertrag von Anfang an
gemäß § 142, Abs. 1 BGB unwirksam machen. Hierbei spielt es keine Rolle, ob der Leasinggeber diese Täuschungshandlung des Lieferanten kannte oder kennen musste. Er muss sie stets nach § 123,
Abs. 1 BGB gegen sich gelten lassen, weil der Lieferant nicht Dritter
im Sinne von § 123, Abs. 2 BGB ist, sondern als Verhandlungsgehilfe
eben Vertrauensperson oder Repräsentant des Leasinggebers (BGH
NJW 1989, S. 287; vgl. Kap. 3.6.3.1).

9.3.4.6   Leasingrate, Sonder- und Schlusszahlung

Neben der Tauglichkeit des Leasingobjektes, kommt es für Sie als
Leasingnehmer entscheidend auf die Höhe der von Ihnen an die Leasinggesellschaft zu erbringenden Zahlungen an, die sich aus den
laufenden Leasingraten, einer ggf. zu leistenden Sonderzahlung zu
Vertragsbeginn und einer vom Zeitpunkt der Vertragsbeendigung
abhängigen Schlusszahlung zusammensetzen.

9.3.4.6.1   Sonderzahlung bei Vertragsbeginn

Verschiedene Leasinggeber bestehen stets auf die Erbringung einer **Senkung laufender**
Sonderzahlung in Höhe eines bestimmten *Prozentsatzes* des Anschaf- **Leasingraten**
fungswertes des Leasinggutes – meistens zwischen 10 bis 40 %. Dadurch lassen sich zwar – je nach Höhe – die laufenden Leasingraten reduzieren. Abgesehen von dem erheblichen Kapitalaufwand hat
aber eine Sonderzahlung für den Leasingnehmer den Nachteil, dass
sie vollkommen *verloren* ist, wenn der *Vertrag vorzeitig*, insbesondere
durch eine Pflichtverletzung des Leasingnehmers beendet wird. Obwohl sie voll in den Gesamtbetrag der auf die gesamte Grundmietzeit
bezogenen Leasingraten einkalkuliert wird, darf sie der Leasinggeber im Rahmen seines Schadensersatzanspruchs statt Leistung ganz
behalten, weil die Sonderzahlung einen Teil seines Erfüllungsan-
spruches darstellt (BGH NJW 1995, S. 954). Das Gleiche gilt im Falle
einer *Insolvenz* der *Leasinggesellschaft*, wenn der Insolvenzverwalter
wegen der zu niedrigen Leasingraten den Vertrag nicht übernehmen
will (vgl. Kap. 9.3.12).

Besteht der Leasinggeber auf einer Sonderzahlung, sollte sie möglichst niedrig ausfallen.

Tipp

Zusätzliches Entgelt   Entsprechend sehen die Leasingbedingungen vor, dass die vereinbarte Sonderzahlung als *zusätzliches Entgelt* neben den Leasingraten, und eben nicht als rückzahlbare Kaution gilt.

Die Sonderzahlung muss auch nicht unbedingt bar erbracht werden. Vor allem beim Kfz-Leasing kann an deren Stelle auch ein *gebrauchtes Fahrzeug* des Leasingnehmers, genau wie beim Direktverkauf durch den Händler, in Zahlung gegeben werden, wenn sich der Händler und der Leasinggeber darauf einlassen (BGH WM 2003, S. 793). Die Leasinggesellschaft wälzt nämlich das Verwertungsrisiko typischerweise auf den Lieferanten ab (vgl. Kap. 8.11).

9.3.4.6.2   Schlusszahlung

Ziel: Vollamortisation   Ob und in welcher Höhe Sie nach Vertragsbeendigung als Leasingnehmer noch eine Schlusszahlung zu leisten haben, regelt üblicherweise detailliert der Leasingvertrag. Da auch beim gängigen Teilamortisationsvertrag die Leasinggesellschaft eine *Vollamortisation* anstrebt, sind Schlusszahlungen i.d.R. unvermeidlich, wenn innerhalb der unkündbaren Grundmietzeit der Anschaffungswert und die sonstigen Kosten der Leasinggesellschaft noch nicht amortisiert sind und dennoch der Vertrag beendet wird. Achten Sie dann darauf, dass die Höhe des *Restwertausgleichs* betragsmäßig fixiert wird. Dann haben Sie nur diesen Betrag zu zahlen, wenn Sie das Leasingobjekt im vertragsgemäßen Zustand, so wie vereinbart, zurückgeben. Ihr

Anrechnung des Verwertungserlöses   Leasinggeber hat Ihnen aber auf diesen Betrag noch 90 % des aus der *Veräußerung des Leasingobjektes* erzielten Verwertungserlöses des Leasingobjektes anzurechnen – je nach vertraglicher Ausgestaltung auf der Grundlage des für Sie günstigeren *Händler-Verkaufspreises* oder des ungünstigeren niedrigeren *Händler-Einkaufspreises*. Sie sollten versuchen, die Anrechnung auf der Grundlage des Verkaufspreises zu erreichen (vgl. Kap. 9.3.9.2.1).

Höhe abhängig vom kalkulierten Restwert   Die *Höhe* der von Ihnen zu leistenden Schlusszahlung auf der Grundlage des kalkulierten Restwertes ist *variabel* und abhängig von den Leasingraten, sodass Sie beides nach Ihren Interessen und Bedürfnissen mit der Leasinggesellschaft gestalten können. So kann der kalkulierte Restwert bewusst erhöht und die Leasingraten recht niedrig angesetzt werden, um die Liquidität des Leasingnehmers zunächst zu schonen. Im ersteren Fall müssen Sie sich aber stets im Klaren sein, dass beim Vertragsende die zu niedrig angesetzten Leasingraten durch den überhöht kalkulierten Restwert, den Sie dann finanziell aufzubringen haben, nachbelastet werden. Ein wichtiger *Parameter* für die Beurteilung der Kosten des Leasinggeschäfts ist daher für den Leasingnehmer, wie weit der kalkulierte Restwert von dem Zeitwert des Leasingobjektes bei Vertragsende unter Zugrundelegung einer durchschnittlichen Abnutzung oder des normalen Verschleißes abweicht. Die entsprechenden Informationen dazu können Marktspiegel, soweit vorhanden, liefern.

9.3.4.6.3   Höhe der Leasingraten

Die Höhe der vom Leasinggeber geforderten Leasingraten sollte selbstverständlich *marktbezogen* sein. Dazu nimmt man, wie bei anderen Wirtschaftsgütern auch, zunächst Preisvergleiche mit den Angeboten anderer Leasinggesellschaften vor. Ein ganz wichtiges Parameter bildet dabei aber auch der *effektive Zins,* den der Leasinggeber für die Vorfinanzierung des Leasinggutes berechnet und der Kalkulation seiner Leasingraten, bezogen auf die Laufzeit des Leasingvertrages, zugrunde legt. Erkundigen Sie sich deshalb unbedingt auch beim Leasinggeber nach dem effektiven Vertragszins und bestehen Sie darauf, dass dieser in das Vertragsformular eingesetzt wird. Er sollte nicht allzu weit entfernt von den banküblichen Zinssätzen für entsprechende Investitionsdarlehen liegen.

Preisvergleich ist wichtig

Finanzierungskosten

Sollte die Leasinggesellschaft die Auskunft darüber verweigern, so können Sie selbst überschlägig den effektiven Jahreszins aus dem Leasingvertrag mit der sog. *Uniform-Zinsformel,* die für Raten und Kreditverträge mit einer Laufzeit von 48 Monaten angewandt wird, ermitteln. Die Rechtsprechung zieht die Uniform-Methode hilfsweise für die Beurteilung heran, ob in einem Vollamortisationsvertrag mit einer Laufzeit bis zu 60 Monaten vom Leasinggeber ein sittenwidrig überhöhter Zins gefordert wird, der den Finanzierungs-Leasingvertrag zu einem nichtigen wucherischen Geschäft nach § 138, Abs. 2 BGB macht (BGH NJW 1991, S. 1810). Der *effektive Vertragszins* darf dann den *effektiven Vergleichszins* für Ratenkredite relativ nicht um mehr als 100 % und absolut nicht mehr als 12 % übersteigen.

Uniform-Zinsformel zur Berechnung des effektiven Vertragszinses

Der *effektive Jahreszins* nach der Uniform-Methode wird gemäß folgender Formel berechnet:

$$\text{Effektiver Jahreszins} = \frac{240 \times \text{Vertragskosten}}{\text{Netto-Kaufpreis des Leasing-Objektes} \times (\text{Laufzeit} + 1)}$$

Dabei entsprechen die *Vertragskosten* der Differenz zwischen Netto-Kaufpreis und der Gesamtverpflichtung des Leasingnehmers (Netto-Rate × Monatsanzahl). Die *Laufzeit* ist in Monaten anzugeben. Der *Netto-Kaufpreis,* den der Leasinggeber an den Händler zahlt, bildet i.d.R. als Anschaffungswert auch die Grundlage des Leasingvertrages.

Bei den wesentlich weit verbreiteteren Teilamortisationsverträgen wird dagegen eine differenziertere Formel, die sog. *abgewandelte Uniform-Methode* angewandt, weil hier auch noch der vom Leasing-

Teilamortisationsvertrag

geber kalkulierte Restwert, der in Form einer Schlusszahlung ebenfalls vom Leasingnehmer aufzubringen ist, in die Vertragskosten mit eingeht (BGH DB 1995, S. 1072 und DB 2000, S. 967).

Überschlägige Berechnung

Für die überschlägige Berechnung, die für die Abschätzung der Marktgängigkeit der Finanzierungskosten vollauf genügt, reicht es aber, wenn man die Differenz zwischen dem höheren kalkulierten Restwert und dem tatsächlichen Restwert des Leasingobjektes im vertragsgemäßen Zustand den Vertragskosten bei der einfachen Uniform-Formel dazurechnet. Sollte die Leasinggesellschaft ihren günstigen Anschaffungspreis Ihnen gegenüber nicht offen legen, setzen Sie einfach für den Netto-Kaufpreis Ihren Einkaufspreis beim Händler abzüglich des Ihnen im Falle einer Barzahlung gewährten Händlerrabattes ein. Dank dieser einfachen und schnell durchzuführenden Berechnungsmethode können Sie also sehr schnell erkennen, ob die vom Leasinggeber genannten Leasingraten überhöht sind oder nicht.

9.3.4.6.4   Zahlung der Leasingraten und Sonderzahlungen

Zahlungstermine einhalten

Nach den üblichen Vertragsbedingungen haben Sie die Leasingsonderzahlungen und die erste Rate bei Beginn der Leasingzeit zu entrichten. Die weiteren *Leasingraten* sind i.d.R. jeweils am *Monatsersten* im Voraus fällig; sollte die Leasingzeit aber erst in der zweiten Monatshälfte nach den 15. beginnen: am 15. des jeweiligen Monats. Andere Forderungen, wie Überführungs-, An- und Abmeldekosten und sonstige Beiträge, werden nach Rechnungsstellung fällig gestellt.

Als Zahlungsmodalität für die ständig zu entrichtenden Leasingraten wird regelmäßig das *Lastschriftverfahren* bevorzugt; andere Zahlungsweisen bedürfen einer besonderen Vereinbarung.

Vermeiden Sie es unbedingt, in *Zahlungsverzug* zu geraten, da das für Sie sehr teuer wird. Zunächst einmal kann die Leasinggesellschaft als pauschalen Verzugsschaden einen Verzugszins von 8 % über dem Basiszinssatz nach § 288, Abs. 3 BGB fordern (vgl. Kap. 5.2.3). Außerdem ist sie im Falle eines qualifizierten Zahlungsverzuges (wenn Sie sich mit zwei aufeinanderfolgenden Leasingraten ganz oder teilweise im Verzug befinden) zur fristlosen Kündigung berechtigt, falls die zuvor erfolgten Mahnungen erfolglos geblieben sind (vgl. Kap. 9.3.10.1).

9.3.4.7   Nachmieterregelung

Nachmieter-regelung in Vertrag einfügen

Weder in den Vertragsformularen der Leasingunternehmen noch in den AGB für Leasing ist die Befugnis vorgesehen, dass der Leasingnehmer einen *Nachmieter* stellen darf, wenn er aus irgendwelchen Gründen vorzeitig aus dem Leasingvertrag aussteigen will, weil er für das Leasinggut keinen Bedarf mehr hat. Die Nichterfüllung des

Leasingvertrages wird aber sehr teuer, weil der Leasingnehmer das Verwendungsrisiko trägt. Er muss deshalb nach *Kündigung* des Leasingvertrages durch die Leasinggesellschaft wegen *vertragswidrigem* Verhalten die gesamten noch ausstehenden Leasingraten einschließlich eines eventuellen Restwertausgleichs abgezinst zahlen. Wegen der relativ langen – steuerlich bedingten – fixen Vertragsdauer von Leasingverträgen, sollten Sie als Leasingnehmer für die Einfügung einer Nachmieterregelung sorgen, die auch hilft, die aufgezeigten negativen Kostenfolgen zu vermeiden, wenn man einen geeigneten Nachmieter findet.

Nachmietervereinbarung

»Hat der Leasingnehmer für das Leasinggut innerhalb der Vertragsdauer   Klauselvorschlag
keinen Bedarf mehr, so ist er berechtigt, einen geeigneten Nachmieter zu
bestimmen, der für ihn die Verpflichtung aus dem Leasingvertrag über-
nimmt. Der Leasinggeber darf seine Zustimmung für den Vertragseintritt
des benannten Nachmieters nur aus wichtigem Grunde verweigern.«

9.3.5 Full-Service- oder Net-Leasing

Bietet Ihnen Ihr Leasing-Geber ein Full-Service-Paket an, das auch die Erwartungen und Versicherungen des Leasing-Gutes einschließt, müssen Sie sich genau überlegen, ob der Preis für diesen zusätzlichen Service im Hinblick den dadurch eingesparten Kosten- und Verwaltungsaufwand angemessen ist oder nicht (vgl. Kap. 9.3.2.2). Insbesondere kann die *Sachversicherung* durch den Leasinggeber wegen niedrigerer Prämien für die Gruppenversicherung erhebliche Kostenvorteile bieten.

9.3.6 Beginn und Dauer des Leasingvertrages

Üblicherweise beginnt die Leasingzeit am Tag der vereinbarten   Übergabe der
Übergabe des Leasinggutes, beim *Fahrzeug-Leasing* auch schon am   Leasingsache
Tag der Zulassung, wenn das Fahrzeug auf Wunsch des Leasingnehmers vorher zugelassen wird. Wird kein präziser Übergabezeitpunkt vereinbart, so beginnt nach den gebräuchlichen Vertragsbedingungen die Leasingzeit 14 Tage nach Anzeige der Bereitstellung des Leasingobjektes.

Die Leasingzeit selbst bestimmt sich nach der im Leasingvertrag   Steuerliche
vereinbarten *Vertragsdauer*, wobei auf die Einhaltung der steuer-   Vorgaben
lichen Vorgaben zu achten ist. Der zur Verfügung stehende zeitliche Rahmen wird deshalb durch die betriebsübliche Nutzungsdauer des Leasingobjektes abgesteckt. Diese darf mindestens 40 %, höchstens aber 90 % dieser Zeitspanne betragen (vgl. Kap. 9.3.1.3).

> **Beispiel:**
> *Beim Pkw-Leasing beläuft sich daher die unkündbare Grundmietzeit auf mindestens 24, höchstens 60 Monate.*

9.3.7   Abnahme und Sacherhaltung des Leasingobjektes

Übergabezeitpunkt   Als Leasingnehmer haben Sie das Leasinggut zum vereinbarten *Übergabezeitpunkt* abzunehmen. Danach tragen Sie wegen der zulässigen *Risikoabwälzung* durch den Leasinggeber wie ein Käufer das Sachrisiko für den zufälligen Untergang des Leasingobjektes.

Bereitstellungs-anzeige   Als Leasingnehmer werden Sie auch verpflichtet, das Leasinggut innerhalb einer bestimmten Frist – i.d.R. 14 Tage nach Zugang der Bereitstellungsanzeige – abzunehmen. Tun Sie das nicht, geraten Sie nach Mahnung durch die Leasinggesellschaft in *Abnahmeverzug*, wobei in dem Mahnschreiben üblicherweise eine Nachfrist zur letztmaligen Abnahme gesetzt wird. Lassen Sie die verstreichen, so kann der Leasinggeber Schadensersatz statt Leistung nach § 281, Abs. 1 BGB fordern. Dieser *Schadensersatz* beträgt nach der üblichen Schadensersatzpauschalklausel 15 % des Herstellerverkaufspreises einschließlich Umsatzsteuer, was der kalkulierten Gewinnspanne des Leasinggebers entsprechen dürfte.

Tipp   Nehmen Sie das Leasinggut deshalb zur Vermeidung von erheblichen Rechtsnachteilen vereinbarungsgemäß pünktlich ab.

9.3.7.1   Übernahme des Leasingguts

Übernahme-bestätigung   Beim Finanzierungsleasing erwirbt die Leasinggesellschaft häufig auf eigene Rechnung im Interesse des Leasingnehmers vom Hersteller/Lieferant das Leasinggut. Dann kommt bei einer Direktlieferung an den Leasingnehmer dessen *Übernahmebestätigung*, nämlich das Leasingobjekt in einem »fabrikneuen, ordnungsgemäßen, funktionsfähigen und den getroffenen Vereinbarungen entsprechenden Zustand« erhalten zu haben, erhebliche praktische Bedeutung zu.

Diese Erklärung ist *Voraussetzung* für die *Zahlung* des *Kaufpreises* des Leasinggebers an den Lieferanten, wird doch bei ihm dadurch der berechtigte Eindruck erweckt, das Erwerbsgeschäft sei vom Lieferanten ordnungsgemäß erfüllt und zugleich der Leasingvertrag von seiner Seite ordnungsgemäß abgewickelt worden. Rechtlich betrachtet, stellt deshalb die Übernahmebestätigung eine *Quittung* im Sinne von § 368 BGB dar (BGH WM 1995, S. 111).

Untersuchung der Leasingsache   Als Leasingnehmer haben Sie nach den insoweit anwendbaren mietrechtlichen Prüfungspflichten das Leasinggut in Augenschein zu nehmen und auf Fehlerfreiheit zu untersuchen. Dabei entdeckte *Mängel* sind dem Leasinggeber unverzüglich nach § 536c, Abs. 1 BGB zur Vermeidung erheblicher Rechtsnachteile *anzuzeigen* (vgl. Kap. 9.1.8.3). Die Leasinggesellschaft als Kaufmann ist zur Sicherung ihrer kaufvertraglichen Mängelansprüche nach den verschärften Prüfungspflichten beim beidseitigen Handelskauf nach § 377 HGB verpflichtet, gegenüber dem Hersteller/Lieferant die gelieferte Ware unverzüglich ordnungsgemäß zu untersuchen und dabei entdeckte Mängel ihm unverzüglich anzuzeigen (vgl. Kap. 8.9.2). Dazu ist sie indes bei einer direkten Lieferung des Leasinggutes an den Leasingnehmer nicht imstande, sondern muss sich zur Erfüllung dieser Prüfungs- und Rügepflicht des Leasingnehmers bedienen (vgl. Kap. 9.3.8.3.1).

Mängelanzeige nicht vergessen!

> **Tipp**
>
> Prüfen Sie das Leasinggut umgehend auf Mangelfreiheit und zeigen Sie sicherheitshalber Fehler nach ihrer Entdeckung unverzüglich sowohl dem Lieferanten als auch dem Hersteller an.

Hüten Sie sich als Leasingnehmer aber unbedingt davor, eine *falsche Übernahmebestätigung* abzugeben. Entsteht dadurch dem Leasinggeber ein Schaden, etwa in Form des Verlustes von Mängelansprüchen, so müssen Sie den wegen dieser Pflichtverletzung entstandenen Schaden ersetzen (BGH DB 2004, S. 2528). Fehler des Lieferanten bei der Abfassung der *Übernahmebestätigung* gehen nicht zu Lasten des Leasinggebers, weil es sich dabei um eine Nebenpflicht des Leasingnehmers gegenüber der Leasinggesellschaft handelt, sodass der Lieferant nicht als ihr Erfüllungsgehilfe im Verhältnis zum Leasingnehmer agiert (BGH NJW 2005, S. 366).

Übernahmebestätigung genau lesen

> **Tipp**
>
> Vergewissern Sie sich stets, dass die von Ihnen unterschriebene Übernahmebestätigung stimmt.

Als *Quittung* besitzt die Übernahmebestätigung im Übrigen auch die Vermutung der Vollständigkeit sowie Richtigkeit, sodass Sie als Leasingnehmer später die volle Beweislast dafür tragen, dass das Leasingobjekt nicht oder nicht vollständig geliefert worden ist (§ 363 BGB; BGH NJW 1989, S. 3222).

9.3.7.2   Sacherhaltung des Leasingobjekts

Zur typischen Ausprägung des Finanzierungs-Leasings gehört es im Unterschied zum Mietvertrag, dass der Leasinggeber dem Leasingnehmer das Risiko des zufälligen Untergangs, des Verlustes und der

Leasingnehmer trägt wie Käufer Sachuntergangsrisiko

Beschädigung ab dem *Zeitpunkt der Gebrauchsüberlassung* wie einem Käufer aufbürdet. Als Leasingnehmer bedeutet das für Sie, dass Sie zumindest bis zum Wirksamwerden der ordentlichen Kündigung die Leasingraten weiterbezahlen und den zerstörten oder gestohlenen Gegenstand durch einen gleichartigen oder gleichwertigen ersetzen müssen. Diese *Risikoverlagerung* kann auch durch *AGB* erfolgen, wie es gängiger Vertragspraxis entspricht. Im Unterschied zum Mietvertrag ist hierbei zu berücksichtigen, dass der Leasingnehmer lediglich aus steuerlichen und betriebswirtschaftlichen Gründen das Leasingobjekt nicht käuflich erwerben, sondern mit Hilfe des Leasingggebers nur auf Zeit nutzen will. Außerdem ist es dem Leasingnehmer zumutbar, die Leasingsache gegen derartige Risiken angemessen zu versichern, wozu die Leasingverträge den Leasingnehmer auch typischerweise verpflichten (BGH NJW 1998, S. 2284).

Versicherung des Leasinggutes

Wird also die *Leasingsache zerstört*, können Sie wegen der wirksamen Abwälzung der Sach- und Gegenleistungsgefahr auf den Leasingnehmer den Leasingvertrag nicht außerordentlich wegen Nichtgewährung des Gebrauchs gemäß § 543, Satz 2, Nr. 1 BGB kündigen, sondern bleiben vielmehr zur Weiterzahlung der Leasingraten verpflichtet. War aber das Leasinggut angemessen gegen das Zerstörungsrisiko versichert, können Sie mit der *Entschädigungszahlung* der Versicherungsgesellschaft einen *Ersatzgegenstand* – ggf. unter eigener Zuzahlung – beschaffen, wozu Sie nach den üblichen Regeln des Leasingvertrags auch verpflichtet sind (vgl. Kap. 9.3.7.5). Dabei brauchen die Leasingbedingungen keine ausdrücklichen Regelungen darüber zu enthalten, dass die Leistung der Versicherung im Schadensfall auch den Leasingnehmer zugute kommt, weil eine solche *Anrechnung* auf die *Ausgleichszahlung* des Leasingnehmers aus § 255 BGB herzuleiten sei (BGH NJW 2004, S. 1042). Allerdings soll der Leasinggeber ohne ausdrückliche Anrechnungsvereinbarung den Übererlös, der sich aus der Differenz von geleisteter Versicherungssumme und Ablösewert des Leasingguts ergibt, behalten dürfen (AG Hamburg Altona Urt. v. 14.07.2004 – 319 B C 79/04). Zumindest können Sie als Leasingnehmer die geleistete Entschädigung der Versicherung von ihrer Ausgleichszahlung abziehen.

Tipp

> Warten Sie deshalb im Schadensfall zunächst die Entschädigungszahlung der Versicherung ab oder falls dies wegen des Drucks der Leasinggesellschaft nicht möglich ist, zahlen Sie die geforderte Ausgleichssumme nur unter dem Vorbehalt der Anerkennung auf die spätere Leistung des Versicherers.

Keinerlei rechtliche Einwände sind dagegen zu erheben, dass typischerweise der Leasingnehmer mit den Kosten für die Inbetriebnahme des Leasinggutes (z. B. Überführung, behördliche An- und Abmeldungen und Zubehör sowie Aufwendungen für Versicherungen, Steuern und sonstigen Nebenleistungen oder Entgelte) wie ein Käufer belastet wird.

9.3.7.3 Kündigungsrecht des Leasingnehmers beim Kfz-Leasing

Beim *Kfz-Leasing* stellt aber die Rechtsprechung an die Wirksamkeit der formularmäßigen Abwälzung der Sach- und Gegenleistungsgefahr auf den Leasingnehmer verschärfte Anforderungen. Ihm muss im Falle eines unverschuldeten Verlustes oder einer erheblichen Beschädigung etwa ab 60 % des Wiederbeschaffungswertes ein *kurzfristiges Kündigungsrecht* eingeräumt werden (BGH BB 1998, S. 1127). Dann hat nämlich der Leasingnehmer entgegen seiner bei Vertragsabschluss berechtigten Erwartungen mit einer geminderten Verkehrs- und Betriebssicherheit des Fahrzeugs sowie weiterer Reparaturen und Ausfallzeiten zu rechnen. Diese Grundsätze gelten aber nicht nur für Leasingverträge über Neufahrzeuge, sondern auch über gebrauchte Fahrzeuge, weil dort ebenfalls der Leasingnehmer einen im Wesentlichen ungestörten Gebrauch erwarten kann. Das Kündigungsrecht in den Leasingbedingungen muss mindestens bis zum Ablauf des dritten auf die Erstzulassung des Leasingfahrzeugs folgenden Jahres gewährt werden (BGH ZIP 1998, S. 1537), also bis zum vierten Jahr der Zulassung. Statt eines Kündigungsrechtes kann der Leasingvertrag aber auch ein *gleichwertiges Lösungsrecht* bei Verlust oder erheblicher Beschädigung vorsehen (BGH BB 1998, S. 2059).

Bei Verlust oder erheblicher Beschädigung

Ausreichend ist es nach Ansicht des Bundesgerichtshofes (NJW 2004, S. 1041), wenn der *Leasingnehmer* in einem solchen Fall *wählen* kann zwischen

- der Reparatur der Leasingsache,
- Beschaffung eines gleichwertigen Ersatzfahrzeuges,
- der Übereignung der Leasingsache Zug um Zug gegen Zahlung der noch geschuldeten restlichen Miete und ihres kalkulierten Restwertes am Ende der Grundmietzeit, abgezinst mit der kalkulierten Zinsrate des Leasinggebers auf den Zeitpunkt der vorzeitigen Vertragsbeendigung,
- oder einer Vertragsauflösung und anschließender Restwertzahlung.

Wahlrecht des Leasingnehmers

9.3.7.4 Ausgleichszahlungen des Leasingnehmers nach Kündigung

Anteilige Verrechnung mit Sonderzahlung

Im Falle eines unverschuldeten Verlustes haben Sie gegenüber dem Leasinggeber auch Anspruch auf anteilige Erstattung der bei Vertragsbeginn geleisteten Sonderzahlung (OLG Düsseldorf DB 1997, S. 1072).

Üblicherweise ist damit zu rechnen, dass der Leasingnehmer dann zu einer *Ausgleichszahlung* in Höhe der noch ausstehenden abgezinsten Leasingraten und des abgezinsten Restwertes vermindert um die Leistung des Vollkasko-Versicherers verpflichtet wird. Auch ohne besondere Vereinbarung oder Regelung in den Leasingbedingungen ist nämlich der Leasinggeber verpflichtet, dem Leasingnehmer die Leistung aus einer von diesem für die Leasingsache abgeschlossenen Versicherung durch *Anrechnung* auf den *Ausgleichs-* oder *Schadensersatzanspruch* oder sonstwie zugute kommen zu lassen (BGH DB 2004, S. 69). Zulässigerweise kann der Leasingvertrag bestimmen, dass die Leasinggesellschaft wegen Verlustes des Leasingobjektes Anspruch auf dessen *Zeitwert* oder den maßgebenden *Restvertragswert* in Höhe ihres nicht amortisierten Zeitaufwands hat, wobei der jeweils höhere Wert maßgebend ist (BGH NJW 2007, S. 291).

1. Summe der Leasingraten bis zum Ablauf der vereinbarten Grundmietzeit abgezinst

    ./. Zinsanteil für Refinanzierung   aus Leasingraten

    ./. kalkulierter Gewinnanteil   herausrechnen

2. + Vertragsnebenkosten: teils laufzeitabhängig

3. + abgezinster kalkulierter Restwert

    ./. 90 % vom Verwertungserlös

    ./. ggf. 75 % des Nettobetrags aus tatsächlich erzieltem höheren Verwertungserlös

Abb. 9.6: Ausgleichszahlung bei vorzeitiger Vertragsbeendigung durch den Leasingnehmer

Tipp

> Vor Ausübung des Kündigungsrechtes sollten Sie die Vertragsbedingungen unbedingt genau studieren.

Bei Verlust oder erheblicher Beschädigung

Die Verknüpfung des kurzfristigen Kündigungsrechtes mit der genannten Ausgleichszahlung hält die Rechtsprechung für gerechtfertigt, weil damit der Leasinggeber die ihm zustehende *Vollamortisation* seines Aufwandes sicherstellt (BGH ZIP 1998, S. 1537). Insofern kann die Beschaffung eines gleichwertigen *Ersatzfahr-*

zeuges kostengünstiger sein. Dieses Wahlrecht räumen die aktuellen Leasingverträge dem Leasingnehmer überwiegend ein.

9.3.7.5 Ausreichende Versicherung des beschädigten Leasingguts

Kümmern Sie sich schon beim Vertragsabschluss darum, dass Ihr Leasinggut ausreichend gegen die *typischen Schäden* versichert ist. Der Abschluss einer Kasko-Versicherung, wozu Sie ohnehin nach dem Leasingvertrag verpflichtet sind, reicht nicht aus, um Sie vor Verlustrisiken zu schützen. Derartige Vollkasko-Versicherungen decken nur das Sachinteresse ab, sodass Sie stets damit rechnen müssen, eine Zusatzzahlung in der zuvor genannten Größenordnung leisten zu müssen. Hier kann eine sog. *»Leasingzusatzversicherung«* auch *»Gap-Versicherung«* genannt, helfen, die im zunehmenden Umfang von der Versicherungsbranche angeboten wird.

Kasko- und Zusatzversicherung wichtig

> Schließen Sie auf jeden Fall zur Abdeckung finanzieller Risiken wegen Beschädigung der Leasingsache neben der Kasko-Versicherung eine Gap-Versicherung ab.

Tipp

9.3.8 Haftung der Leasinggesellschaft für Lieferstörungen und Sachmängeln

Auch beim Leasingvertrag sind die typischen *Abwicklungsstörungen* dieselben wie bei anderen Liefergeschäften (Nichtlieferung, verspätete Lieferung oder Schlechtlieferung).

9.3.8.1 Nichtlieferung

Es kommt in der Praxis selten vor, dass die *Lieferung* des Leasinggegenstandes an den Leasingnehmer *völlig ausbleibt*. Dann fehlt dem Leasingvertrag die rechtliche Basis, weil nach dem zugrunde liegenden Vertragszweck der Sacherwerb des Leasinggebers im Rahmen des Kaufvertrages mit dem Lieferanten und die Gebrauchsüberlassung des Leasingobjektes an den Leasingnehmer den Kerninhalt beider Verträge bilden. Gerade die Überlassung eines zum vertragsgemäßen Gebrauch geeigneten Leasingguts stellt die Hauptpflicht des Leasinggebers dar (BGH NJW 1986, S. 179). In einem solchen Fall kann demzufolge die Leasinggesellschaft von Ihnen auch *nicht* die *Zahlung* der vereinbarten *Leasingraten fordern*, weil Sie als Leasingnehmer von der Zahlungspflicht nach § 326, Abs. 1, Satz 1 BGB befreit worden sind (BGH NJW 1988, S. 2465). Ferner können Sie ja schließlich immer noch nach § 326, Abs. 5 BGB vom Vertrag zurücktreten, oder stattdessen auch den Leasingvertrag nach § 543, Abs. 2,

Befreiung von Zahlungspflicht

Rücktritt oder Kündigung

Satz 1, Nr. 1 BGB fristlos kündigen (BGH ZIP 1997, S. 1703). Dieses Anspruchsbündel steht Ihnen zu, wenn eindeutig klar ist, dass der Hersteller/Lieferant zur Lieferung außerstande ist.

Vertragsgerechte Lieferung ist strittig

Ist aber zwischen den Beteiligten *fraglich*, ob, und vor allem, ob vollständig geliefert worden ist, besteht ja noch der kaufrechtliche Lieferanspruch des Leasinggebers. Infolgedessen müssen Sie den Streit über die Durchführung der Lieferung mit Ihrem Leasinggeber auf der Grundlage des Leasingvertrages, also über die rechtliche Schiene der ordnungsgemäßen Gebrauchsüberlassung austragen. Zu diesem Problem kann es leicht kommen, wenn die von Ihnen abgegebene *Übernahmebestätigung* sachlich nicht stimmt (vgl. Kap. 9.3.7.1). In solchen Fällen müssten Sie, sollte die Leasinggesellschaft von Ihnen die Zahlung der Leasingraten fordern, auf das schon erwähnte *mietvertragliche Kündigungsrecht* wegen Nichtgewährung des Gebrauchs in § 543, Abs. 2, Satz 1, Nr. 1 BGB zurückgreifen (BGH NJW 1993, S. 122). Die Gerichte erachten es dabei als zulässig, dass in

Mietvertragliches Kündigungsrecht wird durch kaufvertragliche Mängelansprüche ersetzt

dem Leasingvertrag dieses Kündigungsrecht für diesen Fall *abbedungen* wird und an seiner Stelle der Leasinggeber sein Recht aus dem *Kaufvertrag* auf *Rücktritt* nach § 323 BGB und auf *Schadensersatz statt Leistung* nach § 281 BGB wegen Verzugs an den Leasingnehmer *abtritt* (BGH WM 1990, S. 987; vgl. Kap. 5.2.3). Klar ist, dass das Ergebnis der rechtlichen Auseinandersetzung aus dem Kaufvertrag auch das Schicksal des Leasingvertrages bestimmt (BGH ZIP 1993, S. 130).

Finanzierungskosten des Leasinggebers

Im Falle der Nichtlieferung kann der Leasinggeber vom Leasingnehmer auch keinen *Aufwendungsersatz* fordern. Eine Bereitstellungsprovision oder Nichtabnahmeentschädigung, die der Leasinggeber etwa seiner Refinanzierungsbank zahlen muss, hat er daher selbst zu tragen (BGH ZIP 1985, S. 1398).

Beispiel:
Ein Leasingvertrag enthielt folgende Klausel: »Unterbleibt die Lieferung *des Leasinggegenstandes ..., wird dieser Vertrag gegenstandslos; der Leasingnehmer erstattet dem Leasinggeber die entstandenen Kosten ...*«.
Der BGH sah darin eine unangemessene Benachteilung nach § 307, Abs. 2, Nr. 1 BGB, weil diese Regelung die Gleichwertigkeit von Leistung und Gegenleistung (sog. Äquivalenz) als Kernprinzip des mietvertragsähnlichen Leasingvertrages beseitigt.

Teillieferung

Liefert der Hersteller oder Händler nur einen Teil des bestellten Leasinggutes, und ist für Sie als Leasingnehmer diese *Teillieferung* ohne wirtschaftliches Interesse, können Sie den Leasingvertrag gleichfalls gegenüber dem Leasinggeber *fristlos* kündigen, regelmäßig aber nur nach Setzung einer angemessenen *Nachfrist*.

Beispiel:

Es wird nur die bestellte Hardware geliefert, die Software nicht.

Selbst eine solche Fristsetzung ist entbehrlich, sofern der Leasingnehmer berechtigterweise kein Interesse mehr an der Vertragserfüllung gehabt hat (BGH WM 1992, S. 2063).

Beispiel:

Von der bestellten kompletten EDV-Anlage fehlen acht Hardware-Teile. Werden diese auch nicht innerhalb der nächsten Monate nachgeliefert, ist wegen der technischen Veralterung der Hardware deren Wert erheblich gesunken, sodass der Leasingnehmer auf die Nachlieferung dieser Geräte keinen Wert mehr legt.

Sollte der Hersteller/Lieferant die Nichtlieferung auch zu vertreten haben, wovon bis zum Beweis des Gegenteils auszugehen ist, so können Sie als Leasingnehmer von ihm auch nach §§ 280, 281 BGB Schadensersatz statt Leistung fordern, wenn Ihnen, wie i.d.R., der Leasinggeber seine vertraglichen Ersatzansprüche für diesen Fall abgetreten hat.

> **Tipp**
>
> Um ganz sicher zu gehen, setzen Sie dem Lieferanten stets eine angemessene Nachfrist, bevor Sie vom Vertrag zurücktreten und/oder Schadensersatz statt Leistung fordern.

9.3.8.2   Lieferverzögerungen

Liefert der Hersteller/Händler das bestellte Leasinggut aus Gründen, die in seiner geschäftlichen Sphäre liegen, *nicht pünktlich* aus, können Sie als Leasingnehmer auch die Zahlung der Leasingraten unter Berufung auf die *Einrede des nicht erfüllten Vertrages* nach § 320 BGB verweigern, um dadurch die Leistung des Leasinggebers zu erzwingen (BGH NJW 1989, S. 3222). Im Falle einer teilweisen Lieferung gilt § 320, Abs. 2 BGB. Ist demnach die ausgebliebene Lieferung verhältnismäßig geringfügig, besteht ein solches Recht zur Zahlungsverweigerung nach Treu und Glauben nicht (BGH ZIP 1989, S. 1333).

Recht auf Zahlungsverweigerung

Teillieferung

Tipp

> **Liefertermin**
>
> Um dieses Recht zur Zahlungsverweigerung als effektives Druck-
> mittel einsetzen zu können, müssen Sie aber klare verlässliche und
> verbindliche Lieferfristen mit dem Leasinggeber im Leasingvertrag
> vereinbaren (vgl. Kap. 4.2.1.3.1). Lassen Sie sich deshalb nicht auf
> unverbindliche Liefertermine oder Lieferfristen ein. In diesem Fall
> können Sie nach den üblichen Vertragsbedingungen erst sechs
> Wochen nach Überschreiten eines unverbindlichen Liefertermins
> oder unverbindlichen Lieferfrist Ihren Leasinggeber schriftlich auf-
> fordern, zu liefern. Dieser kommt dann auch erst mit dem Zugang der
> Aufforderung in Verzug.

Abruf beim Händler Soll – nach Absprache – der *Leasingnehmer* das Leasingobjekt *di-rekt* beim Hersteller oder Händler *abrufen*, so muss er im Falle einer Lieferverzögerung auch alle weiteren Schritte unternehmen, um die Verzugsrechte des Leasinggebers, die typischerweise an ihn abgetreten werden, auszulösen. Dazu gehört, dass er dem Her-

Nachfrist steller bzw. *Lieferanten* eine angemessene *Nachfrist* setzt. Diese ist nur entbehrlich, wenn von vornherein klar und eindeutig der Lieferant/Hersteller die Lieferung verweigert oder ein fester Termin in Form eines *Fixgeschäftes* sowohl im Kauf- als auch Leasingvertrag vereinbart worden ist (vgl. Kap. 5.2.3), wozu aber i.d.R. weder Lieferanten noch Leasinggeber bereit sind. Gleichzeitig sollten Sie als Leasingnehmer Ihrem *Leasinggeber parallel* dazu eine *Nachfrist* zur Bewirkung der Leistung setzen, um nach deren ergebnislosen Ablauf vom Leasingvertrag nach § 323 BGB zurückzutreten und ggf. auch Schadensersatz statt Leistung nach § 281 BGB fordern zu können. Anstelle des Rücktritts können Sie als Leasingnehmer wegen Nichterfüllung der Gebrauchsüberlassungspflicht den Leasingvertrag wiederum nach fruchtlosem Ablauf der Nachfrist gemäß § 543, Abs. 2, Satz 1, Nr. 1 BGB kündigen.

Erfüllungs-gehilfenhaftung des Leasinggebers Ist, wie häufig, im Leasingvertrag die Direktauslieferung vom Hersteller/Lieferanten an den Leasingnehmer vereinbart und hält dieser den Liefertermin nicht ein, so hat dessen schuldhafte Säumnis der *Leasinggeber* nach den Regeln der *Erfüllungsgehilfenhaftung* wie eigenes Verschulden gemäß § 278 BGB zu vertreten. Er muss dem Leasingnehmer danach gemäß §§ 286, 280, Abs. 1 BGB auch den Verzögerungsschaden ersetzen und nach dem erfolglosen Ablauf einer Nachfrist auch Schadensersatz statt Leistung in Geld gemäß § 281 BGB zahlen (vgl. Kap. 5.3.2 und 6.3.3).

Freizeichnungs-klauseln in Leasing-bedingungen Wenn nun die *AGB* für das *Privat-Leasing* gegenüber dem Verbraucher im Falle leichter Fahrlässigkeit den *Verzögerungsschaden* auf höchstens 5 % des Leasinggutes einschließlich Umsatzsteuer begrenzen, so ist das nach der Rechtsprechung des Bundesgerichtshofes gerade noch zulässig (vgl. Kap. 5.3.2 und 6.2.3.1). Als statthaft kann wohl auch der *Höchstbetrag* von 25 % des Leasingobjektes bei dem umfassenderen *Schadensersatzanspruch statt der Leistung* gelten, weil diese Summe wohl i.d.R. den vertragstypischen Schaden des Verbrauchers abdeckt. Dass nun aber im Bereich des *gewerblichen Leasings* gegenüber dem unternehmerischen Leasingnehmer in einem solchen Fall Schadensersatzansprüche bei leichter Fahrlässigkeit gänzlich *ausgeschlossen* sein sollen, überschreitet wohl die vom AGB-Recht gesetzten Grenzen, wenngleich darüber höchstrichterlich noch nicht entschieden worden ist. Es bleibt daher zu hoffen, dass diese äußerst wichtige offene Rechtsfrage demnächst durch einen Musterprozess geklärt wird.

Haftungsausschluss

> Versuchen Sie daher, diese nachteilige Freizeichnungsklausel durch eine günstigere, vorrangige Einzelvereinbarung zu ersetzen.

Tipp

9.3.8.3 Schlechtlieferung

Weist das Leasingobjekt bei der Ablieferung einen *Sachmangel* auf, so ist es mittlerweile gängige Vertragspraxis, dass in dem Leasingvertrag der Leasinggeber zulässigerweise die *mietrechtlichen Gewährleistungsansprüche* des Leasingnehmers nach §§ 536 ff BGB komplett *ausschließt* und stattdessen seine *kaufvertraglichen* Gewährleistungsansprüche gegen den Hersteller/Lieferanten nach §§ 437 ff BGB *abtritt* (BGH NJW 1988, S. 2465). Unzulässig ist es

Ausschluss der mietrechtlichen und Abtretung der kaufrechtlichen Mängelansprüche

Lieferant	Leasinggeber
Alle **kaufvertraglichen** Mängelansprüche aus abgetretenem Recht des Leasinggebers: • Nacherfüllung durch Mängelbeseitigung oder Ersatzlieferung • Rücktritt und Minderung bei unmöglicher oder verweigerter Nacherfüllung • Schadensersatz nur bei vom Lieferanten zu vertretenem Mangel; Schadensersatz statt Leistung, wenn auch Rücktritt möglich	**Mietvertragliche** Mängelansprüche sind grundsätzlich vertraglich ausgeschlossen: • Bei Nacherfüllung bleibt Pflicht zur Zahlung der Leasingraten bestehen • Bei Rücktritt, Minderung oder Schadensersatz statt Leistung wird Zahlungspflicht nur beseitigt bzw. verringert, wenn Lieferant einwilligt oder dazu rechtskräftig verurteilt worden ist • Unterbleibt Mängelbeseitigung wegen Insolvenz des Lieferanten, leben die mietvertraglichen Mängelansprüche gegen den Leasinggeber wieder auf

Abb. 9.7: Mängelansprüche des Leasingnehmers

aber, die Abtretung der Gewährleistungsansprüche von der Zahlung sämtlicher noch ausstehender Leasingraten, d. h. dem Zeitwert des Leasinggutes und sonstiger mit der Auslieferung des Gegenstandes verbundenen Kosten, abhängig zu machen. Der Leasingnehmer schuldet nämlich nur die Zahlung der Leasingraten, wenn ihm ein geeignetes Leasingobjekt zum Gebrauch überlassen wird.

Weiterzahlung der Leasingraten

Solange aber noch der *Kaufvertrag* zwischen Leasinggeber und Lieferant/Hersteller *existiert*, bleiben Sie als Leasingnehmer trotz des Mangels zur unverminderten Zahlung der vereinbarten Leasingraten verpflichtet (BGH NJW 1984, S. 2687). Nur ein(e) berechtigte(r) Rücktritt bzw. Minderung oder der berechtigte Anspruch auf Schadensersatz statt Leistung beseitigt oder verringert die Pflicht zur Zahlung der Leasingraten (vgl. Kap. 9.3.8.3.2).

Tipp

> Beim Auftreten eines Sachmangels dürfen Sie daher keinesfalls sofort die Zahlung der Leasingraten einstellen (vgl. Kap. 9.3.8.3.3).

9.3.8.3.1   Mängelanzeige und Nacherfüllung

Direktrüge gegenüber Lieferanten

Zeigt sich nach der Ablieferung des Leasingobjektes ein Mangel, so sind Sie als Leasingnehmer aus dem Leasingvertrag verpflichtet, dem *Leasinggeber* unverzüglich den *Mangel anzuzeigen* (§ 536c BGB). Dieser wiederum muss als kaufmännischer Unternehmer nach den Regelungen des *beidseitigen Handelskaufs* den später aufgetretenen entdeckten Mangel gegenüber dem Hersteller/Lieferant als Verkäufer nach § 377 HGB unverzüglich rügen. Tut es der Leasinggeber als Käufer nicht, so verliert er seine sämtlichen Mängelansprüche, die dann nach der Abtretung an den Leasingnehmer für diesen wirtschaftlich wertlos geworden sind (vgl. Kap. 8.9.2). Deshalb kann der Leasinggeber den *Leasingnehmer verpflichten*, an seiner Stelle den entdeckten Mangel auch direkt gegenüber dem *Hersteller/Lieferant* rechtzeitig zu *rügen*, wovon die Vertragspraxis überwiegend Gebrauch macht (BGH ZIP 1990, S. 650; vgl. Kap. 9.3.7.1). Bei der Weiterleitung über den Leasinggeber besteht die Gefahr, dass die Rüge verspätet beim Hersteller/Lieferant ankommt.

Um ganz sicher zu gehen, sollten Sie als Leasingnehmer auch ohne ausdrückliche leasingvertragliche Regelung unbedingt den aufgetretenen Mangel direkt auch gegenüber dem Hersteller/Lieferanten oder Händler anzeigen.

> **Tipp**
>
> Tritt später ein Sachmangel an dem Leasinggut auf, so schicken Sie die Mängelanzeige unverzüglich parallel sowohl dem Hersteller/Lieferant als auch dem Leasinggeber zu.

Der Leasingnehmer ist nach den Vertragsbedingungen verpflichtet, den *Leasinggeber* umfassend unverzüglich über die Geltendmachung von Ansprüchen und Rechten wegen Sachmängeln zu *informieren*.

Information des Leasinggebers

Nach den üblichen Lieferbedingungen in Warenkaufverträgen kann der Leasingnehmer zunächst *Nacherfüllung* durch *Mängelbeseitigung* verlangen. Sollte diese aber scheitern oder dem Lieferanten/Hersteller unzumutbar sein, steht ihm auch ein Anspruch auf *Nachlieferung* einer fabrikneuen baugleichen Leasingsache mit identischer Ausstattung zu (vgl. Kap. 8.9.3.1).

Mängelbeseitigung oder Nachlieferung

Wird beim *Kfz-Leasing* zwischen der Bestellung eines fabrikneuen Autos und der Auslieferung vom Hersteller eine sog. *Modellpflege* vorgenommen, hat der Leasingnehmer einen Anspruch auf Lieferung des neuen Modells – Fahrzeugtausch – anderenfalls kann er vom Vertrag zurücktreten (BGH NJW 2003, S. 2824).

Nachbesserungsarbeiten müssen Sie als Leasingnehmer regelmäßig in einem vom Hersteller *anerkannten Fachbetrieb* durchführen lassen. Sollte daher die erste Nachbesserung erfolglos sein, hat der Leasinggeber Sie bei der Durchsetzung Ihres Nachbesserungsanspruchs zu unterstützen, wenn Sie ihn zuvor schriftlich dazu aufgefordert haben.

Sind Ihnen aber weitere Mängelbeseitigungsversuche nicht mehr zuzumuten, und verlangen Sie deshalb *berechtigterweise Nachlieferung*, haben Sie hierüber wiederum den Leasinggeber zu unterrichten. Die Nachlieferung eines mangelfreien Leasinggutes erfolgt durch die Ersetzung der bisherigen Leasingsache durch eine fabrikneue und baugleiche mit identischer Ausstattung. Dabei wird in den Vertragsbedingungen auch klargestellt, dass die Ersatzlieferung den Bestand des Leasingvertrages und damit die Zahlungsverpflichtung des Leasingnehmers unberührt lässt. Da der Leasingnehmer aber bei der Ersatzlieferung eine völlig neue Sache erhält, hat der Leasinggeber als Käufer an den Lieferanten nach §§ 439, Abs. 4, 346 BGB für den Gebrauch der zurückzugebenden mangelhaften Sache Wertersatz in Höhe einer *Nutzungsvergütung* zu zahlen (vgl. Kap. 4.6.1.3). Offen ist bislang, ob der Leasinggeber durch eine Vertragsklausel den Leasingnehmer – neben den Leasingraten – zusätzlich zur Entrichtung einer Nutzungsvergütung im Falle der Ersatzlieferung verpflichten kann. Das wird man indes nur dann billigen können, wenn als Kompensation später der Leasingnehmer angemessen an dem höheren

Nutzungsvergütung

Verwertungserlös des Leasinggutes beteiligt wird. Bis die Frage gerichtlich entschieden ist, sollten Sie aber keinesfalls eine Pflicht zur Zahlung einer Nutzungsvergütung akzeptieren.

Nachlieferung bleibt aus

Sollte der Hersteller/Lieferant entgegen der Vereinbarung nicht nachliefern, stehen Ihnen als Leasingnehmer die gleichen Rechte zu, als wenn eine Lieferung überhaupt nicht geschehen wäre (BGH DB 1997, S. 1970). Als Leasingnehmer bräuchten Sie deshalb zunächst nach § 320 BGB *keine Leasingraten* mehr zu zahlen. Steht das Ausbleiben der Nachlieferung endgültig fest oder ist auch eine angemessene Nachfrist ergebnislos geblieben, so können Sie vom *Kaufvertrag zurücktreten*, wodurch rückwirkend auch die Geschäftsgrundlage des Leasingvertrages wegbricht (vgl. Kap. 9.3.8.3.2). Darüber hinaus steht Ihnen als Leasingnehmer ein *fristloses Kündigungsrecht* wegen Nichtgewährung des Gebrauchs nach § 543, Abs. 2, Nr. 1 BGB zu (BGH WM 1992, S. 2063).

Tipp

> Sichern Sie sich eine kostenlose Nacherfüllung auch bei Ersatzlieferung und nehmen Sie es daher nicht hin, dass Sie im Leasingvertrag ggf. zur zusätzlichen Zahlung einer Nutzungsvergütung verpflichtet werden sollen.

9.3.8.3.2   Rücktritt, Schadensersatz statt Leistung und Minderung

Rücktritt beseitigt Geschäftsgrundlage des Leasingvertrages

Ist die *Produktserie*, zu der auch die Leasingsache gehört, mängelanfällig, nützt Ihnen als Leasingnehmer auch die Ersatzlieferung recht wenig. In dem Falle werden Sie, weil Sie kein Vertrauen mehr in das Leasingprodukt an sich besitzen, von Ihrem Rücktrittsrecht als Mängelanspruch Gebrauch machen (§ 437, Nr. 2 BGB). Dieser Schritt hat allerdings auch für den Leasingvertrag einschneidende rechtliche Konsequenzen, weil wegen des wirtschaftlichen Zusammenhangs zwischen Kaufvertrag und Leasingvertrag mit dem Ende des Kaufvertrages auch die Geschäftsgrundlage für den Leasingvertrag entfällt (BGH ZIP 1981, S. 1205).

Das hat zur Folge, dass bereits »von Vertragsschluss an« eine Verpflichtung zur Zahlung der Leasingraten nicht bestanden hat. Folglich können Sie als Leasingnehmer nach den Regeln des Rücktritts die bereits geleisteten *Leasingraten* (zuzüglich der vom Leasinggeber daraus erwirtschafteten Zinsen, gemindert durch die bisher gezogenen Nutzungen am Leasinggut) gegen Rückgabe der fehlerhaften Leasingsache *zurückfordern* (§ 313, Abs.3, Satz 1 BGB; vgl. Kap. 4.6.1.3).

Zustimmung des Lieferanten

Wegen dieser für den Leasinggeber äußerst ungünstigen Rückabwicklung des Leasingvertrages, sehen die Vertragsbedingungen zulässigerweise ein Verzögern der Rückzahlungspflicht bis zum Zeitpunkt des vollzogenen Rücktritts vor (BGH ZIP 1985, S. 226). Danach wird der Leasingvertrag erst dann hinfällig, wenn der Hersteller/Lieferant den Rücktritt vom Kaufvertrag akzeptiert und zur Rückabwicklung bereit ist oder wenn er hierzu rechtskräftig verurteilt wird. Geht also der Hersteller/Lieferant auf Ihr Verlangen nach Rücktritt nicht ein, so tragen Sie als Leasingnehmer voll und ganz das Prozessrisiko.

Die gleichen rechtlichen Anforderungen gelten für den Anspruch des Leasingnehmers auf *Schadensersatz statt Leistung,* sofern der Hersteller/Lieferant den Mangel zu vertreten hat (§ 437, Nr. 3 BGB). Er ist wichtig, wenn Ihnen über die finanziellen Aufwendungen des Leasinggeschäftes weitere Vermögensnachteile entstanden sind. Auch der Anspruch auf Schadensersatz statt Leistung führt zu einer Rückabwicklung des Kaufvertrages (vgl. Kap. 5.1.2 und 6.3.2.3.1). Schadensersatz statt Leistung

Ist das Leasingobjekt mit einem *dauerhaften Mangel* behaftet, so wird der Leasingnehmer es i.d.R. nicht behalten wollen. Kann er es aber dennoch sinnvoll wirtschaftlich nutzen, so kommt für ihn – statt eines Rücktritts – auch eine *Minderung* des Kaufpreises in Betracht (§ 437, Nr. 2 BGB). Akzeptiert der Hersteller/Lieferant die Herabsetzung des Kaufpreises oder ist er hierzu rechtskräftig verurteilt, führt der Leasinggeber auf der Grundlage des herabgesetzten Kaufpreises eine *Neuberechnung* der noch ausstehenden *Leasingraten* – auch unter Berücksichtigung der bereits geleisteten sowie des kalkulierten Restwertes – durch. Minderung

9.3.8.3.3 Vorläufige Einbehaltung der Leasingraten

Sollte der *Lieferant* nach Eingang der rechtzeitigen Mängelanzeige die Existenz eines schon bei Überlassung der Leasingsache vorhandenen Sachmangels *bestreiten* und deswegen Ihren geltend gemachten Mängelanspruch ablehnen, sind Sie als Leasingnehmer nach § 320 BGB zur vorläufigen Einbehaltung der nach dem Zeitpunkt der Ablehnung fälligen *Leasingraten* nach § 320 BGB berechtigt, wenn Sie nach den zulässigen Vorgaben der Vertragsbedingungen innerhalb von sechs Monaten nach der Ablehnung Klage einreichen. Erfolgt die Klageerhebung verspätet, so greift das Zurückbehaltungsrecht erst ab dem Tag der Klageerhebung. Sollte die Klage erfolglos bleiben, entfällt das Zurückbehaltungsrecht rückwirkend, sodass die einbehaltenen Raten unverzüglich in einem Betrag nachzuzahlen sind. Ferner müssen Sie den durch die Zurückbehaltung entstandenen Verzugsschaden des Leasinggebers ersetzen. Lieferant bestreitet Mangel

Klage einreichen

Tipp

> Vor einer längeren Einbehaltung der Leasingraten sollten Sie sich daher mit Ihrem Anwalt, den Sie für eine Klage ohnehin hinzuziehen müssen, abstimmen.

9.3.8.3.4   Insolvenz des Herstellers/Lieferanten

Leasinggeber trägt Insolvenzrisiko

Sollte nach Abschluss des Leasingvertrages der Hersteller/Lieferant insolvent werden, trägt das Risiko dessen Zahlungsunfähigkeit der Leasinggeber, sodass dann die *mietvertraglichen Gewährleistungsansprüche* des Leasingnehmers gegen den Leasinggeber wieder *aufleben* (vgl. Kap. 9.1.8.5). Der Leasinggeber kann auch nicht durch eine Vertragsklausel dieses *Insolvenzrisiko* erfolgreich auf den Leasingnehmer abwälzen. Hierdurch würde er seine vertragliche Hauptleistungspflicht aus dem Leasingvertrag, dem Leasingnehmer den ungestörten Gebrauch des Leasingobjekts zu ermöglichen, entgegen dem Verbot des § 307, Abs. 2, Nr. 2 BGB unangemessen einschränken (BGH ZIP 1991, S. 519). Wird demnach der Mangel vom Lieferanten nicht behoben, hat der Leasinggeber auf seine Kosten die Mängelbeseitigung durchführen zu lassen oder die gezahlten Leasingraten zurückzuzahlen.

9.3.8.3.5   Verjährung der Mängelansprüche des Leasingnehmers

Kurze kaufrechtliche Frist

Die vom Leasinggeber an den Leasingnehmer abgetretenen kaufrechtlichen Mängelansprüche verjähren demzufolge nach den kaufrechtlichen Bestimmungen, d.h. regelmäßig, von den Fällen der Arglist abgesehen, nach § 438, Abs. 2 BGB in *zwei Jahren* ab der Ablieferung. *Ablieferung* ist beim Leasingvertrag der Zeitpunkt, in dem der Leasingnehmer von dem Lieferanten den Gegenstand erhält und für den Leasinggeber in Besitz nimmt, gleichgültig, ob und wann der Leasinggeber davon unterrichtet wird (BGH NJW 1988, S. 254). Vergebliche Nacherfüllungsversuche des Verkäufers nach Eingang der Mängelanzeige führen zu einer Hemmung der Verjährung nach § 203 BGB, weil diese als »Verhandlungen« im Sinne dieser Bestimmung zu verstehen sind (vgl. Kap. 4.8.8.4.1).

9.3.8.3.6   Gewährleistungsausschluss bei gebrauchten Leasingobjekt

Verkauft der *Lieferant* gebrauchte Sachen an die Leasinggesellschaft, kann er wegen des höheren Mängelrisikos seine *Gewährleistung* für *Mängel* zulässigerweise nach § 444 BGB völlig *ausschließen* oder auf *Nachbesserung beschränken* (vgl. Kap. 8.9.3.7). Funktioniert später die dem Leasingnehmer überlassene Sache nicht richtig, so nützt ihm die Abtretung der nicht vorhandenen kaufrechtlichen Mängelansprüche überhaupt nichts oder geht jedenfalls ins Leere, wenn die *Mängelbeseitigung gescheitert* ist. Zu einem solchen Fall stehen dem Leasingnehmer wieder die *mietrechtlichen Mängelansprüche* gegen den Leasinggeber zu, wenn er Verbraucher ist, wie der Bundesgerichtshof entschieden hat (BB 2006, S. 350). Ob der verkehrsübliche Ausschluss der mietrechtlichen Gewährleistung auch einen gewerblichen Leasingnehmer nach § 307 Abs. 1 Satz 1 BGB unangemessen benachteiligt und damit unwirksam ist, bedarf noch der Klärung. Diese Schlussfolgerung liegt nahe, weil dieser Fall aus der Sicht des Leasingnehmers ähnlich gelagert ist, wie bei Insolvenz der Lieferanten (vgl. Kap. 9.3.8.3.5). Zumindest wird man den *Leasinggeber* für verpflichtet halten müssen, vor Vertragsabschluss den Leasingnehmer über einen *Gewährleistungsausschluss* des Lieferanten zu informieren. Eine Verletzung dieser Aufklärungspflicht löst dann einen Schadensersatzanspruch des Leasingnehmers unter dem Gesichtspunkt des Verschuldens beim Vertragsabschluss aus (vgl. Kap. 2.4.4.3).

Aufklärung durch Leasinggeber

> **Tipp**
>
> Bei gebrauchten Leasinggütern erkundigen Sie sich unbedingt bei der Leasinggessellschaft nach der Gewährleistungspflicht des Lieferanten.

9.3.9 Ordnungsgemäße Beendigung des Leasingvertrages

Die Rechtsfolgen der ordnungsgemäßen Beendigung bei einem Leasingvertrag sind regelmäßig nicht davon abhängig, durch welchen Rechtsakt der Leasingvertrag endet – Zeitablauf bei befristetem Abschluss, Kündigung bei Abschluss auf unbestimmte Zeit oder vorzeitige einvernehmliche Aufhebung. Vielmehr ist entscheidend, ob der Leasinggeber im Zeitpunkt der *Vertragsbeendigung* die erstrebte *Vollamortisation* erreicht hat oder nicht. Trifft das nicht zu, so sind Sie als Leasingnehmer zu entsprechenden Ausgleichszahlungen verpflichtet.

9.3.9.1 Beendigung nach Vollamortisation

Hat der Leasinggeber (was allerdings bei Leasingverträgen selten vorkommt) bis zur Vertragsbeendigung seine kompletten Aufwendungen voll erwirtschaftet, braucht nur der Leasingnehmer die Leasingsache, genau wie beim Mietvertrag, im *vertragsgerechten Zustand* unbeschädigt zurück zu geben, soweit er das gebrauchte Leasingobjekt nicht dem Leasinggeber zu dem vereinbarten Restkaufpreis abkauft (vgl. Kap. 9.2.6).

Rückgabe der Leasingsache

9.3.9.2   Restwertausgleich bei Teilamortisation

Sollte der Leasinggeber bei Beendigung des Leasingvertrages (wie bei den meisten Teilamortisationsverträgen) erst einen Teil seiner finanziellen Aufwendungen hereingeholt haben, haben Sie als Leasingnehmer i.d.R. *Ausgleichszahlungen* für die noch nicht gedeckten Kosten zu leisten. Sie bestehen – genau betrachtet – in Höhe des Betrages, der nach programmgemäßer Beendigung abzüglich der geleisteten Leasingraten noch offen steht oder – im Falle der vorzeitigen Beendigung – noch zusätzlich die Abdeckung des Aufwandes sichert, der bei vertragsgemäßer Durchführung durch die noch zu zahlenden, aber tatsächlich ausgebliebenen Leasingraten aufgebracht worden wäre (OLG Hamm BB 1996, S. 607).

Dieser Betrag wird als *»Restwertausgleich«* bezeichnet. Dessen Höhe hängt einerseits vom Zustand des Leasingobjektes nach Rückgabe, aber auch von wirtschaftlichen Überlegungen des Leasingnehmers ab. Er kann – in Abstimmung mit der Leasinggesellschaft – die Höhe der Leasingraten und des davon abhängigen kalkulierten Restwertes nach seinen Bedürfnissen gestalten (vgl. Kap. 9.3.4.6.2).

Eingeplante Vertragsbeendigung

Verwertungserlös
ist auf kalkulierten
Restwert
anzurechnen

Endet ein befristeter Leasingvertrag automatisch oder durch ordentliche Kündigung nach Ablauf der unkündbaren Grundmietzeit, müssen Sie als Leasingnehmer den *kalkulierten Restwert* zahlen, soweit dieser nicht schon durch die Leasingraten selbst gedeckt ist. Andererseits hat aber der Leasinggeber Ihnen auf diesen Betrag 90 % des *Erlöses* aus der *Verwertung* des Leasingobjektes *anzurechnen*, wodurch diese Relation dem erlasskonformen Vollamortisationsvertrag entspricht (BGH ZIP 1985, S. 868). 10 % des Erlöses stehen dem Leasinggeber als zusätzliche Einnahme zu. Dieser Verteilungsschlüssel hat sich in der Vertragspraxis durchgesetzt.

> **Beispiel:**
> *Der Anschaffungswert des Leasingobjektes beträgt 100.000 €. Als unkündbare Grundmietzeit sind vier Jahre vereinbart. In dieser Zeitspanne hat der Leasingnehmer durch eine einmalige Sonderzahlung und seine Leasingraten 70 % des finanziellen Aufwandes des Leasinggebers erbracht.*
>
> *Demnach ist nach Beendigung des Leasingvertrages und Rückgabe des Leasingobjektes ein Restwertausgleich von 30 %, also hier 30.000 € fällig. Erzielt nun der Leasinggeber auch einen Verwertungserlös in Höhe von 30.000 € netto, sind auf den Ausgleichsanspruch 90 %, also 27.000 € anzurechnen. In diesem Fall muss der Leasingnehmer noch einen Betrag in Höhe von 3000 € zuzahlen, den der Leasinggeber als seinen zusätzlichen Gewinn verbuchen kann.*

Um die spätere Abrechnung zu vereinfachen, kann der Leasinggeber im Leasingvertrag als *typisierten Verwertungserlös* anstelle des höheren Händlerverkaufspreises auch den niedrigeren Händlereinkaufspreis vorsehen. Tut er dies, und liegt der Händlereinkaufspreis um mehr als 10 % niedriger als der im Händlerverkaufspreis zum Ausdruck kommende übliche Marktwert des Leasingobjektes, muss er jedoch das Leasingobjekt entweder

Händlerverkaufs- oder Händlerein- kaufspreis

- zuvor dem Leasingnehmer zu denselben Bedingungen zum Erwerb anbieten
- oder dem Leasingnehmer in einer angemessenen Frist Gelegenheit geben, selbst einen Käufer zu suchen, der bereit ist, einen höheren Preis zu bezahlen (BGH DB 1997, S. 1664).

Die eingeräumte Frist für das Aufspüren der alternativen Verkaufsmöglichkeit muss länger als zwei Wochen sein (OLG Dresden BB 1999, S. 286).

Können sich die Vertragspartner über den Händlereinkaufspreis nicht einigen, wird dieser gemäß der *Schiedsgutachtenklausel* in den Vertragsbedingungen von einem Sachverständigen ermittelt, wobei die Kosten des Gutachtens beide Seiten, also Leasinggeber und Leasingnehmer jeweils zur Hälfte tragen. Die Kosten für das Sachverständigengutachten kann der Leasinggeber aber auch dem Leasingnehmer aufbürden, weil die Verwertung des Leasingobjektes hauptsächlich ihm wirtschaftlich nützt (OLG Düsseldorf BB 1998, S. 271).

Schiedsgutachten

> Die fairere Lösung ist die Kostenaufteilung für das Schiedsgutachten. Deshalb sollten Sie auch nur eine solche Klausel akzeptieren.

Tipp

9.3.9.3   Vorzeitige Vertragsbeendigung

Endet der Leasingvertrag *vor Ablauf* der vorgesehenen *Grundmietzeit* (die der Kalkulation der Leasingraten zugrunde gelegen hat) zulässigerweise durch eine Kündigung, so stellt der Leasinggeber üblicherweise dem Leasingnehmer eine umfangreiche Rechnung auf. Eine derartige Beendigung des Leasingvertrages kommt programmgemäß in Betracht, wenn dem Leasingnehmer frühestens nach einem Jahr und danach in Zeitabständen von sechs Monaten ein *vorzeitiges Kündigungsrecht* eingeräumt wird oder außerplanmäßig, wenn der Leasingnehmer von seinem *Sonderkündigungsrecht* wegen Untergangs oder Verlust des Leasingobjektes Gebrauch macht (vgl. Kap. 9.3.7.3).

Komplizierte Berechnung des Ausgleichs- anspruchs

Kurzformel:
Ausstehende abgezinste Leasingraten minus Zins- und Gewinnanteil plus (anteilige) Vertragsnebenkosten minus anzurechnender Verwertungserlös

Der Leasingnehmer hat zunächst zusätzlich auch noch die bis zum Ablauf der Grundmietzeit *ausstehenden Leasingraten* in *abgezinster* Weise zu entrichten. Von diesen abgezinsten Leasingraten sind aber auch noch die in ihnen enthaltenen reinen *Zinsanteile* auf Refinanzierung von Eigenkapital sowie der *Gewinnanteil*, der auf die Zeit nach der Kündigung entfallen würde, *abzuziehen*. Die Kürzung um den Gewinnanteil beruht darauf, dass der Leasinggeber das vorzeitig zurückfließende Kapital wieder anderweitig nutzen und damit ebenfalls Gewinn erwirtschaften kann (BGH NJW 1991, S. 221).

Nach dieser grundlegenden Entscheidung des Bundesgerichtshofes darf der Leasinggeber dem Leasingnehmer aber auch weitere *Vertragsnebenkosten* (teils nur laufzeitabhängig) in Rechnung stellen. Das sind im Einzelnen

- Vertriebskosten (3–4 % vom Anschaffungswert),
- Bonitäts- und Vertragsprüfung (1,5–2,5 % vom Anschaffungswert),
- Beschaffungskosten (0,5 % vom Anschaffungswert),
- Vorfinanzierungskosten auf Anschaffungs- und Vertragsabschlusskosten (1,5 % vom Anschaffungswert),
- Vertragsrisiko – laufzeitabhängig (2 % vom Anschaffungswert),
- laufende Verwaltungskosten – laufzeitabhängig (2,6 % vom Anschaffungswert),
- Versicherungskosten – laufzeitabhängig (jährlich 0,25 % – bis zu fünf Jahren 1,25 %),
- Steuern – laufzeitabhängig (jährlich 0,8 % auf den Objektwert, bei fünf Jahren im Schnitt 2–2,5 %),
- Vorhaltekosten für Verwertung oder Weitervermietung (1–2 % vom Anschaffungswert).

Hinzu kommt, genau wie bei der programmgemäßen Beendigung, der diesmal abgezinste kalkulierte Restwert, weil dieser Geldbetrag dem Leasinggeber früher als angenommen zufließt, auf den aber ebenfalls 90 % vom *Verwertungserlös anzurechnen* sind. Erzielt aber der Leasinggeber einen höheren Verwertungserlös als den kalkulierten Restwert, so muss regelmäßig der größere Teil des Mehrbetrages, mindestens 75 %, dem Leasingnehmer zugute kommen (BGH NJW 1997, S. 452; vgl. Kap. 9.3.9.4.1).

Vorfälligkeitszinsen

Vorfälligkeitszinsen kann der Leasinggeber nur fordern, wenn er die ihm vorzeitig geleistete Ausgleichszahlung dazu benutzt, bei seiner Refinanzierungsbank ein Darlehen vorzeitig zu tilgen und hierfür eine Vorfälligkeitsentschädigung vereinbarungsgemäß zu entrichten hat (BGH WM 1990, S. 1244).

> Angesichts der erheblichen zusätzlichen Kosten, sollten Sie sich als Leasingnehmer sehr gut überlegen, ob Sie den Leasingvertrag vor Ablauf der kalkulierten Grundmietzeit durch ordentliche Kündigung beendigen. Meistens stellt dieser Schritt ein Minusgeschäft dar.

Tipp

Die frühzeitige Auflösung des Leasingvertrages ist betriebswirtschaftlich nur sinnvoll, wenn es – wie bei DV-Anlagen oder Fahrzeugen – darum geht, die Ausstattung jeweils auf dem neuesten technischen Stand zu halten. Die Kostenfolgen lassen sich auch dadurch abmildern, indem man mit der gleichen Leasinggesellschaft ein *Anschlussgeschäft* tätigt. In diesem Fall wird das Leasingunternehmen auf die Inrechnungstellung der umfangreichen Vertragsnebenkosten verzichten. Im Übrigen ist es dann auch Verhandlungssache, inwieweit der Leasinggeber dem Leasingnehmer als guten Kunden im Hinblick auf die fällige abgezinste Ausgleichszahlung noch entgegen kommt.

Anschlussgeschäft

9.3.9.4   Amortisation beim Kfz-Leasing

Unter Berücksichtigung dieser Leitlinien in der Rechtsprechung haben sich in der Fahrzeug-Leasingbranche, die insoweit Modellcharakter besitzt, *zwei Grundtypen* des Teilamortisations-Leasingvertrages entwickelt:

Grundtypen

1. Der Kfz-Leasingvertrag mit *Mehrerlösbeteiligung,*
2. der Kfz-Leasingvertrag mit *Kilometerbegrenzung.*

> Bietet Ihnen die Leasinggesellschaft beide Vertragsformen an, sollten Sie sorgfältig prüfen, welche die geeignetere ist.

Tipp

9.3.9.4.1   Kfz-Leasingvertrag mit Mehrerlösbeteiligung

Bei diesem Vertragstyp hat der Leasinggeber nach Ablauf der Grundmiete und Rückgabe das Fahrzeug bestmöglich zu veräußern. Liegt dabei die vertragsübliche *Anrechnung zum Händlereinkaufspreis* mehr als 10 % unter dem gegenwärtigen Verkehrswert des Fahrzeugs, so ist der Leasinggeber gehalten, dem Leasingnehmer die Gelegenheit einzuräumen, einen besseren Verkaufspreis zu erzielen (vgl. Kap. 9.3.9.2.1).

Bei Vertragsbeginn dieses Leasingmodells geht der Leasinggeber von einem kalkulierten Restwert des Fahrzeugs aus, der über die Leasingraten nicht erwirtschaftet wird. Bleibt der vertraglich zugrunde gelegte Verwertungserlös oder tatsächliche Verkaufserlös

Verwertungsrisiko trägt Leasingnehmer

des Fahrzeugs darunter, muss der Leasingnehmer den Fehlbetrag ausgleichen, also nachzahlen.

Mehrerlös   Liegt dagegen der Verkaufserlös darüber, erhält der Leasingnehmer 75 % des Mehrerlöses; die restlichen fallen dem Leasinggeber zu. Dieser Verteilungsschlüssel des Mehrerlöses hat steuerliche Gründe, weil der Leasinggeber nur dann als wirtschaftlicher Eigentümer des Leasingobjekts anerkannt wird, wenn er mit einem ins Gewicht fallenden Prozentsatz an einer etwaigen Wertsteigerung des Leasinggutes beteiligt ist.

Das Verwertungsrisiko trägt in jedem Fall der Leasingnehmer, sodass dieser Vertragstyp keinen hohen Marktanteil erreicht hat.

9.3.9.4.2   Kfz-Leasingvertrag mit Kilometerbegrenzung

Dieses Vertragsmodell ist bei den Kunden weitaus beliebter, weil es dem Leasingnehmer *keine Ausgleichszahlung* auferlegt, sondern die Kalkulation des Restwertes auf der Basis einer angenommenen Fahrleistung geschieht. Im Leasingvertrag wird eine *durchschnittliche Kilometerleistung* festgelegt, die durch die Zahlung der Leasingraten bei üblicher Abnutzung als abgegolten gilt. Hält sich der Leasingnehmer daran, sind keine weiteren Zahlungen fällig. Darüber hinaus wird vereinbart, dass von dem Leasingnehmer *Mehrkilometer* zu vergüten sind und *Minderkilometer* ihm zu *erstatten* sind. Die Vergütungssätze für Mehr- und Minderkilometer sind in den Vertrag aufzunehmen, soweit sie nicht bereits in den AGB geregelt werden. Vertragstypisch ist es aber, dass der Vergütungssatz für Mehrkilometer deutlich höher ist als der für Minderkilometer. Andererseits billigen die Verträge dem Leasingnehmer eine gewisse Toleranzgrenze von 2000 bis 3000 km zu, da er seinen jährlichen Fahrbedarf nicht exakt abschätzen kann.

Verwertungsrisiko trägt Leasinggeber   Eine Abrechnung erweist sich deshalb nur im Falle einer Abweichung der tatsächlichen von der vertraglich zugrunde liegenden Fahrleistung als notwendig (BGH NJW 2004, S. 2824). Hier liegt nun das *Verwertungsrisiko* beim Leasinggeber. Deswegen sehen die Vertragsbedingungen auch typischerweise vor, dass der Leasingnehmer für Sachschäden oder übermäßige Abnutzung am Fahrzeug, die über den betriebsgewöhnlichen Verschleiß hinausgehen, Ersatz zu leisten hat. Dieser Vertragstyp gibt dem Leasingnehmer mehr Entscheidungsfreiheit, weil er den Vertrag ohne finanzielle Folgelasten beenden kann.

9.3.9.4.3   Unzulässigkeit der Vertragsvermischung

Um welchen der beiden Vertragstypen es sich handelt, hat der Leasinggeber durch klare und eindeutige Vertragsformulare zu regeln. Ruft er irrige Vorstellungen beim Leasingnehmer hervor, indem er den Vertrag zwar als »Kfz-Leasingvertrag mit Restwertabrechnung« bezeichnet, dann aber irreführend – auch im Zusammenhang mit der Leasingrate – auf die Gesamtfahrleistung abstellt, geht diese Ungenauigkeit nach den Regeln des AGB-Rechts gemäß § 305c, Abs. 2 BGB zu seinen Lasten. Der Leasingnehmer als sein Kunde darf dann diesen Leasingvertrag als Kfz-Leasingvertrag mit Kilometerabrechnung begreifen, bei dem typischerweise keine Ausgleichszahlung zu leisten ist. Infolgedessen kann die Leasinggesellschaft von dem Leasingnehmer nach Vertragsbeendigung auch keine Ausgleichszahlung verlangen, wenn der Veräußerungswert des Fahrzeugs unter dem von ihr kalkulierten Restwert liegt (BGH NJW 2001, S. 2165).

Außerdem darf der Leasinggeber bei einem Vertrag mit Kilometervereinbarung nicht einfach einseitig den *Abrechnungsmodus* wechseln und auf die Restwertabrechnung übergehen, um dadurch das Restwertrisiko dem Leasingnehmer aufzubürden (OLG Berlin DB 1996, S. 724).

Keine Änderung des Abrechnungsmodus

Das ist nur in dem Ausnahmefall einer vom Leasingnehmer veranlassten fristlosen Kündigung statthaft, sofern das *Leasingfahrzeug übermäßig abgenutzt* ist und der höher kalkulierte Restwert bei normaler Vertragsbeendigung auch vom Händler, der den Vertrag vermittelt hat, garantiert worden ist (OLG Braunschweig BB 1998, S. 2081). Der vertragsbrüchige Leasingnehmer trägt also sämtliche wirtschaftliche Folgen aus der vorzeitigen Vertragsbeendigung, auch die hinsichtlich der Restwertgarantie.

9.3.9.5 Ankauf des Leasinggegenstandes durch den Leasingnehmer

Finanzierungs-Leasingverträge mit *Restwertausgleich* sehen verschiedentlich nach Ablauf der Grundmietzeit einen Ankauf des Leasingobjektes durch den Leasingnehmer vor, indem dem Leasingnehmer entweder ein *Optionsrecht* eingeräumt wird und/oder der Leasinggeber berechtigt ist, dem Leasingnehmer die Leasingsache anzudienen. Das Optionsrecht muss aber im *Leasingvertrag* oder durch direkte *Vereinbarung* mit der *Leasinggesellschaft* eingeräumt werden. Bloße Zusagen der Lieferanten binden den darüber nicht informierten Leasinggeber, wenn er ihn dazu nicht bevollmächtigt hat nicht (OLG Koblenz BB 2004, S. 2100). Verpflichtet wird dadurch allein der Lieferant. Tritt der Leasinggeber aber in den Kaufvertrag über das Leasinggut ein, liegt hierin die nachträgliche Genehmigung der Erwerbszusage nach § 177 BGB, die der Lieferant als dessen vollmachtloser Vertreter gegenüber dem Leasingnehmer abgegeben hat. Das hat zur Folge, dass dann der Leasingnehmer ein Optionsrecht besitzt (OLG Düsseldorf BB 2006, S. 1246).

Regelung im Leasingvertrag

Optionsrecht und/ oder Andienungs- recht

Bei dem *Optionsrecht* liegt die Entscheidung über den Ankauf beim Leasingnehmer. Übt er es aus, so ist kein Restwertausgleich fällig, sondern er kann das Leasingobjekt zu dem bereits bei Vertragsbeginn festgelegten Preis ankaufen. Zu dem gleichen wirtschaftlichen Ergebnis führt die Vereinbarung eines *Andienungsrechts* des Leasinggebers. Danach kann der Leasingvertrag über die Grundmietzeit hinaus einvernehmlich verlängert werden. Kommt aber kein Verlängerungsvertrag zustande, steht dem Leasinggeber das Recht zu, dem Leasingnehmer das Leasinggut zu dem wiederum bereits bei Vertragsbeginn festgelegten Preis anzudienen. Geschieht dies, so ist der Leasingnehmer verpflichtet, den Leasinggegenstand zu kaufen. Der *Options-* oder *Andienungspreis* entspricht dem erwarteten zukünftigen Marktpreis, der als Mittelwert i.d.R. zwischen dem mit degressiver Abschreibung und linearer Abschreibung ermittelten Restbuchwerten liegt.

Zahlung an Finanzierungsbank

Vielfach treten die Leasinggesellschaften ihre Forderungen aus dem Leasingvertrag an eine Finanzierungsbank ab. Die Abtretung erstreckt sich dann typischerweise auch auf die Kaufpreisforderung, wenn der Leasingnehmer das Leasinggut erwirbt. Nach Offenlegung der Zession durch *Abtretungsanzeige*, die aber auch den Hinweis auf den Kaufpreis enthalten muss, können Sie als Leasingnehmer den Kaufpreis mit befreiender Wirkung nur noch an die Finanzierungsbank entrichten (§§ 407, 409 BGB; OLG Dresden BB 1999, S. 1237).

Enthält der Vertrag lediglich ein *Andienungsrecht*, so können Sie als Leasingnehmer die Übereignung der Leasingsache an sich, selbst wenn Sie daran interessiert sind, nicht herbeiführen. Insoweit nützt Ihnen auch eine mit dem Händler vereinbarte Kaufoption nichts, weil dieser i.d.R. zu deren Einräumung nicht berechtigt ist (OLG Koblenz BB 2004, S. 2099).

Tipp

> Wollen Sie ggf. nach Ende der Grundmietzeit das Leasinggut kaufen, müssen Sie mit dem Leasinggeber eine Optionsvereinbarung treffen.

Ausübung des Andienungsrechtes

Macht andererseits der *Leasinggeber* gegenüber dem Leasingnehmer von seinem *Andienungsrecht* Gebrauch, um ihn zum Ankauf zu verpflichten, so hat er ihm auch tatsächlich das *Leasinggut* zur *Übereignung anzubieten*. An diesen Voraussetzungen fehlt es jedoch, wenn der Leasingnehmer auf das Andienen und Verlangen des Leasinggebers nicht reagiert und dieser ihm deshalb voreilig das Leasinggut entzieht. Das in einem späteren Mahnschreiben enthaltene wörtliche Angebot genügt zur Herbeiführung des Annahmeverzugs des Leasingnehmers nicht. Der Leasinggeber kann dann später von ihm auch keinen Schadensersatz wegen eines Mindererlöses aus der anschließenden Verwertung des Leasinggutes verlangen (BGH NJW 1996, S. 923).

9.3.9.6   Rückgabe an den Leasinggeber

Nach Beendigung des Leasingvertrages sind Sie als Leasingnehmer verpflichtet, dem Leasinggeber oder dem ausliefernden Händler die *Leasingsache* komplett mit allen Utensilien und überlassenen Unterlagen auf Ihre Kosten und Gefahr unverzüglich *zurückzugeben* – je nachdem, wie es in den Vertragsbedingungen geregelt ist.

> **Tipp**
>
> Werden beim Fahrzeug-Leasing die Schlüssel und Unterlagen trotz Mahnung und angemessener Fristsetzung nicht rechtzeitig zurückgegeben, so haben Sie als Leasingnehmer die Kosten der Ersatzbeschaffung sowie einen sich daraus ergebenden weiteren Schaden zu ersetzen. Das gilt es unbedingt zu vermeiden.

Rückgabeprotokoll

Die Rückgabe hat selbstverständlich im *vertragsgemäßen Zustand* zu erfolgen, bei Fahrzeugen also in einem dem Alter und der Fahrleistung entsprechenden Erhaltungszustand, sowie verkehrs- und betriebssicher. Dabei gelten normale Verschleißspuren nicht als Schaden. Zudem sehen die AGB für Leasing vor, dass über den Zustand bei Rückgabe ein gemeinsames *Protokoll* angefertigt und von beiden Vertragspartnern unterzeichnet wird.

Ist das Leasinggut nicht in vertragsgemäßem Zustand, kann der Leasinggeber zumindest *Schadensersatz* in Höhe der Reparaturkosten verlangen (OLG Düsseldorf DB 2004, S. 700).

Rückgabefrist

Sollte die Leasingsache *nicht termingemäß* zurückgegeben werden, kann der Leasinggeber – wie der Vermieter – für jeden überschrittenen Tag eine *Nutzungsentschädigung* (als Grundbetrag 1/30 der für die Vertragszeit vereinbarten monatlichen Leasingrate und die durch die Rückgabeverzögerung verursachten Kosten) berechnen – jedoch nicht schon ab Beginn des neuen Monats die ganze monatliche Rate (§ 546a BGB; BGH DB 2004, S. 376).

Starker Verschleiß des Leasingguts

Auch bei *starker Abnutzung* der geleasten Sache darf der Leasingnehmer sie ohne Rücksprache mit dem Leasinggeber *nicht* einfach *verschrotten*. Das entbindet ihn nicht von der Pflicht zur Zahlung der Nutzungsentschädigung, sofern er nicht beweisen kann, dass der Zeitwert des Leasinggutes deutlich geringer ist, als die monatliche Leasingrate. Nur in diesem Ausnahmefall stellt die Geltendmachung des Anspruchs eine unzulässige Rechtsausübung nach § 242 BGB dar (BGH BB 2005, S. 1328). Ist aber die *Rückgabe* dem Leasingnehmer unverschuldet, etwa wegen Zerstörung durch Feuer *unmöglich* geworden, braucht er keine Nutzungsentschädigung zu zahlen (BGH NJW-RR 2005, S. 1081).

Tipp

> Geben Sie nach Vertragsbeendigung daher termingerecht die Lea-singsache an den Leasinggeber oder den von ihm benannten Händler zurück

Reparaturkosten

Gibt der Leasingnehmer die Leasingsache in einem *reparaturbedürf-tigen Zustand* zurück, ist er üblicherweise nach den Leasingbedin-gungen verpflichtet, das Leasinggut auf eigene Kosten reparieren zu lassen oder die Reparaturkosten zu bezahlen. In diesem Fall kann die Leasinggesellschaft vom Leasingnehmer neben der vereinbarten Restwertzahlung stets auch den Ersatz der *Reparaturkosten* verlan-gen, weil die Restwertzahlung die Vollamortisation des Leasingguts bezweckt und daher nichts mit dem Reparaturaufwand zu tun hat (OLG Düsseldorf DB 2004, S. 701).

9.3.10   Fristlose Kündigung des Leasingvertrages

Ein Leasingvertrag kann unter den gleichen rechtlichen Vorausset-zungen wie ein Mietvertrag fristlos gekündigt werden (vgl. Kap. 9.1.12.3). Der wichtigste Kündigungsgrund für den Leasinggeber ist ein *qualifizierter Zahlungsverzug*. Für den Leasingnehmer ist es der schon bereits erläuterte Fall der *Nichtgewährung des Gebrauchs*, der vor allem bei einer für den Leasingnehmer wirtschaftlich unbrauch-baren *Teillieferung* in Betracht kommt (vgl. Kap. 9.3.8.1).

9.3.10.1   Fristlose Kündigung wegen Zahlungsverzugs

Verzugszinsen

Zahlen Sie als Leasingnehmer die vereinbarten Leasingraten nicht zum vereinbarten Termin, geraten Sie damit automatisch in Verzug und müssen hohe *Verzugszinsen* zahlen (vgl. Kap. 9.3.4.6.4), weil sich wegen der allgemein üblichen kalendermäßigen Bestimmung der Zahlungstermine eine *Mahnung* erübrigt (§ 286, Abs. 2, Nr. 1 BGB). In der Praxis wird jedoch in einem solchen Fall der Leasinggeber den Leasingnehmer zur Zahlung auffordern und ihm ab der zwei-ten Mahnung – nach fruchtlosem Ablauf der letzten Zahlungsfrist – auch die fristlose Kündigung androhen.

Kündigung bei qualifiziertem Zahlungsverzug

Zu diesem Schritt ist er aufgrund der mietrechtlichen Bestim-mungen gemäß § 542, Abs. 2, Nr. 3 BGB berechtigt, wenn der Lea-singnehmer die vollen Raten mit zwei aufeinander folgenden Termi-nen oder einen nicht unerheblichen Teil davon schuldig geblieben ist oder über einen längeren Zeitraum hinweg die rückständigen Beträ-ge insgesamt eine entsprechende Höhe erreichen. Dieser gesetzlich geregelte Fall des *qualifizierten Zahlungsverzuges* wird üblicherweise in die Leasingverträge oder auch in die AGB für das Leasing übernommen. Man kann sie zwar dort auch durch eine Vertragsklausel etwas absenken, jedoch muss sich der Zahlungsverzug über eine Zahlungsperiode hinaus erstrecken (BGH NJW 1986, S. 1539; vgl. Kap. 9.1.12.3.5).

Unzulässig sind aber *Verfallklauseln*, die den Leasingnehmer mit der sofortigen Fälligstellung der für die gesamte Vertragszeit noch ausstehenden Leasingraten und der gleichzeitigen Entziehung des Besitzrechts am Leasinggut völlig rechtlos stellen (BGH ZIP 1982, S. 700).

Das allein richtige Ausgleichsinstrument stellt der *Schadensersatzanspruch* des Leasinggebers *wegen Nichterfüllung* dar, der den Ersatz seiner gesamten Anschaffungs- und Finanzierungskosten sowie seines Gewinnes umfasst (BGH BB 2002, S. 1614). Der konkrete Schaden besteht aus den entgangenen *Leasingraten* für die restliche Vertragsdauer innerhalb der unkündbaren Grundmietzeit sowie dem noch nicht durch die Leasingraten gedeckten *Restwertausgleich*. Beides aber abgezinst, weil diese Beträge dem Leasinggeber wegen der vorzeitigen Vertragsbeendigung früher zufließen (BGH NJW 1991, S. 221). Der *Abzinsungssatz* hat sich dabei an den tatsächlichen Refinanzierungskosten zu orientieren, die der Leasinggeber aufwenden muss (BGH NJW 1996, S. 456). Das macht eine effektive Berechnung durch den Leasinggeber erforderlich. Bei dem in der Praxis üblichen Teilamortisationsvertrag mit Kündigungsvorbehalt berechnet sich der Schadensersatzbetrag vereinfacht wie folgt:

- *Summe* der vom Wirksamwerden der Kündigung bis zur nächstmöglichen ordentlichen Kündigung fällig werdenden *Leasingraten* – abgezinst – zuzüglich *kalkulierter Restwert* wiederum abgezinst;

- vermindert um
  - ersparte *laufzeitabhängige Verwaltungskosten*, die, wenn der Leasinggeber seine Kalkulation nicht offen legt, auf 3 % der Summe der diesmal nicht abgezinsten Leasingraten geschätzt werden können (OLG Braunschweig, OLG-Report 2001, S. 255) sowie
  - den *Verwertungserlös* zum aktuellen höheren Zeitwert der Leasingsache, weil das Leasinggut wegen der vorzeitigen Rückgabe eine geringere Abnutzung aufweist. Anzurechnen ist der *volle Verwertungserlös*, da die Leasingraten nicht um den Gewinnanteil – wie bei der ordentlichen Vertragsbeendigung – gekürzt werden und der Leasinggeber durch den Schadensersatz nicht besser gestellt werden soll als bei ordentlicher Vertragserfüllung (BGH BB 2003, S. 1615); abzuziehen ist darüber hinaus der *Zinsvorteil*, der dem Leasinggeber durch die

Schadensersatzanspruch

Schadensberechnung

vorzeitige Möglichkeit zur Verwertung der Leasingsache entsteht (BGH DB 1995, S. 467).

Kilometer-abrechnung

Handelt es sich aber um *Fahrzeug-Leasing* mit *Kilometerabrechnung*, darf der kalkulierte Restwert nicht als Schadensposten in Rechnung gestellt werden, weil bei diesem Vertragstyp der Leasinggeber das Verwertungsrisiko zu tragen hat. Diese vertragliche Risikoverteilung muss deshalb auch für die Schadensberechnung beibehalten werden (BGH DB 2004, S. 2042).

Der *Schadensersatzbetrag* ist *ohne Umsatzsteuer* zu berechnen, da die Schadensersatzleistung nicht mehr im Austauschverhältnis mit einer Leistung des Leasinggebers steht und deshalb keinen steuerpflichtigen Umsatz im Sinne von § 1, Abs. 1, Nr. 1 UStG begründen kann (BGH BB 2007, S. 1023). *Sonderzahlungen*, die der Leasingnehmer im Hinblick auf den Leasingvertrag geleistet hat, kann dagegen der Leasinggeber ungekürzt vereinnahmen, da sie im vollen Umfang als Teil seines vertraglichen Amortisationsanspruches gelten (BGH NJW 1995, S. 954).

Tipp

> Angesichts dieser äußerst unangenehmen Kostenfolgen eines qualifizierten Zahlungsverzuges sollten Sie umgehend Liquiditätsschwierigkeiten rechtzeitig gegenüber dem Leasinggeber anzeigen und ihn um Stundung bitten, um die drohende Kündigung zu vermeiden.

9.3.10.2 Fristlose Kündigung aus sonstigem wichtigen Grund

Fruchtlose Abmahnung

Der Leasingvertrag kann genauso wie der Mietvertrag bei einer *schwerwiegenden Vertragsverletzung* der anderen Seite fristlos gekündigt werden, wenn für den Betroffenen die Fortsetzung des Vertragsverhältnisses nach Treu und Glauben unter Berücksichtigung der beiderseitigen Interessen und der konkreten Umstände unzumutbar wird (§ 543, Abs. 1 BGB). Dieser weitreichende Schritt ist aber grundsätzlich erst dann gestattet, wenn auch eine *Abmahnung* des pflichtwidrig handelnden Vertragspartners keinen Erfolg gebracht hat (§ 543, Abs. 3 BGB). Eine sofortige Kündigung ohne Abmahnung ist nur ausnahmsweise aus besonderen Gründen unter Abwägung der beiderseitigen Interessen gerechtfertigt.

Beispiel:

Benutzt beim Kfz-Leasing der Leasingnehmer oder sein Fahrer das Kraftfahrzeug mehrfach z. T. unter erheblichem Alkoholeinfluss, ohne im Besitz einer gültigen Fahrerlaubnis zu sein, so ist wegen der Schwere der Pflichtverletzung eine sofortige fristlose Kündigung berechtigt (OLG Düsseldorf BB 1997, S. 702).

Genau wie bei der Kündigung wegen Zahlungsverzugs hat der Leasingnehmer dem Leasinggeber den durch die vorzeitige Vertragsbeendigung entstandenen kompletten *Vermögensschaden* zu ersetzen (vgl. Kap. 9.3.10.1).

9.3.10.3 Rückholung der Leasingsache

Nach Wirksamwerden der fristlosen Kündigung kann der Leasinggeber beim Leasingnehmer die *Leasingsache zurückholen*, weil ab diesem Zeitpunkt gemäß den Vertragsbedingungen der Leasingnehmer zur unverzüglichen Rückgabe verpflichtet ist (vgl. Kap. 9.3.9.4).

9.3.11 Verjährung der Ersatzansprüche aus Leasingverträgen

Da ein Finanzierungs-Leasing-Vertrag zwar hauptsächlich miet-, aber auch kaufrechtliche Elemente enthält, können die einzelnen Ansprüche – je nach Sachnähe – entweder nach mietrechtlichen oder kaufrechtlichen Regeln verjähren, was Sie deshalb durch einen *Fachanwalt* klären lassen sollten.

9.3.11.1 Ersatzansprüche des Leasingnehmers wegen Beratungsfehlern oder Sachmängeln

Weist die Leasingsache einen *Sachmangel* auf, so unterliegen die an den Leasingnehmer abgetretenen kaufrechtlichen Mängelansprüche des Leasinggebers gegen den Hersteller/Lieferanten selbstverständlich auch den *kaufrechtlichen Regelungen*; sie verjähren deshalb i.d.R. innerhalb von zwei Jahren ab Auslieferung (vgl. Kap. 9.3.8.3.5). Das Gleiche gilt wegen der Sachnähe auch für Beratungs- oder Aufklärungsfehler, die sich auf eine Eigenschaft des Leasinggutes oder dessen Nutzbarkeit erstrecken (BGH DB 1984, S. 2132).

Werden schuldhaft andere *Nebenpflichten* verletzt, gilt jedoch die allgemeine Verjährungsfrist von drei Jahren zum Schluss des Jahres nach §§ 195, 199, Abs. 1 BGB. Dieser Zeitraum ist auch für die Haftung wegen *arglistigen Verschweigens* von Mängeln oder der arglistigen Vorspiegelung nicht vorhandener Eigenschaften nach den kaufrechtlichen Vorschriften maßgebend (§ 438, Abs. 3 BGB; BGH DB 1983, S. 2130).

Arglistiges Verschweigen

9.3.11.2   Ersatzansprüche des Leasinggebers

**Ausgleichs-
ansprüche**

Ausgleichsansprüche, einschließlich der Schadensersatzansprüche des Leasinggebers nach einer Beendigung des Vertrages vor Erreichen der Vollamortisation, stellen sich als Fortsetzung seines Erfüllungsanspruchs auf Zahlung der Leasingraten dar. Sie unterliegen deshalb – genau wie der Anspruch auf rückständige Leasingraten – der *allgemeinen dreijährigen Verjährungsfrist* nach §§ 195, 199, Abs. 1 BGB (BGH NJW-RR 1994, S. 889).

**Verspätete
Rückgabe**

Gibt aber der Leasingnehmer das Leasingobjekt verspätet, beschädigt oder sonstwie in einem *nicht vertragsgemäßen Zustand* zurück, so verjähren die Ersatzansprüche des Leasinggebers *mietrechtlich* bereits nach *sechs Monaten* ab Rückgabe des geleasten Gegenstandes (§ 548, Abs. 1 BGB; BGH BB 1996, S. 1794).

9.3.12   Insolvenz des Leasinggebers

**Wahlrecht
des Insolvenz-
verwalters**

Wird über das Vermögen der Leasinggesellschaft das Insolvenzverfahren eröffnet, so kann der *Insolvenzverwalter* beim Mobilien-Leasing – wie bei anderen Austauschverträgen auch – frei zwischen *Erfüllung* und *Nichterfüllung* nach § 103, Abs. 1 InsO *wählen.* Dennoch haben Sie als Leasingnehmer i.d.R. keine Nachteile zu befürchten, weil der Insolvenzverwalter, sofern er das Unternehmen fortführt, das Leasinggut kaum besser auf dem Markt verwerten kann als durch Einziehung der Leasingraten. Selbstverständlich kann der Verwalter auch den bisherigen Vertrag stornieren und einen neuen Leasingvertrag abschließen, oder Ihnen die Leasingsache zum Kauf anbieten, unabhängig davon, ob der Leasingvertrag ein Optionsrecht vorsieht oder nicht. Eine *Stornierung* ist aber für die Masse vorteilhaft, wenn die Leasingraten wegen einer hohen Sonderzahlung ziemlich niedrig sind und der Insolvenzverwalter das Leasingobjekt teurer auf dem Markt verleasen kann.

**Fortbestehen des
Leasingvertrages**

Der Mobilien-Leasingvertrag besteht aber zu Lasten der Masse nach § 108, Abs. 1, Satz 2 InsO bis zum Ablauf der unkündbaren *Grundmietzeit* weiter, wenn ein Dritter, insbesondere eine *Bank,* die Anschaffung oder die Herstellung des Leasinggutes *finanziert* hat und es dem Kreditgeber deshalb zur Sicherheit übertragen worden ist. Diese Sonderregelung dient dem Schutz des Sicherungsrechts des Kreditgebers, weil in dem Fall die Leasinggesellschaft typischerweise auch die künftigen Leasingraten an den Kreditgeber abgetreten hat. Dennoch kann es der Insolvenzverwalter bei einem solch drittfinanzierten Leasingvertrag ablehnen, die vom Leasingnehmer ausgeübte *Kaufoption* zu erfüllen, da dieser kaufrechtliche Part des Leasingvertrages eigenständigen Charakter besitzt (BGH NJW 1990, S. 1116).

9.3.13 Checkliste für den Leasingnehmer

Als Leasingnehmer sollten Sie bei dem Abschluss und der Abwicklung eines Finanzierungs-Leasingvertrages vor allem auf folgende Punkte achten. Ergänzend dazu kann man die Basischeckliste aus Kapitel 7 heranziehen.

Checkliste

✔ Prüfen Sie vor Ihrer Entscheidung in Ihrem Betrieb – ggf. unter Hinzuziehung eines kompetenten Steuerberaters–, ob *Leasing* tatsächlich für Sie die *kostengünstigste Lösung* ist. Achten Sie auf einen erlasskonformen Inhalt des Leasingvertrages, damit Sie voll in den Genuss der angestrebten Steuervorteile kommen.

✔ Stellen Sie in einem intensiven Beratungsgespräch mit dem Hersteller/Lieferanten oder Händler sicher, dass die *Leasingsache* uneingeschränkt für den vorgesehenen *betrieblichen Zweck geeignet* ist. Sorgen Sie anschließend dafür, dass diese für Sie zentralen Eigenschaften, ganz in das Antragsformular für den Leasingvertrag übernommen werden.

✔ Lesen Sie vor Unterzeichnung den Ihnen zugeschickten *Leasingvertrag komplett*, inklusive des Kleingedruckten, und auch die ergänzenden AGB für das gewerbliche Leasing und stellen Sie sicher, dass er inhaltlich sich voll mit Ihrem Vertragsantrag deckt. Im Einzelnen kommt es dabei insbesondere auf folgende Punkte an:

– Die *marktgerechte Höhe* der *Leasingraten*: kann durch Preisvergleich mit anderen Anbietern oder durch Errechnung des effektiven Jahreszinses nach der Uniform-Methode, sofern der Leasinggeber darüber keine Auskunft gibt, ermittelt werden.

– Beim üblichen *Teilamortisationsvertrag* sind die *Leasingraten* in gewisser Weise variabel, weil sie abhängig sind von einer eventuellen Sonderzahlung und der Höhe des kalkulierten Restwertes am Vertragsende; *Sonderzahlungen* haben den Nachteil, dass sie im Falle einer vorzeitigen Vertragsbeendigung durch fristlose Kündigung des Leasinggebers nicht zurückerstattet werden und im Falle einer Insolvenz des Leasinggebers verloren sind, wenn der Insolvenzverwalter die Fortsetzung des Vertrages ablehnt.

– Es ist auf eine interessengerechte Bestimmung der Leasingdauer zu achten, insbesondere der unkündbaren *Grundmietzeit* je nach Bedarf.

– Stets ist der Einbau einer *Nachmieterklausel* zweckmäßig. Diese berechtigt den Leasingnehmer, wenn er wegen zwingender betrieblicher Gründe vorzeitig aus dem Vertrag aussteigen will, einen geeigneten Nachmieter zu suchen, der in den Leasingvertrag eintritt.

– Drängen Sie auf die Vereinbarung verbindlicher Lieferfristen und geben Sie sich nicht mit unverbindlichen Lieferzeiten zufrieden (um sicher kalkulieren zu können).

- Vertragstypisch ist die Abwälzung der *Instandhaltung* und *Sachgefahr* auf den Leasingnehmer und dessen Verpflichtung zu einer angemessenen Versicherung des Leasingobjektes gegen die üblichen Risiken.
- Zur Vermeidung nicht unerheblicher Zuzahlungen (weil die Versicherung i.d.R. nur den zeitbezogenen Sachwert abdeckt), ist der Abschluss einer *Leasingzusatzversicherung* oder Gap-Versicherung zu empfehlen.
- Vertragstypisch ist auch der Ausschluss der Haftung der Leasinggesellschaft für *Sachmängel* und stattdessen die Abtretung der kaufrechtlichen Mängelansprüche gegenüber dem Lieferanten an den Leasingnehmer.
- Beim Leasing *gebrauchter Sachen* sollte man sich wegen möglicher Gewährleistungsausschüsse eingehend nach der Regelung der Gewährleistung beim Leasinggeber erkundigen.

✔ Ordnungsgemäße *Abwicklung* des *Leasingvertrages*:

- Vertragsgerechte pünktliche Abholung des Leasinggutes nach Bereitstellungsanzeige des Leasinggebers bzw. Herstellers/Lieferanten oder Händlers zur Vermeidung von Schadensersatzansprüchen.
- Pünktliche *vertragsgerechte Zahlung* der vereinbarten Leasingraten zur Vermeidung von erheblichen Nachteilen eines Zahlungsverzuges, insbesondere des qualifizierten Zahlungsverzuges wegen der Gefahr der fristlosen Kündigung; bei *Liquiditätsproblemen* deshalb sofort Verbindung mit der Leasinggesellschaft aufnehmen, um eine Stundung der Leasingraten zu erreichen.

- Bei Auftreten von Sachmängeln der Leasingsache unverzügliche *doppelte Mängelanzeige* gegenüber dem Leasinggeber und dem Hersteller/Lieferant bzw. Händler, damit nicht unnötigerweise Mängelansprüche verloren gehen oder gekürzt werden; dabei die Leasinggesellschaft auch über die geltend gemachten *Mängelansprüche informieren*; Rücktritt vom Kaufvertrag, Schadensersatz statt Leistung oder auch eine Minderung des Kaufpreises, die den Leasingvertrag hinfällig machen oder abändern, sind erst zulässig, wenn der Händler mit einer Rückabwicklung oder Minderung einverstanden ist, bzw. dazu rechtskräftig verurteilt worden ist. Im Falle der *Nichteinigung* können bis zur endgültigen gerichtlichen Klärung die künftig fällig werdenden *Leasingraten* ab Einreichen der Klage vorläufig *einbehalten* werden. Keinesfalls sollten Sie die übliche Nutzungsvergütungsklausel akzeptieren, die Sie im Falle der Vertragsabwicklung zu entsprechenden Zusatzzahlungen verpflichtet.

- Bei *ordnungsgemäßer Beendigung* des üblichen Teilamortisationsvertrages ist die *Höhe des Ausgleichsanspruchs* des Leasinggebers entscheidend; dabei kann man sich an der Angabe des kalkulierten Restwertes im Vertrag nach Ablauf der Grundmietzeit orientieren;

- vor Erklärung der Kündigung nach Ablauf der Grundmietzeit, insbesondere im Falle einer noch früheren Kündigung nach dem Ablauf von zwei Jahren bei einem jederzeit kündbaren Teilamortisationsvertrag über DV-Leasing sollte man stets beim Leasinggeber *nachfragen*, wie hoch die *Zuzahlung* ausfällt, sofern hierzu keine Angaben im Vertrag zu finden sind.

- Wegen der extrem hohen Kosten ist eine solche *frühzeitige Vertragsauflösung* nur bei gleichzeitigem *Anschlussvertrag* mit dem Leasinggeber betriebswirtschaftlich sinnvoll, ansonsten aber unumgänglich, wenn man durch äußere Umstände, wie dem Verlust oder einer schweren Beschädigung, dazu gezwungen ist; dann kann man bei ausreichender Absicherung des Verlustes oder Schadensrisikos die fälligen Ausgleichszahlungen i.d.R. mit der von der Versicherung bezahlten Entschädigung bestreiten.

- Nach Vertragsende unverzügliche *Rückgabe* der *Leasingsache* einschließlich von Fahrzeugschlüsseln und Betriebsunterlagen – so wie vereinbart – an den Leasinggeber, dabei gemeinsames *Rückgabeprotokoll* über den Zustand des Leasingobjektes aufnehmen. Das gilt auch bei starker Abnutzung des »schrottreifen« Leasingguts.

10   Dienstleistungen außerhalb des Bau- und Finanzsektors

Das wirtschaftliche Verständnis von Dienstleistungen und der Rechtsgehalt des juristischen Verständnisses dieses Begriffs unterscheiden sich grundlegend: So zählt der Warenhandel zwar ökonomisch zum Dienstleistungssektor, wickelt aber seine Geschäfte auf der rechtlichen Grundlage des Kaufvertrages ab. Als *Dienstleistungsverträge* gelten dagegen nur die Verträge, die im Rechtssinne Dienstleistungspflichten zum Gegenstand haben.

Dienstleistungsverträge haben Dienstleistungspflichten zum Gegenstand

10.1   Dienstleistungsverträge im Überblick

Das BGB kennt eine Reihe von Dienstleistungsverträgen, die nicht immer leicht zu unterscheiden sind.

10.1.1   Dienstleistungsvertragstypen

Man kann fünf Typen entgeltlicher Dienstleistungsverträge unterscheiden: Den *Dienstvertrag*, den *Werkvertrag*, den *Geschäftsbesorgungsvertrag*, den *Maklervertrag* und den *entgeltlichen Verwahrungsvertrag*.

Dienstvertrag	Werkvertrag	Geschäftsbe-sorgungsvertrag	Maklervertrag	Verwahrungs-vertrag
Dienstleistung besteht in fachgerechter Tätigkeit: • Bewachungsvertrag • Beratungsvertrag	Dienstleistung besteht in der Herstellung eines körperlichen oder geistigen Werkes: • Entwicklung einer Individualsoftware • Transportvertrag • Wartungsvertrag	Dienstleistung besteht in der Wahrnehmung fremder Vermögensangelegenheiten = Sondertyp eines Dienst- oder Werkvertrages • Anwaltsvertrag • Speditionsvertrag • Steuerberatungsvertrag • Werbeagenturvertrag	Dienstleistung besteht in der Vermittlung von Verträgen anderer Personen.	Dienstleistung besteht in der zeitlich begrenzten Verwahrung fremder Sachen: Lagervertrag

Abb. 10.1: Dienstleistungsverträge

Merkmale der Vertragstypen

Beim *Dienstvertrag* wird nur die fehlerfreie Erbringung von Diensten als solches geschuldet. Dagegen ist beim *Werkvertrag* die zu erbringende Dienstleistung erfolgsbezogen, weil nicht nur die Dienstleistung als solche, sondern als Arbeitsergebnis auch deren Erfolg geschuldet wird. Dieser Erfolg ist ein bestimmtes körperliches oder geistiges Werk.

Besteht nun die Dienstleistung in der Wahrnehmung von Vermögensangelegenheiten des Auftraggebers, bezeichnet man den Vertrag als *Geschäftsbesorgungsvertrag,* der einen Sonderfall des Dienst- oder Werkvertrages darstellt.

Völlig anders liegt der Schwerpunkt beim *Maklervertrag,* der nur die Vermittlung von Verträgen zwischen anderen durch den Makler zum Gegenstand hat.

Beim *Verwahrungsvertrag* besteht die Dienstleistung in der Obhut und Verwahrung der Sachen des Auftraggebers für eine bestimmte Zeit.

10.1.2   Schwierige Unterscheidung zwischen Dienst- und Werkvertrag

Die Differenzierung zwischen den spezifischen Dienstleistungsverträgen des Makler- und Verwahrungsvertrages ist wegen der eng umgrenzten Dienstleistung, einerseits Geschäftsvermittlung, andererseits Verwahrung, sehr einfach und auch für einen Nichtjuristen ohne weiteres durchführbar.

Dienstvertrag: Bloße fachgerechte Tätigkeit

Dagegen ist die Unterscheidung zwischen den beiden Grundformen von Dienstleistungsverträgen, dem Dienstvertrag auf der einen und dem Werkvertrag auf der anderen Seite, wegen ihres breiten Leistungsspektrums, das gerade in Grenzfällen vielerlei Berührungspunkte aufweist, recht schwierig. Die Rechtsprechung nimmt die Abgrenzung zwischen Vertragstypen nach dem *Geschäftswillen* der *Vertragsparteien* vor. Maßgebend ist danach, ob auf dieser Grundlage eine Dienstleistung als solche – dann Dienstvertrag – oder als

Werkvertrag: Auch Errichtung eines Werkes als Arbeitsergebnis

Arbeitsergebnis deren Erfolg – dann *Werkvertrag* – geschuldet wird. Hierfür sind die gesamten Umstände des Einzelfalls zu berücksichtigen, wohingegen die vertragliche Beschreibung eines bestimmten Erfolgszieles noch kein hinreichendes Indiz für die Annahme eines erfolgsbezogenen Werkvertrages ist (BGH NJW 2002, S. 3323). Die Abgrenzung zwischen Dienst- und Werkvertrag spielt wegen der unterschiedlichen rechtlichen Ausformung beider Vertragstypen in der Vertragspraxis eine enorm wichtige Rolle. So besteht nur beim Werkvertrag eine besondere *Gewährleistungspflicht* des *Werkunternehmers,* die rechtlich in diverse Mängelansprüche des Bestellers eingekleidet ist.

> **Beispiel:**
> *Werbeagentur A soll Unternehmer U in Marketing-Angelegenheiten be-*
> *raten – dann Dienstvertrag. Soll A dagegen ein neues Werbekonzept*
> *– geistiges Werk als geschuldeter Erfolg! – entwickeln, handelt es sich*
> *um einen Werkvertrag.*

Viele Dienstleistungsverträge, wie etwa über Forschungs- und Ent- | **Geschäftspartner**
wicklungsleistungen (F+E-Verträge), können je nach *rechtlicher* | **bestimmen**
Ausformung Gegenstand eines Dienstvertrages oder eines Werk- | **Vertragstyp**
vertrages sein. Die Unterscheidung zwischen beiden Vertragstypen
wirkt sich darüber hinaus auch für Geschäftsbesorgungsverträge
aus, die entweder einen Sonderfall des Dienst- oder des Werkvertrages darstellen.

10.2 Dienstvertrag: Dienstleistung ohne Erfolgsgewähr

Beim Dienstvertrag schuldet der dienstleistungspflichtige Vertrags-
partner im Unterschied zum Werkvertrag lediglich die *fachgerechte* | **Fehlerfreie Arbeits-**
Tätigkeit als solche und nicht den vom Auftraggeber angestrebten | **leistung reicht**
wirtschaftlichen Erfolg (§§ 611 ff BGB). Man kann das auch so ausdrücken: Zu erbringen ist nur eine bestimmte fehlerfreie Arbeitsleistung; für das Erreichen des angestrebten Arbeitsziels braucht der
Dienstleistungspflichtige gegenüber seinem Auftraggeber nicht einzustehen.

> **Beispiel:**
> *Beratungsverträge sind reine Dienstverträge, weil der Beratende nur*
> *zu einer umfassenden und fachlich richtigen Information des Klienten/*
> *Mandanten verpflichtet ist (Tätigkeit!).*

Viele Dienstleistungsverträge lassen sich sowohl als Dienst- oder | **Dienstleistung**
Werkvertrag ausformen. Den Rechtscharakter bestimmen dann die | **von wirtschaftlich**
Vertragsparteien, je nachdem, welches *wirtschaftliche* Risiko der | **Selbstständigen**
Dienstleistungsunternehmer übernehmen will oder soll.

Allgemein werden unter dem Oberbegriff *»Dienstvertrag«* das
Erbringen von *nicht erfolgsbezogenen Dienstleistungen* durch wirtschaftlich selbstständige Personen gegen Entgelt im Sinne von
§§ 611 ff BGB zusammengefasst. Der Vertrag zwischen dem Arbeitgeber und dem unselbstständigen Arbeitnehmer hat sich im Rahmen
des Arbeitsrechts als *Arbeitsvertrag* rechtlich verselbstständigt und
bedarf daher keiner weiteren Erläuterung.

10.2.1   Kernpunkte des Dienstvertrages

Mustervertrag des Dienstleistungsunternehmens

Hauptinhalt des Dienstvertrages ist die ordentliche Erbringung der nach dem Vertrag geschuldeten *Dienstleistungen* gegen *Zahlung* der vereinbarten Vergütung. Wie bei anderen Geschäftsverträgen auch, erfolgt der Abschluss des Dienstvertrages i.d.R. auf der Grundlage eines *Vertragsmusters*, den das Dienstleistungsunternehmen seinem Auftraggeber vorlegt. Die nachfolgenden Ausführungen sollen Ihnen deshalb als Auftraggeber Orientierungshilfe bieten und die zentralen rechtlichen Aspekte nicht nur erläutern, sondern auch deutlich machen, wie Sie durch gezielte Einzelvereinbarungen Ihre rechtliche Position verstärken können. Die Checkliste am Ende verschafft Ihnen einen knappen Überblick.

Der Abschluss von Dienstverträgen selbst bestimmt sich nach den allgemeinen Regeln des Vertragsrechts, die bereits in Kap. 3 ausführlich beschrieben worden sind. Wird der Vertrag im Einzelnen ausgehandelt, sollte man auch die Regeln der Verhandlungsführung beachten (s. Kap. 2).

10.2.1.1   Auswahl des richtigen Leistungspartners

Sorgfältige Auswahl ist wichtig

Da der *Dienstleistungspflichtige* nicht für den wirtschaftlichen Erfolg seiner Tätigkeit einzustehen hat, hängt das Gelingen der von Ihnen in Auftrag gegebenen Dienste – je nach ihrem Schwierigkeitsgrad und den damit verbundenen Anforderungen – von dessen *beruflichen Kenntnissen* und sonstigen *Qualifikationen* ab. Sie sollten deshalb unbedingt bei der Auswahl Ihres Dienstschuldners durch die Entwicklung eines Anforderungsprofils sicherstellen, dass er die Dienste sorgfältig und fachgerecht erbringen kann.

Fehlende fachliche Eignung

Haben Sie sich über diese für den Vertrag wichtigen Umstände geirrt, so können Sie das Geschäft wegen *Irrtums* einer verkehrswesentlichen Eigenschaft des Vertragspartners nach § 119, Abs. 2 BGB *anfechten*, was aber unter Umständen Schadensersatzansprüche der Gegenseite auslöst (vgl. Kap. 3.6.2.1 und 3.6.2.2). Nur wenn der Irrtum ausnahmsweise auf eine arglistige Täuschung des Dienstleistungspflichtigen zurückzuführen ist, entfällt von vornherein jegliche Entschädigungspflicht (vgl. Kap. 3.6.2.3).

10.2.1.2   Art und Umfang der geschuldeten Dienstleistungen

Präzise Beschreibung ist wichtig

Jeder Dienstvertrag sollte selbstverständlich eine möglichst genaue *Beschreibung* der geschuldeten *Dienstleistung* nach *Umfang, Qualität* und *Zeit* enthalten. Eine genauere Definition dieses zentralen Aspektes ist angesichts des breiten Spektrums und des sehr großen Anwendungsfeldes dieses Vertragstyps nicht möglich.

Beispiel:

So bedarf der Beratungsvertrag einer ganz anderen rechtlichen Aus-formung als ein Bewachungsvertrag. Beide Schuldverträge gehören aber zur Gruppe der Dienstverträge.

Art und Umfang der zu erbringenden Dienstleistung ist der freien Vereinbarung der Parteien überlassen.

Anders als bei Liefer- und Werkverträgen, die sich auf das zu liefernde Produkt oder das herzustellende Werk beziehen, ist es sehr schwierig, bestimmte Qualitätsstandards im Vertrag festzuschreiben. Was man auf jeden Fall tun kann, ist *Intensitätsstufen* zu bilden, die dann den Sorgfaltsmaßstab für die korrekte Durchführung der zu erbringenden Dienste festlegen.

Bestimme Qualitätsstandards

Beispiel:

In einem Bewachungsvertrag wird präzise vereinbart: die Uhrzeit, der Zeitabstand, die Dauer und die Route der vom Bewachungspersonal innerhalb der Bewachungszeit zu absolvierenden Kontrollgänge.

> Regeln Sie im Vertrag möglichst präzise die Intensitätsstufe und damit auch den Sorgfaltsmaßstab für die zu erbringenden Dienste.

Tipp

Auf welche rechtlichen Aspekte man bei der näheren Konkretisierung dieser Leistungspflichten achten sollte, ist im Zusammenhang mit der Erfüllung von Schuldverträgen bereits erörtert worden (vgl. Kap. 4.2.1). Probleme entstehen für Sie als Auftraggeber, wenn Sie mit der *Qualität* der gebotenen Leistung *nicht zufrieden* sind. Hierzu sehen die Vertragsformulare des Dienstleisters üblicherweise keine Regelungen vor.

Kündigungs-vorbehalt bei Qualitätsmängeln

Kündigungsvorbehalt

Behalten Sie sich deshalb ein Kündigungsrecht vor, wenn die Qualität der gebotenen Leistung zu wünschen übrig lässt und der dienstleistungspflichtige Geschäftspartner den Mangel auch nicht innerhalb einer angemessenen Frist abstellt.

Tipp

Kündigungsrecht des Auftraggebers

»1. Entspricht die geleistete Arbeit nicht der nach dem Vertrag vorausgesetzten Qualität, kann der Auftraggeber den Dienstverpflichteten abmahnen. Die ihm danach eingeräumte Besserungszeit, die zu keinerlei

Klauselvorschlag

berechtigten Beanstandungen Anlass geben darf, beträgt einen Monat. Bleibt die Abmahnung insoweit wirkungslos, kann der Auftraggeber den Vertrag ohne weitere Vergütungspflicht sofort kündigen. Die Kündigung wird mit einer Auslauffrist von zwei Wochen ab Zugang wirksam.

2. *Die vom Dienstverpflichteten bisher geleistete Arbeit ist je nach Zeitaufwand und ihrem wirtschaftlichen Wert für den Auftraggeber auf der Grundlage des vereinbarten Honorars angemessen zu vergüten.«*

Dieser vertragliche Kündigungsvorbehalt ist deswegen von Vorteil, weil von Gesetzes wegen nur bei Diensten höherer Art ein Kündigungsrecht nach § 627 BGB eingeräumt wird. Außerdem präzisiert diese Kündigungsklausel die Vergütungspflicht nach § 628 BGB (vgl. Kap. 10.2.3.1).

10.2.1.3   Die Vergütung des Dienstleisters

Pauschal- oder Zeitvergütung

Es bedarf einer möglichst präzisen *Vergütungsregelung* für:

- die Art und Höhe des Entgelts: *Pauschalhonorar* oder *Zeitlohn* nach aufgewendeter Arbeitszeit;
- die Fälligkeit des Anspruchs: Zahlung erst *nach Abschluss* der Arbeit oder *Abschlagszahlung* in bestimmten zeitlichen Abständen. Klar gestellt werden sollte auch, dass die Fälligstellung erst mit dem Zugang der Schlussrechnung oder jeweiligen Zwischenrechnung erfolgt (vgl. Kap. 4.3.4).

Fehlt eine entsprechende Vereinbarung, ist der *Dienstleistungspflichtige* nach dem Gesetz *vorleistungspflichtig* und kann die Vergütung erst nach Abschluss der Arbeit verlangen, oder wenn die Vergütung nach Zeitabschnitten bemessen ist, nach dem Ablauf der einzelnen Zeitabschnitte (§ 614 BGB). Gerade die letzte Regelung ist in der Praxis überholt, da auch eine nach Stunden und Tagen berechnete Vergütung üblicherweise erst am Ende der Arbeitswoche zu zahlen ist. Wird die Höhe der Vergütung nicht bestimmt, so ist bei dem Bestehen einer Taxe die taxenmäßige Vergütung nach der jeweils maßgebenden Gebührenordnung, ansonsten die übliche Vergütung als vereinbart anzusehen (§ 612, Abs. 2 BGB).

Stundenzettel

Bei einem *Zeithonorar* mit bestimmten Zeiteinheiten – Tag/Stunde etc. – können Sie der besseren Kontrolle und Übersicht wegen auch vereinbaren, dass der Dienstleistungsunternehmer tageweise *Stundenzettel* zu erstellen und vorzulegen hat, die dann von Ihnen durch Unterschrift schriftlich bestätigt werden müssen.

10.2.1.4   Zeittableau des Dienstvertrages

Da der Dienstvertrag eine Dauerschuld beinhaltet, endet er sehr selten automatisch durch Befristung, regelmäßig aber durch Kündigung. Daher ist es auch im Interesse des Auftraggebers wichtig, die Dauer des Dienstvertrages – unkündbare *Grundlaufzeit* mit dazu passenden *Kündigungsfristen* – sowie geeignete Formerfordernisse für die *Kündigungserklärung* im Vertragstext klar zu regeln (vgl. Kap. 4.6.2).

Grundlaufzeit mit Kündigungsfristen

Gesetzlich geregelt sind lediglich ganz allgemein die Möglichkeit der Befristung in § 620, Abs. 1 BGB sowie die Fristen für eine ordentliche Kündigung, die allerdings – wenig praxistauglich – an der Bemessung der Vergütung nach Tagen, Wochen, Monaten etc. in § 621 BGB anknüpfen.

10.2.2   Abwicklungsstörungen

Treten bei Dienstverträgen Leistungsstörungen auf, gelten zunächst die allgemeinen Regeln, wie sie bereits im Kap. 5 beschrieben worden sind. Die *Vertragsauflösung* erfolgt aber bei diesem Dauerverhältnis nicht durch Rücktritt, sondern durch *Kündigung*.

10.2.2.1   Schlechtleistung

Entspricht die von dem Dienstleister erbrachte Tätigkeit nicht der vertraglich vereinbarten Qualität (vgl. Kap. 10.2.1.2), erleidet aber der Auftraggeber dadurch ansonsten keinen weiteren Schaden, so steht ihm von Gesetzes wegen *kein Anspruch* auf *Mängelbehebung* oder auf *Minderung* (sprich Herabsetzung der Vergütung) zu. Hat er das Vertrauen in die Kompetenz des Leistungspartners völlig verloren, so kann er sich nur dann durch *Kündigung* vom *Vertrag* lösen, wenn die fehlerhafte Dienstleistung für sich schon einen wichtigen Grund im Sinne von § 626, Abs. 1 BGB darstellt, was nicht stets der Fall ist. Um auch in einer solchen Situation angemessen und wirkungsvoll handeln zu können, müssen Sie bei den Vertragsverhandlungen mit dem Dienstleister einen *Kündigungsvorbehalt* durchsetzen (vgl. Kap. 10.2.1.2).

Kündigungsrecht ist wichtig

Entsteht Ihnen aber durch die schlechte Dienstleistung des Unternehmers oder des von ihm eingesetzten Personals infolge schuldhaften Verhaltens ein *Vermögensschaden*, so ist dieser nach den allgemeinen Regelungen über die schuldhafte Vertragspflichtverletzung nach § 280 ff BGB zu ersetzen (vgl. Kap. 5.5).

Schadensersatzrecht

10.2.2.2   Persönliche Verhinderung
des Dienstleistungspflichtigen

Überraschend mag für Sie auch sein, dass der Dienstverpflichtete seinen Vergütunganspruch behält, wenn er vorübergehend für eine verhältnismäßig nicht erhebliche Zeit wegen eines *persönlichen Umstandes ohne sein Verschulden* an der Arbeitsleistung verhindert ist. Dazu zählt insbesondere eine Krankheit des Dienstverpflichteten

Vergütungsanspruch bleibt bestehen

selbst oder eines pflegebedürftigen nahen Angehörigen, wie etwa eines Kleinkindes, dagegen nicht ein Verhinderungsgrund, der wie eine Verkehrsstörung oder eine Naturkatastrophe einen größeren Personenkreis betrifft (LAG Hamm DB 1980, S. 311). Sie als Auftraggeber müssen ihm sogar für die Dauer der Krankheit den Einkommensverlust ersetzen, sollte das von seiner Krankenkasse gezahlte Krankengeld nicht den gesamten Verlust abdecken (§ 616, Abs. 1 BGB). Fraglich ist dabei, was unter *»verhältnismäßig unerheblicher*

Nur kurze Verhinderung

Dauer« zu verstehen ist. Das lässt sich nur unter Gesamtwürdigung aller relevanten Umstände des Einzelfalls ermitteln (insbesondere anhand der Gesamtdauer des Dienstvertrages, bisher abgelaufener und/oder noch zu erwartender Beschäftigungszeit, Länge der Kündigungsfrist und der Dauer der Verhinderung). Bei selbstständigen Unternehmern dürfte aber maximal die Sechs-Wochen-Frist, die auch für die Lohnfortzahlung erkrankter Arbeitnehmer gilt, zur Verfügung stehen.

Beispiel:
Unternehmer U schickt seinen Prokuristen P dreimal wöchentlich für eine Stunde zu dem freiberuflichen Sprachlehrer L. Zwischen ihnen ist ein Unterrichtsvertrag für die Dauer von einem Jahr vereinbart worden. Nach einem halben Jahr erkrankt der Sprachlehrer plötzlich an Grippe und muss für zwei Wochen das Bett hüten. Da L nicht ausreichend krankenversichert ist, muss U auch für die ausgefallenen Sprachstunden bezahlen. Gleiches gilt im Übrigen, wenn der alleinerziehende Sprachlehrer zwei Wochen wegen der Pflege seines krank gewordenen 9-jährigen Sohnes nicht arbeiten kann.

Ausschluss der Vergütungspflicht

Diese Bestimmung kann aber nach der Rechtsprechung durch eine entsprechende vertragliche *Einzelabsprache* ausgeschlossen werden (BAG NZA 2002, S. 1007).

Tipp

Nehmen Sie die Dienste von Freiberuflern in Anspruch, sollten Sie den Honoraranspruch im Falle einer persönlichen Verhinderung ausschließen.

Klauselvorschlag

Honorarausschluss bei persönlicher Verhinderung
»Sollte der Dienstverpflichtete an der Erbringung der Dienste ohne Verschulden des Auftraggebers gehindert sein, entfällt für die Dauer seiner Verhinderung ein Vergütungsanspruch.«

10.2.2.3   Annahmeverzug des Auftraggebers

Als Auftraggeber haben Sie die *vertragsgerecht angebotenen Diens-te* auch entgegenzunehmen. Dazu muss der Dienstverpflichtete seine Arbeitsleistung am rechten Ort und zur richtigen Zeit angeboten haben (LAG Köln NZA-RR 2003, S. 128). Andernfalls geraten Sie in *Annahmeverzug* nach §§ 293 ff BGB (vgl. Kap. 5.6).

Die vorgenannten Regelungen werden hinsichtlich des Dienstvertrages durch die Spezialvorschrift des § 615 BGB insofern verschärft, als dass der Dienstleistungspflichtige in einem solchen Fall stets die *vereinbarte Vergütung* verlangen kann, *ohne* zur *Nachleistung* verpflichtet zu sein. Er muss sich lediglich den Wert der dadurch ersparten Aufwendungen oder anderweitig erzielter oder erzielbarer Verdienste anrechnen lassen (§ 615 BGB). **Weiterzahlung der Vergütung**

Sowohl die Vergütungspflicht als auch die Anrechnungsregel sind kein zwingendes Recht, aber nur durch ausgehandelte Einzelabsprachen, in denen schlicht und ausdrücklich »die Anwendung des § 615 BGB« ausgeschlossen wird, abdingbar (vgl. Kap. 3.4.1; BAG NZA 2003, S. 973). Einseitige AGB-Klauseln nützen nichts. Machen Sie davon Gebrauch, müssen Sie dem Dienstleistungspflichtigen stets Aufwendungsersatz leisten (§ 304 BGB). **Abweichende Enzelvereinbarung**

10.2.3   Beendigung des Dienstvertrages

In vielen Fällen hat ein Dienstvertrag kontinuierlich zu erbringende Dienste zum Inhalt. Dann kann er – wie jedes andere Dauerschuldverhältnis auch – *automatisch* durch *Befristung* enden oder durch die *Kündigung* einer Vertragspartei und schließlich einvernehmlich durch einen *Aufhebungsvertrag* beendet werden. Sowohl die Vertragsdauer als auch die Vertragsbeendigung bedürfen – auch mit Blick auf die lückenhaften und wenig praxisgerechten gesetzlichen Bestimmungen – einer präzisen vertraglichen Regelung (vgl. Kap. 4.6).

Bei Verträgen mit *sehr langer* fester *Bindungsdauer* von über fünf Jahren oder gar auf Lebenszeit des Dienstverpflichteten kann dieser nach der *zwingenden Bestimmung* des § 624 BGB nach dem Ablauf von fünf Jahren unter Einhaltung einer Kündigungsfrist von sechs Monaten kündigen (BAG BB 2004, S. 2303). Dem Auftraggeber steht dieses Sonderkündigungsrecht nicht zu. **Sonderkündigungsrecht des Dienstverpflichteten**

Sollte das *Dienstverhältnis* nach seiner Beendigung einvernehmlich fortgesetzt werden, so gilt es nach § 625 BGB auf *unbestimmte Zeit verlängert*, sofern nicht der andere Teil unverzüglich widerspricht. Es kann danach mit den i.d.R. kürzeren gesetzlichen Fristen nach § 621 BGB *gekündigt* werden, falls nicht die Fortgeltung der vertraglichen Kündigungsregelung vereinbart wird (BAG NZA 1989, S. 595). Die Anwendung dieser Vorschrift kann jederzeit im Vertrag, auch durch eine AGB-Klausel ausgeschlossen werden (BGH NJW 1964, S. 350). **Fortsetzung nach Vertragsende**

10.2.3.1 Sonderkündigungsrecht bei Diensten höherer Art

Jederzeitiges Kündigungsrecht

Beide Vertragsparteien können den Dienstvertrag jederzeit außerordentlich kündigen, ohne dass ein wichtiger Grund vorliegen muss, wenn es sich dabei um *Dienste höherer Art* handelt, die aufgrund eines besonderen Vertrauens übertragen werden (§ 627, Abs. 1 BGB). Kündigt der Dienstleistungspflichtige, so muss er seinem Auftraggeber allerdings vorher die Gelegenheit geben, sich die benötigten Dienste anderweitig zu beschaffen (§ 627, Abs. 2 BGB). Macht er dieses nicht und *kündigt* zur *Unzeit*, bleibt diese dennoch wirksam, er hat aber dem Geschäftspartner den daraus entstehenden Schaden zu ersetzen (BGH NJW 2002, S. 2274).

Dienste höherer Art

Zu den Diensten höherer Art zählen die *akademisch* ausgebildeten *freien Berufe*, wie Verträge mit Rechtsanwälten (BGH WM 1995, S. 1071), Steuerberatern (BGH NJW-RR 1993, S. 374), sowie mit Wirtschaftsprüfern und Wirtschaftsberatern (OLG Koblenz NJW 1990, S. 3153) aber auch Projektsteuerungsverträge (OLG Düsseldorf NJW 1999, S. 3129) oder Inkassoaufträge (BGH DB 2005, S. 827), dagegen nicht Unterrichtsverträge, wie etwa eine Verkaufsschulung in einem Kurzseminar (BGH NJW 1986, S. 373), weil hier die bloße Wissensvermittlung im Vordergrund steht. Handelt es sich aber bei der Tätigkeit von Rechtsanwälten oder Steuerberatern um ein *Dauermandat* mit festen Bezügen, ist das jederzeitige Kündigungsrecht ausgeschlossen (BGH WM 1993, S. 515).

Im Unterschied zu der Kündigung aus wichtigem Grund nach § 626 BGB kann dieses Kündigungsrecht durch eine *Einzelvereinbarung ausgeschlossen* werden, nicht aber in AGB oder Formularverträgen (BGH WM 2005, S. 1667). Hier gelten sie als unzulässige rechtsverkürzende Klauseln des Vertragsgegners und brauchen deshalb keinesfalls akzeptiert zu werden.

Tipp

> Lesen Sie das Vertragsformular des Dienstleistungsunternehmers genau durch und bestehen Sie auf der Streichung der Ausschlussklausel, sofern Ihr Kündigungsrecht ausgeschlossen werden soll.

Irreführende Verlängerungsklauseln

Wegen Irreführung *unwirksam* sind auch *Laufzeitverlängerungsklauseln*, die den Eindruck einer festen vertraglichen Bindung erwecken und daher den Kunden davon abhalten können, von seinem jederzeitigen Kündigungsrecht Gebrauch zu machen. Hierin sieht der Bundesgerichtshof – zu Recht – eine unzulässige Verkürzung wesentlicher gesetzlicher Rechte nach § 307, Abs. 2, Nr. 1 BGB (DB 1999, S. 142).

10.2.3.2   Außerordentliche Kündigung aus wichtigem Grund

Darüber hinaus kann jede Vertragspartei den Vertrag außerordentlich kündigen, sofern ein *wichtiger Grund* vorliegt, wenn also Tatsachen vorliegen, aufgrund derer dem Kündigenden – unter Berücksichtigung aller Umstände des Einzelfalls und unter Abwägung der Interessen beider Vertragsteile – die Fortsetzung des Dienstverhältnisses bis zum Ablauf der Kündigungsfrist oder bis zur vereinbarten Beendigung des Dienstverhältnisses nicht zugemutet werden kann (§ 626, Abs. 1 BGB). Diese *Spezialregelung* beim Dienstvertrag verdrängt die allgemeine Generalklausel des § 314 BGB. Dessen ungeachtet empfiehlt es sich (weil der Gesetzestext den wichtigen Grund nur generalklauselartig unbestimmt beschreibt), den wichtigen Grund im Vertragstext durch die Angabe typischer Beispielsfälle zu konkretisieren (vgl. Kap. 4.6.2.3).

Wichtigen Grund im Vertrag regeln

Allgemein ist von dem Vorhandensein eines wichtigen Grundes auszugehen, wenn dem Kündigenden – etwa durch tätliche Angriffe, sonstige strafbare Handlungen oder *schwerwiegende Pflichtverletzungen der Gegenseite* – die Fortsetzung eines Dienstverhältnisses bis zum Ablauf der vertraglichen Kündigungsfrist oder vereinbarten Beendigung nicht mehr zugemutet werden kann (BGH NJW 1993, S. 463). Auch eine *Änderungskündigung* kann als außerordentliche Kündigung ausgesprochen werden, wenn die vorgesehene Änderung für den Auftraggeber unabweisbar und für den Dienstleistungspflichtigen zumutbar ist (BAG NZA 2006, S. 985; vgl. Kap. 4.6.2.2).

Änderungskündigung

Außerordentliche Kündigung

Auch ohne ausdrückliche gesetzliche Regelung muss aber der pflichtwidrig handelnden Vertragspartei i.d.R. eine Chance zur Wiedergutmachung eingeräumt werden. Deshalb hat der Kündigende *zuvor* den pflichtwidrig handelnden Geschäftspartner *abzumahnen* und für den Fall einer erneuten Pflichtwidrigkeit die außerordentliche Kündigung anzudrohen, wie es jetzt § 314, Abs. 2 BGB ohnehin vorsieht (BAG NJW 2 000, S. 1971). Ist die betroffene Vertragspartei zur fristlosen Kündigung berechtigt, muss sie ihr *Kündigungsrecht* rechtzeitig, d. h. nach ihrer Kenntnis vom Kündigungsgrund innerhalb einer relativ kurzen Überlegungsfrist von zwei Wochen *ausüben* (§ 626, Abs. 2 BGB, BGH BB 1999, S. 389). Die Kenntnis umfasst einerseits die für und gegen eine Kündigung sprechenden Fakten, andererseits die für den Nachweis der Pflichtverletzung erforderlichen Beweismittel (BAG NZA 2006, S. 201).

Abmahnung

Rechtzeitige Kündigungserklärung

Liegt aber kein wichtiger Grund vor oder ist die Kündigungserklärung verfristet, so kann die unwirksame fristlose Kündigung regelmäßig in eine *ordentliche Kündigung umgedeutet* werden. Das hat zur Folge, dass der Vertrag erst nach Ablauf der ordentlichen Kündigungsfrist endet (BGH NJW 1998, S. 76).

Die gesetzlichen Bestimmungen zur außerordentlichen Kündigung sind grundsätzlich zwingendes Recht und können deshalb vertraglich auch durch Einzelvereinbarung nicht abgeändert werden. Das gilt aber wohl nicht für die sehr kurz bemessene Ausübungsfrist, die man sicherlich auf den doppelten Zeitraum von einem Monat ausdehnen kann, denn es ist schlechterdings nicht einzusehen, weshalb für einen Dienstvertrag insofern schärfere rechtliche Anforderungen gelten sollen als für einen Miet- oder Leasingvertrag.

10.2.3.3 Vergütung bei außerordentlicher Kündigung

Teilvergütung

Wird der *Dienstvertrag* vorzeitig – mit oder ohne wichtigen Grund – außerordentlich nach §§ 626, 627 BGB *gekündigt*, so kann grundsätzlich der Dienstverpflichtete eine seiner bisherigen Leistung entsprechende *Teilvergütung* verlangen. Dieser Anspruch steht ihm aber

Verlust bei pflichtwidrigem Verhalten oder eigener Kündigung

verständlicherweise nicht zu, sofern er die *Kündigung* durch ein *vertragswidriges Verhalten* veranlasst hat oder *selbst kündigt*, ohne dazu durch ein vertragswidriges Verhalten der anderen Seite bewegt worden zu sein (§ 628, Abs. 1 BGB). *Unzulässig* ist es aber, wenn sich der Dienstleister für den Fall der Kündigung durch den Auftraggeber unabhängig von der bisher erbrachten Dienstleistung in seinen AGB stets das *volle* vereinbarte *Pauschalhonorar* ausbedingt. Diese Regelung benachteiligt den Kunden unangemessen und ist nach § 308, Nr 7a BGB unwirksam (BGH WM 2005, S. 701). Im Übrigen braucht der Auftraggeber nur zu zahlen, soweit die erbrachten Dienste trotz Vertragsabbruchs für ihn noch von Wert sind oder er die Gründe für die Wertlosigkeit selbst zu vertreten hat (BGH NJW 1985, S. 41). Beruft sich der Auftraggeber auf *pflichtwidriges Verhalten des Dienstleisters* und bestreitet damit dessen Anspruch auf Teilvergütung, so trägt er hierfür gänzlich die Beweislast (BGH NJW 1997, S. 188). Vorauszahlungen hat der Dienstleistungsunternehmer zu erstatten (§ 628, Abs. 1, Satz 3 BGB); ggf. kann er sie mit seiner Forderung verrechnen (§ 387 BGB; vgl. Kap. 4.8.4.3).

Schadensersatz bei schuldhafter Pflichtverletzung

Hinzu kommt, dass jede Vertragspartei, die durch vertragswidriges Verhalten die Kündigung des Geschäftspartners auslöst, diesem den durch die Aufhebung entstandenen Schaden ersetzen muss (§ 628, Abs. 2 BGB; BGH NJW 2002, S. 3237). Dazu gehören beim Auftraggeber höhere Kosten für eine Ersatzkraft, Geschäftsverluste und Inseratskosten, beim Dienstleister vor allem der entgangene Gewinn (vgl. Kap. 6.3.2).

10.2.4 Checkliste für den Auftraggeber

Die Checkliste für diesen Vertragstyp kann sehr kurz ausfallen, weil nur wenige Punkte in Ergänzung zu der Basischeckliste in Kapitel

7 und zu der Checkliste für Vertragsverhandlungen am Ende von Kapitel 2 wichtig sind.

✔ Achten Sie auf eine möglichst präzise *Beschreibung* der zu erbringenden Dienste nach Inhalt, Umfang und erwarteter Qualität. Den *Qualitätsstandard* kann man eigentlich nur durch Bildung von Intensitätsstufen indirekt definieren, die den vom Dienstverpflichteten einzuhaltenden Sorgfaltsmaßstab bestimmen.

✔ Zur *Absicherung* des erwünschten *Vertragslevels* bietet sich insbesondere ein *Kündigungsvorbehalt* für den Auftraggeber im Falle einer längerandauernden oder häufigeren kurzfristigen Fehlleistung des Dienstleisters an, weil der Auftraggeber, anders als beim Werkvertrag, keine speziellen Mängelansprüche besitzt.

✔ Nicht fehlen sollte eine *detaillierte Vergütungsregelung* nach Art und Höhe – Pauschal- oder Zeithonorar –, verbunden mit Fälligkeitsbestimmungen und Zahlungsterminen mit Ausschluss im Falle persönlicher Verhinderung.

✔ Bei Dienstleistungen mit *Dauerschuldcharakter* bedarf es der Bestimmung der *Vertragsdauer* – Befristung – mit oder ohne einseitiger Verlängerungsmöglichkeit bzw. einer unbefristeten Laufzeit mit ordentlicher festgebundener Kündigung nach Ablauf der Grunddauer. Bei *Diensten höherer Art* wäre noch zu entscheiden, ob das jederzeitige Kündigungsrecht ausgeschlossen werden soll oder nicht.

Checkliste

10.3 Werkvertrag: Dienstleistung mit Erfolgsgarantie

Schuldet der Dienstleister nicht nur eine sachgemäße sorgfaltsgerechte Tätigkeit als solche, sondern auch das Erreichen des dadurch vom Auftraggeber gewollten Arbeitsergebnisses, handelt es sich um einen *Werkvertrag*. Die geschuldete Dienstleistung besteht demnach in der Herstellung des versprochenen *körperlichen* oder *geistigen Werkes* als geschuldeten Erfolg (§ 631, Abs. 1 BGB; BGH NJW 2002, S. 749). Der Gesetzgeber stellt klar, dass Gegenstand eines Werkvertrages sowohl die Herstellung und Veränderung einer Sache, wie etwa die Reinigung eines Gebäudes, als auch ein anderer durch Arbeit oder Dienstleistung herbeizuführender Erfolg sein kann – womit geistige Werke (z. B. die Erstellung eines Plans, Schreiben eines Gutachtens oder eines Buches) gemeint sind (§ 631, Abs. 2 BGB).

Daneben gibt es auch *neutrale Dienstleistungen*. Diese können sowohl rein tätigkeitsorientiert ausgeformt sein, wenn nur die Dienstleistung als solche – dann Dienstvertrag – geschuldet wird.

Körperliches oder geistiges Werk als geschuldetes Arbeitsergebnis

Typenbestimmung durch die Vertragsparteien

Oder sie sind erfolgsorientiert, wenn zusätzlich als Arbeitsergebnis auch der mit der Dienstleistung angestrebte Erfolg geschuldet wird. Sie können dann gemeinsam mit Ihrem Partner – je nach dem konkreten Inhalt der Dienstleistungsvereinbarung – den maßgebenden Vertragstyp festlegen (BGH NJW 2002, S. 3323).

> **Beispiel:**
> *Neutrale Dienstleistungen sind etwa Forschungs- und Entwicklungsleistungen in F+E-Verträgen, die deshalb sowohl Dienst- oder Werkvertragscharakter besitzen können.*

Werklieferungsvertrag

Besteht dagegen das geschuldete Werk in der Herstellung einer Sache, die der beauftragte Hersteller als *maßangefertigtes Endprodukt* an den Besteller zu *liefern* hat, handelt es sich um einen *Werklieferungsvertrag,* in der Wirtschaftspraxis auch »*Projektvertrag*« oder »*Anlagenvertrag*« genannt (vgl. Kap. 8.13). Da aber für das Gelingen dieses Spezialproduktes eine ständige reibungslose Kooperation zwischen Hersteller und Besteller erforderlich ist, ist dieser – dem Warenkauf gleichgestellte – *Werklieferungsvertrag* im Hinblick auf die Mitwirkungspflichten des Bestellers werkvertraglich nach § 651, Satz 3 BGB eingefärbt (vgl. Kap. 10.3.2).

Werkvertragscharakter besitzen demgegenüber der *Architektenvertrag* (mit der Planung eines genehmigungsfähigen Bauvorhabens als der zu erbringenden erfolgsbezogenen Dienstleistung) sowie die Bauverträge mit Bauunternehmer und Bauhandwerker, die durch die Errichtung des geplanten Bauwerks das dem Bauherrn gehörende Grundstück verändern. All diese Verträge gehören zum *Bausektor,* der wegen seiner spezifischen Konfliktträchtigkeit bewusst ausgeklammert worden ist. Verträge über größere Bauvorhaben sollte man ohne anwaltliche Unterstützung nicht abschließen.

10.3.1   Kernpunkte des Werkvertrages

Erfolgsgarantie des Werkunternehmers

Die Kernpunkte des Werkvertrages sind weitgehend identisch mit denen des Dienstvertrages. Sie weisen aber im Allgemeinen eine höhere Komplexität auf, weil der *Werkunternehmer* wegen seiner *Erfolgsgarantie* ein größeres wirtschaftliches Risiko trägt. Deshalb bedarf der Werkvertrag – genau wie der Kaufvertrag – für den Fall, dass das Werk überhaupt nicht oder nur fehlerhaft gelingt. besonderer Regelungen. Die Risikostruktur des Werkvertrages entspricht daher weitgehend der des Kaufvertrages.

10.3.1.1   Auswahl des richtigen Leistungspartners

Da für Sie als Besteller das Gelingen des Werkes von entscheidender Bedeutung ist, müssen Sie sich vor Vertragsabschluss selbstverständlich – genau wie beim Dienstvertrag – von der *Leistungsfähigkeit* und *Zuverlässigkeit* des *Werkunternehmers* überzeugen. Werkverträge sind – so betrachtet – stets Einzelanfertigungen, deren Erfolg nun einmal von der fachlichen Fähigkeit des Werkunternehmers abhängt.

10.3.1.2 Präzise Werkbeschreibung

Als Besteller (Auftraggeber) sollten Sie der möglichst *genauen Beschreibung* des *Werkes* im Hinblick auf stoffliche Beschaffenheit, Qualität, Aussehen und Leistung stets ein besonderes Augenmerk schenken. Bestimmen Sie daher die gewünschten Merkmale im Vertrag möglichst genau durch eine *Beschaffenheitsvereinbarung.*

Beschaffenheitsvereinbarung

Handelt es sich dabei um ein *komplexes Werk*, wie etwa eine nach Maß gefertigte technische in ein Gebäude einzuführende Einrichtung, die eine genaue *Spezifizierung* durch *Techniker* und andere *Fachleute* notwendig macht, sollte wie bei einem Projektvertrag die genaue Werkbeschreibung einschließlich der Konstruktionspläne, sonstiger Zeichnungen etc. als Anlage zum Vertrag genommen werden, damit der eigentliche Vertragstext übersichtlich und damit lesbar bleibt (vgl. Kap. 8.13.2). Dagegen ist es abgesehen von Bauwerken eher selten, dass der Besteller zur Herstellung eines Gesamtwerkes *mehrere Unternehmer* nebeneinander auf der Basis gesonderter Verträge mit genau voneinander abgegrenzten Arbeiten für unterschiedliche Abschnitte des *Gesamtwerkes* beauftragt. Wegen des hohen Koordinierungsaufwandes überlässt man dies einem gegenüber dem Auftraggeber allein für die Herstellung des Gesamtwerkes verantwortlichen *Generalunternehmer*, der für einzelne Werkleistungen geeignete *Subunternehmer* einschalten kann.

Herstellung eines komplexen Gesamtwerkes

Generalunternehmer

Weicht das später hergestellte Werk dann von den festgelegten Beschaffenheitsmerkmalen nicht unwesentlich ab, so ist es bereits aus diesem Grunde fehlerhaft (§ 633, Abs. 2, Satz 1 BGB; vgl. Kap. 10.3.5.1) und zwar auch dann, wenn keine *Funktionsbeeinträchtigung* vorliegt (OLG Köln MDR 2006, S. 147). In einer noch günstigeren rechtlichen Position befinden Sie sich, wenn der Werkunternehmer das Vorhandensein dieser für Sie wichtigen Eigenschaften ausdrücklich garantiert oder zugesichert hat. Dann haftet er für deren Vorhandensein stets ohne Rücksicht auf sein Verschulden, auch wenn er in seinen AGB die Haftung beschränkt haben sollte (§ 639 BGB). Ob von einer derartigen *Beschaffenheitsgarantie* des Herstellers ausgegangen werden kann oder nicht, beurteilt sich nach den gleichen Kriterien wie beim Kaufvertrag (vgl. Kap. 8.9.1.1.3).

Wesentliche Beschaffenheitsabweichung ist Sachmangel

Beschaffenheitsgarantie

Stets schuldet der Werkunternehmer (Auftragnehmer) wegen der Erfolgsbezogenheit der Werkleistung im Rahmen der getroffenen Vereinbarung ein *funktionstaugliches zweckentsprechendes*

Funktionstaugliches zweckentsprechendes Werk

Werk (BGH NJW 1998, S. 3708). Das gilt sogar dann, wenn dieser Erfolg mit der vertraglich vereinbarten Ausführungsart nicht zu erreichen ist, weil für die Realisierbarkeit dieses Erfolges allein der Werkunternehmer mangels abweichender Vereinbarung das Risiko trägt.

Einzelne Werkleistungen detailliert regeln

Regeln Sie aber möglichst präzise im Vertrag, welche einzelnen Werkleistungen der Auftragnehmer zu erbringen hat, d. h. die *Hauptleistung* einschließlich der damit *verbundenen Nebenleistungen*. Geben Sie sich mit einer in Ihrem Umfang eingeschränkten Werkleistung zufrieden, so müssen Sie dafür i.d.R. einen geringeren Preis bezahlen. Die Beschränkung der geschuldeten Werkleistungen bestimmt auch den Pflichtenkatalog des Werkunternehmers und damit seine Gewährleistungshaftung für Werkmängel. Treten später Mängel auf, die ihre Ursachen außerhalb des Pflichtenkreis haben, trifft dafür den Werkunternehmer keine Verantwortung (BGH NJW 2000, S. 2102).

> **Beispiel:**
> *Wird als Werkleistung nur das Verlegen der Schutzrohre und die Erneuerung der Ölleitung und der Tankentlüftung vereinbart, so gehört eine Überprüfung der Funktionstüchtigkeit der bestehenden Tankanlage nicht zum Umfang der geschuldeten Leistung. Daher kann der Besteller von dem Werkunternehmer keinen Schadensersatz fordern, wenn sich der Tank später als undicht herausstellt und mehrere Tausend Liter Heizöl in das Erdreich versickern.*

Tipp

Überlegen Sie sich genau, welche einzelnen Werkleistungen erforderlich sind, damit das Werk ihren Qualitätsvorstellungen entspricht und listen Sie diese akribisch im Vertrag auf und sichern Sie diese durch Garantien ab.

Darüber hinaus sollten auch die anderen, im Zusammenhang mit der Bestimmung des Leistungsgegenstandes wichtigen rechtlichen Aspekte in die Überlegung einbezogen und geprüft werden, inwieweit sie jetzt für die konkrete vertragliche Dienstleistung relevant sind oder nicht (vgl. Kap. 4.2.1.1).

10.3.1.3   Zeittableau der Werkleistung

Präzise Leistungsfristen

Nimmt die Durchführung der Werkleistung, wie i.d.R., einige Zeit in Anspruch, sollten Sie zusammen mit dem Werkunternehmer einen *zeitlichen Rahmenplan* entwickeln, innerhalb dessen das gewünschte Arbeitsergebnis erreicht werden soll. Dazu bieten sich in erster Linie klare *kalendermäßige Leistungsfristen* an (vgl. Kap. 4.2.1.3).

Zusätzlich können Sie sich auch durch den Einbau eines *Kündigungsvorbehalts* das Recht einräumen, den Vertrag möglichst rasch zu beenden, sofern Sie mit dem bisherigen Fortschritt der Arbeiten oder der Qualität der bereits erbrachten Leistung nicht zufrieden sind.

Kündigungsvorbehalt für Leistungsverzug

Kündigungsrecht des Auftraggebers

»1. Befindet sich der Auftragnehmer mit der zu erbringenden Arbeit in erheblichem Verzug, sodass eine erhebliche Überschreitung des vereinbarten Fertigstellungstermins befürchtet werden muss oder entspricht die bisher geleistete Arbeit nicht der im Vertrag vereinbarten vorausgesetzten Qualität, kann der Auftraggeber nach erfolgloser Aufforderung zur Beseitigung der Säumnis oder des Mangels den Vertrag ohne weitere Vergütungspflicht sofort schriftlich kündigen.

2. Die Kündigung ist erst dann zulässig, wenn der Auftraggeber die Säumnis oder den Mangel gegenüber dem Auftragnehmer schriftlich beanstandet und ihn fruchtlos zur Beseitigung der Säumnis oder des Fehlers innerhalb von einem Monat aufgefordert hat.

3. Für die bisher geleistete Arbeit kann der Auftragnehmer eine angemessene Teilvergütung verlangen, soweit diese für den Auftraggeber von wirtschaftlichem Wert ist.«

Klauselvorschlag

10.3.1.4   Preisbestimmungen: Kostenvoranschlag, Werklohn und Abschlagszahlung

Die Preisermittlung ist nicht so einfach wie beim Kauf standardisierter Ware. In der Regel wird sich die Vergütung aus Arbeits- und Materialkosten zusammensetzen. Als Besteller wollen Sie aber wissen, was Sie zu bezahlen haben.

Erklärt sich der Werkunternehmer nicht zur Abgabe eines *verbindlichen Preisangebots* bereit, lassen Sie sich auf jeden Fall einen *Kostenvoranschlag* geben, der i.d.R. nicht um mehr als 20 % überschritten werden darf (BGH NJW-RR 1987, S. 137). Ist für den Werkunternehmer absehbar, dass er diesen Rahmen nicht einhalten kann, hat er Sie unverzüglich zu *informieren*. Sie können nun den Auftrag *kündigen* und brauchen nur die bisher aufgewandte Arbeitszeit zu vergüten (§ 650 BGB). Sollte den Werkunternehmer ein *Verschulden* an der erheblichen Kostenüberschreitung treffen, so kann der Besteller zudem noch *Schadensersatz* wegen Verschuldens beim Vertragsabschluss nach § 311, Abs. 2 BGB verlangen (OLG Frankfurt NJW-RR 1989, S. 209; vgl. Kap. 2.4.3). Die Rechtsprechung verneint aber die Existenz eines Schadens, wenn die Mehrkosten zu einem Wertzuwachs des Werkes geführt haben (BGH NJW 1970, S. 2018).

Verbindliches Preisangebot/ Kostenvoranschlag

Erhebliche Kostenüberschreitung

Eine besondere *Vergütung* für die *Kostenermittlung* im Rahmen des Kostenvoranschlages steht dem Auftragnehmer nur zu, wenn er dies gesondert mit Ihnen als Besteller vereinbart hat (§ 632, Abs. 3

Vergütung für Kostenermittlung

BGB). Das kann aber nur im Rahmen einer ausgehandelten *Einzelvereinbarung* geschehen (vgl. Kap. 3.4.1); einseitige Kostenklauseln in seinen AGB oder Geschäftsvordrucken vermögen eine derartige Zahlungspflicht nicht zu begründen.

Gleiches gilt für die *Kosten* eines *Angebots* oder sonstiger Vorarbeiten, wenn der spätere Vertragsabschluss scheitern sollte (BGH NJW 1982, S. 766).

Tipp

Lassen Sie sich deshalb nicht durch eine Einzelvereinbarung eine besondere Vergütungspflicht für die Erstellung eines Angebots oder eines Kostenvoranschlages auferlegen.

Festpreis

Der vom Auftragnehmer genannte Preis birgt für den Besteller keinerlei Risiken, wenn er in einem *verbindlichen Angebot* enthalten ist. Andernfalls können Sie sich gegenüber Überschreitungen der in dem Kostenvoranschlag enthaltenen Preisansätze durch eine *Festpreisvereinbarung* absichern. In diesem Fall kann der Auftragnehmer auch nur die *Anschlagssumme* verlangen (BGH NJW-RR 1987, S. 337). Grundsätzlich ist darin auch die *Mehrwertsteuer* enthalten, **Mehrwertsteuer** wenn sie nicht gesondert ausgewiesen ist (BGH DB 1975, S. 1741). Der festgelegte Werklohn erfasst aber nur die *vereinbarte Herstellungsweise*, wenn eine bestimmte Ausführungsart zugrunde gelegt **Zusatzarbeiten** wird. Sind *Zusatzarbeiten* erforderlich, um die Funktionstauglichkeit des Werkes sicherzustellen, müssen diese von Ihnen als Auftraggeber gesondert vergütet werden (BGH NJW 1998, S. 3708).

Einheitspreis

Im Übrigen stehen Ihnen als Vertragspartei eine ganze Fülle unterschiedlicher Preisgestaltungsformen (fixer Festpreis bzw. veränderlicher *Einheitspreis*) zur Verfügung, die bereits im allgemeinen Vertragsrecht erläutert worden sind (vgl. Kap. 4.3.4.1).

Abschlagszahlungen

Erstreckt sich die Werkleistung über einen längeren Zeitraum, so will der Auftragnehmer die Arbeit regelmäßig nicht aus eigenen Finanzmitteln vorfinanzieren, sondern legt auf angemessene *Abschlagszahlungen* des Auftraggebers Wert. Das bedarf i.d.R. aber einer ausdrücklichen *vertraglichen Vereinbarung* (vgl. Kap. 4.3.4.3.2). Von Gesetzes wegen steht dem Werkunternehmer nach § 632a BGB ein Anspruch auf angemessene Abschlagszahlung für die erbrachten vertragsgemäßen Leistungen nur für in sich *abgeschlossene Teile* des *Werkes* zu, wenn dem Besteller Eigentum an den Teilen des Werkes, an den Stoffen und der Bauteile übertragen oder Sicherheit (etwa durch eine Bankbürgschaft) hierfür geleistet wird. Neben den hier nicht zu behandelnden Bauverträgen trifft das nur für einzelne Werkverträge (z. B. für sehr zeitaufwändige umfangreiche Reparaturen oder Umbauarbeiten an Fahrzeugen, Maschinenanlagen etc.) zu.

> Die Höhe und die Fälligkeit der zu leistenden Abschlagszahlungen sollte klar und unmissverständlich im Vertrag geregelt sein.

Tipp

Für die einzelnen Voraus- und Abschlagszahlungen hat der Unternehmer auf Verlangen des Bestellers Voraus- und Abschlagsrechnungen zu erstellen und diese *Zwischenabrechnungen* in die *Schlussrechnung* aufzunehmen (BGH NJW 2002, S. 1567 und S. 2640).

Zwischenabrechnung

Die selbstständig durchsetzbare Forderung auf die vereinbarte Abschlagzahlung erlischt mit der Abnahme und Erteilung der Schlussrechnung, sodass der Werkunternehmer danach wegen ausgebliebener Abschlagszahlungen keine Verzugszinsen oder den Ersatz eines anderen Verzugsschadens mehr verlangen kann (BGH ZIP 2004, S. 1508).

10.3.2 Mitwirkungspflichten des Bestellers

Vielfach ist eine *Mitwirkung* des *Bestellers* zum Gelingen des Werkes erforderlich – sei es die Lieferung von Plänen oder Daten, die Auswahl geeigneten Materials oder koordinierende Tätigkeiten bei der Aufgabenzuweisung für die Produktion etc. (BGH NJW 2001, S. 1720). Inhalt und Umfang der Mitwirkungspflichten sollten dabei möglichst *präzise* im *Vertrag* niedergelegt werden, insbesondere auch die Frage, wann diese Mitwirkungshandlungen vorzunehmen sind: Zweckdienlicherweise durch Aufforderung des Werkunternehmers nach dessen rechtzeitiger Vorankündigung (vgl. Kap. 4.3.5).

Mitwirkungspflichten genau regeln

Typischerweise wird also der Unternehmer den *Besteller* zur Mitwirkung auffordern. Verweigert nun der Auftraggeber die von ihm zu erbringende Mitwirkungshandlung, fällt er damit in *Annahmeverzug* (vgl. Kap. 5.6). Dann kann der Unternehmer bereits für die bisher erbrachte Arbeitsleistung und seinen Materialeinsatz eine angemessene Entschädigung verlangen (§ 642, Abs. 1 BGB), der aber nicht den entgangenen Gewinn erfasst (BGHZ 143, S. 40). Die Höhe der *Entschädigung* reicht dabei über den normalen Aufwendungsersatz im Falle des Annahmeverzugs nach § 304 BGB hinaus. Sie bestimmt sich nach der *Dauer* des *Annahmeverzugs* und der *Höhe* der vereinbarten *Vergütung* unter Abzug der Kostenanteile, die der Unternehmer infolge des Verzugs an Aufwendungen erspart hat und durch anderweitige Verwendung seiner Arbeitskraft erwerben kann (§ 642, Abs. 2 BGB). Dieser Entschädigungsanspruch besteht neben

Folgen bei Nichterbringen

Entschädigung

dem Anspruch auf Vergütung, wenn das Werk später doch noch fertig gestellt wird.

Nachholfrist mit anschließender Kündigung

Sind Sie insoweit mit Mitwirkungshandlungen säumig, kann Ihnen der Auftragnehmer zur *Nachholung* der Handlung eine angemessene *Frist* mit der Erklärung bestimmen, dass er andernfalls den Vertrag *kündigen* werde. Bleiben Sie innerhalb dieser Frist untätig, gilt der Vertrag als aufgehoben, quasi als gekündigt (§ 643 BGB). Trotz der Kündigung kann der Auftragnehmer eine *Teilvergütung* für die bisher schon geleisteten Arbeiten und Ersatz der in der Vergütung nicht inbegriffenen Auslagen verlangen (§ 645, Abs. 1, Satz 2 BGB).

Schadensersatz-pflicht der Bestellers

Daneben bleibt eine weitergehende Haftung des Bestellers wegen Verschuldens unberührt (§ 645, Abs. 2 BGB). Wenn also der Besteller *grundlos* und endgültig die erforderliche *Mitwirkung ablehnt*, kann der Unternehmer auch vor Fertigstellung des Werkes ohne Rücksicht auf seine Vorleistungspflicht vollen *Schadensersatz statt Leistung* und somit letztlich die gesamte vereinbarte Vergütung nach § 281, Abs. 2, Nr. 2 BGB fordern (BGH NJW 2004, S. 2373).

Tipp

> Als Besteller sollten Sie Ihre Mitwirkungspflichten vertragsgemäß erfüllen und zumindest die Ihnen vom Auftragnehmer gesetzte Nachfrist nicht unnötig verstreichen lassen.

10.3.3　Abnahme des fertiggestellten Werkes

Anerkennungs als vertragsgerechte Leistung

Den rechtlich entscheidenden Vorgang bildet die Abnahme des fertiggestellten Werkes durch den Besteller, also seine *vorbehaltslose Entgegennahme* (§ 640, Abs. 1, Satz 1 BGB), wodurch der Auftraggeber die Sache als vertragsgemäße Leistung anerkennt (BGH NJW 1993, S. 1972). Die Abnahme ist daher beim Werkvertrag – anders als beim Kaufvertrag – nicht nur Neben-, sondern stets auch *Hauptpflicht* des *Bestellers*. Sie ist wichtig für die *Fälligkeit* der *Vergütung*, die *Mängelansprüche* des Bestellers und das Herstellungsrisiko des Werkunternehmers.

Prüfungszeit des Bestellers

Schlüssige Abnahme

Die Abnahme muss nicht ausdrücklich, sondern kann auch durch schlüssiges Handeln geschehen. Dazu ist dem Besteller bei umfangreichen Werken aber eine angemessene *Prüfungszeit* zuzubilligen (BGH WM 1992, S. 1579). Die *schlüssige Abnahme* setzt regelmäßig die Vollendung des Werkes als seine *Abnahmereife* voraus (BGH NJW-RR 2006, S. 303); sie kann regelmäßig in der längeren Ingebrauchnahme des im Wesentlichen funktionstüchtigen und gebrauchsfertigen Werkes gesehen werden (OLG Bamberg NJW-RR 2006, S. 891), jedoch noch nicht allein in der bloßen Nutzung als

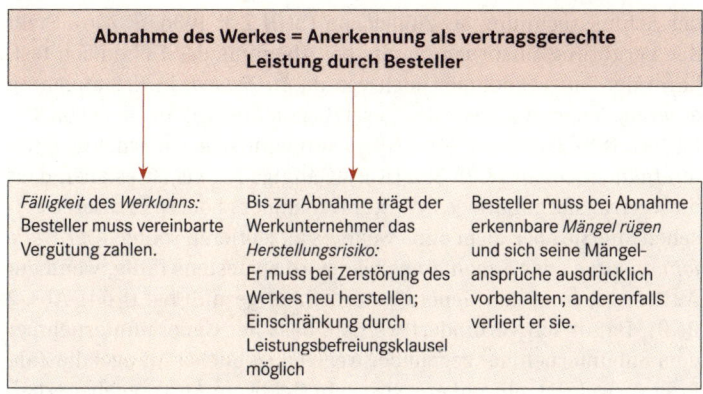

Abnahme des Werkes = Anerkennung als vertragsgerechte Leistung durch Besteller		
Fälligkeit des *Werklohns:* Besteller muss vereinbarte Vergütung zahlen.	Bis zur Abnahme trägt der Werkunternehmer das *Herstellungsrisiko:* Er muss bei Zerstörung des Werkes neu herstellen; Einschränkung durch Leistungsbefreiungsklausel möglich	Besteller muss bei Abnahme erkennbare *Mängel rügen* und sich seine Mängel- ansprüche ausdrücklich vorbehalten; anderenfalls verliert er sie.

Abb. 10.2: Abnahme des Werkes

solche (BGH NJW 1985, S. 732). Bei *technischen Anlagen* ist stets erforderlich, dass der Auftraggeber sie auch in Betrieb nehmen kann (BGH NJW 1993, S. 1063). Selbst wenn die Vertragsparteien eine förmliche Abnahme vereinbart haben, kann eine *schlüssige Abnahme* erfolgen, wenn unzweideutig feststeht, dass die Parteien auf die vereinbarte *förmliche Abnahme* durch schlüssiges Verhalten verzichtet haben. In dem Behalten eines mangelhaften Werkes liegt aber keine Abnahme, wenn der Besteller zuvor erfolglos eine Nach-frist gesetzt hat und anschließend das fehlerhafte Werk selbst oder durch einen anderen Werkunternehmer nachbessert (BGH NJW 1996, S. 1749).

Der Abnahme steht es aber gleich, wenn Sie als Besteller das Werk nicht innerhalb einer Ihnen vom Unternehmer *bestimmten angemes-senen Frist* abnehmen, obwohl Sie dazu nach dem Vertrag verpflich-tet sind (§ 640, Abs. 1, Satz 3 BGB). Eine derartige *Abnahmefiktion* greift aber nicht, wenn der Auftraggeber zuvor den vereinbarten Ab-nahmetermin und die ausdrückliche Abnahme mit der Begründung, dass die Anlage nicht funktioniert, verweigert hat (BGH DB 1996, S. 1617).

Fiktive Abnahme

Umfangreiche Werke können auch in Teilen abgenommen wer-den, wenn sich das *Werk* in entsprechende *Teilabschnitte* zerlegen lässt. Sinnvoll und notwendig ist dafür aber eine entsprechende ver-tragliche Absprache.

Teilabnahme

Da Sie als Besteller mit der Abnahme die erbrachte Werkleis-tung als vertragsgerecht anerkennen, wird mit der Abnahme auch die vereinbarte *Vergütung fällig*, sofern ein bestimmter Preis verein-bart ist; ansonsten geschieht das erst mit Rechnungsstellung (§ 641, Abs. 1, Satz 1 BGB; BGH NJW 2006, S. 2476). Eventuell geleistete *Anzahlungen* sind dann auf den Werklohn für das Gesamtwerk mit

Fälligkeit der Vergütung

der Schlussrechnung auszugleichen (BGH ZIP 1986, S. 706). Steht der Vergütungsanspruch bereits bei Abnahme der Höhe nach fest, kann der Auftragnehmer auch von da an *Zinsen*, in Ermangelung einer besonderen Abrede den gesetzlichen Zinssatz in Höhe von 4%, fordern (§§ 641, Abs. 4 246 BGB), kaufmännische Unternehmen untereinander sogar 5% (§ 352 HGB). Gängige Praxis ist es aber, dass

Werklohn des Subunternehmers

die Vertragsformulare des Werkunternehmers höhere Zinssätze vorsehen, die Sie aber nicht ohne weiteres akzeptieren sollten. Der *Werklohnanspruch* des *Subunternehmers* wird spätestens fällig, wenn der Auftraggeber an den Generalunternehmer gezahlt hat (§ 641 Abs. 2 BGB). Damit soll verhindert werden, dass der Generalunternehmer dem Subunternehmer gegenüber wegen angeblicher Mängel die Zahlung verweigert, obwohl er selbst sein Geld vom Auftraggeber erhalten hat.

Mängelvorbehalt ins Abnahmeprotokoll

Die Abnahme bringt aber für Sie als Besteller noch weitere Rechtsnachteile mit sich. Nach der Abnahme verlieren Sie alle Ihre Ansprüche im Hinblick auf bereits vorhandene Mängel. Um sich die Mängelansprüche zu sichern, hat der Besteller in dem *Abnahmeprotokoll* die entsprechenden Mängel aufzulisten und sich wegen dieser seine Ansprüche ausdrücklich vorzubehalten (§ 640, Abs. 2 BGB).

Abnahmeverweigerung

Stattdessen kann der Besteller aber auch die Abnahme komplett verweigern, wenn es sich nicht um einen unwesentlichen Mangel handelt (§ 640, Abs. 1, Satz 2 BGB). *Unwesentliche Mängel* sind solche, die die Gebrauchstauglichkeit des Werkes für den Besteller nicht beeinträchtigen, wie etwa ein optisch kaum wahrnehmbarer Mangel (OLG Hamm NJW-RR 2003, S. 965).

Abnahmeverweigerung oder Mängelvorbehalt

1. Abnahmeverweigerung:

Formulierungsvorschlag

»Die von uns durchgeführte Überprüfung des von Ihnen abgelieferten Werkes (genauere Beschreibung) hat ergeben, dass folgende Mängel aufgetreten sind:

a) ...

b) ... etc.

In diesem Zustand können wir das Werk leider nicht abnehmen.«

Unterschrift

2. Mängelbeanstandung:

Die Mängelanzeige wird in das Abnahmeprotokoll mit folgendem Zusatz aufgenommen:

»Wegen dieser aufgelisteten Mängel des Werkes behalten wir die uns zustehenden Rechte vor.«

Im Falle des *Mängelvorbehaltes* bei der *Abnahme* sind Sie auch nach der Abnahme berechtigt, die *Zahlung* eines angemessenen Teils der

Vergütung als Einrede des nicht erfüllten Vertrages nach § 320 BGB zu *verweigern*, jedoch mindestens in Höhe des dreifachen der für die Beseitigung des Mangels erforderlichen Kosten (§ 641, Abs. 3 BGB). Dieser nunmehr gesetzlich geregelte sog. *Druckzuschlag* entspricht gefestigter Rechtsprechung (BGH NJW 2004, S. 505).

Zahlungs-verweigerung

> Prüfen Sie deshalb unbedingt vor Abnahme, ob das fertig gestellte Werk funktionstauglich und mangelfrei ist. Stellen Sie Mängel fest, so können Sie die Abnahme bei wesentlichen Fehlern gänzlich verweigern. Ansonsten müssen Sie die aufgefundenen Mängel in das Abnahmeprotokoll aufnehmen und sich diesbezüglich Ihre Mängelansprüche vorbehalten.

Tipp

Liefert aber der Auftragnehmer ein *vertragsgerechtes Werk* ab, sind Sie als Auftraggeber verpflichtet, dieses auch abzunehmen. Andernfalls geraten Sie in *Annahmeverzug* (vgl. Kap. 5.6). Neben den allgemeinen Regelungen hat das zur Folge, dass Sie ab diesem Moment auch die Gefahr des zufälligen Untergangs des Werkes tragen und trotz dessen Zerstörung oder erheblichen Beschädigung den vereinbarten Werklohn zahlen müssen (§ 644, Abs. 1, Satz 2 BGB). Außerdem kann Ihnen der Auftragnehmer für die *Nachholung* der geschuldeten Abnahme eine angemessene Frist, i.d.R. zwei Wochen, setzen, nach deren Ablauf das Werk gemäß § 640 Abs. 1 Satz 3 als abgenommen gilt. Demnach kann sich der Besteller den Rechtswirkungen der Abnahme nicht entziehen.

Abnahmepflicht

Annahmeverzug

Fiktive Abnahme

Weigert sich der Besteller aufgrund von Sachmängeln, das Werk abzunehmen, so »hängt« der Werkunternehmer finanziell »in der Luft«, weil er von dem Besteller die Zahlung der Vergütung noch nicht verlangen kann. Hält der Auftragnehmer die *Mängelbeanstandung nicht* für *gerechtfertigt*, kann er mit der Feststellung einen Gutachter beauftragen, auf den er sich mit dem Auftraggeber verständigt hat. Ansonsten muss dieser auf Antrag des Unternehmens durch die zuständige Industrie- und Handelskammer, Handwerkskammer etc. bestimmt werden und als *öffentlich bestellter* und *vereidigter Sachverständiger* anerkannt sein. Gibt der Gutachter dem Werkunternehmer Recht und bestätigt die Mängelfreiheit des Werkes in einer sog. *Fertigstellungsbescheinigung*, so steht dies nach § 641a, Abs. 1 BGB der Abnahme gleich. Der Besteller muss die Untersuchung des Werkes durch den bestellten Gutachter gestatten. Verweigert er diese, gilt das zu untersuchende Werk als vertragsgemäß hergestellt und damit als mangelfrei. Weitere Einzelheiten dieses komplizierten Verfahrens sind in nachfolgenden Absätzen dieser Vorschrift geregelt.

Fertigstellungsbescheinigung eines Sachverständigen

Eine genauere Erläuterung erübrigt sich, liegt doch ihr praktischer Schwerpunkt zweifelsohne bei Bauverträgen.

10.3.4   Leistungsstörungen durch Verzug und Unmöglichkeit

Gerade bei der Erstellung komplexer und zeitaufwändiger Werkleistungen kann es wegen der langen Fertigungsdauer immer wieder zu Verzögerungen oder gar zu einer kompletten Leistungsunfähigkeit kommen.

10.3.4.1   Verzug

Terminüberschreitung

Hält der Unternehmer die vereinbarten *Fertigstellungsfristen* nicht ein, so bestimmen sich die Rechte des Bestellers nach den allgemeinen Regelungen zum *Schuldnerverzug* (vgl. Kap. 5.2.2–5.2.4). Zahlt der Besteller nicht termingerecht die vereinbarte Vergütung, droht ihm der *Zahlungsverzug* (vgl. Kap. 5.2.5).

Annahmeverzug des Bestellers

Hat auf der anderen Seite der Besteller das vertragsgerecht fertiggestellte Werk *nicht abgenommen*, gerät er in *Annahmeverzug*. Das hat für ihn die äußerst unangenehme Folge, dass nicht nur die Gefahr des zufälligen Untergangs nach § 644, Abs. 1 BGB auf ihn übergeht, sondern er auch das Risiko eines vom Unternehmer danach leicht fahrlässig verursachten Schadens zu tragen hat (§ 300, Abs. 1 BGB; vgl. Kap. 5.6). Konkret bedeutet dies für ihn, dass er dennoch den vereinbarten *Werklohn* voll zahlen muss und im letzteren Fall vom Unternehmer keinen Schadensersatz fordern kann.

Die weiteren unangenehmen Folgen bei nicht vertragsgerechter Erfüllung der dem Besteller obliegenden Mitwirkungshandlungen sind bereits erläutert worden (vgl. Kap. 10.3.2).

10.3.4.2   Unmöglichkeit der Werkleistung

Scheitert die Fertigstellung des Werkes endgültig, so bestimmen sich die *Rechtsfolgen* aus dieser *Unmöglichkeit* zunächst nach den allgemeinen Regelungen (vgl. Kap 5.3.4).

Werkunternehmer trägt Herstellungsrisiko bis zur Abnahme

Das Werkvertragsrecht enthält aber wichtige Sonderbestimmungen für die Gefahrenverteilung zwischen den Vertragsparteien. Die entscheidende *Zäsur* bildet demnach die *Abnahme*. Bis zur Abnahme durch den Besteller trägt der Werkunternehmer die Gefahr des *zufälligen Untergangs* des Werkes nach § 644, Abs. 1, Satz 1 BGB, auch wenn er die Beschädigung oder Zerstörung des Teilwerkes nicht zu vertreten hat. Deshalb bleibt der Auftragnehmer bis zur Abnahme zur Leistung voll verpflichtet und muss ggf. nach § 631, Abs. 1 BGB neu herstellen. Das ist die Folge der Erfolgsbezogenheit des Werkvertrages.

Nicht angemessen wäre es jedoch, dieses Risiko beim Auftragnehmer zu belassen, wenn die *Ursache* für die *Beschädigung* oder der *Zerstörung* in der *Sphäre* des *Auftraggebers* liegt. Das trifft sicherlich zu, wenn das Werk infolge eines Mangels des vom Besteller gelieferten Stoffes oder infolge seiner falschen Anweisung zerstört und unausführbar geworden ist, aber auch schon dann, wenn der vom Besteller gelieferte Stoff zufällig untergeht oder zufällig ohne Verschulden des Auftragnehmers verschlechtert wird. Schließlich gilt das – wie schon erwähnt – auch, wenn der Auftraggeber sich in Annahmeverzug befindet. Dann schadet es dem Auftragnehmer sogar nicht, wenn das Werk danach durch eigenes leicht fahrlässiges Verhalten oder das seiner Beschäftigten beschädigt oder zerstört wird (§§ 644, Abs. 1, Satz 2, 300, Abs. 1 BGB).

Ursache liegt beim Besteller

Abgesehen von diesen seltenen Ausnahmefällen liegt das *Herstellungsrisiko* aber voll und ganz beim Auftragnehmer. Er kann sich aber von der ansonsten drohenden Gefahr der *kostenlosen Neuherstellung*, wie es in der Vertragspraxis auch vielfach geschieht, durch eine sog. *Leistungsbefreiungsklausel* schützen, wenn er seinerseits von seinem Lieferanten im Stich gelassen wird und die Werkstoffe auch nicht anderweitig zu vernünftigen Preisen beschaffen kann.

Einschränkung des Herstellungsrisikos

Leistungsbefreiungsklausel

»Sollte der Auftragnehmer von seinen Lieferanten nicht rechtzeitig beliefert werden und die Werkstoffe zu entsprechenden Preisen auch nicht anderweitig beschaffen können oder aus anderen, von ihm nicht zu vertretenden Gründen, das angefertigte Teilwerk oder das fertiggestellte Werk zerstört, erheblich beschädigt werden oder sonstwie verloren gehen, wird er von seiner Herstellungspflicht befreit.«

Klauselvorschlag

Beispiel:
Unternehmer U erhält den Auftrag, für die X-GmbH ihren Lkw so umzubauen, dass dort Waren gekühlt werden können. Der Lkw soll vereinbarungsgemäß am nächsten Tag ausgeliefert werden. In der Nacht zuvor wird in der verschlossenen Halle von U eingebrochen und dabei auch der Lkw gestohlen.

Lösung:
Ohne die oben erwähnte Leistungsbefreiungsklausel müsste U einen anderen Lkw, den ihm die X-GmbH zum Umbau zur Verfügung stellt, erneut kostenlos umrüsten. Hätte aber U in den Werkvertrag eine entsprechende Leistungsbefreiungsklausel eingebaut, wäre er von der Pflicht der nochmaligen kostenlosen Herstellung befreit, weil er den Verlust nicht zu vertreten hat.

Transportrisiko

Wird aber die *Sache*, an der das Werk zu vollbringen ist, auf Verlangen des Bestellers – genau wie beim Versendungskauf – nach einem *anderen Ort* als den Erfüllungsort, d.h. den Ort, wo das Werk herzustellen ist, *versandt*, geht die Gefahr des zufälligen Untergangs mangels abweichender Vereinbarung bereits mit Aushändigung des Werkes an den Transportunternehmer vorzeitig auf den Besteller über (§ 644, Abs. 2 BGB).

Tipp

> Wie im Kaufrecht können Sie dem Auftragnehmer durch besondere Liefervereinbarungen das Transportrisiko aufbürden (vgl. Kap. 8.4.7).

Installierung technischer Anlagen

Eine Schickschuld ist aber nicht anzunehmen bei der *Herstellung größerer Maschinen* oder *technischer Anlagen*, die in ihren Ausmaßen genau dem betrieblichen Gebäude des Bestellers angepasst sind und deswegen durch den Einbau ausnahmsweise wesentlicher Bestandteil des Betriebsgrundstücks samt Gebäudes nach § 94, Abs. 2 BGB werden. Zu der geschuldeten Werkleistung des Unternehmers gehört dann auch der *Aufbau* und die *Installierung* im Betrieb des Bestellers. Insoweit lastet die Gefahr bis zur Abnahme der Maschine im Betrieb des Auftraggebers uneingeschränkt auf dem Werkunternehmer.

Der *Auftrag*, eine Spezialmaschine oder größere technische Anlage maßgenau nach den räumlichen Dimensionen des Betriebsgebäudes des Bestellers herzustellen und danach dort einzubauen, ist rechtlich betrachtet kein Werklieferungs- sondern reiner *Werkvertrag*, weil der Werkunternehmer, ob es ihm passt oder nicht, bereits durch den *Einbau* in das mit dem Grund und Boden verbundene Gebäude sein Eigentum kraft Gesetzes nach § 946 BGB verliert und eben nicht erst, wenn der Auftraggeber ihn bezahlt hat. Dagegen schützt auch ein Eigentumsvorbehalt nicht (vgl. Kap. 8.7.2.5). Insoweit besteht hier die gleiche rechtliche Lage wie bei einem Bauvertrag, in der auch Bauunternehmer oder Bauhandwerker ihr Eigentum zwangsläufig durch die Verbindung mit dem Grundstück oder Einbau in das Gebäude kraft Gesetzes verlieren.

Werkunternehmer trägt Preisgefahr bis Abnahme

Bis zur Abnahme trägt der Auftragnehmer auch die *Preisgefahr*, d.h. er kann im Falle einer vorher eingetretenen Unmöglichkeit *keine Vergütung* verlangen (§ 641, Satz 1 BGB). Nur wenn der Besteller sich beim Eintritt der Unmöglichkeit in *Annahmeverzug* befindet (§ 326, Abs. 2, Satz 1 BGB) oder es sich um eine beim Werkvertrag seltene Schickschuld handelt und das Werk während des *Transports* untergeht, muss der Besteller die vereinbarte volle Vergütung bezahlen (§ 644, Abs. 2 BGB).

Eine *angemessene Teilvergütung* für die bisher geleistete Arbeit und den Ersatz der in der Vergütung nicht inbegriffenen Auslagen schuldet der Besteller auch, falls das Werk infolge eines Mangels des von ihm gelieferten Stoffes oder infolge seiner falschen Anweisungen untergegangen, zerstört oder unausführbar geworden ist (§ 645, Abs. 1, Satz 1 BGB). Dass muss nach dem Prinzip der *Sphärentheorie*, wonach jede Partei die Risiken an dem eigenen Geschäftsbereich zu tragen hat, auch dann gelten, sofern die Werkleistung aus Umständen untergeht oder unmöglich wird, die in der Person des Bestellers liegen oder auf, wenn auch unverschuldeten, Handlungen des Bestellers zurückgehen (BGHZ 137, S. 35).

Angemessene Teilvergütung

10.3.5 Gewährleistungspflicht des Werkunternehmers für Mängel

Ist das hergestellte Werk mangelhaft, sei es, dass es einen *Sachmangel* oder *Rechtsmangel* hat, oder fehlt ihm eine vom Werkunternehmer garantierte Eigenschaft, so hat hier ebenfalls der Auftragnehmer gegenüber dem Auftraggeber in ähnlicher Weise wie ein Verkäufer gegenüber dem Käufer gerade zu stehen. Der Besteller kann in einem solchen Fall nach §§ 634 ff BGB nahezu die gleichen *Mängelansprüche* erheben wie ein Käufer.

Mangelhafte Werkleistung

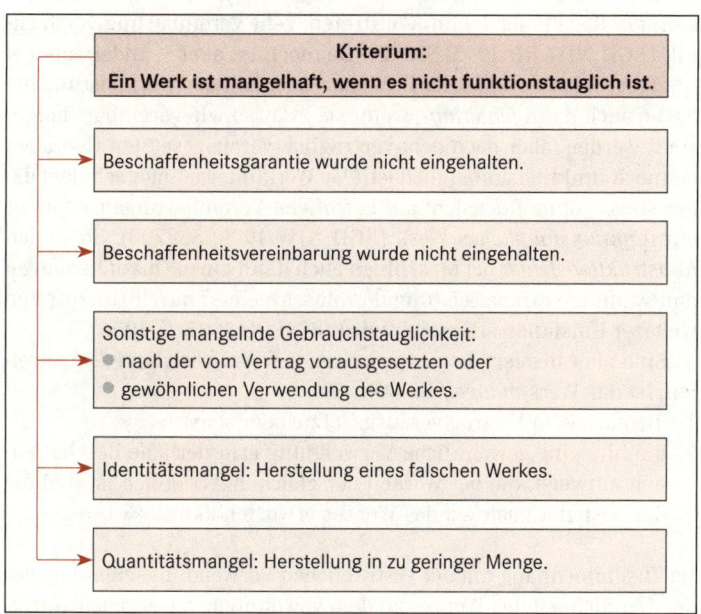

Abb. 10.3: Sachmängel beim Werkvertrag

Der Werkunternehmer hat dem Besteller das Werk stets mangelfrei, also ohne Sach- und Rechtsmängel zu verschaffen. Im Falle der arbeitsteiligen Herstellung, hat der *Generalunternehmer* die organisatorischen Voraussetzungen zu schaffen, um sachgerecht beurteilen zu können, ob die Arbeit des Subunternehmers fehlerfrei ist (BGH NJW 2005, S. 894; vgl. Kap. 10.3.5.2.5). Unter denen in der Praxis äußerst selten vorkommenden *Rechtsmängeln* ist das Gleiche wie im Kaufrecht zu verstehen (§ 633, Abs. 3 BGB; vgl. Kap. 8.6.5). Der Begriff des *Sachmangels* entspricht im Wesentlichen dem des Kaufrechtes; es gibt kleine, aber wichtige Unterschiede.

10.3.5.1 Begriff des Sachmangels

Vertragliche Sollbeschaffenheit In erster Linie entscheiden Sie zusammen mit Ihrem Leistungspartner darüber, von welcher vertraglichen Beschaffenheit das Werk sein soll. Diese Vereinbarung, die sog. *vertragsgemäße Soll-Beschaffenheit,* bestimmt sich nach § 633, Abs. 2, Satz 1 BGB primär über die Mängelfreiheit (BGH NJW-RR 2006, S. 240). Je genauer die *qualitativen Merkmale* des Werkes im Vertrag geregelt sind, desto eindeutigere Prüfkriterien haben Sie als Besteller zur Hand, wenn Sie das fertig gestellte *Werk* bei der *Abnahme* in Augenschein nehmen und auf **Qualitätsmangel** seine *Funktionstauglichkeit* und *Mängelfreiheit* untersuchen. Sollten dabei Abweichungen zwischen vertraglichen Absprachen und anerkannten Regeln der Technik auftreten, geht Vereinbarung vor Technik (BGH NJW-RR 1995, S. 472). Dennoch ist aber – anders als bei Kaufverträgen – wegen der Erfolgsbezogenheit der Werkleistung die Sache auch dann *fehlerhaft,* wenn sie zwar so wie vereinbart hergestellt worden, aber nach dem vertraglich vorausgesetzten Gebrauch **Funktionstauglichkeit** dennoch funktionsuntauglich ist. Der Werkunternehmer schuldet daher stets – ohne Rücksicht auf getroffene Vereinbarungen – immer ein *funktionstaugliches* Werk (BGH NJW 1998, S. 3708). So stellen *Konstruktionsfehler* bei Maschinen auch dann einen Qualitätsmangel dar, wenn die Minderleistung der Maschine erst durch Hinzutreten weiterer Umstände erkennbar wird (BGH DB 2005, S. 1056).

Sind aber insofern *keine* konkreten vertraglichen *Abreden* getroffen, ist das Werk *mangelfrei,* wenn es
1. die nach dem Vertrag vorausgesetzte oder sonst
2. die für seine gewöhnliche Verwendung erforderliche Beschaffenheit aufweist, die bei Werken der gleichen Art üblich ist und die der Besteller nach Art des Werkes erwarten kann.

Technische Regelwerke Im Zusammenhang mit der vertraglichen Verwendungseignung oder der Tauglichkeit des Werkes zu dem gewöhnlichen Gebrauch gewinnen auch *technische Regelwerke* erhebliche praktische Bedeutung, sodass im Allgemeinen eine Werkleistung als *mangelhaft* gilt, wenn sie zur Zeit der Abnahme den anerkannten Regeln der Technik als vertraglich vorausgesetztem Mindeststandard nicht entspricht (BGH NJW 1998, S. 2815; DB 2005, S. 1109).

Dagegen fehlt im Unterschied zum Kaufrecht der Fehlertyp einer negativen Abweichung des hergestellten Werkes gegenüber einer *Werbeaussage* (vgl. § 434, Abs. 1, Satz 3 BGB). Dies ist schlicht und einfach deswegen so, weil dieser Fehlertyp der spezifisch zwischen Werkunternehmer und Besteller ausgehandelten Werkleistung in der Praxis so gut wie keine Rolle spielt.

Genau wie im Kaufvertrag steht es einem Sachmangel gleich, wenn der Unternehmer ein anderes als das bestellte Werk oder das Werk in zu geringer Menge herstellt. Der erste Fall einer komplett anderen Werkleistung dürfte in der Praxis angesichts klarer vertraglicher Absprachen äußerst selten vorkommen. Eine negative Quantitätsabweichung als *Minusleistung* liegt aber stets dann vor, wenn das Werk unvollständig geblieben ist (BGH NJW 2002, S. 816).

Identitäts- und Quantitätsmängel

Beispiel:
Nur Teilinspektion eines Kanals.

Schließlich bildet auch das Nichteinhalten einer *Beschaffenheitsgarantie* des Werkunternehmers eine eigenständige Kategorie des Qualitätsfehlers wegen seiner verschärften Haftungsfolgen. Fehlt dem Werk die garantierte Beschaffenheit, so ist der Werkunternehmer gegenüber dem Besteller verpflichtet, jedweden daraus entstandenen Vermögensschaden zu ersetzen, ohne Rücksicht darauf, ob seine AGB etwas ganz anderes aussagen oder er mit dem Besteller ansonsten anders lautende Abreden getroffen hat (§ 639 BGB). Wegen der gleichen Problematik kann insoweit auch auf die ausführlichere Erläuterung im Kaufrecht verwiesen werden (vgl. Kap. 8.9.1.1.3).

Beschaffenheitsgarantie

Ohne die notwendigen klaren vertraglichen Absprachen sind häufig Auftraggeber und Auftragnehmer unterschiedlicher Meinung, ob das Werk mangelhaft ist oder nicht. Um durch diesen Streit das geschäftliche Klima nicht allzu stark zu belasten, kann man die verbindliche Feststellung in einer *Qualitätsarbitrage* einem sachkundigen Dritten als Schiedsgutachter überlassen, indem in dem Werkvertrag von vornherein eine *Schiedsgutachterklausel* aufgenommen wird oder später, wenn das Problem auftritt, man nachträglich eine Schiedsgutachtervereinbarung trifft (vgl. Kap. 2.2.4.7). Lässt sich aber keine Einigung erzielen und verweigert der Auftraggeber wegen der festgestellten Mängel die Abnahme, so kann der Auftragnehmer diesen für ihn äußerst wichtigen Streitpunkt, ob das von ihm erbrachte Werk fehlerfrei ist oder nicht, auch einseitig durch einen von der zuständigen Kammer bestimmten öffentlich bestell-

Schiedsgutachten

ten und vereidigten Sachverständigen klären lassen. Die Klärung hat das Ziel, die vertragsgemäße Werkleistung durch eine Fertigstellungsbescheinigung zu attestieren. Diese ersetzt die vom Besteller verweigerte Abnahme nach § 641a BGB; vgl. Kap. 10.3.3).

10.3.5.2   Mängelansprüche des Bestellers

Abnahme bei gravierenden Werksmängeln verweigern!

Dass Sie mit der Werkleistung des Auftragnehmers nicht zufrieden sind, reicht für die Annahme eines Sachmangels nicht. Das Werk muss, wie zuvor dargestellt, entweder den ausdrücklich vertraglich geregelten *Qualitätsstandard* nicht besitzen oder eben nicht die übliche, nach dem vertraglich vorausgesetzten Gebrauch erforderliche *Funktionstauglichkeit*. Dabei bildet die entscheidende Zäsur für Ihre Rechte die Abnahme. Können Sie wegen gravierender Sachmängel die *Abnahme* verweigern, muss der Werkunternehmer notfalls eine komplette Neuherstellung durchführen, es sei denn, er ist dazu wegen Unmöglichkeit außerstande oder ihm kommt eine Leistungsbefreiungsklausel zur Hilfe (vgl. Kap. 10.3.4.2).

Mängelvorbehalt im Abnahmeprotokoll

Haben Sie aber das Werk trotz der evidenten Mängel abgenommen, so stehen Ihnen diese Ansprüche nur zu, wenn Sie diese im schriftlichen Abnahmeprotokoll beanstandet und sich Ihre Mängelansprüche ausdrücklich vorbehalten haben (§ 641, Abs. 2 BGB). Ist *keine* formelle *Abnahme* erfolgt, müssen Sie die bei dem anschließenden *Praxistest* auftretenden *Mängel* sofort gegenüber dem Werkunternehmer rügen, weil ein längerer unbeanstandeter Gebrauch nach der Rechtsprechung als schlüssige Abnahme anzusehen ist (vgl. Kap. 10.3.3). Im Fall der Abnahmeverweigerung kann der Auftragnehmer seinerseits die Abnahmewirkung durch diese *Fertigstellungsbescheinigung* eines öffentlich bestellten und vereidigten Sachverständigen herbeiführen. Später auftretende Mängel sollen unverzüglich nach ihrer Entdeckung angezeigt werden, wobei der Werkunternehmer dem Besteller eine *Rügefrist* auferlegen kann, die nicht kürzer als eine Woche sein darf.

Mängelrüge nach erfolglosem Praxistest

Sofern der Besteller den vereinbarten Werklohn noch nicht bezahlt hat, kann es, um wirtschaftlichen Druck aufzubauen, von dem noch ausstehenden Betrag mindestens das Dreifache der voraussichtlichen Mängelbeseitigungskosten einhalten (§ 641 Abs. 3 BGB). Da deren *Höhe* aber für den *Besteller* vor der *Fehlerüberprüfung* schwer abschätzbar ist, sollte er dabei aber *vorsichtig kalkulieren* (BGH NJW-RR 2005, S. 969).

Zahlungseinbehalt bei Mängeln

10.3.5.2.1   Nacherfüllung, Rücktritt und Minderung sowie Schadensersatz

Wegen der in der Abnahme beanstandeten Mängel und vorbehaltenen Rechte sowie wegen der bei Abnahme schon vorhandenen,

aber später aufgetretenen Mängel, können Sie als Besteller nach
§ 634 BGB die gleichen *Mängelansprüche* geltend machen, die einem
Käufer zustehen, im Einzelnen

- Nacherfüllung *verlangen* oder den Mangel selbst beseitigen,
- vom Vertrag zurücktreten *oder die Vergütung* mindern und
- *sofern der Unternehmer den Mangel zu vertreten hat,* auch Schadensersatz *wegen dadurch hervorgerufener Personen-, Sach- oder
  sonstiger Vermögensschäden* bzw. Ersatz vergeblicher Aufwendungen *fordern.*

Vor Abnahme Mängelbeseitigung oder Neuherstellung eines Werkes				
Nach Abnahme Bei zuvor erkennbaren Mängeln nur bei ausdrücklichem Vorbehalt der Mängelansprüche				
Nacherfüllung	**Selbstvornahme**	**Rücktritt**	**Minderung**	**Schadensersatz**
• Mängelbeseitigung • Neuherstellung	• Mängelbeseitigung durch Besteller • Zulässig nach Ablauf einer angemessenen Nachfrist	• Nach Ablauf einer angemessenen Nachfrist oder • Verweigerter bzw. gescheiterter Nacherfüllung • Ausgeschlossen bei unerheblichem Mangel	• Voraussetzungen wie bei Rücktritt • Auch bei unerheblichem Mangel möglich	• Nur wenn das Unternehmen den Mangel zu vertreten hat • Stets einfacher Schadensersatz bei Beschädigung anderer Vermögensgüter • Schadensersatz statt Leistung wie bei Rücktritt

Abb. 10.4: Mängelansprüche des Bestellers

Nacherfüllung

Anders als im Kaufrecht kann der Unternehmer, sofern der *Besteller
Nacherfüllung* fordert, selbst darüber entscheiden, ob er den Mangel
beseitigen – sog. Nachbesserung – oder ein neues Werk herstellen
will (§ 635, Abs. 1 BGB). In der Vertragspraxis wird aber dieser Unterschied weitgehend dadurch eingeebnet, dass sich auch bei Warenkaufverträgen der Hersteller/Lieferant in seinen Lieferbedingungen
zulässigerweise das Wahlrecht einräumt (vgl. Kap. 8.9.3.7).

*Werkunternehmer
kann entscheiden
zwischen Nachbesserung oder
Neuherstellung*

Als Besteller müssen Sie, in dem Nacherfüllungsverlangen den
Mangel so konkret *beschreiben,* dass er nach Art, Umfang und Ort
für den Werkunternehmer erkennbar und durch eigene Prüfung feststellbar ist. Eine genaue Bezeichnung der Symptome, d. h. der aufgetretenen Mangelerscheinungen genügt (BGH NJW-RR 2001, S. 380).

Konkrete Mängelbeschreibung

Formulierungs-vorschlag

Mängelanzeige mit Beseitigungsaufforderung

»Sehr geehrte Damen und Herren,

an der von Ihnen erbrachten ... (genaue Bezeichnung der Werkleistung) ist folgender Mangel aufgetreten: ... (präzise Symptombeschreibung nach Art, Umfang und ggf. Ort). Wir fordern Sie daher auf diesen innerhalb ... (Frist: zwei Wochen bis einen Monat) zu beseitigen.«

Tipp

> **Besteller**
>
> Treten nach Abnahme Mängel auf, teilen Sie das unverzüglich durch eine präzise Beschreibung der Fehlersymptome dem Auftragnehmer mit und fordern Sie ihn unter Setzung einer angemessenen Frist zur Beseitigung auf.

Bestreiten eines Mangels

Werkvertragliche Leistungskette

Verweigerung der Nacherfüllung wegen hoher Kosten

Falls der Werkunternehmer seine Verantwortung für den *Mangel bestreitet*, bleibt Ihnen als Besteller nichts anderes übrig, als die Streitfrage durch das *Gutachten* eines gerichtlich anerkannten Sachverständigen klären zu lassen. Damit ist vor allem zu rechnen in einer *werkvertraglichen Leistungskette*, weil dann die beteiligten Unternehmer sich gegenseitig die Verantwortung zuschieben (vgl. BGH NJW 2007 S. 2695 und 2697). Ist aber die Feststellung der Fehlerursache schwierig, kann auch die Einleitung eines *selbstständigen Beweisverfahrens* nach §§ 405 ff. ZPO notwendig werden, womit man einen sachkundigen und versierten Rechtsanwalt beauftragen sollte. Bereits die Einreichung des Antrags beim zuständigen Gericht führt zur Hemmung der Verjährung der Mängelansprüche des Bestellers nach § 204 BGB (BGH NJW 2000, S. 960; vgl. Kap. 4.6.8.2.1). Das ist von Vorteil bei sehr spät aufgetretenen Mängeln, wenn die rasche Verjährung der Mängelansprüche droht

Der Werkunternehmer ist berechtigt, die Nacherfüllung, abgesehen von dem Fall der *Unmöglichkeit* (vgl. Kap. 5.2), ebenfalls zu verweigern, wenn sie nur mit *unverhältnismäßigen Kosten* möglich ist (§ 635, Abs. 3 BGB). Die Unverhältnismäßigkeit wird festgestellt durch den Wertvergleich zwischen der Wertminderung des Werks durch den Mangel und dem objektiven Gesamtwert des mangelfreien Werkes (BGH NJW-RR 2002, S. 661). Für den Werkunternehmer ist die *Nacherfüllung unzumutbar,* wenn die Kosten mehr als das Doppelte des Gesamtwertes des fehlerfreien Werkes übersteigen. Unberücksichtigt bleibt bei dieser maßgebenden 200%-Grenze eine Kostensteigerung, die auf zwischenzeitlichen Preiserhöhungen beruht, weil diese regelmäßig zum Erfüllungsrisiko des Unternehmers gehören und daher nicht den Einwand der Unverhältnismäßigkeit rechtfertigen können.

Ist durch den Mangel auch die *Funktionsfähigkeit* der Anlage insgesamt *gestört* und *beeinträchtigt*, so kann die Nachbesserung vom Werkunternehmer generell nicht wegen der zu hohen Kosten verweigert werden, da hier das Interesse des Bestellers an einer ordnungsgemäßen Vertragsleistung eindeutig überwiegt (BGH NJW 1996, S. 3270).

Schwerwiegende Funktionsmängel

Beispiel:

Hotelier H bestellt bei dem Unternehmer einen Aufzug mit einer vertraglich vereinbarten Größe und Traglast. Der von U gebaute Aufzug weist aber nur die Hälfte der vereinbarten Tragfähigkeit aus und ist auch wesentlich kleiner. Er kann lediglich eine Person mit Gepäck befördern.

Lösung:

Mit dieser äußerst niedrigen Kapazität ist er für die Zwecke eines Hotels weitgehend unbrauchbar. Eine derartig gravierende Minderleistung des Aufzugs stellt deshalb einen deutlichen Komfortmangel der gesamten Hotelanlage dar. Deshalb sind die sehr hohen Kosten für die danach gebotene Nachrüstung in Beziehung zu der Beeinträchtigung der Gesamtinvestition hier als gerechtfertigt und keinesfalls als unverhältnismäßig einzuordnen.

Von einem gravierenden Funktionsmangel ist bei *Spezialmaschinen* immer dann auszugehen, wenn sie im Rahmen des vertraglich vorausgesetzten Gebrauchs unter Beachtung sicherheitsrechtlicher Anforderungen keine angemessene Leistung oder Kapazität bieten (BGH WM 1996, S. 1920).

Einzelheiten diesbezüglich werden die Gerichte zu klären haben. Ein *Absenken* dieser *Kostenschwelle* ist nur im Rahmen einer ausgehandelten *Einzelvereinbarung* statthaft (vgl. Kap. 3.4.1), jedoch nicht einseitig durch den Auftragnehmer in seinen Vertragsbedingungen. Keinesfalls kann der Besteller auf den Ersatz des Minderwertes des fehlerhaften Werkes beschränkt werden, selbst wenn dieser erheblich geringer ist als die Kosten der Mängelbeseitigung selbst (BGH Urt. v. 10.3.2005 – VII ZR 321/03).

Abweichende Einzelvereinbarung

Wie auch im Kaufrecht, hat der *Werkunternehmer* die zum Zwecke der Nacherfüllung *erforderlichen Aufwendungen*, insbesondere Transportwege und Arbeits- und Materialkosten zu tragen (§ 635, Abs. 2 BGB). Zu diesen von dem Werkunternehmer zu tragenden Nachbesserungskosten gehören die sog. *»Sowieso-Kosten«*, worunter die notwendigen Mehrkosten für eine ordnungsgemäße Ausführung des Werkes zu verstehen sind, nicht. Sie fallen grundsätzlich Ihnen als Auftraggeber zur Last (BGH NJW 2002, S. 131).

Kostenlose Nacherfüllung

Ausnahme: »Sowieso-Kosten«

> **Beispiel:**
> *Kosten für eine bessere Wärmedämmung, um die gesetzlich vorgeschrie-*
> *benen Grenzwerte einzuhalten.*

Anders liegt die Sache nur, wenn der Unternehmer dem Besteller die Höhe der Herstellungskosten garantiert hat (BGH NJW 1994, S. 2826).

Rücktritt

Nachfristsetzung

Haben Sie wegen des Fehlers kein Vertrauen mehr in die Leistungsfähigkeit des Auftragnehmers, so können Sie grundsätzlich erst dann von dem *Werkvertrag zurücktreten*, wenn Sie zuvor dem Werkunternehmer eine angemessene Frist von mindestens zwei Wochen zur Nacherfüllung gesetzt haben und diese ergebnislos verstrichen ist (§ 323, Abs. 1 BGB). Die *Fristsetzung* ist aber *entbehrlich*, wenn der Unternehmer von vornherein oder wegen des damit verbundenen exorbitanten Kostenaufwandes die Nacherfüllung verweigert – sog. Erfülungsverweigerung nach § 323, Abs. 2 Nr. 1 BGB – oder wenn die Nacherfüllung fehlgeschlagen bzw. für Sie als Besteller unzumutbar ist (§ 636 BGB). Letzteres ist der Fall, wenn das nicht die erste Fehlerbeanstandung war und deshalb ernste Zweifel an der Fachkunde des Auftragnehmers angebracht sind (BGH NJW-RR 2002, S. 1574).

Fehlgeschlagene Nacherfüllung

Offen ist aber nach der gesetzlichen Regelung im Unterschied zum Kaufrecht, ab wann die Nacherfüllung fehlgeschlagen ist, oder anders formuliert, wie viele *fruchtlose Nacherfüllungsversuche* der Besteller hinzunehmen hat. Das werden bei komplexen aufwändigen Werkleistungen sicherlich mehr als einer sein. Gegen eine vertragliche präzisierende Regelung, auch in den AGB des Werkunternehmers, wird, sofern sie nicht die magische Zahl Drei übersteigt, genauso wenig wie im Kaufrecht etwas einzuwenden sein, dient doch diese Klarstellung auch dem Interesse des Bestellers.

Gesundheitsgefahren durch schadhafte Bauteile

Gerade bei komplexen Werkleistungen kann häufig der Fall auftreten, dass nur *einzelne Bauteile* einer größeren zusammenhängenden technischen Anlage *fehlerhaft* sind. Handelt es sich dabei um wichtige Bauteile und bestehen wegen dieses Mangels auch *gesundheitliche Gefahren* für das Bedienungspersonal des Auftraggebers, kann für ihn gleichfalls die Mängelbeseitigung, sprich der Austausch der fehlerhaften Bestandteile, unzumutbar im Sinne von § 636 BGB sein bzw. er gemäß § 323, Abs. 2, Nr. 3 BGB zum sofortigen Rücktritt berechtigt sein, weil hier besondere Umstände vorliegen, die unter Abwägung der beiderseitigen Interessen diese Maßnahme rechtfertigen (BGH WM 1996, S. 1645).

Beispiel:

Unternehmer U soll für den Besteller B ein Regelungs- und Über-
wachungssystem für mehrere Schaltschränke in der Kühlanlage eines
Kühlhauses herstellen. Bei der Montage zeigen sich erhebliche Fehl-
funktionen, sodass B die Abnahme verweigert. Eine anschließende Män-
gelprüfung ergibt die Mangelhaftigkeit der in die Schaltschränke ein-
gesetzten Steuerungselemente, die nach Ansicht eines hinzugezogenen
Sachverständigen unter anderem auch zu einer Gefährdung des Bedie-
nungspersonals führen können. Wegen dieser schwerwiegenden Mängel
lehnt B die Mängelbeseitigung durch U ab und tritt von dem Werkvertrag
zurück.

Lösung:

In diesem Fall billigte der Bundesgerichtshof B ein Rücktrittsrecht zu,
selbst wenn die fehlerhaften Steuerungselemente ohne Beschädigung aus
der Gesamtanlage hätten ausgebaut und fehlerfreie Steuerungselemente
in die Schränke hätten eingesetzt werden können. U hatte nämlich als
einheitliche Sache ein komplettes Regelungs- und Überwachungssystem,
zu dem auch die Schaltschränke gehörten, für die Kühlanlagen herzu-
stellen, das wegen der Gesundheitsgefahr für das Bedienungspersonal
als Ganzes nicht nutzbar war.

Das Rücktrittsrecht ist aber wegen Geringfügigkeit bei einem unerheblichen Mangel (vgl. unten) und wenn sich der Auftragnehmer
dabei auch nicht arglistig verhalten hat ausgeschlossen (§ 323 Abs. 5
Satz 2 BGB; BGH WM 2006, S. 1440).

Kein Rücktritt
bei unerheblichen
Mängeln

Minderung

Steht ein Fehler fest, so bringt die Entscheidung des Bestellers, eine
angemessene *Herabsetzung* der *Vergütung* zu verlangen (§ 638 BGB),
für den Werkunternehmer die geringsten Kosten mit sich. Das bedingt jedoch, dass der Besteller das mangelhafte Werk irgendwie
noch sinnvoll in seinem Betrieb verwenden kann. Handelt es sich um
einen *unerheblichen Mangel*, dessen Beseitigung sehr hohe Kosten
verursachen würde, darf der Auftragnehmer die Mängelbeseitigung
verweigern (§ 635, Abs. 3 BGB). Als Besteller müssten Sie sich in
einem derartigen Fall mit der Minderung bescheiden, da Ihnen dann
kein Rücktrittsrecht zusteht (§ 323, Abs. 5, Satz 2 BGB). Von einem
geringfügigen Mangel kann man aber nur sprechen, wenn das Werk
mit Blick auf die geplante Verwendung voll *funktionstauglich* und
gebrauchsfähig ist, lediglich aber in seinem äußeren Erscheinungsbild nicht ganz den nach dem Vertrag berechtigten Erwartungen
des Bestellers entspricht. Mit Blick auf die von der Rechtsprechung
entwickelte *Bagatellgrenze* von 10 %, darf der Fehler auch zu keiner

Herabsetzung
der Vergütung

Geringfügiger
Mangel

Bagatellgrenze

höheren Minderungsquote führen, bei Fahrzeugen soll die Bagatell-grenze sogar bei 5 % liegen (OLG Köln NJW 2003, S. 1696)

Die *Minderungsquote* errechnet sich auch dem Verhältnis des Wertes der mangelfreien Werkleistung zum geringeren Wert der fehlerhaften Werkleistung (§ 638 Abs. 3 BGB). Die Zuvielzahlung hat der Werkunternehmer nach den Regeln des Rücktrittsrechts nach §§ 346 Abs. 1, 347 Abs. 1 BGB zurückzuerstatten (§ 638 Abs. 4 BGB; vgl. Kap. 4.6.1.1).

Schadensersatz

Erleidet der Auftraggeber durch den Werkmangel einen Schaden, so hat ihn der Werkunternehmer regelmäßig in Gänze nach den gesetzlichen Bestimmungen zu ersetzen, weil er grundsätzlich als *Hersteller* den *Werkmangel* bis zum *Beweis* des *Gegenteils vertreten* muss (§§ 280, 281, 283 BGB). Ihn trifft also ein sehr hohes Haftungsrisiko, das er aber bei leichter Fahrlässigkeit im Hinblick auf die außerhalb des eigentlichen Werkes dem Besteller entstandenen Folge- oder Begleitschäden zulässigerweise auf den *Ersatz* der *vertragstypischen Schäden beschränken* kann (vgl. Kap. 6.3.2).

Haftungs-beschränkung

Entspricht die hergestellte Sache zwar dem vertraglich vereinbarten Standard, gilt sie dennoch, wie schon erwähnt, als fehlerhaft, wenn sie für den vertraglichen Zweck nicht benutzt werden kann. In diesem Fall kann der Auftraggeber im Rahmen seines Schadensersatzanspruches die zur Erreichung der Funktionstauglichkeit notwendigen Zusatzarbeiten als »Sowieso-Kosten« – entgegen der allgemeinen Regel – ersetzt verlangen (BGH NJW 1998, S. 3708; vgl. oben »Nacherfüllung«).

Schadensersatz statt Leistung

Schadensersatz statt Leistung können Sie als Besteller, genau wie beim Rücktritt erst nach Ablauf einer angemessenen *Nachfrist* oder bei unbegründet verweigerter oder für Sie unzumutbarer Nacherfüllung verlangen (§§ 281, §§ 636 BGB; vgl. Kap. 5.2.4.).

10.3.5.2.2   Selbstvornahme durch den Besteller

Mängelbeseitigung durch anderen Unternehmer

Als Auftraggeber können Sie den monierten *Werkmangel* auch durch einen *anderen* sachkundigen *Unternehmer beseitigen* lassen oder, wenn Sie dazu imstande sind, auch selbst beheben und den Ersatz der hierfür erforderlichen Aufwendungen verlangen; dies setzt voraus, dass der *Auftragnehmer* mit der *Mängelbeseitigung* in *Verzug* ist, weil er trotz einer mit einer angemessenen Fristsetzung verbundenen Beseitigungsaufforderung diese fruchtlos verstreichen lässt (§ 637, Abs. 1 BGB). Eine *Nachfristsetzung* ist wiederum *entbehrlich*, wenn der Auftragnehmer von vornherein die ihm obliegende Mängelbeseitigung verweigert oder wenn diese fehlgeschlagen oder dem Besteller unzumutbar ist (§ 637, Abs. 2 BGB; vgl. Kap. 10.3.5.2.1).

Als *erforderliche Aufwendungen* erkennt die Rechtsprechung alle Kosten an, die ein wirtschaftlich denkender Besteller aufgrund sachkundiger Beratung als geeignete Maßnahmen zur Schadensbeseitigung aufwenden konnte und musste (BGH BB 1991, S. 651) sowie auch die *Kosten* für die *Beseitigung* von *Schäden* an anderen Sachen des Bestellers, die durch die Nachbesserung entstanden sind (OLG Karlsruhe BauR 2005, S. 1485). Dazu rechnen auch die Kosten, die zum *Auffinden* der *Schadensursache* notwendig sind, wie etwa die Hinzuziehung eines Sachverständigen (BGHZ 113, S. 251). Dabei kann der Besteller sogar die von ihm oder seinen Familienangehörigen zur Mängelbeseitigung erbrachten Arbeitsleistungen auf der Basis eines fiktiven Facharbeiterlohns in Rechnung stellen (BGHZ 59, S. 328).

Aufwandsersatz

Als Besteller brauchen Sie aber *keinesfalls* in *Kostenvorlage* zu treten und die Mängelbeseitigung vorzufinanzieren, sondern Sie können von dem Auftragnehmer für die zur Beseitigung des Mangels erforderlichen Aufwendungen einen entsprechenden *Kostenvorschuss* verlangen (§ 637, Abs. 3 BGB). Der Anspruch steht Ihnen aber nur zu, wenn die Absicht zur alsbaldigen Mängelbeseitigung klar zum Ausdruck gebracht wird, etwa durch Einholung eines *Kostenvoranschlages* (OLG Nürnberg NJW-RR 2003, S. 1601). Dabei werden Sie nicht umhin kommen, mit der Wahrnehmung Ihrer rechtlichen Interessen einen im Werkvertragsrecht versierten Rechtsanwalt zu beauftragen.

Kostenvorschuss

Eine *Mängelbeseitigungsverweigerung* ist auch in dem Stellen unzumutbarer Bedingungen zu sehen – oder wenn das Vorhandensein von Mängeln oder die Gewährleistungspflicht schlechthin bestritten wird (BGH NJW-RR 1995, S. 939).

> Lassen Sie sich dieses wichtige Recht bei Vertragsabschluss nicht abhandeln. Durch eine AGB-Klausel des Auftragnehmers ist es ohnehin nicht ausschließbar.

Tipp

10.3.5.2.3 Arglistiges Verschweigen eines Mangels

Keinerlei Schutz verdient der Werkunternehmer, wenn er sich gegenüber dem Besteller *arglistig* verhält. Das ist der Fall, wenn er ihm bekannte und für die Abnahme des Werkes erhebliche *Mängel* des Werkes *bewusst verschweigt* oder ihm *vorspiegelt*, dass das *Werk* für den Auftraggeber *wichtige Eigenschaften* besitzt, die es aber in Wirklichkeit nicht hat – und zwar mit dem eigensüchtigen Ziel, den Auftraggeber zu einem für ihn unbrauchbaren Geschäft zu bewegen (OLG München NJW-RR 2005, S. 1181). *Zurechnen* lassen muss sich

Unbeschränkbare Haftung

Arglist

Wissensvertreter

dabei der Auftragnehmer das *Wissen* der Personen als seine *Wissensvertreter*, die maßgeblich bei der Herstellung oder Ablieferung des Werkes oder seiner Abnahme beteiligt sind (BGH NJW 2005, S. 893; vgl. Kap. 3.3.4). Solche Verhaltensweisen missachten die Gepflogenheiten des redlichen Geschäftsverkehrs. Der Begriff »Arglist« ist hier genauso wie im Kaufrecht zu verstehen (vgl. Kap. 8.9.6).

Umfassende Ersatzpflicht

Zu Recht muss der Werkunternehmer in diesem Fall jedweden *Schaden*, den der Besteller durch sein unseriöses Gebaren erleidet, *vollständig ersetzen* und kann sich diesbezüglich nicht auf Freizeichnungsklauseln in seinen Vertragsbedingungen oder auf haftungsbeschränkende Einzelvereinbarungen berufen (§ 639 BGB).

10.3.5.2.4   Vertragliche Beschränkung der Mängelansprüche

Keine Beschränkung bei Arglist oder Garantie

Abgesehen von den Fällen einer *Beschaffenheitsgarantie* oder *arglistigen Verhalten* kann der Werkunternehmer genau wie im Kaufrecht, die *Mängelansprüche* des *Bestellers* sehr weitgehend durch *Einzelvereinbarung*, begrenzt und auch nur vorläufig dagegen durch *AGB-Klauseln* beschränken. Auch für *Werkleistungen* gelten die gleichen Vorgaben des AGB-Rechts in § 309 Nr. 86 BGB, wie für Kaufverträge über die Lieferung neuer Sachen (vgl. Kap. 8.9.3.7).

10.3.5.2.5   Richtiges Verhalten des Bestellers bei Werkmängeln

Tipp

Sollte das von dem Auftragnehmer abgelieferte Werk Ihrer Ansicht nach fehlerhaft sein, können Sie zwar bei einem gravierenden Sachmangel die Abnahme verweigern. Sind Sie sich dessen aber nicht sicher, sollten Sie die Abnahme einschränken und in das Abnahmeprotokoll die festgestellten Mängel genau auflisten und sich wegen dieser Mängel die Mängelrechte vorbehalten. Anschließend fordern Sie den Auftragnehmer schriftlich unter Bezugnahme auf das Abnahmeprotokoll zur Mängelbeseitigung unter Setzung einer angemessenen Frist auf. Gleiches gilt, wenn der schon bei Abnahme vorhandene verdeckte Mangel später in Erscheinung tritt. Rügen Sie diesen unverzüglich nach seiner Entdeckung. Haben Sie noch Zahlungen zu leisten, darf man diese bis zum Dreifachen der voraussichtlichen Kosten der Mängelbeseitigung vorläufig einbehalten.

Mängelbeseitigungsaufforderung mit Fristsetzung

Formulierungsvorschlag

»Wir fordern Sie hiermit auf, den bereits im Abnahmeprotokoll vom ... beanstandeten Mangel (oder den später entdeckten Mangel mit genauer Mängelbeschreibung) bis zum ... (mindestens zwei Wochen, längstens ein Monat) zu beseitigen.«

Läuft die Frist *ergebnislos ab,* ohne dass der Werkunternehmer überhaupt reagiert, können Sie sofort vom Vertrag *zurücktreten* und die weitere Zahlung der noch ausstehenden Vergütung verweigern.

Rücktrittserklärung

»Da Sie die von uns im Schreiben vom ... gesetzte Frist zur Mängelbeseitigung nicht eingehalten haben, treten wir hiermit von dem am ... zwischen uns geschlossenen Vertrag über ... zurück.«

Formulierungs-
vorschlag

Stattdessen können Sie alternativ (wenn Sie den damit verbundenen finanziellen Aufwand nicht scheuen) den *Mangel* auch *selbst beseitigen* lassen und den Auftraggeber danach auffordern, die Ihnen dadurch entstandenen *Kosten* bis zu einer von Ihnen gesetzten Zahlungsfrist zu *erstatten.*

Anzeige der Selbstvornahme mit Kostenersatz bzw. Kostenvorschuss

»Da Sie trotz unserer Aufforderung vom ... den Mangel nicht behoben haben, haben wir die Arbeiten selbst durchführen lassen und fordern Sie hiermit auf, die uns dadurch entstandenen Kosten gemäß beiliegender Rechnung bis zum ... zu erstatten.«

Formulierungs-
vorschlag

oder alternativ
»... beabsichtigen wir die Arbeiten selbst durchführen zu lassen und fordern Sie hiermit auf, die uns dadurch voraussichtlich entstehenden Kosten gemäß beiliegendem Kostenvoranschlag bis zum ... zu begleichen.«

Erachtet der Auftragnehmer die *Mängelrüge* als *gerechtfertigt,* wird er mit Ihnen innerhalb der gesetzten Frist in Verbindung treten und das weitere Vorgehen abstimmen, ggf. um eine Fristverlängerung ersuchen. Sollte er aber seine Verantwortung für den *Mangel bestreiten* oder die Mängelbeseitigung wegen der zu hohen Kosten *verweigern,* so kommen Sie nicht umhin, einen geeigneten Sachverständigen zur Mängelfeststellung hinzuziehen sowie einen qualifizierten Rechtsanwalt einzuschalten, weil die damit zusammenhängenden Rechtsfragen bezüglich der Feststellung der Fehlerursache oder der Beurteilung der Unzumutbarkeit schwierig zu beantworten sind.

Konflikt mit
Auftragnehmer

Gleiches gilt, sofern der Werkunternehmer Ihr *Recht* zum *Rücktritt bestreitet* oder Ihnen wegen des Werkmangels weitere Vermögensnachteile als *Schaden* entstanden sind bzw. *finanzielle Aufwendungen* im Zusammenhang mit der Vertragsdurchführung nutzlos geworden sind. Dabei bedarf auch der Klärung, ob Sie nur einfachen Schadensersatz neben Vertragserfüllung oder den umfassenderen

Schadensersatz statt Leistung mit gleichzeitiger Vertragsbeendigung fordern sollen. Bevor Sie deshalb Schadensersatz oder Aufwendungsersatz verlangen, stimmen Sie dieses Vorgehen mit Ihrem Rechtsanwalt ab.

Ebenso ist zu verfahren, wenn Sie das mangelhafte Werk zwar behalten, den vereinbarten *Werklohn* aber *mindern* wollen und Sie sich nicht mit dem Auftragnehmer über die angemessene Minderungsquote einigen können. Im Streitfall macht ggf. die Ermittlung des Minderungssatzes sogar die Hinzuziehung eines Sachverständigen erforderlich. Auch wegen der dadurch entstehenden erheblichen Kosten sollte man zuvor mit seinem Rechtsanwalt gesprochen haben.

10.3.5.2.5   Verjährung der Mängelansprüche

Die Verjährung der Mängelansprüche bei Werkverträgen ist insofern kompliziert, weil – je nach Art der Werkleistung – *drei* unterschiedliche *Verjährungsfristen* gemäß § 634a BGB zur Anwendung kommen.

Sachwerk   Besteht das Werk in der Herstellung einer spezialangefertigten *beweglichen Sache*, der bloßen Wartung oder Veränderung einer beweglichen Sache oder in der Erbringung von Planungs- oder Überwachungsleistungen hierfür, wie z. B. Konstruktionsverträge, so gilt die gleiche *Verjährungsfrist* wie beim Warenkaufvertrag, also *zwei Jahre* ab *Abnahme* des Werkes durch den Besteller (§ 634a, Abs. 1, Nr. 1 und Abs. 2 BGB) bzw. dessen Annahmeverweigerung (BGH

Bauwerk und Einbau   NJW 2000, S. 133). Besteht aber die Werkleistung in der Errichtung eines *Bauwerkes* oder im *Einbau* von beweglichen Sachen in solche Bauwerke, oder geht es um die Erbringung von Planungs- und Überwachungsleistungen für solche Sachen, beläuft sich die Verjährungsfrist auf *fünf Jahre* ab *Abnahme* (§ 634a, Abs. 1, Nr. 2 und Abs. 2 BGB). Das betrifft auch die Herstellung spezieller technischer Anlagen, die in das Gebäude des Bestellers maßangefertigt eingebaut werden, sowie die dazu gehörenden Planungsleistungen, insbesondere des Architekten. Erfasst wird der gesamte Hoch- und Tiefbau. Die Werkleistung muss nicht unbedingt gebäude- wohl aber grund

Arbeitsteilige Herstellung   stücksbezogen sein (BGH NJW-RR 2003, S. 1320). Das gilt auch bei einer arbeitsteiligen Herstellung des Werkes, wenn der Generalunternehmer die vom Subunternehmer abgelieferte fehlerhafte Arbeit nicht richtig kontrolliert und deswegen verdeckte Mängel nicht erkannt werden (BGH NJW 2005, S. 893).

Geistiges Werk   Bei allen anderen *Werkleistungen*, insbesondere *geistiger Natur* (wie das Schreiben eines Buches oder die Herstellung einer speziellen Anwendersoftware, falls man die Individualsoftware nicht einer beweglichen Sache gleichstellen will (vgl. Kap. 10.7.5.2.1), gilt die *regelmäßige Verjährungsfrist von drei Jahren* ab Abnahme oder

Vollendung des Werkes, jedoch erst beginnend mit dem Schluss des jeweiligen Kalenderjahres (§§ 195, 199, Abs. 1 BGB).

Wegen der fehlenden Schutzwürdigkeit verjähren die ansonsten einer kürzeren Verjährungsfrist unterliegenden Mängelansprüche auch nach der dreijährigen regelmäßigen Verjährungsfrist, wenn der Unternehmer den Mängelanspruch des Bestellers durch arglistiges Verhalten begründet hat, im Zusammenhang mit *Bauwerken* jedoch nicht früher als vor Ablauf von fünf Jahren ab Abnahme des Werkes (§ 634a, Abs. 3 BGB).

Arglistiges Verhalten

Erbringt danach ein Werkunternehmer eine fehlerhafte, nicht körperliche Werkleistung ohne irgendwelchen Zusammenhang mit der Herstellung oder Veränderung von Sachen, gilt für die Mängelansprüche des Auftraggebers immer die dreijährige allgemeine Verjährungsfrist, ohne dass es darauf ankommt, ob sich der Auftragnehmer arglistig verhalten hat oder nicht. Das muss als unbefriedigend empfunden werden, entspricht jedoch der Gesetzeslage.

Längere Verjährungsfristen bei geistigen Werken

Trotz *Unwirksamkeit* des *Rücktritts* wegen Verjährung des Nacherfüllungsanspruchs (§§ 634a, Abs. 4, Satz 1, 218 BGB) könnten Sie als Besteller eine noch eventuell ausstehende *Restzahlung verweigern* (§ 634a, Abs. 1, Satz 2 BGB). Machen Sie aber von diesem Recht Gebrauch, steht es dem Unternehmer frei, seinerseits vom Vertrag zurückzutreten (§ 634a, Abs. 3, Satz 3 BGB).

Zahlungsverweigerung

10.3.6   Werkunternehmerpfandrecht

Handelt es sich bei der geschuldeten Werkleistung um die *Reparatur* oder *Instandsetzung* oder Veränderung einer beweglichen *Sache*, die in den betrieblichen Räumen des Dienstleisters vorgenommen wird, erhält der Werkunternehmer wegen seines Werklohnanspruches einen besonderen rechtlichen Schutz in Form eines *gesetzlichen Pfandrechts* an der dem Besteller gehörenden Sache, sobald diese in seinen Besitz gelangt (§ 647 BGB). Er kann demnach die dem Besteller gehörende Sache öffentlich versteigern lassen, wenn dieser trotz Mahnung und Fristsetzung nach einer erfolgten Verkaufsandrohung nicht innerhalb eines Monats die Reparaturforderung begleicht (§§ 1257, 1234 BGB; vgl. Kap. 4.7.3.3). Besondere praktische Bedeutung besitzt diese Regelung für die *Reparatur* von *Kraftfahrzeugen*.

Gesetzliches Besitzpfandrecht an gewerblichen und reparierten Sachen des Kunden

Der Werkunternehmer erlangt ein gesetzliches Pfandrecht, wenn drei Voraussetzungen erfüllt sind:

Voraussetzung für Pfandrechtserwerb

- Er besitzt eine *Werklohnforderung* aus einem gültigen Werkvertrag mit dem Besteller.
- Die *Werkleistung*, sei es Reparatur bzw. Umarbeitung, wird in seinen *Betriebsräumen* vorgenommen, sodass die bewegliche Sache in seinen Besitz gelangt.
- Die Sache gehört auch dem *Besteller*, er ist also ihr *Eigentümer*.

Kollision mit Eigentumsvorbehalt

Kein Eigentum hat der *Auftraggeber* aber an dem Fahrzeug, der Maschine etc., wenn es/sie noch nicht vollständig bezahlt ist und deswegen noch unter dem *Eigentumsvorbehalt* des Verkäufers steht oder ihm eine Bank den Kaufpreis vorfinanziert und sich deshalb das Fahrzeug/die Maschine *sicherungsübereignen* hat lassen oder er das Fahrzeug *geleast* hat. Dann kann der Werkunternehmer gemäß § 1257 BGB kein gesetzliches Pfandrecht erwerben, weil es eben noch nicht entstanden ist und deshalb – anders als ein *vertragliches Pfandrecht* – von dem Gläubiger auch nicht gutgläubig nach § 1207 BGB erworben werden kann (BGH NJW 1981, S. 226). Es steht ihm

Schutz durch pfandähnliches Zurückbehaltungsrecht

aber wegen seiner Forderung als *notwendige Verwendung* auf die reparierte Sache ein *Zurückbehaltungsrecht* zu (§§ 994, 1000–1003 BGB). Das berechtigt ihn, bis zur Bezahlung die Herausgabe zu verweigern und gibt ihm bei Zahlungsverweigerung auch ein Recht zum Pfandverkauf.

AGB-Pfandklausel

Ist aber, wie vielfach in den *Reparaturbedingungen,* eine Pfandklausel enthalten, so gilt dieses *AGB-Pfandrecht* als vertragliches Pfandrecht und kann dann von dem Werkunternehmer in diesen Fällen gutgläubig nach §§ 1207, 932 BGB erworben werden, weil im Falle der Reparatur oder der tatsächlichen Veränderung von beweglichen Sachen auch bei Kraftfahrzeugen nicht die Vorlage des Kfz-Briefes üblich ist, sondern die Aushändigung des Kfz-Scheins genügt (BGHZ 114, S. 90).

Insolvenz des Bestellers

Mithin müssen Sie als *Lieferant,* wenn Sie Ihren Käufern die Kaufsache unter Eigentumsvorbehalt überlassen haben und diese außerhalb des Käuferbetriebs repariert wird bzw. an ihr andere Werkleistungen vollbracht werden, ggf. damit rechnen, die *Werklohnforderung* im Falle der *Insolvenz* des Besteller als Käufers *bezahlen* zu müssen, bevor Sie die Ihnen gehörende Sache an sich nehmen können.

10.3.6.1 Kündigungsrecht des Bestellers

Zahlung der Vergütung abzüglich der ersparten Aufwendungen

Als Besteller können Sie den *Auftrag* bis zur *Fertigstellung* des Werkes jederzeit *stornieren* (§ 649, Satz 1 BGB). Dieser Schritt will wohl überlegt sein. Machen Sie nämlich von Ihrem Kündigungsrecht Gebrauch, so kann der *Werkunternehmer* gleichwohl die vereinbarte *Vergütung* verlangen und muss sich nur den Betrag abziehen lassen, den er infolge der Aufhebung des Vertrages als Aufwendungen spart oder durch anderweitige Verwendung seiner Arbeitskraft erwirbt oder zu erwerben böswillig unterlässt (§ 649, Satz 2 BGB). Der Vergütungsanspruch besteht deshalb von vornherein gekürzt um die infolge der Vertragsaufhebung eingesparten Aufwendungen (BGH NJW 1992, S. 2427). *Erstattungsfähig* sind nach § 649 BGB neben den bereits geleisteten vertragsbezogenen Personal- und Sachkosten auch der kalkulierte Gewinn und allgemeinen Gemeinkosten (BGH NJW 2006, S. 2552).

Maßgebend sind aber die *Aufwendungen*, die sich nach den Vertragsunterlagen unter Berücksichtigung der Kalkulation ergeben (BGH NJW-RR 2006, S. 31). Haben die Vertragsparteien einen *Einheitspreis* vereinbart, so ist die dem Unternehmer zustehende Vergütung auch nach dem vertraglichen Einheitspreis abzurechnen. Als *ersparte* Aufwendungen gelten nur diejenigen, die der Unternehmer vor Ausführung des Vertrages hätte machen müssen und die er wegen der Kündigung nicht mehr machen muss – vor- und nachteilige Regelungen aus dem geschlossenen Vertrag bleiben kostenrelevant. Bei einem Einheitspreis sind deshalb ungünstige Positionen mit günstigen Positionen aus dem Leistungsverzeichnis nicht miteinander verrechenbar.

Ersparte Aufwendungen

Eine formularmäßige *Pauschalierung* der ersparten Aufwendungen durch den Werkunternehmer in Höhe eines bestimmten Prozentsatzes, z.B. 40% der vereinbarten Vergütung, hält die Rechtsprechung wegen unangemessener Benachteiligung des Bestellers nach § 307, Abs. 2, Nr. 1 BGB für unwirksam (BGH DB 1999, S. 42). Eine präzise *Aufstellung* der ersparten Aufwendungen nach *Einzelpositionen* des *Leistungsverzeichnisses* ist aber nicht unbedingt erforderlich, wenn dadurch die Interessen des Bestellers nicht nennenswert berührt werden. Stets muss die vorgelegte Kalkulation aber in ihrer Systematik und Differenzierung auf den betreffenden Auftrag abgestimmt sein (BGH NJW 1999, S. 1254). Der Nachweis der ersparten Aufwendungen ist aber unnötig bei Bestimmung einer angemessenen *Vergütungspauschale*, i.d.R. nicht höher als 10%, was auch in einer AGB-Klausel geregelt werden kann (BGH NJW 2006, S. 2552). Sie muss aber wegen ihrer Funktion als Schadenspauschale dem Besteller den Nachweis niedrigerer Kosten offen lassen (§ 308 Nr. 7a BGB; vgl. Kap. 6.3.2.3.3.)

Vertragliche Pauschalierung

Als Besteller sollten Sie daher versuchen, die *Vergütungspflicht* im Falle der Kündigung – wie auch in anderen Fällen der Beendigung des Werkvertrages – *abzuschwächen*. Der Werkunternehmer soll – je nach erbrachtem Aufwand – nur eine angemessene *Teilvergütung* für das Teilwerk erhalten und es sollen ihm im Übrigen seine in der Vergütung nicht inbegriffenen Auslagen etc. ersetzt werden (vgl. § 645, Abs. 1 BGB).

Teilvergütung vereinbaren

Modifiziertes Kündigungsrecht

»Der Besteller kann den Vertrag bis zur Vollendung des Werkes jederzeit kündigen. Kündigt der Besteller, so ist der Werkunternehmer berechtigt, für die bisher geleistete Arbeit einen entsprechenden Teil der Vergütung und Ersatz der in der Vergütung nicht inbegriffenen Auslagen zu verlangen.«

Klauselvorschlag

Kündigungsverzicht durch Einzelvereinbarung

Auf der anderen Seite können Sie durch eine ausgehandelte *Einzelvereinbarung* mit dem Auftragnehmer auf das Ihnen eingeräumte gesetzliche jederzeitige *Kündigungsrecht verzichten* und es auf das Vorliegen eines wichtigen Grundes beschränken (vgl. Kap. 3.4.1). Eine einseitige Rechtsverkürzung in den Vertragsbedingungen des Werkunternehmers ist dagegen wegen Verstoßes gegen § 307, Abs. 2, Nr. 1 BGB nicht wirksam (BGH NJW 1999, S. 3261).

10.3.7 Checkliste für den Besteller

Eine einheitliche Checkliste für den Werkvertrag zu erstellen, ist äußerst schwierig, wenn nicht sogar unmöglich. Das hat seinen Grund in dem *weiten Spektrum* dieses *Vertragstyps*, das sowohl sachbezogene Werkleistungen als auch die Entwicklung von geistigen Werken umfasst. Besteht die geschuldete Werkleistung in der Herstellung, Veränderung oder Reparatur von Sachen, ist der betreffende Werkvertrag dem Warenkauf sehr ähnlich.

Vertragsformular des Werkvertrag-Unternehmers

In der Wirtschaftspraxis werden solche Werkverträge weitgehend auf der Basis eines *Vertragsformulars* des *Werkunternehmers* abgeschlossen, soweit es sich um *typisierte Werkleistungen* (z.B. die Reparatur oder die Wartung von Sachen) handelt. Insofern muss es Ihr Bemühen als Besteller sein, durch ergänzende, für Sie vorteilhafte Vertragsvereinbarungen zu versuchen, dem Geschäft Ihren Stempel aufzudrücken. Wird dagegen das *herzustellende Werk* nach den besonderen *Bedürfnissen* des *Bestellers* konzipiert und *fabriziert*, erfordert die rechtliche Ausgestaltung ein umfangreiches kompliziertes Vertragswerk, das ohnehin in ausgiebigen Vertragsverhandlungen auch unter Hinzuziehung juristischer Berater verfasst wird. Dann sollten Sie sich, um ein optimales Verhandlungsergebnis zu erreichen, bei der Planung und Durchführung der Verhandlungen primär an den Leitlinien der Checkliste am Ende des Kapitels 2 orientieren.

Ausgehandelter Vertrag bei komplexen Werkleistungen

In der folgenden Checkliste werden nur die *Kernpunkte* des *Werkvertrages* kurz herausgegriffen, die den Werkvertrag von den übrigen Austauschverträgen abheben. Sie finden deshalb ihre Ergänzung durch die allgemeine Checkliste für Schuldverträge in Kapitel 7.

Weiterführende Hinweise zur praktischen Arbeit mit den Checklisten finden Sie am Ende des Vorspanns zur Checkliste »Warenkauf« (vgl. Kap. 8.13).

Werkbeschreibung

Die geschuldete *Werkleistung* sollte möglichst *präzise* im Hinblick auf ihre erwünschten Eigenschaften im Vertrag definiert werden; umfangreiche Werkleistungen müssen technisch spezifiziert werden, wobei die genaue Werkbeschreibung in die Vertragsanlage gepackt wird.

✔ Jede negative *Abweichung* von den *festgelegten Beschaffenheitsmerkmalen*, wie Form, Ausstattung, Leistung, Kapazität etc., stellt einen *Werkmangel* dar, dessen Beseitigung der Besteller aufgrund seiner Mängelansprüche fordern kann.

✔ Die richtige Strategie des Bestellers ist es dabei, dass er sich für ihn besonders *wichtige Produkteigenschaften* vom Werkunternehmer *garantieren* lässt; sollte diese Garantiezusage dann nicht eingehalten werden, so haftet dieser prinzipiell unbeschränkt für alle dem Besteller daraus entstehenden Nachteile.

✔ Im beiderseitigen Interesse sind Bestimmungen über die *Abnahme* des Werkes besonders *wichtig*, weil davon sowohl der *Vergütungsanspruch* des Werkunternehmers als auch die *Mängelansprüche* des Bestellers – abgesehen von ganz seltenen Ausnahmen, wie etwa ein Warentransportvertrag – abhängen; bei der Herstellung oder Veränderung von Maschinen oder einer Anwender-Software sind klare Bestimmungen für Umfang und Zeitdauer der zur Abnahme gehörenden Funktionsprüfung nach Beendigung des Werkes notwendig.

Weitere wichtige Regelungen des Herstellungsvorganges, vor allem die *Herstellungs-* und *Lieferzeit* und ggf. der *Lieferort*, stehen in der allgemeinen Checkliste (vgl. Kap. 7.2.1). Besondere Beachtung verdienen dabei die *Mitwirkungspflichten* des *Bestellers*, deren Art, Umfang und zeitlicher Rahmen möglichst genau in den Vertrag (auch im Hinblick auf die Lieferung technischer Hilfsmittel) aufgenommen werden sollte (vgl. Kap. 7.2.2.5 und 7.2.3).

Werklohn

Die zentralen Aspekte für die Bestimmung und Bezahlung des vereinbarten Werklohns sind in der allgemeinen Checkliste zu finden (vgl. Kap. 7.2.2).

Besonders wichtig ist dabei für Sie als Besteller das vertragliche Preismodell: Der *unveränderliche Festpreis* oder der insofern *variable Einheitspreis* ohne fixen Endpreis:

✔ Die für den Besteller günstigere Variante ist der unveränderliche *Festpreis*, wobei aber dann der Werkunternehmer das volle Preisänderungsrisiko trägt.

✔ Bei der *Einheitspreismethode* bestimmt sich der Endpreis nach dem für die Werkleistung erforderlichen Material- und Arbeitseinsatz; auch hier können Sie sich als Besteller durch die Einholung eines verbindlichen Angebotes vor Vertragsabschluss absichern.

✔ Lässt sich aber die erforderliche Arbeitsleistung für den Werkunternehmer nicht kalkulieren, wird er kaum bereit sein, einen Festpreis zu vereinbaren oder ein verbindliches Angebot abzugeben; dann bleibt Ihnen als Besteller noch die Möglichkeit, von dem Werkunternehmer die Erstellung eines *Kostenvoranschlags* zu verlangen, da dieser insofern den *Preisrahmen* absteckt, als der spätere Endpreis nicht höher als 20% über den im Voranschlag genannten Gesamtkosten liegen darf.

✔ Der Werkunternehmer kann eine gesonderte *Vergütung* für den *Kostenvoranschlag* oder für die Erstellung des Angebots (sollte später der Auftrag nicht erteilt werden) nur bei ausdrücklicher vorheriger Vereinbarung fordern.

Nimmt die Herstellung des Werkes längere Zeit in Anspruch und kann sie in sich *abgeschlossene Fertigungsphasen* aufgeteilt werden, so kann der Werkunternehmer für die erbrachten und beendeten Teilwerkleistungen angemessene *Abschlagszahlungen* verlangen; um Streitigkeiten vorzubeugen, empfiehlt es sich, die Fälligkeit der zu erbringenden Abschlagszahlung klar zu regeln.

Haben Sie nach dem Vertrag im Voraus Abschlagszahlungen zu leisten, können Sie auch für die einzelnen Voraus- und Abschlagszahlungen von dem Werkunternehmer eine *Voraus- oder Abschlagsrechnung* fordern, die dieser dann bei Vertragsende in die endgültige Rechnung aufzunehmen hat.

Vertragsdauer

Besondere Regelungen vor Vertragsdauer sind nur bei *Werkleistungen mit Dauerschuldcharakter* erforderlich, wie z.B. bei einem Wartungsvertrag oder Forschungs- und Entwicklungsvertrag. Dabei geht es wie bei einem Dienstvertrag um die möglichst präzise Bestimmung der *Laufzeit*: befristet – mit oder ohne Verlängerungsmöglichkeit – oder unbefristet – mit ordentlicher Kündigung und automatisch befristeter Fortsetzung ohne Kündigung (vgl. Kap. 4.6.2). Zur Ergänzung kann für den Fall eines erheblichen *Leistungsverzuges* noch eine besondere *Kündigungsregelung* eingefügt werden (vgl. Kap. 10.3.1.3).
Sollten die Vertragsbedingungen das jederzeitige *Kündigungsrecht des Bestellers* gegen Zahlung der vereinbarten Vergütung anschließen oder einschränken, müssen Sie sich überlegen, ob dies für sie akzeptabel ist.

Gewährleistungshaftung des Werkunternehmers bei Werkmängeln

Ist das hergestellte Werk fehlerhaft, so stehen Ihnen als Besteller bestimmte *Mängelansprüche* zu.

Prüfungspflicht des Bestellers bei der Abnahme

Als Besteller sollten Sie bei der *Abnahme* das beendete *Werk* unbedingt auf *Fehlerfreiheit untersuchen*. Sie können ansonsten wegen der eventuell zutage tretenden Mängel Ihre *Mängelansprüche* verlieren, wenn Sie sich nicht diese Rechte bei der Abnahme ausdrücklich *vorbehalten*. Dazu wird am besten beiderseits ein schriftliches *Abnahmeprotokoll* angefertigt und darin die festgestellten Fehler vermerkt. Für Sie als Besteller ist wichtig:

✔ Nur bei *erheblichen Mängeln Abnahme verweigern*, wobei aber der Werkunternehmer im Falle von Meinungsverschiedenheiten die Abnahme durch eine von einem Sachverständigen erstellte Fertigstellungsbescheinigung erzwingen kann.

✔ Bereits bei der Abnahme vorhandene *verdeckte*, später in Erscheinung tretende *Mängel* sollten dem Werkunternehmer nach ihrem *Auftreten angezeigt* werden, ohne dass aber eine gesetzliche *Rügefrist* besteht; der Werkunternehmer kann aber dem Besteller in seinen Vertragsbedingungen eine angemessene Anzeigefrist auferlegen, die nicht kürzer als eine Woche sein darf (wohl eher zwei Wochen betragen sollte).

Mängelansprüche des Bestellers

Die gesetzlichen Mängelansprüche des Bestellers entsprechen im Wesentlichen denen des Käufers, mit zwei wichtigen Abweichungen:

✔ Bei dem primären Mängelanspruch der *Nacherfüllung* bestimmt der Werkunternehmer die Art und Weise der Nachbesserung, Mängelbeseitigung oder Neuherstellung;

✔ als zusätzlichem Mängelanspruch steht dem Besteller neben dem Recht auf Rücktritt oder Minderung auch die *Selbstvornahme* nach Ablauf einer angemessenen Nachfrist oder der Verweigerung bzw. Unzumutbarkeit der Nacherfüllung oder deren Scheitern zu.

✔ Im Hinblick auf das *Scheitern der Nacherfüllung* sollte der Vertrag genau bestimmen, wie viele fruchtlose Nachbesserungsversuche der Besteller erdulden muss.

✔ Der Werkunternehmer hat als *Hersteller* den *Sachmangel* stets zu *vertreten*, sofern er nicht den Gegenbeweis erbringen kann; deswegen muss er dem Besteller grundsätzlich Vermögensnachteile, die dieser neben dem fehlerhaften Werk dadurch erleidet oder dessen wertlos gewordene Aufwendungen als *Schadensersatz* oder *Aufwendungsersatz* in Geld ausgleichen. Soweit aber seine Vertragsbedingungen den Anspruch auf Schadensersatz beschränken, ist das im Prinzip nur bei leichter Fahrlässigkeit und im Hinblick auf die vertragstypischen und damit grundsätzlich für den Besteller versicherbaren Schäden möglich (vgl. Kap. 6.2.3.1).

10.4   Geschäftsbesorgungsvertrag

Wahrnehmung fremder Vermögensangelegenheiten

Besteht die entgeltliche Dienstleistung in der *Wahrnehmung* von spezifischen *geschäftlichen Interessen,* insbesondere von Vermögensangelegenheiten des *Auftraggebers,* bezeichnet man den Vertrag als *Geschäftsbesorgungsvertrag* (§ 675 BGB).

Die wichtigsten *Anwendungsfelder* für den Geschäftsbesorgungsvertrag sind im Bereich des *Finanzsektors* zu finden, wie etwa die Abwicklung des unbaren Zahlungsverkehrs, die Vermögensverwaltung durch Banken oder das Inkasso fremder Forderungen. Soweit es um die in diesem *Buch* behandelten *Dienstleistungsverträge* geht, betrifft das den Werbeagenturvertrag, die Prozessführung durch einen Rechtsanwalt, die Erledigung von Steuersachen durch einen Steuerberater und auch den Gütertransport durch einen Spediteur (für den aber in erster Linie die einschlägigen Sondervorschriften des HGB gelten). Eine neuere Form ist das sog.»Facility-Management« bei dem die Dienstleistung in dem Betreiben und der Instandhaltung technischer Gebäudeanlagen besteht.

Der *Geschäftsbesorgungsvertrag* ist ein Sonderfall des Werk- oder Dienstvertrages mit der zusätzlichen Besonderheit, dass auf ihn die wichtigsten Bestimmungen des Auftragsrechts gemäß § 675 BGB entsprechende Anwendung finden.

Geschäftsbesorgungsvertrag nach § 675 BGB				
Spezialgesetze		**BGB**		
1.	**1.**	**2.**	**3.**	**3.**
Sondervorschriften des HGB für kaufmännische Dienstleister, wie z. B. Spediteur	Sondervorschriften für freie Berufe, wie z. B. Steuerberater oder Rechtsanwalt	Auftragsrecht, insbesondere §§ 665-670 BGB	Dienstvertragsrecht nach §§ 611 ff BGB bei rein tätigkeitsorientierter Geschäftsbesorgung, wie z. B. Inkassovertrag	Werkvertragsrecht nach §§ 631 ff BGB bei erfolgsbezogener Geschäftsbesorgung, wie z. B. Speditionsvertrag

Abb. 10.5: Rechtsregime des Geschäftsbesorgungsvertrages

10.4.1   Erleichterter Vertragsabschluss

Für den Abschluss des Geschäftsbesorgungsvertrages gelten zunächst die allgemeinen Grundsätze des Vertragsrechts, die im 3. Kapitel erläutert werden.

Darüber hinaus trifft die *kaufmännischen Dienstleistungsunternehmen* innerhalb einer bestehenden Geschäftsverbindung beim

Vertragsabschluss eine besondere Sorgfaltspflicht; sie haben die auf die Durchführung von Geschäftsbesorgungen gerichteten *Anträge* ihrer *Kunden unverzüglich abzulehnen,* wollen sie den Vertragsabschluss verhindern (§ 362 HGB); ihr *Schweigen* besitzt also ausnahmsweise rechtsgeschäftlichen Charakter und gilt als *Vertragsannahmeerklärung.*

Schweigen als Vertragsannahme

Freiberufliche Dienstleister, die sich zur Besorgung gewisser Geschäfte öffentlich erboten haben, wie z.B. öffentlich bestellte Sachverständige, müssen aber auch *Aufträge* von *Nichtkunden,* die sie nicht annehmen wollen, unverzüglich *ablehnen* (§ 663 BGB). Ihr Schweigen gilt dann zwar nicht als Zustimmung. Sie müssen aber dem *Auftraggeber,* der auf den wirksamen Vertragsabschluss vertraut hat, seine daraufhin getätigten finanziellen Aufwendungen als *Vertrauensschaden* wegen dieser Pflichtverletzung beim Vertragsabschluss nach §§ 280, Abs. 1, 241, Abs. 2, 311, Abs. 2 BGB ersetzen (vgl. Kap. 2.4.3). Dies gilt gegenüber jedem Auftraggeber, ohne dass es – wie bei § 362 HGB – auf eine schon bestehende Geschäftsverbindung ankommt.

Schweigen als Pflichtverletzung

10.4.2 Rechtsnatur und typischer Inhalt eines Geschäftsbesorgungsvertrages

Je nach Art der als Geschäftsbesorgung geschuldeten Dienstleistung bildet der *Geschäftsbesorgungsvertrag* einen Sondertypus des Dienst- oder Werkvertrages. Ist gemäß den vertraglichen Vereinbarungen der beauftragte Geschäftsbesorger *nur* zu einer *fachgerechten* und *sorgfältigen Tätigkeit* als solche verpflichtet, so besitzt er dienstvertraglichen Charakter im Sinne von §§ 611 ff BGB.

Sondertyp des Dienst- oder Werkvertrages

Beispiel:
Der Prozessführungsvertrag mit einem Rechtsanwalt, da der Rechtsanwalt nur zu einer sorgfaltsgerechten Prozessführung verpflichtet ist, jedoch dem Mandanten nicht garantiert, dass der Rechtsstreit auch tatsächlich gewonnen wird (BGH WM 2005, S. 701), oder aus den gleichen Gründen der Inkassovertrag weil Inkassounternehmen typischerweise nicht das Risiko von Forderungsausfällen übernehmen (BGH WM 2007, S. 1037).

Ohne besondere Absprache wird man vor allem bei *dauerhaften Geschäftsbesorgungen* – wegen des *größeren Erfüllungsrisikos* bei *Werkverträgen* – von einem *dienstvertraglichen Charakter* ausgehen müssen. Setzt sich das Leistungsprogramm dieser Verträge sowohl aus tätigkeitsbezogenen reinen Dienstleistungen und erfolgsbezogenen Werkleistungen zusammen, stellt ihre interessengerechte Ausgestaltung hohe Anforderungen an das Formulierungsgeschick der Ver-

Im Zweifel dienstvertraglicher Charakter

tragsparteien, wie gerade an dem hoch komplexen Facility-Management-Vertrag deutlich wird (vgl. Kap. 10.8.6).

Bei erfolgsbezogenen Geschäftsbesorgungen werkvertragliches Gepräge

Hat aber der *Auftragnehmer* auch für den bestimmten *geschäftlichen Erfolg* wegen der Art seiner Tätigkeit *einzutreten*, so erhält der Geschäftsbesorgungsvertrag ein werkvertragliches Gepräge nach §§ 631 ff BGB.

> **Beispiel:**
> *Ein Spediteur, der mit dem Transport von Waren beauftragt wird, hat nicht nur den Transport als solchen durchzuführen, sondern stets auch die Ware an dem Bestimmungsort abzuliefern – geschuldeter geschäftlicher Erfolg.*

Entgeltlicher Auftrag

Von den genannten Dienstleistungsverträgen hebt sich der Geschäftsbesorgungsvertrag rechtlich dadurch ab, dass auf ihn auch die wichtigsten Bestimmungen des unentgeltlichen Auftrags nach §§ 662 ff. BGB anzuwenden sind. Demzufolge kann man den Geschäftsbesorgungsvertrag – verkürzt – als *entgeltlichen Auftrag* umschreiben.

Die *Kerninhalte* eines *Geschäftsbesorgungsvertrages entsprechen* also denen des *Dienstvertrages* (vgl. Kap. 10.2.1) oder des *Werkvertrages* (vgl. Kap. 10.3.1), wobei selbstverständlich auch wieder die genaue Beschreibung der durch den Auftragnehmer zu erledigenden Geschäfte und die dafür von dem Auftraggeber zu zahlende Vergütung im Mittelpunkt steht.

Da der Beauftragte aber eine Dienstleistung erbringt, die eigentlich zum Geschäftskreis des Auftraggebers gehört, kommen noch die *auftragsrechtlichen Aspekte* dazu, die nachfolgend unter den Überschriften »Pflichten des Beauftragten« und »Pflichten des Auftraggebers« dargestellt werden.

10.4.3 Pflichten des Beauftragten

Weisungen

Wegen der Fremdnützigkeit seines Handelns hat der Dienstleistungsunternehmer stets die *Weisungen des Auftraggebers* zu befolgen und darf davon nur bei dessen zu erwartender Billigung oder – generell – bei Gefahr im Verzuge abweichen (§ 665 BGB). Tauchen Zweifel auf, so hat der Beauftragte beim Auftraggeber *nachzufragen* (BGHZ 131, S. 152). Treten unvorhergesehene Umstände ein, die dem Auftraggeber unbekannt sind, insbesondere bei nachteiligen Entwicklungen, so muss der Beauftragte auf diese Umstände hinweisen und eine Abänderung des Auftrages anregen. Stets hat er den Auftraggeber auf dessen Verlangen über den Fortgang des Geschäfts nach Maßgabe der §§ 259–261 BGB *Auskunft* zu *geben* (§ 666 BGB). Die

Auskunft

Pflicht zur Erteilung von Auskünften besteht unabhängig davon, ob der Auftraggeber die erforderlichen Informationen auf zumutbare Weise selbst erlangen könnte (BGH BB 1998, S. 1661).

Nach *Beendigung des Geschäfts* ist der Beauftragte auch verpflichtet, dem Auftraggeber *Rechnung zu legen* (§ 666 BGB), wozu gehört, die wesentlichen Einzelheiten der Auftragsausführung darzulegen und dem Auftraggeber die notwendige Übersicht über das besorgte Geschäft zu verschaffen (BGH NJW 2001, S. 1131).

Rechnungslegung

> Mangels gesetzlicher Präzisierung des Inhalts und Umfangs der Rechenschaftspflicht ist eine konkrete vertragliche Vereinbarung zu diesem Punkt empfehlenswert.

Tipp

Da der Dienstleister das Geschäft im Interesse des Auftraggebers besorgt, hat er auch alle *Vermögensvorteile*, ob Sachen, Rechte oder Geld, die er aus der Geschäftsbesorgung von Dritten erlangt hat, an den Auftraggeber *herauszugeben* (§ 667 BGB; BGH NJW-RR 2004, S. 1290).

Herausgabepflicht

10.4.4 Pflichten des Auftraggebers

Auch ohne ausdrückliche gesetzliche Regelung liegt es im Wesen der Geschäftsbesorgung, dass der Auftraggeber den Beauftragten bei der Durchführung des Auftrages zu unterstützen hat, ihn insbesondere auch mit notwendigen *Informationen* und *Unterlagen* ausstatten muss. Das ist wegen der Erfolgshaftung des Beauftragten, vor allem bei der *werkvertraglichen Geschäftsbesorgung*, zwingend geboten. Diese macht eine entsprechende ausführliche vertragliche Regelung der *Mitwirkungspflichten* erforderlich.

Unterstützung durch Auftraggeber

Stets haben Sie aber als Auftraggeber Ihrem Beauftragten die ihm *aus der Geschäftsbesorgung entstandenen Aufwendungen*, soweit er sie für erforderlich halten durfte, zu ersetzen, wenn dieser es verlangt (§ 670 BGB; BGH NJW-RR 2005, S. 890). Der Beauftragte braucht aber selbst nicht finanziell in Vorlage zu treten, sondern kann von seinem Auftraggeber einen *Vorschuss* in angemessener Höhe fordern (§ 669 BGB). Ob und in welcher Höhe und in welchem Zeitpunkt dies dem Beauftragten zusteht, sollte wiederum der Vertrag präzisierend bestimmen.

Aufwendungs-ersatz

Vorschuss

Unter *Aufwendungen* sind *freiwillige Vermögensopfer* zu verstehen, im Wesentlichen also Geld- und Sachaufwendungen (BGH NJW 2000, S. 3715). *Schäden* als unfreiwillige Vermögensopfer gehören begrifflich eigentlich nicht dazu. Dennoch erachtet die Rechtsprechung auch Schäden, die der Beauftragte im Rahmen der Geschäftsbesorgung erlitten hat, als Aufwendungen, wenn sie *auftragsspezi-*

Schaden als Aufwendung

fisch sind, d. h. bei der Durchführung des Geschäfts aus besonderen Gefahren resultieren, die über das allgemeine Lebensrisiko hinausgehen (BGH NJW 1993, S. 2235).

> **Beispiel:**
> *Rechtsanwalt R nimmt für seinen Mandanten einen Prozesstermin wahr und wird im Gerichtssaal von dem aufgebrachten Prozessgegner niedergeschossen. Die dabei erlittenen Personen- und Sachschäden sind Aufwendungen.*

Um es noch einmal klarzustellen: Es geht hier um Schäden, die der Beauftragte ohne Verschulden des Auftraggebers erleidet.

Begehen *beide Vertragsparteien* eine *Pflichtverletzung*, die sie zu vertreten haben, so müssen sie dem anderen Geschäftspartner den daraus entstandenen Schaden nach den allgemeinen Regeln gem. §§ 280, 282 BGB ersetzen (vgl. Kap. 5.5).

10.4.5   Die mangelhafte Geschäftsbesorgung

Je nachdem, ob der konkrete Geschäftsbesorgungsvertrag *dienstvertraglichen* oder *werkvertraglichen Charakter* hat, stehen Ihnen als Auftraggeber unterschiedliche Mängelansprüche zu, wobei auch die dort bestehenden Anspruchsvoraussetzungen eingehalten werden müssen (vgl. Kap. 10.2.2.1 und 10.3.5.2).

10.4.6   Checkliste für den Auftraggeber

Geschäfts-
besorgungsvertrag
= entgeltlicher
Auftrag

Der *Geschäftsbesorgungsvertrag* ist ein *entgeltlicher Auftrag,* weil hier der Beauftragte als Dienstleistung eine Geschäftsbesorgung für den Auftraggeber übernimmt, also Tätigkeiten verrichtet, die, wie etwa die Wahrnehmung von fremden Vermögensangelegenheiten, zum Geschäftskreis des Auftraggebers gehören.

Eine besondere Checkliste für den Geschäftsbesorgungsvertrag gibt es nicht, da er, rechtlich gesehen, einen Sonderfall des Dienst- oder Werkvertrages, angereichert mit auftragsrechtlichen Elementen darstellt.

Checkliste

Dienst- oder werkvertraglicher Charakter der Geschäftsbesorgung

Ist der Beauftragte nach dem Inhalt und der Vereinbarung des Vertrages nur zu einer *sachgerechten und sorgfältigen Tätigkeit* als solche verpflichtet (wie sein Rechtsanwalt bei der Prozessführung), handelt es sich um einen *Dienstvertrag* (vgl. Kap. 10.2.4).

Schuldet aber der Beauftragte gemäß der ausdrücklich getroffenen Absprache *zusätzlich* auch noch den *Eintritt* eines bestimmten *geschäftlichen Erfolges*, wie etwa der Spediteur die Ablieferung der Ware am Bestimmungsort, so handelt es sich um einen *Werkvertrag* (vgl. Kap. 10.3.7).

Auftragsrechtliche Aspekte der Geschäftsbesorgung

Zusätzlich sollte wegen des Auftragscharakters der Geschäftsbesorgung auch noch auf folgende Aspekte, die im Gesetz nur unzulänglich geregelt sind, geachtet werden:

Entscheidungskompetenz

✔ Bestimmung des Grades der *Selbstständigkeit des Beauftragten* bei der Geschäftsdurchführung, d. h. die Ausbalancierung zwischen dem Weisungsrecht des Auftraggebers und der selbstständigen Entscheidungsbefugnis des Beauftragten,

✔ *Informationspflicht des Beauftragten* – ständige Unterrichtung des Auftraggebers oder Auskunft nur auf Anfrage,

✔ Umfang und Inhalt der *Rechenschaftspflicht* nach Beendigung der Geschäftsbesorgung,

✔ Anspruch des Beauftragten auf *Vorschuss* – Höhe und Fälligkeit.

10.5   Maklervertrag mit dem Immobilienmakler

Nicht nur beim Kauf bzw. Verkauf eines Gebäudes – mit oder ohne Grundstück –, sondern auch bei der *Miete* von *Büro-* und *Geschäftsräumen* wird der Kontakt zwischen den Vertragsparteien häufig durch die Zwischenschaltung eines *Immobilienmaklers* hergestellt, der für diese Vermittlungstätigkeit eine beachtliche Provision fordern kann. Meistens erhält er den Auftrag vom Vermieter, aber auch der Mieter wird sich bei knappem Marktangebot oder unübersichtlichen Marktverhältnissen an einen Makler wenden, um die für ihn geeigneten Räume zu finden.

Gelegentliche Tätigkeit

Wegen der eher spärlichen Regelung des *Maklervertrages* im BGB (§§ 652 ff), wird der Maklervertrag durch die Vertragsformulare der Makler näher ausgestaltet. Auf die Sonderbestimmungen für den *Handelsmakler* nach § 93 ff HGB, der nur Geschäfte über an Börsen handelbare Waren- und Wertpapiere und andere Gegenstände des Handelsverkehrs, wie etwa Versicherungen oder Kredite, vermittelt, ist hier nicht einzugehen.

Mustervertrag des Immobilienmaklers

10.5.1   Maklerauftrag: Abschluss des Maklervertrages

Das charakteristische Element des Maklervertrages nach dem BGB besteht darin, dass der Kunde dem Makler für den Nachweis der Gelegenheit zum Abschluss eines Vertrages oder der Vermittlung eines Vertrages einen *Maklerlohn* verspricht (§ 652, Abs. 1, Satz 1 BGB). Was die rechtlichen *Voraussetzungen* für den *Vergütungsanspruch* des Maklers angeht, muss man zwischen dem *Nachweismakler* und dem *Vermittlungsmakler* unterscheiden (vgl. Kap. 10.5.2). Zusätzlich hat die Maklerpraxis den *Alleinauftrag* kreiert, wodurch der Maklervertrag zu einem dauerhaften Dienstvertrag ausgebaut wird (vgl. Kap. 10.5.4).

Der *Abschluss eines Maklervertrages* erfordert nicht die ausdrückliche Vereinbarung über die Zahlung eines Maklerlohns, sondern kann auch stillschweigend zustande kommen. Als Interessent anzumietender Büro- oder Gewerbeflächen, bei denen ein Makler beteiligt ist, sollte man wissen, unter welchen Voraussetzungen ein *konkludenter Vertragsabschluss* angenommen werden kann.

Nachweismakler	Vermittlungsmakler	Makleralleinauftrag
Braucht nur die Gelegenheit zum Abschluss eines Vertrages nachzuweisen: bloße Kontaktvermittlung zwischen den Vertragsparteien genügt	Muss sich auch um den Abschluss des Vertrags aktiv bemühen	• Ist dauerhaft zur Tätigkeit für seinen Auftraggeber verpflichtet – sog. Makler-Dienstvertrag • Auftraggeber ist es verwehrt, einen anderen Makler einzuschalten • Nicht gesetzlich geregelt; bedarf einer besonderen Vereinbarung

Abb. 10.6: Rechtstypen des Maklers

10.5.1.1   Stillschweigender Vertragsabschluss

Inanspruchnahme oder Duldung der Maklerdienste

Wendet sich ein Makler direkt oder mittels *Zeitungsannonce* an Sie, kann es im Einzelfall für die *Annahme* eines *Maklerauftrages* ausreichen, dass Sie die angebotenen Dienste in Anspruch nehmen oder zumindest dulden. Die plötzliche Zusendung einer *Maklerrechnung* führt deshalb bei den Beteiligten immer wieder zu einer unangenehmen Überraschung.

Stillschweigender Vertragsabschluss

Deutlicher Hinweis auf Provision

Ein *stillschweigender Vertragsabschluss* setzt ein *Einverständnis des Kunden mit dem Leistungsangebot des Maklers* durch konkludentes Verhalten voraus. Davon gehen die Gerichte erst aus, falls der Makler gegenüber dem Interessenten seinen Provisionsanspruch unmissverständlich deutlich gemacht hat und danach der Interessent weitere Maklerdienste in Anspruch nimmt (BGH WM 1998,

S. 2296). Die bloße *Übergabe* eines *Exposés* an den Interessenten, in dem die Courtageforderung aufgeführt wird und die ausschließende Fortsetzung des Gesprächs *genügt nicht,* weil der Makler nicht davon ausgehen kann, dass der Interessent das Exposé sogleich durchliest und die Provisionsforderung zur Kenntnis nimmt (OLG Schleswig NJW 2007, S. 1983). Vielmehr ist dazu der *ausdrückliche Hinweis* des Maklers *in* der *Annonce* oder zumindest vor der Besichtigung des Objekts – danach ist es zu spät (BGH NJW-RR 1987, S. 173) – erforderlich. Wenn dies geschieht, hat der Makler sie dem Kunden zur Kenntnis gebracht, was für den stillschweigenden Abschluss eines Maklervertrages ausreicht.

Beispiel:
Dazu reicht der folgende Hinweis:»Courtage (Provision) x % + Mehrwertsteuer!«

Gegenüber einem Unternehmen genügt sogar ein *kaufmännisches Bestätigungsschreiben des Maklers* über einen telefonischen Erwerbsnachweis mit Vergütungsabrede, wenn die Geschäftsführung des Unternehmens nicht widerspricht (OLG Düsseldorf NJW-RR 1995, S. 501; vgl. Kap. 3.1.6.4).

Trotz Inanspruchnahme der Dienste kann sich der Interessent gegenüber dem unerwünschten Provisionsanspruch schützen, wenn er dem *Makler* sofort nach Zugang des Zahlungsbegehrens *unmissverständlich erklärt, keine Provision zahlen* zu wollen. Dann liegt ein offener Einigungsmangel vor, sodass unter solchen Umständen kein Maklervertrag zustande kommen kann (BGH NJW 1996, S. 114). Gleiches gilt, wenn der Interessent die Höhe der geltend gemachten Provision nicht akzeptiert, sondern nur eine niedrigere Provision zu zahlen bereit ist, womit aber seinerseits der Makler nicht einverstanden ist (BGH NJW 2002, S. 817).

Unerwünschte
Provisionsan-
sprüche abwehren

Beispiel:
Ein Makler fordert in dem formularmäßig vorbereiteten Vertragsantrag die Zahlung einer Provision von 5,75 %. Der Interessent streicht die genannte Provisionshöhe und ersetzt sie durch die Worte »nach Vereinbarung«.

Lösung:
Zumindest ist in der Vertragsabänderung durch den Interessenten ein neues Vertragsangebot nach § 150, Abs. 2 BGB zu sehen. Erbringt der Makler die gewünschte Maklerleistung hat er damit den abweichenden Vertragsantrag angenommen. Keinesfalls kann er dann die geltend gemachten 5,75 % Provision, sondern nur eine angemessene beanspruchen.

Ohne Hinweis nur bei Suchauftrag

Weist der Makler den Interessenten nicht auf seinen Provisionsanspruch hin, so sind an einen stillschweigenden Vertragsabschluss besonders strenge Anforderungen zu stellen. Dann ist dazu i.d.R. ein *konkreter Suchauftrag des Interessenten* erforderlich, seine bloße Reaktion auf eine vom Makler öffentlich angebotene Möglichkeit ein Objekt anzumieten, reicht dafür nicht aus (BGH NJW 2005, S. 3779).

Tipp

> Schützen Sie sich trotz Inanspruchnahme der Dienste gegen den ungewollten Provisionsanspruch des Maklers, indem Sie diesem sofort nach Zugang des Zahlungsbegehrens unmissverständlich erklären, keine Provision zahlen zu wollen oder einem entsprechenden kaufmännischen Bestätigungsschreiben mit Vergütungsabrede unverzüglich widersprechen.

10.5.1.2 Maklerklausel in Mietverträgen

Keine Zahlungspflicht des Mieters

Obwohl Sie bisher mit einem Makler nichts zu tun gehabt haben, können Sie als Mieter nach Abschluss des Mietvertrages eine unangenehme Überraschung erleben, wenn der Mietvertrag eine *Maklerklausel* enthält, nach der Sie als Mieter den Makler bezahlen sollen (vgl. Kap. 10.5.1.2).

Zur *Bezahlung* der Maklerprovision sind Sie als *Mietinteressent nur* verpflichtet, wenn Sie mit dem *Makler* selbst in *Kontakt* treten. Regelmäßig wird aber der Vermieter einen Makler einschalten, um einen geeigneten Mieter zu finden, sodass er dann auch den Makler bezahlen muss.

Tipp

> Selbst bei einem ausdrücklichen Hinweis Ihres Vermieters sollten Sie keinesfalls eine erweiterte Maklerklausel akzeptieren, die Ihnen sogar eine eigenständige Zahlungspflicht gegenüber dem Makler auferlegt, sodass der Makler vertraglich direkt von Ihnen die Zahlung fordern kann (BGH NJW 1998, S. 1552 für den Grundstückskaufvertrag). Das ist sehr gefährlich, weil der Sinn einer derartigen Maklerklausel darin besteht, dem Makler, der bislang noch keinen zweifelsfreien Provisionsanspruch erworben hat, einen solchen zu verschaffen. Der Makler braucht dann eben nicht mehr zu beweisen, dass die rechtlichen Voraussetzungen für seinen Vergütungsanspruch nach § 652 BGB vorliegen.

Offene Regelungen erforderlich

Die zu entrichtende Maklerprovision wird ein kaufmännisch denkender *Vermieter* in die Miete einrechnen, soweit die Marktlage dies hergibt. Er kann aber auch den *Mieter* in dem *Mietvertrag verpflichten*, die fällige Provision an den Makler zu bezahlen. Das ist – auch in formularmäßiger Form eines Vertragsmusters – unbedenklich, wenn dies *offen geschieht*, d. h. der Vermieter den Mieter vor der Unterzeichnung des Vertrages deutlich darauf hingewiesen hat. In *verdeckter Weise*, wenn die Maklerklausel irgendwo zwischen dem Kleingedruckten zu finden ist, wäre die Auferlegung der Provisionszahlungspflicht auf den Mieter wohl als *überraschende Klausel* nach § 305c, Abs. 1 BGB *unwirksam*, weil sie eben – anders als bei Grundstückskaufverträgen – verkehrsunüblich ist und deshalb nicht zum typischen Vertragsbild der gewerblichen Miete gehört. Die Frage ist aber bislang noch nicht gerichtlich geklärt.

10.5.2   Leistungspflichten des Maklers

Je nach vertraglicher Absprache ist der Makler entweder nur zum Nachweis der Möglichkeit zum Vertragsabschluss – *Nachweismakler* – oder darüber hinaus auch zur Vermittlung des gewünschten Vertrages – *Vermittlungsmakler* – verpflichtet. In Einzelfällen kann der Makler sogar beides zugleich sein (OLG Koblenz NJW-RR 1994, S. 924). Erst die Erfüllung des jeweils geschuldeten Leistungsprogramms löst seinen Provisionsanspruch aus. Der Alleinauftrag, der den Makler darüber hinausgehend zur dauerhaften Tätigkeit verpflichtet, kommt dagegen bei der gewerblichen Miete seltener vor (vgl. Kap. 10.5.4).

Nachweis- oder Vermittlungsmakler

> Klären Sie daher rechtzeitig die von dem Makler zu erbringende Tätigkeit, bevor Sie seine Dienste in Anspruch nehmen.

Tipp

Dabei braucht der *Maklerkunde* nach dem Wortlaut des § 652, Abs. 1, Satz 1 BGB nicht selbst die Tätigkeit des Maklers für sich auszunutzen. *Partner des Hauptvertrages* kann auch ein ihm *nahestehender Dritter* sein, wie etwa ein Unternehmen, das zur gleichen Unternehmensgruppe gehört. Das berührt die notwendige Identität zwischen geplantem und abgeschlossenem Vertrag nicht, weil dies allein nach wirtschaftlichen Kriterien zu beurteilen ist (BGH NJW 1999, S. 1255; vgl. Kap. 10.5.3.3).

Maklerkunde

10.5.2.1   Nachweismakler

Der *Nachweismakler* hat lediglich einen bisher unbekannten *Interessenten* für das gewünschte Geschäft konkret zu *benennen*, sodass der Auftraggeber von sich aus in die Verhandlung mit dem Interessenten treten kann. Notwendig ist demnach die Vermittlung des direkten persönlichen Kontaktes (BGH NJW 2005, S. 754).

Vermittlung des persönlichen Kontakts zum Interessenten

Bestimmter Nachweis

Genaue Bezeichnung der Person und des Objektes

Der vom Makler zu erbringende *Nachweis* muss im Hinblick auf die *Person* durch die Angabe von Name und Anschrift des Grundeigentümers oder sonstigen Verfügungsberechtigten und im Hinblick auf das *Objekt* durch seine Lage und grundbuchmäßige Bezeichnung des Grundstücks so *hinreichend bestimmt* sein, dass es dem Auftraggeber möglich ist, von sich aus die Vertragsverhandlungen aufzunehmen (BGH NJW-RR 1997, S. 854). Ausnahmsweise braucht der *Name* des *Vermieters* nicht angegeben zu werden, wenn es dem Maklerkunden zunächst auf die Geeignetheit des Grundstücks und der Räume ankommt und er den Vermieter ohne größere Nachforschungen selbst ermitteln kann (BGH NJW 2006, S. 3062). Die *Zusendung* einer *Liste* mit *zahlreichen Interessenten*, aus der sich der Auftraggeber den gewünschten Vertragspartner heraussuchen kann, genügt daher genauso wenig wie die einfache Benennung eines den Kundenwünschen entsprechenden Objekts (BGH BB 1997, S. 1552). Die Rechtsprechung ist dabei sehr genau. Nach dem Gesetzeswortlaut hat der Makler den Nachweis einer Gelegenheit zum Vertragsabschluss und eben nicht nur die Nennung eines Kauf- oder Mietobjektes zu erbringen (OLG Düsseldorf NJW-RR 1997, S. 1282). Der *Nachweis* einer *Gelegenheit* bedingt auch, dass der Verfügungsberechtigte zum Abschluss des beabsichtigten Vertrages bereit ist (BGHZ 141, S. 46). Das trifft aber zu, wenn der Vermieter eigentlich das Gesamtobjekt vermieten will, der Mieter also einen Teil anmieten will oder umgekehrt (BGH NJW-RR 1996, S. 113).

Bereitschaft zum Vertragsabschluss

Mitursächlichkeit der Maklertätigkeit

Zum erforderlichen Nachweis der Gelegenheit zum Abschluss eines Vertrages gehört es aber auch, dass die *Maklertätigkeit* für den *Abschluss des Hauptvertrages mitursächlich* war (OLG Karlsruhe NJW-RR 1996, S. 628). Keine Rolle spielt es dagegen, ob der Kunde Kenntnis von der kausalen Maklertätigkeit hatte oder nicht (BGH NJW-RR 1994, S. 1260).

Vorkenntnis des Kunden

Das größte praktische Problem in diesem Zusammenhang besteht darin, dass der Kunde häufig das vom Makler zur Vermietung angebotene Objekt bereits kennt. Dann kann eigentlich die Tätigkeit des Maklers nicht mehr ursächlich für den späteren Vertragsabschluss sein. Dazu kommt es häufig, weil der Interessent von mehreren Seiten, typischerweise durch zwei verschiedene Makler und/oder zusätzlich durch ein Direktinserat des Vermieters informiert wird. Stammen die Informationen von zwei Maklern, so muss der Kunde bei einer solchen *Doppelmaklertätigkeit* davor *geschützt* werden, an *jedem Makler* die *volle Provision* zu zahlen. Daher kann in solchen Fällen nur der erste Makler den Maklerlohn

Doppelmaklertätigkeit

verlangen. Dem zweiten steht ein Provisionsanspruch nur dann zu, wenn er zusätzliche Informationen liefert und erst diese den Kunden zur Miete veranlasst haben (BGH NJW 1983, S. 1849). Erhält der Kunde die Information sowohl aus einer Zeitungsanzeige als auch von einem Makler, kann der Makler, wenn überhaupt, nur dann eine Vergütung verlangen, wenn er der Erstinformierende gewesen ist (BGH NJW 1999, S. 1255).

Beruft sich aber der Interessent auf seine Vorkenntnis, um den Provisionsanspruch abzuwehren, so kann der Makler den Nachweis fehlender Vorkenntnis nur sehr schwer erbringen. Deshalb lassen sich Makler vielfach, um sich den Provisionsanspruch zu sichern, bei Bekanntgabe des Objekts des Vertragspartners von dem Auftraggeber – zulässigerweise gesondert schriftlich in einer sog. *Vorkenntnisklausel* – bestätigen, dass die *Möglichkeit* zum *konkreten Vertragsabschluss* zuvor *nicht gegeben* war (OLG München NJW-RR 1995, S. 1524). Eine bloße formularmäßige Bestätigung in den Maklerverträgen, die nicht eigens unterzeichnet wird, ist allerdings wegen ihrer überraschenden Wirkung nach § 305c, Abs. 1 unwirksam und demnach ohne Belang (BGH NJW-RR 1993, S. 3238).

Vorkenntnisklausel

> **Beispiel:**
> *»Der Auftraggeber bestätigt, dass ihm weder das vermittelte Objekt noch der Vertragspartner zuvor bekannt gewesen sind.«*

Strittig ist aber, ob der Kunde durch eine Vertragsklausel im Maklerauftrag verpflichtet werden kann, dem Makler eine eventuelle *Vorkenntnis* sofort offen zu legen und danach, sollte er dies versäumen, dem Makler Schadensersatz wegen Pflichtverletzung nach § 280, Abs. 1 BGB zu zahlen hat. Der Bundesgerichtshof verneint dies zwar (WM 1984, S. 62), einzelne Oberlandesgerichte halten die Auferlegung einer solchen Informationspflicht dagegen für zulässig, wenn die betreffende Vertragsklausel optisch deutlich hervorgehoben wird (OLG Celle NJW-RR 1995, S. 501).

Offenlegungspflicht des Kunden

Die Vorkenntnis schließt aber den Provisionsanspruch dann nicht aus, wenn der *Makler* dem Kunden *zusätzliche Informationen liefert* und diese ihn erst zum Abschluss des Mietvertrages veranlasst haben (BGH NJW 1996, S. 14). Im ungünstigsten Fall kann der Interessent danach verpflichtet sein, zwei Maklern volle Provision zu zahlen: Der eine hat ihn erstmals auf die Mietmöglichkeit hingewiesen, der andere ihm die Information mitgeteilt, die ihn zum Vertragsabschluss bewegt hat.

Zusätzliche vertragsrelevante Informationen

> **Tipp**
>
> Wollen Sie als Interessent den Provisionsansprüchen eingeschalteter Makler entgehen, so sollten Sie unmissverständlich erklären, dass Sie das Mietobjekt schon kennen und keinesfalls bereit sind, irgendwelche Provisionen zu zahlen.

10.5.2.2 Vermittlungsmakler

Verhandlungspflicht Der *Vermittlungsmakler* hat nicht nur einen geeigneten *Vertragspartner* zu benennen, sondern er muss auch dessen Willensentschluss positiv beeinflussen. Demnach hat der Makler mit ihm zu *verhandeln*, um das von dem Auftraggeber gewünschte Geschäft zustande zu bringen oder zumindest den *Vertragsabschluss zu fördern* (BGH NJW-RR 1997, S. 884). Für eine derartige Vermittlungtätigkeit genügt es aber nicht, wenn der Makler der anderen Seite den bevorstehenden Anruf seines Auftraggebers angekündigt hat (BGH NJW-RR 1989, S. 1071).

> **Tipp**
>
> Weil die Vermittlungstätigkeit vom Makler ein höheres Engagement erfordert, bildet dieser Vertragstyp für den Interessenten die vorteilhaftere Variante.

Beratungstätigkeit und Informationspflicht des Maklers

Der Maklervertrag verpflichtet den Makler nach § 652 BGB nicht zur Erbringung der Maklerleistung, soweit der Makler nicht ausdrücklich einen Alleinauftrag erhalten hat (vgl. Kap. 10.5.4). Das ist auch nicht erforderlich, weil sein *Provisionsanspruch erfolgsabhängig* ist, er also die Vergütung nur verlangen kann, wenn der vom Kunden angestrebte Vertrag mit dem Dritten zustande kommt.

Wahrheitsgemäße Information Dennoch spielt die *Beratungstätigkeit* des Maklers als *Nebenpflicht* aus dem Maklervertrag eine immer größere Rolle und zielt auf die umfassende wahrheitsgemäße Information des Kunden über alle Tatsachen, die für dessen Entschluss, den Vertrag abzuschließen, wesentlich sind. Das schließt das betreffende *Objekt* und dessen eventuelle Besonderheiten (z. B. Bebaubarkeit, bekannte Mängel (BGH WM 2005, S. 2245) einschließlich eventueller steuerlicher Vorteile) ein, falls der Makler damit geworben hat (OLG Koblenz NZM 2003, S. 830). Ferner hat der Makler auf eine *marktgerechte Preisgestaltung* hinzuwirken (BGH NJW-RR 2000, S. 432).

Pflichtverletzungen des Maklers

Verletzt der Makler die genannten vertraglichen Pflichten schuldhaft, macht er sich gegenüber dem Auftraggeber wegen dieser allgemeinen Pflichtverletzung nach § 280, Abs. 1 BGB *schadensersatzpflichtig* (BGH NJW-RR 1991, S. 627; vgl. Kap. 5.5).

Von sich aus braucht der Makler i.d.R. weder Erkundigungen einzuziehen, noch *Nachforschungen* anzustellen. Stellt er aber *leichtfertige Behauptungen* ohne jegliche Grundlage auf, die für den Vertragsentschluss von ausschlaggebender Bedeutung sind, so hat er dem Kunden gegenüber Schadensersatz zu leisten (BGH WM 1987, S. 1044). Selbstverständlich muss auch ein Makler, der seinen Kunden ohne eigenes Verschulden unrichtig informiert hat, den *Fehler richtig stellen*, wenn er die richtigen Tatsachen erfährt (BGH NJW 2000, S. 3642). Angaben, die der Makler von dem Vermieter erhält, darf er grundsätzlich *ungeprüft* an den Kunden weitergeben. Nur wenn diese nach seinem berufsmäßig zu erwartendem Kenntnisstand ersichtlich als unrichtig, nicht plausibel oder sonst als bedenklich einzustufen sind, hat er sie vor Aufnahme in das Exposé genau zu überprüfen (BGH NJW 2007, S. 795)

Darüber hinaus kann der Makler bei einer *groben Pflichtverletzung* (wenn er den Interessen eines Auftraggebers in wesentlicher Weise zuwiderhandelt) seinen *Provisionsanspruch* nach § 654 BGB *verwirken*, weil er dann des Maklerlohns nicht mehr würdig ist (vgl. Kap. 10.5.3.2).

Nachforschungen

Fehlerkorrektur

Überprüfungspflicht

10.5.3 Maklerlohn

Hat der Makler den Nachweis zum Vertragsabschluss erbracht und/oder das Geschäft vermittelt, kann er die vereinbarte Provision fordern. Die Vergütung des *Nachweismaklers* lässt sich auch als *»Tipp-Provision«* verstehen, weil er sie nur für einen bloßen »Tipp«, nämlich die Mitteilung einer Abschlussmöglichkeit, erhält (OLG Düsseldorf NJW-RR 1998, S. 1667). *Ist aber der Maklervertrag unwirksam*, so steht dem *Makler grundsätzlich keine Provision* auch nicht aus ungerechtfertigter Bereicherung nach § 812 Abs. 1 BGB zu, selbst wenn der von ihm vermittelte geschäftliche Kontakt zu einem Vertragsabschluss führt (BGH ZIP 2005, S. 1517).

Erfolgsabhängige Provision

10.5.3.1 Höhe der Vergütung

In Deutschland haben sich bis heute noch keine festen *Maklerprovisionssätze* herausgebildet. Bei Mietverträgen bewegt sich der Maklerlohn, der jeweils durch den Mieter zu zahlen ist, zwischen *ein bis drei Monatsmieten*, was vielfach auch durch eine Maklerklausel im Mietvertrag festgeschrieben wird (vgl. Kap. 10.5.1.2). Fehlt eine ausdrückliche Vergütungsvereinbarung, gilt die übliche Provision, die

Vereinbarte oder übliche Provision

bei der zuständigen Industrie- und Handelskammer erfragt werden kann. Die *Mehrwertsteuer* steht dem Makler gegenüber vorsteuerabzugsberechtigten Unternehmen nur bei ausdrücklicher Vereinbarung zu (OLG München NJW-RR 1993, S. 415). Der Makler kann

Auskunftpflicht des Kunden

aber von dem Kunden Auskunft über die *Bemessungsgrundlage* der *Provision* (Kaufpreis, Mietzins) verlangen, wenn ihm diese nicht bekannt ist (LG Offenburg NJW-RR 1995, S. 499).

Erweist sich der Vermittlungsmakler in den Vorgesprächen mit dem Dritten als besonders geschickt und schlägt einen *Mehrerlös* heraus, so will er daran auch profitieren. Geschieht das offen und wird das einzeln mit dem Auftraggeber ausgehandelt, ist dagegen nichts einzuwenden.

Übererlösklauseln

Probleme bereiten nur *versteckte Übererlösklauseln* in Formularverträgen, von denen der Kunde keine Ahnung hat. Führt die Anwendung solcher Übererlösklauseln zu einer *unangemessen hohen*

Wucher

Provision, die in einem auffälligen Missverhältnis zu der hierfür erbrachten Leistung steht und damit als wucherisch anzusehen ist, so ist die Klausel und damit der Maklervertrag wegen Sittenwidrigkeit ausnahmsweise nichtig (§ 138, Abs. 2 BGB; BGHZ 125, S. 135). Unterhalb dieser Schwelle wird man auf jeden Fall dem Makler eine *Pflichtverletzung* beim Vertragsabschluss vorwerfen müssen, wenn er den *Kunden* nicht über die Existenz der Übererlösklausel *aufklärt*

Schadensersatz

(§§ 311, Abs. 2, Nr. 1, 241, Abs. 2 BGB). Der *Schadensersatzanspruch* des Kunden läuft dann im Ergebnis darauf hinaus, dass der Makler keine über die normale Provision hinausreichende Zahlung fordern kann, weil der Kunde vermögensmäßig so gestellt werden muss, als hätte der Makler seiner Aufklärungspflicht ihm gegenüber ordnungsgemäß entsprochen (§ 249, Abs. 1 BGB; OLG Düsseldorf NJW-RR 1999, S. 140). Eine noch härtere Sanktion dürfte den Makler bei dem Verschweigen eines zu erwartenden beträchtlichen Übererlöses

Verlust der Provision

treffen. Darin lässt sich i.d.R. eine *grobe Verletzung* der Maklerpflichten sehen, die nach § 654 BGB zu einem Totalverlust des Maklerlohns führen würde (vgl. Kap. 10.5.2).

10.5.3.2   Doppeltätigkeit

Doppeltätigkeit nur bei Offenlegung erlaubt

Wird ein Makler für beide Seiten tätig, könnte er sowohl vom Vermieter als auch vom Mieter die vereinbarte Provision verlangen. Für die *Doppeltätigkeit* benötigt aber der Makler eine *vertragliche Erlaubnis*. Hat er diese nicht, so *verwirkt* er wegen vertragswidriger unerlaubter Doppeltätigkeit seinen Anspruch auf den *Maklerlohn* und auf Ersatz seiner Aufwendungen (§ 654 BGB). Deshalb muss er seine Doppeltätigkeit beiden Parteien offen legen (OLG Hamm NJW-RR 1994, S. 125). Die Gestaltung kann auch durch eine *AGB-Klausel* im Maklervertragsformular enthalten sein (OLG Bamberg OLGR 2000,

S. 251). In der bloßen Auferlegung einer Provisionspflicht selbst,
liegt noch kein treuwidriges zum Verlust der Provision liegendes
Verhalten (BGH NJW 2005, S. 3778).

Bei einer *erlaubten Doppeltätigkeit* ist der BGB-Makler ausnahms-   **Neutralitätspflicht**
weise genau wie der Handelsmakler zu einer *strikten Neutralität*
verpflichtet, sodass er nur für die eine Seite, i.d.R. den Vermieter,
die Vermittlungstätigkeit erbringt, dagegen für die andere Seite nur
als Nachweismakler wirkt (BGH NJW-RR 1998, S. 993). Wegen seiner Pflicht zur Unparteilichkeit darf der Makler keinen Einfluss auf
den Verlauf der Vertragsverhandlungen nehmen (BGH WM 1992,
S. 279).

Hat sich Ihr Vermieter an einen Makler gewandt und will dieser von   **Tipp**
Ihnen Provision kassieren, so brauchen Sie darauf nicht einzugehen.
Unterschreiben Sie deshalb keinesfalls irgendwelche Formulare oder
Schriftstücke, die Ihnen der Makler vorlegt. Achten Sie auch darauf,
dass der Mietvertrag keine entsprechende Maklerlohnklausel enthält,
die Sie zur eigenständigen Provisionszahlung verpflichtet (vgl. Kap.
10.5.1.2).

Die Rechtsprechung wendet die Strafnorm des § 654 BGB auf ähn-   **Verwirkung**
liche *schwerwiegende Verletzungen der Treuepflicht* des Maklers, ins-   **des Maklerlohns**
besondere von Beratungs- und Informationspflichten an, wenn diese
Pflichtverletzung bewusst oder in grob leichtfertiger Weise geschehen ist und sich dadurch der Makler seines Lohnes als unwürdig
erweist (BGH WM 2005, S. 1481).

10.5.3.3   Nachgewiesener oder vermittelter Vertrag

Der Anspruch des Maklers auf den *Maklerlohn* ist eine *erfolgsabhän-*   **Identität zwischen**
gige Provision. Sie steht ihm nur zu, wenn das zustande gekommene   **geplantem und**
Geschäft dem ursprünglich beabsichtigten entspricht (BGH NJW-RR   **abgeschlossenem**
2006, S. 496). Weicht es dagegen von der Planung ab, wie bei Mie-   **Vertrag**
te statt Kauf, kann er keinen Lohn verlangen, da nur *wirtschaftlich*
gleichwertige Geschäfte identisch sind (BGH NJW-RR 1990, S. 1008).
Entscheidend ist nicht die rechtliche Ausgestaltung des Geschäfts,
sondern ob der durch den Hauptvertrag erstrebte wirtschaftliche Erfolg eintritt (BGH BB 1998, S. 1333). *Erhebliche Abweichungen*, die
den Maklerlohn ausschließen, sind z.B. gravierende Objekt- bzw.
Preisabweichungen (BGH NJW 1988, S. 967).

Beispiel:
Der von dem Makler benannte Vermieter will den gesamten Grundstücks-
komplex vermieten. Er schließt aber mit dem Maklerkunden den von

diesem angestrebten Mietvertrag nur über einen Teil der Grundstücksfläche ab.

Identität der Vertragsparteien

An der ebenfalls notwendigen *Identität* der *Vertragsparteien* fehlt es aber nicht bei einer engen *wirtschaftlichen Verflechtung* zwischen dem *Interessenten* und dem späteren Vertragspartner, wenn der Hauptvertrag von einem anderen Unternehmen der gleichen Unternehmensgruppe abgeschlossen wird (OLG Karlsruhe VersR 2003, S. 202). Gleiches gilt bei enger *persönlicher Beziehung* wie die Ehe oder eine nahe Verwandtschaft (OLG Koblenz NJW-RR 2004, S. 414; BGH NJW-RR 2004, S. 851). Sollte aufgrund des von dem Makler hergestellten Kontaktes zwischen den Vertragsparteien ein völlig anderer Vertrag zustande gekommen sein, kann er demzufolge keine Provision fordern.

Wirksamer Vertragsabschluss erforderlich

Ist aber der *geplante Vertrag* durch Einschaltung des Maklers *zustande gekommen*, kann dieser die vereinbarte Provision auch dann verlangen, wenn der Vertrag später wieder rückgängig gemacht (BGH BB 1997, S. 909) oder gekündigt werden sollte (BGH NJW 2005, S. 1359).

> **Beispiel:**
> *Vor dem Einzug tritt der Mieter wegen schwerwiegender, nicht terminge-recht zu behebender Mängel zulässigerweise vom Mietvertrag zurück.*

Keine Provision nach Vertragsaufhebung

Der Makler trägt nämlich nach § 652, Abs. 1, Satz 1 BGB nur das Risiko des Vertragsabschlusses, der Auftraggeber dagegen das der erfolgreichen Vertragsdurchführung (BGH BB 1997, S. 989). Wegen der rückwirkenden Wirkung der *Anfechtung* entfällt aber der Provisionsanspruch des Maklers, wenn der Hauptvertrag erfolgreich angefochten worden ist (BGH NJW-RR 1991, S. 820; vgl. Kap. 3.6.2.2). Ebenso kann es bei Einräumung eines *vertraglichen* fristgebundenen *Rücktrittsvorbehalt* sein, wenn dieser als aufschiebende Bedingung zu verstehen ist, was durch Auslegung geklärt werden muss (BGH NJW-RR 2000, S. 1302). Der Makler kann jedoch in einer *Einzelvereinbarung* auch diese *Risiken ausschließen*, was man nicht akzeptieren sollte.

10.5.3.4 Erfolgsprovision und andere Vergütungsformen

Nach dem Wesen des Maklervertrages ist der Vergütungsanspruch des Maklers eine reine Erfolgsprovision. Daher kann er nichts verlangen, wenn das Geschäft, scheitert. Viele Makler versuchen, zumindest eine *Zeitlohnvergütung* oder einen *Auslagenersatzanspruch* mit ihren Kunden zu vereinbaren, was in einer Einzelabrede jederzeit möglich ist (BGH NZM 2006, S. 939).

Tipp

Lassen Sie sich keinesfalls darauf ein, da die Dienstleistung des Maklers nun einmal nach ihrem ganzen Wesen eine erfolgsorientierte Tätigkeit darstellt. Allenfalls akzeptabel dürfte die Vereinbarung eines Aufwendungsersatzanspruches im Falle des Nichtzustandekommens des angestrebten Vertrages sein.

Zumindest kann sich der Makler nicht – für Sie völlig überraschend – durch entsprechende AGB-Klauseln eine *erfolgsunabhängige Zeitlohnvergütung* einräumen. Solche Bestimmungen sind nach der gefestigten Rechtsprechung wegen Verstoßes gegen § 307, Abs. 2, Nr. 1 BGB unwirksam, weil sie zu stark von dem gesetzlichen Leitbild der erfolgsabhängigen Provision abweichen und damit den Kunden unangemessen benachteiligen (LG Bonn NJW-RR 1996, S. 240; BGHZ 1999, S. 374).

Zeitlohnvergütung erfordert ausdrückliche Vereinbarung

10.5.4   Makleralleinauftrag

Beim *Alleinauftrag* verzichtet der Auftraggeber auf sein Recht, weitere Makler einzuschalten. Dafür ist aber der allein beauftragte Makler zum *Tätigwerden verpflichtet*, ohne dass er sich von dieser Verpflichtung einseitig lösen kann.

Dauervertrag mit Tätigkeitspflicht

Rechtlich ist dies ein auf bestimmte Dienstleistungen gerichteten sog. *Maklerdienstvertrag* (BGH NJW-RR 1987, S. 944). Meistens verzichtet der Kunde auf sein Recht, den Maklerauftrag zu widerrufen (Festauftrag; BGH NJW 1964, S. 1468). Eine zeitlich unbefristete Bindung ist aber unwirksam (BGH NZM 1998, S. 677), so dass sich dann sich die Vertragsdauer auf eine angemessene Zeit verkürzt. Mieter erteilen üblicherweise keine Alleinaufträge.

Maklerdienstvertrag

Jedenfalls kann ein Makler einen Alleinauftrag nur im Rahmen einer *Individualabrede* mit dem Kunden und nicht durch eine vorgefertigte Vertragsklausel wirksam vereinbaren, weil dies zu stark von dem gesetzlichen Leitbild der Maklertätigkeit als gelegentliche Dienstleistung abweicht (§ 307, Abs. 2, Nr. 1 BGB).

10.5.5   Treuepflichten des Auftraggebers und Checkliste für den Maklerkunden

Auch der *Maklerkunde* hat gewisse Treuepflichten zu erfüllen. So ist er vor allem zur *Verschwiegenheit* verpflichtet. Er hat die vom Makler erhaltenen *Informationen vertraulich* zu behandeln und darf diese nicht unbefugt an dritte Personen weitergeben (OLG Koblenz NJW-RR 1994, S. 180). Wenn ein Dritter aufgrund unberechtigt erworbener Kenntnisse den Hauptvertrag abschließt, muss der Auftraggeber dem Makler den daraus entstandenen *Schaden ersetzen* (BGH WM 1987, S. 632). Dem Makler dürfte es aber schwer fallen, tatsäch-

Verschwiegenheitspflicht

lich einen Schaden in Höhe der Provision nachzuweisen. Aufgrund dieser besonderen Situation hat die Rechtsprechung den Grundsatz der Erfolgsabhängigkeit gelockert: Die Maklerverträge können formularmäßig vorsehen, dass der Maklerkunde auch dann die vereinbarte Provision zu zahlen hat, wenn er den erhaltenen Nachweis einem Dritten weitergibt und dieser danach das Geschäft tätigt (OLG Koblenz NJW–RR 1994, S. 180).

Checkliste

1. Haben Sie sich wegen der Suche nach geeigneten Geschäftsräumen *nicht* direkt an einen *Makler gewendet*, können Sie diese Provisionsansprüche relativ einfach abwehren.

✔ Sie sollten dessen *Provisionsbegehren*, wenn der Makler darauf hinweist, ausdrücklich und am besten schriftlich *ablehnen*, bevor Sie den Mietvertrag abschließen.

✔ *Keinesfalls* dürfen Sie ein *Formular* des Maklers *unterschreiben*, indem Sie dessen Provisionsanspruch anerkennen.

✔ Vor Abschluss des Mietvertrages sollten Sie unbedingt das *Mietvertragsformular* durchlesen, ob es eine *Maklerklausel* enthält, die den Mieter zur Zahlung der Maklerprovision verpflichtet. Die Vertragsbedingung muss dazu optisch deutlich hervorgehoben sein. Fragen Sie sicherheitshalber auch bei dem Vermieter nach.

2. Sollten Sie aber einen *Makler eingeschaltet* haben, wird direkt zwischen Ihnen und Ihrem Makler ein *Maklervertrag* geschlossen. Dann müssen Sie auch selbstverständlich nach Abschluss des durch ihn zustande gekommenen Mietvertrages die Maklerprovision bezahlen. Lesen Sie sich den Vertragstext genau durch.

✔ Bestehen Sie auf einer *Vermittlungs*- und nicht bloß auf einer Nachweis*pflicht* des Maklers, so dass dieser sich auch bei den Vertragsverhandlungen einbringen muss.

✔ Holen Sie alle wichtigen *Informationen* über den *Geschäftspartner* und das Mietobjekt beim Makler ein. Er muss dann alle ihre Fragen nach bestem Wissen richtig und vollständig beantworten.

✔ Unterschreiben Sie *keinen Makleralleinauftrag*, der verhindert, dass Sie sich auch an andere Makler wenden können.

✔ Gleiches gilt für eine *Vorkenntnisklausel*, in der Sie versichern, dass Sie das vermittelte Objekt noch nicht kennen – Grundvoraussetzung für die Maklerprovision. Sie verschlechtern dadurch unnötig Ihre Beweislage, sollte das doch der Fall sein.

✔ Nehmen Sie es auch nicht hin, dass Sie dem Makler einen *pauschalen Aufwendungsersatz* zahlen, wenn der Mietvertrag nicht zustande kommt.

10.6 Marketing und Werbung

Auch mittelständische Unternehmen kommen heute ohne diese bei-
den Absatzinstrumente nicht mehr aus, wollen sie sich dem harten   **Werbekampagne**
Wettbewerb auf den jeweiligen für sie relevanten Märkten behaup-
ten. Sie verfügen aber vielfach nicht über das notwendige Know-how
für die Entwicklung eines *optimalen Marketing-Konzeptes* oder einer *Werbekampagne,* die die Aufmerksamkeit der Kunden auf sich
ziehen kann. Deshalb werden kompetente und innovative Werbeagenturen in längeren Kooperationen gebunden und beauftragt, zusammen mit den eigenen Marketing-Fachleuten ein umfassendes
Werbekonzept auszuarbeiten. Der Auftrag kann sich aber auch auf
die Verfeinerung einer schon entwickelten Werbestrategie, wie etwa
der Erstellung eines neuen *Werbeprospektes,* beschränken. Nicht
selten entwickelt sich aus dieser zunächst zeitlich begrenzten Geschäftsbeziehung eine dauerhafte Kooperation.

10.6.1 Werbeagenturvertrag

Rechtliche Grundlage einer umfassenden Werbekampagne bildet der
Werbeagenturvertrag, wobei die Werbeagentur nicht nur die Präsen-
tation eines schon ausgearbeiteten Werbekonzeptes über bestimmte
Medienpartner vermittelt, sondern dieses durch eigene Planung und
Gestaltung in Verbund mit dem werbenden Unternehmen entwi-
ckelt.

10.6.1.1 Kreation und Umsetzung einer Werbekampagne

Wollen Sie das gesamte schöpferische Know-how und die Geschäftsverbindungen einer Werbeagentur mit Werbeträgern nutzen, so sollte die Agentur schon sehr *frühzeitig* in das *Werbeprojekt* eingeschaltet werden. Das *Aufgabenspektrum* reicht dann von der Vorbereitung
bis zur Prüfung der Effektivität der einzelnen Werbemaßnahmen.
Dabei kann man die Umsetzung des Werbeprojektes in fünf verschiedene Phasen untergliedern:

1. *Vorbereitungsphase:* umfasst die *allgemeine Werbe- und Marke-*   **Umsetzung des**
   tingberatung und die Erarbeitung von Werbezielen innerhalb   **Werbeprojektes**
   der Produktanalyse und dem Sammeln des dazu erforderlichen
   Datenmaterials mit den dazu geeigneten Erfassungsinstrumen-
   ten im Bereich der Markt- und Meinungsforschung.
2. *Planungsphase:* Erarbeitung eines *konkreten Werbekonzeptes*
   auf der Grundlage der genannten Tätigkeiten, insbesondere der
   Verdichtung zu einem konkreten Werbethema und einer gegenständlichen Abbildung der Werbeidee als Rohentwurf.

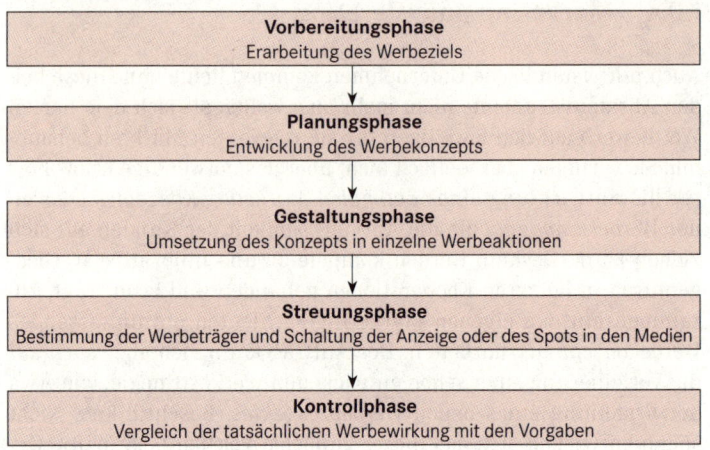

Abb. 10.7: Phasen der Umsetzung eines Werbeprojekts

3. *Gestaltungsphase:* Ausformung dieser Ideen – optisch und akustisch durch Herstellen von *Werbematerialien* (wie insbesondere dem Schreiben von Werbetexten, Erstellen von Fotografien oder Fernsehfilmen mit Blick auf die anzusprechenden Zielgruppen), Marktpositionierung, Entwicklung von Werbeargumenten und Auswahl der werbedurchführenden Unternehmen als *Werbeträger* etc.

4. *Streuungsphase:* Direkte Kontaktaufnahme mit den ausgewählten Werbeträgern und *Abschluss* von *Einschaltverträgen* mit diesen.

5. *Kontrollphase: Überprüfung* der Einhaltung gegenüber der den Werbeträgern erteilten Vorgaben und des *Werbeerfolges*, soweit messbar, durch Erfassen und Bewerten der durch die einzelnen Werbemaßnahmen eingetretenen Werbewirkung im Vergleich zu den damit verbundenen Erwartungen.

10.6.1.2   Rechtliche Einordnung

**Geschäfts-
besorgungsvertrag**

Die beauftragte Werbeagentur wird im Rahmen des sog. *Produktplacements* tätig und bietet demzufolge eine *Geschäftsbesorgung* im Sinne von § 675 BGB an (vgl. Kap. 10.4). Die genaue rechtliche Einordnung hängt – je nach der zu erbringenden Dienstleistung – davon ab, ob nur, wie etwa bei einer bloßen Beratung, die Werbetätigkeit als solche geschuldet wird, dann: *dienstvertragliche Natur* (OLG München NJW-RR 1996, S. 626; vgl. Kap. 10.2.) oder ob, wie häufig, auch ein bestimmtes produktives Ergebnis, z.B. die Ausarbeitung eines Werbekonzeptes, erreicht werden soll, dann: *Werkvertragscharakter* (OLG Düsseldorf NJW-RR 1991, S. 120; vgl. Kap. 10.3).

In den meisten Fällen wird dem konkreten Werbeagenturvertrag das *Vertragsformular* des *Dienstleisters* zugrunde gelegt. Diese Vertragspraxis können Sie ohne Bedenken übernehmen, wenn Sie darauf achten, dass Ihre Interessen und Rechte nicht zu kurz kommen. Die wichtigsten Aspekte, auf die Sie als Auftraggeber unbedingt achten müssen, sind in den Checklisten zum Geschäftsbesorgungs-, Dienst- oder Werkvertrag zu finden. Der nachfolgende Text kann sich deshalb auf die Besonderheiten des Werbeagenturvertrages beschränken.

Mustervertrag der Werbeagentur

10.6.2 Agenturdienstvertrag

Wird die Werbeagentur mit der *dauerhaften Beratung* in allen Fragen des Marketings, der Werbung, der Produktpräsentation und der Verkaufsförderung beauftragt, geht es nur um die Erbringung der Dienstleistung als solche, sodass das zeitliche Element der dauerhaften Tätigkeit im Vordergrund steht. Damit besitzt die Geschäftsbesorgung überwiegend *dienstvertraglichen Charakter.*

Dauerhafte Beratung

Als *Vergütungssystem* bietet sich an, entweder
- den erbrachten Zeitaufwand nach abgerechneten Stunden zu honorieren
- oder ein jährliches Pauschalhonorar zu vereinbaren.

Im letzteren Fall geht ein Minderaufwand zulasten des werbenden Unternehmens und ein Mehraufwand zulasten der Agentur.

Das *Aufgabenspektrum* bei diesem Beratungsvertrag lässt sich kurz und bündig dahingehend umreißen, dass die Werbeagentur das werbende Unternehmen mit ihrem Sachverstand und größtmöglicher Objektivität über geeignete Werbemaßnahmen (und bei der Anzeigenwerbung auch über das wirksamste Medium) zu beraten hat. Die Werbeagentur haftet mangels abweichender vertraglicher Vereinbarung auf Schadensersatz, wenn sie die auf Erfahrungswerten sich gründenden *anerkannten Werbegrundsätze* außer Acht gelassen hat (§§ 675, 280, Abs. 1 BGB; vgl. Kap. 5.5).

Anerkannte Werbegrundsätze als Qualitätsmaßstab

10.6.2.1 Agenturwerkvertrag

Vielfach schuldet aber die Agentur konkrete produktive Ergebnisse ihrer Dienstleistung, insbesondere wenn sie ein umsetzbares *Werbekonzept* zu *entwickeln* hat oder *abgegrenzte Teile*, wie etwa das Design für ein Firmenlogo, die Gestaltung einer Website im Internet etc. Trotz der Erfolgsbezogenheit der Werbeleistung tragen Sie als Auftraggeber selbstverständlich das Risiko, dass das von Ihnen gebilligte und umgesetzte Werbekonzept tatsächlich die erhoffte Werbewirkung bei der Zielgruppe entfaltet.

Umsetzbares Werbekonzept als produktives Ergebnis

Vergütung erst nach Abnahme

Ohne besondere Abrede kann die Werbeagentur die vereinbarte Vergütung erst dann verlangen, wenn die beauftragten Arbeiten und/oder Leistungen im vollen Umfang ordnungsgemäß ausgeführt worden sind und Sie als Auftraggeber diese auch abgenommen haben (§§ 641, 640 BGB), sofern im Vertrag keine Abschlagszahlungen vereinbart worden sind (vgl. Kap. 10.3.3). Mithin trägt die *Werbeagentur* das *Vorleistungsrisiko*, d. h. die Gefahr des zufälligen Untergangs oder der Verschlechterung der bereits erbrachten Arbeiten oder Leistungen, und kann deshalb vor der Abnahme kein Honorar verlangen, wenn das von ihr erbrachte Werk zerstört worden ist. Im Besonderen muss sie die vertraglich vereinbarten Leistungen erneut erbringen.

> **Beispiel:**
> *Entwürfe für ein Firmenlogo und einen Werbetext werden infolge eines Brandes in dem Geschäftsraum der Werbeagentur zerstört.*

Mit der Abnahme des Werkes geht jedoch dieses Risiko auf Sie als Auftraggeber über (§ 644, Abs. 1, Satz 1 BGB).

Beschreibung der geschuldeten Arbeitsleistungen

Besonderes Augenmerk ist auf die möglichst *genaue Beschreibung* der von der Werbeagentur geschuldeten *Arbeitsleistungen* zu legen, die mit der vereinbarten Vergütung abgegolten sind. Zusätzlich entspricht es gängiger Vertragspraxis, dass *Sonderleistungen* gesondert honoriert werden. Da erfahrungsgemäß aber dieser Bereich besonders konfliktträchtig ist, sollte der Vertrag eine detaillierte Regelung in Abgrenzung der pauschal abgegoltenen Leistung von den zusätzlich zu vergütenden Leistungen sowie der Höhe enthalten. Empfehlenswert ist zu Ihrem Schutz als Auftraggeber, dass Sonderleistungen nur auf der Basis eines vorherigen *schriftlichen Kostenvoranschlags* der Agentur und des ausdrücklichen schriftlichen *Einverständnis* des *Werbeunternehmers* durchgeführt werden.

Sonderleistungen

Vermittlungsprovision der Werbeträger

Schließt der Werbeauftrag auch den *Abschluss* von *Einschaltverträgen* mit werbedurchführenden Unternehmen als sog. *Werbeträger* ein, erhält die Werbeagentur für die Vertragsvermittlung von den Werbeträgern eine *Vermittlungsprovision* in der Größenordnung von üblicherweise 15 %. Dabei kann man in dem Agenturvertrag regeln, dass diese Vermittlungsprovision zwar der *Werbeagentur zusteht*, diese jedoch auf die Vergütung angerechnet wird und damit auch im Verhältnis zum werbenden Unternehmen als entlohnt gilt. Stattdessen lässt sich aber auch bestimmen, dass die Vermittlungsprovision vollständig an das *werbende Unternehmen weitergegeben* und die Agentur für ihre Arbeiten und/oder Leistung pauschal oder nach Zeitaufwand honoriert wird. Für die Werbeagentur wird es aber rechtlich problematisch, wenn die AGB der Werbeträger ausdrücklich eine Weitergabe der Vermittlungsprovision verbieten.

Anrechnung auf Vergütung

10.6.2.2   Urheberrechtsschutz und Lizenzierung bei der Werbegestaltung

Vielfach beinhaltet der Werbeagenturvertrag auch eine anspruchsvolle gestalterische Leistung, die auf dem Einsatz kreativer Fähigkeiten beruht. Deshalb stellt sich dann zwangsläufig die Frage, inwieweit die *Werbeleistung* eine *persönliche geistige Schöpfung* von *gewissem Rang* darstellt und deshalb umfassenden urheberrechtlichen Schutz nach § 1 Urheberrechtsgesetz genießt. Nur dem Urheber eines solchen Werkes ist es gestattet, das Werk zu verwerten oder zu bearbeiten (§§ 15, 37 UrhG). Werden seine Rechte verletzt, stehen ihm umfassende Unterlassungs- und Schadensersatzansprüche zu (§ 97, Abs. 1 UrhG).

Soweit Werbeleistungen der Agentur urheberrechtlich geschützt sind, muss es im Interesse des *werbenden Unternehmens* sein, sich möglichst umfassend und ausschließlich das *Nutzungsrecht* daran zu *verschaffen*; andernfalls kann es die Werbeleistung nicht nach seinen Vorstellungen möglichst breit gewerblich einsetzen.

Urheberrechtlich geschützte Werbeleistung

Konkrete *Werbeleistungen*, die eine gewisse *Originalität* und damit *geistige schöpferische Höhe* besitzen, sind *urheberrechtlich* geschützt. Dazu gehören witzige oder punktgenaue Werbeslogans bzw. Texte, grafische Darstellungen auf Plakaten, Websites, Schaffung spezieller Comicfiguren sowie Werbefilme und Fernsehwerbespots. Werden dabei *Aufnahmen und Bildnisse* im Rahmen des Merchandisings vermarktet, sind die *Namensrechte* und das *Recht am eigenen Bild* der betroffenen Personen zu beachten, die deshalb der kommerziellen Nutzung ihres Namens oder ihrer Bildnisse zustimmen müssen (BGH GRUR 1987, S. 128).

Dagegen sind *allgemeine Werbekonzeptionen*, d.h. die hinter dem jeweiligen urheberrechtlich geschützten Werk stehende *Grund*idee, weder in Form noch Inhalt urheberrechtlich geschützt. Werbefachleute sind deshalb urheberrechtlich nicht gehindert, sich bei der Auswahl von Methoden, Motiven, Themen und gedanklichen Konzepten von anderen Werbekampagnen anregen zu lassen. Das ist auch *wettbewerbsrechtlich* unter dem Gesichtspunkt der *unlauteren Nachahmung* in Gestalt eines Ideendiebstahls solange unbedenklich, als die gestalterische Umsetzung den gebührenden Abstand wahrt und sich deshalb hinreichend deutlich von der Vorlage abhebt.

Nur konkrete originelle Werbeleistung schutzfähig

Namensrecht und Recht am eigenen Bild

Allgemeines Werbekonzept ist nicht schutzfähig

Ideendiebstahl

Beispiel:
Ein Paradefall ist die von dem Bekleidungshersteller Benetton entwickelte Werbekampagne, nicht mit den eigenen Produkten selbst zu werben, sondern stattdessen Motive mit rein schockierend provokatorischer

Aussage unter dem Firmennamen auffällig zu plakatieren, wie etwa »öl-verschmutzte Ente«, »Kinderarbeit« etc. Diese Werbeform als solche ist nicht urheberrechtlich geschützt.

Weiterentwicklung eines fremden Konzeptes

Sollten Sie die Zusammenarbeit mit Ihrer Werbeagentur beenden, können Sie von einer anderen Werbeagentur das von der Vorgängerin entwickelte *Werbekonzept weiterentwickeln* lassen, ohne dass letztere Unterlassungs-, Vergütungs- oder sonstige Ansprüche geltend machen kann (wenn dies nicht anderweitig im Vertrag geregelt ist; darauf sollten Sie sich aber ohne Not als Auftraggeber nicht einlassen).

Tipp

> Sieht der von der Werbeagentur vorgelegte Vertrag eine Vergütungspflicht für das entwickelte Werbekonzept im Falle der Vertragsbeendigung vor, gehen Sie nicht darauf ein und bestehen auf einer Streichung dieser Regelung.

10.6.2.3 Rechtserwerb durch werbendes Unternehmen

Einfache ausschließliche Lizenz

Ist die Werbeagentur Inhaber des Urheberrechts, nützt die Einräumung eines sog. *einfachen Nutzungsrechts* in Form der einfachen Lizenz dem werbenden Unternehmen relativ wenig, weil es damit das Werk neben dem Urheber und anderen Berechtigten nur auf die ihm erlaubte Art nutzen kann (§ 31, Abs. 2 UrhG). Zweckdienlich ist allein ein *ausschließliches Nutzungsrecht* in Form der *ausschließlichen Lizenz*, die den Erwerber berechtigt, das Werk unter Ausschluss aller anderen Personen – einschließlich des Urhebers – auf die ihm erlaubte Art zu nutzen und einfache Nutzungsrechte Dritter einzuräumen (§ 31, Abs. 3 UrhG). Dazu bedarf es einer entsprechenden Lizenzvereinbarung. Dieser Komplex stellt einen der zentralen Regelungsbereiche dar.

Ohne Vereinbarung gilt Zwecküber-tragungsregelung

Fehlt mit der Werbeagentur hierüber eine ausdrückliche Vereinbarung, so stehen Sie als werbendes Unternehmen auch nicht völlig rechtlos dar, sondern nach der urheberrechtlichen *Zweckübertragungsregelung* gemäß § 31, Abs. 5 UrhG hat Ihnen die Werbeagentur die *Rechte* zur *Nutzung* und *Verwertung* der für Sie geschaffenen *Werbung* in dem Maße zu verschaffen, wie das nach dem *verfolgten Vertragszweck erforderlich* und üblicherweise nach Treu und Glauben und Verkehrssitte gehandhabt wird (BGH GRUR 1986, S. 886).

Beispiel:

Geht es um ein abgegrenztes Werbeprojekt, etwa eine geplante Anzeigenkampagne, so beschränkt sich die Rechtseinräumung auf das konkrete

*Werbevorhaben. Soll der für die Produktausstattung bestimmte gestal-
terische Entwurf später auch zur Kennzeichnung der Firma verwendet
werden, bedarf es deshalb einer neuen Rechtseinräumung durch die
Werbeagentur.*

Deshalb muss es in Ihrem Interesse als werbendes Unternehmen
liegen, sich *ausdrücklich* ein umfassendes und ausschließliches
Lizenzrecht einzuräumen, welches Sie in die Lage versetzt, das im
Rahmen des Vertrages geschaffene Werk nebst den dazu gehörigen
Dokumentationen unverändert oder verändert unter Ausschluss der
Werbeagentur in jeder Hinsicht zu verwerten. Demzufolge sollten Ihnen zeitlich, sachlich, räumlich und qualitativ unbeschränkt sämtliche *ausschließlichen Nutzungs- und Verwertungsrechte* an dem Werk
nebst der dazugehörigen Dokumentation einschließlich sämtlicher
vermögensrechtlicher Befugnisse und Bearbeitungsrechte *übertragen* werden. Nur so steht es Ihnen als Auftraggeber frei, ohne die
Zustimmung der Werbeagentur einzelne oder sämtliche Ihnen eingeräumte Rechte durch einfache oder ausschließliche Lizenzrechte
an Dritte zu vergeben oder auch die erworbenen Rechte ganz oder
teilweise auf Dritte, insbesondere auf Tochterunternehmen, weiter
zu übertragen.

Bestehen Sie unbedingt auf der Übertragung einer umfassenden
und ausschließlichen Lizenz, die Ihnen die umfassende und ausschließliche Nutzung – auch unter Ausschluss der Werbeagentur
– an dem urheberrechtlich geschützten Werbeprodukt einräumt.

Ausschließliche dauerhafte Lizenz wichtig

Umfassende ausschließliche Lizenzübertragung

*»Soweit die Werbeagentur ... innerhalb dieses Agenturvertrages urheber-
rechtlich geschützte Werbeprodukte schafft, überträgt sie hiermit sämtliche daran bestehenden Nutzungs- und Verwertungsrechte in jedweder
Form ausschließlich (auch unter Ausschluss des Urhebers selbst) auf den
Auftraggeber. Diese Rechteübertragung schließt auch die zu dem urheberrechtlichen Werk dazugehörende Dokumentation, vor allem sämtliche ver-
mögensrechtlichen Befugnisse und Bearbeitungsrechte daran ein.«*

Klauselvorschlag

Diese Lizenzvereinbarung können Sie auch als vorgefertigte vertragliche Bausteine in Form von *Urheberrechtsklauseln* einbringen.
Selbst gegen eine solch umfassende Rechteübertragung meldet die
Rechtsprechung keine Bedenken nach dem AGB-Recht an, weil die in
der Werbeagentur geleistete geistige Schöpfung ausschließlich zum
wirtschaftlichen Nutzen des werbenden Unternehmens geschieht
(BGH GRUR 1984, S. 45).

10.6.2.4   Verletzung von Rechten Dritter

Rechteprüfung erforderlich

Für die *Auswahl* des für die Werbemaßnahme geeigneten Text-, Bild- und Tonmaterials ist die *Werbeagentur* schon wegen ihres höheren Know-hows zuständig. Daher hat sie auch zu prüfen, ob daran Rechte Dritter, insbesondere *Urheberrechte, Namensrechte* oder *Rechte am persönlichen Bild* oder *Ton* bestehen. Sollte dies der Fall sein, hat sie vorher die Zustimmung vom Rechteinhaber einzuholen. Sie schuldet nämlich eine Werkleistung, die ohne Rechtsmängel, also frei von Rechten Dritter, ist (§ 633, Abs. 3 BGB). Sollten Rechtsmängel von der Werbeagentur übersehen werden, stehen Ihnen wegen des Werkmangels als Auftraggeber nach § 634 BGB diverse Mängelansprüche, insbesondere die Mängelbeseitigung, zu (vgl. Kap. 10.3.5.2).

Rechte Dritter als Rechtsmangel

Vielfach können Sie auch *Schadensersatz* verlangen, weil die Werbeagentur diesen Fehler stets zu vertreten hat. Der Schaden setzt sich i.d.R. aus zwei Posten zusammen: Muss deswegen die Werbekampagne abgebrochen werden, aus dem Verlust der eingesetzten Geldmittel und darüber hinaus aus dem Schadensersatz, der noch an den Rechteinhaber zu zahlen ist.

Haftung des werbenden Unternehmens

Nach außen haftet das werbende Unternehmen gegenüber dem Rechteinhaber als Dritten nach den Regeln der *unerlaubten Handlung* dann auf Schadensersatz gemäß § 831 BGB, wenn es sich die *Werbeagentur* als ihren *Verrichtungsgehilfen* für den *Werbeauftrag* nicht sorgfältig ausgewählt und bei der Durchführung nicht im gebotenen Umfang überwacht hat. Ein selbstständiges Unternehmen wie eine Werbeagentur brauchen Sie aber als Auftraggeber nicht so umfassend intensiv zu überwachen, wie den eigenen Arbeitnehmer. Zum *Haftungsausschluss* sollte es daher ausreichen, wenn eine klare Regelung der Verantwortlichkeiten im Werbeagenturvertrag getroffen worden ist.

Tipp

> Weisen Sie der Werbeagentur im Agenturvertrag ausdrücklich die rechtliche Verantwortlichkeit dafür zu, dass die Werbemaßnahme keine persönlichen Rechte Dritter verletzen darf.

Rechteprüfung

Klauselvorschlag

»Die Werbeagentur prüft vor Verwendung von Werbematerial in Text, Bild und Ton, dass daran keine Rechte Dritter, insbesondere Urheberrechte, Namensrechte und Rechte am eigenen Bild und Ton, bestehen. Sollte dies der Fall sein, bemüht sie sich um die Zustimmung des Rechteinhabers für die geplante Werbemaßnahme. Ist diese zu vernünftigen wirtschaftlichen Konditionen im Hinblick auf den zur Verfügung stehenden Werbeetat nicht zu erreichen, hat die Verwendung des Materials für die Werbemaßnahme zu unterbleiben.«

10.6.2.5   Zulässigkeit von Werbemaßnahmen

Die Werbeagentur schuldet gegenüber dem werbenden Unternehmen insgesamt eine *rechtlich zulässige Werbemaßnahme*, sodass die Werbeagentur bei der Entwicklung des Werbekonzepts und konkreter Werbeprodukte auch das *Gesetz gegen den unlauteren Wettbewerb* zu beachten hat. Das bezieht sich vor allem darauf, dass die Werbeaussage die Kunden nicht irreführt oder eine unzulässige vergleichende Werbung darstellt (vgl. Kap. 10.6.8). Stets hat deshalb eine Werbeagentur auf rechtliche Bedenken gegen die von dem werbenden Unternehmen gewünschten Werbeaktionen hinzuweisen (BGH GRUR 1974, S. 286).

> **Wettbewerbs-widrige Werbung**

Klar ist, dass die geplante *Werbemaßnahme* wegen der erheblichen rechtlichen Risiken *wettbewerbsrechtlich* umfassend juristisch *geprüft* werden muss. Von den Vertragsbeteiligten sollte dies derjenige veranlassen, der die besseren Kontakte zu renommierten Anwaltskanzleien besitzt. Es muss sich auf jeden Fall um einen ausgewiesenen *Experten* des *Wettbewerbs* – und *Werberechts* handeln. Bleibt, wie von Gesetzes wegen, die rechtliche Verantwortung bei der Werbeagentur, so wird sie das an den Anwalt zu zahlende Honorar ohnehin dem werbenden Unternehmen als Sonderleistung in Rechnung stellen. Deswegen ist es letztendlich egal, wer von den Geschäftspartnern die wettbewerbsrechtliche und werberechtliche Prüfung des Werbeproduktes übernimmt. Obliegt dies der *Werbeagentur*, haftet sie freilich nicht für wettbewerbsrechtliche Verstöße, die auf der Verwendung falscher tatsächlicher Angaben durch das werbende Unternehmen beruhen. Das kann und sollte man vertraglich auch klarstellen.

> **Notwendiger juristischer Check**

> **Werbeagentur**

Prüfungspflicht der Werbeagentur

»Die Werbeagentur sorgt für die wettbewerbsrechtliche und werberechtliche Zulässigkeit der geplanten Werbemaßnahmen und lässt diese von einem zuverlässigen und kompetenten Fachanwalt überprüfen. Sie haftet aber nicht für die Richtigkeit der in der Werbung enthaltenen Sachaussagen über Produkte und Leistungen des werbenden Unternehmens.«

> **Klauselvorschlag**

Sofern Sie aber als *werbendes Unternehmen* über die besseren geschäftlichen Beziehungen verfügen, können Sie auch durch eine ausdrückliche Regelung, gekoppelt mit einer *Haftungsfreistellung* der *Werbeagentur*, die rechtliche Prüfung aller Werbemaßnahmen übernehmen – nicht nur im Hinblick auf das Wettbewerbsrecht, sondern auch hinsichtlich auf Persönlichkeitsrechte Dritter. Das gilt insbesondere, wenn wegen eines Dauer-Mandates keine zusätzlichen anwaltlichen Kosten anfallen (vgl. Kap. 10.10.4.3.1). Dann aber ist es besonders wichtig, dass die Werbeagentur bei jeder Werbemaßnah-

> **Werbendes Unternehmen**

me auf fremdes Werbematerial, seien es Textbeiträge, Bild- und Tonaufnahmen, ausdrücklich hinweist, wozu sie in der Vereinbarung auch unmissverständlich verpflichtet werden sollte.

Prüfungspflicht des werbenden Unternehmens

Klauselvorschlag

»Der Auftraggeber– übernimmt in Abweichung von den gesetzlichen Bestimmungen – die Prüfung der rechtlichen Zulässigkeit aller Werbemaßnahmen und stellt die Werbeagentur im Hinblick auf die Inanspruchnahme durch Dritte von der Haftung frei. Die Werbeagentur verpflichtet sich jedoch, sämtliche Werbematerialien, die nicht von ihr stammen, sondern aus fremden Quellen übernommen worden sind, deutlich zu kennzeichnen.«

10.6.2.6   Wettbewerbsverbot und Ausschließlichkeit

Konkurrenzschutzregelung

Zu den selbstverständlichen vertraglichen *Nebenpflichten* einer *Werbeagentur* gehört es, schon um unnötigen Schaden vom Auftraggeber abzuwenden, *keine Aufträge* von *Wettbewerbern* anzunehmen, weil es hier sehr leicht zu einem interessewidrigen Ideentransfer kommen kann. Ohne ausdrückliche Regelung lässt es sich aber im Streitfall schwierig abgrenzen, wann ein solches Konkurrenzverhältnis zu anderen Unternehmen und zu deren einzelnen Produkten besteht. Hier kann eine präzise Aufzählung von Wettbewerbsunternehmen und Wettbewerbserzeugnissen für die erwünschte Klarheit sorgen.

Wettbewerbsvereinbarung

Klauselvorschlag

1. *»Als Wettbewerbsunternehmen gelten insbesondere ...«*
2. *»Wettbewerbserzeugnisse sind insbesondere ...«*

Exklusivauftrag

Zu einer derartigen Beschränkung ihrer geschäftlichen Tätigkeit sind Werbeagenturen i.d.R. nur bereit, wenn sie von dem werbenden Unternehmen einen *Exklusivauftrag* erhalten. Danach wären Sie als werbendes Unternehmen nicht berechtigt, anderen Werbeagenturen entsprechende Aufträge zu erteilen.

In beiden Fällen löst die Verletzung dieser vertraglichen Nebenpflicht, sei es das Wettbewerbsverbot oder das Ausschließlichkeitsrecht, entsprechende Schadensersatzansprüche wegen Pflichtverletzung nach §§ 675, 280, Abs. 1 BGB auf der Gegenseite aus (vgl. Kap. 5.5).

10.6.2.7   Umfassende Generalbetreuung oder beschränkte Werbeaufträge an Spezialagenturen

Generalbetreuung

Eine Ausschließlichkeitsbindung legt Ihnen aber als werbendes Unternehmen zu enge Fesseln an, wenn Sie in Form einer *Universalbetreuung* Ihren *gesamten Werbeetat* durch eine einzige *Werbeagentur* verwalten lassen. Auch in der Werbebranche hält die Spezialisierung wegen weiter um sich greifenden Differenzierung von Werbeplatt-formen im Multimedia-Zeitalter immer mehr Einkehr, sodass eine einzige Agentur das erforderliche Know-how kaum vorhalten kann. Viele Unternehmen sind daher dazu übergegangen, klar voneinander *abgegrenzte Werbeleistungen* von *mehreren Spezialagenturen* parallel erbringen zu lassen.

Aufteilung des Werbeprojekts in Spezialaufträge

> **Beispiel:**
> *Die Werbeagentur A erhält den Auftrag, einen Werbeprospekt zu entwickeln, die Werbeagentur B dagegen, eine Website im Internet zu gestalten.*

Um nicht in *Kollision* mit *Ausschließlichkeitsansprüchen* der *Werbeagentur* zu geraten, sollten Sie sich in jedem Agenturvertrag ausdrücklich das Recht vorbehalten, abgrenzbare Dienstleistungen bei Spezialagenturen in Auftrag geben zu können.

Spezialauftragsvergabevorbehalt

»Der Auftraggeber behält sich jedoch das Recht vor, nachträglich den Umfang der Werbeleistungen einzuschränken und abgrenzbare Dienstleistungen von anderen Spezialagenturen erbringen zu lassen, soweit der Auftragnehmer sie noch nicht begonnen hat. Bevor ein Auftrag an eine andere Werbeagentur ergeht, wird der Auftraggeber jedoch den Auftragnehmer schriftlich darüber in Kenntnis setzen.«

Klauselvorschlag

10.6.2.8   Geheimhaltung

Auch ohne ausdrückliche Regelung unterliegt die *Werbeagentur* einer umfassenden *Geheimhaltungspflicht*. Sie hat über sämtliche ihr bekannten Geschäftsvorgänge des werbenden Unternehmens während des Vertragsverhältnisses Stillschweigen zu bewahren. Das erstreckt sich auch auf die Mitarbeiter und sämtliche von ihr beauftragten Fremdfirmen.

Kommt es zur Verletzung der Geheimhaltungspflicht, ist aber der *Nachweis* eines *Schadens* für das werbende Unternehmen schwierig. Daher sollte die Geheimhaltungspflicht durch eine empfindliche Sanktion, am besten eine angemessene *Vertragsstrafe*, bewehrt sein. Es empfiehlt sich eine ausdrückliche vertragliche Regelung, wonach die Werbeagentur die Pflicht dafür übernimmt, dass sie auch den *Mitarbeitern* und den von ihr *beauftragten Fremdfirmen* eine entsprechende Geheimhaltungspflicht auferlegt. Ferner sollte auch geregelt werden, ob und wie lange die Geheimhaltungspflicht über die Vertragsdauer hinaus greift.

Absicherung durch Vertragsstrafe

Geheimhaltungspflicht

»1. Der Auftragnehmer verpflichtet sich, Stillschweigen über sämtliche ihm bekannt werdenden Geschäftsvorgänge des Auftraggebers während des Vertragsverhältnisses zu bewahren und eine entsprechende Geheimhaltungspflicht all seinen Mitarbeitern und sämtlichen von ihm beauftragten Fremdfirmen aufzuerlegen.

2. Die Geheimhaltungspflicht erstreckt sich auf die Dauer von ... (ein, aber nicht mehr als zwei) Jahren nach Vertragsbeendigung.

3. Sollte der Auftragnehmer oder einer seiner Mitarbeiter oder eine der beauftragten Fremdfirmen die Pflicht zur Verschwiegenheit verletzen, wird eine Vertragsstrafe in Höhe von ... (am besten ein bestimmter, ausreichend hoher Prozentsatz des Auftragswertes) fällig.«

10.6.2.9   Datenschutz

Datenschutzrechtliche Vorgaben nach dem *Bundesdatenschutzgesetz* sind vor allem zu beachten, wenn das werbende Unternehmen *Kundendaten* seiner *Werbeagentur überlässt*, um diese gezielt ansprechen zu können. Letztendlich trägt das werbende Unternehmen nach § 11 Bundesdatenschutzgesetz dafür die rechtliche Verantwortung, dass bei der Werbeagentur die gleiche Datensicherheit besteht wie im eigenen Unternehmen.

Betroffen sind davon aber nur *personenbezogene Daten* natürlicher Personen, dagegen nicht von juristischen Personen oder Personenvereinigungen. Im *Unternehmensbereich* betrifft das deshalb nur die Inhaber von Einzelunternehmen und die persönlich haftenden Gesellschafter von Personengesellschaften und die persönlichen daten von Geschäftsführern und Vorstandsmitgliedern (§ 2 BDSG). In einem solchen Fall müssten Sie als werbendes Unternehmen durch vertragliche Regelungen sicherstellen, dass die Datenverarbeitung durch die Werbeagentur genauso sicher durchgeführt wird, wie bei ihrem eigenen Unternehmen (§ 11 BDSG). Die Werbeagentur darf dabei die Daten nur im Rahmen der *Weisungen* des *werbenden Unternehmens* zur *Verarbeitung* nutzen (§§ 675, 665 Satz 1 BGB). Auf weitere Einzelheiten dieser Spezialproblematik kann hier nicht näher eingegangen werden.

10.6.2.10   Beendigung des Vertrages

Soweit der Werbeagenturvertrag nicht auf die Erbringung bestimmter abgegrenzter einzelner Werbeleistungen, sondern auf eine *dauerhafte Dienstleistung* gerichtet ist, sollte eine fixe Vertragsdauer in Form einer *unkündbaren Grundlaufzeit* vereinbart werden (vgl. Kap. 4.5.5.2).

Schließt der Vertrag, wie i.d.R., die Einräumung von Nutzungsrechten an künftigen, noch nicht näher bestimmten Werken ein, so muss diese Gestattung schriftlich erfolgen (§ 40, Abs. 1 UrhG). Soweit Sie dann mit der Agentur keine abweichenden Abreden getroffen haben, könnte diese Lizenzvereinbarung von beiden Vertragsparteien nach dem Ablauf von fünf Jahren seit Vertragsabschluss bei einer Kündigungsfrist von sechs Monaten aufgekündigt werden. Deshalb ist es ungeheuer wichtig, ausdrücklich eine *zeitlich unbegrenzte Rechteübertragung* vorzusehen, die dem werbenden Unternehmen erlaubt, *nach Vertragsbeendigung* die von der Werbeagentur erstellten Werbeprodukte auch für neu entwickelte Werbekampagnen benutzen zu können.

Zeitlich unbegrenzte Rechteübertragung wichtig

10.6.3 Werbeanschlussvertrag mit Künstlern und anderen Beteiligten

Ist die *Werbeagentur* mit der Erarbeitung eines umfassenden Werbekonzepts beauftragt worden, so obliegt es ihr auch grundsätzlich, *Werbeverträge* mit *anderen Werbungsbeteiligten*, wie insbesondere Fotomodellen, Grafikern oder Musikern und anderen Künstlern, im *eigenen Namen abzuschließen*. Möglich ist es aber auch, dass die Werbeagentur nur als *Vertreterin* des werbenden Unternehmens handelt. Dann sollte im Werbeagenturvertrag eine entsprechende Vollmachtsklausel aufgenommen werden.

Abschluss durch Werbeagentur

Zentraler Aspekt dieses Werbevertrages ist die Vereinbarung der *Rechteübertragung* am *persönlichen Bild oder Ton* und der daran bestehenden Nutzungs- und Verwertungsrechte. Bereits aus dem Werbeagenturvertrag folgt die Verpflichtung der Werbeagentur, dem werbenden Unternehmen sämtliche Rechte zur Verwertung zu übertragen, soweit dies nach dem Zweck der Werbemaßnahme erforderlich ist (BGH GRUR 1966, S. 692). Grundsätzlich gilt nämlich, dass auf Fotos und Filmen nur Personen dargestellt werden dürfen, die ihre ausdrückliche Zustimmung zu der konkreten Veröffentlichung erteilt haben (BGH NJW 1961, S. 558). Wichtig ist also, dass der *Werbevertrag* hier eine möglichst genaue *Zweckbestimmung und Rechteübertragung* vornimmt.

Rechteübertragung auf werbendes Unternehmen

Anzustreben ist, auch wenn die Werbeagentur den Vertrag im eigenen Namen abschließt, eine *Direktübertragung* der *Verwertungsrechte* auf das *werbende Unternehmen*. Als Auftraggeber sollte es berechtigt sein, die bei der Anfertigung, Verbreitung und Veröffentlichung aufgrund des Vertrages entstandenen Bilder oder Melodien für eigene Werbezwecke zu benutzen. Gleichzeitig sollte mittels einer ausdrücklichen Bestätigung des *Werbungsbeteiligten* klargestellt werden, dass mit der vereinbarten *Honorarzahlung alle* ihm zustehenden *Ansprüche* gegen das werbende Unternehmen sowie gegen Personen und Unternehmen, die in dessen Auftrag mit seinem Einverständnis gehandelt haben, wegen der Anfertigung, Verbreitung

Direktübertragung vorzuziehen

und Veröffentlichung der Bilder oder Melodien *abgegolten* sind. Verstärken lässt sich diese Rechtsposition zudem, wenn der Werbungsbeteiligte durch eine *Konkurrenzklausel* für einen bestimmten Zeitraum, etwa ein bis zwei Jahre nach Vertragsbeendigung, darauf verzichtet, Rechte aus Werbeaufnahmen für Wettbewerbsprodukte zu vergeben.

Rechteübertragung des Werbepartners

Klauselvorschlag

»1. Der Werbepartner ... (Grafiker ... etc.) gestattet hiermit der Firma ... (werbendes Unternehmen), umfassend und zeitlich unbegrenzt, das unter seiner Mitwirkung entstandene Werbeprodukt ... (Fotos, Bilder, Grafiken, Filme etc.) für die eigene Werbung zu benutzen. Dabei verzichtet er auf sein Recht zur Namensnennung und räumt der Firma ... (werbendes Unternehmen) auch das Recht ein, seinen Namen unverändert oder verändert in Form eines Pseudonyms in Verbindung mit den ... unter seiner Mitwirkung entstandenen ... (Bildern, Filmen etc.) zu verwenden.

2. Gleichzeitig verzichtet der Werbepartner für die Dauer von zwei Jahren nach Beendigung dieses Vertrages darauf, Rechte aus Werbeaufnahmen für Wettbewerbsprodukte zu vergeben. Wettbewerbsprodukte sind insbesondere ...

3. Mit dem vereinbarten Honorar des Werbepartners gelten sämtliche ihm zustehenden Ansprüche gegen die Werbeagentur, das werbende Unternehmen sowie andere Personen und Unternehmen, die bei der Anfertigung, Verbreitung und Veröffentlichung der aufgrund des Vertrages entstandenen ... (Bilder, Filme etc.) im Auftrag oder mit dem Einverständnis des werbenden Unternehmens gehandelt haben, als abgegolten.«

Tipp

Besprechen Sie deshalb den Kerninhalt des Werbevertrages zwischen dem Werbungsbeteiligten und der Werbeagentur mit Letzterer vor Vertragsabschluss ausführlich. Lassen Sie sich den Werbevertrag danach vorlegen, um überprüfen zu können, ob Ihre Vorgaben eingehalten worden sind oder nicht.

Multimediale Produktpräsentation

10.6.4   Web-Verträge für Internet-Plattform

Kein Unternehmen, auch wenn seine Kunden andere Firmen sind, kann heutzutage auf die *multimediale Präsentation* seiner *Produkte* im *Internet* verzichten, denn dieses Medium eignet sich besonders gut, um die Kunden über das Angebot an Waren oder Dienstleistungen zeitnah und kostengünstig zu informieren. In einem Internet-Auftritt stecken aber erhebliche Risiken, die komplizierte Fragen des Urheberrechts, des Wettbewerbs- und Werberechts, des Telekommunikationsrechts und Medienrechts, aber auch des Datenschutzrechts berühren.

Für eine Internet-Präsentation benötigt ein Unternehmen, wie andere Internet-Benutzer auch, einen *Internet-Zugang* über einen Netz- und Service-Provider auf der Grundlage eines Teledienstvertrages, der zum Bereich der Informationstechnologie gehört (vgl. Kap. 10.7.4). Eine werbewirksame Internet-Präsentation erfordert zunächst eine griffige *Internet-Adresse* über einen sog. *Domain*-Namen. Schließlich geht es auch um die grafische und mediale Gestaltung der eigenen *Homepage*, also der Website im Internet. Beide Dienstleistungen beruhen – vertragstechnisch gesehen – auf drei Verträgen:

Vertragliche Grundlagen

- dem *Domain-Vertrag* für die Domain-Adresse,
- dem *Webhosting-Vertrag* für die Reservierung des erforderlichen Speicherplatzes und die Herstellung der Internetverbindung,
- dem *Webdesign-Vertrag* für die werbewirksame Gestaltung der Homepage.

Domain- und Webhosting-Vertrag

Die Vergabe von Internet-Domain-Namen erfolgt nicht durch staatliche Stellen, sondern durch die privatrechtlich organisierte *Inter-NIC* auf der sog. *Top-Level-Ebene* (.com.edu.net.org). Für die Regionalbereiche erfolgt sie auf *Länderebene* (.de,.it,.us etc.) in der Bundesrepublik Deutschland regional bei der *DENIC* in Frankfurt. Das geschieht ausschließlich nach der Reihenfolge des Eingangs der Einträge nach dem *Prioritätsprinzip*. Der so registrierte Inhaber eines Internet-Domain-Namens erwirbt durch sein Nutzungsrecht zwar eine eigentumsfähige Position im Sinne von Art. 14 Abs. 1 Satz 1 GG, jedoch nicht das Eigentum noch ein sonstiges absolutes Recht an der Dommain-Adresse selbst (BVerfG NJW 2005, S. 589). Deshalb geschieht rechtliche Schutz des Domain-Namens über das *Namensrecht* (§ 12 BGB) und vor allem *Markenrecht* (nach dem Markenschutzrechtsgesetz für Produktmarken und Unternehmenskennzeichen) (§§ 15, 14 MarkenG; BGH NJW 2005, S. 1196).

Vergabe der Domain

Schutz der Domain

Von besonderer Bedeutung ist dabei der *Markenschutz*, da er – anders als das Namensrecht – auch internationale Anerkennung über das *TRIPS-Abkommen* (= Trade Related Intellectual Property Rights) erfahren hat. Nach dem Grundsatz der *Inländer-Behandlung* werden die Marken in allen Verbands- bzw. Mitgliedsstaaten in gleicher Weise geschützt, wie sie nach nationalem Markenrecht entstanden sind. Deshalb ist es besonders wichtig, sich den ausgesuchten werbewirksamen *Domain-Namen*, der mit dem eingeführten *Firmennamen* oder einer gängigen Abkürzung *übereinstimmen* sollte, markenrechtlich abzusichern.

Markenschutzrechte

Übereinstimmung von Domain- und Firmennamen

Tipp

> Vor der Einrichtung einer Homepage im Internet sollten Sie daher unbedingt eine Markenrechtsrecherche durch einen Patentanwalt durchführen lassen und, im Falle eines negativen Befundes, die gewählte Domäne auch als Marke, sofern noch nicht erfolgt, registrieren lassen.

Unzulässige Namensanmaßung

Eine domainrechtswidrige unzulässige Namensanmaßung liegt stets vor, wenn ein *Dritter unbefugt* den *gleichen Namen* gebraucht, dadurch eine *Zuordnungsverwirrung* eintritt und schutzwürdige Interessen des Namensträgers verletzt werden (BGH NJW 2007, S. 2634). Haben Sie schon vor der Anmeldung des Domain-Namens Ihr *Unternehmenskennzeichen* als *Marke* registrieren lassen, so können Sie auch erfolgreich gegen sog. »Domain-Grabbing« vorgehen, wenn zuvor schon andere Personen sich unter Ihrem bekannten und geschützten Unternehmenskennzeichen vorsorglich bei der DENIC haben registrieren lassen, um von Ihnen für die Freigabe der gewünschten Domain-Adresse einen Geldbetrag herauszuschlagen. Sie können dann von dem betreffenden Inhaber der gewünschten Domain-Adresse dessen Zustimmung zu seiner Austragung einklagen (BGH NJW 2005, S. 1196; OLG München CR 2001, S. 406). Wettbewerbsrechtlich unzulässig ist es auch beschreibende Domains allein zum Zwecke der *Behinderung* eines *Konkurrenten* anzumelden (OLG Hamburg MMR 2006, S. 328).

Unternehmens-Domain markenrechtlich absichern

Schutz gegen Domain-Grabbing

Internet-Auftritt allein keine ausreichende Geschäftsbetätigung

Wichtig ist auch, dass für ein bisher nur regional tätiges Unternehmen allein der *Internetauftritt* nicht genügt, um von einem nunmehr unbeschränkten Wirkungsbereich des Domaininhabers ausgehen zu können (BGH NJW 1995, S. 1198).

Nur durch die markenrechtliche Absicherung einer neu kreierten Domain können Sie verhindern, dass zu einem späteren Zeitpunkt die gewählte *Domain-Bezeichnung* durch eine *Markeneintragung* zugunsten eines *Wettbewerbers verloren* geht. Allerdings kann allen durch die Benutzung eines Domainnamens auch ohne Eintragung einer Marke ein rechtlich geschütztes Unternehmenskennzeichen entstehen, wenn der Domainname nicht lediglich als Adressbezeichnung verwendet wird sondern ersichtlich als Herkunftshinweis dient (BGH NJW 2005, S. 1198)

Zusätzliche Info-Domain

Eine äußerst vorteilhafte Marketing-Strategie kann – unabhängig von der Firmenbezeichnung – darin liegen, sich eine allgemein beschreibende, nur aus einem gängigen Gattungsbegriff bestehende Domain, sog. »*info*- und *biz*-Domains«, zu *sichern* und damit eine allgemeine Recherche betreibende Kundin auf die eigene Website und damit zu dem eigenen Waren- und Dienstleistungsangebot zu leiten.

> **Beispiel:**
> *»mietwohnzentrale.de«, »sauna.de«, »autovermietung.de«, »steuererklä-rung.de«.*

Anders als im Markenschutzrecht sind im *Domain-Recht Wörter des allgemeinen Sprachgebrauchs schutzfähig,* weil es dort nicht auf hin-reichende Kennzeichnung und Unterscheidungskraft ankommt. Viel-mehr wird das Domain-Prinzip insofern von dem Leitprinzip der Pri-orität beherrscht, weil im Leistungswettbewerb solche Schnelligkeit eben belohnt und nicht bestraft wird (BGH NJW 2001, S. 3262; und 2007 S. 2634).

Tipp

Sichern Sie sich deshalb, wenn möglich, zwei unterschiedliche Domain-Adressen. Ihr markenrechtlich geschütztes Unternehmens-kennzeichen und, sofern noch offen, auch eine attraktive, allgemein beschreibende, gattungsmäßige Domain.

Unzulässige irre-führende Werbung

Bei der über eine beschreibende Domain-aufrufbaren Website darf aber nicht der *unzutreffende Eindruck* einer *Vorzugs-, Spitzen- oder Alleinstellung* des werbenden Unternehmens bei dem Domain-Nutzer erweckt werden. Dann stellt nicht der Domain-Name als solcher, son-dern die konkrete Präsentation auf der Homepage eine unzulässige irreführende Werbung dar (vgl. Kap. 10.9.6.2).

Webhosting-Verträge

Sollte in Ihrem Unternehmen das notwendige IT-Know-how für die Anmeldung der gewünschten Domain-Namen nicht vorhanden sein, können Sie mit einem IT-Dienstleister auch einen *Domain-Web-hosting-Vertrag* abschließen, wodurch Sie sich für die im Vertrag vereinbarte Dauer, i.d.R. für ein Jahr, die Domain-Adresse gegen Zahlung der festgelegten Mietraten reservieren. Der Dienstleister rechnet dann direkt mit DENIC Frankfurt ab. Zentrale Punkte in diesem Domain-Webhosting-Vertrag sind:

Kerninhalt

- die übliche Pflicht zur *Vorauszahlung* der monatlichen *Mietraten* für zwölf Monate,
- die *Freizeichnung* des *Leistungsgebers* für die *Inhalte* der vermie-teten Seiten, die allein in den Zuständigkeitsbereich des Leis-tungsnehmers fällt,
- die Befugnis des Leistungsgebers, die *Web-Site* des Leistungs-nehmers im Falle von *Gesetzesverstößen* unverzüglich und ohne Vorwarnung aus dem Internet zu nehmen,
- der konkrete *Leistungsumfang* im Hinblick auf die Kapazität der insgesamt zur Verfügung gestellten Web-Seiten, gerechnet in MB-Webspace, einschließlich der Anzahl der zur Verfügung gestellten Email-Adressen,
- eine *Haftungsbeschränkung* bei *Störungen* der Internetverbindung,

- schließlich eine Regelung zur fristgerechten *ordentlichen Kündigung*: unkündbare Grundlaufzeit, Verlängerungszeit ohne Ausübung des Kündigungsrechts durch Fortsetzungsklausel und Kündigungsfrist.

Gemischter Vertrag

Betrachtet man nun den Vertragsgegenstand, also einerseits die einmalige Einrichtung der Domain im Auftrage des werbenden Unternehmers, andererseits die Zurverfügungstellung einer ausreichenden Kapazität Webspace als virtuellen Raum und schließlich die Verknüpfung Ihrer Website mit der Domain im Internet, so stellt dieser Webhosting-Vertrag aus rechtlicher Sicht einen *gemischten Vertrag* dar, der aus einer *werkvertraglichen* Komponente und vor allem *mietvertraglichen* und *dienstvertraglichen* Elementen besteht (OLG Köln CR 2002, S. 832). Ist die Einrichtung der Domain als werkvertraglich geschuldetes Ergebnis abgeschlossen, greifen die gleichen rechtlichen Regelungen wie für die Mobilienmiete (vgl. Kap. 9.2.1)und für die Verbindungsleistung die dienstvertraglichen Bestimmungen (vgl. Kap. 10.2). Allerdingskann sich der *Leistungsgeber* für die *Haftung* von *Verbindungsunterbrechungen*, die er *selbst* etwa durch die technische Umstellung seiner IP-Adresse ohne Rücksprache mit dem Kunden *veranlasst* hat, nicht freizeichnen (LG Karlsruhe LR 2007, S. 396).

Tipp

Achten Sie als Leistungsempfänger vor allem darauf, dass Ihnen genügend Webspace für Ihre Internet-Plattform bereitgestellt wird. Sollte sich die vereinbarte Kapazität als zu gering erweisen, so muss sie nachträglich gegen Zahlung einer höheren Mietrate aufgestockt werden.

Eintragung als Inhaber der Domain

Sorgen Sie als *Auftraggeber* unbedingt dafür, dass Sie als *Inhaber* des *Domain-Namens eingetragen* sind, weil es noch der rechtlichen Klärung bedarf, ob Provider, die Domain-Namen für ihre Kunden erworben haben, diese den Kunden nach Vertragsende überschreiben müssen (LG Hamburg MMR 1999, S. 624). Tun Sie das nicht, besteht die Gefahr, dass der Provider beliebte Domain-Adressen an Dritte weiter verkauft, ohne dass Sie ihn dafür belangen können.

10.6.5   Webdesign-Vertrag für die Gestaltung der Homepage

Werkvertragliche Geschäfts-besorgung

Der *Webdesign-Vertrag* ist eindeutig auf die *Erreichung* eines *bestimmten Arbeitsergebnisses* in Form der Einrichtung und Gestaltung der Homepage als erste Website im Internet und damit als *virtuelles Schaufenster* des Unternehmens gerichtet (nebst ergänzender Websites, die mit der Homepage durch Links verbunden werden). Von daher betrachtet, drängt sich die werkvertragliche Einordnung dieses Geschäftsbesorgungsvertrages nach §§ 675, 631 BGB geradezu auf (vgl. Kap. 10.4). Selbstverständlich kann diesem Vertrag, genau wie etwa beim Wartungsvertrag von Maschinen, ein dauerhaftes Moment verliehen werden, wenn der Dienstleister mit der *ständigen Betreuung der Internet-Präsentation*, insbesondere ihrer fortlaufenden Aktualisierung beauftragt wird (sofern das Unternehmen nicht über genügend eigene Fachleute dazu verfügt). Das ändert aber nichts an der werkvertraglichen Ausprägung des Webdesign-Vertrages.

Die rechtlichen Probleme sind die *gleichen* wie beim *Werbeagenturvertrag*, handelt es sich doch bei der Homepage zusammen mit den anderen Websites um eine Werbeplattform des Unternehmens (vgl. OLG Düsseldorf MMR 1999, S. 730). Es geht um die umfassende *Übertragung* der *Verwertungsrechte* an dem kreativ schöpferischen Werk der beauftragten Agentur nach dem *Urheberrechtsgesetz* auf das werbende Unternehmen (sowie bei Verwendung fremden Spiel- oder dokumentarischen Materials, an denen Rechte Dritter bestehen, um die Besorgung von *Lizenzrechten*). Dafür sollte, nach der vertraglichen Gestaltung, die diesen Problemen näher stehende beauftragte Agentur verantwortlich sein, weil sie auch die Auswahl des geeigneten Materials im Rahmen der Entwicklung des Designs der Homepage zu treffen hat (vgl. Kap. 10.6.4).

Lizenzrechte

Werden dabei *Links* oder gar *Hyperlink*-Verbindungen zu den *Websites anderer Unternehmer* hergestellt, so können darin Wettbewerbsverstöße unter dem Gesichtspunkt der *irreführenden Werbung* oder gar der unerlaubten *Ausbeutung fremder Arbeitsleistungen* liegen. Diese sind durch Unterlassungs- und Schadensersatzansprüche sanktioniert. Eine Ausbeutung fremder Arbeitsleistungen ist dann gegeben, wenn der Inhalt der fremden Websites im Frame der eigenen Homepage (mit der darauf befindlichen Werbung) abgebildet wird. Hiermit wird nämlich ohne eigenen Aufwand die Arbeitsleistung anderer Unternehmen unter dem Frame der eigenen Website als Werbefläche kommerziell angeboten und genutzt. Darüber hinaus darf ein Link oder Hyperlink *keine Kundenbeziehung vortäuschen*, die in Wirklichkeit nicht besteht (vgl. Kap. 10.6.10). Sicherheitshalber ist daher in solchen Fällen stets die Einwilligung des Kooperationspartners in die Nutzung seiner Dienste einzuholen.

Hyperlink als Wettbewerbsverstoss

Diese kurzen Hinweise machen bereits deutlich, welch komplexe Rechtsfragen mit dem Webdesign verknüpft sind. Ohne abweichende vertragliche Absprache hat aber die beauftragte *Agentur* ein rechtlich einwandfreies Werbeprodukt zu erstellen, sodass es eigentlich ihr obliegt, ihren *Design-Entwurf* von einem Experten gründlich rechtlich *prüfen* zu lassen. Keine Haftung trägt sie lediglich für das vom Auftraggeber gelieferte Faktenmaterial. Man kann selbst-

Rechtliche Prüfung erforderlich

verständlich dieses Risiko der Agentur abnehmen, indem die umfassende rechtliche Verantwortlichkeit für die Zulässigkeit der Internet-Präsentation dem Auftraggeber vertraglich zugewiesen wird (vgl. Kap. 10.6.4).

10.6.6 Weblogging als innovatives Marketinginstrument

Corporate Blog

Bei der Gestaltung der Internetpräsenz sollten sich gerade KMU's nicht mit einer Homepage und ergänzenden verlinkten Websites begnügen, sondern eine *interaktive Plattform* durch ein *Corporate Blog* aufbauen, die dem jeweiligen Unternehmen, durch die darin enthaltenen spezifischen Informationen in Wort und Bild aus der Sicht potenzieller Kunden, ein Gesicht verleiht.

Weblog

Weblogs sind eine Art *Onlinetagebücher*, in denen zunächst die Unternehmensleitung und ausgewählte Mitarbeiter persönliche Beiträge über das Unternehmen, seine Produkte und Produktionsprozesse, aber auch gesellschaftliche Probleme, die das eigene Unternehmen oder seine Produkte betreffen, verfassen und sie nach Abschluss ins Netz stellen.

> **Beispiel:**
> *Bei einem Farbstoffhersteller sollte durchaus die Umweltverträglichkeit ein Thema sein.*

Glaubwürdigkeit ist wichtig

Wichtig ist dabei, *Authentizität zu vermitteln* und *glaubwürdig* zu erscheinen weil man sonst nicht ein dauerhaftes Interesse der Leser wecken kann. Deshalb geht es in dem Blog nicht darum, die eigenen Produkte werbeträchtig hochzujubeln, sondern dieser sollte ein *realitätsnahes Bild des Unternehmens* zeichnen, was auch Berichte über Produktionsprobleme bis hin zu Produktionspannen und deren Lösung einschließt. Jeder Leser hat nun die Möglichkeit, in diesem Forum darüber ganz offen seine Meinung und auch Kritik zu äußern.

Neuer Marketingkanal für KMU

Diese Offenheit und Transparenz schafft bei einer glaubwürdigen Berichterstattung letztlich das Vertrauen, das *aus Lesern* auch *Kunden* werden lässt. Zudem erhält das Unternehmen über die kritischen Kommentare als ständige und zudem noch kostenlose Informationsquelle ein unmittelbares *spontanes Feed-back* im Unterschied zu einer gezielten durchgeplanten teuren Markt- und Meinungsforschung (vgl. Kap. 10.6.2). Aber nicht nur das, dauerhafte Leser, die regelmäßig Blogkommentare schreiben, versorgen oftmals das Unternehmen mit Nachrichten aus dem Branchenumfeld und geben auch weiterführende *Hinweise* für *Produktverbesserungen*. Sie dienen der Firma deshalb als unbezahlte »erweiterte Mitarbeiter«. Großunternehmen können von Weblogs kaum profitieren, weil ihre hierarchisch organisierten Kommunikationsstrukturen der Offenheit dieses *Marketingkanals* zuwiderlaufen. Gerade aber mittelständischen Unternehmen,

die sich keinen großen Werbeetat leisten können, bietet er unge-
ahnte Marktchancen; denn es kann bei kompetenter glaubwürdiger
Präsentation seines speziellen Themenfeldes und der Bereitschaft zu
offener Diskussion mit den Lesern, nicht nur deutlich den eigenen
Bekanntheitsgrad steigern, sondern auch zusätzlich wichtige unter-
nehmensrelevante Zusatzinformationen gewinnen.

Diese Chancen bieten sich auch für Firmen mit einem *unternehmerischen Kundenkreis.* Erste Erfahrungen von einzelnen Firmen
mit dem Weblogging bestätigen diese positive Einschätzung. Die Be-
sucherzahl ihrer Websites ist pro Tag binnen Jahresfrist um mehr
als das Dreißigfache angewachsen. Zur Zeit nutzen erst rund 2000
Unternehmen diesen Marketingkanal im deutschsprachigen Raum,
die ein eigenes Corporate Blog betreiben. Bevor man sich auf dieses
Feld wagt, sollte man sich die Dienste eines erfahrenen auf *Corporate Blog spezialisierten Kommunikationsberaters* mittels eines Beratungsvertrages sichern (vgl. Kap. 10.10.2). Einer der Marktführer
ist Klaus Eck, der auf seiner Website *www.top 100business-blogs.de*
Blogs diverser Dienstleistungsunternehmen aus verschiedenen Branchen auflistet.

**Kommunikations-
berater einschalten**

Wenn Sie einen eigenen Corporate Blog ins Netz stellen wollen,
kommt es entscheidend auf ihr *glaubwürdiges Auftreten* an. Deshalb
sollten Sie sich zuvor unbedingt von einem kompetenten und erfahrenen Kommunikationsexperten beraten lassen, der sich in diesem
Metier gut auskennt.

**Glaubwürdiges
Auftreten**

Will man unabhängig davon wissen, was über das eigene Unternehmen im Netz in der sog.*»Blogersphäre«* geredet oder publiziert
wird, kann man das mit etwas Übung über *Blogsuchmaschinen* wie
Technorati, Google Blog Search oder Nielsen BuzzMetrics' Blog Pulse
herausfinden. Im Falle *kritischer Äußerungen*, speziell auf der unternehmenseigenen Weblog, sollte man den Dialog suchen. Nur bei
einer nicht akzeptabeln unter der Gürtellinie liegenden *Schmähkam-
pagne* kann man erwägen, die Reißlinie zu ziehen und dagegen mit
Abmahnungen oder der Durchsetzung zwangsweiser Löschung von
Beiträgen vorgehen. Solche Maßnahmen werden werden in der Blog-
gingszene stets als Zensur empfunden. Sie führen zu einer negativen
Publizität, die i. d. R. den Imageschaden für das Unternehmen noch
weiter erhöht.

**Kritik offen
begegnen**

10.6.7 Markt- und Meinungsforschung

Unternehmen als Produktanbieter sind im Rahmen ihrer *Marktanalyse* daran interessiert, die Lebensgewohnheiten/Neigungen potenzieller Kundengruppen zu erforschen, um ihre Angebote gezielter
an deren Bedürfnissen auszurichten.

Marktanalyse

Mit der Untersuchung kann man darauf spezialisierte Markt- und
Meinungsforschungsinstitute beauftragen, wobei der Auftrag in der

Gutachten eines Markt- und Meinungsforschungsinstitutes

Abarbeitung gezielter Fragen besteht. Mithin ist der Vertrag zwischen den werbenden Unternehmen und dem Forschungsinstitut ebenfalls als *Geschäftsbesorgungsvertrag* mit *werkvertraglicher Komponente* zu qualifizieren (§§ 675, 631 BGB; vgl. Kap. 10.4). Das Forschungsinstitut schuldet nämlich die Ablieferung eines Gutachtens gegen entsprechende Vergütung, übernimmt aber selbstverständlich nach dem Vertragszweck keine Gewähr dafür, dass das Gutachten das vom Auftraggeber erhoffte Ergebnis bringt oder die mit ihm abgestimmten Fragestellungen und die Auswahl der befragten repräsentativen Gruppe auch die beabsichtigte Zielsetzung erreicht.

Man sollte für das Gutachten einen bestimmten *Ablieferungstermin* vereinbaren. Das ist unumgänglich, wenn die Expertise die Kundenpräferenzen im Zusammenhang mit der Einführung eines bestimmten Produktes, für das ein bestimmter zeitlicher Rahmen vorgesehen ist, ermitteln soll. Weiter empfiehlt es sich, festzulegen,

Nutzung der Untersuchungsergebnisse

dass das Institut zur *Nutzung* der *Untersuchungsergebnisse*, insbesondere deren Veröffentlichung, nur mit ausdrücklicher Zustimmung des Auftraggebers berechtigt ist, während sich das werbende Unternehmen das Recht einräumen lassen soll, das Gutachten auch Dritten für Werbezwecke offen legen zu dürfen.

Zustimmungsvorbehalt

Klauselvorschlag

»Das Forschungsinstitut ... ist ohne schriftliche Zustimmung des Auftraggebers weder zur Nutzung der Untersuchungsergebnisse des Gutachtens für eigene Tätigkeiten, noch zu seiner Veröffentlichung oder Teilergebnissen hiervon gegenüber Dritten berechtigt. Der Auftraggeber kann aber das Gutachten –insbesondere für Werbezwecke – Dritten gegenüber zur Kenntnis geben.«

Erweiterte Auswertung

Sichern Sie sich als *Auftraggeber* auch das *Recht* zur Durchführung einer *weitergehenden Auswertung* nach neuen Kriterien. Das macht es erforderlich, dass das Institut die Unterlagen, insbesondere die Einzelergebnisse, für eine gewisse Zeit aufbewahren darf und auf Datenträgern zu speichern hat. Auf Verlangen des werbenden Unternehmens – durch einen sog. *Nachauftrag* – ist das Institut zu einer gezielteren Auswertung gegen angemessenes Entgelt verpflichtet.

Erweitertes Auswertungsrecht

Klauselvorschlag

»Das Forschungsinstitut verpflichtet sich, die dem Gutachten zugrunde liegenden Daten auf Datenträgern abzuspeichern und mindestens für ... (zwei Jahre oder fünf Jahre) aufzubewahren. Wünscht der Auftraggeber innerhalb dieser Zeit eine ergänzende tiefergehende Auswertung nach neuen Kriterien, so erklärt sich das Forschungsinstitut dazu gegen Zahlung eines angemessenen Entgeltes auf der Basis der bisherigen Vergütung bereit.«

10.6.8   Anzeigenauftrag als Mediavertrag

Unter *Media-Verträgen* bzw. *Einschaltverträgen* versteht man Ver- | **Einschaltvertrag**
einbarungen zwischen dem werbenden Unternehmen oder seiner
Werbeagentur mit den *werbedurchführenden Medienunternehmen*
(Verlagen, Rundfunkanstalten, Betreibern von Kinos etc.), die die
Veröffentlichung von Werbemaßnahmen zum Gegenstand haben.
Das Werbeprodukt, das durch den Einschaltvertrag in den betref-
fenden Medien platziert werden soll, wird von der Werbeagentur er-
stellt.

10.6.8.1   Rechtliche Ausgestaltung

Der Media-Vertrag über die Veröffentlichung von Werbung lässt sich | **Sondertyp des**
wegen des geschuldeten *Platzierungserfolges* unschwer als *Sonder-* | **Werkvertrages**
typ des Werkvertrages erkennen (§ 631 BGB; vgl. Kap. 10.3), wobei
aber die gesetzlichen Regelungen des Werkvertragrechts weitgehend
durch die zulässigen AGB des Medien-Partners verdrängt werden.
Öffentlich-rechtliche Medien, wie die Rundfunk- und Fernsehanstalten, unterliegen einem *Abschlusszwang*. Das Gleiche gilt für private Presseunternehmen, wenn sie in der Region eine Monopolstel-
lung oder marktstarke Stellung besitzen (OLG Karlsruhe NJW 1976,
S. 1209).

Der Vertrag selbst kann – je nachdem – von der *Werbeagentur* | **Vertragspartner**
im eigenen Namen und auf *eigene Rechnung* mit dem Media-Unter-
nehmen abgeschlossen werden. Dann hat sie aber auch die *Einschalt-*
kosten zu bezahlen, die sie dann ihrerseits dem werbenden Unternehmen als Auftraggeber in Rechnung stellt, soweit sie dem
vereinbarten *Streuplan* entsprechen. Genauso gut ist es aber möglich, dass die Werbeagentur als *Vertreter* des *werbenden Unterneh-*
mens den Medienvertrag im fremden Namen für das werbende Unternehmen als Vertragspartner abschließt, wenn es dazu in dem
Werbeagenturvertrag eine entsprechende Vollmacht erhalten hat
(§ 164, Abs. 1 BGB). Der Kunde – also je nachdem die Werbeagentur
bzw. das werbende Unternehmen – ist dann auch rechtlich für den
Anzeigeninhalt verantwortlich. Das Medienunternehmen trifft nur | **Anzeigeninhalt**
dann eine Haftung, wenn ihm ein eigener Entscheidungsspielraum
über Inhalt, Leistung und Streuung der Anzeigenkampagne eingeräumt wird. Diesen legt aber i.d.R. der Anzeigenkunde fest (BGH
WRP 1991, S. 80).

10.6.8.2   Platzierung

In der Praxis erfolgt der *Vertragsabschluss* typischerweise durch ein
Auftragsschreiben, das von dem werbedurchführenden Media-Unter-
nehmen bestätigt wird. Deshalb sollte der Eingang der Bestätigung
kontrolliert werden. Teilweise wird von dem Media-Partner, insbe-

sondere den Funk- und Fernsehanstalten, die Verwendung besonderer, von Ihnen erstellter Auftragsformulare gefordert.

Platzierungs-regelungen im Anzeigenauftrag

In diesem *Anzeigenauftrag* kommt es – gemäß den Vertragsbedingungen – vor allem auf die *Platzierungsregelungen* an, weil die Verlage von deren Einhaltung die Gültigkeit des Auftrages abhängig machen. Nur wenn die Platzierungsregeln beachtet werden, kann der Auftraggeber bei Nichteinhaltung der Absprachen Minderung oder Schadensersatz verlangen. Es geht dabei vor allem um

- das *Erscheinen* der *Anzeige* zu einem bestimmten Zeitpunkt,
- die besondere *Platzierung* von Anzeigen in einem bestimmten Ausgabeteil oder Umfeld (mit oder ohne Ausschluss einer Konkurrenzwerbung direkt vor und nach der Platzierung der geschalteten Anzeige) und
- das technische *Format*, Größe, Druckschrift etc.

Werbespots

Hiervon hängen die *Einschaltkosten* der vereinbarten Platzierung ab. Weniger kompliziert ist die Platzierung von *Werbespots* im Funk und Fernsehen; dort hängen die Werbekosten bekanntlich von zwei Faktoren ab: der Dauer des Spots und ob er ggf. zur Primetime erscheint oder nicht. Handelt es sich um einen sog. *Anzeigenvertrag über die Veröffentlichung und Verbreitung von Werbebroschüren*, gehört zu den notwendigen Angaben der Leistungsbeschreibung auch die Höhe der *Auflage* und die *Verbreitung* des Werbeträgers. Dabei ist es aber nach dem AGB-Recht unzulässig, wenn die Verlagsgesellschaft, obwohl ihr nur ein einmaliger Auftrag erteilt werden soll, in ihrem Vertragsformular versucht, daraus ein Dauerschuldverhältnis mit einer festen *Vertragsdauer* von mehreren Jahren zu machen und überdies auch noch jegliche *Haftung* für Satz- und Druckfehler auszuschließen (AG Köpenick NJW 1996, S. 1006).

Werbebroschüren

10.6.9   Checkliste für den Werbekunden

Kernpunkte des Werbeagentur-vertrages

Die entscheidende rechtliche Basis Ihres Werbekonzeptes bildet der *Werbeagenturvertrag*. In ihm werden durch verbindliche Rahmenregelungen die Weichen für die *Werbeanschlussverträge* gestellt. Der Werbeagenturvertrag selbst ist ein *Geschäftsbesorgungsvertrag* dienst- oder werkvertraglicher Natur. Was die Bestimmung der *Vertragsleistungen* betrifft (auf der einen Seite die Werbeleistungen der Agentur und auf der anderen Seite die Vergütung durch den Werbekunden), sind die wichtigsten rechtlichen Aspekte – je nachdem, ob es sich schwerpunktmäßig um Werbeberatung oder Werbekonzeptarbeit handelt – in der Checkliste »Geschäftsbesorgungsvertrag« verknüpft mit der des Dienst- oder Werkvertrages zu finden. Im Folgenden geht es allein um die spezifischen Besonderheiten des Werbeagenturvertrages.

1. Das Kernstück bildet die dauerhafte und umfassende *Rechteübertragung* des von der Werbeagentur entwickelten, urheberrechtlich geschützten Werbekonzeptes durch eine *ausschließliche Lizenz*.

2. Darüber hinaus sollten die inhaltlichen *Vorgaben* für *Werbeanschlussverträge*, die die Werbeagentur für das werbende Unternehmen mit anderen Werbepartnern, wie Grafikern, Fotomodellen, Schauspielern und anderen Künstlern abschließt, möglichst präzise bestimmt werden:

   ✔ Zu klären ist zunächst, wer die *Auswahl* der geeigneten *Werbepartner* trifft. Kann das die Agentur allein entscheiden oder hat sie vor Vertragsschluss die Zustimmung des Auftraggebers einzuholen?

   ✔ Dabei sollte die Agentur verpflichtet werden, dass der *Werbebeteiligte* dauerhaft seine kommerzialisierten *Persönlichkeitsrechte*, das Urheberrecht oder das Recht am eigenen Bild oder Ton direkt auf das werbende Unternehmen *überträgt*.

   ✔ Im Falle der Verwendung *fremder Werbematerialien* sollte die Agentur verpflichtet werden, zu prüfen, ob daran Rechte Dritter bestehen und ggf. die dafür erforderlichen Lizenzen für die Auftraggeber zu erwerben, wenn dies innerhalb des vereinbarten Kostenrahmens möglich ist.

   ✔ Mehr formalen Charakter besitzt dagegen die Frage, ob die Agentur berechtigt sein soll, den Werbeanschlussvertrag im eigenen Namen oder lediglich als Vertreter des werbenden Unternehmens abzuschließen.

3. Zu klären ist auch, wer sich um die notwendige komplette rechtliche Prüfung der *Zulässigkeit* der geplanten *Werbemaßnahme* durch einen kompetenten Fachanwalt kümmert. Ohne besondere Absprache ist es die Werbeagentur, weil sie eine rechtlich mangelfreie Werbeleistung schuldet. Kostenvorteile bringt die Übernahme der Rechtsprüfung für den Auftraggeber, wenn er mit einer größeren Anwaltskanzlei auf der Grundlage eines Dauermandats zusammenarbeitet, bei dem dieser Check in dem vereinbarten Pauschalhonorar mit inbegriffen ist.

4. Erteilen Sie einer Werbeagentur exklusiv einen *Generalauftrag*, behalten Sie sich unbedingt das Recht vor, künftig einzelne *spezifische Werbeleistungen* auch an andere Werbefirmen vergeben zu können! Das empfiehlt sich insbesondere für das Webdesign der Homepage im Internet.

5. Für die *Internetpräsentation* benötigen Sie zum einen eine aussagestarke und zugkräftige Internetadresse und zum anderen eine informative und zugleich attraktiv gestaltete Homepage.

   ✔ Soweit möglich, sollten Sie sich *zwei unterschiedliche Domains* als Webadresse sichern: die erste sollte mit Ihrem Firmennamen oder einer dem Kunden bekannten Abkürzung identisch sein, die zweite ein allgemein bekannter, auf Ihren Geschäftszweig oder Hauptprodukt hinweisender Gattungsbegriff sein (z. B. »sauna. de«), der den Nutzer sofort mittels Link direkt auf Ihre Homepage leitet. Ihre gewünschte *Domain* können Sie sich gegen Zahlung einer Jahresgebühr bei der DENIC über einen Provider auf der Grundlage eines *Domain-Webhosting-Vertrages reservieren* lassen, falls in Ihrem Unternehmen dazu das notwendige Knowhow fehlt;

✔ Den *Webdesign-Vertrag* schließen Sie am besten mit einem darauf spezialisierten Dienstleister ab, wobei – ähnlich wie beim Werbeagenturvertrag – auf die geschützten Rechte geachtet werden muss, sodass nur vergleichbare Regelungen erforderlich werden. Vermieden werden muss dabei vor allem, dass durch *Links der Website andere Anbieter* aufgerufen werden, wenn dabei der eigene Frame erhalten bleibt oder durch *Metatags* oder *Adwords* bei der Eingabe von Suchbegriffen sich deren *geschützter Kennzeichen* bedient (vgl. Kap. 10.6.10). Das ist wegen ausbeuterischer Ausnutzung fremder Leistungen und irreführender Werbung wettbewerbsrechtlich unzulässig.

6. Es ist der Rahmen des *Mediavertrages* für das *Produkt-Placement* abzustecken, wo und wie das Produkt platziert und präsentiert wird.

10.6.10   Rechtsrahmen für Werbeaussagen und Werbeformen

Anpreisung und Informationsfunktion der Werbung

Mit der *Werbung* strebt das Unternehmen an, seine Produkte gegenüber dem potenziellen Kunden bekannt zu machen und diese dann zum Erwerb zu bewegen. Jede Werbung erfüllt deshalb zwei *Funktionen*: Zum einen die *Anpreisung des Produktes,* zum anderen die *Information* des *Kunden.* Eine Werbung macht nur Sinn, wenn sie das Dienstleistungs- oder Warenangebot des werbenden Unternehmens anpreisend herausstellt, wie auch die Rechtsprechung anerkennt (BGH BB 1997, S. 284). Andererseits erfordern es aber die *Regeln* des *lauteren Wettbewerbs,* dass bei der Kundschaft keine falschen Erwartungen geweckt werden, ihr eine lästige Werbung nicht aufgedrängt wird und auch nicht die Werbeleistung eines anderen Unternehmens ausbeuterisch ausgenutzt wird.

Prüfung der Werbemaßnahme

Wo die *Grenzen zulässiger Werbung* im Einzelnen verlaufen, ist aber von einem Unternehmer oder Manager schwierig zu erkennen. Deshalb muss jede *geplante Werbemaßnahme* vor ihrer Durchführung von einem Experten im Werberecht *geprüft* werden, gleichgültig ob diese Prüfung von dem werbenden Unternehmen oder von der Werbeagentur in Auftrag gegeben wird. Die nachfolgenden Ausführungen sollen sich deshalb auf die Grundgedanken des *Werberechts* beschränken, damit Sie im Gespräch mit Ihrem Fachmann dessen Argumente besser verstehen.

Allgemeine Regeln des Werberechts

Nur mit der Anpreisung seiner Produkte kann das Unternehmen das Interesse der potenziellen Kunden wecken. Deshalb stellt es seine Produkte in möglichst günstigem Licht dar. Das ist zulässig, weil der *Werbende* durchaus *selektiv informieren* darf und nicht auf alle Produkteigenschaften hinweisen muss, vor allem dann nicht, wenn diese völlig normal sind, aber vom Kunden als nachteilig empfunden werden (BGH GRUR 1992, S. 416). Die Grenzen werden im Wesentlichen durch das *Gesetz gegen den unlauteren Wettbewerb* abgesteckt.

Unlauterer Wettbewerb

1. Die Grenzlinie ist aber dort überschritten, wo falsche Erwartungen bei der Kundschaft geweckt werden. Das ist als sog. *irreführende Werbung* verboten (§ 5 UWG). Markante Beispiele sind objektiv falsche Produkt-Preiswerbung durch sog. *Mondpreise* oder die Werbung mit einer in Wirklichkeit nicht vorhandenen *Spitzenstellung*. So kann auch die Verwendung einer Top-Level-Domain irreführend sein, wie z.B. »ag«, weil sie auf eine Aktiengesellschaft als Domaininhaber hinweist (OLG Hamburg MMR 2004, S. 680).

Unzulässige irreführende Werbung

2. Im Rahmen des Leistungswettbewerbs soll das angepriesene Produkt eigentlich für sich sprechen, sodass Vergleiche mit Konkurrenzprodukten sachlich fundiert und zurückhaltend zu formulieren sind. Im Rahmen der grundsätzlich zulässigen *vergleichenden Werbung* dürfen also vor allem die Produkte der Konkurrenz nicht schlecht gemacht werden. Sie muss auf *objektiv überprüfbaren Kriterien* beruhen (§ 6 UWG) und darf auch keine irreführenden Angaben enthalten (EUGH Urt. v. 19.9.2006 – Az: Rs 356/04).

Keine herabsetzende vergleichende Werbung

3. Der Kunde darf auch nicht in unlauterer Weise durch eine zu stark *gefühlsbetonte Werbung* emotional beeinflusst werden, weil dies seine wirtschaftliche Abwägung zwischen Kosten und Nutzen des Produktes zu stark überlagert. So gesehen war die bekannte Bennetton-Werbung grenzwertig (§ 4 Nr. 1 UWG).

Keine übezogene gefühlsbetonte Werbung

4. Der Schutz der persönlichen Entscheidungsfreiheit gebietet es auch, dass die Werbeempfänger nicht einfach mit *ungewolltem lästigen Werbematerial* zugeschüttet werden (§§ 3, 7, Abb. 2 Nr. 2 UWG). *Belästigende Werbung*, sei es unerbetene Telefonwerbung, E-Mail-Werbung oder Fax-Werbung, ist auch im geschäftlichen Verkehr nicht gestattet und verletzt die Regeln des lauteren Wettbewerbs (§ 7, Abs. 2 Nr. 3 UWG; BGH NJW 2006, S. 3782 u. DB 2007, S. 1191). Der Werbende hat zu beweisen, dass ein die Wettbewerbswidrigkeit ausschließendes Einverständnis des Empfängers vorliegt.

Unzulässige belästigende Werbung

5. Schließlich verbietet der *Gedanke* des *Leistungswettbewerbs* eine *ausbeuterische Werbung*, indem man sich an die Werbeleistung eines anderen Unternehmens anhängt und durch diese nach-

Hyperlinks, Meta-tags und Adwords im Internet

ahmende Werbung unzulässigerweise fremde Arbeitsleistungen ausbeutet (§ 4 Nr. 9 UWG). Das ist bei Verwendung von *Deep-Links* im Internet nur der Fall, wenn der *Inhalt fremder Websites* unter Beibehaltung des eigenen Frame zugänglich gemacht wird, was zugleich i.d.R. auch den Tatbestand der irreführenden Werbung erfüllt. Dagegen sind sie erlaubt, wenn der Nutzer erkennen kann, dass es sich dabei um fremde Informationen handelt und er durch den Hyperlink direkt zu den Originalseiten des anderen Anbieters geführt wird (BGH NJW 2003, S. 3410). Ähnliche Kriterien gelten für die Benutzung sog. *»Metatags«*, das sind Begriffe im Quellcode der Internetseite, die in der normalen Betrachtungsweise nicht sichtbar sind, aber von *Suchmaschinen* ausgelesen und deshalb die *Internetseite* des *Anbieters* bei entsprechenden Nutzereingaben *angezeigt* werden. Problematisch wird es, wenn fremde Masken oder irreführende Begriffe eingesetzt werden (LG München MMR 2004, S. 689; LG Essen, MMR 2004, S. 692) oder fremde rechtlich geschützte Kennzeichen dabei benutzt werden (BGH NJW 2007, S. 2598). Gleiches gilt im Übrigen bei *Adwords*, wie sie der Suchmaschienenbetreiber Google eingeführt hat. Es handelt sich dabei um *Text-Annoncen*, die bei der Eingabe des Stichwortes bei den Ergebnissen rechts daneben oder darüber eingeblendet werden (zuletzt OLG Stuttgart Urt. v. 9.8.2007 – Az: ZU 23/07). Die Verwendung von Namen, Geschäftsbedingungen, Marken oder Begriffen ist aber zulässig, falls diese Bestandteile von Werbelinks auf der Internetseite des Anbieters sind.

10.7   Informationstechnologie

Viele Transaktionen in der heutigen Wirtschaft werden erst durch die Leistungen der modernen *Informationstechnologie* im Bereich der *elektronischen Übermittlung, Speicherung* und *Bearbeitung* von *Informationen* ermöglicht. Das breite Spektrum reicht von den klassischen Telefondiensten über die elektronischen Kommunikationsdienste, die Entwicklung und Pflege von Software-Programmen bis hin zum Datenmanagement als komplexes Servicepaket.

10.7.1   Rechtliche Einordnung der IT-Verträge

Vielschichtiges Spektrum

Entsprechend vielschichtig ist die Bandbreite der diversen IT-Verträge, die sich – vertragstypologisch gesehen – im Spektrum des *Dienst-* oder *Werkvertrages – mit* oder *ohne Geschäftsbesorgungscharakter –* bewegen (je nachdem, ob nur die Dienstleistung als solche oder auch ein bestimmtes Arbeitsergebnis geschuldet wird). Andere IT-Verträge unterfallen aber dem Bereich des *Mietvertrages*, wenn die dauerhafte Nutzung im Vordergrund steht. Nur wenn es um den dauerhaften Erwerb einer kompletten DV-Anlage mit oder ohne dazu gehörender Software oder um den schlichten Erwerb von *Standard-Software* geht, lässt sich der Vertrag eindeutig als *Kaufvertrag* qualifizieren. Dieses Geschäft ist bereits beim Warenkauf beschrieben (vgl. Kap. 8.12).

IT-Verträge erfordern aber wegen der besonderen Abläufe dieser Technik und den damit verbundenen Risiken einen besonderen rechtlichen Zuschnitt, der erheblich von den genannten gesetzlichen Vertragsmodellen abweicht. In der IT-Praxis geschieht dies durch die AGB der *Dienstleister* und den von ihnen konzipierten *Musterverträgen*, die üblicherweise für diese Geschäfte herangezogen werden. Akzeptieren Sie diese gängige Vertragspraxis, so müssen Sie als Anwender oder Auftraggeber schon beim Vertragsabschluss darauf achten, dass Ihre berechtigten Erwartungen nicht zu kurz kommen. Streichen Sie ungünstige Vertragsklauseln oder fügen Sie günstige Einzelvereinbarungen bzw. selbst formulierte Bestimmungen in den Vertrag ein.

Vertrags-bedingungen der IT-Dienstleister

10.7.2   Abgrenzung zwischen Telekommunikations-diensten und Telemediendiensten

Die breite Palette *standardisierter IT-Dienstleistungen*, die sich an einen großen Kundenkreis richten, gliedert sich nach den gesetzlichen Rahmenbedingungen in zwei große Bereiche:

1. *Telekommunikationsdienste*, die die technischen Voraussetzungen für den Datentransfer durch die Zurverfügungstellung eines öffentlichen Verbindungsnetzes schaffen. Es handelt sich um Dienste, die ganz in der Übertragung von Signalen über Telekommunikationsnetze bestehen, wie etwa einfache Telefondienste oder auch Angebote von Access-Providern für das Internet. Für sie gilt das Telekommunikationsgesetz (TKG).

   Telekommunikation

2. *Telemediendienste*, die inhaltlich diese Plattform für öffentlich angebotene Waren- oder Dienstleistungen oder redaktionell gestaltete Online-News-Lettter nutzen. Für sie gilt das Telemediengesetz (TMG).

   Telemedien

Dabei kann es je nach dem Inhalt der angegebenen Leistungen bei den einzelnen Dienstleistern zu Überschneidungen kommen.

Beispiel:
Steht bei einem Access-Provider der Datentransfer, also die Transportleistung im Vordergrund, erbringt er einen Telekommunikationsdienst und ist dem TKG unterworden. Liefert er aber auch noch Inhalte, handelt es sich um einen Telemediendienst, für den parallel das TMG gilt.

Die rechtliche Einschätzung solch doppelfunktionaler Dienste ist daher wegen ihrer hohen Komplexität äußert schwierig.

10.7.3   Telekommunikationsdienstleistungen

Das Spektrum von *Telekommunikationsdienstleistungen* ist sehr breit. Es reicht von dem Überlassen von Telefon- und ISDN-Anschlüssen über das Herstellen von Telefonverbindungen im Festnetz und Mobilfunk zu den Verbindungen zur Übermittlung von Texten über Fax und Online, um nur die wichtigsten Anwendungsbereiche zu nennen. Die *Rechtsprobleme* des *Internetzugangs* werden des Sachzusammenhangs wegen einheitlich mit den anderen Online-Diensten behandelt (vgl. Kap. 10.7.5).

10.7.3.1   Rechtsgrundlagen

Die überwiegende Mehrzahl dieser Verträge sind Dauerschuldverhältnisse in der Form von *Miet- oder Dienstverträgen*, vielfach aber gemischt typische Verträge mit miet- und dienstvertraglichem Charakter.

> **Beispiel:**
> *Vertrag über die Überlassung eines Telefonanschlusses mit der Deutschen Telekom.*

Telekommunikationsgesetz

Die rechtliche Stellung des Benutzers ergibt sich aus dem *Telekommunikationsgesetz (TKG),* das unmittelbare Rechte und Pflichten der beteiligten Vertragspartner regelt, wovon zum Nachteil des Kunden nicht abgewichen werden kann (§ 47b TKG). Die Anbieter müssen sich bei ihren *Vertragsbedingungen* für die einzelnen Dienstleistungen innerhalb dieses normativen Rahmens halten. Darüber hinaus regelt das TKG die Befugnis und die Länge der Speicherung von Verbindungsdaten über personenbezogene Daten von natürlichen Personen. Unternehmensdaten von Personen- oder Kapitalgesellschaften sind davon nicht betroffen.

10.7.3.2   Wichtige Aspekte der Telekommunikationsverträge

Die technischen Voraussetzungen werden durch den *Netzzugang* geschaffen, der an einer mit dem Teilnehmern zu vereinbarenden geeigneten Stelle zu installieren ist (§ 45a, Abs. 1 TKG).

Gebühren

Die *Gebühren* für die Zurverfügungstellung der Verbindung werden monatlich abgerechnet; sie setzen sich aus einer *Grundgebühr* und einer pauschalen *Nutzungsgebühr* als Flatrate oder – einzeln abgerechnet – nach der Zeitdauer der Nutzung der Leitung in den vereinbarten Zeiteinheiten, i.d.R. pro Minute, zusammen. Die Verbindungsdaten zum Nachweis bleiben 80 Tage gespeichert und sind danach aus datenschutzrechtlichen Gründen zu löschen.

Haben Sie auch die Telekommunikationsdienste oder telekommunikationsgestützte *Dienste anderer Anbieter* in Anspruch genommen, die häufig nicht von der Flatrate abgedeckt sind, so muss die *Abrechnung* des *Netzanbieters* diese gesondert mit deren Namen, ladungsfähigen Anschriften und kostenfreien Kundendiensttelefonnummern und zumindest die Gesamthöhe der auf sie entfallenden Entgelte ausweisen (§ 45h, Abs. 1 TKG). Um die *Richtigkeit* der *Verbindungsdaten* umfassend überprüfen zu können, sollten Sie als Teilnehmer von diesem Recht Gebrauch machen, für die Zukunft einen gebührenfreien *Einzelverbindungsnachweis* zu verlangen, der die Verbindungsdaten unverkürzt ausweist (§ 45e, TKG).

Dienste anderer Anbieter

Einzelverbindungsnachweis

Unstimmigkeiten bei zeitbezogener Abrechnung wegen zu hoher Gebührendabrechnungen sind deshalb rechtzeitig innerhalb von acht Wochen nach Rechnungszugang vorzubringen (§ 45i Abs. 1 Satz 1 TKG). Im Falle der *Beanstandung* hat der Anbieter das in Rechnung gestellte Verbindungsaufkommen unter Wahrung datenschutzrechtlicher Belange etwaiger weiterer Nutzer des Anschlusses als Entgeltnachweis nach den einzelnen Verbindungsdaten aufzuschlüsseln und eine *technische Prüfung* durchzuführen, es sei denn, die Beanstandung ist nachweislich nicht auf einen technischen Mangel zurückzuführen, was demzufolge der Anbieter zu beweisen hat (§ 45i, Abs. 1 Satz 2 TKG). Sie als Anbieter sollten gleichzeitig mit der Beanstandung, spätestens innerhalb der Beanstandungsfrist verlangen, das Ihnen der *Entgeltnachweis* und die *Ergebnisse* der *technischen Prüfung* vorgelegt werden. Damit der Prüfungsvorgang auch für die Nutzer transparent wird, veröffentlich die Bundesnetzagentur, welche Verfahren zur technischen Prüfung geeignet sind (§ 45i, Abs. 5 TKG).

Beanstandung der Gebührenabrechnung

Technische Prüfung

Mit *Vorlage* der *technischen Überprüfung* wird die mit Abrechnung geltend gemachte Forderung des Telekommunikationsunternehmens fällig (§ 45i, Abs. 1 Satz 4 2. Halbsatz TKG). Allerdings darf es sich mit der vom Kunden geforderten Überprüfung nicht allzu lange Zeit lassen. Geht die Vorlage dem Teilnehmer nicht binnen acht Wochen nach seiner Beanstandung zu, so erlöschen die bis dahin entstandenen Ansprüche wegen Verzugs (§ 45i, Abs. 1 Satz 1. Halbsatz TKG). Kann aber bei der rechtzeitig vorgenommenen technischen Überprüfung das tatsächliche *Verbindungsaufkommen nicht festgestellt* werden, hat das Telekommunikationsunternehmen gegen den Teilnehmer Anspruch auf den Betrag, den er in den vorausgegangenen sechs oder ggf. weniger beanstandungsfreien Abrechnungszeiträumen durchschnittlich als Entgelt für einen entsprechenden Zeitraum zu entrichten hatte (§ 45j, Abs. 1 und Abs. 2 TKG).

Fälligkeit der Forderung

Durchschnittliches Entgelt in Zweifelsfällen

Dies gilt jedoch nicht, wenn Sie als Teilnehmer nachweisen können, dass sie den Netzzugang nicht oder in geringerem Umfang als nach der *Durchschnittsberechnung* genutzt haben, oder jedenfalls nach den Umständen erhebliche Zweifel bleiben, ob Ihnen die Leistungen des Anbieters zugerechnet werden können (§ 45j, Abs. 1 Satz 2 und 3 TKG). Fordert der Anbieter ein Entgelt auf der Grundlage der Durchschnittsberechnung, wird die Rückzahlungsforderung der Teilnehmer in Höhe des zuviel gezahlten Entgelts spätestens zwei Monate nach der Beanstandung fällig (§ 45j, Abs. 3 TKG).

Zahlungsverzug

Verbindungssperre

Im Falle eines Zahlungsverzugs mit mindestens 75 € Rückstand, darf der Telekommunikationsanbieter gegenüber dem Kunden eine *Sperre* verhängen, wenn der Zahlungsrückstand auf dem gleichen rechtlichen Verhältnis beruht, es sich also um den gleichen Anbieter handelt (BGH BB 1991, S. 1820). Die Sperre muss aber i.d.R. mindestens zwei Wochen zuvor schriftlich angedroht werden. Die Androhung muss eine Rechtsbehelfsbelehrung enthalten (§ 45k, Abs. 2 TKG).

Leitungsstörung

Kommt es vorübergehend zu *außerbetrieblichen Leitungsstörungen*, braucht der Telekommunikationsanbieter hierfür wegen der nicht zu vertretenden Unmöglichkeit nicht gerade zu stehen (§ 275, Abs. 1 BGB); andererseits darf der Kunde das Entgelt entsprechend mindern (§ 326, Abs. 1, Satz 1 BGB; vgl. Kap. 5.4.2.5).

> **Beispiel:**
> *Ein Blitz löst in der Vermittlungsstelle einen Brand aus, Hochwasser führt zu Kurzschlüssen, Bauarbeiten verursachen Kabelschäden.*

Problematisch sind hingegen die *innerbetrieblich veranlassten*, aber technisch notwendigen *Unterbrechungen* für die Wartung, Instandhaltung und Modernisierung der Anlagen. Dabei kann das Telekommunikationsunternehmen die Universaldienstleistung in seinen AGB zulässigerweise vorübergehend zur Sicherung des Netzbetriebes, Aufrechterhaltung der Netzintegrität, vor allem zur Vermeidung schwerwiegender Störungen, Interoperabilität der Dienste und zum Datenschutz einschränken. Der Teilnehmer kann aber von einem Anbieter eines öffentlich zugänglichen Telefondienstes mit beträchtlicher Marktmacht, wie die Deutsche Telekom die Einrichtung eines

Entstörungsdienst

Entstörungsdienstes verlangen, der auch nachts und an Sonn- und Feiertagen unverzüglich einer Störung nachgeht (§ 45b TKG).

Sollte ausnahmsweise das *Telekommunikationsunternehmen* die *Unterbrechung* der Leitung zu *vertreten* haben oder sonstwie schuldhaft einen Schaden verursachen, so haftet er regelmäßig für

Schadensersatz

Personen- und Sachschäden nach den allgemeinen Regeln des Vertragsrechts auch für Fehler seiner Beschäftigten und von Subun-

ternehmen als seinen Erfüllungsgehilfen (vgl. Kap. 6.3). Geht es
dabei um Telekommunikationsdienstleistungen für die Öffentlich-
keit, haftet der Anbieter gegenüber jedem einzelnen Kunden für einfache Vermögensschäden, z. B. entgangenem Gewinn, höchstens bis
12.500 €, insgesamt maximal bis 10.000.000 € (§ 44a TKG). Dabei
kann er aber aus Wettbewerbsgründen selbstverständlich freiwillig
eine höhere Haftung vertraglich übernehmen.

*Haftungs-
beschränkung*

> Müssen Sie in Ihrer Firma beim Ausfall von Telekommunikations-
> diensten mit höheren Schäden rechnen, sollten Sie gegenüber dem
> Anbieter auf eine Aufstockung des gesetzlich vorgesehenen Höchst-
> betrages drängen.

Tipp

10.7.4   Telefondienste

Zu den Telekommunikationsdienstleistungen zählen nicht nur die
Telefondienste im *Mobilfunkbereich*, sondern auch die im bewährten
Festnetz. Die *Musterverträge* der *Telefongesellschaften* haben deshalb
die normativen Vorgaben des Telekommunikationsgesetzes einzuhalten (vgl. Kap. 10.7.3.2).

*Tele-
kommunikations-
dienstleistungen*

10.7.4.1   Erleichterung des Kundenkontaktes durch
eine Service-Nummer

Dienstleistungsorientierte Unternehmen können gegenüber ihren
Kunden eine erhöhte Service-Bereitschaft dadurch signalisieren,
dass sie diesen ein *kostenloses Telefonieren* durch eine *Free-Call-Nummer* anbieten, die mit *0-800* beginnt. Die Kosten hierfür übernimmt
dann das jeweilige Unternehmen gegenüber der Telefongesellschaft.

Free-Call-Nummer

Eine noch bessere Akquisitionsmöglichkeit bieten sog. *Vanity-
Numbers*, wenn, nach amerikanischem Vorbild, der 0-800-Nummer
Namen und *Kunstwörter* zugeordnet werden, die sich der Benutzer
wesentlich leichter merken kann als anonyme Ziffernfolgen. Der
Kunde, der an bestimmten Waren- oder Dienstleistungen interessiert
ist, braucht in diesem Fall kein Telefonbuch mehr, sondern tippt die
0-800 und das entsprechende Kennwort ein. Auf der Tastatur sind einer Ziffer mehrere Buchstaben zugeordnet, woraus sich viele Namen
bilden lassen. Deshalb muss man sich rechtzeitig die den Firmennamen am besten wiedergebende Rufnummer sichern. Die 0-800-
Nummern sind für den Kunden gebührenfrei (§ 3 Nr. 8a TKG). Dagegen werden bei den *0180-Service-Nummern* die *Kosten* zwischen
Anrufenden und Angerufenen *aufgeteilt* (§ 3 Nr. 10a TKG). Sie sind
deshalb nicht ganz so kundenfreundlich.

Vanity-Nummer

*0180-
Service-Nummer*

> **Beispiel:**
> *Geschäftsmann G möchte einen neuen Pkw der Marke BMW erwerben. Der am Ort ansässige Händler hat sich die entsprechende Rufnummer reservieren lassen, in diesem Fall »0-800-269«. Auf der Tastatur des Telefons beim Kunden ist die Ziffer 2 dem Buchstaben B, die Ziffer 6 dem Buchstaben M und die Ziffer 9 dem Buchstaben W zugeordnet. Wählt er diese Nummer, so wird er direkt mit dem ortsansässigen BMW-Händler verbunden.*

10.7.4.2   Telefondienstverträge im Festnetz

Auswahl der Telefondienstanbieter

Auch wenn Sie einen *ISDN-Anschluss* besitzen, fahren Sie als Nutzer sofern Sie *keine Flatrate* vereinbart haben, immer noch am günstigsten, wenn Sie Ihren Telefonverkehr mit *mehreren Telefongesellschaften* gleichzeitig abwickeln, weil die Gebührenunterschiede, insbesondere während der Geschäftszeiten, recht erheblich sind. Die *Telefon-Flatrate* gilt aber nur für Verbindungen im Inlandsfestnetz. Auslandsgspräche werden daher gesondert abgerechnet. Die jeweils günstigsten Anbieter zu bestimmten Tageszeiten sind im Internet unter »tel-tarif.de« oder auch »guenstiger-telefonieren.de« zu finden. Damit Ihr Unternehmen alle Kostenvorteile nutzen kann, müssen Sie Ihr Personal entsprechend instruieren. Sollten von dem jeweiligen Apparat viele Regional- und Ferngespräche geführt werden, stellt

Low-Cost-Recorder

der Einbau eines *Low-Cost-Recorders* den technisch einfachsten Weg dar – Preis unter 50 €. Dieser sucht automatisch für jedes Gespräch den günstigsten Anbieter für Sie heraus.

Telefondienstvertrag

Die Deutsche Telekom und andere Telefongesellschaften bezeichnen ihre Leistungen als Dienst. Das deutet rechtlich auf einen Dienstvertrag hin, wovon auch der Bundesgerichtshof ausgeht. Durch den *Telefondienstvertrag* als Dauerschuldverhältnis verpflichtet sich der (Teilnehmer)-Netzbetreiber dem Kunden den Zugang zum öffentlichen Telekommunikationsnetz zu eröffnen und zu ermöglichen, unter Aufbau abgehender und Entgegennahme ankommender Telefonverbindungen mit anderen Teilnehmern eines Telefonfest- oder

Eintrag in das Telefonbuch

Mobilfunknetzes Sprache oder sonstige Daten auszutauschen (BGH BB 2007, S. 236). Sie können sich *gebührenfrei* in das *Telefonbuch* der Telfongesellschaft, die wie die Telekom öffentliche Telefondienste anbietet, eintragen, aber auch wieder *löschen* lassen (§ 45m TKG). Die vertraglichen Beziehungen zwischen der Telefongesellschaft und den Telefonkunden werden detailliert durch AGB oder Vertragsformulare geregelt. Die dort vorgesehenen Gebührenstaffeln, auch die der Telekom, sind von der Rechtsprechung unbeanstandet geblieben (BGH DB 1998, S. 1814).

Die *Mindestvertragsdauer* beträgt i.d.R. sechs Monate und kann ordentlich einen Monat vor ihrem Ablauf schriftlich gekündigt

werden. Ansonsten verlängert sie sich jeweils um drei Monate. **Kündigung**
Als Kunde können Sie Ihre *Kündigung* auch durch einen *anderen Anbieter*, zu dem sie wechseln wollten, *übermitteln* lassen (§ 45d, Abs. 3 TKG). Mit Wirksamkeit der Kündigung darf die Telefonge- **Rufnummersperrung** sellschaft ihre Leistungen einstellen (§ 45k, Abs. 3 TKG). Während der Vertragsdauer kann der Kunde auch für bestimmte Rufnummernbereiche entgeltfrei den Netzzugang sperren lassen, was bei *teuren Mehrwertdiensten* Sinn macht; für die Freischaltung der gesperrten Rufnummern können aber Gebühren erhoben werden.

Hat man keine Telefon-Flatrate können hohe Entgeltforderungen durch *gebührenpflichtige R-Gespräche* entstehen, für die nicht der **Teure R-Gespräche** Anrufende sondern der Angerufene die Kosten zu tragen hat. Das Gesetz verbietet aber, dass auf der Grundlage von R-Gesprächen Zahlungen durch den Netzbetreiber an den Anrufer erfolgen (§ 66i, Abs. 1 TKG). Wünschen Sie keine R-Gespräche, so können Sie diese über Ihren Netzanbieter *kostenlos* bei der Bundesnetzagentur *unterbinden*. Sie müssen dazu die Aufnahme Ihrer Nummer in die entsprechende von der *Bundesnetzagentur* geführte *Sperrliste* für R-Gesprächsdienste veranlassen. Die Bundesnetzagentur stellt die Sperrliste Anbietern von Gesprächsdiensten zum Abruf bereit (§ 66i, Abs. 2 TKG).

Die für den Telefonbetrieb notwendigen *Fernmeldeanlagen* kön- **Wartungsvertrag** nen Sie auch von einer Telefongesellschaft *kaufen* oder *mieten*, wobei **für Fernmelde-** Kauf oder Miete üblicherweise mit einem Wartungsvertrag gekoppelt **anlagen** werden. Dieser *Wartungsvertrag* enthält dann nicht selten über die AGB des Telefonnetzbetreibers eine sehr lange Laufzeit, die – auch gegenüber unternehmerischen Kunden im Falle des Kaufs – unter zehn Jahren liegen muss. Dieses deshalb, weil hier bei der Telefongesellschaft niedrigere Vorhaltekosten als für die Miete anfallen, nämlich nur in Höhe der vorzuhaltenden Ersatzteile und des Fachpersonals. Dagegen wird der Kapitalaufwand für die Anschaffung durch den Kaufpreis ausgeglichen (BGH ZIP 2003, S. 533).

Eine längere Vertragsdauer als fünf Jahre sollten Sie bei Wartungsver- **Tipp** trägen nicht hinnehmen.

10.7.4.3 Telekommunikationsgestützte Mehrwertdienste
Ziemlich hohe Kosten können bei der Inanspruchnahme telekommu- **Teure** nikationsgestützter *Mehrwertdienste* entstehen, die vor allem über **Servicenummern** die *Servicenummernbereiche* 0190 und 0900 angewählt werden und bei denen über die Telekommunikationsdienstleistung hinaus eine weitere Dienstleistung – der sog. »Mehrwertdienstleistung« – er-

bracht wird. Sie wird gegenüber dem Anrufer *mit* der *Telekommuni-kationsleistung* abgerechnet (§ 3 Nr. 17a TKG).

Preisinformations-pflicht

Bei der Inanspruchnahme solcher *Premiumdienste* ist daher der Kunde vor der Entgeltpflicht über die Preiskonditionen – Preis zeit-abhängig je Minute oder zeitunabhängig je Inanspruchnahme – auf dem Display gut lesbar und deutlich sichtbar in unmittelbarem Zu-sammenhang mit der Rufnummer zu informieren (§ 66a TKG), bei sprachgestützten Premiumdiensten durch eine inhaltsgleiche Preis-ansage spätestens drei Sekunden vor Beginn der Entgeltpflichtigkeit (§ 66b TKG). Wird für einen *Kurzwahl-Datendienst* ein zeitunabhän-giges Entgelt von mindestens zwei Euro verlangt, hat der Endnutzer nach der Preisanzeige den Erhalt der *Preisinformation* zu bestätigen

Preislimits

(§ 66c TKG). Darüber hinaus darf der *Preis* für *zeitabhängige* über Rufnummern für Premium-Dienste abgerechnete *Dienstleistungen* höchstens 3 € pro Minute und pro Verbindung betragen, wobei die Abrechnung höchstens im 60-Sekunden-Takt zu erfolgen hat (§ 66d, Abs. 1 und 2 TGK). Höhere Preise dürfen nur erhoben werden, wenn sich der Kunde vor Inanspruchnahme der Dienstleistung gegenüber dem Dienstanbieter durch ein geeignetes von der Bundesnetzagen-

Wegfall der Zahlungspflicht

tur genauer zu regelndes Verfahren legitimiert (§ 66d, Abs. 3 TKG). Werden diese *Preisbestimmungen* und die darauf bezogenen Informa-tionspflichten *nicht eingehalten*, ist der Endnutzer zur Zahlung des Entgelts nicht verpflichtet (§ 66g TKG).

Verbindungs-trennung

Ohne eine entsprechende Legitimation hat die Telekommunika-tionsgesellschaft, bei der die Rufnummer für Premiumdienste oder Kurzwahl-Sprachdienste eingerichtet ist, jede zeitabhängig abgerech-nete *Verbindung* zu dieser nach *einer Stunde* zu *trennen* (§ 66e TKG).

Preiskappung und *Verbindungstrennung* sollen auch Unternehmen als Kunden davor schützen, dass es hier zu »horrenden« Gebühren-rechnung kommen kann, wenn von einem der Telefonapparate nach Geschäftsschluss oder über das Wochenende unerlaubterweise eine besonders teure 0900-Servicenummer angewählt wird. Die gesetz-lich vorgeschriebene Verbindungstrennung schützt Sie indessen nur unzureichend bei *mehrfacher Anwahl* im Abrechnungszeitraum. Auf jeden Fall sollten Sie in einem solchen Fall die Abrechnung wegen

Abrechnung durch Telefonnetz-betreiber

der zu hohen Forderung beanstanden und ein Überprüfungsverfah-ren nach § 45i TKG einleiten (vgl. Kap. 10.7.3.2). Jedenfalls ist der *Telefonnetzbetreiber* berechtigt, auch den Anspruch des Mehrwert-dienstleisters als *eigene Forderungen* geltend zu machen, wenn er sich dieses Recht im Telefondienstvertrag und sei es auch durch eine AGB-Klausel hat einräumen lassen, da er sie nach § 45h TKG gegenü-ber dem Kunden ohnehin in Rechnung stellt (BGH BB 2007, S. 237).

Kurzwahldienste

Will der *Kunde* dauerhaft Kurzwahldienste in Anspruch neh-men, so ist er vor *Vertragsabschluss* von dem Dienstanbieter deutlich über die *wesentlichen Vertragsbestandteile* zu *informieren* (§ 45l Abs. 3 TKG). Zu diesen gehören vor allem der zu zahlende *Preis* einschließlich Steuern und Abgaben je eingehender Kurzwahlsendung, der *Abrechnungszeitraum*, die *Höchstzahl* der eingehenden *Kurzwahlsendungen* im Abrechnungszeitraum, sofern diese Angaben nach Art der Leistung möglich sind und schließlich das jederzeitige *Kündigungsrecht* sowie die praktischen Schritte für eine Kündigung. Den *Erhalt* dieser Informationen hat der *Kunde* zu *bestätigen*; erst dadurch wird der *Vertrag wirksam*. Während der Dauer des Vertrages kann der Teilnehmer verlangen, stets einen kostenlosen *Hinweis* vom *Diensteanbieter* zu erhalten, wenn die *Entgeltansprüche* im jeweiligen Kalendermonat eine Summe von 20 € überschreiten. Dieser Hinweis ist unverzüglich abzusenden (§ 45l Abs. 1 TKG). Das Dauerschuldverhältnis für Kurzwahldienste kann der Teilnehmer jeweils zum Ende eines Abrechnungszeitraumes mit einer Frist von einer Woche gegenüber dem Anbieter *kündigen*, wobei der Abrechnungszeitraum die Dauer von einem Monat nicht unterschreiten darf. Ist der Kurzwahldienst ereignisbasiert, so kann eine Kündigung jederzeit ohne Einhaltung einer Frist gegenüber dem Anbieter erfolgen.

Information über wichtige Vertragsdaten

Wirksamkeit des Vertrags erst mit Bestätigung

10.7.4.4   Besonderheiten des Mobilfunkvertrages

Mobiles Telefonieren, das die jederzeitige Erreichbarkeit und Unabhängigkeit von einem Telefonnetz ermöglicht, ist in der Geschäftswelt nicht mehr hinwegzudenken. Deshalb haben Unternehmen ihre wichtigen Beschäftigten, die jederzeit erreichbar sein müssen, mit *Firmenhandys* ausgestattet. Eine ausreichende *Netzabdeckung* innerhalb des *Bundesgebietes* können mittlerweile alle drei großen digitalen Netze D1, D2 und E-Plus anbieten. Auch der Mobilfunkvertrag ist als Zugangsverschaffungsvertrag ein *Dienstvertrag* (BGH NJW 2004, S. 1590). Die Europäische Union hat durch die sog. *»Roaming-Verordnung«* (Nr. 717/2007) die Mobilfunkbetreiber durch die Einführung eines einheitlichen Eurotarifs verpflichtet, ihre weit überhöhten *Gebühren* für *Auslandsgespräche* deutlich zu senken. Die Verordnung ist am 30.06.2007 in Kraft getreten. Seit August 2007 müssen die Mobilfunkgesellschaften ihren Kunden den günstigsten Tarif anbieten. Die Preisobergrenze beträgt im ersten Jahr 49 Cent, sinkt im Folgejahr auf 46 Cent und im dritten Jahr auf 43 Cent jeweils zuzüglich MwSt. Bei angenommenen Gesprächen liegt die Grenze für Höchstpreise bei 24 Cent, danach 22 Cent und schließlich 19 Cent plus MWSt. Dieses Vorgehen stellt einen wirtschaftspolitischen Präzedenzfall dar, weil damit das erste Mal die EU direkt per Gesetz in die Preisgestaltung auf einen Endkundenmarkt eingreift.

Firmenhandys

Senkung der Roaminggebühren durch die EU

10.7.4.4.1 Aktivierung und Deaktivierung der Chipkarte

Neben der *Netzabdeckung* sollten Sie sich als *Benutzer* bei der Mobilfunkgesellschaft unbedingt auch nach der *Netzqualität erkundigen*.
Ohne Nachfrage trifft die Mobilfunkgesellschaft nach der Rechtsprechung keine *Aufklärungspflicht*. Die Netzqualität selbst ist abhängig vom Netzausbau und äußeren Umständen, wie insbesondere Wetter und Topographie. Fällt aber die Netzqualität schlechter als erwartet aus, so wird dadurch nicht die Erreichung des Vertragszwecks vereitelt. Deshalb berechtigt dieser Umstand allein nicht zur sofortigen *Kündigung* aus wichtigem Grund nach § 626 BGB (AG Düsseldorf MMR 1999, S. 105).

Zur Nutzung des Handys braucht man eine *Chipkarte*, die in das Gerät eingesetzt wird. Sie erhält die *Identifikationsnummer* des *Benutzers*, dem damit darauf anfallende Gebühren zugeordnet werden können. Solche Karten kann man direkt über die Telefongesellschaft anfordern. Man erhält sie aber auch über Vertriebspartner der Telefongesellschaft, wie vor allem über Radio- und HiFi-Fachgeschäfte, Fachabteilungen der Warenhäuser oder Fachgeschäfte der Telefongesellschaften selbst. Als Kunde müssen Sie den *Kartenantrag* ausfüllen und erhalten danach die Karte zugesandt. Hat die Telefongesellschaft den – durch den Vertriebspartner oder ggf. auch per Telefon oder E-Mail zugeleiteten – Antrag angenommen, schaltet sie die Karte frei, sog. *»Aktivierung«*. Die für die Freischaltung der Chipkarte anfallenden *Aktivierungskosten* hat die Telfongesellschaft deutlich kenntlich zu machen. Sie dürfen in dem Angebot nicht zwischen untergeordneten Informationen versteckt sein. Anderenfalls ist die Kostenklausel wegen fehlender Transparenz nach § 307 Abs. 1 Satz 2 BGB unwirksam (BGH, Urt. v. 02.06.2005 – I ZR 252/02; vgl. Kap. 3.4.5.2).

Zu klären ist dabei auch, ob das *Mobilfunkgerät auf* die *Firma* selbst oder auf den *Namen* des *Beschäftigten zugelassen* werden soll. Letztere Vertragsgestaltung hat den Vorteil, dass das einzelne Gerät klar zugeordnet werden kann, was die Belastung für Privatgespräche erheblich vereinfacht. Dabei können dem Mitarbeiter – je nach seiner Stellung im Unternehmen – unterschiedlich gestaffelte *Pauschalen* für *Privatgespräche* eingeräumt werden, die die Firma bezahlt. Scheidet der Benutzer aus dem Unternehmen aus, darf er – je nach dem Grund der Vertragsbeendigung – das Gerät kostenlos behalten oder hat dafür einen angemessenen Restkaufpreis bezahlen, sofern das Handy ohne Vertrag von der Firma erworben worden ist. Ansonsten führt er einfach den Vertrag weiter.

Netzabdeckung und -qualität

Schlechte Qualität

Aktivierung der Chipkarte

Aktivierungskosten

Firmenhandy

Soll der *Telefonanschluss* später *stillgelegt* werden, kann sich der Telefonnetzbetreiber in seinen AGB *keine Deaktivierungsgebühr* ausbedingen, weil der Arbeitsaufwand nach der Kündigung des Vertragsverhältnisses mit der Abschaltung des Anschlusses und der Abwicklung
des jeweiligen Vertragsverhältnisses entsteht. Wegen fehlenden Zusammenhangs dieser Verrichtungen mit den vertraglichen Hauptleistungspflichten der dauerhaften Zurverfügungstellung des Telefon-
netzes, ist diese Gebührenpraxis während des wirksamen Vertrages
mit dem Kunden unzulässig (BGH ZIP 2002, S. 1153).

*Deaktivierungs-
gebühr*

10.7.4.4.2   Handykauf und Vertragsdauer

Um den Kreis der Abnehmer zu vergrößern, bieten viele Telefongesellschaften ihren Kunden Mobil-Telefone zu einem von ihnen subventionierten niedrigen Preis an, wenn dieser gleichzeitig einen *Mobilfunkvertrag* abschließt. Die subventionierten
Kosten werden dann über eine monatliche *Grundgebühr* mit
einer Mindestvertragsdauer von 24 Monaten und ggf. höheren *Ver-
bindungstarifen* wieder »hereingeholt«.

*Vertrag mit oder
ohne Handy*

Wird das Mobilfunkgerät allerdings stark genutzt, sollte man sich
eher für die getrennte Lösung entscheiden, d.h. das Mobilfunkgerät
separat erwerben. In diesem Fall kann man sich den günstigsten
Mobilfunknetzanbieter aussuchen und muss sich vertraglich auch
nicht solange binden.

Vielfach behalten sich die Telefongesellschaften auch das Recht
vor, die zugewiesene *Rufnummer*, die auch mit einer *persönlichen
Identifikationsnummer (PIN)* gesichert ist, einseitig aus technischen
oder betrieblichen Gründen – regelmäßig unter Beachtung einer An-
kündigungsfrist – zu *ändern*. Die Umstellung auf eine andere Rufnummer bedeutet für den Benutzer einen erheblich zusätzlichen,
zeitlichen und finanziellen Aufwand. Er muss die Änderung in den
Kreisen seiner Geschäftspartner bekannt machen und eventuell neue
Briefbögen drucken lassen usw. Dennoch ist dieser *Änderungsvorbehalt* nach § 308, Nr. 4 BGB eine *zumutbare Regelung*, wenn das Interesse der Telefongesellschaften an der Änderung der versprochenen
Leistungen gegenüber den dem Kunden zugemuteten Belastungen
überwiegt. Das ist bei dringenden betrieblichen oder technischen
Erfordernissen der Fall, wobei dem Kunden dann allerdings – über-
prüfbare – Gründe mitzuteilen sind.

*Rufnummern-
änderung*

Änderungsvorbehalt

> Sollte die Telefongesellschaft nachträglich eine Änderung ihrer Ruf-
> nummer ankündigen, lassen Sie sich die Gründe mitteilen, damit Sie
> ggf. rechtzeitig widersprechen können.

Tipp

10.7.4.4.3   Abrechnung der Gebühr

Lastschrift-verfahren

Im Interesse einer pünktlichen Bezahlung bestehen die Mobilfunk-gesellschaften auf dem Lastschriftverfahren. Die *Lastschriftverfahrensklausel* in den AGB ist zulässig, wenn sichergestellt ist, dass dem Kunden zwischen dem Zugang der Rechnung und dem Einzug des Rechnungsbetrages ausreichend Zeit – mindestens fünf Werktage – verbleibt, die *Rechnung* zu *prüfen* und ggf. für ausreichende Deckung seines Girokontos zu sorgen (BGH ZIP 2003, S. 352).

Überprüfen Sie anhand des Rechnungszugangs und Ihrer Kontoauszüge, ob die Telefongesellschaft diese Zeitspanne einhält oder nicht.

Abrechnung prüfen

Unstimmigkeiten in der Abrechnung sollten Sie möglichst schnell, spätestens innerhalb von acht Wochen nach Rechnungsversand monieren (§ 45i, Abs. 1 TKG; vgl. Kap. 10.7.3.2). Der Telefongesellschaft *Fehler* bei der *Abrechnung* nachzuweisen, fällt in aller Regel schwer. Funktionieren die Erfassungsgeräte technisch einwandfrei, so spricht der Beweis des ersten Anscheins für die Richtigkeit der Telefonabrechnung. Es ist dann davon auszugehen, dass die Telefoneinheiten von dem Gerät des Kunden verursacht worden sind (OLG Köln NJW-RR 1998, S. 1363).

Abrechnungsfehler

Um den Kunden vor extrem hohen Gebührenabrechnungen zu schützen, ist die Telefongesellschaft verpflichtet, nach Ablauf einer Stunde besonders teure *Mehrwertdienstenummern* (wie die 0190 und 0900-Telefonnummer) zu kappen (vgl. Kap. 10.7.4.3)

Mehrwertdienste

10.7.4.4.4   Störungen des Mobilfunkvertrages

Vielfach kommt wegen der topografischen Lage eine Verbindung nicht zustande. Dafür ist die *Mobilfunkgesellschaft nicht verantwortlich*. Das Gleiche gilt auch für technische Störungen.

Netzstörungen

Für *Schäden*, die der Kunde durch schuldhaftes Verhalten *ausländischer Netzbetreiber* bei Auslandsgesprächen erleidet, haftet aber der inländische Dienstleister genauso wie für eigenes Verschulden, weil der ausländische Netzbetreiber als Erfüllungsgehilfe des inländischen Dienstleistungsunternehmens anzusehen ist (OLG Düsseldorf BB 1996, S. 2644; vgl. Kap. 6.3.1).

PIN- und PUK-Nummer

Sollten Sie versehentlich dreimal eine *falsche PIN-Nummer* eingeben, wird Ihre Chip-Karte aus Sicherheitsgründen gesperrt. Sie müssen dann in das Gerät die Ihnen bei Vertragsabschluss ausgehändigte *PUK-Nummer* (die deshalb sorgfältig aufbewahrt werden muss) in das Gerät eingeben und damit eine neue PIN-Nummer festlegen. Unangenehm wird es aber, wenn Sie das *Mobilfunkgerät samt Chip-Karte verlieren*. In diesem Fall ist die *Karte* unverzüglich durch die Telefongesellschaft *sperren* zu lassen, um zu verhindern, dass unbefugte Dritte auf Ihre Kosten telefonieren können. Das ist

Verlust des Handys

Sperren der Chip-Karte

besonders wichtig, wenn das verlorene Handy im Standby-Betrieb ist und deshalb nicht vor unbefugter Benutzung durch Dritte geschützt wird.

Sollte aber die Telefongesellschaft bei einem unverschuldeten Verlust des Mobilfunkgerätes dem Kunden ein *Ersatzgerät* nur zu einem erheblich *höheren Preis* als dem ursprünglichen Einstandspreis anbieten, kann der Kunde den *Mobilfunkvertrag* aus wichtigem Grund *kündigen.* Das gilt selbst dann, wenn die Mobilfunk-Gesellschaft dem Anbieter den Erwerb des ersten Handys zur Forcierung des Absatzes subventioniert hat (AG Osnabrück Urt. v. 14.04.1997– Az:14 C 40/97).

Teures Ersatzgerät

Treten bei dem zusammen mit dem Mobilfunkvertrag erworbenen Handy später Defekte auf, weigert sich der Kunde häufig, die *Grundgebühr* aus dem Mobilfunkvertrag zu *zahlen.* Aus dem Blickwinkel des Käufers stellen sich nämlich der *Abschluss des Kaufs* und des *Netzvertrages* als *einheitliches Geschäft* dar. Das liegt aber nicht im Interesse der Telefongesellschaft, die lediglich den Kauf des Handys subventionieren will. Um zu verhindern, dass durch eine ausdrückliche Vereinbarung des Käufers mit dem Vertriebspartner ein einheitliches Rechtsgeschäft gebildet wird, kann sich die Telefongesellschaft nur durch einen deutlich sichtbaren Hinweis in ihren AGB schützen.

Defektes Handy

Kauf und Netz-Vertrag zwei getrennte Verträge

Beispiel:

In dem Vertragsformular muss sich – fett gedruckt– folgende (oder eine ähnlich lautende) Klausel befinden, die dem Kunden deutlich ins Auge springt: »Unsere Vertriebspartner sind nicht befugt, von diesen AGB abweichende Vereinbarungen mit dem Kunden zu treffen.«

Dadurch wird klargestellt, dass beide Verträge rechtlich selbstständig bleiben, wie es gängiger Vertragspraxis entspricht. Funktioniert also Ihr Handy nicht richtig, so müssen Sie es zur Reparatur oder zum Ersatz einschicken, *bleiben* aber zur *Zahlung der Grundgebühr* auch für die Zeit *verpflichtet*, bis Ihnen das reparierte Handy oder ein Ersatzgerät wieder zugeschickt worden ist.

Weiterzahlung der Grundgebühr

10.7.4.5 Web-Phoning

Um wechselseitig im Internet telefonieren zu können, benötigen beide Geschäftspartner heutzutage keinen Computeranschluss mehr. Die *Internet-Telefonie* der dritten Generation, sog. *Web-Phoning*, eröffnet die Verbalkommunikation über das Internet von Telefon zu Telefon. Erforderlich zur Teilnahme ist nur die *Anmeldung* bei einem *Internet-Provider*, der dem Kunden seine persönliche Identifikations-Nummer (PIN) zuteilt. Als registrierter User können Sie nun von jedem Mobil- oder Festnetz-Telefon aus die Nummer Ihres Internet-Providers anwählen, geben Ihre PIN-Nummer ein und wählen anschließend die Rufnummer des gewünschten Adressaten. Der Internet-Provider leitet den Anruf über den Gateway aus dem öffentlichen Telefonnetz in das Internet zu einem Telefon-Computer in der räumlichen Nähe des Adressaten. Dieser stellt die Verbindung zum gewünschten Empfänger im öffentlichen lokalen Telefonnetz oder über eine Standleitung her.

Kostenersparnis Dieses Verfahren bringt erhebliche *Gebühreneinsparungen* für den Nutzer, weil er für das Web-Phoning nur die reguläre Ortsgebühr zum Einwahlruf des Providers zuzüglich der Internet-Benutzungsgebühr des Providers zu bezahlen hat. Sollte zwischen dem User und Provider eine gemietete Standleitung bestehen oder eine Telefon-Flatrate vereinbart sein, fallen gar keine Telefonkosten an. Erhebliche *Kostenvorteile* bringt das Web-Phoning vor allen Dingen bei Verbindungen vom Mobilfunknetz ins Festnetz und für Auslandsgespäche wegen der besonders hohen Gebührentarife.

Problem: Netzüberlastung Nachteilig kann sich aber die spezifische Nachrichtenübermittlung im Web-Phoning bei *Netzüberlastung* im Internet bemerkbar machen. Die Sprachinformation wird – nicht wie im Telefonnetz – direkt übermittelt, sondern im Computer des Providers zu kleinen digitalisierten Päckchen zerlegt, komprimiert und im Telefon-Computer der Gegenseite dekomprimiert. Danach muss sie vor der Überleitung in das Telefonnetz wieder in analoge Signale zurückverwandelt werden. Bei Überlastungen im Internet können deshalb bei diesem Umwandlungsprozess ganze Worte oder Satzteile verloren gehen. Bei besonders *wichtigen Telefongesprächen* sollte man sich deshalb dieses Mediums nicht bedienen.

Rechtliche Grundlage für das Web-Phoning bildet – neben dem Telefondienstvertrag – auch der Servicevertrag mit dem Internet-Provider, auf den anschließend einzugehen ist.

10.7.5   Online-Dienste

Internetzugang Telemediengesetz Die folgenden Ausführungen beschränken sich bewusst auf die Darstellung der rechtlichen Kernfragen – aus *Nutzersicht* – im Zusammenhang mit den Online-Diensten, während die Besonderheiten eines Vertragsabschlusses-im-Internet bereits an anderer Stelle erörtert worden sind (vgl. Kap. 3.1.3). Auch der Erwerb und Schutz des Domain-Namens und die rechtlichen Anforderungen für die Werbung im Internet sind gesondert dargestellt (vgl. Kap. 10.6.4 und 5). Angesichts der allgemeinen Bekanntheit der technischen Grundlagen des Internets im Geschäftsleben erübrigt sich dessen Beschreibung, sodass gleich die vertraglichen Grundlagen in das Blickfeld rücken.

10.7.5.1 Online-Dienste als Telemedien

Mit Ausnahme des Access-Providers, der für den Netzzugang sorgt und deshalb eine Telekommunikationsdienstleistung erbringt (vgl. Kap. 10.7.3), liefern die anderen *Internet-Provider* Telemedien-dienste, die dem *Telemediengesetz* (TMG) unterworfen sind, wenn der Diensteanbieter seine Niederlassung in der Bundesrepublik Deutschland hat, selbst wenn die Dienstleistung von einem Nutzer in einem anderen EU-Staat in Anspruch genommen wird – sog.»Herkunftslandprinzip« in der EU nach § 3 TMG.

Telemedien im Sinne dieses Gesetzes sind alle elektronischen Informations- und Kommunikationsdienste, soweit sie nicht Telekommunikationsdienste nach § 3 Nr. 24 TKG, telekommunikationsgestützte Dienste nach § 3 Nr. 25 TKG oder Rundfunk nach § 2 des Rundfunkstaatsvertrages der Länder sind (§ 1, Abs. 1 TMG). Darunter fallen die *Online-Angebote* von Waren- und Dienstleistungen mit *unmittelbarer Bestellmöglichkeit*, die elektronische Presse, Internet-Suchmaschinen sowie die kommerzielle Versendung des Werbematerials. Dagegen macht die *bloße Internetpräsentation* ein Unternehmen zum Zwecke der Kundenwerbung und bloßen Geschäftsanbahnung, wenn der Geschäftsabschluss danach per E-Mail erfolgt, nicht zum Telemediendiensteanbieter. Der Kunde benötigt dann keine umfassende Information vor Vertragsabschluss, weil er alle wichtigen Punkte des Geschäfts in direktem Kontakt mit dem Vertragspartner klären kann. Das enthebt selbstverständlich nicht das einzelne Unternehmen von der Verantwortung für die rechtliche Zulässigkeit des Internetauftritts (vgl. Kap. 10.7.5.5). Das *neue Telemediengesetz* vom 28.02.2007, welches das alte Teledienstegesetz ablöst, tritt am gleichen Tag wie der Neunte Rundfunkstaatsvertrag in Kraft, womit voraussichtlich bis Ende 2007 gerechnet werden kann.

In Ergänzung zu den *Informationspflichten zum elektronischen Geschäftsverkehr* nach § 312e BGB, die den Vertragsinhalt betreffen (vgl. Kap. 3.1.3.3), legt das Telemediengesetz entgeltlich arbeitenden *Telemediendiensten* eine sehr detaillierte *Informationspflicht gegenüber den Nutzern* über die eigene Person und eigenen Rechtsverhältnissen auf (§ 5, Abs. 1 TMG). Diese Angaben sind für diese leicht erkennbar, unmittelbar erreichbar und ständig verfügbar zu halten. Dabei handelt es sich um

Telemediengesetz

Telemedien

Online-Angebot mit unmittelbarer Bestellmöglichkeit

Angaben über Telemedienunternehmen

1. Namen und Anschrift der *Niederlassung* bei Gesellschaften auch die Rechtsform, Vertretungsberechtigung sowie das Gesellschaftskapitals von Kapitalgesellschaften,
2. Angaben zur schnellen *elektronischen Kontaktaufnahme* und unmittelbaren Kommunikation einschließlich der Adresse der elektronischen Post – umstritten, ob auch die Telefonnummer dazu gehört (ja: OLG Köln MMR 2004, S. 412; nein: OLG Hamm MMR 2004, S. 549),
3. bei zulassungspflichtigen Tätigkeiten Angaben zur zuständigen *Aufsichtsbehörde*,
4. bei *eingetragenen Unternehmen* das jeweilige *Register* mit entsprechender Registernummer,
5. bei *freiberuflichen Tätigkeiten* mit qualifiziertem Hochschulabschluss die gesetzliche Berufsbezeichnung und die Angabe der Kammer, welche der Diensteanbieter angehört,
6. die Angabe der Umsatzsteueridentifikationsnummer oder die steuerliche Wirtschafts-Identifikationsnummer.

Kommerzielle Kommunikation

Zusätzlich hat der Diensteanbieter bei einem Angebot von entgeltlichen *kommerziellen Kommunikationen*, die der unmittelbaren oder mittelbaren Förderung des Absatzes von Waren und Dienstleistungen oder dem Erscheinungsbild von Unternehmen dienen (§ 2 Nr. 25 TMG) diese als solche dem *Kunden* klar und deutlich erkennbar zu machen und ebenso den *Auftraggeber*, in dessen Interesse die kommerzielle Kommunikation erfolgt, *mitzuteilen* (§ 6 Abs. 1 TMG). Bei Versendung kommerzieller Kommunikation per elektronischer Post darf in der Kopf- und Betreffzeile weder der Absender noch der kommerzielle Charakter der Nachricht durch irreführende Informationen verschleiert oder verheimlicht werden (§ 6 Abs. 2 TMG). Diese

Spamschutz

als *Spamschutz* gegen die Flut unerwünschter E-Mails gedachte Regelung verfehlt leider ihr Ziel, weil der Gesetzgeber es versäumt hat, eine zentrale *Markierung* von *E-Mails* vorzuschreiben, die es dem Betroffenen ermöglicht, automatisiert Spams auszufiltern. Zu den das Erscheinungsbild eines Unternehmens betreffenden kommerziellen Kommunikationen gehören aber nicht ein Domain-Name, die Adresse der elektronischen Post oder andere Angaben, die den unmittelbaren Zugang zur Tätigkeit des Unternehmens ermöglichen (§ 2 Nr. 5a TMG).

Datenschutz personenbezogener Daten

Ein weiterer Schwerpunkt des Telemediengesetzes bildet der *Datenschutz personenbezogener Daten* von natürlichen Personen als Nutzer (§§ 11, 15). Diese Regelungen sind nur für Einzelunternehmen als Kunden im Hinblick auf die personenbezogenen Daten des Inhabers relevant, ansonsten nur wenn es um die persönlichen Daten von Gesellschaftern, Geschäftsführern und Vorstandsmitgliedern geht. Die folgenden kurzen Hinweise sollen diesen Personen aufzeigen, worauf Sie als Nutzer dabei besonders achten sollen.

1. Das Telemedienunternehmen darf solch personenbezogene *Daten* über natürliche Personen nur *erheben, verwenden*, sowie zur Verarbeitung an andere Personen außerhalb der EU weitergeben, wenn es zu Beginn des Nutzungsvorgangs über den konkreten Umfang der Datenerfassung und –verwendung den *Kunden klar* und *eindeutig informiert* und dieser damit ausdrücklich einverstanden ist (§ 13 Abs. 1 TMG). Der Nutzer kann sein *Einverständnis* auch elektronisch erklären, wenn er sich über deren Bedeutung zweifelsfrei im Klaren ist und diese Erklärung protokolliert wird und jederzeit für ihn abrufbar ist (§ 13 Abs. 2 TMG). Das Einverständnis ist dennoch jederzeit *widerrufbar*, worauf der Diensteanbieter ebenfalls hinzuweisen hat (§ 13 Abs. 3 TMG).

   Information und Einverständnis des Kunden

2. Die Daten teilen sich in *Bestandsdaten* für Begründung und Ausgestaltung des Vertrages selbst, wozu u. a. auch Kenn- und Passwörter, IP-Nummer, Zahlungsdaten (Konto- und Kreditkartennummer) und Leistungsmerkmale des Nutzersystems zählen und *Nutzungsdaten*, wie die Merkmale zur Identifikation des Kunden, Angaben und Beginn, Ende sowie des Umfangs der jeweiligen Nutzung und schließlich die Angaben über die in Anspruch genommenen Telemedien. Beide Datengruppen dürfen nur erhoben und verwendet werden, wie es für den *Vertrags-, Nutzungs- und Abrechnungszweck* erforderlich ist (§§ 14, 15 Abs. 1 TMG).

   Bestands- und Nutzungsdaten

3. Aus den Nutzungsdaten darf der Diensteanbieter für Zwecke der Werbung, Marktforschung oder zur bedarfsgerechten Gestaltung der Telemedien ein *Nutzungsprofil*, jedoch nur in anonymisierter Form unter Verwendung von *Pseudonymen* erstellen, dem aber der *Nutzer widersprechen* kann. Auf dieses Widerspruchsrecht hat wiederum das Teledienstunternehmen den Kunden im Zusammenhang mit den anderen Informationen hinzuweisen (§ 15 Abs. 3 TMG). Wollen Sie kein Nutzerprofil über sich, müssen Sie ausdrücklich vor Vertragsabschluss widersprechen. Die Erreichung des Schutzziels dieser Regelung dürfte jedoch in der Praxis in der kaum durchführbaren Kontrolle ihrer Einhaltung scheitern.

   Nutzungsprofil von Kunden

4. Die *Abrechnung der Gebühren* auch bei Inanspruchnahme mehrerer Teledienste erfolgt *zusammengefasst* ohne Einzelnachweis. Der Nutzer kann aber jederzeit einen solchen einfordern, was zur besseren Kontrolle stichprobenweise in bestimmten Abständen zweckdienlich ist, stets aber bei zu hohen Forderungen. *Einwendungen* gegen zu *hohe Abrechnungen* kann man bis zum Ablauf

   Gebührenabrechnung

von sechs Monaten nach Rechnungserteilung erheben. So lange dürfen personenbezogene Abrechnungsdaten gespeichert werden; danach sind sie zu löschen (§ 15 Abs. 6 und 7 TMG).

Anforderungen an Telemedienunternehmen

Neben diesen allgemeinen Informations- und Datenschutzpflichten regelt das Telemediengesetz noch die *wirtschaftlichen Anforderungen* an *Telemedien,* die abgesehen von dem schon erwähnten Herkunftslandprinzip in § 3 TMG die *Verantwortlichkeit* des *Diensteanbieters* für die Informationen umfasst (§§ 7–10 TMG). Darauf ist noch später einzugehen (vgl. Kap. 10.7.5.5). Die *inhaltsbezogenen* Anforderungen wie etwa die Impressumspflichten, journalistische Sorgfaltspflichten und das Gegendarstellungsrecht ergeben sich aus der Neufassung des *Rundfunkstaatsvertrages* der *Länder.* Das muss als rechtspolitisch verfehlt bezeichnet werden, weil damit der gesamte Bereich des E-Commerce im Hinblick auf die Einhaltung der inhaltlichen Anforderungen der dezentralen Aufsicht durch die Landesmedienanstalten untersteht und damit dem gleichen strengen Rechtsregime unterworfen ist wie Rundfunk und Fernsehen.

10.7.5.2 Providerverträge

Ohne Netzzugang ist die durch den sog. *Net-Provider* eingerichtete Kommunikation zwischen den Benutzern im Online-Betrieb ausgeschlossen. Weitergehenden Service im Hinblick auf die Nutzung von Inhalten oder von Programmen bieten der *Content-Provider* und der *Service-Provider.*

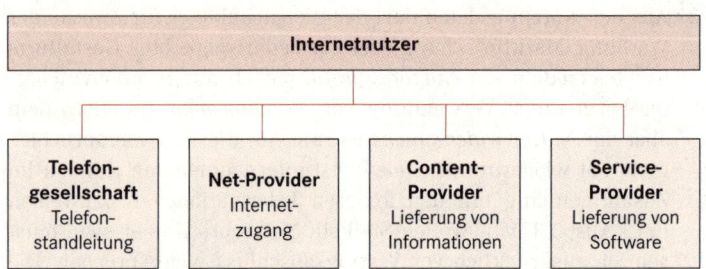

Abb. 10.8: Verträge des Internetnutzers

10.7.5.2.1 Net-Provider

Reibungsloser Datentransport

Der *Net-Provider* schafft die *Grundlage* der *Kommunikation* im *Online-Betrieb.* So gesehen, ist jeder Benutzer zwingend Kunde eines Zugangsanbieters für ein bestimmtes Datennetz sowie des Anbieters der Telefonleitung als Übertragungsmedium, d. h. der Deutschen Telekom-AG. Der Net-Provider hat für den reibungslosen Datentransport zu sorgen und erbringt demzufolge eine *Telekommunikations-*

dienstleistung. Wegen seiner geschäftlichen Aktivitäten und im Hinblick auf seine Beziehungen zu den Nutzern unterliegt er deshalb den Bestimmungen des Telekommunikationsgesetzes mit Annahme der speziellen Regelungen für Telefondienste (vgl. Kap. 10.7.3). *(Telekommunikationsdienstleistung)*

Das Online-Verhältnis erfordert – technisch betrachtet – einen Telefonanschluss mit Modem oder, was eine erheblich schnellere Datenübertragung erlaubt, eine ISDN-Leitung mit einer entsprechenden Chip-Karte. Weiterhin ist erforderlich die Installation einer Zugangssoftware sowie die Vergabe einer persönlichen Nutzerkennung (*User-ID* oder Passwort) – vergleichbar mit der PIN-Nummer beim Mobilfunkvertrag. Die Dienstleistung besitzt dann im Zusammenhang mit der Installation werkvertraglichen Charakter. Diese ist aber mit der gelungenen Installation abgeschlossen (vgl. Kap. 10.3). *(Technische Voraussetzungen / Installation als Werkleistung)*

Mit der Anmeldung des zukünftigen Benutzers beim Zugangsanbieter entsteht zwischen den Parteien ein Dauerschuldverhältnis, wonach der Net-Provider oder *Access-Provider* dem Vertragspartner gegen die Zahlung einer monatlichen Gebühr (pauschal als *Flatrate* oder abhängig von der Nutzungszeit) den Zugang zu den entsprechenden rechnergestützten Online-Diensten zur Verfügung zu stellen hat. Hierin liegt die *dienstvertragliche Komponente* dieser Rechtsbeziehung, weil der Net-Provider einen dauerhaften Zugang schon wegen möglicher Netzüberlastungen nicht garantieren kann (BGH BB 2005, S.1187, vgl. Kap. 10.2). Kommt es später zu Streitigkeiten wegen zu hoher Gebühren und widerspricht der Nutzer der Abbuchung auf seinem Bankkonto, kann er sehr schnell in *Zahlungsrückstand* geraten. Ihm droht dann die Sperre des für ihn unentbehrlichen *Internetzugangs*. Häufig ist die Sperre durch den Net-Provider nicht gerechtfertigt. In solchen Fällen sollten Sie einen im IT-Recht versierten Rechtsanwalt einschalten, der die sofortige Sperraufhebung mittels *einstweiliger Verfügung* erzwingt (vgl. AG Darmstadt, Beschluss v. 21.01.2005 – Az: 300c 33/05 »T-Online«). *(Access-Provider-Vertrag / Zugangssperre durch Provider)*

Neben den eigenen Online-Leistungen und Verknüpfungen (»Links«) offerieren viele Zugangsanbieter die i.d.R. gebührenpflichtigen Dienste konkurrierender Unternehmen durch sog. *Einwahlknoten*, insbesondere für die internationalen Datennetze. Installiert der Nutzer – von ihm unbemerkt – einen sogenannten *Dialer* in seinen Computer, der für ihn unbemerkbar die Verbindungen in das Internet über eine teure 0190- oder 0900-*Mehrwertedienstenummer* herstellt, trägt hierfür der Telefonnetzbetreiber das Risiko (BGH ZIP 2004, S. 811). Um den durchschnittlichen ahnungslosen Internetbenutzer vor der bösen Überraschung zu schützen, dass sich in harmlos erscheinenden Dateien ille- *(Dialer-Risiko trägt Telefongesellschaft / Sperre des Internetzugangs)*

**Registrierungs-
pflicht von Dialern**

gale Dialer verstecken, die durch bloßes Löschen nicht unschädlich gemacht werden, müssen sich seit März 2007 *Dialer* bei der
Bundesnetzagentur registrieren lassen. Solche Dialer dürfen nur
über Rufnummern aus einem von der Bundesnetzagentur hierzu
zur Verfügung gestellten Nummernbereich außerhalb der teuren
Mehrwertdienstenummern angeboten werden. Darüber hinaus ist
auch das Betreiben eines *nicht registrierten Dialers* neben einem registrierten unter der gleichen Nummer *unzulässig* (§ 66 f., Abs. 1
TKG). Werden diese zwingenden normativen Vorgaben nicht geschaffen, so ist der Endnutzer zur *Zahlung* eines Entgelts *nicht verpflichtet* (§ 66g Nr. 5 TKG). Die Telefongesellschaft kann dann von
den Kunden nicht die Bezahlung der dadurch entstandenen Gebühren verlangen.

10.7.5.2.2   Content- und Service-Provider

**Lieferung von
Informationen**

Die Palette möglicher Vertragsgestaltungen zwischen dem Benutzer und diesen Inhaltsanbietern ist dagegen wesentlich vielfältiger.
Der *Content-Provider* liefert ausschließlich *eigene Inhalte*, wie etwa

**Zusätzliche Dienst-
leistungen**

Verlage, Datenbankbetreiber, Zeitungen, Agenturen usw. *Service-
Provider* bieten darüber *hinausgehende Dienstleistungen*, wie etwa
Systemberatungen zu Fragen der Sicherheit, Internetnutzungen oder
auch spezielle Software an.

**Schwierige recht-
liche Einordnung
des Service-
Provider-Vertrags**

Geht es nur um die Inanspruchnahme von kommerziellen Diensten, handelt es sich, je nachdem, um dienstvertragliche oder werkvertragliche Leistungspflichten. Werden *bloße Informationen*, wie
z. B. Aktienkurse und Börsen dem Kunden verfügbar gemacht, handelt es sich um einen schlichten Dienstvertrag. Ein Werkvertrag ist
dagegen anzunehmen, wenn auch ein bestimmter Erfolg geschuldet
wird, so wenn der Inhaltsanbieter mit der Gestaltung von Home-
pages und den *»Bulletin-Bords«* beauftragt wird. Darunter sind Bild-
schirmzeichen mit kaufmännischen Inhalten und Textinformationen
zu verstehen. Wird dagegen eine *Software* erworben oder zeitlich beschränkt zur Verfügung gestellt, liegt entweder ein Kaufvertrag oder
ein Mietvertrag vor (BGH NJW 2007, S. 2394; vgl. Kap. 10.7.6).

10.7.5.2.3   Rechtsrahmen des Internets

**Etikette als
Verhaltensregeln**

Für das Internet fehlt eine einheitlich verbindliche Rechtsordnung.
Bislang existieren lediglich *Verhaltensregeln* in Form von sog. *»Etiket-
ten«*. Die einzelnen Verträge werden überwiegend durch die *Vertragsbedingungen* und AGB der Provider geprägt. Nach *deutschem Recht*

**Vertrags-
bedingungen des
Providers**

ist es für die *Gültigkeit der AGB* in einem echten Online-Vertrag erforderlich, dass sie direkt mit dem Angebot des Anbieters auf dem
Bildschirm erscheinen und sie aus dem Eingangsmenü abgerufen

werden können (§ 311e, Abs. 1, Nr. 4 BGB; LG Osnabrück CR 1996, S. 227; vgl. Kap. 3.1.3.3).

Bei *ausländischen Providern* ist damit zu rechnen, dass gemäß ihren AGB der Vertrag *ausländischem Recht* unterliegen soll. Das ändert aber nichts an dieser Informationspflicht, weil es sich dabei um eine zwingende Schutzbestimmung zugunsten des Kunden handelt (§ 311e, Abs. 2 BGB; Art. 34 EGBGB).

Ausländischer Provider

10.7.5.3   Funktionsstörungen bei den Service-Leistungen

Zentrale Regelungsbereiche bei diesen Providerverträgen sind, wie bei anderen Dienstleistungsverträgen auch, die genaue *Beschreibung* des *Leistungsprogramms*, die Vergütung oder das Honorar des Dienstleisters und die *Vertragsdauer*, d. h. unkündbare Laufzeit mit den dazupassenden Kündigungsfristen für die ordentliche Kündigung. Worauf es für eine adäquate und interessengerechte Vertragsgestaltung aus Nutzersicht ankommt, ist bereits ausführlich beim Dienstvertrag beschrieben worden (vgl. Kap. 10.2).

Kernpunkte von Providerverträgen

Als *juristische Achillesferse* erweist sich aber die rechtliche Bewältigung von *Funktionsstörungen*. Weder das Vertragsmodell des Dienst- noch des Werkvertrages erweist sich als praxisgerecht:

- Schwache Rechtsposition des Nutzers beim Dienstvertrag wegen fehlender Mängelansprüche,
- Leerlaufen des Hauptgewährleistungsanspruches »Mängelbeseitigung« beim Werkvertrag, weil Nutzungsausfallzeit nicht rückwirkend behebbar ist,
- Unrealisierbarkeit einer 100 %ig fehlerfreien Serviceleistung durch den Provider.

Angesichts dieser erheblichen Schwachpunkte der gesetzlichen Lösungskonzepte hat die IT-Branche in ihren AGB und Musterverträgen ein eigenständiges Lösungsmodell in Form sog. *Service-Level-Agreements (SLA)* zur adäquaten und interessengerechten Bewältigung von Funktionsstörungen geschaffen.

Service-Level-Agreement

10.7.5.3.1   Bestimmung von objektiv überprüfbaren Qualitätsstandards

Festzulegen ist von den Geschäftspartnern zunächst ein *bestimmter Leistungslevel*, den einzuhalten der Leistungsgeber verspricht. Schafft er das nicht, handelt es sich per se um eine fehlerhafte Service-Leistung. Die Service-Leistung beschreibt das geschuldete Leistungsprofil, vor allem die Verfügbarkeit, die maximale Ausfallzeit, Antwortzeiten und ggf. sonstige technische Kriterien.

Leistungslevel

Der zu erwartende Qualitätsstandard in temporärer Hinsicht wird durch die Angabe der *durchschnittlichen Verfügbarkeit* des

Verfügbarkeitsquote

Leistungsprofil (Qualitätsstandard)	
Verfügbarkeit	Ausfallzeit
• Durchschnittliche Verfügbarkeit durch Festlegung einer Verfügbarkeitsquote im vereinbarten Zeitraum • Wartungsfenster • Herausrechnen der üblichen Wartungsarbeiten • Qualitativ: Verfügbare Systemteile	Maximale Ausfallzeit im vereinbarten Zeitraum für einen kürzeren Zeitabschnitt (pro Monat)

Funktionsstörung		
Eskalationsmanagement	Fehlermeldeverfahren	Reaktionszeiten
• Kommunikationswege • Verantwortung und Zuständigkeiten • Eskalationsstufen nach Schwere des aufgetretenen Fehlers	In Anwendung der Regeln des Eskalationsmanagements	• Leistungen zur Fehlerbehebung • Gestaffeltes Zeitfenster nach Eskalationsstufe

Vertragsstrafe
Abfindung für IT-Nutzer bei Nichteinhalten der Verfügbarkeitsquote oder der Reaktionszeit

Abb. 10.9: Service-Level-Agreement (SLA)

Systems bestimmt, indem man eine sog. *Verfügbarkeitsquote* in % ausdrückt. Darunter versteht man konkret das Verhältnis von tatsächlicher (innerhalb der vereinbarten Zeiten) zu der vereinbarten Verfügbarkeit in einem festzulegenden *Bezugszeitraum*, also pro Monat, Quartal oder Jahr. Wählt man einen längeren Bezugszeitraum, **Maximale** sollte das noch durch zusätzliche Vorgaben für die maximale Aus- **Ausfallzeit** fallzeit pro Störfall konkretisiert werden. Sinnvoll ist auch die Bestimmung einer *Mindestverfügbarkeit* oder einer *maximalen Ausfallzeit* für einen kürzeren Zeitabschnitt, also pro Monat.

Ergänzt wird die Definition der numerischen Verfügbarkeitsquo- **Verfügbare System-** te bei einem komplexeren Leistungspaket qualitativ durch Angaben **bestandteile** zu den *Systembestandteilen*, die *tatsächlich verfügbar* sein müssen. Dabei kann bei komplexen Systemstrukturen der Ausfall von Teilsystemen in seiner Wirkung einem Gesamtausfall entsprechen, was man ebenfalls genauer regeln sollte.

Rechnet man – wie üblich – sog. *Wartungsfenster* aus der Verfüg- **Wartungsfenster** barkeitszusage heraus, sollte man dies aber auf die *routinemäßig anfallenden Wartungsarbeiten* begrenzen. Andernfalls würde gerade bei häufigen Störungsfällen außerhalb des üblichen Wartungsrhyth-

mus die Gefahr bestehen, dass der Service-Level-Mechanismus leer
läuft.

10.7.5.3.2 Regelungen zum Störungsfall

Zunächst wird ein sog. *Eskalationsmanagement* installiert, das im
Vorfeld der Störungsmeldung die *Kommunikation* und auch die *Verantwortlichkeiten* der *Beteiligten* im Störungsfall bestimmt. Das Ganze wird durch die Bildung von *Eskalationsstufen* verfeinert, indem
– je nach Gewicht der auftretenden Störung– bestimmte Kommuni-
kationswege festgelegt werden.

*Eskalations-
management*

Die Steuerung der Verarbeitung von Störungsfällen erfolgt durch
die Festlegung von sog. *Reaktionszeiten,* die bestimmen, welche *Leistungen* der *IT-Dienstleister* innerhalb des genannten Zeitraums *nach*
der *Störungsmeldung* zu erbringen hat. Dieses festgelegte Reaktionsmuster regelt vor allem Form und Übermittlungsweg der Störungsmeldung durch den Benutzer und den Beginn der Arbeit durch Stö-
rungsbeseitigung – gestaffelt nach Art und Schwere der Störung. Zu
diesem Zweck werden die verschiedenen Störungsfälle nach ihrer
Schwere skaliert.

Reaktionszeiten

10.7.5.3.3 Vertragsstrafe als effektiver Mängelanspruch des Nutzers

Hält der IT-Dienstleister die Service-Level-Vereinbarung im Hinblick
auf die Verfügbarkeitsquote oder die Reaktionszeiten im Störungsfall
nicht ein, sollte im Interesse des Users eine *angemessene Vertragsstrafe* (je nach entstandener Ausfallzeit) fällig sein. Das entbebt den
Anwender von der Notwendigkeit, einen konkreten Schaden nachzuweisen. Der Fairness halber sollte die Vertragsstrafe durch einen *Ma-
ximalbetrag* begrenzt werden; um so eher wird der Leistungsgeber
wegen der besseren Kalkulierbarkeit seines Risikos darauf eingehen.
Einen geeigneten *Parameter* bildet die *Höhe* der *Vergütung* innerhalb
der Ausfallzeit, wobei aber die Vertragsstrafe selbst ruhig einen bestimmten Prozentsatz darüber liegen kann. Das Risiko einer erheblichen finanziellen Einbuße sollte den IT-Dienstleister ansporen,
den vertraglich vereinbarten Standard bei seiner Service-Leistung
nicht zu unterschreiten (vgl. Kap. 4.2.2.2).

10.7.5.4 Verantwortlichkeit von Unternehmen als Telemedienanbieter

Die zivilrechtliche *Verantwortlichkeit* für *Informationsinhalte* (sollte
der Nutzer oder ein Dritter geschädigt werden) trifft regelmäßig nur
den *Inhaltsanbieter* (§ 7, Abs. 1 TMG). Er hat als Programmgestalter
dafür einzustehen, dass die zur Verfügung gestellte Software urheberrechtlich genutzt werden darf und der Inhalt auch sonst nicht die

*Inhaltsanbieter
ist verantwortlich*

**Keine Verantwort-
lichkeiten von
Access-Providern**

Rechte Dritter verletzt. Die unangenehmen rechtlichen Folgen sind, dass er sich *Schadensersatzansprüchen* der verletzten Rechtsinhaber aus unerlaubter Handlung nach § 823 BGB ausgesetzt sieht (BGH NJW 2003, S. 3764).

Netz- und Service-Provider, die lediglich den *Zugang zur Information Dritter* eröffnen oder diesen vermitteln, sind nach dem Telemediengesetz für fremde Informationen, die Sie in einem Kommunikationsnetz übermitteln oder zu dessen sie den Zugang vermitteln, *nicht verantwortlich,* sofern sie

1. die Übermittlung nicht veranlasst,
2. den Adressaten der übermittelten Informationen nicht ausgewählt
3. die übermittelten Informationen nicht ausgewertet oder verändert haben.

Das gilt aber nicht, wenn sie absichtlich mit einem Nutzer ihres Dienstes zusammenarbeiten, um rechtswidrige Handlungen zu begehen (§ 8 Abs. 1 TMG).

Diesen Providern kann angesichts der Datenmenge eine umfassende Kontrolle fremden Angebots nicht zugemutet werden (§ 7, Abs. 2 TMG). Mithin bestimmt sich die Haftung der Diensteanbieter danach, wie sie gegenüber dem Benutzer auftreten. Dieses *Haftungsprivileg* gilt *indes nicht* für den *Unterlassungsanspruch,* Rechtsverletzungen von Kunden künftig zu unterbinden (BGH NJW 2004, S. 3104).

**Unterbindung von
Rechtsverletzungen
durch Kunden**

> **Beispiel:**
> *Bietet der Provider fremde Waren sozusagen als virtuelles Kaufhaus an, macht er sich die fremden Inhalte bewusst und willentlich zu eigen, sodass er gemäß § 7, Abs. 1 TMG entsprechend für Verletzungen aus Verschulden beim Vertragsabschluss im Falle mangelnder Aufklärung oder auch deliktisch nach den Regeln der Produkthaftung verantwortlich gemacht werden kann. Bei unzureichender Produktsicherheit oder wegen der Verletzung von Persönlichkeitsrechten haftet er wie ein normales Kaufhaus oder ein Versandhändler. Verhält sich der Dienstanbieter dagegen wie ein Ladenzentrum, indem er nur den Zugang und die elektronischen Schaufenster für die einzelnen Anbieter bereithält, hat er nur Veränderungen der Inhalte und Auswahl der Kunden zu haften (§ 8, Abs. 1 TMG).*

**Internetplattform
als Werbemittel**

Stellen Sie nun eigene Informationen über Ihre *Internet-Plattform* zu *Werbezwecken,* aber auch für die *Vertragsvorbereitung* jedoch nicht den Vertragsabschluss ins Netz, gilt das *nicht* als *Telemediadienst,* denn dafür ist ein Produktangebot mit direkter Bestellmöglichkeit notwendig. Sie müssen jedoch sorgfältig auf die *rechtliche Zulässig-* *keit* des *Inhalts* achten, weil Sie hierfür rechtlich die Verantwortung tragen und sich ggf. gegenüber *Dritten* vor allem bei Persönlichkeits- und Kennzeichenrechtsverletzungen *schadensersatzpflichtig machen.* Entweder dürfen Sie also nur eigene Inhalte verwenden oder müssen sich für fremde Inhalte wie Texte, Fotos, Grafiken, Sounds und Filme etc. gültige Lizenzen besorgen. Das gilt auch für die »Verlinkung« der eigenen Online-Präsentation mit fremden Web-Sites. Hier ist beson- dere Vorsicht angezeigt, falls der eigene Frame erhalten bleibt und nur die fremden Inhalte auf den Bildschirmen aufgerufen werden können. Bei Verwendung des eigenen Präsentationsrahmens machen Sie sich – aus der Sicht der Nutzer – auch die fremden Inhalte zu- eigen, wodurch die beschriebene rechtliche Verantwortung ausgelöst wird (vgl. Kap. 10.6.4). Hinzu kommt, dass diese Praktik auch wett- bewerbsrechtlich unzulässig sein kann (vgl. Kap. 10.6.10).

Verlinkung mit fremden Websites

> Lassen Sie die eigene Internetpräsentation einschließlich des benutzten Inhalts fremder Web-Sites, bevor Sie sie ins Netz stellen, stets vorher durch einen Rechtsexperten überprüfen. Wenn der eigene Frame bestehen bleibt, ist auch die Zustimmung des anderen Anbieters einzuholen.

Tipp

10.7.5.5 Virengefahr und unerwünschte Werbung im E-Mail-Verkehr

Leider haben viele E-Mails keinen Geschäftsinhalt, sondern es han- delt sich um *unerwünschtes Werbematerial.* Nach verlässlichen Schät- zungen handelt es sich in der Bundesrepublik Deutschland bei ca. 40 % aller E-Mails um solch unerwünschten *Spam.*

Spam

Einer Verstopfung der eigenen Mail-Box kann man vorbeugen, wenn man sich zwei *E-Mail-Adressen* zulegt, eine öffentliche und eine private. Diese bieten viele Provider kostenlos an. Die private, nicht allgemein zugängliche, wird nur den ständigen Geschäftspartnern bekannt gegeben. Durch diese Weise erreicht man eine grobe Vorsor- tierung der elektronischen Post. Einige Programme im Internet, z.B. »Spam-Header«, ermitteln für Sie den Absender der Werbebotschaft und verschicken gleichzeitig eine Abbestellung. Dieser Aufforderung ist Folge zu leisten, weil die ungewollte Zusendung von Reklame un- ter dem rechtlichen Gesichtspunkt der sog. *belästigenden Werbung* unlauterer Wettbewerb ist (vgl. Kap. 10.6.10).

Verstopfung der Mailbox vorbeugen

Einige Angebote im Internet speichern auch kleine Erinne- rungsdateien auf Ihre Festplatte, sog. *»Cookies«.* Diese liefern dem Absender wichtige Daten für ein Kundenprofil. Sie können diese

Cookies

unerwünschten Dateien problemlos löschen, indem Sie in die Suchfunktion Ihrer Software gehen und dort »Cookies.txt« angeben.

Firewall

Stets sollten Sie aber darauf achten, dass Ihr Datenbestand gegen den unbefugten Zugriff Dritter durch die Einrichtung einer sog. *Firewall* gesichert ist. Dafür brauchen Sie aber einen Computer-Experten.

Für Virenschutz sorgen

Wenn Sie Online sind, ist es von größter Wichtigkeit, dass Sie sich keine Viren einfangen, die den einzelnen PC, vielleicht sogar das gesamte betriebliche DV-System lahm legen oder zumindest erhebliche Funktionsstörungen produzieren können. Um sich zu schützen, brauchen Sie hochwertige *Virenschutz-Programme*, die auch ständig durch Updates aktualisiert werden müssen. Betrachtet man den möglichen Schaden, ist hier jeder Euro gut angelegt.

Nach Virenbefall keine E-Mails verschicken

Sollte sich aber dennoch ein *Virus* auf der Festplatte eines oder mehrerer PCs *eingenistet* haben, dürfen Sie auf keinen Fall leichtfertig E-Mails an Ihre Geschäftspartner *verschicken*, auch wenn diese eilig sind. Besonders betroffen von der Virengefahr ist der E-Mail-Verkehr, da Virenschreiber diese Nachrichten bevorzugt für die Verbreitung ihrer Schädlinge einsetzen, indem sie diese in den Anhängen der E-Mails platzieren. Durch die die Aufmerksamkeit des Empfängers weckenden Betreffzeilen gelingt es ihnen, diesen zum Öffnen von Anhängen zu verführen und auf diese Weise den Computer oder das Netzwerk mit digitalem Ungeziefer zu infizieren.

Tipp

> Als Vorsichtsregel gilt, dass man die Anhänge von E-Mails unbekannter Absender keinesfalls öffnen darf.

Vielfalt von Computerviren

Digitales Ungeziefer hat mittlerweile eine erstaunliche Entwicklung genommen: angefangen von einfachen *Computerviren* über die komplexeren Würmer zu trojanischen Pferden oder neuerdings *»Blended Threats«* (polymorphe Gebilde, die die Eigenschaften der drei vorher Genannten miteinander verbinden und ihr Erscheinungsbild (Verschlüsselung) ständig ändern können, was ihre Entdeckung erheblich erschwert). Geradezu chancenlos ist man gegenüber E-Mail-Programmen oder Formaten, wenn die Infektion bereits durch das Lesen der E-Mail oder durch bloßes Gebrauchmachen von der E-Mail-Voransicht eintritt, wie es beim Massen-Mail-Wurm »Bugbear« geschah.

> Unternehmen sollten deshalb besonders aufmerksam die Warnhinweise des Bundesamtes für Informationssicherheit (BSI) beachten, dessen Internet-Adresse »bsi-fuer-buerger.de« lautet.

Tipp

Obwohl noch keine einschlägige Rechtsprechung vorliegt, wird man Unternehmen schon im Rahmen der Vertragsanbahnung, aber erst recht nach Vertragsschluss im Rahmen der *allgemeinen Schutzpflicht* nach § 241, Abs. 2 BGB für verpflichtet halten dürfen, innerbetrieblich alle zumutbaren Virenschutzmaßnahmen zu ergreifen, um zu vermeiden, dass Geschäftspartner durch Virenbefall wegen versandter E-Mails erhebliche Vermögensschäden erleiden. Lässt sich also zurückverfolgen, dass der Virenbefall von der E-Mail eines Geschäftspartners stammt, ist dieser wohl wegen einer Pflichtverletzung nach § 280, Abs. 1 BGB schadensersatzpflichtig (vgl. Kap. 5.5).

Verpflichtung von Unternehmen zu Schutzmaßnahmen

10.7.6   Softwareentwicklung und Softwarepflege

Ohne geeignete Software kann die Informationstechnologie nicht genutzt werden, weil das zentrale Steuerungselement fehlt. *Softwareprogramme* zeichnet eine *hohe Variabilität* aus, die ihren breiten Einsatz ermöglicht. Entsprechend vielfältig ist die rechtliche Ausgestaltung von Softwareverträgen.

10.7.6.1   Spektrum von Softwareverträgen

Will der Benutzer für das Massengeschäft entwickelte *Standardsoftware* erwerben, schließt er, gleichgültig, ob diese auf einem Datenträger wie CD-ROM oder DVD gespeichert ist oder online per Download zur Verfügung gestellt wird, einen Kaufvertrag oder zumindest kaufähnlichen Vertrag ab (BGH CR 2000, S. 207), gleichgültig, welcher Programmieraufwand dafür betrieben werden muss. Die damit zusammenhängenden wichtigen Rechtsprobleme sind unter dem zusammenfassenden Titel *»Computerkauf«* behandelt (vgl. Kap. 8.11.2).

Standard-Software

Muss aber die Standardsoftware, um in dem jeweiligen Unternehmen einsetzbar zu sein, auf die dort vorhandenen *betrieblichen Bedürfnisse angepasst* werden, handelt es sich um eine werkvertragliche Nebenleistung.

Wird die *Software* nicht endgültig, sondern nur *befristet* zur Nutzung überlassen, aber genauso wie beim Softwarekauf auf den IT-Systemen des IT-Anwenders installiert und betrieben, kann man diesen *Nutzungsvertrag* am besten als *»mietähnlich«* bezeichnen, für den dann die gleichen rechtlichen Regeln wie für die Mobilienmiete gelten (vgl. Kap. 9.2). Das gilt unabhängig davon,

Softwaremiete

Anpassung der Software

ob man die Software als bewegliche Sache oder primär als geistiges Produkt versteht (vgl. Kap. 10.7.5.2.1). Notwendige *Anpassungen* bzw. *Parametisierungen* der gemieteten Software gehören bei diesem Vertragstyp zur selbstverständlichen *Hauptpflicht* des *IT-Dienstleisters*, weil er dem Softwarenutzer als Mieter für die gesamte Vertragsdauer ein für diesen voll gebrauchsfähiges Programm zu überlassen hat (§ 535, Abs. 1, Satz 1 BGB). Treten bei der Softwaremiete *Funktionsstörungen* auf, die rasch behoben werden müssen, ist genauso wie beim Softwareerwerb die Installierung eines vertraglichen Notfallprogramms in Gestalt eines abgespeckten Service-Level-Agreements erforderlich (vgl. Kap. 10.7.5.3). Ferner sollten Sie als Mieter versuchen, sich ein möglichst umfassendes Nutzungsrecht in Form einer *Firmenlizenz* einräumen zu lassen, wenn das zu akzeptablen finanziellen Konditionen möglich ist (vgl. Kap. 10.7.7.2).

Einer genaueren Analyse müssen daher nur noch die Vertragsmodelle im Zusammenhang mit der Entwicklung einer Individualsoftware und der Softwarepflege unterzogen werden. Abschließend soll dann noch kurz auf die Auslagerung des betrieblichen Datenmanagements auf den IT-Dienstleister durch sog. *Application-Service-Providing (ASP)* eingegangen werden.

10.7.6.2   Lieferung von Individualsoftware

Nicht alle betrieblichen Abläufe lassen sich durch eine marktgängige Standardsoftware managen, sodass Sie als IT-Anwender eine auf Ihre speziellen betrieblichen Bedürfnisse zugeschnittene Software-Lösung benötigen. Zu diesem Zwecke beauftragt man als IT-Dienstleister ein Softwarehaus mit der *Entwicklung* und anschließenden *Installierung* einer *Individualsoftware*.

10.7.6.2.1   Rechtscharakter des Software-Überlassungsvertrages

Die rechtliche Beurteilung derartiger Software-Überlassungsverträge ist im Fluss und bedarf noch der endgültigen Klärung durch die Rechtsprechung. Entscheidend hierfür ist, ob man *Computerprogrammen Sachcharakter* zumisst oder nicht.

Werklieferungsvertrag oder Werkvertrag

Stellt man sie beweglichen Sachen gleich – das muss allerdings unabhängig vom Übertragungsmodus: online oder auf Datenträger wie CD-ROM oder DVD gelten –, so bilden derartige Software-Überlassungsverträge eine Unterform des *Werklieferungsvertrages* nach § 651 BGB. Die Folge wäre, dass sie wie Kaufverträge zu behandeln sind, sodass kein rechtlicher Unterschied zwischen Standardsoftware-Überlassungs- und Individualsoftware-Überlassungsvertrag mehr besteht (vgl. Kap. 8.12.2). Verneint man aber die Sacheigenschaft von Software unter Hinweis auf die den Vertragscharakter prägende immaterielle schöpferische Leistung des Softwareentwicklers, unterfällt der Individualsoftware-Überlassungsvertrag der rechtlichen Kategorie des *Werkvertrages* nach § 631 BGB, da dieser anerkanntermaßen auch geistige Werke erfasst (vgl. Kap. 10.3.1).

Für den Wirtschaftler einleuchtender als diese juristische Begriffssakrobatik ist es jedoch, als Differenzierungsmerkmal die Reichweite der dem IT-Anwender eingeräumten Nutzungs- und Verwertungsrechte heranzuziehen. Erhält er von dem Softwareentwickler das ausschließliche Nutzungs- und Verwertungsrecht übertragen, was bei einer speziell für seinen Betrieb entwickelten Software nahe liegt, handelt es sich um einen Werkvertrag, ansonsten um einen Kaufvertrag oder kaufvertragsähnlichen Werklieferungsvertrag.

Über kurz oder lang wird sich mit dieser grundsätzlichen Problematik der Bundesgerichtshof beschäftigen müssen. Die bisherige Rechtsprechung, die durchweg von einem Werkvertragscharakter des Überlassungsvertrags von Individualsoftware ausgegangen ist, basiert auf der früheren Fassung des § 651 BGB (BGH NJW-RR 1999, S. 348). Danach galten für einen Vertrag, der die Lieferung speziell herzustellender oder zu erzeugender beweglicher Sachen zum Gegenstand hatte, die Regeln des Werkvertragsrechts.

Die Problematik der rechtlichen Einordnung ist von eminent großer praktischer Bedeutung. Wegen der nicht unerheblichen rechtlichen Unterschiede zwischen Kauf- und Werkvertrag, sollte man nur einmal an die unverzügliche Rügepflicht des Käufers bei Mängeln denken. Noch wichtiger für Sie als IT-Anwender ist aber die erheblich *längere Verjährungsfrist* für *Mängelansprüche* des *Bestellers* bei Werkverträgen über geistig schöpferische Leistungen. Diese beträgt – anders als die kürzere zweijährige Verjährungsfrist bei Kaufverträgen – volle drei Jahre, wobei die Frist erst zum Jahresende zu laufen beginnt (§§ 634a, Abs. 1, Nr. 3; 195, 199, Abs. 1 BGB).

> Optieren Sie deshalb als IT-Anwender für die werkvertragliche Lösung und bestehen Sie gegenüber dem IT-Dienstleister auf einer entsprechenden rechtlichen Ausgestaltung des Software-Überlassungsvertrages.

Tipp

Vertragstypbestimmung
»Der Software-Überlassungsvertrag gilt als Werkvertrag, da der Softwarehersteller dem Besteller an dem Vertragsprodukt das umfassende und ausschließliche Nutzungs- und Verwertungsrecht gemäß § ... überträgt.«

Klauselvorschlag

Marginalia:
- Reichweite der eingeräumten Nutzungsbefugnis maßgebendes Kriterium
- Längere Verjährungsfrist bei Werkmängeln

10.7.6.2.2   Leistungsprofil des Softwareentwicklers

System-anforderungen

Kernstück des Vertrages bildet die möglichst *präzise technische Spezifizierung* des zu entwickelnden *Softwareprogramms*. Dazu müssen – in Zusammenarbeit mit dem IT-Benutzer – die Systemanforderungen mit Blick auf den betrieblichen Einsatzbereich und der benötigten Datenmenge festgelegt werden. Dieses *Leistungsprofil* in seinen einzelnen Komponenten wird in einem *Pflichtenheft* niedergelegt, das wegen seines größeren Erfahrungswissens und des größeren Know-hows im IT-Bereich vom *Softwarehaus* erstellt werden sollte (vgl. Kap. 8.12.1.2). Da es hier um eine betriebsspezifische Software geht, sollte Ihr eigener Projektmanager zusammen mit den Experten des Softwareanbieters so präzise wie möglich die *Sollanforderungen* des zu entwickelnden Softwareprogramms definieren. Ist die erwünschte Software komplex und teuer, sollte man vor Vergabe eines Entwicklungsauftrages das Projekt umfassend von einem selbstständigen *IT-Berater* als neutralen Experten prüfen lassen. (vgl. Kap. 10.10.2). Daneben ist noch der *zeitliche Rahmen* des Projektes und die Vergütung für die Werkleistung – wie bei allen Werkverträgen – festzulegen (vgl. Kap. 10.3.2).

Hinzuziehung eines IT-Beraters

10.7.6.2.3   Service-Level-Agreement

Funktionsstörungen

Einen weiterer Bestandteil des Pflichtenheftes stellen die besonderen Vereinbarungen für den Fall dar, wenn beim späteren Einsatz des Softwareprogramms (nach seiner Installierung und einem einwandfreien Testlauf) *Funktionsstörungen* auftreten sollten. Insoweit ergeben sich vergleichbare technische und juristische Regelungsprobleme wie bei Internet-Providerverträgen (vgl. Kap. 10.7.5.3).

10.7.6.2.4   Herausgabe des Quellcodes

Vertragliche Vereinbarung notwendig

Erstellt der IT-Dienstleister eine auf die spezifischen Kundenanforderungen ausgerichtete Individualsoftware, liegt die Annahme nahe, dass der IT-Dienstleister verpflichtet ist, dem *Auftraggeber* den *Quellcode* des Programms zu *überlassen*, da dieser die Entwicklung des Programms und damit auch des Quellcodes schließlich bezahlt hat. Dessen ungeachtet steht die Rechtsprechung auf dem Standpunkt, dass ohne ausdrückliche Vereinbarung keine Verpflichtung zur Herausgabe des Quellcodes besteht (BGH CR 1986, S. 377). Die Kenntnis des Quellcodes ist aber wichtig, wenn man später das Programm verändern und weiter entwickeln will. Das sog. *Quellprogramm* enthält nämlich in einer für Menschen nachvollziehbaren Weise das gesamte Know-how des Programmierers.

> **Tipp**
>
> Nehmen Sie als IT-Anwender in den Software-Überlassungsvertrag unbedingt die Verpflichtung des IT-Dienstleisters auf, Ihnen auch den Quellcode zu überlassen. Damit verschaffen Sie sich die Möglichkeit, dieses Programm später durch ein anderes Softwareunternehmen updaten zu lassen.

10.7.6.3 Software-Pflegeverträge

IT-Nutzer sind an einem *langfristigen Einsatz* der erworbenen *Software* interessiert, insbesondere, wenn sie viel Geld dafür bezahlt haben. Im Laufe der Zeit treten aber häufig Fehlfunktionen auf oder die Software ist an ein inzwischen verändertes betriebliches Umfeld anzupassen. Deshalb liegt dem IT-Nutzer viel an einer regelmäßigen Pflege seiner Software. Eine dauerhafte Softwarepflege schafft für den IT-Dienstleister kontinuierliche Umsätze und eine enge Kundenbindung, ist also wirtschaftlich profitabel.

10.7.6.3.1 Kerninhalt eines Software-Pflegevertrages

Der Software-Pflegevertrag benötigt als Dauerschuldverhältnis eine präzise Regelung für die *Vertragsdauer,* die typischerweise aus einer unkündbaren Mindestlaufzeit, ergänzt durch adäquate Kündigungsfristen besteht. Hierin liegt die dienstvertragliche Komponente dieses Geschäftsmodells (vgl. Kap. 10.6.2). Werkvertragscharakter, weil hier ein bestimmter Leistungserfolg geschuldet wird, besitzt demgegenüber der vereinbarte *Fehlerbeseitigungsservice* und die mit dem Benutzer im Einzelnen abzustimmende Anpassung des Programms. Rechtsnatur des Software-Pflegevertrages

Insoweit ist es rechtlich ohne Belang, wie der Vertrag vom IT-Dienstleister in seinem Vertragsformular oder Muster bezeichnet wird: »Pflegevertrag«, »Wartungsvertrag« oder auch »Supportvertrag«.

Schwerpunkte des Software-Pflegevertrages bilden i.d.R.: Kerninhalte
- *Beratungsservice:* Zurverfügungstellung einer Hotline für Anwendungsprobleme der installierten Software;
- *Mängelbeseitigungsservice:* Regeln für das Handling auftretender Fehler der Software und das Prozedere der Mängelbehebung,
- *Update-Service:* bietet dem Benutzer eine optionale Qualitätsverbesserung.

10.7.6.3.2 Fehlerbeseitigungsservice

Ähnlich wie beim Störfallprogramm im Rahmen eines *Service-Level-Agreements* bieten die IT-Dienstleister ihren Kunden einen Mehrwert gegenüber ihren gesetzlich gewährten Mängelansprüchen an, falls

Service-Level-Agreement (SLP)

sie vertraglich genau definierte *Reaktions- und Fehlerbeseitigungszeiten garantieren,* um die Ausfallzeiten beim IT-Anwender so niedrig wie möglich zu halten (vgl. Kap. 10.7.5.3.2). Diese *Garantien* begründen aber eine *verschuldensunabhängige Haftung* des Softwarehauses. Erfüllt es die eingegangene Verpflichtung nicht punktgenau, so ist es dem Kunden gegenüber wegen dieser zu vertretenden Pflichtverletzung im Sinne von § 276, Abs. 1 BGB gemäß §§ 280, Abs. 1 BGB zum vollen Ersatz des dadurch entstandenen Vermögensschadens verpflichtet, wenn es in die Garantieerklärung nicht von vornherein eine Haftungsobergrenze aufgenommen hat.

Tipp

Achten Sie als IT-Benutzer darauf, dass das SLP eine Garantieverpflichtung enthält und durch eine ausreichend bemessene Vertragsstrafe abgesichert wird, weil der konkrete Schadensnachweis in solchen Fällen schwierig ist.

10.7.6.3.3   Angemessene Vergütung

Gewährleistungspflicht berücksichtigen

Bei der Vergütungsfindung ist zu berücksichtigen, dass eigentlich ein Entgelt für den kostenlos zu erbringenden gesetzlich auferlegten Mängelbeseitigungsservice (wenn der Fehler innerhalb der Gewährleistungszeit von drei Jahren plus x Monaten auftritt) nach § 634 BGB nicht verlangt werden kann. Infolgedessen müsste der Wert des Fehlerbeseitigungsservices innerhalb dieses Zeitraums herausgerechnet werden, sodass ein *Entgelt innerhalb der Gewährleistungsfrist* nur für den *Beratungs-* und *Update-Service* gefordert werden kann. Das sollte sich entsprechend in den vertraglichen Vereinbarungen niederschlagen. Bietet aber der *IT-Dienstleister* durch garantierte Reaktions- und Fehlerbeseitigungszeiten dem Kunden einen *Mehrwert,* so ist gegen die Berechnung einer besonderen Prämie für dieses zusätzliche Risiko nichts einzuwenden. Die Höhe ist Verhandlungssache.

Tipp

Bestehen Sie in der Verhandlung über die Vergütungshöhe auf eine präzise Erläuterung und stellen Sie sicher, dass die Kosten für den Fehlerbeseitigungsservice innerhalb der Gewährleistungszeit herausgerechnet werden, ggf. gekürzt um einen Risikozuschlag für garantierte Reaktions- und Fehlerbeseitigungszeiten.

10.7.7   Einräumung von Nutzungsrechten

Urheberrechtsschutz von Softwareprogrammen

Ein ganz zentraler Aspekt ist bei allen Softwareverträgen die Einräumung von Nutzungsrechten für den Anwender, weil *Softwareprogramme* nach §§ 69c ff UrhG *urheberrechtlich geschützt* sind. Dem

Hersteller solcher Softwareprogramme steht nämlich prinzipiell das ausschließliche und umfassende *Verwertungsrecht*, insbesondere durch Vervielfältigung und Verbreitung, zu (vgl. §§ 15 ff UrhG).

Als Eigentümer dieses geistigen Produktes kann er aber auch die Verwertungsbefugnis anderen Personen in Form von Nutzungsrechten, auch Lizenzrechte genannt, einräumen. Das kann durch ein *einfaches Nutzungsrecht* geschehen, welches den Inhaber berechtigt, die Software – neben dem Urheber oder anderen Berechtigten – auf die erlaubte Art zu gebrauchen. Das ist typisch bei dem Kauf oder der Miete von Standardsoftware, die der Softwarehersteller durch massenhafte Vervielfältigung oder Verbreitung verwerten will. Bei der Einräumung eines *ausschließlichen Nutzungsrechtes* an den Inhaber verzichtet der Urheber komplett auf die Verwertung, weil damit der Inhaber die Software unter Ausschluss aller anderen Personen (einschließlich des Urhebers) auf die ihm erlaubte Art nutzen können soll und Dritten gegenüber sogar einfache Nutzungsrechte vergeben darf (§ 31, Abs. 1–3 UrhG). Letzteres entspricht der Interessenlage bei der Entwicklung *spezieller Individualsoftware* (vgl. Kap. 10.7.7.2.1)

Deshalb enthalten *Software-Überlassungsverträge* stets auch Lizenz- und Nutzungsbedingungen, die den Inhalt und Umfang der eingeräumten Nutzungsrechte bestimmen.

> Achten Sie als IT-Anwender stets unbedingt darauf, dass Ihnen die Lizenzklausel im Vertrag die Nutzungsbefugnis in dem erwünschten Umfang einräumt, denn ohne klare vertragliche Absprache gilt der sog. Zweckübertragungsgrundsatz nach § 31, Abs. 5 UrhG, wonach der Urheber die Rechte nur in dem Umfang zu übertragen hat (und demzufolge auch überträgt), der für die Erreichung des Vertragszwecks erforderlich ist.

Einfaches Nutzungsrecht

Ausschließliche Lizenz

Tipp

10.7.7.1 Bestimmungsgemäße Nutzung der Software

Den vertragsgemäßen Gebrauch im Rahmen des Zweckübertragungsgrundsatzes nennt man bei der Software die *bestimmungsgemäße Nutzung*, die in § 69d UrhG näher gesetzlich ausgestaltet ist.

Dazu gehören selbstverständlich das Installieren, das Laden in den RAM-Speicher und das Ablaufenlassen des Programms (Abs. 1), aber auch eine Maßnahme zur Fehlerberichtigung, selbst wenn dies eine Änderung der Software erfordert. Der Programmentwickler kann aber den Anwender auch in seinen AGB verpflichten, zunächst Abhilfe beim Lieferanten zu suchen und erst, wenn diese misslingt, den Fehler selbst zu beseitigen oder fachgerecht beseitigen zu lassen. Hierzu ist die Kenntnis des *Quellcodes* häufig unverzichtbar. Einen entsprechenden Rechtsanspruch müssen Sie sich deshalb vom Pro-

Umfang der Nutzungsbefugnis

Kenntnis des Quellcodes

grammentwickler durch ausdrückliche Vereinbarung verschaffen (vgl. Kap. 10.7.6.2.4). Notwendig kann die Kenntnis des Quellcodes auch zum Herstellen der *Interoperabilität* verschiedener Software-Programme werden, wenn eine andere Software mit der gelieferten Software zusammenarbeiten soll. Auch die Anfertigung einer (einzigen!) Sicherungskopie ist zur bestimmungsgemäßen Nutzung zu rechnen (Abs. 2).

Zustimmungspflichtige Softwarevermietung durch Nutzer

Dagegen bedarf die *Vermietung* der *überlassenen Software* an Dritte zu ihrer Wirksamkeit stets der *Zustimmung* des *Softwarehauses*. Dies hat zur Folge, dass der entsprechende Vertrag ohne diesen Rechtsakt unwirksam ist (§ 69c, Nr. 3, Satz 2 UrhG). Erlaubt ist nur die unentgeltliche Weitergabe der Software im Wege der Leihe. Im Unterschied dazu kann das Softwarehaus eine vertragliche *Weiterveräußerung* der erworbenen *Software* rechtlich nicht verhindern, weil ein derartiges Weitergabeverbot wegen Verstoßes gegen § 137, Satz 1 BGB unwirksam ist und der Urheber durch die endgültige Überlassung der Software (auf der Grundlage eines Werk- und Kaufvertrages) an den Nutzer sein Urheberrecht insoweit erschöpft hat (§ 69c, Nr. 3, Satz 2 UrhG). Das gilt aber nur im Hinblick auf die überlassene Kopie der Standard-Software, sodass die Vervielfältigung auf Kopien und der anschließende Weiterverkauf wiederum eine urheberrechtlich unzulässige Vervielfältigung und Verbreitung darstellt.

10.7.7.2 Lizenzrechte

Klare vertragliche Regelung geboten

Der gesetzlich geregelte Rahmen zulässiger Nutzungsbefugnisse wird aber nur selten den Bedürfnissen des IT-Anwenders gerecht. Deshalb sollte der *Nutzungsumfang unbedingt* durch klare vertragliche Regelungen über das Lizenzrecht *bestimmt* werden. Dies kann der IT-Dienstleister auch in seinen Vertragsformularen oder in seinen AGB vorsehen (BGH CR 2003, S. 323). Dabei besitzt der IT-Dienstleister im Rahmen von Software-Mietverträgen eine größere Gestaltungsfreiheit als bei Kauf- oder Werkverträgen. Allerdings

Dongle

muss die Verwendung einer *Kopiersperre*, sog. *Dongle*, ausdrücklich vertraglich vereinbart werden; andernfalls ist das gelieferte Softwareprogramm mangelhaft (OLG Celle NJW-RR 1993, S. 432).

10.7.7.2.1 Ausschließliche Lizenz

Individualsoftware

Liefert Ihnen der Programmentwickler eine speziell für Ihren Betrieb ausgerichtete Individualsoftware, stellen sich für Sie überhaupt keine lizenzrechtlichen Probleme, wenn Sie sich von ihm eine *zeitlich unbeschränkte* und *umfassende ausschließliche Lizenz* einräumen lassen. Darin steckt eine komplette Übertragung aller Vernetzungs- und Verwertungsbefugnisse, sodass der Urheber keinerlei Rechtsmacht mehr besitzt. Sie als IT-Anwender können dann vollkommen frei über die künftige Nutzung des Programms entscheiden, die DV-Arbeitsplätze bei einer betrieblichen Expansion später erweitern, Nutzungsrechte an Tochtergesellschaften oder an andere Unternehmen übertragen usw.

Ausschließliche Lizenzübertragung

»Das Softwarehaus Firma ... überträgt dem Auftraggeber Firma ... an dem von ihr entwickelten Softwareprogramm zeitlich unbeschränkt ein ausschließliches Nutzungsrecht.«

Klauselvorschlag

10.7.7.2.2   Einzel- und Mehrfach-Lizenzen

Eine ausschließliche Lizenz kommt aber bei dem käuflichen Erwerb von *Standardsoftware* oder der *Miete* von Softwareprogrammen nicht in Frage, weil der Programmentwickler die Software daneben weiter verwerten will. Bei diesen Verträgen geht es also nur um die Übertragung eines *einfachen Nutzungsrechtes*. Insoweit haben sich als typische Lizenzformen die Einzel- und Mehrfach-Lizenzen in der Praxis durchgesetzt.

Standardsoftware und Softwaremiete

Die *Einzel-Lizenz* gestattet dem Anwender nur, die Software auf einem *einzigen Arbeitsplatz* zu benutzen, die *Mehrfach-Lizenz* dagegen die Software auf *mehreren Geräten* zeitgleich zu benutzen. Ein Sondertyp stellt dabei die *Netzwerk-Lizenz* dar, die einen Netzwerkeinsatz – bezogen auf die Zahl der zeitgleich zugriffsberechtigten Nutzer – erlaubt. Dabei stellt der Netzwerkbetrieb eine wirtschaftliche Anwendungsform dar, weil über die Nutzung auf dem zentralen Server-Rechner hinaus durch den Ladevorgang eine Vervielfältigung der Software im Arbeitsspeicher der angeschlossenen Klein-Rechner geschieht. Die vom IT-Dienstleister geforderte *Vergütung* hängt daneben von der *Breite des Einsatzes* beim Anwender ab. Soweit sich aus den vertraglichen Vereinbarungen oder sonstigen Umständen nichts Abweichendes ergibt, ist von einer Einzel-Lizenz auszugehen, sodass die überlassene Software nur in der Einzelplatzversion genutzt werden darf.

Netzwerk-Lizenz

Vergütung von Einsatzbreite abhängig

> Benötigen Sie die erworbene Software zeitgleich für mehrere Arbeitsplätze, müssen Sie sich ausdrücklich eine Mehrfach-Lizenz oder eine Netzwerk-Lizenz geben lassen.

Tipp

10.7.7.2.3   Unternehmens- und Konzern-Lizenz

Den größten Spielraum eröffnet Ihnen als IT-Anwender eine *Unternehmens- oder Konzern-Lizenz*. Erstere gestattet den Einsatz der Software in dem betreffenden Unternehmen, Letztere sogar im gesamten Bereich des Unternehmenskonzerns. Auf eine zahlenmäßige Beschränkung der zugriffsberechtigten Rechner wird dann i.d.R. verzichtet und eine pauschale *Gesamtvergütung* vereinbart.

Tipp

Soweit Sie es sich leisten können und die Unternehmens-Lizenz nicht sehr viel teurer ist als eine Mehrfach-Lizenz, sollten Sie sich eine Unternehmens-Lizenz beschaffen.

10.7.7.2.4   Center-Processing-Unit-Klausel (CPU)

Einsatzbeschränkung der Hardware

CPU-Klauseln untersagen dem Anwender die Benutzung einer anderen als der vereinbarten Hardware oder machen deren Einsatz von einem zusätzlichen Entgelt abhängig.

Softwarekauf

Diese Beschränkung ist bei dem *käuflichen Erwerb* von *Software* wegen unangemessener Benachteiligung des Käufers nach §§ 307, Abs. 2, Nr. 1 BGB, 69d UrhG *unwirksam* (BGH CR 2003, S. 323). Nur ausnahmsweise lässt sich eine derartige Verwendungsbeschränkung rechtfertigen, wenn die Software wegen ihrer hohen Komplexität lediglich mit einer bestimmten Hardware kompatibel ist und deshalb bei einem Wechsel auf einen anderen Computertyp technische Probleme entstehen könnten.

Softwaremiete

Haben Sie dagegen die überlassene *Software* nur zeitlich begrenzt *gemietet*, darf das Softwarehaus den Hardware-Wechsel mittels einer CPU-Klausel von seiner vorherigen Zustimmung bzw. von einer zusätzlichen Vergütung abhängig machen, weil es als Vermieter rechtlich auf die weitere Verwendung des Mietobjekts Einfluss nehmen kann.

Tipp

Gleichgültig, ob Sie Standard-Software kaufen oder mieten, streichen Sie bei Vertragsabschluss eventuelle CPU-Klauseln aus dem Vertrag.

10.7.8   Checkliste für den IT-Anwender

Die folgende Checkliste enthält die wichtigsten Regelungsprobleme von IT-Verträgen. Sie findet ihre Ergänzung – je nach Rechtscharakter – durch die Checklisten der einzelnen Vertragstypen und der Basischeckliste.

1. Beim *Domain-Webhosting-Vertrag* mit dem Provider ist darauf zu achten, dass als Inhaber der Domains das Unternehmen selbst eingetragen wird. Dabei sollten mindestens zwei Domains reserviert werden: Eine *Firmen-Domain*, die der Firma Ihres Unternehmens oder einer markanten Abkürzung entspricht und die *Info-Domain*, die als gängiger Gattungsbegriff die Branche oder das Kernprodukt Ihres Unternehmens beschreibt (z. B. »sauna.de«). Dadurch wird der Benutzer, wenn er sich für eine bestimmte Produktgruppe interessiert, automatisch auf Ihre Website geführt. Wichtig ist auch, dass der gemietete Web-Space für die Platzierung der Website ausreicht.

2. Beim *Webdesign-Vertrag* als besonderem Werbevertrag ergeben sich die gleichen rechtlichen Gesichtspunkte wie beim Werbeagenturvertrag.

   Wichtig ist dabei vor allem

   ✔ die dauerhafte *urheberrechtliche Übertragung* an dem Format und Inhalt der Homepage von dem Designer auf das Unternehmen in Form der ausschließlichen Lizenz,

   ✔ bei Verwendung von urheberrechtlich geschützten Materialien anderer Personen die Einholung von *ausschließlichen Lizenzrechten*, die wiederum direkt auf das Unternehmen zu übertragen sind,

   ✔ die rechtliche *Überprüfung* der geplanten *Homepage* im Hinblick auf die Beachtung der wettbewerbsrechtlichen Regeln,

   ✔ bei der *Verlinkung* mit den *Websites anderer Anbieter* die Einholung deren Zustimmung und die Kontrolle, dass diese Inhalte rechtlich zulässig sind.

3. Bei dem *Web-Provider-Vertrag*, der den ständigen Zugang des Benutzers zu den Internetdiensten zum Gegenstand hat, sollten im Rahmen eines *Service-Level-Agreements Verfügbarkeitszeiten* festgelegt werden, die nicht unterschritten werden dürfen, ohne dass der Provider Vergütungsabschläge hinzunehmen hat oder stattdessen eine je nach der Dauer der Unterbrechung entsprechend angemessene *Vertragsstrafe* zahlen muss. Kommt es dabei zu *Funktionsstörungen*, ist auch ein vertragliches Notfallprogramm aufzulegen, in dem im Einzelnen die Reaktionszeiten für die Fehlerbehebung geregelt werden.

4. Bei dem *Individualsoftware-Überlassungsvertrag* geht es vor allem um folgende Punkte:

   ✔ zunächst eine eindeutige vertragstypologische Regelung als *Werkvertrag* wegen der großen Vorteile für den IT-Nutzer infolge der erheblich längeren Verjährungsfristen seiner Mängelansprüche,

   ✔ eine klare und detailgenaue technische *Spezifizierung* des zu entwickelnden *Softwareprogramms* in allen Facetten – in Zusammenarbeit zwischen dem Softwarehaus und der betriebs-

Checkliste

eigenen IT-Abteilung, ggf. unter Hinzuziehung eines neutralen *IT-Beraters*,

✔ Einräumung einer *ausschließlichen dauerhaften Lizenz* an dem entwickelten Softwareprogramm auf den IT-Anwender,

✔ ein umfängliches *Service-Level-Agreement* für mögliche *Funktionsstörungen* im Hinblick auf garantierte Laufzeiten des Programms und einem *Notfallmanagement* für die Fehlermeldung von Reaktions- und Mängelbeseitigungszeiten, die das Softwarehaus einzuhalten hat – gelingt das nicht, wird eine angemessene Vertragsstrafe fällig.

10.7.9   IT-Outsourcing durch Application-Service-Providing (ASP)

In der IT-Branche setzt sich in letzter Zeit immer mehr eine komplexe Systemleistung – *Application-Service-Providing (ASP)* – durch, die sich zu dem in der Praxis wichtigsten Modell des IT-Outsourcings entwickelt hat.

Betriebsexternes-Datenmanagement

Das kann für kleinere und mittlere Unternehmen eine attraktive *Alternative* anstelle der Unterhaltung einer *eigenen* kleineren *IT-Abteilung* sein. Sie als Nutzer müssten dann keine Hard- und/oder Software für die eigene EDV-Abteilung vorhalten, sondern können diese Funktion – ganz oder teilweise – an ein außenstehendes Dienstleistungsunternehmen auslagern. Dieses *Outsourcing* schließt nicht nur *Rechenzentrumsleistungen*, sondern vielfach auch weitere innerbetrieblich zu erfüllende IT-Aufgaben im Rahmen des Datenmanagements ein, insbesondere die *Datenverwaltung* und *Datensicherung*. Der IT-Dienstleister stellt dem User dafür während der Vertragszeit bestimmte Kapazitäten seines Rechenzentrums zur Verfügung und ermöglicht ihm über ein Netzwerk den Zugriff auf Software und Daten. In dem eigenen Unternehmen werden keine Rechner mit größeren Speicherkapazitäten mehr benötigt, sondern es genügt die schlankere und billigere Version anwendungsspezifischer Computer (ASC), die nur mit der Hardware und Software ausgestattet sind, die für die jeweilige Einsatzfunktion unbedingt benötigt wird. Dadurch erhält der Anwender über den IT-Dienstleister Zugang zu einem i.d.R. nicht verfügbaren Know-how.

Risiko: Wirtschaftliche Abhängigkeit

Diesen Vorteilen stehen aber auch erhebliche Risiken für den IT-Anwender entgegen, die vor allem in seiner *starken wirtschaftlichen Abhängigkeit* vom IT-Dienstleister liegen. Dieser erhält zwangsläufig Einblick in *Betriebs- und Geschäftsgeheimnisse*, sodass die Gefahren für Datensicherheit und Datenschutz durch das Outsourcing erheblich anwachsen. Das entscheidende Handicap ist aber wohl darin zu sehen, dass durch die enge wirtschaftliche Verflechtung eine Beendigung der Geschäftsverbindung erheblich erschwert wird. Der Schritt in eine derartig tiefe wirtschaftliche Abhängigkeit setzt aber uneingeschränktes Vertrauen in die Zuverlässigkeit und die Kompetenz des IT-Dienstleisters voraus.

Tipp

> Solch starkes Vertrauen sollte man nur auf sicherer Grundlage, d. h. einer verlässlichen rechtlichen Basis schenken. Als Anbieter benötigen Sie daher – neben einer umfassenden wirtschaftlichen und technischen Beratung – auch den juristischen Support bei der Aushandlung dieses komplexen Vertragswerkes durch einen im IT-Recht besonders versierten Fachanwalt.

10.7.9.1   Eigene EDV-Abteilung oder IT-Outsourcing

Ob man das Datenmanagement betriebsintern steuert oder outsourct, ist nicht zuletzt eine Kostenfrage. Gegenüber zu stellen ist dabei der durchschnittliche *finanzielle Kostenaufwand* für den Aufbau und die Unterhaltung einer eigenen EDV-Abteilung mit dem dazu gehörenden Equipment und Fachpersonal einschließlich der notwendigen Weiterbildungsmaßnahmen auf der einen Seite gegenüber der Jahresvergütung nebst dem geringeren Sachaufwand für eine einfachere EDV-Ausstattung. Sind die kalkulierten Kosten für die *betriebseigene IT-Abteilung nicht sehr viel höher,* muss man sich genau überlegen, wie viel die dadurch gewonnene wirtschaftliche Selbstständigkeit einem wert ist.

Kostenvergleich

Für diese wichtige grundlegende Entscheidung im Bereich der betrieblichen Organisation sollten Sie sich genügend Zeit lassen, weil dies eine sorgfältige Analyse der gesamten betrieblichen Abläufe erfordert. Können Sie das mit dem eigenen Personal nicht bewältigen, so sollten Sie einen *wirtschaftlich unabhängigen neutralen IT-Berater* heranziehen, der sich in dieser Branche gut auskennt und Ihnen auch zuverlässige leistungsstarke IT-Dienstleister empfehlen kann.

IT-Berater

10.7.9.2   Kernpunkte des ASP-Vertrages

Haben Sie sich für das Geschäftsmodell des *Applications-Service-Providing* entschieden und einen geeigneten IT-Dienstleister gefunden, so sollten Sie, wenn in den Vertragsverhandlungen die technischen IT-spezifischen Rahmenbedingungen der zu erbringenden Systemleistungen geklärt sind, einen im IT-Recht als Fachmann ausgewiesenen Rechtsanwalt einschalten, der Sie bei der Abfassung des Vertragstextes sachkundig berät.

Der ASP-Vertrag ist ein kombinierter Geschäftsbesorgungsvertrag mit dienst- und werkvertraglichen Elementen, verbunden mit

Rechtliche Einordnung

Zentrale
Regelungskomplexe

einer mietvertraglichen Komponente, was die Zuverfügungstellung der Großrechnerkapazitäten betrifft (BGH WM 2007, S. 468). Die wichtigsten Kernpunkte dieses komplexen Vertragswerkes sind:

- Die präzise *Beschreibung* des *Leistungsprogramms* in einem dem Vertrag als Anhang beizufügenden *Service-Level-Agreement.* Dieses besteht aus den Bausteinen: Verfügbarkeitsquoten und dem Verfahrensablauf bei Störfällen (vgl. Kap. 10.7.5.3); wegen der höheren Komplexität sollte auch ein *Monitoring- und Reporting-Verfahren* eingeführt werden, das Regelungen zum Messverfahren und Messmethoden über die tatsächlich erbrachte Systemleistung sowie zur Überprüfung der Einhaltung des vereinbarten Service-Levels enthält;
- ein ausdifferenziertes *Vergütungsmodell,* je nach Leistungsinanspruchnahme durch den Anwender,
- die Verpflichtung des IT-Dienstleisters zur Wahrung der *Betriebs- und Geschäftsgeheimnisse* des Benutzers – auch über eine angemessene Zeit nach Vertragsbeendigung – sanktioniert mit einer angemessenen Vertragsstrafe im Falle der Verletzung,
- darüber hinaus die ausdrückliche Verpflichtung des Dienstleisters, diese Geheimhaltungspflicht an seine Beschäftigten oder an Dritte, mit denen er zusammenarbeitet, weiterzugeben,
- nach *Vertragsbeendigung* die Verpflichtung des *IT-Dienstleisters,* den Gesamtbestand der von ihm verwalteten *Betriebsdaten* in systematisierter Form auf Datenträger (insbesondere CD-ROM oder DVD nebst eventuell dazu gehörender Software) an den IT-Anwender *zurückzugeben,* damit sie dieser durch Einspielen in das betriebseigene oder fremde DV-System wieder benutzen oder bearbeiten kann.

10.8   Beförderung, Lagerung, Wartung und Bewachung von Gütern

Das einzige verbindende Element dieser verschiedenen Dienstleistungen ist, dass sie im Zusammenhang mit Sachgütern stehen.

10.8.1   Gütertransport: Speditions- und Frachtgeschäft

Betriebsexterner
Gütertransport

Werden Sachgüter verkauft, die gemäß vertraglicher Vereinbarung zu dem Käufer geliefert werden sollen, lohnt sich bei einem Transport über größere Distanz für den Hersteller oder Händler i.d.R. nicht die Unterhaltung eines eigenen Fuhrparks, sieht man einmal von einer Brauerei oder einem Baustoffhändler ab. Wesentlich kostengünstiger ist – im Rahmen des sog. *Outsourcings* – die ständige Zusammenarbeit mit einem zuverlässigen *Spediteur,* der den Transport organisiert und in den meisten Fällen als *Frachtführer* auch selbst abwickelt. Dieser ist durch geschickte Dispositionen am ehesten in der Lage, auf dem Rückweg kostenträchtige Leertransporte zu vermeiden und hat wegen der niedrigen Tarife im Transportsektor auch ein geringeres Gehalt an sein Fahrpersonal zu zahlen.

10.8.1.1 Rechtsrahmen der Transportabwicklung

Überraschend mag es für Sie sein, dass das HGB den wirtschaftlichen Komplex der *Transportabwicklung* in zwei verschiedene Geschäfte und damit Verträge aufspaltet: Einerseits in das *Speditionsgeschäft* als gewerbsmäßige Besorgung der Versendung von Gütern einschließlich der Organisation der Beförderung im eigenen Namen, aber für Rechnung des Auftraggebers durch den Spediteur (§§ 453 ff BGB). Andererseits in das *Frachtgeschäft* als gewerbsmäßige Durchführung der Beförderung von Gütern durch den Frachtführer als eigentlichen Transportunternehmer (§§ 407 ff HGB). Der *Spediteur organisiert* also lediglich die *Beförderung* und ist nicht verpflichtet, die Beförderung selbst zu bewirken. Vielmehr ist er im Rahmen der Transportorganisation vom Warenversender beauftragt, die notwendigen Transportverträge mit den Frachtführern in seinem eigenen Namen abzuschließen.

Speditions- und Frachtvertrag

10.8.1.1.1 Der Spediteur als Frachtführer

Beim Gütertransport ist es üblich, dass der *Spediteur* den Transport direkt abwickelt. Dementsprechend regelt das HGB ausdrücklich drei Formen der Geschäftsbesorgung des Spediteurs mit frachtrechtlicher Ausprägung: *Selbsteintritt* (§ 458 HGB), *Fixkostenspediteur* (§ 459 HGB) und *Sammelladungs-Spediteur* (§ 460 HGB). Den drei genannten Fällen ist gemeinsam, dass der Spediteur hinsichtlich der Beförderung die *Rechte und Pflichten* eines *Frachtführers* oder Verfrachters hat, sodass hinsichtlich dieses Leistungsanteils nicht das Speditionsrecht, sondern das Frachtrecht nach §§ 407 ff HGB Anwendung findet.

Spediteur ist zugleich Transport-Unternehmer

Um einen *Selbsteintritt* handelt es sich, wenn der Spediteur die für die Erfüllung des Speditionsauftrages erforderlichen Beförderungsleistungen mit eigenen Beförderungsmitteln erbringt (§ 458 HGB). Weit verbreitet ist der *Fixkostenspediteur,* der die Organisation der Beförderung zu festen Kosten übernimmt, was stets auch die Kosten für die Beförderungsleistung einschließt (§ 459 HGB). Aus Rationalisierungsgründen ist jeder Spediteur befugt, kleinere Warenmengen zusammen mit den Gütern anderer Versender aufgrund eines für seine Rechnung über eine *Sammelladung* geschlossenen Frachtvertrages zu transportieren (§ 460 HGB). Er kann also die Waren verschiedener Absender zu einer LKW-Ladung zusammenfassen.

Fixkostenspediteur

10.8.1.1.2   Der Speditionsvertrag

Die bestimmende rechtliche Grundlage für den Gütertransport ist demzufolge der *Speditionsvertrag*, wobei im Folgenden – entsprechend der üblichen Praxis – davon ausgegangen wird, dass der Spediteur sich nicht nur zur Besorgung der Warenversendung, sondern auch zur Abwicklung des Transports verpflichtet. Rechtlich stellt sich der Speditionsvertrag demzufolge als auf eine *Geschäftsbesorgung gerichteter Werkvertrag* dar (§§ 675, 631 BGB; vgl. Kap. 10.4), dessen Inhalt durch die Transportbestimmungen des HGB zum Speditions- und vor allem Frachtgeschäft festgelegt wird (§ 458 HGB). Dies wird ergänzt durch die *Allgemeinen Deutschen Spediteurbedingungen* als einheitliche AGB des *Deutschen Speditionsgewerbes (ADSp)* und – für den grenzüberschreitenden Transport – das *Übereinkommen für den Beförderungsvertrag im internationalen Straßenverkehr (CMR)*.

Allgemeine Deutsche Speditionsbedingungen

Stehen Sie mit einem *Speditionsunternehmen* bereits in geschäftlicher Verbindung, muss dieses Ihre Aufträge, die es nicht annehmen will, unverzüglich *ablehnen*. Andernfalls gilt das Schweigen des Spediteurs nach § 362 HGB als Zustimmung, sodass der ungewollte Speditionsvertrag dennoch zustande kommt.

Vertragsabschluss durch Schweigen

Viele Unternehmen arbeiten ständig mit einem bestimmten Speditionsbetrieb in der Weise zusammen, dass dieser für sie abrufbereit ausreichenden Transportraum zur Verfügung halten soll. In diesem Fall ist die *Bereithaltung* solcher *Transportkapazitäten auf Abruf* selbstverständlich auch gesondert zu vergüten. Etwas anderes gilt nur, wenn Sie als Auftraggeber dem Spediteur genaue Zeitpläne aushändigen, wonach dieser verlässlich disponieren kann.

Bereithaltung von Transportkapazitäten

10.8.1.2   Aufgabenverteilung beim Warentransport

Die Abwicklung des Gütertransportes spielt sich im *Dreieck* zwischen *Versender, Spediteur und Warenempfänger* ab. Dabei ist die Rolle des Empfängers eher eine passive, in der er die zu ihm gebrachten Güter entgegennimmt und ggf. die Frachtkosten direkt bezahlt.

10.8.1.2.1   Pflichten des Warenversenders

Erteilen Sie dem Spediteur den *Speditionsauftrag*, so haben Sie als Versender ohne besondere Vereinbarung die *Waren* – rechtzeitig versandfertig und ordnungsgemäß gekennzeichnet – nicht nur zur Abholung bereit zu halten (§ 411 HGB), sondern sie auch sicher zu *verladen* (§ 412, Abs. 1 HGB). Diese transportbezogenen Pflichten werden dem Versender auferlegt, weil er nun einmal die Eigenschaften des Gutes besser kennt als der Transportunternehmer. Handelt es sich um besonders *gefährliche Güter*, wie etwa ex-

Versandfertigkeit der Waren

Hinweis auf Gefahrengut

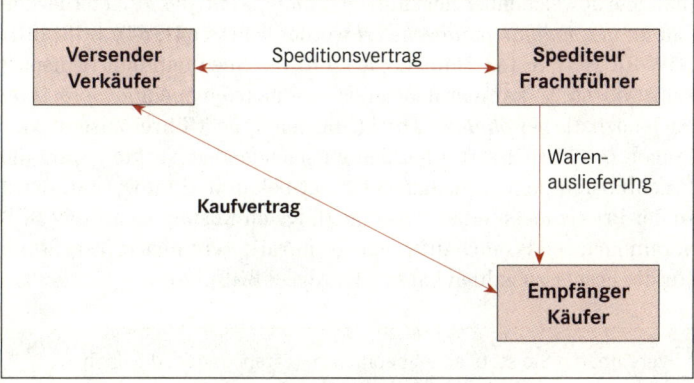

Abb. 10.10: Abwicklung des Gütertransports

plosive Stoffe etc., muss der *Absender* den Transportunternehmer auch darüber *informieren* (§ 410 HGB). Der *Transportunternehmer* hat aber selbstverständlich für die *betriebssichere Ladung* zu sorgen (§ 412, Abs. 1, Satz 2 HGB). Deswegen bietet es sich an, dass durch ausdrückliche Vereinbarung die Zuständigkeit für die Beladung voll und ganz in die Hände des Spediteurs gelegt wird.

Spediteur übernimmt Beladung

> **Tipp**
> Vereinbaren Sie mit dem Spediteur, dass er die komplette Beladung übernimmt.

Ohne besondere Abrede sind Sie als *Warenabsender* auch für die Erstellung der erforderlichen *Warenbegleitpapiere* verantwortlich (§§ 455 HGB). Wegen der dazu erforderlichen besonderen Fachkenntnisse sollten Sie dies aber den *Speditionsbetrieben überlassen,* die sie ohnehin mittels einer Spezialsoftware elektronisch erstellen. Das erfordert wiederum eine ausdrückliche vertragliche Vereinbarung (§ 454, Abs. 2 HGB). Dann müssen Sie nur noch die die einzelnen Waren kennzeichnenden Daten Ihrem Spediteur per E-Mail zuschicken.

Warenbegleitpapiere

Spediteur fertigt Dokumente

> **Tipp**
> Treffen Sie die ausdrückliche Vereinbarung, dass der Spediteur die Erstellung der Warenbegleitpapiere übernimmt.

Für seine Dienstleistung haben Sie als Auftraggeber dem Spediteur das *vereinbarte Entgelt* zu bezahlen. Der Vergütungsanspruch ist

Speditionsprovision

Fällig mit Ablieferung

mangels abweichender Regelung erst *fällig*, wenn das zu befördernde Gut an den *Empfänger abgeliefert* worden ist (§§ 641, 646 BGB; BGH NJW-RR 1989, S. 162). Führt, wie i.d.R., der Spediteur den Transport selbst durch, so kann er neben der vereinbarten *Speditionsprovision* auch noch die *gewöhnliche Fracht*, die dem Frachtführer zusteht, verlangen (§ 458 HGB). Das hat den entscheidenden Nachteil, dass die

Spedition zu festen Kosten

Frachtkosten dem Auftraggeber nicht bekannt sind. Deshalb wird in der Praxis meist eine Spedition zu festen Kosten nach § 459 BGB vereinbart, sodass der Auftraggeber nur die vereinbarte Vergütung für die Fracht zu zahlen hat (§ 632, Abs. 2 BGB).

Tipp

> Vereinbaren Sie stets eine Spedition zu festen Kosten, die dann immer auch die Frachtkosten umfasst.

Bezahlung durch Empfänger

Vielfach soll die *Fracht* aber auch vom *Warenempfänger bezahlt* werden, wenn das so im Liefervertrag vereinbart worden oder auch im Frachtbrief bestimmt ist (§§ 420, Abs. 1, 421, Abs. 1 und 2 HGB). Insoweit haften Sie dann als Absender nur ersatzweise, wenn der Empfänger die Abnahme der Ware oder die Zahlung verweigert (§ 421, Abs. 4 HGB).

10.8.1.2.2   Aufgaben des Spediteurs

Transport-organisation und -abwicklung

Der Spediteur hat stets den *Transport* zu *organisieren* und – bei der üblichen *Fixkostenspedition* – *abzuwickeln*. Dazu gehört die Bestimmung der Transportroute, die Art der Beförderung, insbesondere des Transportmittels und die Durchführung des Transports durch eigene Fahrzeuge oder durch Einschaltung eines anderen Transportunternehmers als Subunternehmer (§§ 453, Abs. 1, 454, Abs. 1 und 2 HGB).

Ladetermine

Selbstverständlich muss der Spediteur dann auch die vereinbarten *Ladetermine einhalten*. Tut er das nicht, wird und kann der *Versender* den Vertrag sofort entschädigungslos *kündigen* (§ 415 HGB). Sie als Versender müssen das Gut innerhalb der *Ladezeit* verladen. Erledigt dies aber nach ausdrücklicher Absprache der Spediteur, haben Sie das *Gut* in diesem Zeitrahmen ordnungsgemäß verpackt

Ladefähigkeit des Transportguts

und *ladefähig* zur *Verfügung zu stellen*. Geschieht das nicht, kann der *Spediteur* eine angemessene kurze Frist setzen und nach deren ergebnislosen Ablauf den Vertrag *kündigen* (§ 417, Abs. 1 und 2 HGB). Das hat zur Folge, dass Sie zumindest einen Teil der Frachtprovision nebst Standgeld zahlen müssen (§ 415, Abs. 2 HGB).

Informationspflicht

Der Spediteur hat aber aus der Geschäftsbesorgung heraus dem Auftraggeber die erforderlichen *Nachrichten* und *Auskünfte* zu geben, ihm Rechenschaft abzulegen (§§ 675, 666 BGB) und das durch den Transportauftrag Erlangte herauszugeben, wozu auch regelmäßig die Abführung eines *Frachtrabattes* gehört (§§ 675, 667 BGB). Generell hat der Spediteur bei Erfüllung seiner Pflichten das Interesse des *Warenabsenders* wahrzunehmen und dessen *Weisungen* zu befolgen. Als Auftraggeber können Sie deshalb auch auf die Durchführung des Transportes bis zur Auslieferung des Gutes an den Empfänger noch Einfluss nehmen. Setzen Sie andere Prioritäten und ändern dadurch die Transportroute, so müssen Sie dem Spediteur auch die dadurch zusätzlich entstandenen Aufwendungen ersetzen (§ 418, Abs. 1 HGB).

Weisungsrecht des Versenders

Lieferfrist

Der Transportunternehmer hat das *Gut* innerhalb der vereinbarten Frist oder – ohne entsprechende Vereinbarung – der üblichen *Lieferfrist abzuliefern* (§ 423 HGB). Ist die doppelte Zeit der Lieferfrist verstrichen, wobei die *Fristüberschreitung* im Inland mindestens 20 Tage, bei einer grenzüberschreitenden Beförderung sogar 30 Tage betragen muss, kann das *Gut als verloren* betrachtet werden (§ 424, Abs. 1 HGB), sodass der Transportversicherer bezahlen muss, wenn das Gut gegenversichert ist.

Erhebliche Fristüberschreitung

Gerade beim *multimodalen Transport* müssen die Güter häufig zwischengelagert werden, bevor der Weitertransport erfolgen kann. Dann gehört es auch zu den Aufgaben des Spediteurs, für eine sichere *Zwischenlagerung* der *Waren* zu sorgen. Zu diesem Zweck hat er entsprechende Lagerverträge mit Lagerhäusern als gewerblicher Lagerhalter abzuschließen (§ 454, Abs. 1, Nr. 2 BGB), wobei für diesen *Lagervertrag* mit dem Lagerhalter die Spezialbestimmungen der §§ 467 ff HGB gelten. Ein Lagerschein nach § 465e HGB wird aber bei dieser kurzen Einlagerung vom Lagerhalter üblicherweise nicht ausgestellt.

Zwischenlagerung

Nach *Entgegennahme der Ware* erwirbt der Spediteur zur Sicherung seiner Vergütung und sonstiger, damit zusammenhängender Auslagen ein *Pfandrecht* an den in seinen Besitz gelangten *Waren* des Versenders und *Begleitpapieren* (§§ 464, 461 HGB). Das kann er notfalls sogar gutgläubig erwerben, wenn das betreffende Gut, etwa wegen eines bestehenden Eigentumsvorbehalts, nicht dem Auftraggeber gehören sollte (§§ 366, Abs. 3 HGB, 1207 BGB).

Spediteurspfandrecht

10.8.1.2.3 Beendigung des Frachtvertrages

Als Absender können Sie den *Transportauftrag* im Rahmen des Speditionsvertrages *jederzeit kündigen* (§ 415, Abs. 1 HGB). Sie müssen in dem Fall dennoch die vereinbarte *Frachtprovision* – zuzüglich einem etwaigen *Standgeld* sowie die entstandenen Auslagen – zahlen. Abziehen lassen muss sich aber der Spediteur die ersparten Aufwendungen oder eine anderweitige Frachtprovision bzw. böswillig

Jederzeitiges Kündigungsrecht des Absenders

Fautfracht

von ihm unterlassene Erwerbsmöglichkeiten aus anderen Frachtge-schäften oder – pauschal stattdessen – ein Drittel der vereinbarten Frachtprovision (§ 415, Abs. 2 HGB). Beruht aber die Kündigung auf Gründen, die im Risikobereich des Speditionsunternehmers liegen, entfällt dessen Anspruch auf die sog. *Fautfracht.*

> **Beispiel:**
> *Der Absender A kündigt den Vertrag, weil der Spediteur S nicht zum ver-einbarten Ladezeitpunkt erscheint. Er beauftragt deshalb einen anderen Transportunternehmer.*

Ist aber vor Kündigung das Gut bereits verladen, hat der Versender das *Gut* unverzüglich zu *entladen.* Geschieht die Kündigung aus vom Transportunternehmer zu vertretenden Gründen, muss er das auf eigene Kosten tun (§ 415, Abs. 3 HGB).

> **Beispiel:**
> *Vor dem Abfahren bemerkt der A, dass der Fahrer von S alkoholisiert ist.*

10.8.1.2.4   Rechte des Warenempfängers

Verfügungsrecht über Ware

Ist die transportierte Ware am Ort der Ablieferung angekommen, so steht Ihnen als *Warenempfänger* das *Verfügungsrecht* zu (§ 418, Abs. 2, Satz 2 HGB). Wird für das Gut ein *Frachtbrief* ausgefertigt und nehmen Sie das Gut an, so sind Sie als Empfänger auch gegen-über dem Transportunternehmer verpflichtet, die Fracht zu zahlen (§ 421, Abs. 2 HGB). Das gilt nur dann nicht, wenn zwischen dem Ab-sender und dem Spediteur die ausschließliche Abrechnung mit dem Absender vereinbart worden ist (BGH NJW 1970, S. 604).

Bezahlung der Fracht

Zahlt der Empfänger nun an den Transportunternehmer, erlischt auch dessen Anspruch gegen den Absender. Sollte zwischen Absen-der und Spediteur vereinbart sein, dass das Gut nur gegen Einzie-hung einer *Nachnahme* an den Empfänger abgeliefert werden darf,

Auslieferung per Nachnahme

wird der Betrag in bar oder in Form eines gleichartigen Zahlungs-mittels vom Transportunternehmer oder dessen Beauftragten einge-zogen (§ 422, Abs. 1 HGB). Missachtet er später diese Vereinbarung, so haftet er auch ohne Verschulden gegenüber dem Absender für den daraus entstehenden Schaden – maximal bis zur Höhe des Nachnah-mebetrages (§ 422, Abs. 3 HGB), wenn der Empfänger später nicht zahlen sollte.

Fehlgeschlagene Ablieferung

Lässt sich aber der *Empfänger* des Gutes *nicht ermitteln* oder *ver-weigert* dieser die Annahme oder es ergibt sich ein sonstiges Abliefe-rungshindernis, so hat der *Spediteur* den *Absender* unverzüglich davon in *Kenntnis* zu *setzen* und dessen Anweisung einzuholen (§ 419 HGB).

Falls das Gut *beschädigt, verspätet abgeliefert* worden oder *verloren gegangen* sein sollte, können Sie als Warenempfänger die Ansprüche aus dem Frachtvertrag im eigenen Namen gegen den Transportunternehmer geltend machen, wobei aber auch der Absender zur Erhebung dieser Ansprüche befugt bleibt (§ 421, Abs. 1, Satz 2 und 3 HGB). Der Warenempfänger wird aber auf dieses Recht keinen Wert legen, wenn er wegen dieses Umstandes gegenüber dem Absender die Zahlung des Kaufpreises verweigern kann (vgl. Kap. 8.5.3). Dann sollte der Empfänger wegen der Beschädigung auch die Annahme der Ware verweigern (BGH BB 1999, S. 443).

Verspätete Ablieferung

Beschädigung der Ware

Ersatzansprüche des Empfängers

10.8.1.3   Haftung und Versicherung wegen Transportschäden

Es muss nun das Anliegen jedes umsichtigen Absenders sein, dass die *Transportrisiken* für die Waren *abgedeckt* sind. Zwar trifft den *Spediteur,* der seine vertraglichen Verpflichtungen verletzt und dem Gut einen Schaden zufügt oder auch Vermögensschäden wegen Lieferüberschreitung hervorruft, eine weit reichende *Gefährdungshaftung* gemäß § 461 HGB. Das gilt nur dann nicht, wenn der Verlust, die Beschädigung oder die Überschreitung der Lieferfrist auf Umständen beruht, die der Frachtführer auch bei größter Sorgfalt nicht vermeiden und deren Folgen er nicht abwenden konnte (§§ 425, 426 HGB). Für das Vorliegen dieser Umstände ist der Spediteur beweispflichtig.

Gesetzliche Gefährdungshaftung des Spediteurs

> **Beispiel:**
> *Als unvermeidbares Ereignis wird etwa ein Raubüberfall auf einen fahrenden Lastzug anerkannt (BGH WM 1998, S. 1253). Ein solches wird auch bei einem Raubüberfall auf einen nach Betriebsschluss auf dem Firmenparkplatz abgestellten LKW anerkannt, wenn der Parkplatz beleuchtet und unter Bewachung gesichert ist (BGH WM 1999, S. 502).*

Darüber hinaus sind bestimmte *Gefahrenquellen*, wenn sie in pflichtwidrigem Verhalten des Absenders oder in der natürlichen Beschaffung des Gutes liegen, von dieser Haftung *ausgenommen* (§§ 427, 428 HGB). Zu ersetzen ist jeweils der *Warenwert* zum Zeitpunkt der Übernahme einschließlich der Schadensfeststellungskosten (§§ 429, 430 HGB).

Warenwert als Bezugsgröße

Das Problem für Sie als Auftraggeber besteht aber darin, dass die *Haftung summenmäßig beschränkt* ist. Sie beträgt maximal 8,33 Sonderziehungsrechte, (die Rechnungseinheit des internationalen Währungsfonds), also umgerechnet ca. 10 € pro kg Rohgewicht des

Haftungsbeschränkung für Schäden

verlorengegangenen oder beschädigten Gutes (§ 431 HGB). Diese Höchstbeträge können nur mittels eines – drucktechnisch deutlichen – Hinweises so verändert werden, dass sie – je nach Warenwert – zwischen 2 und 40 Rechnungseinheiten liegen oder den Auftraggeber auf andere Weise günstiger stellen (§ 449, Abs. 2 HGB). Ein *Verzögerungsschaden* wegen überschrittener Lieferfrist ist auf den dreifachen Betrag der Fracht begrenzt (§ 431, Abs. 3 HGB). Nur bei *grobem Verschulden*, also vorsätzlichem oder grob fahrlässigem Verhalten haftet der Spediteur unbeschränkt (§ 435 HGB). Sollten für die Abwicklung des Transports andere Frachtführer eingeschaltet werden, so haftet der Spediteur für diese ausführenden Transportunternehmer in gleicher Weise (§ 437 HGB).

Transport-versicherung

Diese *Schadensersatzansprüche* gegen den Spediteur *nützen* Ihnen oder dem Käufer, wenn dieser mangels abweichender Vereinbarungen die Preisgefahr trägt und trotz Verlust oder Zerstörung der Kaufsache wegen § 447 BGB den vereinbarten Kaufpreis an den Verkäufer bezahlen muss, *nichts*, sofern der *Spediteur zahlungsunfähig* ist. Deswegen sollten Sie auf eine ausreichende Versicherung der transportierten Waren gegenüber den üblichen Risiken achten. Das

Spediteur übertragen

ist als *Absender* Ihre Angelegenheit, sofern sich nicht nach einer ausdrücklichen Absprache der Spediteur um die Versicherung zu kümmern hat (§ 454, Abs. 2 HGB). Da dieses zu versichernde Risiko für den Spediteur geschäftstypisch ist, erhält er als Großkunde von dem Transportversicherer i.d.R. auch günstigere Konditionen.

Tipp

> Bestehen Sie im Speditionsvertrag auf eine ausdrückliche Vereinbarung, wonach der Spediteur für eine ausreichende Sachversicherung für das Transportgut in Höhe des Warenwertes zu sorgen hat. Überzeugen Sie sich durch Vorlage der Versicherungsdokumente, dass der Spediteur seiner Versicherungspflicht nachgekommen ist.

Beschränkung auf Sachschäden

Kein Ersatz für Folgeschäden

Der Abschluss einer *Transport-* oder *Rollfuhrversicherung ersetzt* aber *nur* die *Sachschäden*, jedoch nicht weitere Vermögensschäden, die dem Käufer dadurch entstehen können, wenn die dringende Lieferung ausbleibt und deswegen die Produktion in seinem Betrieb zum Stillstand kommt. Für die Abdeckung des Produktionsausfallrisikos muss der Käufer selbst sorgen, indem er in die Deckung seiner *Betriebsunterbrechungsversicherung* auch diesen Versicherungsfall einschließt. Auch der Transportunternehmer selbst haftet außer bei grobem Verschulden nicht für derartige Folgeschäden (§§ 432 Satz 2, 435 HGB; BGH NJW 2007, S. 58).

10.8.1.4   Kurze Verjährungsfrist

Bedenken sollten Sie auch die relativ *kurze Verjährungsfrist* für die *Ansprüche* aus *Speditions-* und *Transportverträgen,* wonach diese innerhalb eines Jahres ab dem Tag der Ablieferung des Gutes verjähren (§§ 463, 439, Abs. 1 HGB). Nur im Falle vorsätzlichen Verhaltens oder dem gleichstehenden Verschulden verlängert sich die Verjährungsfrist auf drei Jahre. Eine Verkürzung oder Verlängerung dieser Fristen oder eine anderweitige Erleichterung oder Erschwerung der Verjährung bedarf einer einzeln ausgehandelten Vereinbarung (§ 439, Abs. 4 HGB).

Haben Sie Ihren Ersatzanspruch schriftlich gegenüber dem Spediteur geltend gemacht, wird die *Verjährung* solange *gehemmt,* also gestoppt, bis die Erfüllung des Anspruchs von ihm schriftlich abgelehnt wird (§ 439, Abs. 3 HGB).

10.8.1.5   Frachtpapiere

Dokumente des Frachtverkehrs sind *Frachtbrief, Ladeschein* und sonstige Begleitpapiere.

10.8.1.5.1   Frachtbrief und Ladeschein

Die spezifischen Warendokumente sind der Frachtbrief und der Ladeschein.

Frachtbrief

Der *Frachtbrief* enthält wichtige Informationen für den Transportunternehmer. Hierzu gehören: die Namen der *Beteiligten* (Absender, Frachtführer und Empfänger), Angaben über Art, Beschaffenheit und Menge des *Gutes,* die nötigen *Begleitpapiere,* auch *frachtrechtliche Nebenleistungen* wie die Einziehung der Fracht oder einer Nachnahme (verschiedentlich auch *Rollgeld* genannt) sowie Informationen über eventuelle besondere Vereinbarungen, die die Beteiligten im Hinblick auf andere Punkte des Transports getroffen haben (§ 408 HGB). Der Frachtbrief als Instruktions- und *Beweispapier* begleitet die Ware und soll dem Empfänger mit der Ware übergeben werden. Er beweist, dass ein Frachtvertrag mit dem im Frachtbrief enthaltenen Inhalt zustande gekommen ist.

Der Frachtbrief wird bei größeren Warenmengen ausgefertigt und ist nach den gesetzlichen Regelungen vom Absender auszustellen und dem Frachtführer als Transportunternehmer auszuhändigen (§ 413 HGB). Beauftragt man aber einen *Spediteur* mit der *vollständigen Abwicklung* des *Transports,* übernimmt er bei entsprechender ausdrücklicher vertraglicher Vereinbarung auch die *Ausfertigung* dieses *Dokuments,* da er über das notwendige Know-how gerade für Warentransporte über die Grenzen hinaus verfügt. Als

Instruktionspapier

Beweispapier

Ausfertigung bei größeren Warenmengen

Dreifache Ausfertigung

Auftraggeber und gleichzeitig *Absender* müssen aber Sie den *Fracht-brief unterzeichnen*, wozu eine im Wege der mechanischen Verviel-fältigung hergestellte Unterschrift genügt (§ 408, Abs. 2 HGB). Der Frachtbrief selbst wird in *drei Originalausfertigungen* ausgestellt: Eine behält der Absender, die andere sind für den Spediteur und Empfänger bestimmt.

Beweiswirkung

In seiner *Beweiswirkung* gelten die *Angaben* im Frachtbrief im Hinblick auf das Gut, seine Verpackung, Anzahl und Zeichen, Num-mer der Frachtstücke als *richtig*, soweit nicht der Transportunter-nehmer einen begründeten Vorbehalt eingetragen hat (§ 409, Abs. 2 HGB). Nach *Eintragung* eines *Prüfungsvermerks* erstreckt sich die Be-weiswirkung sogar auf Gewicht, Menge und Inhalt der Frachtstücke. Als Absender können Sie von dem Frachtführer die Überprüfung der Frachtstücke gegen Ersatz seiner Auslagen verlangen, wenn dieser hierzu die angemessenen Mittel besitzt (§ 409, Abs. 3 HGB). Beson-dere Bedeutung besitzt der Frachtbrief auch für die Rechtsstellung des Empfängers nach § 421 HGB (vgl. Kap. 10.8.1.2.3).

Sperrwirkung

Normalerweise besitzt der *Frachtbrief* nur *transportrechtliche* Wir-kungen, auch wenn der Frachtvertrag im Verhältnis zwischen Waren-absender als Verkäufer und dem Warenempfänger als Käufer zur Erfüllung kaufrechtlicher Lieferverpflichtungen benutzt wird. Man kann aber den Frachtbrief auch als *Sperrpapier* in der Weise ausge-stalten, dass das *Verfügungsrecht* des *Absenders* während des Wa-rentransportes bis zur Ablieferung an den Empfänger an die *Vorlage* der *Absenderausfertigung* des Frachtbriefs *gebunden* ist. Dann besitzt der Frachtbrief eine besondere Warnfunktion, weil der Transportun-ternehmer bei Nichtbeachtung oder Befolgung einer formwidrigen Weisung dem Berechtigten an der Ware für den daraus entstandenen Schaden haftet (§ 418, Abs. 6 HGB). Sperrwirkung nach § 418, Abs. 4 HGB entfaltet der Frachtbrief, wenn *Absender* und *Frachtführer* den *Frachtbrief unterzeichnen* – die Unterzeichnung des Frachtführers können Sie als Absender jederzeit nach § 408, Abs. 2, Satz 2 HGB verlangen – und dieser Sperrvermerk ausdrücklich im Frachtbrief eingetragen wird.

Ladeschein

Warenwertpapier

Anders als der Frachtbrief ist der stets von dem Frachtführer ausge-stellte und unterzeichnete *Ladeschein* – genau wie der Lagerschein des Lagerhalters oder das *Konnossement* des Reeders – ein *Wertpa-pier* in Form des *Traditionspapieres* (§§ 444, 448, 642 HGB). Dieses Warenwertpapier ist aber nur bei der *Binnenschifffahrt* oder bei *multi-modalen Transporten* gebräuchlich. Der Ladeschein besitzt eine hohe *Umlaufsfähigkeit*, wenn er an *Order* lautet (§ 444 HGB), wobei seine inhaltlichen Angaben dem des Frachtbriefes entsprechen. Sollte dem

Binnenschifffahrt und multimodaler Transport

Spediteur beim Ausfüllen des Ladescheins schuldhaft ein Fehler unterlaufen, macht er sich schadensersatzpflichtig. Der Frachtführer darf die Waren nur an den formell berechtigten Inhaber des Scheins, d. h. also denjenigen, der durch ein *Indossament* als Berechtigter genannt wird, gegen Rückgabe des Papiers abliefern (§ 446 HGB). Gibt er das Gut an einen anderen heraus, macht er sich gegenüber dem rechtmäßigen Besitzer schadensersatzpflichtig (§ 447 HGB). In letzter Zeit nimmt aber die praktische Bedeutung des *Konnossements* und Ladescheins ab, da auf die Ausstellung dieser Warenwertpapiere verzichtet wird und stattdessen elektronische Handelssysteme, wie etwa die *elektronische Bill-of-Ladung,* eingesetzt werden.

Ausstellung als Orderpapier

Spezielle Dokumente im Multimodaltransport sind das *Durchfrachtkonnossement* (FIATA COMBINED TRANSPORT B/L-FBL), die *Spediteurübernahmebescheinigung* (FIATA-FCR) und die *Spediteurtransportbescheinigung* (FIATA-FCT).

Elektronische Bill-of-Ladung

10.8.1.5.2   Warenbegleitpapiere

Der mit der vollständigen Abwicklung des Transports beauftragte *Spediteur* hat auch die *sonstigen Warenbegleitpapiere* zur Erfüllung der Zoll-, Steuer- oder Polizeivorschriften im Auftrage des Absenders anzufertigen. Im Einzelnen handelt es sich vor allem um Papiere für die *Zollabfertigung* (wie Zolleinheitspapier, Warenverkehrsbescheinigung, Präferenznachweise, Ursprungszeugnis, Einfuhr- und Ausfuhrgenehmigung für den *Transitverkehr* – wie das Karnet-TIR-Verfahren). Weiterhin handelt es sich um Papiere für Gefahrenguttransporte wie Gefahrzettel GGVS/ADR-Begleitpapier, Absendererklärung, Container-Packzertifikat, Unfallmerkblätter, Bescheinigungen über besondere Zulassungen sowie weitere Papiere aus steuerlichen, allgemeinen oder gesundheitspolitischen Erfordernissen.

Beauftragen Sie den Spediteur nicht mit dieser Dienstleistung, so sind Sie als Absender dafür verantwortlich. Der Spediteur als insoweit tätiger Frachtführer müsste dann die ihm überlassenen Papiere nicht auf Vollständigkeit, Richtigkeit und Tauglichkeit prüfen, es sei denn, sie fehlen völlig oder sind offensichtlich lückenhaft.

Spediteur mit Erstellung beauftragen

> Überlassen Sie die Beschaffung der sonstigen erforderlichen Begleitpapiere auch dem Spediteur durch ausdrückliche Vereinbarung.

Tipp

10.8.1.6   Checkliste für den Warenversender

Da der Speditionsvertrag einen Geschäftsbesorgungsvertrag mit werkvertraglichem Charakter darstellt, sollten Sie ergänzend auch auf die Checklisten für den Geschäftsbesorgungs- und Werkvertrag achten (vgl. Kap. 10.4.6 und 3.8).

Checkliste

Darüber hinaus sind folgende Regelungen für Sie wichtig:

✔ Vereinbaren Sie stets mit dem Spediteur eine *Spedition zu fixen Kosten*, die dann auch die Fracht einschließt.

✔ Beauftragen Sie Ihren *Spediteur* ausdrücklich mit dem *Erstellen von Warendokumenten* und der Beschaffung evtl. *Begleitpapiere* für die Zollabfertigung etc.

✔ Vereinbaren Sie auf jeden Fall möglichst klare *Abhol- und Ablieferungstermine*.

✔ Arbeiten Sie dauerhaft mit einer Speditionsfirma zusammen, die für Sie ständig *Lade- und Transportraum* in gewissem Umfang zur Verfügung stellen soll, wird der Spediteur Ihnen für die Zurverfügungstellung der Transportkapazität eine noch auszuhandelnde Pauschale in Rechnung stellen; hier ist aber ferner die *Reaktionszeit* festzulegen, d. h. in welcher Zeit er nach Abruf die von Ihnen bereit gestellten Waren abzuholen hat.

✔ Schließlich sollten Sie das *Speditionsunternehmen* auch noch zur ausreichenden Abdeckung der Waren gegen Transportrisiken verpflichten, indem es eine dem Warenwert entsprechende *Transportversicherung* abzuschließen hat.

10.8.1.7   Geld- und Valorentransporte

Haben Sie größere Geldbestände oder sonstige Wertsachen zu transportieren, bei deren Transport bestimmte *Sicherheitsanforderungen* schon aus versicherungsrechtlichen Gründen eingehalten werden müssen, werden Sie damit ein *Geldtransportunternehmen* beauftragen. Die Übernahme solcher bewachten Geld- und Valorentransporte beruht auf einem Frachtvertrag nach § 407 HGB als Sonderfall eines Werkvertrages nach § 631 f BGB, wobei aber dieser Frachtvertrag, weil es sich um eine besonders vertrauenswürdige Dienstleistung handelt, dienstvertraglich überlagert wird. Das drückt sich darin aus, dass das beauftragte Geldtransportunternehmen den *Transport* persönlich nach § 613 BGB *durchzuführen* hat und eben dazu nicht, wie sonst bei Frachtgeschäften üblich, den Transport anderen selbstständigen Unternehmen übertragen darf. Darüber hinaus hat das Geldtransportunternehmen im Falle eines *Verlustes* für den *gesamten Schaden* gerade zu stehen. Seine Haftung ist deshalb entgegen § 431 HGB nicht auf die dort geregelten Höchstbeträge begrenzt,

Direktdurchführung des Transports

Umfassende Haftung bei Verlust

weil diese Vorschrift hier nach der Interessenlage keine Anwendung findet. Ferner hat der *Auftraggeber* das Recht, den Vertrag mangels abweichender Bestimmungen *jederzeit* nach § 627 BGB zu *kündigen*, weil es sich bei der speziellen Transportleistung um Dienste höherer Art handelt, denn dem Sicherheitsnehmer wurde der Auftrag aufgrund besonderen Vertrauens und seiner besonderen Fachkenntnis übertragen (vgl. Kap. 10.2.3.1).

Jederzeitiges Kündigungsrecht des Auftraggebers

10.8.2   Brief- und Paketbeförderung

Geht es um die Beförderung von Briefen oder kleineren Warenmengen, so wird man die Leistungen der Deutschen Post AG oder eines anderen *KEP-Dienstes (= Kurier-Express- und Paketdienst)* in Anspruch nehmen. Zielt die Dienstleistung nur auf die *Beförderung* als solche, handelt es sich um einen *Frachtvertrag* nach § 407 BGB. Besteht die *Leistung* aber in der reibungslosen schnellen *Transportorganisation*, wie typischerweise bei den KEP-Diensten, handelt es sich zusätzlich auch noch um einen *Speditionsvertrag*. Beides sind aber Sonderfälle des Werkvertrages im Sinne von § 631 BGB, weil hier der Dienstleister einen bestimmten Erfolg, nämlich die Organisation oder die Durchführung des Transportes, schuldet. Überlagert werden diese Speditions- und Frachtverträge jeweils von den besonderen Vertragsbedingungen des Dienstleisters.

KEP-Dienste

10.8.2.1   Brief- und Paketdienst der Post-AG

Am *billigsten*, wenn auch nicht unbedingt am sichersten, ist nach wie vor die *Brief- und Paketbeförderung* durch die *Post*-AG. Neben den Beförderungskosten steht für einen Auftraggeber die Sicherheit des Transports im Vordergrund. Die maßgebenden Haftungsregelungen befinden sich in den Beförderungsbedingungen der Post für den Brief- und Paketdienst.

10.8.2.1.1   Überblick über die Haftungsregelungen

Wichtige Briefe sollte man auf jeden Fall per *Einschreiben* verschicken. Dann erhalten Sie im Falle des Verlustes immerhin bis zu 25 €, bei einem Einwurfeinschreiben 20 € ersetzt. Kommt es aber auf den Nachweis des Zugangs beim Empfänger an, so ist dieser verlässlich und gerichtsfest nur mit dem teureren Einschreiben mit Rückschein zu beweisen (vgl. Kap. 3.1.1.2.2). Das kann man auch mit dem *Einschreiben eigenhändig* kombinieren, das nur direkt an den Empfänger oder eine besonders bevollmächtigte Person ausgehändigt werden darf. Für den Verlust oder die Beschädigung eines einfachen Briefes oder eines Päckchens trifft die Post keine Haftung.

Einschreiben

Gewöhnliche Pakete sind verschuldensunabhängig bis zu 500 € im *Inlandsverkehr* ab dem Beginn der Empfangnahme bis zum Ende

Pakete

**Paketkarte
aufbewahren**

der Obhut versichert. Dazu müssen Sie den Abschnitt der Paketkarte solange aufheben, bis das Paket bei dem Empfänger angekommen ist. Sonst können Sie die Aushändigung des Paketguts an die Post nicht beweisen. Wird das *Paket* während des Transports *beschädigt*, hat der Empfänger äußerlich erkennbare Schäden sofort bei der Annahme zu rügen, andernfalls unverzüglich nach Entdeckung. Der Anspruch auf Ersatz verjährt, wie bei anderen Frachtverträgen auch, innerhalb eines Jahres (§ 439 HGB).

10.8.2.1.2   Postexpress-Dienst

Kurier-Service

Anstelle der früheren Eilsendung bietet die Post den *Postexpress* als neuen Kurierservice durch eine eigenständige Gesellschaft, die *Postexpress GmbH*, an. Hierfür gelten als spezielle AGB die allgemeinen Beförderungsbedingungen der Postexpress GmbH, wenn die Sendungen durch Kuriervereine der Postexpress GmbH von den Kunden abgeholt oder in deren Depots abgegeben werden. Bei Versendungen, die an den *Schaltern* der Deutschen Post AG *aufgegeben* werden, wird der *Beförderungsvertrag* mit der *Deutschen Post AG* geschlossen, die sich ihrer Tochter als Erfüllungsgehilfin bedient. Dann gelten die AGB der Post AG für den Frachtdienst Inland. Sie sind bei der Postexpress GmbH und Post AG erhältlich sowie auf allen Einlieferungsscheinen abgedruckt.

Tipp

> Lassen Sie sich vor der Inanspruchnahme der Beförderungsdienste der Post AG oder der Postexpress GmbH jeweils deren spezielle AGB für den Beförderungsdienst aushändigen, um sich genauer zu informieren.

**Zustellung am
Tag nach der
Einlieferung**

Die Postexpress GmbH bzw. die Post AG *garantiert* die *Zustellung am Tag nach der Einlieferung*, sodass dieser Expressdienst kaum langsamer ist als private Beförderungsdienste. Der Kunde erhält einen *Einlieferungsschein* und hat das anfallende Entgelt dem Kurier, am Depot oder am Schalter zu bezahlen, ohne dass Briefmarken oder Absendefreistempel zur Freimachung verwendet werden können. Bei *wichtigen Expressbriefen* sollte man zum Nachweis des Zugangs die Übersendung eines Rückscheins vereinbaren. Die Postexpress GmbH bzw. Post AG haftet dem Auftraggeber für Briefe bis zu 50 €,

Haftung

für Pakete 500 € und beim Überschreiten wichtiger Lieferfristen bis zum dreifachen Betrag der Fracht. Eine Transportversicherung bis zu 2500 € bzw. 25.000 € kann ausdrücklich abgeschlossen werden.

> **Tipp**
>
> Lassen Sie wertvolle Briefe oder Pakete durch die Post-AG oder Post-Express-GmbH befördern, sollten Sie – je nach Wert der Brief- oder Warensendung – eine zusätzliche Transportversicherung abschließen, wenn die üblichen Haftungshöchstbeträge zur Abdeckung des Schadens nicht ausreichen.

10.8.2.2 Andere KEP-Dienste

Kommt es Ihnen auf eine besonders rasche Beförderung an, weil die Briefsendung oder die Ware noch *am gleichen Tage* zu dem Empfänger gebracht werden muss, wendet man sich besser an einen anderen *KEP-Dienst,* der aber eine *höhere Beförderungsgebühr* verlangt. Die *Haftungslage* im Falle eines Verlustes oder einer Beschädigung ist dabei unterschiedlich gemäß den Allgemeinen Geschäftsbedingungen des Beförderers ausgestaltet.

> **Tipp**
>
> Lassen Sie sich vor Inanspruchnahme des KEP-Dienstes dessen Allgemeine Geschäftsbedingungen aushändigen, um sich genauer zu informieren.

Vermutete Verschuldungshaftung

Grundsätzlich ist in den Beförderungsbedingungen eine *vermutete Verschuldenshaftung* vorgesehen, sodass der KEP-Dienst vom Beginn bis zum Ende der Obhut Ersatz für Schaden zu leisten hat, wenn er nicht nachweisen kann, dass weder ihn noch sein Personal an diesem Umstand ein Verschulden trifft. Diese Regelung entspricht ohnehin der Gesetzeslage bei Vertragspflichtverletzungen nach § 280, Abs. 1 BGB (vgl. Kap. 5.1). Ersetzt wird danach der gewöhnliche Handels- oder gemeine Wert der Versendung bzw. Ware, wobei unterschiedliche Höchstbeträge vorgesehen sind, die von 100 € bis zu 1000 € pro Stück reichen können.

> **Tipp**
>
> Bei höherwertigen Briefsendungen oder Paketen sollten Sie eine zusätzliche Transportversicherung abschließen.

Schadensanzeige durch Empfänger

Äußerlich erkennbare *Schäden* hat der *Empfänger* sofort bei der Annahme zu *rügen,* andere unverzüglich nach Entdeckung. Die Schadensersatzansprüche verjähren ebenfalls grundsätzlich innerhalb eines Jahres gemäß § 439 HGB.

10.8.2.3   Das Postident-Verfahren

Unternehmen, die *Distanzgeschäfte* mit *anonymisierten Vertragsab-schluss,* vor allem über das Medium Internet, abwickeln, haben ein starkes Interesse vor Vertragserfüllung sich Gewissheit über die *Identität* des nicht anwesenden *Vertragspartners* oder Leistungsemp-fängers zu verschaffen. Zu diesem Zweck bietet die Deutsche Post AG seit mehr als fünf Jahren das Produkt *Postident* an, das großen Anklang in einigen Branchen gefunden hat. Für den *Kunden* birgt aber dieses Verfahren *erhebliche Risiken,* wenn er nicht den Rechts-charakter seiner Erklärung erkennt. Zum besseren Verständnis soll aber zunächst der Ablauf des Postident-Verfahrens mit seinen Vari-anten beschrieben werden.

10.8.2.3.1   Verfahrenstypen

Die Deutsche Post AG bietet Postident ihren gewerblichen Kunden in verschiedenen Formen an: Die drei wichtigsten sind – *Postident-Ba-sic, Postident-Comfort* und *Postident-Special.*

1. Bei *Postident-Basic* geschieht die *Identifizierung* in den *Filialen der Deutschen Post AG.* Der Anbieter stellt seinem (künftigen) Kunden ein Schriftstück, wie etwa ein Bestellformular, entweder körperlich per Brief bzw. direkt durch Übergabe oder per Inter-net zu. Der *Kunde* ergänzt und *unterzeichnet* das ihm überlassene *Schriftstück.* Anschließend begibt er sich zur Identifizierung in eine Postfiliale und legt das Schriftstück, das Postident-Formular sowie Personalausweis oder Reisepass vor. Der *Postmitarbeiter* am Schalter *überprüft* sodann die *Identität,* trägt sämtliche Aus-weisdaten in das Postidentformular und lässt dieses vom Kun-den unterschreiben. Danach schickt er das Schriftstück an den Anbieter zurück.

2. Bei *Postident-Comfort* erfolgt die *Identifizierung* dagegen *durch* den *Zusteller zusammen* mit der *Ablieferung der Sendung* direkt *beim Empfänger.* Nur wenn dieser dort nicht angetroffen wird, erhält er eine Benachrichtigung und kann danach in der jewei-ligen Filiale nach seiner Identifizierung die Sendung in Empfang nehmen.

3. Das *Postident-Spezial* entspricht dem *Ablauf* des *Comfort-Verfah-rens* nur, dass der *Zusteller* noch eine *zweite Unterschrift* des *Kunden* auf dem vom Absender ausgefertigten Originaldokument einholt. Nach erfolgreicher Identifizierung wird dieses an den Absender zurückgesandt. Im Spezial-Verfahren werden zudem nicht alle Ausweisdaten, sondern nur die Ausweisnummer aufge-nommen und an den Absender übermittelt.

10.8.2.3.2 Vertragsrechtliche Probleme beim Spezialverfahren

Es liegt nun auf der Hand, dass das *Postident-Spezialverfahren* für den Empfänger die *Gefahr* einer eigentlich *nicht gewollten Vertragsbindung* mit sich bringt, wenn es der nicht seriöse Anbieter dazu missbraucht, auf unlautere Weise Kunden zu akquirieren.

> **Beispiel:**
> *Eine als Produkttest oder Rechnung getarnte Bestellung.*

Anders als bei der Variante Postident-Basic, hat der *Empfänger nicht genügend* Zeit, sich das *Originalschriftstück* in Ruhe *durchzulesen*, allein weil man aus Höflichkeit den Zusteller nicht allzu lange warten lassen will. Wird er von dem Absender nicht vorab über den Inhalt des Schriftstücks informiert, erkennt er deshalb nicht, dass er damit eine ihn *bindende Vertragserklärung* unterschreibt, sondern versteht dies lediglich als *schlichte Empfangsbestätigung* der Postzusendung. Atypisch ist aber die doppelte Unterschrift auf zwei verschiedenen Dokumenten, was ihn eigentlich als umsichtigen Geschäftsmann stutzig machen müsste und zur genaueren Durchsicht oder Rückfrage beim Absender veranlassen sollte. Zwar versucht die Deutsche Post AG dem Missbrauch vorzubeugen, indem sie in § 3 Abs. 3 AGB-Postident, den Absender einer Postident-Special-Sendung verpflichtet, den *Empfänger* vor Einlieferung der Sendung über die rechtlichen *Konsequenzen* der zu leistenden *Unterschrift* sowie darüber *aufzuklären*, dass die Post als Übermittler fungiert und daher weder für den Inhalt der übergebenen Dokumente noch für die mit der Unterschrift des Kunden verknüpften rechtlichen Folgen, die rechtliche Verantwortung übernimmt. Das schützt den Empfänger nicht gegenüber unseriösen Geschäftemachern, die sich nicht an diese Vorgaben halten.

> *Ungewollte Vertragsverlängerung*

Sollten Sie solch dubiosen Geschäftspraktiken aufsitzen, haben Sie mit Ihrer Unterschrift eine formelle Vertragserklärung abgegeben (BGH NJW 2004, S. 3699), wenngleich ohne das Bewusstsein der Abgabe einer rechtsverbindlichen Willenserklärung. Da diese Fehlvorstellung aber auf einer bewussten Irreführung durch den Absender beruht, können Sie Ihre *Vertragserklärung* wegen *arglistiger Täuschung* nach § 123 BGB ohne irgendwelche negativen Rechtsfolgen *anfechten* (vgl. Kap. 3.6.3.1). Das sollten Sie auch unverzüglich tun, wenn Sie den Schwindel entdeckt haben. Geht der Absender darauf nicht ein und pocht auf Vertragserfüllung, so sollten Sie umgehend einen im Vertragsrecht versierten Rechtsanwalt mit der Wahrnehmung Ihrer rechtlichen Interessen beauftragen. Den

> *Anfechtung wegen arglistiger Täuschung*

ganzen Ärger können Sie sich aber durch umsichtiges Verhalten bei Entgegennahme der Sendung ersparen.

Tipp

> Sollte Ihnen bei der Ablieferung eines Schriftstücks zwei Unterschriften abverlangt werden, seien Sie besonders vorsichtig. Lassen Sie sich damit Zeit. Es gilt die Regel: erst in Ruhe den Inhalt des Dokuments durchlesen und erst danach unterschreiben. Unklarheiten sind vorab mit dem Absender abzuklären.

Wettbewerbswidriges Verhalten

Selbstverständlich verletzt der betrügerisch agierende Geschäftemacher die Regeln des lauteren Wettbewerbs. Dabei kann offen bleiben, ob er gegen Spezialvorschriften des *Gesetzes gegen den unlauteren Wettbewerb* verstößt, zumindest ist ein Verstoß gegen die Generalklausel des § 3 UWG anzunehmen. Der gezielte Missbrauch des Postident-Spezial-Verfahrens entspricht der vom Bundesgerichtshof entschiedenen Fallgruppe wettbewerbswidriger getarnter Vertragsofferten (GRUR 1998, S. 416).

10.8.3 Umzüge

Lassen Sie durch einen Spediteur Umzugsgüter und Möbel transportieren, so gelten für diesen *Umzugsvertrag* einige Sonderbestimmungen nach § 451a ff HGB neben den allgemeinen Regeln des Transportrechts (vgl. Kap. 10.8.1.1 ff). Dabei umfassen die *Pflichten* des *Spediteurs* auch das Ab- und Aufbauen der Möbel, sowie das Ver- und Entladen des Umzugsgutes (§ 451a, Abs. 1 HGB). Der Transport selbst wird ohne Frachtbrief durchgeführt (§ 441b HGB).

Haftungsausschluss bei bestimmten Gefahrenursachen

Sowohl die *Haftung* des Auftraggebers wegen ungenügender Verpackung oder Information gegenüber dem Spediteur als auch des Spediteurs ihm gegenüber ist auf einen *Höchstbetrag* von 620 € je Kubikmeter Laderaum *beschränkt* (§§ 451c, 451e HGB). Wegen bestimmter Schäden oder Schadensursachen, die durch Verlust oder Beschädigung des Umzugsgutes entstehen, wird aber die Haftung des *Spediteurs ausgeschlossen*, wenn er alle ihm nach den Umständen obliegenden Maßnahmen getroffen und die Weisungen des Auftraggebers beachtet hat (§ 451d, Abs. 1 und 3 HGB). Das betrifft im Einzelnen:

- Beförderung von Geld, Wertpapieren und andere Wertsachen, wie Juwelen, Edelsteinen, Briefmarken, Münzen und Urkunden,
- ungenügende Verpackung und Kennzeichnung durch den Absender,
- Behandeln, Verladen und Entladen des Gutes durch den Absender,
- Beförderung nicht vom Frachtführer verpacktem Gut in Behältern,

- Verladen und Entladen von zu großem oder schwerem Gut, das den Raumverhältnissen an der Lade- und Entladestelle nicht entspricht, wenn der Frachtführer den Absender auf die Gefahr der Schädigung hingewiesen hat,
- Beförderung lebender Tiere und Pflanzen,
- besondere Schadensanfälligkeit des Umzugsgutes aus seiner natürlichen oder mangelhaften Beschaffenheit.

Sollte ein *Schaden* eintreten, der nach den Umständen des Falles *aus* den *bezeichneten Gefahren* entstehen kann, ist bis zum Beweis des Gegenteils davon auszugehen, dass er auch tatsächlich daraus entstanden ist (§ 452d, Abs. 2 HGB).

Wegen dieser ausgeschlossenen Gefahrenursachen sollten Sie selbst als Auftraggeber für eine ausreichende Transportversicherung sorgen oder den Spediteur bei Abschluss des Speditionsvertrages zur zusätzlichen Versicherung des Transportgutes verpflichten.	**Tipp**

Als Absender müssen Sie dem Spediteur *äußerlich erkennbare Schäden* oder einen *Verlust* sofort, spätestens aber am Tag nach der Ablieferung anzeigen, ansonsten erlischt Ihr Ersatzanspruch (§ 451f, Nr. 1 HGB). Bei nicht äußerlich erkennbaren Schäden oder Verlusten muss die Schadensanzeige innerhalb 14 Tagen nach Ablieferung erfolgen (§ 451f, Nr. 2 HGB).

Schadens- und Verlustanzeige

Fertigen Sie vor dem Verladen ein Verzeichnis über die Umzugsgüter an und kontrollieren Sie nach dem Entladen bzw. Aufbau der Möbel, ob alle Sachen vorhanden sind. Rügen Sie äußerlich erkennbare Transportschäden oder Verlust sofort, andernfalls spätestens innerhalb von 14 Tagen nach Ablieferung.	**Tipp**

10.8.4 Wartung und Waschanlagen

Jedenfalls beim *Waschanlagenvertrag* handelt es sich, weil ein bestimmter Erfolg – Reinigung – geschuldet wird, rechtlich um einen Werkvertrag nach § 631 BGB (BGH NJW 2005, S. 422; vgl. Kap. 10.3). Das trifft auch auf einen *Wartungsvertrag* zu, der eine einmalige zeitlich begrenzte Werkleistung – geschuldeter Erfolg die Funktionsfähigkeit der Maschine – wie der Kfz-Kundendienstvertrag zum Inhalt hat (LG München I DAR 1999, S. 127), dagegen wird ein Dauerwartungsvertrag eher als Dienstvertrag angesehen (BGH NJW-RR 1999, S. 942 für Telefonanlage; vgl. Kap. 10.2).

Rechtliche Einordnung

10.8.4.1   Wartung

Komplexere Maschinen oder sonstige technische Geräte müssen, um funktionieren zu können, ordnungsgemäß gewartet und in Stand gehalten werden. Viele Hersteller technisch komplexer Geräte, wie etwa Computer, Kraftfahrzeuge usw., bieten deshalb ihren Kunden als zusätzlichen Service deren *Wartung* – i.d.R. über Fachhändler – an. Neben einer allgemeinen Funktionsprüfung, werden bei der Wartung auch *verbrauchte Einzelteile ausgewechselt*. Einer dauerhaften Pflege bedürfen aber in bestimmten Fällen auch komplexe geistige Produkte wie Software-Programme für Computer (vgl. Kap. 10.7.6.3). Die typischen rechtlichen Probleme von Wartungsverträgen sollen paradigmatisch im praktisch wichtigsten Fall des *Kfz-Kundendienstes* erläutert werden.

10.8.4.2   Kfz-Kundendienst und -Reparatur

Alle Kfz-Werkstätten legen für ihre Werkleistungen im Wesentlichen die gleichen *Reparaturbedingungen* zugrunde. Wenn Sie die folgenden Ratschläge befolgen, sind Sie weitgehend vor bösen Überraschungen im Falle notwendiger Reparaturen geschützt.

Tipp

Ist der Grund des Mangels nicht erkennbar, empfiehlt es sich, die Werkstatt zunächst mit einer *Fehlerdiagnose* zu beauftragen. Nach Erstellung einer *Mängelliste*, aus der sich der Umfang der notwendigen Reparaturen ergibt, sollten Sie für die Fehlerbehebung von vornherein einen *Festpreis* vereinbaren. Ist dazu die Reparaturwerkstatt nicht bereit, lassen Sie sich einen *Kostenvoranschlag* geben, der regelmäßig um nicht mehr als 20 % überschritten werden darf.

Erkundigen Sie sich vorsorglich auch nach der *Höhe der Stundensätze*, die in sog. Arbeitswerten (AW) ausgedrückt wird. Wichtig ist vor allem, wieviel Arbeitszeit in Minuten als ein Arbeitswert eingesetzt wird.

Brauchen Sie den Wagen wieder zu einem bestimmten Zeitpunkt, vereinbaren Sie einen präzisen *Fertigungsstellungstermin*. Ist der Wagen dann nicht pünktlich fertig, muss die Werkstatt auch für die Kosten eines Ersatz- oder Mietwagens aufkommen.

Umfangreiche Reparaturen

Werden unerwartet umfangreiche Reparaturen notwendig, trifft die Werkstatt die Pflicht, den *Kunden* über den *größeren Mangel* zu *unterrichten*. Keinesfalls darf sie ohne Rücksprache irgendwelche teuren Ersatzteile einbauen. Nach Ablauf der Garantiefrist bei einem Neuwagen, müssen Sie die Reparaturkosten nach *Abnahme* der *Reparatur* zahlen. Davon kann man aber nicht schon nach Entgegennahme des Fahrzeugs ausgehen, sondern erst, wenn sich der Kunde nach dem Zurücklegen ausreichender Fahrkilometer davon überzeugt hat,

Reparaturabnahme

dass das Fahrzeug einwandfrei läuft. Bei einer *fehlerhaften Reparatur* können Sie die Abnahme verweigern und eine Beseitigung nach § 634 BGB fordern (vgl. Kap. 10.3.3 und 10.3.5.2). Solange sich Ihr *Fahrzeug* noch im Besitz der Werkstätte befindet, sichert es deren *Reparaturforderung* als *Pfand* nach § 647 BGB.

Wird der *Wagen* auf dem Gelände der Werkstatt durch einen *Angestellten beschädigt*, brauchen Sie sich mit der Instandsetzung allein nicht zufrieden zu geben, sondern Ihnen steht auch ein Anspruch auf *Nutzungsausfall* zu. Anderslautende allgemeine Reparaturbedingungen benachteiligen den Kunden unangemessen und sind daher wegen Verstoß gegen § 307, Abs. 2, Nr. 2 BGB unwirksam, weil der Werkstattbesitzer für das Fehlverhalten seines Erfüllungsgehilfen verantwortlich ist und er sich von der ordnungsgemäßen Erfüllung seiner Kardinalpflicht, ein einwandfreies Fahrzeug an seinen Kunden zurück zu geben, nicht freizeichnen kann (vgl. Kap. 6.3.2.1). Setzt der Werkstattinhaber *Subunternehmer* zur Durchführung der Reparatur ein, lässt also das Werk arbeitsteilig herstellen, muss er die organisatorischen Voraussetzungen schaffen, um sachgerecht beurteilen zu können, ob das Werk mangelfrei ist. (BGH NJW 2005, S. 893; vgl. Kap. 10.3.5.2.5).

Beschädigung des Wagens

10.8.4.3 Waschanlage

Rechtliche Probleme ergeben sich bei diesem Werkvertrag regelmäßig nur, wenn durch die *Waschanlage* das Kraftfahrzeug beschädigt wird, insbesondere Lackschäden auftreten, wobei der Betreiber versucht, seine Haftung auszuschließen.

Fahrzeugschaden

> **Beispiel:**
> *Häufig befindet sich in den Waschanlagen die Hinweistafel: »Für Schäden übernehmen wir keine Haftung.« Dieser weitreichende Haftungsausschluss verstößt eindeutig gegen das AGB-Recht und ist daher wegen unangemessener Benachteiligung des Kunden nach § 307, Abs. 2, Nr. 2 BGB unwirksam.*

Zu weit geht auch ein *Haftungsausschluss* für die Beschädigung der außen an der Karosserie angebrachten Teile (z.B. Antennen, Spiegel und Zierleisten) oder für Lack- oder Schrammschäden, weil der Benutzer einer Waschanlage zu Recht erwarten kann, dass die Reinigung seines Kraftfahrzeugs nicht zu Beschädigungen führt (BGH ZIP 50/2004, A 97).

Haftungsbeschränkung

Zulässig ist jedoch die AGB-Regelung, dass *Schäden nur anerkannt* werden, solange sie noch *auf* dem *Betriebsgelände festgestellt* werden. Der Betreiber braucht deshalb für leicht erkennbare Schäden nicht mehr aufzukommen, sobald der Kunde das Betriebsgrundstück ver-

Schäden auf Betriebsgelände anzeigen

lassen hat, wenn er dies dem Kunden durch eine gut sichtbare Hinweistafel ausdrücklich verdeutlicht (LG Amberg DAR 1988, S. 423).

> **Beispiel:**
> Zulässig wäre folgende Klausel:
> *»Für Schäden übernehmen wir nur die Haftung, wenn sie auf unserem Betriebsgelände festgestellt und uns gegenüber angezeigt werden.«*

10.8.5   Objektschutz: Bewachungs- und Kontrollverträge

Werkschutz

Befindet sich auf Ihrem Werksgelände oder in Ihren Geschäftsräumen besonders wertvolles technisches Gerät oder wichtige Unterlagen, deren Verlust oder Beschädigung nur unzureichend durch Geld ersetzt werden können, sollten Sie für einen besonderen Objektschutz sorgen. Der Einbau *technischer Schutzeinrichtungen*, wie Tresor, Alarmanlagen, Bewegungsmelder etc., vermag zwar die Gefahr eines Diebstahls oder eines Einbruchs sicherlich erheblich zu reduzieren, jedoch nicht auszuschalten. Ein *zusätzlicher Werkschutz* kann deshalb den Sicherheitsstandard erheblich verbessern, wenn man hierfür die Kosten nicht scheut und insbesondere die Versicherungsgesellschaft dies zur Auflage gemacht hat.

In den Bereich des Objektschutzes fällt aber auch die Bewachung von Parkplätzen oder Parkhäusern, in denen Autos abgestellt werden.

10.8.5.1   Bewachungs- und Kontrollvertrag

Die typischen Bewachungs- und Kontrollverträge der *Wach- und Schließdienste* haben den Objekt- oder Werkschutz zum Gegenstand.

10.8.5.1.1   Rechtliche Einordnung

Der mit dem Objekt- und Werkschutz beauftragte Wach- und Schließdienst verpflichtet sich nur zu einer *sorgfältigen Bewachung* des gesamten oder eines bestimmten Teils des Werkgeländes und der *ordnungsgemäßen Verschließung* der dort befindlichen sensiblen Bereiche oder Räume. Er kann selbstverständlich nicht garantieren, dass kein Einbruch erfolgt. Aus rechtlichem Blickwinkel ist deshalb dieser Bewachungs- und Kontrollvertrag als Dienstvertrag im Sinne von § 611 BGB einzuordnen (vgl. Kap. 10.2).

Sicherheitsanalyse

Sollte zusätzlich das Sicherheitsunternehmen im Vorfeld der Diebstahlsprävention mit der Stellung einer *Sicherheitsanalyse* zur Schwachstellenermittlung oder eines umfassenden *Sicherheitskonzeptes* beauftragt werden, wie es jetzt manche Versicherungsgesellschaften ihren Kunden zur Auflage machen, handelt es sich aber bei dieser erfolgsbezogenen Sonderleistung um einen Werkvertrag im Sinne von § 631 BGB (vgl. Kap. 10.3).

10.8.5.1.2 Kernpunkt des Bewachungs- und Kontrollvertrages

Der Inhaber des Wach- und Schließdienstes ist verpflichtet, für eine sorgfältige und ordnungsgemäße Überwachung und Kontrolle des betreffenden Objektes zu sorgen. Dabei hat der Vertrag zu regeln, *welche Objekte* zu *überwachen* sind – das gesamte Werkgelände oder nur sensible, besonders gefährdete Bereiche oder Räume – sowie die *Intensität der Kontrolle*, d. h. Anzahl des eingesetzten Personals und die zeitliche *Sequenz der Kontrollgänge* – z. B. ständig während der Nachtzeit in bestimmten zeitlichen Abständen usw. Das Wach- und Schließdienstunternehmen trägt darüber hinaus die Verantwortung für die ausreichende *Schulung des Wachpersonals* sowie deren *Zuverlässigkeit*. Sollte erwiesenermaßen ein Mitarbeiter Sachen aus dem zu bewachenden Areal gestohlen haben, so muss es hierfür nach den Regeln der Erfüllungsgehilfenhaftung einstehen, weil der Schaden im direkten Zusammenhang mit der Erfüllung der vertraglichen Bewachungspflichten und nicht nur gelegentlich entstanden ist (vgl. Kap. 6.3.2).

Bestimmung der Überwachungszone

Kontrollintensität regeln

Einsatz von qualifiziertem Wachpersonal

Dabei kann das Sicherheitsunternehmen auch angemessene *Ausschlussfristen* in seinen Vertragsbedingungen für die *Geltendmachung* von *Schadensersatzansprüchen* vorsehen. Unwirksam ist jedoch eine AGB-Klausel, wonach ein Schadensersatzanspruch gegen die Bewachungsfirma erlöschen soll, wenn er nicht unverzüglich schriftlich angezeigt wird. Hierin liegt eine unzulässige unangemessene Benachteiligung des gewerblichen Kunden nach § 307, Abs. 1 BGB, weil danach jede noch so kurzfristige, auf leichter Fahrlässigkeit beruhende Verzögerung der Schriftanzeige einen gravierenden Rechtsverlust zur Folge hätte (BGH ZIP 1999, S. 402). In gleicher Weise nicht zulässig ist eine *pauschale summenmäßige Haftungsbeschränkung*, die nicht nach dem Personen- oder Verschuldensgrad differenziert. Eine unbegrenzte Haftung besteht auch im unternehmerischen Geschäftsverkehr stets für grobes Verschulden, zumindest von leitenden Angestellten (BGH ZIP 1999, S. 403; vgl. Kap. 6.3.2).

Ausschlussfristen für Schadensersatzansprüche

Pauschale Höchstbeträge

Beispiel:
Unwirksam ist deshalb folgende Haftungsausschlussklausel: »Für andere als die genannten Schäden haftet der Auftraggeber nicht. Ausgeschlossen von der Haftpflicht sind ferner alle Schäden, für die aufgrund der allgemeinen Haftpflichtversicherung kein Versicherungsschutz besteht.«
Wegen der Ungültigkeit des Haftungsausschlusses war das Bewachungsunternehmen auch für einen Schaden verantwortlich, den ein eingesetzter Wachmann durch eine strafbare Handlung verursacht hat. Ein Haftungsausschluss wäre aber durch eine enger gefasste AGB-Klausel

im unternehmerischen Geschäftsverkehr möglich gewesen, da der Wachmann nur einfacher Erfüllungsgehilfe war.

10.8.5.2 Parkplatzüberwachung

Stellen Sie Ihr Kraftfahrzeug auf einem *bewachten Parkplatz* unter freiem Himmel oder im Parkhaus gegen Entgelt ab, so kann es sich bei diesem Vertrag nicht nur um einen reinen Dienstvertrag handeln, weil hier der Inhaber des Parkplatzes das Fahrzeug in seine Obhut genommen hat. Die ältere Rechtsprechung nimmt einen Werkvertrag an (BGH WM 1979, S. 497). Näher liegt aber die Einordnung einer *atypischen entgeltlichen Verwahrung* nach §§ 688 ff BGB, weil der Parkplatzbesitzer bzw. Parkhausinhaber grundsätzlich dafür zu sorgen hat, dass der Kunde sein Fahrzeug unversehrt wieder vorfindet. Er schuldet eine *tätige Obhutspflicht* in der Weise, dass er oder sein eingesetztes Personal »die Augen offen hält«, wozu auch die installierten Überwachungskameras dienen. Eine Garantie aber, dass das Fahrzeug nicht gestohlen wird, ist mit der zu leistenden Sicherheitsgewährung nicht verbunden. Demzufolge übernehmen die Parkplatz- oder Parkhausbetreiber hierfür in ihren Vertragsbedingungen zulässigerweise keine Haftung.

Verwahrungs-ähnlicher Vertrag

10.8.6 Facility Management für Gebäude

Besitzen Sie ein größeres Bürohaus oder eine Fabrikanlage mit *aufwendiger und komplexer Gebäudetechnik*, fehlt Ihnen häufig das Know-how oder auch die Zeit, um die technischen Anlagen selbst zu betreiben und in Stand zu halten. Insoweit bietet sich das *Outsourcing* dieser sog. *»Facility Management« Dienstleistungen* auf Fachfirmen an, so dass Sie sich in Ihrem Unternehmen auf das Kerngeschäft konzentrieren können. Ferner ersparen Sie sich dadurch die Einstellung von teurem Fachpersonal und können dadurch auch Ihre Personalkosten reduzieren.

Technisch aufwändige komplexe Gebäudeanlage

Hinter dem Begriff *»Facility Management«* verbirgt sich eine *komplexe Dienstleistung*: ein unternehmerischer Prozess, der durch die Integration von Planung, Kontrolle und Bewirtschaftung von Gebäuden, Anlagen und Einrichtungen und unter Berücksichtigung von Planung, Kontrolle, Arbeitsplatz und Umfeld eine verbesserte Nutzungsflexibilität, Arbeitsproduktivität und Kapitalrentabilität zum Ziel hat (so die Umschreibung des Deutschen Verbandes für Facility Management e.V. GEFMA). Je nach Bedarf des Auftraggebers übernimmt danach der Dienstleister neben dem *»technischen«* Facility Management, welches das Betreiben, die Instandhaltung, die Instandsetzung und auch die Verbesserung gebäudetechnischer Anlagen gemäß DIN 31051 zum Gegenstand hat, auch Verwaltungspflichten, insbesondere die Vermietung nicht selbst benötigter Räume – sog.

Technisches, kaufmännisches und infrastrukturelles Facility Management

»kaufmännisches« Facility Management – und sogar weitere Dienstleistungen wie vor allem Gebäudereinigung, Bewachung, Pflege der Außenanlagen und Catering – sog. *»infrastrukturelles«* Facility Management. Das starke Anwachsen dieses Dienstleistungssektors – derzeitiges geschätztes Leistungsvolumen allein in Deutschland ca. 40 Mrd. € – beruht auf dem betriebswirtschaftlichem Faktum, dass 80–85 % der Gesamtkosten einer gewerblich genutzten Immobilie während der Betriebsphase und nur 15–20 % in der Planungs- und Bauphase anfallen. In der Betriebsphase steckt deshalb ein hohes Potenzial für *Kosteneinsparungen,* das sich durch professionelles Facility Management realisieren lässt.

Hohe Kosten während der Betriebsphase von Gebäuden

10.8.6.1 Der Facility Management-Vertrag

Der Facility Management-Vertrag umfasst ein komplexes Bündel vielfältiger einzelner Dienstleistungen im Aufgabenbereich des Auftraggebers, der dadurch erheblich entlastet wird. *Facility Management* ist demzufolge eine selbstständige wirtschaftliche Tätigkeit im fremden Interesse und stellt rechtlich gesehen eine *Geschäftsbesorgung* dar, weil der Auftragnehmer die Dienstleistungen eigenständig plant und durchführt. *Der Facility Management-Vertrag* ist deshalb ein gemischter *Geschäftsbesorgungsvertrag* besteht aus *dienst-* und *werkvertraglichen* Komponenten (vgl. Kap. 10.4.2) mit einer spezifischen Ausprägung. Die weitere Entwicklung wird zeigen müssen, ob er sich als eigenständiger atypischer Vertrag wie der Leasingvertrag etablieren kann.

Geschäftsbesorgungsvertrag

Unverzichtbares Kernstück des Facility-Management-Kontraktes bildet das *technische Facility Management* mit der Zentralleistung des Betreibens der im Gebäude installierten technischen Anlagen, wozu typischerweise Heizung, Klima, Elektrotechnik, Sanitär, Gebäudeleittechnik und Aufzüge gehören. Das schließt auch deren Steuerung und den Aufbau eines *Störungsmanagements* mit dem Ziel die dauerhafte Funktionsfähigkeit der Immobilie sicherzustellen. Wegen seiner hohen Komplexität handelt man den Vertrag am besten passgenau auf der Basis des vom Dienstleister vorgelegten Mustervertrages aus (vgl. Kap. 2.3.1.1). Deshalb genügt es in knapper Form die wesentlichen Kernprobleme des technischen Facility Managements als Regelfall in der Wirtschaftspraxis zu erörtern.

Fokus: technisches Gebäudemanagement

10.8.6.2 Vertragsleistung und Vergütung

Die Sicherstellung der permanenten Betriebsbereitschaft der betreuten Anlagen begründet als *Instandhaltung* eine dauerhafte Leistung dienstvertraglicher Natur. Der dabei anfallende Austausch verbrauchter oder schadhafter und Einbau neuer funktionsfähiger Teile besitzt dagegen als *Instandsetzung* werkvertraglichen Charakter ge-

Instandhaltung und Instandsetzung

Verbesserung der gebäudetechnischen Anlagen

nauso wie eine Verbesserung der gebäudetechnischen Anlagen. Diese weitergehende *Planungspflicht* bedarf aber einer ausdrücklichen vertraglichen Regelung. Die letzte Entscheidung hierüber sollte jedoch schon wegen der Kostenfolgen dem Auftraggeber vorbehalten bleiben.

Verbesserung der technischen Anlagen

Klauselvorschlag

»Zu den Aufgaben des Auftragnehmers gehört auch die Verbesserung der technischen Gebäudeanlagen, wenn neue umweltfreundliche energiesparende Techniken mit einem günstigen Preis-Leistungs-Verhältnis entwickelt werden. In diesem Fall hat der Auftragnehmer geeignete Verbesserungsvorschläge auszuarbeiten. Die Entscheidung hierüber trifft jedoch der Auftraggeber.«

Wartung und Inspektion

Wartung und *Inspektion* erfolgen bei allen technischen Anlagen in regelmäßigen Zyklen, wobei in der Wirtschaftspraxis die gängige Bandbreite von einem bis vier *Wartungsintervallen* pro Vertragsjahr reicht.

Regeln Sie als Auftraggeber unbedingt im Vertrag die *Wartungsintensität* durch die Anzahl der durchzuführenden Inspektionen pro Vertragsjahr.

Das Grundgerüst des technischen Dienstes kann auch, wenn erwünscht, durch genau im Vertrag zu definierende *Verwaltungs-* und *Infrastrukturleistungen* aufgestockt werden.

Pauschalhonorar

Was die Bemessung der Vergütung betrifft, bietet sich für die einfach zu kalkulierende Dauerdienstleistung der *Instandhaltung* ein monatliches *Pauschalhonorar* an, dagegen für die diskontinuierliche *Instandsetzung* im Bedarfsfall und die ggf. geschuldete Weiterentwicklung und Erneuerung der Anlagen eine *gesonderte Vergütung* nach Zeitaufwand und Materialeinsatz. Deren Höhe sollte aber bei dem zeitlichen Rahmen durch die Vereinbarung eines festen Stundenhonorars bestimmt werden. Nachteilige Kostenentwicklungen während der Vertragslaufzeit kann der Auftragnehmer durch eine adäquate *Honoraranpassungsklausel* auffangen (vgl. Kap. 4.3.4.2).

10.8.6.3 Vertragsdauer und Vertragsbeendigung

Testphase vorschalten

Das rechtliche Fundament des Vertrages bildet, wie schon erwähnt, die anhaltende Dienstverpflichtung des Managements der technischen Gebäudeanlagen als *Dauerschuldverhältnis*, die sich über die gesamte Vertragszeit erstreckt. In der Wirtschaftspraxis beträgt die *regelmäßige Laufzeit* drei bis fünf Jahre, wie sie auch in den gängigen Vertragsmustern vorgegeben wird. Das erscheint aber gerade in der Anfangsphase der Geschäftsbeziehung aus dem Blickwinkel des Auftraggebers zu lang, da er ein starkes Interesse daran hat,

zunächst noch eine kürzere *Testphase* von etwa einem Jahr vorzu-
schalten, um festzustellen zu können, ob der Auftragnehmer den an-
spruchsvollen Aufgaben sowohl im Hinblick auf seine fachlichen Fähigkeiten als auch in punkto Zuverlässigkeit gewachsen ist. Im Falle
der Bewährung kann sich dann eine längere unkündbare Grundzeit
anschließen.

> Vereinbaren Sie als Auftraggeber zu Beginn eine relativ kurze Ver-
> tragslaufzeit von einem Jahr als Testphase.

Tipp

Als Dauerschuldverhältnis endet der Facility-Management-Vertrag **Kündigung**
regelmäßig durch *ordentliche* fristgerechte *Kündigung* gemäß den
vertraglichen Bestimmungen, selten im Falle einer Pflichtverletzung durch *außerordentliche* Kündigung aus wichtigem Grund, die
je nachdem, ob man den Schwerpunkt im Werkvertragsrecht oder
Dienstvertragsrecht sieht, entweder aus der Generalklausel des § 314
BGB oder der Spezialregelung in § 626 BGB herzuleiten ist. Da aber
beide Normen unterschiedliche Bestimmungen hinsichtlich dem
Erfordernis einer *Fristsetzung* bzw. *Abmahnung* vor Kündigungserklärung und der *Frist* für die *Ausübung* des Kündigungsrechts
nach Kenntniserlangung vom wichtigen Grund enthalten (vgl. Kap.
4.6.2.3 und 10.2.3.2), empfiehlt sich eine klarstellende vertragliche
Regelung (Klauselvorschlag in Kap. 4.6.2.3).

Für den Vertrag sollte auf jeden Fall eine *Klausel* für die *außer-* **Regelung für**
ordentliche Kündigung eingebaut werden, die zumindest die Erfor- **außerordentliche**
dernisse einer Nachfristsetzung bzw. Abmahnung und die Frist zur **Kündigung**
Ausübung des Kündigungsrechts nach Kenntniserlangung des wichtigen Grundes regelt.

Haben die Parteien eine für beide Seite akzeptable Vertragsdauer **Sonderkündigungs-**
ausgehandelt, besteht eigentlich kein vernünftiger Grund für den *Auf-* **rechte ausschließen**
traggeber, jederzeit aus dem Vertrag gemäß dem werkvertraglichen
Sonderkündigungsrecht nach § 649 BGB, allerdings mit einer Entschädigungspflicht gegenüber dem Auftraggeber, aussteigen zu können
(vgl. Kap. 10.3.6.1). Diese Regelung mag für einfache Austauschverträge sinnvoll sein, passt aber nicht für Dauerschuldverhältnisse.
Gleiches gilt für das Sonderkündigungsrecht des *Auftragnehmers*
nach § 643 BGB, wenn der Besteller trotz Fristsetzung eine ihn verpflichtende Mitwirkungshandlung unterlässt (vgl. Kap. 10.3.2).

Beispiel:
*Der Auftragnehmer versäumt es, dem Dienstleister bei Durchführung
der Inspektion den Zugang zu technischen Anlage zu ermöglichen.*

Der Auftragnehmer wird in diesem Fall einer Säumnis voll ausreichend dadurch geschützt, dass er seinen vollen Vergütungsanspruch behält und ab diesem Zeitpunkt das Schadensrisiko wegen eines technischen Mangels der Anlage der Auftraggeber zu tragen hat.

Beim bloßen technischen Facility Management liegt keine *Dienstleistung höherer Art* mit einer besonderen Vertrauensstellung vor, die dem Auftraggeber ein besonderes Kündigungsrecht nach § 627 BGB einräumt. Dienste höherer Art enthält jedoch der Vertrag, wenn der Auftragnehmer das gesamte Management der Immobilie einschließlich Vermietung und die kaufmännische Verwaltung übertragen erhält (vgl. Kap. 10.2.3.1). Auch in diesem Fall kann man das Kündigungsrecht jederzeit ausdrücklich im Vertrag ausschließen (BGH NJW-RR 1991, S. 439).

10.8.6.4   Mangelhafte Vertragsleistung

Erfüllt der Dienstleister im Hinblick auf Qualität und Zuverlässigkeit nicht die berechtigten Erwartungen des Auftraggebers, wird dieser das Vertragsverhältnis durch Kündigung beenden, im Fall einer schwerwiegenden Pflichtverletzung sogar fristlos aus wichtigem Grund. Verursacht diese gar einen Personen- oder Vermögensschaden, den der Auftragnehmer zu vertreten hat, stehen dem Auftraggeber darüber hinaus die entsprechenden Schadensersatzansprüche zu (§ 314, Abs. 4 BGB; vgl. Kap. 10.2.3.2). Das ist unstrittig.

Wartungsfehler

Wesentlich schwieriger ist es zu beurteilen, wenn durch nicht fachgerechte Wartung *einzelne technische Anlagen* oder wichtige Teile davon *ausfallen* und dadurch die Nutzungsmöglichkeit des Gebäudes für den Auftraggeber nicht unerheblich eingeschränkt wird. *Wartungsfehler* liegen an der Schnittstelle zwischen der dienstvertraglichen Instandhaltung und der werkvertraglichen Instandsetzung. Die *Wartung* umfasst neben der dauerhaften Inspektionspflicht auch die werkvertragliche Pflicht zur Reparatur im Hinblick auf den Austausch verbrauchter Verschleißteile. *Wartungsverträge* werden je nach Vertragsdauer bei zeitlich begrenztem Inspektionsauftrag wie beim Kfz-Kundendienst als Werkvertrag (LG München I DAR 1999, S. 127), bei ständiger dauerhafter Inspektionspflicht tendenziell eher als Dienstvertrag eingestuft (BGH NJW-RR 1997, S. 942). Sie können auch als *Werkvertrag* ausgestaltet sein, wenn der *Auftragnehmer* neben der Durchführung der Inspektionen auch die rechtliche *Verantwortung* für die *permanente Funktionsfähigkeit* der technischen Gebäudeanlagen übernimmt, ohne diese jedoch zur Vermeidung überhöhter Haftungsrisiken – umfassende Schadensersatzpflicht im Falle von technischen Betriebsstörungen nach § 639 BGB – garantieren zu wollen (vgl. Kap. 10.3.1.2). Das verschafft dem

Sorge für permanente Funktionsfähigkeit

Auftraggeber eine stärkere Rechtsposition beim Auftreten von technischen Mängeln.

Wartung als Werkleistung

»Der Auftragnehmer übernimmt im Rahmen der Wartung die rechtliche Verantwortung für die ständige Funktionsfähigkeit der technischen Gebäudeanlagen, ohne diese jedoch zu garantieren.«

Klauselvorschlag

> Sorgen Sie als Auftraggeber für die werkvertragliche Einkleidung der Wartungspflicht des Auftragnehmers.

Tipp

Als Werkunternehmer schuldet dann der Facility Manager eine mangelfreie Werkleistung (vgl. Kap. 10.3.5.1), so dass bei Auftreten gravierender *Funktionsstörungen* auch einzelner technischer Anlagen wegen Nichterfüllung des Vertrages nach § 320 BGB bis zur Fehlerbehebung das monatliche *Pauschalhonorar* je nach Dauer dementsprechend hierzu oder dessen *Zahlung* komplett *verweigert* werden könnte. Das wäre aber nicht interessengerecht und völlig überzogen, weil das vereinbarte Pauschalhonorar das Entgelt für das gesamte Management der Gebäudetechnik darstellt und allenfalls in Betracht gezogen werden könnte, sofern der Mangel so schwerwiegend wäre, dass der Auftraggeber das Gebäude unter zumutbaren Bedingungen nicht mehr nutzen könnte.

Funktionsstörungen bei einzelnen Anlagen

Beispiel:
Totalausfall der Heizungsanlage in einem Bürogebäude während kalter Wintertage mit Dauerfrost.

Das zeigt auch ein Blick auf die insoweit vergleichbare Rechtsposition des Mieters mit seinem Minderungsanspruch bei Mietmängeln. Der Mieter ist danach nur zu einer abgestuften Kürzung der Miete je nach Schwere und Umfang des Mangels berechtigt (vgl. Kap. 9.1.8.7). Ergo wird man auch das Zahlungsverweigerungsrecht des Auftraggebers nach § 320 BGB im Ergebnis zu einem Minderungsrecht abschwächen müssen.

Näher liegt es aber, den Auftraggeber das werkvertragliche *Minderungsrecht* nach §§ 634 Nr. 3, 638 BGB *ohne Nachfristsetzung* nach § 323 Abs. 2 Nr. 3 BGB einzuräumen, weil die die durch den Mangel hervorgerufene Nutzungseinbuße auf andere Weise nicht angemessen ausgeglichen werden kann. Im Sinne von § 323 Abs. 2 Nr. 3 BGB liegen daher besondere Umstände vor, welche die sofortige Fälligstellung des Minderungsanspruchs rechtfertigen. Dann steht auch

Minderung des Pauschalhonorars

Minderungsquote

mit der Bestimmung des § 638 Abs. 3 BGB zumindest eine normative Bezugsgröße für die Ermittlung der *Honorarreduzierung* zur Verfügung, die bei § 320 BGB völlig fehlt. Diese Minderungsvorschrift schreibt eine *Kürzung* des *Werklohns* in dem *Verhältnis* vor, in welchem der Wert des Werkes in mangelfreiem Zustand zu dem wirklichen jetzigen Wert in mangelhaftem Zustand gestanden haben würde. Objektive primäre Bezugsgröße für die *Minderungsquote* kann dann beim Facility Management, weil es die Wartung der gesamten technischen Anlagen umfasst, nur deren *Gesamt*wert zum *Wert* der *nicht* mehr *betriebsbereiten* technischen Anlage sein. Der so ermittelte Zwischenwert ist dann nach der räumlichen Auswirkung des

Komplizierte Berechnung

Mangels – ganzes Gebäude betroffen oder nur einzelne Räume? – durch *Abschläge* je nach *betroffener Nutzfläche* zu verfeinern. Diese ausdifferenzierte abgestufte Minderung ist aber nur dann praktikabel und lässt sich in eine verständliche transparente Vertragsklausel gießen, wenn die Skalierung der betroffenen Nutzfläche pauschal in 10 % Schritten erfolgt. Der *Minderungsbetrag* selbst errechnet sich dann aus der *Dauer* (Tag, Wochen etc.) der *Funktionsstörung*. Sachdienlich wäre es zudem, den ermittelten Minderungsbetrag in einem letzten Schritt zu verdoppeln. Nur durch einen schmerzhaften Forderungsverlust kann der Auftraggeber gegenüber dem Facility Manager starken wirtschaftlichen Druck ausüben, um diesen zur raschen Mängelbeseitigung anzuhalten.

Verdoppelung als Druckmittel

Sofern die *Verdoppelung* der *Minderungsquote* im Verhandlungswege wegen ihres Vertragsstrafencharakters sich nicht durchsetzen lässt, sollten Sie als Auftraggeber sich zumindest ein *vorläufiges Einhaltungsrecht* in der gleichen Höhe bis zum Zeitpunkt der Mängelbeseitigung ausbedingen.

Jedenfalls passt der parallel dazu im Werkvertragsrecht vorgesehene Einbehaltungssatz in § 641 Abs. 3 BGB – mindestens in Höhe des Dreifachen der voraussichtlichen Mängelbeseitigungskosten – nicht für eine dauerhafte Werkleistungspflicht, weil er auf die einmal zu entrichtende Vergütung für ein einmal zu erstellendes Werk zugeschnitten ist. Außerdem ist dessen Höhe für den Auftraggeber vor einer Fehlerüberprüfung, die dem Auftragnehmer obliegt, gar

Unverzügliche Mängelanzeige

nicht kalkulierbar. Das Minderungsrecht sollte aber an die unverzügliche *Mängelanzeige* gekoppelt werden, weil deren Zugang erst den Nachbesserungsanspruch des Auftraggebers nach § 633 Nr. 1 BGB fällig stellt (vgl. Kap. 10.3.5.2). Dadurch erhält man einen klaren Stichtag für den zeitlichen Rahmen des Minderungsanspruchs.

Mängelanzeige mit Honorarkürzung

»1. *Sollten während der Vertragszeit gravierende Funktionsmängel an einzelnen technischen Anlagen auftreten, welche die Nutzung des Gebäudes nicht unerheblich beeinträchtigen, hat der Auftraggeber den entdeckten Mangel unverzüglich, spätestens innerhalb einer Woche, dem Auftragnehmer anzuzeigen, sofern dieser ihn nicht selbst erkennt. Zur Fristwahrung genügt die rechtzeitige Absendung.*

2. *Während der Dauer der Funktionsbeeinträchtigung ist der Auftraggeber ab Absendung der Mängelanzeige oder der Kenntnis des Auftragnehmers vom Mangel zur angemessenen Kürzung des monatlichen Pauschalhonorars berechtigt. Die Minderungsquote errechnet sich aus dem Wert der nicht betriebsbereiten Anlagen zum Gesamtwert der Gebäudetechnik multipliziert mit dem in Zehnerprozentsätzen ermittelten Bruchteil, z. B. 1/10, 1/5, 3/10 etc., der sich aus dem Anteil der durch den Funktionsmangel betroffenen Nutzfläche zur gesamten Nutzfläche des Gebäudes ergibt. Werte unter fünf werden abgerundet, über fünf dagegen aufgerundet. Der so ermittelte Wert wird in einem letzten Schritt verdoppelt und ergibt die Minderungsquote für das monatliche Pauschalhonorar. Der eigentliche Minderungsbetrag errechnet sich schließlich aus der Dauer der Nutzungsbeeinträchtigung in Tagen, Wochen etc«.*

3. Sollte die Verdoppelung der Minderungsquote nicht durchsetzbar sein, entfällt diese Regelung und ist durch folgende am Schluss zu ersetzen:

»Zusätzlich ist der Auftraggeber zu einer vorläufigen Einbehaltung des Honorars in gleicher Höhe berechtigt, solange der Mangel andauert.«

Nehmen Sie als Auftraggeber unbedingt eine Honorarkürzungsklausel in den Vertrag auf für den Fall einer gravierenderen Funktionsstörung bei einer oder mehrerer technischer Anlagen, die zu einer nicht unerheblichen Nutzungsbeschränkung des Gebäudes führt.

Klauselvorschlag

Tipp

10.9 Schulung von Mitarbeitern

Human Resources sind in der modernen *Informationsgesellschaft*, wo es auf das Wissen und Know-how der Mitarbeiter ankommt, ein immer bedeutend werdender *Produktivitätsfaktor*. Um wettbewerbsfähig zu bleiben, soll jede Unternehmensleitung dafür sorgen, dass die eigenen Beschäftigten über das zur Beherrschung des ihnen anvertrauten Sachgebiets notwendige Fachwissen verfügen und sich dieses auf dem aktuellen Stand der Wissenschaft und Technik befindet. Das erfordert vielfach eine *außerbetriebliche Weiterbildung*,

Außerbetriebliche Weiterbildung

die das Unternehmen bezahlt. Dabei kann es sich um den Besuch von *Seminaren* handeln oder auch um die Teilnahme des zu qualifizierenden Mitarbeiters an einem *Fernunterricht*.

10.9.1   Seminar- oder Direktunterrichtsvertrag

Erprobungsphase wichtig

Schickt die Firma ihre Mitarbeiter auf Fortbildungskurse, Seminare etc., so schließt sie zuvor mit dem Veranstalter einen *Direktunterrichtsvertrag* ab, der rechtlich als gewöhnlicher Dienstvertrag einzuordnen ist (BGHZ 90, S. 281). Keine Rolle spielt es, ob die Schulung in betriebseigenen Räumen oder außerhalb stattfindet. Es handelt sich dabei wegen des Schwerpunktes der Wissensvermittlung nicht um *Dienste höherer Art* im Sinne von § 627 BGB, die grundsätzlich jederzeit kündbar sind (vgl. Kap. 10.2.3.1). Ist für den Direktunterrichtsvertrag eine bestimmte Laufzeit vereinbart, steht Ihnen daher ein jederzeitiges Kündigungsrecht nicht zu, wenn Sie mit der Leistung des Lehrinstituts nicht zufrieden sind. Die zulässige unkündbare Höchstlaufzeit für solche Kurse dürfte dabei regelmäßig ein Jahr betragen (BGHZ 90, S. 285).

Tipp

> Achten Sie bei Direktunterrichtsverträgen darauf, dass Sie bei länger laufenden Kursen eine Erprobungsphase, etwa von einem Monat, vereinbaren, nach deren Ablauf Sie jederzeit ohne finanzielle nachteilige Folgen aus dem Vertrag aussteigen können.

10.9.2   Fernunterrichtsvertrag

Arbeitnehmer ist Vertragspartner

Den *Fernunterrichtsvertrag* schließt Ihr auszubildender Arbeitnehmer selbst als Teilnehmer ab. Er erhält dann von dem Veranstalter das Lehrmaterial zugesandt, der nach dem *Fernunterrichtsschutzgesetz* den Lernerfolg zu überwachen, insbesondere innerhalb angemessener Frist die eingesandten Arbeiten sorgfältig zu korrigieren hat (§ 1, Abs. 1 FernUSG). Das Gesetz findet auch Anwendung, wenn der *Arbeitgeber* die *Kosten* übernimmt oder wenn der Mitarbeiter aus dem Arbeitsverhältnis heraus zur Teilnahme verpflichtet ist. Auch dann handelt es sich wegen der finanziellen Abhängigkeit des Beschäftigten um eine entgeltliche Unterrichtsteilnahme im Sinne von § 1, Abs. 2 FernUSG.

10.9.2.1   Qualifizierte Vertragsurkunde

Anzufertigen ist eine *schriftliche Vertragsurkunde*, die vom Teilnehmer zu unterzeichnen ist (§ 3, Abs. 1 FernUSG). Sie ist dem Teilnehmer samt ordnungsgemäßer Widerrufsbelehrung auszuhändigen (§ 3, Abs. 4 FernUSG). *Wirksam* ist der *Vertrag* nur, wenn die Vertragsurkunde die gesetzlich vorgeschriebenen *wesentlichen Elemente* enthält (§ 3, Abs. 2 FernUSG), wozu insbesondere

- Name und Anschrift des Veranstalters sowie des Teilnehmers,
- die genaue Beschreibung von Gegenstand, Ziel, Beginn und der Abschluss des Fernlehrgangs,
- der Gesamtbetrag der Vergütung sowie die Teilzahlungen,
- sonstige Pflichten des Teilnehmers,
- der Hinweis auf das Widerrufsrecht
- und die Kündigungsbedingungen

gehören. Darüber hinaus soll die Vertragsurkunde noch *andere* der Information des Teilnehmers dienende *Angaben* enthalten (§ 3, Abs. 3 FernUSG), deren Fehlen aber nicht zur Nichtigkeit führt, sondern nur die *Widerrufsfrist* verlängert (§ 4, Abs. 2 FernUSG).

Zudem darf die Vertragsurkunde bestimmte für den Teilnehmer *nachteilige Regelungen* nicht enthalten, wie vor allem ein Vertragsstrafeversprechen, eine Schadenspauschalierung oder eine Beschränkung seiner Ansprüche gegen den Veranstalter (§ 2, Abs. 5 FernUSG). Ferner darf er nicht zu dem Erwerb von Waren oder dem Bezug von Dienstleistungen verpflichtet werden, die nicht im Zusammenhang mit dem Fernunterricht stehen, weil es sich dann um ein *unzulässiges Koppelungsgeschäft* handelt.

Der Veranstalter hat schließlich für die staatliche Zulassung des Fernlehrgangs zu sorgen (§ 12 FernUSG). Ohne *Zertifizierung* ist der Fernunterrichtsvertrag nichtig (§ 7, Abs. 1 FernUSG).

10.9.2.2 Widerrufs- und Kündigungsrecht des Teilnehmers

Das praktisch wichtigste Schutzinstrument gegenüber übereilten Vertragsabschlüssen stellt aber das *zweiwöchige Widerrufsrecht* des Teilnehmers dar (§§ 4, Abs. 1 FernUSG, 355 BGB), über das ihn der Veranstalter *schriftlich deutlich* und ordnungsgemäß zu *belehren* hat (§ 3, Abs. 2, Nr. 6 FernUSG). Die Durchführung dieser Belehrung hat der Teilnehmer durch eine gesonderte Unterschrift zu bestätigen (§ 3, Abs. 4 FernUSG). Voraussetzung für den *Fristbeginn* ist darüber hinaus, dass der Teilnehmer eine *Abschrift der Vertragsurkunde* mit den erforderlichen Angaben, insbesondere eine Widerrufsbelehrung, erhält (§ 3 FernUSG). Fehlt eine ordnungsgemäße Widerrufsbelehrung, hat der Teilnehmer ein zeitlich unbegrenztes Widerrufsrecht (§ 355, Abs. 3, Satz 3 BGB); wird diese später nachgeholt, kann man den Vertrag noch innerhalb eines Monats widerrufen (§ 355, Abs. 2, Satz 2 BGB).

Tipp

> Weisen Sie deshalb jeden Ihrer am Fernunterricht teilnehmenden Arbeitnehmer ausdrücklich an, dass er nach Erhalt des Lehrmaterials dieses sorgfältig, vollständig und kritisch zu überprüfen und seinen Chef über Qualitätsmängel unverzüglich zu informieren hat, um so, falls notwendig, den Fernunterrichtsvertrag rechtzeitig widerrufen zu können.

Schriftliche Kündigung

Nach Ablauf von sechs Monaten steht dem *Teilnehmer* zudem noch ein *unabdingbares Kündigungsrecht,* erstmals zum ersten Halbjahresschluss unter Einhaltung einer sechswöchigen Kündigungsfrist zu (§ 5, Abs. 1 FernUSG). Danach ist eine Kündigung jederzeit mit einer Frist von drei Monaten möglich. Die Kündigung bedarf der Schriftform (§ 5, Abs. 2 FernUSG). Macht der Teilnehmer von dem Kündigungsrecht rechtzeitig Gebrauch, so steht dem Veranstalter nur eine *anteilige Vergütung* zu (§ 5, Abs. 3 FernUSG).

10.10   Die Beratung des Unternehmens

Die Geschäftsleitung kleinerer und mittlerer Unternehmen bedarf heutzutage zur Lösung schwieriger personeller, organisatorischer, wirtschaftlicher, steuerlicher oder auch rechtlicher Probleme der Beratung durch außenstehende Experten.

10.10.1   Die Beratungstätigkeit aus rechtlicher Sicht

Beratungsvertrag

Die rechtliche Einordnung der von dem Berater in dem *Beratungsvertrag* geschuldeten Arbeitsleistung in die Kategorien des Dienstleistungsrechtes ist nicht problematisch. Schuldet der Berater nur die sorgfältige, fachlich kompetente Beratung als solche, handelt es sich um einen *Dienstvertrag* mit Diensten höherer Art im Sinne von §§ 611, 627 BGB (vgl. Kap. 10.2.3). Hat der Berater darüber hinaus auch noch ein geistiges Werk in Form von Exposés, Plänen und dergleichen zu erstellen, so gelten hierfür die *werkvertraglichen Vorschriften* nach §§ 631 ff BGB (vgl. Kap. 10.3.4). Enthält schließlich die Dienstleistung, wie vor allem bei Steuerberatern oder Rechtsanwälten, auch noch die Wahrnehmung der Vermögensangelegenheiten des Auftraggebers, ist der Dienstleistungsvertrag ein *Geschäftsbesorgungsverhältnis* im Sinne von § 675 BGB, je nach Erfolgsbezogenheit der zu erbringenden Dienste, also ein Sonderfall des Dienst- oder Werkvertrages (vgl. Kap. 10.4).

Beispiel:
So nimmt der Steuerberater, der für seinen Mandanten die Steuererklärung aufstellt und beim Finanzamt einreicht, dessen Vermögensangele-

genheiten wahr, sodass diese Dienstleistung als werkvertragliche Geschäftsbesorgung zu qualifizieren ist.

10.10.2   Wirtschafts- und Personalberatung

Mit dieser Überschrift sollen alle Beratungsleistungen erfasst werden, die nicht zur Steuer- und Rechtsberatung gehören. Es geht also um typische Unternehmensberatung, die auch die speziellere *Personalberatung* oder *IT-Beratung,* sowie die *Projektberatung* für einzelne Vorhaben umfasst.

10.10.2.1   Unwirksamkeitsrisiko im Falle unzulässiger Rechtsberatung

Die Beratung eines Unternehmens in wirtschaftlichen Angelegenheiten birgt nach dem tradierten *Rechtsberatungsgesetz* erhebliche Risiken in sich, weil nach § 1 jede *Besorgung fremder Rechtsangelegenheiten* – einschließlich der Rechtsberatung mit Ausnahme für Rechtsanwälte, Notare sowie Steuerberater in steuerlichen Angelegenheiten – der *Erlaubnis* der dafür zuständigen Behörde bedarf. Das hat die unangenehme Folge nach § 134 BGB, dass jeder Beratungsvertrag, der dagegen verstößt, nichtig ist (BGH BB 2002, S. 1510; vgl. Kap. 3.7.1). Allerdings soll demnächst dieses sog. *Rechtsanwaltsmonopol* durch das neugeplante *Rechtsdienstleistungsgesetz* erheblich abgeschwächt werden. Bislang schwebt aber über jedem Beratungsvertrag das Damoklesschwert der Nichtigkeit, wenn die Beratungstätigkeit auch die Lösung von Rechtsproblemen beinhaltet. Künftig nach Inkrafttreten des Rechtsdienstleistungsgesetzes, voraussichtlich noch im Jahre 2007, können Wirtschaftsberater oder andere Unternehmen *Rechtsberatung* als *Nebenleistung* erbringen, wenn sie zum Berufs- oder Tätigkeitsbild oder zur vollständigen Erfüllung der mit der Haupttätigkeit verbundenen gesetzlichen oder vertraglichen Pflichten gehört (§ 5 Abs. 1 und 2 Regierungsentwurf zum RDG). Lediglich die Beratung in schwierigen Rechtsfragen, die einer besonderen rechtlichen Prüfung bedürfen, und die Prozessführung wird Rechtsanwälten vorbehalten bleiben.

Die *Grenze* zwischen zulässiger *Wirtschaftsberatung* und unzulässiger, weil erlaubnispflichtiger *Rechtsbesorgung* wird so gezogen, dass jeweils auf den Kern und den Schwerpunkt der Tätigkeit abzustellen ist, da eine Besorgung wirtschaftlicher Belange vielfach auch mit rechtlichen Vorgängen verknüpft ist. Zielt nämlich die *Wirtschaftsberatung* auf die *vertragliche Absicherung wirtschaftlicher Verhältnisse* ab, so berührt sie unweigerlich auch damit zusammenhängende Rechtsprobleme. Bezieht sich deshalb die Beratungstätigkeit überwiegend auf wirtschaftliche Gebiete und die Wahrnehmung wirtschaftlicher Belange, so darf der Unternehmensberater in sei-

Strenges Rechtsberatungsgesetz

Liberales Rechtsdienstleistungsgesetz

Erlaubte Wirtschaftsberatung

ner Beratung auch auf die damit untrennbar zusammenhängenden Rechtsfragen eingehen (BVerfG ZIP 2002, S. 2050). Diese Entscheidung des Bundesverfassungsgerichts eröffnet aber den Zivilgerichten als zuständigen Fachgerichten immer noch einen ziemlich breiten Auslegungsspielraum. Es bleibt daher zu hoffen, dass die künftige gesetzliche Regelung hier für mehr Klarheit sorgt. Immerhin hat der Bundesgerichtshof entschieden, dass Unternehmensberater für die Beratung von Unternehmen über öffentliche Fördermittel und der Unterstützung bei deren Beantragung werben dürfen. Hierin liegt grundsätzlich keine unerlaubte Rechtsberatung, denn die beworbene Beratung sei sowohl für die Gründung von Unternehmen als auch für die laufenden Geschäfte wirtschaftlich notwendiger Teil der Unternehmensberatung (Urt. v. 29.02.2005 – Az: ZR 128/02 und 129/02). *Rechtsberatung* als bloße *Nebendienstleistung* sieht bereits jetzt der Bundesgerichtshof als zulässig an (ZIP 2006, S. 1668).

10.10.2.2   Selbstständiger Beratungsvertrag oder unselbstständige Beratungsleistung

Produktbezogene Beratung

Handelt es sich um eine eng umgrenzte Beratungsleistung im Zusammenhang mit einem anderen Geschäft, so dürfte i.d.R. die von dem Kunden gewollte *Beratung* eine *unselbstständige Nebenleistung* des betreffenden Hauptvertrages, also Kauf- oder Werkvertrages, darstellen. Dieses insbesondere dann, wenn sich die Beratungstätigkeit auf bestimmte Produkteigenschaften bezieht (BGH NJW 1997, S. 3227).

Umfangreiche Beratung

Nimmt aber die *Beratung* einen *erheblichen Umfang* an, der über die übliche zu erwartende Beratungsleistung hinausgeht, verselbstständigt sich rechtlich die Beratungsleistung zu einem selbstständigen Geschäftsbesorgungsvertrag mit Dienstleistungscharakter (OLG Celle ZIP 2004, S. 2119). Für diese Annahme spricht insbesondere, wenn sich der leistungsanbietende Unternehmer wegen des damit verbundenen *hohen Zeitaufwandes* die *Beratungsleistung* gesondert vergüten lässt (BGH NJW 2001, S. 2631).

10.10.2.3   Spektrum der Unternehmensberatung

Das Aktionsfeld eines Unternehmensberaters – meist handelt es sich von der Ausbildung her um Volks- oder Betriebswirte, aber auch um Ingenieure und Psychologen –, ist sehr vielseitig. In der Regel erstreckt sich seine Tätigkeit auf die Bereiche Unternehmensführung, Organisation, Personalberatung, Personalwesen, Weiterbildung und Training, Marketing, Technik, Datenverarbeitung und Logistik, aber auch die Unternehmenssanierung zur Abwendung der Insolvenz gehört dazu. Unternehmensberater zählen ebenso wie andere beratende Berufe mit *Dienstleistungen höherer Art* (wie die der Steuerberater und Rechtsanwälte) zu den *freien Berufen* (OLG Celle ZIP 1996, S. 2220). Einen besonderen *Qualifikationsnachweis* bedürfen Unternehmensberater anders als Steuerberater nicht, was die Suche nach guten Beratern schwierig macht. Am ehesten darf man Sie bei größeren Unternehmensberatungsgesellschaften erwarten.

10.10.2.3.1   Wichtige Eigenschaften des Unternehmensberaters

Aufgrund seiner *Vertrauensstellung* sind *persönliche Eigenschaften* des Beraters, wie Zuverlässigkeit, geistige Offenheit, Kreativität etc. als *verkehrswesentlich* anzusehen. Deshalb berechtigt die dem Auftraggeber bislang nicht bekannte *Mitgliedschaft* des Beraters zur *Scientology-Sekte* zur Anfechtung wegen Irrtums über eine verkehrswesentliche Eigenschaft des Vertragspartners nach § 119, Abs. 2 BGB (LG Darmstadt NJW 1999, S. 365; vgl. Kap. 3.6.2.1.2). Dagegen liegt ohne konkrete Nachfrage in dem bloßen *Verschweigen* der Zugehörigkeit keine arglistige Täuschung nach § 123 BGB, weil wegen des Schutzes der persönlichen Intimsphäre ein Sektenmitglied nicht ungefragt seine Zugehörigkeit zu einer religiösen Vereinigung offen legen muss. Jedoch gehören die Auslagen des Auftraggebers für die Ermittlung der Verbindung des Beraters zu der fragwürdigen Sekte zu den notwendigen Kosten der Rechtsverfolgung (OLG Frankfurt NJW 1999, S. 366).

> Fragen Sie deshalb vor Abschluss des Beratungsvertrages den Unternehmensberater, ob er der Scientology-Church oder einer sonstigen dubiosen Vereinigung angehört.

Tipp

Innerhalb seiner beratenden Tätigkeit erhält der Unternehmensberater zwangsläufig Einblick in *Firmeninterna*, wie vor allem Zielsetzung, Zukunftspläne, Führungsstil, Betriebsklima und -organisation.

> Verpflichten Sie deshalb Ihren Unternehmensberater ausdrücklich zur Verschwiegenheit (s. Klauselvorschlag beim Werbeagenturvertrag Kap. 10.7.1.8.).

Tipp

10.10.2.3.2   Qualität der Beratungsleistung

Sind Sie mit der Arbeit Ihres Beraters im Ergebnis nicht zufrieden, so ist die Qualität der erbrachten Dienstleistung schwer nach objektiven Kriterien zu messen. Soll er ein Konzept für eine Neuorganisation

Schwierige Einschätzung

und Teilorganisation des Unternehmens entwickeln, so handelt es sich zwar bei dieser Dienstleistung um einen *Werkvertrag* nach § 631 BGB, weil er die Abgabe eines schriftlichen Exposés schuldet (vgl. Kap. 10.2.3). Jedoch übernimmt der Unternehmensberater selbstverständlich keine Gewähr dafür, dass die von ihm entwickelten Verbesserungsvorschläge in der Praxis des Betriebsalltags tatsächlich greifen und den von dem Auftraggeber erwünschten Effekt der Kostenersparnis oder Gewinnsteigerung etc. mit sich bringen. Immerhin hat aber die Rechsprechung einen Unternehmensberater, der ein wirtschaftlich wertloses Gewinnkonzept abgeliefert hat, wegen Schlechterfüllung zur Rückzahlung eines Teils des bereits beglichenen Honorars verpflichtet (OLG Celle ZIP 2004, S. 2119). Sie orientiert sich am *Mindeststandard* für *Beratungsleistungen* des Bundesverbandes Deutscher Unternehmensberater, selbst wenn dieser nur einen geringen Organisationsgrad aufweisen kann. Ihm gehören nur 520 von 14.400 Beratungsunternehmen an (vgl. www.bdu.de). Die *Mitgliedschaft* in dem *BdU* dürfte deshalb ein starkes *Indiz* für die *Qualifikation* und *Seriosität* des Unternehmensberaters sein.

Mindeststandard für Beratungsleistungen

Keinen »Persilschein« unterschreiben

Unzulässig ist es, wenn der Unternehmensberater als Fachmann seinen Auftraggeber als Laien im Zusammenhang mit der Übergabe einer mehrseitigen Betriebsanalyse ohne sachlichen Grund zur Unterzeichnung eines Formulars veranlasst, wonach die im Beratungsvertrag vereinbarten *Honoraransprüche* im Grunde und der Höhe nach *unstreitig* sind. Diese auf einen vollständigen Gewährleistungsausschluss bei Schlechterfüllung abzielende Erklärung ist wegen Ausnutzung der Ahnungslosigkeit des Auftraggebers nach § 138, Abs. 2 BGB sittenwidrig und damit nichtig (OLG Celle NJW 2003, S. 3639; vgl. Kap. 3.7.2).

Beispiel:
Unzulässig sind Formulierungen, die bestätigen, dass die Beratung abgeschlossen und das Beratungsziel erreicht wurde, der Klient mit der Beratung voll zufrieden ist oder dass die in Rechnung gestellte Honorarforderung zur Zahlung fällig ist und nicht bestritten wird.

Tipp   Unterschreiben Sie keinesfalls nach Abgabe des Exposés, Gutachten etc. Erklärungen, wonach Sie die Beratungsleistung als vertragsgerecht anerkennen, bevor Sie das Exposé studiert und geprüft haben.

Haftungsbeschränkungen

In gleicher Weise *unwirksam* sind *Haftungsausschlüsse* des vom Unternehmensberater vorformulierten Beratungsvertrages, wonach er umfassend Schadensersatzansprüche infolge nicht anerkannter, verdeckter oder sonstiger Mängel ausschließen will. Dadurch wird auch der unternehmerische Geschäftspartner wegen Verstoßes nach § 307, Abs. 2, Nr. 1 BGB unangemessen benachteiligt, weil aus Kundensicht allein die Schadensersatzhaftung wegen Schlechtleistung die ordnungsgemäße Vertragserfüllung zu sichern imstande ist (BGH ZIP 2002, S. 225; vgl. Kap. 6.3.1.2).

10.10.3   Steuerberatung

Steuerberater sind nach dem *Steuerberatungsgesetz* zur unbeschränkten geschäftsmäßigen *Hilfeleistung in Steuersachen* berechtigt (§ 3 St BerG). Sie müssen, anders als die *Unternehmensberater,* ihre besondere fachliche Qualifikation durch Ableistung einer speziellen Prüfung nachweisen (§§ 35 ff St BerG).

Steuerberatungsgesetz

Suchen Sie einen für Ihr Unternehmen geeigneten und mit den Besonderheiten Ihrer Branche vertrauten Steuerberater, so können Sie im *Internet* recherchieren oder sich bei der für Ihre Region zuständigen *Steuerberaterkammer* erkundigen. Dabei können auch Zeitungen einen kompetenten Steuerberater als Ansprechpartner empfehlen. Wegen der hohen Komplexität der Materie müssen sich auch versierte *Steuerberater spezialisieren,* wenn sie mit der steuerrechtlichen Entwicklung Schritt halten wollen. Vor allem sollten Sie den wirtschaftlichen Background des Geschäfts Ihres Mandanten verstehen. Insofern mag die Geschäftsverbindung mit einer größeren *Steuerberatungsgesellschaft* von Vorteil sein, weil wegen der größeren Anzahl von einzelnen Beratern dort am ehesten mit der Bereitstellung eines auch für Ihre Unternehmenssparte besonders fachkundigen Steuerberaters zu rechnen ist. In *Eilfällen* können Sie zur Lösung einfacherer Probleme auch eine »*Steuer*berater-*Hotline*« kontaktieren. Dann kommt der Beratungsvertrag mit dem den Anruf entgegennehmenden Steuerberater zu Stande (BGH NJW 2005, S. 1269). Die Gebühr wird dann im Minutenpreis berechnet.

Suche nach dem geeigneten Steuerberater

»Steuerberater-Hotline«

10.10.3.1   Steuerberatung und Wirtschaftsprüfung

Ist Ihr Unternehmen eine *prüfungspflichtige Kapitalgesellschaft,* kann der von Ihnen beauftragte Wirtschaftsprüfer zugleich als Ihr Steuerberater tätig werden und umgekehrt. Darin liegt keine unzulässige Mitwirkung an der Aufstellung des Jahresabschlusses gemäß § 319, Abs. 2, Nr. 5 HGB, für den der Unternehmer verantwortlich ist (BGH DB 1997, S. 1394). Der BGH nimmt es damit bewusst hin, dass wegen des engen Zusammenhangs zwischen *Handels- und Steuerbilanzen* eine steuerliche Beratung auch im Vorfeld der Handelsbilanz stattfindet und diese deshalb indirekt beeinflusst. Der *Abschlussprüfer* darf seinem Auftraggeber dabei lediglich Entscheidungsmöglichkeiten darlegen, nicht jedoch anstelle des bilanzierenden Kaufmanns selbst

Wirtschaftsprüfer als Steuerberater

eine unternehmerische Entscheidung in Bezug auf den zu überprüfenden Jahresabschluss treffen.

10.10.3.2   Aufgaben des Steuerberaters

Beratung und Vertretung in Steuerangelegenheiten

Das dem Steuerberater gesetzlich zugewiesene Aufgabenspektrum ist sehr umfassend. Er hat seinen Mandanten in *Steuersachen zu beraten*, zu *vertreten* und ihn neben der Bearbeitung der Steuerangelegenheiten bei der *Erfüllung steuerlicher Pflichten* zu *unterstützen* (§ 33 StBerG). Hierzu gehören auch die Buchführungspflichten. Dabei ist es Zweck der Steuerberatung, die dem Auftraggeber fehlende Sach- und Rechtskunde auf diesem Gebiet zu ersetzen (BGH BB 2007, S. 906).

Steuerberatungsvertrag

Der *Steuerberatungsvertrag* selbst ist rechtlich als *Geschäftsbesorgungsverhältnis* einzuordnen, sodass entsprechende Regeln gelten (§ 675 BGB; vgl. Kap. 10.4). Zumeist besitzt die Steuerberatungstätigkeit Dienstvertragscharakter, doch überwiegt wegen der Erfolgsbezogenheit das werkvertragliche Element, sofern der Steuerberater für seinen Mandanten auch die Abgabe von Steuererklärungen übernimmt (BGH WM 1992, S. 92). Der Inhalt des Steuerberatungsvertrages wird in der Praxis weitgehend durch die »allgemeinen Auftragsbedingungen« für Steuerberater, Steuerbevollmächtigte, Steuerberatungsgesellschaften« vorbestimmt.

Tipp

Lassen Sie sich deshalb vor Erteilung eines Mandats die speziellen AGB für die Steuerberatungsberufe aushändigen.

10.10.3.2.1   Bestimmung des Pflichtenkreises durch das Mandat

Letztendlich bestimmen aber Sie den *Pflichtenkreis* Ihres Steuerberaters durch den erteilten Auftrag. Die Aufgabe eines Steuerberaters richtet sich nach *Inhalt und Umfang* des erteilten *Mandates*.

Dauermandat

Sie können Ihrem Steuerberater ein *Dauermandat* erteilen, innerhalb dessen er Sie *umfassend* über alle *steuerlichen Angelegenheiten* Ihres Unternehmens *beraten* und Ihre *steuerlichen Interessen* gegenüber der Finanzverwaltung *wahrnehmen* soll. Das sollte man erst tun, wenn sich eine Vertrauensbeziehung entwickelt hat. Das ist der Fall, wenn der Steuerberater mehrere beschränkte Einzelaufträge zur vollsten Zufriedenheit während einer längeren *Erprobungszeit* erledigt hat. Wichtig ist, dass vertraglich genau geregelt wird, welche einzelnen Dienstleistungen zum Dauermandat gehören und wie hoch das *Pauschalhonorar* hierfür ist (vgl. Kap. 10.10.3.3). Bei der Preisfindung kann man sich an den Erfahrungswerten der Vorschalt-

Erprobungszeit

phase orientieren. Die Bestimmung der *Vertragsdauer* mit passenden Kündigungsfristen – i.d.R. jährliche Kündigung möglich – ist ein weiterer wichtiger Punkt, weil bei einem Dauermandat das jederzeitige Kündigungsrecht nach § 627 BGB nicht greift (BGH WM 1993, S. 516; vgl auch Kap. 10.10.4.2.2).

Selbstverständlich können Sie aber seinen *Auftrag beschränken.* **Begrenztes Mandat** Stets ist aber der Steuerberater nur verpflichtet, sich mit den steuerlichen Punkten zu befassen, die zur pflichtgemäßen Erledigung des ihm erteilten Auftrages gehören. Nur innerhalb der hierdurch *gezogenen Grenzen* muss er seinem Mandanten ggf. auch *ungefragt* über **Beschränkter** die bei der Bearbeitung auftauchenden steuerrechtlichen Fragen **Pflichtenkreis** *belehren* (BGH WM 2005, S. 1814). Dabei hat sich der Steuerberater darum zu kümmern, dass seinem Mandanten alle ihm steuerlichen Vorteile zukommen und alle ungerechtfertigten steuerlichen Nachteile von ihm abgewendet werden (BGH NJW 1997, S. 519).

Die *Aufklärungspflicht* erstreckt sich mithin *nicht* auf *Vorgänge,* **Aufklärungspflicht** die dem Steuerberater lediglich *bei Gelegenheit* des erteilten Auftra- **des Steuerberaters** ges bekannt geworden sind und in keiner unmittelbaren Beziehung zu der von ihm übernommenen Aufgabe stehen (BGH WM 1995, S. 1501).

> **Beispiel:**
> *Steuerberater S soll im Auftrag des Unternehmers U an der Betriebsteilung seines Unternehmens mitwirken. U will dadurch Gewerbesteuern sparen, sowie Grundstücke aus der Haftung für Verbindlichkeiten der Produktions- und Vertriebsgesellschaft herausnehmen. S weist aber U nicht auf die Möglichkeit hin, durch eine entsprechende vertragliche Gestaltung eine Befreiung von der Grunderwerbssteuer für die Anschaffung eines Betriebsgrundstücks erhalten zu können.*

> **Lösung:**
> *Die anzustellenden steuerlichen Erwägungen für die Durchführung der Betriebsaufspaltung weisen keine direkte Beziehung zu der später aufgetretenen Frage der Befreiung von der Grunderwerbssteuer auf, sodass für diesen beschränkten Auftrag der Steuerberater S keine Pflichtverletzung begeht.*

Jedoch muss der Steuerberater seinen Mandanten auch auf außer- **Hinweis auf** halb seines Auftrags liegende *absehbare Fehlentscheidungen hin-* **absehbare Fehl-** *weisen,* wenn der Mandant die Gefahr nicht erkennt, sie aber einem **entscheidungen** durchschnittlichen Berater auf den ersten Blick ersichtlich sind oder **des Mandanten** er wegen seines persönlichen Fachwissens die Sach- und Rechtslage besonders gut kennt (BGH NJW 1995, S. 958).

Mandatsbezogene Belehrung

Ansonsten ist der Steuerberater aber seinem Mandanten gegenüber in den *Grenzen* des ihm *erteilten Auftrages* verpflichtet, diesen ungefragt über die bei sachgerechter Bearbeitung auftretenden *steuerlichen Fragen zu belehren*, wenn grundsätzlich davon auszugehen ist, dass der Mandant die notwendigen Kenntnisse nicht besitzt.

Steuerliche Betreuung bei Dauermandat

Das gilt insbesondere für ein *umfassendes Dauermandat*, bei dem der Steuerberater als *steuerlicher Betreuer* seines Mandanten fungiert. Hier hat er von sich aus, also ungefragt, über alle steuerlich bedeutsamen Fragen (z. B. die Wahrnehmung steuerlicher Vorteile einschließlich insoweit bestehender zivilrechtlicher Gestaltungsmöglichkeiten) zu beraten und deren Folgen zu erläutern (BGH WM 1998, S. 300). Dann erstreckt sich seine *Beratungspflicht* auch *vorausschauend* auf steuergestaltende Veränderungen betrieblicher Rechts- und Organisationsformen oder Geschäftsabläufe (BGH WM 2005, S. 1814).

> **Beispiel:**
> *Gesellschafter G ist Alleininhaber der Anteile an zwei GmbH & Co KG und einer GmbH. G möchte die steuerliche Belastung aus den hohen Gewinnen seiner Gesellschaften reduzieren. In Gegenwart seines Steuerberaters schließt er mit einem Versicherungsmakler einen Lebensversicherungsvertrag ab, indem er als Versicherungsnehmer und Bezugsberechtigter im Erlebnisfall eingetragen wird, während die Bezugsberechtigung im Todesfall einer GmbH & Co KG zustehen soll. Vereinbart wird eine jährliche Prämie von 132.000 € auf die Dauer von 25 Jahren, die von der GmbH & Co KG zu zahlen ist. Bei der Betriebsprüfung erkennt das Finanzamt die Prämie nicht als Betriebsausgabe an, sondern wertet sie als verdeckte Gewinnausschüttung an den Alleingesellschafter.*
>
> **Lösung:**
> *Der Bundesgerichtshof hält den Schadensersatzanspruch von G gegen S für berechtigt, weil dieser seinen Mandanten nicht darauf hingewiesen hat, dass nach der Rechtsprechung das angestrebte Ziel mit hinreichender Sicherheit nur erreichbar ist, wenn als Versicherungsnehmer und Bezugsberechtigter im Erlebnis- und Todesfall ausschließlich eine Kapitalgesellschaft eingesetzt wird.*

10.10.3.2.2   Kanon der Grundpflichten eines Steuerberaters

Sachgerechte Belehrung über steuerliche Risiken

Demnach hat ein Steuerberater im Rahmen seines Auftrages seinen Mandanten umfassend zu beraten und über alle wichtigen steuerlichen Details und deren Folgen zu informieren und dabei sachgerechte Hinweise über die *Art*, *Größe* und mögliche *Höhe* eines *Steuerrisikos* zu geben, um so seinen Auftraggeber möglichst vor Schaden zu bewahren (BGH DB 2007, S. 906). Deswegen ist ein Steuerberater gehalten, den nach den *Umständen sichersten Weg* zu dem erstrebten steuerlichen Ziel zu *erkunden*, seinem Mandanten aufzuzeigen und sachgerechte *Vorschläge* zu dessen *Verwirklichung* zu präsentieren. Das alles soll den Mandanten befähigen, seine Rechte und Interessen eigenverantwortlich zu wahren und Fehlentscheidungen zu vermeiden (BGH WM 1998, S. 302). Aus diesem von der Rechtsprechung entwickelten Anforderungsprofil, das jedem Steuerberater eine hohe Fachkompetenz abverlangt, lassen sich nun einzelne *vertragliche Grundpflichten* herausstellen:

Prinzip des sichersten Weges

- zunächst die *Klärung* des steuerlich relevanten *Sachverhalts*,
- anschließend die steuerliche *Rechtsprüfung*,
- danach die steuerliche *Rechtsberatung* und *Rechtsgestaltung*,
- die *Umsetzung* des Ziels auf dem *sichersten Wege* zur Schadensverhütung und
- die *Verschwiegenheitpflicht.*

Klärung des steuerlich relevanten Sachverhalts	Steuerliche Rechtsprüfung	Steuerliche Rechtsberatung und Rechtsgestaltung	Schadensverhütung	Verschwiegenheitspflicht
• Lieferung der Fakten durch Mandanten • Bewertung durch Steuerberater • Pflicht zum Rückfragen oder eigenen Nachforschen bei unklarem Sachverhalt	• Grundvoraussetzung: fundierte Kenntnisse im Steuerrecht je nach Umfang des Mandats	• Umfassende Beratung auch über Risiken • Optimale Gestaltung zur Steuerersparnis	• Gebot des sichersten Weges • Ausschöpfung von Steuervorteilen und Vermeidung von Steuernachteilen	• Betriebs- und Geschäftsgeheimnisse des Mandanten • Berufsbezogene Sorgfaltspflicht • Vertragliche Absicherung durch Vertragsstrafe bei Dauermandat

Abb. 10.11: Grundpflichten eines Steuerberaters

Ermittlung des steuerlich relevanten Sachverhalts

Jeder Steuerberater muss zunächst *erkunden*, welche *Ziele* sein *Auftraggeber* verfolgt und welche tatsächlichen Umstände dafür erheblich sind oder sein können (BGH WM 1980, S. 309). Lässt sich der vom Mandanten angestrebte Erfolg nicht erreichen, hat ihn der Steuerberater sofort darauf aufmerksam zu machen (BGH NJW 1988, S. 565). Selbstverständlich haben Sie als *Auftraggeber* Ihren *Steuerberater* dabei *wahrheitsgemäß* und *vollständig* über die maßgebenden tatsächlichen Umstände zu *informieren* und auch die einschlägigen Unterlagen zur Verfügung zu stellen; andernfalls müssten Sie sich im Falle eines Schadens ein erhebliches *Mitverschulden* schadensmindernd anrechnen lassen (BGH WM 1992, S. 66). Die Klärung des steuerlich erheblichen Sachverhalts stellt also ein *Teamwork*

Zielerkundung

Information des Steuerberaters durch Mandanten

zwischen *Steuerberater* und *Mandant* dar, weil der Steuerberater als Fachmann erkennen muss, worauf es ankommt und deshalb die bedeutsamen Fakten auch aktiv durch Rückfragen und Erörterung mit dem Mandanten zu ermitteln hat (BGH WM 1992, S. 62).

Steuerliche Rechtsprüfung

Den ermittelten Sachverhalt hat der Steuerberater auf seine steuerliche Erheblichkeit dahingehend zu überprüfen, ob auf der Basis der festgestellten Fakten das vom Auftraggeber erstrebte Ziel erreicht werden kann oder nicht. Nur so ist der Steuerberater danach in der Lage, seinen Mandanten ordnungsgemäß zu beraten und zu betreuen. Zu diesem Zwecke hat der Steuerberater seine *steuerrechtlichen Kenntnisse* auf dem *aktuellen Stand* zu halten, soweit es zur vertragsgerechten Erledigung des Mandates erforderlich ist. Diese sog. *mandatsbezogene Rechtskenntnis* erfasst die einschlägigen *Steuervorschriften*, aber auch die allgemeine *Verwaltungspraxis* der zuständigen Finanzbehörden (BGH WM 1995, S. 2076). Dazu gehört auch die Kenntnis der *Rechtsprechung des Bundesfinanzhofs* in gleichgelagerten Fällen, weil sie die steuerliche Rechtswirklichkeit prägt. Grundsätzlich hat der Steuerberater seine Tätigkeit an dieser höchstrichterlichen Rechtsprechung auszurichten (BGH DB 1993, S. 1118 und 2374). Dagegen zählen die Tagespresse oder Wochenzeitschriften nicht zur Pflichtlektüre eines Steuerberaters (BGH DB 2007, S. 1401)

Aktuelle mandatsbezogene Rechtskenntnisse sind erforderlich

Steuerliche Rechtsberatung

Auf Zweifel, Bedenken und Risiken hinweisen

Anschließend hat der Steuerberater von sich aus seinen *Mandanten* umfassend über das *Resultat* seiner *Sach- und Rechtsprüfung* im Rahmen seines Auftrages zu *informieren* – und zwar über alle steuerlichen Details und ihre Konsequenzen in jede Richtung. Sollten nach der Sach- und Rechtslage Anlass zu Zweifeln und Bedenken bestehen oder sollten *Risiken* gegeben sein, hat sich die Beratung auch darauf zu erstrecken (BGH WM 1991, S. 815). Stehen *mehrere Lösungen* zur Auswahl, hat der Steuerberater den *sichersten Weg* zu dem erstrebten steuerlichen Ziel aufzuzeigen und seinem Mandanten sachgerechte Vorschläge zu dessen Verwirklichung zu unterbreiten (BGH DB 2003, S. 1899). Erweist sich sein *Mandant* als *beratungsresistent*, braucht er die erfolglose Beratung nicht ständig zu wiederholen (BGH WM 1995, S. 1502).

Empfehlung der sichersten Lösung

Gesichtspunkt der Wirtschaftlichkeit

Im Hinblick auf *außersteuerliche Umstände*, etwa die vorhandene oder fehlende Wirtschaftlichkeit einer Maßnahme, braucht der Steuerberater seinen Klienten nur im Falle eines *besonderen Auftrages* zu beraten oder wenn er von sich aus eine bestimmte Vermögensanlage empfohlen hat. Mangels besonderer Vereinbarung besteht also – im

Unterschied zur umfassenderen Wirtschaftsberatung – keine Verpflichtung, wirtschaftliche Analysen und Prognosen zu erstellen oder den Mandanten auf allgemeinem unternehmerischen Gebiet zu beraten (OLG Stuttgart DStR 1998, S. 523). Ihr Steuerberater kann aber im Rahmen seiner allgemeinen vertraglichen *Schadensverhütungspflicht* gehalten sein, Sie auf nicht erkannte wirtschaftliche Fehlentscheidungen hinzuweisen, wenn diese für ihn als Fachmann klar erkennbar sind (BGH WM 1991, S. 1304).

Sollten Sie für ein bestimmtes Vorhaben einen Spezialisten mit der Erarbeitung eines steuerlichen Konzeptes beauftragt haben, wäre Ihr Steuerberater auch im Falle eines dauerhaften Beratungsmandates nicht verpflichtet, das *Konzept des Spezialisten* von sich aus eigenverantwortlich zu *prüfen* und Sie als Mandant über die Vorzüge und Nachteile zu beraten oder dessen Ausführung zu überwachen. Erkennt er aber, dass dieses an einem Mangel leidet und für den Mandanten eine von ihm nicht gesehene Gefahrenlage begründet, hat er diesen vor der Verwirklichung des Konzeptes zu warnen (BGH BB 2000, S. 2267; WM 2005, S. 1905).

(Randnotiz: Doppelmandat)

(Randnotiz: Überprüfung des Spezialisten)

Steuerliche Rechtsgestaltung

Zur Rechtsberatung gehört auch die optimale *Nutzung zivilrechtlicher Gestaltungsmöglichkeiten* zum Zwecke der *Steuerersparnis*. Dabei hat der Steuerberater unter Sondierung der Rechtslage die in Betracht kommenden verschiedenen Lösungsmöglichkeiten und deren Folgen zu prüfen, sie dem Mandanten anschließend zu erläutern und den besten für die Zwecke des Mandanten geeigneten Gestaltungsvorschlag zu präsentieren (BGH WM 1999, S. 645).

(Randnotiz: Optimale Gestaltungsmöglichkeiten)

Schadensverhütung

Die *allgemeine Vertragspflicht* des Steuerberaters, seinen Mandanten vor voraussehbaren und vermeidbaren Vermögensnachteilen zu bewahren, überwölbt die soeben genannten anderen vertraglichen Grundpflichten. Sie mündet letztendlich in dem *Gebot des sichersten Weges* (BGH ZIP 2004, S. 2059; BB 2007, S. 905). Zu dieser selbstverständlichen Pflicht des Steuerberaters gehört es, dass die von ihm erteilte *Auskunft* oder der gegebene *Rat richtig* sein muss. Dazu hat er die ihm zur Verfügung stehende *Erkenntnisquellen* zu nutzen. Sollten diese *keinen* hinlänglich *sicheren Schluss* zulassen, muss der steuerliche Berater bei seiner Auskunft oder Empfehlung deutlich machen, dass es sich lediglich um eine persönliche unbestätigte Meinung handelt. Bei der Antwort auf die ihm gestellte Frage hat er auf die offene Rechtsprechung und auch auf die von seiner Ansicht abweichende Praxis der Finanzverwaltung hinzuweisen (OLG Köln BB 2003, S. 708). Zu seiner Aufgabe gehört nicht nur, die

(Randnotiz: Gebot des sichersten Weges)

(Randnotiz: Hinweis auf unsichere Erkenntnisquellen)

Steuervorteile ausschöpfen

dem Mandanten zustehenden *Steuervorteile* – auch unter rechtzeitiger Ergreifung von Rechtsbehelfen – vollständig auszuschöpfen, sondern ihn auch vor *Vermögensnachteilen* zu schützen, die durch das Überschreiten von Steuergesetzen (einschließlich strafrechtlicher Verfolgung) eintreten könnten (BGH WM 1997, S. 330). So ist der Steuerberater zwar grundsätzlich gehalten, den *Weisungen seines Auftraggebers* nach §§ 665, 675 BGB zu folgen, allerdings nicht blindlings. Sollten dem Mandanten bei Ausführung der Weisungen erhebliche Nachteile drohen, muss der steuerliche Berater seinen Auftraggeber vor der Ausführung darauf hinweisen und dessen Entscheidung abwarten (BGH WM 1998, S. 303). Bei *ungewisser Rechtslage*, vor allem wenn wegen einer Gesetzesänderung noch keine gefestigte Rechtsprechung vorliegt oder ganz allgemein, sofern die Angelegenheit von schwerwiegender Bedeutung für die Entscheidung des Mandanten ist, kann der Steuerberater verpflichtet sein, seinen Mandanten auf die Möglichkeit einer verbindlichen aber nach § 89 Abs. 3 bis 5 AO kostenpflichtigen *Auskunft* des *Finanzamtes* hinzuweisen und diese, falls erforderlich, auch zu beantragen (BGH BB 2007, S. 906).

Weisungen des Mandanten

Auskunft des Finanzamtes

Verschwiegenheitpflicht

Betriebs- und Geschäftsgeheimnisse des Mandanten

Selbstverständlich ist der Steuerberater Dritten gegenüber im Hinblick der ihm von seinen Mandanten anvertrauten *Betriebs- oder Geschäftsgeheimnisse* zur absoluten Verschwiegenheit verpflichtet. Im Falle einer schuldhaften Verletzung kann er nach § 203, Abs. 1, Nr. 3 StGB mit *Freiheitsstrafe* bis zu einem Jahr oder mit Geldstrafe belegt werden. Erleidet sein Mandant dadurch einen *Schaden*, muss er diesen wegen schuldhafter Pflichtverletzung des Steuerberatungsvertrages nach § 280, Abs. 1 BGB ersetzen (vgl. Kap. 5.5).

Tipp

Da die Höhe eines Vermögensschadens schwer beweisbar ist, sollten Sie auf die Aufnahme einer Vertragsstrafeklausel in den Steuerberatungsvertrag drängen (Vorschlag s. Kap. 10.7.2.8). Die Höhe der Vertragsstrafe kann sich in der Größenordnung eines jährlichen Pauschalhonorars bewegen.

10.10.3.2.3 Vertretung gegenüber den Finanzbehörden

Steuererklärung und Steuerbilanz

Zu den Routinearbeiten eines Steuerberaters gehört die Abfassung der *Steuererklärung* und die Aufstellung der *Steuerbilanz* für den Mandanten. Hierzu hat der Berater aus einem vorliegenden Sachverhalt, den er ggf. zuvor durch Rückfragen, soweit steuerlich relevant, vollständig aufklären muss, für den Klienten mögliche günstige rechtliche Folgerungen zu ziehen und diese in der Erklärung zu verwerten (KG DtStR 1987, S. 701).

So hat er wie ein Rechtsanwalt darauf zu achten, dass im Einzelfall zu wahrende *Fristen eingehalten* werden. Das betrifft die rechtzeitige *Einreichung von Steuererklärungen* (BGH WM 1991, S. 816) oder auch die fristgerechte Erhebung eines *Einspruchs* gegen den *Steuerbescheid* (BGH WM 1992, S. 701). Pflichtwidrig handelt aber der Steuerberater, der den von § 122, Abs. 2 der Abgabenordnung abweichenden Zugang eines Steuerbescheids nicht in seinen Handakten vermerkt, obwohl das zutreffende Datum des Zugangs für einen späteren rechtzeitigen Einspruch maßgeblich wird (BGH WM 1992, S. 701).

Fristen beachten

Bei der *Umsatzsteuervoranmeldung* trägt der Steuerberater auch die Verantwortung dafür, dass zutreffende Angaben über die im Abzugsverfahren anzumeldende und abzuführende Mehrwertsteuer gemacht werden (BGH BB 1999, S. 1291).

Umsatzsteuervoranmeldung

Wird gegen den Mandanten wegen leichtfertiger *Steuerverkürzung* ein *Bußgeld* verhängt, ist hierfür gleichfalls der *Steuerberater verantwortlich*, wenn der Tatbestand der leichtfertigen Steuerverkürzung auf einem von ihm erteilten Rat oder auf einer von ihm veranlassten unzutreffenden Darstellung steuerlich bedeutsamer Vorgänge beruht (BGH DB 1997, S. 472).

Bußgeld

10.10.3.3   Honorarvereinbarung

Haben Sie Ihrem Steuerberater ein *Dauermandat* mit der Pflicht zur fortlaufenden Beratung erteilt, dürfte ein jährliches *Pauschalhonorar* am zweckdienlichsten sein (vgl. Kap. 10.10.3.2.1). Mit diesem sind alle im Jahr typischerweise anfallenden steuerberatenden Leistungen abgegolten. Eine derartige Pauschalvereinbarung bedarf nach § 14 der *Steuerberatergebührenverordnung* regelmäßig der *Schriftform*. Dabei sind die mit der Pauschale abgegoltenen *einzelnen Tätigkeiten* nach der zwingenden Regelung des Absatz 1, Satz 3 der eben genannten Bestimmung genau *aufzulisten*. Geschieht das nicht, ist die Pauschalvereinbarung wegen Verstoßes gegen ein gesetzliches Verbot im Sinne von § 134 BGB nichtig (BGH BB 2001, S. 2289).

Dauermandat: Pauschalhonorar

Genaue Feststellung der umfassten Tätigkeiten

Beispiel:
Nicht ausreichend wäre die zu allgemeine Tätigkeitsbeschreibung des Auftrags mit »Bearbeitung steuerlicher Fragen, soweit der Tatbestand an den Steuerberater herangetragen wird.«

Tipp

> Achten Sie deshalb als Auftraggeber bei der Formulierung des Beratungsvertrages im Falle der Vereinbarung eines Pauschalhonorars darauf, dass die von dem Honorar abgedeckten Tätigkeiten im Einzelnen aufgezählt werden.

Besprechungs-gebühr

Jedoch sind *nicht alle Dienstleistungen pauschalierungsfähig.* Zu ihnen gehören etwa die Prüfung der von der Finanzbehörde ergangenen Steuerbescheide nach §§ 14, Abs. 2, Nr. 3, 23 StBGebVO). Eine *Besprechungsgebühr* ist nur dann nach § 31 StBGebVO für die Durchführung von Besprechungen mit den zuständigen Finanzbehörden pauschalierungsfähig, wenn die Besprechungen im Einzelfall sowohl vom Zweck als auch von der Terminierung her als laufend auszuführende Tätigkeiten anzusehen sind (BGH DB 2001, S. 2289). Diese strengen Bestimmungen dienen auch dem Schutz des Mandanten. Zum Schutze vor überzogenen Pauschalvergütungen muss sich der Gebührenanteil der Pauschalvergütung daraufhin überprüfen lassen, ob er im angemessenen Verhältnis zur Leistung des Steuerberaters steht (§ 14, Abs. 3 StBGebVO).

Bei nichtigem Pauschalhonorar erfolgt Einzelvergütung

Verstöße gegen die zwingenden Vergütungsbestimmungen der Steuerberatergebührenverordnung führen zwar zur Gesamtnichtigkeit der *Verpreisungspauschale,* lassen aber die *Wirksamkeit* des *Beratungsvertrages* selbst unberührt, wenn anstelle der nichtigen Preisvereinbarung eine normative, aus den einschlägigen gesetzlichen Bestimmungen beruhende Verpreisung der Leistung möglich ist (OLG Brandenburg WM 2001, S. 2289). Insofern hat dann eine *Einzelvergütung* der tatsächlich erbrachten Einzelleistungen nach der Steuerberatergebührenverordnung stattzufinden.

Übliche Gebühr

Fehlt es an einer ausdrücklichen *Vergütungsvereinbarung,* so kann ein Steuerberater, genau wie ein Rechtsanwalt, die übliche Gebühr nach der Steuerberatergebührenverordnung einfordern, ohne dass es eines ausdrücklichen Hinweises bedarf (vgl. BGH WM 1998, S. 2295).

Abweichende Honorarabsprachen

Eine *höhere Gebühr,* als dort vorgesehen, kann er nur bei ausdrücklicher Vereinbarung verlangen. Handelt es sich dabei um eine von ihm angefertigte vorgedruckte *Honorarabrede* im Sinne von § 4 StBGebVO, darf der Vordruck aber keine anderen Erklärungen umfassen (BGH WM 1996, S. 77). Dabei darf die vereinbarte Vergütung *nicht* in einem *auffälligen Missverhältnis* zu der *erbrachten Leistung* stehen, wobei ein Steuerberater die Rechtsunkenntnis seines Mandanten bewusst zu seinem eigenen Vorteil ausnutzen kann. In diesem Fall kann die Vereinbarung des zu hohen Pauschalhonorars sittenwidrig und damit nichtig gemäß § 138, Abs. 1 BGB sein (BGH WM

2000, S. 1596). Selbstverständlich ist auch in der anderen Richtung die Vereinbarung einer *niedrigeren Vergütung* statthaft, weil das Steuerberatungsgesetz ein solches Verbot nicht enthält (BGH WM 1996, S. 1839). Für das Vorliegen einer derartigen Gebührenunterschreitung ist aber der dadurch begünstigte Mandant beweispflichtig.

> Vor Erteilung eines Mandats sollten Sie sich auch nach der Höhe der Gebühren erkundigen. Versuchen Sie bei Aufnahme der Geschäftsverbindung ein niedrigeres Honorar auszuhandeln. Dazu wird der Steuerberater am ehesten bereit sein, wenn Sie ihm ein Dauermandat bei guter Betreuung in Aussicht stellen.

Tipp

Wird die *Buchführung* dem Steuerberater vollständig oder teilweise übertragen, so steht ihm neben der *Grundgebühr* nach § 33, Abs. 3 StBGebVO *nicht* zusätzlich eine *Überwachungsgebühr* nach § 33, Abs. 5 StBGebVO oder eine *Zeitgebühr* nach § 33, Abs. 7 StBGebVO zu, denn mit der Grundgebühr werden grundsätzlich auch alle Vor-, Neben- oder Nacharbeiten abgegolten, die mit der vertragsgemäßen Erledigung der beauftragten Buchführungsarbeiten zusammenhängen (§ 12, Abs. 1 und 2 StBGebVO). Eine nicht vereinbarte *Zusatzgebühr* ist nur dann gerechtfertigt, wenn die von dem Mandant zu leistenden Vorarbeiten mangelhaft oder unvollständig und deshalb für einen Steuerberater unbrauchbar sind. Zuvor hat der Steuerberater aber den Auftraggeber darauf hinzuweisen, dass er die Buchführung nur dann erneuert (was eigentlich Sache des Mandanten ist), wenn er eine zusätzliche Vergütung erhält.

Buchführung, Grundgebühr

Zusatzgebühr

Allgemein gilt die Regel, dass der Steuerberater den vereinbarten Inhalt und Umfang des Mandats nicht ohne Zustimmung des Auftraggebers einseitig ausdehnen und für eine *unvereinbarte Sonderleistung* ohne Rücksprache mit dem Mandanten eine Zusatzgebühr fordern kann.

Fällig wird die Honorarforderung des Steuerberaters mit der *Erledigung* des *Auftrags* oder der *Beendigung* der *Angelegenheit* (§ 7 StBGebVO). Die Erteilung einer *Rechnung* ist dazu nicht unbedingt erforderlich (BGH WM 1997, S. 331). In *Zahlungsverzug* können Sie als Mandant allerdings erst nach Zugang der Rechnung geraten (§ 288, Abs. 3 BGB; vgl. Kap. 5.2.5.1).

Fälligkeit des Honorars

Der *Vergütungsanspruch* für Steuerberater *verjährt* mit der allgemeinen dreijährigen Verjährungsfrist zum Schluss des Kalenderjahres (§§ 195, 199, Abs. 1 BGB). Die Verjährung beginnt aber von neuem, wenn Sie den Honoraranspruch Ihres Steuerberaters

Allgemeine Verjährungsfrist

Neubeginn

durch eine *Abschlagszahlung* vor Eintritt der Verjährung anerkennen (§ 212, Abs. 1, Nr. 1 BGB). *Zahlungen*, die erst *nach* eingetretener *Verjährung* in deren Unkenntnis erfolgen, vermögen den Neubeginn der Verjährung nicht auszulösen (BGH WM 1997, S. 332). Den trotz Verjährung geleisteten Betrag können Sie dann zwar nicht mehr zurückfordern (§ 214, Abs. 2 BGB), Ihr Steuerberater aber die noch offen stehenden Honorarforderungen seinerseits auch nicht mehr durchsetzen, wenn Sie sich nun auf die Verjährung berufen (§ 214, Abs. 1 BGB; vgl. Kap. 4.8.8).

10.10.3.4 Haftung bei Pflichtverletzungen

Schadensursachen

Erfüllt der Steuerberater seine Pflichten in schuldhafter Weise nicht korrekt, so hat er den daraus dem Mandanten entstandenen Vermögensschaden nach § 280, Abs. 1 BGB zu ersetzen (vgl. Kap. 5.5.2). Die typischen *Ursachen* für solche *Schadensfälle* sind

- eine *ungenügende Aufklärung* des steuerlich erheblichen Sachverhalts und das Unterlassen wichtiger Hinweise an den Mandanten,
- *Beratungsfehler* bei der Rechtsgestaltung und
- die *Versäumung* wichtiger *Fristen*.

10.10.3.4.1 Pflichtwidriges Verhalten des Steuerberaters

Pflichtwidrigkeit

Das Verhalten des Steuerberaters ist als *pflichtwidrig* anzusehen, wenn es von den anerkannten Leistungsmaßstäben gewissenhafter Angehöriger seiner Berufsgruppe negativ abweicht. Die Pflichtwidrigkeit seines Verhaltens zieht grundsätzlich auch dessen Rechtswidrigkeit nach sich, soweit sich nicht der Berater auf einen Rechtfertigungsgrund, wie vor allem die Einwilligung des Mandanten, stützen kann (BGH WM 1996, S. 37).

Beweispflicht des Mandanten auf plausible Tatsachen beschränkt

Für das Vorliegen einer Pflichtverletzung Ihres Beraters sind Sie als *Auftraggeber* voll *beweispflichtig*, wobei aber die Anforderungen an die tatsächliche Darstellung eines Fehlers des Beraters nicht überspannt werden dürfen, wenn man berücksichtigt, dass der Mandant i.d.R. sachunkundig ist. Sie brauchen deshalb nur *Tatsachen beizubringen*, aus denen sich die *Plausibilität* Ihres *Vorwurfs* ergibt (BGH WM 1996, S. 261). Besteht der Vorwurf in der Behauptung, das nach Sachlage gebotene Beratungsgespräch habe überhaupt nicht stattgefunden, ist die Gegenbehauptung des Beraters in einem solchen Fall nur erheblich, wenn er seinerseits die wesentlichen Punkte des Beratungsgesprächs in einer plausiblen Weise präsentieren kann.

Schadensabwendungspflicht

Hat der Steuerberater eine *falsche* und *unvollständige Auskunft* erteilt, so ist er verpflichtet, einen hierdurch dem Mandanten drohenden Schaden nach Möglichkeit abzuwenden oder in seinem Ausmaß zu mildern (BGH WM 2000, S. 2439). Erkennt der Steuerberater ein Schadensrisiko, kann er seiner Pflicht zur Schadensverhinderung oder Schadensverringerung durch einen *allgemeinen Prüfungsvorbehalt* dahingehend nur dann genügen, dass noch intensivst überprüft werden müsse, welche steuerlichen Auswirkungen die beabsichtigte Maßnahme habe, wenn er ausdrücklich die *Auskunft* als *nicht verlässlich bezeichnet.* Der Mandant darf also die Auskunft vernünftigerweise nur so verstehen, dass sie gerade auch in den Punkten, in denen sie unrichtig ist, nur vorläufigen Charakter besitzt. Erklärungen des steuerlichen Beraters müssen dem Auftraggeber, der eine verlässliche Information für sich darauf stützende geschäftliche Maßnahmen benötigt, eine annähernde zutreffende Vorstellung von dem Wagnis vermitteln, über das er aufgeklärt werden wollte (BGH WM 2003, S. 1140).

Allgemeiner Prüfungsvorbehalt reicht nicht

Ein Steuerberater ist auch verpflichtet, seinen Mandanten über die nach den Steuergesetzen an *Barquittungen* zu stellenden *Anforderungen zu belehren.* Insbesondere sind die Vorgaben des § 160 AO einzuhalten. Danach hat die Quittung den Empfänger so genau zu benennen, dass dessen Person ohne besondere Schwierigkeiten bestimmt und ermittelt werden kann (BGH DB 2003, S. 1899). Sie als *Mandant* müssen dabei aber auch mitwirken und die *fehlenden Angaben* – insbesondere Name und Anschrift des Quittierenden nach einer Beanstandung durch den Betriebsprüfer – vor Erlass des nachteiligen Änderungsbescheides *nachholen*, weil sich dadurch ohne weiteres der drohende Schadenseintritt verhindern lässt. Tun Sie das nicht, entfällt i.d.R. wegen Ihres überwiegenden Mitverschuldens die Haftung des Steuerberaters (BGH DB 2003, S. 1900).

Steuerliche Anerkennung von Barquittungen

10.10.3.4.2 Ursächlichkeit des Fehlers für den eingetretenen Schaden

Als Mandant können Sie von Ihrem pflichtwidrig handelnden Steuerberater *nur Schadensersatz* verlangen, wenn diese *Pflichtwidrigkeit ursächlich* für den eingetretenen *Schaden* gewesen ist. Ein Berater hat für solche Nachteile einzustehen, zu deren Abwendung er die aus dem Mandat folgenden Pflichten übernommen hat (BGH BB 2007, S. 512; 569). Bei einem *Beratungsfehler* ist deshalb darzulegen, dass der *Schaden* bei *pflichtgemäßer Beratung nicht entstanden* wäre. Dazu muss geprüft werden, welchen Verlauf die Dinge bei pflichtgemäßem Verhalten genommen hätte, insbesondere wie der Mandant auf eine zutreffnede Belehrung reagiert hätte und wie seine Vermögenslage dann wäre (BGH WM 2007, S. 566) Dem geschädigten Mandanten helfen die Regeln des *Anscheinsbeweises* mit der Folge einer *Kausalitätsvermutung* bei einer Beratung *nur in eindeutigen Fällen*, jedoch nicht, sofern bei pflichtgemäßem Verhalten des Beraters verschiedene vernünftige Handlungsweisen des Mandanten in Betracht gekommen wären (BGH WM 1994, S. 78). Somit kann von einer Kau-

Beratungsfehler

Kausalitätsvermutung nur in eindeutigen Fällen

salität des Beratungsfehlers ohne weiteres nur ausgegangen werden, wenn ein *bestimmter Rat geschuldet* war und es in der gegebenen Situation unvernünftig gewesen wäre, diesen Rat nicht zu befolgen (BGH DB 1999, S. 425). Das Gleiche gilt, sofern der Berater – seinem Auftrag entsprechend – umfassend über die Rechtslage aufzuklären hatte und bei vernünftiger Sicht der Dinge allein eine *bestimmte Entscheidung* des Auftraggebers *nahegelegen* hätte (BGH WM 2000, S. 1352). Der Mandant darf selbstverständlich auf die Richtigkeit der Auskunft des Steuerberaters als Expertenmeinung vertrauen. Der Vorwurf eines anspruchskürzenden Mitverschuldens nach § 254 BGB trifft ihn aber, wenn er einen richtigen *steuerlichen Rat missachtet* (BGH DB 2007, S. 512; vgl. Kap. 6.3.3).

Missachtung des steuerlichen Rates

Tipp

Die Kausalitätsproblematik des den eingetretenen Schaden verursachenden Fehlers birgt viele schwierige Fragen in sich. Diese können Sie nur mit Hilfe eines im Steuerrecht versierten Fachanwaltes lösen.

10.10.3.4.3   Berufshaftpflichtversicherung und Haftungsbeschränkungen

Haftungshöchst-beträge

Als Mandant sind Sie bei Vermögensschäden, die Ihr Steuerberater verursacht, besonders dadurch geschützt, dass jeder Steuerberater eine *Berufshaftpflichtversicherung* nach § 67 StBerG abschließen muss. Wie Rechtsanwälte können aber auch Steuerberater ihre Haftung für *Fahrlässigkeit* auf *Haftungshöchstbeträge* nach § 67a StBerG beschränken und zwar

- durch *Einzelvereinbarung* mit einem Mandanten auf 250.000 € (Abs. 1, Nr. 1),
- durch *Allgemeine Mandatsbedingungen* auf 1 Mio. €, bei Sozietäten und Steuerberatungsgesellschaften für jeden Berufsangehörigen (Abs. 1, Nr. 2)
- und bei *Sozietäten* – genau wie bei eingetragenen Partnerschaften – persönlich auf denjenigen Berater, der vertragsgemäß die Bearbeitung des Mandats übernommen hat (Abs. 2).

Freizeichnungs-klauseln

Zu klären ist von der Rechtsprechung die Frage, ob *Haftungsbeschränkungen in Allgemeinen Mandatsbedingungen* (wie sonst in AGB üblich) nur für leichte Fahrlässigkeit zulässig sind (§ 309, Nr. 8 BGB; vgl. Kap. 6.3.2.1) oder auch, was der Gesetzeswortlaut »Fahrlässigkeit« zulässt, die grobe Fahrlässigkeit einschließen. Im letzteren Fall wäre der § 67a StBerG als Spezialregelung zu den Vorschriften des AGB-Rechts anzusehen.

10.10.3.4.4   Vertragliche Haftung gegenüber Nichtmandanten

Die Verträge mit Steuerberatern können nach den Regeln des *Vertrages* mit *Schutzwirkung zugunsten Dritter* im Falle einer fehlerhaften Auskunft auch eine Haftung gegenüber Nichtmandanten auslösen. Das ist z.B. der Fall, wenn der Steuerberater als Fachmann seinem Auftraggeber aufgrund seiner Sachkunde eine *Auskunft* zu erteilen, ein *Gutachten* oder eine sonstige *Expertise* zu erstellen hat, die – für ihn *erkennbar* – der *Vermögensentscheidung* von *Geschäftspartnern* des *Auftraggebers*, wie insbesondere Kreditgebern oder Käufern, *zugrunde gelegt* werden soll (BGH WM 2004, S. 1887). Das betrifft auch die Vorlage von Zwischen- oder Jahresabschlüssen, die der Steuerberater als Prüfer erstellt hat, und zwar dann, wenn er in einem unzutreffenden Bilanzvermerk, dem sog. Testat, die Ordnungsgemäßheit der Buchführung seines Mandanten bescheinigt (BGH WM 2006, S. 1054).

Drittschutzwirkung des Steuerberatungsvertrages

Beispiel:
Üblich ist folgender Bescheinigungsvermerk:»*Ein vollständiger Jahresabschluss wurde von mir aufgrund der Buchführung der Fa. ... unter Beachtung der handelsrechtlichen steuerlichen Vorschriften erstellt. Ich habe mich von der Ordnungsgemäßheit der zugrunde gelegenen Buchführung überzeugt.*«

In einem solchen Falle können die Kreditgeber oder Lieferanten, die den Kunden/*Mandanten fälschlicherweise* im Vertrauen auf die Richtigkeit der fehlerhaften Auskunft oder des Prüfungsvermerks des Steuerberaters noch für *kreditwürdig* gehalten haben und mit ihren Forderungen in dessen späterer Insolvenz ausfallen, von dem pflichtwidrig handelnden Steuerberater Schadensersatz nach §§ 280, Abs. 1, 311, Abs. 3, Satz 1, 675 BGB verlangen (vgl. Kap. 6.4.2).

10.10.3.5   Checkliste für den Mandanten

Der *Steuerberatungsvertrag* ist ein *Sonderfall* des *dienst- oder werkvertraglichen Geschäftsbesorgungsverhältnisses*, sodass Sie ergänzend die Checklisten zum Geschäftsbesorgungs- und Dienst- bzw. Werkvertrag heranziehen sollten. Und zwar die des Dienstvertrages bei reinen Beraterleistungen und die des Werkvertrages im Hinblick auf erfolgsbezogene Tätigkeiten, wie die Erledigung der Buchführung, das Aufstellen einer Steuererklärung oder das Abfassen eines Gutachtens.

Haben Sie einen *kompetenten* und *zuverlässigen* Steuerberater gefunden, so sollten Sie ein *Dauermandat* anstreben, wenn er eine einjährige»Probezeit« erfolgreich bestanden hat, indem er einzelne abgegrenzte Aufträge zu Ihrer Zufriedenheit abwickelte und Sie dabei auch fachkundig beraten hat.

Checkliste

1. Bei der Erteilung eines *begrenzten Mandats* ist besonders auf dessen sorgfältige Formulierung zu achten, weil dadurch auch die Prüfungs- und Beratungspflichten des Steuerberaters festgelegt werden.

2. Im Hinblick auf das *Dauermandat* sind vor allem folgende Punkte wichtig:

   ✔ Eine äußerst genaue *Auflistung* der *einzelnen Tätigkeiten*, die in den Rahmen dieses generellen Mandats fallen sollen,

   ✔ die Festlegung eines *Pauschalhonorars*, das die Dienstleistung des Steuerberaters angemessen vergütet, wobei man sich auf die Erfahrungswerte der vorgeschalteten Probezeit beziehen kann; grundsätzlich sollte das Pauschalhonorar etwas niedriger ausfallen, weil der Steuerberater dadurch eine feste Einnahmequelle erhält; hierbei sind auch die zwingenden *Vorgaben* der *Steuerberatergebührenverordnung* zu beachten, wonach nicht alle Tätigkeiten pauschalierungsfähig sind,

   ✔ eine besondere Regelung zur *Verschwiegenheitspflicht*, die dem Steuerberater ohnehin auferlegt ist, erübrigt sich; jedoch sollte eine eventuelle Verletzung mit der Auferlegung einer angemessenen *Vertragsstrafe* sanktioniert werden, weil dem Mandanten bekanntlich der Nachweis eines dadurch hervorgerufenen Vermögensschadens schwer fällt,

   ✔ schließlich darf eine Regelung zur *Vertragsdauer* nicht fehlen, wobei sich eine Grundlaufzeit von einem Jahr mit angemessener Kündigungsfrist anbietet. Die Laufzeit verlängert sich um die gleiche Dauer, wenn keine der Seiten von der Möglichkeit der Kündigung Gebrauch macht.

10.10.4   Die Rechtsberatung

KMU bedürfen der ständigen Beratung durch Fachjuristen

Vor allem *kleinere* und *mittlere Unternehmen*, für die sich der Aufbau und die Unterhaltung einer eigenen Rechtsabteilung nicht lohnt, bedürfen für die sichere Abwicklung ihres Geschäftsverkehrs der *ständigen Beratung* durch erfahrene *Fachjuristen*, insbesondere auf den folgenden vier verschiedenen Feldern:

- der unterstützenden Mitwirkung bei dem Abschluss wichtiger, im Einzelnen auszuhandelnder *Verträge* (s. Kap. 2),
- der Überprüfung der eigenen *AGB* für die standardisierten üblichen Geschäfte (s. Kap. 3.5),
- der Lösung *schwieriger Rechtsfragen* im Einzelfall, wenn Störungen beim Geschäftsabschluss, insbesondere der Vertragserfüllung, auftreten
- und schließlich der Beratung und Unterstützung bei der Bewältigung *rechtlicher Konflikte* zwischen den Geschäftspartnern.

Hochwertige Beratungsleistungen, auf die Unternehmen angewiesen sind, können aber nur wirklich gute Wirtschaftsjuristen bieten.

10.10.4.1   Auswahl des richtigen Rechtsanwaltes

Den *richtigen Anwalt* innerhalb der Region zu *finden*, in der das Unternehmen seine Niederlassung hat, ist von zentraler Bedeutung, hängt doch der rechtliche und damit auch wirtschaftliche Erfolg des Geschäfts von seiner fachlichen Kompetenz und Zuverlässigkeit ab. Verlässliche Maßstäbe für die Bewertung von juristischen Beraterdiensten gibt es leider nicht.

Die *Spezialisierung* setzt sich aber auch im Anwaltsberuf durch die Ausbildung zum sog. *Fachanwalt* durch. Zurzeit gibt es 18 verschiedene Fachanwälte. Den entsprechenden Titel darf ein Anwalt nach der *Fachanwaltsordnung* nur führen, wenn er sein besonderes berufsspezifisches Know-how in einer theoretischen Abschlussprüfung und berufspraktisch durch eine ausreichende Anzahl von mindestens 50, teilweise sogar noch mehr Mandaten nachgewiesen hat und er sein Wissen zudem durch berufsspezifische Fortbildungen von mindestens 10 Stunden jährlich auf dem aktuellen Stand hält. Für die in diesem Buch behandelten *Rechtsgebiete* gibt es derzeit nur den Fachanwalt für gewerblichen Rechtsschutz, Handels- und Gesellschaftsrecht, Informationstechnologierecht, Insolvenzrecht, Miet- und Wohnungseigentumsrecht, Speditions- und Transportrecht, Steuerrecht sowie Urheber- und Medienrecht. In *wirtschaftsrechtlicher* Hinsicht von Belang ist auch der Fachanwalt für Arbeitsrecht, Bau- und Architektenrecht sowie Versicherungsrecht. Eine tiefer reichende Spezialisierung, wie etwa im Ärzteberuf (z. B. für Vertrags- und AGB-Recht, Miet- und Leasingrecht, Wettbewerbsrecht usw.) gibt es noch nicht, sieht man von dem Sonderfall der Patentanwälte ab, die auch technisches Fachwissen besitzen müssen und dazu vielfach ein Ingenieurstudium abgeschlossen haben.

Der *allgemeine Rechtsanwalt* kann sich aber durch ausgewiesene *Tätigkeits- und Interessenschwerpunkte spezialisieren*. Dabei sind die von ihm ausgewählten *Tätigkeitsschwerpunkte* wesentlich aussagekräftiger. Mit diesen Angaben darf ein Rechtsanwalt nach der neuen Berufsordnung für Rechtsanwälte nur *werben*, wenn er mindestens zwei Jahre auf dem genannten Gebiet nachhaltig tätig gewesen ist, und er darf dabei höchstens drei Tätigkeitsschwerpunkte aufführen (§ 7). *Interessenschwerpunkte*, mit denen ein Anwalt ebenfalls werben kann, setzen dagegen nicht eine intensive berufspraktische Erfahrung voraus, sodass das juristische Know-how dort nicht so vertieft sein muss.

Klärungsbedürftig sind die konkreten Anforderungen, wann sich ein Rechtsanwalt - in Abgrenzung zum Fachanwalt - als *Spezialist*

Marginalien:

Fachanwalt

Qualifikationsnachweis

Rechtsgebiete

Tätigkeitsschwerpunkte

»Spezialist für ...«

für ein engeres Rechtsgebiet bezeichnen darf (vgl. BVerfG NJW 2004, S. 2636). Jedenfalls muss die Werbung mit dieser Bezeichnung sachlich stimmen und darf nicht irreführend sein, sodass der Mandant eine *langjährige Berufserfahrung* in diesem Rechtsgebiet erwarten darf. Dieser knüpft berechtigterweise an die Bezeichnung »Spezialist für ...«, noch höhere Erwartungen als die des Fachanwalts (BGH NJW 2007, S. 1985).

Elektronisches Anwaltsverzeichnis

Auskunft über niedergelassene Rechtsanwälte mit Spezialwissen erteilt in begrenztem Umfang bislang die jeweilige *Rechtsanwaltskammer* in Ihrem Bezirk oder man erhält sie im bundesweiten *Anwalts-Suchservice* (50968 Köln, Unter den Ulmen 96–98; Internet: www.anwaltssuche.de). Demnächst wird auch bei der *Bundesrechtsanwaltskammer* ein elektronisch geführtes *Gesamtverzeichnis* aller in Deutschland zugelassenen Rechtsanwälten, auch mit Fachanwaltsbezeichnungen sowie etwaige Berufs- oder Vertretungsverbote eingerichtet, in das jedermann unentgeltlich Einsicht nehmen kann (§ 31 BRAO). Das eröffnet einem Rechtsuchenden, der in Erfahrung bringen will, ob eine ihm gegenüber als Rechtsanwalt auftretende Person tatsächlich zur Rechtsanwaltschaft zugelassen ist, die Möglichkeit, dies leicht überprüfen zu können.

Anwalts-Hotline

In Einzelfällen können Sie zur Lösung *einfacherer Rechtsprobleme* auch eine *»Anwalts-Hotline«* kontaktieren. Dann kommt der Anwaltsvertrag mit dem Rechtsanwalt zu Stande, der den Anruf entgegennimmt (BGH NJW 2003, S. 819). Die Gebühr wird dann im Minutenpreis berechnet (BGH NJW 2005, S.1266). So bieten mehrere Versicherer eine anwaltliche Rechtsberatungs-Hotline an, wie z. B. »ARAG-Rechtsnavigator«, »LVM Jur§Rat«, »Allianz 24 Std.« oder der »Info § Tel-Rechtsservice »der »ÖRAG«.

Anwaltssozietät

Da aber schon in mittelgroßen *Unternehmen* des Öfteren kniffelige Rechtsfragen aus verschiedenen Geschäftsfeldern auftreten, *brauchen* diese jeweils auch einen *Spezialisten* für die *verschiedenen* Rechtsgebiete. Insofern dürfte es die optimale Lösung sein, ständig mit einer mittelgroßen renommierten Anwaltskanzlei zusammen zu arbeiten, die die gesuchten Spezialisten unter ihrem Dach vereinigt. Derartige *mittelgroße Anwaltssozietäten* können noch eine persönliche Mandantenbetreuung gewährleisten und damit die notwendige Grundlage für ein intensives Vertrauensverhältnis zwischen Anwalt und Mandanten schaffen. Die großen Anwaltsfirmen, die Hunderte von Spezialisten beschäftigen, sind dazu nicht mehr in der Lage und verlangen auch wesentlich höhere Stundensätze als nicht so große Sozietäten. Die *idealtypische Anwaltskanzlei* sollte unter ihrem Dach einen guten *Spezialisten*

- in Vertrags- und AGB-Recht, ggf. differenziert nach Kauf- und Lieferverträgen, Miet- und Leasingverträgen und IT-Verträgen,

- Wettbewerbs- und Werberecht,
- Arbeitsrecht,
- Insolvenzrecht,
- Verkehrsrecht,
- Versicherungsrecht,
- Bankrecht,
- Steuerrecht,
- Strafrecht und
- Verwaltungsrecht

beschäftigen. Seit einigen Jahren können sich Rechtsanwälte auch zu einer sog. *Anwalts-GmbH* zusammenschließen, die die entsprechenden juristischen Beratungsdienste anbieten und in deren Namen die entsprechenden Anwaltsverträge geschlossen werden. Fügt der hierfür handelnde einzelne Rechtsanwalt seinem Mandanten einen Schaden zu, so haftet er nicht mehr persönlich. Umso wichtiger ist für den Mandanten deshalb der Abschluss einer zwingend vorgeschriebenen ausreichenden *Haftpflichtversicherung,* die im Falle von nachlässiger Rechtsberatung derartige Schäden abdecken soll. Auch in einer Anwalts-GmbH muss gewährleistet sein, dass die in den Diensten der Gesellschaft stehenden zugelassenen Rechtsanwälte und Rechtsanwältinnen unabhängig, weisungsfrei und *eigenverantwortlich* unter Beachtung ihres Berufsrechtes das jeweilige Mandat *betreuen* können. Das gilt auch für die nach dem Rechtsdienstleistungsgesetz *berufsübergreifenden Sozietäten* und anwaltlichen Subunternehmer, die in andere Unternehmen integriert sind (§ 5 Abs. 3 Regierungsentwurf RDG).

Anwalts-GmbH

Berufsübergreifende Sozietäten

10.10.4.2   Der Anwaltsvertrag
Das rechtliche Verhältnis zwischen Anwalt und Mandant nennt man *Anwaltsvertrag.* Es stellt einen *Geschäftsbesorgungsvertrag* nach § 675 BGB dar, mit dem sich der Anwalt zur Betreuung der Rechtsangelegenheiten seines Mandanten verpflichtet. Da jedoch kein Erfolgszwang besteht, handelt es sich typischerweise um einen Sonderfall des Dienstvertrages (§ 611 BGB; vgl. Kap. 10.4).

Dienstvertragliche Geschäftsbesorgung

10.10.4.2.1   Abschluss des Anwaltsvertrages
Die beruflichen Pflichten des Rechtsanwaltes sind in der *Bundesrechtsanwaltsordnung* geregelt. Will der Rechtsanwalt das ihm angetragene Mandat ablehnen, muss er das unverzüglich, d.h. ohne schuldhaftes Zögern tun, ansonsten macht er sich schadensersatzpflichtig (§ 44 BRAO). Mandate, die zu einer *Pflichtenkollision* führen würden, darf er nicht annehmen. Ein Anwalt, der Ihre Gegenseite in derselben Sache beraten oder vertreten hat, muss deshalb Ihr

Bundesrechtsanwaltsordnung

Parteiverrat

Vertragsangebot ablehnen. Es könnte sogar als *Parteiverrat* strafbar sein (§ 356 StGB). Anwaltsverträge, die gegen solche gesetzliche Berufsverbote verstoßen, sind gem. § 134 BGB nichtig (BGH WM 1999, S. 973).

Anwaltssozietät

Beauftragen Sie eine *Anwaltssozietät* mit der Wahrnehmung Ihrer Interessen, kann der *Vertrag* mit dem einzelnen Sozius oder *Partner* persönlich oder mit der *Gesellschaft* abgeschlossen werden. Letzteres stellt eher die Regel dar, da die Sozietät den Mandanten gegenüber typischerweise als Einheit auftritt. Die Anwaltsgesellschaft ist auf jeden Fall Vertragspartner, soweit es sich um eine Anwalts-GmbH handelt.

Persönliche Haftung des betreuenden Anwalts

Entsteht dem einzelnen Mandanten durch einen Beratungsfehler oder durch eine sonstige Pflichtverletzung ein Schaden, so haftet – abgesehen von der Anwalts-GmbH – der das *Mandat betreuende Rechtsanwalt neben der Gesellschaft* regelmäßig auch persönlich mit seinem Privatvermögen. Letztendlich bestimmt sich die Haftungslage nach der betreffenden Rechtsform der Sozietät. Neben der *GmbH* kommen insbesondere die schlichte Sozietät in Form der *BGB-Gesellschaft* oder auch die *Partnerschaftsgesellschaft* in Betracht. Wie die Anwaltsgesellschaft organisiert ist, können Sie ihrem Briefkopf entnehmen.

Tipp

> Um ganz sicher zu gehen, vergewissern Sie sich durch eine gezielte Nachfrage und lassen Sie sich am besten auch schriftlich bestätigen, dass diese Berufsrisiken durch eine ausreichende Haftpflichtversicherung abgedeckt sind. Auch hierin kann man erkennen, ob man es mit einer seriösen Anwaltskanzlei zu tun hat oder nicht.

10.10.4.2.2   Vorzeitige Auflösung durch Mandanten

Kündigungseinschränkung beim Dauermandat

Sind Sie mit der gebotenen Beratung oder der sonstigen Betreuung der Rechtsangelegenheiten durch den Rechtsanwalt nicht zufrieden, so können Sie den Vertrag *jederzeit* außerordentlich *kündigen*, da ein Rechtsanwalt sog. *Dienste höherer Art* erbringt (§ 627 BGB; BGH WM 1995, S. 1071). Allerdings ist wegen der besonderen Beschaffenheit dieses jederzeitige Kündigungsrecht bei einem *Dauerberatungsmandat ausgeschlossen*, sodass dort nur aus wichtigem Grund vor Ablauf der vereinbarten Vertragszeit nach § 626 BGB gekündigt werden kann (BGH WM 1995, S. 1071).

Machen Sie ohne Dauerberatungsmandat von Ihrem jederzeitigen *Kündigungsrecht Gebrauch*, kann die rechtliche Angelegenheit allerdings für Sie sehr teuer werden, da Sie die bisher *erbrachten Leistungen vergüten* müssen (vgl. Kap. 10.2.3.1). Wenden Sie sich danach an einen neuen Rechtsanwalt, so müssen Sie diesem wiederum ein entsprechendes Honorar zahlen, ganz abgesehen von dem Zeitverlust, der dadurch entsteht, dass dieser sich in den Sachstand neu einarbeiten muss. Ein *Honoraranspruch* des gekündigten Rechtsanwaltes *entfällt* nur, wenn er die Kündigung wegen vertragswidrigem Verhalten, wie etwa einer groben Pflichtverletzung, selbst veranlasst hat (§ 628, Abs. 1 BGB).

10.10.4.3   Anwaltliche Dienstleistungen

Das Dienstleistungsangebot von Rechtsanwälten ist sehr vielfältig. Es reicht von der *rechtlichen Beratung* beim Vertragsabschluss, der Störung der Geschäftsabwicklung und der Durchsetzung von Ansprüchen aus Schuldverhältnissen bis hin zur *Prozessführung,* der Durchführung der Zwangsvollstreckung und der Wahrnehmung von rechtlichen Interessen in *sonstigen Verfahren* (insbesondere der Mitwirkung bei außergerichtlichen Konfliktlösungen und im Insolvenzverfahren). All diese Dienstleistungen besitzen dienstvertraglichen Charakter in Form der Geschäftsbesorgung (vgl. Kap. 10.4).

Soll allerdings ein Rechtsanwalt kraft eines besonderen Auftrages seines Mandanten ein *Rechtsgutachten* eine Legal Opinion oder ein ähnlich geistiges Werk anfertigen, so finden auf diese speziellen Dienstleistungen wegen ihrer Erfolgsbezogenheit die *werkvertraglichen Vorschriften* Anwendung (vgl. Kap. 10.3). Die besonderen Dienstpflichten des Rechtsanwaltes im Rahmen der Prozessführung und außergerichtlichen Konfliktbeilegung werden gesondert erläutert (vgl. Kap. 10.5).

Rechtsgutachten und Legal Opinion

10.10.4.3.1   Dauermandat

Wie schon erwähnt, bringt für Ihr Unternehmen bei öfters auftretenden schwierigen Situationen eine dauerhafte Kooperation mit einer renommierten Anwaltskanzlei erhebliche Vorteile. Sie sollten dann – wie mit einem Steuerberater – einen *Dauerberatungsvertrag* abschließen. Die Vergütung der Beratung erfolgt durch die Bezahlung eines *Pauschalhonorars,* dessen Höhe sich nach dem voraussichtlichen *monatlichen oder jährlichen Arbeitsaufwand* der Kanzlei bemisst. Verfügen die Beteiligten noch über keine konkreten Erfahrungen, so ist im ersten Jahr die Vergütung nach dem jeweils konkret erbrachten Zeitaufwand auf der Basis eines bestimmten Stundenhonorars interessengerecht. Danach besitzen die Beteiligten eine genaue Bezugsgrundlage für die Taxierung des monatlichen oder jährlichen Pauschalhonorars.

Der Dauerberatungsvertrag sollte so abgefasst sein, dass das vereinbarte Honorar alle anwaltlichen Tätigkeiten über *Beratung, Vertragsgestaltung, Verhandlungsführung* bis zur außergerichtlichen Einigung ohne Schiedsverfahren abdeckt. Nur die Wahrnehmung der

Pauschalhonorar

Sonderleistungen   rechtlichen Interessen im Gerichtsverfahren oder Schiedsverfahren, sog. *Prozessführung,* sowie aus dem Rahmen fallende, besonders arbeitsintensive Tätigkeiten, wie etwa die Erstellung eines *Gutachtens,* sind *gesondert zu vergüten.* Werden ausnahmsweise anwaltliche Kosten von der Gegenseite für nicht gesondert zu vergütende Tätigkeiten getragen und bezahlt, müsste das Pauschalhonorar entsprechend gekürzt werden.

Tipp

> Achten Sie darauf, dass die zentrale Honorarklausel klar und eindeutig im Einzelnen die damit abgegoltenen Dienstleistungen benennt und im Falle der Bezahlung der Anwaltskosten durch den Geschäftspartner auch eine entsprechende Anrechnungsabrede enthält.

Honorar

Klauselvorschlag   *»Die vereinbarte Pauschalvergütung bezieht sich auf folgende anwaltliche Dienstleistungen:*

1. Die allgemeine Beratung in allen rechtlichen Angelegenheiten des Mandanten,

2. die Unterstützung beim Aushandeln und Abschluss einzelner Geschäftsverträge,

3. die ständige Prüfung der vom Mandanten für seine Geschäftsverträge verwendeten AGB,

4. die Unterstützung des Mandanten bei der außergerichtlichen Streitschlichtung (Verhandlungen, Mediations- und Schlichtungsverfahren) in angemessenem Umfang

5. etc. ...

Soweit durch besondere Absprache diese Dienstleistungen von den Geschäftspartnern des Mandanten bezahlt werden, erfolgt eine entsprechende Kürzung des Pauschalhonorars.«

10.10.4.3.2   Rechtsgutachten

Renommierter Jurist   Wirft der strittige Sachverhalt eine besonders diffizile Rechtsfrage auf, die bisher von den Gerichten noch nicht geklärt ist, kann die Anfertigung eines Rechtsgutachtens für eine gewisse Klarheit sorgen und damit zu einer Konfliktlösung einen wertvollen Beitrag leisten. Um diesen Zweck zu erreichen, muss allerdings das *Rechtsgutachten* oder die Legal Opinion von einem in Fachkreisen *angesehenen Juristen* stammen, also der betreffende Anwalt sich einen Namen gemacht haben. Andernfalls beauftragt man mit der Abfassung einen renommierten Rechtsprofessor, der in dem jeweiligen Sachgebiet einen hervorragenden Ruf genießt. Da hier der Gutachter ein geistiges Werk zu erbringen hat, schuldet er eine erfolgsbezogene Dienstleistung, sodass der Gutachtervertrag ein *Geschäftsbesorgungsvertrag* mit *werkvertraglichem Charakter* darstellt (§§ 675, 631; vgl. Kap. 10.4). Üblicherweise wird für das Gutachten ein *Pauschalhonorar* auf der Grundlage des vermutlich erforderlichen Zeitaufwandes und des Gegenstandswertes vereinbart. Ein Rechtsanwalt als Gutachter kann ohne besondere *Honorarvereinbarung* nach den werkvertaglichen Vergütungsregelungen das Übliche, also ein angemessenes Honorar fordern (§§ 34 RVG; 675, Abs. 1, 631, Abs. 2 BGB), d.h. für ein schriftliches Gutachten eine angemessene Gebühr fordern. Das ist für den Auftraggeber unklar und viel zu unsicher. Außerdem hat der Rechtsanwalt klar zu stellen, ob das Honorar die *Auslagen* mit umfasst, oder diese gesondert in Rechnung gestellt werden, was nach dem § 34 RVG ohne weiteres zulässig und dann nach Teiltarif des *Vergütungsverzeichnisses* RVG zu erstatten sind. Ohne eine klare und eindeutige Regelung deckt das vereinbarte Honorar im Zweifel auch die Auslagen ab.

> **Honorar und Auslagen**

> **Vergütungs- verzeichnis**

Der Gutachter selbst ist zur sorgfältigen *Aufklärung* des strittigen *Sachverhalts* und zu einer gründlichen *rechtlichen Analyse* unter Ausschöpfung aller verfügbaren, möglichst aktuellen Quellen, nicht nur der Judikatur, sondern auch des Schrifttums verpflichtet. Das *Gutachten gliedert* sich dabei – wie das Urteil – in zwei Teile: vorangestellt wird die Beschreibung des rechtlich zu beurteilenden Sachverhaltes. Diesem schließt sich die rechtliche Würdigung an. Weist der Sachverhalt selbst einige Unklarheiten auf, so muss der Gutachter die in Betracht kommenden rechtlichen Varianten jeweils gesondert rechtlich untersuchen.

> **Anforderungen**

> **Aufbau**

Die *Anfertigung* eines Rechtsgutachtens erfordert stets einen *ausdrücklichen Auftrag* und ist nicht Bestandteil des typischen Anwaltsvertrages. Fertigt ein Rechtsanwalt ohne besondere Vereinbarung ein Gutachten an, so kann er hierfür kein gesondertes Honorar fordern (BGH WM 1997, S. 73).

> **Gesonderter Auftrag**

10.10.4.4   Grundkanon der anwaltlichen Pflichten

Die vertraglichen Pflichten des Rechtsanwaltes sind weitgehend mit denen des Steuerberaters vergleichbar. Es geht um

- die Klärung des Sachverhalts,
- die Rechtsprüfung,
- die Rechtsberatung und Rechtsgestaltung,
- ggf. Wirtschaftsberatung,
- Schadensverhütung und
- ggf. Prozessführung.

Klärung des rechtserheblichen Sachverhalts	Rechtsprüfung	Rechtsberatung und Rechts- gestaltung	Schadens- verhütung	Verschwiegen- heitspflicht
• Lieferung der Fakten durch Mandanten • Bewertung durch Anwalt • Pflicht zum Rück- fragen oder eige- nem Nachforschen bei unklarem Sachverhalt	• Grundvoraus- setzung: fundierte Rechts- kenntnisse	• Umfassende Beratung auch über Risiken • Ausarbeitung rechtssicherer und zweck- gerechter Vertragsentwürfe	• Gebot des sichersten Weges • Sorgfältige Betreuung des Mandats zur Vermeidung von Vermögens- nachteilen des Mandanten	• Betriebs- und Geschäfts- geheimnisse des Mandanten • Berufsbezogene Sorgfaltspflicht • Vertragliche Absicherung durch Vertragsstrafe bei Dauermandat

Abb. 10.12: Grundpflichten eines Rechtsanwalts

10.10.4.4.1   Ermittlung des rechtserheblichen Sachverhalts

Lieferung der Fakten durch Mandanten

Um seinen Mandanten umfassend und richtig beraten zu können, muss jeder Anwalt zunächst den *rechtlich relevanten Sachverhalt klären* (BGH WM 2000, S. 190). Dabei darf er grundsätzlich auf die *Richtigkeit* der *Fakten*, die ihm sein *Mandant liefert*, vertrauen, ohne eigene Nachforschungen anstellen zu müssen (BGH WM 2005, S. 2197). Sind diese aber unvollständig oder zweifelhaft, so muss er *eigene Ermittlungen* durchführen (BGH WM 1991, S. 1814) und auch durch ergänzende Fragestellungen für die umfassende Sachverhalts- klärung sorgen (BGH NJW 2002, S. 1413). Das gilt selbstverständlich auch für alle *Rechtstatsachen*, deren Vorhandensein für die Anwen- dung einschlägiger Gesetzesbestimmungen und der damit zusam- menhängenden rechtlichen Wertungen entscheidend ist. In solchen Fällen, in denen es auf größte Genauigkeit ankommt, ist der Man- dant auf die besondere *Bedeutung* dieser *rechtserheblichen Fakten hinzuweisen* und ggf. aufzufordern, noch einmal die Sachlage zu prüfen und, soweit erforderlich, genauer differenziert darzustellen (BGH WM 2000, S. 190).

Beweissicherung im Vorfeld

Ist damit zu rechnen, dass die *Beratungstätigkeit* in einen *Rechts- streit* mit dem Geschäftspartner des Mandanten einmündet, hat der Anwalt auch schon im *Vorfeld* die *Pflicht, Beweise zu sichern*, indem er zunächst seinen Mandanten nach den ihm verfügbaren Beweis- mitteln fragt (und diese sichert, wenn sie verloren zu gehen drohen oder in Zukunft schwer zugänglich sein könnten). Ganz allgemein ausgedrückt, hat er die in diesem Zusammenhang erforderlichen Feststellungen, die sich später nicht mehr nachholen lassen, zu tref- fen (BGH WM 1993, S. 1968). Ferner hat er darauf zu achten, dass

Anspruchs- sicherung

eventuelle *Ansprüche* seines Mandanten *gesichert* werden. Wichtige Fristen – sei es die *Verjährungs-* oder gar eine *Ausschlussfrist* –, die zum vollständigen Rechtsverlust führen, darf er nicht untätig verstreichen lassen. Dazu muss er im Vorfeld klären, ob und ggf. welche Fristen im konkreten Fall beachtet werden müssen (BGH WM 1994, S. 2163).

Die Pflicht zur *Beweissicherung* ist vor allem zur *Wahrung* von *Schadensersatzansprüchen* bedeutsam. Dabei kann der Rechtsanwalt auch verpflichtet sein, im Vorfeld eines späteren Prozesses, wo ein substanzieller Vortrag zur Ursache, Art und Umfang des Schadens erwartet wird, Letzteren im Rahmen eines *selbstständigen Beweisverfahrens* feststellen zu lassen (BGH NJW 1993, S. 2677).

Eine weitere Tätigkeit kommt auf den Rechtsanwalt zu, wenn es um Feuchtigkeitsschäden von Waren geht, die der gewerbliche Mieter in den gemieteten Räumen lagert. Hier ist der eingeschaltete Rechtsanwalt auf jeden Fall verpflichtet, wenn der Mieter ein *Sachverständigengutachten* anfertigen lässt, dieses Privatgutachten auf seine Tauglichkeit zu prüfen.

10.10.4.4.2   Rechtsprüfung

Nach Klärung des Sachverhaltes folgt dessen rechtliche Prüfung dahingehend, ob sich das von dem Mandanten erstrebte rechtliche Ziel erreichen lässt oder nicht. Dabei hat ein Rechtsanwalt eine sorgfältige und eigenständige Prüfung in jede Richtung vorzunehmen (BGH WM 1993, S. 1377).

Die Messlatte für das von einem Rechtsanwalt erwartete *Fachwissen* liegt sehr hoch. Dabei verlangt die Rechtsprechung als selbstverständliches Know-how zunächst die Kenntnis der *einschlägigen Gesetze*, die er zur sachgerechten Erledigung des Mandates benötigt (BGH WM 1996, S. 1682). Hinzu kommt, dass sich ein Rechtsanwalt ständig aktuell über den Stand der *höchstrichterlichen Rechtsprechung* zu informieren hat, und zwar nicht nur anhand der amtlichen Sammlungen, sondern auch der einschlägigen Fachzeitschriften (BGH WM 2000, S. 2435). Liegt eine gefestigte höchstrichterliche Rechtsprechung vor, so braucht der Rechtsanwalt abweichende Entscheidungen nachgeordneter Instanzgerichte bei der Bildung seiner Meinung nicht zu berücksichtigen (BGH WM 1993, S. 2130). Gibt es aber zu der Rechtsfrage noch keine höchstrichterliche Rechtsprechung, ist er verpflichtet, die einschlägige *veröffentlichte instanzgerichtliche Rechtsprechung* und das *Schrifttum* auszuwerten (BGH WM 2000, S. 2432). Tagespresse oder Wochenzeitschriten gehören aber nicht zur Pflichtlektüre eines Rechtsanwalts, wie der Bundesgerichtshof für eine soweit vergleichbare Informationspflicht eines Steuerberaters festgestellt hat (DB 2007, S. 1401). Sollte der Rechtsanwalt aber einen *eigenen*, von der herrschenden Rechtsmeinung abweichenden *Standpunkt* vertreten, darf er diesen bei der Wahrneh-

Kenntnis der Gesetze und der Rechtsprechung

Eigene Rechtsmeinung nur in Abstimmung mit Mandanten

mung des Mandats nur zugrunde legen, wenn er seinen *Mandanten* zuvor über die Erfolgs- und Kostenrisiken aufgeklärt und dieser seine *Zustimmung* zu dem *riskanten Weg* erteilt hat (BGH WM 1993, S. 2130). Der richtig informierte und belehrte Mandant soll entscheiden können, was er tun will (BGH NJW-RR 2003, S. 1212).

10.10.4.4.3   Rechtsberatung und Rechtsgestaltung

Hinweis auf Zweifel, Bedenken und Risiken

Ziel der anwaltlichen Rechtsberatung ist es, den Mandanten in die Lage zu versetzen, eine eigenverantwortliche und sachgerechte Entscheidung zu treffen. Deshalb ist der *Mandant erschöpfend* und *sachlich richtig* rechtlich zu *belehren* (BGH WM 2000, S. 1354). Auch in dieser Hinsicht stellt die Rechtsprechung hohe Anforderungen. Dabei sind dem Mandanten *Zweifel* und *Bedenken*, die die Sach- und Rechtslage aufwirft, sowie damit verbundene mögliche *Risiken* und deren Auswirkungen darzulegen und mit ihm zu *erörtern* (BGH WM 1995, S. 399). Der konkrete Umfang der anwaltlichen Pflichten richtet sich nach dem erteilten Mandat und den Umständen des Einzelfalls. Bei einer *unklaren Rechtslage*, die verschiedene Vorgehensweisen erlaubt, hat der Rechtsanwalt über die verschiedenen Verhaltensalternativen und ihre Folgen, insbesondere ihre Vor- und Nachteile zu belehren. Der Mandant benötogt i.d.R., namentlich wenn er juristischer Laie ist, nicht unbedingt eine vollständige rechtliche Analyse, sondern allein die Hinweise, die ihm mit Blick auf die aktuelle Situation und sein konkretes Anliegen die notwendige Entscheidungsgrundlage liefern (BGH DB 2007, S. 1402. Daher reicht es nicht, dass der Rechtsanwalt dem Mandanten eine vertretbare Lösung unter Verschweigung der anderen Alternativen präsentiert (BGH NJW-RR 2000, S. 791). Selbstverständlich soll der Anwalt seinem Mandanten nicht nur die verschiedenen in Betracht kommenden Lösungsalternativen mitsamt ihrer jeweiligen Vor- und Nachteile aufzeigen, sondern auch eine *Empfehlung* in Gestalt der *Best-Solution* aussprechen. Letztere ist diejenige Lösung, die am ehesten geeignet ist, das erstrebte Ziel zu erreichen. Die beste Lösungsalternative ist nach ständiger Rechtsprechung der *relativ sicherste* und am wenigsten gefährliche Weg (BGH WM 1995, S. 399). Will der Mandant den *riskanteren Weg* beschreiten, hat ihn der *Anwalt* zu *warnen* und ihm die damit verbundenen Risiken klar und deutlich aufzuzeigen (BGH WM 1993, S. 1377).

Pflichtenkreis abhängig von Mandatsumfang

Sicherster Weg als Best-Solution

Tauglicher Vertragsentwurf

Wird im Rahmen der *Rechtsgestaltung* ein Rechtsanwalt mit der Ausarbeitung eines Vertrages betraut, so muss der *Vertragsentwurf* den angestrebten *Zweck rechtlich* und *wirtschaftlich erfüllen* können. Die vorgeschlagenen Vertragsklauseln müssen – unter Berücksichtigung der neuesten Rechtsprechung – den Interessen des Auftraggebers angemessen gerecht werden (BGH NJW 1995, S. 1552). Dabei ist auch auf einen *korrekten* und *einheitlichen* Gebrauch der juristischen *Fachterminologie* zu achten. Das gilt auch für deren Benutzung in *Schriftsätzen* und sonstigen anwaltlichen Schreiben. Ein Rechtsanwalt verletzt seine anwaltliche Sorgfaltspflicht, wenn er einen unzutreffenden Fachausdruck benutzt und dadurch das Risiko eines Missverständnisses hervorruft (BGH BB 1996, S. 2218).

Präzise Fachterminologie

> **Beispiel:**
> *Ein Anwalt verwendet in seinem Schreiben für die Auflösung eines Miet- oder Leasingvertrages anstelle des korrekten Ausdrucks »Kündigung« den falschen Begriff »Rücktritt«.*

Wie wohl deutlich geworden ist, legt die Rechtsprechung die Latte für die von einem Rechtsanwalt zu erwartende Beratungsleistung sehr hoch und stellt dabei sehr große *Qualitätsanforderungen*. Diesen vermag nur ein Rechtsanwalt mit fundierten theoretischen Kenntnissen und einer ausreichenden Berufserfahrung gerecht zu werden. Auf jeden Fall benötigt der Rechtsanwalt dazu umfangreiches Spezialwissen in dem betreffenden Rechtsgebiet.

Tipp

> Qualitativ hochwertige Beratungsleistungen, gepaart mit einer persönlichen Betreuung, können Sie am ehesten in einer mittelgroßen Anwaltskanzlei erwarten. Diese beschäftigt eine genügende Anzahl von Spezialisten in den Rechtsgebieten, die für Ihre geschäftlichen Aktivitäten wichtig sind.

10.10.4.4.4   Schadensverhütung

Aus der Pflicht des Rechtsanwaltes zur Interessenwahrung seines Mandanten folgt zwangsläufig das Gebot, ihn vor voraussehbaren und vermeidbaren Nachteilen zu bewahren (BGH WM 2000, S. 1604). Diese *Schadensverhütungspflicht* drückt sich vor allem darin aus, dass der Rechtsanwalt seinem Mandanten *im Zweifel* den *sichersten Weg* zur *Zielerreichung* aufzuzeigen und zu *empfehlen* hat. Zwar hat ein Rechtsanwalt die *Weisungen* seines *Mandanten* wie bei allen Geschäftsbesorgungsverträgen nach §§ 665, 675 BGB grundsätzlich zu befolgen (BGH WM 1997, S. 1393). Dieses Gebot stellt indes keine sklavische Gehorsamspflicht dar. Vor der Ausführung der Weisung seines Auftraggebers hat er deshalb immer zu prüfen, ob diesem dadurch Nachteile drohen. Trifft das zu, muss er den Mandanten darauf hinweisen, was auch die Darlegung weniger riskanter Wege zur Zielverwirklichung einschließt (BGH WM 1998, S. 2247).

Sicherster Weg

Weisungsrecht des Mandanten

10.10.4.4.5   Verschwiegenheitspflicht

Schutz von Be-
triebs- und Ge-
schäftsgeheimnis-
sen des Mandanten

Jeder Rechtsanwalt unterliegt einer ausdrücklichen *gesetzlichen Geheimhaltungspflicht* in Bezug auf alles, was ihm während der Ausübung seines Berufs bekannt geworden ist. Ein Rechtsanwalt, der diese Verschwiegenheitspflicht schuldhaft verletzt, nämlich ein *Betriebs-* oder *Geschäftsgeheimnis* offenbart, welches ihm in seiner beruflichen Funktion oder sonst wie bekannt geworden ist, kann mit *Freiheitsstrafe* bis zu einem Jahr oder mit *Geldstrafe* belegt werden (§ 203, Abs. 1, Nr. 3 StGB). Zudem macht er sich seinem Mandanten gegenüber wegen Pflichtverletzung des Anwaltsvertrages nach § 280, Abs. 1 BGB *schadensersatzpflichtig* (vgl. Kap. 5.5.5); gegenüber sonstigen Dritten in gleicher Weise aus unerlaubter Handlung wegen Verstoßes gegen ein Schutzgesetz nach § 823, Abs. 2 BGB.

Tipp

> Da aber bei einer Verletzung der Verschwiegenheitspflicht ein dadurch entstandener Vermögensschaden schwer nachweisbar ist, empfiehlt sich beim Dauermandat (vgl. Kap. 4.3.1) zur effektiven Sanktionierung die Aufnahme einer Vertragsstrafenklausel (vgl. Kap. 10.7.2.8). Die Höhe der Vertragsstrafe kann sich in der Größenordnung eines jährlichen Pauschalhonorars bewegen.

10.10.4.4.6   Außergerichtliche Konfliktlösung

Der Anwaltsvertrag kann als zusätzliche Dienstleistung auch die Unterstützung des Mandanten einschließen, rechtsberatend auch bei der außergerichtlichen Konfliktlösung mitzuwirken, wenn sich die Meinungsverschiedenheit mit dem Geschäftspartner zu einem Rechtsstreit zugespitzt hat, der ohne die Vermittlung neutraler Dritter von den Parteien selbst nicht bewältigt werden kann. Als *außergerichtliche Konfliktlösungsverfahren* haben sich in den letzten Jahrzehnten insbesondere die Folgenden bewährt:

- die *Wirtschaftsmediation*
- und das *Schlichtungsverfahren.*

Mediation
oder Schlichtungs-
verfahren

Beiden Verfahren ist gemeinsam, dass ein fachkundiger neutraler Dritter zwischen den Kontrahenten *vermittelt*, um sie zu einer Einigung zu bewegen. Der *Mediator* kann, sofern er realistische Erfolgschancen sieht, einen Schlichtungsvorschlag unterbreiten (vgl. Kap. 10.10.4.6). Dagegen endet das eingeleitete *Schlichtungsverfahren* stets mit einem, allerdings unverbindlichen, *Schlichtungsspruch.* Für Unternehmen haben die Industrie- und Handelskammern vor kurzem *Schlichtungsstellen* eingerichtet, die einvernehmlich von den streitenden Parteien ad hoc angerufen werden können. Wegen der Unverbindlichkeit des Schlichtungsspruches stellt sich die berechtigte Frage, ob die Einfügung einer *Schlichtungsklausel* in einem Geschäftsvertrag überhaupt etwas bringt, weil der Partner, der dem Schlichtungsverfahren skeptisch gegenübersteht, mit hoher Wahrscheinlichkeit den Schlichtungsspruch nicht akzeptiert, wenn er für ihn ungünstig ausfällt (vgl. Kap. 2.2.4.7). Die gleichen kritischen Einwände gelten gegenüber vertraglichen Mediationsklauseln. Wegen dieses Grundprinzips der Freiwilligkeit sollten *Mediationsklauseln* in AGB nur *Appellcharakter* besitzen.

Vertragsklausel mit bloßer Appellfunktion

Mediationsklauseln

»In Falle von Meinungsverschiedenheiten im Zusammenhang mit und aus diesem Vertrag, streben die Parteien einvernehmlich vor Einleitung eines (schieds-)gerichtlichen Verfahrens die Konfliktlösung durch ein Mediationsverfahren an.«

Klauselvorschlag

Die bereits mit der Streitsache *befassten Rechtsanwälte* wirken nun auf jeder Seite als Verhandlungsassistenten mit, indem sie die *Verhandlungsposition* ihrer *Mandanten* rechtlich *absichern*. Sind dazu umfangreiche rechtliche Stellungnahmen erforderlich, fällt diese Arbeit aus dem Rahmen eines eventuellen Dauermandates heraus und sollte deshalb gesondert vergütet werden. Werden darüber keine besonderen Vereinbarungen getroffen, so kann nach den dienstvertraglichen Regeln die übliche Vergütung verlangt werden (§§ 675 Abs. 1, 612 Abs. 2 BGB), was für alle Beteiligten einen hohen Unsicherheitsfaktor darstellt. Mangels Neutralität kommen selbstverständlich die eigenen Rechtsanwälte *nicht* als *Mediatoren* oder *Schlichter* in Frage.

Rolle des eigenen Rechtsanwalts

Selbst wenn beiderseits Anwälte tätig sind, sollte man immer noch eine gütliche Einigung anstreben, da die Durchsetzung des Anspruchs im Zivilprozess, sieht man einmal von dem Mahnverfahren ab, viel Zeit erfordert und hohe Kosten verursacht.

Ein *Schiedsgerichtsverfahren* dauert zwar nicht so lange, ist aber keinesfalls billiger. Sofern der Vertrag keine offene Schiedsgerichtsklausel enthält oder die Parteien keine offene Schiedsgerichtsvereinbarung treffen, die den Rechtsstreit an ein etabliertes Schiedsgericht der Wirtschaftskammern bzw. Wirtschaftsverbände verweist, sind wegen der zahlreichen Fehlerquellen für die Ausarbeitung beiderseits qualifizierte Fachjuristen hinzuziehen (vgl. Kap. 2.2.4.7).

Schiedsgerichtsverfahren

> Klären Sie deshalb ganz nüchtern mit Ihrem Rechtsanwalt unter Einbeziehung der rechtlichen Argumente der Gegenseite die eigene rechtliche Situation und erarbeiten Sie gemeinsam mit ihm einen für Sie akzeptablen Vergleichsvorschlag.

Tipp

Vollstreckungs-fähiger Anwaltsvergleich

Ein zwischen *Anwälten ausgehandelter Vergleich* kann auch von dem zuständigen staatlichen Gericht ohne nähere Sachprüfung für vollstreckbar erklärt werden, sodass man schnell zu einem *Vollstreckungstitel* kommt (§§ 796a und b ZPO). Das kann mit der Zustimmung der Parteien auch ein in dem Bezirk des zuständigen Gerichts zugelassener Notar tun und den Vergleich in Verwahrung nehmen, wodurch sich Kosten sparen lassen (§ 796c ZPO).

Schlichtung nach dessen Scheitern

Scheitert der Anwaltsvergleich, weil die Fronten in einzelnen Positionen zu verhärtet sind, so kann dennoch eine *Schlichtung* versucht werden, um die bisher gut funktionierende Geschäftsbeziehung nicht zu zerstören. Das bedingt aber, dass beide Seiten prinzipiell noch kompromissfähig bleiben. Eine interessante und durchaus erwägenswerte Alternative zu dem formalistischen Schlichtungsverfahren bildet dann die Einschaltung eines Mediators (vgl. Kap. 10.10.4.6). Zur Kompromissbereitschaft trägt es sicherlich bei, wenn für einen *Prozess* vor dem zuständigen staatlichen Gericht oder vor dem vereinbarten Schiedsgericht nur *geringe Erfolgsaussichten* bestehen. Dabei hat ein Rechtsanwalt die Pflicht, seinen Mandanten von einer beabsichtigten Klage, die mit großer Wahrscheinlichkeit aussichtslos ist, abzuraten (BGH WM 1997, S. 1396).

10.10.4.4.7   Prozessführung

Erfolgschancen

Hat der Rechtsanwalt mit seinem Mandanten die *Prozessaussichten* umfassend *erörtert* und verspricht die beabsichtigte *Klage* mit hoher Wahrscheinlichkeit *Erfolg* oder besteht der Mandant, trotz der deutlich geäußerten Bedenken des Rechtsanwaltes, auf der Klageerhebung, gehört es auch nach einem entsprechenden Auftrag durch den Mandaten zu den *Aufgaben* des *Rechtsanwaltes*, die gewünschte *Klage einzureichen.* Nur wenn der Mandant nach den Kosten eines

Kosten

von ihm beabsichtigten Rechtsstreites gezielt fragt, hat der Anwalt ihn über dessen vermutlichen Umfang zu belehren. Ungefragt schuldet er keine Aufklärung über die Höhe seiner Gebühren (BGH WM 1998, S. 2245).

Fristen einhalten

Den *Prozess* selbst hat ein Anwalt *umsichtig* und *zügig* zu *führen,* also eine fundierte Klagebegründung einzureichen, schlüssig und substantiiert im Prozess vorzutragen (BGH WM 2000, S. 2438) und dabei die vom Gericht gesetzten *Fristen* strikt zu *beachten,* um Rechtsnachteile zulasten seines Mandanten zu vermeiden (BGH NJW 1999, S. 582) Er hat dabei auch *rechtzeitig Rechtsbehelfe* – wie Einsprüche – für seinen Mandanten *einzulegen* (BGH WM 2001,

Vergleich

S. 2454). Empfiehlt aber das Gericht einen *Vergleich,* so hat der Anwalt zuvor mit seinem *Mandanten Rücksprache* zu nehmen und ihn darüber zu informieren, mit welchem Inhalt er ihn abzuschließen gedenkt. Hierzu benötigt der Anwalt die Zustimmung des Mandanten.

Dabei ist der Mandant ausführlich über die Vor- und Nachteile des Vergleichsvorschlags zu unterrichten (BGH NJW 2002, S. 292).

Ob Ihr Anwalt seine Fristenwahrungspflicht vernachlässigt hat, können Sie auch daran erkennen, wenn er bei Gericht die *Wiedereinsetzung in den vorherigen Stand* beantragt und das Gericht diesen Antrag durch Beschluss abgewiesen hat (vgl. BGH NJW 2007, S. 2331 u. 2332). In diesem Fall geht das Gericht von einer schuldhaften Fristversäumnis Ihres Rechtsanwaltes aus. Verlieren Sie dadurch den Prozess oder erleiden einen sonstigen Nachteil, können Sie deshalb von Ihrem Rechtsanwalt *Schadensersatz wegen Pflichtverletzung,* zumindest in Höhe der unnötig aufgewendeten Prozesskosten, verlangen.

Fristversäumnis

Haftung des Anwalts

Sollte es zu einem tiefgreifenden Zerwürfnis mit dem Mandanten kommen, ist der *Prozessanwalt* in jedem Verfahrensstadium zur Mandatsniederlegung berechtigt, selbst wenn dies während des Laufs einer wichtigen Frist geschieht (BGH NJW 1998, S. 3784). Zur *Unterrichtung* des *Mandanten* genügt dann ein formloses Schreiben, das auf dem Postweg versandt wird, wenn es so rechtzeitig abgeschickt worden ist, dass der Mandant für seine weitere Rechtsvertretung rechtzeitig vor Ablauf der Frist selbst Sorge tragen kann.

Mandatsniederlegung

10.10.4.4.8   Anwaltsvergütung

Das Honorar eines Rechtsanwaltes für den *Anwaltsdienstvertrag* nach § 612 BGB setzt sich aus Gebühren und Auslagen zusammen und bemisst sich nach dem *Rechtsanwaltsvergütungsgesetz.* Die Gebühren sollen dabei grundsätzlich die gesamte Tätigkeit des Anwalts von der Erteilung des Auftrags bis zur Erledigung der Angelegenheiten entgelten (§ 16 RVG).

Sonderhonorarvereinbarungen sind zwar zulässig, müssen aber schriftlich in einem eigenständigen Vertrag erfolgen (§ 4, Abs. 1 RVG). Verwendet dazu der Rechtsanwalt ein Formular, darf dies nur ergänzende, aber keine anderen Abreden enthalten (BGH NJW 2004, S. 2819). Sonderhonorarvereinbarungen können *gerichtlich kontrolliert* und auf die Höhe der gesetzlichen Vergütung *herabgesetzt* werden (§ 4 RVG). Dazu ist aber erforderlich, dass das vereinbarte Honorar im Verhältnis zur erbrachten Leistung *unangemessen* hoch ist (§ 4, Abs. 4 RVG; BGH NJW 1997, S. 2388). Die Grenze dürfte in etwa beim fünffachen der gesetzlichen Gebühren liegen (BGH NJW 2005, S. 2142).

Sonderhonorarabsprachen

Beispiel:
So hat der Bundesgerichtshof eine weit überhöhte Honorarforderung von zwei Rechtsanwälten, die eine Vergleichsvereinbarung ausformuliert hatten, von den geforderten 400.000 € auf ca. 50.000 € zurückgestutzt.

Erfolgshonorar nur in Ausnahmefällen

Anders als in den USA, ist in Deutschland noch dem Rechtsanwalt nach § 49b, Abs. 2 BRAO *untersagt*, ein *Erfolgshonorar* zu vereinbaren, weil die anwaltliche Unabhängigkeit gefährdet ist, sofern bei der Führung des Mandats wirtschaftliche Erwägungen im Vordergrund stehen. Erfolgshonorare sind deshalb wegen Verstoßes gegen das gesetzliche Verbot im Sinne von § 134 BGB *nichtig*. Dennoch bleibt der *Anwaltsvertrag* im Übrigen wirksam, sodass er dann eben die *gesetzlich normierte Vergütung* nach dem Rechtsanwaltsvergütungsgesetz verlangen kann. Dieses strikte Verbot des Erfolgshonorars gilt wegen seiner Verletzung der anwaltlichen Berufsfreiheit (Art. 12 Abs. 1 GG) nur noch bis zum 30.06.2008. Danach muss der Gesetzgeber nach einem Grundsatzurteil des Bundesverfassungsgerichts die *Vereinbarung* eines *Erfolgshonorars* zwar nicht generell, wohl aber dann *zulassen*, wenn der Rechtsuchende von der Durchsetzung seines Anspruchs wegen des zu hohen Prozessrisikos abgehalten wird (NJW 2007, S. 980 – 986). Hat der Rechtsstreit später Erfolg, erhält der Kläger vom unterlegenen Beklagten stets nur die Anwaltskosten in Höhe der gesetzlichen Gebühren erstattet. Dabei ist zu klären, wem diese *Kostenerstattung* zusteht; d. h. mit oder ohne Anrechnung auf das in einem Festbetrag oder einem Prozentsatz ausgedrückte Erfolgshonorar. Die Anrechnungsvariante zusammen mit einer prozentualen Beteiligung stellt die beste Lösung für den Mandanten dar.

Bei Unwirksamkeit gilt gesetzliche nach dem Gegenstandswert errechnete Vergütung

Tipp

> Sofern Sie mit Ihrem Rechtsanwalt ein Erfolgshonorar vereinbaren, sollten Sie das in Form einer Beteiligungsquote mit Anrechnung der Kostenerstattung festlegen.

Prozessfinanzierung durch Dritte

Keine rechtlichen Einwände bestehen aber im Falle eines hohen Prozessrisikos, wenn in einem solchen Fall die *Prozessfinanzierung* gegen *Erfolgsbeteiligung* von einer *Finanzierungsgesellschaft* übernommen wird (vgl. Kap. 10.10.4.7).

Zeithonorar, Pauschal-Vergütung

Die schriftliche Vereinbarung von niedrigeren Honoraren in Form von *Zeithonoraren* oder *Pauschalvergütungen*, vor allem bei einem Dauermandat in außergerichtlichen Angelegenheiten, wird ausdrücklich zugelassen (§ 4, Abs. 2 RVG).

Mehrere Rechtsanwälte

Beachten sollten Sie auch, dass, wenn ein *Auftrag mehreren Rechtsanwälten* zur gemeinschaftlichen Erledigung *übertragen* wird, jeder Rechtsanwalt für seine Tätigkeit die volle Gebühr beanspruchen kann (§ 6 RVG). Andererseits erhält ein Rechtsanwalt, der in derselben Angelegenheit für mehrere Auftraggeber tätig wird, durch ein spezielles Anrechnungsverfahren maximal zwei volle Gebühren (§ 7 RVG).

Die wichtigsten Gebühren nach dem *Gebührenverzeichnis* sind

- die *Geschäftsgebühr* für die außergerichtliche Vertretung, wie etwa das Führen von Vertragsverhandlungen oder ähnlichem – je nach Schwierigkeit von 0,5 bis zu 2,5 der vollen Gebühr,
- die *Einigungsgebühr* für die Mitwirkung des Rechtsanwaltes zu einem außergerichtlichen Vergleich in Höhe des 1,5 fachen der vollen Gebühr,
- die *Verfahrensgebühr* für die Vertretung im gerichtlichen Mahnverfahren in Höhe von 1,0 sowie für die Prozessvertretung im Gerichtsverfahren in Höhe von 1,3 der vollen Gebühr, wobei aber im Falle eines vorgeschalteten Mahnverfahrens die dort vereinnahmte Gebühr angerechnet wird; eine Anrechnung erfolgt auch in Höhe von 0,5 der Geschäftsgebühr, höchstens jedoch mit einem Gebührensatz von 0,75 für die gleiche Angelegenheit,
- die *Termingebühr* in Höhe von 1,0 der vollen Gebühr für die Wahrnehmung der gerichtlichen Termine.

Anwaltsgebühren

Ohne gesonderte Vereinbarung kann ein Rechtsanwalt für einen mündlichen oder schriftlichen Rat oder eine Auskunft seit dem 01.07.2006 keine *Beratungsgebühr* fordern (§ 34, Abs. 1 Satz 1 RVG). Die Gebühr für die Beratung ist vielmehr auf die Gebühr für seine sonstige Tätigkeit, etwa die Geschäftsgebühr, anzurechnen (§ 34, Abs. 2 RVG). Lediglich wenn es bei der *Beratung bleibt*, kann der Rechtsanwalt die übliche Vergütung nach dienstvertraglichen Regelung, d.h. ein angemessenes Zeithonorar verlangen (§§ 34, Abs. 1 Satz 2 RVG; 675, Abs. 1, 612, Abs. 2 BGB).

Beratungsgebühr nur bei gesonderter Vereinbarung

Die Höhe der jeweiligen Gebühr errechnet sich aus den festgelegten Gebührensätzen entsprechend dem sog. *Gegenstandswert* der anwaltlichen Tätigkeit (§ 13 RVG), der sich in den Prozessen nach dem Streitwert und damit nach den für die *Gerichtsgebühren* geltenden Wertvorschriften richtet.

Höhe der Gebühr

Beispiel:
So beläuft sich nach Anlage 2 zu § 13, Abs. 1 RVG die volle Gebühr beim Gegenstandswert in Höhe von 10.000 € auf 486 € und bei 50.000 € auf 1046 €, sowie bei 200.000 € auf 1816 € zuzüglich der darauf anfallenden Mehrwertsteuer.

Vor Erteilung eines umfangreichen Mandats, spätestens nach Schilderung des Sachverhalts, sollten Sie sich beim Rechtsanwalt nach der voraussichtlichen Höhe der Gebühren erkundigen. Geht es um Sonderleistungen, die nicht vom Pauschalhonorar abgedeckt sind, ist es auch bei einem Dauermandat empfehlenswert.

Tipp

Hinweispflicht nur in Ausnahmefällen

Ungefragt schuldet der Rechtsanwalt seinem Auftraggeber grundsätzlich *keinen* solchen *Hinweis* (BGH NJW 1998, S. 136). Jedoch kann sich aus besonderen Umständen des Einzelfalls nach Treu und Glauben eine derartige *Aufklärungspflicht* ergeben, wenn anhand einer Gesamtwürdigung wegen eines ungewöhnlich hohen Gegenstandswertes zu hohe Gebühren entstehen, die das vom Auftraggeber erstrebte Ziel wirtschaftlich sinnlos machen können (BGH NJW 1998, S. 3487).

Beispiel:
Das Mandat bezieht sich auf die Mitwirkung und Vorbereitung eines komplexen Projektvertrages im Wert von 10 Mio. €. Dabei ist der Werklieferungsvertrag von der Gegenseite bereits im Wesentlichen entworfen, bevor Rechtsanwalt R hinzugezogen wird. Dessen Mitwirkung beschränkt sich auf die Abstimmung von Terminen und Entgegennahme von Schriftstücken.

Lösung:
R muss den Mandanten auf die hohen Honoraransprüche von ca. 72500 € vor Auftragserteilung hinweisen, damit dieser entscheiden kann, ob die zeitlich und umfangmäßig begrenzte Arbeit von R ihm so viel wert ist oder stattdessen ein niedrigeres Zeithonorar vereinbaren.

Auslagen

Auch wenn mit den Gebühren die allgemeinen Geschäftskosten bereits abgegolten sind, können *Postgebühren* und *Schreibauslagen* als *zusätzliche Auslagen* gefordert werden. Dazu zählen auch Kopierkosten für Ablichtungen von Unterlagen, die auf Antrag des Mandanten angefertigt werden.

Fälligkeit

Vorschuss

Da das Honorar erst fällig wird, wenn der Auftrag erledigt ist (§ 8 RVG), kann der Rechtsanwalt von seinem Auftraggeber für Gebührenauslagen einen *angemessenen Vorschuss* verlangen (§ 9 RVG). Die Geltendmachung der Honorarforderung selbst bedarf zunächst einer von dem Anwalt unterzeichneten und seinem Mandanten mitgeteilten *Berechnung* (§ 10, Abs. 1 RVG). Ein Rechtsanwalt kann seine Honorarforderung regelmäßig nur an andere Rechtsanwälte abtreten, die dann der gleichen Schweigepflicht unterliegen (§ 43 RVG).

10.10.4.4.9 Führung der Handakte

Anlegung der Handakte

Der Rechtsanwalt hat *alle Schriftstücke*, die er von seinem Mandanten oder für ihn erhalten hat, in einer sog. *Handakte* abzulegen, aus der sich ein geordnetes Bild über die von ihm entfaltete Tätigkeit ergibt (§ 50, Abs. 1 BRAO). Alle diese Schriftstücke hat der Rechtsanwalt

Aufbewahrung

nach Beendigung des Mandats noch fünf Jahre *aufzubewahren* (§ 50, Abs. 2 BRAO). Zwar kann er den Mandanten auffordern, schon vorher diese Akten in Empfang zu nehmen, braucht sie aber so lange nicht *herauszugeben*, als ihm sein Honorar und seine Auslagen noch nicht bezahlt worden sind (§ 50, Abs. 3 BRAO). Dieses Zurückbehaltungsrecht gilt nicht für Geschäftspapiere des Mandanten, die sich in anderen Handakten, welche einen anderen Fall betreffen, befinden (BGH NJW 1997, S. 2095).

Herausgabe nach Mandatende

Als Mandant besitzen Sie aber grundsätzlich einen Anspruch auf *Einsichtnahme* in die von Ihrem Rechtsanwalt geführte Handakte nach § 666 BGB, der aber erlischt, wenn Ihnen der Anwalt jeweils *Abschriften* der gewechselten Schriftsätze *übersandt* hat (BGHZ 109, S. 266). Sofern aber dem Mandanten diese Unterlagen oder ein Teil davon verloren gegangen sind, steht ihm das Recht auf Einsichtnahme wieder zu (AG Charlottenburg NJW 1997, S. 1450).

Einsichtnahme

Darüber hinaus kann der Anspruch auf *Einsicht* der *Urkunden* auch aus § 807 BGB hergeleitet werden, wenn Sie als informationsbedürftige Person daran ein rechtliches Interesse besitzen. Dient die Einsichtnahme *nur* der *Ausforschung* zur Vorbereitung eines Regressverfahrens gegen den betreffenden Rechtsanwalt wegen angeblicher Vertragspflichtverletzungen, lehnt die Rechtsprechung sie wegen unzulässiger Rechtsausübung ab (BGHZ 109, S. 267).

> Sorgen Sie deshalb unbedingt dafür, dass die von Ihrem Anwalt zugesandten Schriftsätze und sonstigen Abschriften sorgfältig verwahrt werden. Nur so lässt sich damit die Art und Weise der Mandatsbetreuung vollständig dokumentieren, wenn Sie ihn wegen eines Beratungsfehlers oder einer sonstigen Vertragspflichtverletzung in Regress nehmen wollen.

Tipp

10.10.4.5 Haftung des Rechtsanwaltes auf Schadensersatz

Verletzt ein Rechtsanwalt fahrlässig seine vertraglichen Pflichten, so haftet er für den entstandenen Schaden aus der Pflichtverletzung des Anwaltsvertrages nach §§ 280, Abs. 1, 675 BGB; vgl. Kap. 5.5.2).

10.10.4.5.1 Ursächlichkeit der Pflichtverletzung für Schaden

Ein zu *ersetzender Schaden* liegt jedoch erst dann vor, wenn sich der durch fehlerhaftes Verhalten des Rechtsanwaltes hervorgerufene *Vermögensnachteil* nicht mehr, auch nicht durch Einlegung von Rechtsmitteln, *korrigieren* lässt (BGH NJW 1992, S. 2828). Wird Schadensersatz wegen einer rechtlich *fehlerhaften Beratung* verlangt, so muss der *Schaden* auch im *Schutzbereich* der *verletzten Anwaltspflicht* liegen. Das trifft zu, wenn sich aus Inhalt und Zweck der geschuldeten Beratung ergibt, dass der Mandant auch vor den

Schadenseintritt

Beratungsfehler

Gefahren bewahrt werden sollte, die eingetreten sind (BGH NJW 1997, S. 2947).

> **Beispiel:**
> *So haftet ein Rechtsanwalt für nachteilige Vermögensdispositionen, die sein Mandant deswegen vornimmt, weil er ihm eine falsche Rechtsauskunft über die Gültigkeit eines Vertrages gibt.*

Kausalität

Zudem muss die anwaltliche *Pflichtverletzung ursächlich* für den *Schaden* des Mandanten sein (BGH NJW 1998, S. 1863). Teilt der Anwalt *falsche Fristen* für die Ausübung eines Rechts mit, besteht eine Kausalität des Schadens – Verlust des Anspruchs – nur dann, wenn der Mandant bei korrekter Information seinen Anspruch rechtzeitig angemeldet hätte, wovon aber regelmäßig auszugehen ist. Bei einem *Beratungsfehler* darf aber grundsätzlich *unterstellt* werden, der Mandant hätte sich bei richtiger Beratung durch den Anwalt beratungsgemäß verhalten (BGH NJW 2000, S. 1944). Das gilt aber nicht, wenn der Mandant einen richtigen Vorschlag seines Anwalts ablehnt (BGH DB 2007, S. 1404).

Fehlinformationen durch Mandanten

Sollten Sie aber als Mandant schuldhaft Ihre Informationspflicht gegenüber dem Anwalt verletzen und das *Informationsverschulden* mitursächlich für den durch eine anwaltliche Fehlleistung eingetretenen Schaden sein, so kann Ihr Schadensersatzanspruch wegen Mitverschuldens eine Kürzung erfahren (§ 254, Abs. 1 BGB; BGH BB 1999, S. 764).

Beweispflicht des Mandanten

Die *anspruchsbegründenden Tatsachen* – eine Pflichtverletzung Ihres Rechtsanwaltes, die zu einem Vermögensschaden geführt hat – haben Sie als Mandant darzulegen und auch zu beweisen (BGH NJW 2004, S. 444). Nur sofern nach der Lebenserfahrung bei vertragsgerechter Leistung des Anwalts ein bestimmtes Verhalten des Mandanten nahe gelegen hätte, hilft ihm eine *Kausalitätsvermutung*, die der Anwalt widerlegen müsste (BGH NJW 2005, S. 3276). Der *Schaden* selbst *errechnet* sich aus einem Gesamtvermögensvergleich des Mandanten mit der durch die Pflichtverletzung entstandenen Vermögenssituation. Der haftungspflichtige Anwalt hat dabei seinen Mandanten vermögensmäßig so zu stellen, wie dieser bei pflichtgemäßem Verhalten des Beraters stehen würde (BGH NJW 2001, S. 673).

Schadens-berechnung

Mitverschulden

Hat der Mandant durch einen *Anwaltsfehler* den *Rechtsstreit* in erster Instanz *verloren*, kann sich der Rechtsanwalt nicht auf dessen *Mitverschulden* nach § 254 BGB wegen Verletzung der *Schadensminderungspflicht* berufen (vgl. Kap. 6.3.3), wenn er dem Mandanten zwar eine Einlegung der Berufung empfohlen hat, um den versäumten Prozessvortrag nachzuholen, sich dabei aber weigerte, die Kosten dafür zu übernehmen. Ein *Rechtsanwalt* ist stets *verpflichtet, kostenfrei zusätzliche Leistungen* zu erbringen, um einen durch sein Verschulden drohenden noch nicht *eingetretenen Schaden zu verhindern* (BGH NJW 2006, S. 288). Ausnahmsweise anrechnen muss der Mandant sich das *Mitverschulden* eines *zweiten Anwalts,* den er eingeschalten hat, um Fehler des zuerst beauftragten Rechtsanwalts auszubügeln, d. h. den aus dem ersten Anwaltsvertrag drohenden erkannten Schaden noch abzuwenden oder zumindest zu mindern (BGH NJW-RR 2005, S. 1435).

10.10.4.5.2   Haftungsbeschränkungen

Besteht ein Mandatsverhältnis mit einer *Anwaltssozietät,* so haften regelmäßig *alle Teilhaber* aus dem mit dem Auftraggeber bestehenden Vertragsverhältnis als Gesamtschuldner (§ 51a, Abs. 2 BRAO). Die *Beschränkung* auf eine persönliche *Haftung* des namentlich bezeichneten *Mitglieds der Sozietät,* die das Mandat im Rahmen ihrer eigenen beruflichen Befugnis bearbeitet, kann dabei auch durch ein vorformuliertes *Vertragsformular* erfolgen. Wirksam ist sie jedoch nur, wenn der betreffende Mandant durch seine Unterschrift seine Zustimmung zu dieser Haftungsbeschränkung erteilt, wobei in dem Text selbst keine andere Erklärung enthalten sein darf. Insoweit ist dann die Haftungssituation mit der bei der Partnerschaftsgesellschaft vergleichbar (vgl. Kap. 3.2.5.4.).

> **Nur persönliche Haftung des mandatsbetreuenden Anwalts**

> Als Mandant sollten Sie es sich daher gut überlegen, ob Sie eine derartige Haftungsbeschränkung bzgl. des Sie betreuenden Rechtsanwalts hinnehmen wollen oder nicht.

Tipp

Eine *Haftungsbegrenzung* auf das *Geschäftsvermögen* ist mit Ausnahme der Anwalts-GmbH dagegen, anders als bei der BGB-Gesellschaft, nicht möglich (BGH NJW 1992, S. 3037).

Das Gesetz erlaubt es ausdrücklich, dass der Rechtsanwalt seine Schadensersatzpflicht gegenüber dem Mandanten im Falle eines *fahrlässig* verursachten Schadens nach § 51 BRAO beschränken kann. Als *Ausgleich* dafür haben Rechtsanwälte eine *Berufshaftpflichtversicherung* abzuschließen, deren *Mindestversicherungssumme* 250.000 € für jeden Versicherungsfall beträgt, wobei die Leistung des Versicherers für alle innerhalb eines Versicherungsjahres verursachten Schäden auf den vierfachen Betrag der Mindestversicherungssumme begrenzt werden kann (§ 51, Abs. 4 BRAO). Das birgt für den einzelnen Mandanten, der etwaige schon eingetretene Haftpflichtfälle nicht kennt, gewisse Risiken. Darüber hinaus kann

> **Berufshaftpflichtversicherung**

der Ersatzanspruch des Mandanten wegen eines auch *grob fahrlässig* verursachten Schadens durch eine *schriftliche Einzelvereinbarung* im Einzelfall auf die Höhe der Mindestsumme beschränkt werden, sodass den betreffenden Rechtsanwalt kein persönliches Haftungsrisiko trifft (BGH NJW 1998, S. 1866).

Tipp

> Vorsichtshalber sollten Sie sich deshalb als Mandant stets nach dem Umfang der Versicherungsdeckung erkundigen, namentlich, wenn der betreffende Auftrag hohe Schadensrisiken birgt. Das gilt insbesondere, wenn Sie es mit einer Anwalts-GmbH zu tun haben, weil dann nur das Gesellschaftsvermögen haftet.

10.10.4.5.3   Anwaltshaftung als stumpfe Waffe

Schwierige Beweislage für Mandanten

Das Bild dieser eben gezeichneten scheinbar mandatsfreundlichen Rechtsprechung zur Anwaltshaftung täuscht. Leider muss man feststellen, dass die *Anwaltshaftung* ein *stumpfes Schwert* ist, weil es Ihnen als Mandant vielfach schwer fallen wird, die notwendige *Kausalität* zwischen schuldhafter *Pflichtverletzung* des Anwalts und dem eingetretenen *Schaden* zu *beweisen*. So kann ein gewandter Anwalt, der zuvor Ihr Anliegen als »klaren Fall« bezeichnet hat, nun diesen in den düstersten Farben schildern, der selbst bei korrektem Verhalten nicht mehr zu retten gewesen wäre. Im Übrigen vermag er die Aufklärung des Sachverhalts durch passives Verhalten erheblich zu erschweren, weil er nach der Rechtsprechung zur aktiven Mithilfe nicht verpflichtet ist (BGH NJW 1990, S. 459). Selbst wenn er dann den Regressprozess dank der Tüchtigkeit des anderen vom Mandanten später beauftragten Rechtsanwaltes verliert, kann er die Realisierung des zugesprochenen Schadensersatzanspruches dadurch verhindern, dass er sich *weigert*, seinem früheren Mandanten mitzuteilen, bei welcher *Gesellschaft* er eine *Berufshaftpflichtversicherung* abgeschlossen hat. Aber ohne Kenntnis der Berufshaftpflichtversicherung erhält der Mandant kein Geld, wenn die hohe Forderung des Mandanten vom Anwalt persönlich nicht beitreibbar ist. Diese Informationslücke ließe sich allenfalls dadurch beseitigen, dass der Berufshaftpflichtversicherer des Rechtsanwaltes ebenfalls in den neuen zentralen über die Bundesrechtsanwaltskammer abrufbaren elektronischen Anwaltsregister angegeben wird, was aber bislang nicht vorgesehen ist (vgl. Kap. 10.10.4.1).

Anwaltstricks

Fehlende Kenntnis der Berufshaftpflichtversicherung

Tipp

> Angesichts der stumpfen Waffe der Anwaltshaftung besteht die beste Schadensvorsorge darin, eine größtmögliche Sorgfalt bei der Auswahl der richtigen Anwaltskanzlei walten zu lassen, auf deren Tüchtigkeit und Zuverlässigkeit man sich als Mandant verlassen können muss.

10.10.4.5.4   Haftung gegenüber Nichtmandanten

Eine Haftung des Rechtsanwaltes gegenüber anderen Personen außerhalb eines Mandatsverhältnisses kommt regelmäßig nur in Betracht, wenn er diesen gegenüber deliktsrechtlich nach § 823 ff BGB verantwortlich ist. Tritt er aber als ausgewiesener Experte auf und hat eine fehlerhafte Expertise angefertigt, kann er nach den Regeln des *Vertrages mit Schutzwirkung zugunsten Dritter* diesen gegenüber wegen Pflichtverletzung des Anwaltsvertrages schadensersatzpflichtig sein (BGH NJW 2004, S. 3035), wobei an die *Einbeziehung von Dritten* in den Schutzbereich des Anwaltsvertrages strenge Anforderungen zu stellen sind, um den Kreis der geschützten Personen überschaubar zu halten (BGH WM 2006, S. 424 und 1054). Treffen die Geschäftspartner des Mandanten im Vertrauen auf die Richtigkeit des Gutachtens geschäftliche Entscheidungen von finanzieller Tragweite, so ist die fehlerhafte Expertise ursächlich für den dadurch eingetretenen Vermögensschaden (vgl. Kap. 6.4.2). Ähnlich sieht die Drittschutzwirkung einer *Third Legal Opinion* aus. Darunter versteht man ein im Laufe von Vertragsverhandlungen auf Verlangen des potenziellen Geschäftspartners erstelltes anwaltliches Gutachtens, in dem einzelne Rechtsfragen des geplanten Geschäfts geklärt werden.

Ansonsten gilt aber: Wenn eine Vertragspartei bei Abschluss des Geschäfts durch einen *Rechtsanwalt* unterstützt wird, übernimmt dieser für die Richtigkeit der *Angaben* seines *Mandanten* regelmäßig *keine* besondere *persönliche Gewähr*, selbst wenn er sie in einen Vertragsentwurf eingearbeitet hat (BGH NJW 1991, S. 33). Wegen des von ihm ausgeübten Berufs fungiert ein Rechtsanwalt nicht allein schon deswegen als eine Vertrauensperson, die unter allen Umständen für die Erklärung der von ihr beratenen Partei gerade stehen will (BGH DB 1995, S. 320).

Drittschutzwirkung des Anwaltsvertrages

Third Legal Opinion

Keine Gewähr des Rechtsanwalts für die Richtigkeit der Angaben seines Mandanten

10.10.4.6   Mediation als alternative Streiterledigung

Der große Vorzug des *Mediationsverfahrens* als alternative Streiterledigung liegt in ihrer hohen Flexibilität. Anders als bei der formalisierten Verbandsschlichtung bestimmen allein die streitenden Parteien den Verlauf der Mediation. Unter diesem schillernden Begriff verbergen sich verschiedene Formen alternativer Streiterledigung (*Alternative Dispute Resolution* – ADR), die aber alle eine *versöhnliche Beilegung* des *Konflikts* zwischen den *Vertragsparteien* mit dem *Ziel* einer *wirtschaftlich sinnvollen Lösung* bezwecken. Der von den streitenden Parteien eingeschaltete *Mediator* vermittelt nicht nur zwischen ihnen, sondern versucht auch aktiv mit Lösungsvorschlägen eine Beilegung des Konflikts zu erreichen, indem er sie von den Nebenschauplätzen wieder zu den Kernpunkten des Konflikts zurückführt.

Versöhnliche Konfliktlösung

Verhandlungs-
kompetenz

Bei der *Wirtschaftsmediation* benötigt der *Mediator* – neben fundierten Rechtskenntnissen – auch eine qualifizierte Verhandlungskompetenz, die eine gezielte Schulung und Ausbildung in der sog. *Verhandlungslehre* und *Verhandlungspsychologie* erfordert. Einen verlässlichen Qualitätsnachweis stellt die Mitgliedschaft im Bundesverband für Mediation in der Wirtschafts- und Arbeitswelt dar. Nur aus diesem Feld qualifizierter Berater sollten Sie Ihren Mediator suchen.

Kompromiss-
bereitschaft

Praktischen Sinn macht aber der Versuch einer Mediation nur, wenn beide *Kontrahenten kompromisswillig* und *konsensfähig* sind; ansonsten verliert man dadurch nur unnötig Zeit. Die Mediation bietet sich dann als Alternative zu dem mehr juristisch geprägten Schlichtungsverfahren an, wenn beiderseits Rechtsanwälte noch nicht miteinander schriftlich verkehrt oder verhandelt haben bzw. die mit der Sache befassten Rechtsanwälte keine Einigung erzielen konnten und deshalb »mit ihrem Latein am Ende« sind.

10.10.4.6.1   Mediationsvertrag als Grundlage

Mediationsklausel

Die Basis des Mediationsverfahrens bildet ein dreiseitiger Verhandlungsvertrag, den die Parteien zusammen mit dem Mediator schließen. Weist der betreffende Geschäftsvertrag schon eine *Mediationsklausel* auf, geht es nur noch darum, einen geeigneten Mediator zu finden, mit dem dann ein *Mediationsvertrag* geschlossen wird. In diesem werden zunächst die *Grundregeln* des *Verfahrens* und der vorläufige Ausschluss des Klage- und Schiedsgerichtsverfahrens festgelegt. Dabei kann man sich auch auf die Verfahrensordnung der IHK oder einer anderen Institution beziehen.

Mediationsvertrag

Formulierungs-
vorschlag

»1. Während der Dauer des Mediationsverfahrens ist das (schieds-)gerichtliche Verfahren ausgeschlossen. Es gilt als gescheitert, wenn binnen einer angemessenen Frist von ... (z. B. 60 Tagen) keine Lösung erreicht werden kann oder beide Parteien das Mediationsverfahren einvernehmlich abbrechen.

2. Das Mediationsverfahren wird nach den Regeln der Verfahrensordnung der ... (Institution) durchgeführt.«

Vergütung
des Mediators

Neben der Aufstellung von Grundregeln des Verfahrens ist dann auch die Vergütung des Mediators zu klären. Am besten vereinbart man ein *Pauschalhonorar* oder eine *Vergütung nach Zeit*. Ohne besondere Absprache kann der Mediator, wenn er zugelassener Rechtsanwalt ist, eine angemessene Vergütung auf der Grundlage der üblichen Rechtsanwaltsgebühr nach § 34 RVG fordern.

10.10.4.6.2   Ablauf des Mediationsverfahrens

Die Grundstruktur des *Mediationsverfahrens* ist sehr einfach. Schalten die Parteien einvernehmlich einen Mediator zur Konfliktlösung ein, so wird, soweit noch erforderlich, nach Erläuterung des Verfahrens eine *Mediationsvereinbarung unterzeichnet.* Danach können beide Seiten ihren *Standpunkt erläutern* und die *Probleme* aus ihrer Sicht *beschreiben.* Auf diese Weise schälen sich die Positionen beider Kontrahenten heraus. Dieses Verfahren endet dann, wenn die Situation und ihre Probleme übereinstimmend definiert werden können. Anschließend fragt der Mediator die dahinter liegenden *Interessen* ab, um Interessensgegensätze und –übereinstimmungen herauszuarbeiten. Nunmehr hat der Mediator am besten in einem *Einzelgespräch* mit der jeweiligen Partei die *Stärken* und *Schwächen* der von ihr *eingenommenen Position* zu verdeutlichen. Im letzten Abschnitt folgt die *Suche* nach möglichen *neuen Problemlösungen,* die besser als die bisher vorgeschlagenen Lösungen die Interessen beider Seiten berücksichtigen und daher für beide Parteien akzeptabel sind. Diese Grundvoraussetzung für eine *faire Konfliktlösung* ist nur erfüllt, wenn für jede Seite die Vorteile die Nachteile überwiegen. Nachteile, die in einer Aufgabe bisher behaupteter Positionen und erhobener Ansprüche liegen können, müssen deshalb durch Zugeständnisse der anderen Seite ausgeglichen werden – sog. »Win-Win-Solution«. Die *Bewertung* schließt, anders als im Gerichts- oder Schiedsgerichtsverfahren, nicht nur rechtliche Interessen, sondern auch die wirtschaftlichen und persönlichen Interessen beider Seiten ein. Im *Erfolgsfalle* endet das Verfahren mit einem *schriftlichen Vergleich,* der den Konflikt regelt und beendet. Soweit darin *Ansprüche gewährt* werden, sollte die Vereinbarung – genau wie bei einem Anwaltsvergleich – durch notarielle Beurkundung *vollstreckungsfähig* gemacht werden (vgl. Kap. 10.10.4.5). Die Erfolgschancen für das Mediationsverfahren steigen, wenn bei den beteiligten Unternehmen jeweils die Entscheidungsträger aktiv mitwirken, wobei dann die schon eingeschalteten Anwälte die rechtliche Flankensicherung übernehmen.

10.10.4.6.3   Vorrang der Unternehmensinteressen

Der große Vorzug des Mediationsverfahrens liegt demzufolge darin, dass zwar auch Rechtsstandpunkte eine Rolle spielen, aber eindeutig *unternehmerische Interessen dominieren.* Zudem lassen sich in der Mediation auch die *Beziehungen* und *Emotionen* der Beteiligten, die die sog. »Chemie« nachhaltig beeinflussen, *berücksichtigen.* Diese wichtigen Faktoren bleiben aber bei der reinen Rechtsberatung oder einem formalisierten Schlichtungsverfahren außen vor. Verfügt der Mediator neben dem unzweifelhaft notwendigen rechtlichen Know-how auch über ausreichendes psychologisches

Mediator als psychologisch versierter Verhandlungsführer

Einfühlungsvermögen und Verhandlungsgeschick (was man aber voraussetzen muss), kann er als *Verhandlungsführer* verdeckte *Widerstände* oder verborgene *Interessen* und verschleierte Gefühle offen legen, die, weil bislang unerkannt, eine Einigung blockieren. Kommt es innerhalb einer noch gut funktionierenden Geschäftsbeziehung zu Meinungsverschiedenheiten oder gar zu Konflikten, die die Beteiligten auch ggf. unter Heranziehung ihrer Rechtsbeistände nicht aus der Welt schaffen können, ist die Hinzuziehung eines Mediators stets zu empfehlen.

10.10.4.6.4 Relativ niedrige Verfahrenskosten

Im Mediationsverfahren geht es nicht in erster Linie um die Aufklärung eines in der Vergangenheit liegenden Sachverhaltes, sondern um die *Verbesserung* einer *Konfliktsituation* mit Blick in die Zukunft. Der Stundensatz für einen Wirtschaftsmediatior liegt derzeit zwischen 200–400 €, die Tagesvergütung zwischen 1500 € und 3000 €.

> **Beispiel:**
> *Zwei Unternehmen mit langjähriger Geschäftsbeziehung streiten über die Berechnung von Forderungen aus einem Lizenzvertrag in Höhe von 1 Mio. €. Nach zwei Mediationsgesprächen von je drei Stunden Dauer verzichtet der Lizenzgeber auf 600.000 € und erklärt sich mit der Zahlung von 400.000 € zufrieden. Im sog. Realitätstest – der Hinterfragung der jeweiligen Rechtsposition durch den Mediator – wird deutlich, dass die betreffende Vertragsklausel anhand der einschlägigen Rechtssprechung wettbewerbsrechtlich bedenklich ist. Ein langwieriger und für den Lizenzgeber mit erheblichen Risiken behafteter Prozess kann damit vermieden werden. Nur wenn das Verhältnis nicht durch einen Rechtsstreit belastet wird, können die Geschäftsbeziehungen fortgesetzt werden. Die Kosten des Mediationsverfahrens liegen bei 5000 €, die beide Seiten jeweils zur Hälfte tragen. Ein streitiges Gerichts- oder Schiedsverfahren zum Vergleich hätte rund das Zehnfache gekostet.*

Mediator an Stelle von Rechtsanwalt

Hinzuziehung eines Anwalts nur bei Dauermandat

Wenden sich die Kontrahenten in einem Konfliktfall ohne Hinzuziehung von Rechtsanwälten *gleich* an einen *Mediator*, so fallen von vornherein *keine Rechtsanwaltskosten* an. Aber auch wenn die Rechtsanwälte zuvor erfolglos versucht haben, eine Einigung in Form eines Vergleiches zu erzielen, müssen diese nicht gesondert bezahlt werden. Voraussetzung hierfür ist, dass sie zur *Rechtsberatung* im Rahmen eines *Dauermandates verpflichtet* sind und die außergerichtliche Streitbeilegung ausdrücklich in die üblichen Beratungsleistungen eingeordnet wird (die mit dem vereinbarten Pauschalpreis abgegolten sind (vgl. Kap. 10.10.4.2.2). Nur unter dieser

Prämisse wirkt sich der *Kostenvorteil des Mediationsverfahrens* im Vergleich zu einem Gerichts-, Schiedsgerichts- oder auch Schlichtungsverfahren besonders nachhaltig aus. In dem rechtsförmlichen *Schlichtungsverfahren* müssen die Rechtsstandpunkte beider Seiten für den Schlichter schriftlich gut strukturiert und juristisch überzeugend begründet werden. Dazu sind, ähnlich wie in einem Streitverfahren, umfangreiche Schriftsätze auszuarbeiten. Daher wird sich Ihr Rechtsanwalt auch bei einem Dauermandat kaum mit einem Pauschalhonorar zufrieden geben, sondern berechtigterweise eine zusätzliche Entlohnung fordern.

Aufwendiges Schlichtungsverfahren

10.10.4.7 Prozessfinanzierung gegen Erfolgsbeteiligung

Steht Ihnen als mittelständischer Unternehmer eine hohe *Forderung* im sechsstelligen oder gar siebenstelligen Bereich gegen einen wirtschaftlich *stärkeren Geschäftspartner* zu, die dieser *bestreitet*, und kann dieser Konflikt nicht mit den Methoden der alternativen Streiterledigung gelöst werden, so tragen Sie bei einem solch hohen Streitwert auch ein hohes *Prozessrisiko*. Sind die staatlichen Gerichte zuständig, müssen Sie damit rechnen, dass der finanzstarke Geschäftspartner den Rechtsstreit bis zur letzten Instanz führt. Selbst wenn der Vertrag eine Schiedsgerichtsklausel enthält, so sind die Prozesskosten vor dem *Schiedsgericht* auch nicht gerade niedrig. Zudem besteht in solchen Fällen üblicherweise keine *Rechtsschutzversicherung,* weil diese Risiken überhaupt nicht versicherbar sind.

Nur bei hohen Streitwerten

Hohes Prozessrisiko

Beispiel:
Bei einem Streitwert von 50.000 € betragen die Prozesskosten bei einer Klage durch alle Instanzen ca. 30.000 €, bei einem Streitwert von 500.000 € ca. 140.000 €. Die Prozesskosten vor einem Schiedsgericht, das endgültig entscheidet, belaufen sich immerhin ca. auf 25.000 bzw. 75.000 €, wenn das Schiedsgericht mit drei Richtern besetzt ist.

Um auch diesen Klägern, die das hohe Prozessrisiko nicht tragen wollen oder können, zur *Durchsetzung* ihrer *berechtigten Forderungen* zu verhelfen, bieten seit mehreren Jahren einige Unternehmen in Deutschland für Prozesse mit höheren Streitwerten den Abschluss von Verträgen zur Prozessfinanzierung gegen Erfolgsbeteiligung an.

Übernahme durch Prozessfinanzierer

Die bekanntesten *Prozessfinanzierer* sind für Streitwerte ab 50.000 € FORIS AG, jura-agent-AG und DAS ProfiAG, für Streitwerte ab 10.000 € Acivo Prozessfinanzierungs-AG.

10.10.4.7.1   Ausgestaltung der Prozessfinanzierung

Prüfung der Erfolgsaussichten

Das gemeinsame Element dieser verschiedenen Modelle der *Prozessfinanzierung* besteht im Folgenden: Das *Finanzierungsunternehmen* lässt die rechtlichen *Erfolgschancen* für den geltend gemachten Anspruch *überprüfen*. Führt die Prüfung zu dem Ergebnis, dass der Prozesserfolg überwiegend wahrscheinlich ist, schließt es mit Ihnen als *Anspruchsinhaber* einen *Vertrag* über die *Finanzierung* der *Rechtsverfolgung*. Darin verpflichten Sie sich zur Prozessführung, während das Finanzierungsunternehmen die Zahlung sämtlicher Verfahrenskosten von Ihnen und die der Gegenseite im Falle des Unterliegens übernimmt. Als Gegenleistung für diese Risikoübernahme erhält das Finanzierungsunternehmen einen Anspruch auf Erfolgsbeteiligung. Im *Erfolgsfalle* werden von dem Erlös aus dem Prozess, wenn also Ihr Geschäftspartner gezahlt hat, zunächst die vorgelegten *Kosten zurückerstattet*. Von dem verbleibenden *Rest* erhält der *Prozessfinanzierer* einen bestimmten *Anteil*, der bei den zurzeit angebotenen Finanzierern 30 %, und ab einem 500.000 € übersteigenden Erlös 20 % beträgt. Die Finanzierungsgesellschaft führt selbst keine Prozesse. Vielmehr können Sie als Anspruchsinhaber Ihren vertrauten *Rechtsanwalt* mit der gerichtlichen *Geltendmachung* der *Forderung* beauftragen.

Erlös-Anteil

Prozessführung durch Rechtsanwalt

In dieser *verlässlichen Vorprüfung* liegt der *Vorteil* der Prozessfinanzierung gegenüber der künftig möglichen Vereinbarung eines *Erfolgshonorars* mit einem *Rechtsanwalt*. Sollte der Prozessfinanzierer die Übernahme ablehnen, kann man immer noch versuchen einen Rechtsanwalt zu finden, der sich in diesem riskanten Fall auf ein Erfolgshonorar einlässt (vgl. Kap. 10.10.4.4.8).

10.10.4.7.2   Der Prozessfinanzierungsvertrag

Schwierige rechtliche Einordnung

Der *Prozessfinanzierungsvertrag* selbst stellt einen atypischen schuldrechtlichen Vertrag im Sinne von § 311, Abs. 1 BGB dar, dessen genaue rechtliche Einordnung schwierig ist: Trotz der Finanzierungskomponente handelt es sich *nicht* um einen *Darlehensvertrag*, weil die Kredit gewährende Finanzierungsgesellschaft auch an dem Verlust teilnimmt, wenn der Prozess verloren gehen sollte. Für einen Versicherungsvertrag fehlt es an der Übernahme eines fremden Risikos, da der Finanzierer ein eigenes Interesse – genauso wie der Anspruchsinhaber – an dem Prozessgewinn hat. Diese gleichläufige Interessenlage steht auch der Annahme eines *Spekulationsgeschäftes* nach § 762 BGB entgegen, weil dort – je nach Verlauf –nur die eine oder die andere Seite gewinnen und verlieren kann. Wegen dieses gleichgerichteten Interesses, bestehend in dem Führen eines Rechtsstreites, liegt die Annahme eines *Gesellschaftsvertrages* in Form einer *stillen Gesellschaft Bürgerlichen Rechts* nahe, wobei sich die stille Beteiligung des Prozessfinanzierers auf ein qualifiziertes Kreditverhältnis beschränkt. (LG Köln NJW-RR 2003, S. 426). Man kann in dem Prozessfinanzierungsvertrag aber auch einen *partiarischen Austauschvertrag* sehen, bei dem die Vergütung des Finanziers erfolgsabhängig ausgestaltet ist, weil die Vertragsparteien zwar gleichgerichteten Interessen nachgehen, jedoch keinen gemeinsamen Zweck verfolgen (LG Bonn JZ 2007, S. 205).

Jedenfalls wird der Prozessfinanzierungsvertrag stärker durch die *schuldrechtlichen Beziehungen* zwischen dem *Finanzierungsunternehmen* und dem *Anspruchsinhaber* geprägt, als durch die gesellschaftsrechtlich bestimmten mitgliedschaftlichen organisationsrechtlichen Beziehungen. Das erlaubt es auch, den einseitig von der Finanzierungsgesellschaft gestalteten Prozessfinanzierungsvertrag der stärkeren *Kontrolle* des *AGB-Rechts* zum Schutze des klagenden Unternehmens zu unterwerfen, das ansonsten gemäß § 310, Abs. 4 BGB auf Gesellschaftsverträge keine Anwendung findet. Mithin sind Sie demzufolge gegen überraschende oder unbillige Klauseln in den Prozessfinanzierungsverträgen, die allzu einseitig das Finanzierungsunternehmen begünstigen, rechtlich genauso wie bei anderen Geschäftsverträgen geschützt (vgl. Kap. 3.4.5).

Kontrolle durch AGB-Recht

Schließt die Finanzierungsgesellschaft mit Ihnen einen solchen *Prozessfinanzierungsvertrag* ab, können Sie wegen der rechtlichen Vorprüfung davon ausgehen, dass die *Erfolgschancen* der gerichtlichen Durchsetzung Ihrer geltend gemachten Forderungen *sehr gut* sind. Auf der anderen Seite können Sie dann aber keinen Rückzieher mehr machen, weil Sie dann auch diese *Forderungen*, selbst wenn Sie es sich später anders überlegen sollten, *einklagen müssen*. Andernfalls drohen Ihnen wegen Vertragspflichtverletzung hohe Schadensersatzforderungen des Prozessfinanzierers.

Prozessführungspflicht

> Einen Prozessfinanzierungsvertrag sollten Sie erst dann abschließen, wenn Sie sich ganz sicher sind, dass Sie Ihre Forderungen einklagen wollen, weil Ihre Geschäftsverbindung mit dem Geschäftspartner endgültig in die Brüche gegangen ist.

Tipp

10.10.4.8   Checkliste für den Mandanten

Da der Anwaltsvertrag eine dienst-, seltener eine werkvertragliche Geschäftsbesorgung für den Mandanten darstellt, gilt es auch, die Checklisten für den Geschäftsbesorgungsvertrag und den Dienstvertrag oder den Werkvertrag zu beachten (vgl. Kap. 10.2.4, 3.8 und 4.6). Kernpunkte des Anwaltsvertrages aus Mandantensicht:

Checkliste

✔ Von ganz ausschlaggebender Bedeutung ist die *Qualität* der *Beratungsleistung* und damit die *Auswahl* der richtigen *Anwaltskanzlei*, die zuverlässig und kompetent ihre Mandantschaft berät. Für die sonach in Betracht zu ziehende Anwaltssozietät oder -gesellschaft müssen demnach *qualifizierte Rechtsanwälte* arbeiten, die ein fundiertes Fachwissen in den Teilgebieten des Vertragsrechts besitzen, die für die geschäftlichen Aktivitäten Ihres Unternehmens bestimmend sind. Da es bislang noch keine spezialisierten *Fachanwälte* für einzelne Gebiete des Vertragsrechts gibt, achten Sie darauf, dass die Sie betreuenden Rechtsanwälte ihre *Tätigkeitsschwerpunkte* in diese Bereiche gelegt haben.

✔ Haben Sie nach einer *»Probezeit«* gute Erfahrung mit der Anwaltskanzlei gemacht und Vertrauen in deren Beratungskompetenz gewonnen, so sollten Sie ein *Dauermandat* anstreben, bei dem die üblichen Beratungs- und sonstigen Dienstleistungen mit einem jährlichen, quartalsmäßigen oder auch monatlichen Pauschalhonorar abgegolten sind. Dazu muss die betreffende Kanzlei, wenn Bedarf besteht, ihre Ressourcen jederzeit zur Verfügung stellen.

✔ Das *Pauschalhonorar* sollte angemessen sein und den durchschnittlichen Zeitaufwand, den man in der Probezeit für die jeweiligen Zeitabschnitte ermittelt hat, angemessen vergüten. Die *Arbeitsstunde* eines guten *Wirtschaftsjuristen* sollte Ihnen genauso viel wert sein wie für einen qualifizierten Unternehmensberater oder Wirtschaftsprüfer, also zwischen 200 bis 400 €.

✔ Wichtig ist dabei auch, dass Sie die damit *eingeschlossenen Beratungs-* und sonstigen *Dienstleistungen* in dem Anwaltsdienstvertrag genau aufschlüsseln. Im Grunde sollten alle anwaltlichen Tätigkeiten, die nach dem Rechtsanwaltsvergütungsgesetz durch die Geschäftsgebühr abgegolten sind und alle Beratungsleistungen darunter fallen. Sorgen Sie auch dafür, dass die anwaltliche Begleitung in einem *Mediationsverfahren* für die außergerichtliche Konfliktbeilegung in den Katalog aufgenommen wird, damit der erhebliche Kostenvorteil dieses Verfahrens erhalten bleibt.

✔ Bei einem derartig ausgestalteten Dauermandat müssten Sie dann nur als *Sonderleistung* die Anfertigung eines Rechtsgutachtens, einer Third Legal Opinion, sofern der betreffende Rechtsanwalt hierfür genügende Reputation in Fachkreisen besitzt, und die anwaltliche Vertretung in einem Schlichtungs- oder Schieds- bzw. Gerichtsverfahren zusätzlich bezahlen.

✔ Sofern Ihnen Ihr Anwalt *gesonderte Formulare* zur Unterschrift vorlegt, lesen Sie diese genau durch. Handelt es sich dabei um *Haftungsbeschränkungen* im Falle von fehlerhaften Leistungen, sollten Sie einen Haftungsausschluss für grobe Fahrlässigkeit auf keinen Fall hinnehmen. Haben Sie das Mandat einer *Anwaltspersonengesellschaft*, sei es einfache Sozietät oder auch eine Partnerschaft, erteilt, so sollten Sie sich auch gut überlegen, ob Sie sich mit der persönlichen Haftung des Ihr Mandat betreuenden Anwaltes zufrieden geben und den von der Sozietät angestrebten Haftungsausschluss der übrigenTeilhaber oder Partner akzeptieren.

✔ Eine besondere Regelung zur Verschwiegenheit über *Betriebs*- oder *Geschäftsgeheimnisse* erübrigt sich angesichts der bestehenden Strafvorschrift. Es spricht aber nichts dagegen, eine Verletzung durch Ihren Anwalt bei einem Dauermandat mit einer angemessenen *Vertragsstrafe* in der Größenordnung eines jährlichen Pauschalhonorars zu bewehren.

✔ Bei einem *Dauermandat* sollte auch dessen übliche *Laufzeit* geregelt werden – sachgerecht dürfte ein Jahr sein. Es verlängert sich um die gleiche Zeit, wenn es nicht innerhalb der vereinbarten Kündigungsfrist durch eine Seite gekündigt wird.

Literaturverzeichnis

Die folgenden Fachbücher, abgesehen von wenigen Neuerscheinungen, dienten dem Autor als Grundlage; ihnen verdankt er viele wertvolle Hinweise und Anregungen. Für den interessierten Leser eignen sie sich auch zur Vertiefung und Ergänzung des komplexen und vielschichtigen Stoffes. Soweit verfügbar, enthält die Auswahl vor allem Sachbücher, die auch für Nichtjuristen verständlich geschrieben sind. Der besseren Lesbarkeit wegen wird bei diesem Arbeitsbuch und Nachschlagewerk für Manager und Unternehmer auf einen detaillierten Quellennachweis im Text verzichtet. Vielmehr soll die Ordnung der bibliographischen Angaben nach den Buchkapiteln den Zugang zu den Quellen für den Benutzer erleichtern. Die vom Autor als weitere wichtige Informationsquelle benutzten zahlreichen Fachaufsätze konnten schon allein wegen ihres Umfangs in dieses Verzeichnis nicht aufgenommen werden.

Allgemeine Werke
In dieser Rubrik befinden sich Bücher, die mehrere Kapitel betreffen. Sie sind in den folgenden Kapiteln unter dem Namen des Autors bzw. Herausgebers verkürzt zitiert.

Däubler, W.: BGB kompakt, 2. Aufl. 2003, München; für Kap. 3–6 und 10
Heussen, B. (Hrsg.): Handbuch Vertragsverhandlung und Vertragsmanagement, Planung, Design und Durchführung von Verträgen, 3. Aufl. 2007, Köln; für Kap. 1–6 und 10, behandelt daneben noch Gesellschaftsverträge, Verhandeln mit Brüssel und dem Fiskus sowie Verhandeln im Ausland (USA, Russland, China, Japan und Brasilien)
Kittner, M.: Schuldrecht – Rechtliche Grundlagen, Wirtschaftliche Zusammenhänge, 3. Aufl. 2003, München; für Kap. 3–6
Schellhammer, K.: Schuldrecht nach Anspruchsgrundlagen, 6. Aufl. 2005, Heidelberg; für Kap. 3–10

Kapitel 1
Heussen, B in: Heussen, Handbuch ..., Teil 1, Funktion und Bedeutung der Verträge im Rechtssystem, S. 1–38

Fink, K.-J.: Empfehlungsmarketing – Königsweg der Kundengewinnung, 3. Aufl. 2005, Wiesbaden
Friedrich, K.: Empfehlungsmarketing. Neukunden gewinnen zum Nulltarif, 5. Aufl. 2004, Offenbach
Pepels, W.: Marketing, 4. Aufl. 2004, München/Wien
Steiner, G.: Von Mensch zu Mensch. Passives Einkommen durch Empfehlungsmarketing, 3. Aufl. 2006, Damme

Kapitel 2
Birkenbiehl, V.: Kommunikationstraining – Zwischenmenschliche Beziehungen erfolgreich gestalten, 25. Aufl. 2004, München
Buzan, T./Buzan, B: Das Mind-Map Buch, 5. Aufl. 2005, München
Buzan, T./North, V.: Business Mind Mapping, 2002, Frankfurt/Wien
Dommann, D.: Faire und unfaire Verhandlungstaktiken, 7. Aufl. 2002, Berlin/Offenbach
Fisher, R./Ertel, D.: Arbeitsbuch Verhandeln – so bereiten Sie sich schrittweise vor, 2. Aufl. 2000, Köln

Fisher, R./Ury, W./Patton, B.: Das Harvard
– Konzept, 22. Aufl. 2004, Frankfurt/New
York

Golemann, D.: Emotionale Intelligenz – EQ,
1997, München

Golemann, D.: EQ 2 – der Erfolgsquotient, 2000,
München

Haft, F.: Verhandeln und Mediation –
die Alternative zum Rechtsstreit, 2. Aufl.
2000, München

Heussen, B. in: Heussen, Handbuch..., Teil 2,
Vertragsmanagement, S. 39–370

Heussen, B.: Anwalts–Checkbuch, Letter
of Intent, 2002, Köln

Hugo-Becker, A./Becker, H.: Psychologisches
Konfliktmanagement,
4. Aufl. 2004, München

Junker, A./Kamanabrou, S.: Vertragsgestaltung, 2. Aufl. 2007, München

Kellner, H.: Verhandeln – hart aber herzlich,
2005, München

Lutter, M.: Der Letter of Intent, 3. Aufl. 1998,
Köln

Macioczek, H.-G.: Chruschtschows dritter
Schuh, 7. Aufl. 2000

Mankart, U.: Höre – rede – siege, 2005, Wien

Meven, W. in: Heussen, Handbuch, Teil 5,
Vertragsgestaltung und Steuern, S. 687–766

Molcho, S.: Alles über Körpersprache - Sich
selbst und andere bessere verstehen, 2002,
München

Ruede-Wissmann, W.: Satanische Verhand-
lungskunst und wie man sich dagegen
wehrt, 2004, Erftstadt

Schmittat, K.-O.: Einführung in die Vertragsgestaltung, 2. Aufl. 2005, München

Schulz von Thun, F.: Miteinander Reden,
Psychologie der Kommunikation, Bd. 1-3,
Neuaufl. 2005 ff, Hamburg

Schulz von Thun, F./Theppel, J./Strat-
mann, R.: Miteinander Reden, Kommuni-
kationspsychologie für Führungskräfte,
2003, Hamburg

Weisbach, C.-R.: Professionelle Gesprächs-
führung, 6. Aufl. 2003, München

Kapitel 3

Benning, A. u.a.: Gestaltungsleitfaden AGB,
2003, Stuttgart

Däubler, W.: BGB ..., Kap. 1-13, S. 19–529

Imbeck, M. in: Heussen, Handbuch ..., Teil 3,
Austauschverträge –

Basischeckliste und Kommentierung,
S. 371–470

Kittner, M.: Schuldrecht ..., Kap. 13–15,
S. 151–191

Klunzinger, E.: Grundzüge des Handelsrechts,
13. Aufl. 2005, München

Klunzinger, E.: Grundzüge des Gesellschafts-
rechts, 14. Aufl. 2006,
München

v. Moos, A.: Familienunternehmen erfolgreich
führen, 2003, Zürich

Oetker, H.: Handelsrecht, 3. Aufl. 2006, Berlin/
Heidelberg

Ott, S./Pischel, G. in: Heussen, Handbuch ...,
Teil 6, Vertragsrecht,
S. 767–865

Schellhammer, K.: Schuldrecht ..., 33.–43. Teil,
S. 837–1068

Spitzbarth, R./Preuss, N.: Vollmachten in Unternehmen – Handlungsvollmacht, Prokura,
Generalvollmacht, 3. Aufl. 2007, Berlin

Wörlen, R./Metzler-Müller, K.: Handelsrecht
mit Gesellschaftsrecht, 8. Aufl. 2006, Köln

Kapitel 4

Däubler, W.: BGB ..., Kap. 15, 17–18, S. 530–555,
588–651

Heussen, B., in: Heussen, Handbuch ..., Teil 2,
Vertragsmanagement, S. 335–370

Imbeck, M., in: Heussen, Handbuch ..., Teil 3,
Basischeckliste für Austauschverträge,
S. 429–471

Ott, Pischer, G. in: Heussen, Handbuch, Teil 6,
Vertragsrecht, S. 814–842

Schellhammer, R.: Schuldrecht ..., 21-23.,
25-27. und 29-31. Teil, S. 537-575, 629-707
und 777-821

Kapitel 5

Däubler, W.: BGB ..., Kap. 16, S. 556–587

Emmerich, V.: Das Recht der Leistungsstörungen, 7. Aufl. 2002, München

Kittner, M.: Schuldrecht ..., Kap. 17, S. 198–223

Schellhammer, K.: Schuldrecht ..., 28. Teil,
S. 708–776

v. Westphalen, F./Meier-Göring, A.: Neues
Schuldrecht – Streit und Zweifelsfragen,
Lösungsvorschläge, 2004, Köln

Kapitel 6

Däubler, W.: BGB ..., Kap. 30-33, S. 1098-1163

Kittner, M.: Schuldrecht ..., Kap. 9-11,
S. 102-140

Schellhammer, K.: Schuldrecht ..., 24. Teil,
S. 576–628

Kapitel 7
Keine spezifischen Literaturhinweise

Kapitel 8
Börner, F./Buhl, M. u.a.: Leitfaden IT-Recht –
Ein Handbuch für die Unternehmenspraxis,
2004, Köln/Frankfurt
Hilgers, M./Buscher, R.: Der Anlagenbauver-
trag – Rechtliche Grundlagen, Vertrags-
gestaltung und Projektdurchführung im
Inlandsgeschäft, 2005, Köln
Himmelreich, K./Andreae, M./Teigelach, L.:
Autokaufrecht, 2007, Bonn
Klunzinger, E.: Grundzüge des Handelsrechts,
13. Aufl. 2005, München
Redeker, H.: IT-Recht in der Praxis, 3. Aufl.
2003, Berlin
Reinicke, D./Tiedtke, K.: Kaufrecht, 7. Aufl.
2004, Neuwied
Reinking, K./Eggert, C.: Der Autokauf, 8. Aufl.
2005, Düsseldorf
Schellhammer, K.: Schuldrecht ..., 1. Teil,
S. 21–103
Schellhammer, K.: Sachenrecht nach An-
spruchsgrundlagen, 19–25. Teil, S. 477–591,
2. Aufl. 2005, Heidelberg
Steckler, B.: Kompendium Wirtschaftsrecht,
7. Aufl. 2007, Ludwigshafen
Steckler, B./Pepels, W.(Hrsg.): Handbuch für
Rechtsfragen im Unternehmen, Bd. I Mar-
ketingrecht und Bd. II Einkaufsrecht, 2002,
Herne/Berlin
v. Westphalen, F., Graf: Allgemeine Verkaufsbe-
dingungen nach neuem Recht, 4. Aufl. 2002,
München
v. Westphalen, F., Graf: Allgemeine Einkaufsbe-
dingungen nach neuem Recht, 3. Aufl. 2002,
München
v. Westphalen, F./Meier-Göring, A.: Neues
Schuldrecht – Streit und Zweifelsfragen,
Lösungsvorschläge, 2004, Köln

Kapitel 9
Moeser; E.: Gewerblicher Mietvertrag, 2. Aufl.
2003, Köln
Wolff, W./Eckert, H.-G./Ball, W.: Handbuch
des gewerblichen Miet-, Pacht- und Leasing-
rechts, 9. Aufl. 2004, Köln

Kapitel 10
Ahlert, D./Schröder, M.: Rechtliche Grundlagen
des Marketing, 3. Aufl. 2002, Stuttgart
Benning, A./Oberrath, J.-D.: Computer- und
Internetrecht, 2003, Stuttgart/München
Bettinger, T./Leistner, M. (Hrsg.): Werbung und
Vertrieb im Internet, 2002, Köln
Borgmann, B./Jungk, A./Grams, H.: Anwalts-
haftung, 4. Aufl. 2005, München
Börner, F./Buhl, M./u.a.: Leitfaden IT-Recht,
Ein Handbuch für die Unternehmenspraxis,
2004, Köln/Frankfurt
Erben, M./Kubert, M./Zahrnt, C.: IT-Verträge
– Wirksame und Unwirksame Allgemei-
ne Geschäftsbedingungen, 4. Aufl. 2007,
Heidelberg
Ernst, S.: Grundzüge der Vertragsgestaltung
im Internet, 2003, München
Gräfe, J. u.a.: Steuerberatungshaftung – Zivil-
recht-Steuerrecht-Strafrecht (erscheint
demnächst), Verlag Neue Wirtschaftsbriefe,
Herne/Berlin
Haft, F.: Verhandeln und Mediation, die Al-
ternative zum Rechtstreit, 2. Aufl. 2000,
München
Heussen, B. in: Heussen, Handbuch ... Teil 2,
Vertragsmanagement, S. 58–72
Hilger, M./Buscher, R.: Der Anlagenbauver-
trag – Rechtliche Grundlagen, Vertrags-
gestaltung und Projektdurchführung im
Inlandsgeschäft, 2005, Köln
Kröger, D./Gimmy, M. (Hrsg.): Handbuch des
Internet-Rechts, 2. Aufl. 2002, Berlin/Heidel-
berg
Malik, F. in: Heussen, Handbuch ..., Teil 10,
Qualitätsmanagement von Vertragspro-
jekten. Typische Fehler von Managern im
Umgang mit ihren Beratern aus Sicht des
Beraters, S. 1193–1205
Martinek, M./Semler, F.-J./Habermeier, S.:
Handbuch des Vertriebsrechts, 3. Aufl.
2003, München
Müglich, A.: Das Transport- und Logistikrecht,
2002, München
Pierson, M./Seiler, D.: Internet-Recht im Unter-
nehmen, 2002, München
Ponschab, R. in: Heussen, Handbuch ..., Teil 7,
Außergerichtliche Konfliktbeilegung,
S. 866–892
Quiring, A.: Rechtshandbuch für Unternehmens-
berater, 2005, München
Schellhammer, K.: Schuldrecht ..., 5.–9. Teil,
S. 176–297

Schmittmann, J.: Werbung im Internet, 2003, München

Seydel, H./Heinbuch, H.: Maklerrecht – Ein Leitfaden für Makler und ihre Kunden, 4. Aufl. 2005, Herne/Berlin

Steckler, B./Pepels, W.: Handbuch für Rechtsfragen im Unternehmen, Bd. I Marketingrecht und Bd. II Einkaufsrecht, 2002, Herne/Berlin

Wieske, T.: Transportrecht schnell erfasst, 2002, Berlin/Heidelberg

Zahrnt, C.: Vertragsrecht für IT-Fachleute, 5. Aufl. 2002, Heidelberg

Stichwortverzeichnis